MANUEL D'ÉTUDE DE LA KABBALE

Sélection de textes authentiques

Ceci étant la première édition, il est possible qu'un certain nombre de fautes aient échappé aux relectures pourtant nombreuses. Nous vous invitons à nous faire part des fautes ou omissions éventuelles qui vous seraient apparentes à la lecture du texte afin que nous puissions les intégrer dans la seconde édition. Écrivez-nous à fr@kabacademy.eu

MANUEL D'ÉTUDE DE LA KABBALE

Sélection de textes authentiques

LAITMAN
KABBALAH PUBLISHERS

Manuel d'étude de la Kabbale
Sélection de textes authentiques
Droits réservés © 2022 par MICHAËL LAITMAN
Tous droits réservés

Publié par Laitman Kabbalah Publishers
www.kabbalah.info/fr, french@kabbalah.info
1057 Steeles Avenue West, Suite 532, Toronto, ON, M2R 3X1, Canada.

Aucune partie de cette publication ne peut être utilisée
ou reproduite de quelque manière sans l'autorisation écrite de l'éditeur,
sauf dans le cas de brèves citations dans des articles ou des critiques.

ISBN : 9798352535929

Rédactrice en chef : Noga Bar Noye
Rédacteur en chef associé : Martin Coursol – Olivier Caunes
Mise en page, schémas, couverture : Céline Robert
Postproduction et impression : Uri Laitman
Première édition 2022
Première impression 2022

Avant-Propos

- L'Arbre de vie – *Ari* 13
- Prophétie – *Rav Yéhouda Ashlag* 15
- *Shamati 1* : Il n'y a rien hormis Lui – *Rav Yéhouda Ashlag* 18
- Les kabbalistes écrivent à propos de la Kabbale 22

Progression Spirituelle

- Le temps d'agir – *Rav Yéhouda Ashlag* 51
- Dévoiler une portion en couvrir deux – *Rav Yéhouda Ashlag* 53
- De l'essence de la religion et de son but – *Rav Yéhouda Ashlag* 58
- De l'essence de la sagesse de la Kabbale – *Rav Yéhouda Ashlag* 66
- La matière et la forme dans la sagesse de la Kabbale – *Rav Yéhouda Ashlag* 75
- C'est pour Yéhouda – *Rav Yéhouda Ashlag* 77
- L'esprit agissant – *Rav Yéhouda Ashlag* 81
- Corps et âme – *Rav Yéhouda Ashlag* 83
- La sagesse de la Kabbale et la philosophie – *Rav Yéhouda Ashlag* 89
- De l'enseignement de la Kabbale et de son essence – *Rav Yéhouda Ashlag* 99
- L'amour du Créateur et l'amour des créatures – *Rav Yéhouda Ashlag* 118
- La dissimulation et la découverte de la face du Créateur - 1 – *Rav Yéhouda Ashlag* 127
- La dissimulation et la découverte de la face du Créateur - 2 – *Rav Yéhouda Ashlag* 130
- Article de conclusion du Zohar – *Rav Yéhouda Ashlag* 132

Les Grandes Introductions

- Introduction au Talmud des dix Sefirot – *Rav Yéhouda Ashlag* 149
- Introduction au livre du Zohar – *Rav Yéhouda Ashlag* 208
- Préface à la sagesse de la Kabbale – *Rav Yéhouda Ashlag* 249
- Préface au livre du Zohar – *Rav Yéhouda Ashlag* 327
- Préface au commentaire du Soulam – *Rav Yéhouda Ashlag* 351
- Introduction au Livre *Panim Meirot ve Masbirot* – *Rav Yéhouda Ashlag* 390
- Introduction au Livre *Pi Hakham* – *Rav Yéhouda Ashlag* 427
- Introduction à la préface de la sagesse de la Kabbale – *Rav Yéhouda Ashlag* .. 437

La Société de demain

- Le Don de la Torah – *Rav Yéhouda Ashlag* 447
- Arvout – *Rav Yéhouda Ashlag* 457
- La paix – *Rav Yéhouda Ashlag* 467
- La liberté – *Rav Yéhouda Ashlag* 483
- Exil et rédemption – *Rav Yéhouda Ashlag* 510
- La paix dans le monde – *Rav Yéhouda Ashlag* 514
- Journal La Nation – *Rav Yéhouda Ashlag* 530

L'héritage de la terre – *Rav Yéhouda Ashlag* 560

Le Shofar du Messie – *Rav Yéhouda Ashlag* 563

Une servante qui hérite de sa maîtresse – *Rav Yéhouda Ashlag* 566

600 000 âmes – *Rav Yéhouda Ashlag* 571

Les écrits de la dernière génération (extrait) – *Rav Yéhouda Ashlag* 575

La Kabbale pratique, le travail dans le groupe

Le but du groupe - 1 – *Rav Baruch Ashlag* 581

Le but du groupe - 2 – *Rav Baruch Ashlag* 583

À propos de l'amour des amis – *Rav Baruch Ashlag* 585

L'amour des amis – *Rav Baruch Ashlag* 587

Aider son prochain – *Rav Baruch Ashlag* 588

Que nous apporte la règle « aime ton prochain » ? – *Rav Baruch Ashlag* 589

D'après ce qui est expliqué concernant « Tu aimeras ton prochain » – *Rav Baruch Ashlag* ... 591

Quelle observance de la Torah et des commandements purifie le cœur ? – *Rav Baruch Ashlag* ... 595

Quel degré doit-on atteindre pour ne pas à avoir à se réincarner ? – *Rav Baruch Ashlag* 597

À propos de l'importance du groupe – *Rav Baruch Ashlag* 600

A propos de l'importance des amis – *Rav Baruch Ashlag* 603

L'ordre du jour de l'assemblée - 1 – *Rav Baruch Ashlag* 606

L'ordre du jour de l'assemblée - 2 – *Rav Baruch Ashlag* 608

Fais-toi un Rav et achète-toi un ami - 1 – *Rav Baruch Ashlag* 613

Fais-toi un Rav et achète-toi un ami - 2 – *Rav Baruch Ashlag* 620

Annexes

Sefer Ha Ilan (L'Arbre) – *Rav Yéhouda Ashlag* 629

Album des schémas 651

Acronymes et abréviations 694

À propos de Bnei Baruch 696

RAV YÉHOUDA LEIB HALEVY ASHLAG (1884-1954)

RAV BARUCH SHALOM HALEVY ASHLAG (1906-1991)

Avant-propos

Ce livre est une compilation des écrits majeurs du Rav Yéhouda Ashlag (Baal HaSoulam) et du Rav Baruch Ashlag (Rabash). Ils introduisent les concepts fondamentaux nécessaires à la bonne compréhension de la Kabbale et évitent ainsi les erreurs classiques lors des premières années d'étude.

La première partie de l'ouvrage intitulée *Progression spirituelle* rassemble les textes présentant les différentes étapes du développement de l'âme.

La deuxième partie intitulée *Les grandes introductions* présente les textes classiques du Baal HaSoulam écrits avant la rédaction de ses grands ouvrages majeurs de la Kabbale tels que le Talmud des dix Sefirot, Le Zohar. Elles sont un bloc fondamental dans la compréhension de la sagesse de la Kabbale.

La troisième partie intitulée *La société de demain* présente les grands principes selon lesquels une société corrigée devrait fonctionner.

La quatrième partie *La Kabbale pratique, le travail dans le groupe*, traite de l'application du concept fondamental de l'amour du prochain tel que le Rabash le décrit dans ses articles sur le travail sur soi dans un groupe de kabbalistes.

L'ARBRE DE VIE

Sache qu'avant la création, seule existait la Lumière supérieure,
Qui, simple et infinie, emplissait l'univers dans son moindre espace.
Il n'y avait ni premier, ni dernier, ni commencement, ni fin,
Tout était douce lumière harmonieusement et uniformément équilibrée,
En une apparence et une affinité parfaites,
Quand par Sa volonté ont été créés le monde et Ses créatures,
Dévoilant ainsi Sa perfection,
– source de la création du monde –
Voici qu'Il se contracta en Son point central.
Il y eut alors restriction et retrait de la lumière,
Laissant autour du point central entouré de lumière,
Un espace vide formé de cercles.
Après cette restriction, de haut en bas,
Un rayon s'est étiré de la lumière infinie,
Puis est descendu graduellement par évolution dans l'espace vide.
Épousant le rayon, la lumière infinie dans l'espace vide est alors descendue,
Et tous les mondes parfaits émanèrent.
Avant les mondes, il n'y avait que Lui,
Dans une Unité d'une telle perfection,
Que les créatures ne peuvent en saisir la beauté,
Car aucune intelligence ne peut Le concevoir,
Car en aucun lieu Il ne réside,
Il est infini, Il a été, Il est, et Il sera.
Et le rayon de lumière est descendu,
Dans les mondes, dans la noire vacuité,
Chacun de ces mondes étant d'autant plus important,
Qu'il est proche de la lumière,
Jusqu'à notre monde de matière, au centre situé,
À l'intérieur de tous les cercles, au centre de la vacuité scintillante,
Bien loin de Celui qui est Un, bien plus loin que tous les autres mondes,
Alourdi à l'extrême par sa matière,
Car à l'intérieur des cercles Il est, au centre même de la vacuité scintillante.

– Ari, *L'Arbre de vie*, 1ère partie, porte 1

Rav Yéhouda Ashlag
PROPHÉTIE
Extrait d'une lettre manuscrite

Il arriva au cours des années de guerre, à l'aube d'un massacre menaçant, que j'ai prié et beaucoup pleuré, toute la nuit. Et voici, au petit matin, il me semblait que tous les individus de la terre étaient rassemblés en un seul groupe sous mes yeux. Et un homme planait au milieu d'eux, son épée pointée au-dessus de leur tête et les frappait à la tête. Les têtes s'élevaient et leurs cadavres tombaient dans un très grand bassin puis devenaient une mer d'os.

Une voix m'a appelé : « Je suis *El Shadaï*, qui gouverne le monde entier avec grande miséricorde. Tends ta main et saisis l'épée, car maintenant Je t'ai donné le pouvoir et la puissance. » Et l'esprit de Dieu s'est revêtu en moi et je tenais l'épée et cet homme disparut immédiatement. J'ai regardé attentivement dans sa direction et il était parti, et l'épée était en ma possession, mon bien personnel.

Le Seigneur me dit : « lève-toi et quitte ta terre natale pour un pays agréable, la terre des saints patriarches, où Je ferai de toi un grand sage puissant, et tous les sages du pays seront bénis par toi car Je t'ai choisi pour être le juste et le sage de toute cette génération, pour guérir la souffrance humaine par un salut durable. Prends cette épée dans ta main et garde-la de tout ton cœur et de toute ton âme, car c'est un signe entre Moi et toi que toutes ces bonnes choses arriveront grâce à toi, car jusqu'à présent, Je n'avais aucun homme aussi fidèle que toi à qui remettre cette épée. C'est pourquoi les méchants ont fait ce qu'ils ont fait, mais dorénavant, tout saboteur qui verra Mon épée dans ta main disparaîtra promptement et sera extirpée de la terre. »

J'ai caché mon visage car j'ai eu peur de regarder Celui qui me parlait. Et l'épée, sous mes yeux semblait être une simple épée de fer sous la forme d'un horrible destructeur ; voilà qu'elle s'est transformée entre mes mains en lettres scintillantes du nom sacré *El Shadaï* dont l'éclat est rempli de lumière, de satisfaction, de tranquillité et d'assurance pour le monde entier. Et je me suis dit : « Faites que je puisse donner à tous les habitants du monde une goutte de la pureté de cette épée, car alors ils sauront qu'il y a de la bonté du Seigneur sur la terre. »

J'ai levé les yeux, et voici, le Seigneur se tenait au-dessus de moi et me disait : « Je suis le Seigneur, Dieu de tes pères. Lèves les yeux du lieu sur lequel tu te tiens devant Moi et vois toute la réalité que J'ai créée ex nihilo, les supérieurs et les inférieurs ensemble, depuis le tout début de leur découverte de la réalité, tout au long de leur évolution continue jusqu'à la fin de leur tâche, comme il sied à l'œuvre de Mes mains d'être glorifiée ».

Alors j'ai vu et j'étais très content de la magnifique création et de tout ce qu'elle renferme et de la joie et du plaisir dont se réjouissent tous les habitants de la terre. Et j'ai remercié le Seigneur.

Alors, j'ai dit au Seigneur : « Nous te servirons avec peur et crainte et nous serons à jamais reconnaissants en ton nom, parce que de Toi ne sort ni mal, ni bien, mais une longue succession de plaisirs qui nous attend du début à la fin. Heureux sont ceux qui marchent dans Ton monde, pour qui Tu as préparé le plaisir, la douceur et l'abondance. Il n'y a pas de sournoiserie ou d'obstacles dans toutes Tes actions, en haut et en bas ensemble. » Et je me suis rempli d'une sagesse merveilleuse, et par-dessus tout, la sagesse de sa Providence individuelle absolue. C'est ainsi que j'ai acquis plus de sagesse chaque jour, pendant de nombreux jours – cent quatre-vingts jours.

En ces jours-là, mon cœur m'a dit de prier le Seigneur en disant : « Vois, j'ai acquis plus de sagesse que tous mes prédécesseurs, et il n'y a rien au monde que je ne sache pas. Pourtant, je ne comprends pas un mot des paroles des prophètes et des sages du Seigneur. De plus, je ne comprends pas la plupart des noms sacrés. Et j'ai réfléchi ; le Seigneur m'a promis une sagesse et une connaissance telles qu'elles deviendront un modèle pour les sages et les individus, mais je ne comprends toujours pas leurs paroles. »

Et avant d'appeler, le Seigneur vint à moi et dit : « Vois ta sagesse et tes atteintes sont bien supérieures à celles de tous les sages qui ont vécu sur terre jusqu'ici. Que M'as-tu demandé que Je ne t'aie donné ? Pourquoi te tourmenter pour comprendre les paroles de la prophétie, dont tu sais pertinemment qu'elles ont été dites à un degré inférieur à ton atteinte ? Voudrais-tu que Je te fasse descendre de ton degré pour que tu puisses comprendre leurs paroles, comme eux ? »

J'étais silencieux, je pavanais, et je n'ai rien répondu. Ensuite, j'ai demandé au Seigneur : « Jusqu'à présent, je n'ai rien entendu quant à l'existence de mon cadavre ; tous les bienfaits et les missions me sont parvenus uniquement du spirituel, et tout est à cette fin. Et si une maladie ou une blessure me trouble l'esprit et que je pêche devant Toi ? Me renverras-Tu de Toi, et je perdrai toute cette abondance, ou me puniras-Tu ? »

Le Seigneur m'a juré en Son grand et terrible Nom et en Son trône éternel, qu'Il ne laissera jamais Sa miséricorde me quitter pour l'éternité. Que je pêche ou non, Sa miséricorde et Sa sainteté ne me quitteront jamais. Et j'ai écouté et j'étais très content. (Car tu as déjà atteint ton but et J'ai pardonné tous tes crimes, et cette miséricorde.)

Tout au long de ces jours, j'ai écouté attentivement toutes les promesses et les missions pour lesquelles j'ai été choisi par le Seigneur, mais je n'ai trouvé en elles ni la satisfaction, ni les mots pour parler aux habitants de ce monde et les conduire à la volonté de Dieu, comme Il me l'avait annoncé. Je ne pouvais pas me résoudre à marcher au sein du peuple – qui est vide de tout et calomnie le Seigneur et Sa création – alors que j'étais rassasié, reconnaissant, et marchait dans la joie, comme si je me moquais de ces malheureux.

Ces choses m'ont touché au plus profond de mon cœur, et j'ai décidé que, quoi qu'il advienne, même si je descends de mon haut degré, je dois adresser une prière sincère au Seigneur pour qu'Il m'accorde l'atteinte et la connaissance de la prophétie et de la sagesse, et les paroles avec lesquelles aider le peuple malheureux, pour l'élever au même degré de sagesse et de plaisir que moi. Bien que j'aie su qu'il m'était interdit de m'attrister, je n'ai pas pu me retenir, et j'ai épanché mon cœur avec une prière très sincère.

Le lendemain matin, j'ai levé les yeux et j'ai vu Celui qui est au ciel se moquer de moi et de mes paroles. Il m'a dit : « Que vois-tu ? »

J'ai dit : « Je vois deux personnes qui se battent, l'une sage, parfaite et forte, l'autre petite et stupide, comme un nouveau-né. Et la seconde, la faible, la petite et sans goût vainc la forte et la parfaite. » Et le Seigneur me dit : « Ce petit deviendra grand. »

Le petit ouvrit la bouche et me dit quelques versets que je n'ai pas compris suffisamment, mais j'ai ressenti en eux tous les trésors de la sagesse et de la prophétie qui s'appliquent à tous les vrais prophètes; à tel point que j'ai su que le Seigneur m'avait répondu et qu'Il m'avait donné des voies parmi tous les prophètes et sages du Seigneur.

Le Seigneur me dit : « Lève-toi, et regarde vers l'orient. » J'ai levé les yeux et j'ai vu que ce petit garçon s'est tout de suite levé, qu'il s'est élevé et a égalé son niveau à celui du grand, alors qu'il manquait encore de saveur et d'intelligence, comme avant. Et j'étais très émerveillé.

Ensuite, le Seigneur me parla en vision, en me disant : « Allonge-toi sur le côté droit. » Et je me suis allongé par terre. Et Il me dit : « Que vois-tu ? » Et j'ai dit : « Je vois beaucoup de peuples et de nations, qui se lèvent et tombent, et leurs visages sont des humains déformés. » Et le Seigneur me dit : « Si tu peux donner forme à toutes ces nations et leur insuffler l'esprit [également souffle] de vie, alors Je te conduirai dans le pays que J'ai promis à tes pères, Je te le donnerai, et tous Mes buts seront réalisés par toi. »

Rav Yéhouda Ashlag

IL N'Y A RIEN HORMIS LUI
Portion Jethro, 6 Février 1944, *Shamati* (J'ai entendu)

Il est écrit : « Il n'y a rien hormis Lui », ce qui signifie qu'il n'existe aucune force au monde qui soit en mesure d'aller à l'encontre de la volonté du Créateur ; et si l'homme voit qu'il existe des choses en ce monde qui nient la *Pamalia Shel Maala* [la Cour céleste], c'est parce que telle est Sa volonté. Cela est considéré comme une correction, qui s'appelle « la gauche repousse et la droite rapproche », c'est-à-dire que ce que la gauche repousse est considérée comme une correction. Cela signifie qu'il y a des choses dans le monde dont le but est de détourner l'homme du droit chemin, par lesquelles il est repoussé de la sainteté.

L'avantage de ces rejets est qu'à travers eux l'homme reçoit un besoin et un désir complet que le Créateur lui vienne en aide, car sinon il voit qu'il est perdu. Non seulement il ne progresse pas dans le travail, mais il se voit régresser. C'est-à-dire que même dans *Lo Lishma* [Pas en son Nom] il n'a pas la force d'observer la Torah et les *Mitsvot* [commandements]. Ce n'est qu'en surmontant véritablement tous les obstacles au-dessus de la raison, qu'il pourra observer la Torah et les *Mitsvot*. Mais il n'a pas toujours la force de s'élever au-dessus de la raison et il est alors contraint de dévier de la voie du Créateur, même de *Lo Lishma*.

Et pour lui, il y a toujours plus de brèches sur les murs, c'est-à-dire que les descentes sont plus nombreuses que les ascensions, il ne voit pas comment il peut en finir avec ces situations, qu'il restera toujours hors de la sainteté. Car il voit que même si petit soit-il, il lui est difficile d'observer, sauf en surmontant au-dessus de la raison. Mais il n'en est pas toujours capable. Qu'adviendra-t-il à la fin ?

C'est alors qu'il arrive à la conclusion que personne n'est en mesure de l'aider, sauf le Créateur Lui-même, et cela l'entraîne à établir dans son cœur une demande authentique que le Créateur lui ouvre les yeux et le cœur et le rapproche véritablement de la *Dvékout* éternelle au Créateur.

Il s'avère que de tous les rejets qu'il a eus, tous provenaient du Créateur, c'est-à-dire que ce n'est pas parce qu'il ne s'est pas bien comporté, qu'il n'a pas pu surmonter, mais pour ceux qui désirent véritablement se rapprocher du Créateur, pour qu'ils ne se contentent pas de peu, c'est-à-dire de rester à l'état de petit enfant inconscient, c'est pourquoi il lui est donné une aide d'en-haut, afin qu'il ne puisse pas dire que, Dieu merci, il a la Torah, les *Mitsvot* et les bonnes actions, et que lui manque-t-il encore ?

Et ce n'est que lorsqu'il y a vraiment chez cet homme un véritable désir qu'il reçoit l'aide d'en-haut et on lui montre constamment comment il se comporte mal dans son état actuel. C'est-à-dire des pensées et des opinions qui s'opposent au travail lui sont envoyées et cela afin qu'il voie qu'il n'est pas en complétude avec le Créateur.

Plus il s'efforce, plus il se voit toujours plus éloigné de la sainteté que le reste des serviteurs qui se sent en complétude avec le Créateur. Tandis que lui se plaint et exige toujours et il ne parvient pas à expliquer le comportement du Créateur, la façon dont Il se comporte avec lui.

Et cela entraîne de la souffrance. Pour quelle raison n'est-il pas en complétude avec le Créateur ? Au point qu'il lui vient le sentiment que véritablement, il n'a aucune part dans la sainteté. Et même s'il reçoit parfois un éveil d'en-haut qui le revitalise temporairement, il retombe aussitôt dans le lieu le plus vil. C'est cependant la raison même qui le conduira à réaliser que seul le Créateur peut lui venir en aide et le rapprocher réellement.

L'homme doit toujours s'efforcer de marcher sur le chemin où il adhère au Créateur, c'est-à-dire que toutes ses pensées soient pour Lui. Même s'il se trouve dans la pire des situations, qu'il lui est impossible de se trouver dans une descente plus grande que celle-là, il ne doit jamais quitter le domaine du Créateur, c'est-à-dire qu'il y a une autre autorité qui ne lui permet pas d'entrer dans la sainteté et qui a le pouvoir de faire le bien ou le mal. Ce qui veut dire qu'il ne doit pas penser qu'il y a là le pouvoir de la *Sitra Akhra* [l'autre côté] ne permettant pas à l'homme de faire de bonnes actions et de suivre les voies du Créateur, mais que tout est l'œuvre du Créateur.

Comme le dit le Baal Shem Tov, celui qui prétend qu'il y a une autre force dans le monde, c'est-à-dire des *Klipot* [écorces], cet homme-là se trouve dans l'état de « servir d'autres dieux ». Ce n'est pas nécessairement par une pensée hérétique qu'il commet une infraction, mais c'est en pensant qu'il existe une autre autorité et une autre force que le Créateur, qu'il commet l'infraction. De plus, celui qui dit que l'homme possède sa propre autorité, qui prétend que c'est de son propre chef qu'il n'a pas voulu suivre hier les voies du Créateur, cela aussi s'appelle commettre l'infraction d'hérésie, car cela signifie qu'il ne croit pas que seul le Créateur dirige le monde.

Quand il a commis une infraction, il doit bien sûr être désolé et regretter de l'avoir commise ; mais ici encore, il lui faut mettre en ordre le regret et la souffrance, quel est le point qu'il considère comme étant la cause de l'infraction, le point sur lequel il doit éprouver du regret.

L'homme doit alors regretter et dire : le fait que j'aie commis l'infraction est dû au fait que le Créateur m'a rejeté de la sainteté vers un lieu de souillure, les toilettes, là où se trouve les détritus. C'est-à-dire que le Créateur lui donne le désir et l'envie de s'amuser et de respirer l'air d'un lieu nauséabond.

(On peut dire qu'il est écrit dans les livres que parfois l'homme s'incarne en porc et on peut interpréter cela d'après ce qu'il a dit, que l'homme reçoit le désir et l'envie de recevoir de la vitalité de choses dont il avait déjà dit qu'elles étaient des ordures, et maintenant il veut les manger.)

De même, quand l'homme ressent qu'il est maintenant dans un état d'ascension et qu'il ressent un peu le goût du travail, il ne doit pas dire : « Maintenant, je suis dans une situation où je comprends qu'il vaille la peine d'être le serviteur du Créateur. » Il doit plutôt savoir que maintenant, il a trouvé grâce aux yeux du Créateur. C'est pourquoi le Créateur le rapproche, et de là il ressent maintenant le goût du travail. Et il devrait veiller à ne jamais quitter le domaine de la sainteté et dire qu'il existe quelqu'un d'autre qui agit en plus du Créateur.

(De là, on pourrait conclure que le fait de trouver grâce aux yeux du Créateur – ou le contraire –, ne dépend pas de l'homme lui-même, mais seulement du Créateur. Pourquoi il plaît maintenant au Créateur, et qu'ensuite ce n'est plus le cas ; c'est quelque chose que l'homme ne peut pas comprendre avec son esprit séculier).

De même, quand il regrette que le Créateur ne le rapproche pas, il doit aussi faire attention à ce que cela ne soit pas pour lui-même le fait d'être éloigné du Créateur, par cela il recevrait dans son propre intérêt, et celui qui reçoit est dans un état de séparation. Il doit plutôt regretter l'exil de la *Shekhina* [la présence divine], c'est-à-dire qu'il cause du chagrin à la *Shekhina*.

L'homme doit s'imaginer que c'est comme lorsqu'il ressent une douleur dans un petit organe quelconque, la douleur est en fait ressentie surtout dans le cerveau et le cœur, parce que le cœur et le cerveau sont la totalité de l'homme. Et naturellement, on ne peut comparer ce que ressent un organe particulier avec ce que ressent l'homme dans toute sa stature, là où se ressent principalement la douleur.

Il en est de même pour la douleur que l'homme ressent du fait qu'il est éloigné du Créateur, puisque l'homme n'est qu'un simple organe de la *Shekhina*, et la *Shekhina* est l'âme générale d'Israël. C'est pourquoi la sensation de la douleur personnelle ne ressemble pas à la sensation de la douleur générale, cela veut dire que le chagrin de la *Shekhina* provient du fait que ses organes sont loin d'elle et qu'elle ne peut pas les nourrir. (Et l'on dit que nos sages ont dit : Quand un homme éprouve du chagrin, que dit la *Shekhina* ? « Je suis épuisée »). Et parce qu'il ne pense pas au chagrin de l'éloignement, il évite de tomber sous l'autorité du désir de recevoir pour soi, qui équivaut à la séparation d'avec la sainteté.

Il en est de même quand l'homme sent qu'il se rapproche un peu de la sainteté. Quand il est heureux d'avoir trouvé grâce aux yeux du Créateur, là aussi il doit dire que sa joie provient essentiellement du fait qu'il y a maintenant de la joie en-haut, chez la *Shekhina*, parce qu'elle a pu rapprocher d'elle un organe particulier et qu'elle ne doit pas le renvoyer.

L'homme est alors heureux d'avoir pu réjouir la *Shekhina*. Cela est conforme au calcul précédent, que lorsqu'il y a de la joie chez un individu, cela n'est qu'une partie de la joie qui existe dans tout le public. Et par ces calculs, il perd sa propre individualité et évite de se faire prendre dans le filet de la *Sitra Akhra* [Autre côté] qui est le désir de recevoir dans son propre intérêt. Et bien que le désir de recevoir soit une chose nécessaire « car c'est toute la personne », parce que tout ce qui existe chez l'homme à part le désir de recevoir n'appartient pas à l'être créé, mais est attribué au Créateur. Cependant, le désir de recevoir du plaisir doit être corrigé pour qu'il se transforme en désir de recevoir afin de donner sans réserve. En d'autres termes, le plaisir et la joie que le désir de recevoir prend, doivent être avec l'intention qu'il y ait contentement en-haut, du fait que les créatures ont des plaisirs. Car tel était le but de la création : faire du bien à Ses créatures et cela est appelé « la joie de la *Shekhina* en haut ».

Pour cette raison, l'homme doit réfléchir à des moyens d'apporter du contentement en-haut. Et s'il éprouve du plaisir, il est certain qu'il y aura du contentement en-haut. C'est pourquoi il aspire ardemment à être toujours dans le palais du Roi et à pouvoir s'amuser avec les trésors du Roi, car cela entraînera sûrement du contentement en-haut. Par conséquent, toutes les aspirations de l'homme ne devraient être dirigées que vers le Créateur.

LES KABBALISTES ÉCRIVENT À PROPOS DE LA KABBALE

Même si nous trouvons des gens qui sont grands dans la Torah, en crainte, et en sagesse, cependant qui ne s'intéressent pas aux secrets de la Torah à cause de la sublimité de leur niveau, parce qu'ils ont de nombreux acquis avec lesquels occuper leur esprit dans les trésors de la Torah et de la sagesse révélée, que cela ne décourage pas le cœur de celui qui ressent une sensation intérieure, une pression de la grande soif de l'âme pour le chemin des secrets. Car même si nous décidons que cette envie lui est venue en raison de son peu de talents dans les choses révélées, et alors ? À la fin, c'est sa part à lui, et il devrait être content de son sort, car le Seigneur est proche de tous ceux qui L'appellent vraiment et honnêtement.

— **Rav Abraham Isaac Kook**, *Orot HaTorah* (Les Lumières de la Torah), Ch. 10, pt. 4

Concernant la règle de ne pas errer dans le PARDES, à moins qu'il ne se soit rempli l'estomac de vin et de viande, elle devrait être dite à celui qui en vient à ne faire seulement que ce que la Torah commande en vertu de la loi. Mais celui qui désire ardemment et a envie d'apprendre les choses intérieures, de connaître Sa véracité, est sous la règle « l'homme devrait toujours apprendre la Torah là où son cœur le désire ». Et il devrait être très fort dans son chemin et savoir qu'il apprendra et réussira… et décider en quoi son âme aspire à adhérer à connaître Son Nom. Et s'il voit que la majorité des étudiants ne se comportent pas ainsi, il devrait savoir que c'est ce qu'ils méritent, car ainsi ils ne détruiront pas la sainteté tant qu'ils ne marchent pas selon le degré. Ceci n'a rien à voir avec de l'élévation ou de la gloire, mais seulement avec les répartitions de la noblesse de l'âme.

— **Rav Abraham Isaac Kook**, *Orot HaTorah* (Les lumières de la Torah), Ch. 9, pt. 12

Ne laissez pas l'eunuque dire : « Car je suis un arbre sec, et qui suis-je pour approcher l'intérieur de la sainteté, dans les livres de la Kabbale ? » C'est parce que tous les justes sont déjà d'accord, que de nos jours, il s'agit du conseil du penchant et du mensonge. Et même s'il ne comprend rien, néanmoins les mots du *Zohar* ont un pouvoir sur l'âme et sont égaux pour toute âme d'Israël, petite ou grande, chacune en fonction de sa compréhension et de la racine de son âme.
— **Rav Tzvi Hirsh Horovitz de Bukaczowce,** *Hanhagot Yesharot* **(conduite droite), pt. 5**

Si mon peuple m'avait écouté à cette génération, quand l'hérésie grandissait, il aurait étudié Le *Livre du Zohar* et les *Tikounim* (corrections), et les aurait contemplés. Et la crainte du péché aurait précédé sa sagesse et il aurait vécu.
— **Rav Isaac Yéhouda Yehiel de Komarno,** *Notzer Hessed* **(Gardez la Miséricorde), Ch. 4, Ens. 20**

Il n'y a aucune limite à étudier *Le Zohar* parce que c'est principalement des Midrachim (des commentaires). Le Hafetz **Chaïm** réveillait tout le monde pour qu'il étudie *Le Zohar* de cette portion chaque Shabbat, même les jeunes hommes.
— **Rav Joseph Ben Shlomo de Pojin,** *Hossafot Binian Yossef*
(Suppléments à la structure de Joseph)

Sans connaître la sagesse de la Kabbale, il est comme une bête, puisqu'il fait la *Mitsva* sans raison, comme on lui a appris. C'est comme ces bêtes qui mangent du foin, qui n'a pas le goût de la nourriture humaine. Et même s'il est un homme d'affaires important, négociant et très préoccupé, il n'est pas exempté de s'engager dans cette sagesse.
— **Rav de Zidichov,** *Sour MiRa* **(Éloigne-toi du mal)**

La Torah n'est qu'un moyen. S'y engager devrait être avec un désir et un profond désir de *Dvékout* (adhésion) au Seigneur. Aucune autre intention n'est permise dans le palais du Seigneur. Il est clair que si les étudiants de Torah s'y étaient engagés avec un amour de Dieu brûlant dans leurs cœurs, et si le désir d'adhérer à Lui remplissait tout leur être, il n'y aurait pas de débat concernant l'intériorité de la Torah. Tous afflueraient au palais du Roi pour s'engager dans la sagesse de la Kabbale et le *Zohar* pendant la plus grande partie de leur journée, et même la plupart de leur temps.
— **Le Sentier du PARDES, vol. 11, Portion *VaYishlach*, Nov. 1996, Numéro 515/3**

La Kabbale traite de la façon de parvenir à la connaissance du Seigneur, qui est Son unicité... parce qu'en plus de s'y engager et d'y parvenir, il connaît Le Nom et atteint les secrets de la Torah et les saveurs des *Mitsvot*, lesquels, en eux-mêmes revivifient l'âme. Il en est ainsi puisqu'à travers eux, l'âme se renforce et adhère à Lui. De plus, à partir d'elle s'étend l'observation correcte des *Mitsvot*, parce qu'elle enflamme le cœur de ceux qui la connaissent, qui la font complètement.
— *Avodat HaKodesh* (Le travail sacré), « Le but », Ch. 70

À l'heure de la venue du Messie, le mal augmentera et l'impudence et le vice seront dirigés par les chefs de la multitude mélangée. Alors la Lumière cachée apparaîtra du Ciel – Le *Livre du Zohar*, suivi des écrits du Ari. Et cette étude délogera le mal de son âme. Il sera récompensé d'adhérer à la lumière supérieure et il sera récompensé de toutes les bonnes vertus dans le monde. C'est pour cette raison que cette lumière est apparue. Et l'essentiel de votre étude dans l'intériorité de la Torah consistera à atteindre l'illumination et la vitalité Divine dans votre âme durant votre étude et toute la journée. Le ARI disait qu'à ce moment-là le caché se révélera, et qu'apprendre les secrets de la Torah et en révéler les secrets à chaque personne d'Israël Lui donne de la joie.
— *Heichal HaBrakha* (Le palais de la bénédiction), *Devarim* (Deutéronome) 208

L'étude du Livre du Zohar est au-dessus de toutes les études et elle est une grande correction pour l'âme. Bien que toute la Torah soit les Noms du Saint béni soit-Il, elle est néanmoins habillée d'histoires, et celui qui lit les histoires imagine quelque chose de littéral. Cependant, dans Le Livre du Zohar, les secrets eux-mêmes sont révélés, et le lecteur sait qu'ils sont les secrets de la Torah, sauf qu'il n'en comprend pas le tenant ni la profondeur de l'atteinte.
— *Pointer du doigt*, pt. 44

Pourquoi les kabbalistes ont-ils obligé chaque personne à étudier la sagesse de la Kabbale ? En effet il y a en elle quelque chose d'élevé, qu'il est approprié de publier : il y a une *Segoula* (remède) merveilleuse et infinie pour ceux qui s'engagent dans la sagesse de la Kabbale, et bien qu'ils ne comprennent pas ce qu'ils étudient, leur envie et leur fort désir de comprendre ce qu'ils étudient éveillent sur eux les lumières qui entourent leurs âmes.

Ce qui signifie que chaque personne d'Israël est assurée d'atteindre finalement toutes les merveilleuses atteintes que le Créateur a conçues dans la pensée de la création afin de réjouir chaque créature. Et celui qui n'en a pas été récompensé dans cette vie, le sera dans la prochaine, et ainsi de suite, jusqu'à être récompensé de compléter Sa pensée qu'Il a conçue pour lui.
— **Rav Yéhouda Ashlag (Baal HaSoulam), Introduction au Talmud des dix Sefirot, pt. 155**

Le mérite de contempler les mots du Dieu Vivant dans Le *Livre du Zohar* et tout ce qui l'accompagne, et les mots de la sagesse de vérité, est incommensurable et n'a pas de prix. C'est précisément le cas avec les mots clairs du ARI.

Et même s'il n'est pas encore arrivé à comprendre la profondeur du sujet par un examen minutieux, par un engagement constant, les portes de la Lumière et les entrées de la sagesse apparaîtront à ceux qui marchent sur le chemin du Seigneur de tout leur être, ceux dont l'âme désire ardemment s'approcher du palais du Roi. Par conséquent, bénis seront tous les volontaires qui s'engagent dans la sagesse pour même une heure ou deux par jour, chaque jour. Le Saint béni soit-Il ajoute à l'action une bonne pensée, et ce sera considéré comme se tenir debout, toujours et chaque jour, dans la Cour du Seigneur et dans Sa Demeure, dans les secrets de la Torah.
— **Rav Abraham Isaac Kook,** *Qui aime Israël avec sainteté,* **232**

Ceux qui s'engagent uniquement dans les vêtements de la Torah se trompent gravement, puisse le Seigneur avoir pitié d'eux. Et quand la demande du Seigneur est abandonnée et que la plupart des sages de la Torah n'en connaissent pas son utilité, et qu'ils considèrent la sagesse de la Torah et son but comme un simple ajout d'une quelconque dialectique aux lois – lesquelles, même si elles sont véritablement sacrées et précieuses – elles n'illumineront pas nos âmes.
— **Rav Abraham Isaac Kook,** *Igrot* **(Lettres 2, 8)**

Je n'écris que pour éveiller les cœurs des disciples des sages à s'engager dans l'étude de l'intériorité de la Torah et à étudier le *Zohar* aussi diligemment que la Michna et la Guémara. Cependant, tous n'y sont pas prêts en raison de la nature de leurs âmes. Dès lors, celui qui n'est pas capable et dont le cœur est enthousiaste devrait certainement prolonger leur dialectique dans la Michna et la Guémara. Mais celui qui est capable de s'engager dans la sagesse de la Kabbale devrait dédier la plus grande partie de son étude à Le connaître.
— **Rav Abraham Isaac Kook,** *Igrot* **(Lettres 1, 41-42)**

Les jeunes, ou ceux qui se trouvent lourds et ayant peu de désir pour la lumière intérieure doivent, au moins, se faire une règle de passer au moins une ou deux heures par jour à la sagesse de la vérité. Avec le temps, leurs esprits s'élargiront et un succès abondant s'appliquera à leur étude de l'essence de la Torah, ainsi que leur force à discuter augmentera et croîtra avec des idées pures et un élargissement de l'esprit.
— **Rav Abraham Isaac Kook,** *Igrot* **(Lettres 1, 82)**

Tant et aussi longtemps que l'orthodoxie s'entêtera à dire : « Non! Seulement la Guémara et la Michna, pas la légende, pas la morale, pas la Kabbale, et pas de recherche, » elle se diminuera elle-même. Tous les moyens qu'elle utilise pour se protéger, sans prendre la véritable potion de vie, la Lumière de la Torah dans son intériorité, au-delà du tangible et de l'évident – le révélé dans la Torah et les *Mitsvot* – sont totalement incapables de conduire à son but, à toutes les générations, et spécialement à la nôtre, sauf par un élargissement de plusieurs racines spirituelles.
— **Rav Abraham Isaac Kook,** *Igrot* **(Lettres 2, 232-233)**

Nous n'avons pas écouté la voix des véritables prophètes, la voix des meilleurs sages de toutes les générations, la voix des justes et des Hassidim, les sages en moralité, les sages de l'étude et des secrets, qui ont crié et déclaré à haute voix qu'en fin de compte la rivière de l'étude théorique seule s'assécherait et sera détruite, à moins que nous n'y attirions constamment en elle l'eau de la sagesse de la Kabbale.
— **Rav Abraham Isaac Kook,** *Orot* **(Lumières), 101**

La rédemption ne viendra qu'avec l'étude de la Torah et la rédemption est essentiellement dans l'étude de la Kabbale
— **Le Gaon de Vilna (GRA),** *Even Shlema* **(une pierre complète), Ch. 11, pt. 3**

Quand on s'engage dans cette composition, on éveille la force des âmes et la force de ces justes avec la force de Moshé. Il en est ainsi parce que tandis qu'ils s'y engagent, ils renouvellent la Lumière, laquelle a été renouvelée durant sa rédaction. Et la Divinité resplendit et brille de cette Lumière comme au début de son renouvellement. Et tous ceux qui s'engagent en elle réveillent à nouveau ce même bienfait et cette première Lumière que Rashbi et ses amis avaient révélée lorsqu'ils le rédigeaient.
— *Ohr Yakar* **(Lumière précieuse), Porte 1, pt. 5**

L'étude du *Zohar* purifie le corps et l'âme et est capable de rapprocher la rédemption de nos jours.
— **Rav Éphraïm Ben Avraham Ardot,** *Maté Efraim* **(La Bâton d'Éphraïm), L'Extrémité du bâton, pt. 23**

C'est par la force de cette étude sacrée que nous sortirons de l'exil, et uniquement avec cette étude. La taille de la récompense provenant de cette étude est plus grande que le reste de toute la Torah et toutes les *Mitsvot*. Si quelqu'un s'est engagé dans cette sagesse après que son âme ait quitté son corps, il est exempté de tous les jugements. Celui qui s'engage dans la sagesse de la Kabbale, pour connaître les secrets de la Torah et les saveurs des *Mitsvot* selon le secret est appelé « un fils du Saint béni soit-Il ».
— *Sefer HaBrit* (Le Livre de l'alliance), Partie 2, Article 12, Ch. 5

Celui qui n'étudie pas cette sagesse est comme celui qui vit à l'étranger. Il est comme celui qui n'a pas d'autre Dieu, dont la convoitise augmente et le penchant dévie et amène le doute dans la foi. Mais celui qui met sa vie en péril et s'engage dans la sagesse de la Kabbale n'aura aucun doute dans les chemins de Dieu.
— Rav de Zidichov, *Sour MiRa* (Eloigne-toi du mal), 69

Et vous reviendrez et vous distinguerez entre un juste... et entre un serviteur de Dieu, et celui qui ne Le sert pas : Un serviteur de Dieu est celui qui s'engage dans le Talmud et *Le Zohar*. Celui qui ne Le sert pas s'engage seulement dans le Talmud et pas dans *Le Zohar*.
— *Maayan Ganim* (Fontaine des jardins), Ch. 1, pt. 2

Ne laissez pas la peur d'étudier venir dans votre cœur, car en étudiant, les 248 organes et 365 tendons se sanctifieront et se purifieront. Vous serez capables de sanctifier et purifier chaque organe, d'être un chariot pour la *Shekhina* (Divinité), et rapprocherez la fin de l'exil.
— *Heichal HaBrakha* (Palais de la bénédiction), *Béréshit* (Genèse), p. 32

Nous savons que l'étude du *Zohar* donne beaucoup de possibilités. Sachez que par l'étude du livre *Le Zohar* un désir se crée, et la langue sacrée du *Zohar* éveillent beaucoup au service de Dieu.
— Rav Nachman de Breslev, Entretiens du Rav Nachman, 108

Toute la sagesse de la Kabbale n'est que pour connaître la conduite de la Volonté Supérieure, pourquoi Elle a créé toutes ces créatures, ce qu'Elle attend d'elles, quelle sera la fin de tous les cycles du monde, et comment toutes ces incarnations dans le monde, qui sont si étrangères, sont interprétées. C'est parce que la Volonté Supérieure avait déjà calculé le cycle de cette conduite, qui se termine dans une perfection totale. Et ces calculs sont ce que nous interprétons comme des Sefirot et des mondes.
— **Rav Moshé Chaïm Louzzato (Le Ramchal)**, *Daat Tvounot*, p. 21

Dans l'étude de la Kabbale, je sais que vous, de vous-mêmes, ne désirez pas étudier, sauf si c'est de quelqu'un plus grand que vous. Et vous ne le trouverez pas sauf en étudiant Le Livre du Zohar. Cependant, avant chaque étude, posez-vous la question si vous en faites une habitude, ou seulement pour Lui. Et tous les moments ne sont pas pareils : parfois vous pourrez étudier pour Lui avec ferveur, si vous êtes récompensés de prier avec une pensée pure; et parfois avec une petite pensée, mais tout dans une pensée pour Lui.
— **Rav Meshoulam Feiboush**, *Yosher Divrey Emet* (Sincérité, mots de vérité), p. 25

S'il étudie en vérité, et en craignant le péché, plus il étudiera, plus il se rendra et se verra loin de la vérité, et il en viendra bien sûr à craindre le péché. Mais quand il étudie pour s'instruire et philosopher, expert en règles pour juger et éduquer, plus il ajoute d'arguments et d'opinions, plus il se fera du mal et plus grand deviendra le cœur. Toutefois, pour cette raison, l'imbécile marche dans l'obscurité, dans toutes sortes de convoitises et de mensonges; et il gaspillera ses années sans cœur.
— **Rav Meshoulam Feiboush**, *Yosher Divrey Emet* (Sincérité, mots de vérité), p. 39

Tous les sages des nations ne connaissent pas dans *Yetsira* ce que le plus petit d'Israël sait. Et l'utilité du reste des sagesses réside dans le fait d'être une échelle à la sagesse de connaître le Créateur.
— **Rav Moshé Ben Nachman, Les Écrits du Ramban, Essai *Torat HaShem Temima* (La loi du Seigneur est parfaite), p. 155**

Mais quand l'homme s'engage dans cette sagesse, et mentionne les noms des lumières et des *Kélim*, qui sont relatifs à son âme, elles l'illuminent immédiatement, dans une certaine mesure. Elles l'illuminent sans le revêtement de l'intériorité de son âme, vu que les *Kélim* appropriés pour leur réception manquent. Cependant l'illumination qu'il reçoit chaque fois qu'il étudie, attire sur lui la Grâce des Cieux, et lui accorde une abondance de sainteté et de pureté, qui rapprochent beaucoup l'homme de l'atteinte de sa perfection.
— **Rav Yéhouda Ashlag (Baal HaSoulam), « Introduction au Talmud des dix Sefirot », pt. 155**

Il s'avère que de tous les rejets qu'il a eus, tous provenaient du Créateur, c'est-à-dire que ce n'est pas parce qu'il ne s'est pas bien comporté, qu'il n'a pas pu surmonter, mais pour ceux qui désirent véritablement se rapprocher du Créateur, pour qu'ils ne se contentent pas de peu, c'est-à-dire de rester à l'état de petit enfant inconscient, c'est pourquoi il lui est donné une aide d'en-haut…Et ce n'est que lorsqu'il y a vraiment chez cet homme un véritable désir qu'il reçoit l'aide d'en-haut et on lui montre constamment comment il se comporte mal dans son état actuel. C'est-à-dire des pensées et des opinions qui s'opposent au travail lui sont envoyées et cela afin qu'il voie qu'il n'est pas en complétude avec le Créateur.
— **Rav Yéhouda Ashlag (Baal HaSoulam), *Shamati* (J'ai entendu), Article 1, « Il n'y a rien hormis Lui »**

L'homme doit savoir que jamais il ne parviendra à connaître la véritable étendue de l'importance du lien entre l'homme et le Créateur, parce qu'il n'est pas à sa portée d'en estimer la véritable valeur. Au contraire, c'est dans la mesure même où l'homme saura l'apprécier qu'il en saisira la grandeur et l'importance. Il y a en cela une vertu par laquelle il peut être récompensé à ce que cette illumination demeure en lui en permanence.
— **Rav Yéhouda Ashlag (Baal HaSoulam), *Shamati* (J'ai entendu), Article 4, « Quelle est la raison du poids ressenti en s'annulant devant le Créateur dans le travail ? »**

On n'a pas besoin d'ascétisme et on n'a pas besoin de corriger l'extériorité. Ne corrigez pas votre extériorité, mais seulement votre intériorité, puisque seule votre intériorité est sur le point de recevoir une correction. La cause première du dysfonctionnement de l'intériorité est l'orgueil et l'égo. Si vous désirez laver vos péchés, vous devriez vous engager à annuler l'égo au lieu de l'ascétisme, ressentir que vous êtes la plus basse et la pire de toutes les personnes au monde. Ainsi, il faut faire attention de ne s'abaisser que devant des gens appropriés, devant notre groupe, et non devant des étrangers.
— **Rav Yéhouda Ashlag (Baal HaSoulam), *Pri Hacham*, lettres (Le fruit d'un sage), p. 75**

Étudiez un livre de Kabbale et même si vous ne comprenez pas, dites les mots du *Zohar*, car ils peuvent purifier l'âme.
— **Rav Yaakov Kapil, Livre de prière, Section « L'intention dans l'étude »**

L'intériorité de la Torah est la vie pour l'intériorité du corps, qui est l'âme et l'extériorité pour l'extériorité du corps. Et ceux qui s'engagent dans des indications et des secrets, le mauvais penchant ne peut les tenter.
— **Le Gaon de Vilna (HaGRA)**, *Even Shléma* (Une pierre parfaite), **Ch. 8, pt. 27**

Celui qui étudie beaucoup étudiera principalement Le *Zohar*, même s'il ne comprend pas. Après tout, pourquoi devrait-il se soucier de ne pas comprendre, puisqu'en fait c'est un remède ?
— **Courts Articles du vieil Admor, p. 571**

Celui qui n'a pas été récompensé de comprendre lira néanmoins les mots, puisque les mots peuvent purifier l'âme et l'illuminer d'une splendeur merveilleuse.
— **Rav Chaïm HaCohen, Bonnes conduites, pt. 45**

Ecoutez-moi mes frères et amis, qui aspirent de demandent la vérité, la vérité du travail du cœur – voir l'amabilité du Seigneur et visiter Son palais : Mon âme s'inclinera et s'attachera au *Livre du Zohar*, car le remède en s'engageant dans le livre sacré est connu de nos anciens sages.
— **Rav de Zidichov**, *Sour MiRa* (Éloigne-toi du mal), **p. 4**

Il est vrai que nous acceptons que même pour celui qui ne sait rien, les mots du *Zohar* peuvent encore purifier l'âme.
— **Rav Tzvi Elimelech Shapira (MAHARTZA), Les Ajouts de MAHARTZA, pt. 9**

Une nouvelle Lumière lui est renouvelée à chaque instant, jusqu'à ce qu'elle devienne vraiment une nouvelle création, par Le *Zohar* et notre maître le Ari.
— *Heichal HaBrakha* (**Palais de la Bénédiction**), *Devarim* (**Deutéronome**), **p. 11**

Chacune des lettres du *Livre du Zohar* et des écrits de notre grand maître, par le Rav **Chaïm** Vital… sont de grandes corrections pour l'âme, pour corriger toutes les incarnations.
— **Rav Yitzhak Yéhouda Yehiel de Komarno**, *Notzer Hessed* (**Garder la Miséricorde**), **Ch. 4, Ens. 20**

Il dit : « Avant la venue du Messie, l'hérésie et l'épicurisme augmenteront dans le monde. » Le conseil pour cela est de lire prudemment Le *Zohar* chaque jour, même s'il ne comprend pas ce qu'il dit, car dire Le Zohar peut purifier le cœur.
— **La Lumière des droits, La myrrhe claire**

Une heure à étudier *Le Zohar* corrigera En Haut ce que toute une année d'étude littérale ne pourra faire.
— **Rav Shalom Ben Moshé Buzaglo (Maroc), Le trône du Roi, *Tikoun* 43, pt. 60**

Le Saint béni soit-Il ne ressent aucun contentement dans Son monde sauf quand on s'engage dans cette sagesse. Qui plus est, l'homme n'a été créé que pour étudier la sagesse de la Kabbale.
— **Rav Chaïm Vital, Préface à la porte aux introductions**

Si vous me dites : « en quoi ces corrections sont-elles utiles ? » Sachez qu'elles sont très utiles. Premièrement, elles ne sont plus perdues mais ont été gardées pour la fin des temps. Deuxièmement, quand ces grandes actions sont faites à l'intérieur, même si les actions elles-mêmes ne sortent pas, une illumination sort néanmoins d'elles, pour faire de grandes corrections dans la rédemption générale. Mais pour faire sortir cette petite illumination, toutes ces grandes actions sont requises, puisqu'elles sont enfermées à l'intérieur.
— **Rav Moshé Chaïm Louzzato (Le Ramchal), *Adir BaMarom*
(Le majestueux qui est en haut), p. 17**

Toutes les *Mitsvot* qui sont écrites dans la Torah ou celles qui sont acceptées, que les Patriarches ont établies, même si elles sont la plupart des actions ou des mots, elles sont toutes pour corriger le cœur, « car le Seigneur demande tous les cœurs, et comprend tout le penchant des pensées. »
— **Rav Avraham Eben Ezra, *Yessod Mora*, p. 8b**

S'il désire savoir, et demande au Seigneur de comprendre le lien, ceci s'appelle « une prière. » Et c'est une chose grande et très importante, puisqu'il a un lien avec le Seigneur, et attend quelque chose de Lui.
— **Rav Baruch Ashlag, Article n°561, « Prière »**

La prière est appelée « le travail du cœur », puisque le cœur est *Malkhout*, et le cœur commande tous les organes.
— **Rav Moshé Chaïm Louzzato (Le Ramchal), *Adir BaMarom*
(Le Majestueux qui est en Haut), p. 234**

Mais la prière est plus particulière au cœur. Elle le touche en premier, et le prépare à comprendre correctement les organes. Et toute la force de correction est que le cœur, sous tous ses aspects, adhérera au Nom *HaVaYaH*, ce qui signifie ZA, et s'inclura en lui.
— **Rav Moshé Chaïm Louzzato (Le Ramchal)**, *Adir BaMarom*
(Le Majestueux qui est en Haut), p. 242

Nous pouvons dès lors voir l'obligation absolue pour tout d'Israël… de s'engager dans l'intériorité de la Torah et de ses secrets. Sans elle, l'intention de la création ne sera pas complétée dans l'homme. C'est la raison pour laquelle nous nous réincarnons, une génération va et une génération vient, jusqu'à notre génération, qui est le reste des âmes dans lesquelles l'intention de création n'a pas été complétée, puisqu'elles n'ont pas été récompensées d'atteindre les secrets de la Torah au cours des générations précédentes.
— **Rav Yéhouda Ashlag, « Introduction au Livre *Pi Hakham* »**

De là, on pourrait conclure que le fait de trouver grâce aux yeux du Créateur – ou le contraire –, ne dépend pas de l'homme lui-même, mais seulement du Créateur. Pourquoi il plaît maintenant au Créateur, et qu'ensuite ce n'est plus le cas ; c'est quelque chose que l'homme ne peut pas comprendre avec son esprit séculier, car ce n'est qu'après être entré dans la spiritualité.
— **Rav Yéhouda Ashlag (Baal HaSoulam)**, *Shamati* **(J'ai entendu), Article 1,**
« Il n'y a rien hormis Lui »

Un endroit réel en spiritualité est appelé le lieu de la réalité puisque quiconque arrive à cet endroit voit la même forme que les autres. Cependant, une chose imaginaire n'est pas appelée un endroit réel puisqu'elle est imaginaire, et alors tout le monde l'imagine différemment.
— **Rav Yéhouda Ashlag (Baal HaSoulam)**, *Shamati* **(J'ai entendu), Article 98,**
« La spiritualité est appelée ce qui ne s'annulera jamais »

Les anges ne connaissent pas les secrets de la Torah. Ils n'atteignent pas Celui qui les a créés comme les âmes l'atteignent – en demandant la Torah et, en elle, l'atteinte du Créateur, la grandeur de Celui qui les a faits, et s'élever. Toute la Torah ne parle que de l'existence de Celui qui fait et de Son mérite dans Ses Sefirot et Ses actions en elles. Plus on en demande ses secrets, mieux c'est, puisqu'il proclame Son mérite et fait des merveilles dans les Sefirot.
— **Rav Moshé Cordovero (RAMAK), Connais le Dieu de ton père, 40**

Nous ne connaissons pas le Seigneur à partir du monde et par le monde, mais de l'intérieur de notre âme, à partir de Sa qualité Divine.
— **Rav Abraham Isaac Kook, *Igrot* (Lettres), Vol. 1, 45**

La sagesse du secret n'est pas transmise à une seule personne, puisque chacun a une part dans la Torah, puisque l'intention est seulement de connaître le Créateur. De plus, il est impossible à une personne d'atteindre toute la sagesse sans tout le reste du monde. Cependant « Son mari est connu aux *Shéarim* (portes). » Dans *Shiourim* (mesures), chacun possède une *Shiour* (mesure) dans la Torah, pour Le connaître.
— **Rav Moshé Cordovero (RAMAK), Connais le Dieu de ton père, 93**

Il y a celui qui regarde seulement la Torah au sens littéral et les questions au sens littéral. Ceux-ci sont déconcertés dans le monde à venir, puisqu'il n'y a pas de sujets au sens littéral, mais leurs secrets, alors il pourra négocier parmi le reste des justes, ceux qui demandent les secrets de la Torah qui sont là. Autrement, il sera rejeté, à l'extérieur, à l'endroit des étudiants du sens littéral.

Et ceux qui approfondissent le secret ont une part dans *Bina*, ainsi ils y brilleront et resplendiront, à partir du secret de l'intériorité de la Torah, et en mesurant un niveau, c'est-à-dire, comme la splendeur du firmament. Il n'y a pas de récompense comme la récompense des disciples de la Torah et connaissant ses secrets, pour la gloire de son Créateur.
— **Rav Moshé Cordovero (RAMAK), Connais le Dieu de ton père, 148**

Heureux sont ceux qui s'engagent dans la Torah pour connaître la sagesse de leur Maître. Ils connaissent et regardent les secrets supérieurs. Quand une personne qui s'est repentie quitte ce monde, il ne lui reste que des transgressions que seule la mort expie, par cela, ce qui signifie la mort, tous les jugements du monde la quittent. Qui plus est, ils lui ouvrent les treize portes des secrets du kaki pur, desquelles la sagesse supérieure dépend.
— **Le Livre du Zohar (avec le commentaire du Soulam), Cantique des Cantiques, p. 148**

Ce n'est pas sans raison – selon leur volonté – qu'ils ont jugé ce qui est impur, pur, interdit, permis, Casher ou pas. Mais ils ont jugé à partir de l'intériorité de la Torah, car elle est connue de ceux qui connaissent la grâce.
— **Rav Chaïm Vital, Les Écrits du Ari, L'Arbre de la vie, Partie 1 « Introduction de Rav Chaïm Vital » 3**

Celui qui n'a pas vu la Lumière de la sagesse de la Kabbale n'a jamais vu les Lumières au cours de sa vie. Car alors il comprendra et apprendra le sens de Son unicité et de Sa Providence. Et tous ceux qui quittent la sagesse de la Kabbale quittent la vie éternelle, spirituelle.
— **Rav Isaïe Horowitz (le Shelah), « Premier article » p. 30**

Celui qui n'a pas vu la Lumière du Livre du Zohar n'a jamais vu Lumière.
— **Rav Tzvi Hirsh de Zidichov,** *Ateret Tzvi* **(Une couronne de gloire)**
Portion BeHaalotekha

Nous devons la connaître parce qu'il nous a été ordonné : « connais ce jour, et mets-le dans ton cœur, que le Seigneur, est Dieu. » Alors, nous devons savoir et ne pas que croire, mais pour les choses qui se posent sur le cœur.
— **Rav Moshé Chaïm Luzzato (Le Ramchal), La guerre de Moshé, « Règles, » p. 349**

Il n'y aura pas de dieu étranger en toi – Dieu ne sera pas un étranger pour toi, en toi.
— **Il n'y a rien de plus parfait qu'un cœur brisé (Paroles du Rav de Kotzk, Pologne), p. 42**

L'âme se diffuse dans les parties du corps et s'inclut en un tout dans le cœur, dans la compréhension. C'est la signification de « le cœur comprend » (*Berakhot* 61), parce que la compréhension du cœur est une véritable vision, car comme les yeux voient, de même est la compréhension de l'âme, qui n'est qu'en regardant.
— **Rav Moshé Chaïm Luzzato (Le Ramchal),** *Adir BaMarom*
(Le Majestueux qui est en Haut), p. 274

Chacun parvient à l'atteinte individuelle, selon son degré et en son temps.
— **Rav Moshé Chaïm Luzzato (Le Ramchal),** *Adir BaMarom*
(Le Majestueux qui est en Haut), p. 279

En vérité, celui qui atteint la véritable connaissance peut voir trois choses : la véritable conduite, la cachée, l'apparence superficielle de la conduite, qui n'est pas la vérité, d'où vient cette apparence, et comment elle se relie à la véritable conduite ?
— **Rav Moshé Chaïm Luzzato (Le Ramchal),** *Adir BaMarom*
(Le Majestueux qui est en Haut), p. 459

Le Baal Shem Tov ordonna à ses gens d'étudier les mots du *Zohar* avant d'aller prier.
— **Rav Isaac Bar Isaïe Atia,** *Doresh Tov* **(Demande le bien), « À propos du Zohar »**

Ne parviendra à la vie que seulement par l'étude du *Zohar*... Et à cette génération il est impossible d'attirer la *Shekhina* (Divinité) supérieure sauf par Le *Zohar* et les écrits du Rav **Chaïm** Vital.
— *Heikhal HaBrakha* (Palais de la bénédiction), *Devarim* (Deutéronome), 58

En ce jour, quand le livre sacré – Le *Zohar* – a été écrit, qui est de l'illumination de la Lumière cachée, bonne... elle nous illumine en exil jusqu'à ce que, par son mérite, le Messie apparaîtra. Que cette lumière soit la lumière du Roi Messie.
— **Rav Tzvi Elimelech Shapira (MAHARTZA)**, *Bnei Issachar* (Les enfants d'Issachar), « Articles du mois de Iyar » Article 3, pt. 4

Nous savons d'après les livres et les auteurs que l'étude de la sagesse de la Kabbale est une obligation absolue pour quiconque d'Israël. Et si l'homme étudie toute la Torah et connaît la Michna et la Guémara par cœur, et qu'il est également rempli de vertus et de bonnes actions, plus que ses contemporains, mais n'a pas appris la sagesse de la Kabbale, il doit se réincarner et revenir dans ce monde pour apprendre les secrets de la Torah et la sagesse de la vérité.
— **Rav Yéhouda Ashlag, « Introduction au Livre *Pi Hakham* »**

Je suis heureux d'être né à une génération qui a déjà été autorisée à publier la sagesse de vérité. Si vous me demandiez « Comment sais-je que cela est permis ? », je vous répondrai que j'ai reçu la permission de la révéler, car jusqu'à présent les moyens par lesquels il était possible de s'engager publiquement et d'expliquer totalement chaque mot n'avaient été révélés à aucun sage.

J'ai aussi juré à mon maître de ne rien révéler, comme l'ont fait tous les étudiants avant moi. Cependant, ce serment et cette interdiction s'appliquent uniquement à ces manières qui étaient transmises oralement de génération en génération, depuis les prophètes et avant. Si ces façons de transmettre avaient été révélées au public, elles auraient causé beaucoup de torts, pour des raisons connues uniquement de nous.

Néanmoins, la façon dont je m'engage dans mes livres est autorisée. Qui plus est, mon professeur m'a ordonné de diffuser autant que je le pouvais. Nous l'appelons « la façon d'habiller les sujets ». Vous verrez dans les écrits du Rashbi qu'il appelle cette voie « donner la permission », et c'est ce que le Créateur m'a donné dans sa mesure la plus complète. Nous croyons que cela ne dépend pas du génie du sage, mais de l'état de la génération, comme nos sages nous l'ont dit : « Petit Samuel était digne, etc., mais sa génération ne l'était pas ». C'est pour cela que j'ai dit que tout mon mérite quant au fait de révéler la sagesse vient de ma génération.
— **Rav Yéhouda Ashlag (Baal HaSoulam), De l'enseignement de la Kabbale et son essence**

Nous devons donc établir des séminaires et écrire des livres pour accélérer la diffusion de la sagesse dans la nation. C'était différent dans le passé, car il y avait la crainte que des disciples irrespectueux soient introduits par mégarde, comme nous l'avons expliqué précédemment. C'était la raison principale de la prolongation de l'exil, pour nos nombreuses iniquités, jusqu'à ce jour...Beaucoup s'égareront, et la connaissance augmentera parmi ceux qui en seront dignes. Et par cela, nous serons rapidement récompensés de la venue du Messie, et de la rédemption de nos âmes de nos jours.
— **Rav Yéhouda Ashlag (Baal HaSoulam), Introduction au livre *Panim Méirot ve Masbirot*, pt. 5**

À cause de l'empêchement général de l'étude spirituelle des choses divines, le concept de Divinité s'obscurcit, par manque de travail intellectuel et émotionnel pur. C'est l'hérésie des jours du Messie, lorsque la connaissance Divine s'amenuise dans l'assemblée d'Israël et dans le monde entier.
— **Rav Abraham Isaac Kook, *Orot* (Lumières), p. 126**

Tourner les cœurs et occuper les esprits avec de nobles pensées, dont l'origine est les secrets de la Torah, sont devenus une nécessité absolue de la dernière génération pour qu'existe le judaïsme.
— **Rav Abraham Isaac Kook, brouillard de pureté, p. 65**

Cependant nous ne pourrons jamais ignorer le remède général, complet, dont l'abandon a causé notre chute. C'est la chose que moi, dans ma misère et mon mécontentement, j'ai l'habitude d'appeler... Précisément en temps de grand danger et de crise, nous devrions prendre le meilleur des remèdes de toute la Torah, avec toutes ses interprétations spirituelles... Dans un tel moment, nous devons protester contre le plus grand manque.
— **Rav Abraham Isaac Kook, *Igrot* (Lettres), Vol 2, pp 123, 126**

Tous les grands kabbalistes s'écrient unanimement comme des grues qu'aussi longtemps que nous quittons la Torah et ses secrets et ne nous engageons pas dans ses secrets, nous détruisons le monde.
— **Rav Abraham Isaac Kook, *Igrot* (Lettres), Vol. 2, p. 231**

J'ai déjà dit en plusieurs occasions que c'est précisément cette génération, qui semble si vide et si rebelle, qui est la plus qualifiée pour la lumière de la véritable repentance.
— **Rav Abraham Isaac Kook, *Igrot* (Lettres), Vol. 2, p. 34**

Quand la connaissance diminue chez les enfants d'Israël, au temps de l'exil, et les introductions Divines disparaissent et sont oubliées, beaucoup tomberont dans le puits de la matérialité et se feront un Dieu qui a une place et une image. C'est parce que les secrets de la Torah ont disparu d'eux. Et peu seront avisés et connaîtront le secret, sauf un par ville, et nombreux seront dans le puits de l'erreur.
— **Rav Moshé Cordovero (RAMAK), Connais le Dieu de ton père, 139-140**

Il est très nécessaire d'étudier le *Zohar* en ces temps-ci afin de nous protéger et de nous sauver de tout mal, puisque le dévoilement de cette sagesse est à présent dans de mauvaises générations, afin qu'elle soit maintenant notre bouclier pour nous accrocher de tout notre cœur à notre Père dans les Cieux. Les générations précédentes étaient des hommes d'action et pieux, et les bonnes actions les sauvaient des détracteurs. Maintenant nous sommes loin de la Racine supérieure, comme la levure dans le tonneau. Qui nous défendra sinon notre étude de cette sagesse ?
— **Le Sage Jacob Tzemach dans son introduction à L'Arbre de la Vie**

Et il connaîtra les secrets de la Torah et les saveurs des *Mitsvot*... parce que l'âme se fortifie en eux et s'isole avec son Créateur... Et à part le bien caché, le monde à venir, pour celui s'essaye et s'assagit en elle, il goûte aussi aux saveurs du monde à venir dans ce monde... Et par le mérite de ceux qui s'engagent, le Messie viendra; car alors la terre sera remplie de connaissance, et que cette raison sera la raison de Sa venue.
— **Rav Isaïe Horowitz (Le Shelah), "Premier Article," p. 30**

Tous ceux qui seront récompensés de Lui, seront récompensés de la rédemption. C'est parce que ce petit travail, à ce moment, est plus important que tous les béliers de Nebaioth qui vivaient au moment où le Temple existait.
— **Rav Abraham Katz de Kalisk (Pologne), Miséricorde à Abraham, « La première fontaine », 24**

Je l'ai vu écrit que la décision venant d'En Haut de ne pas d'étudier ouvertement la sagesse de la vérité n'était que pour une période limitée, jusqu'à la fin de l'année 1490. Mais à partir de là, la décision a été révoquée et la permission accordée de s'engager dans *Le Livre du Zohar*. Et à partir de l'année 1540, c'était une grande *Mitsva* (commandement, bonne action) pour les masses d'étudier, grands et petits... Et grâce à cela le Roi Messie viendra, et en aucun cas, nous ne devons être négligents.
— **Rav Abraham Ben Mordechai Azoulai, *Ohr Hakhama* (Lumière du soleil), Introduction**

C'est à travers l'engagement d'Israël dans les secrets de la Torah que le Messie viendra rapidement, de nos jours, Amen.
— **La congrégation de Jacob, valeur du secret**

La rédemption ne viendra seulement que par l'étude de la Kabbale.
— **Le Gaon de Vilna (HaGRA),** *Even Shlema* **(Un pierre parfaite), Ch. 11, pt. 3**

Puissent-ils commencer à apprendre avec le saint troupeau le Livre du Zohar aux enfants lorsqu'ils sont encore petits, à l'âge de neuf ou dix ans, comme il a été écrit par le grand kabbaliste... et la rédemption viendra certainement bientôt, sans les douleurs du Messie. Et Rabbi Shem Tov avait déjà écrit dans Le Livre des Fois que Yéhouda et Israël ne seront rachetés pour toujours que par la sagesse de la Kabbale, puisqu'elle seule est une sagesse Divine, transmise aux sages d'Israël depuis les jours anciens et les années. Et c'est par elle que la gloire de Dieu et la gloire de Sa Loi sacrée seront révélées.
— **Rav Shabtai Ben Yaakov Yitzhak Lifshichtz,** *Segoulot Israël* **(Les mérites d'Israël), Ensemble n°7, pt. 5**

Écoutez mes conseils et Dieu sera avec vous : Ne vous empêchez pas de vous engager dans la sagesse par crainte. Après tout, qu'est-ce qu'est l'âme de votre vie dans le monde ? S'il n'y a pas de sagesse ou de connaissance en vous, votre vie n'est pas vie. L'écrit dit : « Vois, j'ai placé devant toi la vie; et choisis la vie. » Imaginez qu'une personne se tienne devant vous pour vous ôter la vie; vous lui feriez la guerre... ou règneriez sur elle, ou le contraire ? » Tout ce qu'un homme donne pour son âme, n'aura aucun remords pour toutes les actions et les justifications du monde, et traversera la mer, s'élèvera jusqu'au ciel, jusqu'à ce que celui qui se dresse devant lui se rende car il voulait l'empêcher de vivre. C'est encore plus vrai s'il s'agit de la Vie éternelle, appelée « vie. »
— **Rav de Zidichov,** *Sour MiRa* **(Éloigne-toi du mal), 8**

Pourquoi le Seigneur nous a-t-il envoyés pour révéler à notre génération ce qu'Il n'a pas révélé sauf à la génération de Rabbi Akiva et de Rabbi Shimon Bar-Yokhai et ses amis... Car ceci constitue les bases de la Torah et l'essence de la foi autour desquelles les axes des portes de la Torah et le travail tournent. Sans elle, vous ne connaîtrez pas ce qu'est la Torah *Lishma* (En Son Nom), puisque vous ne connaîtrez pas la racine des images de Ses Noms, béni soit-Il et béni soit Son nom... Et vous ne serez pas exemptés de l'intériorité de la Torah, car sans elle, l'homme est comme une bête, un bœuf qui mange de l'herbe.
— **Rav de Zidichov,** *Sour MiRa* **(Éloigne-toi du mal)**

Je dis, j'aurais aimé que la plus grande des générations n'ait pas facilité l'étude de la sainte sagesse et qu'elles aient enseigné à leurs étudiants une manière de s'engager dans cette sagesse. Alors il n'y a certainement aucun orgueil dans les études laïques, et tous les enseignements auraient été rejetés devant elle, comme l'obscurité est repoussée devant la lumière. Déjà nos infractions ont fait que beaucoup de justes de la génération ont fermé les portes de la sagesse aux novices et ont dit qu'ils n'enseigneront pas tant qu'ils n'ont pas atteint un degré et le saint esprit. Pour cette raison, nous sommes restés sans la sainte sagesse, nos infractions, et l'obscurité des enseignements laïcs ont augmenté. L'imbécile marche dans l'obscurité et rapidement de nos jours, Dieu dira : « Que la lumière soit » et elle nous illuminera.
— **Rav Tzvi Elimelech Shapira (MAHARTZA),** *Maayan Ganim* **(Une fontaine des jardins), Ch. 1, pt. 5**

En raison de l'augmentation des *Klipot* (écorces), l'hérésie, l'impudence et la multitude mélangée de cette génération, la permission a été donnée d'En-Haut de dévoiler la Lumière de cette sagesse, pour attacher les âmes à la vie de la Lumière de la Divinité, pour véritablement adhérer à Lui... C'est parce que cette sagesse n'a été révélée à cette génération que pour sanctifier, purifier et éliminer le mal.
— *Heikhal HaBrakha* **(Palais de la bénédiction),** *Devarim* **(Deutéronome), p. 27**

Parce qu'Israël est destiné à goûter à l'Arbre de Vie, qui est le Livre du Zohar, par lui, il sortira de l'exil.
— **Le Livre du Zohar, portion** *Nasso,* **pt. 90**

Quand nous nous repentirons et nous nous engagerons dans cette sagesse avec amour, Israël seront rachetés rapidement de nos jours, Amen.
— **Rav Chaïm Vital, Préface à la porte aux introductions**

J'ai des nouvelles de la ville de Prague, qui est un endroit d'étude : Le judaïsme est en déclin là-bas, battant en retraite jour après jour. Cependant, la chose est qu'auparavant, la Torah révélée suffisait. Mais maintenant, aux jours du Messie, il faut qu'il y ait la Torah cachée. Auparavant, le mauvais penchant n'était pas aussi puissant, et la Torah révélée était suffisante en tant qu'épice contre lui. Mais maintenant, avant la rédemption, le mauvais penchant s'intensifie plus et il faut également se renforcer dans le caché.
— **Rav Simcha Bounim de Pchiskha (Pologne), Une Torah de joie, p. 57**

Sachez que les générations précédentes et les premiers jours, celles du cinquième millénaire, ne sont pas comme ces générations et ces jours. À cette époque, les portes de la sagesse étaient fermées et mises sous clef. De ce fait, il n'y avait que quelques kabbalistes. Ce n'est pas le cas au sixième millénaire, quand les portes de sa lumière, les portes de la clémence se sont ouvertes, puisque la fin des jours est proche. Maintenant c'est une joie de *Mitsva* (…) et un grand contentement aux yeux du Seigneur de faire connaître la gloire de Son Royaume éternel, et spécialement maintenant, quand les saints écrits du Ari Louria ont été imprimés. Ceci nous a ouvert les portes de Lumière, qui étaient scellées et fermées à clef. Maintenant il n'y a pas d'obstacle ni de danger, tout comme avec le révélé.
— *Sefer HaBrit* **(Le livre de l'alliance), Partie 2, pt. 12, Ch. 5**

Ce n'est que par la seule diffusion de la sagesse de la Kabbale dans la majorité du peuple, que nous serons récompensés de la rédemption complète…car ni les individus, ni les nations ne pourront réaliser complètement le but pour lequel ils ont été créés, si ce n'est en atteignant l'intériorité de la Torah et ses secrets. Et bien qu'une connaissance complète nous fasse espérer la venue du Messie… C'est pourquoi, nous avons tout d'abord besoin de diffuser largement la sagesse de la vérité parmi la nation afin que nous puissions être dignes de recevoir les bienfaits de notre messie. Par conséquent, la diffusion de la sagesse et la venue du messie dépendent l'une de l'autre.
— **Rav Yéhouda Ashlag (Baal HaSoulam), Introduction au livre *Panim Méirot ve Masbirot*, pt. 5**

Maintenant les temps dictent de multiplier l'acquisition de possessions dans l'intériorité de la Torah. Le Livre du Zohar ouvre de nouveaux sentiers, définit des voies, fait une autoroute dans le désert, lui, et toutes ses récoltes sont prêtes à ouvrir les portes de la rédemption.
— **Rav Abraham Isaac Kook,** *Orot* **(Lumières), 57**

Beaucoup ont pensé qu'ils ne méritaient pas de trop s'accrocher au secret, puisque la Torah pratique serait oubliée d'Israël, c'est-à-dire le défendu, le permis, le non-Casher et le casher. Et qu'adviendrait-il de cette Torah si nous nous étions tous unis dans les secrets de la Torah ?... Cependant ceux qui la méprisent ne sont en aucun cas des serviteurs du Seigneur.
— **Rav Moshé Cordovero (RAMAK), Connais le Dieu de ton père, 132**

Mais si au contraire, l'homme d'Israël rabaisse la vertu de l'intériorité de la Torah et de ses secrets, qui traitent du chemin de nos âmes et de leurs degrés, et aussi de la perception et des saveurs des Mitsvot, au profit de la vertu de la Torah extérieure, qui ne traite que de la partie pratique, et même s'il s'engage occasionnellement dans l'intériorité de la Torah, lui accordant une petite heure de son temps, que ce soit la nuit ou le jour, comme si elle n'était pas nécessaire, il déshonore alors et rabaisse l'intériorité du monde, qui sont les enfants d'Israël, et il renforce l'extériorité du monde, soit les Nations du monde sur eux. Elles humilieront et rabaisseront les enfants d'Israël et elles considèreront Israël comme superflu, comme si le monde n'avait pas besoin d'eux.
— **Rav Yéhouda Ashlag, (Baal HaSoulam) Introduction au Livre du Zohar, pt. 69**

Malheur à ces mêmes personnes qui sont la cause du départ de l'esprit du Messie, qui a quitté le monde et ne peut plus y revenir. Ce sont eux qui ont rendu la Torah aride et sans aucune saveur de compréhension ni raison. Ils se restreignent uniquement aux aspects pratiques de la Torah, et ne font aucun effort pour essayer de comprendre la sagesse de la Kabbale, de connaître et de comprendre les secrets de la Torah et les saveurs de la Mitsva.

Malheur à eux, car par leurs actions ils amènent la misère, la ruine, la destruction, le saccage, les meurtres et les exterminations dans le monde.
— **Rav Yéhouda Ashlag (Baal HaSoulam), Introduction au Livre du Zohar, pt. 70,**

Le peuple d'Israël est divisé en trois sectes :
1. La masse de serviteurs du Seigneur qui ne Me connaissent pas. Ils ramènent le monde au chaos, en faisant vivre leurs corps, et en détruisant leurs âmes.
2. Les sages étudiants, qui s'engagent dans la Torah littérale, les sages du littéral. Ils méprisent l'engagement dans la sagesse de la vérité, et disent que tout ce qui est dans la Torah n'est que le littéral. Ceux-ci sont des sages faisant le mal, et ne savent pas comment faire le bien. Et beaucoup de problèmes viendront d'eux; ils n'ont pas de Lumière dans leur Torah.
3. Ceux qui possèdent la sagesse de la vérité, sont appelés « fils ».

— **Rav Chaïm Vital, Les Écrits du Ari, L'Arbre de Vie, Partie Un,**
« Introduction du Rav Chaïm Vital », 9-10

Il n'y a pas de doute que ceux qui s'engagent dans le Talmud de Babylone sont comme des aveugles qui tâtent un mur, dans les habits de la Torah. Ils n'ont pas d'yeux pour voir les secrets de la Torah qui y sont cachés.

— **Rav Chaïm Vital, Les Écrits du Ari, L'Arbre de Vie, Partie Un, « Introduction du Rav Chaïm Vital »**, 9-10

Malheur à ceux qui offensent la Torah. Car sans aucun doute, quand ils ne s'engagent que dans le littéral et ses histoires, il porte ses vêtements de veuve, et couvert d'un sac. Et toutes les nations diront à Israël : « Qu'est-ce qui fait que ton Bien-Aimé est plus qu'un autre bien-aimé ? Pourquoi ta loi vaut-elle plus que notre loi ? Après tout, notre loi, aussi, est des histoires de ce monde. « Il n'y a pas de plus grand affront à la Torah que cela.

Alors malheur aux gens qui offensent la Torah. Ils ne s'engagent pas dans la sagesse de la Kabbale, qui honore la Torah, car ils prolongent l'exil et tous les maux qui viendront dans ce monde... Et que feront les imbéciles de notre temps, puisqu'ils sont intelligents, et contents de ce qu'ils ont, se réjouissant de leur travail ?... Ils ne savent pas que c'est par leur peur d'y entrer qu'ils évitent de s'y engager.

Alors, ces collines ont mal fonctionné; leur cœur est une racine qui porte le fiel et l'armoise, et la rouille de la boue est venue sur eux, pour renier la sagesse de vérité. Ils disent que tout ce qui existe dans la Torah ne réside que dans le littéral et ses habits... Sans doute ils n'auront pas de part dans le monde à venir... Et il est dit d'eux : « Mes serviteurs mangeront mais vous aurez faim. »

— **Rav Chaïm Vital, Les Écrits du Ari, L'Arbre de Vie, Partie Un, « Introduction du Rav Chaïm Vital »**, 11-12

Nous avons expliqué combien de bons mérites un homme parfait possède sur tout ce qui existe. Son contraire deviendra évident, puisque quand l'homme pèche, il a déjà enfreint l'intention dans sa création. Non seulement ne sera-t-il pas considéré parfait, mais il sera la plus basse de toutes les créatures, même plus que les bêtes et les prédateurs. Comme Maïmonide l'a écrit : « Toute personne qui n'a pas complété la forme humaine parfaite n'est pas considérée humaine, mais une bête à forme humaine. « Il en est ainsi parce qu'une telle personne a la capacité de faire du mal et de renouveler le mal, ce que les autres animaux ne font pas, parce que l'esprit et la pensée qui ont été préparés pour atteindre la perfection seront utilisés à toutes sortes de supercherie pour engendrer le malheur. Alors, il est inférieur à une bête.
— **Rav Shimon Lavi,** *Ketem Paz,* **« L'Homme-But Final de la Création »**

C'est la réponse des imbéciles qui se pensent intelligents.... avec cette sagesse, qui parlent contre ceux qui s'engagent dans la sagesse de la Kabbale et disent d'eux qu'ils entendent la voix des mots, mais ne voient pas d'image. Malheur à eux et à leur infortune de leur bêtise et de leur indiscipline, car ils n'en tireront rien; ils ne feront seulement qu'empêcher les gens de Dieu de s'élever sur Sa Sainte Montagne, puisque même les anges en-Haut ont fait des efforts et n'ont pas atteint la gloire réelle.

Et de toute leur passion, ils s'efforcent de s'élever au-dessus de leur niveau, et ils rugissent en chemin en disant : « avec son amour sois-tu ravi toujours, » et ils ne penseront pas que c'est une erreur. Même les creuseurs de maisons en argile dont la fondation est dans la poussière, leur passion ne sera pas considérée une erreur, mais seulement louange et gloire et grandeur. Parce que pour celui qui s'égare à chercher la maison du Roi, et fait demi-tour pour savoir sur quelle voie Il est, est considéré justesse, et il sera récompensé pour son labeur par le Roi.

C'est la vérité, au-delà de tout doute. Et ceux qui fièrement et dédaigneusement jacassent à propos de ceux qui s'engagent dans les livres de Kabbale sont destinés à en payer le prix : leurs lèvres seront scellées à ce moment et après. Car la bouche des menteurs, qui se vantent via les dieux faits par l'homme avec des preuves tangibles, comme il apparaît à leurs yeux aveugles, sans regarder le travail spirituel de Dieu, sera fermée. Il en est ainsi parce qu'Il est une âme qui ressent, et leur bêtise est une punition suffisante pour leurs âmes.
— **Rav Shimon Lavi,** *Ketem Paz* **, « Le bien et le mal sont inclus dans l'homme »**

La couronne de la Torah est la sagesse de la Kabbale, de laquelle la majorité du monde se retire, en disant que vous devriez observer ce qui est permis et que vous n'avez rien à faire avec ce qui est caché. Toi, si tu es prêt pour cet enseignement, étends ta main, tiens-le, et ne bouge pas de lui. C'est parce que celui qui n'a pas goûté à l'arôme de cette sagesse, n'a jamais vu de Lumières dans sa vie, et il marche dans l'obscurité. Et malheur aux gens qui insultent cette Torah.

Pour expliquer la mesure de l'infraction de ces gens qui empêchent ceux qui le désirent d'étudier la sagesse de la Kabbale avec leurs faux arguments... cette pierre d'achoppement n'est pas dans les mains des masses seulement. Mais, la main des assistants et les prétendus intelligents complotent la mutinerie et la fraude. Et ils ne détruisent pas seulement la connaissance de la Divinité, ils commencent même à mépriser et à condamner cette sagesse. Ils marchent dans l'obscurité et leur nom sera couvert de noirceur pour avoir baillé et dit : « Notre main est haute dans le révélé. Pourquoi avons-nous besoin de cette sagesse ? La Torah littérale nous suffit. »
— *Sefer HaBrit* **(Le livre de l'alliance), Partie 2, Article 12, Ch. 5**

Celui qui ne s'est pas engagé dans la sagesse de la vérité, qui n'a pas voulu l'apprendre quand son âme désirait s'élever au Jardin d'Éden, en est rejeté par disgrâce... Et ne suivez pas l'exemple des plus grands dans la Torah du révélé qui ne désire pas s'engager dans cette sagesse, puisque les mots de nos sages dans le Midrach et dans Le Zohar sont plus vrais que les plus grands de cette génération.
— *Sefer HaBrit* **(Le livre de l'alliance), Partie 2, Article 12, Ch. 5**

Celui qui s'empêche d'étudier la Kabbale est rejeté d'entre les justes, perd son monde, et n'est pas récompensé de voir la Lumière du visage du Roi de vie.
— **Rav Yair Chaïm Bacharach,** *Havot Yair* **(Les fermes de Yair)**

Beaucoup d'imbéciles fuient l'étude des secrets du ARI et du *Livre du Zohar*, qui sont nos vies. Si mon peuple m'écoutait au temps du Messie, quand le mal et l'hérésie augmentent, ils s'essayeraient dans l'étude du *Livre du Zohar* et les *Tikounim* et les écrits du Ari tous leurs jours. Ils annuleraient toutes les mauvaises sentences et étendraient abondance et Lumière... La vie de l'israélien dépend du *Livre du Zohar* et des écrits du Ari, pour étudier avec sainteté, joie, et amabilité, avec crainte et avec amour, chacun en fonction de son atteinte et de sa sainteté, et tout Israël sont saints.
— **Rav Yitzhak Yéhouda Yehiel de Komarno (Slovaquie),** *Notzer Hessed* **(Garder la miséricorde), Ch. 4, Enseignement 20**

Il dirait à propos de ces *Hassidim* qui font beaucoup de bruit, mais sans profondeur ni sentiment, qu'ils sont des cheminées sans maisons – émettant de la fumée sans feu.
— **Il y a rien de plus parfait qu'un cœur brisé (Paroles du Rav de Kotzk-Pologne), p. 38**

C'est le remède qui contient tout, et l'abandonner a causé notre chute. C'est la chose que moi, avec ma déficience et mon aigreur d'âme, je suis habitué à répéter des centaines et des milliers de fois. Nous avons abandonné l'intériorité de la Torah... Des gens petits et étroits viennent nous guérir avec des médecines froides de tout genre, mais laissent de côté la principale potion de vie.
— **Rav Abraham Isaac Kook, *Igrot* (Lettres), Vol. 2, 483**

Il y a ceux qui rendent la Torah sèche, car ils ne désirent pas s'essayer dans la sagesse de la Kabbale. Malheur à eux, car ils apportent la misère, la destruction, le pillage, le meurtre et la perte du monde.
— **Le Livre du Zohar, *Tikouné Zohar* (Les corrections du Zohar), *Tikoun* n°30**

N'importe qui peut atteindre ce qu'il lui est enseigné dans le ventre de sa mère. Et celui qui pourrait atteindre les secrets de la Torah et n'a pas essayé de les atteindre est jugé sévèrement, faites que non.
— **Le Gaon de Vilna (GRA), *Even Shlema* (Une pierre parfaite), Ch. 24**

A présent, vous comprendrez l'aridité et l'obscurité dans lesquelles notre génération actuelle se trouve, qui n'ont existé dans aucune des générations précédentes, car même les serviteurs du Créateur ont abandonné la pratique des secrets de la Torah.
— **Rav Yéhouda Ashlag (Baal HaSoulam), « Introduction au Livre du Zohar » pt. 57**

L'imbécile n'a aucun désir de sagesse, sauf ce qui enthousiasme son cœur, il suit l'intoxication du monde sordide. Il fait peu en étudiant la Torah et en s'engageant dans ses secrets cachés, puisque cela requiert de la « sagesse », pour déduire une chose d'une autre. Et l'imbécile n'a aucun désir de travailler pour comprendre, sauf pour ce qui enthousiasme son cœur, ce qui veut dire pour des choses qui sont vues par tous, qui ne requièrent aucun labeur pour les obtenir. Dans son petit esprit, il pense qu'il les comprend, même si en vérité, il ne l'atteint même pas.
— **Les Interprétations des kabbalistes du Littéral, Partie 2, p. 459, RAMAK, La Lumière mélangée, Ch. 1**

Cependant quand le reste de la sagesse est nue, des mots abstraits sans compréhension, un autre mal en nait : les Grands sages la laissent de côté, puisque c'est la nature des sages de rechercher une compréhension sérieuse et de connaître les choses en profondeur, et de ne pas acquiescer à de simples mots. Et quand ils ont vu qu'il n'y avait rien dans les mots pour satisfaire leur convoitise, ils ont dit : « Pourquoi devrions-nous perdre notre temps avec l'inatteignable ? »

D'autres ont causé encore plus de tort : Ils ne l'ont pas seulement détesté, mais l'ont diffamé, la considérant une chose que les gens ont supposé crédible, pour tomber sur des choses obscènes et inacceptables. De plus, ils en sont venus à renier son essence et nier le Zohar étant composé par Rashbi (Rabbi Shimon Bar-Yochai) et ses amis. Et tout ceci parce que les mots des sages étaient étrangers à leurs yeux, au point qu'ils aient considéré le Tanaaim, les fondations de la terre, indignes d'attention.
— **Rav Moshé Chaïm Louzzato (Le Ramchal),** *Shaarey Ramchal* **(Les portes du Ramchal), Introduction à l'Article, « Le débat, » p. 37**

Mais il y a une obscurité, qui assombrit les yeux des gens, afin de les immerger dans la nature. Alors, ils ne savent plus que le Saint béni soit-Il est le guide supérieur qui régit tout, mais ils attribuent tout cela à la chance. C'est le sens de « mettre la table pour la chance » (Isaïe 65,11). En dépit de cela, ils construisent toutes leurs pensées et leurs phrases d'après la nature.

De plus, il y a plusieurs enseignements laïcs qui suivent cette nature, et tous ils immergent les gens du monde dans ces notions. Ceci les éloigne de connaître la conduite Intérieure.

Aux dernières générations, les choses ont fait que la Torah est oubliée d'Israël, et personne ne comprend vraiment la guidance, mais tous suivent la cupidité. Je veux dire que même s'ils ne pèchent pas vraiment, ils sont comme des bêtes portant leur charge. Et cette règle est l'obscurité qui ne permet pas de voir où est la racine de la guidance.
— **Rav Moshé Chaïm Luzzato (Le Ramchal),** *Adir BaMarom* **(Le Majestueux qui est en Haut), p. 459**

C'est la raison pour laquelle Rabbi Shimon Bar-Yochai a tant pleuré, et appela ceux qui s'engagent dans la Torah littérale des endormis, car ils n'ouvrent pas leurs yeux pour voir l'amour que le Saint béni soit-Il les aime, comme s'ils étaient, Dieu me pardonne, ingrats envers Lui. De plus, ils ne voient pas et ne connaissent absolument pas le chemin de la sainteté ni la *Dvékout* [adhésion] à Lui.

Mais la Torah ordonne et dit : « adhère à Lui » (Deutéronome 10,20). Et même s'ils l'interprètent comme quelqu'un qui adhère à un étudiant sage, à la fin, un texte ne va pas au-delà de son sens littéral.

En vérité, Israël doit adhérer à Lui dans une *Dvékout* [adhésion] complète, connaître Ses voies particulières d'après Sa sainteté, et les emprunter. C'est pourquoi ils ont dit : « Le Cantique des Cantiques, le Saint des Saints » (*Midrach Rabba*, Cantique des Cantiques). C'est parce qu'il est fondé sur ce sujet même, et il interprète cet amour et tous les efforts que le Saint béni soit-Il fait pour attacher Sa sainteté à Israël, et en parallèle Israël devraient accepter cette passion pour Lui, pour véritablement adhérer.

Et ceci est le fruit de l'exil de leurs nombreuses infractions – Israël ont oublié ce chemin, et ils sont restés endormis, immergés dans leur sommeil, inconscients de cela. Mais la Torah porte le deuil dans son triste état, et nous sommes dans le noir, comme les morts, vraiment comme des aveugles en train de tâter le mur. Les louanges ne sont pas gracieuses pour celui qui emprunte cette voie, mais, c'est le contraire, pour ouvrir les yeux aveugles et voir l'amour du Seigneur, et connaître la Sainteté et ses voies, et être vraiment sanctifié en elle.

— **Rav Moshé Chaïm Luzzato (Le Ramchal),** *Shaarey Ramchal* **(Les portes du Ramchal),** « Le Débat » p. 97

Rav Yéhouda Ashlag

PROGRESSION SPIRITUELLE

Rav Yéhouda Ashlag
Le temps d'agir

Il y a longtemps maintenant que ma conscience me pousse à sortir du silence et à rédiger une synthèse des concepts fondamentaux relatifs à l'essence du Judaïsme et de la religion et à la connaissance de l'origine de la sagesse de la Kabbale, pour la diffuser parmi la nation afin que les gens en arrivent à comprendre et connaître véritablement ces notions élevées. Avant les progrès de l'industrie de l'imprimerie, nous ne disposions pas en Israël de faux ouvrages se référant à l'essence du Judaïsme, ni quasiment d'aucun écrivain qui aurait pu en être à l'origine, et ce, pour la simple raison qu'une personne irresponsable n'accède habituellement pas à la célébrité.

Par conséquent, si quelqu'un était, par hasard, parvenu à rédiger une telle composition, aucun scribe ne l'aurait copiée car il n'aurait pas été payé et ce malgré un très grand investissement. Une telle œuvre était donc vouée à l'échec dès le départ.

A cette époque, les personnes instruites n'avaient aucun intérêt à écrire un tel ouvrage, du fait que le peuple n'éprouvait pas le besoin d'une telle connaissance. Au contraire, elles préféraient la dissimuler dans des endroits secrets car « la gloire du Créateur doit être cachée ». Il nous a été commandé de dissimuler l'essence de la Torah et du travail à ceux qui n'en avaient pas besoin ou qui ne la méritaient pas, ainsi que de ne pas la dégrader en l'exposant en vitrine aux yeux des envieux et des vaniteux, car tel est le désir de la gloire du Créateur. Mais depuis que l'édition d'ouvrages s'est vulgarisée et a pu se réaliser à moindre coût, la nécessité de faire appel à des scribes a disparu.

La voie a été dès lors ouverte aux auteurs irresponsables qui peuvent publier n'importe quels livres comme bon leur semble, que ce soit pour de l'argent ou pour la gloire. Mais ces auteurs ne réfléchissent pas à leurs propres actions, pas plus qu'ils n'examinent les conséquences de leur travail.

Depuis ce moment, la publication d'ouvrages susmentionnés n'a cessé de s'accroître, sans aucune étude ni transmission orale par un rabbin qualifié pour cette entreprise, voire même sans aucune connaissance des œuvres déjà existantes.

De tels écrivains ont fabriqué de toutes pièces leurs propres théories à partir d'idées vides et ils ont rattaché leurs propos aux notions les plus élevées pour décrire l'essence et le trésor fabuleux de la nation. De tels imbéciles ne savaient même pas être prudents, ni ne savaient qu'il fallait l'être, et ils ont implanté de fausses idées aux générations. De plus, ils commettent un péché à cause de leurs envies ridicules et font pécher les générations à venir.

Récemment leur puanteur nous a inondé car ils ont touché à la sagesse de la Kabbale sans s'apercevoir que cette sagesse avait été dissimulée et verrouillée derrière un millier de portes à ce jour, sans se rendre compte que personne ne peut saisir la signification véritable d'un seul de ses mots, ni encore moins de comprendre le rapport qui existe entre un mot et le suivant. En effet, dans tous les ouvrages authentiques qui ont été écrits à ce jour, il n'y a que quelques allusions qui permettent tout juste à un disciple capable de comprendre la signification véritable de leur contenu, et ce, grâce aux indications orales dispensées par un kabbaliste authentique et digne de foi.

« Là aussi nichera la vipère; elle y déposera ses œufs, les fera éclore et rassemblera les petits sous son ombre ».

Le nombre d'imposteurs s'est multiplié, ils cuisinent des « mets » qui dégoûtent ceux qui les regardent. Certains d'entre eux sont même allés jusqu'à se croire capable d'assumer le rôle de guides pour la génération, prétendant savoir comment différencier les ouvrages anciens et nous disant même lequel mérite d'être étudié ou pas. Cela est à la fois frustrant et révoltant car jusqu'à aujourd'hui, la tâche de discerner ce qui est bien de ce qui est mal se limite tout au plus à une dizaine de guides pour une génération donnée, alors que des ignorants sont en train de la maltraiter.

Par conséquent, la perception de ces notions par le public s'en est trouvée fortement perturbée. Qui plus est, une atmosphère de frivolité pousse les gens à penser qu'il suffit de jeter un coup d'œil de temps en temps pour étudier des concepts aussi élevés. Ils survolent les profondeurs de la sagesse et de l'essence du Judaïsme, comme cet ange bien connu, et en viennent à des conclusions induites par leur humeur.

Voilà les raisons qui m'ont conduit à sortir de ma réserve et à décider que le temps était venu « d'agir pour le Seigneur », et sauver ainsi ce qui pouvait l'être encore. J'ai ainsi pris sur moi la tâche de révéler une certaine portion de l'essence authentique, conformément à ce qui vient d'être énoncé, et de la diffuser au sein de la nation.

Rav Yéhouda Ashlag

Dévoiler une portion en couvrir deux

Je reprends de la bouche des grands serviteurs du Créateur, aux endroits où ils ont découvert une chose profonde, leurs articles commencent: « je parle à mots couverts ». En effet, nos prédécesseurs ont veillé à respecter à la lettre cet adage comme les sages ont dit: « un mot vaut une pierre, le silence en vaut deux » (*Zohar*, Introduction au Livre du Zohar, point 18).

Cela signifie que si un mot dans votre bouche a de la valeur, il ressemble à une pierre, sachez que garder le silence équivaut à deux pierres. Le but de ces mêmes personnes qui débitent des mots superflus qui n'ont pas d'allure et sont hors sujet, est de simplement améliorer le vocabulaire et le plaisir de ceux qui les lisent. Tel était le propos bien connu des prédécesseurs en interdisant formellement la lecture de leurs écrits. C'est ainsi que nous devons être vigilants et comprendre leur maxime, qu'ils employaient couramment.

LES 3 TYPES DE SECRET DANS LA KABBALE

Il y a en fait trois types de secrets dans la Torah et pour chacun d'entre eux, il existe des raisons particulières de les cacher, qui sont :

1. L'absence de nécessité
2. L'impossibilité
3. Le secret du Seigneur est pour ceux qui Le craignent

Ainsi, les trois types s'appliquent au moindre détail mentionné dans cette sagesse et je vais les expliquer un à un.

1. L'absence de nécessité

L'explication est qu'on ne tirera aucune utilité à leur révélation. Ce n'est bien évidemment pas une grande perte, parce qu'il ne s'agit ici que d'une question de pureté de l'esprit, pour mettre en garde contre toutes sortes d'actions dont on dirait « et alors ? », c'est-à-dire « j'ai fait ainsi et alors ? Il n'y a rien de mal ».

Sachez que ce « et alors » est considéré par les sages comme la plus grande imposture qui soit, car tous les destructeurs du monde qui ont été et qui seront, n'appartiennent qu'à ce genre de personne disant « et alors ». Cela signifie qu'elles ne s'intéressent et ne s'emploient qu'à des choses sans importance. C'est pour cette raison que les sages n'acceptaient aucun étudiant tant qu'ils n'avaient pas confiance en lui et qui soit vigilant lors de son étude de ne pas révéler ce qui n'est pas nécessaire.

2. L'impossibilité

Cela veut dire qu'il n'existe pas de langage qui maîtrise les secrets afin de parler de leurs attributs, de leurs grandes finesses et de leurs spiritualités à la population.

C'est ainsi que toute tentative d'expliquer les mots ne s'est pas faite car elle aurait induit les étudiants en erreur et ceci est considéré comme une faute bien plus grave. Afin de pouvoir révéler quelque chose, nous devons demander la permission aux Cieux, qui est la deuxième sorte de secret dans la Torah, celle-ci mérite cependant une explication.

La permission des cieux

Cette permission est expliquée dans *le Livre des mots de Rashbi* par le Ari (Isaac Louria) dans le *Zohar*, portion *Michpatim* qui commence « le fils de Yokhaï savait comment cacher » et selon lui « Sachez que dans les âmes des justes, certaines d'entre elles ont la lumière environnante et parmi celles-ci, il y en a qui ont la lumière intérieure » (vous trouverez leur signification dans mon livre *Panim Meirot*, Porte *Makifin*, branche 48). Et toutes celles qui sont du côté de la lumière environnante possèdent la force de parler de ce qui est caché et des secrets de la Torah à mots couverts afin que ne comprennent que ceux qui le méritent.

Ainsi, Rabbi Shimon Bar Yokhaï (Rashbi) avait une âme qui se trouvait du côté de la lumière environnante et ainsi il possédait la capacité de dire les choses et de les interpréter en public de façon à ce qu'elles ne soient compréhensibles qu'à ceux qui le méritaient.

C'est ainsi qu'il a reçu la « permission » d'écrire le *Livre du Zohar*, alors même qu'elle n'avait pas été donnée à ses prédécesseurs. Ceux-ci l'ont encouragé à écrire un livre d'une telle sagesse alors qu'eux-mêmes en savaient plus dans cette sagesse que lui. En fait, ils ne possédaient pas le don de présenter les choses comme lui. Il est écrit : « le fils de Yokhaï a su respecter ses chemins ». Ces paroles nous aident à comprendre l'ampleur de la dissimulation du livre du *Zohar*, écrit par Rashbi, dont il n'est pas donné à tout un chacun de comprendre.

Pour résumer ces paroles, l'explication de la vraie sagesse ne dépend pas du niveau d'intelligence du kabbaliste, mais dépend de la luminosité de l'âme. Celle-ci est un don, une « permission » d'en haut de dévoiler les mondes supérieurs.

Nous apprenons donc que pour celui qui n'a pas reçu cette permission, il lui est interdit d'expliquer cette sagesse car il ne peut pas expliquer la finesse des choses avec des mots qui conviennent et il fera échouer les étudiants.

Parce qu'avant le livre du *Zohar* du Rashbi, aucun livre ne s'était exprimé de façon aussi claire sur la sagesse de la vérité, tous les livres de sagesse le précédant ne sont pas parvenus à expliquer la Kabbale, ils y ont simplement fait allusion, ne sachant pas non plus ordonner ce qui précédait ou ce qui suivait, comme savaient le faire les fondateurs de la religion, c'est ainsi que l'on comprenait leurs paroles.

J'ajoute aussi que ce que j'ai reçu des professeurs et des livres, qui du temps du Rashbi et de ses étudiants, les auteurs du *Zohar* jusqu'à l'époque du Ari, pas un seul de ceux qui l'ont retranscrit ne l'ont compris comme l'a compris le Ari, et tous leurs écrits ne sont que des allusions à cette sagesse. Il en est de même des livres du Ramak (Rabbi Moshé Cordovero) en général.

On peut dire les mêmes choses à propos du Ari qu'à propos de Rashbi, c'est-à-dire les prédécesseurs du Ari n'ont pas reçu la permission des Cieux pour révéler les interprétations de la sagesse.

Le Ari a obtenu cette permission, ici il ne s'agit pas de la grandeur ou de la petitesse de la personne car il est possible qu'avant lui, certains aient eu plus de mérites, pourtant ils n'ont pas obtenu la permission de parler de tout ça. C'est pourquoi, ils ont évité d'écrire des commentaires relatifs à cette sagesse et qu'il a fallu se contenter de courtes allusions qui n'avaient aucun rapport entre elles.

C'est pour cette raison que depuis la découverte des livres du Ari, tous ceux qui étudient la sagesse de la Kabbale ne se servent plus des livres du Ramak ni de ceux des sages les plus célèbres en la matière qui ont précédé le Ari. Et toute leur vie spirituelle ne s'attachera désormais qu'aux écrits du Ari, de façon à ce que les principaux écrits considérés comme des interprétations correctes de cette sagesse, ne sont que le Livre du *Zohar* et les corrections et après eux, les livres du Ari.

3. Le secret du Seigneur est pour ceux qui le craignent

On l'explique par le fait que les secrets de la Torah ne se dévoilent qu'à ceux qui craignent le Seigneur et gardent Sa gloire de toute leur âme et de toute leur force, et qu'à aucun moment nous ne Le blasphémions. C'est le troisième point de la dissimulation de la sagesse.

C'est le point le plus strict de la dissimulation, nombreux sont ceux qui s'y sont égarés et de là sont apparus toutes sortes de prédicateurs, charlatans, et de soi-disant kabbalistes, pourchassant avec ruse les âmes et toutes sortes de mystiques se servant d'une sagesse flétrie venant d'étudiants sans morale et se prédisant des pouvoirs physiques ou aux autres, faisant que le monde a beaucoup souffert et souffre encore.

Sachez que la raison et la racine de la dissimulation ne venaient que de ce point. À partir de ce constat, les sages ont commencé à vérifier très minutieusement leurs étudiants. Les sages ont dit (*Haguiga* 13) : « Les grandes lignes ne sont transmises qu'au président du tribunal dont le cœur se soucie » ainsi que « On n'interprète pas le *Massé Béréshit* en binôme ni le *Massé Merkava* seul ». Il existe beaucoup d'autres citations comme celles-ci et toute cette crainte est comme susmentionnée.

Pour cette raison, peu de personnes ont été récompensées de cette sagesse et mêmes celles qui ont passé les sept vérifications et examens doivent prêter serment de ne jamais révéler à quiconque les trois points (voir mon introduction au Livre de la Création du rabbin Moshé Boutril).

Ne vous méprenez pas sur mes propos, j'ai divisé ici les parties de la dissimulation de la sagesse en trois, alors que mon intention n'était pas que la sagesse de la vérité se divise elle-même en trois points. Mais je voulais que dans chaque détail de cette grande sagesse, tout découle de ces trois parties. Cette sagesse est toujours expliquée en trois points.

On peut cependant se demander : s'il en est ainsi et que la période de dissimulation de la sagesse ait été telle, d'où ont été prises ces milliers de compositions faites de cette sagesse ?

La réponse est qu'il existe une différence entre les deux premières parties et la dernière, et que c'est sur cette dernière qu'il faut porter notre attention car comme il a été dit ci-dessus, l'interdit ne porte pas sur les deux premières parties. La « non nécessité » change parfois et sort de son contexte et pour une raison quelconque devient nécessaire.

Il en est de même pour la raison « d'impossibilité » qui devient à son tour possible, et ceci pour deux raisons :

1. Ou bien en fonction du développement des générations.

2. Ou bien par l'octroi de la permission des Cieux, comme cela a été le cas pour Rashbi et pour le Ari, et également mais dans une moindre mesure, pour leurs prédécesseurs.

En fonction de cela, tous les vrais livres de cette sagesse sont apparus et ont été révélés.

Tel est le sens de l'adage « parler à mots couverts » qui est de découvrir de nouvelles choses qui ne l'ont pas encore été et si oui, par allusions, parce que seul le premier point des trois raisons de la dissimulation se révèle ici. Les deux autres raisons restent cachées.

Tel est l'enseignement qu'il faut en tirer et qui nous a amené à parler de cette révélation, qui est soit devenue nécessaire, soit qu'elle ait obtenu la permission des Cieux, comme je l'ai expliqué ci-dessus. C'est ainsi que prend forme l'adage « parler à mots couverts ».

Les lecteurs doivent savoir que ces articles, que j'ai décidé de publier au cours de l'année, sont tous des nouveautés mais ne touchent en rien à la pureté ni au contenu précis et véridique d'un livre, quel qu'il soit, m'ayant précédé.

Moi-même, j'ai reçu ces choses oralement de mon professeur autorisé à parler, lui-même les ayant reçues oralement de ses prédécesseurs.

Et lorsque je les ai reçues, c'était avec les mêmes conditions, c'est-à-dire garder le secret et ne pas dévoiler, cependant j'ai été obligé dans mon article « Le temps d'agir » de changer mon point de vue, c'est-à-dire que « l'absence de nécessité » est devenue « nécessité ». Cette révélation [parler], je l'ai expliquée ci-dessus, cependant les deux autres secrets [mots couverts] je ne les dévoile pas comme on me l'a ordonné.

Rav Yéhouda Ashlag

DE L'ESSENCE DE LA RELIGION ET DE SON BUT

Ici, je voudrais répondre à trois questions :

    1. Quelle est l'essence de la religion ?
    2. Est-ce que son but s'atteint en ce monde ou précisément dans le monde à venir ?
    3. Est-ce que son but avantage le Créateur ou les créatures ?

A priori, le lecteur s'étonnera de mes paroles et ne comprendra pas pourquoi j'ai choisi de traiter de ces trois questions en particulier. En effet, qui ne sait pas ce qu'est la religion ? Et que la récompense et la punition espérées sont attendues principalement dans le monde futur ? Sans parler de la troisième question, car tout le monde sait qu'elle est en faveur des créatures, pour les guider vers le bien et le bonheur. Qu'y a-t-il à ajouter à cela ?

Effectivement, il n'y a rien à ajouter, puisque tout le monde est familier avec ces trois concepts depuis l'enfance, personne n'a besoin de les examiner ni de les clarifier au cours de sa vie ! Cela montre un manque de connaissance sur ces sujets élevés qui sont obligatoirement la fondation sur laquelle se base toute la structure de la religion et sur laquelle elle repose.

Alors dites-moi, comment est-ce possible qu'un jeune garçon de 12 ou 14 ans soit déjà prêt à appréhender dans son esprit ces trois concepts subtils, et ce de manière suffisante pour qu'il n'ait plus besoin d'y ajouter ni connaissances, ni savoir pour le restant de ses jours ?

Effectivement, là est le problème ! Car cette supposition facile a conduit à la superficialité et à des conclusions sauvages qui ont remplies l'air de notre génération et nous ont menés à une situation où nous avons failli perdre toute la seconde génération !

Le bien absolu

Afin d'éviter de lasser les lecteurs par de longues discussions, je me suis basé sur tout ce que j'ai écrit dans mes articles précédents, et principalement celui intitulé « Le Don de la Torah », qui peuvent tous être considérés comme une préface à ce sujet sublime. Ici, je parlerai brièvement et simplement afin de me faire comprendre par tout le monde.

Et tout d'abord, il faut comprendre que le Créateur est « le bien absolu », c'est-à-dire, qu'Il ne peut en aucun cas causer de la peine à qui que ce soit. Nous admettons cela comme étant le premier concept, car la logique montre clairement que la base de toute cause du mal se trouve seulement dans « le désir de recevoir ».

Cela signifie que l'empressement à nous faire plaisir fera que nous nuirons à notre prochain, en raison de notre désir de recevoir. A tel point que si les créatures ne trouvaient plaisir en rien, elles ne feraient de mal à personne. Et si parfois, nous voyons quelqu'un faire du mal à autrui, sans aucun désir de recevoir un plaisir à des fins personnelles, il ne fait cela que par une habitude du passé, qui vient de son désir de recevoir et cette habitude le débarrasse à présent, du besoin de chercher une nouvelle raison.

Puisque nous comprenons que le Créateur est parfait et qu'Il n'a besoin de personne pour l'aider à l'être, ayant été avant toute chose, il est donc clair qu'Il n'a aucun désir de recevoir. Et comme Il n'a aucun désir de recevoir, Il n'a aucune raison de nuire à qui que ce soit. C'est aussi simple que cela.

De plus, nous aimons penser de ce premier concept qu'Il a un désir de donner aux autres, c'est-à-dire à Ses créatures. Cela nous est prouvé par cette grande création qu'Il a créée et produite sous nos yeux. Certes, il y a nécessairement dans notre monde, des créatures qui se sentent bien et inversement. En effet, quel que soit le type de sensations, elles sont forcément causées par le Créateur. Et une fois compris qu'il n'y a pas de mal dans la nature du Créateur, toutes les créatures ne reçoivent donc forcément que du bien, puisqu'Il ne les a créées que pour leur faire du bien.

Nous avons donc appris que le Créateur n'est que désir de donner sans réserve le bien, et qu'à aucun prix, il n'y aurait dans Ses lois du monde une cause de nuisance ou de peine qui viendrait de Lui. Nous L'avons donc défini « le Bien Absolu ».

Après avoir appris cela, regardons et examinons l'actuelle réalité, telle qu'elle est guidée et surveillée par Lui, et comment Il ne fait que le bien.

Sa providence est une surveillance intentionnelle

En observant tous les systèmes de la nature, nous comprenons que toute création peut se diviser en quatre groupes : minéral, végétal, animal et humain, aussi bien en général qu'en particulier, et nous y voyons une providence intentionnelle. Cela signifie une croissance lente et progressive par un développement de « cause à effet », comme le fruit sur l'arbre qui est bien surveillé dans le but de devenir un beau fruit sucré.

Il suffit de demander à un botaniste par combien d'étapes passe ce fruit entre le moment où il est visible, jusqu'à ce qu'il atteigne sa maturation; non seulement les étapes par lesquelles il passe ne nous laissent présager en rien du beau fruit sucré qu'il deviendra, mais au contraire, comme pour nous narguer, il aura l'air de tout l'opposé.

En fait, plus un fruit sera sucré à la fin, plus il sera amer et repoussant dans les étapes de son développement. Et c'est la même chose pour les animaux et pour les êtres humains. Car l'animal avec peu d'intelligence à la fin de sa croissance n'a pas tellement de tares durant son développement. Par contre, l'homme dont l'intellect est grand à la fin de son développement, montre beaucoup de défauts durant sa croissance. En effet, « on peut appeler un veau d'un jour un taureau », c'est-à-dire qu'il a la force de se tenir debout sur ses pattes et de marcher et l'intelligence d'éviter les obstacles sur son chemin.

Mais un enfant âgé d'un jour est couché et semble insensible. Et si un être d'un autre monde regardait les deux nouveau-nés, il dirait sans aucun doute que la progéniture de l'homme ne présage rien de bon à la fin de son développement et que par contre, le veau deviendrait un grand héros. Tout cela, s'il jugeait la quantité d'intelligence d'un veau par rapport à celle du nouveau-né, idiot et sans aucune perception.

Il est donc logique de conclure que la providence du Créateur sur la réalité qu'Il a créée est « intentionnelle », sans tenir aucun compte de l'ordre des étapes du développement. Au contraire, elles nous trompent et nous empêchent de comprendre leur but, car elles sont toujours contraire à leur forme finale.

Et de ces choses, nous disons « L'expérience nous rend sage » [ndt : C'est en forgeant qu'on devient forgeron], car seule une personne ayant de l'expérience a l'occasion de voir la création durant toutes les phases de son développement jusqu'à son épanouissement, et peut calmer les esprits pour qu'ils n'aient pas peur de toutes ces images déformées dont la création regorge durant sa croissance et ne croient qu'en sa bonne et belle fin.

Nous avons donc clarifié les voies de la providence du Créateur en ce monde, qui n'est qu'une surveillance intentionnelle, et la mesure du bien n'est pas apparente tant que la création n'atteint pas sa finalité, c'est-à-dire sa forme finale et sa maturité.

Et au contraire, elle s'entoure toujours d'une couche de tares pour ceux qui la regardent. Ainsi, nous pouvons voir que le Créateur dispense seulement le bien à Ses créatures, mais cette bonté est surveillée par une providence intentionnelle.

Deux voies : la voie de la souffrance et la voie de la Torah

Il est clair que le Créateur est le bien absolu et qu'Il nous surveille du fond de Sa Bonté parfaite sans aucun soupçon de mal. Sa providence est intentionnelle. Ce qui veut dire que Sa providence nous oblige à accepter une série de phases différentes de cause à effet, c'est-à-dire un avant et un après, jusqu'à ce que nous soyons mûrs pour recevoir le bien souhaité. Alors, nous aurons atteint notre but comme le fruit arrivant à maturité. Il doit être compris de tous que ce but nous est absolument garanti car sinon, nous endommagerions Sa providence et dirions qu'elle est insuffisante pour son but.

Nos sages ont dit : « On a un grand besoin que la Divinité soit chez les inférieurs », signifiant que la providence du Créateur est intentionnelle et qui est de nous amener à adhérer à Lui, qu'Il réside en nous, ce qui est considéré comme un grand besoin; Si nous n'atteignions pas cela, cela voudrait dire que Sa Providence serait défectueuse.

C'est comme un grand roi qui a eu dans sa vieillesse un fils qu'il aimait tendrement. Depuis le jour de sa naissance, il a pensé à lui, et a cherché et collectionné tous les meilleurs livres de sagesse et les plus précieux de tout le pays et a préparé pour lui une académie de philosophie, il a demandé aux plus célèbres maçons de lui construire des salles de concert et a engagé les plus grands musiciens et chanteurs et lui ont préparé un opéra et il a aussi réquisitionné les meilleurs cuisiniers et pâtissiers pour préparer les mets les plus fins.

Mais voilà, le fils du roi a grandi et c'est un ignare, il n'a aucun goût pour les arts ni les sciences, et il est aveugle et il ne peut ni voir, ni s'émouvoir de la beauté des bâtiments. Et il est sourd et n'entend ni les poètes, ni les musiciens, et il est malade et n'a le droit de manger que du pain sec, ce qui a conduit au mépris et à la colère.

Un tel événement peut arriver à un roi de chair et de sang, mais ne peut pas arriver au Créateur. La mesquinerie ne s'applique pas à Lui. C'est pourquoi il nous a préparé deux voies de développement :

La première est la voie de la souffrance, celle du développement de la création par elle-même, qui naturellement l'obligera à avancer et à accepter des situations différentes l'une après l'autre, par voie de causes à effets, où nous nous développons doucement jusqu'à être capable de choisir consciemment le bien et de rejeter le mal et de parvenir à réaliser le but que le Créateur désire. Cette voie prend du temps et est remplie de souffrances et de tourments.

A côté de cette voie, Il a préparé une voie agréable et bonne, qui est la voie de la Torah et des *Mitsvot* [commandements], qui peut nous permettre de réaliser notre but rapidement et sans souffrance.

Il s'avère que notre but final est de pouvoir adhérer au Créateur, afin qu'Il réside en nous. Et ce but sera assurément atteint et il n'est pas possible d'en dévier, car Sa providence est très forte que ce soit par la voie des souffrances ou par la voie de la Torah comme expliqué plus haut. Mais en considérant la réalité pratique, on découvre que Sa providence nous parvient simultanément par les deux voies ensemble. C'est ce que nos sages ont appelé « La Voie de la Terre » et « La Voie de la Torah ».

L'essence de la religion est de développer en nous le sens de la connaissance du mal

Nos sages ont dit: « Qu'importe au Créateur que l'animal soit abattu en lui tranchant la gorge ou en lui tranchant la nuque, car les *Mitsvot* [commandements] n'ont été donnés que pour purifier les créatures » et ce sujet a été traité longuement dans l'article « Le don de la Torah » (point 12). Mais ici, je veux éclaircir la signification de ce développement qui est atteint en s'engageant dans la Torah et les commandements. Sachez qu'il s'agit de la reconnaissance du mal en nous et l'engagement dans les commandements est capable de purifier progressivement et lentement ceux qui s'y engagent, de telle manière que la mesure des degrés de purification est en fonction de la reconnaissance du mal en nous.

Tout être humain a une tendance naturelle à rejeter et à déraciner tout mal en lui. En cela nous sommes tous pareils. La seule différence entre les gens est uniquement dans la reconnaissance du mal en eux. Plus une personne est développée, plus elle notera une grande quantité de mal en elle et le repoussera et s'en séparera avec une plus grande force, alors qu'une personne moins développée, ressentira moins le mal en elle et donc n'en rejettera qu'une plus petite quantité et laissera en elle le mal qu'elle ne reconnaîtra pas en tant que tel.

Pour ne pas lasser le lecteur, je veux clarifier la signification générale du Bien et du Mal, comme je l'ai expliqué dans l'article le don de la Torah, (point 12). Le mal n'est rien d'autre que l'amour de soi-même, appelé égoïsme, car c'est l'exact opposé de la forme du Créateur qui n'a aucun désir de recevoir pour Lui-même, mais seulement de donner.

Comme nous l'avons expliqué dans l'article « Le don de la Torah » (point 9-11), toute l'essence du plaisir et des délices vient de l'équivalence de forme avec celle du Créateur. L'essence des souffrances et de l'intolérance vient de notre disparité de forme de celle du Créateur. C'est pourquoi, l'égoïsme nous dégoûte et nous fait mal puisque sa forme est opposée à celle du Créateur.

Mais ce dégoût n'est pas pareil pour tous, mais se divise différemment; une personne absolument pas développée ne voit pas l'égoïsme comme un mauvais attribut et donc l'utilise ouvertement sans honte ni limite. Elle volera et tuera au grand jour, quand elle l'estimera possible. Une personne un peu plus évoluée sentira déjà que son égoïsme est néfaste et aura donc honte de l'utiliser en public, de voler et tuer ouvertement. Mais en secret, elle continuera à s'en servir constamment, sans que les autres ne s'en aperçoivent.

La personne plus évoluée sentira son égoïsme comme une terrible abomination, au point de ne plus pouvoir le tolérer et elle le repoussera et s'en détachera dans la mesure où elle le connaîtra. Elle arrivera au stade où elle ne voudra plus ni ne pourra plus retirer de plaisir du travail des autres. Alors, commencera à s'éveiller en elle des étincelles d'amour pour autrui, appelée « altruisme », qui est en général un attribut positif.

Ceci aussi évoluera graduellement. D'abord se développent l'amour et le don envers ses proches et sa famille, comme il est écrit: « Vous n'ignorerez point votre propre chair ». En continuant à se développer, le don s'étendra à tout son environnement et à toute sa ville, puis à tout son pays. Ainsi de suite, jusqu'à développer en lui un amour pour l'humanité toute entière.

Développement conscient et développement inconscient

Sachez que les deux forces distinctes servent à nous pousser pour que nous grimpions l'échelle, jusqu'à son sommet, ceci est le but de notre vie : l'équivalence de forme avec notre Créateur. La différence entre ces deux est que l'une nous pousse par derrière et c'est la voie de la souffrance ou « La voie de la Terre ».

De cette voie est née la philosophie de la morale appelée éthique qui est basée sur les connaissances empiriques, c'est-à-dire une critique de l'intelligence clairvoyante, qui affirme que l'essence de la Torah n'est qu'un résumé des dommages résultants de l'égoïsme.

Ces expériences nous arrivent par hasard et non par choix conscient. Elles nous amènent à coup sûr au but car l'image du mal grandit et se clarifie dans nos sens. Dans la mesure où nous connaissons les dommages causés, nous nous en éloignons et par-là nous nous élevons à un degré plus élevé de l'échelle.

La deuxième force nous pousse consciemment et résulte de notre propre choix. Cette force nous tire en avant et c'est ce que nous appelons la voie de la Torah et des *Mitsvot* [commandements]. En s'engageant dans les commandements et le travail pour satisfaire notre Créateur, nous développons très rapidement le sens pour reconnaître le mal en nous (comme nous l'avons démontré dans le « don de la Torah » point 13).

Et nous gagnons doublement:

1. Nous n'avons pas besoin d'attendre que les expériences de la vie nous poussent par derrière car toute poussée se mesure par les souffrances et les destructions. Au contraire, par la subtile douceur que nous sentons par le travail de pureté envers le Créateur, pour Lui faire plaisir, nous développons en nous une reconnaissance relative de la bassesse de ces étincelles d'amour de soi car elles nous empêchent, sur notre route, de recevoir ce doux goût du don au Créateur.

Un sens de reconnaissance du mal se développe progressivement en nous, en temps de plaisir et de grande sérénité, c'est-à-dire en recevant le bien en servant le Créateur, qui est de ressentir la douceur et le plaisir lorsque nous parvenons à être en équivalence de forme avec Lui.

2. Nous gagnons du temps car Il s'active à nous éclairer, nous permettant d'augmenter notre travail et d'accélérer le temps comme nous le voulons.

La religion ne profite pas aux créatures mais au travailleur

Beaucoup se trompent en comparant notre Torah à la morale. Mais, c'est parce qu'ils n'ont jamais goûté aux saveurs de la religion de leur vie. Mais je leur cite le verset: « Goûtez et voyez que le Seigneur est bon ». Toutes deux sont vraies, car la religion et la morale ont le même but qui est d'élever l'homme au-dessus du détestable et étroit amour de soi-même et de l'amener au sommet de la grandeur de l'amour du prochain.

Pourtant, ces deux concepts sont aussi loin l'un de l'autre qu'est éloignée la pensée du Créateur de celle de la créature. La religion s'étend de la pensée du Créateur; et la morale vient des pensées de chair et de sang et des expériences de vie. Donc, la différence entre les deux est tant par la pratique quotidienne que par le but ultime. Car la connaissance du bien et du mal qui se développe à partir de la morale, quand nous l'appliquons, est relative au succès de la société.

Par contre, la connaissance du bien et du mal qui se développe en nous à partir de la religion est relative au Créateur uniquement; celle de la disparité de forme d'avec le Créateur jusqu'à l'équivalence de forme avec Lui, appelée « adhésion », comme expliqué dans l'article « Le don de la Torah » (points 9 à 11).

C'est pourquoi, leurs buts également sont éloignés; car le but de la morale est le bonheur de la société d'après une critique logique de la vie pratique et ce but ne garantit pas à ceux qui s'y engagent de dépasser les limites de l'ordre de la nature. Ce but est toujours discuté car qui peut prouver à un individu le bien d'une telle forme afin d'être obligé de diminuer ses propres plaisirs pour le bonheur de la société?

Par contre, le but de la religion promet le bonheur à celui qui l'observe. Comme nous l'avons déjà montré, quand un homme arrive à l'amour du prochain, il est en directe adhésion qui est l'équivalence de forme avec le Créateur et par-là, l'homme passe de son petit monde étroit, rempli de peines et de souffrances à un monde éternel et d'une grande abondance aux créatures et au Créateur.

Il y a aussi une différence significative quant au soutien; car la morale est soutenue par l'envie de gagner les faveurs des gens, ce qui peut être comparé à un loyer qui finit par rapporter. Quand un homme s'habitue à ce travail, il ne peut plus grimper les échelons de la morale, car il s'est accoutumé à ce travail qui est bien payé par la société qui le rétribue pour ses bonnes actions.

Néanmoins, en s'engageant dans la Torah et les commandements afin de faire plaisir à son Créateur, sans aucune récompense, l'homme grimpe les degrés de la morale, précisément comme il le veut, car il n'y a pas de gain dans cette voie. Chaque centime est ajouté et s'accumule au grand compte. Finalement, il acquiert une seconde nature, qui est de donner à autrui, sans éveiller des plaisirs personnels à part les nécessités vitales.

Maintenant, il est vraiment libre des chaînes de la création. Car quand quelqu'un déteste recevoir pour soi-même et que son âme ne souhaite plus les petits plaisirs matériels ni le respect, il se retrouve à se promener librement dans le monde du Créateur. Il est sûr qu'aucun dommage, ni problème ne lui arriveront car tous les dommages arrivent uniquement aux hommes par leur désir de recevoir pour eux-mêmes implanté en eux.

Ainsi, nous avons démontré que le but de la religion n'est que pour celui qui sert et s'y engage et sans se servir d'autrui à des fins personnelles. Même si toutes ses actions sont centrées sur le bien-être des autres et sont son étalon de mesure, ceci n'est qu'un passage vers le but suprême qui est l'équivalence avec le Créateur. Nous pouvons comprendre maintenant que le but de la religion s'atteint en ce monde, lors de notre vie. Référez-vous bien à l'article « Le don de la Torah » à propos de la raison d'être de la collectivité et de l'individu.

Rav Yéhouda Ashlag

DE L'ESSENCE DE LA SAGESSE DE LA KABBALE

Avant de commencer à mettre en lumière l'histoire de la sagesse de la Kabbale, dont beaucoup discourent, j'estime urgent qu'il convient d'abord d'en clarifier l'essence que je crois, peu connaissent. Et il est naturellement impossible de parler de l'histoire d'une chose sans connaître cette chose elle-même.

Bien que cette connaissance soit plus étendue et plus profonde que l'océan, je ferai le plus grand effort, avec toute la force et la connaissance que j'ai acquise en ce domaine, pour clarifier et éclairer celle-ci sous tous ses angles, suffisamment pour que toute âme puisse en tirer les conclusions justes, telles qu'elles sont réellement, sans laisser de place à l'erreur, comme c'est souvent le cas avec de tels sujets.

À quoi cette sagesse correspond t'elle ?

Cette question vient à l'esprit de toute personne sensée. Afin d'y répondre convenablement, je fournirai une définition fidèle et fiable, car cette sagesse n'est ni plus ni moins qu'une séquence de racines qui découle d'un système de causes à effets, selon des règles fixes et déterminées, s'entrelaçant en un but unique et exalté décrit comme « la révélation de Sa Divinité à Ses créatures en ce monde ».

Et voici la conduite, du particulier et du général.

Pour le Général – Cela signifie que l'humanité entière est obligée, tôt ou tard, de procéder à cette immense évolution, comme il est dit : « Car la Terre sera remplie de la connaissance du Seigneur, comme l'eau abonde dans le lit des mers », « Et ils n'auront plus besoin ni les uns ni les autres de s'instruire mutuellement en disant : "Connaissez le Seigneur !", car tous me reconnaîtront du plus petit au plus grand », et « Ton guide ne se dérobera plus à ton regard, tes yeux pourront voir ton guide ».

Pour le Particulier – Avant même la perfection de l'humanité toute entière, à chaque génération quelques élus sont amenés à chaque génération à réaliser cette chose. Ce sont ceux qui, à chaque génération ont été récompensés de certains degrés de révélation de Sa Divinité. Ce sont les prophètes et les hommes du Créateur.

Comme nos sages le disaient: « Il n'y a pas une génération sans quelqu'un comme Abraham et Jacob ». Vous constatez ainsi que la révélation de Sa Divinité se réalise à chaque génération, tels que nos sages, dignes de foi, l'ont dit.

La multiplicité des *Partsoufim,* des *Sefirot* et des mondes

Cependant, sur ces bases, une question surgit : puisque cette sagesse ne vise qu'à cette seule et unique tâche, pourquoi donc existe-t-il une si grande multiplicité de *Partsoufim*, de *Sefirot* et de connexions interchangeables, dans les livres de Kabbale ?

En vérité, si l'on considère le corps d'un petit animal, dont la seule tâche est de subsister afin de pouvoir, dans ce monde, exister, engendrer et permettre à son espèce de perdurer, vous trouverez en lui une complexité bien supérieure à celle d'un million de fibres et de tendons, tels que les physiologistes et anatomistes ont pu trouver et dont il reste encore tant à découvrir. De là, vous pouvez imaginer l'immense variété des structures et canaux demandant à être connectés, afin de trouver et de découvrir ce but sublime.

Deux ordres : de haut en bas et de bas en haut

On divise généralement cette sagesse en deux ordres identiques et parallèles, telles deux gouttes d'eau. La seule différence est que le premier ordre s'étend de haut en bas jusqu'à ce monde, et que le second ordre commence et monte de bas en haut, précisément selon les mêmes chemins inscrits dans leur racine, lorsqu'ils ont commencé leur descente de haut en bas.

La première voie est appelée « l'ordre d'enchaînement des mondes, *Partsoufim* et *Sefirot* », avec tous leurs événements, qu'ils soient durables ou passagers. La deuxième est appelée « Perceptions ou degrés de prophétie et l'Esprit Saint », selon laquelle quiconque en est récompensé se doit de suivre les mêmes chemins et d'atteindre chaque détail et chaque degré, étape par étape, précisément selon les mêmes règles qui ont été inscrites lors de leurs émanations de haut en bas.

La révélation de la Divinité n'apparaît pas d'un coup, mais graduellement, sur un certain laps de temps, en fonction de la pureté de celui qui l'atteint, jusqu'à ce que tous les degrés de haut en bas soient selon un ordre, révélés et atteints l'un après l'autre et l'un au-dessus de l'autre, comme les barreaux d'une échelle. On les appelle « degrés ».

Noms abstraits

Nombreux sont ceux qui croient que les noms et les mots dans la sagesse de la Kabbale, sont en quelque sorte abstraits. Il en est ainsi parce que l'on traite de la Divinité et de la spiritualité, qui se situent au-delà du temps et de l'espace, où même notre imagination n'a pas de prise. C'est ainsi qu'ils ont décidé qu'assurément, tous ces thèmes traitaient de noms abstraits, voire même plus sublimes et exaltés que des noms abstraits puisqu'ils sont complètement – et ce dès le départ – exempts d'éléments imaginaires.

Mais il n'en est pas ainsi. Au contraire, la Kabbale emploie des noms et appellations qui sont bien concrets et bien réels. Il existe, pour tous les kabbalistes, une loi inflexible selon laquelle « tout ce qui n'est pas atteint n'est pas défini par un nom ou un mot ».

A ce stade, vous devez savoir que le mot « atteint » [héb. *Hassaga*] signifie le degré ultime de la compréhension. Il vient de la phrase « que ta main atteindra » [héb. *Ki Tassig Yadkha*]. Cela signifie qu'avant qu'une chose ne devienne complètement évidente, comme s'ils la tenaient dans leurs mains, les kabbalistes ne l'appellent pas « atteinte », mais lui donne d'autres appellations comme « appréhendée », « comprise », etc.

La réalité de la sagesse de la Kabbale

On trouve même des choses réelles, dans une réalité matérielle étalée devant nos yeux, sans que nous n'ayons la perception ou l'image de leur essence. Ainsi en est-il de l'électricité et du magnétisme, qu'on appelle « fluides ». Et pourtant, qui pourrait dire que ces noms ne sont pas réels alors que, de façon significative et satisfaisante, nous en connaissons les effets ? Il nous est complètement égal de ne pas appréhender l'essence du sujet même, en l'occurrence de l'électricité.

Ce nom nous est aussi tangible et aussi proche que s'il était entièrement perçu par nos sens. Même un petit enfant est familier avec le mot « électricité », tout comme avec des mots comme le pain, le sucre, etc. De plus, si vous voulez bien faire un début d'examen minutieux, je vous dirai que de façon générale, comme il n'existe pas la moindre perception ni atteinte du Créateur, il est donc impossible d'accéder à l'essence d'aucune de Ses créatures, même lorsqu'il s'agit d'objets tangibles que nous pouvons toucher de nos mains.

Toutes les connaissances que nous avons de nos amis et de nos proches dans le monde ici-bas n'est rien d'autre qu'une « connaissance de leurs actions ». Elles sont dues à l'association de leur rencontre avec nos sens. Elles nous apportent une complète satisfaction bien que nous ne percevions pas l'essence du sujet.

De plus, vous n'avez aucune perception ni atteinte de votre propre essence. Tout ce que vous connaissez de votre propre essence n'est rien de plus qu'une série d'actions émanant de votre essence.

Vous en déduirez donc aisément que tous les noms et appellations qui apparaissent dans les livres de Kabbale sont véritablement réels et tangibles, bien que nous n'en atteignions pas le sujet. Il en est ainsi parce que ceux qui s'y engagent sont pleinement satisfaits de la connaissance complète qu'ils ont de cet ensemble suprême, à savoir une simple connaissance d'actions, issue de l'association de la lumière supérieure avec ceux qui l'atteignent.

Quoi qu'il en soit, cela est bien suffisant, car comme le veut la règle : « Tout ce qui est mesuré et sort de Sa providence afin de se réaliser dans la nature de la création, est parfaitement suffisant ». De la même façon qu'il ne viendrait pas à l'esprit de l'homme de réclamer un sixième doigt, alors que les cinq lui suffisent amplement.

Les termes matériels et les noms physiques dans les livres de Kabbale

Toute personne sensée comprendra que, lorsque nous traitons de questions spirituelles et encore plus lorsqu'il s'agit de divinité, nous ne disposons d'aucun mot ni d'aucune lettre pour l'envisager. C'est parce que l'ensemble de notre vocabulaire n'est fait que de combinaisons des lettres venant de nos sens et de notre imagination. Comment pourraient-elles donc nous aider à communiquer, là où ne résident ni l'imagination, ni les sens ?

Même les mots les plus subtils que l'on emploie dans ce contexte, comme « lumière supérieure », ou même « simple lumière », restent associés à la lumière du soleil, ou à celle d'une bougie, ou à la lueur du plaisir que l'on ressent lors d'une trouvaille après avoir traversé une période de doute. Comment les employer dans le cadre du spirituel et du divin ? Ils n'offrent aux lecteurs rien de plus que mensonge et tromperie.

Il en est ainsi particulièrement lorsqu'il convient de trouver dans ces mots une certaine logique, afin d'aider une personne à trouver un compromis, chose fréquente dans la quête de sagesse. On doit ici être très strict et précis, en utilisant des descriptions sans ambiguïté aucune pour les lecteurs.

Si le sage venait à échouer, ne serait-ce que sur un seul mot, il pourrait être certain de jeter le flou chez ses lecteurs. Ils ne comprendraient pas du tout ce qu'il a voulu dire à cet endroit, ni avant, ni après, ainsi que dans tout passage ayant trait à ce mot. Cela est connu de tout lecteur de livres de sagesse.

Par conséquent, il faut se demander : comment les kabbalistes peuvent employer des mots erronés pour expliquer les liens au sein de cette sagesse ? De plus, nous savons qu'il n'y a pas de définition sous une fausse appellation, car le mensonge ne tient pas debout.

Cependant, il convient ici de connaître tout d'abord la loi de la racine et de la branche, par laquelle les mondes sont liés l'un à l'autre.

La loi de la racine et de la branche vis-à-vis des mondes

Les kabbalistes ont découvert que les formes des quatre mondes, nommés *Atsilout, Briya, Yetsira, Assiya*, en commençant par le premier et le plus élevé des mondes, appelé *Atsilout*, et en finissant avec ce monde matériel, tangible, appelé *Assiya*, sont également les mêmes dans chaque détail et dans chaque événement. Cela signifie que tout ce qui arrive et se produit dans le premier monde se trouve également, inchangé, dans le deuxième monde en dessous. Il en est de même pour tous les mondes suivants, jusqu'à ce monde.

Il n'y a pas de différence entre eux, simplement une différence de degré, perçue dans la substance des détails de la réalité de chaque monde. La quintessence de chaque élément contenu dans la réalité du premier monde, le plus élevé, est plus pure que la quintessence du monde sous-jacent. Et la quintessence des détails de la réalité du deuxième monde est plus grossière que celle du premier, mais plus pure que tout ce qui est à un degré inférieur.

Cela se poursuit de façon similaire jusqu'à notre monde ici-bas, dont la substance des détails qui constituent la réalité est plus grossière et plus dense que tous les mondes qui la précèdent. Cependant, les formes des détails de la réalité de chaque monde et de tous leurs événements demeurent inchangées et égales dans chaque monde, à la fois en quantité et en qualité.

On a comparé cela à ce qui se passe avec un sceau et son empreinte. Toutes les formes du sceau sont transférées parfaitement, en détail et avec précision, à l'objet à marquer. Ainsi, en est-il des mondes, où chaque monde inférieur est une empreinte du monde situé au-dessus. De la même façon, toutes les formes que l'on peut trouver dans le monde supérieur sont méticuleusement copiées, en quantité et en qualité, dans le monde sous-jacent.

Par conséquent, dans quelque monde que ce soit, il n'y a aucun détail, aucun événement dans la réalité qui n'ait son équivalent dans le monde qui lui soit supérieur, identiques comme deux gouttes d'eau. Ils sont appelés « la Racine et sa Branche », c'est-à-dire que toute chose trouvée dans un monde est considérée comme la branche de son modèle qui se trouve dans le monde supérieur, qui en est donc la racine, de même que le monde inférieur est l'endroit où l'empreinte de la racine et son existence sont rendues possibles.

Telle était l'intention de nos sages, lorsqu'ils disaient: « Il n'y a pas un brin d'herbe ici-bas qui n'ait une étoile et un gardien en haut qui le frappe et lui dit de pousser ». Il s'avère que la racine, appelée aussi destin, l'a poussé à croître et à recevoir son attribut en quantité et qualité, tel l'exemple du sceau et l'empreinte ci-dessus. Telle est la loi de la racine et de la branche, qui s'applique en chaque chose de la réalité dans quelque monde que ce soit, en relation avec le monde qui lui est supérieur.

Le langage des kabbalistes est un langage des branches

Ceci signifie que les branches désignent leurs racines, qui sont leurs matrices existant nécessairement dans le monde supérieur. Car il n'existe pas de réalité dans le monde inférieur qui n'émane du monde qui lui soit supérieur. Comme dans le cas du sceau et de l'empreinte, la racine du monde supérieur oblige sa branche dans le monde inférieur, à révéler entièrement sa forme et sa caractéristique, comme nos sages ont dit que « la chance dans le monde supérieur se réfère à l'herbe inférieure la frappant et la forçant à pousser dans sa caractéristique ». C'est en cela que chaque branche est une image parfaite de sa matrice située dans le monde supérieur.

Ainsi les kabbalistes ont découvert un vocabulaire préétabli et annoté, suffisant pour créer un excellent langage parlé. Il leur permet de converser entre eux de ce qui se passe dans les racines spirituelles des mondes supérieurs, simplement en mentionnant la branche inférieure palpable dans ce monde, bien perçue par nos sens physiques.

Les auditeurs comprennent la racine supérieure vers laquelle pointe cette branche physique, qui lui est reliée et étant son empreinte. Par conséquent, tous les êtres de la création tangible et tout ce qui leur arrive, sont pour eux des noms et des mots bien définis, désignant leurs racines spirituelles supérieures élevées. Bien que l'on ne puisse pas s'exprimer verbalement sur ce qui est spirituel, puisque c'est au-delà de toute imagination, elles ont mérité le droit d'être exprimées via leurs branches, afin d'être perçues par nos sens dans notre monde physique.

Telle est la nature du langage parlé par les kabbalistes, par le biais duquel ils transmettent leurs atteintes spirituelles, d'une personne à l'autre et de génération en génération, à la fois oralement et par écrit. Ils se comprennent parfaitement, avec toute l'exactitude requise pour discuter de l'étude de la sagesse avec des définitions précises et sans équivoque. Il en est ainsi car chaque branche a sa propre et unique définition, absolue et naturelle. De plus, elle pointe naturellement vers sa racine dans le monde supérieur avec sa définition absolue.

Sachez que ce Langage des branches de l'enseignement de la Kabbale convient mieux pour expliquer les termes de la sagesse que tout autre langage courant. La théorie du nominalisme nous apprend que les langues ont été déformées par l'usage populaire. Autrement dit, dû à un usage excessif, les mots ont été vidés de leur contenu précis d'où de grandes difficultés à transmettre à autrui des déductions précises, que ce soit par oral ou par écrit.

Ce n'est pas le cas dans le « Langage des branches de la Kabbale » puisqu'il est issu du nom des créations et de leurs existences se déroulant sous nos yeux, définies par les lois immuables de la nature. Les lecteurs et les auditeurs ne seront jamais induits en erreur par une compréhension erronée des mots employés, car les définitions naturelles sont absolument immuables et incontournables.

Transmission par un sage kabbaliste à celui qui la reçoit et qui comprend

Ainsi écrivait le Ramban (Nahamanide) dans son introduction au commentaire de la Torah : « et j'apporte cette fidèle alliance à tous ceux qui étudient ce livre que j'affirme résolument que toutes les allusions que j'ai écrites dans les secrets de la Torah ne pourront pas être saisies par n'importe quel esprit ou n'importe quelle intelligence, sauf « de la bouche d'un sage kabbaliste à l'oreille de celui qui reçoit et qui comprend ». Tout comme le Rabbin Haïm Vital écrivait dans son introduction au livre « L'Arbre de Vie », ainsi que nos sages (*Haguiga*, 11) : « On n'étudie pas la *Merkava* seul, à moins d'être sage et de la comprendre par soi-même ».

On comprend aisément leur propos qu'il faille recevoir de la bouche d'un sage kabbaliste. Mais pourquoi faut-il que le disciple soit d'abord sage et comprenne de lui-même ? Si tel n'est pas le cas, alors il est interdit de lui enseigner, même s'il est la personne la plus juste au monde. Qui plus est, s'il est déjà sage et comprend par lui-même, aurait-il besoin alors d'apprendre des autres ?

Il s'avère que leurs mots sont compris avec une absolue simplicité : nous avons vu que tous les mots et paroles prononcés par nos lèvres ne peuvent pas clarifier le moindre mot issu de sujets spirituels ayant trait au Divin, ceux-ci étant au-delà du temps et de l'espace imaginaire. À la place, il existe un langage spécial pour ces sujets, le « langage des branches », indiquant leur relation vis-à-vis de leurs racines supérieures.

Bien que ce langage soit extrêmement adapté à sa tâche pour se plonger dans l'étude de cette sagesse, plus que les langues ordinaires, il ne reste utilisable que si l'auditeur est lui-même un sage, c'est-à-dire s'il sait et comprend les relations entre les branches et leurs racines. Il en est ainsi parce que ces relations ne se clarifient pas de l'inférieur au supérieur. En d'autres termes, en regardant les branches inférieures, il est impossible de déduire quelles sont leurs racines supérieures.

C'est plutôt le contraire, les branches sont étudiées depuis leurs racines. Aussi doit-on d'abord atteindre les racines supérieures, ce qu'elles sont réellement dans la spiritualité, au-delà de toute imagination, mais d'une atteinte pure. Après avoir correctement atteint par l'esprit ces racines supérieures, il pourra alors regarder les branches tangibles de ce monde et savoir comment chaque branche se comporte par rapport à sa racine dans le monde supérieur, selon son ordre, sa qualité et sa quantité.

Quand quelqu'un sait et comprend parfaitement tout cela, un langage commun se met en place entre lui et son professeur, appelé le « Langage des branches ». En l'employant, le sage kabbaliste peut transmettre toute l'étude de la sagesse, s'appliquant dans les mondes supérieurs spirituels, à la fois celle qu'il a reçue de ses professeurs et celle qu'il a découverte par lui-même. C'est parce qu'ils ont désormais un langage commun et qu'ils se comprennent.

Cependant, si un disciple ne fait pas preuve de sagesse comprend le langage à sa façon, à savoir la manière dont les branches désignent leurs racines, le professeur ne peut évidemment pas lui expliquer le moindre mot de cette sagesse spirituelle, et encore moins d'en envisager avec lui un examen minutieux. Il en est ainsi parce qu'ils n'ont pas un langage commun pour parler, devenant pour ainsi dire muets. Ainsi le *Maassé Merkava – c'est-à-dire la sagesse de la Kabbale* – ne peut être transmis, c'est-à-dire la sagesse de la Kabbale, à moins d'être un sage et de comprendre par soi-même.

Il convient de se demander : comment donc le disciple est-il devenu sage au point de connaître les relations entre la branche et la racine en partant des racines supérieures ? La réponse est que les efforts personnels sont vains; c'est de l'aide de Dieu dont nous avons besoin! Celui qui trouve grâce aux yeux de Dieu, Il le remplit de sagesse, de compréhension et de connaissance pour acquérir de sublimes atteintes. Il est, à ce stade, impossible d'être aidé physiquement.

Ainsi, après avoir trouvé grâce aux yeux de Dieu et être récompensé de l'atteinte supérieure, cette personne est alors prête à accepter l'immensité de la sagesse de la part d'un sage kabbaliste, car désormais ils ont un langage commun.

Appellations étrangères à l'esprit humain

Tout ce qui a été dit précédemment vous permettra de comprendre pourquoi nous rencontrons parfois dans les ouvrages de Kabbale des appellations et des termes tout à fait étrangers à l'esprit humain. Ces dénominations abondent dans les livres de base de Kabbale que sont le *Zohar*, les Corrections et les livres du ARI. C'est très étonnant, pourquoi ces sages faisaient-ils usage d'appellations aussi viles pour exprimer des notions si saintes, si exaltées ?

Vous comprendrez néanmoins parfaitement cela, après avoir acquis les concepts ci-dessus. Parce qu'il est désormais clair qu'aucun langage au monde ne peut être utilisé pour expliquer cette sagesse, hormis celui dont c'est le but même, soit le « langage des branches », d'après leurs relations avec leurs racines supérieures.

C'est pourquoi, il est évident qu'aucune branche ou rameau ne saurait être écarté en raison de son degré inférieur, ou ne devrait être employé pour décrire, au sein des interconnexions de la sagesse, tel concept souhaité, puisqu'il n'existe aucune autre branche dans ce monde qui puisse la remplacer.

Tout comme deux cheveux n'émergent pas de la même racine, il n'existe pas deux branches ayant la même racine.

Par conséquent, en faisant abstraction d'un événement, nous perdons le concept spirituel lui correspondant dans le Monde Supérieur, car nous ne disposons pas du moindre mot à prononcer à sa place, pour indiquer cette racine. De plus, un tel incident endommagerait la sagesse entière, dans toute son immensité, puisqu'il y aurait désormais un chaînon manquant dans la chaîne de sagesse liée à ce concept.

La sagesse entière en est ainsi mutilée puisqu'il n'existe pas d'autre sagesse au monde où les sujets sont si imbriqués et liés par voie de cause à effet, d'origine et de conséquence, comme l'est la sagesse de la Kabbale, connectés de la tête aux pieds comme une longue chaîne. Donc, à la suite de la perte temporaire d'une petite connaissance, c'est toute la sagesse qui s'assombrit sous nos yeux, car tout ce qui en découle est très fortement lié, s'imbriquant littéralement en un.

Vous ne vous étonnerez désormais plus de l'utilisation occasionnelle d'appellations étrangères. Il en est ainsi parce qu'ils n'ont pas de liberté de choix en ce qui concerne les appellations, pour remplacer le mal par le bien, ou le bien par le mal. Ils doivent toujours utiliser la même branche, ou l'événement qui indique précisément sa racine supérieure et cela dans toute sa nécessité. De plus, les sujets doivent être suffisamment développés pour fournir une définition précise aux yeux de leurs compagnons d'étude.

Rav Yéhouda Ashlag

LA MATIÈRE ET LA FORME DANS LA SAGESSE DE LA KABBALE

En général, la science se divise en deux parties : la première appelée la « connaissance de la matière », et la seconde appelée la « connaissance de la forme ». Cela implique que dans la réalité qui nous entoure il n'y a rien où la matière et la forme ne soient présentes.

Prenons une table, par exemple. Elle est constituée de matière, disons de bois, et possède la forme d'une table. La matière (le bois) se présente comme le vecteur de la forme (la table). C'est exactement la même chose pour le mot « menteur ».

Sa matière est constituée de l'homme et sa forme est « le mensonge », de sorte que la matière appelée « homme » porte la forme du mensonge, c'est-à-dire l'habitude de mentir. Il en est ainsi pour toute chose.

C'est pourquoi la science expérimentale est divisée également en deux parties :

– L'une étudie la matière d'un objet
– L'autre étudie sa forme

La partie de la science qui étudie dans la réalité les propriétés de la matière seule, sans sa forme, et la matière et sa forme mises ensemble, se nomme « la connaissance de la matière ». Cette étude de nature empirique se base sur des preuves solides et sur la comparaison des résultats issus d'expériences pratiques que la science accepte comme une base fiable pour tirer de véritables conclusions.

L'autre partie de la science analyse seulement la forme abstraite, sans aucun rapport avec la matière. Autrement dit, les notions de vérité et de mensonge sont séparées de la matière, c'est-à-dire de la personne qui les véhicule. Les personnes versées dans ce genre d'étude ne cherchent qu'à connaître les valeurs de supériorité et d'infériorité de ces formes de la « vérité » et du « mensonge », pour ce qu'elles sont à l'état pur – dénuées de toute matière, quelle qu'elle soit. C'est cela que nous appelons la « connaissance de la forme ».

Ce type de connaissance n'a aucune base empirique. De telles notions abstraites ne sont pas des expériences confirmées, car elles ne relèvent pas de la réalité. Une telle notion abstraite n'est que le fruit de notre imagination ; autrement dit, seule l'imagination peut la dessiner bien qu'elle n'existe pas en réalité.

Toute recherche scientifique de ce genre se base uniquement sur des suppositions théoriques qui ne sont confirmées par aucune expérimentation et qui résultent uniquement de discussions théoriques. La « grande philosophie » relève de cette catégorie.

Par conséquent, la plupart des scientifiques modernes traitent cette science avec indifférence, profondément insatisfaits des discussions stériles, basées sur des théories qui, de leur point de vue, ne peuvent servir de bases sérieuses. Seule une base de nature empirique peut être considérée comme fiable.

La sagesse de la Kabbale est également divisée en deux parties, comme nous l'avons vu précédemment : « la connaissance de la matière » et la « connaissance de la forme ». Cependant, la Kabbale nous réserve une grande merveille, un avantage de plus comparé à la science conventionnelle. Ici, même l'étude de la forme est entièrement basée sur une critique de la raison pratique, c'est-à-dire basée sur une recherche empirique.

Rav Yéhouda Ashlag

C'est pour Yéhouda
Extrait d'un commentaire de la *Haggadah* (récit) de la Pâque

« Voici le pain de misère que nos pères ont mangé en Égypte » car le commandement de manger du pain azyme [*Matza*] a été donné aux enfants d'Israël avant leur sortie d'Égypte, en vue de la délivrance à venir qui se produirait à la hâte. De ce fait, le commandement de manger de la *Matza* leur a été donné quand ils étaient encore en esclavage. Et l'intention du commandement était pour le moment de la délivrance, car alors ils sortiraient en hâte.

C'est pourquoi il nous est si agréable de nous souvenir d'avoir mangé de la *Matza* en Égypte, même aujourd'hui, nous mangeons la *Matza* des Egyptiens car nous nous trouvons aussi comme dans une période d'esclavage à l'étranger, et notre intention, par ce commandement, est elle aussi d'attirer la délivrance future – bientôt, de nos jours, tout comme nos pères en ont mangé en Égypte.

« Cette année, nous sommes ici... l'an prochain, nous serons libres ». Comme il est écrit ci-dessus, par l'intention de ce commandement, nous devons éveiller la délivrance certaine et à venir, par le commandement de nos pères en Égypte en mangeant de la *Matza*.

« Nous étions esclaves... » Il est écrit dans *Massekhet Pessakhim* (p. 16) : « Commencer par la déconsidération et terminer par une louange. Et au sujet de la déconsidération, Rav et Shmouel n'étaient pas d'accord : Rav disait de commencer au début, « nos pères étaient des idolâtres », et Shmouel disait de commencer par « nous étions des esclaves ». Et la pratique suit Shmouel.

Il faut comprendre ce désaccord. Et voici que le sens de « commencer par la déconsidération et terminer par une louange » est compris de la même manière que « l'avantage de la lumière sur l'obscurité ». Il faut donc se rappeler le cas de la déconsidération, par lequel on connaîtra la mesure de Sa miséricorde pour nous. Nous savons que tout notre commencement n'est que déconsidération, car « l'absence précède la présence ». C'est pourquoi « un ânon sauvage engendrera un homme ». À la fin, il prendra la forme d'un être humain. Ce qui est la règle pour tous les éléments de la Création. Il en va de même pour la racine de la nation israélite.

Cela vient du fait que le Créateur a fait sortir la Création ex nihilo. Donc, il n'y a aucune création qui ne soit d'abord dans l'absence. Cependant, cette absence prend une forme différente dans chacun des éléments de la création. Ainsi, quand on divise la réalité en quatre espèces – minérale, végétale, animale et parlante –, nous découvrons que le début du minéral est forcément une absence complète. Néanmoins, le début du végétal n'est pas une absence complète, mais seulement le degré qui le précède et qui est considéré une absence par rapport à lui-même. Autrement dit, le fait d'être semée et de se décomposer, ce qui est inévitable pour toute graine, représente ce qu'elle reçoit de la forme du minéral. Il en est de même pour l'absence de l'animal et du Parlant, car la forme du végétal est considérée comme absente par rapport à l'animal, et la forme animale est considérée comme absente par rapport au Parlant.

Ce faisant, l'écrit nous apprend que l'absence précédant l'existence de l'homme est la forme animale. C'est le sens de « un ânon sauvage engendrera un homme », car au début, chaque homme doit se retrouver dans un état animal. Et voilà que le verset nous dit : « Le Seigneur sauvera l'homme et la bête ». De même qu'Il pourvoit à tous les besoins nécessaires à l'existence et à la satisfaction du dessein de la bête, ainsi Il pourvoit à tous les besoins nécessaires à l'existence et à la satisfaction du dessein de l'homme.

Il nous faut donc comprendre où est l'avantage de l'homme sur la bête par rapport à leur préparation particulière. Cela découle en effet de leurs demandes.

Car il est certain que les demandes de l'homme sont différentes de celles de la bête. Donc, dans la même mesure, le salut du Créateur envers l'homme est différent de Son salut envers la bête.

Et voilà qu'après maintes recherches et analyses, nous ne trouvons pas de besoin particulier en l'homme qui n'existe aussi dans toute l'espèce animale, sauf l'éveil envers l'adhésion [Dvékout] divine. Il n'y a que l'espèce humaine qui y soit préparée, et aucune autre.

Il s'avère que toute la question de l'existence du genre humain n'est prévue que pour cette préparation qui est implantée en lui pour aspirer au service du Créateur ; c'est en cela qu'il est supérieur à la bête. Nombreux ont déjà avancé que même la compréhension dans l'exercice d'un métier et la gouverne d'un État se trouve avec grande intelligence dans une grande partie de l'espèce animale.

D'après cela, on comprendra que l'absence précédant l'existence de l'homme est la négation du désir du rapprochement divin qui est au degré animal. Par-là, on comprend les paroles de la Michna : « commencer par la déconsidération et terminer par une louange ». Cela veut dire que nous devons nous souvenir de cette absence et la rechercher, elle qui précède notre existence de manière positive, car elle est la déconsidération qui précède la louange. Grâce à elle, nous comprendrons avec plus de dignité et de force la louange, comme il est écrit : « commencer par la déconsidération et terminer par une louange ».

Et c'est aussi le cas pour nos quatre exils, exil après exil, qui précèdent les quatre délivrances, de délivrance en délivrance, jusqu'à la quatrième, qui est la perfection complète que nous espérons, bientôt, de nos jours. L'exil est « l'absence qui précède l'existence », qui est la délivrance. Du fait que cette absence prépare à l'existence qui lui est attribué, comme la semence qui prépare à la récolte, de même nous trouvons toutes les lettres de *Guéoula* [rédemption/délivrance/salut] dans *Gola* [exil], sauf la lettre *Aleph*, qui, elle, indique « l'*Alouph* [champion] du monde ».

Ceci pour que nous apprenions que la forme de l'absence n'est que la négation de l'existence. Et ainsi nous prenons connaissance de la forme de l'existence, qui est la délivrance, par le verset « et ils n'enseigneront plus les uns aux autres, car tous Me connaîtront du plus petit au plus grand. » Par conséquent, la forme de l'absence précédente, à savoir la forme de la *Gola*, ne sera que la négation de la connaissance du Seigneur, qui est l'absence du *Aleph* dans la *Gola* [exil], et qu'on attend la *Guéoula*, qui est *Dvékout* au « champion du monde ». C'est exactement cela, tout le rachat de nos âmes, ni plus ni moins, comme nous avons dit au sujet de toutes les lettres de *Guéoula* qui se trouvent dans *Gola*, sauf le *Aleph*, « le champion du monde ».

Pour comprendre ce cas prépondérant, que l'absence en elle-même prépare cette même existence qui lui est attribuée, nous devons apprendre des réalités de ce monde matériel. Nous voyons que dans la notion de liberté, qui est un concept très élevé et supérieur, il n'y a que quelques élus qui peuvent y goûter, et même eux par des préparations adéquates. La majorité du peuple n'y trouve cependant aucun goût. En revanche, dans la notion d'esclavage, il y a égalité entre tous, petits et grands, et même les plus petits du peuple ne peuvent la supporter.

(Nous avons constaté que le peuple polonais a perdu sa royauté, car sa majorité n'a pas su comprendre correctement la valeur de la liberté et ne l'a pas préservée. Ainsi, il est tombé sous le joug du gouvernement russe pendant cent ans. Durant toute cette période, tous se sont plaints du joug de la servitude et ils aspiraient tous à la liberté, petits et grands. Ils ne savaient pas encore ressentir dans leur âme le goût de la liberté, son caractère et sa forme, et chacun se l'imaginait comme bon lui semblait. Bien que dépourvus de liberté, c'est-à-dire assujettis, cette *Segoula* [remède/force/vertu] s'imprima profondément dans leur âme et la liberté était appréciée et chérie.

Pour cette raison, quand ils ont été libérés du joug de l'esclavage, beaucoup d'entre eux étaient étonnés, ne sachant pas du tout ce qu'ils avaient gagné par cette liberté. Une partie d'entre eux a même regretté l'état précédent et a dit que leur gouvernement les accablait de taxes et d'impôts, plus que le gouvernement étranger, et souhaitait son retour. La raison en est que la force de l'absence n'avait pas encore assez agi sur eux.

Maintenant, nous comprenons la controverse entre Rav et Shmouel. Rav interprète la Michna « commencer par la déconsidération » pour que l'étendue de la délivrance soit mieux reconnue, et il dit donc de débuter au temps de Terah. C'est à l'opposé de Shmouel, car en Égypte Son amour et Son travail étaient déjà implantés dans une petite partie de la nation. Ainsi, l'épreuve de l'esclavage qui a été ajoutée en Égypte n'est pas un manque en lui-même, dans la vie de la nation appelée « Adam ».

Shmouel n'interprète pas comme Rav, en effet, le concept de la liberté de la nation, en ce qui a trait à la connaissance du Seigneur, est une notion sublime que seuls quelques élus peuvent comprendre, et cela après des préparatifs adéquats. Mais la majorité du peuple ne l'a pas encore atteinte. Par contre, tout le monde ressent la difficulté de l'esclavage, comme l'a écrit Eben Ezra au début de la portion *Michpatim* : « Il n'y a rien de plus dur au monde pour l'homme que d'être sous l'autorité d'un homme comme lui. »

Il interprète la Michna du point de vue de l'absence, qui prépare l'existence et qui est en cela considérée comme une partie de Sa délivrance, et pour laquelle nous devons aussi Le remercier. C'est pourquoi il ne faut pas commencer par « au début nos pères étaient des idolâtres », car cette période ne peut même pas être considérée comme « l'absence précédant l'existence », vu qu'ils étaient tout à fait privés d'existence humaine, car ils étaient totalement éloignés de Son amour.

C'est pourquoi nous commençons par l'esclavage en Égypte, où des étincelles de Son amour brûlaient déjà dans leur cœur, mais à cause de l'impatience et du dur labeur, il s'éteignait un peu plus chaque jour. C'est pourquoi il dit de commencer par « nous étions des esclaves ».

Rav Yéhouda Ashlag

L'ESPRIT AGISSANT

Il est écrit que tout un chacun se doit d'atteindre la racine de son âme. Ceci signifie que ce qui est désiré, voulu ou espéré par la créature a pour but l'adhésion aux attributs du Créateur comme « S'Il fait preuve de compassion, alors toi aussi sois compatissant. » Or, comme on le sait, Ses attributs ne sont rien d'autre que les *Sefirot*, lesquelles coïncident avec l'Esprit agissant qui agit et dirige son monde, et qui mesure Son abondance et Ses bienfaits.

Toutefois, il est nécessaire de comprendre pourquoi cela s'appelle « adhérer » au Créateur, et le fait que cette étude ne repose apparemment sur rien. Mais je vais l'expliquer à l'aide d'une parabole. Nous voyons que chaque action réalisée en ce monde porte en elle-même la trace de l'esprit qui a présidé à sa réalisation. Ainsi, l'observation d'une table révèle du même coup l'intelligence créatrice du menuisier qui a œuvré à la construction de cette table et le zèle investi pour sa réalisation, car au moment de la fabrication de la table, le menuisier a forcément utilisé son esprit et sa faculté d'évaluation. Or, celui qui observe l'œuvre et pense à l'esprit qui la sous-tend est à ce moment même considéré comme « lié » à l'esprit qui l'a activé et, par conséquent, ils sont vraiment « unis ».

Car en vérité, il n'y a ni distance ni coupure entre les spirituels, même s'ils sont des corps séparés, leurs esprits ne peuvent être décrits dans leur division. Car quel est le couteau qui pourrait découper le spirituel en plusieurs morceaux ? Ce qui distingue essentiellement le spirituel d'un autre est ses qualités : digne d'être loué, ou discrédité, par exemple. Idem pour ce qui est de la « composition ». Un esprit qui étudie l'astronomie n'adhérera pas à un qui traite des sciences naturelles.

Même une seule discipline peut comporter un grand nombre d'éléments. Il suffirait que l'une surpasse l'autre, ne serait-ce que d'un peu, pour que cette différence les sépare au niveau spirituel. Toutefois, quand deux chercheurs étudient la même sagesse et s'accordent sur la même mesure de sagacité, ils sont alors vraiment unis, car qu'y aurait-il pour les séparer ?

Ainsi, lorsque quelqu'un médite sur l'œuvre réalisée par quelqu'un d'autre et qu'il atteint l'esprit de son auteur, on pourra dire que tous les deux ont en commun un même pouvoir et une même intelligence, et qu'ils sont désormais vraiment unis. Cela fait penser à un homme qui, faisant son marché, tombe sur un ami très cher, l'embrasse, le serre contre lui – et rien à ce moment-là ne pourrait les dissocier, tant leur union est grande.

Ainsi, d'une façon générale, l'esprit dont il est question ici est cette force la mieux adaptée entre le Créateur et Sa créature, une sorte d'intermédiaire. Il en ressort que toute « étincelle » de la force qui en émane permet à tous de revenir à Lui, comme il est écrit : « tout a été fait avec sagesse », c'est-à-dire que le monde entier a été créé par Sa sagesse.

Ainsi celui qui est récompensé d'atteindre les manières avec lesquelles Il a créé le monde et ses conduites, adhère à l'esprit de celui qui les a réalisées. De ce fait, il adhère au Créateur.

C'est la signification de la Torah qui est tous les noms du Créateur, et qui appartiennent aux créatures. Grâce à eux, la créature atteint l'Esprit qui active le tout, car lorsqu'Il a créé le monde, le Créateur regardait dans la Torah. L'illumination que la créature atteint par la Création l'a fait adhérer pour toujours à cet esprit, ainsi elle « adhère » au Créateur.

On comprend alors pourquoi le Créateur nous a révélé l'outil de Son art. Avons-nous donc besoin de créer des mondes ?

De ce qui a été dit ci-dessus, il est clair que le Créateur, en nous montrant Ses chemins, nous permet de savoir comment « adhérer à Lui », c'est-à-dire « adhérer à Ses attributs ».

Rav Yéhouda Ashlag
Corps et âme

Avant d'éclaircir ce sujet élevé, il est important de noter que bien qu'il semble à chaque étudiant qu'il n'est possible d'éclaircir et de rapprocher ce sujet de l'esprit humain que par les bases et les études philosophiques abstraites, comme il est d'usage dans des explications de ce genre, en fait, depuis que j'ai pris goût à la sagesse de la Kabbale et que je m'y suis adonné, je me suis éloigné de la philosophie abstraite et de tous ses accessoires, à grande distance, et tout ce que je vais écrire ici est basé sur de la pure science, extrêmement précise, d'après la simple connaissance de choses utiles et pratiques.

Bien que par la suite je les citerais, ce ne sera que pour montrer la différence entre ce que l'esprit humain théorique peut soulever et ce que l'on peut comprendre de l'esprit de la Torah et de la prophétie, qui est basé sur des fondations utiles (comme je l'ai expliqué dans l'article « De l'essence de la sagesse de la Kabbale »).

Je veux clairement définir ici les termes « corps et âme », comme ils le sont en vérité, car la vérité et un esprit saint ne font qu'un. Vu que la vérité est à la portée de chacun, et cela uniquement d'après l'esprit de la Torah, il faut enlever toutes les définitions déformées qui sont enracinées dans le peuple et empruntées principalement aux méthodes abstraites, dont l'esprit de notre Torah est complètement éloigné.

TROIS MÉTHODES POUR LE CONCEPT CORPS ET ÂME

Nous avons découvert que l'ensemble des méthodes concernant « le corps et l'âme », de par le monde, peut être regroupé selon les trois genres suivants :

1. Méthode de la foi

La foi préconise que rien n'existe à part l'âme et l'esprit. D'après elle, il existe des corps spirituels, différents les uns des autres par leur qualité, que l'on appelle des âmes humaines ; elles existent par elles-mêmes, avant de s'introduire dans le corps humain. Même après la mort du corps, cette mort ne l'affecte pas du tout, vu que le spirituel est un corps simple. La signification de la mort n'est, à leur avis, que la séparation des éléments dont ce corps est composé, ce qui est possible pour un corps concret qui est composé d'éléments que la mort sépare à chaque fois.

Ce qui n'est pas le cas pour l'âme spirituelle, qui est toute entière un corps simple, sans complexité, il ne peut donc pas y avoir une quelconque séparation car cette dernière annulerait son existence. Par conséquent, l'âme est éternelle et existe indéfiniment.

Le corps, d'après eux, est comme un vêtement pour ce corps spirituel, et l'âme spirituelle s'en revêt et dévoile toutes ses forces à travers lui et ce sont les bonnes mesures et toutes sortes d'enseignements. De plus, elle donne la vie et le mouvement à ce corps et le protège de tout mal, de sorte que le corps, quand il est « seul », ne contient ni vie, ni mouvement, rien, il n'est que de la matière morte, comme nous le voyons, à l'heure de la mort, quand l'âme se sépare de lui et tous les signes de vie que nous voyons dans le corps humain, sont tous des expressions des forces de l'âme uniquement.

2. Méthode des croyants en la dualité

La méthode de la dualité avance que le corps est une créature parfaite, qui se tient, vit, se nourrit et subvient à tous ses besoins, et ne nécessite aucune aide d'un quelconque objet spirituel.

Cependant, ce corps n'est pas du tout considéré comme l'essence propre de l'être humain et l'essence principale de l'homme est l'âme éduquée, qui est un objet spirituel, comme l'opinion de la première méthode.

La différence entre les deux méthodes n'est que dans le concept du corps. À la suite du développement intense de la physiologie et de la psychologie dans le monde, on a découvert que la Providence avait préparé dans la machine corporelle toutes les nécessités vitales et qu'il ne restait donc, comme rôle pour l'âme dans le corps, que l'éducation et les bonnes mesures spirituelles – de sorte qu'elles croient en la dualité, c'est-à-dire aux deux méthodes en même temps, bien qu'elles disent que l'âme soit la raison du corps, c'est-à-dire que le corps dérive de l'âme.

3. Méthode des athées

Les athées renient une réalité spirituelle et ne reconnaissent que le matériel. Ces personnes ont complètement nié l'existence d'un objet spirituel abstrait dans le corps. Elles ont clairement prouvé que même l'esprit de l'homme n'est qu'un fruit du corps. Les athées ont représenté le corps comme une machine électrique dont les fils relient le corps au cerveau, ceux-ci étant activés par le contact avec des choses extérieures au corps et envoient au cerveau leurs sensations de douleur ou de plaisir, et le cerveau indique à l'organe comment réagir. Et tout cela est dirigé par les fils et les tendons qui y sont reliés et éloignent l'organe de ce qui lui cause de la douleur et rapprochent l'organe de la cause du plaisir. Et c'est d'après cela qu'ils expliquent et tirent toutes les conclusions, en toutes circonstances, de la vie de l'homme.

Ce que nous ressentons comme éducation et logique dans notre cerveau n'est qu'une photo, qui est prise concrètement dans notre corps. L'homme surpasse les animaux, car son cerveau est développé à tel point que toutes les situations vécues par le corps se dessinent dans son cerveau, comme une photo ressentie par l'homme, logiquement. Ainsi, tout l'esprit et ses conclusions ne proviennent et ne sont découverts que par les situations vécues par le corps.

Il y a aussi des tenants de la seconde méthode qui acceptent complètement cette méthode. Mais ils y ajoutent la substance spirituelle éternelle, qui est nommée l'âme, et qui se revêt à l'intérieur de la machine corporelle. Cette âme est la substance humaine et la machine corporelle n'est que son vêtement.

Voilà, j'ai donc présenté ici de manière générale tout ce que la science humaine a découvert, jusqu'à nos jours, au sujet des concepts « corps et âme ».

Corps et âme au sens scientifique, d'après notre Torah

À présent, je vais éclaircir ce sujet élevé d'après notre Torah, comme nous l'ont expliqué nos sages. J'ai déjà écrit dans plusieurs articles qu'il n'y a pas un seul mot de nos sages, ni même dans la sagesse de la Kabbale prophétique, qui ne soit basé sur une théorie.

Car c'est un fait évident pour tous : l'homme est sceptique de nature. Toute conclusion que l'esprit humain établit comme sûre et certaine sera remise en cause après un certain temps ! De ce fait, il renforce son raisonnement doublement et découvre une autre conclusion, tout aussi sûre et certaine.

Si c'est un véritable observateur, il tournera en rond toute sa vie, vu que la certitude d'hier devient le doute d'aujourd'hui et la certitude actuelle, le doute de demain, de sorte qu'il devient impossible de conclure quoi que ce soit avec certitude plus longtemps qu'une seule journée.

Ce qui est révélé et ce qui est caché

De nos jours, la science est déjà arrivée à véritablement comprendre cela et à statuer qu'il n'y a pas de certitude absolue dans la réalité.

Mais nos sages l'avaient compris et en étaient déjà conscients il y a plusieurs milliers d'années. C'est pour cela que dans les questions religieuses, ils nous ont guidés et nous ont interdit non seulement de ne rien conclure sur la base d'une théorie, mais même d'utiliser ces théories, ne serait-ce que d'en discuter.

Nos sages ont partagé la sagesse en deux sujets : ce qui est révélé et ce qui est caché. Ce qui est révélé comporte tout ce que nous comprenons par notre simple connaissance et les observations faites sur une base pratique, sans aucune aide théorique ; comme nos sages disaient : « Le juge n'a que ce que ses yeux voient. »

Ce qui est caché comporte tout ce que nous avons entendu de personnes fiables, ou que nous avons acquis en tant que connaissance générale. Mais nous ne pouvons pas nous en rapprocher suffisamment par un examen du bon sens et un savoir ordinaire. C'est cela qui est considéré comme caché, qu'on nous a conseillé d'accepter comme « foi élémentaire », et qu'on nous a strictement interdit d'un point de vue religieux, jusqu'à en proscrire la lecture, car elle pourrait éveiller un intérêt pour ces choses et nous inciter à les étudier.

Cependant, ces mots – « révélé » et « caché » – ne sont pas des mots réservés à certains genres de connaissances, comme on le croit en général, mais ne s'imposent qu'au regard de la conscience de l'homme, c'est-à-dire que toutes les connaissances qu'il a découvertes et assimilées par une expérience concrète sont nommées « révélées ». Toutes les connaissances qu'il n'a pas encore assimilées, il les appelle « cachées ».

Ainsi, vous ne trouverez pas un seul homme dans toutes les générations qui ne fasse cette séparation entre les deux ; la partie révélée, il pourra l'examiner et l'étudier sur une base concrète ; la partie cachée, il lui sera interdit de l'examiner, ne serait-ce qu'une once, car elle ne possède aucune base concrète pour le faire.

Permission et interdiction d'utiliser les sciences humaines

C'est pourquoi, nous qui suivons le chemin de nos sages, n'avons le droit d'utiliser les sciences humaines qu'avec les connaissances qui ont été démontrées par une expérience concrète et dont nous ne pouvons mettre en doute la validité. Par conséquent, nous ne pourrons accepter aucun principe religieux des trois méthodes ci-dessus, et à plus forte raison des concepts « corps et âme », qui sont les principaux piliers de toute la religion. Nous ne pourrons accepter que les connaissances de l'étude de la vie, qui dérivent de l'expérience, et dont personne ne peut douter.

Il est évident que de telles preuves sont introuvables dans la spiritualité, mais se trouvent dans la matière du corps, qui est organisée pour capter les sensations. C'est pourquoi nous pouvons uniquement utiliser, dans une certaine mesure, la troisième méthode, laquelle s'occupe du corps et de toutes les conclusions qui ont été démontrées par l'expérience et à l'égard desquelles il n'y a aucune équivoque.

Les autres suppositions associées à la logique, de n'importe quelle autre méthode, sont exclues et interdites. Celui qui les utilise viole la règle « Ne vous tournez pas vers les idoles », telle qu'elle nous est prescrite.

Cependant, la troisième méthode est étrangère à l'esprit humain et le dégoûte, si bien qu'il n'y aura aucune personne vraiment instruite pour l'accepter. Selon ces érudits, l'état de l'homme a été effacé et a disparu, car ils en ont fait une sorte de machine qui est activée et fonctionne par l'entremise d'autres forces. D'après eux, l'homme n'a lui-même aucun libre choix, mais il est poussé et agit par la force de la nature, et tout ce qu'il fait l'est sous l'effet de la contrainte. Donc l'homme n'est ni récompensé ni puni, car la loi de la punition ou de la récompense ne s'applique pas à un être dépourvu de libre arbitre.

Cela est absolument inconcevable, non seulement pour les religieux qui croient en la récompense et en la punition provenant de la croyance en la Providence divine, laquelle surveille toutes les forces de la nature, et qui sont convaincus que tout est fait pour une cause juste et noble.

Mais pour les laïcs, cette méthode est encore plus inconcevable, car à leur avis chacun serait soumis à une nature aveugle, sans jugement et sans but. Ces personnes intelligentes et raisonnables seraient un jouet entre les mains de la nature qui les induirait en erreur, et où donc les mènerait-elle ? Et c'est pourquoi cette troisième méthode a été rejetée et n'a pas du tout été acceptée dans le monde.

Sachez que le dualisme n'est venu que pour corriger cette distorsion. C'est pourquoi ils ont déterminé que ce corps, qui est une simple machine dans la troisième méthode, n'est pas un être véritable. L'essentiel dans l'homme est tout à fait différent, invisible et imperceptible par les sens. Car c'est une substance spirituelle qui s'est revêtue en cachette dans le corps. C'est le « moi » de l'homme, le « je » à qui le corps appartient entièrement, et ce « moi » est spirituel et éternel, comme cela nous a été présenté.

Mais cette méthode est bancale, comme ils l'ont avoué eux-mêmes, en ne pouvant expliquer comment une substance spirituelle, qui est « l'âme » ou le « moi », pourrait activer le corps, ou même à peine le dominer. Car pour être philosophiquement précis, le spirituel ne touche en aucune façon le matériel et ne l'influence pas du tout, comme ils l'ont écrit eux-mêmes.

L'accusation contre Maïmonide

Mais même sans cette question, leur méthode aurait été « interdite à la communauté d'Israël », comme il est expliqué ci-dessus. Il importe de savoir que la grande accusation contre Maïmonide par les sages d'Israël et la sévère sentence de brûler ses écrits, comme on le sait, s'est passée non parce qu'on doutait de sa piété ou de sa droiture, mais bien parce qu'il s'était appuyé sur des livres de philosophie et de métaphysique, qui étaient à leur apogée à cette période. Maïmonide ne voulait que les en préserver. Mais malgré tout, les sages n'étaient pas d'accord avec lui.

Il est inutile de dire que de nos jours, alors que notre génération est instruite et consciente, il n'y a rien de vrai dans la philosophie et la métaphysique qui mérite que l'on s'y attarde. Qui plus est, il est bien entendu interdit à quiconque d'en recevoir quelque suggestion que ce soit.

Rav Yéhouda Ashlag

LA SAGESSE DE LA KABBALE ET LA PHILOSOPHIE

Qu'est-ce que la spiritualité ?

La philosophie s'est donnée beaucoup de mal afin de démontrer que la matérialité découlait de la spiritualité et que l'âme engendrait un corps. Pourtant, leurs idées ne peuvent être acceptées d'aucune façon. Leur erreur principale a été leur perception de la spiritualité qui aurait, selon eux, engendré la matérialité – ce qui n'est certainement pas vrai.

Car tout parent a besoin d'imaginer à quoi ressembleront ses enfants. Ce rapport parent/enfant détermine le chemin que suivra sa descendance. De plus, toute personne qui agit doit prendre en considération son action lorsqu'elle s'y conformera.

Puisque vous dites que la spiritualité est reniée dans tous les événements de la matérialité, un tel chemin ne peut exister. Mais alors, quelle attitude doit avoir le spirituel pour entrer en contact avec la matière et lui insuffler un mouvement, quel qu'il soit ?

Et si la compréhension du mot « spiritualité » ne relève absolument pas de la philosophie, alors comment peuvent-ils débattre de quelque chose qu'ils n'ont jamais vu ni ressenti ? Sur quoi reposent leurs arguments ?

S'il existait une quelconque définition qui permettrait de distinguer et de séparer le spirituel du matériel, cela n'appartiendrait qu'aux personnes ayant atteint et ressenti une chose spirituelle. Ces personnes sont les authentiques kabbalistes ; c'est pourquoi c'est de la sagesse de la Kabbale dont nous avons besoin.

La philosophie en ce qui concerne Son essence

La philosophie adore se pencher sur Son essence et prouver qu'il existe des lois qui ne s'appliquent pas à Lui. La Kabbale, toutefois, ne se soucie nullement de Son essence,

car comment pourrait-elle définir quelque chose qui est imperceptible et inatteignable ?
Une définition négative est en fait tout aussi valide qu'une définition positive. Par exemple, si de loin vous voyez un objet dont vous reconnaissez tous les aspects négatifs, c'est-à-dire tout ce qu'il n'a pas, cela aussi est considéré dans une certaine mesure comme une connaissance. Lorsqu'un objet est vraiment en dehors de notre champ de vision, alors même ses caractéristiques négatives ne sont pas apparentes.

Par exemple, si nous observons au loin une image noire, mais que nous ne pouvons toujours pas déterminer s'il s'agit d'un homme ou d'un oiseau, cela est considéré comme une vision. Si cette image était encore plus loin, nous n'aurions même pas pu dire que ce n'est pas un homme.

Voilà l'origine de la confusion et de l'invalidité de la philosophie qui se targue de penser qu'elle comprend tous les aspects négatifs de Son essence. Par contre, les sages de la Kabbale se taisent à ce propos. Ils ne Lui donnent ne serait-ce qu'un nom, car nous ne pouvons définir un nom ou un mot que nous ne saisissons pas. Un mot en lui-même symbolise un certain degré d'atteinte. Cependant, dans la réalité, les kabbalistes parlent beaucoup de Son illumination, c'est-à-dire de toutes les lumières dont ils ont été vraiment récompensés, qu'ils perçoivent tangiblement.

La spiritualité est une force sans corps

C'est ce que les kabbalistes définissent comme « spiritualité », et c'est ce dont ils parlent. Elle ne possède aucune image, ni espace ni temps et n'a aucune considération matérielle. (Selon moi, la philosophie s'est appropriée un habit qui n'est pas le sien, car elle a dérobé des définitions de la sagesse de la Kabbale et les a transformées en friandises pour l'esprit humain. N'eût été ce détournement, jamais il ne lui serait venu à l'esprit d'inventer une telle sagesse). Ce n'est cependant qu'une force potentielle, c'est-à-dire non pas une force qui se revêt d'un corps ordinaire dans notre monde, mais une force sans corps.

Le récipient spirituel s'appelle « Une Force »

Ici, il convient de préciser que la force dont parle la spiritualité n'est pas la lumière spirituelle elle-même. Cette lumière spirituelle émane directement de Son Essence et ressemble, par conséquent, à Son essence. Cela signifie qu'il n'y a aucune perception ni atteinte de la lumière spirituelle que nous puissions définir par un nom. Car même le mot « lumière » est emprunté et n'est pas authentique. C'est pourquoi il faut savoir que le nom « force » sans corps désigne seulement le « récipient spirituel ».

Les lumières et les récipients (*Kélim*)

En conséquence, nous ne devons pas nous inquiéter de savoir comment les kabbalistes, qui avec leur vision englobent toute la sagesse, distinguent ces lumières. Car ces observations ne se réfèrent pas aux lumières elles-mêmes, mais plutôt à l'impression laissée par la Lumière sur le récipient lors de leur rencontre et qui est la force dont nous avons parlé ci-dessus.

Récipients et lumières (signification littérale)

Ici, il convient de souligner la différence entre le cadeau et l'amour qui en découle. Chaque impression du récipient, signifiant les lumières qui sont saisissables, se nomme « matière et forme » ; et l'impression est la forme ci-dessus, et la force ci-dessus est la « matière ».

Cependant, l'amour qui en naît est considéré comme une forme sans substance. Cela signifie que si nous enlevons l'amour du cadeau lui-même, comme s'il ne s'était jamais revêtu d'aucune forme, mais uniquement au travers de son nom abstrait – « l'amour du Créateur » –, il est alors considéré comme étant la forme.

De ce point de vue, cette pratique s'appelle la Kabbale formative. Cependant, cette Kabbale sera toujours considérée comme réelle, sans aucune ressemblance avec la philosophie figurative, car l'esprit de cet amour est contenu dans l'atteinte. Il est complètement séparé du cadeau, étant lui-même la Lumière.

La matière et la forme dans la Kabbale

La logique de cette situation se comprend dans le fait que bien que cet amour soit simplement une conséquence du cadeau, il est beaucoup plus important que le cadeau lui-même. Cela ressemble à l'histoire d'un grand roi qui avait donné un objet de peu d'importance à un homme, et bien que le cadeau en lui-même n'ait aucune valeur, l'amour et l'attention du roi l'ont rendu à ses yeux inestimable et précieux. L'amour est ainsi complètement détaché de sa matière, étant lui-même la lumière et le véritable cadeau, de façon à ce que le travail sur soi et ses perceptions restent gravés sur l'atteinte de cet amour seul. Le cadeau matériel lui-même semble être effacé et oublié par le cœur. C'est pourquoi cet aspect de la sagesse est appelé la sagesse de la Kabbale formative. C'est en fait la partie la plus précieuse de la sagesse.

ABYA

Cet amour est constitué de quatre parties qui ressemblent beaucoup à l'amour humain. D'ailleurs, lorsque nous recevons un cadeau, nous ne regardons pas au début le donneur comme quelqu'un qui nous aime, d'autant plus si c'est quelqu'un d'important et que le bénéficiaire du cadeau n'est pas son égal.

En revanche, la multiplicité des cadeaux et la persistance du donneur feront paraître la personne même la plus importante comme une véritable personne aimante et comme un égal, car la loi de l'amour ne peut exister entre un grand et un petit ; en effet, deux véritables amoureux doivent se sentir égaux.

C'est pourquoi nous distinguons ici quatre étapes dans l'amour. Le premier événement se nomme *Assiya*, la multiplication des cadeaux se nomme *Yetsira*, et la découverte de l'amour lui-même se nomme *Briya*.

C'est ici que commence l'étude de la sagesse de la Kabbale formative, car c'est à ce niveau que l'amour est séparé de ses cadeaux. Comme il est écrit « et créa l'obscurité », c'est-à-dire que la lumière disparaît de *Yetsira* et l'amour reste sans lumière et sans ses cadeaux.

Puis vient *Atsilout*. Après avoir goûté et s'être entièrement séparé la forme de la substance, comme il est écrit « et créa l'obscurité », il mérite de monter au niveau d'*Atsilout*, là où la substance se revêt derechef d'une forme. À présent, la lumière et l'amour sont de nouveau ensemble.

L'origine de l'âme

Tout ce qui est spirituel est compris comme une force distincte du corps, car elle n'a pas de représentation matérielle. À cause de cela, elle reste isolée et complètement séparée de la matière. Dans ce cas, comment peut-elle mettre en mouvement une chose matérielle, et encore moins engendrer quelque chose de physique, quand la spiritualité n'a aucun moyen pour entrer en contact avec la matérialité ?

L'élément de l'acidité

Cependant, la vérité est que la force elle-même est également considérée comme une véritable substance, comme n'importe quelle autre substance matérielle dans le monde concret.

Bien qu'elle n'ait pas de représentation perceptible par nos sens, cela ne lui enlève pas sa valeur matérielle de « force ».

Prenons une molécule d'oxygène qui compose la plupart des substances. Si nous prenons une bouteille remplie d'oxygène pur non mélangé à une autre substance, nous voyons une bouteille complètement vide ; nous ne le remarquerons pas, l'oxygène sera comme l'air, impondérable et invisible à l'œil nu.

Si nous ouvrons la bouteille et que nous la humons, nous ne sentirons aucune odeur ; et si nous y goûtons, il n'y aura aucun goût ; et si nous la pesons, elle ne pèsera pas plus qu'une bouteille vide. Il en est de même pour l'hydrogène qui n'a ni goût, ni odeur, ni poids.

Cependant, quand on met ces deux éléments ensemble, ils se transformeront immédiatement en liquide, en une eau potable qui aura un goût et un poids. Et si nous mettons l'eau dans de la chaux active, l'eau se mélangera immédiatement à la chaux et se transformera en solide comme la chaux elle-même. Donc, ces éléments, l'oxygène et l'hydrogène, dont nous n'avons aucune perception tangible quelle qu'elle soit, se transforment en un corps solide.

Ainsi, comment peut-on décider et dire que les forces naturelles ne sont pas une substance matérielle, uniquement parce qu'elles ne sont pas organisées de façon à ce que nos sens les perçoivent ? Qui plus est, nous avons vu avec évidence que la plupart des substances tangibles dans notre monde sont constituées d'oxygène que nos sens ne sont pas capables de saisir ni de ressentir.

Même dans la réalité tangible, les solides et les liquides clairement perçus dans notre monde peuvent se transformer en air et en vapeur à une certaine température, de même que les vapeurs peuvent se transformer en solide avec une chute de la température.

S'il en est ainsi, comment peut-on donner quelque chose qu'on ne possède pas ? Nous voyons très clairement que toutes les représentations tangibles viennent d'éléments qui, par nature, sont impalpables et immatériels. De même, toutes les images fixes que nous connaissons et avec lesquelles nous définissons les substances sont inconstantes et n'existent pas d'elles-mêmes. En fait, elles se débarrassent et se revêtent de formes sous l'influence de facteurs tels la chaleur ou le froid.

L'élément principal de la substance matérielle est donc la « force » qui est en elle, bien que nous n'ayons pas encore identifié ces forces comme nous l'avons fait pour les éléments chimiques. Il se peut que dans le futur nous les découvrions sous leur forme pure, comme nous avons seulement récemment découvert les éléments chimiques.

La force dans le spirituel équivaut à celle dans la matière

En un mot, tous ces noms que nous avons attribués au matériel sont fabriqués de toute pièce, provenant de la connaissance concrète dont nous en avons par nos cinq sens.

Ils n'existent pas d'eux-mêmes. D'autre part, toute définition que nous donnons à la force et qui sépare la matière, est également fabriquée. Même lorsque la science aura atteint l'apogée de son développement, nous ne devrons prendre en compte que la réalité tangible. Cela signifie que tout en voyant et en ressentant une action matérielle, nous devons comprendre son opérateur qui est aussi une substance comme l'action elle-même. Il y a donc une corrélation entre eux, sinon ils ne seraient pas apparus.

Il convient de savoir que cette erreur qui consiste à séparer l'opérateur de son opération vient de la philosophie figurative, laquelle s'est obstinée à démontrer qu'un acte spirituel influence un acte matériel. Ceci déboucha sur des suppositions erronées, comme ci-dessus, dont la Kabbale n'a pas besoin.

Le corps et l'âme chez les supérieurs

L'avis de la Kabbale en la matière est clair comme de l'eau de roche. Elle évite tout amalgame avec la philosophie. L'opinion des sages de la Kabbale admet que même les entités spirituelles individualisées, à qui la philosophie refuse toutes sortes de corporalité et qui les présente comme des substances purement conceptuelles – bien qu'en vérité elles soient spirituelles, abstraites, mais plus sublimes –, sont dotées d'un corps et d'une âme tout comme l'être humain.

Ne vous étonnez donc pas que deux personnes puissent gagner le même salaire, puis dire qu'elles sont complexes. De plus, la philosophie croit que toute chose complexe se désintégrera et se décomposera, c'est-à-dire qu'elle mourra. Comment peut-on alors déclarer qu'elles sont à la fois complexes et éternelles ?

Les lumières et les récipients

En vérité, leur façon de penser n'est pas la nôtre, car le processus des sages de la Kabbale est de chercher une preuve matérielle de leur atteinte, rendant toute réflexion intellectuelle incapable de l'abolir. Mais laissez-moi éclaircir encore ces questions pour que tout le monde puisse les comprendre :

Tout d'abord, nous devons savoir que la différence entre les lumières et les récipients est créée chez le premier être qui se manifeste dans *Ein Sof*. Naturellement, cette première émanation est aussi plus complète et plus noble par rapport à tout ce qui suit. Cette amabilité et cette plénitude ont été, bien entendu, reçues de Son essence qui veut donner cela plus que tout autre don et tout autre plaisir.

Nous savons que la mesure du plaisir est donnée essentiellement par le désir de recevoir ce plaisir. C'est pour cette raison que ce que nous désirons le plus apparaît aussi comme le plus agréable. Par conséquent, nous devrions distinguer deux aspects dans cette première émanation : « le désir de recevoir » qui a reçu l'essence et l'essence de l'objet lui-même. Nous devrions aussi savoir que ce désir de recevoir correspond au « corps » de cette émanation, à savoir son essence première, qui est le récipient pour recevoir cette bonté. La seconde est l'essence de cette bonté reçue, qui est Sa lumière qui se propage éternellement dans cette émanation.

Il s'avère que nous devons obligatoirement distinguer deux oppositions qui se ressemblent mutuellement, même dans les cas les plus spirituels et les plus sublimes que le cœur puisse contempler. C'est l'opposé de l'opinion de la philosophie qui imagine que les différents individus ne sont pas des matériaux connectés. Il est donc nécessaire que ce « désir de recevoir », qui est obligatoirement dans l'être émané – car en son absence, il n'y aurait aucun plaisir, mais que des contraintes –, ne soit pas présent dans Son essence. Le mot « émané » trouve ici sa justification, vu que ce désir ne fait pas partie de Son essence, car de qui recevrait-Il ?

Cependant, la bonté que l'on reçoit fait obligatoirement partie de Son essence, car ici il n'y a besoin d'aucune innovation. Nous voyons donc cette énorme différence entre le corps renouvelé et l'abondance reçue, qui est considérée comme Son essence.

Comment le spirituel peut-il engendrer le matériel ?

Il est apparemment difficile de comprendre comment le spirituel peut engendrer et faire croître quelque chose de matériel. C'est une vieille question philosophique et les tentatives cherchant à la résoudre ont fait couler beaucoup d'encre.

En vérité, cette question ne devient difficile que si nous suivons leur doctrine, laquelle a forgé une image de la spiritualité déconnectée de tout ce qui est matériel. Ce qui pose une question difficile : comment le spirituel peut-il engendrer ou amener quelque chose de matériel ?

Si nous suivons l'opinion des sages de la Kabbale, il n'y a aucune difficulté, car leur façon de penser est en totale opposition avec celle des philosophes. Ils soutiennent que toute qualité spirituelle a sa contrepartie dans le monde matériel et qu'elles se ressemblent comme deux gouttes d'eau. Cette relation repose donc sur la plus grande affinité, car il n'y a aucune séparation entre les deux, si ce n'est dans leur substance, dont l'une est spirituelle et l'autre matérielle. Toute qualité spirituelle se trouve aussi dans toute qualité matérielle, comme nous l'explique l'article « De l'essence de la sagesse de la Kabbale ».

La vieille philosophie érige trois obstacles devant mon explication : la première concerne l'opinion selon laquelle l'essence de l'homme, à savoir son âme éternelle, est le moteur de l'intellect. La seconde, l'idée selon laquelle le corps est une résultante de l'âme. La troisième, le dicton selon lequel les entités spirituelles sont des objets simples et peu complexes.

La psychologie matérialiste

Non seulement ce n'est pas le bon endroit pour débattre avec eux de leurs spéculations imaginaires, mais on peut aussi dire que leur temps est déjà révolu et que leur autorité est révoquée. Nous devrions en remercier les intellectuels de la psychologie matérialiste, lesquels ont posé le socle de la version actuelle sur les ruines de la précédente et se sont ainsi gagnés les faveurs du public. De nos jours, tout le monde reconnaît l'insignifiance de la philosophie, car elle ne repose pas sur des fondations concrètes.

La vieille doctrine est devenue une pierre d'achoppement et une épine dangereuse pour les sages de la Kabbale. Face à ces sages, ils auraient dû s'incliner et faire preuve d'abstinence et de prudence, de sainteté et de pureté, lorsqu'ils leur ont dévoilé ne serait-ce que le plus petit acquis spirituel, mais ils ont reçu avec facilité ce qu'ils voulaient de leur philosophie figurative. Sans rien demander en retour, ils les ont arrosés de leur fontaine de sagesse jusqu'à satiété, les empêchant de se plonger dans la sagesse de la Kabbale, qui, en conséquence, a pratiquement été oubliée par le peuple d'Israël.

C'est pour cette raison que nous sommes reconnaissants envers cette psychologie matérialiste qui lui a asséné un coup mortel.

Je suis Salomon

Le texte ci-dessus ressemble énormément à l'histoire que nos sages racontent :

« Asmodée conduisit le roi Salomon à quatre cents parsas (unité de mesure) de Jérusalem et le laissa sans argent et sans vivre. » Puis il prit sa place sur le trône pendant que Salomon mendiait aux portes des habitants. Où qu'il allait, il se présentait ainsi – « Je suis l'Ecclésiaste » –, mais personne ne voulait le croire.

Il errait de ville en ville, déclarant « Je suis Salomon ! », mais lorsqu'il arriva devant le Sanhédrin, les sages déclarèrent : « Un imbécile ne prononce pas toujours la même bêtise, à savoir "J'étais roi" ».

C'est comme si le nom n'était pas l'essence de la personne, mais plutôt le propriétaire du nom. Comment est-il donc possible qu'un homme aussi sage que Salomon ne puisse être reconnu s'il était véritablement le propriétaire ?

De plus, c'est la personne qui donne toute la dignité au nom ; il aurait donc dû montrer sa sagesse au peuple !

Trois empêchements

Il existe trois raisons qui nous empêchent de connaître le propriétaire du nom :

1. De par la véracité de cette sagesse, les choses deviennent limpides seulement lorsque tous les détails apparaissent ensemble. Il est donc impossible pour quelqu'un d'avoir un aperçu, ne serait-ce qu'un fragment infime, tant qu'il ne connaît la sagesse dans son intégralité. Nous avons donc besoin de faire connaître cette véracité afin d'avoir préalablement foi en elle, pour la diffuser au plus grand nombre.

2. Tout comme Asmodée, le démon, qui se revêtit des habits du roi Salomon et lui prit son trône, la philosophie s'est assise sur le trône de la Kabbale avec des concepts plus accessibles, le mensonge étant accepté plus facilement. Nous avons donc ici deux problèmes : le premier est que la sagesse de la vérité est profonde, et demande un effort, alors que la philosophie est aisément assimilable, mais – et c'est là le second problème –, elle est superficielle, et qu'elle suffit largement.

3. Tout comme le démon prétend que le roi Salomon est fou, la philosophie se moque de la Kabbale et la rejette.

Cependant, tant que la sagesse reste sublime, elle se trouve au-dessus du peuple dont elle est séparée. Puisqu'il était l'homme le plus sage, il était le plus élevé des hommes, les plus grands érudits ne pouvaient donc pas le comprendre. Seuls ces amis appartenant au Sanhédrin, à qui tous les jours et pendant des années il enseigna sa sagesse, le comprirent et firent connaître son nom dans le monde entier. La raison en est que cette petite sagesse est assimilable en cinq minutes et peut donc se faire connaître et être facilement comprise par chacun. Par contre, un concept plus difficile ne sera compris qu'après plusieurs heures, voire plusieurs jours ou plusieurs années selon l'intelligence de l'homme. De la même façon, les plus grands érudits ne sont compris que par une poignée de personnes à chaque génération, car les concepts les plus profonds sont basés sur de plus grandes connaissances.

Il n'est donc guère étonnant que le plus sage des hommes, exilé dans un endroit où personne ne le connaissait, n'ait pu dévoiler sa sagesse ni même leur en donner une infime partie, tant qu'ils n'ont pas cru qu'il était le propriétaire du nom.

De nos jours, il en est exactement de même avec la sagesse de la Kabbale. Les tourments et notre exil nous ont conduits à l'oublier. (En outre, si certains la mettent en pratique, elle leur cause plus de mal que de bien, car ils ne l'ont pas reçue d'hommes sages). La Kabbale se trouve aujourd'hui dans la situation du roi Salomon qui, en exil, déclarait « Je suis la sagesse et toutes les saveurs de la religion et de la Torah sont en moi », et malheureusement personne n'y croyait.

Mais ceci est déconcertant, car s'il s'agit d'une sagesse authentique, ne pourrait-elle pas se dévoiler comme toutes les autres sagesses ? Elle ne le peut pas. Tout comme le roi Salomon n'a pas pu dévoiler sa sagesse aux érudits lors de son exil et a dû rentrer à Jérusalem où résidait le Sanhédrin, qui le connaissait et a attesté de l'immensité de sa sagesse, la Kabbale a besoin de grands sages qui scrutent leurs propres cœurs et qui étudient cette sagesse pendant vingt ou trente ans. Ce n'est qu'alors qu'ils pourront en témoigner. C'est comme le roi Salomon qui ne put empêcher Asmodée de s'asseoir sur son trône et d'usurper son identité jusqu'à ce qu'il arrive à Jérusalem.

Les sages de la Kabbale observent également la théologie philosophique et se plaignent que les théologiens ont volé les strates supérieures de cette sagesse que Platon et ses prédécesseurs en Grèce avaient acquise en étudiant avec les disciples des prophètes en Israël. Ils ont dérobé les éléments fondamentaux de la sagesse d'Israël et l'ont revêtue de vêtements qui n'étaient pas les siens. Encore aujourd'hui, la théologie philosophique est assise sur le trône de la Kabbale et en hérite tous les honneurs.

Qui voudra croire les sages de la Kabbale, alors que des usurpateurs sont assis sur leur trône ? C'est comme ceux qui n'ont pas cru le roi Salomon pendant son exil, car ils ont reconnu le démon, Asmodée, assis sur son trône. Comme avec le roi Salomon, il n'y avait aucun espoir d'exposer la vérité, car elle est profonde et ne peut être exprimée par un simple témoignage ou une expérience. Elle ne se montre qu'à ceux qui, cœur et âme, se vouent complètement à elle.

Tout comme le Sanhédrin n'a pas reconnu le roi Salomon tant que l'usurpation d'Asmodée n'eût été révélée, la Kabbale ne pourra prouver sa véritable nature, ni aucune révélation ne sera suffisante pour que les gens la reconnaissent, tant que la futilité de la théologie philosophique, qui a hérité de son trône, ne sera mise au grand jour.

Par conséquent, ce fut un jour de salut pour Israël, ce jour où la psychologie matérialiste est apparue et a asséné un coup fatal à la théologie philosophique.

Maintenant, toute personne qui recherche le Seigneur doit ramener la Kabbale sur son trône et lui restituer sa couronne d'antan.

Rav Yéhouda Ashlag

DE L'ENSEIGNEMENT DE LA KABBALE ET DE SON ESSENCE

Qu'est-ce que la sagesse de la Kabbale ? Comme un tout, la sagesse de la Kabbale concerne la révélation de la Divinité, organisé d'après son chemin dans tous ses aspects – ceux qui sont apparus dans les mondes et ceux qui sont destinés à se révéler, et ce de toutes les façons qui puissent apparaître dans les mondes, jusqu'à la fin des temps.

Le but de la création

Comme il n'y a pas d'acte sans qu'il n'y ait de but, il est certain que le Créateur avait un but en faisant la Création qu'Il nous a présentée. La chose la plus importante dans toute cette réalité pleine de diversité est la sensation donnée aux animaux, celle qui fait que chacun d'entre eux sent sa propre existence. La sensation la plus importante est la sensation intellectuelle, qui n'est donnée qu'à l'homme, et par laquelle nous pouvons également sentir ce que ressent l'autre – les peines et le réconfort.

Ainsi, il est certain que si le Créateur a un but dans cette Création, il s'agit de l'homme. Il est dit à son propos : « Tout ce que fait le Seigneur est pour Lui. »

Mais nous devons encore comprendre dans quel but le Créateur créa toute cette charge ? Certes, c'est pour l'élever à un niveau supérieur, un niveau plus important, afin qu'il sente son Créateur comme la sensation humaine, qui lui est déjà donnée. Et de même lorsque nous connaîtrons et ressentirons les désirs d'un ami, nous pourrons ainsi apprendre les chemins du Créateur, comme il est écrit de Moshé : « Et le Seigneur parla à Moshé face à face, comme un homme parle à son ami. »

Toute personne peut être comme Moshé le fidèle berger. Assurément, quiconque examine l'évolution de la création placée devant nous verra et comprendra le grand plaisir de l'Opérateur, dont l'action évolue et se développe jusqu'à ce que l'homme acquiert cette merveilleuse sensation de pouvoir parler avec son Créateur, comme il parlerait avec un ami.

De haut en bas

Sachez que la fin d'une action est déterminée par la pensée originelle, car avant de commencer à penser à construire une maison, il faut envisager l'agencement de la maison, qui est le but. Ensuite, nous examinons le plan pour que ce but soit couronné de succès.

Tel est notre propos. Après avoir clarifié notre but, il nous est également expliqué que tous les ordonnancements de la création, dans tous ses coins, ses recoins et ses débouchés, sont préparés et organisés préalablement, uniquement dans le but de développer l'espèce humaine pour qu'elle s'élève dans toutes ses qualités, jusqu'à ce qu'elle soit capable de sentir la Divinité comme on peut ressentir autrui.

Ces ascensions sont comme les barreaux d'une échelle, disposées et organisées degré par degré, jusqu'à ce que nous les complétions et atteignons son but. Sachez que la qualité et la quantité de ces degrés sont fixées dans deux réalités : 1) la réalité des substances matérielles et 2) la réalité des concepts spirituels. Dans la langue de la Kabbale, ils sont appelés « de haut en bas » et « de bas en haut ». Cela veut dire que la réalité des substances corporelles est l'ordre de révélation de Sa Lumière de haut en bas – depuis la première source, lorsqu'une mesure et une quantité de lumière se sont détachées de Son Essence, jusqu'à l'arrivée des *Tsimtsoum*, de *Tsimtsoum* en *Tsimtsoum* [de restriction en restriction], jusqu'à ce que le monde matériel soit formé avec les créatures corporelles à son niveau le plus bas.

De bas en haut

Après commence un ordre de bas en haut. Ce sont tous les degrés de l'échelle que l'espèce humaine escalade et sur lesquels elle se développe et s'élève jusqu'à parvenir au but de la création. Ces deux réalités sont expliquées dans tous les cas et en détail dans la sagesse de la Kabbale.

À propos de l'obligation d'étudier la kabbale

Un objecteur pourrait dire : « S'il en est ainsi, toute cette sagesse est pour ceux qui ont déjà été récompensés d'une certaine mesure de révélation de la Divinité, mais quelle obligation et nécessité aurait la majorité du peuple à connaître cette sublime sagesse ? »

En effet, il y a une opinion courante selon laquelle le but principal de la religion et de la Torah est uniquement la conformité des actes et que tout ce qui est désiré dépend de l'observation des *Mitsvot* physiques [commandements], sans rien ajouter ou sans que rien n'en résulte. S'il en était ainsi, il est certain que ceux qui disent que seule l'étude des actions révélées et pratiques est suffisante auraient eu raison.

Cependant, ce n'est pas le cas. Nos sages ont déjà dit : « Le Créateur se moque de savoir comment on abat un animal par la gorge ou par le cou ; après tout, les *Mitsvot* n'ont été données que pour purifier les créatures. » Ainsi, il y a encore un objectif derrière l'observation des actions, l'acte est simplement une préparation en vue de cet objectif. Par conséquent, il est évident que si les actions ne sont pas organisées en vue du but désiré, alors c'est comme si rien n'avait été observé. Et il est écrit dans *Le Zohar* : « Un commandement sans intention est comme un corps sans âme. » C'est pourquoi l'intention doit accompagner l'acte.

De plus, il est clair que l'intention doit être une véritable intention, digne de l'acte, comme nos sages ont dit à propos du verset : « Et Je vous ai séparé d'avec les peuples, vous serez Miens, ainsi votre différence sera pour Mon Nom. Ne laissez personne dire « Le porc est interdit ». Mais laissez dire que c'est permis, mais que puis-je faire, si mon Père qui est aux Cieux m'a jugé. » Ainsi, si quelqu'un évite de manger du porc à cause de l'abomination ou pour ne pas nuire à son corps, cette intention n'aide en rien à ce que l'action soit considérée comme une *Mitsva*, sauf s'il dispose de l'unique et exacte intention que la Torah interdit. Il en est ainsi pour chaque *Mitsva* et c'est seulement après cela que nous purifions notre corps graduellement en observant les *Mitsvot*, ce qui est le but désiré.

Ainsi, l'étude de la conduite des choses physiques n'est pas suffisante, car nous devons étudier ces choses qui conduisent à l'intention désirable, pour tout observer avec la foi en la Torah et le Donneur de la Torah, c'est-à-dire qu'il y a un jugement et qu'il y a un Juge.

Qui est suffisamment stupide pour ne pas comprendre que la foi en la Torah et en la récompense et la punition, qui ont le pouvoir de produire cette grande chose, requiert beaucoup d'étude dans les livres appropriés ? Ainsi, même avant l'acte, une étude qui purifie le corps est requise, pour s'habituer à la foi en Dieu et en Sa Torah et en Sa Providence. Nos sages ont dit à ce propos : « J'ai créé le mauvais penchant et J'ai créé pour lui la Torah comme une épice. » Ils n'ont pas dit : « J'ai créé pour lui les *Mitsvot* comme une épice », car « ton garant a besoin lui aussi d'une garantie », puisque le mauvais penchant aspire à l'anarchie et l'insoumission, il ne laissera personne respecter les *Mitsvot*.

La Torah comme une épice

La Torah est la seule épice pour annuler et soumettre le mauvais penchant, comme nos sages l'ont dit : « La Lumière en elle ramène vers le bien. »

La majorité des paroles de la Torah est à étudier

Cela explique pourquoi la Torah parle longuement des parties qui ne concernent pas la pratique mais seulement l'étude, c'est-à-dire l'introduction à l'acte de la création. Cela concerne tous les livres de La Genèse, L'Exode et une grande partie du Deutéronome, et les légendes et les commentaires ne sont pas nécessaires. Cependant, comme ils sont l'essence où la Lumière est gardée, son corps sera purifié et le mauvais penchant se soumettra, et il viendra à la foi en la Torah et en la récompense et la punition, qui est le premier degré dans l'observation du travail.

Le commandement est la bougie, et la Torah, la lumière

Il est écrit : « Le commandement est une bougie et la Torah, la lumière. » Comme celui qui a des bougies mais pas d'allumette pour les allumer, reste dans l'obscurité, celui qui a les *Mitsvot* mais pas la Torah reste dans l'obscurité, car la Torah est la lumière, par laquelle l'obscurité du corps est éclairée et allumée.

Toutes les parties de la Torah ne sont pas égales en lumière

Selon la *Segoula* [remède/force/vertu] de la Torah susmentionnée et selon la mesure de Lumière en elle, il est certain que la Torah doit être divisée en degrés selon la mesure de Lumière que l'homme peut recevoir en l'étudiant. Il est clair que quand l'homme réfléchit et lit les paroles de la Torah qui traite de la révélation du Créateur à nos pères, elles apportent au lecteur plus de Lumière que s'il examinait des questions pratiques.

Bien qu'elles soient plus importantes vis-à-vis des actions, pour ce qui est de la Lumière, il est évident que la révélation du Créateur à nos pères est plus importante. Quiconque a un cœur honnête, a déjà essayé de demander et de recevoir la Lumière de la Torah.

L'obligation et la façon de diffuser la sagesse

Comme toute la sagesse de la Kabbale parle de la révélation du Créateur, naturellement, il n'y a pas de sagesse plus importante ou couronnée de succès pour sa tâche. Telle était l'intention des kabbalistes lorsqu'ils l'ont arrangée pour rendre son étude possible.

Et ils se sont assis et s'y sont engagés durant la période de la dissimulation (il y avait un accord pour l'occulter pour une certaine raison). Cependant, ce n'était que pour un temps déterminé, et non pour toujours, comme il est écrit dans *Le Zohar* : « Cette sagesse est destinée à être révélée à la fin des temps et même aux enfants. »

Il s'avère que ladite sagesse n'est pas limitée au langage de la Kabbale, car son essence est une lumière spirituelle qui sort et se dévoile à partir de Son Essence, comme

il est écrit : « peux-tu envoyer des éclairs et qu'ils sortent ? Te disent-ils : "Nous voici" ? »
Ce qui se réfère aux deux voies susmentionnées : de haut en bas et de bas en haut.

Ces choses et degrés se diffusent selon un langage qui leur est propre et ils sont vraiment tous les êtres de ce monde et ce qui les conduit, c'est-à-dire leurs branches. Il en est ainsi parce que « Vous n'avez pas un brin d'herbe en bas qui n'ait un ange en haut pour le frapper et lui dire "Pousse !" » Ainsi, les mondes émergent les uns des autres et sont imprimés les uns dans les autres comme un sceau et une empreinte. Et tout cela les uns dans les autres, jusqu'au monde matériel qui est leur dernière branche, mais qui contient le monde supérieur comme une empreinte scellée.

Ainsi, il est aisé de savoir que nous pouvons parler des mondes supérieurs uniquement par leurs branches matérielles inférieures qui s'en étendent, ou de leur conduite, à savoir le langage de la Bible, ou d'après les enseignements laïcs, ou selon les créatures qui est le langage des kabbalistes, ou selon des noms admis. Ceci était de coutume dans la Kabbale des Guéonim depuis la période de dissimulation du *Zohar*.

Ainsi, nous avons clarifié que la révélation du Créateur ne se fait pas en une seule fois, mais dans un processus continu qui se dévoile lui-même sur une période de temps suffisante pour la révélation de tous les degrés de haut en bas et de bas en haut. À leur sommet et à la fin, le Créateur apparaît.

Cela est comparable à un ethnologue spécialisé dans tous les pays et tous les peuples, et qui ne pourrait pas dire que le monde entier lui a été révélé avant qu'il n'ait étudié la dernière personne et le dernier pays de la terre. Tant qu'il n'y est pas parvenu, il ne peut pas dire qu'il a atteint le monde entier.

De même, l'atteinte du Créateur se fait par des chemins préparés à l'avance. Celui qui cherche doit atteindre tous ces chemins, les supérieurs et les inférieurs ensemble. Il est évident que les mondes supérieurs sont essentiels ici, mais ils sont atteints ensemble, parce qu'il n'y a pas de différence entre eux dans leur forme, seulement dans leur substance. La substance d'un monde plus élevé à une substance plus pure, mais les formes sont imprimées les unes dans les autres : ce qui se trouve dans le monde supérieur existe nécessairement dans tous les mondes sous lui, car l'inférieur est l'empreinte du supérieur. Sachez que ces réalités et leurs conduites, atteintes par celui qui cherche le Créateur, sont appelées degrés, car leur atteinte se fait l'une après l'autre, comme les barreaux d'une échelle.

Expressions spirituelles

Le spirituel n'a pas d'image, ni de lettre pour le contempler. Même si nous disons en général qu'il s'agit d'une simple lumière, qui descend et est attirée par celui qui la demande jusqu'à ce qu'il l'atteigne et s'en habille suffisamment pour que le Créateur se révèle, cela n'est qu'une façon de parler. En effet, tout ce qui est appelé Lumière dans les mondes spirituels ne ressemble pas à la lumière du soleil ni à celle d'une bougie.

Ce que nous appelons Lumière dans le monde spirituel est emprunté à l'esprit humain, dont la nature fait que lorsqu'un doute est effacé de l'esprit d'une personne, elle découvre une sorte d'abondance de lumière et de plaisir dans tout le corps. C'est pour cela que nous disons parfois « la lumière de l'esprit », même s'il n'en est rien. La lumière qui brille dans ces parties de la substance du corps, qui ne sont pas faites pour recevoir ce qui a été résolu, est certainement quelque chose d'inférieur à l'esprit. De plus, ces mêmes organes inférieurs, moins importants, peuvent également la recevoir et l'atteindre.

Cependant pour donner à l'esprit certains noms, nous l'appelons « la lumière de l'esprit ». De même, nous appelons les éléments de la réalité des mondes supérieurs « Lumières » puisqu'elles amènent à ceux qui les saisissent une abondance de lumière et de plaisir, dans tout le corps, de la tête au pied. Pour cette raison, nous pouvons appeler celui qui l'atteint « vêtement », car il se revêt de cette lumière.

Il n'est pas nécessaire de compliquer en disant qu'il aurait été plus simple de donner des noms familiers à l'esprit, comme observation, atteinte, etc., ou de s'exprimer avec des expressions qui souligneraient le phénomène intellectuel. Le fait est que les phénomènes théoriques ne sont pas inimaginables, car l'esprit est une branche particulière parmi tous les éléments de la réalité. Ce qui fait qu'il a ses propres façons d'apparaître.

Alors que pour les degrés, comme ils sont un tout contenant tous les éléments qui existent dans le monde, chaque élément a son propre chemin. Pour la plupart, la perception de la question des degrés est similaire à la perception des corps animés : quand on atteint quelque essence, on atteint le tout, de la tête aux pieds.

Si nous jugeons par les lois de l'intellect, nous pouvons dire qu'il a atteint tout ce qu'il y a à atteindre dans cette essence, et même s'il la contemplait pendant mille ans, il ne pourrait rien ajouter, même pas le plus infime détail. Mais au début, cela ressemble vraiment à... c'est-à-dire qu'il voit tout et ne comprend rien de ce qu'il voit. Cependant, à mesure que le temps passe, il devra atteindre davantage de concepts comme *Ibour* [fécondation], *Yénika* [allaitement], *Mokhin* [âge adulte], et un second *Ibour*. À ce moment-là, il commencera à sentir et à utiliser ce qu'il a perçu comme il le désire.

En vérité, il n'a rien ajouté aux perceptions atteintes au début, mais c'est comme une maturation qui n'était pas finie et, par conséquent, il ne pouvait pas la comprendre, et à présent la maturation est terminée.

Ainsi, vous voyez la grande différence avec les voies théoriques. Pour cette raison, les définitions que nous avons l'habitude d'utiliser ne seront pas suffisantes pour ce qui est du phénomène théorique. Nous sommes obligés de nous servir uniquement de voies habituelles qui s'appliquent aux formes matérielles, car leurs formes sont entièrement similaires bien qu'elles soient éloignées dans leur substance.

Quatre langues sont utilisées dans la sagesse de la vérité

1. La langue de la Bible, ses noms, ses appellations.
2. La langue des lois – ce langage est très proche de celui de la Bible.
3. La langue des légendes, qui est très éloignée de celle de la Bible, car elle n'a aucune considération pour la réalité. Des noms étranges et des appellations sont attribués à cette langue, qui n'a pas de lien avec ce qui est perçu par la voie des racines et des branches.
4. La langue des *Sefirot* et des *Partsoufim*. En général, les sages avaient une forte tendance à la soustraire à l'attention des ignorants, car ils pensaient que la sagesse et la morale allaient main dans la main. Par conséquent, les premiers sages l'ont cachée dans leurs écrits en utilisant des lignes, des points, des sommets et des jambes. C'est ainsi que l'alphabet [hébraïque] a été formé avec les vingt-deux lettres devant nous.

La langue de la Bible

C'est la langue essentielle et fondamentale, qui convient parfaitement à sa tâche, car pour sa majeure partie elle contient une relation de racine à branche. C'est la langue la plus facile à comprendre. Cette langue est aussi la plus ancienne ; il s'agit de la langue sainte attribuée à *Adam HaRishon*.

Cette langue a deux avantages et un inconvénient. Son premier avantage, c'est qu'elle est facile à comprendre, même les débutants dans l'atteinte comprennent immédiatement ce dont ils ont besoin. Le second avantage c'est qu'elle clarifie des sujets en largeur et en profondeur mieux que n'importe quelle autre langue.

Son inconvénient, c'est qu'elle ne peut être utilisée pour discuter de certains sujets en particulier, ou encore de connexions de cause à effet. Il en est ainsi parce que chaque chose a besoin d'être clarifiée dans toutes ses dimensions, et il est difficile de montrer à quel élément elle se réfère, sauf en présentant le sujet en entier. C'est pourquoi, pour souligner le plus petit détail, une histoire entière doit être présentée. De ce fait, elle ne convient pas pour les petits détails ou pour les connexions de cause à effet.

Il faut savoir que la langue des prières et des bénédictions est empruntée à la langue de la Bible.

La langue des lois

La langue des lois ne parle pas de la réalité mais de l'existence de la réalité. Cette langue est entièrement tirée de la langue de la Bible, selon les racines des lois qui y sont présentées. Elle a un avantage par rapport à la Bible : elle élargit beaucoup tous les sujets et montre de manière plus précise les racines supérieures. Cependant son grand inconvénient, en comparaison avec la langue de la Bible, c'est qu'elle est très difficile à comprendre. C'est la plus difficile de toutes les langues et seul un sage complet, appelé « entrant et sortant sans dommage », peut la saisir. Bien sûr, elle comprend aussi le premier inconvénient cité, car elle est prise de la Bible.

La langue des légendes

La langue des légendes est facilement compréhensible par ses fables qui vont très bien avec tout ce que l'on veut exprimer. Si elle est étudiée superficiellement, elle semble encore plus facile à comprendre que le langage de la Bible. Mais pour une compréhension complète, cette langue est très difficile. Cela est dû au fait qu'elle ne se confine pas à parler en séquences de branche et de racine, mais seulement en allégories et en une merveilleuse répartie. Cependant, c'est une langue très riche et très utile pour résoudre des concepts difficiles et étranges relatifs à l'essence d'un degré dans son état, qui par lui-même ne peut pas être expliqué avec le langage des lois et de la Bible.

La langue des kabbalistes

La langue des kabbalistes est une langue dans tous les sens du terme : très précise, relative aussi bien aux racines et aux branches qu'aux causes et aux conséquences. Cette langue a le mérite unique d'être capable d'exprimer de subtils détails sans limites. Aussi, à travers elle, il est possible d'approcher directement le sujet désiré, sans qu'il soit nécessaire de se référer à ce qui vient avant et ce qui vient après.

Cependant, malgré les sublimes qualités que vous pouvez lui trouver, elle a un grand défaut : il est très difficile d'atteindre cette langue, voire quasiment impossible, sauf d'un kabbaliste et d'un sage qui la comprend avec son propre esprit. Cela signifie que même si quelqu'un comprend tous les degrés de bas en haut et de haut en bas de par son propre esprit, il ne comprendra pas un mot de cette langue tant qu'il ne la recevra pas de la bouche d'un sage qui l'a déjà reçue de son professeur face à face.

La langue de la Kabbale est incluse dans toutes les autres

Sachez que les noms, les appellations et les gématries [valeur numérique des mots] appartiennent entièrement à la sagesse de la Kabbale. La raison pour laquelle on les retrouve chez les autres langues est que toutes les langues sont également incluses dans la sagesse de la Kabbale. En effet, toutes sont des cas particuliers sur lesquels les autres langues doivent s'appuyer.

Il ne faut pas penser que ces quatre langues utilisées pour expliquer la sagesse de la découverte de la Divinité ont évolué l'une après l'autre, au fil du temps. La vérité, c'est que les quatre ont été dévoilées ensemble de la bouche des sages.

En vérité, chacune comprend toutes les autres. La langue de la Kabbale existe dans la Bible, comme la permanence du *Tsour* [rocher], les treize attributs de la miséricorde dans la Torah et dans le livre de Michée, jusqu'au point où cela se sent dans tous les versets. Il y a aussi les chars dans Isaïe et Ezéchiel et, au-dessus de tous, le Cantique des Cantiques, qui n'est que dans la langue de la Kabbale. C'est la même chose pour les lois et les légendes, et encore plus à propos des noms sacrés ineffaçables, qui ont le même sens dans toutes les langues.

L'ordre d'évolution des langues

Tout a un développement graduel. La langue la plus facile à utiliser est celle dont le développement s'est terminé avant celui des autres. Ainsi, la première préférence a été la langue de la Bible, car il s'agissait de la langue la plus commode et la plus répandue à cette époque. Ensuite est venue la langue des lois, car elle était complètement immergée dans la langue de la Bible ; qui plus est, il fallait s'en servir pour montrer aux gens comment appliquer les lois.

La troisième langue était celle des légendes. Même si on la trouve également dans beaucoup de passages de la Bible, elle ne peut être considérée que comme une langue auxiliaire, puisque son acuité accélère la perception du sujet mais elle ne peut pas être utilisée comme une langue de base, car comme nous l'avons mentionné ci-dessus, il lui manque la précision de la branche et de sa racine. Par conséquent, elle n'a été que rarement utilisée – et donc ne s'est pas développée.

Même si les légendes ont été très utilisées à l'époque des Tanaaim et des Amoraïm, elles ne l'ont été qu'en conjonction avec la langue de la Bible pour ouvrir les mots de nos sages : Rabbi... commença, etc. (et autres suffixes). En vérité, l'accroissement de l'usage de cette langue par nos sages a commencé après la dissimulation de la langue de la Kabbale au temps de Yohanan Ben Zakai, et un peu avant, c'est-à-dire soixante-dix ans avant la destruction du Temple.

La dernière langue à s'être développée a été celle de la Kabbale. Ceci en raison des difficultés pour la comprendre : en plus de l'atteinte, il faut également comprendre la signification de ses mots. Ainsi, même si certains la comprenaient, ils ne pouvaient l'utiliser car, pour la plupart d'entre eux, ils étaient seuls dans leur génération et n'avaient personne avec qui l'étudier. Nos sages l'ont appelée *Maassé Merkava*, car il s'agit d'une langue spéciale avec laquelle nous pouvons parler en détail des *Herkavot* [compositions/structures] des degrés les uns dans les autres, et ceci n'est possible avec aucune autre.

La langue de la Kabbale est comme toute langue parlée

Sa préférence est dans la signification contenue dans un seul mot !

Au premier coup d'œil, la langue de la Kabbale ressemble à un mélange des trois langues précédemment citées. Cependant, celui qui comprendra comment l'utiliser se rendra compte qu'il s'agit d'une langue unique en soi, du début à la fin. Cela ne s'applique pas aux mots, mais à leur sens. C'est la grande différence entre elles.

Dans les trois premières langues, il n'y a pratiquement pas de sens à un mot, permettant au lecteur de comprendre ce que le mot suggère. Ce n'est qu'en joignant plusieurs mots entre eux, et parfois même des explications, que leur contenu et leur sens peuvent être compris. L'avantage de la langue de la Kabbale est que chaque mot révèle au lecteur son contenu et son sens, avec une plus grande précision que les autres langues humaines : chaque mot porte en lui une définition précise et ne peut être remplacé par un autre.

L'oubli de la sagesse

Depuis la dissimulation du *Zohar*, progressivement cette langue essentielle a été oubliée, car de moins en moins de personnes l'ont utilisée et il y a eu un arrêt d'une génération quand le sage qui l'avait reçue ne l'a pas transmise à celui qui pouvait la comprendre. Depuis, il y a un manque incommensurable.

Vous pouvez voir de toute évidence que le kabbaliste Rabbi Moshé de Léon, qui était le dernier à le posséder et par lequel il est apparu au monde, n'en a pas compris un seul mot. Dans les livres qu'il a écrits et où il présente des passages du *Livre du Zohar*, il est clair qu'il n'en a pas compris le langage, car il l'a interprété selon la langue de la Bible. Il a entraîné une confusion dans la compréhension de cet ouvrage, même si lui-même avait une haute atteinte comme en témoignent ses compositions.

Il en a été ainsi pendant des générations : tous les kabbalistes ont donné leur vie pour comprendre la langue du *Zohar*, mais ils ne s'y sont pas retrouvés, car ils ont utilisé la langue de la Bible avec grande insistance. Pour cette raison, ce livre était scellé comme il l'avait été pour Rabbi Moshé de Léon.

La Kabbale du ARI (Isaac Louria)

Il en fut ainsi jusqu'à l'arrivée du ARI, un kabbaliste unique en son genre. Son atteinte était sans égale et il nous a ouvert la langue du *Zohar* et nous a permis d'y pénétrer. S'il n'était pas mort si jeune, il est difficile d'imaginer la quantité de Lumière qu'il aurait pu tirer du *Zohar*. Mais le peu que nous avons gagné a pavé la voie et a fait naître un véritable espoir, celui qu'au fil des générations notre compréhension grandirait et que nous arriverions à le comprendre totalement.

Avec ceci, vous devez comprendre la raison pour laquelle tous les grands sages qui ont suivi le ARI ont abandonné tous les livres qu'ils avaient compilés sur cette sagesse, ainsi que les commentaires sur *Le Zohar*, et se sont interdit de les regarder ou presque. Et tout le reste de leur vie, ils se sont investis dans les paroles du ARI. Sachez que ce n'est pas parce qu'ils ne croyaient pas à la sainteté des kabbalistes qui ont précédé le ARI et la contestait. Quiconque connaît cette sagesse peut voir que l'atteinte de ces sages dans cette sagesse de vérité était incommensurable. Seul un ignorant pourrait en douter. Cependant, leur logique dans cette sagesse suivait les trois premières langues.

Puisque chaque langue est vraie et convient à son époque, elle ne convient pas totalement, et induit beaucoup en erreur dans la compréhension des ordres de la sagesse de la Kabbale contenue dans *Le Zohar*. Il s'agit d'une langue complètement différente qui a été oubliée. C'est pour cette raison que nous n'utilisons pas les explications de Rabbi Moshé de Léon, ni celles de ses successeurs, car leurs interprétations du *Zohar* ne sont pas vraies et, à ce jour, nous n'avons qu'un seul commentateur qui est le ARI.

À la lumière de ce qui vient d'être énoncé, il s'avère que l'intériorité de la sagesse de la Kabbale n'est pas différente de l'intériorité de la Bible, du Talmud et des légendes. La seule différence entre elles réside dans leur logique.

Cela est comparable à une sagesse qui a été retranscrite en quatre langues.

Évidemment, l'essence de la sagesse n'a pas changé en raison des changements de langue. La seule chose à laquelle nous devons penser, c'est de savoir quelle transcription est la plus adaptée pour transmettre la sagesse au lecteur.

Voici notre propos : la sagesse de la vérité, c'est-à-dire la sagesse de la révélation de la Divinité dans Ses voies aux créatures, doit être transmise de génération en génération comme un enseignement séculier. Chaque génération ajoute un lien supplémentaire à celle qui la précède, et ainsi la sagesse grandit. Qui plus est, elle devient plus facile à diffuser au public.

Ainsi, chaque sage doit transmettre à ses étudiants et à la génération suivante tout ce qu'il a hérité de la sagesse des précédentes générations, ainsi que les ajouts dont il a été récompensé. Il est évident que la providence spirituelle – telle qu'elle est atteinte par une personne – ne peut être transmise autrement, ni même consignée dans un livre. Car les objets spirituels ne peuvent venir dans les lettres de l'imagination, quelle qu'elle soit (et même s'il est écrit « Par la main des prophètes, Je ressemblerai » ce n'est pas comme on le croit.)

L'ordre de transmission de la sagesse

Alors, comment celui qui a accédé à la spiritualité peut-il transmettre son atteinte aux générations suivantes et aux étudiants ? Sachez qu'il n'y a qu'une seule voie pour cela : celle de la racine et de la branche. Tous les mondes et tout ce qui les remplit, dans le moindre détail, émergent du Créateur dans une pensée unique et unie. La pensée seule déferla et créa tous les mondes, les créations et ce qui les conduit, comme il est expliqué dans les livres *L'Arbre de Vie* et les *Tikouné Ha Zohar* [corrections du Zohar].

Ainsi, ils sont tous égaux entre eux comme le sceau et son empreinte, où le premier sceau est imprimé dans tous. Par conséquent, nous pouvons appeler les mondes les plus proches de la pensée à propos du but « racines », et les mondes les plus éloignés du but sont appelés « branches ». En effet, « la fin de l'acte est dans la pensée originelle. »

Maintenant, nous pouvons comprendre l'adage commun dans les légendes de nos sages : « et il le regarde de la fin du monde jusqu'à sa fin. » N'auraient-ils pas dû dire « du début du monde jusqu'à sa fin ? » Mais il y a deux fins : une fin selon la distance vis-à-vis du but, c'est-à-dire les dernières branches de ce monde, et deuxièmement une fin appelée « le but final », car le but est révélé à la fin de l'acte.

Mais nous avons expliqué que « la fin de l'acte est dans la pensée originelle. » Ainsi, nous trouvons le but au début des mondes. C'est ce que nous appelons « premier monde » ou le « premier sceau ». Tous les autres mondes découlent de lui, et c'est pourquoi toutes les créations – minérales, végétales, animales et parlantes –, toutes leurs incidences, existent sous toutes leurs formes dès le premier monde. Ce qui n'y existe pas ne peut pas apparaître dans le monde, car on ne peut pas donner ce que l'on n'a pas.

Racine et branche dans les mondes

Maintenant, il est facile de comprendre les racines et les branches dans les mondes. Toutes les variétés existant dans les minéraux, végétaux, animaux et êtres parlants dans ce monde ont toutes leurs correspondances dans le monde qui leur est supérieur, sans aucun changement en ce qui a trait à la forme, mais uniquement à leur substance. Ainsi, un animal ou une pierre dans ce monde est une substance corporelle, et sa correspondance dans le monde supérieur, pierre ou animal, est une substance spirituelle, n'occupant ni espace ni temps. Néanmoins, leur qualité reste la même.

Là, nous devrions certainement ajouter la question de la relation entre la matière et la forme, qui est bien sûr également conditionnée par la qualité de la forme. De même avec la majorité du minéral, végétal, animal et parlant dans le monde supérieur, vous trouverez leur similitude et leur ressemblance dans le monde au-dessus du Supérieur. Cela continue à travers le premier monde où tous les éléments sont présents dans leur perfection, comme il est écrit : « Et Dieu vit que tout ce qu'Il avait fait et c'était très bien. »

C'est pour cela que les kabbalistes ont écrit que le monde est au centre de tout, pour indiquer que la fin de l'action est le premier monde, c'est-à-dire le but. Aussi, l'éloignement du but est appelé « la descente des mondes depuis leur Émanateur » jusqu'à ce monde matériel, le plus éloigné de l'objectif.

Cependant, la fin de toute la matérialité, c'est de graduellement se développer et d'achever le but que le Créateur a conçu pour elle, c'est-à-dire le premier monde. Comparé à ce monde, où nous nous trouvons, c'est le dernier monde, c'est-à-dire la fin de la chose. De là, il semble que le but du monde soit le dernier monde et que nous, peuples de ce monde, soyons entre eux.

L'essence de la sagesse de vérité

Maintenant il est clair que, comme l'apparition des espèces vivantes dans ce monde et leurs modes d'existence est une merveilleuse sagesse, la révélation de la Divine abondance dans le monde, dans les degrés et dans leurs modes d'action sont ensemble une merveilleuse sagesse, bien plus que l'étendue des sciences physiques, car la physique est une simple connaissance des arrangements d'un genre particulier existant dans un monde particulier. Elle n'est unique que pour son objet et aucune autre sagesse n'est incluse en elle.

Il n'en est pas de même avec la sagesse de vérité, car il s'agit d'une connaissance générale du minéral, du végétal, de l'animal et du Parlant dans tous les mondes, dans tous leurs cas et conduites, comme ils étaient inclus dans la Pensée du Créateur, c'est-à-dire le but. Pour cette raison, tous les enseignements du monde, du plus petit au plus grand, y sont merveilleusement inclus, car elle égalise tous les enseignements, les plus différents et les plus éloignés les uns des autres, comme l'est est éloigné de l'ouest. Elle les rend tous égaux, c'est-à-dire que les agencements de chaque enseignement sont obligés d'apparaître selon ses voies.

Par exemple, la science physique est précisément arrangée selon l'ordre des mondes et des *Sefirot*. De manière comparable, l'astronomie et la musique sont agencées selon le même ordre. Ainsi, nous trouvons que tous les enseignements sont organisés et viennent d'une seule connexion et d'une seule relation, et ils sont tous comme la relation de l'enfant envers son parent. Ainsi, ils se conditionnent, c'est-à-dire que la sagesse de vérité est conditionnée par tous les enseignements et tous les enseignements sont conditionnés par elle. C'est pourquoi il n'existe pas un seul véritable kabbaliste qui ne comprenne tous les enseignements du monde, car il les acquiert de la sagesse de vérité elle-même, car ils y sont inclus.

Le sens de l'unité

La plus grande merveille dans cette sagesse, c'est l'intégration en elle : tous les éléments de la vaste réalité sont incorporés en elle, se complètent et s'unissent jusqu'à ce qu'ils deviennent une chose unique – le Tout puissant et tous, ensemble.

Au début, vous voyez que tous les enseignements du monde sont réfléchis en elle. Ils y sont agencés très précisément selon un ordre qui lui est propre. Ensuite, nous voyons que tous les mondes et les ordres dans la sagesse de vérité elle-même, qui ne sont pas quantifiables, sont unis sous dix réalités appelées « dix *Sefirot* ».

Ensuite, ces dix *Sefirot* sont agencées de quatre manières, qui sont les quatre lettres du Nom. Après cela, ces quatre manières s'ordonnent et viennent se joindre dans la pointe du *Youd*, qui suggère *Ein Sof* [Infini].

De cette façon, celui qui débute dans cette sagesse doit commencer par la pointe du *Youd*, puis par les dix *Sefirot* du premier monde appelé « le monde d'*Adam Kadmon* (AK) ». De là, il voit comment les nombreux détails du monde d'*Adam Kadmon* se prolongent et apparaissent obligatoirement par voie de cause à effet, d'après les mêmes lois que nous trouvons en astronomie et en physique, c'est-à-dire des lois constantes qui découlent nécessairement les unes des autres, sans exception, et qui découlent les unes des autres depuis la pointe du *Youd* jusqu'à tous les éléments du monde d'*Adam Kadmon*, sans en oublier un seul. De là, ils sont imprimés par un autre issu des quatre mondes par la voie du sceau et de l'empreinte, jusqu'à ce que nous arrivions à tous les éléments de ce monde. Après cela, ils sont réintégrés les uns dans les autres jusqu'à ce que chacun arrive au monde d'*Adam Kadmon*, puis aux dix *Sefirot*, puis aux quatre lettres du Nom [Tétragramme], et jusqu'à la pointe du *Youd*.

Nous pourrions nous demander : « Si le matériel est inconnu, comment peut-on s'y engager avec raison ? » Certes, vous trouverez la même chose dans tous les enseignements.

Par exemple, quand vous étudiez l'anatomie – les différents organes et leurs interactions –, ces organes ne ressemblent pas du tout au sujet en général, ce dernier étant complet, l'être humain. Cependant, avec le temps, quand vous en connaissez la sagesse d'un bout à l'autre, vous pouvez établir une relation générale de tous les détails à partir desquels le corps est conditionné.

Nous y voici : le sujet général est la révélation de la Divinité à Ses créatures, selon l'objectif, comme il est écrit : « car la terre sera remplie de la connaissance du Seigneur. »

Cependant, un novice n'aura certainement aucune connaissance du sujet général, qui est conditionné par tous ses éléments comme un tout. Pour cette raison, nous devons acquérir tous les détails et leurs interactions, aussi bien que leurs causes par voie de cause à effet, jusqu'à terminer toute la sagesse. Quand l'un d'entre nous connaît tout sur le bout des doigts, s'il a une âme purifiée, il est sûr qu'il sera récompensé du sujet en général.

Même s'il n'est pas récompensé, c'est toujours une grande récompense d'acquérir quelque perception que ce soit de cette grande sagesse, dont la valeur est plus grande que tous les autres enseignements, selon la valeur des sujets étudiés et selon l'appréciation de l'avantage du Créateur sur Ses créatures. De manière comparable, cette sagesse, dont Il est le sujet, a beaucoup plus de valeur que la sagesse dont le sujet est Ses créatures.

Ce n'est pas parce qu'elle est insaisissable que le monde se retient de la contempler. Après tout, un astronome n'a pas de perception des étoiles et des planètes, mais seulement des mouvements qu'elles réalisent avec cette sagesse merveilleuse qui est prédéterminée dans la merveilleuse Providence. Ainsi, la connaissance dans la sagesse de vérité n'est pas plus cachée qu'il n'y paraît, car même les débutants comprennent les mouvements. Mais le seul frein était que les kabbalistes l'ont dissimulée avec une grande sagesse.

Permission donnée

Je suis heureux d'être né dans une génération qui a déjà été autorisée à publier la sagesse de la vérité. Si vous me demandiez « Comment sais-je que cela est permis ? », je vous répondrais que j'ai reçu la permission de la révéler, car jusqu'à présent les moyens par lesquels il était possible de s'engager publiquement et d'expliquer totalement chaque mot n'avaient été révélés à aucun sage.

J'ai aussi juré à mon maître de ne rien révéler, comme l'ont fait tous les étudiants avant moi. Cependant, ce serment et cette interdiction s'appliquent uniquement à ces manières qui étaient transmises oralement de génération en génération, depuis les prophètes et avant. Si ces façons de transmettre avaient été révélées au public, elles auraient causé beaucoup de torts, pour des raisons connues uniquement de nous.

Néanmoins, la façon dont je m'engage dans mes livres est autorisée. Qui plus est, mon professeur m'a ordonné de diffuser autant que je le pouvais. Nous l'appelons « la façon d'habiller les sujets ». Vous verrez dans les écrits du Rashbi qu'il appelle cette voie « donner la permission », et c'est ce que le Créateur m'a donné dans sa mesure la plus complète. Nous croyons que cela ne dépend pas du génie du sage, mais de l'état de la génération, comme nos sages nous l'ont dit : « Petit Samuel était digne, etc., mais sa génération ne l'était pas. » C'est pour cela que j'ai dit que tout mon mérite quant au fait de révéler la sagesse vient de ma génération.

Noms abstraits

C'est une grave erreur de penser que la langue de la Kabbale utilise des noms abstraits. Au contraire, elle ne touche que le domaine pratique. Effectivement, il y a des choses dans ce monde qui sont réelles même si nous ne les percevons pas, comme l'aimant et l'électricité. Mais qui pourrait être suffisamment stupide pour dire que ce sont des noms abstraits ? Après tout, nous connaissons très bien leurs actions et que nous importe-t-il de ne pas connaître le nom de leurs essences. À la fin nous les appelons, comme des choses sûres, par les noms des actions auxquelles ils se réfèrent. C'est le nom réel. Même un enfant qui apprend à parler peut les nommer s'il commence à sentir leur action. C'est là notre loi : tout ce que nous n'atteignons pas nous ne le nommons pas.

L'essence n'est pas perçue dans la matérialité

Qui plus est, même les choses que nous imaginons, nous n'atteignons leur essence – comme les pierres ou les arbres – qu'après un examen minutieux ; nous restons donc avec le niveau zéro de leur essence, car ce que nous atteignons n'est que leurs actions, qui nous parviennent uniquement à travers l'interaction de nos sens avec elles.

Une âme

Par exemple, quand la Kabbale dit qu'il y a trois forces, 1) corps, 2) l'âme animale et 3) l'âme sacrée, cela ne se réfère pas à l'essence de l'âme. L'essence de l'âme est fluide ; elle est ce que les psychologues appellent le « moi », et les matérialistes, « l'électrique ».

C'est une perte de temps de parler de son essence, car elle n'est pas ordonnée par le ressenti de nos sens, comme tout ce qui touche à la matérialité. Cependant, en voyant dans l'essence de ce fluide trois types d'actions dans le monde spirituel, nous les distinguons par des noms différents, selon les opérations effectuées dans les mondes supérieurs. Ainsi, il ne s'agit pas de noms abstraits, mais de noms tangibles dans le plein sens du terme.

L'avantage de mon commentaire sur ceux qui l'ont précédé

Nous pouvons nous aider d'enseignements séculiers dans l'interprétation de la sagesse de la Kabbale, car la sagesse de la Kabbale est la racine de tout, et tous sont inclus en elle. Certains ont recouru à l'anatomie, comme « de ma chair je verrai mon Dieu », et d'autres ont recouru à la philosophie. Ces derniers se sont davantage servis de la psychologie, mais tous ces commentaires ne sont pas considérés comme vrais, car ils n'interprètent rien de la sagesse de la Kabbale elle-même, mais ne font que montrer comment toutes les sagesses sont incluses en elle. C'est pour cela que les lecteurs ne peuvent être accompagnés d'un endroit à l'autre... même si de tous les enseignements extérieurs la sagesse du service de Dieu est la sagesse la plus proche de la sagesse de la Kabbale.

Inutile de dire qu'il est impossible de s'aider d'interprétations suivant d'autres sciences comme l'anatomie ou la philosophie. C'est pourquoi j'ai dit que je suis le premier interprète d'après la racine et la branche, ainsi que de cause à effet. Ainsi, si quelqu'un comprend quelque chose à travers mes commentaires, il peut être certain que partout ce sujet apparaîtra dans *Le Zohar* et les *Tikounim*, et que cela peut l'aider, comme les commentaires littéraux où vous pouvez être aidé par un lieu pour tous les autres lieux.

Les styles d'interprétation des enseignements extérieurs sont une perte de temps, car ils ne sont pas un témoignage de l'authenticité des uns par rapport aux autres. Et un enseignement extérieur ne nécessite pas de témoignage, puisque la Providence a préparé cinq sens pour témoigner de lui, et dans la Kabbale (nonobstant), on doit comprendre un argument avant de témoigner de cet argument.

Un style de commentaire selon les enseignements extérieurs

C'est la source de l'erreur du Baal Shem Tov : il interpréta le *Guide des égarés* selon la sagesse de la Kabbale et ne savait pas ou prétendait ne pas savoir que la sagesse de la médecine, ou quelque autre sagesse, pouvait être interprétée d'après la sagesse de la Kabbale, pas moins que la philosophie. En effet, tous les enseignements sont inclus en elle et ont été imprimés par son sceau.

Bien sûr, *le Guide des égarés* ne voulait pas dire ce que le Baal Shem Tov interpréta et celui-ci ne vit pas comment... dans *Le Livre de la Création*, il interpréta la Kabbale selon la philosophie. J'ai déjà démontré qu'un tel style de commentaires est une perte de temps, car les enseignements extérieurs n'ont pas besoin de témoignages et il est inutile d'apporter un témoignage à la véracité de la sagesse de la Kabbale avant que ses mots ne soient interprétés.

C'est comme un procureur qui aurait amené des témoins pour vérifier ses dires avant qu'il n'ait expliqué ses arguments (excepté pour les livres traitant du travail de Dieu, car la sagesse de servir Dieu nécessite véritablement des témoins de sa véracité et de son succès, et nous devrions nous aider de la sagesse de vérité.)

Cependant, toutes les compositions de ce style ne sont pas du tout un gaspillage. Après avoir minutieusement compris l'interprétation de la sagesse en elle-même, nous serons en mesure de recevoir beaucoup d'aide avec les analogies, comment tous les enseignements sont inclus en elle, autant que les façons de les chercher.

Atteindre la sagesse

Il y a trois ordres dans la sagesse de vérité :

1. L'origine de la sagesse elle-même. Elle ne requiert aucune assistance humaine, car elle est entièrement un cadeau de Dieu et aucun étranger ne doit interférer avec elle.

2. La compréhension des sources que l'on a atteintes d'en haut. C'est comme si on voyait que le monde entier était placé sous nos yeux et que nous devions pratiquer et étudier pour comprendre ce monde. Même si nous voyons tout avec nos yeux, il y a des sages et il y a des imbéciles. Cette compréhension est appelée « la sagesse de vérité » – qu'*Adam HaRishon* a été le premier à recevoir une séquence de connaissances suffisantes grâce auxquelles il pouvait comprendre et maximiser avec succès tout ce qu'il voyait et atteignait avec ses yeux.

L'ordre de ces connaissances est donné uniquement de bouche à bouche. Il y a un ordre d'évolution en eux, où chacun peut ajouter ou régresser par rapport à son ami (alors que dans le premier discernement tout le monde reçoit de façon égale sans ajouter ou soustraire, comme l'homme, dans la compréhension de la réalité de ce monde. En le regardant, tous sont égaux, mais ce n'est pas le cas dans sa compréhension – certains évoluent de génération en génération et certains régressent.) L'ordre de sa transmission est parfois appelé « la transmission du Nom Explicite » et il est donné avec beaucoup de conditions, mais seulement oralement et non par écrit.

3. C'est un ordre écrit. Il s'agit de quelque chose de complètement nouveau, car en plus de contenir des espaces d'expansion pour le développement de la sagesse, grâce à cet ordre, chacun hérite de toutes les expansions de ce qu'il peut atteindre pour les prochaines générations. En plus, il comprend un pouvoir [*Segoula*] magnifique qui est accordé à tous ceux qui s'y engagent ; même s'ils ne comprennent pas ce qui est écrit, ils sont purifiés par lui et les Lumières supérieures se rapprochent d'eux. Cet ordre contient quatre langues, comme nous l'avons expliqué ci-dessus, et la langue de la Kabbale les domine toutes.

L'ordre de transmission de la sagesse

Le chemin le plus sûr pour celui qui aspire à étudier la sagesse est de rechercher un authentique kabbaliste et de suivre toutes ses instructions, jusqu'à ce qu'il soit récompensé de comprendre la sagesse par lui-même, c'est-à-dire le premier discernement. Après cela, il sera récompensé de la transmission orale, qui est le second discernement, et ensuite de la compréhension de l'écrit – le troisième discernement. À la fin, il aura hérité de toute la sagesse et de tous les instruments de son professeur facilement, et il aura tout son temps pour l'étendre et la développer.

Cependant, il existe un second chemin : à travers son grand désir, celui qui cherche verra les visions du ciel s'ouvrir à lui et il atteindra toutes les origines par lui-même. C'est le premier discernement. Mais après cela, il devra toujours travailler et faire beaucoup d'efforts et rechercher un sage kabbaliste devant lequel il s'inclinera, et qu'il écoutera, et de qui il recevra la sagesse par une transmission face à face – ce qui est le deuxième discernement, et ensuite le troisième discernement.

Si quelqu'un ne s'est pas attaché à un kabbaliste dès le début, ce qu'il pourra atteindre viendra au prix de gros efforts dans le temps, ne lui laissant que peu de temps pour se développer. Parfois, la connaissance arrive aussi après les faits, comme il est écrit : « Ils mourront sans sagesse ». C'est le cas dans 99% des cas, et nous les appelons « entrant mais ne sortant pas ». Ils sont comme des imbéciles dans ce monde, voyant le monde devant eux mais n'en comprenant rien, sauf le pain qui est dans leur bouche.

Certes, dans la première voie aussi, tout le monde ne réussit pas. C'est parce que la majorité qui a été récompensée de l'atteinte devient complaisante et ne peut pas se soumettre suffisamment aux instructions de son professeur, car elle n'est pas digne de la transmission de la sagesse. Dans ce cas, le sage doit lui cacher l'essence de la sagesse, et « ils mourront sans sagesse », « entrant mais ne sortant pas ».

Il en est ainsi, car il existe des conditions très strictes et implacables dans la transmission de la sagesse qui découlent de raisons nécessaires. Ainsi, très peu réussissent à être considérés par leur professeur comme dignes de recevoir la sagesse ; heureux celui qui en est récompensé.

Rav Yéhouda Ashlag

L'AMOUR DU CRÉATEUR ET L'AMOUR DES CRÉATURES

« Aime ton prochain comme toi-même. »
Rabbi Akiva dit que c'est une grande règle de la Torah.
(*Béréshit Raba, 24*)

Le collectif et l'individuel

La déclaration ci-dessus, bien qu'elle soit l'une des plus célèbres et la plus citée, est encore incompréhensible pour tout un chacun dans toute sa portée. C'est parce que le mot règle [ou collectif/général] indique une somme de détails qui se rapporte à la règle ci-dessus, que chaque détail en contient une partie de telle sorte que la combinaison de tous les détails crée cette règle.

Et si nous disons « une grande règle de la Torah », cela signifie que tous les textes et les 612 *Mitsvot* [commandements] sont la somme des détails qui se rapportent au verset « Aime ton prochain comme toi-même ». Il est difficile de comprendre comment une telle déclaration peut être la totalité de tous les commandements de la Torah ? Au mieux, elle peut être la règle (le tout) de la partie de la Torah et des textes qui se rapportent aux commandements entre l'homme et son semblable. Mais comment pouvez-vous y inclure la plus grande partie de la Torah, qui traite du travail entre l'homme et le Créateur dans le verset « tu aimeras ton prochain comme toi-même » ?

Ne fais pas à autrui ce que tu n'aimerais pas qu'on te fasse

Si nous parvenons à concilier le texte ci-dessus, voici la déclaration de Hillel l'ancien à l'étranger qui est venu devant lui et lui a demandé de le convertir, comme il est dit dans la Guémara : « Convertissez-moi afin que vous puissiez m'enseigner toute la Torah pendant que je me tiens sur une jambe ». Il lui a dit: « Ne fais pas à autrui ce que tu n'aimerais pas qu'on te fasse. » C'est toute la Torah « et le reste signifie étudie ! »

Nous constatons qu'il lui dit que la totalité de la Torah est une interprétation du verset : « tu aimeras ton prochain comme toi-même. »

Maintenant, selon les propos de Hillel, le maître de tous les *Tanaïm* de son temps, et dont la pratique [du judaïsme] suit son interprétation, il est parfaitement clair que le but premier de notre Torah est de nous amener à ce degré sublime où nous pouvons observer ce verset: « tu aimeras ton prochain comme toi-même », parce qu'il dit spécifiquement: « le reste signifie étude ! ». Cela signifie qu'ils interprètent pour nous comment en arriver à cette règle.

Il est surprenant qu'une telle affirmation puisse être exacte pour la plupart des questions de la Torah, qui concernent l'homme et le Créateur, alors que tout débutant sait manifestement qu'il s'agit du cœur de la Torah et non de l'interprétation de « Tu aimeras ton prochain comme toi-même ».

Tu aimeras ton prochain comme toi-même

Nous devrions étudier plus en profondeur et comprendre le sens du verset « tu aimeras ton prochain comme toi-même. » Le sens littéral est d'aimer votre ami de la même manière dont vous vous aimez. Cependant, nous constatons que le collectif n'arrive pas du tout à le suivre. S'il avait été écrit « aimez ton prochain autant qu'il t'aime », il y aurait également peu de gens qui pourraient totalement l'observer, mais cela serait acceptable.

Mais aimer son ami autant qu'il s'aime me semble impossible. Même s'il n'y avait qu'une seule personne au monde, en plus de moi, ce serait encore impossible, encore moins quand le monde est peuplé de gens. De plus, si l'homme aimait tout le monde autant qu'il s'aime, il manquerait de temps pour lui-même. Car il est évident qu'il doit satisfaire ses propres besoins pour ne manquer de rien et avec beaucoup d'énergie, car il s'aime.

Ce n'est pas le cas des besoins de la société, car l'homme n'a pas de grande motivation pour stimuler son désir de travailler pour elle. Même s'il avait un désir, peut-il quand même observer cette déclaration au pied de la lettre ? En aurait-il la force ? Dans la négative, comment la Torah peut-elle nous obliger à faire quelque chose qui n'est pas réalisable ?

Nous ne devrions pas considérer que cette déclaration soit exagérée, parce que nous sommes prévenus par l'adage : « Tu n'y ajouteras rien ni n'en retrancheras rien. » Tous les commentateurs ont accepté d'interpréter le texte littéralement. De plus, ils ont dit qu'il faut satisfaire les besoins de son ami même s'il est lui-même dans le besoin. Même dans ce cas, il a obligation de satisfaire les besoins de son ami et quant à lui, rester dans le besoin.

Les *Tosfot* (*Kidoushin* 20) interprètent que quiconque achète un esclave hébreu, s'achète un maître. Et les *Tosfot* interprètent au nom du Talmud de Jérusalem et des sages que si l'homme n'a qu'un seul oreiller, s'il est couché dessus, il ne respecte pas « car il est heureux avec toi ». Et s'il ne se couche pas dessus et ne le donne pas à son esclave, c'est de la méchanceté. Il s'avère qu'il doit le donner à son esclave, c'est-à-dire, à son maître.

Une *Mitsva* [commandement]

Cela soulève plusieurs questions : D'après ce qui précède, nous commettons tous des infractions contre la Torah. De plus, nous ne respectons même pas l'essence de la Torah, parce que nous observons les détails et non la règle. Il est écrit : « Quand vous observez la volonté du Créateur, les pauvres sont dans les autres et non en vous. » En effet, comment est-il possible qu'il y ait des pauvres quand chacun respecte la règle, le désir du Créateur, et aime ses prochains comme lui-même ?

La question de l'esclave hébreu apportée par le Talmud de Jérusalem mérite une étude plus approfondie : le sens du texte est que l'on doit aimer son esclave comme soi-même, même un prosélyte qui n'est pas hébreu. Et il n'y a pas d'exception, parce que la règle pour le converti est la même règle que pour l'hébreu, parce que « Vous aurez une loi [Torah] et un jugement pour vous et le converti qui habite avec vous ». Le mot « converti » signifie aussi « prosélyte partiel », c'est-à-dire il n'accepte pas la Torah, mais se sépare de l'idolâtrie. Il est écrit à propos d'une telle personne : « Tu peux la donner au prosélyte qui est dans tes portes. »

Et c'est le sens de Une *Mitsva* dont parle le Tana lorsqu'il dit : « Exécuter une *Mitsva*, c'est se juger et le monde entier favorablement ». Il est très difficile de comprendre ce que le monde entier a à voir là-dedans ? Et nous ne devrions pas nous justifier du fait qu'il est « à moitié coupable, et à moitié innocent » et que le monde entier est « moitié coupable et moitié innocent ».

Nous disons alors qu'il manque l'essentiel dans le livre. Qui plus est, le monde entier est rempli d'étrangers et de tyrans alors comment peut-il voir qu'ils sont « moitié coupables et moitié innocents ». Quand il s'agit de lui, il peut se voir « moitié coupable et moitié innocent », mais pas le monde entier, De plus, le texte aurait dû dire « Tout Israël », mais pourquoi dit-il « le monde entier » que le Tana a ajouté ? Sommes-nous les garants des nations du monde ? Est-ce qu'on les ajoute à nos bonnes actions ?

Nous devons comprendre que nos sages n'ont parlé que de la partie pratique de la Torah, qui amène le monde et la Torah au but désiré. Par conséquent, quand ils disent un commandement, ils font certainement référence à un commandement pratique.

Et c'est bien ce que dit Hillel: « tu aimeras ton prochain comme toi-même. » C'est par ce seul commandement que l'on est récompensé du but réel, qui est l'adhésion au Créateur. Ainsi vous trouvez qu'avec ce commandement, l'homme est récompensé d'observer tout le but et le dessein.

Et maintenant il n'y a plus de difficulté pour ce qui est des commandements entre l'homme et le Créateur parce que leur application a pour but de purifier le corps, dont l'ultime objectif est d'aimer votre ami comme vous-même. La phase suivante et immédiate est l'adhésion [*Dvékout*].

Et en cela, il y a le général [collectif] et le particulier [l'individu]. Nous allons du particulier au général, parce que le général mène au but ultime. Ainsi, il n'est certainement pas important de savoir de quel côté commencer, du particulier ou du général, car l'essentiel est de commencer et de ne pas rester sur place, jusqu'à ce que nous atteignions notre but.

Et Adhérez à Lui

Il nous reste encore un sujet à examiner : Si tout le but de la Torah et de toute la création n'est que d'élever l'humanité si vile pour devenir digne de cette merveilleuse sublimité, « et pour adhérer à Lui », Il aurait dû nous créer avec cette sublimité, au lieu de nous faire travailler dur en faisant des efforts dans la création et dans la Torah et les commandements.

Nous pourrions expliquer cela par les mots de nos sages: « Celui qui mange ce qui ne lui appartient pas, a peur de Le regarder en face. » Cela signifie que quiconque se nourrit du travail d'autrui a peur (honte) de regarder sa propre forme, car sa forme est inhumaine...Parce qu'aucun manque ne sort de Sa perfection, Il nous a donc préparé ce travail, afin que nous puissions avoir du plaisir en travaillant de nos propres mains. C'est pourquoi Il a créé la création d'après cette bassesse.

Le travail dans la Torah et les commandements nous élève de la bassesse de la création, et par lui, nous atteignons notre sublimité de nous-mêmes. Alors nous ne ressentons pas la joie et la bonté qui nous viennent de Sa main si généreuse, comme un cadeau, mais comme nous appartenant.

Cependant, nous devons encore comprendre la source de la bassesse que nous ressentons en recevant un cadeau. Nous allons le faire à l'aide de la loi bien connue des spécialistes en sciences naturelles stipulant que la nature et la loi de chaque branche sont comme sa racine. Tout ce qui s'applique à la racine, sa branche l'aimera, le convoitera et s'en servira. De même, toute chose qui n'est pas dans la racine, la branche s'en éloignera, ne pourra pas la tolérer et lui nuira.

Et parce que notre racine est le Créateur, et qu'Il ne reçoit pas mais donne, nous ressentons de la peine et bassesse à chaque fois que nous recevons d'autrui.

Maintenant nous avons clarifié le but d'adhérer à Lui. La sublimité de cette adhésion n'est que l'équivalence de la branche à sa racine, et toute la question de la bassesse n'est que l'éloignement de sa racine. En d'autres termes, chaque créature dont la voie est corrigée en vue de donner plus à autrui devient plus sublime et peut adhérer davantage à Lui. Cependant, chaque humain dont le chemin est la réception et l'amour de soi est encore plus avili et plus éloigné du Créateur.

Pour remédier à cela, la Torah et les commandements nous ont été préparés. Au début, nous devons observer *Lo Lishma* [Pas en Son nom] c'est-à-dire sans recevoir de récompense. C'est le cas pendant la période du *Katnout* [petite enfance], pour nous éduquer. Quand une personne grandit, on lui apprend à s'engager dans la Torah et les commandements *Lishma* [en Son nom], ce qui signifie apporter contentement à son Créateur, et non par amour à des fins personnelles.

Maintenant, nous pouvons comprendre les paroles de nos sages: « Qu'importe au Créateur que l'animal soit abattu en lui tranchant la gorge ou en lui tranchant la nuque, car les *Mitsvot* [commandements] n'ont été donnés que pour purifier les créatures ».

Mais nous ne savons toujours pas ce qu'est cette purification. En ce qui concerne ce qui précède, on sait que « un ânon sauvage engendrera un homme ». Et nous sommes complètement immergés dans la saleté et dans la bassesse de la réception pour soi et dans l'amour de soi, sans aucune étincelle d'amour ou de don envers les autres. Dans cet état, il se situe au point le plus éloigné du but, de Sa racine.

Quand la personne grandit et est éduquée avec la Torah et les commandements, définis seulement dans l'intention d'apporter du contentement à son Créateur et pas du tout à des fins personnelles, elle arrive au degré du don sans réserve à son prochain par le remède naturel de l'étude de la Torah et des commandements en Son nom que le donneur de la Torah connaît, comme nos sages l'ont dit: « J'ai créé le mauvais penchant, j'ai créé pour lui la Torah comme une épice ».

De cette façon, l'être humain se développe dans les degrés de la sublimité ci-dessus jusqu'à ce que l'homme perde toute forme d'amour de soi et de réception pour lui-même, tous ses attributs ne sont que pour donner sans réserve, ou de recevoir pour donner. Nos sages ont dit à ce sujet: « Les commandements n'ont été donnés que pour purifier les individus » et alors il adhère à Sa racine, comme on dit, « et adhérez à Lui. »

Les deux parties de la Torah : entre l'homme et le Créateur et entre l'homme et son semblable

Même si nous voyons qu'il y a deux parties à la Torah : la première – les commandements entre l'homme et le Créateur, et la seconde – les commandements entre l'homme et son semblable, elles sont une seule et même chose. Cela signifie que leur observation et le but recherché sont un, à savoir *Lishma* [en Son nom].

Peu importe que l'homme travaille pour son ami ou pour le Créateur. C'est parce que c'est gravé en lui depuis la naissance, que tout ce qui vient d'autrui apparaît vide et irréel.

C'est pourquoi quoi qu'il arrive, nous sommes obligés de commencer par *Lo Lishma*. Maïmonide a dit : « Nos sages ont dit : l'homme s'engagera toujours dans la Torah, et même *Lo Lishma*, parce que de *Lo Lishma* il arrivera à *Lishma*. Par conséquent, lorsqu'on enseigne aux petits, aux femmes et au petit peuple, on leur apprend à travailler par crainte et pour recevoir une récompense, jusqu'à ce qu'ils accumulent des connaissances et acquiertnt de la sagesse. Puis on leur révèle ce secret progressivement et ils s'habituent à ce sujet avec aisance jusqu'à ce qu'ils L'atteignent et Le connaissent et Le servent avec amour. »

…Ainsi, lorsque l'homme se complète dans son travail dans l'amour et le don à son prochain au point ultime, il se complète aussi dans l'amour du Créateur et Lui procure contentement. Il n'y a pas de différence entre les deux, car tout ce qui est en dehors de son corps, c'est-à-dire pas dans son intérêt personnel, est jugé de la même manière – soit pour donner à son ami, soit pour procurer contentement à son Créateur.

C'est ce que Hillel HaNassi a supposé, qu'« aime ton prochain comme toi-même » est le but ultime de l'observation. C'est parce que c'est la forme la plus évidente pour l'homme.

Nous ne pouvons pas nous tromper sur les actes, car ils sont sous nos yeux. Nous savons que si nous faisons prévaloir les besoins de notre ami aux nôtres, c'est le don sans réserve. C'est pour cette raison qu'il ne définit pas le but comme « tu aimeras le Seigneur, ton Dieu, de tout ton cœur, de toute ton âme et de toute ta force », parce qu'ils sont vraiment une seule et même chose. En effet, il doit aussi aimer son ami de tout son cœur, de toute son âme et de toute sa force, parce que c'est le sens des mots « comme toi-même ». Après tout, il est certain que l'on s'aime de tout son cœur, de toute son âme et de toute sa force, mais en ce qui concerne le Créateur, on peut se mentir ; alors que pour ce qui est de son ami, c'est toujours sous ses yeux.

Pourquoi la Torah n'a-t-elle pas été donnée aux Patriarches ?

Cela répond aux trois premières questions. Mais il reste encore la question de savoir comment l'observer, car c'est apparemment impossible. Vous devez savoir que c'est pourquoi la Torah n'a pas été donnée aux Patriarches, mais à leurs petits-enfants, qui étaient une nation complète, composée de 600 000 hommes âgés de 20 ans et plus. Il a été demandé à chacun d'entre eux s'il était prêt à prendre sur lui ce travail et ce sublime but.

Après que chacun a dit : « Nous ferons et nous écouterons », la chose est devenue possible. C'est parce qu'il est certain que si 600 000 hommes n'ont pas d'autre intérêt dans la vie que de veiller à ce que leurs amis ne manquent jamais de rien, et si, de plus, ils le font avec un véritable amour de toutes leurs âmes et de toutes leurs forces, il n'y a absolument aucun doute : aucun homme de la nation n'aura plus besoin de se soucier de son propre bien-être. C'est parce qu'il aura 600 000 hommes aimants et loyaux qui s'assureront que pas un seul de ses besoins ne soit laissé pour compte.

Nous répondons donc à la question de savoir pourquoi la Torah n'a pas été donnée aux patriarches. C'est parce que la Torah ne peut pas être observée par un petit groupe de personnes car il est impossible de commencer le travail en Son nom, comme susmentionné. Pour cette raison, la Torah ne leur a pas été donnée.

Tout Israël est solidaire de chacun de ses membres

A la lumière de ce qui précède, nous pouvons comprendre un dicton troublant de nos sages qui disaient : « Tout Israël est solidaire de chacun de ses membres ». Qui plus est, Rabbi Elazar, fils de Rabbi Shimon, ajoute : « Le monde est jugé par sa majorité. »

Il s'avère que nous sommes également responsables de toutes les nations du monde. A priori, l'esprit ne peut pas supporter une chose pareille. Comment peut-on être responsable des péchés d'un autre qu'il ne connaît pas ? Alors que le verset interprète « Les pères ne seront pas mis à mort pour les enfants, et les enfants ne seront pas mis à mort pour les pères, et chacun sera mis à mort pour son propre péché ».

Maintenant, nous pouvons comprendre le sens des mots en toute simplicité. Il est manifestement impossible d'observer la Torah et les commandements si toute la nation ne participe pas.

Il s'avère que chacun est devenu responsable de son prochain malgré lui. Cela signifie que ceux qui commettent des infractions font rester dans leur saleté ceux qui observent la Torah. Ils ne peuvent pas se parfaire dans l'amour et le don à leur prochain sans leur aide. Ainsi, si certaines personnes de la nation pèchent, elles font donc souffrir le reste de la nation.

Il est écrit dans le Midrach : « Israël, si l'un d'eux pèche, tous le ressentent. » Rashbi l'explique avec l'histoire de plusieurs hommes étant sur un bateau, et soudain l'un d'eux commence à percer un trou dans la coque. Ses amis lui demandent « Pourquoi fais-tu un trou ? », et l'autre répond : « Qu'est-ce que ça peut vous faire ? Je perce sous moi » Alors l'un lui dit : « Imbécile que tu es, nous allons tous couler ! »

Comme nous l'avons expliqué plus haut, parce que les frondeurs sont immergés dans l'amour-propre, leurs actes créent un mur d'acier qui empêche ceux qui observent la Torah de commencer à observer la Torah et les commandements, comme il faut.

Maintenant, nous allons clarifier les paroles de Rabbi Elazar, après celles de Rabbi Shimon, qui dit : « Puisque le monde est jugé par la majorité, et que l'individu est jugé par la majorité, si quelqu'un exécute un commandement, heureux est-il car il se juge lui-même et le monde entier favorablement. S'il commet une infraction, malheur à lui car il se condamne lui-même et le monde entier défavorablement. Il est dit : « Mais un seul pêcheur fera perdre beaucoup de bien. »

Nous voyons que Rabbi Elazar, fils de Rabbi Shimon, va encore plus loin dans la question de l'*Arvout* [Solidarité], car il dit : « Le monde est jugé par sa majorité. D'après lui, cela ne suffit pas qu'une nation reçoive la Torah et les commandements. Cette opinion lui est venue soit en observant la réalité, car nous voyons que la fin n'est pas encore arrivée, soit il l'a reçue de ses maîtres.

Le texte le confirme aussi, car il nous promet qu'au moment de la rédemption que « la terre sera remplie de la connaissance du Seigneur », et aussi « toutes les nations afflueront vers Lui », et beaucoup d'autres versets. C'est la raison pour laquelle il a conditionné l'*Arvout* à la participation du monde entier. Il dit qu'un individu ne peut pas atteindre le but désiré en observant la Torah et les commandements, sauf avec l'aide de tous les peuples du monde.

Par conséquent, chaque commandement que l'homme accomplit touche le monde entier. C'est comme une personne qui pèse des petits pois sur une balance. Tout comme chaque petit-pois que l'on met sur la balance influence la décision finale désirée, de même chaque commandement que l'individu exécute avant que « la terre entière ne soit remplie de la connaissance », fait que le monde se développe pour parvenir à cette règle.

Ils ont dit : « un seul pêcheur fera perdre beaucoup de bien. » Cela signifie que le péché de l'un fait baisser le poids de la balance, comme si cette personne reprenait le petit pois qu'elle avait mis sur le plateau de la balance. Il s'avère qu'elle fait régresser le monde.

Pourquoi la Torah a-t-elle été donnée à Israël ?

Maintenant, nous pouvons mieux expliquer la question : Pourquoi la Torah a-t-elle été donnée à la nation d'Israël sans la participation de toutes les nations du monde ? La vérité est que le dessein de la création s'applique à toute l'espèce humaine, personne n'en est exclu. Cependant, à cause de bassesse de la nature de la création et de son pouvoir sur les gens, il leur était impossible de comprendre, de décider ni d'accepter de s'élever au-dessus d'elle. Ils n'ont pas manifesté le désir de sortir de l'amour de soi et d'arriver à l'équivalence de forme, qui est l'adhésion à Ses attributs, comme nos sages l'ont dit : « Comme il est miséricordieux, alors soyez miséricordieux. »

Par la vertu des patriarches, Israël ont réussi, et pendant plus de 400 ans, ils se sont développés et se sont améliorés et se sont jugés favorablement. Chaque membre de la nation a accepté d'aimer son prochain.

Elle était la seule petite nation parmi soixante-dix grandes nations. En face d'Israël se trouvaient plus de cent étrangers contre eux. Lorsqu'ils ont pris sur eux d'aimer leur prochain, la Torah a été donnée spécifiquement à la nation d'Israël pour qu'elle s'améliore.

Cependant, la nation d'Israël n'a été établie que pour servir de « relais ». Cela signifie que, dans la mesure où Israël se purifient en observant la Torah, ils transmettent leur force au reste des nations. Et quand les autres nations se jugeront favorablement, alors le Messie apparaîtra. Son rôle n'est pas seulement que les enfants d'Israël complètent le but ultime et adhèrent à Lui, mais aussi d'enseigner les voies du Créateur à toutes les nations, comme il est écrit : « Et toutes les nations afflueront vers Lui ».

Rav Yéhouda Ashlag

La dissimulation et la découverte de la face du Créateur -1

Première dissimulation

(Description) : Sa face est cachée, le Créateur ne se manifeste pas comme étant bon et bienveillant, mais l'inverse. L'homme ressent de Sa part des souffrances, soit il ne gagne pas assez d'argent, de nombreuses personnes veulent qu'il rembourse ses dettes et lui empoisonnent la vie, et chaque jour il est rempli d'inquiétudes et de peurs, ou bien il est malade. Il n'est pas respecté par son entourage. Tout ce qu'il entreprend, il ne parvient pas à le finir, faisant qu'il est constamment insatisfait.

On dit que l'homme ne voit pas la bonne face du Créateur, autrement dit, s'il croit que c'est le Créateur qui est la cause de toutes choses soit comme punition pour l'une de ses infractions ou bien pour faire le bien d'autrui, comme il est écrit : « celui qui aime le Seigneur doit le prouver », alors les justes dès le début ressentent des souffrances car le Créateur veut leur donner à la fin une grande sérénité. Cependant, il n'échoue pas en disant que cela vient du destin aveugle ni de la nature sans aucune raison, au contraire, il se renforce dans sa foi que c'est ainsi que le Créateur veille sur lui, alors il est considéré comme voyant le dos du Créateur.

Deuxième dissimulation

Appelée dans les livres « la dissimulation dans la dissimulation », c'est-à-dire que l'homme ne voit même pas le dos du Créateur. Il dit que le Créateur l'a abandonné, qu'Il ne veille pas sur lui. Toutes les souffrances qu'il ressent, il les attribue au destin et à la nature aveugle, car les chemins de la Providence lui sont devenus des plus compliqués, à tel point qu'ils le conduisent à l'hérésie.

Cela signifie (description) que quand il prie et donne la charité pour ses problèmes, il ne reçoit pas de réponse. C'est précisément quand il cesse de prier, qu'il reçoit une réponse.

Lorsqu'il se ressaisit et croit en la Providence, et fait des bonnes actions, le succès lui tourne le dos et il recule avec grande cruauté, et lorsqu'il nie en bloc et commet des méfaits – ce n'est qu'à ce moment-là, qu'il connaît un grand succès et est vraiment soulagé.

L'argent qu'il gagne, il ne l'obtient pas honnêtement mais en trichant ou profanant Shabbat etc. Il lui semble que ses proches qui suivent le chemin de la Torah et des commandements sont pauvres, malades, et sont méprisés. Ces personnes qui respectent les Commandements lui semblent impolies, imbéciles et tellement hypocrites, qu'il ne supporte plus leur présence.

Toutes ses mauvaises fréquentations, celles qui se moquent de sa foi sont celles qui réussissent le mieux, sont en bonne santé, et ne connaissent pas la maladie, sont perspicaces, dotées de bonnes qualités, sympathiques, elles n'ont pas de soucis et sont sûres d'elles, et vivent en toute sérénité, chaque jour qui passe.

Lorsque la Providence régit l'homme de cette façon, elle est appelée « la dissimulation dans la dissimulation », car alors pèse sur lui le poids du joug, il ne peut plus continuer à croire que ses souffrances proviennent du Créateur pour une quelconque raison. Cela le conduit à l'échec et à l'hérésie et il dit que le Créateur ne veille pas sur Ses créations, que tout ce qui lui arrive n'est que le fruit du destin et de la nature. Autrement dit, il ne voit même pas le dos.

Description de la découverte de la face

La demande de l'homme qui désire renforcer sa foi en la Providence divine sur le monde l'amène à feuilleter des livres, la Torah et d'en prendre l'illumination et la compréhension pour apprendre à renforcer sa foi en le Créateur. Ces lumières et cette préparation reçues grâce à la Torah se nomment la Torah comme une épice qui atteindra un certain seuil, alors le Créateur prendra pitié de lui et éveillera un vent d'en haut, c'est-à-dire l'abondance supérieure.

Après avoir découvert entièrement l'épice, c'est-à-dire la lumière de la Torah à laquelle l'homme aspire de toute son âme, grâce au renforcement de sa foi en le Créateur, à ce moment-là, il méritera de découvrir la Providence Divine, autrement dit que le Créateur se comporte avec lui conformément à Son nom, bon et bienfaisant.

Le Créateur nous montre qu'Il est bon et bienfaisant avec toutes Ses créations, autrement dit, par tous les moyens possibles afin de satisfaire tous ceux qui reçoivent dans tout Israël et bien entendu il n'y a pas de plus grand plaisir et bonheur et aucun ne ressemble à un autre. Par exemple, la personne versée dans la sagesse ne tirera pas de plaisir des honneurs ni de la richesse et celle non intéressée par la sagesse ne ressentira pas de plaisir des connaissances ni des grandes découvertes issues de la sagesse, mais il est clair que celle-ci recevra richesse et honneurs et l'autre de merveilleuses atteintes de la sagesse.

Il s'avère (description) qu'il reçoit du Créateur le bien, la plénitude et une satisfaction permanente. Il gagne facilement sa vie, ne connaît ni la peur ni le stress, ni la maladie, il est très respecté parmi ses semblables et termine facilement tout ce qu'il entreprend, et tous ses projets réussissent.

S'il lui manque quelque chose, il prie et reçoit immédiatement une réponse. Toute prière est exaucée, aucune prière n'est vaine. S'il multiplie les bonnes actions, son succès grandit et inversement.

Il voit que ses proches qui empruntent le droit chemin sont en bonne santé, et gagnent bien leur vie, sont les plus respectés, ils ne connaissent aucune peur, et vivent tranquillement et sereinement. Ce sont des gens perspicaces, honnêtes et il se sent béni et prend plaisir à être en leur compagnie.

Il voit que ceux qui n'empruntent pas le chemin de la Torah, sont sans revenu, inquiets en raison de dettes accumulées ne leur laissant aucun répit. Ils sont malades, souffrent énormément, sont moqués par leurs semblables. Il lui semble qu'ils sont stupides, incultes, mauvais et cruels avec autrui, de grands menteurs et manipulateurs et leur compagnie est insupportable.

Rav Yéhouda Ashlag

LA DISSIMULATION ET LA DÉCOUVERTE DE LA FACE DU CRÉATEUR -2

Description de la dissimulation de la face

1. Il éprouve des souffrances, comme par exemple un manque d'argent, de santé, se sent honteux et il ne réussit pas à terminer ce qu'il entreprend ou il est insatisfait.
2. Il prie et ne reçoit pas de réponse, lorsqu'il entreprend de bonnes actions, par exemple, il s'empêche de rouler son ami, il recule donc, et lorsqu'il commet de mauvaises actions, il réussit au mieux. L'argent qu'il gagne, il ne l'obtient pas honnêtement mais en trichant ou profanant Shabbat.
3. Tous ses proches qui empruntent le droit chemin sont pauvres, malades, et méprisés. Toutes ses mauvaises fréquentations qui se moquent de lui jour après jour sont celles qui réussissent et s'enrichissent, sont en bonne santé et vivent sereinement.
4. Toutes ses connaissances justes respectant la Torah et les Commandements lui ressemblent, elles sont cruelles et des égoïstes en tout genre ou stupides, incultes, de grands hypocrites et il ne supporte pas leur présence, même pas au paradis, à un tel point, qu'il ne peut pas être en leur compagnie ne serait-ce qu'un instant.

Description de la découverte de la face

1. L'homme ressent le bien, une plénitude. Il gagne facilement et bien sa vie, ne connaît pas la pression ni la maladie, il sera respecté où qu'il aille et connaîtra un succès dans tout ce qu'il entreprend, et tous ses projets réussiront.
2. Il prie et reçoit immédiatement une réponse. S'il améliore ses actions son succès grandit et inversement.

3. Tous ses proches qui empruntent un droit chemin sont en bonne santé, gagnent bien leur vie, sont les plus respectés, et vivent tranquillement et sereinement. Ses proches qui n'empruntent le droit chemin, sont sans revenu, sont assaillis par les soucis et peurs, sont malades et sont méprisés par la société.

Tous les justes qu'il connaît, il les voit comme étant des personnes perspicaces, polies, honnêtes et il est très agréable d'être en leur compagnie.

Rav Yéhouda Ashlag

Article de conclusion du Zohar[1]

Nous savons tous que l'objectif désiré du travail de la Torah et des commandements est d'adhérer au Créateur comme il est dit : « Et d'adhérer à Lui ». Qu'entendons-nous par « cette adhésion à Lui » [*Dvékout*], puisque aucune pensée ne peut L'appréhender ? Les sages ont déjà discuté de cette difficulté avant moi, demandant à propos du verset « et d'adhérer à Lui ». Comment est-il possible d'adhérer à Lui puisqu'Il est un feu brûlant ?

Ils ont répondu : « Adhérez à Ses qualités : tout comme Il est compatissant, soyez compatissant, tout comme Il est miséricordieux, soyez miséricordieux ». A fortiori comment les sages ont-ils sorti ces mots de leur simple contexte ? N'est-il pas clairement écrit « adhérer à Lui » ? Si cela voulait dire « adhérer à Ses qualités », il aurait été écrit « adhérer à Ses voies ». Alors, pourquoi est-il écrit « adhérer à Lui » ?

La chose est que dans la matérialité, qui prend de la place, nous comprenons *Dvékout* comme le rapprochement, tandis que la séparation correspond à l'éloignement de cet endroit. En revanche, dans la spiritualité, qui ne prend pas du tout de place, *Dvékout* et séparation ne correspondent pas au rapprochement ni à l'éloignement d'un endroit, puisqu'ils n'occupent absolument pas de place. C'est plutôt la ressemblance de forme existant entre deux spirituels qui caractérise *Dvékout*, et leur disparité de forme leur séparation.

Tout comme une hache fend et divise un objet matériel en deux morceaux distincts, les éloignant l'un de l'autre, toute disparité de forme divise le spirituel et le sépare en deux parties. Lorsque la disparité de forme entre elles est petite, nous parlons d'un

---

[1] – Cet article est issu d'un discours prononcé par le Baal HaSoulam après avoir terminé le commentaire du Livre du Zohar (21 volumes).

faible éloignement. Et si la disparité de forme est grande, nous parlons d'un très grand éloignement. Et si les formes sont contradictoires, nous parlons d'éloignement l'une de l'autre, d'une extrémité à l'autre.

Par exemple, lorsque deux hommes se haïssent, on dit d'eux qu'ils sont séparés l'un de l'autre comme le sont les points cardinaux. Et s'ils s'aiment, nous disons d'eux qu'ils sont liés l'un à l'autre comme un seul corps. Nous ne parlons pas ici de rapprochement ou de distance par rapport à un endroit, mais d'équivalence ou de disparité de forme. Il en est ainsi lorsque deux personnes éprouvent de l'amour l'une pour l'autre, car il existe entre elles une similitude de forme. Du fait que l'une aime tout ce que son ami aime et déteste tout ce qu'il déteste, elles se lient entre elles et s'aiment.

Cependant, s'il existe entre elles une quelconque disparité de forme, c'est-à-dire si l'une d'elles aime ce que l'autre déteste, alors elles se haïssent dans la mesure de cette différence et se séparent et s'éloignent. Si elles s'opposent de façon telle que ce que l'une aime, la seconde le déteste, elles sont séparées et se trouvent aussi éloignées que les points cardinaux.

Nous voyons donc que la disparité de forme agit dans la spiritualité comme une hache dans le monde matériel. La mesure de la distance d'un lieu et l'ampleur de la séparation dépendent de la mesure de la disparité de forme entre elles. Et la mesure de *Dvékout* entre elles dépend de la mesure de l'équivalence de forme entre elles.

Nous comprenons maintenant toute la pertinence des sages dans leur interprétation du verset « Et adhérer à Lui » qui signifie l'adhésion à Ses qualités. « Tout comme Il est compatissant, soyez compatissant. Tout comme Il est miséricordieux, soyez miséricordieux ». Ils n'ont pas sorti le texte de sa signification littérale, mais au contraire, ils ont interprété le texte précisément selon son interprétation littérale, car la *Dvékout* spirituelle ne se conçoit pas autrement que par l'équivalence de forme, donc en égalisant nos formes à la forme de Ses qualités, nous adhérons à Lui.

C'est pourquoi ils ont dit « comme Il est compatissant », nous comprenons que tout ce qu'Il fait est de donner sans réserve et d'être utile à autrui, sans n'en retirer aucun bénéfice pour Lui-même, car Il ne manque de rien nécessitant un complément. Et de plus, Il n'a personne de qui recevoir. De la même façon, toutes vos actions seront de donner sans réserve et d'être utile à votre prochain. Ainsi, vous égaliserez votre forme avec la forme des qualités du Créateur, et c'est la *Dvékout* spirituelle.

Dans l'équivalence de forme dont nous avons parlée, il y a un côté « intellect » et un côté « cœur » En fait, l'engagement dans la Torah et des *Mitsvot* pour faire plaisir au Créateur est l'équivalence de forme au niveau de l'intellect. C'est parce que le Créateur ne pense pas à Lui-même – qu'Il existe ou qu'Il supervise Ses créations, ou toute autre doute, quiconque voudrait être récompensé de cette équivalence de forme ne doit pas penser à ces choses. Il est clair que le Créateur n'y pense pas, car il n'existe pas de plus grande disparité de forme que celle-ci. C'est pourquoi, quiconque ayant de telles pensées se trouve certainement séparé du Créateur, et ne parviendra jamais à l'équivalence de forme.

C'est ce que les sages ont dit : « que toutes vos actions seront faites pour le Créateur, c'est-à-dire, *Dvékout* au Créateur. Ne faites rien qui ne conduise pas à ce but de *Dvékout* ». Cela signifie que tous vos actes seront en vue de donner sans réserve et d'être utiles à votre prochain, et vous atteindrez ainsi l'équivalence de forme avec le Créateur : Tout comme Ses actes sont en vue de donner sans réserve et d'être utile à autrui, tous vos actes ne tendront qu'à donner sans réserve et à aider votre prochain. Telle est la *Dvékout* complète.

Et il n'est pas nécessaire de demander « comment est-il possible qu'un être humain puisse agir pour le bien des autres, tant il est obligé de travailler pour subvenir à sa famille et à lui-même ? ». La réponse est : tous les actes faits par nécessité, c'est-à-dire obtenir le strict nécessaire pour vivre, ce « nécessaire n'est ni condamnable ni louable » et n'est donc pas considéré comme quelque chose qu'il fait pour lui-même.

Tous ceux qui approfondissent les choses seraient certainement étonnés de savoir comment est-il possible pour un être humain de parvenir à l'équivalence de forme totale, que tous ses actes ne soient que don aux autres alors que l'essence même de l'homme n'est que de recevoir pour lui-même ? Par nature, nous sommes incapables de faire la plus petite chose qui soit pour les autres. Au contraire, lorsque nous donnons aux autres, nous sommes obligés de regarder ce qu'il y a à la fin, si la récompense en vaut la peine. Et si nous avons le moindre doute sur la récompense, nous nous refrénerons d'agir. Donc, comment toutes ses actions pourront être uniquement en vue de donner sans réserve aux autres et pas du tout pour lui-même ?

Je reconnais que c'est une chose très difficile et personne n'a la force de changer sa propre nature, qui n'est que de recevoir pour soi-même et à fortiori de la changer d'un extrême à l'autre ; à savoir ne rien recevoir pour soi-même, mais plutôt agir pour donner sans réserve.

C'est donc pourquoi le Créateur nous a donné la Torah et les *Mitsvot* qu'Il nous a ordonné d'accomplir uniquement pour Lui faire plaisir. S'il n'y avait pas eu l'engagement dans la Torah et les *Mitsvot Lishma* [en Son nom], pour contenter uniquement le Créateur et non à des fins personnelles, aucun stratagème au monde n'aurait pu nous aider à inverser notre nature.

A partir de là, vous pouvez comprendre toute la rigueur de l'engagement dans la Torah et les *Mitsvot Lishma*. Car si son intention dans la Torah et les *Mitsvot* n'est pas pour le Créateur, mais pour lui-même, non seulement la nature du désir de recevoir en lui ne changera pas, mais le désir de recevoir en lui sera bien supérieur à ce qu'il a reçu de la nature à sa création.

Quelles sont les vertus de cet homme qui a été récompensé d'adhérer au Créateur ? Elles ne sont expliquées nulle part, sauf par de subtiles allusions. Toutefois, pour clarifier les propos de mon discours, je suis tenu de dévoiler un peu, autant que nécessaire. J'expliquerai les choses à l'aide d'une allégorie.

Le corps et ses membres forment un tout. Le corps entier échange des pensées et des sensations vis-à-vis de chacun de ses membres. Par exemple, si le corps entier pense que l'un de ses organes devrait le servir et le contenter, cet organe saurait immédiatement cette pensée et la satisferait. De même, si un membre pense et ressent qu'il se trouve dans un endroit étroit, le reste du corps connaît immédiatement cette pensée et sensation et le déplace vers un endroit plus confortable.

En fait, si l'un des membres était amputé du corps, il deviendrait deux entités distinctes, le reste du corps ne connaîtrait pas les besoins du membre amputé, et l'organe ne connaîtrait plus les pensées du corps pour le satisfaire et le servir. Mais si un médecin venait à greffer le membre au corps comme précédemment, le membre reconnaîtrait les pensées et les besoins du reste du corps, de même que ce dernier saurait à nouveau les besoins du membre.

Nous pouvons comprendre par cette allégorie, le mérite de l'homme qui a été récompensé de la *Dvékout* au Créateur. J'ai déjà démontré dans mon *Introduction au Livre du Zohar*, point 9, que l'âme est une illumination qui s'étend de Son essence. Cette illumination a été séparée du Créateur par le Créateur qui l'habille du désir de recevoir. Il en est ainsi car la pensée de la Création qui est de faire plaisir à Ses créations, a créé dans chaque âme un désir de recevoir du plaisir. Ainsi cette forme du désir de recevoir a séparé cette luminescence de Son essence, faisant d'elle une entité séparée de Lui.

Il en résulte que chaque âme était incluse dans Son Essence avant sa création. Lors de la Création, avec la nature du désir de recevoir du plaisir qui a été imprégnée en elle, elle a acquis une disparité de forme et s'est séparée du Créateur dont le seul désir est de donner sans réserve. Il en est ainsi car, comme nous l'avons expliqué ci-dessus, la disparité de forme, dans la spiritualité sépare comme une hache le fait dans la matérialité.

L'âme maintenant ressemble complètement à cette allégorie du membre qui a été amputé et séparé du corps. Même si avant la séparation, le membre et le corps formaient un tout et partageaient des pensées et des sensations communes, après que le membre a été amputé du corps, ils sont devenus deux entités. Aucun des deux ne connaît les pensées ni les besoins de l'autre. Ce le fut davantage après que l'âme s'est revêtue dans un corps de ce monde. Toutes les connexions qui existaient avant la séparation d'avec Son Essence ont cessé et ils sont comme deux entités séparées.

A présent, nous pouvons facilement comprendre le mérite d'une personne qui a été récompensée d'avoir à nouveau adhéré à Lui. Cela signifie que celui qui a été récompensé de l'équivalence de forme avec le Créateur a inversé le désir de recevoir imprégné en lui, par la force de la Torah et des *Mitsvot*. C'était lui qui le séparait de Son Essence, et qui en a fait un désir de donner sans réserve et que tous ses actes ne sont que don sans réserve et aide à son prochain, qui est l'équivalence de forme avec le Créateur. Ainsi, une personne est comme ce membre qui a été amputé du corps et est réuni au corps : elle connaît à nouveau les pensées du reste du corps comme avant sa séparation du corps.

Il en est de même pour l'âme : après avoir acquis l'équivalence avec Lui, elle connaît à nouveau Ses pensées, comme avant sa séparation de Lui à cause de la disparité de forme du désir de recevoir. Les mots suivants : « Connais le Dieu de ton père » vivent en elle. Elle est récompensée alors de la parfaite connaissance, qui est la Connaissance Divine. Et elle est récompensée de tous les secrets de la Torah, car Ses pensées sont les secrets de la Torah.

C'est ce que dit Rabbi Meir : « Celui qui étudie la Torah *Lishma*, est récompensé d'énormément de choses, ses secrets ainsi que ses saveurs lui sont révélés et il devient comme une fontaine jaillissante ». Comme nous avons dit, que par l'engagement dans la Torah *Lishma*, signifiant aspirer à contenter le Créateur par l'engagement dans la Torah, et non dans son propre intérêt, il est alors certain d'adhérer au Créateur. Cela veut dire qu'il parviendra à l'équivalence de forme, et que toutes ses actions seront en faveur d'autrui et non de lui-même, tout comme le Créateur, dont les actions ne sont que don sans réserve et bonté envers les autres.

Ce faisant, l'homme retourne à *Dvékout* au Créateur, comme l'âme l'était avant sa création. C'est pourquoi, il est récompensé d'énormément de choses, des secrets et des goûts de la Torah qui devient comme une fontaine jaillissante. Il en est ainsi parce qu'en raison de l'annulation des séparations qui existaient entre lui et le Créateur, il refait un avec Lui, comme avant sa création.

La vérité est que toute la Torah, qu'elle soit révélée ou cachée, est les pensées du Créateur, sans aucune différence quelle qu'elle soit. Elle ressemble à un homme qui se noie dans une rivière, et dont l'ami lui lance une corde pour le sauver. Et si celui qui se noie attrape la corde tout près, son ami peut le sauver et le sortir de la rivière.

Il en est de même avec la Torah qui est toutes les pensées du Créateur et qui ressemble à une corde qu'Il lance aux gens pour les sauver et les sortir des *Klipot* [écorces]. Le bout de la corde est à la portée de tous, représentée par la Torah révélée, qui ne requiert aucune intention, ni aucune pensée. Qui plus est, même s'il y a une pensée erronée dans les *Mitsvot*, le Créateur l'accepte quand même, comme il est dit : « L'homme s'engagera toujours dans la Torah et les *Mitsvot Lo Lishma*, [pas en Son nom], et de *Lo Lishma* il viendra à *Lishma* [en Son nom] ».

Par conséquent, la Torah et les *Mitsvot* sont l'extrémité de la corde et tout le monde peut s'y accrocher. Si l'homme la tient solidement, c'est-à-dire qu'il a été récompensé de s'engager dans la Torah et les *Mitsvot Lishma*, c'est-à-dire, pour contenter le Créateur et non soi-même, alors la Torah et les *Mitsvot* l'amèneront à l'équivalence de forme avec le Créateur. Tel est le sens « d'adhérer à Lui », comme susmentionné. Il est alors récompensé d'atteindre les pensées du Créateur, appelées les « secrets de la Torah » et « les saveurs de la Torah », qui sont le reste de la corde. Cependant, il ne peut en être récompensé qu'après être arrivé à une complète *Dvékout*.

Et si nous comparons les pensées du Créateur, à savoir les secrets de la Torah et les saveurs de la Torah à une corde, c'est parce qu'il y a de nombreux degrés d'équivalence de forme avec le Créateur. Il y a donc de nombreux degrés sur la corde, c'est-à-dire dans l'atteinte des secrets de la Torah. Et selon la mesure du degré d'équivalence de forme avec le Créateur, il mesure donc sa perception des secrets de la Torah, c'est-à-dire la connaissance de Ses pensées.

Il y a en général cinq degrés de connaissance : *Nefesh*, *Rouakh*, *Neshama*, *Haya* et *Yekhida*. Chacun est compris dans tous et dans chacun d'entre eux, il y a cinq degrés. Chacun d'entre eux possède 25 degrés, qui sont également appelés « mondes ».

Les sages ont dit : « dans le futur le Créateur dotera chaque juste de 310 mondes ». La raison pour laquelle ces degrés d'atteinte du Créateur, s'appellent « des mondes » tient dans le fait qu'il y a deux significations au mot « monde » [*Olam*] :

1. Tous ceux qui arrivent à ce monde ont la même sensation, ce que chacun voit, entend et ressent, et également vu, entendu et senti par tous ceux de ce monde.
2. Tous ceux qui viennent dans le monde « caché » ne peuvent pas savoir ni atteindre quoi que ce soit d'un autre monde. De plus, il y a deux degrés dans l'atteinte :

3. Quiconque est récompensé d'un certain degré connaît et atteint tout ce qui a été atteint par ceux parvenus au même degré, à toutes les générations passées et futures. Et il a une perception commune avec eux, comme s'ils se trouvaient dans le même monde.

4. Quiconque arrive à un degré ne peut pas savoir ni atteindre quoique ce soit relevant d'un autre degré. Tout comme dans ce monde : nous ne pouvons rien savoir de ce qui se trouve dans le monde de la vérité. C'est pour cette raison que les degrés sont appelés des « mondes » [*Olamot*].

Par conséquent, ceux ayant une atteinte peuvent écrire des livres et expliquer leurs atteintes à l'aide d'allusions et d'allégories. Elles seront comprises par tous ceux qui ont été récompensés des mêmes degrés décrits dans les livres, et ils auront avec eux une atteinte commune. Toutefois, ceux qui n'ont pas encore été pleinement récompensés de tous les degrés comme les auteurs, ne pourront pas comprendre leurs allusions. Inutile de préciser que ceux qui n'ont pas été récompensés de l'atteinte, n'y comprendront rien, n'ayant pas d'atteintes communes.

Comme nous l'avons déjà mentionné, la *Dvékout* complète et la pleine atteinte est divisée en 125 degrés généraux. Il est impossible d'être récompensé de l'ensemble des 125 degrés avant les jours du Messie. Il y a deux différences entre toutes les générations et la génération du Messie :

1. Seule la génération du Messie est capable d'atteindre tous les 125 degrés, et non les autres générations.

2. Ceux qui, aux générations précédentes ont été récompensés de *Dvékout* étaient peu nombreux, comme les sages ont dit à propos du verset : « j'ai trouvé un homme sur mille, mille sont entrés dans la pièce et un seul en sort pour enseigner » c'est-à-dire à *Dvékout* et à l'atteinte. Comme il est dit « Et la terre entière sera remplie de la connaissance du Seigneur, Ils n'auront plus besoin de s'enseigner l'un l'autre, à son ami ou son frère et dire Connaissez le Seigneur ! Car tous Me connaîtront, des plus petits jusqu'aux plus grands ».

A l'exception de Rabbi Shimon Bar Yochaï et de sa génération dans laquelle les auteurs du *Zohar* accédèrent à tous les 125 degrés dans leur complétude, même s'ils ont vécu avant la génération du Messie. Il a été dit de lui et de ses disciples : « Mieux vaut être sage que prophète ». Le *Zohar* réitère donc maintes et maintes fois qu'il n'y aura pas d'autre génération comme celle de Rabbi Shimon Bar Yochaï jusqu'à celle du Roi Messie. C'est pourquoi, son œuvre a fait une si grande impression dans le monde, car les secrets de la Torah qui s'y trouvent occupent tous les 125 degrés.

C'est pourquoi il est dit dans le *Zohar* que le *Livre du Zohar* ne se dévoilera qu'à la fin des temps, soit aux jours du Messie. Car, comme nous l'avons déjà dit, si les degrés des lecteurs ne sont pas dans toute la mesure au degré de l'auteur, ils ne pourront pas comprendre ses allusions, puisqu'ils n'ont pas d'atteinte commune.

Puisque le degré des auteurs du *Zohar* est le degré le plus haut des 125 degrés, il n'est donc pas possible de les atteindre avant les jours du Messie. Il est donc évident qu'aux générations précédant les jours du Messie, il n'y avait aucune atteinte commune avec les auteurs du *Zohar*. Ainsi le *Zohar* n'a pas pu se révéler aux générations précédant la génération du Messie.

De là, il est indéniable que notre génération est déjà arrivée aux jours du Messie, car nous voyons que toutes les interprétations du *Livre du Zohar* qui nous ont précédées, n'ont même pas clarifié dix pour cent des difficultés que l'on trouve dans le *Zohar* et lorsqu'ils ont clarifié légèrement, leurs mots étaient presque aussi hermétiques que le *Zohar* lui-même.

Mais à notre génération nous avons été récompensés du commentaire de « l'Échelle » [*HaSoulam*] qui est une explication complète de tous les mots du *Zohar*. De plus, il ne laisse aucune zone d'ombre dans tout le *Zohar* sans interprétation, mais les clarifications sont basées sur une analyse simple afin que toute personne dotée d'une intelligence moyenne puisse les comprendre. Et vu que le *Zohar* est apparu à notre génération, c'est une preuve évidente que nous nous trouvons déjà aux jours du Messie, au début de cette même génération dont il est dit « Et la terre sera remplie de la connaissance du Seigneur ».

Nous devrions savoir que ce qui a trait au spirituel n'a rien à voir avec le matériel dans lequel donner et recevoir viennent ensemble. Dans la spiritualité, le temps pour donner et le temps pour recevoir sont séparés. Car au début il a été donné du Créateur au receveur, et par ce don, Il lui a donné uniquement une opportunité de recevoir. Cependant, il n'a encore rien reçu, tant qu'il ne se sanctifie ni ne se purifie comme il se doit. Et il sera alors récompensé de le recevoir. Ainsi entre le temps de donner et celui de recevoir, il se peut qu'énormément de temps s'écoule.

D'après ce qu'il a été écrit de cette génération, qui est déjà parvenue au verset : « Et la terre sera remplie de la connaissance du Seigneur » ne concerne en fait que le don. Cependant nous ne sommes pas encore arrivés à l'état de réception. Nous ne pourrons y arriver que lorsque nous nous serons purifiés, sanctifiés et aurons étudié et serons parvenus à la mesure requise, alors le temps de recevoir arrivera, et le verset : « Et la terre sera remplie de la connaissance du Seigneur » se réalisera.

Nous savons que notre salut et l'atteinte complète sont liés. La preuve étant que celui qui est attiré par les secrets de la Torah, est également attiré par la Terre d'Israël. Par conséquent, cette promesse que l'on nous a faite, à savoir : « Et la terre sera remplie de la connaissance du Seigneur » ne sera que pour la fin des jours, autrement dit, au temps du salut.

De ce fait, comme nous n'avons pas été récompensés du temps de recevoir d'une atteinte complète, mais seulement du temps de donner, qui nous offre l'opportunité de parvenir à une atteinte totale, il en est de même pour le salut. Nous en avons été récompensés seulement sous son aspect de don. Car dans les faits, le Créateur a fait partir les étrangers de notre sainte terre et nous l'a redonnée, cependant, nous n'avons pas encore reçu notre propre autorité sur notre terre, car le temps de recevoir n'était pas encore arrivé, tout comme nous l'avons expliqué concernant l'atteinte totale.

C'est pourquoi, Il a donné, mais nous n'avons pas encore reçu. Après tout, nous n'avons aucune indépendance économique et sans elle, il n'y a pas d'indépendance politique. Davantage même : il n'y a pas de salut du corps sans le salut de l'âme. Aussi longtemps que la majorité de ceux qui demeurent dans le pays restent prisonniers des cultures étrangères des Nations, et est complètement incapable de la religion d'Israël et de la culture d'Israël, les corps seront également sous l'emprise de puissances étrangères. Il est évident que le pays est encore aux mains des étrangers.

La preuve étant que personne ne s'émeut de la rédemption, comme cela aurait dû être le cas après deux mille ans. Non seulement ceux de la Diaspora ne sont pas motivés à nous rejoindre et à bénéficier du salut, mais une grande partie de ceux qui a déjà été racheté et qui vit parmi nous, attend impatiemment d'être délivrée de ce salut et de retourner dans leurs pays d'origine.

En fait, même si le Créateur a délivré le pays des mains des Nations et nous l'a donné, nous ne l'avons pas encore reçu. Nous n'en profitons pas. Mais par ce don, le Créateur nous a donné l'opportunité du salut, c'est-à-dire, nous purifier et nous sanctifier et accepter le travail Divin, dans la Torah et les *Mitsvot Lishma*. A ce moment, le Temple sera construit et nous recevrons la terre sous notre autorité. Alors nous expérimenterons et ressentirons le bonheur de la rédemption.

Mais tant que nous n'y parvenons pas, rien ne changera. Il n'y a pas de différence dans les coutumes actuelles du pays, comme c'était le cas lorsque nous étions sous la férule étrangère, que ce soit dans la justice, dans l'économie et dans le service de Dieu. Nous n'avons qu'une opportunité de salut.

Il ressort que notre génération est la génération des jours du Messie. C'est pourquoi nous avons été récompensés du salut de notre Terre Sainte des mains des étrangers. Nous avons aussi été récompensés de la révélation du *Livre du Zohar*, qui est le début de l'accomplissement du verset: « Et la terre sera remplie de la connaissance du Seigneur » et « Ils n'auront plus besoin de s'enseigner l'un l'autre, car tous Me connaîtront, des plus petits jusqu'aux plus grands ».

Mais de ces deux, nous n'avons été récompensés que du don du Créateur, mais nous n'avons rien reçu entre nos mains, sauf l'opportunité de commencer le travail de Dieu, en s'engageant dans la Torah et les *Mitsvot Lishma*. Ce n'est qu'après avoir mérité le grand succès promis à la génération du Messie, celui que toutes les générations nous ayant précédées n'ont pas connu, que nous serons récompensés du temps de recevoir, de « l'atteinte complète » et du « salut complet ».

Ainsi, nous avons minutieusement expliqué la réponse que les sages à la question « comment est-il possible d'adhérer à Lui, puisque ce qu'ils ont dit signifie: « adhérez à Ses attributs ? » Ceci est juste pour deux raisons:

1. La *Dvékout* spirituelle n'est pas dans la proximité du lieu mais dans l'équivalence de forme.
2. Puisque l'âme n'a été séparée de Son Essence que pour recevoir le désir de recevoir que le Créateur lui a implanté, et lorsqu'Il l'a séparée du désir de recevoir, elle est naturellement retournée à la *Dvékout* précédente à Son Essence.

Cependant, tout ceci est de la théorie. En fait, ils n'ont rien répondu à l'explication d'adhérer à Ses qualités, qui signifie de séparer le désir de recevoir, implanté dans la nature de sa Création, et d'arriver au désir de donner sans réserve, qui est contraire à sa nature.

Ce que nous avons donc expliqué, avec celui qui se noie dans la rivière et qui doit s'agripper à la corde de toutes ses forces et tant qu'il ne s'engage dans la Torah et les *Mitsvot Lishma* au point qu'il ne retourne plus à sa bêtise, il n'est pas considéré comme « quelqu'un qui s'accroche à la corde de toutes ses forces »; nous voilà donc revenu à notre question de départ: D'où l'homme trouvera de la motivation pour faire des efforts de tout son cœur et de toutes ses forces pour uniquement faire plaisir à son Créateur ? Après tout, personne n'est capable de faire le moindre mouvement sans en retirer un intérêt personnel, comme une voiture ne peut rouler sans carburant. S'il n'y a pas d'intérêt personnel, mais uniquement contentement du Créateur ; il n'aura pas de carburant pour travailler.

La réponse est que quiconque a suffisamment atteint Sa Magnificence; le don sans réserve qu'il Lui donne, se transforme en réception, comme il est enseigné dans le *Traité*

Kidoushin (page 7) : « Chez un homme important, quand la femme lui donne de l'argent ceci est considéré comme une réception pour elle et elle est sanctifiée ».

Il en est de même avec le Créateur : lorsque l'on atteint Sa Magnificence, il n'y a pas de plus grande réception que le contentement du Créateur. Ceci est suffisant pour être la motivation pour travailler et pour faire des efforts de tout son cœur, de toute son âme et de toutes ses forces afin de contenter Son Créateur. Il est clair, cependant, que tant qu'il n'atteint pas suffisamment Sa Magnificence, il ne sera pas considéré comme procurant contentement, comme une réception suffisante lorsqu'il se donne de tout son cœur, de toute son âme et de toutes ses forces au Créateur.

Par conséquent, chaque fois qu'il a vraiment l'intention de faire uniquement plaisir au Créateur, et non dans son propre intérêt, il perdra immédiatement et complètement la force de travail, et il sera comme une voiture sans essence : car personne ne peut bouger un organe sans en retirer un avantage pour lui-même. C'est d'autant plus vrai pour un si grand travail qui est de donner de tout son cœur et âme, comme le dicte la Torah. Il n'y a aucun doute, aucun homme n'est capable de faire cela sans en retirer une réception de plaisir personnel.

Et en vérité, atteindre Sa Magnificence de manière à ce que le don devienne réception, comme il a été dit d'un homme important, n'est pas si difficile. Chacun d'entre nous connaît la grandeur du Créateur, qui créa tout et anéanti tout, sans commencement ni fin, et dont la Magnificence est infinie.

Cependant, la difficulté réside dans le fait que la grandeur ne dépend pas de l'individu, mais de l'environnement. Par exemple, même si un homme possède beaucoup de qualités mais que l'environnement ne l'apprécie pas comme tel, il sera toujours abaissé et sera incapable d'être fier de ses talents, même s'il ne fait aucun doute qu'ils soient authentiques. A l'inverse, un homme sans grande distinction, mais que l'environnement respectera comme s'il possédait de nombreuses qualités, remplira cet homme de fierté, car la mesure de l'importance et de la grandeur est donnée entièrement par l'environnement.

Lorsqu'une personne voit combien son environnement sous-estime Son travail, et qu'il n'apprécie pas Sa Majesté, il lui est impossible de surmonter l'environnement. Elle ne peut pas non plus atteindre Sa Magnificence et elle sous-estime son travail, comme ils le font.

Puisque l'homme n'a aucune base pour atteindre Sa Magnificence, il est clair qu'il sera incapable de travailler pour procurer contentement à Son Créateur, ni pour lui-même, car il n'a aucune motivation pour faire des efforts, « Tu n'as pas fait d'effort et tu as trouvé, n'y crois pas ». Il n'a donc pas d'autre choix que de travailler dans son propre intérêt ou de ne pas travailler du tout, car donner satisfaction à son Créateur n'équivaudra pas vraiment à de la réception.

Vous pouvez à présent comprendre le verset: « Dans la majorité du peuple, réside la majesté du Roi », car l'appréciation de la grandeur vient de l'environnement selon deux conditions:

1. Selon l'appréciation de l'environnement.
2. Selon la taille de l'environnement C'est donc « dans la majorité du peuple, que réside la majesté du Roi ».

C'est en raison de la grande difficulté du sujet que les sages, nous ont conseillé de « procure-toi un rav [professeur/grand] et achète-toi un ami » (Traité des Pères 1,6) c'est-à-dire qu'une personne se choisit un homme important et célèbre comme professeur qui lui permette ainsi de s'engager dans la Torah et Mitsvot pour faire plaisir à Son Créateur.

Il y a deux facilités d'avoir un professeur:

1. Parce qu'il est un homme important, l'étudiant peut lui faire plaisir, qui est basé sur la grandeur de son professeur, car pour lui le don se transforme en réception. C'est un carburant naturel lui permettant de multiplier les actes de don à chaque fois. Après s'être accoutumé à s'engager dans le don chez son professeur, il peut également le transférer dans l'engagement dans la Torah et Mitsvot Lishma, envers le Créateur, car l'habitude est devenue une seconde nature.
2. L'équivalence de forme avec le Créateur n'aide pas si elle n'est pas permanente, c'est-à-dire « jusqu'à ce qu'Il connaisse tous les mystères, et qu'il Lui témoigne qu'il ne retournera pas à sa bêtise ». Alors que pour l'équivalence de forme avec son professeur, comme le rav est dans ce monde, pour un temps, cela l'aide à l'équivalence de forme avec lui, même si ce n'est que temporairement et que plus tard, il retournera à son amertume.

A chaque fois qu'il égalise ses formes à celles de son professeur, il adhère à lui pour un moment. Ainsi, il atteint la connaissance et les pensées de son professeur, selon le degré de *Dvékout*, comme nous l'avons expliqué par l'allégorie du membre qui a été amputé du corps, puis réuni à lui.

L'étudiant est ainsi capable de se servir de l'atteinte de son professeur sur la magnificence du Créateur qui inverse le don en réception et a suffisamment de carburant pour qu'il puisse travailler avec dévotion. L'étudiant est alors capable de s'engager dans la Torah et *Mitsvot Lishma* de tout son cœur et de toute son âme et de toutes ses forces, qui est le remède menant à *Dvékout* éternelle au Créateur.

À présent, vous pouvez comprendre ce que les sages ont dit (*Berakhot 7*) : « Il est plus important de servir la Torah que de l'apprendre, comme il est dit : « Elisha ben Shafat est ici, qui versa de l'eau à Elie », il n'a pas été dit « a appris de » mais « verse ». Ceci est surprenant, comment de simples actes peuvent être plus grands que l'étude de la sagesse et de la connaissance ?

D'après ce qui est susmentionné, nous comprenons clairement que servir son professeur de tout son corps et toutes ses forces afin de le contenter, l'amène à *Dvékout* à ce dernier, autrement dit, à l'équivalence de forme. Ainsi, il reçoit les pensées et la connaissance de son professeur « bouche à bouche », qui est *Dvékout* de l'esprit avec l'esprit. Par cela, il est récompensé d'atteindre suffisamment Sa grandeur pour transformer le don en réception, d'avoir suffisamment de carburant pour la dévotion, jusqu'à ce qu'il soit récompensé de *Dvékout* au Créateur.

Ce qui n'est pas le cas lorsque son professeur lui enseigne la Torah, car il en retire seulement un intérêt personnel, ce qui ne le conduit pas à *Dvékout*. Ceci est considéré « de bouche à oreille ». Ainsi, servir apporte à l'étudiant les pensées du rav et l'étude – uniquement les mots du professeur. De plus, le mérite de servir est plus grand que le mérite de l'étude, comme l'importance des pensées du rav sur ses mots, et comme l'importance du « bouche à bouche » sur le « bouche à oreille ».

Cependant, tout ceci est vrai si le service est dans le but de Lui procurer satisfaction. En fait, si le service est à ses fins personnelles, un tel service ne peut pas lui apporter *Dvékout* à son rav, et certainement l'étude avec le professeur est plus importante que de le servir.

Jusqu'ici, comme nous avons dit à propos d'obtenir Sa grandeur, un environnement qui ne L'apprécie pas correctement affaiblit l'individu et l'empêche d'acquérir Sa grandeur, ceci est d'autant plus vrai pour son rav également. Un environnement qui n'apprécie pas à sa juste valeur son rav, empêche l'étudiant d'atteindre correctement la grandeur de son professeur.

C'est pourquoi, nos sages ont dit : « procure-toi un rav et achète-toi un ami ». Cela signifie qu'une personne peut se faire un nouvel environnement. Cet environnement l'aidera à atteindre la grandeur de son rav via l'amour des amis qui apprécient le rav. Par la discussion des amis sur la grandeur du rav, chacun reçoit la sensation de sa grandeur. Ainsi le don du rav deviendra réception et sera une motivation suffisante pour qu'ils s'engagent dans la Torah et les *Mitsvot Lishma*.

Il est dit à ce propos : « La Torah est acquise par quarante-huit vertus, en servant les amis et par la méticulosité des amis ». Il en est ainsi, car en plus de servir le professeur, une personne a besoin de la méticulosité des amis, c'est-à-dire, l'influence des amis, ainsi ils agiront sur elle pour atteindre la grandeur du professeur. Ceci parce que l'atteinte de la grandeur dépend entièrement de l'environnement, et un individu ne peut rien y faire, comme susmentionné.

En fait, il y a deux conditions pour acquérir la Magnificence :
1. De toujours écouter et d'accepter l'appréciation de l'environnement dans la mesure de sa grandeur.
2. L'environnement doit être grand, comme il est écrit : « c'est dans la majorité du peuple que réside la majesté du roi ».

Afin de satisfaire la première condition, chaque étudiant doit se sentir le plus petit d'entre tous les amis. Il sera alors capable de recevoir l'appréciation de la grandeur de chacun, car un grand ne peut recevoir d'un plus petit, et encore moins d'être impressionné par ses mots. Seul le petit est impressionné par l'appréciation du grand.

En ce qui concerne la deuxième condition, chaque étudiant est obligé d'exalter les vertus de chaque ami et de l'aimer comme s'il était le plus grand de sa génération. L'environnement agira alors sur lui comme s'il s'agissait d'un environnement suffisamment grand, car « la qualité est plus importante que la quantité ».

LES
GRANDES
INTRODUCTIONS

Rav Yéhouda Ashlag

INTRODUCTION AU TALMUD DES DIX SEFIROT

1) Au commencement de mon discours, j'ai grand besoin de briser le mur de fer qui, depuis la destruction du Temple jusqu'à cette génération, nous a séparés de la sagesse de la Kabbale. Il repose lourdement sur nous et suscite une peur d'être oubliée d'Israël.

Cependant, quand je commence à parler au cœur de quiconque de cette étude, sa première question est : « Pourquoi devrais-je savoir combien d'anges il y a dans le ciel et quels sont leurs noms ? Est-ce que je ne peux pas observer l'ensemble de la Torah dans tous ses détails et ses complexités sans ces connaissances ? »

Sa deuxième question sera « Les sages ont déjà déterminé que l'on doit d'abord remplir son ventre avec la Guémara et le Talmud. Alors comment quelqu'un peut-il se leurrer en pensant qu'il a fini toute la Torah révélée et qu'il ne lui manque que la sagesse cachée ? »

La troisième « Comme il y a déjà eu des cas de déviation du chemin de la Torah à cause d'un engagement dans la Kabbale, il a peur de mal tourner à cause de cet engagement. Pourquoi aurais-je besoin de ce désagrément ? Qui serait assez bête pour se mettre en danger pour rien ? »

La quatrième « Même ceux qui favorisent cette étude ne la permettent seulement qu'à de saintes personnes, serviteurs du Créateur. Est-il donné à tous ceux qui veulent saisir le Seigneur de venir et de se servir ? »

La cinquième et la plus importante « Nous avons une habitude, qui veut que lorsque nous doutons, nous suivions : « Fais comme les autres » et je vois que tous ceux qui étudient la Torah dans ma génération sont unanimes et s'abstiennent d'étudier ce qui est caché. De plus, à ceux qui le leur demandent, ne conseillent-ils pas de manière indubitable d'étudier une page de Guémara à la place de cet engagement ? »

2) En effet, si on prenait à cœur de ne répondre qu'à une seule question très connue, je suis sûr que toutes ces questions et ces doutes disparaîtraient, comme s'ils n'avaient jamais existé. Ainsi, la question pressante que tous les hommes se posent est : « Quel est le sens de notre vie ? ». En d'autres termes, ces nombreuses années de notre vie qui nous coûtent si chères, à savoir, les nombreuses douleurs et les nombreux tourments que nous souffrons à cause d'elle, allons jusqu'au bout et demandons : qui en profite ? Pour être encore plus précis : à qui est-ce que je fais plaisir ?

Il est vrai que les historiens sont déjà las de la considérer, sans parler de notre génération, où personne ne veut même la soulever. En dépit de tout, la question même garde toute sa force et son amertume. Parfois, elle nous rencontre, sans avoir été invitée, elle assaille notre esprit et nous rabaisse jusqu'à la poussière, avant que nous ne parvenions à retrouver le stratagème connu, c'est-à-dire, se laisser entraîner dans les courants de la vie, comme autrefois.

3) En effet, c'est pour résoudre cette énigme impénétrable que le verset dit : « Goûtez et voyez que le Seigneur est bon ». Ceux qui respectent la Torah et les *Mitsvot* suivant les lois sont ceux qui goûtent la saveur de la vie et qui voient et témoignent que le Seigneur est bon, comme nos sages disent, qu'Il a créé les mondes pour faire du bien à Ses créatures, puisque la voie de Celui qui est bon est de prodiguer le bien.

Mais il est évident que celui qui n'a pas encore goûté à la saveur de la vie en observant la Torah et les *Mitsvot* ne peut pas comprendre ni ressentir que le Seigneur est bon comme nos sages le disent, car toute l'intention du Créateur, en le créant, n'était que de lui faire du bien. Donc, il n'a pas d'autre conseil que d'aller pratiquer la Torah et les *Mitsvot* suivant les lois.

Il est écrit dans la Torah (Deutéronome 30:15) : « Vois, J'ai mis devant toi aujourd'hui la vie et le bien et la mort et le mal ». Ceci veut dire qu'avant le don de la Torah, nous n'avions que la mort et le mal devant nous, comme nos sages disent « les méchants dans leur vie sont appelés morts », car leur mort est meilleure que leur vie, puisque les douleurs et les souffrances qu'ils endurent pour obtenir leur subsistance sont bien plus grandes que le peu de plaisir qu'ils ressentent dans cette vie.

Cependant, maintenant nous avons été récompensés de la Torah et des *Mitsvot* et en les observant nous sommes récompensés de la vie véritable, joyeuse et qui réjouit son propriétaire, comme il est écrit : « Goûtez et voyez que le Seigneur est bon ». Le texte dit à ce sujet : « Vois, J'ai mis devant vous aujourd'hui, la vie et le bien », ce qu'en réalité, vous n'aviez pas du tout avant le don de la Torah.

Le texte finit par (Deutéronome 30 : 19): « Alors choisis la vie, afin de vivre, toi et ta descendance » et il y a apparemment une répétition « choisis la vie, afin de vivre ». Mais ceci fait référence à la vie où l'on observe la Torah et les Mitsvot, car alors on vit dans la vérité, alors qu'une vie sans Torah ni commandements est plus dure que la mort. C'est la signification des mots de nos sages: « les méchants dans leur vie sont appelés morts ».

Le texte a dit: « afin de vivre, toi et ta descendance ». Cela veut dire, non seulement qu'une vie sans Torah est sans joie aucune pour son propriétaire, mais aussi que celui-ci ne peut pas non plus faire plaisir aux autres, c'est-à-dire qu'il ne trouve même pas de satisfaction dans les fils qu'il engendre, puisque la vie de ceux-ci est aussi plus dure que la mort. Quel cadeau leur fait-il ?

En fait, celui qui vit selon la Torah et les Mitsvot non seulement est récompensé de sa propre vie, mais il est heureux aussi de donner naissance à des fils et de leur léguer cette bonne vie. Ceci est la signification de « afin de vivre, toi et ta descendance », car il a un plaisir supplémentaire dans la vie de ses fils, dont il est la cause.

4) Par cela, vous comprendrez les mots de nos sages à propos du verset : « Et tu choisiras la vie ». Il exprime: « Je vous indique de choisir la part de la vie, comme une personne dit à son fils : choisis pour toi-même une bonne part de mes biens. Il le place sur le bon lot et lui dit : choisis cela pour toi-même ». Il est écrit à ce propos : « Le Seigneur est mon destin et ma chance, Tu assures mon sort. Tu as placé ma main sur le bon destin et Tu as dit : Prends cela pour toi ».

Ces mots sont en apparence déconcertants, car le verset dit : « et tu choisiras la vie », ce qui veut dire que l'homme choisit de lui-même. Cependant, ils disent : « Il place sur le bon lot ». N'y a-t-il donc plus de choix ici ? Et de plus, ils disent que c'est le Créateur qui place la main de l'homme sur le bon destin. C'est très surprenant, car, si tel est le cas, où est alors le choix de l'homme ?

Dans l'explication, vous comprendrez la signification de leurs paroles. Car il est vrai et très exact que le Créateur Lui-même place la main de l'homme sur le bon destin, à savoir, en lui donnant une vie de satisfaction et de plaisir dans sa vie matérielle remplie de tourments et de douleurs et qui est vide de tout sens. L'homme forcément s'en détache et s'en échappe quand il lui semble même, qu'à travers les fentes, un endroit paisible apparaît à peine où s'évader de cette vie qui est plus dure que la mort. Car n'y a-t-il pas de plus grande patience du Créateur avec l'homme que celle-là ?

Le choix de l'homme est seulement de se renforcer, parce qu'il y a certainement un grand effort et travail avant de purifier son corps et de pouvoir observer correctement la Torah et les Mitsvot, c'est-à-dire non pour son propre plaisir mais pour contenter son Créateur, ce qui est appelé *Lishma* « en Son nom », car ce n'est que de cette façon que l'homme est récompensé d'une vie de bonheur et de plaisir accompagnant l'observation de la Torah.

Avant d'arriver à cette purification, il a certainement le choix de se renforcer dans la bonne voie par toutes sortes de moyens et de stratagèmes et il fera tout ce que sa main trouvera la force de faire, jusqu'à achever le travail de purification sans tomber à mi-chemin sous le poids du fardeau.

5) On comprend alors les mots de nos sages dans le Traité des Pères (6:4) : « Ainsi est la voie de la Torah : tu mangeras du pain avec du sel, boiras un peu d'eau, dormiras par terre, vivras une vie pénible et travailleras dur dans la Torah. Si tu agis ainsi, heureux es-tu, heureux dans ce monde et heureux dans le monde à venir ».

Il faut se demander en quoi la sagesse de la Torah est-elle différente des autres enseignements dans le monde qui n'ont pas besoin d'ascétisme ni d'une vie pénible, mais pour lesquels le travail est suffisant pour en être récompensé ? Bien que nous travaillions intensivement dans la Torah, cela n'est pas encore suffisant pour être récompensés de la sagesse de la Torah, sauf par l'ascétisme du pain avec du sel et une vie pénible etc.

La dernière phrase est encore plus surprenante car ils disent : « Si tu agis ainsi, heureux es-tu, heureux dans ce monde et heureux dans le monde à venir ». Il en est ainsi, parce qu'il est possible d'être heureux dans le monde à venir. Cependant, dans ce monde, quand je me mortifie en mangeant et buvant et dormant et en vivant une vie très pénible, ils ont dit de cette vie : « heureux es-tu dans ce monde » ? Est-ce là la signification d'une vie heureuse dans ce monde ?

6) En fait, il vient d'être expliqué que l'engagement dans la Torah et des Commandements, selon les lois et leurs conditions strictes, est de faire plaisir à son Créateur et non pas pour une satisfaction personnelle. Il n'est possible d'y arriver que par un grand labeur et beaucoup d'efforts pour purifier le corps.

Le premier stratagème est de s'habituer à ne rien recevoir pour son propre plaisir, même les choses permises et nécessaires à l'existence de son corps, telles que manger, boire, dormir et autres nécessités. Ainsi, il se détache complètement de tout plaisir qui se présente à lui, même du nécessaire vital, en cessant de se le procurer, jusqu'à vivre littéralement une vie pénible.

Alors, après s'y être habitué et que son corps ne désire plus recevoir aucun plaisir pour lui-même, il lui est alors possible de s'engager aussi dans la Torah et d'exécuter les *Mitsvot*, c'est-à-dire contenter son Créateur et non pas pour un quelconque plaisir personnel.

Quand il en est récompensé, il est alors récompensé de goûter la vie heureuse, remplie de tout le bien et le plaisir, qui apparaissent par l'engagement dans la Torah et des Commandements *Lishma*, [en Son nom], sans aucun défaut dû à la peine. C'est comme Rabbi Meir dit (Traité des Pères 6:1) : « Celui qui s'engage dans la Torah *Lishma*, est récompensé de nombreuses choses. Qui plus est, le monde entier le favorise… et les secrets de la Torah lui sont révélés et il devient comme une source abondante ».

C'est à son sujet que le verset dit : « Goûtez et voyez que le Seigneur est bon ». Celui qui goûte la saveur de l'engagement dans la Torah et des *Mitsvot Lishma* est récompensé de voir par lui-même l'intention de la Création, qui est uniquement de faire le bien à Ses créatures, puisque c'est la voie de Celui qui est bon de faire le bien. Il est joyeux et content des nombreuses années de vie que le Créateur lui a attribuées et le monde entier le soutient.

7) Maintenant vous comprendrez les deux côtés de l'engagement dans la Torah et les *Mitsvot*. D'un côté, c'est la voie de la Torah, c'est-à-dire une préparation considérable par laquelle l'homme doit préparer la purification de son corps, avant d'être récompensé d'observer la Torah et les *Mitsvot*.

Il pratique alors forcément la Torah et les *Mitsvot Lo Lishma* [pas en Son nom], mais en y mêlant son propre plaisir, car il n'a pas encore eu le temps de nettoyer ni de purifier son corps du désir de recevoir les plaisirs des vanités de ce monde. C'est à ce moment qu'il doit vivre une vie pénible et travailler dur dans la Torah, comme il est écrit dans la Michna.

Certes, lorsqu'il a accompli la voie de la Torah, qu'il a déjà purifié son corps et qu'il est maintenant prêt à observer la Torah et les *Mitsvot Lishma*, pour satisfaire son Créateur, il arrive alors de l'autre côté, qui est la vie de plaisir et de grande sérénité qui était l'intention de la Création de « faire le bien à Ses créatures », c'est-à-dire une vie la plus heureuse dans ce monde et dans le monde à venir.

8) Ceci explique bien la grande différence entre la sagesse de la Torah et les autres enseignements du monde : acquérir les autres enseignements dans le monde n'améliore pas du tout à la vie dans ce monde, parce qu'ils ne donnent même pas la moindre gratification pour les tourments et les souffrances que l'individu subit durant sa vie. Il n'est donc pas obligé de corriger son corps ; le travail qu'il donne en contrepartie est tout à fait suffisant, comme c'est le cas avec toutes les autres possessions matérielles acquises en contrepartie du labeur et du travail.

Cependant, le seul but de l'engagement dans la Torah et les *Mitsvot* est de rendre l'individu capable de recevoir toute cette bonté qui est dans l'intention de la Création,

« de faire le bien à Ses créatures ». Il doit donc certainement purifier son corps pour mériter et bénéficier de cette bonté divine.

9) Ceci clarifie bien, aussi les paroles de la Michna : « Si tu agis ainsi, heureux tu seras dans ce monde ». Cette précision est donnée intentionnellement pour indiquer qu'une vie heureuse dans ce monde n'est préparée que pour ceux qui ont accompli la voie de la Torah. Donc, la question de la mortification en mangeant, buvant, dormant et en ayant une vie pénible, mentionnée ici, ne dure que quand il est sur la voie de la Torah. C'est pourquoi ils précisent et disent : « Ainsi est la voie de la Torah ».

Quand l'individu a terminé cette voie de *Lo Lishma* dans une vie pénible et dans la mortification, la Michna termine en disant : « heureux es-tu dans ce monde », parce que tu acquerras le même bonheur et la même bonté qui sont dans l'intention de la Création et le monde entier te favorisera à savoir même ce monde-ci et encore plus, le monde à venir.

10) Le *Zohar* (Genèse 72) écrit à propos du verset « Et Dieu dit : Que la lumière soit et la lumière fut. La lumière était dans ce monde et la lumière était dans le monde à venir ». Ce qui veut dire que l'œuvre de la création a été créée dans son entière forme et stature, c'est-à-dire dans leur perfection et gloire absolues. En conséquence, la lumière qui a été créée le premier jour est apparue dans toute sa perfection et contenait également la vie de ce monde dans une douceur et une délicatesse totales, comme exprimé dans les mots « la lumière fut ».

Cependant, pour préparer un espace où choisir et travailler, Il se dressa et la dissimula pour les justes à la fin des temps, comme nos sages le disent. Ainsi ils dirent dans leur langue pure « la lumière était dans ce monde » Cependant, ce n'est pas resté ainsi mais « la lumière était dans le monde à venir ».

En d'autres termes, ceux qui observent la Torah et les Commandements *Lishma* n'en seront récompensés qu'à la fin des temps, c'est-à-dire dans l'avenir après la purification de leur corps par la voie de la Torah, car ils sont alors également dignes de cette formidable lumière dans ce monde, comme nos sages disent : « Tu verras ton monde dans ta vie ».

11) Cependant, nous trouvons et voyons dans les mots des sages du Talmud, qu'ils nous ont facilité davantage la voie de la Torah que les sages de la Michna, en disant « L'homme pratiquera toujours la Torah et les Commandements, même *Lo Lishma* et de *Lo Lishma* il arrivera à *Lishma*, car la Lumière en elle le ramène vers le bien ».

Ainsi, ils nous ont inventé un nouveau moyen pour remplacer l'ascétisme, présenté dans la Michna (Traité des Pères) et qui est la « lumière dans la Torah ». Elle a suffisamment de puissance pour le ramener vers le bien et le mener à pratiquer la Torah et les Commandements *Lishma*.

Ils n'ont pas mentionné ici la mortification, mais uniquement l'engagement dans la Torah et les Commandements seuls, cette Lumière lui suffit et le ramène vers le bien, pour qu'il puisse s'engager dans la Torah et les Commandements, pour procurer contentement à son Créateur et en aucun cas pour son plaisir personnel. Ceci est appelé *Lishma*.

12) Mais nous devons apparemment y réfléchir. Après tout, n'avons-nous pas trouvé que l'engagement dans la Torah de quelques étudiants n'a pas aidé à venir à *Lishma* à travers la Lumière qui est en elle ? En effet, observer la Torah et les *Mitsvot Lo Lishma* veut dire qu'il croit en le Créateur et en la Torah et en la récompense et punition. Il s'engage dans la Torah parce que le Créateur en a ordonné la pratique, mais il associe son propre plaisir avec la satisfaction de son Créateur.

Si après tout son labeur dans la pratique de la Torah et des *Mitsvot*, il savait qu'il ne lui reviendrait aucun plaisir, ni gratification personnelle de ce grand labeur et effort, il regretterait d'avoir accompli tous ces efforts, car dès le début il se serait torturé, en pensant qu'il se réjouirait lui aussi de ce travail. Ceci est appelé *Lo Lishma*.

Néanmoins, nos sages ont aussi permis le début de l'engagement dans la Torah et les *Mitsvot Lo Lishma*, parce que de *Lo Lishma* il arrivera à *Lishma*. En effet, il n'y a pas de doute que si cet étudiant n'a pas acquis la foi en le Créateur et en Sa Torah, mais demeure dans le doute, ce n'est pas à son sujet que nos sages ont dit « de *Lo Lishma* il viendra à *Lishma* » et ce n'est pas de lui qu'ils ont dit « qu'en s'y engageant la lumière qui est en elle le ramène vers le bien ».

La lumière de la Torah n'illumine que ceux qui ont la foi. De plus, la mesure de cette lumière est proportionnelle à la force de sa foi. C'est l'opposé pour ceux qui n'ont pas la foi, car ils reçoivent les ténèbres de la Torah et leurs yeux s'obscurcissent.

13) Les sages ont composé une belle allégorie à propos de ce verset « Malheur à vous qui désirez le jour du Seigneur ! Pourquoi voulez-vous le jour du Seigneur ? Il est ténèbres et non lumière » (Amos 5:18). C'est l'histoire d'un coq et d'une chauve-souris qui attendaient la lumière. Le coq dit à la chauve-souris « J'attends la lumière parce que la lumière est mienne, mais toi, pourquoi as-tu besoin de la lumière ? » (*Sanhédrin* 98).

On comprend bien que ces mêmes étudiants qui n'ont pas été récompensés de venir de *Lo Lishma* à *Lishma*, à cause de leur manque de foi, n'ont reçu aucune lumière de la Torah et donc ils marchent dans les ténèbres et mourront sans sagesse.

Mais ceux qui ont été récompensés d'une foi complète, il leur est garanti dans les mots de nos sages qu'en s'engagent dans la Torah même *Lo Lishma*, la lumière qui est en elle les ramènera vers le bien et ils seront récompensés de la Torah *Lishma* qui apporte une vie heureuse et bonne dans ce monde et dans le monde à venir, même sans souffrance préalable ni vie pénible. C'est d'eux que le verset dit : « Alors tu te délecteras dans le Seigneur et Je te ferai chevaucher sur les hauts lieux de la terre ».

14) Concernant le propos évoqué ci-dessus, j'ai autrefois interprété le dicton de nos sages : « Celui dont la Torah est son art ». La mesure de sa foi est apparente dans sa pratique de la Torah parce que les lettres du mot *Oumanouto* [son art] sont les mêmes en hébreu que les lettres du mot *Emounato* [Sa foi].

C'est comme une personne qui a confiance en son ami et lui prête de l'argent. Elle peut lui faire confiance pour un Euro, mais si il lui demande deux Euros elle refusera de lui prêter et elle peut lui faire confiance jusqu'à cent Euros, mais pas plus. Elle peut aussi lui faire confiance pour la moitié de ses biens, mais pas tous ses biens. Enfin, elle peut aussi lui faire confiance pour la totalité de ses biens, sans le moindre soupçon de peur. Cette dernière fois est considérée comme une foi complète, mais dans les cas précédents, elle est considérée comme une foi incomplète. C'est plutôt une foi partielle, soit plus soit moins.

Ainsi, l'un alloue seulement une heure par jour pour pratiquer la Torah et travailler à la mesure de sa foi en le Créateur. L'autre alloue deux heures, en fonction de sa foi en le Créateur. Le troisième ne néglige même pas un seul instant de son temps libre sans s'engager dans la Torah et le travail. Ainsi, seule la foi du dernier est complète puisqu'il fait confiance au Créateur pour tous ses biens. Mais les précédents n'ont pas encore une foi tout à fait complète.

15) Ainsi, il a été très bien clarifié que l'homme ne doit pas s'attendre à ce que la Torah et les Commandements *Lo Lishma* l'amènent à *Lishma*, sauf quand il sait dans son âme qu'il a été récompensé de la foi en le Créateur et en Sa Torah. C'est alors que la lumière qui est en elle le ramène vers le bien et il sera récompensé du jour du Créateur qui est entièrement lumière. La sainteté de la foi purifie les yeux de l'homme pour se réjouir de Sa lumière, jusqu'à ce que la lumière de la Torah le ramène vers le bien.

Cependant, ceux qui sont sans foi ressemblent à des chauves-souris qui ne peuvent pas regarder la lumière du jour parce que la lumière du jour s'est transformée en une obscurité plus terrible que les ténèbres de la nuit, car elles ne se nourrissent que dans l'obscurité de la nuit.

De même, les yeux de ceux qui n'ont pas la foi sont aveuglés par Sa lumière et ainsi la lumière devient pour eux obscurité et la potion de vie devient pour eux une potion mortelle. C'est à leur sujet que le texte dit : « Malheur à vous qui désirez le jour du Seigneur ! Pourquoi voulez-vous le jour du Seigneur ? Il est ténèbres et non lumière ». Il faut donc, d'abord, faire que la foi soit complète.

16) Ceci répond à une question dans les *Tossafot* (*Taanit* p7) « Pour celui qui s'engage dans la Torah *Lishma*, Sa Torah devient pour lui une potion de vie. Pour celui qui s'engage dans la Torah *Lo Lishma*, Sa Torah devient une potion mortelle ». Ils demandent « L'homme s'engagera toujours dans la Torah et les Commandements *Lo Lishma*, car de *Lo Lishma* il viendra à *Lishma* ».

Selon ce qui a été expliqué, il faut diviser cela simplement : celui qui s'engage dans la Torah au nom du Commandement d'étudier la Torah et qui croit en la récompense et punition, bien qu'il associe son plaisir et son utilité personnelle avec l'intention de contenter son Créateur, la lumière qui est en elle le ramènera vers le bien et il viendra à *Lishma*.

Celui qui étudie la Torah, non parce que c'est un commandement d'étudier la Torah, puisqu'il ne croit pas en la récompense et punition au point de travailler dur pour elle, mais ne fait des efforts que pour son propre plaisir, elle devient donc une potion mortelle pour lui, car la lumière qui est en elle sera pour lui obscurité.

17) C'est pourquoi l'élève se doit, avant son étude, de renforcer sa foi en Dieu et en Sa Providence de la récompense et la punition, comme l'ont dit nos sages « sache… qui est ton employeur qui te paiera le salaire pour ton travail ». L'élève orientera son effort vers les *Mitsvot* [commandements] de la Torah et ainsi il sera récompensé de se réjouir de Sa lumière. Par la *Segoula* [remède/mérite] de Sa lumière, il renforcera et augmentera aussi sa foi, comme il est écrit : « ce sera le remède à ta chair et la potion pour tes os » (Proverbes 3 : 8).

Ainsi, il est certain que son cœur sera prêt, car de *Lo Lishma* il viendra à *Lishma*. De cette façon, même celui qui sait qu'il n'a pas encore été récompensé de la foi, aura l'espoir d'y arriver aussi en étudiant la Torah. Par cela, il n'y a pas de plus grande *Mitsva*, que celle de mettre tout son cœur et tout son esprit pour être récompensé de la foi en le Créateur, comme le disent nos sages « Habacuc arriva et insista : le juste vivra dans sa foi » (*Makot* 24).

Non seulement cela, mais il n'a pas d'autre conseil, comme il est écrit (dans *Massekhet Baba Batra*) « Raba dit : Job demanda à ce que le monde entier soit exempt du jugement. Il Lui dit : Maître du monde, Tu as créé les justes, Tu as créé les méchants, qui Te retient ? ». Rachi explique : « Tu as créé des justes par le bon penchant, Tu as créé des méchants par le mauvais penchant, personne n'échappe à Tes mains, car qui T'en empêcherait. Les pêcheurs y sont obligés. Que lui ont répondu ses amis (Job 15 : 4) : même toi tu transgresses la crainte et tu apaises ta dévotion devant Dieu. Le Créateur a créé le mauvais penchant et a créé l'épice de la Torah ».

Et Rachi interprète « Il lui a créé la Torah, qui est l'épice et qui annule les pensées de transgression » comme il est écrit (dans *Kidoushin* page 30) : « si ce scélérat t'a blessé, emmène-le au séminaire. S'il est pierre, il se rompra, leur voie n'est pas forcée, car ils peuvent se sauver ».

18) Il est clair qu'ils ne peuvent pas échapper au jugement, s'ils ont dit qu'ils ont reçu cette épice et qu'ils ont encore des pensées de transgression, c'est-à-dire qu'ils vivent encore dans le doute et leur mauvais penchant ne s'est pas encore dissous. Car le Créateur, qui a créé et a donné au mauvais penchant sa validité, savait évidemment créer aussi son remède et l'épice, qui infailliblement épuisent la force du mauvais penchant et l'anéantissent complètement.

Si quelqu'un s'est engagé dans la Torah et n'a pas réussi à se défaire de son mauvais penchant, ce n'est que parce qu'il a négligé d'y mettre tout le labeur et les efforts exigés pour étudier la Torah, comme il est écrit : « Je n'ai pas fait d'effort et j'ai trouvé, n'y crois pas », mais il se peut qu'il ait donné « la quantité » d'efforts exigée, mais négligé « la qualité ».

C'est-à-dire qu'ils n'ont pas mis leur esprit ni leur cœur, tout en s'engageant dans la Torah, pour être récompensé d'attirer la lumière de la Torah, qui apporte la foi dans le cœur de l'homme, mais s'y sont engagés sans être attentifs au point principal exigé dans la Torah, qui est sa lumière qui amène à la foi. Bien qu'ils en aient eu l'intention au début, ils en ont dévié pendant l'étude.

Quoi qu'il en soit, il ne peut pas s'exempter du jugement en plaidant la contrainte, suite à l'impératif de nos sages « J'ai créé le mauvais penchant, Je lui ai créé l'épice de la Torah », car s'il existait une exception, la question de Job serait encore valide.

19) Par toutes ces clarifications, j'ai ôté une grande revendication quant à ce qui étonne dans les écrits de Rabbi Haïm Vital, dans son introduction à *Shaar HaHakdamot* du Ari et dans l'introduction au livre *L'Arbre de vie* et je cite :

« En effet, un homme ne devrait pas dire : je vais m'engager dans la sagesse de la Kabbale avant de m'engager dans la Torah et la Michna et le Talmud », car nos sages ont déjà dit : « un homme n'entrera pas dans le *Pardes*, si son ventre n'est pas plein de viande et de vin ». Cela ressemble à une âme sans corps, qui n'a ni récompense, ni action, ni compte, jusqu'à ce qu'elle se relie au corps, quand il est complet, corrigé dans les *Mitsvot* de la Torah, les 613 *Mitsvot*.

De même, à l'inverse, quand il s'engage dans la sagesse de la Michna et du Talmud de Babylone, sans consacrer une part aux secrets de la Torah et à ses mystères, c'est comme un corps assis dans l'obscurité sans une âme humaine, la chandelle de Dieu, qui l'éclaire à l'intérieur, de sorte que le corps est sec et n'attire pas une source de vie.

Donc, l'élève intelligent qui s'engage dans la Torah *Lishma*, doit d'abord étudier la sagesse de la Bible, de la Michna et du Talmud, autant que son esprit puisse l'endurer et ensuite il se mettra à connaître son Créateur par la sagesse de la vérité. Tel que le roi David a ordonné à son fils Salomon « Connais le Dieu de ton père et sers-Le ». Si l'homme trouve l'étude du Talmud difficile et pesante, après s'y être donné une chance, il ferait mieux d'y renoncer et de s'engager dans la sagesse de la vérité.

Il est écrit que l'élève qui n'a pas vu de bon signe de son étude en cinq ans, n'en verra plus (*Houlin* page 24). Cependant, tout homme qui étudie facilement, doit étudier une heure ou deux par jour la *Halakha*, expliquer et interpréter les questions qui se posent dans les lois littérales ».

20) Et voilà qu'apparemment ses paroles étonnent beaucoup, car il dit qu'il va s'engager dans la sagesse de la vérité, avant d'avoir réussi dans l'étude du révélé, ce qui est en contradiction avec ses propres paroles précédentes, que la sagesse de la Kabbale sans la Torah révélée, est comme une âme sans corps et n'a ni action, ni compte, ni récompense. La preuve est que l'élève qui n'a pas vu de bon signe est encore plus étonnante, car nos sages n'ont-ils pas dit de renoncer à l'étude de la Torah que pour cette raison ? Mais évidemment, c'est pour l'avertir de vérifier sa conduite et d'essayer chez un autre Rav, ou dans une autre partie de la Torah. Mais il ne doit en aucun cas renoncer à la Torah, pas même à la Torah révélée.

21) Une autre difficulté dans les paroles du Rabbi Haïm Vital et celles de la *Guémara* dont il ressort que l'homme a besoin d'une certaine préparation et d'une excellence spéciale pour être récompensé de la sagesse de la Torah. Mais nos sages ont dit (dans *Midrach Raba* portion « et c'est la bénédiction ») : « Le Saint béni soit-Il dit à Israël : votre vie, toute la sagesse et toute la Torah sont des choses faciles. Tous ceux qui Me craignent et observent les paroles de la Torah, toute la sagesse et toute la Torah sont dans leur cœur ». Donc, il n'y a aucun besoin d'une excellence préalable et c'est seulement par la vertu de la crainte du Créateur et l'observation des *Mitsvot* que l'on est récompensé de toute la sagesse de la Torah.

22) Ainsi, en faisant attention à ses paroles, elles sont claires comme un ciel sans nuage. Le texte « il ferait mieux d'y renoncer, après s'être donné une chance dans la sagesse révélée », ne se réfère pas à la chance d'être perspicace et érudit, mais comme nous l'avons expliqué plus haut dans « J'ai créé le mauvais penchant, J'ai créé l'épice de la Torah », c'est-à-dire qu'il a mis son labeur et ses efforts dans la Torah révélée, mais le mauvais penchant se trouve encore là, valide et ne se dissout pas du tout, car il n'est pas encore sauvé de pensées de transgression, comme l'a écrit Rachi, plus haut dans l'explication de « Je lui ai créé l'épice de la Torah ».

C'est pourquoi il lui conseille d'y renoncer et de s'engager dans la sagesse de la vérité, car il est plus facile d'attirer la lumière de la Torah en étudiant et en faisant des efforts dans la sagesse de la vérité qu'avec l'effort dans la Torah révélée. La raison est simple, car la sagesse de la Torah révélée est revêtue de vêtements extérieurs et matériels, comme le vol, la nuisance etc., ce qui rend difficile à tout homme d'orienter son esprit et son cœur pendant l'étude vers le Créateur, pour attirer la lumière de la Torah.

De plus, cet homme, qui a déjà de lourdes difficultés à étudier le Talmud, comment pourrait-il encore se rappeler du Créateur pendant l'étude, alors qu'elle traite de sujets matériels, qui ne peuvent être en lui en même temps que l'intention pour le Créateur ?

C'est pourquoi il lui conseille de s'engager dans la sagesse de la Kabbale, qui est une sagesse vêtue entièrement des noms du Créateur et alors évidemment il pourra sans peine orienter son esprit et son cœur vers le Créateur durant l'étude, même si elle est des plus difficiles, car traiter de sujets de sagesse et du Créateur est la même chose et c'est très facile.

23) C'est pourquoi, il apporte une belle preuve des écrits de la *Guémara* « de là, l'élève qui n'a pas vu de bon signe dans son étude en cinq ans, n'en verra plus », car pourquoi n'a-t-il pas vu de bon signe dans son étude ? Ce n'est certainement qu'à cause du manque d'intention de son cœur et non pas parce qu'il n'a pas de disposition pour la Torah, car la sagesse de la Torah n'a besoin d'aucun talent.

Mais d'après le verset ci-dessus : « Le Créateur dit à Israël : votre vie, toute la sagesse et toute la Torah sont des choses faciles. Tous ceux qui Me craignent et observent les paroles de la Torah, toute la sagesse et toute la Torah sont dans leurs cœurs ».

Certes, cela lui demande du temps pour s'habituer à la lumière de la Torah et aux *Mitsvot* et je ne sais pas combien. L'homme peut attendre ainsi soixante-dix ans de sa vie. C'est pourquoi la *Braita* (*Houlin* 24) nous prévient qu'il ne faut pas attendre plus de cinq ans. Rabbi Yossi dit que trois ans sont plus que suffisants pour être récompensé de la sagesse de la Torah. S'il n'a pas vu de bon signe durant cette période, qu'il ne se berce pas de faux espoirs et ne soit pas frustré ni déçu, mais qu'il sache qu'il ne verra jamais un bon signe.

C'est pourquoi il doit immédiatement se trouver un beau stratagème, par lequel il réussira à atteindre *Lishma* et être récompensé de la sagesse de la Torah. La *Braita* n'a pas spécifié quel stratagème, mais met en garde de ne pas rester dans la même situation, à attendre. C'est ce que dit le Rav, que le stratagème le plus propice et le plus sûr pour lui, est de s'engager dans la sagesse de la Kabbale. Il renoncera complètement à la sagesse de la Torah révélée, vu qu'il s'y est déjà donné une chance et n'y a pas réussi et il dédiera tout son temps à la sagesse de la Kabbale, par laquelle sa réussite sera certaine.

24) C'est très simple, car il n'y a là rien de l'enseignement de la Torah révélée qu'il faille savoir pratiquement, car « l'ignorant n'est pas pieux, un enseignement erroné conduit à la malveillance et un pêcheur fera perdre beaucoup de bien ». De sorte qu'il soit obligé de les répéter jusqu'à ne plus y échouer en pratique.

Mais tout ce dont on parle ici n'est que d'étudier la sagesse de la Torah révélée, de voir et d'expliquer les questions qui se posent dans les lois littérales, comme en déduit Rabbi Haïm Vital lui-même, c'est-à-dire la partie de l'étude de la Torah qui n'est pas du tout pratiquée par des actions, ni par des lois.

On peut donc en faciliter l'étude par les écrits abrégés au lieu de la source. Cela aussi exige une grande attention, car celui qui connaît la loi par sa source ne ressemble pas à celui qui la connaît par la lecture d'un résumé. Pour ne pas s'y tromper, Rabbi Haïm Vital déclare dès le début de ses paroles, que l'âme ne se lie au corps que quand celui-ci est complet et corrigé par les *Mitsvot* de la Torah, des 613 *Mitsvot*.

25) Vous verrez à présent que toutes les questions que nous avons posées au début de l'introduction ne sont que des futilités. Ce sont ces filets mêmes que le mauvais penchant déploie pour piéger les âmes naïves et les tourmenter dans ce monde sans pitié.

Voyons la première question, où ils prétendent pouvoir pratiquer la Torah entière sans avoir aucune connaissance de la sagesse de la Kabbale. Je leur dis, en effet, si vous pouvez étudier la Torah et pratiquer ses *Mitsvot*, suivant les lois, *Lishma*, c'est-à-dire, uniquement, pour contenter le Créateur, alors vous n'avez vraiment pas besoin de l'étude de la Kabbale, car alors on dira de vous « L'âme de l'homme nous enseignera », car alors tous les secrets de la Torah vous sont révélés, comme une source abondante, comme le dit Rabbi Meir, dans la Michna [Traité des pères], sans avoir besoin d'aide des livres.

Mais si vous étudiez encore *Lo Lishma* et que vous espérez être récompensé de *Lishma*, je dois donc vous demander : depuis combien de temps étudiez-vous ainsi ? Si vous vous trouvez encore dans les cinq ans, d'après *Tana Kama*, ou bien les trois ans, d'après Rabbi Yossi, vous avez alors encore le temps d'attendre et d'espérer.

Mais si, dans l'engagement de la Torah *Lo Lishma*, vous avez dépassé les trois ans, d'après Rabbi Yossi et les cinq ans, d'après *Tana Kama*, la *Braita* vous avertit que vous ne verrez pas de bon signe sur la voie prise !

Pourquoi donc bercer votre âme de faux espoirs, alors que vous possédez un conseil aussi proche et sûr que l'étude de la sagesse de la Kabbale, comme j'en ai prouvé le sens plus haut, vu que l'étude des sujets de la sagesse ne fait qu'un avec le Créateur ?

26) La seconde question touche à ce qui est écrit – qu'il faut d'abord remplir son ventre avec la Michna et la *Guémara*. Certes, tout le monde est d'accord avec cela. Mais il est évident que tout cela est vrai si vous avez déjà été récompensé de l'étude *Lishma*, ou même *Lo Lishma*, si vous êtes encore dans les trois ans ou les cinq ans. Mais après cela, la *Braita* vous avertit que vous ne verrez jamais de bon signe. Vous devez donc tenter votre chance dans l'étude de la Kabbale.

27) Nous devons aussi savoir que la sagesse de la vérité comprend deux parties :

La première partie est nommée « les secrets de la Torah », qu'il est interdit de révéler, excepté à travers des indices, de la bouche d'un sage kabbaliste à quelqu'un qui en comprend le sens. Les *Maassé HaMerkava* et *Maassé Béréshit* appartiennent à cette partie. Les sages du *Zohar* nomment cette partie « les trois premières *Sefirot* », « *Kéter, Hokhma, Bina* ». Elle est également nommée « *Roch HaPartsouf* » [la tête du *Partsouf*].

La deuxième partie est nommée « les goûts de la Torah » [*Taamim*], qu'il est permis de dévoiler et c'est aussi une grande *Mitsva* de les révéler. Elle est appelée dans le *Zohar* « les sept *Sefirot* inférieures du *Partsouf* ». Elle est aussi appelée *Gouf HaPartsouf* » [le corps du *Partsouf*].

Car dans chaque *Partsouf* de sainteté, il y a dix Sefirot, nommées : *Keter, Hokhma, Bina, Hessed, Guevoura, Tifféret, Netsakh, Hod, Yessod, Malkhout*. Les trois premières Sefirot sont appelées « *Roch HaPartsouf* ». Les sept Sefirot inférieures sont nommées « *Gouf HaPartsouf* ». L'âme de l'homme inférieur contient également les dix *Sefirot* sous leurs noms ci-dessus et de même dans chaque discernement, les supérieurs comme les inférieurs.

La raison pour laquelle les sept Sefirot inférieures, qui sont le corps du *Partsouf*, sont nommées *Taamim* de la Torah « les goûts de la Torah », est le sens de : « un palais qui mange goûte », car les lumières qui se révèlent sous les trois premières, qui sont le sens de *Roch*, s'appellent « les goûts » et *Malkhout de Roch* est nommée « Palais » [*Heikh*]. C'est pourquoi ils sont appelés « les goûts de la Torah », c'est-à-dire qui apparaissent dans le palais de la bouche, qui est la source de tous les goûts, qui est *Malkhout de Roch*. Et de là et en bas, il n'est pas interdit de révéler. Au contraire, il n'y a pas de plus grande récompense pour celui qui les dévoile.

Et donc ces trois premières et ces sept inférieures sont expliquées, ou bien dans leur entièreté, ou bien dans les plus petits détails possibles, de sorte que même les trois premières de *Malkhout* de la fin du monde de *Assiya* appartiennent à la partie « des secrets de la Torah » dont la révélation est interdite et les sept *Sefirot* inférieures de *Keter de Roch de Atsilout*, appartiennent aux « goûts de la Torah », qu'il est permis de révéler. Toutes ces choses sont écrites dans les livres de Kabbale.

28) Vous trouverez la source de tous ces écrits dans *Massekhet Pessakhim* (page 119), comme il est écrit (Isaïe 23) « et son négoce et son salaire seront consacrés à Dieu, il ne sera ni prisé ni conservé, car son salaire sera pour ceux qui demeurent devant Dieu pour se nourrir à satiété et se vêtir majestueusement ». Que veut dire « se vêtir majestueusement » ? C'est ce qui couvre les choses qu'*Atik Yomin* couvrait. Et que sont-elles ? Les secrets de la Torah. Il y en a qui disent : ce qui révèle les choses couvertes par *Atik Yomin*. Que sont-elles ? Les goûts de la Torah ».

L'interprétation du Rashbam : *Atik Yomin* est le Saint béni soit-Il, comme il est écrit « *Atik Yomin* est assis ». Les secrets de la Torah sont *Maassé Merkava* et *Maassé Béréshit*. La signification du « Nom » est comme il est écrit « C'est Mon Nom à jamais ». « Le vêtement » veut dire qu'il ne les transmet pas à n'importe qui, mais seulement à celui dont le cœur est anxieux.

« Ce qui découvre les choses que *Atik Yomin* recouvre » – qui veut dire recouvre les secrets de la Torah, qui étaient couverts au début et que *Atik Yomin* a dévoilé et a permis de révéler. Celui qui les révèle est récompensé de ce qui est dit dans ce verset.

29) Voici explicitement la grande différence entre les secrets de la Torah, dont celui qui les atteint en reçoit toute cette grande récompense pour les avoir couverts, sans les dévoiler et leur contraire, les *Taamim* de la Torah, dont celui qui les atteint en reçoit toute cette grande récompense pour les avoir révélés aux autres. On ne contredit pas le premier avis, mais seulement l'examen des différentes significations entre elles.

Le *Lishna Kama* déclare que c'est la fin, comme il est dit : « se vêtir majestueusement ». Ainsi interprète-t-on l'atteinte de la grande récompense pour avoir couvert les secrets de la Torah. D'autres déclarent que c'est le début comme il est dit « Manger à satiété » qui veut dire *Taamim* de la Torah, comme il est écrit « le palais qui mange goûtera », car les lumières des *Taamim* sont nommées nourriture.

C'est ainsi qu'on explique l'atteinte de la grande récompense, pour celui dont il est dit qu'il dévoile les *Taamim* de la Torah. (Il n'y a pas de différence entre eux, l'un parle des secrets de la Torah et l'autre des *Taamim* de la Torah). Mais les deux pensent qu'il faut couvrir les secrets de la Torah et révéler les goûts de la Torah.

30) Et voici donc une réponse claire aux quatrième et cinquième questions du début de l'introduction. Les paroles des sages et des livres expliquent aussi qu'il ne faut les transmettre qu'à celui dont le cœur est anxieux, en l'occurrence cette partie nommée « secrets de la Torah », qui sont les trois premières Sefirot et *Roch*, qu'on ne transmet qu'aux humbles sous certaines conditions, car tu n'en trouveras même pas une seule mention dans tous les livres de Kabbale écrits et imprimés, car ce sont les choses qu'*Atik Yomin* a recouvertes citées dans la *Guémara*.

De plus, pouvez-vous dire que l'on puisse penser et même concevoir que tous ces saints et ces justes renommés, qui sont les plus grands et les meilleurs de la nation, comme le *Sefer Yetsira* [livre de la Création], le livre du *Zohar* et la *Braita* de Rabbi Ismaël, Rabbi Hai Gaon, et Rabbi Hamai Gaon, Rabbi Elazar de Garmiza et le reste des *Richonim* [les premiers] jusqu'au Nahamanide et *Baal HaTourim* et *Baal Shoulchan Aroukh* jusqu'au Gaon de Vilna et le Gaon de Ladi et les autres justes, que ce sont d'eux qu'est sortie toute la Torah révélée et que nous vivons de leur mots, pour savoir ce qu'il faut faire pour plaire aux yeux du Créateur. Ils ont tous écrit et imprimé des livres sur la sagesse de la Kabbale et il n'y a pas de plus grande révélation que d'écrire un livre et l'écrivain ne sait pas qui le lira et il se peut que des méchants le lisent et il n'y a donc plus de grande révélation des secrets de la Torah que cela.

Ne vous imaginez pas que ces saints et purs aient pu transgresser d'un iota ce qui est écrit et expliqué dans la Michna et la *Guémara*, qu'il est interdit de révéler, comme écrit dans *Massekhet Haguiga* dans *Ein Dorshin*.

Mais forcément, tous ces livres écrits et imprimés, sont les *Taamim* de la Torah, qu'*Atik Yomin* avait recouverts au début et qu'il a révélés plus tard dans le sens du « palais qui mange goûtera » et que non seulement il n'est pas interdit de dévoiler ces secrets, mais au contraire, c'est une grande *Mitsva* de les révéler (ci-dessus *Pessakhim* 119). La récompense de celui qui sait les découvrir et les révèle est très grande, car du dévoilement de ces lumières à un grand nombre et expressément à un grand nombre, dépend la venue du Messie, bientôt de nos jours Amen.

31) Pour une fois, il faut expliquer pourquoi la venue du Messie dépend de la diffusion de l'enseignement de la Kabbale aux masses, qui a été tellement publiée dans le *Zohar* et les livres de Kabbale. Les foules considèrent cela vain et c'est insupportable.

L'explication de ce sujet est commentée dans les *Tikounim* [corrections] du *Zohar* (*Tikoun* 30 « *Netiv Tanina* »). Traduction abrégée : « Quand la Sainte *Shekhina* [Divinité] est descendue en exil, cet esprit s'est répandu sur ceux qui étudient la Torah, car la Sainte *Shékhina* se trouve parmi eux. Ils sont tous comme des animaux ruminants du foin. Quelque faveur qu'ils fassent, c'est dans leur propre intérêt. De même pour tous ceux qui étudient la Torah, quelque faveur qu'ils fassent, c'est dans leur propre intérêt. A ce moment-là, l'esprit les quitte et ne reviendra plus jamais. C'est l'esprit du Messie.

Malheur à celui qui fait partir l'esprit du Messie et fait qu'il ne revienne plus jamais. Ils rendent la Torah aride et ne veulent pas faire d'efforts dans la sagesse de la Kabbale. Ces personnes font que la source de la sagesse s'en va, qui est le *Youd* du nom *HaVaYaH*. L'esprit du Messie part, le saint esprit, l'esprit de la sagesse et de la compréhension, l'esprit du conseil et de la puissance, l'esprit de la connaissance et de la crainte de Dieu. « Et Dieu dit : que la lumière soit », c'est la lumière de l'amour, l'amour de la Grâce, comme il est écrit : « je t'ai aimé d'un amour éternel ». A ce sujet il est dit : « si vous éveillez et attisez l'amour jusqu'à ce qu'il satisfasse... » C'est l'amour qui ne reçoit pas de récompense. Car si la crainte et l'amour sont pour recevoir une récompense, « c'est une servante...une servante qui hérite de sa maîtresse ».

32) Nous commencerons à expliquer les *Tikounim* du *Zohar* de la tête aux pieds, car il dit que la crainte et l'amour, que l'homme a dans la pratique de la Torah et des *Mitsvot* afin d'avoir une récompense, c'est-à-dire espérer en récolter un bienfait dû à la Torah et au travail, sont considérés comme la servante, de laquelle il est écrit : « la servante qui hérite de sa maîtresse ».

C'est apparemment dur, car il est écrit : « L'homme pratiquera toujours la Torah et les *Mitsvot Lo Lishma* ». Pourquoi la terre s'est-elle mise en colère ? Il faut aussi comprendre le rapport entre la pratique *Lo Lishma* et la servante, spécifiquement, ainsi que l'expression « qui hérite de sa maîtresse », de quel héritage parle-t-on ici ?

33) Vous comprendrez cette question par tout ce qui est expliqué plus-haut dans cette introduction. Ils n'ont permis de pratiquer *Lo Lishma* que parce que de *Lo Lishma* on arrive à *Lishma*, car sa lumière ramène vers le bien et inversement, la pratique de *Lo Lishma* est considérée comme la servante qui aide et fait les basses corvées pour sa maîtresse, qui est la *Shékhina*, car à la fin, il arrivera à *Lishma* et sera récompensé de l'inspiration de la *Shékhina*. Alors la servante, considérée comme l'engagement dans *Lo Lishma*, sera aussi considérée comme la servante de la Sainteté, car c'est elle qui aide à préparer la Sainteté, mais est appelée le monde de *Assiya de Kedousha*.

Cependant, si sa foi n'est pas complète et ne s'engage dans la Torah et le travail seulement parce que le Créateur lui en a ordonné l'étude, il a déjà été expliqué plus haut que dans cette Torah et ce travail, Sa lumière n'apparaîtra pas du tout car ses yeux sont défectueux et comme avec la chauve-souris, la lumière devient obscurité.

Cette façon d'étudier l'a fait sortir de l'autorité de la servante de la Sainteté, car il ne sera pas récompensé d'arriver à *Lishma*, mais il sera sous l'autorité de la servante des *Klipot*, qui hérite de cette Torah et de ce travail et se les appropie. C'est pourquoi la terre s'est mise en colère, c'est-à-dire la *Shékhina* qui est nommée la Terre, car cette même Torah et ce même travail, qui devaient lui revenir et être la propriété de la *Shékhina*, la mauvaise servante se l'est appropriée et les a réduits à la possession des *Klipot*. La servante se retrouve donc à hériter de sa maîtresse.

34) Les *Tikounim* du *Zohar* ont expliqué le sens du serment, « si vous éveillez et attisez l'amour jusqu'à ce qu'il satisfasse ». L'insistance est sur le point qu'Israël attirera la lumière de *Hessed* supérieur, qui est nommée « l'amour de la Grâce », car c'est ce qui est « désirable » et qui est attiré expressément par la pratique de la Torah et des *Mitsvot*, sans en recevoir de récompense. Le sens en est que c'est par cette lumière de *Hessed* que la lumière de *Hokhma* supérieure s'étend sur Israël et se dévoile et se revêt de cette lumière de *Hessed* qu'Israël a attirée.

Cette lumière de *Hokhma* est le sens du verset « Et l'esprit du Seigneur repose sur lui, l'esprit de la sagesse et de la compréhension, l'esprit du conseil et de la puissance, l'esprit de la connaissance et de la crainte de Dieu » (Isaïe 11), qui se rapporte au Roi Messie : « Il portera un drapeau pour les peuples et rassemblera ceux qui sont loin d'Israël et regroupera ceux de Yéhouda qui sont dispersés aux quatre coins du monde », car après qu'Israël aura attiré la lumière de *Hokhma* à travers la lumière de *Hessed*, le Messie se dévoilera et regroupera ceux qui sont loin d'Israël.

Tout cela dépend de l'engagement dans la Torah et du travail dans *Lishma*, qui est capable d'attirer la grande lumière de *Hessed* dans qui se revêt et est attirée la lumière de *Hokhma*. Et c'est le sens du serment « si vous éveillez et attisez », car la rédemption complète et le rassemblement des exilés sont impossibles sans cela, vu que c'est ainsi que les voies saintes sont ordonnées.

35) Il est aussi expliqué : « et l'esprit de Dieu planait sur les eaux ». Quel est « l'esprit de Dieu » ? Pendant l'exil, quand Israël s'engagent encore dans la Torah et les *Mitsvot Lo Lishma*, et s'il en est vraiment ainsi, que de *Lo Lishma* ils arrivent à *Lishma*, alors la *Shékhina* est parmi eux, bien qu'ils soient en exil car ils ne sont pas encore dans *Lishma*.

Il est écrit que la *Shékhina* est cachée, mais à la fin ils seront récompensés de découvrir la *Shékhina* et alors l'esprit du Roi Messie planera sur ceux qui s'y engagent et les éveillera pour arriver à *Lishma*, car « Sa lumière les ramène vers le bien ». C'est elle qui aide et prépare à l'inspiration de la *Shékhina*, qui est sa maîtresse.

Au contraire, si leur engagement dans *Lo Lishma* ne les amène pas à *Lishma*, la *Shékhina* est alors désolée et déclare qu'elle ne se trouve pas chez ceux qui s'engagent dans la Torah, ce même esprit qui élève l'homme, car ils se contentent de l'esprit animal qui abaisse et tout leur engagement dans la Torah et les *Mitsvot* n'est que dans leur propre intérêt et satisfaction personnelle. L'engagement dans la Torah n'est pas capable de les amener à *Lishma*, car l'esprit du Messie ne plane pas sur eux, mais s'en éloigne et ne reviendra plus à eux, car la servante impure s'approprie leur Torah et hérite de la maîtresse, parce qu'ils ne sont pas sur la voie pour aller de *Lo Lishma* à *Lishma*.

Bien qu'ils ne réussissent pas dans l'engagement de la Torah révélée, car elle ne contient pas de lumière et est aride à cause de leur petitesse d'esprit, ils peuvent quand même réussir dans l'étude de la Kabbale, car sa lumière est vêtue des vêtements du Créateur, c'est-à-dire des Noms sacrés et des Sefirot, qui les amèneraient bien facilement de *Lo Lishma* à *Lishma*, et alors l'esprit de Dieu planera sur eux, car « Sa lumière les ramène vers le bien ».

Mais ils ne veulent en aucun cas étudier la Kabbale. C'est pourquoi il est écrit qu'ils causent la misère, le saccage, la destruction, le massacre et la destruction dans le monde, car l'esprit du Messie est parti, le saint esprit, l'esprit de la sagesse et de la compréhension.

36) Les *Tikounim* du *Zohar* expliquent qu'il y a un serment : la lumière de *Hessed* et l'amour dans le monde n'apparaîtront pas tant que les actions d'Israël, dans la Torah et les *Mitsvot*, ne seront pas avec l'intention de ne pas en recevoir de récompense, mais uniquement pour plaire au Créateur, ce qui est le sens du serment « Je vous en conjure, filles de Jérusalem ».

De sorte que toute la durée de l'exil et les souffrances que nous subissons dépendent de nous et attendent que nous soyons récompensés de nous engager dans la Torah et les *Mitsvot Lishma*. Dès que nous en serons récompensés, cette lumière de l'amour et de *Hessed* s'éveillera immédiatement, comme il est écrit « et l'esprit de la sagesse et de la compréhension reposera sur lui ». Alors nous serons récompensés de la rédemption complète.

Il a aussi été expliqué qu'il n'est pas possible que tout Israël atteigne cette grande pureté, sauf par l'étude de la Kabbale, qui est la voie la plus facile et elle suffit aussi aux plus simples d'esprit. Ce qui n'est pas le cas dans la pratique seule de la Torah révélée, par laquelle on ne peut pas y arriver, sauf quelques élus et avec beaucoup d'efforts, mais pas par la majorité du peuple (pour les raisons expliquées au point 22). Ainsi, l'insignifiance des quatrième et cinquième questions du début de l'introduction a été bien démontrée.

37) La troisième question qui est la crainte de mal tourner, il n'y a aucune crainte ici, car le fait de dévier de la voie du Créateur, ce qui est arrivé dans le passé, s'est passé pour deux raisons : ou bien ils ont transgressé les paroles de nos sages au sujet de ce qui est interdit de dévoiler, ou bien ils ont saisi les paroles de la Kabbale dans leur signification extérieure, c'est-à-dire comme des directives matérielles et ont transgressé « Tu ne te feras point de sculpture, ni d'image ».

C'est pourquoi, il y avait une muraille fortifiée autour de cette sagesse jusqu'à ce jour et nombreux ont essayé de commencer à étudier et n'ont pas pu continuer à cause d'un manque de compréhension et en raison des expressions matérielles. C'est pourquoi j'ai pris la peine, dans le commentaire de *Panim Meirot ve Panim Masbirot*, d'expliquer l'important livre *L'Arbre de vie* du Ari, en rendant abstraite les formes matérielles et en les plaçant sous les lois de la spiritualité, au-delà de l'espace et du temps, de sorte que chaque débutant puisse comprendre le sens et le motif des choses, dans un esprit clair et d'une grande simplicité, comme quiconque comprend la *Guémara* grâce aux commentaires de Rachi.

38) Continuons à élargir l'obligation de l'étude de la Torah et des *Mitsvot Lishma*. Il faut comprendre ce terme « Torah *Lishma* ». Pourquoi ce travail complet et désiré est-il défini par ce terme « *Lishma* » et le travail non désiré par le terme « *Lo Lishma* » ? Dans le sens élémentaire, où celui qui s'engage dans la Torah et les *Mitsvot* doit orienter son cœur pour plaire au Créateur et non à lui-même, n'aurait-il pas fallu le définir par le terme « Torah *Lishmo* » et « Torah *Lo Lishmo* » qui veut dire pour le Créateur ? Et pourquoi le définir par « *Lishma* » et « *Lo Lishma* », qui veut dire pour la Torah ?

Il doit certainement y avoir un autre sens à que ce qui est dit, car l'expression prouve que la Torah *Lishmo* [pour Lui], c'est-à-dire pour satisfaire son Créateur, ne suffit pas encore et il faut s'engager *Lishma*, qui veut dire pour la Torah. Cela nécessite une explication.

39) Nous savons que la Torah porte le nom de « Torah de la vie », comme il est dit « Car c'est la vie pour ceux qui la trouvent » (Proverbes 4 : 22), « Ce n'est pas une chose vaine pour vous, c'est votre vie » (Deutéronome 32:47). Vu qu'il en est ainsi, la signification de Torah *Lishma* est donc, que l'engagement dans la Torah et des *Mitsvot* donne vie et longévité et alors la Torah porte bien son nom.

Pour celui qui n'oriente pas son cœur ni son esprit vers ce qui a été dit, l'engagement dans la Torah et des *Mitsvot* lui apporte le contraire de la vie et de la longévité, à savoir tout à fait « *Lo Lishma* », car son nom est « Torah de la vie » et comprenez cela. Ces paroles sont expliquées par nos sages (*Taanit* 7 p1) « Celui qui s'engage dans la Torah *Lo Lishma*, sa Torah devient pour lui une potion mortelle. Celui qui s'engage dans la Torah *Lishma*, sa Torah devient pour lui un élixir de vie ».

Mais leurs paroles doivent être éclairées pour comprendre comment et en quoi la Torah devient pour lui une potion mortelle. Cela est très déconcertant.

40) Comprenons d'abord les paroles de nos sages (*Méguila* 6), qui disent « j'ai fait des efforts et j'ai trouvé, crois-le. Je n'ai pas fait d'efforts et j'ai trouvé, ne le crois pas ». Il faut examiner l'expression « j'ai fait des efforts et j'ai trouvé », qui paraît contradictoire, car « l'effort » veut dire un travail et un labeur qui sont le prix de toute possession désirée et on fait beaucoup d'efforts pour une possession importante et on fait moins d'efforts pour une moindre possession.

Son opposé est de « trouver », c'est une chose qui arrive à l'homme sans qu'il y pense, sans qu'il soit préparé à un labeur, à un travail ou à un prix. S'il en est ainsi, comment peut-on dire « j'ai fait des efforts et j'ai trouvé » ? S'il y a là un effort, il aurait fallu dire « j'ai fait des efforts et j'ai acheté » ou bien « j'ai fait des efforts et j'ai gagné » etc. et non « j'ai fait des efforts et j'ai trouvé ».

41) Le *Zohar* pose la question au sujet de « Mes adeptes Me trouveront », où trouve-t-on le Créateur ? Et ils dirent que l'on ne trouve le Créateur que dans la Torah. C'est ce qu'ils disent du verset « Tu es un Dieu qui se cache », car le Créateur se cache dans la Torah. Il convient de comprendre correctement les paroles de nos sages car, apparemment, le Créateur ne se cache que d'éléments et des voies matérielles et de toutes les futilités de ce monde qui sont extérieurs à la Torah. Alors comment peut-on dire le contraire, qu'Il ne se cache que dans la Torah ?

Il y a aussi la signification générale, que le Créateur se cache pour qu'on Le cherche. Pourquoi a-t-Il besoin de se cacher ? Aussi, « tous ceux qui Le cherchent Le trouveront », que l'on comprend du verset « tous Mes adeptes me trouveront », il faut bien comprendre cette recherche et cette découverte, que sont-elles et quel est leur but ?

42) Il faut néanmoins savoir qu'il n'y a qu'une seule raison à notre grand éloignement du Créateur et à notre possible transgression de Sa volonté et cette seule raison est devenue la source de tous nos maux et souffrances, de toutes les malveillances et erreurs qui nous font échouer et à qui nous nous heurtons.

De plus, on comprend qu'en supprimant cette raison on se défait immédiatement de toute peine et de toute douleur et on est récompensé immédiatement d'une grande adhésion à Lui, dans le cœur, âme et force. Je vous dirai que cette raison première n'est autre que « notre peu de compréhension de Sa Providence sur Ses créatures », nous ne comprenons pas le Créateur correctement.

43) Supposons, par exemple, que Sa Providence soit révélée à Ses créatures, de sorte que quiconque mangerait une chose interdite étoufferait sur place et quiconque ferait une *Mitsva* y trouverait un plaisir merveilleux ressemblant aux meilleurs plaisirs de ce monde matériel. Qui donc serait assez sot pour penser goûter une chose interdite, en sachant qu'il y perdrait sa vie immédiatement, de même qu'il ne penserait pas à s'immoler ?

De même, qui serait assez sot pour abandonner une *Mitsva*, sans la pratiquer promptement et au plus vite, de même qu'il ne pourrait abandonner ou retarder un grand plaisir matériel se présentant à lui, sans le recevoir sur le champ et le plus vite possible. Il est évident que si la Providence était manifeste, tout le monde serait des justes complets.

44) A vos yeux donc, rien ne nous manque dans notre monde sauf la Providence manifeste. Si la Providence manifeste existait, tout le monde serait des justes complets. Ils adhéreraient aussi au Créateur d'un amour absolu. Ce serait assurément un grand honneur pour chacun de se lier d'amitié et d'aimer le Créateur de tout cœur et de toute leur âme et d'adhérer toujours à Lui sans perdre un seul instant.

Mais vu que ce n'est pas le cas et que la *Mitsva* n'est pas récompensée en ce monde, de même, ceux qui transgressent Sa volonté ne seront pas punis à nos yeux et le Créateur est patient avec eux. Qui plus est, parfois c'est l'inverse, comme dans le verset (Psaume 73-12) « Ainsi sont les méchants, toujours sereins, ils accroissent leurs puissances ». Donc, ce n'est pas tous ceux qui veulent atteindre le Créateur qui l'atteindront, car nous trébuchons à chaque pas, comme l'ont écrit nos sages (*VaYikra Rabba 82*) au sujet du verset « J'ai trouvé un homme sur mille et mille entrent en classe et un seul en sort pour enseigner ».

Donc, comprendre Sa Providence est la raison de tout le bien et son incompréhension est la raison de tout le mal. Il s'avère qu'elle est donc l'axe autour duquel tout le monde tourne, pour le meilleur ou pour le pire.

45) En observant bien l'atteinte de la Providence que les hommes ressentent, nous en trouvons quatre. Chacune reçoit la Providence divine spécifiquement. De sorte qu'il y a quatre discernements dans l'atteinte de la Providence.

En vérité, il n'y en a que deux : la dissimulation de la face et la révélation de la face. Mais il y a quatre divisions, qui sont : Deux discernements de la Providence dans la dissimulation de la face qui sont la simple dissimulation et la dissimulation dans la dissimulation. Deux discernements de la Providence dans la révélation de la face qui sont la Providence de la récompense et de la punition et la Providence éternelle.

46) Il est écrit (Deutéronome 31 : 17) : « Et Ma colère s'enflammera contre lui en ce jour-là; et Je les abandonnerai et Je leur cacherai Ma face; et il sera dévoré et de nombreux maux et détresses l'atteindront; et il dira en ce jour-là : N'est-ce pas parce que mon Dieu n'est pas en moi que ces maux m'ont atteint ? Et Moi, Je cacherai et dissimulerai Ma face, en ce jour-là, à cause de tout le mal qu'il a fait; parce qu'il se sera tourné vers d'autres dieux ».

En examinant le verset vous trouverez qu'au début il est écrit : « Et Ma colère s'enflammera... et Je leur cacherai Ma face », c'est-à-dire une seule dissimulation. Ensuite il est écrit : « et de nombreux maux et détresses l'atteindront...Et Moi, Je cacherai et dissimulerai Ma face », c'est-à-dire une double dissimulation. Nous devons comprendre quelle est cette double dissimulation.

47) Pour commencer, comprenons quel est le sens de la Face du Créateur, dont le verset en dit « Et Je leur cacherai Ma face » ? Tu comprendras cela comme un homme qui, en voyant le visage de son ami, le reconnaît tout de suite. Mais quand il le voit de dos, il n'est plus sûr de le reconnaître et il se peut qu'il doute « Peut-être est-ce quelqu'un d'autre et non son ami ? »

C'est le cas présent, car tout le monde sait et ressent que le Créateur est Bon et qu'Il fait le Bien et c'est pourquoi quand le Créateur fait le bien aux créatures qu'Il a créées, comme un cadeau de Sa main généreuse, nous considérons que Sa Face est révélée aux créatures et alors toutes savent et Le reconnaissent, vu qu'Il se conduit selon Son Nom, comme cela a été expliqué plus haut au sujet de la Providence manifeste.

48) Mais quand Il se conduit avec Ses créatures contrairement à ce qui a été dit, c'est-à-dire quand elles éprouvent des souffrances et des maux dans Son monde, nous considérons ceci comme le dos du Créateur car Sa face, qui est la mesure du Bien parfait, leur est entièrement cachée et cette conduite ne convient pas à Son Nom. Cela ressemble à celui qui voit son ami de dos et qui pourrait douter et penser « c'est peut-être quelqu'un d'autre ? »

Le verset « Ma colère s'enflammera… Je leur cacherai ma face », est qu'au moment de la colère, les créatures éprouvent des souffrances et des maux, et il se trouve que le Créateur cache Sa face, qui est la mesure du Bien parfait et seul Son dos est apparent. C'est alors qu'il faut se renforcer fortement dans Sa foi, pour prendre garde de ne pas tomber dans des pensées de transgression, car c'est difficile de Le reconnaître de dos. Cela s'appelle la « simple dissimulation ».

49) Cependant, les souffrances et les maux, augmentant dans une très grande mesure, causent une double dissimulation, qui s'appelle dans les livres « la dissimulation dans la dissimulation ». Cela signifie que même Son dos n'est pas vu, c'est-à-dire, qu'ils ne croient pas que le Créateur soit irrité contre eux et les punit, mais ils attribuent cela au hasard et à la nature, et donc ils renient Sa Providence de la récompense et punition. C'est le sens du verset « Je cacherai et dissimulerai Ma Face, car il se sera tourné vers d'autres dieux », c'est-à-dire, qu'ils profanent et se tournent vers l'idolâtrie.

50) Mais dans le cas précédent, où le verset parle seulement de la simple dissimulation, il se termine par : « et il dira en ce jour-là : N'est-ce pas parce que mon Dieu n'est pas en moi que ces maux m'ont atteint ? ». Ce qui veut dire qu'ils croient encore en la Providence de la récompense et punition, et qu'ils disent que les calamités et les souffrances leur viennent car ils n'adhèrent pas au Créateur, comme il est écrit : « N'est-ce pas parce que mon Dieu n'est pas en moi que ces maux m'ont atteint », et c'est considéré voir encore le Créateur mais seulement Son dos. Cela s'appelle la « simple dissimulation », c'est-à-dire la dissimulation de la Face seulement.

51) Nous avons expliqué, ici, les deux discernements de la perception de la Providence cachée ressentie par les créatures : la simple dissimulation et la dissimulation dans la dissimulation.

La simple dissimulation veut dire la dissimulation de la face seulement, le dos leur étant dévoilé, c'est-à-dire qu'ils reconnaissent que le Créateur leur a causé les souffrances comme punition. Et bien qu'il leur soit dur de connaître le Créateur, toujours de dos, car c'est ce qui les amène à la transgression, ils sont quand même appelés « méchants incomplets », c'est-à-dire que ces transgressions ressemblent à des erreurs, car ils y sont arrivés à cause de nombreuses souffrances, mais en général, ils croient en la récompense et la punition.

52) La dissimulation dans la dissimulation veut dire que même le dos du Créateur leur est caché, car ils ne croient pas en la récompense et la punition. Leurs transgressions sont considérées comme des malveillances. Ils sont appelés « méchants complets », car ils sont insoumis et déclarent que Sa Providence ne veillent pas sur ses créatures, et ils se tournent vers l'idolâtrie, comme il est écrit : « parce qu'il se sera tourné vers d'autres dieux ».

53) Il faut savoir, que tout le travail qui s'applique dans la pratique de la Torah et des *Mitsvot*, par le choix, se base principalement sur les deux discernements mentionnés de la Providence cachée. Et au sujet de cette période Ben Hé Hé dit : « le salaire sera proportionnel à la peine » (*Avot*-Traité des pères 5:26). Etant donné que Sa Providence n'est pas révélée, et que nous ne pouvons Le voir que dans la dissimulation de Sa face, c'est-à-dire de dos seulement, comme un homme voyant son ami de dos et pouvant douter et penser que c'est quelqu'un d'autre, de même, le choix de respecter Sa volonté ou de la transgresser se trouve toujours entre les mains de l'homme.

Les calamités et les douleurs qu'il éprouve le mènent à douter de l'existence de Sa Providence sur Ses créatures sous le premier aspect, qui sont les erreurs, ou sous le second aspect qui sont les malveillances. Quoi qu'il en soit, il se trouve dans une grande détresse et fait beaucoup d'efforts. De cette période, il est écrit : « ce que tu as la force de faire, fais-le » (Ecclésiaste 9), car il ne sera pas récompensé de découvrir Sa face, ce qui veut dire la complète mesure de Sa bonté, avant d'avoir fait tous les efforts possibles de toutes ses forces. (Le salaire sera proportionnel à la peine).

54) En effet, quand le Créateur voit que l'homme a terminé la mesure de ses efforts, et a achevé tout ce qu'il avait la force de faire, de son propre choix et par le renforcement de sa foi en Dieu, alors le Créateur l'aide et il est récompensé d'atteindre la Providence révélée, à savoir la révélation de la face. Il est alors récompensé de la repentance complète, ce qui veut dire qu'il adhère de nouveau à Lui, de tout son cœur et âme et force, comme s'il était attiré de lui-même vers l'atteinte de la Providence révélée.

55) L'atteinte et le repentir mentionnés viennent à l'homme en deux degrés, dont le premier est l'atteinte de la Providence de l'absolue récompense et punition. En plus de l'atteinte claire de la récompense pour chaque Mitsva dans le monde à venir, il est aussi récompensé d'un plaisir merveilleux au moment même de la Mitsva dans ce monde. De même, en plus de la punition amère pour chaque transgression après sa mort, il mérite aussi de goûter l'amertume de chaque transgression alors qu'il est encore en vie. Il est évident, que celui qui atteint cette Providence révélée est certain de ne plus pécher, de même qu'un homme ne s'amputerait pas un organe, ce qui lui causerait de terribles souffrances. Il est également sûr de lui de ne pas manquer la pratique d'aucune Mitsva, au moment même où elle se présente, de même qu'il serait certain de ne manquer aucun plaisir de ce monde, ou grand bénéfice qui se présenterait à lui.

56) Vous comprendrez ce que nos sages ont écrit : « À quoi ressemble le repentir ? Quand celui qui connaît les mystères témoignera qu'il ne retournera plus à sa bêtise. » Ce qui est apparemment étonnant, car qui montera au ciel pour entendre le témoignage du Créateur ? Et aussi, devant qui le Créateur doit-il témoigner ? Ne suffit-il pas que le Créateur lui-même sache que l'homme s'est repenti de tout son cœur et ne pêchera plus ?

L'explication est des plus simples. En effet, l'homme n'est jamais absolument sûr de ne plus pécher avant d'être récompensé d'atteindre la Providence de la récompense et punition, qui a été expliquée, à savoir la révélation de la face. Cette révélation de la face, de la part du salut du Créateur s'appelle « témoignage », car Son salut en lui-même, par cette atteinte de la récompense et punition, lui assure qu'il ne pêchera plus.

Pour lui ceci est considéré comme le témoignage du Créateur. Il est écrit : « A quoi ressemble le repentir ? » c'est-à-dire quand l'homme sera-t-il sûr d'avoir été récompensé de la complète repentance ? Pour cela un signe clair lui a été donné, à savoir quand celui qui connaît les mystères témoignera pour lui qu'il ne retournera plus à sa bêtise, c'est-à-dire qu'il aura été récompensé de la révélation de la face, car alors Son salut témoigne pour lui qu'il ne retournera plus à sa bêtise.

57) Cette repentance s'appelle « la repentance par crainte », car bien qu'il se soit repenti devant Lui, de tout son cœur et de toute son âme, et que Celui qui connaît les mystères ait témoigné qu'il ne retournera plus à sa bêtise, cette assurance de ne plus pécher ne provient que de son atteinte et de sa perception de la punition et des terribles souffrances, découlant des transgressions, et il est donc sûr de lui de ne pas pécher, dans le sens qu'il est sûr de ne plus s'infliger de terribles souffrances.

Cependant, finalement, cette repentance et cette assurance ne proviennent que de la crainte des punitions découlant des transgressions. Sa repentance ne provient donc que de la crainte de la punition, et s'appelle donc « la repentance par crainte ».

58) Par cela nous comprenons les paroles de nos sages, que « celui qui se repent par crainte voit que ces malveillances deviennent des erreurs ». Il faut comprendre comment cela se produit. Par ce qui a été dit plus haut, vous comprendrez bien, car cela a été expliqué plus haut (point 52), que les malveillances de l'homme proviennent de la Providence de la double dissimulation, qui est la dissimulation dans la dissimulation, ce qui veut dire qu'il ne croit pas en la Providence de la récompense et punition.

La simple dissimulation veut dire qu'il croit en la Providence de la récompense et punition. Néanmoins, à cause de nombreuses souffrances, il pense parfois commettre une infraction. Il en est ainsi, parce que même s'il croit que les souffrances sont la punition, il est comme celui qui voit son ami de dos et pourrait douter et penser que c'est peut-être quelqu'un d'autre, c'est pourquoi ces péchés-là ne sont que des erreurs, car il croit en la Providence de la récompense et punition.

59) C'est pourquoi, après avoir été récompensé de la repentance par crainte, qui veut dire l'atteinte claire de la Providence de la récompense et punition, jusqu'à être sûr de ne plus pécher, la dissimulation dans la dissimulation est complètement corrigée. A présent, il voit manifestement que la Providence de la récompense et punition existe. Il lui est évident que toutes les souffrances qu'il avait toujours ressenties, étaient la punition de Sa Providence pour les péchés qu'il avait commis. Il découvre par la suite, qu'il avait commis une erreur amère, et c'est pourquoi toutes ces malveillances sont déracinées de leur racine.

Cependant, pas entièrement, mais elles deviennent des erreurs, c'est-à-dire elles ressemblent aux transgressions qu'il avait commises dans la simple dissimulation, où il avait échoué à cause de sa confusion due aux nombreuses souffrances qui désorientent l'homme. Elles sont regardées comme des erreurs.

60) Pourtant, par cette repentance, il n'a absolument pas corrigé la première dissimulation de la face, celle qu'il avait auparavant, qui ne sera corrigée qu'à partir du moment où il aura été récompensé de la révélation de la face. Mais avant d'avoir été récompensé de la repentance, la dissimulation de la face et toutes les erreurs restent telles quelles, sans aucune correction, ni changement. Par le passé, il croyait aussi que les ennuis et les souffrances étaient une punition, comme il est écrit : « et il dira en ce jour-là : n'est-ce pas parce que mon Dieu n'est pas en moi que ces maux m'ont atteint ? »

61) C'est pourquoi il ne s'appelle pas encore un juste complet. Celui qui été récompensé de la révélation de la face, ce qui signifie la mesure de Sa bonté parfaite, comme il sied à Son Nom, porte le nom de juste (point 55), car il justifie Sa Providence telle qu'elle est en vérité, à savoir, qu'Il agit envers Ses créatures avec une bonté absolue et une perfection absolue, de sorte qu'Il fait le bien aux méchants comme aux gentils.

Etant donné qu'il a été récompensé de la révélation de la face, par la suite il lui convient de porter le nom de « juste ». Néanmoins, vu qu'il n'a corrigé que la dissimulation dans la dissimulation et qu'il n'a pas encore corrigé la première dissimulation, et ce n'est qu'à partir de maintenant, à ce moment-là, avant d'être récompensé de la repentance, qu'il ne peut pas encore être appelé « juste ». Il en est ainsi car la dissimulation de la face reste telle qu'elle était. Pour cette raison, il est appelé « juste incomplet », signifiant qu'il doit encore corriger son passé.

62) Il est également appelé « moyen », car après avoir été récompensé de la repentance par crainte, il devient apte par la pratique complète de la Torah et des bonnes actions, à être aussi récompensé de la repentance par amour, ce qui lui vaudra alors d'être un « juste complet ». En effet, à présent, il est l'intermédiaire, entre la crainte et l'amour, et de là appelé « moyen/intermédiaire ». Ce qui n'était pas le cas avant, quand il n'était absolument pas apte à se préparer même à la repentance par amour.

63) Ceci a bien expliqué le premier degré d'atteinte de la révélation de la face, c'est-à-dire l'atteinte et la perception de la Providence de la récompense et punition, par le témoignage de Celui qui connaît les mystères qu'il ne retournera plus à sa bêtise, s'appelle « la repentance par crainte », et où toutes ses malveillances deviennent des erreurs. Il est appelé « juste incomplet » et aussi « moyen/intermédiaire ».

64) Nous allons maintenant expliquer le second degré d'atteinte de la révélation de la face, qui est l'atteinte de la Providence complète, véritable, éternelle. Cela signifie que le Créateur veille sur Ses créatures sous la forme du bien qui fait le bien aux méchants comme aux gentils. A présent, il s'appelle un « juste complet » et « la repentance par amour » quand il a été récompensé de changer ses malveillances en mérites.

Ceci explique les quatre discernements de perception de la Providence qui s'appliquent aux créatures. Les trois premiers discernements, la double dissimulation, la simple dissimulation et l'atteinte de la Providence de la récompense et punition, ne sont que des préparations par lesquelles l'homme atteindra le quatrième discernement, qui est l'atteinte de la Providence véritable, éternelle.

65) Cependant, il faut comprendre pourquoi le troisième discernement, qui est l'atteinte de la Providence de la récompense et punition n'est pas suffisante. Nous avons dit qu'il a déjà été récompensé de Celui qui connaît les mystères témoigne pour lui qu'il ne retournera plus à sa bêtise. Pourquoi est-il encore appelé « moyen » ou « juste incomplet », ces noms prouvent que son travail n'est pas encore désirable aux yeux du Créateur et qu'il y a encore un manque et un défaut dans sa Torah et dans son travail ?

66) Commençons par examiner la question que les commentateurs ont posée au sujet de la *Mitsva* de l'amour du Créateur. Comment la Torah nous a-t-elle obligés à faire une *Mitsva*, que nous sommes incapables de respecter ? L'homme peut s'obliger et s'asservir à tout faire, mais pour ce qui est de l'amour, aucune servitude ni contrainte au monde ne l'aideront.

La raison est qu'en faisant toutes les 612 *Mitsvot* selon les lois, l'amour de Dieu s'étend à lui de lui-même. C'est pourquoi elles sont faisables, car il peut s'asservir et se forcer à faire les 612 *Mitsvot* selon les lois et il atteindra alors l'amour du Créateur.

67) Cependant, ces paroles doivent encore être largement expliquées. Car finalement, l'amour de Créateur ne devait pas nous venir en tant que *Mitsva*, puisque nous n'avons aucune action ni contrainte qui soit entre nos mains et cet amour nous vient de lui-même après avoir complété les 612 *Mitsvot*. Par conséquent, le commandement des 612 *Mitsvot* nous suffit amplement. Et pourquoi la *Mitsva* de l'amour a-t-elle été écrite ?

68) Pour comprendre cela, il nous faut d'abord comprendre véritablement l'essence de l'amour même du Créateur. Il faut savoir que toutes les tendances et les qualités implantées dans l'homme, pour être utilisées envers ses amis, sont toutes des tendances et des qualités naturelles et sont toutes nécessaires pour Son travail. Dès le début, elles ont été créées et implantées dans l'homme uniquement pour leur rôle final mentionné, qui est le but et l'achèvement de tout homme, comme il est écrit : « Et Il ne repoussera pas de Lui le banni », car alors les hommes en ont besoin pour se parfaire dans les voies de réception de l'abondance et accomplir la volonté du Créateur.

Il est écrit : « Tous ceux qui appellent en Mon Nom, et que J'ai créé en Mon honneur » (Isaïe 43 :7), et aussi « Le Seigneur a tout fait dans Son propre but » (Proverbes 16 :4). Mais, entre-temps, un monde entier a été préparé pour l'homme pour que toutes ses tendances et ses qualités naturelles se développent et se complètent, en les appliquant aux gens, de sorte qu'elles soient dignes de leur but.

Il est écrit : « L'homme doit dire : le monde a été créé pour moi », car toutes les créatures du monde sont nécessaires à l'individu, car ce sont elles qui développent et disposent les tendances et les qualités de chaque individu, jusqu'à ce qu'il devienne un instrument apte pour Son travail.

69) Puisqu'il en est ainsi, il nous faut donc comprendre l'essence de l'amour du Créateur, d'après les qualités de l'amour dans la conduite de l'homme envers son ami, car forcément, l'amour du Créateur est aussi influencé par ces qualités, qui, dès le début, n'ont été implantées dans l'homme qu'en Son Nom. En observant les qualités de l'amour entre l'homme et son prochain, on y trouvera quatre mesures d'amour, l'une au-dessus de l'autre, deux qui font quatre.

70) La première est « l'amour conditionnel ». Ce qui veut dire, qu'à force de bonté et de plaisir et l'utilité qu'il a reçu de son ami, son âme s'y est attachée d'un amour merveilleux.

En cela, il y a deux mesures : la première mesure est avant de se rencontrer et de tomber amoureux, ils se faisaient du mal, mais ils ne veulent pas s'en souvenir, car « l'amour couvre tous les crimes ». La seconde mesure est qu'ils se sont toujours fait du bien et se sont entraidés, et il n'y a pas le moindre souvenir de nuisance ni de mal, entre eux.

72) La seconde mesure est « l'amour inconditionnel ». Ce qui signifie qu'il connaît la qualité de son ami, qui est excellente et dépasse de très loin toute supposition et imagination, et c'est en cela que son âme est attachée à lui dans un grand amour à l'infini. Ici aussi, il y a deux mesures : la première mesure est avant qu'il ne connaisse toutes les habitudes et les actions de son ami avec autrui, cet amour est considéré comme « l'amour qui n'est pas absolu ».

C'est parce que son ami se comporte ainsi avec autrui, ce qui superficiellement fait penser qu'il leur nuit par négligence. De sorte que, si celui qui l'aime les voyait, toute la qualité de son ami serait entachée et l'amour se détériorerait entre eux. Mais il n'a pas encore vu agir ainsi. C'est pourquoi leur amour est encore, fort, complet et vraiment grand.

73) La seconde mesure de l'amour inconditionnel est la quatrième mesure de l'amour en général, et provient aussi de la connaissance du mérite de son ami. Mais à présent, il connaît aussi toutes ses actions et son comportement avec tout homme, aucun ne manque. Et en examinant il trouve que, non seulement ils ne contiennent aucune trace d'imperfection, mais que sa bonté dépasse toute supposition et imagination. A présent, c'est « l'amour éternel et absolu ».

74) Ces quatre mesures d'amour qui existent entre les hommes, existent aussi entre l'homme et le Créateur. En outre, dans l'amour du Créateur, elles deviennent des degrés allant de cause à effet.

On ne peut en acquérir aucune avant d'avoir obtenu la première mesure de l'amour conditionnel. Après l'avoir acquise à la perfection, cette première mesure fait qu'il est récompensé de la seconde mesure. Après avoir acquis pleinement cette seconde mesure, elle lui permet d'acquérir la troisième mesure. Finalement, de la troisième mesure à la quatrième mesure, l'amour éternel.

75) Ainsi, la question se pose : comment l'homme pourra acquérir le premier degré de l'amour du Créateur, la première mesure de l'amour conditionnel, qui est l'amour qui provient de l'immense bonté qu'il a reçue du bien-aimé, alors qu'il n'y a pas de récompense pour la *Mitsva* dans ce monde ?

De plus, il a été expliqué, que chaque homme est obligé de passer par les deux premiers aspects de la Providence par la dissimulation de la face, ce qui veut dire que la Face du Créateur, à savoir la mesure de Sa bonté – la voie du bien est de faire le bien – est cachée durant cette même période (point 47). C'est pourquoi il reçoit alors douleurs et souffrances.

Il a été expliqué en effet que toute la pratique de la Torah et du travail par le choix existe principalement en cette période de dissimulation de la face. S'il en est ainsi, comment pourrait-il acquérir la seconde mesure d'amour conditionnel, signifiant que jusqu'à présent, le bien aimé ne lui a fait que de nombreuses et merveilleuses bontés, et ne lui a jamais fait de mal ? Et à plus forte raison, pour acquérir la troisième ou quatrième mesure ?

76) Nous avons en effet plongé dans des eaux formidables. Il nous faut cependant en retirer un joyau précieux. Nous expliquerons pour cela, un article de nos sages (*Brakhot* 17) « Tu verras ton monde dans ta vie, et après toi, la vie du monde à venir ». Et il faut comprendre : pourquoi n'ont-ils pas dit : « tu recevras ton monde dans ta vie », mais seulement « tu verras ». Et s'ils venaient bénir, ils auraient dû bénir parfaitement, c'est-à-dire qu'il atteigne et reçoive son monde dans sa vie ? Il faut également comprendre : pourquoi l'homme devrait-il voir son monde à venir dans sa vie, la moindre des choses ne serait-elle pas que sa fin soit la vie du monde à venir ? De plus, pourquoi cette bénédiction est-elle la première ?

77) Il faut tout d'abord comprendre quelle est cette vision de son monde à venir dans sa vie ? Il est évident qu'avec des yeux physiques on ne voit rien de spirituel. Il n'est pas non plus dans les coutumes du Créateur de changer les ordres de la Création. Dès le début, le Créateur n'a organisé l'ordre de la Création que parce qu'il est le plus propice pour son dessein désiré, qui est que l'homme soit récompensé d'adhérer au Créateur, comme il est écrit : « le Seigneur a agi dans Son propre but ». Il faut donc comprendre, comment l'homme se figurera-t-il la vision de son monde dans sa vie ?

78) Je vous dirai que cette vision vient à l'homme par l'ouverture de ses yeux dans la Torah, comme il est écrit : « Dessille mes yeux et je contemplerai les merveilles de Ta Torah ». C'est ce qu'on fait jurer à l'âme avant qu'elle n'arrive dans le corps (*Nida* p. 30), que « même si tout le monde te dit que tu es un juste, soit un méchant à tes yeux ». Ce qui veut dire, à vos yeux expressément.

Cela signifie que tant que vous n'avez pas été récompensé de l'ouverture « des yeux » dans la Torah, considérez-vous méchant. Ne vous dupez pas de votre réputation de juste dans le monde. Vous comprendrez aussi pourquoi ils ont mis en premier la bénédiction « tu verras ton monde dans ta vie », c'est parce qu'avant cela, il ne peut même pas être récompensé du nom de « juste incomplet »

79) Il faut comprendre en effet, que s'il sait vraiment qu'il a accompli toute la Torah et que tout le monde est d'accord avec lui, pourquoi cela ne lui suffit pas ? Au contraire, il doit jurer de continuer à se considérer comme un méchant. Est-ce parce qu'il lui manque ce merveilleux degré d'ouvrir les yeux dans la Torah, de voir son monde dans sa vie, que vous le comparez à un méchant ?

80) Certes, les quatre voies par lesquelles les hommes atteignent Sa Providence ont déjà été expliquées. Deux d'entre elles sont dans la dissimulation de la Face et deux sont dans la révélation de la Face.

Le sens de « la dissimulation de la Face » aux créatures a été expliqué. Elle est intentionnelle, pour donner aux hommes l'espace de faire des efforts et de s'engager dans Son travail dans la Torah et les Mitsvot par « choix ». C'est parce que le Créateur a plus de satisfaction de leur travail dans Sa Torah et Ses Mitsvot, que de satisfaction de Ses anges en haut qui n'ont pas de choix mais sont contraints par leur mission.

81) Malgré les louanges faites pour la phase de la dissimulation de la Face, elle n'est pas considérée parfaite car c'est uniquement une phase de « transition ». C'est l'endroit d'où l'on est récompensé de toute la perfection espérée. Cela signifie que toute récompense pour une Mitsva, préparée pour l'homme, n'est obtenue que par son labeur dans la Torah et les bonnes actions durant la période de dissimulation de la Face, ce qui veut dire quand il travaille par « choix ».

Il en est ainsi parce qu'il ressent de la peine en renforçant Sa foi pour accomplir Sa volonté. Toute la récompense de l'homme n'est mesurée que par la peine qu'il endure dans l'observation de la Torah et des Mitsvot comme il est écrit : « le salaire sera proportionnel à la peine ».

82) C'est pourquoi chaque homme doit passer cette « transition » pendant la période de dissimulation de la Face. Quand il la complète, il est récompensé alors d'atteindre la Providence révélée, soit la révélation de la Face. Avant d'être récompensé de la révélation de la Face et bien qu'il voie le dos, il ne peut pas s'empêcher de commettre une infraction.

Non seulement il ne peut accomplir les 613 Mitsvot, car l'amour ne vient ni par contrainte ni par force, mais il ne peut même pas non plus accomplir les 612 Mitsvot, parce que même sa crainte n'est pas stable comme il se doit.

C'est le sens de « Torah » étant 611 en *Guématria*, car il ne peut même pas accomplir les 612 *Mitsvot* correctement. C'est le sens de « Il ne contestera pas ». Mais à la fin, il sera récompensé de la révélation de la Face.

83) Le premier degré de la révélation de la Face est l'atteinte de la Providence de la récompense et punition dans une clarté absolue. Elle ne vient à l'homme que par Son salut, quand il est récompensé de l'ouverture des yeux dans la Torah par une prodigieuse atteinte, « et devient comme une source abondante » (*Avot* – Traité des pères 6). Pour chaque *Mitsva* de la Torah, qu'il a déjà respectée de son propre choix, il est récompensé de voir la récompense de la *Mitsva* qui lui est destinée dans le monde à venir. De même, la grande perte qu'entraîne une transgression.

84) Bien qu'il n'ait pas encore la récompense en main, car la récompense de la *Mitsva* n'est pas dans ce monde, cette atteinte claire lui suffit par la suite pour ressentir le grand plaisir de faire une *Mitsva* « car tout ce qui est sur le point d'être collecté est considéré collecté ».

Par exemple, un commerçant qui a fait une affaire et a gagné beaucoup d'argent, même si le profit ne viendra qu'après une longue période, s'il est certain, sans le moindre doute, qu'il fera du profit en son temps, il est heureux comme s'il l'avait reçu immédiatement.

85) Naturellement, une telle Providence révélée témoigne pour lui que par la suite il adhérera à la Torah et aux *Mitsvot* de tout son cœur, âme, et force. Il abandonnera et fuira les transgressions, comme il fuirait le feu. Bien qu'il ne soit pas encore un juste complet, car il n'a pas encore été récompensé de la repentance par amour, sa grande adhésion à la Torah et aux bonnes actions l'aide peu à peu à être récompensé de la repentance par amour, soit le deuxième degré de « la révélation de la Face ». Il peut alors observer toutes les 613 *Mitsvot* à la perfection, et devient un juste complet.

86) Maintenant, nous comprenons très bien notre question relative au serment qu'on fait jurer à l'âme avant son arrivée dans ce monde « même si tout le monde te dit que tu es un juste, sois à tes yeux un méchant ». Nous avons demandé : « puisque tout le monde est d'accord avec lui qu'il est un juste, pourquoi est-il obligé de se considérer comme méchant, n'aurait-il pas confiance en le monde entier ?

Nous devons également ajouter à propos de la phrase « et même si le monde entier dit ». Quel est ici l'intérêt du témoignage de tout le monde ? L'homme ne se connaît-il pas mieux que tout le monde ? Il aurait dû lui jurer « que même si tu sais toi-même que tu es juste ».

Plus difficile encore est le commentaire de la *Guémara* (*Brakhot* 61), que l'homme doit savoir en son âme, s'il est un juste complet ou non. Il y a donc une obligation et une possibilité d'être véritablement un juste complet. Qui plus est, il est obligé de rechercher et de connaître cette vérité. Et s'il en est ainsi, comment fait-on jurer à l'âme d'être, à ses yeux, toujours méchante, et de ne jamais connaître la vérité, quand nos sages ont obligé l'inverse ?

87) Les paroles sont cependant très exactes, car tant que l'homme lui-même n'a pas été récompensé de l'ouverture des yeux dans la Torah par une atteinte merveilleuse, qui lui suffira pour atteindre clairement l'atteinte de la récompense et de la punition, il ne pourra évidemment pas se leurrer, ni se considérer juste, car il ressentira forcément, qu'il lui manque les deux *Mitsvot* les plus globales de la Torah, qui sont « l'amour et la crainte ».

Même s'il atteint la crainte complète, comme dans « Celui qui connaît les mystères témoigne pour lui qu'il ne retournera plus à ses bêtises », en raison de sa forte crainte de la punition et de la perte que cause la transgression, l'homme ne peut pas se l'imaginer avant d'avoir été récompensé de l'atteinte complète, claire et absolue de la Providence de la récompense et de la punition.

Cela fait référence à l'atteinte du premier degré de la révélation de la Face qui vient à l'homme par l'ouverture des yeux dans la Torah. Sans parler de l'amour, qui est tout à fait au-dessus de sa capacité, car il dépend de la compréhension du cœur, et aucun effort ni contrainte ne l'aideront ici.

88) Par conséquent, le serment affirme « et même si le monde entier te dit que tu es un juste ». Il en est ainsi par que ces deux *Mitsvot* « amour et crainte » ne sont données qu'à l'homme, et il n'y a personne au monde, à part lui, qui puisse les discerner et les connaître.

C'est pourquoi, en le voyant complet dans les 611 *Mitsvot*, ils disent immédiatement qu'il a probablement aussi les *Mitsvot* d'amour et de crainte. Comme la nature humaine l'oblige à croire le monde, il risquerait fort de tomber dans une erreur amère.

C'est la raison pour laquelle on fait jurer à l'âme, avant même son arrivée dans ce monde, et espérons que cela nous aide. Néanmoins, c'est à l'homme évidemment qu'il appartient de rechercher et de savoir dans son âme s'il est un juste complet.

89) Nous comprenons aussi notre question : « Comment le premier degré de l'amour peut-il être atteint alors qu'il n'y a pas de récompense pour une *Mitsva* dans ce monde ? (dans cette vie) ». Maintenant il est clair que l'homme n'a pas besoin en fait de recevoir une récompense pour une *Mitsva* dans sa vie d'où leur précision « Tu verras ton monde durant ta vie et après toi, la vie dans le monde à venir », indiquant que la récompense pour une *Mitsva* n'est pas dans ce monde, mais dans le monde à venir.

Pourtant, pour voir, savoir et ressentir la future récompense de la *Mitsva* dans le monde à venir, l'homme doit le savoir de la façon la plus certaine durant sa vie, par la merveilleuse atteinte dans la Torah. Il en est ainsi parce qu'alors l'homme atteint l'amour conditionnel, qui est le premier degré de la sortie de la dissimulation de la face, et son entrée dans la révélation de la face, qu'il doit avoir afin d'observer la Torah et les *Mitsvot* correctement, de façon que « Celui qui connaît tous les mystères témoignera qu'il ne retournera plus à ses bêtises ».

90) A présent, en travaillant pour observer la Torah et les *Mitsvot* sous la forme de l'amour conditionnel, qui vient à lui par la connaissance de la récompense future dans le monde à venir, comme dans « tout ce qui est sur le point d'être collecté est comme collecté », l'homme atteint alors le second degré de la révélation de la face – Sa providence sur le monde par Son éternité et Sa véracité, c'est-à-dire qu'Il est bon et fait le bien aux gentils comme aux méchants.

Dans cet état, l'homme atteint l'amour inconditionnel et ses malveillances deviennent des mérites. De là, il est appelé « juste complet », puisqu'il peut garder la Torah et les *Mitsvot* avec amour et crainte. Et il est appelé « complet » parce qu'il a les 613 *Mitsvot* en totalité.

91) Cela répond à notre question : « Celui qui atteint la troisième mesure de Providence, c'est-à-dire la Providence de la récompense et punition, quand « Celui qui connaît tous les mystères témoigne qu'il ne retournera plus à ses bêtises », est néanmoins encore considéré comme « juste incomplet ». Maintenant nous comprenons entièrement qu'il lui manque toujours une *Mitsva*, la *Mitsva* de l'amour. Bien sûr, l'homme est incomplet, puisqu'il doit nécessairement compléter les 613 *Mitsvot*, ce qui est nécessairement la première étape au seuil de la perfection.

92) Avec tout ce qui a été dit plus haut, nous comprenons ce que nous avons demandé « Comment est-ce que la Torah nous oblige à la *Mitsva* de l'amour quand pour cette *Mitsva* il n'est pas en notre pouvoir de nous y engager ni même de la toucher » ? Maintenant vous voyez et comprenez que c'est à ce propos que nos sages nous ont avertis : « J'ai travaillé et je n'ai pas trouvé, n'y crois pas » et aussi « L'homme s'engage toujours dans la Torah et les *Mitsvot Lo Lishma* car de *Lo Lishma* il vient à *Lishma* » (*Pessakhim* 50). Le verset « ceux qui Me cherchent Me trouveront » (Proverbes 8), en témoigne aussi.

93) Voici les paroles de nos sages (*Méguilla* p. 6) : « Rabbi Yitzhak disait : 'Si un homme te dit 'j'ai travaillé et je n'ai pas trouvé', n'y crois pas ; 'je n'ai pas travaillé et j'ai trouvé' n'y crois pas ; 'j'ai travaillé et j'ai trouvé', crois-le' ».

Nous demandons à propos de « J'ai travaillé et j'ai trouvé », que ces mots semblent contradictoires, puisque le travail se rapporte aux possessions et une trouvaille est quelque chose qui lui vient sans aucun effort et sans y penser. Il aurait dû dire : « J'ai travaillé et j'ai acheté ».

Cependant, vous devriez savoir que ce terme « trouvé » mentionné ici, se rapporte au verset « ceux qui Me cherchent Me trouveront ». Cela se réfère à trouver la face du Créateur, comme il est écrit dans le *Zohar*, qu'Il n'est trouvé que dans la Torah. Cela signifie que l'homme, par son travail dans la Torah, est récompensé de trouver la face du Créateur. De ce fait, nos sages ont été précis dans leurs mots et ont dit : « J'ai travaillé et j'ai trouvé, crois-le », parce que le travail est dans la Torah et la trouvaille est dans la révélation de la face de Sa providence.

Ils se sont délibérément abstenus de dire « J'ai trouvé et gagné, crois-le », ou « J'ai trouvé et acheté », parce qu'alors cela aurait pu induire en erreur, puisque gagner et posséder se seraient référés uniquement à la possession de la Torah. De ce fait, ils ont précisé en utilisant le mot « trouvé », indiquant qu'il se réfère à une chose de plus que l'acquisition de la Torah, c'est-à-dire la révélation de la face de Sa providence.

94) Cela explique le verset « Je n'ai pas travaillé et j'ai trouvé, n'y crois pas ». Cela semble déconcertant car qui penserait qu'il soit possible d'atteindre la Torah sans avoir travaillé pour elle ? Mais puisque les mots sont en rapport avec le verset « Ceux qui Me chercheront Me trouveront » (Proverbes 8 :17), cela veut dire que quiconque, petit ou grand, qui Le cherche, Le trouve immédiatement. C'est ce que le mot « cherche » suggère.

L'homme pourrait penser que cela ne requiert pas tant de travail et que même la moindre des personnes, ne voulant faire aucun effort pour cela, Le trouverait aussi. Nos sages nous avertissent à ce propos de ne pas croire une telle explication, mais que le travail est obligatoire ici et « Je n'ai pas travaillé et j'ai trouvé, n'y crois pas ».

95) Maintenant vous voyez pourquoi la Torah est appelée « Vie » comme il est écrit « Vois, J'ai mis devant toi aujourd'hui la vie et le bien » (Deutéronome 30 :15) et aussi « et tu choisiras la vie » et « Car elle est la vie pour ceux qui la trouvent » (Proverbes 4 : 22). Cela vient du verset « Dans la lumière du visage du roi est la vie » (Proverbes 16 :15), puisque le Créateur est la source de toute vie et de tout le bien.

De ce fait, la vie s'étend dans les branches mêmes qui adhèrent à leur source. Cela se réfère à ceux qui ont travaillé et trouvé la lumière de Sa face dans la Torah, à ceux qui ont été récompensés de l'ouverture de leurs yeux dans la Torah par une merveilleuse atteinte, jusqu'à être récompensé de la révélation de la face, qui signifie l'atteinte de la véritable Providence qui s'accorde à Son nom, « Le Bien », car la voie du Bien est de faire le bien.

96) Ces privilégiés ne peuvent plus s'arrêter de respecter la *Mitsva* correctement, comme un homme ne peut s'empêcher de saisir un merveilleux plaisir qui se présente à lui. De ce fait, ils fuient la transgression comme on s'enfuit devant le feu.

Il est dit d'eux : « Et vous, qui adhérez au Seigneur votre Dieu vous vivez tous aujourd'hui », car Son amour leur vient en abondance dans un amour naturel, par des canaux naturels préparés pour l'homme par la nature de la création. Il en est ainsi parce que maintenant la branche adhère à sa racine comme il se doit, et la vie lui est donnée en abondance depuis Sa source et sans arrêt. C'est pourquoi la Torah est appelée « Vie ».

97) Nos sages nous ont donc avertis en beaucoup d'endroits de la condition obligatoire dans l'engagement dans la Torah, qui est spécifiquement *Lishma*. L'homme sera récompensé de la vie grâce à elle, car elle est la Torah de la vie, et c'est pourquoi elle nous a été donnée comme il est écrit : « et tu choisiras la vie ».

De ce fait, durant la pratique de la Torah, chaque personne doit y travailler et y mettre son esprit et son cœur pour y trouver la lumière « de la face du roi vivant ». Cela veut dire l'atteinte de la Providence révélée appelée « lumière de la face ».

Tout homme est en digne comme il est écrit : « ceux qui Me cherchent Me trouveront ». Et comme il est écrit : « J'ai travaillé et je n'ai pas trouvé, n'y crois pas ».

Ainsi, rien ne lui manque, à part faire l'effort. Il est écrit : « Quiconque pratique la Torah *Lishma* sa Torah lui devient une potion de vie » (*Taanit* 7a). Cela signifie que l'homme doit seulement mettre son cœur et son esprit à atteindre la vie, c'est cela le sens de *Lishma*.

98) Vous verrez à présent que la question des interprètes de la *Mitsva* de l'amour, disant que cette *Mitsva* n'est pas entre nos mains puisque l'amour ne vient ni par contrainte ni par servitude, n'est plus pertinente, parce qu'elle est entièrement entre nos mains. Chaque personne peut travailler dans la Torah jusqu'à y trouver l'atteinte de Sa Providence révélée, comme il est écrit : « J'ai travaillé et j'ai trouvé, crois-le ».

Quand l'homme atteint la Providence révélée, l'amour se répand en lui de lui-même par les canaux naturels. Celui qui ne croit pas qu'il puisse en être récompensé par ses efforts, pour quelque raison que ce soit, ne croit forcément pas en les paroles de nos sages. Il s'imagine à la place, que le travail n'est pas suffisant pour chaque personne, ce qui est l'opposé du verset « J'ai travaillé et je n'ai pas trouvé, n'y crois pas » et également contraire au verset « ceux qui Me cherchent Me trouveront » ; spécifiquement ceux qui « Me cherchent », quels qu'ils soient, petits ou grands. Cependant, il doit certainement faire des efforts.

99) De ce qui précède, vous comprendrez le sens de « Quiconque pratique la Torah *Lo Lishma* sa Torah devient une potion mortelle » (*Taanit* 7a), et le verset « Vraiment Tu es un Dieu qui se cache », signifie que le Créateur Lui-même se cache dans la Torah.

Nous avons demandé : « Il semblerait raisonnable que le Créateur soit caché dans les vanités de ce monde, qui sont en-dehors de la Torah et non pas dans la Torah elle-même. Le lieu de la révélation se trouverait-il en elle uniquement ? » Allons plus loin, cette dissimulation où le Créateur se cache, pour être cherché et trouvé, à quoi bon ?

100) D'après l'explication susmentionnée, vous comprendrez bien que cette dissimulation, où le Créateur se cache afin d'être recherché, est la dissimulation de la face par laquelle il mène Ses créatures de deux manières : la simple dissimulation et la dissimulation dans la dissimulation.

Le *Zohar* nous dit que nous ne devrions même pas penser que le Créateur souhaite rester dans la Providence de la face dissimulée envers Ses créatures, mais cela ressemble plutôt à un homme qui se cache délibérément afin que son ami le cherche et le trouve.

De même, quand le Créateur se comporte selon la dissimulation de la face vis-à-vis de Ses créatures, ce n'est que parce qu'Il veut que les créatures recherchent la révélation de Sa face et Le trouvent. En d'autres mots, les créatures n'auraient pas d'autre façon d'être récompensées de la lumière de la face du Roi vivant, s'Il ne se comportait pas tout d'abord avec elles suivant la dissimulation de la face. Ainsi, toute la dissimulation n'est qu'une simple préparation à la révélation de la face.

101) Il est écrit que le Créateur se cache dans la Torah. En effet, les souffrances et les douleurs que l'homme éprouve durant la dissimulation de la face sont différentes pour celui qui a commis des infractions et a peu pratiqué la Torah et les *Mitsvot* que pour celui qui s'est engagé largement dans la Torah et les bonnes actions. Il en est ainsi parce que le premier est bien capable de juger son Créateur favorablement, en pensant que les souffrances endurées viennent des infractions et de son peu de pratique de la Torah.

Pour l'autre cependant, il est très dur de juger son Créateur favorablement, parce qu'à son avis il ne mérite pas de punitions aussi dures et de plus, il voit que ses amis, qui sont pires que lui, ne souffrent pas autant, comme il est écrit : « les méchants, toujours heureux, s'enrichissent » et aussi « en vain j'ai purifié mon cœur ».

Ainsi vous verrez que tant que l'homme n'a pas été récompensé de la Providence de la révélation de la face, l'abondance de la Torah et des *Mitsvot* alourdit encore plus la dissimulation de la face. C'est le sens de « le Créateur se cache dans la Torah ».

En effet, toute cette lourdeur qu'il ressent par la Torah sont des appels avec lesquels la Torah elle-même l'appelle, l'éveillant à se presser et à faire les efforts requis, pour être récompensé immédiatement de la révélation de la face, tel qu'Il le veut.

102) C'est pourquoi quiconque étudie la Torah *Lo Lishma*, sa Torah devient pour lui, une potion mortelle. Non seulement il ne sort pas de la dissimulation de la face vers la révélation de la face, puisqu'il n'a pas l'intention de travailler ni de l'atteindre, mais en plus, la Torah qu'il accumule lui ajoute davantage la dissimulation de la face. Finalement, il tombe dans la dissimulation de la dissimulation qui est considérée comme la mort, car il est complètement détaché de sa racine. Ainsi, sa Torah devient pour lui une potion mortelle.

103) Ceci clarifie les deux noms portés par la Torah : « révélée » et « dissimulée ». Nous devons comprendre pourquoi nous avons besoin de la Torah dissimulée et pourquoi la Torah entière n'est pas révélée.

En effet, il y a une intention profonde. La Torah « dissimulée » suggère que le Créateur « se cache dans la Torah » d'où son nom « la Torah du caché ». Inversement, elle est appelée « révélée » parce que le Créateur est révélé par la Torah.

Par conséquent les kabbalistes ont dit, et nous trouvons aussi cela dans le livre de prières du Gaon de Vilna, que l'ordre d'atteinte de la Torah commence avec le dissimulé et se termine par le révélé. Cela signifie que par un travail approprié, où l'homme peine dès le début dans la Torah du caché, il est ainsi récompensé de la Torah révélée, celle qui est littérale. Ainsi, l'homme commence par le dissimulé, appelé *Sod* [secret] et quand il est récompensé, il aboutit au littéral.

104) Il a été bien clarifié comment il est possible d'atteindre le premier degré de l'amour, qui est l'amour conditionnel. Nous avons appris que, bien qu'il n'y ait pas de récompense pour une *Mitsva* dans ce monde, l'atteinte de la récompense pour la *Mitsva* existe néanmoins dans la vie terrestre. Elle vient à l'homme par l'ouverture des yeux dans la Torah. Cette claire atteinte ressemble entièrement à recevoir une récompense immédiate pour une *Mitsva*.

De ce fait, l'homme ressent le bénéfice merveilleux contenu dans la pensée de la Création, qui est de délecter Ses créatures de Sa main pleine, bienfaisante et généreuse. Grâce à l'abondance de faveurs que la personne atteint, un amour merveilleux apparaît entre elle et le Créateur. Il se déverse sans cesse sur la personne à travers les mêmes chemins et canaux par lesquels l'amour naturel apparaît.

105) Cependant, tout cela n'arrive à l'homme qu'à partir du moment de son atteinte. Pourtant, il ne veut pas se souvenir de tous les tourments dus à la Providence en dissimulation de la face, dont il a souffert avant qu'il n'atteigne la révélation de la face, puisque « l'amour couvre tous les crimes ». Ils sont néanmoins considérés comme un grand défaut, même dans l'amour entre les gens, et il va sans dire envers la véracité de Sa providence, puisqu'Il est bon et fait le bien aux méchants comme aux gentils.

Par conséquent, nous devons comprendre comment l'homme peut-il être récompensé de Son amour d'une façon telle qu'il ressentira et saura que le Créateur lui a toujours fait un bien merveilleux, dès sa naissance, et qu'Il ne lui a jamais causé le moindre mal, ni ne lui en fera jamais ; Tel est le deuxième aspect de l'amour.

106) Pour comprendre cela, nous avons besoin des paroles de nos sages. Ils disent : « celui qui se repent par amour, ses malveillances deviennent des mérites ». Cela signifie que non seulement le Créateur lui pardonne ses malveillances, mais aussi que chaque malveillance et infraction que l'homme a commise est transformée en *Mitsva* par le Créateur.

107) De ce fait, après que l'homme a atteint l'illumination de la face dans une mesure telle que chaque infraction qu'il a commise, même délibérément, soit transformée en *Mitsva*, il se réjouit de toutes les souffrances et afflictions amères et des nombreux tourments dont il a souffert depuis toujours, dès le moment où il a été placé dans les deux discernements de la dissimulation de la face. Ce sont eux qui l'ont amené à toutes ces malveillances, qui sont devenues maintenant des *Mitsvot*, par l'illumination de Sa face, qui réalise des merveilles.

Tout ennui ou problème qui lui a fait perdre ses esprits et l'a fait échouer en faisant des erreurs, comme dans la première dissimulation, ou bien par malveillance comme dans la double dissimulation, est maintenant devenu une cause et une préparation pour l'observance d'une *Mitsva* et la réception d'une grande récompense merveilleuse et éternelle. Par conséquent tout ennui s'est transformé en une grande joie et tout mal en un bien merveilleux.

108) Cela ressemble à la légende du Juif qui était l'intendant de la maison d'un certain propriétaire. Le propriétaire l'aimait tendrement. Un jour, le propriétaire est parti en voyage et laissa son affaire à son substitut, qui haïssait Israël.

Que fit-il ? Il prit le Juif et le fouetta cinq fois devant tout le monde pour l'humilier grandement. Au retour du propriétaire, le Juif alla le trouver et lui raconta ce qu'il lui était arrivé. Ce dernier se mit en colère, appela le substitut et lui ordonna de donner immédiatement au Juif mille pièces d'or pour chaque coup donné.

Le Juif prit l'argent et rentra chez lui. Sa femme le trouva en pleurs. Elle lui demanda anxieuse ce qu'il lui était arrivé avec le propriétaire. Il lui raconta. Elle lui dit alors pourquoi pleures-tu ? Il lui dit : « Je pleure parce qu'il ne m'a fouetté que cinq fois. J'aurais souhaité qu'il me batte au moins dix fois, car maintenant j'aurais dix milles pièces d'or. »

109) Maintenant vous voyez que l'homme, après avoir été pardonné pour ses iniquités, ses malveillances deviennent des mérites, il est alors récompensé du discernement du deuxième degré d'amour du Créateur, où Celui Qui est aimé n'a jamais causé aucun mal, ni même une ombre de mal, à celui qui L'aime, mais Il lui a fait plutôt un bien merveilleux et abondant depuis toujours et à jamais, de façon à ce que la repentance par amour et la transformation des malveillances en mérites arrivent ensemble.

110) Jusqu'ici, nous n'avons examiné que les deux degrés de l'amour conditionnel. Cependant, nous devons encore comprendre comment l'homme est récompensé d'arriver aux deux discernements de l'amour inconditionnel pour son Créateur.

Pour cela nous devons comprendre complètement ce qui est écrit (*Kidoushin* page 40) : « L'homme doit toujours se considérer à moitié coupable et à moitié innocent. S'il réalise une *Mitsva*, heureux soit-il, car il a fait pencher la balance du côté du mérite. S'il commet une infraction, malheur à lui, car il fait pencher la balance du côté de la faute.

Rabbi Elazar, fils de Rabbi Shimon, dit : « puisque le monde est jugé selon sa majorité et l'individu est jugé par la majorité, s'il réalise une *Mitsva*, heureux soit-il, car il fait pencher la balance du côté du mérite pour lui et le monde entier. S'il commet une infraction, malheur à lui, car il s'est condamné, lui et le monde entier, à la faute, car à cause de ce seul péché qu'il a commis, lui et le monde ont perdu beaucoup de bien ».

111) Ces mots semblent déconcertants du début à la fin. Il dit que celui qui réalise une *Mitsva*, fait pencher immédiatement la balance du côté du mérite, car il est jugé par la majorité. Pourtant cela se réfère à ceux qui sont à moitié coupables et à moitié innocents. Et Rabbi Elazar, fils de Rabbi Shimon, ne parle pas de cela du tout. Ainsi le principal manque dans le livre.

Rachi a interprété ses paroles comme se référant aux mots : « L'homme devrait toujours se considérer comme à moitié coupable et à moitié innocent ». Rabbi Elazar, fils de Rabbi Shimon, ajoute que l'homme devrait toujours considérer le monde comme s'il était à moitié coupable et à moitié innocent. Pourtant le principal manque toujours et pourquoi a-t-il changé ses paroles si le sens en est le même ?

112) Ceci est encore plus difficile pour ce qui est du sujet lui-même, c'est-à-dire pour que l'homme se voit lui-même comme à moitié coupable. C'est étonnant, car si l'homme connaît ses nombreux méfaits, se mentirait-il en disant qu'il est à moitié ceci et à moitié cela ?

La Torah déclare : « Éloigne-toi des mensonges ! » De plus, il est écrit : « un pêcheur perd beaucoup de bien ». Il en est ainsi parce qu'une infraction condamne une personne et le monde entier à la faute. C'est donc bien par une réalité évidente, et non par une imagination trompeuse, que l'homme devrait se représenter lui-même et le monde.

113) Il y a une autre source de confusion : se peut-il qu'il y ait peu de personnes dans chaque génération qui réalisent une *Mitsva* ? Ainsi comment le monde est-il jugé d'après le mérite ? Est-ce que cela veut dire que la situation ne change pas et qu'il n'y a rien de nouveau sous le soleil ? En effet, une grande profondeur est requise ici, car les mots ne doivent pas être compris superficiellement.

Cependant, il ne s'agit pas d'un homme qui sait que ses iniquités sont nombreuses, pour lui apprendre à mentir, qu'il est à moitié ceci ou à moitié cela, ni pour insinuer qu'il ne lui manque qu'une seule *Mitsva*. Cela n'est absolument pas la voie des sages.

Mais cela fait référence à un homme qui ressent et qui s'imagine être totalement un juste complet et qui pense être dans la perfection absolue. Il en est ainsi parce qu'il a déjà été récompensé du premier degré de l'amour par l'ouverture des yeux dans la Torah, et que « Celui qui connaît tous les mystères témoigne déjà qu'il ne retournera plus à sa bêtise ».

Les écrits lui montrent le chemin et prouvent qu'il n'est pas encore un juste, mais entre les deux – à moitié coupable et à moitié innocent. Il en est ainsi parce qu'il lui manque encore l'une des 613 *Mitsvot* dans la Torah, la *Mitsva* de l'amour.

Tout le témoignage de Celui qui connaît les mystères qu'il ne pêchera plus, existe uniquement à cause de la clarté de l'atteinte de l'homme, de la grande perte en transgressant. Ceci est considéré comme la crainte de la punition et par conséquent est appelée « la repentance par crainte ».

114) Nous avons aussi appris que ce degré de la repentance par crainte ne corrige un homme qu'à partir du moment de la repentance. En effet, toute la peine et souffrances vécues, avant la récompense de la révélation de la face, restent telles quelles, non corrigées. De même, les infractions que l'homme a commises ne sont pas entièrement corrigées, mais subsistent en tant qu'erreurs.

115) C'est pourquoi il est dit d'un homme, à qui il manque encore une *Mitsva*, se considérera comme à moitié coupable et à moitié innocent, c'est-à-dire qu'il devra s'imaginer que la période où il a été récompensé de la repentance était au milieu de ses années. De ce fait, il est toujours « à moitié coupable », pour la moitié des années qu'il a vécue avant de se repentir. A ce moment, l'homme est certainement coupable puisque la repentance par crainte ne les corrige pas.

Il s'avère qu'il est également à moitié innocent, pour la moitié de ses années, depuis qu'il a été récompensé de la repentance. A ce moment, il est certainement innocent car il est sûr qu'il ne pêchera plus. Ainsi, dans la première moitié de ses années il est coupable et dans la dernière moitié de ses années, il est innocent.

116) Il lui est dit de penser de lui-même que s'il a réalisé une *Mitsva*, cette même *Mitsva* qu'il lui manque des 613, heureux sera-t-il car il s'est jugé du côté du mérite. Il en est ainsi parce que celui qui a été récompensé de la *Mitsva* de l'amour, par la repentance par amour, grâce à elle, est récompensé de changer ses malveillances en mérites.

Ainsi, chaque peine et chaque chagrin ressentis depuis toujours, avant d'être récompensé de la repentance, sont transformés en de merveilleux et infinis plaisirs pour lui, au point qu'il regrette de ne pas avoir souffert deux fois plus, comme dans l'histoire du propriétaire et du Juif qu'il aimait. Ceci est appelé « faire pencher la balance du côté du mérite », puisque toutes les émotions de l'homme, les erreurs et les malveillances se sont transformées en « mérites ». Ainsi, faire pencher « la balance du côté du mérite » signifie que le plateau [de la balance] qui était rempli de fautes est devenu un plateau rempli de mérites. Cette inversion est appelée par les sages « juger ».

117) Il nous avertit plus loin et dit, que tant que l'homme est au milieu et n'a pas encore été récompensé de cette « seule *Mitsva* » qu'il lui manque des 613, il ne devrait pas croire en lui jusqu'au jour de sa mort. Il ne devrait pas non plus compter sur le témoignage de Celui qui connaît tous les mystères, qu'il ne retournera plus à sa bêtise, car il pourrait commettre une infraction. De ce fait, l'homme devrait toujours penser de lui-même que s'il a commis une infraction, malheur à lui, car il s'est condamné à la faute.

Il en est ainsi parce qu'alors il perdra immédiatement toute sa merveilleuse atteinte dans la Torah, et toute la révélation de la face dont il a été récompensé, et il retournera à la dissimulation de la face. Ainsi, il se condamnera à la faute car il perdra tous les mérites et le bien, même ceux de la dernière moitié de ses années. Comme preuve, il cite le verset « un pêcheur perd beaucoup de bien ».

118) Maintenant vous comprenez l'ajout de Rabbi Elazar, fils de Rabbi Shimon, et pourquoi il ne cite pas la phrase « à moitié coupable et à moitié innocent ». Il en est ainsi parce qu'il s'agit des deuxième et troisième discernements de l'amour, alors que Rabbi Elazar fils de Shimon parle du quatrième discernement de l'amour, l'amour éternel – la révélation de la face, telle qu'elle est en vérité, bonne et bienfaisante aux mauvais comme aux gentils.

119) Nous avons appris qu'il est impossible d'atteindre le quatrième discernement, sauf quand l'homme est compétent et connaît tous les agissements de l'aimé et son comportement envers tous les autres, jusqu'à ce qu'aucun ne lui manque. C'est aussi pourquoi le grand privilège dont l'homme est récompensé, en faisant pencher la balance du côté du mérite, n'est toujours pas suffisant pour qu'il soit récompensé de l'amour complet, c'est-à-dire le quatrième discernement. Il en est ainsi parce que maintenant il n'atteint pas Sa qualité du bien qui fait le bien aux méchants comme aux gentils, mais uniquement Sa Providence à son égard.

Cependant, il ne connaît toujours pas Sa Providence, dans cette sublime et merveilleuse façon vis-à-vis du reste des gens dans le monde. Ainsi, nous avons appris ci-dessus, que tant que l'homme ne connaît pas les agissements de l'aimé avec autrui, jusqu'à ce qu'aucun ne manque, l'amour n'est toujours pas éternel. De ce fait, l'homme est obligé de faire aussi pencher la balance du monde entier vers le mérite. Ce n'est qu'alors que l'amour éternel lui apparaît.

120) C'est ce que Rabbi Elazar, fils de Rabbi Shimon, dit : « Puisque le monde est jugé par sa majorité et l'individu est jugé par sa majorité », et puisqu'il considère le monde entier, il ne peut pas dire, comme il est écrit, qu'il les considère à moitié coupable et à moitié innocent. Une personne n'atteint ce degré que quand elle est récompensée de la révélation de la face et de la repentance par crainte. Pourtant, comment peut-elle dire cela du monde entier, alors qu'elle n'a pas encore été récompensée de cette repentance ? Ainsi, l'homme doit seulement dire que le monde est jugé par la majorité et l'individu est jugé par la majorité.

L'explication est qu'on pourrait penser que l'homme n'est récompensé d'être un juste complet que s'il n'a commis aucune infraction et qu'il n'a jamais péché, et que ceux qui ont échoué en commettant des péchés et des malveillances ne méritent plus de devenir des justes complets. C'est pourquoi, Rabbi Elazar, fils de Rabbi Shimon, nous apprend qu'il n'en est pas ainsi, mais que le monde est plutôt jugé selon sa majorité, de même que l'individu.

Cela veut dire qu'après ne plus être considéré comme moyen, ce qui veut dire après s'être repenti par crainte et avoir été récompensé immédiatement des 613 *Mitsvot* et d'être appelé « moyen », c'est-à-dire durant la moitié de ses années il est coupable et durant l'autre moitié il est innocent, ce n'est qu'après, si l'homme ajoute une seule *Mitsva*, la *Mitsva* de l'amour, qu'il est considéré essentiellement innocent et fait pencher la balance vers le mérite. Ainsi, la balance des infractions devient aussi celle des mérites.

Il s'avère que même si l'homme a une balance pleine d'iniquités et de malveillances, elles se transforment toutes en mérites. Alors, l'homme ressemble à celui qui n'a jamais péché et est considéré « un juste complet ». C'est le sens du verset que le monde et l'individu sont jugés par la majorité. Ainsi, les transgressions commises par l'homme avant la repentance ne sont pas prises en compte, car elles sont devenues des mérites. En fait, même « les méchants complets » sont considérés « justes complets » après avoir été récompensés de la repentance par amour.

121) Par conséquent, il dit que si un individu réalise « une seule *Mitsva* », c'est-à-dire après s'être repenti par crainte, car alors il ne lui manque plus « qu'une seule *Mitsva* », « il est heureux car il a fait pencher la balance pour lui-même et pour le monde entier vers le mérite ». Ainsi, non seulement il est récompensé de s'être repenti par amour, en faisant pencher la balance favorablement, comme le verset le dit, mais il est aussi récompensé de faire également pencher la balance du monde entier favorablement.

Cela signifie qu'il est récompensé de s'élever vers de merveilleuses atteintes dans la Torah, jusqu'à découvrir comment tous les peuples du monde seront finalement récompensés de la repentance par amour. Ensuite, eux aussi découvriront et verront cette merveilleuse providence, comme il l'a atteinte lui-même. Eux aussi feront tous pencher la balance favorablement. A ce moment, « les péchés cesseront sur la terre et les méchants ne seront plus ».

Bien que les peuples du monde n'aient même pas encore été récompensés de la repentance par crainte, toujours est-il qu'après qu'un individu a fait pencher la balance favorablement, destinée à lui revenir par une atteinte claire et absolue, cela ressemble à « Vous verrez votre monde dans votre vie », qui est dit à propos de celui qui se repent par crainte. Nous avons dit que l'homme est impressionné et ravi par cela, comme s'il l'avait atteint instantanément, puisque « tout ce qui doit être collecté est considéré comme collecté ».

Cela concerne aussi ici l'individu qui atteint la repentance du monde entier précisément comme s'il avait été récompensé et en était venu à la repentance par amour. Chacun d'entre eux a fait pencher la balance de leur culpabilité vers les mérites, au point de connaître suffisamment toutes les actions du Créateur envers chaque individu dans le monde.

C'est pourquoi Rabbi Elazar, fils de Rabbi Shimon dit : « Heureux est-il car il a fait pencher la balance pour lui-même et pour le monde entier favorablement ». A partir de là, l'homme connaît entièrement les voies de Sa providence avec chaque création, du fait de la révélation de Son véritable visage, c'est-à-dire le Bien qui fait le bien aux méchants comme aux gentils. Puisqu'il sait cela, il a été par conséquent récompensé du quatrième discernement de l'amour, soit « l'amour éternel ».

Rabbi Elazar, fils de Rabbi Shimon, avertit comme dans le verset, que même après que l'homme ait fait pencher la balance du monde entier favorablement, il ne devrait toujours pas croire en lui-même jusqu'au jour de sa mort. S'il chute avec une seule infraction, il perdra immédiatement toutes ses merveilleuses atteintes et faveurs, comme il est écrit : « un pêcheur perd beaucoup de bien ».

Cela explique la différence à propos de laquelle Rabbi Elazar, fils de Rabbi Shimon, écrit. L'écrit parle uniquement du deuxième et du troisième discernement de l'amour, et de ce fait, il ne mentionne pas le jugement du monde entier.

En effet, Rabbi Elazar, fils de Rabbi Shimon, parle du quatrième discernement de l'amour, qui ne peut être représenté que par l'atteinte de juger le monde entier favorablement. Cependant, il nous reste encore à comprendre comment atteindre cette merveille qui est de juger le monde entier favorablement.

122) Nous devons comprendre ce qui est écrit (*Taanit* 11, p. 1) : « Quand le public se désole, l'homme ne devrait pas dire 'Je rentre chez moi pour manger et boire et mon âme sera en paix'. S'il agit ainsi, l'écrit dit de lui : « Voici la joie et le plaisir, tuez un bœuf et égorgez un mouton, mangez de la viande et buvez du vin – buvons et mangeons car demain nous mourrons ! ».

Qu'est-il écrit à ce sujet ? « Et le Seigneur des armées se révèle dans mes oreilles : certainement ton iniquité ne sera pas expiée jusqu'à ta mort. Jusque-là l'attribut des moyens. Mais il est écrit de l'attribut des méchants, 'Viens, j'apporterai du vin et nous nous enivrerons ; et demain sera comme aujourd'hui ».

Qu'est-il écrit à ce propos ? « Le juste périt et personne n'y prête attention, car le juste est pris à cause du mal ». A la place, l'homme se désole avec le public, il en est consolé par le public ».

123) Ces mots semblent complètement hors sujet, car il souhaite donner la preuve du verset que l'homme devrait s'affliger avec le public. De ce fait, pourquoi devrions-nous différencier et séparer l'attribut des moyens de l'attribut des méchants ? De plus, quelle est la précision qui est faite pour « l'attribut des moyens » et « l'attribut des méchants » ? Et pourquoi ne dit-il pas « intermédiaires » et « méchants » ? Pourquoi ai-je besoin des attributs ? De plus, où est-il suggéré que l'écrit parle d'une iniquité où l'homme ne souffre pas avec le public ? Qui plus est, nous ne voyons aucune punition dans l'attribut des méchants, mais seulement dans ce qu'il est écrit : « Le juste périt et personne n'y prête attention ». Si les méchants ont péché, qu'a fait le juste pour qu'il soit puni et qu'importe aux méchants si le juste périt ?

124) Pourtant sachez que ces attributs, « moyens/intermédiaire », « méchants » et « juste » ne sont pas dans des personnes spéciales, mais plutôt tous les trois existent dans chacun d'entre nous. Ces trois attributs sont discernables dans chaque personne. Pendant la période de dissimulation de la face chez l'homme, c'est-à-dire avant même qu'il ne soit récompensé de la repentance par crainte, il est considéré comme étant dans l'attribut des méchants.

Ensuite, s'il est récompensé de la repentance par crainte, il est considéré comme moyen. Et ensuite, s'il est aussi récompensé de la repentance par amour, dans son quatrième discernement, c'est-à-dire l'amour éternel, il est considéré « juste complet ». C'est pourquoi, ils n'ont pas dit moyens et justes tout simplement, mais l'attribut des moyens et l'attribut des méchants.

125) Nous devons aussi nous rappeler qu'il est impossible d'être récompensé du quatrième discernement de l'amour sans d'abord avoir été récompensé de la révélation de la face, qui sera révélée au monde entier. Cela donne à l'homme la force de faire pencher la balance du monde favorablement comme Rabbi Elazar, fils de Rabbi Shimon, le dit. Nous avons déjà vu que la question de la révélation de la face transformera toute peine et tristesse survenues durant la dissimulation de la face en plaisirs merveilleux, au point que l'homme regrettera d'avoir si peu souffert.

De ce fait, nous devons poser la question : quand l'homme fait pencher sa balance favorablement, il se souvient certainement de toutes les peines et les douleurs subies durant la dissimulation de la face. C'est pourquoi il est possible qu'elles se transforment toutes en plaisirs merveilleux pour lui, comme nous l'avons dit plus haut. Mais quand il fait pencher la balance du monde entier favorablement, comment connaît-il la mesure de toutes les peines et les douleurs dont souffrent toutes les créatures du monde, afin de pouvoir le comprendre et comment elles font pencher la balance favorablement, comme nous l'avons expliqué quand l'homme se juge lui-même ?

Pour éviter que l'échelle du mérite du monde entier ne manque, quand l'homme sera qualifié pour faire pencher leur balance favorablement, l'homme n'a d'autre stratagème que de toujours souffrir avec les peines du public, comme il souffre des siennes. Car alors l'échelle de la culpabilité du monde entier sera prête en lui, comme sa propre échelle de culpabilité. Ainsi, s'il est récompensé de se juger favorablement, il pourra également juger le monde entier favorablement et sera récompensé d'être un juste complet.

126) Ainsi, si l'homme ne souffre pas avec le public, même s'il est alors récompensé de la repentance par crainte, c'est-à-dire l'attribut du moyen, l'écrit dit de lui : « Voici la joie et le plaisir ». Cela veut dire que celui qui a été récompensé de la bénédiction « tu verras ton monde dans ta vie » et voit toute sa récompense pour sa *Mitsva* préparée pour le monde à venir, est certainement « rempli de joie et de plaisir ». Il se dit : « tuez le bœuf et égorgez le mouton, mangez de la viande et buvez du vin – Mangeons et buvons, car demain nous mourrons ! »

En d'autres mots, il est rempli d'une grande joie à cause de la récompense qui lui est assurée dans le monde à venir. C'est pourquoi il dit si joyeusement « car demain nous mourrons », et je récolterai la vie du monde à venir et je paierai après ma mort.

Cependant, il est écrit à ce sujet : « Et le Seigneur des armées se révéla dans mes oreilles : cette iniquité ne sera pas expiée jusqu'à ta mort ». Cela veut dire que le texte lui montre les malveillances qu'il a commises. Il s'avère que les malveillances de celui qui se repent par crainte deviennent de simples erreurs. De ce fait, puisqu'il n'a pas souffert avec le public et ne peut pas être récompensé de la repentance par amour, moment auquel ses malveillances se transformeront en vertus, il est donc nécessaire que les malveillances qu'il a commises ne soient pas expiées dans sa vie.

Ainsi, comment peut-il se réjouir de sa vie dans le monde à venir ? C'est pourquoi il est écrit : « cette iniquité ne sera pas expiée par toi », c'est-à-dire les erreurs, « jusqu'à ta mort », c'est-à-dire avant qu'il ne meure et ainsi il a empêché d'expier.

127) Il est aussi écrit : « l'attribut du moyen », c'est-à-dire que ce texte parle du moment où l'homme s'est repenti par crainte. A ce moment, l'homme est appelé « moyen ». Pourtant, qu'est-il écrit à propos de « l'attribut des méchants » ? En d'autres mots, qu'advient-il de la période où il était dans la dissimulation de la face, qui était alors appelée « l'attribut des méchants » ? Nous avons appris que la repentance par crainte ne corrige pas le passé de l'homme, avant qu'il ne se soit repenti.

De ce fait, le texte apporte un autre verset : « Viens, j'apporterai du vin et nous nous enivrerons ; et demain sera comme aujourd'hui ». Cela veut dire que ces jours et ces années passés depuis le temps de la dissimulation de la face, qu'il n'a pas encore corrigés, appelés « l'attribut des méchants », ils ne veulent pas qu'il meurt, puisqu'ils n'ont aucune part après la mort dans le monde à venir, étant l'attribut des méchants.

Par conséquent, dès que l'attribut du moyen en lui est joyeux et se réjouit, « car demain nous mourrons », et il sera récompensé de la vie dans le monde à venir, en même temps, l'attribut des méchants en lui ne dit pas la même chose. Il dit plutôt « et demain sera comme aujourd'hui », c'est-à-dire qu'il souhaite vivre heureux dans ce monde pour toujours, car il n'a toujours pas de part dans le monde à venir, puisqu'il ne l'a pas corrigé, et qu'il n'est corrigé que par la repentance par amour.

128) Il est écrit : « le juste perd », c'est-à-dire l'attribut du juste complet, qu'un homme devrait mériter, est perdu pour lui. « Et personne ne prête attention au juste qui est éliminé à cause du mal ». En d'autres mots, le moyen n'a pas souffert avec le public, il ne peut donc pas atteindre la repentance par amour, qui transforme les malveillances en vertus et les maux en plaisirs merveilleux. A la place, toutes les erreurs et le mal dont l'homme a souffert avant d'avoir été récompensé de la repentance par crainte, subsistent encore dans l'attribut des méchants, qui ressentent des désastres de Sa Providence. A cause de ces désastres qu'ils ressentent encore, ils ne peuvent pas être récompensés ni être des justes complets.

Les écrits disent : « et personne ne prête attention » c'est-à-dire que cet homme ne prend pas à cœur « à cause du mal ». En d'autres mots, à cause des « désastres » que l'homme ressent encore de son passé dans Sa providence, « le juste perd » c'est-à-dire qu'il perd l'attribut du juste. Il mourra et quittera le monde comme un simple moyen. Tout cela concerne celui qui ne souffre pas avec le public et qui n'est pas récompensé ni ne voit le réconfort du public, car il ne sera pas capable de le juger favorablement ni de voir son réconfort. De ce fait, il ne sera jamais récompensé de l'attribut du juste.

129) De tout ce qui a été dit plus haut, nous avons mérité de savoir qu'il n'y a pas d'être né d'une femme qui n'expérimentera pas les trois attributs susmentionnés : l'attribut des méchants, l'attribut des moyens, l'attribut des justes.

Ils sont appelés *Midot* [attributs] puisqu'ils proviennent de *Midot* [mesures] de leur atteinte de Sa providence. Et comme nos sages l'ont dit : « l'homme est mesuré selon la mesure avec laquelle il mesure » (*Souta* 8), car ceux qui atteignent Sa Providence dans la dissimulation de la face sont considérés méchants, soit méchants incomplets d'après la simple dissimulation ou méchants complets dans la double dissimulation.

Parce qu'ils pensent et ressentent que le monde est conduit par une mauvaise Providence, c'est comme s'ils se condamnaient eux-mêmes, puisqu'ils reçoivent des tourments et des peines de Sa providence et ils se sentent mal toute la journée. Ils condamnent encore plus en pensant qu'une mauvaise providence veille sur tous les peuples du monde, comme sur eux.

De ce fait, ceux qui atteignent la Providence selon la perspective de la dissimulation de la face sont appelés « méchants », puisque ce nom apparaît en eux de la profondeur de leur sensation. Or cela dépend de la compréhension du cœur. La parole ou la pensée qui justifie Sa Providence ne compte pas du tout, quand elle s'oppose à la sensation de tous les organes et des sens qui ne savent pas se forcer à mentir comme elle peut le faire.

De ce fait, ceux qui sont dans cette mesure d'atteinte de Sa providence sont considérés comme s'étant condamnés eux-mêmes et ayant condamné le monde entier à la faute, comme il est écrit à propos des paroles de Rabbi Elazar, fils de Rabbi Shimon. Il en est ainsi parce qu'ils imaginent qu'une mauvaise providence veille sur les peuples du monde, comme sur eux, comme cela sied à Son nom, « le Bien qui fait le bien aux méchants comme aux gentils ».

130) Ceux qui ont été récompensés de la sensation de Sa providence, dans la forme du premier degré de la révélation de la face, appelée « repentance par crainte », sont appelés moyens. Il en est ainsi parce que leurs émotions sont partagées en deux parties, appelées les « deux plateaux de la balance ». Maintenant qu'ils ont été récompensés de la révélation de la face, selon « tu verras ton monde durant ta vie », ils ont déjà tout du moins atteint dès à présent, Sa bonne Providence comme il sied à Son nom de « Bon ». Ils sont, de ce fait, sur l'échelle du mérite.

Cependant, toute la peine et les tourments amers qui ont bien été gravés dans leurs sentiments durant toutes les journées et les années où ils ont reçu la Providence de la face cachée, c'est-à-dire, dans le passé, avant d'être récompensés de ladite repentance, voici qu'ils subsistent tous et sont appelés « la balance de la faute ».

Puisqu'ils ont ces deux plateaux, se tenant l'un en face de l'autre, de façon qu'avant leur repentance se dresse la balance de la faute et après leur repentance c'est la balance du mérite qui leur est assurée. Le « moment » de la repentance se tient « entre » la faute et le mérite, et de ce fait ils sont appelés « moyens ».

131) Ceux qui sont récompensés de la révélation de la face du second degré, appelée « repentance par amour », quand les malveillances deviennent des mérites et font pencher le plateau des fautes vers le plateau du mérite. Cela signifie que toute la peine et les afflictions gravées dans leurs os durant la providence de la dissimulation de la face, se sont maintenant rendues et sont devenues la balance du mérite. Il en est ainsi parce que chaque peine et affliction s'est transformée en un plaisir magnifique et sans fin. Ils sont appelés maintenant « justes », car ils justifient Sa providence.

132) Nous devons savoir que l'attribut des moyens, ci-dessus, s'applique même quand l'homme est sous la providence de la dissimulation de la face, car par de grands efforts dans la foi en la récompense et la punition, une grande lumière de confiance dans le Créateur leur apparaît. Ils sont alors récompensés du degré de la révélation de Sa face, dans la mesure des moyens. Mais l'inconvénient est qu'ils ne peuvent pas rester de façon permanente à leurs degrés, puisque qu'y rester en permanence n'est possible que par la repentance par crainte.

133) Nous devons aussi savoir que ce que nous avons dit, qu'il n'y a de choix que lorsqu'il y a dissimulation de la face et ne veut pas dire qu'après qu'une personne a été récompensée de la providence de la révélation de la face, il n'y a plus de travail ou d'effort à faire dans l'engagement dans la Torah et les *Mitsvot*. Bien au contraire, l'essentiel du travail dans la Torah et les *Mitsvot*, comme il se doit, commence après que l'homme a été récompensé de la repentance par amour. Ce n'est qu'alors qu'il est capable de s'engager dans la Torah et les *Mitsvot* avec amour et crainte, comme il nous est ordonné : « Et le monde n'a été créé que pour le juste complet » (*Brakhot* 61).

La chose ressemble à un roi qui souhaitait choisir pour lui-même ses plus loyaux sujets de son pays et les amener à son palais pour qu'ils y travaillent. Qu'a-t-il fait ? Il a publié un décret qui stipulait que quiconque le souhaitait, jeune ou vieux, pouvait venir au palais pour s'engager dans des travaux à l'intérieur du palais. Cependant, il assigna beaucoup de ses serviteurs pour garder l'entrée du palais et toutes les routes y menant, et leur ordonna d'induire en erreur, avec ruse, tous ceux qui s'approcheraient du palais et de les détourner du chemin qui y mène.

Naturellement, tous les gens du pays commencèrent à affluer vers le palais du roi, et, en effet, ont été repoussés avec ruse par les gardes diligents. Beaucoup d'entre eux réussirent à passer les gardes et à se rapprocher de l'entrée du palais, mais les gardes à l'entrée étaient des plus diligents, et si quelqu'un s'approchait de la porte, ils le déviaient et le repoussaient avec grande astuce, jusqu'à ce qu'il s'en aille comme il était venu. Ainsi, ils retournaient et venaient et repartaient, et regagnaient de la force et revenaient et repartaient, ainsi de suite jour après jour, d'année en année, jusqu'à ce qu'à se lasser de réessayer. Seuls les héros parmi eux, ceux qui ont été patients et qui ont vaincu ces gardes et ont ouvert la porte, ont été récompensés d'être accueillis immédiatement par le Roi, qui assigna à chacun d'eux le rôle lui convenant. Bien sûr, à partir de ce moment, ils n'ont plus eu à faire avec ces gardes, qui les avaient détournés et repoussés et leur avaient rendu la vie amère pendant plusieurs jours et années, à aller et venir vers l'entrée. Ils ont ainsi été récompensés de travailler et de servir devant la splendeur de la lumière de la face du Roi dans Son palais.

Tel est le travail des justes complets. Le choix appliqué durant la dissimulation de la face ne s'applique certainement plus dès qu'ils ont ouvert la porte pour atteindre la providence révélée. Ils commencent, en effet, principalement Son travail dans le discernement de la révélation de la face. A ce moment, ils commencent à gravir les nombreux degrés de l'échelle établie sur terre dont le sommet atteint le ciel, comme il est écrit « Les justes iront de force en force ». C'est comme nos sages ont dit « Chaque juste est brûlé par le dais de son ami ». Ces travaux les préparent à la volonté du Créateur, pour que Sa pensée de la Création se réalise en eux, qui est de « réjouir Ses créatures » selon Sa bonne et généreuse main.

134) Il faut connaître cette loi supérieure, qu'il n'y a de révélation qu'à l'endroit où il y avait une dissimulation. C'est comme dans ce monde où l'absence précède l'existence, comme le blé pousse uniquement là où il a été semé et a pourri. C'est pareil pour les choses élevées, où la dissimulation et la révélation ont la même relation que la mèche et la lumière qui s'y fixe. C'est parce que chaque dissimulation, une fois corrigée, est la raison de la révélation de la lumière relative à ce type de dissimulation, et la lumière qui apparaît y adhère comme la lumière à la mèche. Rappelez-vous de cela en chemin.

135) Maintenant vous pouvez comprendre ce que nos sages ont écrit, que la Torah entière porte les noms du Créateur. C'est en quelque sorte déroutant, vu que nous y trouvons beaucoup de grossièretés, comme les noms des méchants – Pharaon, Balaam etc., interdiction, impureté, malédictions impitoyables dans les deux admonestations et ainsi de suite. Ainsi, comment pouvons-nous comprendre que tous ces noms soient ceux du Créateur ?

136) Pour comprendre cela, nous devons savoir que Ses voies ne sont pas les nôtres. Par nos voies, nous arrivons de l'imperfection à la perfection, et par Sa voie, toutes les révélations nous viennent de la perfection à l'imperfection. Car au début, la perfection complète émane et émerge de Lui et cette perfection descend de Sa face, et s'enchaîne de restriction en restriction à travers plusieurs étapes, jusqu'à la dernière phase, la plus réduite, convenant à notre monde matériel. Cela nous apparaît ici dans ce monde.

137) De ce qui a été dit, vous saurez que la Torah, dont la hauteur de sa grâce est infinie, n'a pas émané et émergé immédiatement de Lui, telle que nous la trouvons sous nos yeux ici dans ce monde, car nous savons bien que « la Torah et le Créateur ne font qu'Un ». Cela n'apparaît pas dans la Torah de ce monde, et encore moins, à celui qui l'étudie *Lo Lishma*, Sa Torah devient une potion mortelle.

Cependant, comme ci-dessus, quand elle émana de Lui, elle émana et émergea dans une perfection absolue, ce qui veut dire, selon « la Torah et le Créateur ne font qu'Un ». C'est ce qui est nommé Torah de *Atsilout* dans l'introduction aux corrections du *Zohar* (p 3) « Lui, Sa vie et Lui-même sont Un ». Ensuite, elle descendit de Sa face et se réduisit à travers les échelons par de nombreuses restrictions, jusqu'à être donnée du Sinaï, étant écrite telle qu'elle est sous nos yeux ici dans ce monde, revêtue de l'habillement grossier du monde matériel.

138) Cependant vous saurez que, bien que la distance entre l'habillement de la Torah dans ce monde, et l'habillement dans le monde d'*Atsilout* soit infinie, malgré tout, la Torah elle-même, c'est-à-dire, la lumière qui se trouve dans l'habillement, ne change pas du tout entre la Torah de *Atsilout* et celle de ce monde, comme il est dit : « Moi le Seigneur, Je ne change pas » (Malachie 3-6)

De plus, cet habillement grossier de notre Torah de *Assya* ne rabaisse en aucune manière la valeur de la lumière qui s'en revêt. Bien au contraire, son importance a de loin plus de valeur du point de vue de son *Gmar Tikoun*, que tout son habillement pur des mondes supérieurs.

Il en est ainsi car la dissimulation est la cause de la révélation. La dissimulation, après avoir été corrigée au moment de la révélation, devient la révélation, comme la mèche et la flamme qui y adhère. Plus la dissimulation est grande, plus la lumière qui y apparaîtra et s'y maintiendra sera grande pendant sa correction. Donc tous ces habillements grossiers, dont la Torah s'est revêtue dans ce monde, ne dévaluent en aucune manière la lumière qui s'y revêt, mais bien au contraire.

139) C'est en cela que Moshé vainquit les anges, par son argument : « Il n'y a pas de jalousie entre vous, le mauvais penchant est entre vous » (*Shabbat* 89). Ce qui veut dire, comme expliqué, que la dissimulation la plus grande révèle la plus grande lumière. Il leur a montré que par l'habillement pur dont la Torah se revêt en eux dans le monde des anges, ils ne peuvent pas découvrir les lumières les plus grandes, comme cela est possible dans l'habillement de ce monde.

140) Il est déjà clair qu'il n'y a aucun changement dans la Torah de *Atsilout*, où « la Torah et le Créateur sont Un », jusqu'à la Torah de ce monde. Tout le discernement n'est que dans l'habillement, car les habillements de ce monde dissimulent le Créateur et Le cachent.

Sachez que selon Son revêtement dans la Torah, il porte le nom « enseignant », pour vous informer que même pendant la dissimulation de la face, et même dans la double dissimulation, le Créateur réside et se revêt dans la Torah. Car Il est « l'enseignant » et elle est la « Torah » [enseignement]. Mais, à nos yeux, les habits grossiers de la Torah sont comme des ailes qui couvrent et cachent l'Enseignant qui en est revêtu et qui S'y cache.

Certes, quand l'homme est récompensé de la révélation de la face par la repentance par amour du quatrième discernement, il est dit de lui : « Et ton enseignant ne se cachera plus, et tes yeux verront ton enseignant » (Isaïe 30-20), car à partir de là, les habits de la « Torah » ne dissimulent et ne cachent plus l'enseignant. Il découvre éternellement que « la Torah et le Créateur sont Un ».

141) Par cela vous comprendrez ce qui est écrit : « Abandonnez-Moi, et gardez Ma Torah ». Ce qui veut dire : « Je souhaite qu'ils Me laissent et qu'ils gardent Ma Torah, la lumière en elle les ramènera vers le bien » (Talmud de Jérusalem, *Haguiga* page 6b). Ce qui est en quelque sorte bizarre. En effet, leur intention était de jeûner et de se tourmenter pour trouver la révélation de Sa face, comme dans le verset « Ils aiment la proximité de Dieu » (Isaïe 58-2).

Le texte leur dit, au nom du Créateur : « Je souhaite que vous m'abandonniez, car tout votre travail est en vain, et ne sert à rien, car Je ne me trouve nulle part, excepté dans la Torah. C'est pourquoi, gardez la Torah et cherchez-y Moi, et la lumière en elle vous ramènera vers le bien, et vous Me trouverez », comme il est expliqué dans le verset « Et ceux qui Me cherchent me trouveront ».

142) Nous pouvons à présent expliquer un peu l'essence de la sagesse de la Kabbale, pour avoir une notion fidèle et suffisante de la qualité de cette sagesse, pour ne pas nous tromper à cause de fausses idées que la majorité des foules s'imaginent.

Vous devez savoir que la Torah est divisée en quatre aspects qui incluent toute la réalité. Trois aspects sont distingués dans toute la réalité de ce monde et sont nommés : le monde, l'année, l'âme et le quatrième aspect est la voie d'existence de ces trois parties de la réalité, à savoir leur alimentation, leur conduite et toutes leurs circonstances.

143) L'extériorité de la réalité, comme le ciel et le firmament, la terre et les mers, etc., qui sont inscrits dans la Torah, tous sont nommés « monde ».

L'intériorité de la réalité, à savoir l'homme et la bête, et l'animal et les sortes d'oiseaux, etc., mentionnés dans la Torah et qui se trouvent dans les endroits ci-dessus appelés « extériorité », sont intitulés « âme ».

L'évolution de la réalité à travers les générations est nommée cause et effet. Par exemple, la succession des chefs des générations, depuis *Adam HaRishon* jusqu'à Josué et Caleb qui sont entrés dans le pays, tel que raconté dans la Torah, et où le père est discerné comme la « cause » de son fils qui a été « causé » par lui. Cet aspect de l'évolution des détails de la réalité de cause à effet mentionné, est nommé « année ».

Toutes les voies de subsistance de toute la réalité, extérieures et intérieures ci-dessus, dans toutes leurs conduites et circonstances, rapportées dans la Torah, sont appelées « l'existence de la réalité ».

144) Sachez que les quatre mondes, appelés dans la sagesse de la Kabbale *Atsilout*, *Briya*, *Yetsira*, *Assya*, quand ils se sont enchaînés et sortis, sont issus l'un de l'autre comme le sceau et l'empreinte, c'est-à-dire tout ce qui est inscrit dans le sceau est forcément découvert et sort dans son empreinte, ni plus ni moins. C'est ainsi que les mondes ont évolué. De sorte que les quatre discernements qui sont monde-année-âme et leurs existences dans le monde de *Atsilout*, en ont tous émergé et en ont été empreints, et leur modèle est également apparu dans le monde de *Briya*. Pareil pour le monde de *Briya*, en passant par le monde de *Yetsira*, jusqu'au monde de *Assya*.

De sorte que tous les trois discernements qui sont dans la réalité qui est devant nous, appelés monde-année-âme et toutes leurs voies d'existence présentées à nos yeux, ici, dans ce monde, se sont étendus et sont apparus ici du monde de *Yetsira* et dans *Yetsira* de celui au-dessus de lui.

De sorte que l'origine de tous ces nombreux détails sous nos yeux se trouve dans le monde de *Atsilout*. Plus encore, même ces nouveautés qui se renouvellent de nos jours dans ce monde, chaque innovation doit être forcément découverte d'abord en-haut dans le monde de *Atsilout* et de là, elle s'enchaîne et apparaît dans ce monde.

Nos sages ont écrit : « Il n'y a aucune herbe en bas, qui n'ait pas sur elle un destin et un gardien en haut, qui la frappe et lui dise de pousser » (*Bereshit Raba* 81). Il est écrit : « Il n'y a personne qui lève le doigt en bas, avant que ce ne soit proclamé en haut » (*Houlin* p. 7).

145) Sachez que l'habit de la Torah dans les trois discernements de la réalité monde-année-âme, et leurs existences matérielles dans ce monde, engendre l'interdiction et l'impureté et la proscription qui se trouvent dans la Torah révélée, comme expliqué ci-dessus, dont le Créateur se revêt dans « la Torah et le Créateur sont Un », mais en dissimulation et en grande cachette, car ces habits matériels sont les ailes qui Le couvrent et Le cachent.

En effet, l'habit de la Torah dans les formes pures monde-année-âme et leur existence dans les trois mondes supérieurs, appelés *Atsilout, Briya, Yetsira*, s'appelle généralement « la sagesse de la Kabbale ».

146) De sorte que la sagesse de la Kabbale et la Torah révélée sont identiques. Mais quand l'homme reçoit la providence de la dissimulation de la face et que le Créateur se cache dans la Torah, cela est considéré comme l'étude de la Torah révélée. Ce qui veut dire qu'il ne peut recevoir aucune illumination de la Torah de *Yetsira*, et il est même inutile de dire au-dessus de *Yetsira*.

Quand l'homme est récompensé de la révélation de la face, il commence alors à s'engager dans la sagesse de la Kabbale. C'est parce que les habits de la Torah révélée eux-mêmes se sont purifiés et sa Torah est devenue la Torah de *Yetsira*, qui est appelée « sagesse de la Kabbale ». Même celui qui est récompensé de la Torah de *Atsilout*, cela ne veut pas dire que les lettres de la Torah ont changé, mais que ces habits mêmes de la Torah révélée se sont purifiés en lui et sont devenus des habits très purs, car ils sont devenus comme il est écrit : « Et ton enseignant ne se cachera plus, et tes yeux verront ton enseignant », car alors ils sont devenus comme « Lui, Sa vie et Lui-même sont Un ».

147) Pour un peu rapprocher cela de l'esprit, je vous en donnerai un exemple. Quand l'homme était dans la dissimulation de la face, les lettres et les habits de la Torah cachaient forcément le Créateur, et donc il échouait dans les malveillances et les erreurs qu'il a commises. Il était alors sous la verge de la punition, les habits grossiers dans la Torah, qui sont l'impureté, l'interdiction et la proscription etc.

Cependant, quand il est récompensé de la providence révélée et de la repentance par amour, où les malveillances deviennent des mérites, toutes les malveillances et les erreurs, dans lesquelles il a échoué étant sous la dissimulation de la face, se sont dévêtues à présent de leurs habits grossiers et très amers, et se sont revêtues d'habits de lumière et de *Mitsva* et des mérites. Car ces mêmes habits grossiers se sont transformés en mérites, qui sont maintenant des habits s'étendant du monde de *Atsilout* ou *Briya*, qui n'enveloppent pas ni ne recouvrent « l'Enseignant », mais au contraire « et tes yeux verront ton Enseignant ».

Il n'y a donc aucun changement entre la Torah de *Atsilout* et la Torah de ce monde, à savoir entre la sagesse de la Kabbale et la Torah révélée, mais la seule différence est entre les personnes qui s'engagent dans la Torah. Les deux s'engagent dans la Torah selon la même loi et le même langage, et malgré tout, pour l'une cette Torah sera la sagesse de la Kabbale et la Torah de *Atsilout*, et pour l'autre, la Torah sera celle de *Assya*, la révélée.

148) Par cela vous comprendrez la justesse des mots du Gaon de Vilna dans le livre de prière dans la bénédiction de la Torah, où il a écrit, que l'on commence la Torah par *Sod* [secret], à savoir la Torah révélée de *Assya*, qui est dissimulée, où Il se cache complètement. Ensuite par *Remez* [indice], ce qui veut dire découvrir beaucoup plus de la Torah de *Yetsira*, jusqu'à être récompensé de *Pshat* [sens littéral], qui est la Torah de *Atsilout*, appelée ainsi car elle s'est dévêtue de tous les habits qui cachent le Créateur.

149) Après être arrivés ici, nous pouvons donner quelques notions et discernements des quatre mondes connus dans la sagesse de la Kabbale, sous les noms de *Atsilout, Briya, Yetsira, Assya* de sainteté, et des quatre mondes ABYA des écorces, présentés l'un opposé à l'autre, opposé à ABYA de la sainteté.

Vous comprendrez cela dans les quatre discernements de l'atteinte de Sa providence, et dans les quatre degrés de l'amour. Nous expliquerons d'abord les quatre mondes ABYA de sainteté [*Kedousha*]. Nous commencerons par le bas, le monde de *Assya*.

150) Les deux premiers discernements de la providence de la dissimulation de la face, ont été expliqués plus haut. Sachez que les deux sont considérés comme le monde de *Assya*. C'est pourquoi il est écrit dans le livre « L'Arbre de vie », que le monde de *Assya* est principalement mauvais, et même le peu de bien qui s'y trouve est mêlé à la méchanceté et est méconnaissable.

De la première dissimulation découle surtout la méchanceté, à savoir les tourments et les douleurs que ressentent ceux qui reçoivent cette providence. De la double dissimulation, le bien est également mêlé au mal et le bien est complètement méconnaissable.

Le premier discernement de la révélation de la face est le monde de *Yetsira*, et il est écrit à ce sujet dans le livre « L'Arbre de Vie » (porte 48 ch.3), que le monde de *Yetsira* est à moitié bon et à moitié mauvais. Ce qui veut dire que celui qui atteint le premier discernement de la révélation de la face, étant le premier aspect de l'amour conditionnel, considéré seulement la « repentance par crainte », est appelé « moyen », et est à moitié coupable et à moitié innocent.

Le second discernement de l'amour est aussi conditionnel, mais où il n'y a aucune réminiscence entre eux d'aucun grief ni de mal, et le troisième discernement de l'amour est le premier discernement de l'amour inconditionnel, sont tous les deux considérés comme « du monde de *Briya* ».

Il est donc écrit à ce sujet dans le livre « L'Arbre de vie », que le monde de *Briya* est en grande partie bon et un peu mauvais, et le peu de mal est indiscernable. A savoir, que le « moyen » est récompensé d'une seule *Mitsva*, il se juge favorablement et il est donc considéré comme « essentiellement bon » signifiant le deuxième discernement de l'amour.

Le peu de mal qui est indiscernable dans *Briya*, s'étend du troisième discernement de l'amour, lequel est inconditionnel. Il s'est déjà jugé favorablement, mais il n'a pas encore jugé le monde entier, et c'est en cela que se trouve le peu de mal, car cet amour n'est pas encore considéré éternel. Cependant ce peu est indiscernable, car il n'a pas encore ressenti de méchanceté ni de grief, même envers les autres.

Le quatrième discernement de l'amour, qui signifie l'amour inconditionnel, est lui aussi éternel, c'est celui du monde de *Atsilout*. Il est écrit dans le livre « L'Arbre de vie », qu'il n'y a pas du tout de mal dans le monde de *Atsilout*. Là, « le mal ne séjournera pas en toi ».

Après avoir également jugé favorablement le monde entier, l'amour est éternel et absolu et aucun revêtement ni dissimulation n'existera plus jamais, car c'est là l'endroit de la révélation complète de la face, comme dans le verset « Et ton Enseignant ne se cachera plus, et tes yeux verront ton Enseignant ». Il en est ainsi, car il connaît déjà toutes les actions du Créateur envers toutes les créatures du point de vue de la providence véritable, découverte dans Son nom de Bien qui fait le bien pour les méchants comme pour les gentils.

151) Vous comprendrez par cela aussi le discernement des quatre mondes de *ABYA* de *Klipa* [écorce], opposés à *ABYA* de *Kedousha*, dans le verset « Dieu fit l'un opposé à l'autre », car le char des *Klipot de Assya* vient de la dissimulation de la face dans ses deux degrés, car ce char domine pour que l'homme juge tout défavorablement.

Le monde de *Yetsira* de *Klipa* attrape dans ses mains la balance des fautes, qui n'est pas corrigée dans le monde de *Yetsira* de *Kedousha*. C'est ainsi qu'ils dominent les moyens, qui reçoivent du monde de *Yetsira* comme dans le verset « Dieu fit l'un opposé à l'autre ».

Le monde de *Briya* de *Klipa*, a entre ses mains la même force pour annuler l'amour conditionnel, ce qui veut dire annuler uniquement ce dont l'amour dépend, c'est-à-dire l'imperfection de l'amour du second discernement.

Le monde de *Atsilout* de *Klipa* attrape dans ses mains ce peu de mal qui est imperceptible dans *Briya* par le troisième discernement de l'amour. Car bien qu'il soit l'amour véritable par la force du Bien qui fait le bien pour les méchants comme pour les gentils, qui est considéré comme *Atsilout* de *Kedousha*, et vu qu'il n'a pas été récompensé de juger favorablement le monde entier, les *Klipot* ont toute la force de faire échouer l'amour par la Providence sur les autres.

152) Il est écrit dans « L'Arbre de vie » que le monde de *Atsilout* de *Klipot* se tient en face du monde de *Briya* et non face du monde de *Atsilout*, car du monde de *Atsilout* de *Kedousha* ne provient que le quatrième discernement de l'amour et donc les *Klipot* n'ont aucun contrôle, vu qu'il a déjà jugé le monde entier favorablement et qu'il connaît aussi toutes les actions du Créateur dans sa Providence sur toutes les créatures, par la Providence de Son nom, du Bien et qui fait le bien pour les méchants comme pour les gentils.

Mais dans le monde de *Briya*, d'où provient le troisième discernement, il n'a pas encore jugé le monde entier et c'est pourquoi les *Klipot* s'y accrochent encore. Mais ces *Klipot* sont considérées comme *Atsilout* de *Klipa*, car elles sont en face du troisième discernement, qui est l'amour inconditionnel. Cet amour est de *Atsilout*.

153) Les quatre mondes *ABYA* de *Kedousha* et les *Klipot* ont donc été bien expliqués, les *Klipot* étant l'opposé de chacun des mondes. Ils sont considérés comme le manque qu'il y a dans leur monde correspondant, dans la *Kedousha* et ils sont appelés les quatre mondes *ABYA* des *Klipot*.

154) Ces mots suffisent à chaque lecteur, pour ressentir quelque peu dans son esprit l'essence de la sagesse de la Kabbale. Il convient que vous sachiez que la plupart des auteurs de livres de Kabbale n'ont écrit leurs livres que pour des lecteurs qui ont déjà été récompensés de la révélation de la face et de toutes les atteintes supérieures. Ne posons pas la question, s'ils ont déjà été récompensés de l'atteinte, ils savent donc tout par leur propre atteinte, pourquoi devraient-ils donc encore étudier dans les livres de sagesse de la Kabbale des autres ?

Cependant, cette question n'est pas intelligente, car cela ressemble à celui qui étudie la Torah révélée, et qui ne sait absolument rien des affaires de ce monde du point de vue monde-année-âme de ce monde, et ne sait rien de la conduite des gens et de leur comportement envers eux-mêmes et envers les autres. Il ne sait rien des bêtes, des animaux et des oiseaux de ce monde.

Vous viendrait-t-il à l'esprit qu'une telle personne puisse comprendre correctement quelque texte dans la Torah ? Elle inverserait le sens des textes de la Torah de mauvais à bon et de bon à mauvais, et ne s'y retrouverait pas.

De même notre cas : bien que l'homme ait été récompensé de l'atteinte, et même de l'atteinte de la Torah de *Atsilout*, néanmoins, il ne percevrait pas ce qui touche à sa propre âme. Il faut quand même encore connaître les trois discernements monde-année-âme dans toutes leurs circonstances et conduites par une connaissance absolue, pour pouvoir comprendre les cas de la Torah relatifs à ce même monde.

Ces cas sont expliqués dans le livre du *Zohar* et les véritables livres de Kabbale dans tous leurs détails et précisions, ainsi tout sage et érudit doit examiner jour et nuit.

155) D'après cela il faut poser la question : s'il en est ainsi, pourquoi les kabbalistes ont-ils obligé chaque personne à étudier la sagesse de la Kabbale ? En effet, il y a en elle quelque chose d'élevé, qu'il est approprié de publier : il y a une *Segoula* [remède] merveilleuse et infinie pour ceux qui s'engagent dans la sagesse de la Kabbale, et bien qu'ils ne comprennent pas ce qu'ils étudient, leur envie et leur fort désir de comprendre ce qu'ils étudient éveillent sur eux les lumières qui entourent leurs âmes.

Ce qui signifie que chaque personne d'Israël est assurée d'atteindre finalement toutes les merveilleuses atteintes que le Créateur a conçues dans la pensée de la création afin de réjouir chaque créature. Celui qui n'en en pas été récompensé dans cette vie, le sera dans la prochaine, et ainsi de suite, jusqu'à être récompensé de compléter Sa pensée qu'Il a conçue pour lui.

Tant que l'homme n'a pas atteint la perfection, toutes ces mêmes lumières qui lui sont destinées, sont considérées comme des Lumières Environnantes [*Orot Mekifim*]. Ce qui signifie qu'elles sont prêtes pour lui, mais elles attendent que l'homme purifie son *Kli* [récipient] de réception, et c'est alors que ces lumières se revêtiront dans ces récipients adéquats.

C'est pourquoi, même quand l'homme n'a pas les *Kélim*, mais qu'il s'engage dans cette sagesse et mentionne les noms des lumières et des *Kélim* qui sont relatives à son âme, elles l'illuminent immédiatement, dans une certaine mesure. Elles l'illuminent sans le revêtement de l'intériorité de son âme, vu que les *Kélim* appropriés pour leur réception manquent. Cependant l'illumination qu'il reçoit chaque fois qu'il étudie, attire sur lui la Grâce des Cieux, et lui accorde une abondance de sainteté et de pureté, qui rapproche beaucoup l'homme de l'atteinte de sa perfection.

156) Mais il y a une condition sévère à l'engagement dans cette sagesse, qui est de ne pas la réaliser à des fins imaginaires ni matérielles, qui transgressent le commandement « Tu ne feras pas d'idole ni de représentation quelconque ». Car cela, au contraire, leur nuira plutôt que de leur servir. C'est pourquoi nos sages ont averti de n'étudier la sagesse qu'après l'âge de quarante ans, ou bien de la bouche d'un Rav, etc., autres précautions. Tout cela pour la raison ci-dessus.

C'est pour sauver les lecteurs de toute matérialisation que j'ai composé le livre *Talmud des dix Sefirot* du Ari, où je rassemble les livres du Ari, tous les articles principaux touchant à l'explication des dix *Sefirot* en simplicité et dans un langage aussi facile que possible. J'en ai ordonné le tableau de questions et le tableau de réponses, pour tous les mots et tous les sujets. « Et que la volonté de Dieu réussisse entre ses mains ».

Rav Yéhouda Ashlag

INTRODUCTION AU LIVRE DU ZOHAR

1) Dans cette introduction, j'aimerais clarifier certains sujets, simples à première vue, sujets que tout le monde a abordés, et qui ont fait couler énormément d'encre dans des efforts d'éclaircissement. Pourtant, nous n'en avons toujours pas atteint une connaissance nette et suffisante.

Première question : Quelle est notre essence ?

Deuxième question : Quel est notre rôle dans la longue chaîne de la réalité, dont nous ne sommes que des petits maillons ?

Troisième question : Lorsque nous nous observons, nous nous sentons tellement corrompus et vils, que personne ne peut être plus méprisable. Lorsque nous considérons l'Opérateur qui nous a conçus, ne devrions-nous pas être au degré le plus élevé, car il n'y a pas plus louable que Lui, et qu'il se doit que des opérations parfaites proviennent d'un Opérateur parfait ?

Quatrième question : Selon ce que notre esprit nous oblige à penser, Il est bon et bienveillant, et il n'y a pas plus élevé que Lui. Comment aurait-Il donc créé, dès le début, autant de créatures qui souffriraient et seraient tourmentées toute leur vie ? N'est-ce pas la voie du bien de faire le bien ? Ou en tout cas, de ne pas faire tant de mal ?

Cinquième question : Comment est-il possible que de l'Eternel, qui n'a ni commencement ni fin, émergent des créatures misérables, éphémères et médiocres ?

2) Afin de clarifier tout ceci parfaitement, nous devons auparavant faire quelques analyses. Non là où c'est interdit, c'est-à-dire, quant à l'essence du Créateur, que notre pensée ne peut en aucune façon saisir, et dont nous n'avons de ce fait, ni pensée, ni énoncé, mais là où la recherche est une *Mitsva* [commandement], c'est-à-dire dans la recherche de Ses actions, comme nous l'ordonne la Torah : « Connais le Dieu de ton père et sers Le », et comme il est dit dans le poème de l'Union « Par Tes actions, nous Te connaîtrons ».

Première analyse : Comment nous imaginerons-nous que la Création soit nouvelle, ce qui signifie quelque chose de nouveau, qui n'était pas inclus en Lui avant qu'Il ne l'ait créé, alors qu'il est évident pour tout observateur, qu'il n'y ait rien, qui ne soit inclus en Lui ? De plus, le simple bon sens nous dicte que nous ne pouvons pas donner ce que nous n'avons pas.

Seconde analyse : Si vous dites que du point de vue de Sa Toute-puissance, Il peut certainement créer quelque chose ex nihilo, c'est-à-dire quelque chose de nouveau qui ne soit pas en Lui, la question se pose : Quelle serait cette réalité qui pourrait être déterminée comme n'ayant aucune place en Lui, mais qui serait nouvelle ?

Troisième analyse : Les kabbalistes disent que l'âme de l'homme est une partie divine d'En-haut, de façon à ce qu'il n'existe aucune différence entre Lui et l'âme, mais Il est le « tout » et l'âme est une « partie ». Ils l'ont comparée à une pierre extraite de la montagne. Il n'y a aucune différence entre la pierre et la montagne sauf que l'une est le « tout » et l'autre est une « partie ». Il faut donc se demander : c'est une chose qu'une pierre taillée de la montagne soit séparée d'elle par une hache faite à cette fin, pour séparer la « partie » du « tout », mais comment imaginer cela de Lui, qu'Il sépare une partie de Son essence, jusqu'à ce qu'elle quitte Son essence et devienne « une partie » séparée de Lui, à savoir une âme, au point de ne pouvoir être comprise que comme une partie de Son essence ?

3) Quatrième analyse : Étant donné que le *Merkava* [chariot] de la *Sitra Akhra* [autre côté] et des *Klipot* [écorces/peau/pelures] est tellement éloigné de Sa Sainteté, que rien de plus distant ne peut être conçu, comment se peut-il qu'il émane et provienne de Sa Sainteté, et plus encore que Sa Sainteté le maintienne ?

La cinquième analyse concerne la résurrection des morts. Puisque le corps est si méprisable, que dès sa naissance il est condamné à mourir et à être enterré, et que de plus, le *Zohar* dit que l'âme ne peut atteindre sa place au Jardin d'Eden tant que le corps ne s'est pas totalement décomposé et tant qu'il en reste des résidus, pourquoi donc doit-il revenir et se lever à la résurrection des morts ? Le Créateur ne peut-il pas réjouir les âmes sans lui ? Encore plus déconcertant est ce que nos sages disent, que les morts vont ressusciter avec leurs défauts afin qu'ils ne soient pas pris pour d'autres, et qu'ensuite Il guérira leurs imperfections. Il faut comprendre pourquoi le Créateur devrait se soucier qu'ils ne soient pas confondus avec d'autres, au point qu'Il doive recréer leurs défauts et qu'Il doive les guérir.

Sixième analyse : Nos sages ont dit que l'homme est le centre de toute la réalité, que tous les mondes, les Supérieurs et ce monde matériel et tout ce qu'ils contiennent n'ont été créés que pour lui (*Zohar*, *Tazria*, 113), et ils ont obligé l'homme à croire que le monde a été créé pour lui (*Sanhédrin*, 37). Il semble difficile de comprendre que, pour ce petit homme, qui ne vaut pas plus qu'un cheveu, par rapport à la réalité de ce monde, et d'autant plus par rapport à tous les Mondes Supérieurs, dont la sublimité est infinie, le Créateur se soit donné la peine de créer tout ceci pour lui. Pourquoi l'homme aurait-il besoin de tout cela ?

4) Afin de comprendre ces questions et ces analyses, la seule façon est d'examiner la fin de l'acte, c'est-à-dire le but de la Création, car rien ne peut être compris au milieu d'un processus, mais seulement à sa fin. Il est évident, qu'il n'y a aucun acte sans objectif, seul un insensé agirait sans avoir de but.

Je sais qu'il y a des « intellectuels », qui brisent le joug de la Torah et des *Mitsvot*, en disant que le Créateur a créé toute la réalité, et puis l'a abandonnée, en raison de l'insignifiance de ces créatures, il ne convient pas au Créateur, à Sa grandeur, de surveiller leurs actes insignifiants et honteux. En fait, ils ont parlé par ignorance, car il est impossible de décider de notre bassesse et de notre insignifiance avant d'avoir décidé que nous nous sommes créés avec toutes ces natures corrompues et répugnantes.

Mais dès que nous décidons que c'est le Créateur, qui est parfait à la perfection, qui est l'artisan qui a créé et dessiné nos corps, avec toutes leurs qualités admirables et méprisables, il ne peut certainement jamais apparaître un acte imparfait de la main d'un opérateur parfait, car tout acte témoigne de la qualité de celui qui le réalise. Quelle est la faute d'un habit mal taillé, si un tailleur maladroit l'a cousu ?

A ce propos, nous trouvons dans *Massekhet Taanit* 20, l'histoire de Rabbi Elazar, qui rencontra un homme très laid et dit : « Comme cet homme est laid ! » L'homme répondit : « Va voir l'artisan qui m'a fait et dis-lui que l'instrument qu'il a fabriqué est laid ».

Donc, ces « intellectuels » qui disent qu'à cause de notre bassesse et de notre insignifiance, il ne convient pas au Créateur de veiller sur nous et qu'Il nous a abandonnés, ne font rien de plus que d'étaler leur ignorance. Imaginez que vous rencontriez un homme, qui voudrait créer des créatures pour que, dès le début, elles souffrent et se tourmentent toutes leurs vies durant, comme nous, et qu'en plus il s'en débarrasserait, ne voulant même pas en prendre soin ni les aider un peu. Vous le blâmeriez et le mépriseriez bien. Est-ce possible de penser ainsi de Lui ?

5) Par conséquent, le bon sens nous force à comprendre le contraire de ce qui apparaît à la surface, et à décider que nous sommes vraiment des créatures nobles et estimables. Notre importance est infinie, de sorte que nous sommes réellement dignes de l'artisan qui nous a faits. Pour tout défaut que vous souhaiteriez percevoir dans nos corps, au-delà de toutes les excuses que vous pourriez vous trouver, cela retombera uniquement sur le Créateur qui nous a créés, nous et nos traits en nous, car il est évident que c'est Lui qui nous a créés et non pas nous. Il connaît aussi tout ce qui provient de la mauvaise nature et des inclinations qu'Il a créées en nous. C'est comme nous l'avons dit : Nous devons observer la fin de l'action et nous pourrons alors tout comprendre. Comme dit l'adage : « Ne montre pas à un idiot un travail à moitié fait ».

6) Nos sages nous ont déjà dit que le Créateur n'a créé le monde que pour réjouir Ses créatures. C'est là que nous devons placer nos yeux et toutes nos pensées, car c'est l'ultime intention de l'acte de la création du monde.

Nous devons dire que puisque la Pensée de la Création était de réjouir Ses créatures, Il a dû créer dans les âmes un énorme désir pour recevoir ce qu'Il pensait leur donner. La mesure de tout plaisir et délice dépend de la mesure du désir de les recevoir. Plus ce désir de recevoir est grand, plus le plaisir est grand, et de même, plus le désir de recevoir est petit, plus le plaisir en recevant est petit. Ainsi, la Pensée de la Création, elle-même, impose nécessairement de créer dans les âmes un désir de recevoir démesuré, qui correspond à l'immense plaisir dont Sa Toute-puissance pensait réjouir les âmes. En effet, un grand plaisir et un grand désir de recevoir vont de pair.

7) Une fois que nous savons cela, nous arrivons en toute clarté à la pleine compréhension de la seconde analyse, car nous avons appris quelle est la réalité qui peut être clairement déterminée, comme ne faisant pas partie de Son essence, et dont nous pouvons donc dire qu'elle est une nouvelle création, ex nihilo.

Et maintenant que nous savons avec certitude que la Pensée de la Création, qui est de réjouir Ses créatures, a forcément créé une mesure de désir de recevoir de Lui toute la bonté et le plaisir qu'Il leur destinait, ce désir de recevoir n'était donc certainement pas inclus dans Son essence, avant qu'Il ne l'ait créé dans les âmes, car de qui recevrait-Il ? Voilà donc qu'Il a créé quelque chose de nouveau qui n'était pas en Lui.

De plus, nous comprenons, selon la Pensée de la Création, qu'il n'était pas nécessaire de créer quoi que ce soit de plus que ce désir de recevoir. En effet, cette nouvelle création Lui était suffisante pour remplir toute la Pensée de la Création, par laquelle Il pensait nous faire plaisir.

Cependant, tout ce qui remplit la Pensée de la Création, à savoir tous les bienfaits qu'Il avait prévus pour nous, provient directement de Son essence, et Il n'avait aucun besoin de les recréer, puisqu'ils s'étendent déjà de ce qui existe, vers l'énorme désir de recevoir des âmes. Nous voyons donc clairement, que toute la substance, dans la Création générée, du début à la fin, n'est que le « désir de recevoir ».

8) De là nous comprenons aussi le fond de la pensée des kabbalistes de la troisième analyse. Nous nous demandions comment était-il possible de dire que les âmes étaient une partie divine d'En haut, comme une pierre extraite de la montagne, et qu'il n'y a aucune différence entre elles, si ce n'est que l'une est une « partie » et l'autre un « tout ».

Nous nous demandions : C'est une chose de dire que la pierre extraite de la montagne, en devient une partie, par une hache conçue à cette fin, mais comment peut-on dire cela de Son essence ? Qu'est-ce qui a séparé les âmes de Son essence et les a extraites du Créateur pour qu'elles soient des créatures ?

Nous comprenons très clairement, d'après ce qui est susmentionné, que tout comme une hache coupe et sépare un objet physique en le divisant en deux, de même, la disparité de forme différencie le spirituel et le divise en deux.

Par exemple, lorsque deux personnes s'aiment, nous disons qu'elles sont unies comme un seul corps et à l'opposé, lorsqu'elles se haïssent, nous disons qu'elles sont aussi éloignées l'une de l'autre, comme l'Est l'est de l'Ouest. Il ne s'agit cependant pas d'une question de proximité ou d'éloignement dans l'espace. Ce dont il s'agit ici, c'est de l'équivalence de forme, car lorsqu'elles sont égales en forme, et que chacune aime ce que l'autre aime et déteste ce que l'autre déteste, alors elles s'aiment et s'unissent.

S'il y a une disparité de forme entre les deux, c'est-à-dire si l'une d'elles aime quelque chose que l'autre déteste, alors dans la mesure de cette disparité de forme, elles se haïssent et deviennent distantes.

De plus, si par exemple, elles sont opposées en forme, c'est-à-dire si tout ce que l'une aime est détesté par l'autre, et vice-versa, elles sont considérées comme aussi éloignées que le sont les points cardinaux, comme d'une extrémité à l'autre.

9) Vous trouverez que, dans la spiritualité, la disparité de forme agit comme une hache qui sépare le matériel. Ainsi l'éloignement est proportionnel à l'opposition de forme. De là, nous apprenons que, puisque le désir de recevoir Son plaisir est inhérent aux âmes, car nous avons clairement prouvé, que cette forme n'existe pas chez le Créateur, en effet, de qui recevrait-Il, donc, cette disparité de forme que les âmes ont acquise, les sépare de Son essence, comme une hache qui extrait une pierre de la montagne.

Ainsi, par cette disparité de forme, les âmes sont sorties du Créateur et se sont séparées de Lui, pour être des créatures. Néanmoins, tout ce que les âmes acquiertnt de Sa lumière, provient de ce qui existe déjà, de Son essence. Il s'avère donc que par rapport à Sa lumière, qu'elles reçoivent dans leur *Kli* [récipient] qui est le désir de recevoir, il n'y a aucune différence entre elles et Son essence, car en fait, elles reçoivent ce qui existe déjà, directement de Son essence.

La seule différence entre les âmes et Son essence ne tient qu'au fait que les âmes sont une partie de Son essence, c'est-à-dire que la quantité de lumière qu'elles reçoivent dans le *Kli*, qui est le désir de recevoir, est déjà une part séparée du divin, puisqu'elle est attribuée dans la disparité de forme du désir de recevoir. C'est par cette disparité de forme, qui en a fait une partie, qu'elles sont sorties du « tout » et sont devenues une « partie ». Ainsi, la seule différence entre elles, est que l'une est un « tout » et l'autre est une partie, comme la pierre extraite de la montagne. Réfléchissez bien à ceci, car il est impossible d'expliquer plus longuement ce sujet élevé.

10) A présent nous pouvons commencer à comprendre la quatrième analyse. Comment est-il possible que le *Merkava* [chariot] de la *Touma* [impureté] et des *Klipot* [écorces] puisse émerger de Sa sainteté, vu qu'il est éloigné de Sa sainteté, d'un extrême à l'autre ? Et comment est-il possible qu'Il le nourrisse et le fasse exister ?

Il faut, tout d'abord comprendre la signification de l'existence de l'impureté et des *Klipot*. Quelle est-elle ? Sachez qu'elle est l'énorme désir de recevoir, dont nous avons déterminé qu'il était l'essence des âmes selon leur création même, par laquelle elles sont prêtes à recevoir tout ce dont la Pensée de la création les comble. Il ne reste pas sous cette forme dans les âmes. Si tel était le cas, elles auraient dû rester éternellement séparées de Lui, en raison de la disparité de forme en elles, qui les séparerait de Lui.

Pour corriger cette séparation, qui repose sur le *Kli* des âmes, le Créateur a créé tous les mondes, et Il les a séparés en deux systèmes, comme dans le verset « Dieu a fait correspondre l'un à l'autre », qui sont les quatre mondes *ABYA de Kedousha* [sainteté], et face à eux les quatre mondes *ABYA de Touma* [impureté].

Il a implanté le désir de donner sans réserve dans le système de *ABYA de Kedousha* et en a retiré le désir de recevoir pour soi-même et l'a placé dans le système des mondes *ABYA de Touma*, qui, pour cette raison, sont séparés du Créateur et de tous les mondes de Sainteté.

C'est pourquoi les *Klipot* sont appelées « morts », comme dans le verset « sacrifices à des morts » (Psaumes 106 : 28), de même que les méchants qui les suivent, comme nos sages ont dit « Les méchants, dans leurs vies sont appelés morts », puisque le désir de recevoir implanté en eux est en opposition de forme avec Sa sainteté, et les sépare de la Vie des Vies, et qu'ils en sont éloignés d'un extrême à l'autre. Il en est ainsi, car le Créateur n'a aucun intérêt pour la réception, mais uniquement pour le don, et les *Klipot*, ne veulent rien du don, mais seulement recevoir pour elles-mêmes, pour leur propre plaisir. Il n'y pas de plus grande opposition que cela. Vous savez déjà que l'éloignement spirituel commence par une certaine disparité de forme et se termine par l'opposition de forme, qui est la distance la plus éloignée qui soit au dernier degré.

11) Les mondes se sont enchaînés jusqu'à la réalité de ce monde matériel, c'est-à-dire, l'endroit où se trouve la réalité du corps et de l'âme, ainsi que du temps pour la corruption et pour la correction. Car le corps, qui est le désir de recevoir pour soi, provient de sa racine dans la Pensée de la Création, et traverse le système des mondes de *Touma*, comme il est écrit « l'homme naît, un ânon sauvage », (Job 11 : 12), et il reste l'esclave de ce système jusqu'à treize ans, qui est le temps du dysfonctionnement.

En s'engageant dans les *Mitsvot* à partir de l'âge de treize ans, afin de contenter son Créateur, il commence à purifier le désir de recevoir pour lui-même, implanté en lui, et le transforme petit à petit afin de donner sans réserve. En cela, il attire l'âme sainte de sa racine dans la Pensée de la Création, et elle traverse le système des mondes de Sainteté et se revêt dans le corps. C'est le temps de la correction.

Ainsi, il accumule les degrés de sainteté de la Pensée de la Création dans *Ein Sof* [Infini], jusqu'à ce qu'ils l'aident à transformer le désir de recevoir pour lui-même en lui, et à le rendre entièrement afin de recevoir pour contenter son Créateur et non pas dans son propre intérêt. Ce faisant l'homme acquiert l'équivalence de forme avec son Créateur, car recevoir afin de donner est considéré comme un don pur. (Dans le traité *Kidoushin* [mariage] il est écrit qu'elle est donnée à un homme important, et il dit « par cela tu es sanctifiée » car en l'acceptant il fait plaisir à celui qui donne, ceci est considéré comme un don absolu à son égard).

L'homme acquiert, alors, une complète adhésion à Lui, car l'adhésion spirituelle est l'équivalence de forme, (comme les sages ont dit : Comment adhérer à Lui ? En adhérant à Ses qualités). Ainsi l'homme mérite de recevoir tout le bien, le plaisir et la douceur de la Pensée de la Création.

12) Nous avons donc clairement expliqué la correction du désir de recevoir, qui a été implanté dans les âmes par la Pensée de la Création. Le Créateur leur a préparé deux systèmes susmentionnés, l'un en face de l'autre, au travers desquels les âmes passent et se divisent en deux aspects, le corps et l'âme, qui se revêtent l'un dans l'autre.

Par la Torah et les *Mitsvot* elles finiront par transformer la forme du désir de recevoir en celle du désir de donner sans réserve. Elles pourront alors recevoir toute la bonté qui est dans la Pensée de la création, et avec cela elles seront récompensées d'une forte adhésion au Créateur, parce que grâce au travail dans la Torah et les *Mitsvot*, elles auront été récompensées de l'équivalence de forme avec leur Créateur. C'est ce qui est considéré comme la réparation finale.

Et alors puisque la *Sitra Akhra* impure ne sera plus d'aucune utilité, elle sera éliminée de la terre et la mort disparaîtra à jamais. Tout le travail dans la Torah et commandements qui a été donné au monde pendant les six mille ans d'existence du monde, et à chaque personne durant les soixante-dix ans de sa vie, ne sert qu'à les conduire à la réparation finale de l'équivalence de forme susmentionnée.

Nous avons, aussi, bien clarifié la formation et la sortie du système des *Klipot* et de l'impureté de Sa Sainteté, ce qui était inévitable pour permettre la création des corps, et qu'ensuite ils soient corrigés par la Torah et les *Mitsvot*. Si nos corps, avec leur désir de recevoir fonctionnant mal, ne provenaient pas du système d'impureté, nous n'aurions jamais pu le corriger, car l'homme ne corrige pas ce qu'il n'a pas.

13) Cependant, nous devons enfin encore comprendre comment le désir de recevoir pour soi, qui est si endommagé et si mal fonctionnant, a-t-il pu sortir et être dans la Pensée de la Création dans *Ein Sof*, dont l'unité est au-delà des mots et au-delà de toute description ?

Le point est qu'aussitôt qu'Il a eu la Pensée de créer les âmes, Sa pensée a tout achevé, car Il n'a pas besoin d'un acte, comme nous. Toutes les âmes et les mondes destinés à être créés sont apparus instantanément, remplis de tout le délice, le plaisir et la douceur qu'Il avait prévus pour eux, dans la perfection la plus totale que les âmes sont destinées à recevoir à la fin de la correction, c'est-à-dire une fois que le désir de recevoir des âmes est complètement corrigé, et qu'il est devenu le don pur, en équivalence de forme complète avec l'Émanateur.

Il en est ainsi parce que le passé, le futur et le présent ne font qu'un dans Son Éternité. Le futur est comme le présent et la notion de temps n'existe pas en Lui. De ce fait, il n'a jamais été question du désir de recevoir fonctionnant mal, dans un état de séparation dans *Ein Sof*. Au contraire, cette équivalence de forme destinée à être découverte à la réparation finale, est apparue immédiatement dans Son Éternité.

C'est à ce propos que nos sages ont dit, qu'avant même la Création du monde, Lui et Son Nom étaient Un, car la forme de séparation du désir de recevoir ne s'était pas révélée dans la réalité des âmes, qui sont sorties de la Pensée de la Création, mais elles adhéraient à Lui en équivalence de forme, comme « Lui et Son Nom sont Un ».

14) De là, vous trouvez nécessairement que dans l'ensemble, il y a trois états en ce qui concerne les âmes :

Le premier état est leur présence dans *Ein Sof*, dans la Pensée de la Création où elles ont déjà la forme future de la réparation finale.

Le second état est leur présence dans les 6000 ans, où elles ont été divisées en un corps et une âme, par les deux systèmes susmentionnés, et où le travail dans la Torah et les *Mitsvot* leur a été donné, afin d'inverser leur désir de recevoir en elles, et de le conduire à un désir de faire plaisir à leur Créateur, et non pas à elles-mêmes. Pendant cette période, il n'y aura aucune correction dans les corps, mais uniquement dans les âmes. Ce qui signifie qu'une personne doit éliminer toute forme de réception personnelle, qui est considérée comme le corps, et ne rester qu'avec le désir de donner sans réserve, qui est la forme du désir dans les âmes. Les âmes des justes, non plus, ne pourront pas se réjouir au Jardin d'Eden après leur mort, sauf après que leurs corps se sont décomposés dans la poussière.

Le troisième état est *Gmar HaTikoun* [réparation finale] des âmes après la résurrection des morts, quand la correction complète arrivera également aux corps, car alors ils transformeront aussi la réception pour soi, qui est la forme du corps, pour qu'elle prenne la forme du don pur, et ils mériteront de recevoir pour eux-mêmes toute la bonté et les plaisirs et les délices de la Pensée de la Création. Et avec tout ceci, elles seront récompensées d'une forte adhésion grâce à leur équivalence de forme à leur Créateur, car elles ne recevront pas tout ceci avec leur désir de recevoir, mais pour faire plaisir à leur Créateur, puisqu'Il se réjouit lorsqu'elles reçoivent de Lui.

Par souci de concision, dès à présent, je me servirai des noms de ces trois états, comme premier état, second état et troisième état, et vous vous souviendrez de tout ce qui est expliqué ici, à chaque état.

15) En analysant ces trois états, vous trouverez que l'un est absolument nécessaire à l'autre. Si l'un d'entre eux s'annulait, les autres s'annuleraient aussi.

Par exemple, si le troisième état, la transformation de la forme de réception en forme de don, ne s'était pas révélé, forcément l'état 1 dans *Ein Sof* n'aurait pas pu sortir. En effet, la perfection ne se manifeste dans le premier état que parce qu'elle existe déjà dans le troisième état, comme si elle est dans le présent, et toute la perfection qui figure dans cet état ressemble à une copie du futur dans le présent. Mais si le futur pouvait être annulé, il n'y aurait pas de présent. Ainsi, le troisième état nécessite l'existence du premier.

Qui plus est, si quelque chose s'était annulé au second état, là où prend place tout le travail qui est destiné à être achevé au troisième état, le travail des dysfonctionnements et corrections et la continuité des degrés des âmes, comment le troisième état aurait-il existé ? De cette façon le second état nécessite l'existence du troisième état.

Il en est de même pour l'existence du premier état dans *Ein Sof*, où toute la perfection du troisième état existe déjà. Il doit donc absolument s'y conformer, c'est-à-dire que le second et le troisième état se manifestent dans toute la perfection qui s'y trouve, ni plus ni moins en quoi que ce soit. Le premier état nécessite donc l'émergence de systèmes correspondants dans le second état, pour permettre l'existence d'un corps dans le désir de recevoir corrompu par le système de l'impureté, nous permettant alors de le corriger. Si le système des mondes d'impureté n'existait pas, nous n'aurions pas ce désir de recevoir, et nous n'aurions pas pu le corriger ni accéder au troisième état, car l'homme ne peut pas corriger ce qui n'est pas en lui. Il ne faut donc pas demander comment le système d'impureté émergea du premier état, car c'est le premier état même qui nécessite son existence sous la forme du second état.

16) Ne devrions-nous pas nous poser la question de savoir si notre libre arbitre nous a été ôté, vu que nous sommes obligés de nous parfaire et d'accepter le troisième état, parce qu'il est déjà présent dans le premier état ?

Le fait est que le Créateur nous a préparé deux voies dans le second état, pour nous conduire au troisième état :

La première est la voie de la Torah et des *Mitsvot*.

La seconde est la voie de la souffrance. La souffrance purifie notre corps et nous obligera, en fin de compte, à transformer notre désir de recevoir en nous en désir de donner sans réserve, et à s'attacher à Lui. Comme nos sages ont dit (*Sanhédrin* 97 b) : « Si vous vous repentez, c'est bien, et sinon Je placerai sur vous un roi comme Haman, et il vous forcera à vous repentir malgré vous ».

Nos sages ont dit du verset : « En son temps, Je l'accélérerai. S'ils sont récompensés, Je l'accélérerai, sinon en son temps »

Cela veut dire que nous sommes récompensés du premier chemin en observant la Torah et les commandements, et nous hâtons notre correction et n'avons pas besoin de souffrances pénibles et amères, ni du temps qu'il faut pour les subir, pour nous obliger à nous repentir malgré nous.

Sinon, « en son temps », ce qui veut dire seulement quand les souffrances termineront notre correction, et que la correction nous arrivera malgré nous. En fait, le chemin de la souffrance est aussi la punition des âmes en enfer. Mais quoi qu'il en soit, *Gmar Tikoun* [la Correction Finale/fin de la correction], qui est le troisième état, est obligatoire et absolu, en raison du premier état.

Notre choix réside uniquement entre la voie de la souffrance et la voie de la Torah et des commandements.

Nous avons donc mis en lumière la manière dont ces trois états des âmes sont interconnectés et sont nécessaires.

17) Selon ce qui a été expliqué, nous comprenons très bien la troisième analyse ci-dessus : lorsque nous regardons qui nous sommes, nous trouvons que nous sommes corrompus et méprisables, et il n'y a pas de quoi pavaner. Cependant lorsque nous examinons l'opérateur qui nous a créés, nous devrions être exaltés, car il n'y a rien de plus digne d'éloges que Lui, comme il se doit de l'Opérateur qui nous a créés, puisque la nature de l'Opérateur parfait est d'accomplir des actes parfaits.

Ainsi, nous comprenons bien que notre corps avec toutes ses circonstances et ses possessions insignifiantes n'est pas du tout notre vrai corps, étant donné que notre vrai corps, qui est éternel et parfait, existe déjà dans *Ein Sof*, dans le premier état, où il reçoit sa forme complète du futur, qui sera le troisième, c'est-à-dire, la réception sous la forme du don, qui est en équivalence de forme avec *Ein Sof*.

Ainsi, si notre premier état nécessite que nous recevions au second état la *Klipa* de notre corps, sous sa forme corrompue et détestable, qui est le désir de recevoir pour soi, qui est la force qui nous sépare de *Ein Sof*, c'est pour que nous le corrigions et qu'il nous permette de recevoir notre corps éternel en pratique, au troisième état. Il nous est inutile de protester, car notre travail ne peut être réalisé que dans ce corps transitoire et inutile, car « un homme ne peut corriger ce qu'il n'a pas en lui ».

Nous sommes donc déjà dans la mesure même de perfection adéquate, et en concordance avec l'Opérateur parfait qui nous a façonnés, même dans notre second état, car ce corps ne peut pas nous nuire en quoi que ce soit, puisqu'il est sur le point de mourir et de disparaître et qu'il ne nous sert que le temps nécessaire à son annulation et à la réception de notre forme éternelle.

18) Cela éclaircit notre cinquième analyse : Comment est-il possible que de l'Eternel naissent des actions temporaires, transitoires et inutiles ? Nous voyons qu'en fait nous sommes déjà à Ses yeux dignes de Son éternité, à savoir des êtres parfaits et éternels. Notre éternité nécessite forcément que la *Klipa* du corps, qui nous a été donnée uniquement pour le travail, soit transitoire et inutile, car si elle était restée pour l'éternité, nous serions restés séparés de la Vie des Vies pour l'éternité.

Nous avons déjà dit au point 13, que cette forme de notre corps, qui est le désir de recevoir uniquement pour nous-mêmes, n'est absolument pas présente dans l'éternelle Pensée de la Création, car nous y sommes sous la forme du troisième état. Mais elle est obligatoire au second état, pour nous permettre de la corriger.

Nous ne devons pas nous poser de questions sur l'état des autres créatures dans le monde, à part l'homme, puisque l'homme est le centre de toute la Création, comme il sera écrit par la suite au point 39, et toutes les autres créatures n'ont aucune valeur en elles-mêmes, si ce n'est dans la mesure où elles sont utiles à l'homme pour atteindre sa perfection. C'est pourquoi elles s'élèvent et tombent avec lui, sans aucune considération pour elles-mêmes.

19) Avec ceci, nous avons également expliqué la quatrième question : Vu qu'en général le bien fait le bien, comment a-t-Il créé dès le début, des créatures torturées et tourmentées toute leur vie durant ?

Car comme nous l'avons dit, toutes ces souffrances proviennent nécessairement de notre premier état, où notre éternité parfaite, qui y est reçue de notre troisième état futur, nous oblige à emprunter le chemin de la Torah, ou bien le chemin de la souffrance, pour accéder à notre éternité du troisième état (point 15).

Toutes ces souffrances ne sont ressenties que sur cette *Klipa* de notre corps, qui n'a été créée que pour mourir et être enterrée. Cela nous apprend que le désir de recevoir pour soi n'a été créé que pour être éradiqué et disparaître du monde et pour le transformer en un désir de donner sans réserve. Les tourments que nous souffrons existent uniquement pour découvrir l'insignifiance et la nuisance qui se cachent en lui.

En effet, lorsque tous les humains accepteront à l'unanimité d'annuler et d'éradiquer leur désir de recevoir pour eux-mêmes, et n'auront d'autre désir que de donner sans réserve à autrui, tous les soucis et les maux dans le monde cesseront d'exister et chacun sera assuré d'une vie pleine et saine, puisque chacun de nous aura le monde entier qui se souciera de lui et satisfera ses besoins.

Cependant, lorsque chacun de nous ne désire recevoir que pour soi, c'est la source de toutes les inquiétudes, les souffrances, les guerres et les massacres auxquels nous ne pouvons échapper. Ils affaiblissent nos corps avec toutes sortes de maladies et de douleurs. Vous trouverez que toutes ces souffrances dans notre monde ne sont que les manifestations présentées à nos yeux pour nous pousser à annuler la mauvaise *Klipa* du corps et à accepter la forme complète du désir de donner sans réserve. Et comme nous l'avons dit, le chemin de la souffrance lui-même nous amène à la forme désirée.

Sachez que les *Mitsvot* entre l'homme et autrui, précèdent les *Mitsvot* entre l'homme et le Créateur, car donner à autrui l'amène à Lui donner sans réserve.

20) Après toutes ces explications, nous avons résolu la première question : « Quelle est notre essence ? » Notre essence est la même que l'essence de tous les individus dans la réalité, et n'est ni plus ni moins que le désir de recevoir (comme écrit au point 7). Cependant, non pas tel qu'il se présente au second état, qui est le désir de recevoir uniquement pour soi, mais comme il existe au premier état, dans *Ein Sof*, sous sa forme éternelle, qui est recevoir en vue de contenter le Créateur (Voir point 13).

Et même si nous ne sommes pas encore arrivés au troisième état et que nous manquons encore de temps, cela ne diminue en aucune façon notre essence, car notre troisième état est absolument requis par le premier état. C'est pourquoi, « tout ce qui sera collecté est estimé collecté ». Le manque de temps est considéré comme un manque, uniquement là où il y a un doute, qu'il accomplisse ce qui doit être accompli à temps.

Et comme nous n'avons aucun doute à ce propos, c'est comme si nous étions déjà parvenus au troisième état. Ce corps, sous sa forme corrompue, qui nous est donné à présent, ne ternit pas non plus notre essence, puisque lui et tout ce qui lui appartient sont sur le point de disparaître complètement, avec tout le système de l'impureté, qui est leur source. « Et tout ce qui sera brûlé est estimé brûlé », et est considéré comme n'ayant jamais existé.

Cependant, l'âme revêtue de ce corps, dont l'essence n'est aussi qu'un désir, mais le désir de donner sans réserve qui provient du système des quatre mondes ABYA de Sainteté (point 11), cette âme existe éternellement, car cette forme du désir de donner est en équivalence de forme avec la Vie des Vies et elle ne peut être échangée. Ce sujet sera complété plus loin, à partir du point 32.

21) Ne vous laissez pas abuser par les philosophes qui prétendent que l'essence de l'âme serait une substance intellectuelle, qui ne proviendrait que de concepts dont elle s'instruirait et dont elle grandirait, et qu'ils seraient toute son essence. La question de la continuité de l'âme après le départ du corps dépendrait entièrement de l'étendue des concepts qu'elle aurait acquis, à tel point que l'absence de tels concepts impliquerait l'absence de continuité.

Ce n'est pas le point de vue de la Torah. C'est aussi inacceptable pour le cœur. Toute personne qui a essayé d'acquérir quelques connaissances sait et ressent que le cerveau est une possession et non le maître.

Néanmoins, comme nous l'avons dit, toute la substance de la nouvelle Création, que ce soit la substance des éléments spirituels ou la substance des objets matériels, n'est ni plus ni moins qu'un désir de recevoir.

Bien que nous ayons dit que l'âme soit entièrement un désir de donner, elle ne l'est que par les corrections de la lumière Réfléchie qu'elle reçoit des Mondes Supérieurs, et desquels elle nous parvient. Cependant l'essence de l'âme est également un désir de recevoir.

La distinction que l'on puisse faire entre un objet et un autre n'est faite que par son désir, car le désir de toute essence lui crée des besoins et les besoins engendrent des pensées et des concepts pour satisfaire ces besoins, que le désir de recevoir exige.

Tout comme les désirs humains diffèrent les uns des autres, il en est de même pour les besoins, les pensées et les idées.

Par exemple, ceux dont le désir de recevoir est limité seulement à des désirs animaux, de même leurs besoins, pensées et idées sont dictés pour satisfaire ce désir de recevoir dans toute sa bestialité. Bien qu'ils utilisent la connaissance et la raison humaine, il suffit à l'esclave d'être comme son maître. C'est comme l'esprit animal, puisque l'esprit est l'esclave et qu'il est au service du désir animal.

Ceux dont le désir de recevoir est intensifié principalement par les désirs humains, tels que les honneurs, et le pouvoir sur les autres, lesquels sont absents chez l'animal, fait que la majorité de leurs besoins, pensées et idées tournent uniquement autour de la satisfaction de leurs désirs, autant que possible.

Ceux, dont le désir de recevoir est intensifié principalement pour acquérir des connaissances, la majorité de leurs besoins, pensées et idées sont donc en vue de satisfaire ce désir, autant que possible.

22) Ces trois désirs sont présents en majorité chez tout le monde, mais ils fusionnent dans différentes proportions, d'où la différence d'une personne à l'autre. Nous pouvons déduire, à partir des propriétés matérielles, les éléments spirituels, selon leur valeur spirituelle.

23) Ainsi, les âmes humaines aussi, les spirituelles, n'ont qu'un désir, contenter leur Créateur, par les revêtements de la lumière Réfléchie [*Ohr Hozer*] qu'elles reçoivent des Mondes Supérieurs et dont elles proviennent, et ce désir est leur essence et l'âme même. Il s'avère qu'après s'être revêtue du corps humain, l'âme engendre en lui des besoins, des pensées et des idées pour satisfaire entièrement son désir de donner, c'est-à-dire contenter son Créateur, selon l'ampleur de son désir.

24) L'essence du corps n'est que le désir de recevoir pour soi, et toutes ses manifestations et ses acquisitions sont la satisfaction de ce désir de recevoir mal fonctionnant, qui n'a été créé, initialement, que pour être éradiqué et éliminé du monde, afin d'atteindre le troisième état complètement au *Gmar Tikoun* [Réparation finale]. C'est pourquoi le corps est mortel, transitoire et méprisable, lui et toutes ses acquisitions, telle une ombre qui passe et qui ne laisse rien derrière elle.

L'essence de l'âme n'est que le désir de donner sans réserve, et toutes ses manifestations et ses acquisitions sont la satisfaction de ce désir de donner qui existe déjà au premier état éternel, ainsi qu'au troisième état dans le futur, elle n'est donc absolument pas mortelle ni remplaçable.

Au contraire, elle et toutes ses possessions sont éternelles et existent pour toujours. Elle ne manque de rien au départ du corps. Au contraire, l'absence de la forme du corps corrompu la rend plus forte, ce qui lui permettra de s'élever au Jardin d'Eden.

Nous avons ainsi bien démontré que la continuité de l'âme ne dépend en rien des concepts qu'elle a acquis, comme les philosophes le prétendent, mais son éternité ne réside que dans son essence, dans son désir de donner sans réserve qui est son essence, et les concepts qu'elle a acquis sont sa récompense, non son essence.

25) De là émerge l'entière solution à la cinquième réflexion : Puisque le corps est tellement corrompu au point que l'âme ne peut être entièrement purifiée avant que le corps ne se décompose dans la poussière, pourquoi revient-il à la résurrection des morts ? Et aussi la question relative des sages, « les morts sont destinés à ressusciter avec tous leurs défauts, pour qu'on ne les confonde pas. » (*Zohar, Emor*, 17)

Vous comprendrez clairement ce sujet de la Pensée de la Création du premier état. Nous avons dit que puisque la Pensée était de réjouir Ses créatures, Il a dû créer un grand désir, très exagéré, pour recevoir toute cette abondance de bien qui est dans la Pensée de la Création, car le grand délice et le grand désir de recevoir vont de pair. (Points 6-7)

Nous avons dit que ce grand désir de recevoir est toute la nouvelle substance qu'Il a créée, car Il n'a pas besoin de plus que cela pour réaliser la Pensée de la Création. De plus, la nature de l'Opérateur parfait est de ne pas accomplir d'opérations superflues, comme il est écrit dans le Poème de l'Union : « Dans toute Ton œuvre, Tu n'as rien oublié, ni omis, ni ajouté. »

Nous avons aussi affirmé que ce désir de recevoir exagéré avait été complètement retiré du système de Sainteté et avait été donné au système des mondes d'impureté, dans lequel se trouvent les corps, leurs substances et toutes leurs possessions dans ce monde. Lorsque l'homme atteint sa treizième année, il commence à atteindre une âme sainte par la pratique de la Torah. A ce moment, il est nourri par le système des mondes de Sainteté, selon la mesure de pureté de l'âme qu'il a acquise.

Nous avons également dit précédemment que pendant les 6000 ans qui nous ont été donnés pour le travail dans la Torah et les *Mitsvot*, aucune correction ne parvient au corps, à son désir de recevoir excessif. Toutes les corrections résultant de notre travail sont uniquement relatives à l'âme, qui s'élève, grâce à elles, aux niveaux supérieurs de sainteté et de pureté, ce qui signifie l'augmentation du désir de donner sans réserve qui s'étend avec l'âme.

C'est la raison pour laquelle, le corps est destiné à mourir, à être enterré et à se décomposer, car il ne subit aucune correction. Cependant, il ne peut pas rester ainsi, car si ce désir de recevoir excessif disparaissait du monde, la Pensée de la Création ne pourrait pas se réaliser, ce qui veut dire recevoir tous les grands plaisirs qu'Il pensait donner à Ses créatures, car « le grand désir de recevoir et le grand plaisir vont de pair ». Dans la mesure où le désir de recevoir diminue, le plaisir et le délice de la réception diminuent d'autant.

26) Nous avons déjà dit que le premier état oblige le troisième état à se matérialiser dans toute la mesure de la Pensée de la Création, du premier état, sans qu'il n'y manque quoi que ce soit (voir point 15).

Ainsi le premier état nécessite la résurrection des corps morts, c'est-à-dire leur désir de recevoir excessif qui a déjà été éradiqué et s'est décomposé au second état. Celui-ci doit à présent ressusciter dans toute sa plénitude, sans aucune restriction, c'est-à-dire avec tous ses anciens défauts.

Le travail recommence alors pour transformer ce désir de recevoir excessif en un désir de donner sans réserve uniquement. Nous serons doublement gagnants :

1. Nous aurons une place où recevoir toute la bonté, les délices et la douceur de la Pensée de la Création, car nous avons déjà le corps avec son excessif désir de recevoir qui va de pair avec ces délices.
2. Puisque recevoir ainsi ne sera qu'en vue de contenter le Créateur, cette réception sera considérée comme un pur don sans réserve (Voir point 11). Et cela nous conduira à l'équivalence de forme, qui est *Dvékout* [adhésion], qui est notre forme au troisième état. Ainsi, le premier état nécessite absolument la résurrection des morts.

27) En fait, la résurrection des morts ne peut se produire qu'à la réparation finale, c'est-à-dire à la fin du second état. Après avoir été récompensés de refuser notre désir de recevoir excessif, et n'avoir reçu le désir que de donner sans réserve, et après avoir été récompensés de tous les merveilleux degrés de l'âme, nommés *Nefesh, Rouakh, Neshama, Haya, Yekhida*, par notre travail de négation de ce désir de recevoir, nous arrivons alors à la plus grande perfection, au point où il est possible de faire revivre le corps, avec tout son désir de recevoir excessif.

Alors, il ne nous nuit plus car il nous séparait de notre *Dvékout*. Au contraire, nous le surmontons et nous lui donnons la forme du don sans réserve. En vérité, il en va ainsi avec chacune des mauvaises qualités que nous souhaitons lui ôter : tout d'abord, nous devons l'éliminer complètement, jusqu'à ce que rien n'en subsiste. Ensuite nous pouvons la recevoir à nouveau et la diriger sur la voie médiane.

Tant que nous ne l'avons pas complètement éliminée en nous, il est impossible de la diriger sur la voie médiane désirée.

28) Comme l'ont dit nos sages: « Les morts ressusciteront avec leurs défauts et seront ensuite guéris. » C'est-à-dire qu'au commencement, le même corps ressuscite, qui est le désir de recevoir excessif, sans aucune restriction, tel qu'il a grandi sous la conduite des mondes d'impureté, avant que la Torah et *Mitsvot* ne l'aient purifié en quoi que ce soit. Telle est la signification de « avec tous leurs défauts ».

Nous commençons alors un nouveau travail : inclure tout ce désir de recevoir excessif dans la forme du don. Il est alors guéri, car à présent il a également atteint l'équivalence de forme. Ils disent que c'est la raison de « qu'on ne dise pas que c'est un autre », signifiant qu'on ne dira pas de lui qu'il est sous une forme différente de celle qu'il avait dans la pensée de la Création. En fait, ce désir de recevoir excessif se tient là, prêt à recevoir toute la bonté de la Pensée de la Création. Mais entre-temps, il a été donné aux *Klipot* pour être purifié. Pourtant à la fin, il ne faut pas qu'il soit un corps différent, car s'il lui manquait quoi que ce soit, il serait comme quelqu'un d'autre et donc indigne de recevoir toute la bonté de la Pensée de la création, comme il l'a déjà reçue là, au premier état.

29) Maintenant nous pouvons résoudre la seconde question : Quel est notre rôle dans la longue chaîne de la réalité dont nous ne constituons que des petits maillons durant notre courte vie ?

Sachez que notre travail, durant nos soixante-dix ans d'existence, est divisé en quatre :

Première partie : obtenir un désir de recevoir excessif sans restriction, dans toute sa mesure corrompue, du système des quatre mondes *ABYA* d'impureté. Si nous n'avions pas ce désir de recevoir mal fonctionnant, nous n'aurions pas pu le corriger, car « nous ne pouvons pas corriger ce qui n'est pas en nous ».

Par conséquent, non seulement ce désir de recevoir implanté dans notre corps à la naissance est insuffisant, mais il doit être aussi un véhicule pour les *Klipot* impures, pendant pas moins de treize ans. Cela signifie que les *Klipot* le dominent et lui donnent leurs lumières, car leurs lumières augmentent son désir de recevoir, parce que les satisfactions que les *Klipot* fournissent au désir de recevoir ne font qu'élargir constamment l'exigence du désir de recevoir.

Par exemple, à la naissance il ne désire qu'une portion et pas plus. Mais lorsque la *Sitra Akhra* fournit la portion, le désir de recevoir double immédiatement. Ensuite lorsque la *Sitra Akhra* procure les deux portions, le désir augmente immédiatement et en veut quatre, et s'il ne se dépasse pas par la Torah et les *Mitsvot* pour purifier le désir de recevoir et le transformer en don sans réserve, son désir de recevoir grandira toute sa vie, jusqu'à ce qu'il meurt sans avoir atteint la moitié de ses désirs.

Il se trouve ainsi sous l'autorité de la *Sitra Akhra* et des *Klipot*, dont le rôle est d'étendre et d'accroître son désir de recevoir et de le rendre exagéré et illimité, afin de fournir à l'homme tout le matériel dont il a besoin pour travailler et se corriger.

30) Seconde partie : à partir de l'âge de 13 ans, le point dans son cœur, qui est l'arrière de *Nefesh* de la Sainteté, est renforcé. Bien qu'il soit revêtu dans son désir de recevoir dès sa naissance, il ne commence à se réveiller qu'après treize ans. Il commence alors à entrer sous l'autorité du système des mondes de Sainteté, à savoir dans la mesure où il pratique la Torah et les *Mitsvot*.

Le rôle principal, durant cette période, est d'obtenir et d'accroître le désir de recevoir spirituel. A sa naissance, il n'a de désir de recevoir que la matérialité. Par conséquent, bien qu'il ait acquis avant d'avoir 13 ans un désir de recevoir excessif, ce dernier n'est pas encore à terme. La croissance essentielle du désir de recevoir ne se dessine que dans la spiritualité.

Par exemple, avant d'avoir treize ans, son désir de recevoir souhaite engloutir toutes les richesses et les honneurs de ce monde matériel, qui est évident à tous et qui n'est pas un monde éternel, et qui n'est pour chacun de nous qu'une ombre éphémère. Cependant lorsqu'il acquiert le désir spirituel excessif de recevoir, c'est alors qu'il souhaite engloutir pour son propre plaisir, tout le bien et la richesse du monde à venir éternel, qui est pour lui une possession éternelle. Ainsi, l'essentiel du désir excessif de recevoir n'est achevé qu'avec un désir de recevoir la spiritualité.

31) Il est écrit dans les Nouveaux *Tikounim* (97) à propos du verset (Proverbes 30,15) « La sangsue a deux filles : "Donne, donne" ». La sangsue signifie l'enfer, et les méchants qui sont piégés dans cet enfer aboient comme un chien : « *Wouf-Wouf* » [« donne-donne » en français], ce qui veut dire : « Donne-nous la fortune de ce monde et donne-nous la fortune du monde à venir ».

Qui plus est, c'est un degré bien plus important que le premier, car en plus d'obtenir la véritable mesure du désir de recevoir, en lui donnant tout le matériel dont il a besoin pour son travail, c'est le degré qui le conduit à *Lishma* [En Son nom]. Comme nos sages l'ont dit (*Pessakhim* 50b) : « L'homme devrait toujours pratiquer la Torah et les *Mitsvot Lo Lishma* [pas en Son nom] car de *Lo Lishma*, il arrive à *Lishma* ».

Par conséquent, ce degré, qui arrive après treize (13) ans est considéré comme sacré. C'est la signification de « la servante de la Sainteté est au service de sa maîtresse », c'est-à-dire « la *Shekhina* » [Divinité], car la servante le conduit à *Lishma*, et il est récompensé de l'inspiration de la Divinité.

Cependant il doit prendre toutes les mesures adéquates pour le conduire à « *Lishma* », car s'il ne fait pas des efforts dans ce but, il n'atteindra pas *Lishma*, et il tombera dans le piège de la servante impure, qui fait face à la servante de la Sainteté, et dont le rôle est de dérouter l'homme afin que *Lo Lishma* ne le mène pas à *Lishma*. C'est à son sujet qu'il est dit : « une servante qui hérite de sa maîtresse » (Proverbes 30 : 23), car elle ne laissera personne s'approcher de la maîtresse, qui est la Divinité.

Le dernier niveau de cette division est qu'il tombera follement amoureux du Créateur, comme l'on tombe passionnément amoureux d'un corps, au point que l'objet de sa passion reste sous ses yeux jours et nuits, comme le poète dit : « Quand je pense à Lui, Il m'empêche de dormir ». C'est alors que l'on dit de lui : « un désir satisfait est un arbre de vie » (Proverbes 13 : 12), car les cinq degrés de l'âme sont l'Arbre de vie qui s'étend sur 500 ans. Chaque degré dure 100 ans, et conduira la personne à recevoir toutes les cinq *Bekhinot* [discernements] de *NaRaNHaY* (*Nefesh, Rouakh, Neshama, Haya, Yekhida*) qui sont expliquées dans la troisième partie.

32) La troisième partie est le travail dans la Torah et les *Mitsvot Lishma*, pour donner sans réserve et non pour recevoir une récompense. Ce travail purifie le désir de recevoir pour soi et le transforme en un désir de donner sans réserve.

Dans la mesure où l'homme purifie le désir de recevoir, il mérite de recevoir les cinq parties de l'âme qui sont appelées *NaRaNHaY* (ci-après point 42). Elles se trouvent dans le désir de donner sans réserve (voir point 23) et ne pourront pas se vêtir du corps tant que le désir de recevoir le contrôle, vu qu'il est opposé à l'âme, ou même en disparité de forme avec elle. Il en est ainsi car le revêtement et l'équivalence de forme vont de pair (Point 11).

Lorsque l'homme sera récompensé d'être entièrement dans le désir de donner sans réserve, sans rien recevoir pour lui-même, il est récompensé de l'équivalence de forme, de ses *NaRaNHaY* supérieurs, provenant de leur source dans *Ein Sof*, de l'état premier, à travers *ABYA* de Sainteté et qui sont immédiatement attirés à lui et se revêtent progressivement en lui.

La quatrième partie est le travail effectué après la résurrection des morts. Cela signifie que le désir de recevoir, après avoir complètement disparu, en mourant et ayant été enterré, ressuscite en un désir de recevoir excessif des plus mauvais, comme nos sages l'ont dit : « les morts ressusciteront avec leurs défauts » (point 28). Il est transformé alors en réception en vue de donner. En effet, il est donné à quelques élus d'accomplir ce travail durant leur vie dans ce monde.

33) Il reste, à présent, la clarification de la sixième analyse, dont nos sages disent : « Tous les mondes, supérieurs et inférieurs, n'ont été créés que pour l'homme ». A priori il semble très étrange que, pour ce petit homme, qui n'a pas plus de valeur qu'une mèche de cheveu dans la réalité de ce monde, et encore moins dans les mondes spirituels supérieurs, le Créateur se soit donné tant de peine à créer tout cela pour lui. Et encore plus étrange : pourquoi l'homme aurait-il besoin de tous ces vastes et nombreux mondes spirituels ?

Vous devez savoir que tout le contentement de notre Créateur de réjouir Ses créatures dépend de la mesure dans laquelle les créatures Le ressentent, comme Celui qui donne et Celui qui les réjouit. C'est alors qu'Il s'amuse beaucoup avec elles, comme un père qui joue avec son enfant chéri, dans la mesure où le fils ressent et reconnaît la grandeur et la majesté de son père, et où son père lui montre tous les trésors qu'Il a préparés pour lui.

Comme il est écrit : « Ephraïm, Mon fils chéri, un enfant choyé, puisque plus J'en parle, plus Je veux me souvenir de lui. Donc, Mes entrailles sont émues en sa faveur, Je le prendrai en pitié, dit le Seigneur ». (Jérémie 30,20)

Observez ces mots attentivement et vous pourrez comprendre et connaître l'immense plaisir qu'a le Créateur avec tous ceux qui ont été récompensés de Le ressentir et de connaître Sa grandeur, de toutes les manières qu'Il leur a préparées, au point d'être avec eux comme un père avec Son fils chéri, tel un père avec Son fils choyé, tel que c'est expliqué dans les versets.

Il n'y a nul besoin de s'étendre sur ce sujet. Il nous suffit de savoir que pour ce plaisir et ces délices avec ces entités, il Lui valait la peine de créer tous les mondes, supérieurs et inférieurs.

34) Afin de préparer Ses créatures à atteindre le niveau élevé et sublime susmentionné, le Créateur a mis en œuvre quatre degrés, qui se suivent, appelés « minéral », « végétal », « animal » et « parlant ».

Ce sont en fait les quatre phases du désir de recevoir selon lesquelles les Mondes Supérieurs sont divisés. Car bien que l'essence du désir ne se manifeste que dans *Bekhina Dalet* [quatrième discernement/phase] du désir de recevoir, *Bekhina Dalet* ne peut apparaître en une seule fois, elle doit être précédée par les trois *Bekhinot* précédentes, dans lesquelles et par lesquelles elle se développe progressivement et apparaît, jusqu'à se terminer sous sa forme complète de *Bekhina Dalet*.

35) Dans *Bekhina Aleph* [premier discernement/première phase] du désir de recevoir, appelé « minéral », qui est le début de la manifestation du désir de recevoir dans ce monde matériel, il n'y a là qu'une force motrice incluant la totalité de la catégorie minérale. Cependant, aucun mouvement n'est visible dans ses particules. Cela est dû au fait que le désir de recevoir génère des besoins et les besoins engendrent des mouvements suffisants pour satisfaire le besoin ; et puisque le désir de recevoir n'y existe que dans une faible mesure, il ne gouverne que l'ensemble de la catégorie à la fois, et n'est pas discernable dans les particules.

36) Le végétal lui est ajouté, c'est la *Bekhina Bet* [second discernement/seconde phase] du désir de recevoir, dont la mesure est plus grande que celle du minéral et son désir de recevoir gouverne chacun des éléments de son ensemble. Chacun des éléments possède son propre mouvement, qui se déploie en longueur et en largeur et se meut là où le soleil brille. De plus, il est apparent que chaque élément absorbe sa nourriture et sécrète ses déchets. Cependant, malgré tout cela, la sensation de liberté individuelle est encore absente chez eux.

37) La catégorie animale s'ajoute à lui, *Bekhina Guimel* [troisième discernement/troisième phase] du désir de recevoir. Sa mesure est déjà beaucoup plus complète, car ce désir de recevoir génère déjà dans chacun de ses individus une sensation de liberté individuelle, qui constitue la vie particulière de chaque individu, distincte de celle de l'autre. Cependant, ils sont encore dépourvus de la sensation d'autrui, c'est-à-dire qu'il n'y a en eux aucune préparation pour regretter la souffrance d'autrui ni de se réjouir pour lui, etc.

38) L'espèce humaine s'ajoute à toutes les précédentes. C'est *Bekhina Dalet* [quatrième discernement/quatrième phase] du désir de recevoir et sa mesure y est déjà complète et finale. La sensation des autres se manifeste aussi dans le désir de recevoir en lui. Si vous désirez savoir avec grande précision quel est l'écart entre *Bekhina Guimel* du désir de recevoir de l'espèce animale et *Bekhina Dalet* du désir de recevoir de l'homme, je vous dirai qu'il est égal à la valeur d'une seule créature de la réalité, par rapport à la réalité toute entière.

Ceci est dû au fait que le désir de recevoir chez l'animal, qui n'a pas la sensation des autres, ne peut engendrer des désirs ni des besoins en lui que dans la mesure où ils ont déjà été implantés dans cette même créature. Tandis que l'homme, qui peut également ressentir autrui, ressent un manque par rapport à tout ce que les autres possèdent et se remplit de jalousie d'acquérir toute la réalité que les autres ont. Lorsqu'il possède cent, il en veut deux cents. Par conséquent, ses besoins se multiplient toujours jusqu'à vouloir engloutir tout ce qui existe dans le monde entier.

39) Nous avons démontré à présent, que le but désiré du Créateur pour la création qu'Il a créée est de faire plaisir à Ses créatures, pour qu'elles connaissent Sa sincérité et Sa grandeur et pour qu'elles reçoivent toute la bonté et la douceur qu'Il a préparées pour l'homme dans la mesure décrite dans le verset « Ephraïm, mon fils chéri, un enfant choyé » (Jérémie 31:20). Vous voyez ainsi clairement que ce but ne s'applique ni au minéral, ni aux larges sphères telles que la terre, la lune et le soleil, quelle que soit leur luminescence, et ni au végétal et ni à l'espèce animal, puisqu'il leur manque la sensation d'autrui, même au sein de leur propre espèce. Comment, donc, la sensation Divine et Sa bonté s'appliqueraient-elles à eux ?

Seul le genre humain a été préparé à ressentir ceux de l'espèce lui ressemblant, après avoir pratiqué la Torah et les *Mitsvot* [commandements] qui transforment le désir de recevoir en un désir de donner sans réserve, et les humains atteignent ainsi l'équivalence de forme avec leur Créateur. C'est alors qu'ils reçoivent tous les degrés qui leur ont été préparés dans les Mondes Supérieurs, appelés *NaRaNHaY*, car c'est ainsi qu'ils méritent de recevoir le but de la Pensée de la Création. Après tout, le but de la Création, l'intention de la Création de tous les mondes, n'existe que pour l'homme.

40) Cependant, je sais que ceci est tout à fait inacceptable pour certains philosophes. Ils ne peuvent admettre que l'homme, qu'ils considèrent vil et insignifiant, puisse être le centre de cette création grandiose et élevée ; mais ils ressemblent à ce ver qui est né dans un radis, et y vit, et pense que le monde du Créateur est aussi amer et obscur et petit que le radis dans lequel il est né.

Cependant, dès qu'il perce la peau du radis et qu'il jette un coup d'œil furtif à l'extérieur, il s'exclame surpris : « je pensais que le monde entier était de la taille du radis où je suis né, et je vois devant moi, à présent, un monde immense, lumineux, formidable et merveilleux ! »

Il en est de même pour ceux qui sont plongés dans la *Klipa* de leur désir de recevoir, dans laquelle ils sont nés, et qui n'ont pas essayé de prendre les épices spéciales que sont la Torah et les *Mitsvot* pratiques, qui sont capables de percer cette *Klipa* [écorce/peau] dure et de la transformer en un désir de contenter son Créateur. Il est certain qu'ils doivent admettre que leur insignifiance et leur vide sont tels qu'ils le sont en vérité, et qu'ils ne pourront donc pas concevoir que cette magnifique réalité n'ait été créée que pour eux.

En effet, s'ils s'étaient engagés dans la Torah et les *Mitsvot* afin de contenter leur Créateur avec toute la pureté requise et avaient brisé la *Klipa* du désir de recevoir dans laquelle ils sont nés, et avaient reçu le désir de donner sans réserve, leurs yeux se seraient ouverts immédiatement pour voir et atteindre tous leurs degrés de sagesse, d'intelligence et de raison évidente, plaisants et agréables à en couper le souffle, qui leur ont été préparés dans les mondes spirituels. Ils auraient alors eux-mêmes dit ce que nos sages ont dit : « Que dit un bon invité ? L'hôte ne s'est donné toute cette peine que pour moi ».

41) Cependant, il nous reste toujours à clarifier : mais enfin, pourquoi l'homme aurait-il besoin de tous ces Mondes Supérieurs que le Créateur a créés pour lui ? En quoi sont-ils utiles à l'homme ?

Vous devez savoir que la réalité de tous les mondes est généralement divisée en cinq mondes appelés :

    A. *Adam Kadmon,*
    B. *Atsilout,*
    C. *Briya,*
    D. *Yetsira,*
    E. *Assiya,*

En fait, en chacun d'eux, il y a un nombre infini de détails, qui sont les cinq *Sefirot KaHaB TouM.* (*Keter, Hokhma, Bina, Tifferet* et *Malkhout*), puisque :

    Le monde de *Adam Kadmon* est *Keter,*
    Le monde de *Atsilout* est *Hokhma,*
    Le monde de *Briya* est *Bina,*
    Le monde de *Yetsira* est *Tifferet,*
    Le monde de *Assiya* est *Malkhout.*

Et les lumières qui se revêtent de ces cinq mondes sont appelées YHNRN :

    La lumière de *Yekhida* illumine le monde de *Adam Kadmon,*
    La lumière de *Haya* illumine le monde de *Atsilout,*
    La lumière de *Neshama* illumine le monde de *Briya,*
    La lumière de *Rouakh* illumine le monde de *Yetsira,*
    La lumière de *Nefesh* illumine le monde de *Assiya.*

Tous ces mondes et tout ce qu'ils contiennent sont inclus dans le Nom Sacré *Youd Hey Vav Hey* et la pointe du *Youd,* puisque :

Le premier monde, *Adam Kadmon,* nous n'en avons aucune perception. C'est la pointe du *Youd* qui ici le suggère ; c'est pourquoi nous n'en parlons pas et nous ne mentionnons que les quatre mondes *ABYA* :

    Le **Youd** est le monde de *Atsilout,*
    Le **Hey** est le monde de *Briya,*
    Le **Vav** est le monde de *Yetsira,*
    Le **Hey inférieur** est le monde de *Assiya.*

42) Nous avons à présent expliqué les cinq mondes qui incluent toute la réalité spirituelle, qui s'étend de l'Infini jusqu'à ce monde. Ils sont en fait inclus les uns dans les autres, et chacun des mondes contient les cinq mondes entiers, et de même les cinq *Sefirot – Keter, Hokhma, Bina, Tifferet* et *Malkhout* dans lesquelles les cinq lumières, *NaRaNHaY* se revêtent, et correspondent aux cinq mondes.

A part les cinq *Sefirot KaHaB TouM*, dans chacun des mondes, il y a aussi quatre discernements spirituels, Minéral, Végétal, Animal, Parlant, où :

A. le **Parlant** y est considéré comme **l'âme de l'homme**,

B. l'**Animal** y est considéré comme **les anges dans ce monde**,

C. le **Végétal** y est nommé **vêtements**,

D. le **Minéral** y est nommé **palais**.

Ces discernements se revêtent les uns dans les autres. Il en est ainsi parce que le discernement Parlant qui représente les âmes des hommes revêt les cinq *Sefirot* : *Keter, Hokhma, Bina, Tifferet* et *Malkhout* qui sont la divinité de ce même monde.

Le discernement **Animal** est représenté par les Anges qui revêtent les âmes.

Le discernement **Végétal**, les Vêtements recouvrent les Anges.

Le discernement **Minéral**, les Palais les entourent tous.

Ce revêtement signifie qu'ils se servent l'un de l'autre, et évoluent l'un de l'autre, comme nous l'avons clarifié avec le minéral, le végétal, l'animal et le parlant dans ce monde (Points 35 à 38). Comme nous l'avons dit là, les trois discernements, minéral, végétal et animal ne sont pas apparus pour eux-mêmes, mais pour que la *Bekhina Dalet*, qui est l'espèce humaine, puisse se développer et s'élever grâce à eux.

C'est pourquoi, leur rôle n'est que de servir l'homme et de lui être utile. Il en est ainsi dans tous les mondes spirituels, où les trois discernements, minéral, végétal et animal, qui y sont, n'y sont apparus que pour servir et être utiles au parlant, qui est l'âme de l'homme. C'est pourquoi nous considérons qu'ils revêtent tous l'âme de l'homme, ce qui veut dire, le servir.

43) A sa naissance, l'homme a immédiatement *Nefesh de Kedousha* [l'âme de sainteté], et non une véritable *Nefesh*, mais sa partie postérieure, ce qui signifie son dernier discernement, qui, en raison de sa petitesse, est appelé un « point ».

Il se revêt dans le cœur de l'homme, c'est-à-dire dans son désir de recevoir, qui se révèle essentiellement dans le cœur de l'homme.

Retenez cette règle : tout ce qui s'applique à toute la réalité, s'applique dans chaque monde, et même dans la plus petite particule qui puisse se trouver dans ce monde. Tout comme il y a cinq mondes dans toute la réalité, qui sont les cinq *Sefirot, Keter, Hokhma, Bina, Tifferet* et *Malkhout*, il y a cinq *Sefirot, Keter, Hokhma, Bina, Tifferet* et *Malkhout*, dans chacun des mondes et il y a cinq *Sefirot* dans chaque petite particule dudit monde.

Nous avons dit que ce monde est divisé en minéral, végétal, animal et parlant, (MVAP) correspondant aux quatre *Sefirot*, *Hokhma*, *Bina*, *Tifferet* et *Malkhout*, car :

    A. le minéral correspond à *Malkhout*,
    B. le végétal correspond à *Tifferet*,
    C. l'animal correspond à *Bina*,
    D. le Parlant correspond à *Hokhma*,
    E. et la racine de tous correspond à *Keter*.

En fait, comme nous l'avons dit, même dans la plus petite particule de chaque espèce des niveaux minéral, végétal, animal et parlant, il y a aussi quatre discernements du minéral, végétal, animal et parlant. De sorte que, même dans un seul individu du genre Parlant, c'est-à-dire même dans une personne, il y a également MVAP, qui sont les quatre parties de son désir de recevoir, où le point de *Nefesh de Kedousha* se revêt.

44) Avant l'âge de treize ans, aucune révélation ne sera faite dans le point dans son cœur. Cependant, après treize ans, lorsqu'il commence à pratiquer la Torah et les *Mitsvot*, même sans aucune intention, c'est-à-dire, sans amour et sans crainte comme il se doit pour servir le Roi, même dans *Lo Lishma*, le point dans son cœur commence à grandir et à révéler son action.

Ceci car les *Mitsvot* ne nécessitent pas d'intention.

Même les actions sans intention sont capables de purifier son désir de recevoir, mais uniquement à son premier degré appelé « minéral », et c'est dans la mesure où il purifie la partie minérale du désir de recevoir qu'il forme les 613 organes du point dans le cœur qui est le niveau minéral de *Nefesh de Kedousha*. Lorsqu'il achève la pratique de toutes les 613 *Mitsvot*, les 613 organes du point dans le cœur, qui sont le minéral de *Nefesh de Kedousha*, sont achevés ; car les 248 organes spirituels sont établis par la pratique des deux cent quarante-huit *Mitsvot* de « faire », et ses trois cent soixante-cinq (365) tendons spirituels sont établis par l'observance des trois cent soixante-cinq *Mitsvot* de « ne pas faire », jusqu'à ce qu'il devienne un *Partsouf* entier de *Nefesh de Kedousha*. Puis *Nefesh* s'élève et revêt la *Sefira de Malkhout* dans le monde spirituel de *Assiya*. Tous les éléments spirituels, minéral, végétal et animal de ce monde qui correspondent à cette *Sefira de Malkhout de Assiya* servent et aident le *Partsouf de Nefesh* de l'homme qui s'y est élevé, dans la mesure où l'âme les perçoit. Ces concepts deviennent pour elle une nourriture spirituelle lui donnant la force de grandir et de se multiplier jusqu'à ce qu'elle puisse attirer la Lumière de la *Sefira de Malkhout de Assiya* dans toute la perfection désirée et éclairer le corps de l'homme. Et cette lumière complète aide l'homme à augmenter ses efforts dans la Torah et les *Mitsvot* et à recevoir les degrés restants.

Comme nous avons dit qu'immédiatement à la naissance du corps de l'homme un point de la lumière de *Nefesh* apparaît et se revêt en lui, il en est de même lorsque son *Partsouf de Nefesh de Kedousha* naît : un point de son degré supérieur adjacent naît avec lui, c'est-à-dire celui du dernier discernement de la lumière de *Rouakh de Assiya* se revêt dans l'intériorité du *Partsouf de Nefesh*.

Il en est ainsi à tous les degrés. A la naissance de chaque degré, le dernier discernement de son degré Supérieur apparaît instantanément en lui. Ceci constitue toute la connexion entre le Supérieur et l'inférieur jusqu'au sommet des degrés. Ainsi, grâce à ce point qui lui vient du Supérieur, il peut s'élever au prochain degré supérieur.

45) Cette Lumière de *Nefesh* est appelée la Lumière du « minéral sacré » dans le monde *de Assiya*. Elle correspond à la pureté de la partie minérale du désir de recevoir dans le corps de l'homme. Elle brille dans la spiritualité comme la catégorie minérale dans le monde physique (voir point 35), dont les éléments ne se meuvent pas de manière individuelle mais seulement dans un mouvement général commun à tous les éléments de façon égale.

Il en est de même de la Lumière du *Partsouf de Nefesh* du monde *de Assiya*. Bien qu'il y ait 613 organes en lui, qui sont 613 différentes formes de recevoir la bonté, ces changements ne sont pas apparents en lui, mais seule une Lumière générale dont l'action les enveloppe tous d'une même manière, sans en distinguer les détails.

46) Sachez que, bien que les *Sefirot* soient divines, et qu'il n'y ait aucune différence entre elles, de la tête de *Keter* dans le monde de *AK*, jusqu'à la fin de la *Sefira de Malkhout* dans le monde *de Assiya*, il y a tout de même une grande différence par rapport à ceux qui reçoivent. Car les *Sefirot* sont considérées comme des lumières et des *Kélim* [récipients].

La lumière des *Sefirot* est absolument divine.

Cependant, les *Kélim*, appelés *KaHaB TouM* dans chacun des trois mondes inférieurs nommés *Briya*, *Yetsira* et *Assiya*, ne sont pas divins. Ils sont considérés comme des couvertures qui dissimulent *Ohr Ein Sof* [la Lumière Infinie] en eux et qui évaluent le rythme et la quantité de son illumination par rapport à ceux qui la reçoivent, pour que chacun d'entre eux ne reçoive que selon son niveau de pureté.

Ainsi, bien que la lumière soit Une, nous nommons quand même les lumières des Sefirot *NaRaNHaY*, car la lumière se divise selon les attributs des récipients.

Malkhout dont la couverture est la plus épaisse, dissimule *Ohr Ein Sof*. La lumière qu'elle transmet aux receveurs n'est qu'une petite portion relative à la purification du niveau « minéral du corps » de l'homme. C'est pourquoi elle est appelée *Nefesh*.

Le *Kli de Tifferet* est plus pur que le *Kli de Malkhout* et la lumière qu'il transmet d'*Ein Sof*, est relative à la purification du niveau « végétal du corps » de l'homme, car elle y agit plus que la lumière de *Nefesh* et s'appelle la lumière de *Rouakh*.

Le *Kli de Bina* est plus pur que celui de *Tifferet*. La lumière qu'il transmet d'*Ein Sof*, est relative à la purification de la partie « animale du corps » de l'homme et s'appelle lumière de *Neshama*.

Le *Kli de Hokhma* est le plus pur de tous. La lumière qu'il transmet d'*Ein Sof*, est relative à la purification de la partie « parlante du corps » de l'homme. Elle est appelée la lumière de *Haya*, et son action est incommensurable, comme nous l'expliquerons.

47) Comme nous l'avons dit, dans le *Partsouf Nefesh*, que l'homme atteint en pratiquant la Torah et les commandements sans intention, se revêt déjà un point de la lumière de *Rouakh*. Lorsque l'homme s'efforce d'observer la Torah et les *Mitsvot*, dans l'intention désirable, il purifie la partie végétale de son désir de recevoir, et dans cette certaine mesure, il édifie le point de *Rouakh* en un *Partsouf*.

En accomplissant les 248 commandements « de faire » avec une intention, le point se répand dans ses 248 organes spirituels.

En observant les 365 commandements « de ne pas faire », le point se diffuse dans ses 365 tendons.

Lorsqu'il a achevé tous les 613 organes, il s'élève et revêt la *Sefira de Tifferet* dans le monde spirituel de *Assiya*, qui lui transmet de l'Infini une lumière plus importante, appelée la lumière de *Rouakh*, qui correspond à la purification de la partie « végétale du corps » de l'homme. Tous les éléments du minéral, du végétal et de l'animal du monde de *Assiya* qui sont relatifs au niveau de *Tifferet*, aident le *Partsouf Rouakh* de l'homme à recevoir les lumières de la *Sefira de Tifferet*, dans sa totalité, comme nous l'avons expliqué ci-dessus pour la lumière de *Nefesh*. C'est pourquoi il est appelé « le végétal de sainteté ». La nature de son illumination est comme le végétal du monde physique. Comme expliqué plus haut, il y a des différences distinctes dans les mouvements de chacun de ses éléments, de même, la lumière du végétal spirituel a plus de force pour illuminer particulièrement chacun des organes des 613 organes du *Partsouf Rouakh*. Chacun d'entre eux manifeste la force d'action relative à cet organe. De plus, avec l'extension du *Partsouf Rouakh*, le point de son niveau Supérieur apparaît, c'est-à-dire, le point de la lumière de *Neshama* qui se revêt dans son intériorité.

48) Et en s'engageant dans les secrets de la Torah et la saveur des *Mitsvot*, il purifie la partie animale de son désir de recevoir. En faisant cela, il édifie le point de l'âme qui se revêt en lui dans ses 248 organes et 365 tendons. Lorsque la construction est achevée et qu'il devient un *Partsouf*, il s'élève et se revêt de la *Sefira de Bina* dans le monde spirituel de *Assiya*. Ce *Kli* est bien plus pur que les premiers récipients, TM (*Tifferet* et *Malkhout*). C'est pourquoi il transmet une grande lumière d'*Ein Sof*, appelée « lumière de *Neshama* ».

Tous les éléments, minéral, végétal et animal du monde de *Assiya*, relatifs au niveau de *Bina* aident et servent le *Partsouf de Neshama* de l'homme à recevoir toutes ses lumières de la *Sefira de Bina*, comme expliqué pour la lumière de *Nefesh*. Il est aussi appelé « animal de sainteté », car il correspond à la purification de la partie « animale du corps » de l'homme. Ainsi, la nature de son illumination, comme expliqué pour le genre humain du monde physique, au point 37, donne une sensation d'individualité à chacun des 613 organes du *Partsouf*, où chacun d'entre eux vit et se sent libre, sans aucune dépendance par rapport au reste du *Partsouf*.

Ceci de sorte que les 613 organes en lui, sont considérés comme 613 *Partsoufim*, uniques dans leur lumière, chacun à sa manière. La supériorité de cette lumière sur la lumière de *Rouakh* dans la spiritualité est comme la différence qu'il y a entre l'animal et le minéral et le végétal dans la matérialité.

De plus, un point de la lumière de *Haya de Kedousha*, qui est la lumière de la *Sefira de Hokhma* émerge à la sortie du *Partsouf Neshama* et se revêt dans son intériorité.

49) Après avoir été récompensé de recevoir cette grande lumière, appelée « lumière de *Neshama* », où chacun des 613 organes de ce *Partsouf* illumine d'une lumière complète et claire, de façon particulière comme un *Partsouf* indépendant, s'ouvre alors à lui une ouverture pour pratiquer chacun des commandements dans son intention réelle, car chacun des organes du *Partsouf de Neshama*, lui illumine le chemin de chaque *Mitsva* reliée à cet organe. Par la grande puissance de ces lumières, l'homme purifie la partie « parlante » de son désir de recevoir et la transforme en un désir de donner.

C'est dans cette mesure que s'édifie le point de la lumière de *Haya*, vêtue en lui, dans ses 248 organes et ses 365 tendons spirituels. Lorsqu'il termine le *Partsouf* entier, il s'élève et revêt la *Sefira de Hokhma* dans le monde spirituel *de Assiya*, qui est un récipient infiniment pur, et ainsi il lui transmet une grande et puissante lumière d'*Ein Sof*, appelée « lumière de *Haya* » ou « *Neshama* à *Neshama* ».

Tous les éléments du monde *de Assiya*, qui sont le minéral, le végétal et l'animal, relatifs à la *Sefira de Hokhma*, l'aident à recevoir la lumière de la *Sefira de Hokhma* dans toute son entièreté comme expliqué pour la lumière de *Nefesh*. Ainsi, il est appelé « parlant de *Kedousha* », puisqu'il correspond à la purification de la partie « parlante du corps » de l'homme. La valeur de cette lumière dans la divinité est comme la valeur du parlant dans le MVAP matériel, ce qui signifie qu'il acquiert la sensation d'autrui ; de sorte que la mesure de cette lumière par rapport à la mesure du minéral, végétal et animal spirituels est comme la mesure du genre parlant physique sur le minéral, végétal et animal corporels.

La lumière d'*Ein Sof*, revêtue dans ce *Partsouf*, est appelée « la lumière de *Yekhida* ».

50) Sachez cependant, que ces cinq discernements des lumière NaRaNHaY reçus du monde de *Assiya*, ne sont que le discernement NaRaNHaY de la lumière de *Nefesh*, et ils n'ont plus rien du discernement de la lumière de *Rouakh*, car la lumière de *Rouakh* n'existe que dans le monde de *Yetsira*, et la lumière de *Neshama* n'existe que dans le monde de *Briya*, et la lumière de *Haya* uniquement dans le monde de *Atsilout*, et la lumière de *Yekhida* uniquement dans le monde de *AK*.

Cependant, comme nous l'avons dit plus haut, tout ce qui existe dans l'ensemble, apparaît aussi dans chacun de ses éléments, aussi minuscule soit-il.

De ce fait, il y a aussi les cinq discernements de NaRaNHaY dans le monde de *Assiya*, comme expliqués, mais ils ne sont que NaRaNHaY de *Nefesh*.

De la même manière, il y a tous les cinq discernements de NaRaNHaY dans le monde de *Yetsira*, qui ne sont que les cinq parties de *Rouakh*.

De même, il y a les cinq discernements de NaRaNHaY dans le monde de *Briya*, et ils sont les cinq parties de *Neshama*.

Il en est de même dans le monde de *Atsilout*, où ils sont les cinq parties de la lumière de *Haya*.

Également dans le monde de *AK*, où ils sont les cinq parties de la lumière de *Yekhida*.

L'écart entre les mondes est, comme nous l'avons expliqué pour les discernements, entre chacun des NaRaNHaY de *Assiya*.

51) Sachez que la repentance et la purification ne sont acceptées que si elles sont totalement permanentes, « qu'il ne retournera plus à sa bêtise », comme il est écrit : « Quand y a-t-il repentance ? Quand celui qui connaît les mystères témoigne qu'il ne retournera plus à sa bêtise ».

Ainsi comme nous l'avons dit : si un homme purifie la partie minérale de son désir de recevoir, il sera récompensé du *Partsouf de Nefesh de Assiya*. Il s'élève et revêt la *Sefira de Malkhout de Assiya*. Cela signifie qu'il aura certainement mérité la purification permanente de la partie minérale, de sorte qu'il ne retournera plus à sa bêtise. Il sera alors capable de s'élever au monde spirituel de *Assiya* car il aura définitivement la pureté et l'équivalence de forme avec ce monde.

Cependant, pour les autres degrés, qui sont, comme nous l'avons dit *Rouakh*, *Neshama*, *Haya* et *Yekhida de Assya*, où l'homme doit purifier les parties végétale, animale et parlante correspondantes de son désir de recevoir, pour revêtir et recevoir ces lumières, la pureté ne doit pas être permanente « jusqu'à ce que celui qui connaît les mystères témoigne qu'il ne retournera plus à sa bêtise ».

Il en est ainsi parce que tout le monde *de Assya*, dans toutes ses cinq *Sefirot* (*Keter*, *Hokhma*, *Bina*, *Tifferet* et *Malkhout*) n'est autre que *Malkhout* relative uniquement à la purification du minéral. Et les cinq *Sefirot* ne sont que les cinq parties de *Malkhout*. Donc, puisque de toute façon il a déjà été récompensé de la pureté de la partie minérale du désir de recevoir, il a déjà l'équivalence de forme avec tout le monde *de Assya*.

Cependant, vu que chaque *Sefira* du monde *de Assya* reçoit de la *Bekhina* correspondante dans les mondes supérieurs à elle, ainsi :

- La *Sefira de Tifferet de Assya* reçoit du monde *de Yetsira*,
 qui est tout entier *Bekhinat Tifferet* et lumière de *Rouakh*.
- La *Sefira de Bina de Assya* reçoit du monde *de Briya*,
 qui est tout entier *Bekhinat Neshama*.
- La *Sefira de Hokhma de Assya* reçoit du monde *de Atsilout*,
 qui est tout entier *Hokhma* et lumière de *Haya*.

Par conséquent, bien que l'homme n'ait purifié définitivement que la partie minérale, s'il a néanmoins purifié les trois autres parties de son désir de recevoir, même temporairement, il peut recevoir aussi *Rouakh*, *Neshama*, *Haya de Tifferet*, *Bina* et *Hokhma de Assya*, mais seulement temporairement. Il en est ainsi car lorsque l'une des trois parties de son désir de recevoir s'éveille, il perd immédiatement ces lumières.

52) Après que l'homme a définitivement purifié la partie végétale de son désir de recevoir, il s'élève de façon permanente au monde *de Yetsira*, et y atteint le degré permanent de *Rouakh*. Il peut aussi y atteindre les lumières de *Neshama* et *Haya* des *Sefirot de Bina* et *Hokhma*, qui y sont considérées *Neshama de Rouakh* et *Haya de Rouakh*, même avant d'avoir mérité définitivement la pureté des parties animale et parlante, comme nous l'avons vu dans le monde *de Assya*.

Cependant, ce n'est pas permanent, car après avoir définitivement atteint la purification de la partie végétale de son désir de recevoir, il est déjà en équivalence de forme avec tout le monde *de Yetsira*, à son plus haut degré, comme il est écrit à propos du monde *de Assya*.

53) Après avoir également purifié la partie animale du désir de recevoir et l'avoir transformé en désir de don sans réserve, « jusqu'à ce que celui qui connaît les mystères témoigne qu'il ne retournera plus à sa bêtise », il est déjà en équivalence de forme avec le monde de *Briya*. Il s'y élève et y reçoit la lumière de *Neshama* en permanence.

Par la purification de la partie « parlante de son corps », il peut s'élever à la *Sefira de Hokhma* et recevoir la lumière de *Haya* qui s'y trouve, bien qu'il ne l'ait pas encore purifiée définitivement, comme dans *Yetsira* et *Assiya*. Mais la lumière ne l'illumine pas non plus en permanence, comme plus-haut.

54) Lorsque l'homme est récompensé de purifier en permanence la partie parlante de son désir de recevoir, il mérite l'équivalence de forme avec le monde *de Atsilout*, s'y élève et y reçoit en permanence la lumière de *Haya*.

Lorsqu'il mérite plus, il reçoit la lumière de *Ein Sof* et la lumière de *Yekhida* qui se revêt dans la lumière de *Haya*. Il n'y a rien de plus à dire.

55) Ainsi, nous avons clarifié ce que nous avons posé au point 41 : Pourquoi l'homme a-t-il besoin de tous ces mondes Supérieurs que le Créateur a créés pour lui ? En quoi est-ce utile à l'homme ?

Nous pouvons voir maintenant que l'homme est incapable de contenter son Créateur sans l'aide de tous ces mondes, car selon le degré de pureté de son désir de recevoir, il atteint les lumières, et les degrés de son âme, appelés *NaRaNHaY*. A chaque degré atteint, les lumières de ce degré l'aident dans sa purification. Ainsi, il s'élève sur ses échelons jusqu'à mériter d'atteindre les plaisirs du but final de la Pensée de la Création (Point 33).

Il est écrit dans le *Zohar* (Noé, point 63) à propos du verset « Celui qui vient se purifier est aidé », il demande : « aidé en quoi ? Et il répond : « Il est aidé par une sainte âme », car il est impossible de parvenir à la purification désirée de la Pensée de la Création, sans l'aide de tous les degrés *NaRaNHaY* de l'âme.

56) Il faut savoir que tous les *NaRaNHaY* mentionnés jusqu'ici, sont les cinq parties selon lesquelles toute la réalité est divisée. En effet, tout ce qui est dans l'ensemble, existe même dans le plus petit élément de la réalité.

Par exemple, même dans la seule partie minérale *de Assiya* spirituelle, il y a les cinq discernements de *NaRaNHaY* à atteindre, qui sont relatifs aux cinq discernements généraux de *NaRaNHaY*. Il est donc impossible d'atteindre même la lumière du minéral *de Assiya*, sans y inclure les quatre parties du travail ci-dessus.

De sorte qu'aucun homme d'Israël ne peut se dispenser de les pratiquer toutes, selon sa valeur :

   A. Il doit pratiquer la Torah et les commandements avec intention,
      afin de recevoir le niveau de *Rouakh* selon sa valeur.
   B. Il doit pratiquer les secrets de la Torah, selon sa valeur,
      pour recevoir le discernement de *Neshama* selon sa valeur.
   C. De même pour les *Taamim* [saveurs] des commandements,
      car il est impossible d'accomplir la plus petite Lumière
      dans la réalité de sainteté, sans eux.

57) A présent, vous comprendrez l'aridité et l'obscurité dans lesquelles notre génération actuelle se trouve, qui n'ont existé dans aucune des générations précédentes, car même les serviteurs du Créateur ont abandonné la pratique des secrets de la Torah.

Maïmonide a déjà donné l'exemple véritable d'une file d'un millier d'aveugles marchant sur une route et ayant au moins une personne voyante à leur tête ; ils seront alors tous sûrs de prendre le droit chemin, et de ne pas tomber dans les pièges et les obstacles, car ils suivent la personne voyante qui les guide.

En revanche, si cette personne leur manque, ils trébucheront sans aucun doute sur toute chose croisée en chemin, et tomberont tous dans le fossé.

Il en est de même à ce sujet : Si, au moins, les serviteurs du Créateur s'engageaient dans l'intériorité de la Torah, et attiraient une lumière complète de d'*Ein Sof*, toute la génération les auraient suivi et tous auraient été sûrs de ne pas échouer en chemin.

Mais si les serviteurs du Créateur se sont eux-mêmes retirés de cette sagesse, il n'est pas surprenant que toute la génération ait échoué à cause d'eux. Mon chagrin est si grand que je ne puis continuer à en parler.

58) En fait, j'en connais la raison, qui tient principalement au fait que :

   A. La foi a diminué en général,
   B. et la foi en les hommes saints, les sages de toutes les générations,
      en particulier.
   C. De plus, les livres de Kabbale et le *Zohar* sont pleins de paraboles
      physiques.

Par conséquent, les gens ont craint d'y avoir plus à perdre qu'à y gagner, car ils pourraient échouer facilement dans les statues et les images.

C'est cela qui m'a poussé à composer une interprétation suffisante des écrits du Ari, et maintenant du *Zohar*. J'ai, ainsi, totalement écarté cette crainte, car j'ai clairement expliqué et démontré la signification spirituelle de toute chose comme étant abstraite et dénuée de tout aspect physique, et située au-delà de l'espace et du temps, comme les lecteurs le verront. Ceci afin de permettre à tout Israël d'étudier le *Zohar* et de se réchauffer à sa lumière sacrée.

J'ai nommé ce commentaire. « Le *Soulam* » [l'échelle] pour montrer que le rôle de mon commentaire est comme le rôle de toute échelle : lorsque vous avez un grenier abondamment rempli de belles choses, tout ce qui manque n'est qu'une échelle pour y accéder. Et alors, toute l'abondance du monde est entre vos mains.

Mais l'échelle n'est pas le but en elle-même, car si vous vous arrêtez sur les barreaux de l'échelle, sans entrer dans le grenier, votre intention ne sera pas réalisée. Il en est de même avec mon commentaire du *Zohar*, car il n'existe pas encore d'expression qui puisse clarifier ses termes infiniment profonds.

Néanmoins, j'ai établi dans mon commentaire une voie et une introduction pour que toute personne puisse s'élever, approfondir et lire « Le Livre du Zohar », car c'est seulement ainsi que mon intention sera atteinte dans ce commentaire.

59) Tous ceux qui connaissent le Livre du *Zohar*, c'est-à-dire qui comprennent ce qui y est écrit, admettent à l'unanimité, qu'il a été composé par le divin sage Rabbi Simon Bar Yochaï.

Seuls ceux qui sont éloignés de cette sagesse et doutent de cette origine ont tendance à déclarer, en se basant sur des fables inventées par les adversaires de cette sagesse, que l'auteur en est le kabbaliste Rabbi Moshé de Léon ou un autre de ses contemporains.

60) En ce qui me concerne, dès le jour où j'ai été doté de la lumière du Créateur pour contempler un peu ce Livre Sacré, il ne m'est pas venu à l'esprit de rechercher son origine, pour la simple raison que le contenu du Livre évoque dans mon cœur le mérite du vénéré Tanna Rashbi (Rabbi Simon Bar Yokhaï), bien plus que celui de tous les autres sages.

Néanmoins, si j'avais clairement vu que son auteur était quelqu'un d'autre, tel que Rabbi Moshé de Léon ou un autre, le mérite de Rabbi Moshé de Léon aurait alors été évoqué en moi, bien plus que celui de tous les autres sages, y compris Rashbi.

Cependant, selon la profondeur de la sagesse de ce livre, si j'avais trouvé que son auteur était l'un des quarante-huit prophètes, je l'aurais estimé bien plus acceptable que de l'attribuer à l'un de ces sages. Qui plus est, si j'avais trouvé que Moshé l'avait reçu sur le Mont Sinaï, du Créateur Lui-même, mon esprit aurait été tout à fait apaisé, car une telle composition est digne de lui. Par conséquent, vu que j'ai eu le privilège de rédiger un commentaire, adapté à tout lecteur désirant comprendre un peu ce qui est écrit dans le Livre, je pense être dispensé d'investir davantage d'efforts dans cette recherche, car aucune personne érudite dans « Le *Zohar* », ne pourra accepter que son auteur puisse être d'un degré moins élevé que le Tanna Rashbi.

61) Dès lors se pose la question : « pourquoi le Livre du *Zohar* n'a pas été révélé aux premières générations, qui, sans aucun doute, étaient plus élevées que les dernières générations et en étaient plus dignes ? » De même, il faut se demander : pourquoi le commentaire du Livre du *Zohar* n'a pas été révélé avant l'époque du Ari, et ni aux kabbalistes qui l'ont précédé ?

Enfin la question la plus déconcertante : « Pourquoi le commentaire des textes du Ari et des textes du *Zohar* n'a pas été révélé depuis l'époque du Ari jusqu'à notre génération ? »

La réponse est que le monde, pendant les six millénaires de son existence, est comme un *Partsouf* divisé en trois parties, *Roch* [tête], *Tokh* [milieu], *Sof* [fin], soit *HaBaD*, *HaGaT*, *NeHY*. Les sages nous disent (Talmud, *Sanhedrin* 97, 1) : « deux millénaires – le *Tohou* [chaos], deux millénaires – la Torah, deux millénaires – les jours du Messie ».

Il en est ainsi parce que durant les deux premiers millénaires, qui sont *Roch* et *HaBaD*, les lumières étaient très faibles. Elles étaient comme un *Roch* sans *Gouf* [corps] ne comportant que les lumières de *Nefesh*, car le rapport est inverse entre les récipients et les lumières.

Pour les récipients, la règle est que les premiers récipients grandissent tout d'abord dans chaque *Partsouf*.

Pour les lumières c'est le contraire, les lumières inférieures se revêtent dans le *Partsouf* d'abord.

Donc, tant qu'il n'y a dans les récipients que les parties supérieures, c'est-à-dire les récipients de *HaBaD*, seules les lumières de *Nefesh* descendent s'y revêtir, qui sont les lumières les plus basses. C'est pourquoi, il est dit des deux premiers millénaires qu'ils sont *Tohou*.

Pendant les deux seconds millénaires du monde, qui sont les récipients de *HaGaT*, la lumière de *Rouakh*, qui est considérée comme la Torah, descend et se revêt dans le monde. De ce fait, il est dit que les deux millénaires du milieu sont la Torah.

Les deux derniers millénaires sont les récipients de *NHYM*, c'est donc, à ce moment-là que la lumière de *Neshama* qui est la plus forte lumière, se revêt dans le monde, et c'est pourquoi ce sont les jours du Messie.

Cette voie s'applique à chacun des *Partsouf* en particulier, car dans les récipients de *HaBaD HaGaT* jusqu'à son *Khazé* les lumières sont dissimulées. Les *Hassadim* dévoilés, c'est-à-dire le dévoilement de la lumière Supérieure de *Hokhma*, ne commencent à illuminer qu'à partir de *Khazé* et en bas, c'est-à-dire dans ses NHYM (*Netsakh, Hod, Yessod, Malkhout*).

C'est pourquoi, avant que les *Kélim* de NHYM ne commencent à se manifester dans le *Partsouf* du monde, à savoir aux deux derniers millénaires, la sagesse du *Zohar* en général, et la sagesse de la Kabbale en particulier, étaient cachées au monde.

Cependant, au temps du Ari, à l'époque où la finition des récipients sous *Khazé* était proche, la lumière Supérieure de *Hokhma* s'est révélée dans le monde, par l'âme de Rabbi Isaac Louria (le Ari), qui était prêt à recevoir cette grande lumière. Il a donc révélé les fondements du Livre du *Zohar* et de la sagesse de la Kabbale, éclipsant ainsi tous ses prédécesseurs.

Pourtant, vu que ces récipients n'étaient pas complètement achevés et qu'il est décédé en l'an 5332 (1572), le monde ne méritait donc pas encore de découvrir ses propos, et ses paroles saintes ne furent connues que de quelques élus, à qui il fut interdit d'en parler au monde.

Actuellement, à notre génération, alors que nous sommes déjà proches de la fin des deux derniers millénaires, nous avons la permission de révéler au monde ses paroles et les paroles du *Zohar*, dans une mesure considérable, pour que notre génération et les suivantes commencent à découvrir de plus en plus les paroles du *Zohar*, jusqu'à ce qu'elles soient découvertes entièrement, selon la volonté du Créateur.

63) Ainsi, vous comprendrez que le degré des premières générations est infiniment plus élevé que celui des dernières, car c'est la règle pour tous les *Partsoufim* des mondes et des âmes, que « c'est le plus pur qui est choisi en premier lieu dans le *Partsouf* ».

C'est pourquoi les *Kélim* de HaBaD du monde et aussi des âmes ont été sélectionnés en premier lieu. Par conséquent, les âmes des deux premiers millénaires étaient infiniment plus élevées. Cependant elles ne pouvaient pas recevoir toute la lumière du fait de l'absence des parties inférieures du monde et en elles-mêmes, qui sont HaGaT et NHYM.

De même, par la suite, au cours des deux millénaires intermédiaires, lorsque les *Kélim de HaGaT* ont été choisis dans le monde et dans les âmes, les âmes elles-mêmes étaient encore très pures, car le degré des *Kélim de HaGaT* est proche de celui de HaBaD. Pourtant, les lumières étaient dissimulées dans le monde en raison de l'absence des *Kélim de Khazé* et en bas, dans le monde et des âmes.

Par conséquent, à notre génération, bien que l'essence des âmes soit la pire de la réalité, et que de ce fait elles n'ont pas pu être choisies pour la *Kedousha* jusqu'à ce jour, ce sont quand même elles qui complètent le *Partsouf* du monde et le *Partsouf* de toutes les âmes par rapport aux *Kélim*, et le travail ne sera achevé qu'à travers elles.

Il en est ainsi parce qu'à présent que les récipients de *NHY* sont terminés, et que tous les *Kélim de Roch, Tokh* et *Sof* sont dans le *Partsouf*, les pleines mesures des lumières sont à présent étendues dans *Roch, Tokh* et *Sof*, et à tous ceux qui le méritent, soit *NaRaN* complets. Ce n'est par conséquent, qu'après la finition de ces âmes inférieures, que les plus hautes lumières pourront se manifester, et pas avant.

64) Cependant, même nos sages ont posé cette question (Talmud, *Brakhot*, p20) : Rav Papa dit à Abaye : « En quoi les premiers étaient différents, pour qu'un miracle leur soit arrivé, et en quoi sommes-nous différents, pour qu'aucun miracle ne nous arrive ? Est-ce en raison de l'étude ? Au temps de Rav Yehouda, tout le monde étudiait *Nezikin* (un des six volumes de la Michna), alors que nous étudiions les six volumes. Et lorsque Rav Yehouda étudiait *Okatzin*, il disait : « Je vois Rav et Samuel ici », alors que nous étudions *Okatzin* dans treize séminaires. Lorsque Rav Yehouda ôtait une de ses chaussures, la pluie tombait, alors que nous-mêmes tourmentions nos âmes et crions, et personne ne nous remarquait. Il répondit : « les premiers donnaient leurs âmes pour sanctifier le Seigneur ».

Ainsi, bien que celui qui ait posé la question et celui qui ait répondu savaient bien que les premiers étaient plus importants qu'eux, quoi qu'il en soit, en ce qui concerne la Torah et la sagesse, Rav Papa et Abaye étaient plus importants que les premiers.

Donc, bien que les premières générations soient plus importantes que les dernières générations dans l'essence de leurs âmes, car le plus pur est choisi à venir au monde en premier, néanmoins la Torah et la sagesse se révèlent de plus en plus aux dernières générations. Ceci pour la raison mentionnée, que la mesure générale est achevée plutôt par les dernières générations. C'est pourquoi des lumières plus complètes se répandent en elles, bien que leur propre essence soit la pire.

65) Il ne faut donc pas se demander, pourquoi, alors, est-il interdit d'être en désaccord avec les premiers en ce qui concerne la Torah révélée ?

Cela provient du fait qu'en ce qui concerne la partie pratique des *Mitsvot*, c'est le contraire, les premiers y étaient plus accomplis que les derniers. La raison en est que l'acte provient des récipients saints des *Sefirot*, et les secrets de la Torah et les *Taamim* [saveurs] de la *Mitsva* proviennent de la lumière des *Sefirot*.

Nous savons déjà qu'il y a « une relation inverse entre les récipients et les lumières », car dans les récipients, les supérieurs grandissent d'abord (point 62). C'est pourquoi les premiers étaient plus accomplis dans la partie pratique que les derniers. Mais avec les lumières, où les inférieures entrent d'abord, les derniers sont plus accomplis que les premiers.

66) Sachez qu'en toute chose il y a une intériorité et une extériorité. Dans le monde en général, Israël, les descendants d'Abraham, Isaac et Jacob, sont considérés comme l'intériorité du monde et les soixante-dix nations sont considérées comme l'extériorité du monde.

De même, dans Israël aussi, il y a une intériorité, ceux qui sont les serviteurs dévoués du Créateur, et une extériorité, ceux qui ne se dévouent pas au service du Créateur.

Parmi les nations du monde, il y a également une intériorité, les Justes des Nations du Monde, et il y a une extériorité, qui sont les individus vulgaires et les malveillants parmi eux.

De même, au sein des serviteurs du Créateur parmi les enfants d'Israël, il y a une intériorité, ceux qui ont le privilège de comprendre, l'intériorité de l'âme de la Torah et ses secrets, et une extériorité, ceux qui observent méthodiquement la partie pratique de la Torah seulement.

De même, dans chaque homme d'Israël, il y a une intériorité, « Israël » en lui, qui est le point dans le cœur, et une extériorité – qui est les « Nations du monde » en lui, le corps lui-même. Mais même « les Nations du Monde » en lui sont considérées comme converties, car, adhérant à l'intériorité, elles ressemblent aux justes convertis des Nations du Monde, qui viennent et s'attachent à tout Israël.

67) Lorsqu'un homme d'Israël augmente et respecte son intériorité, qui est « Israël » en lui, plus que son extériorité, qui est les « Nations du monde » en lui, c'est-à-dire, qu'il consacre la plupart de ses efforts et de son labeur à augmenter et élever son intériorité pour le bien de son âme, et qu'il ne fournit que peu d'efforts nécessaires à l'existence « des Nations du monde » en lui, soit pour les besoins de son corps, alors, comme il est dit, (Traité des Pères 1) : « Fais ton étude de la Torah permanente, et ton travail temporaire », ses actes font que les enfants d'Israël s'élèvent tous, de plus en plus haut, aussi bien dans l'intériorité que dans l'extériorité du monde, et les Nations du monde, qui en sont l'extériorité, reconnaîtront et admettront la valeur des enfants d'Israël.

Mais si, par malheur, c'est le contraire et qu'un homme d'Israël augmente et apprécie son extériorité, les « Nations du Monde » en lui, plus qu'« Israël » en lui, alors, comme il est écrit (Deutéronome 28) : « L'étranger qui sera chez toi », c'est-à-dire l'extériorité, « s'élèvera de plus en plus haut que toi, et toi-même », c'est-à-dire l'intériorité, Israël en toi, « descendra de plus en plus bas ». Ainsi par ses actions, il cause l'élévation de l'extériorité du monde en général, des Nations du monde, de plus en plus haut, et elles dépassent Israël en les humiliant jusqu'à poussière. Alors, les enfants d'Israël, l'intériorité du monde, tomberont encore plus bas.

68) Ne soyez pas surpris du fait qu'un individu puisse, par ses propres actions élever ou abaisser le monde entier. C'est une loi immuable : le général et le particulier sont identiques comme deux gouttes d'eau. Tout ce qui survient au général, survient aussi au particulier. De plus, les individus font tout ce qui existe dans le général, car le général ne se révèle qu'après l'apparition des individus en lui, selon leur quantité et leur qualité. Il est donc évident que l'acte d'un individu, selon sa valeur, rabaisse ou élève tout le général.

Cela clarifiera ce qui est écrit dans le *Zohar*, que par l'engagement dans le Livre du Zohar et dans la sagesse de la vérité, ils seront récompensés de sortir de l'exil vers une totale rédemption (*Tikounim*, fin du *Tikoun* n°6). Car en fait, quel est le rapport entre l'étude du *Zohar* et la délivrance d'Israël de parmi les Nations ?

69) En effet, selon ce qui a été expliqué, nous comprenons que dans la Torah aussi il y a intériorité et extériorité, comme dans le monde entier. C'est pourquoi, celui qui s'engage dans la Torah a également ces deux degrés.

Lorsqu'il augmente ses efforts dans l'intériorité de la Torah et de ses secrets, il élève dans cette même mesure la vertu de l'intériorité du monde – qui est Israël – plus haut que l'extériorité du monde, les Nations du Monde. Toutes les nations connaîtront et admettront le mérite d'Israël sur elles, jusqu'à ce que les versets se réalisent, (Isaïe, 14) : « Les peuples les prendront et les ramèneront à leur demeure, et la maison d'Israël sera rétablie sur la terre du Seigneur » et aussi « Ainsi a parlé le Seigneur : « Voici, j'élèverai ma main vers les nations et je dresserai mon étendard vers les peuples; et ils ramèneront tes fils entre leurs bras et porteront tes filles sur les épaules ». (Isaïe 49 : 22)

Mais si au contraire, l'homme d'Israël rabaisse la vertu de l'intériorité de la Torah et de ses secrets, qui traitent du chemin de nos âmes et de leurs degrés, et aussi de la perception et des saveurs des *Mitsvot*, au profit de la vertu de la Torah extérieure, qui ne traite que de la partie pratique, et même s'il s'engage occasionnellement dans l'intériorité de la Torah, lui accordant une petite heure de son temps, que ce soit la nuit ou le jour, comme si elle n'était pas nécessaire, il déshonore alors et rabaisse l'intériorité du monde, qui sont les enfants d'Israël, et il renforce l'extériorité du monde, soit les Nations du monde sur eux. Elles humilieront et rabaisseront les enfants d'Israël et elles considéreront Israël comme superflu, comme si le monde n'avait pas besoin d'eux.

De plus, cela conduit même à renforcer l'extériorité des Nations du monde aux dépens de leur propre intériorité, car les pires parmi les Nations du mondes, ceux qui nuisent et détruisent le monde, s'élèvent au-dessus de leur intériorité, qui sont les Justes des Nations du monde. Ils amènent alors toute la ruine et les massacres abominables dont notre génération a été témoin.

Vous voyez, par conséquent, que la rédemption d'Israël et le mérite d'Israël dépendent de l'étude du « Zohar » et de l'intériorité de la Torah, et inversement, toutes les destructions et le déclin des enfants d'Israël proviennent du fait qu'ils ont abandonné l'intériorité de la Torah, et ont rabaissé son mérite au plus bas, et l'ont rendue tout à fait superflue.

70) C'est ce qui est écrit dans les *Tikounim* [corrections] du *Zohar* (*Tikoun* 30) « Levez-vous et réveillez-vous pour la sainte *Shekhina* [Divinité], car votre cœur est vide, sans la sagesse, de la connaître et de la comprendre, bien qu'elle soit en vous ».

La signification de ceci, comme il est écrit (Isaïe 40) :

« Une voix dit : « appelle », c'est la voix qui bat dans le cœur de chacun d'Israël, pour réaliser et prier pour l'élévation de la *Shekhina*, qui est l'ensemble des âmes de tout Israël.

Le verset prouve :

« Appelle donc, y a-t-il quelqu'un qui réponde », car l'appel veut dire prière.

Mais la *Shekhina* dit :

« Que vais-je appeler ? » ce qui signifie : je n'ai pas la force de m'élever moi-même de la poussière, car « toute la chair est du foin », ils sont comme des animaux qui mangent de l'herbe et du foin, c'est-à-dire qu'ils observent les *Mitsvot* sans réfléchir, comme des animaux.

« Toutes les bonnes actions qu'ils font, ils ne les font que pour eux-mêmes ». Cela signifie que les *Mitsvot* qu'ils font ne sont pas faites dans l'intention de contenter leur Créateur, mais ils observent les *Mitsvot* uniquement dans leur propre intérêt.

« Même les meilleurs d'entre eux, ceux qui dédient tout leur temps à la pratique de la Torah, ne le font que dans l'intérêt de leur propre corps », sans l'intention voulue de contenter leur Créateur.

Il est dit de la génération de l'époque : l'esprit disparaît et ne réapparaîtra pas dans le monde. Il s'agit de l'esprit de Messie qui doit délivrer Israël de toutes ses souffrances jusqu'à la rédemption finale, pour que se réalise ce qui est écrit : « la Terre sera remplie de la connaissance du Seigneur ». Cet esprit a disparu et ne brille pas dans le monde.

Malheur à ces mêmes personnes qui sont la cause du départ de l'esprit du Messie, qui a quitté le monde et ne peut plus y revenir. Ce sont eux qui ont rendu la Torah aride et sans aucune saveur de compréhension ni raison. Ils se restreignent uniquement aux aspects pratiques de la Torah et ne font aucun effort pour essayer de comprendre la sagesse de la Kabbale, de connaître et de comprendre les secrets de la Torah et les saveurs de la *Mitsva*.

Malheur à eux, car par leurs actions ils amènent la misère, la ruine, la destruction, le saccage, les meurtres et les exterminations dans le monde.

71) La raison de ces propos est, comme nous l'avons expliqué, que tous ceux qui s'engagent dans la Torah méprisent leur propre intériorité et l'intériorité de la Torah, la laissant comme si elle était superflue pour le monde, et ne s'y engagent qu'à un moment où il ne fait ni jour ni nuit, et de ce fait, ils sont comme des aveugles tâtant un mur et ils intensifient ainsi leur propre extériorité, l'intérêt de leur propre corps, de même que l'extériorité de la Torah qu'ils apprécient plus que l'intériorité de la Torah.

Par ces actions, ils causent l'intensification de toutes les formes d'extériorité dans le monde au détriment de toutes les parties intérieures dans le monde, chacune en fonction de son essence.

> A. Il en est ainsi car l'extériorité de l'ensemble d'Israël,
>   soit « les peuples des Nations » en lui, se renforce et annule l'intériorité
>   de l'ensemble d'Israël, qui sont les grands Sages de la Torah.
> B. De même, l'extériorité des Nations du Monde, soit les destructeurs
>   en elles, s'intensifie et annule l'intériorité en elles,
>   qui sont les Justes des Nations du Monde.
> C. Il en est de même pour l'extériorité du monde entier, soit les Nations
>   du Monde, qui se renforce et annule les Enfants d'Israël,
>   qui sont l'intériorité du monde.

A une telle génération, tous les destructeurs des Nations du Monde relèvent leur tête et souhaitent surtout détruire et tuer les enfants d'Israël, comme il est écrit (*Yevamot* 63) : « aucune calamité ne se produit dans le monde, si ce n'est pour Israël ». Cela signifie, comme il est écrit dans les précédents *Tikounim*, qu'ils causent pauvreté, ruine, saccage, meurtres et exterminations dans le monde entier.

A la suite de nos nombreux délits, nous avons été témoins de tout ce qui a été prédit dans les susmentionnés *Tikounim*, et qui plus est, le jugement a atteint justement les meilleurs d'entre nous, comme nos sages l'ont dit (*Baba Kama* 60) « cela commence avec les justes en premier ». De toute la gloire qu'Israël a eue dans les pays de Pologne et de Lituanie, etc. il ne reste que les reliques qui sont dans notre Terre Sainte.

A partir de maintenant, c'est seulement à nous, les survivants, de corriger cette grave erreur. Si chacun d'entre nous, les survivants, pouvait, de toute son âme et de tout son cœur, entreprendre d'intensifier dès à présent l'intériorité de la Torah et de lui donner la place qui lui revient, selon son importance par rapport à l'extériorité de la Torah, chacun d'entre nous mériterait alors de renforcer sa propre intériorité, c'est-à-dire Israël en lui, soit les besoins de l'âme par rapport à son extériorité, c'est-à-dire les Nations du Monde en lui, soit les besoins du corps.

Cette force s'étendra aussi sur tout l'ensemble d'Israël, jusqu'à ce que « les peuples des Nations » en nous, reconnaissent et admettent le mérite des grands Sages d'Israël sur eux, et les écoutent et leur obéissent.

De même, l'intériorité des Nations du Monde, les Justes des Nations du Monde, se renforceront et soumettront leur extériorité, soit les destructeurs.

De plus, l'intériorité du monde, qui est Israël, s'élèvera dans toute sa gloire et sa vertu au-dessus de l'extériorité du monde, qui sont les Nations.

Alors, toutes les Nations du monde reconnaîtront et admettront le mérite d'Israël sur elles.

Le verset suivant se réalisera alors (Isaïe 14,2) : « Les peuples viendront les prendre pour les ramener dans leur demeure, et la maison d'Israël sera rétablie sur la terre du Seigneur », ainsi que le verset d'Isaïe (49, 22) « et ils ramèneront tes fils entre leurs bras et porteront tes filles sur leurs épaules ». C'est ce qui est écrit dans le *Zohar* (*Nasso* p124b), « par cette composition, qui est le livre du *Zohar*, ils seront délivrés de l'exil avec miséricorde ».

Amen ainsi soit-il.

Rav Yéhouda Ashlag

Préface à la sagesse de la Kabbale

(Lors de l'étude il est recommandé de regarder les schémas se trouvant à la fin de l'article)

La Pensée de la Création et les quatre phases de la lumière directe

1) Rabbi Hanania fils d'Akashia dit : « le Créateur souhaitait purifier Israël ; ainsi Il leur a donné la Torah et les *Mitsvot* [Commandements], comme il est écrit : 'le Seigneur désire sa justice et augmentera l'enseignement et le glorifiera (*Makot*, 23b). On sait que « mérite » dérive du mot [hébreu] « purifier ». C'est ce que nos sages disaient : « Les *Mitsvot* n'ont été données que pour purifier Israël » (*Béréchit Rabba*, portion 44). Nous devons comprendre cette purification/mérite, que nous réalisons par la Torah et les *Mitsvot*, et qu'est-ce que l'*Aviout* [épaisseur/ grossièreté] en nous, que nous devrions purifier par la Torah et des *Mitsvot* ?

Comme nous l'avons déjà expliqué dans mon livre, *Panim Masbirot* et dans le *Talmud des dix Sefirot*, je rappellerai brièvement que la Pensée de la Création était de faire plaisir aux créatures, selon Sa très grande générosité. Pour cette raison, un grand et ardent désir de recevoir Son abondance a été implanté dans les âmes.

Il en est ainsi car le désir de recevoir est le *Kli* [récipient] de mesure du plaisir dans l'abondance, car la mesure et la force du désir de recevoir l'abondance correspondent précisément à la mesure du plaisir et de la satisfaction dans l'abondance, ni plus ni moins. Ils sont si liés qu'ils sont indivisibles, sauf ce à quoi ils se rapportent : le plaisir est lié à l'abondance et le grand désir de recevoir l'abondance est lié à la créature qui reçoit.

Les deux proviennent nécessairement du Créateur et viennent nécessairement de la Pensée de la Création. Néanmoins, ils peuvent être distingués comme il est mentionné ci-dessus : l'abondance vient de Son Essence, prolongeant l'existence de l'existence, et le désir de recevoir qui a été inclus là est la racine des créatures. Cela veut dire qu'il est la racine de la nouveauté qui est l'apparition ex nihilo, car il n'y a bien sûr aucune forme de désir de recevoir dans Son Essence.

Aussi, on considère que le désir de recevoir susmentionné est toute la substance de la Création, du début à la fin. De plus, toutes les créatures, dans leurs innombrables cas et registres, qui sont apparues et qui apparaîtront, ne sont que des mesures et des changements de valeurs du désir de recevoir. Tout ce qui existe dans ces créatures, soit tout ce qui est reçu dans le désir de recevoir implanté en elles, provient de l'existence de Son Essence à partir de l'existence. Ce n'est pas du tout une nouvelle création ex nihilo, car elle n'est pas nouvelle. Elle vient de Son existence Infinie à partir de l'existence.

2) Comme nous l'avons dit, le désir de recevoir est initialement inclus dans la Pensée de la Création avec toutes ses nombreuses valeurs, avec la grande abondance qu'Il avait préparée pour les délecter et leur donner. Sachez que ce sont *Ohr* [lumière] et le *Kli* que nous distinguons dans les Mondes Supérieurs. Ils viennent nécessairement ensemble et s'enchaînent ensemble de degré en degré. La mesure dont les degrés descendent de la lumière de Sa Face et s'éloignent de Lui est la mesure de la matérialisation du désir de recevoir contenu dans l'abondance.

Nous pouvons aussi dire l'inverse : dans la mesure où le désir de recevoir l'abondance se matérialise, il descend de degré en degré à un endroit le plus bas de tous, où le désir de recevoir s'est complètement matérialisé. Cet endroit est appelé « le monde de *Assiya* », le désir de recevoir est considéré comme « le corps de l'homme », et l'abondance qu'il reçoit est considérée comme la mesure de la « vie dans ce corps ».

Il en est de même pour les autres créatures de ce monde, mais la seule différence entre les Mondes Supérieurs et ce monde est que tant que le désir de recevoir inclus dans Son abondance ne s'est pas complètement matérialisé, il est considéré comme étant dans les mondes spirituels, au-dessus de ce monde. Après que le désir de recevoir s'est entièrement matérialisé, il est considéré comme étant dans ce monde.

3) L'ordre d'enchaînement susmentionné qui amène le désir de recevoir à sa forme finale dans ce monde suit une séquence de quatre phases qui existe dans le nom de quatre lettres, *HaVaYaH*. Car les quatre lettres, *HaVaYaH* [*Youd, Hey, Vav, Hey*], dans Son Nom contiennent toute la réalité, sans aucune exception.

En général, elles sont décrites selon les dix Sefirot, *Hokhma, Bina, Tifferet, Malkhout* et leur *Shoresh* [racine]. Il y a dix Sefirot car la *Sefira Tifferet* contient elle-même six *Sefirot* appelées *HGT NHY* (*Hessed – Guevoura – Tifferet – Netsakh – Hod – Yessod*), et la racine est appelée *Keter*. En fait, elles sont essentiellement appelées *HB TM* (*Hokhma-Bina-Tifferet-Malkhout*).

Il y a quatre mondes, appelés *Atsilout*, *Briya*, *Yetsira*, et *Assiya*. Le monde de *Assiya* contient en lui ce monde. Ainsi, il n'y a pas de créature dans ce monde qui ne soit pas initiée dans le monde d'*Ein Sof*, dans la Pensée de la Création de délecter Ses créatures. Donc, elle contient obligatoirement et immédiatement la lumière et le *Kli*, c'est-à-dire une certaine mesure d'abondance avec le désir de recevoir cette abondance.

La mesure de l'abondance provient de l'existence à partir de l'existence de Son Essence, et le désir de recevoir l'abondance est initié ex nihilo.

Mais pour que le désir de recevoir acquiert sa qualité finale, il doit traverser avec l'abondance en lui les quatre mondes : *Atsilout*, *Briya*, *Yetsira* et *Assiya*. Cela complète la Création avec la Lumière et le *Kli*, appelé « *Gouf* » [Corps], et la « Lumière de vie » en lui.

4) La raison pour laquelle le désir de recevoir doit descendre par les quatre phases susmentionnées dans ABYA (*Atsilout*, *Briya*, *Yetsira*, *Assiya*) est qu'il y a une grande règle concernant les *Kélim* : l'expansion de la Lumière et son départ rendent le **Kli** adéquat à sa tâche. Cela veut dire que tant que le *Kli* ne s'est pas séparé de sa lumière, il est inclus dans la lumière et s'annule en elle comme une bougie devant un flambeau.

Cette annulation est due au fait qu'ils sont complètement opposés l'un à l'autre, d'un extrême à l'autre. Il en est ainsi car la lumière provient de l'existence de Son Essence à partir de l'existence. Selon la Pensée de la Création dans *Ein Sof*, tout est don sans réserve, et il n'y a aucune trace de désir de recevoir en elle. Son opposé est le *Kli*, le grand désir de recevoir cette abondance, qui est la racine de la créature créée, en qui il n'y a aucun don de quelque sorte que ce soit.

C'est pourquoi, quand ils sont liés ensemble, le désir de recevoir s'annule dans la lumière en lui, et il ne peut déterminer sa forme sauf après que la lumière est partie. Car après que la lumière l'a quitté, il commence à la désirer ardemment et cet ardent désir détermine précisément et décide de la forme du désir de recevoir. Par la suite, lorsque la lumière revient se revêtir en lui, elle est considérée comme deux sujets séparés : le *Kli* et la lumière, ou le *Gouf* [corps] et la Vie. Observez attentivement, car ceci est très profond.

5) Ainsi, quatre phases dans le nom *HaVaYaH*, appelées *Hokhma*, *Bina*, *Tifferet* et *Malkhout*, sont nécessaires. **Bekhina Aleph [la première phase]**, appelée *Hokhma*, est vraiment l'être émané tout entier, lumière et *Kli*. En lui se trouve le grand désir de recevoir avec toute la lumière incluse en lui, appelée *Ohr Hokhma* [la Lumière de la Sagesse] ou *Ohr Haya* [la Lumière de *Haya*, de la Vie], car c'est toute la lumière de vie dans l'être émané, revêtu dans son *Kli*. Néanmoins, cette *Bekhina Aleph* est considérée comme toute la lumière et le *Kli* en elle, est à peine distinguable, car il est mélangé avec la lumière et s'annule en elle comme une bougie devant un flambeau.

Puis vient **Bekhina Bet [deuxième phase]**, car à la fin, le *Kli de Hokhma* qui est en équivalence de forme avec la lumière Supérieure en lui domine. Cela signifie qu'un désir de donner à l'Émanateur s'éveille en lui, selon la nature de la Lumière en lui, c'est-à-dire entièrement pour le don.

Alors par le désir qui s'est éveillé en lui, une nouvelle lumière lui arrive de l'Émanateur, appelée *Ohr Hassadim* [la Lumière de la Miséricorde]. Il en résulte qu'il se détache presque entièrement de *Ohr Hokhma* que l'Émanateur lui a donné, car *Ohr Hokhma* ne peut être seulement reçue que dans son propre *Kli*, c'est-à-dire un désir de recevoir qui a grandi dans sa plus grande mesure.

Ainsi, la lumière et le *Kli* dans *Bekhina Bet* sont totalement différents de ceux de *Bekhina Aleph*, car le *Kli* ici est le désir de donner. La lumière en lui est la lumière de *Hassadim*, une lumière qui provient de *Dvékout* [adhésion] de l'être émané à l'Émanateur, car le désir de donner fait qu'il est en équivalence de forme avec l'Émanateur, et l'équivalence de forme dans la spiritualité est *Dvékout*.

Puis vient **Bekhina Guimel [troisième phase]**. Une fois que la lumière s'est réduite dans l'être émané en lumière de *Hassadim* sans *Hokhma*, et nous savons que la lumière de *Hokhma* est l'essence de l'être émané, donc, à la fin de *Bekhina Bet*, elle s'est éveillée et a attiré en elle une mesure de la lumière de *Hokhma*, pour briller dans sa lumière de *Hassadim*. Cet éveil étend à nouveau une certaine mesure du désir de recevoir, qui forme un nouveau *Kli* appelé *Bekhina Guimel* ou *Tifferet*. La lumière en lui est appelée « la lumière de *Hassadim* dans l'illumination de *Hokhma* », car la majorité de cette lumière est la lumière de *Hassadim* et la plus petite est la lumière de *Hokhma*.

Puis vient **Bekhina Dalet [quatrième phase]**, car le *Kli* de *Bekhina Guimel* s'est aussi éveillé à la fin pour attirer toute la lumière de *Hokhma*, comme dans *Bekhina Aleph*. Ainsi, cet éveil est une forte envie par rapport au désir de recevoir dans *Bekhina Aleph*, et le dépasse, car à présent, il s'est déjà séparé de la lumière car la lumière de *Hochma* n'est plus revêtue en lui, mais il la désire ardemment.

Ainsi, la forme du désir de recevoir a été pleinement déterminée, car le *Kli* est déterminé selon l'expansion de la lumière en lui et de son départ. Plus tard, quand il reviendra, il recevra la lumière une fois de plus. Par conséquent, le *Kli* précède la lumière, et c'est pourquoi cette *Bekhina Dalet* est considérée comme l'achèvement du *Kli*, et il est appelé *Malkhout* [Royaume].

6) Ces quatre phases ci-dessus sont les dix *Sefirot* dans chaque être émané et chaque créature, elles sont en tout est pour tout, les quatre mondes et sont même dans la plus petite partie de la réalité. *Bekhina Aleph* est appelée *Hokhma* ou « le monde de *Atsilout* » ;

Bekhina Bet est appelée *Bina* ou « le monde de *Briya* » ; *Bekhina Guimel* est appelée *Tifferet* ou « le monde de *Yetsira* » ; et *Bekhina Dalet* est appelée *Malkhout* ou « le monde de *Assiya* ».

Expliquons les quatre phases qui s'appliquent à chaque âme. Quand l'âme s'étend d'*Ein Sof* et vient dans le monde de *Atsilout*, c'est *Bekhina Aleph* de l'âme. Alors là, elle ne porte pas encore ce nom, car le nom *Neshama* [âme] indique qu'il y a une différence entre elle et l'Émanateur, et par cette différence, elle est sortie d'*Ein Sof* et s'est révélée comme sa propre autorité.

Mais tant qu'elle n'a pas la forme d'un *Kli*, il n'y a rien pour la distinguer de Son Essence, pour mériter son propre nom. Vous savez que *Bekhina Aleph* du *Kli* n'est pas du tout considérée comme un *Kli*, et est entièrement annulée dans la lumière. Telle est la signification de ce qui est dit dans le monde de *Atsilout*, qu'il est d'une divinité parfaite, comme dans « Lui, Sa Vie et Lui sont Un ». Même les âmes de toutes les créatures vivantes, lorsqu'elles traversent le monde de *Atsilout*, sont encore considérées comme adhérant à Son Essence.

7) Cette *Bekhina Bet* ci-dessus gouverne le monde de *Briya*, le *Kli* du désir de donner. C'est pourquoi, quand l'âme descend dans le monde de *Briya* et atteint le *Kli* qui y existe, elle est alors appelée *Neshama* [âme]. Cela signifie qu'elle est déjà sortie et s'est séparée de Son Essence et mérite d'être appelée *Neshama*. Puisque c'est un *Kli* très pur car il est en équivalence de forme avec l'Émanateur, il est donc considéré comme la spiritualité totale.

8) La *Bekhina Guimel* ci-dessus gouverne le monde de *Yetsira*, contenant un peu de la forme du désir de recevoir. C'est pourquoi, quand l'âme descend dans le monde de *Yetsira* et atteint ce *Kli*, elle sort de la spiritualité de la *Neshama* et est alors appelée *Rouakh*. Car là son *Kli* est déjà mélangé avec un certaine *Aviout*, c'est-à-dire un peu du désir de recevoir en lui. Néanmoins, il est toujours considéré comme spirituel car cette mesure d'*Aviout* est insuffisante pour le séparer complètement de Son Essence et est appelé « corps », car il a sa propre autorité.

9) *Bekhina Dalet* gouverne le monde de *Assiya*, qui est le *Kli* complet du grand désir de recevoir. C'est pourquoi, en ayant un corps, il se sépare complètement et se distingue de Son Essence, qui a sa propre autorité. La Lumière en lui est appelée *Nefech* (du mot hébreu « repos »), indiquant que la lumière est immobile. Vous devez savoir qu'il n'y a pas un seul élément dans la réalité qui ne contienne pas tout *ABYA*.

10) Ainsi, vous trouvez que cette *Nefech*, la Lumière de la Vie qui est revêtue dans le corps, s'étend de Son Essence même, l'existence de l'existence. Tandis qu'elle traverse les quatre mondes de *ABYA*, elle s'éloigne de plus en plus de la lumière de Sa Face, jusqu'à entrer dans son *Kli*, appelé *Gouf* [corps]. Alors le *Kli* a achevé sa forme désirée.

Même si la lumière en lui a beaucoup diminué au point que sa source devient indétectable, par l'engagement dans la Torah et des *Mitsvot* pour procurer satisfaction au Créateur, il purifie son *Kli*, appelé *Gouf*, jusqu'à ce qu'il mérite de recevoir la grande abondance dans toute sa mesure comprise dans la Pensée de la Création, quand Il l'a créée. C'est ce que Rabbi Hanania voulait dire par « le Créateur désirait purifier Israël, c'est pourquoi, Il leur a donné la Torah et les *Mitsvot* ».

11) Maintenant vous pouvez comprendre la vraie différence entre la spiritualité et la matérialité : tout ce qui contient un désir de recevoir complet, dans toutes ses phases, qui est *Behnia Dalet*, est appelé « matériel ». Il existe dans tous les éléments de la réalité devant nous dans ce monde. A l'inverse, tout ce qui est au-dessus de cette grande mesure de désir de recevoir est appelé « spiritualité ». Ce sont les mondes de ABYA, au-dessus de ce monde, et toute la réalité en eux.

Maintenant vous pouvez comprendre que les ascensions et les descentes décrites dans les Mondes Supérieurs ne se réfèrent pas à un endroit imaginaire, mais seulement aux quatre phases dans le désir de recevoir. Plus il est loin de *Bekhina Dalet*, plus il est élevé. Inversement, plus il est proche de *Bekhina Dalet*, plus il est bas.

12) Nous devons comprendre que l'essence de la créature et de toute la Création est un tout, et n'est que le désir de recevoir. Tout ce qui est au-dessus de cela ne fait pas partie de la Création, mais s'étend de Son Essence du fait de l'existence à partir de l'existence. Ainsi, pourquoi discernons-nous ce désir de recevoir comme l'*Aviout* [l'épaisseur] et nébulosité, et qu'il nous a été ordonné de le purifier par la Torah et les *Mitsvot*, au point que sans lui, nous n'arriverons pas au but ultime de la Pensée de la Création ?

13) Le fait est que, comme les objets corporels sont séparés par l'éloignement physique, les objets spirituels sont séparés l'un de l'autre par leur différence de forme entre eux. Cela peut se voir aussi dans notre monde. Par exemple, quand deux personnes partagent des points de vue semblables, elles s'aiment et l'éloignement physique ne les amène pas à se sentir loin l'une de l'autre.

A l'inverse, quand leurs points de vue sont éloignés, elles se haïssent et leur proximité physique ne les amènera pas à être plus proche l'une de l'autre. Ainsi, la différence de forme dans leurs points de vue les éloigne, et la proximité de forme dans leurs points de vue les rapproche. Si, par exemple, la nature d'une personne est complètement à l'opposé à celle de l'autre, elles sont aussi loin l'une de l'autre comme l'Est de l'Ouest.

De la même façon, tous les sujets de rapprochement et d'éloignement, d'accouplement et d'unité qui apparaissent dans la spiritualité ne sont que des mesures de différence de forme. Ils se séparent selon leur mesure de différence de forme et se lient l'un à l'autre selon leur mesure d'équivalence de forme.

Ainsi, vous devez comprendre que bien que le désir de recevoir soit une loi obligatoire dans la créature, car il est tout ce qui a été créé en elle. Il est le *Kli* adéquat pour recevoir le but de la Pensée de la Création, et se sépare donc complètement de l'Émanateur. Car il y a une différence de forme allant jusqu'à une opposition entre lui et l'Émanateur. En effet, l'Émanateur n'est que don sans une étincelle de réception et la créature n'est que recevoir sans aucune étincelle de don. Il n'y a donc pas de disparité de forme plus grande que cela. Il s'avère donc que cette disparité de forme le sépare obligatoirement de l'Émanateur.

14) Pour sauver les créatures de cette séparation colossale, un *Tsimtsoum Aleph* [première restriction] a été fait. Il sépara essentiellement *Bekhina Dalet* de tous les *Partsoufim* de *Kedoucha* [sainteté] de façon à ce que cette grande mesure de réception reste vide, un espace dépourvu de lumière.

Il en est ainsi car tous les *Partsoufim de Kedoucha* sont sortis avec un *Massakh* [écran] corrigé dans leur *Kli Malkhout* pour ne pas recevoir la lumière dans cette *Bekhina Dalet*. Puis, quand la lumière Supérieure s'est étendue et déployée sur l'être émané, ce *Massakh* l'a rejetée. Cela est considéré comme un coup entre la lumière Supérieure et le *Massakh*, qui élève la lumière *Hozer* [Réfléchie] de bas en haut, revêtant les dix Sefirot de la lumière Supérieure.

Cette partie de la lumière qui est rejetée et repoussée est appelée *Ohr Hozer* [Lumière Réfléchie]. Comme elle se revêt dans la lumière Supérieure, elle devient ensuite un *Kli* de réception de la lumière Supérieure à la place de *Bekhina Dalet*, car ensuite le *Kli de Malkhout* s'est élargi dans la mesure de *Ohr Hozer* – la lumière repoussée – qui s'est élevée et s'est revêtue de la lumière Supérieure de bas en haut et s'est aussi étendu de haut en bas. Ainsi, les lumières se sont revêtues dans les *Kélim* (pluriel de *Kli*) à l'intérieur de cette lumière réfléchie.

C'est la signification de *Roch* [tête] et de *Gouf* [corps] dans chaque degré. Le *Zivoug de Hakaa* [accouplement par coup] de la lumière Supérieure dans le *Massakh* élève *Ohr Hozer* de bas en haut et revêt les dix Sefirot de la lumière Supérieure sous la forme des dix Sefirot de *Roch*, c'est-à-dire les racines des *Kélim*. C'est parce que là, il ne peut pas y avoir encore vraiment de revêtement.

Après quoi, quand *Malkhout* s'étend avec cette *Ohr Hozer* de haut en bas, *Ohr Hozer* se termine et devient les *Kélim* de la lumière supérieure. A ce moment-là, il y a un revêtement des lumières dans les *Kélim*, et cela est appelé le *Gouf* de ce degré, soit des *Kélim* complets.

15) Ainsi, de nouveaux *Kélim* sont faits dans les *Partsoufim de Kedoucha* à la place de *Bekhina Dalet* après le *Tsimtsoum Aleph* [première restriction]. Ils sont faits d'*Ohr Hozer* du *Zivoug de Hakaa* dans le *Massakh*.

Il convient néanmoins de comprendre cette *Ohr Hozer* et comment elle est devenue un récipient de réception, alors qu'initialement elle n'était qu'une lumière qui ne pouvait pas recevoir. Ainsi, elle joue un rôle opposé à sa propre essence.

J'expliquerai cela par une histoire de la vie courante. La nature de l'homme est de chérir et de préférer la qualité du don, et de mépriser et détester recevoir d'un ami. C'est pourquoi, quand on va chez un ami et qu'il (l'hôte) l'invite à manger, il (l'invité) va refuser, même s'il a très faim, car à ses yeux c'est humiliant de recevoir un cadeau de son ami.

Alors, quand son ami le supplie tant au point qu'il est clair qu'en mangeant il fera un très grand plaisir à son ami, il consent à manger, car il ne sent plus qu'il reçoit un cadeau ni que son ami est le donneur. Au contraire, il (l'invité) est le donneur qui fait une faveur à son ami en recevant ce don de lui.

Vous voyez donc que la faim et l'appétit sont les récipients de réception pour manger, et que cette personne est suffisamment affamée et en appétit pour recevoir le repas de son ami, mais elle n'y a pas goûté à cause de la honte. Cependant, quand son ami l'a supplié et qu'il l'a repoussé, de nouveaux récipients pour la nourriture ont commencé à se former en lui. Ainsi, le pouvoir de la supplication de son ami et le pouvoir de ses propres refus ont augmenté, pour finalement s'accumuler au point où la mesure de réception se soit transformée en mesure de don.

Finalement, l'homme peut voir qu'en mangeant, il fera une grande faveur et procurera un grand plaisir à son ami. Dans cette situation, de nouveaux récipients de réception pour recevoir le repas de son ami se sont créés en lui. Maintenant, la force de son rejet est devenue le récipient essentiel pour recevoir le repas, et non la faim et ni l'appétit, bien que ce soit en fait les récipients de réception habituels.

16) De cette histoire ci-dessus entre les deux amis, nous pouvons comprendre l'objet du *Zivoug de Hakaa* et de *Ohr Hozer* qui s'élève à travers lui et devient alors de nouveaux récipients de réception pour la lumière supérieure à la place de *Bekhina Dalet*.

Nous pouvons comparer la frappe de la lumière supérieure, qui frappe le *Massakh* et veut s'étendre à *Bekhina Dalet*, à la conjuration de manger, car de la même façon qu'il veut vraiment que son ami reçoive ce repas, la lumière supérieure désire se diffuser au receveur. Le *Massakh*, qui est frappé par la lumière et la repousse, peut être comparé au refus de l'ami de recevoir le repas, car il rejette sa faveur.

Vous trouverez ici que c'est précisément le rejet et le refus qui ont permis aux récipients adéquats de recevoir le repas de son ami, de même, vous pouvez imaginer que *Ohr Hozer*, qui monte par le coup sur le *Massakh* et le rejet de la lumière supérieure, devient le nouveau récipient de réception pour la lumière supérieure, au lieu de *Bekhina Dalet* qui a servi de récipient de réception avant la première restriction.

Cependant, cela se situe seulement dans les *Partsoufim* (pluriel de *Partsouf*) de *Kedoucha* [sainteté] de ABYA, et non dans les *Partsoufim des Klipot* [coquilles], et dans ce monde, où *Bekhina Dalet* elle-même est considérée comme le récipient de réception. C'est pourquoi, ils sont séparés de la lumière supérieure car la différence de forme dans *Bekhina Dalet* les sépare. Pour cette raison, les *Klipot* sont considérées comme mauvaises et mortes car elles sont séparées de la Vie des Vies par le désir de recevoir en elles.

Les cinq discernements dans le *Massakh*

17) Jusqu'ici, nous avons clarifié les trois premières fondations de la sagesse. Le premier sujet est la lumière et le *Kli*, où la lumière est une émanation directe de Son Essence et le *Kli* est le désir de recevoir qui est nécessairement inclus dans cette lumière. L'un sort de l'Émanateur et devient un être émané à la mesure de ce désir. Aussi, ce désir de recevoir est *Malkhout* dans la lumière supérieure. C'est pourquoi, il est appelé *Malkhout*, comme dans « Lui et Son Nom sont Un » car Son nom en Gématrie est *Ratson* [désir].

Le deuxième sujet est la clarification des dix *Sefirot* et des quatre mondes ABYA, qui sont quatre degrés l'un sous l'autre. Le désir de recevoir doit les descendre jusqu'à ce qu'il soit complet, le *Kli* et son contenu.

Le troisième sujet est le *Tsimtsoum* et le *Massakh* fait sur ce récipient de réception, qui est *Bekhina Dalet*, en retour de quoi de nouveaux récipients de réception sont formés dans les dix Sefirot, appelés *Ohr Hozer*.

Comprenez et mémorisez ces trois fondations et leurs explications telles qu'elles sont apparues devant vous, car sans elles, vous ne comprendrez pas un seul seul mot de cette sagesse.

18) Maintenant, nous allons expliquer les cinq discernements dans le *Massakh*, par lesquels les niveaux changent durant le *Zivoug de Hakaa* réalisé avec la lumière supérieure. D'abord, nous devons comprendre parfaitement que même s'il est interdit à *Bekhina Dalet* d'être un récipient de réception pour les dix Sefirot après le *Tsimtsoum* et que la *Ohr Hozer* qui s'élève du *Massakh* par le *Zivoug de Hakaa* est devenue le récipient de réception à sa place, elle doit toujours accompagner la *Ohr Hozer* avec sa force de réception. Si tel n'avait pas été le cas, *Ohr Hozer* aurait été inadéquate pour être un récipient de réception.

Vous pouvez également le comprendre grâce à l'exemple du point 15. Nous y avons démontré que la force de repousser et de refuser le repas est devenue le récipient de réception à la place de la faim et de l'appétit. C'est parce qu'il a été interdit à la faim et à l'appétit, les récipients de réception habituels, d'être des récipients de réception dans ce cas, du fait de la honte et de l'humiliation de recevoir un cadeau de son ami. Seules les forces de rejet et de refus sont devenues des récipients de réception à leur place, car par le rejet et le refus, la réception s'est transformée en don, et grâce à eux, il (l'invité) a acquis des récipients de réception aptes à accepter le repas de son ami.

Pourtant, on ne peut pas dire qu'il n'a plus besoin des récipients habituels de réception, c'est-à-dire la faim et l'appétit, car il est clair que sans l'appétit il ne pourrait pas satisfaire le désir de son ami ni lui faire plaisir en mangeant chez lui. Mais le fait est que la faim et l'appétit, qui ont été proscrits dans leur forme habituelle, se sont maintenant transformés grâce au rejet et au refus en une nouvelle forme, recevoir dans le but de donner. Alors, l'humiliation s'est transformée en respect.

Il s'ensuit que les récipients habituels de réception sont encore plus actifs que jamais, mais ont acquis une nouvelle forme. Vous conclurez aussi, concernant notre sujet, qu'il est vrai qu'il a été interdit à *Bekhina Dalet* d'être un *Kli* de réception des dix Sefirot du fait de son *Aviout*, c'est-à-dire la disparité de forme par rapport au Donneur, qui sépare du Donneur. Pourtant, en corrigeant le *Massakh* dans *Bekhina Dalet*, qui frappe la lumière supérieure et la repousse, sa première forme inappropriée s'est transformée et a acquis une nouvelle forme, appelée *Ohr Hozer*, qui ressemble au passage de la forme de réception en forme de don.

Le contenu de sa forme initiale n'a pas changé ; elle ne mange pas non plus ici, sans appétit. De même toute l'*Aviout*, qui est la force de réception dans *Bekhina Dalet*, est venue dans *Ohr Hozer*, et de là *Ohr Hozer* devient apte à être un récipient de réception.

Par conséquent, il y a toujours dans le *Massakh* deux forces :
1. *Kachiout* [la dureté], qui est la force en lui qui repousse la lumière supérieure.
2. *Aviout*, qui est la mesure de désir de recevoir de *Bekhina Dalet* incluse dans le *Massakh*. Par le *Zivoug de Hakaa* en raison de la *Kachiout* en lui, son *Aviout* se transforme en pureté, signifiant que la réception s'est transformée en don.

Ces deux forces dans le *Massakh* agissent selon cinq phases : les quatre *Bekhinot HB TM* et leur racine appelée *Keter*.

19) Nous avons déjà expliqué que les trois premiers discernements ne sont pas encore considérés comme un *Kli*, et que seule *Bekhina Dalet* est un *Kli*. De plus, puisque les trois premiers discernements sont la cause et la conséquence de l'achèvement de *Bekhina Dalet*, une fois *Bekhina Dalet* complétée, les quatre mesures sont inscrites dans sa qualité de réception.

- *Bekhina Aleph* est sa mesure la plus mince de la qualité de réception
- *Bekhina Bet* est un peu plus épaisse (ayant plus d'*Aviout*) que *Bekhina Aleph* en termes de sa qualité de réception
- *Bekhina Guimel* est plus épaisse que *Bekhina Bet* dans sa qualité de réception

Et finalement *Bekhina Dalet* est la plus épaisse de toutes, et sa qualité de réception est parfaite dans tout.

Nous devons également dire que la racine des quatre *Bekhinot* (pluriel de *Bekhina*), qui est la plus pure de toute, est également incluse en elles.

Tels sont les cinq discernements de réception contenus dans *Bekhina Dalet*, qui sont appelés par les noms des dix *Sefirot* KHB (*Keter, Hokhma, Bina*) TM (*Tifferet, Malkhout*), incluses dans *Bekhina Dalet* car les quatre phases sont HB TM, et la racine est appelée *Keter*.

20) Les cinq degrés de réception dans *Bekhina Dalet* sont appelés par les noms des *Sefirot* KHB TM. Il en est ainsi car avant le *Tsimtsoum*, quand *Bekhina Dalet* était encore le récipient de réception pour les dix *Sefirot* incluses dans la lumière supérieure comme dans « Il est Un, et Son Nom Un », puisque tous les mondes y sont inclus, son revêtement des dix *Sefirot* à cet endroit a suivi ces cinq *Bekhinot*. Chaque *Bekhina* des cinq *Bekhinot* en elle s'est revêtue de sa *Bekhina* correspondante dans les dix *Sefirot* dans la lumière supérieure.

- *Bekhina Shoresh* [phase Racine] dans *Bekhina Dalet* a revêtu la Lumière de *Keter* dans les dix *Sefirot* ;
- *Bekhina Aleph* dans *Bekhina Dalet* a revêtu la Lumière de *Hokhma* dans les dix *Sefirot*,
- *Bekhina Bet* en elle s'est revêtue de la Lumière de *Bina*
- *Bekhina Guimel* en elle s'est revêtue de la Lumière de *Tifferet*
- Et sa propre *Bekhina* s'est revêtue de la Lumière de *Malkhout*.

Donc, même maintenant, après la première restriction, quand il a été interdit à *Bekhina Dalet* d'être un récipient de réception, les cinq discernements d'*Aviout* en elle sont également nommés d'après les cinq *Sefirot* KHB TM.

21) Vous savez déjà qu'en général, la substance du *Massakh* est appelée *Kachiout*, qui signifie quelque chose de très dur, qui ne permet pas à quoi que ce soit d'entrer dans ses frontières. De la même façon, le *Massakh* ne laisse aucune lumière supérieure le traverser ni à arriver à *Malkhout, Bekhina Dalet*. Ainsi, on considère que le *Massakh* arrête et repousse toute la mesure de lumière qui aurait pu se revêtir dans le *Kli* de *Malkhout*.

Il a aussi été expliqué que ces cinq *Bekhinot d'Aviout* dans *Bekhina Dalet* sont incluses et entrent dans le *Massakh* et se connectent à leur mesure de *Kachiout*. Donc cinq sortes de *Zivoug de Hakaa* sont distinguées dans le *Massakh*, correspondant aux cinq mesures *d'Aviout* en lui :

– Un *Zivoug de Hakaa* sur un *Massakh* complet avec tous les cinq niveaux *d'Aviout*, élève suffisamment de *Ohr Hozer* pour revêtir toutes les dix Sefirot jusqu'au niveau de *Keter*.
– Un *Zivoug de Hakaa* sur un *Massakh* à qui il manque l'*Aviout de Bekhina Dalet* et qui contient seulement l'*Aviout de Bekhina Guimel*, élève suffisamment de *Ohr Hozer* pour revêtir les dix Sefirot seulement jusqu'au niveau de *Hokhma* et sans *Keter*.
– S'il y a seulement l'*Aviout de Bekhina Bet*, son *Ohr Hozer* diminue et suffit seulement à revêtir les dix Sefirot jusqu'au niveau de *Bina*, sans *Keter* ni *Hokhma*.
– S'il contient seulement *Aviout de Bekhina Aleph*, son *Ohr Hozer* diminue encore plus et suffit seulement à revêtir jusqu'au niveau de *Tifferet*, sans *KHB*.
– S'il manque également l'*Aviout de Bekhina Aleph*, et qu'il ne reste qu'avec l'*Aviout de Bekhina Shoresh*, son coup est très faible et suffit à revêtir seulement jusqu'au niveau de *Malkhout*, et il manque les neuf premières Sefirot qui sont *KHB* et *Tifferet*.

22) Ainsi, vous voyez comment les cinq niveaux des dix Sefirot sortent grâce aux cinq sortes de *Zivoug de Hakaa* du *Massakh*, en fonction de ses cinq mesures *d'Aviout* en lui. Maintenant je vais vous l'expliquer, car nous savons que la lumière ne peut être atteinte sans un *Kli*.

Vous savez aussi que ces cinq mesures *d'Aviout* viennent des cinq mesures *d'Aviout* dans *Bekhina Dalet*. Avant le *Tsimtsoum*, il y avait cinq *Kélim* dans *Bekhina Dalet*, revêtant les dix Sefirot *KHB TM* (point 18). Après le *Tsimtsoum Aleph*, ils se sont incorporés dans les cinq mesures du *Massakh*, qui, en même temps qu'il élève *Ohr Hozer*, retourne être cinq *Kélim*, selon *Ohr Hozer* sur les dix Sefirot *KHB TM*, à la place des cinq *Kélim* dans *Bekhina Dalet* avant le *Tsimtsoum*.

Par conséquent, il est clair que si un *Massakh* contient tous ces cinq niveaux *d'Aviout*, il contient les cinq *Kélim* pour revêtir les dix Sefirot. Mais quand il n'a pas toutes les cinq mesures, car il lui manque l'*Aviout de Bekhina Dalet*, il n'a que quatre *Kélim*. Donc, il ne peut revêtir que quatre lumières *HB TM*, et il manque une lumière, la Lumière de *Keter*, car il manque un *Kli*, qui est l'*Aviout de Bekhina Dalet*.

De même, quand il lui manque aussi *Bekhina Guimel*, et que le *Massakh* n'a que trois mesures *d'Aviout*, signifiant seulement jusqu'à *Bekhina Bet*, il ne contient que trois *Kélim*. Ainsi, il ne peut revêtir que trois Lumières qui sont *Bina*, *Tifferet* et *Malkhout*. Dans cette situation, il manque au niveau deux Lumières : *Keter* et *Hokhma*, car il manque les deux *Kélim*, *Bekhina Guimel* et *Bekhina Dalet*.

Quand le *Massakh* ne contient que deux mesures *d'Aviout*, c'est-à-dire *Bekhina Shoresh* et *Bekhina Aleph*, il n'a que deux *Kélim*. Donc, il revêt seulement deux lumières, la Lumière de *Tifferet* et la Lumière de *Malkhout*. Ainsi, il manque au niveau les trois Lumières *KHB*, de même qu'il manque les trois *Kélim*, *Bekhina Bet*, *Bekhina Guimel* et *Bekhina Dalet*.

Quand le *Massakh* a seulement un niveau *d'Aviout* qui est seulement *Bekhina Shoresh* *d'Aviout*, il n'a qu'un *Kli*. Donc, il ne peut revêtir qu'une Lumière : la Lumière de *Malkhout*. Il manque au niveau les quatre Lumières *KHB* et *Tifferet*, et il manque aussi les quatre *Kélim*, *Aviout* de *Bekhina Dalet*, *Bekhina Guimel*, *Bekhina Bet*, et *Bekhina Aleph*.

Ainsi, le niveau de chaque *Partsouf* dépend précisément de la mesure *d'Aviout* dans le *Massakh*. Le *Massakh* de *Bekhina Dalet* fait sortir le niveau de *Keter*, *Bekhina Guimel* fait sortir le niveau de *Hokhma*, *Bekhina Bet* fait sortir le niveau de *Bina*, *Bekhina Aleph* fait sortir le niveau de *Tifferet*, et *Bekhina Shoresh* fait sortir le niveau de *Malkhout*.

23) Maintenant nous devons encore clarifier pourquoi quand le *Kli de Malkhout*, *Bekhina Dalet*, manque dans le *Massakh*, la Lumière de *Keter* manque ? Quand le *Kli de Tifferet* manque, il manque la Lumière de *Hokhma*, et ainsi de suite. Il semblerait que ce devrait être le contraire, que quand le *Kli de Malkhout* dans le *Massakh*, *Bekhina Dalet*, est absent, seule la Lumière de *Malkhout* devrait manquer à ce niveau et elle devrait avoir les quatre Lumières *KHB* et *Tifferet*. De même, en l'absence de deux *Kélim*, *Bekhina Guimel* et *Bekhina Dalet*, il devrait manquer les Lumières de *Tifferet* et *Malkhout*, et le niveau devrait avoir les trois Lumières *KHB* etc.

24) La réponse est qu'il y a toujours une relation inverse entre les Lumières et les récipients. Les *Kélim* les plus élevés grandissent en premier dans le *Partsouf* : En premier *Keter*, puis le *Kli de Hokhma* etc. et le *Kli de Malkhout* grandit en dernier. C'est pourquoi nous nommons les *Kélim* dans l'ordre *KHB TM*, de haut en bas, car tel est l'ordre de leur croissance.

C'est le contraire pour les lumières. Dans les Lumières, les Lumières les plus basses sont les premières à entrer dans le *Partsouf*. D'abord entre *Nefech* qui est la Lumière de *Malkhout*, puis *Rouakh*, qui est la Lumière de *ZA* etc., et la lumière de *Yekhida* est la dernière à entrer. C'est pourquoi nous nommons les Lumières dans l'ordre *NRNHY*, de bas en haut, car c'est l'ordre dans lequel elles entrent, de bas en haut.

Ainsi, quand seul un *Kli* a grandi dans le *Partsouf*, qui est nécessairement le *Kli* le plus haut, *Keter*, la Lumière de *Yekhida*, attribuée à ce *Kli*, n'entre pas dans le *Partsouf*, mais seulement la Lumière la plus basse, la Lumière de *Nefech*. Ainsi, la Lumière de *Nefech* se revêt dans le *Kli de Keter*.

Quand deux *Kélim* grandissent dans le *Partsouf*, qui sont les plus élevés – *Keter et Hokhma* – la Lumière de *Rouakh* entre en lui, de la même façon. A ce moment, la lumière de *Nefech* descend du *Kli de Keter* au *Kli de Hokhma* et la Lumière de *Rouakh* se revêt dans le *Kli de Keter*.

De même, quand un troisième *Kli* grandit dans le *Partsouf* – le *Kli de Bina* – la Lumière de *Nechama* entre en lui. A ce moment-là, la Lumière de *Nefech* descend du *Kli de Hokhma* au *Kli de Bina*, la Lumière de *Rouakh* au *Kli de Hokhma*, et la Lumière de *Nechama* se revêt dans le *Kli de Keter*.

Quand un quatrième *Kli* grandit dans le *Partsouf* – le *Kli de Tifferet* – la Lumière de *Haya* entre dans le *Partsouf*. A ce moment, la Lumière de *Nefech* descend du *Kli de Bina* au *Kli de Tifferet*, la Lumière de *Rouakh* au *Kli de Bina*, la Lumière de *Nechama* au *Kli de Hokhma* et la Lumière de *Haya* dans le *Kli de Keter*.

Quand un cinquième *Kli* grandit dans le *Partsouf*, le *Kli de Malkhout*, la Lumière de *Yekhida* entre en lui. A ce moment, toutes les Lumières entrent dans leurs *Kélim* respectifs. La Lumière de *Nefech* descend du *Kli de Tifferet* au *Kli de Malkhout*, La Lumière de *Rouakh* au *Kli de Tifferet*, la Lumière de *Nechama* au *Kli de Bina*, la Lumière de *Haya* au *Kli de Hokhma* et la Lumière de *Yekhida* au *Kli de Keter*.

25) Ainsi, tant que les cinq *Kélim* KHB TM n'ont pas grandi dans un *Partsouf*, les Lumières ne sont pas à leurs places respectives. Qui plus est, il y a une relation inverse : en l'absence du *Kli de Malkhout*, la lumière de *Yekhida* est absente, et les deux *Kélim*, TM, manquent, *Yekhida* et *Haya* en sont absentes etc. Il en est ainsi car dans les *Kélim*, les plus élevés grandissent en premier, et dans les Lumières, les dernières sont les premières à entrer.

Vous verrez aussi que chaque nouvelle Lumière qui re-entre se revêt seulement dans le *Kli de Keter*, car le receveur doit recevoir dans son *Kli* le plus pur, le *Kli de Keter*.

Pour cette raison, à l'arrivée de chaque nouvelle Lumière, les Lumières qui sont déjà revêtues dans le *Partsouf*, doivent descendre d'un degré par rapport à leur place. Par exemple, quand la Lumière de *Rouakh* arrive, la Lumière de *Nefech* doit descendre du *Kli de Keter* au *Kli de Hokhma*, pour faire de la place dans le *Kli de Keter* pour recevoir la nouvelle Lumière, *Rouakh*. De la même façon, si la nouvelle Lumière est *Nechama*, *Rouakh* doit aussi descendre du *Kli de Keter* au *Kli de Hokhma*, pour laisser sa place dans

Keter à la nouvelle Lumière, *Nechama*. Il en résulte que *Nefech* qui était dans le *Kli de Hokhma* doit descendre au *Kli de Bina* etc. Tout cela est fait pour faire de la place dans le *Kli de Keter* à la nouvelle lumière. Gardez cette règle à l'esprit, et vous serez toujours capable de discerner pour chaque sujet s'il se réfère aux *Kélim* ou aux Lumières. Ainsi, vous ne vous tromperez pas, car il y a toujours une relation inverse entre eux. Nous avons donc clarifié très précisément l'objet des cinq mesures dans le *Massakh*, et comment, à travers eux, les niveaux changent l'un sous l'autre.

Les cinq *Partsoufim* de AK

26) Ainsi nous avons clarifié précisément la question du *Massakh* qui a été placé dans le *Kli de Malkhout*, la *Bekhina Dalet* après avoir été restreinte, et la question des cinq sortes de *Zivoug de Hakaa* en lui, qui font sortir les cinq niveaux de dix *Sefirot*, l'un en dessous de l'autre. Maintenant nous allons expliquer les cinq *Partsoufim* de AK, qui précèdent les quatre mondes ABYA.

Nous savons déjà que cette *Ohr Hozer*, qui s'élève par le *Zivoug de Hakaa* de bas en haut et revêt les dix *Sefirot* de la Lumière Supérieure, suffit seulement pour les racines des *Kélim*, appelées « dix *Sefirot* de *Roch* [tête] du *Partsouf* ». Pour finir les *Kélim*, *Malkhout de Roch* s'élargit de ces dix *Sefirot* de *Ohr Hozer* qui revêtent les dix *Sefirot* de *Roch*, et elle s'étend à partir d'elles et en elles de haut en bas, dans la même mesure que dans les dix *Sefirot* de *Roch*. Cette extension termine les *Kélim*, appelés « le *Gouf du Partsouf* ». Ainsi, nous devons toujours distinguer deux discernements dans les dix *Sefirot* dans chaque *Partsouf* : *Roch* et *Gouf*.

27) Au début, le premier *Partsouf de AK* apparaît. Car immédiatement après le *Tsimtsoum Aleph*, quand *Bekhina Dalet* s'est restreinte d'être un réceptacle pour la Lumière Supérieure, et se retrouve avec un *Massakh*, la Lumière Supérieure s'est étendue pour se revêtir dans le *Kli de Malkhout*, comme avant. Le *Massakh* du *Kli de Malkhout* l'arrête et repousse la Lumière. De par ce coup sur le *Massakh de Bekhina Dalet*, *Ohr Hozer* s'est élevée jusqu'au niveau de *Keter* dans la Lumière Supérieure, et cette *Ohr Hozer* est devenue un revêtement et les racines des *Kélim* pour les dix *Sefirot* de la Lumière Supérieure, appelées « dix *Sefirot* de *Roch* du premier *Partsouf* de AK ».

Ensuite, *Malkhout* avec *Ohr Hozer* s'est élargie et étendue par la force des dix *Sefirot* de *Roch* en elle, dans les dix nouvelles *Sefirot* de haut en bas. Cela a complété les *Kélim* du *Gouf*. Puis, toute la mesure qui est sortie des dix *Sefirot* de *Roch* s'est revêtue aussi dans les dix *Sefirot* de *Gouf*. Cela a complété le premier *Partsouf* de AK, *Roch* et *Gouf*.

28) Ensuite, ce même *Zivoug de Hakaa* se reproduit sur le *Massakh* érigé dans le *Kli de Malkhout*, qui a seulement l'*Aviout de Bekhina Guimel*. Alors, seul le niveau de *Hokhma*,

Roch et *Gouf*, est sorti de lui, car l'absence de *Massakh* dans l'*Aviout* de *Bekhina Dalet* a fait qu'il n'avait que quatre *Kélim*, KHB *Tifferet*. Donc, *Ohr Hozer* n'a de place que pour revêtir quatre Lumières, HNRN (*Haya, Nechama, Rouakh, Nefech*), et il lui manque la Lumière de *Yekhida*. Ceci est appelé AB de AK.

Ensuite le même *Zivoug de Hakaa* se reproduit sur le *Massakh* dans le *Kli de Malkhout* qui n'a que l'*Aviout de Bekhina Bet*. Alors, les dix Sefirot, *Roch* et *Gouf*, au niveau de *Bina* sortent à ce niveau. Cela est appelé le *Partsouf* SAG de AK. Il manque les deux *Kélim*, ZA et *Malkhout* et les deux Lumières *Haya* et *Yekhida*.

Après quoi, le *Zivoug de Hakaa* est apparu sur le *Massakh* qui n'a que l'*Aviout de Bekhina Aleph*. Alors, les dix Sefirot, *Roch* et *Gouf*, sont apparues au niveau de *Tifferet*, et il lui manque les trois *Kélim Bina*, ZA et *Malkhout*, et les trois Lumières *Nechama*, *Haya* et *Yekhida*. Il n'a que les Lumières de *Rouakh* et *Nefech*, qui sont revêtues dans les *Kélim de Keter* et *Hokhma*. Ceci est appelé le *Partsouf* MA et BON de AK. Rappelez-vous de la relation inverse entre les *Kélim* et les Lumières (comme mentionnée au point 24).

29) Ainsi, nous avons expliqué la sortie des cinq *Partsoufim* AK, appelés *Galgalta*, AB, SAG, MA et BON, l'un sous l'autre. Dans chaque inférieur, il manque la *Bekhina* plus élevée de son supérieur. Ainsi, le *Partsouf* AB n'a pas la Lumière de *Yekhida*, il manque au *Partsouf* SAG la Lumière de *Haya* que son supérieur, AB, a. Il manque au *Partsouf* MA et BON, la Lumière de *Nechama* que son supérieur, SAG, a.

Il en est ainsi car cela dépend de la mesure de l'*Aviout* dans le *Massakh* sur lequel le *Zivoug de Hakaa* se fait (point 18). Ainsi, nous devons comprendre qui et quoi a fait que le *Massakh* s'est diminué graduellement de son *Aviout*, *Bekhina* par *Bekhina*, jusqu'à se diviser en cinq niveaux qui existent dans ces cinq sortes de *Zivouguim* (pluriel de *Zivoug* – accouplement).

L'*Hizdakhout* du *Massakh* à *Atsilout* du *Partsouf*

30) Pour comprendre la question de la succession des degrés en cinq niveaux l'un sous l'autre, expliqués ci-dessus, concernant les cinq *Partsoufim* de AK, ainsi que dans tous les degrés apparaissant dans les cinq *Partsoufim* de chaque monde des quatre mondes ABYA, jusqu'à *Malkhout de Assiya*, nous devons comprendre très précisément le sujet de l'*Hizdakhout* [purification] du *Massakh de Gouf*, qui s'applique dans chacun des *Partsoufim* de AK et dans le monde des *Nekoudim* et le monde du *Tikoun* [la correction].

31) Le fait est qu'il n'y a aucun *Partsouf*, ou degré, qui ne contienne pas deux Lumières, appelées *Ohr Makif* [Lumière Environnante] et *Ohr Pnimi* [Lumière Intérieure], et nous allons les expliquer dans AK. La lumière environnante du premier *Partsouf* *de AK* est la Lumière de *Ein Sof* qui remplit toute la réalité. Après le *Tsimtsoum Aleph* et l'apparition d'un *Massakh* dans *Malkhout*, il y a eu un *Zivoug de Hakaa* de la Lumière de *Ein Sof* sur ce *Massakh*. Par *Ohr Hozer* que le *Massakh* élève, cela a ré-attiré la Lumière Supérieure vers le monde de la restriction sous la forme de dix Sefirot *de Roch* et dix Sefirot *de Gouf* (Point 25).

Cependant cette extension depuis *Ein Sof* dans le *Partsouf de AK* ne remplit pas toute la réalité, comme avant le *Tsimtsoum*. Au contraire, elle est dans *Roch* et *Sof*.

– De haut en bas, sa Lumière s'arrête au point de ce monde, qui est *Malkhout* terminale, comme dans le verset « Et Ses pieds se tiendront... sur le Mont des oliviers ».

– De l'intérieur vers l'extérieur, comme il y a dix Sefirot *KHB TM* de haut en bas et que *Malkhout* termine AK en bas, il y a également dix Sefirot *KHB TM* de l'intérieur vers l'extérieur, appelées *Mokha, Atsamot, Guidin, Bassar* et *Or*. *Or* [peau] est *Malkhout* qui termine le *Partsouf* de l'extérieur. Selon cela, le *Partsouf de AK* est considéré comme une simple et fine ligne comparée à *Ein Sof,* qui remplit toute la réalité. C'est ainsi car *Partsouf Or* le termine et le limite de tous les côtés, de l'extérieur, et il ne peut s'élargir et remplir tout l'espace restreint. Ainsi seule une fine ligne persiste au milieu de l'espace.

La mesure de la Lumière reçue dans AK, la fine ligne, est appelée « lumière intérieure ». Cette grande différence entre la lumière intérieure dans AK et la Lumière de *Ein Sof* d'avant le *Tsimtsoum*, est appelée la « lumière environnante », car elle reste comme une lumière environnante autour du *Partsouf de AK*, car elle ne peut pas se revêtir dans le *Partsouf*.

32) Cela clarifie précisément le sens de *Ohr Makif* [lumière environnante] de AK, dont l'immensité n'est pas mesurable. Cependant, cela ne signifie pas qu'*Ein Sof* qui remplit toute la réalité, soit par lui-même considéré comme *Ohr Makif* de AK. Mais cela signifie qu'un *Zivoug de Hakaa* a été fait sur *Malkhout de Roch de AK*, qu'*Ein Sof* a frappé le *Massakh* à cet endroit. En d'autres termes, il souhaitait se revêtir dans *Bekhina Dalet de AK*, comme avant le *Tsimtsoum*, mais le *Massakh* dans *Malkhout de Roch AK* l'a frappé. C'est-à-dire qu'il l'a empêché de s'étendre dans *Bekhina Dalet* et l'a repoussé (Point 14). Cette *Ohr Hozer* qui émerge de cette poussée de la Lumière en arrière est devenue également des *Kélim* pour revêtir la Lumière Supérieure.

Néanmoins, il y a une grande différence entre la réception dans *Bekhina Dalet* avant le *Tsimtsoum* et la réception de *Ohr Hozer* après le *Tsimtsoum*, car elle ne revêt qu'une fine ligne dans *Roch* et *Sof*. C'est ce que le *Massakh* a fait par son coup sur la Lumière Supérieure. La mesure qui a été rejetée de AK par le *Massakh*, c'est-à-dire toute sa mesure de Lumière Supérieure de *Ein Sof* qui voulait se revêtir dans *Bekhina Dalet* – si le *Massakh* ne l'avait pas arrêtée, elle serait devenue *Ohr Makif* entourant AK.

C'est parce qu'il n'y a pas de changement ni d'absence dans le spirituel. Et puisque la Lumière d'*Ein Sof* s'étend à AK, pour se revêtir dans *Bekhina Dalet*, il doit alors en être ainsi.

Cependant, bien que le *Massakh* l'ait maintenant retenue puis repoussée, il ne remet pas en cause l'extension d'*Ein Sof*. Au contraire, il la soutient mais d'une façon différente : par la multiplication des *Zivouguim* dans les cinq mondes AK et ABYA, jusqu'à la fin de la correction, quand *Bekhina Dalet* sera complètement corrigée par eux. A ce moment-là, *Ein Sof* se revêtira en elle comme au début.

Ainsi, aucun changement ni absence ne s'est produit par la frappe du *Massakh* dans la Lumière Supérieure. C'est la signification de ce qui est écrit dans le *Zohar* « le *Zivoug de Ein Sof* ne descend pas tant que son conjoint ne lui a pas été donné ». Ce qui veut dire qu'entre-temps, c'est-à-dire jusque-là, cette Lumière d'*Ein Sof* est devenue *Ohr Makif*, c'est-à-dire qu'elle se revêtira en elle dans le futur. Pour l'instant, elle l'entoure et l'illumine de l'extérieur d'une certaine illumination. Cette illumination lui permet de s'étendre selon les mêmes lois qui lui permettront de recevoir cette *Ohr Makif* dans la mesure où *Ein Sof* s'était initialement étendue à elle.

33) Maintenant nous allons clarifier la question du *Bitouch* [frappe] de *Ohr Pnimi* et *Ohr Makif* l'une sur l'autre, qui entraîne la *Hizdakhout* [purification] du *Massakh* et la perte de la dernière *Bekhina d'Aviout*. Comme ces deux Lumières sont opposées, et sont encore attachées au *Massakh* dans *Malkhout de Roch de* AK, elles se cognent et se frappent l'une contre l'autre.

Interprétation : Le *Zivoug de Hakaa* dans *Pé* [bouche] *de Roch de* AK, dans le *Massakh de Malkhout de Roch*, appelé *Pé*, qui était la raison du revêtement de *Ohr Pnimi de* AK par *Ohr Hozer* qu'il a élevée, est aussi la raison de la sortie de *Ohr Makif de* AK. Comme il empêchait la Lumière d'*Ein Sof* de se revêtir dans *Bekhina Dalet*, la Lumière est sortie sous la forme de *Ohr Makif*.

En d'autres termes, toute cette partie de la Lumière qu'*Ohr Hozer* ne peut pas revêtir, comme la *Bekhina Dalet* elle-même, est sortie et est devenue *Ohr Makif*. Ainsi le *Massakh* dans *Pé* est la raison d'*Ohr Makif*, comme il est la raison d'*Ohr Pnimi*.

34) Nous avons appris qu'*Ohr Pnimi* et *Ohr Makif* sont liées au *Massakh*, mais par des actions opposées. Comme le *Massakh* étend une partie de la Lumière Supérieure dans le *Partsouf* par *Ohr Hozer* qui la revêt, il éloigne aussi *Ohr Makif*, l'empêchant de se revêtir dans le *Partsouf*.

Et comme la partie de la Lumière qui reste au dehors comme *Ohr Makif* est très importante, à cause du *Massakh* qui l'empêche de se revêtir dans AK, on considère qu'elle frappe le *Massakh* qui la repousse, car elle veut se revêtir dans le *Partsouf*.

Mais on considère que la force d'*Aviout* et de *Kachiout* dans le *Massakh* frappe *Ohr Makif*, qui veut se revêtir en lui, et l'en empêche, comme il frappe la Lumière Supérieure durant le *Zivoug*. Ces coups que *Ohr Makif* et l'*Aviout* dans le *Massakh* se donnent l'un l'autre sont appelés le *Bitouch* de *Ohr Makif* dans *Ohr Pnimi*.

Pourtant, ce *Bitouch* entre eux se produit seulement dans le *Gouf* du *Partsouf*, car ici le revêtement de la Lumière dans les *Kélim*, qui laisse *Ohr Makif* hors du *Kli*, est apparent. Néanmoins, ce *Bitouch* ne s'applique pas aux dix *Sefirot* de *Roch*, car *Ohr Hozer* n'est en aucune façon considérée comme étant des *Kélim* ici, mais comme de simples fines racines. Pour cette raison, La Lumière en elles, n'est pas considérée comme une *Ohr Pnimi* limitée, au point de dire que la Lumière qui reste à l'extérieur est *Ohr Makif*. Et comme cette distinction entre elles n'existe pas, il n'y a pas de frappe d'*Ohr Pnimi* et *Ohr Makif* dans les dix *Sefirot* de *Roch*.

Ce n'est qu'après que les Lumières se sont étendues de *Pé* et en bas aux dix *Sefirot de Gouf*, où les Lumières se revêtent dans les *Kélim*, qui sont les dix *Sefirot* de *Ohr Hozer* de *Pé* et en bas, qu'il y a un coup entre *Ohr Pnimi* dans les *Kélim* et *Ohr Makif* qui est restée à l'extérieur.

35) Ce *Bitouch* continue jusqu'à ce que *Ohr Makif* ait purifié le *Massakh* de son *Aviout* et l'ai élevé à sa Racine Supérieure dans *Pé de Roch*. Cela signifie qu'il a purifié toute l'*Aviout* de haut en bas, appelé *Massakh* et *Aviout de Gouf*, le laissant avec seulement la *Shoresh* [racine] de *Gouf*, le *Massakh* de *Malkhout de Roch*, appelé *Pé*. En d'autres termes, il s'est purifié de toute son *Aviout* de haut en bas, qui est la limite entre *Ohr Pnimi* et *Ohr Makif*, laissant seulement une *Aviout* de bas en haut, où la distinction entre *Ohr Pnimi* et *Ohr Makif* n'a pas encore été faite.

On sait que l'équivalence de forme fusionne les objets spirituels en un. Or, après que le *Massakh de Gouf* s'est purifié de toute l'*Aviout de Gouf*, laissant en lui seulement l'*Aviout* qui est égale au *Massakh de Pé de Roch*, sa forme s'est égalisée au *Massakh de Roch*. Ainsi, il s'est intégré à lui et a fait un avec lui, car il n'y a rien qui les divise en deux. C'est alors que le *Massakh de Gouf* s'élève à *Pé de Roch*.

Comme le *Massakh de Gouf* s'est inclus au *Massakh de Roch*, il s'inclut à nouveau dans le *Zivoug de Hakaa* dans le *Massakh de Pé de Roch* et un nouveau *Zivoug de Hakaa* est fait sur lui. Par conséquent, dix nouvelles *Sefirot*, à un nouveau degré, sortent de lui, appelées *AB de AK* ou *Partsouf Hokhma de AK*. On le considère comme « un fils », un descendant du premier *Partsouf de AK*.

36) Après que le *Partsouf AB de AK* est sorti et s'est complété dans *Roch* et *Gouf*, le *Bitouch* de *Ohr Makif* et *Ohr Pnimi* s'y répète aussi, comme il a été expliqué ci-dessus concernant le premier *Partsouf de AK*. Son *Massakh de Gouf* s'est également purifié de toute son *Aviout de Gouf* jusqu'à ce qu'il égalise sa forme avec son *Massakh de Roch* et soit alors inclus dans le *Zivoug* à sa *Pé de Roch*.

Donc, un nouveau *Zivoug de Hakaa* se fait sur lui, produisant un nouveau degré de dix Sefirot au niveau de *Bina* appelé SAG *de AK*. Il est considéré comme un fils et un descendant du *Partsouf AB de AK* car il sort de son *Zivoug* dans *Pé de Roch*. Les *Partsoufim* de SAG *de AK* vers le bas sortent également de la même façon.

37) Ainsi nous avons expliqué la sortie des *Partsoufim* l'un sous l'autre par la force du *Bitouch de Ohr Makif* et *Ohr Pnimi*, qui purifie le *Massakh de Gouf* jusqu'à ce qu'il le ramène à l'état de *Massakh de Pé de Roch*. A ce moment, il est inclus dans un *Zivoug de Hakaa*, qui se déroule dans *Pé de Roch*, et de ce fait, ce *Zivoug* fait sortir un nouveau niveau de dix Sefirot. Ce nouveau niveau est le fils du *Partsouf* précédent.

De cette manière, AB sort du *Partsouf Keter*, SAG du *Partsouf* AB, MA du *Partsouf* SAG et ainsi de suite avec le reste des degrés dans les *Nekoudim* et ABYA. Cependant, nous devons comprendre pourquoi les dix Sefirot de AB sortent seulement sur *Bekhina Guimel* et non sur *Bekhina Dalet*, et pourquoi SAG seulement sur *Bekhina Bet* etc. C'est-à-dire que chaque inférieur est inférieur à son supérieur d'un degré. Pourquoi ne sont-ils pas tous sortis l'un de l'autre, au même niveau ?

38) Premièrement, nous devons comprendre pourquoi les dix Sefirot de AB sont considérées comme un descendant du premier *Partsouf de AK*, car après être sorti du *Zivoug* dans *Pé de Roch* du premier *Partsouf*, comme les dix Sefirot du *Gouf* du *Partsouf* lui-même, de quelle façon sort-il du premier *Partsouf* pour être considéré comme un second *Partsouf* et sa descendance ?

Ici vous devez comprendre la grande différence entre le *Massakh de Roch* et le *Massakh de Gouf*. Il y a deux sortes de *Malkhout* dans le *Partsouf* :

1. La *Malkhout* d'accouplement, avec la lumière Supérieure, par la force du *Massakh* corrigé en elle.
2. La *Malkhout* terminale, la Lumière Supérieure dans les dix Sefirot du *Gouf*, par la force du *Massakh* corrigé en elle.

La différence entre elles est aussi importante que la différence entre l'Émanateur et les créatures. *Malkhout de Roch*, qui s'accouple dans un *Zivoug de Hakaa* avec la Lumière Supérieure, est considérée comme « l'Émanateur du *Gouf* » car le *Massakh* corrigé en elle ne rejette pas la Lumière Supérieure quand il la frappe. A l'inverse, par *Ohr Hozer* qui s'est élevée, il revêt et prolonge la Lumière Supérieure sous forme des dix *Sefirot de Roch*. Alors, il s'étend de haut en bas, jusqu'à ce que les dix Sefirot de la Lumière Supérieure se revêtent dans le *Kli de Ohr Hozer*, appelé *Gouf*.

Pour cette raison, le *Massakh* et *Malkhout de Roch* sont considérés comme l'Émanateur des dix Sefirot du *Gouf* et aucune limitation ni rejet ne sont apparents dans ce *Massakh* et *Malkhout*. Alors que pour le *Massakh* et *Malkhout de Gouf*, une fois que les dix Sefirot se sont diffusées de *Pé de Roch* de haut en bas, elles ne s'étendent que jusqu'à *Malkhout* de ces dix Sefirot. Car la Lumière Supérieure ne peut pas se diffuser dans *Malkhout du Gouf* à cause du *Massakh* s'y trouvant, l'empêchant de se diffuser dans *Malkhout*. Pour cette raison, le *Partsouf* s'arrête là et c'est la fin et la conclusion du *Partsouf*.

Ainsi, toute la force du *Tsimtsoum* et de la limitation apparaît seulement dans ce *Massakh* et dans *Malkhout de Gouf*. Pour cette raison, tout le *Bitouch d'Ohr Makif* et d'*Ohr Pnimi* ne se fait que dans le *Massakh de Gouf*, car c'est lui qui limite et repousse *Ohr Makif* l'empêchant de briller dans le *Partsouf*. Ce n'est pas le cas dans le *Massakh de Roch*, car le *Massakh de Roch* ne fait qu'attirer et revêtir les Lumières, mais la force de limitation n'est encore apparue en lui.

39) Il s'avère que par la force du *Bitouch d'Ohr Makif* et d'*Ohr Pnimi*, le *Massakh* de la *Malkhout* terminale est devenu le *Massakh* et *Malkhout* d'accouplement une fois de plus (Point 35). Car le *Bitouch d'Ohr Makif* a purifié le *Massakh* final de toute son *Aviout de Gouf*, laissant en lui seulement de fins *Rechimot* de cette *Aviout*, équivalents à l'*Aviout de Massakh de Roch*.

Nous savons aussi que l'équivalence de forme attache et unit les objets spirituels les uns aux autres. Ainsi, une fois que le *Massakh de Gouf* a égalisé la forme de son *Aviout* avec le *Massakh de Roch*, il s'inclut immédiatement en lui et ils sont devenus semblables à un seul *Massakh*. Dans cette situation, il a reçu la force du *Zivoug de Hakaa* comme le *Massakh de Roch* et les dix Sefirot du nouveau degré sont sorties sur lui.

Cependant, avec ce *Zivoug*, les *Rechimot* de l'*Aviout de Gouf*, qui étaient en lui depuis le début, se sont renouvelés dans son *Massakh de Gouf*. Dans cette situation, la disparité de forme entre lui et le *Massakh de Roch* inclus en lui apparaît en lui une fois de plus dans une certaine mesure. La connaissance de cette disparité le sépare et l'éloigne de *Pé de Roch* du supérieur, car après être revenu et avoir connu sa première origine, de *Pé de Roch* et en bas du supérieur, il ne peut plus continuer à se tenir au-dessus de *Pé* du supérieur, car la disparité de forme sépare les objets spirituels les uns des autres. Il s'avère qu'il a été obligé d'en descendre, de *Pé* et en bas du supérieur.

Il est donc nécessairement considéré comme un deuxième *Gouf* par rapport au supérieur, même si *Roch* du nouveau degré est considéré seulement comme le *Gouf* du nouveau niveau, car elle s'étend de son *Massakh de Gouf*. C'est pourquoi, cette disparité de forme les distingue en deux *Goufim* séparés. Et comme le nouveau niveau est entièrement le résultat du *Massakh de Gouf* du *Partsouf* précédent, il est considéré comme sa copie, comme une branche s'étendant de lui.

40) Il y a une autre différence entre l'inférieur et le supérieur : chaque inférieur émerge avec un niveau différent que dans les cinq *Bekhinot* dans le *Massakh* (Point 22). De même, chaque inférieur n'a pas la *Bekhina* la plus élevée des Lumières du supérieur et la *Bekhina* la plus basse des *Kélim* du supérieur. Car c'est dans la nature du *Bitouch d'Ohr Makif* dans le *Massakh* de perdre la dernière *Bekhina* de son *Aviout*.

Par exemple, dans le premier *Partsouf de AK* où le *Massakh* contient tous les cinq niveaux d'*Aviout*, jusqu'à *Bekhina Dalet*, le *Bitouch de Ohr Makif* dans le *Massakh de Gouf* purifie complètement l'*Aviout de Bekhina Dalet*, ne laissant même pas un *Rechimo* de cette *Aviout*. Et seuls les *Rechimot de l'Aviout de Bekhina Guimel* et en haut restent dans le *Massakh*.

C'est pourquoi, quand ce *Massakh* s'inclut dans *Roch* et y reçoit un *Zivoug de Hakaa* sur l'*Aviout* qui reste dans ses *Rechimot* venant du *Gouf*, le *Zivoug* sort seulement sur *Bekhina Guimel d'Aviout* dans le *Massakh*. Car le *Rechimo d'Aviout de Bekhina Dalet* a été perdu et n'est plus là. Par conséquent, le niveau qui sort de ce *Massakh* est seulement au niveau de *Hokhma*, appelé *HaVaYaH de AB de AK*, ou *Partsouf AB de AK*.

Nous avons déjà vu au point 22, que le niveau *Hokhma* qui sort sur le *Massakh de Bekhina Guimel* n'a pas *Malkhout de Kélim* ni la Lumière de *Yekhida* parmi les Lumières, qui est la Lumière de *Keter*. Donc, le *Partsouf AB* n'a pas le dernier discernement des *Kélim* du supérieur ni le discernement le plus élevé des Lumières du supérieur. A cause de cette grande disparité de forme, l'inférieur est considéré comme un *Partsouf* séparé du supérieur.

41) De la même façon, une fois que le *Partsouf AB* s'est diffusé dans *Roch* et *Gouf* et qu'il y a eu le *Bitouch de Ohr Makif* sur le *Massakh du Gouf de AB*, qui est le *Massakh de Bekhina Guimel*, ce *Bitouch* fait disparaître et annule le *Rechimo de l'Aviout* de la dernière *Bekhina* dans le *Massakh*, qui est *Bekhina Guimel*. Il s'avère que durant l'ascension du *Massakh* à *Pé de Roch*, et son inclusion dans le *Zivoug de Hakaa*, le coup ne se fait que sur l'*Aviout de Bekhina Bet* qui est restée dans ce *Massakh*, car *Bekhina Guimel* a disparu de lui. De plus, cela ne fait sortir que dix *Sefirot* au niveau de *Bina*, appelées *HaVaYaH de SAG de AK*, ou *Partsouf SAG*, il manquera ZA et *Malkhout* dans les *Kélim*, et *Haya* et *Yekhida* dans les Lumières.

Il en est de même, quand ce *Partsouf SAG* s'est diffusé à *Roch* et *Gouf*, il y a eu le *Bitouch de Ohr Makif* dans son *Massakh de Gouf*, qui est le *Massakh de Bekhina Bet*. Ce *Bitouch* fait disparaître et annule la dernière *Bekhina d'Aviout* dans le *Massakh*, *Bekhina Bet*, laissant seulement les *Rechimot de Aviout de Bekhina Aleph* et au-dessus dans le *Massakh*.

Ainsi, durant l'ascension du *Massakh* à *Pé de Roch* et son inclusion dans le *Zivoug de Hakaa*, le coup s'est fait seulement sur le *Massakh* de *Bekhina Aleph* qui est restée dans le *Massakh*, car il a déjà perdu *Bekhina Bet*. Pour cette raison, il ne fait sortir que dix *Sefirot* au niveau de *Tifferet*, appelées « le niveau de ZA ». Il manque *Bina*, *ZA* et *Malkhout* dans les *Kélim* et *Nechama*, *Haya* et *Yekhida* dans les Lumières... et ainsi de suite.

42) Cela clarifie précisément la raison de la descente des niveaux l'un sous l'autre, durant l'enchaînement des *Partsoufim*. Cela est dû au *Bitouch* de *Ohr Makif* et *Ohr Pnimi*, ayant lieu dans chaque *Partsouf*, qui perd toujours la dernière *Bekhina* du *Rechimo* d'*Aviout* s'y trouvant. Nous devons savoir qu'il y a deux discernements dans les *Rechimot* qui restent dans le *Massakh* après sa *Hizdakkout* [purification] :

– Un *Rechimo* de *Aviout*
– Un *Rechimo* de *Hitlabchout* [revêtement]

Par exemple, une fois que le *Massakh de Gouf* du premier *Partsouf* dans AK s'est purifié, nous avons dit que la dernière *Bekhina* des *Rechimot de Aviout*, le *Rechimo de Bekhina Dalet* a été perdu, et que tout ce qui est resté dans le *Massakh* était le *Rechimo* d'*Aviout de Bekhina Guimel*. Aussi, bien que le *Rechimo de Bekhina Dalet* contienne deux discernements, comme nous l'avons dit, *Hitlabchout* et *Aviout*, seul le *Rechimo de Aviout* de *Bekhina Dalet* a disparu du *Massakh* par cette *Hizdakhout*. Mais le *Rechimo de Hitlabchout* de *Bekhina Dalet* est resté dans ce *Massakh* et n'en a pas disparu.

Un *Rechimo de Hitlabchout* se réfère à une *Bekhina* [discernement] très pure du *Rechimo de Bekhina Dalet*, qui ne contient pas suffisamment d'*Aviout* pour un *Zivoug de Hakaa* avec la Lumière Supérieure. Ce *Rechimo* reste de la dernière *Bekhina* dans chaque *Partsouf* pendant son *Hizdakhout*. Et ce que nous avons dit concernant la dernière *Bekhina* qui disparaît de chaque *Partsouf* durant son *Hizdakhout* ne concerne que le *Rechimo de Aviout* en elle.

43) Le reste des *Rechimot de Hitlabchout* de la dernière *Bekhina* qui est resté dans chaque *Massakh*, a engendré la sortie de deux niveaux, mâle et femelle, dans les *Roch* de tous les *Partsoufim* : en commençant dans AB de AK, SAG de AK, MA et BON de AK, et dans tous les *Partsoufim de Atsilout*. Il en est ainsi car dans le *Partsouf AB* de AK, où il n'y a que le *Rechimo de Aviout de Bekhina Guimel* dans le *Massakh*, qui fait sortir les dix *Sefirot* au niveau de *Hokhma*, le *Rechimo de Hitlabchout de Bekhina Dalet* qui est resté dans le *Massakh* n'est pas apte au *Zivoug* avec la Lumière Supérieure, du fait de sa pureté. Aussi, il s'inclut à l'*Aviout de Bekhina Guimel* et devient un seul *Rechimo*. Alors le *Rechimo de Hitlabchout* acquiert la force pour s'accoupler avec la Lumière Supérieure. Pour cette raison, le *Zivoug de Hakaa* avec la Lumière Supérieure est apparu sur elle, faisant sortir les dix *Sefirot* presque au niveau de *Keter*.

Il en est ainsi car elle a eu l'*Hitlabchout* de *Bekhina Dalet*. Cette *Hitkalelout* [inclusion/intégration] est appelée *Hitkalelout* de la femelle dans le mâle, car le *Rechimo de Aviout* de *Bekhina Guimel* est appelé « femelle » car il porte l'*Aviout*. Et le *Rechimo de Hitlabchout* de *Bekhina Dalet* est appelé « mâle », car il vient d'un endroit supérieur et parce qu'il est purifié de l'*Aviout*. Par conséquent, bien que le *Rechimo* du mâle seul soit insuffisant pour un *Zivoug de Hakaa*, grâce à l'*Hitkalelout* de la femelle en lui, il est apte pour un *Zivoug de Hakaa*.

44) Ensuite, il y a aussi *Hitkalelout* du mâle dans la femelle. Cela signifie que le *Rechimo de Hitlabchout* s'est intégré au *Rechimo de Aviout*. Cela produit un *Zivoug de Hakaa* seulement au niveau de la femelle, le niveau de *Bekhina Guimel*, qui est le niveau de *Hokhma*, appelé *HaVaYaH de AB*. Le *Zivoug* supérieur, quand la femelle s'inclut dans le mâle est considéré comme le niveau du mâle, qui est presque le niveau de *Keter*. Le *Zivoug* inférieur, quand le mâle s'inclut dans la femelle, est considéré comme le niveau femelle qui est seulement le niveau de *Hokhma*.

Cependant, l'*Aviout* au niveau du mâle ne provient pas de lui-même, mais par l'*Hitkalelout* avec la femelle. Bien que cela soit suffisant pour faire sortir le niveau des dix *Sefirot* de bas en haut, appelé *Roch*, ce niveau ne peut pas encore se diffuser de haut en bas sous la forme d'un *Gouf*, ce qui signifierait le revêtement des Lumières dans les *Kélim*. Il en est ainsi car un *Zivoug de Hakaa* sur *Aviout* qui vient de l'*Hitkalelout* est insuffisant pour l'expansion des *Kélim*.

C'est pourquoi, le niveau mâle contient seulement *Roch* sans *Gouf*. Le *Gouf* du *Partsouf* s'étend seulement à partir du niveau femelle, qui a sa propre *Aviout*. Pour cette raison, nous nommons le *Partsouf* seulement d'après le niveau femelle, c'est-à-dire le *Partsouf AB*. Il en est ainsi car le centre du *Partsouf* est son *Gouf*, le revêtement des Lumières dans les *Kélim* et il ne sort que du niveau femelle, comme nous l'avons expliqué. C'est pourquoi le *Partsouf* est nommé d'après elle.

45) Comme nous l'avons expliqué concernant les deux niveaux, mâle et femelle, à *Roch* du *Partsouf AB*, ces deux sortent précisément de la même manière dans *Roch de SAG*. Mais là, le niveau mâle est presqu'au niveau de *Hokhma* car il vient du *Rechimo de Hitlabchout de Bekhina Guimel* dans l'*Hitkalelout de l'Aviout de Bekhina Bet*. Le niveau femelle est au niveau de *Bina*, de l'*Aviout de Bekhina Bet*. Et là aussi, le *Partsouf* est nommé seulement d'après le niveau femelle, car le mâle est *Roch* sans *Gouf*.

Il en est de même dans le *Partsouf MA de AK*, le niveau mâle est presqu'au niveau de *Bina*, appelé « le niveau de ISHSOUT », car il vient du *Rechimo de Bekhina Bet de Hitlabchout*, avec l'*Hitkalelout d'Aviout de Bekhina Aleph*, alors que le niveau femelle n'est que le niveau de ZA, car il est seulement *Bekhina Aleph de Aviout*. Ici aussi, le *Partsouf* est nommé seulement d'après la femelle qui est le *Partsouf MA* ou *Partsouf VAK*, car le mâle est *Roch* sans *Gouf*. Sachez qu'il en est ainsi dans tous les *Partsoufim*.

Taamim, Nekoudot, Taguin et Otiot

46) Nous avons clarifié le *Bitouch* de *Ohr Makif* et *Ohr Pnimi*, qui apparaît après l'extension du *Partsouf* dans *Gouf*. Cela amène le *Massakh de Gouf* à se purifier, toutes les Lumières du *Gouf* s'en vont et le *Massakh* avec les *Rechimot* qui restent en lui s'élèvent à *Pé de Roch*, où elles sont renouvelées avec un nouveau *Zivoug de Hakaa* et font sortir un nouveau degré dans la mesure de l'*Aviout* dans les *Rechimot*. A présent, nous allons expliquer les quatre types de Lumières, TANTA (*Taamim, Nekoudot, Taguin, Otiot*), qui arrivent avec le *Bitouch* de *Ohr Makif* et les ascensions du *Massakh* à *Pé de Roch*.

47) Il a été expliqué que par le *Bitouch de Ohr Makif* dans le *Massakh de Gouf*, il purifie le *Massakh* de toute l'*Aviout de Gouf* jusqu'à ce qu'il soit purifié et soit équivalent au *Massakh de Pé de Roch*. L'équivalence de forme avec le *Pé de Roch* les unit comme un, et il s'inclut dans le *Zivoug de Hakaa* en lui.

Néanmoins, le *Massakh* ne se purifie pas d'emblée mais progressivement : d'abord de *Bekhina Dalet* à *Bekhina Guimel*, puis de *Bekhina Guimel* à *Bekhina Bet*, puis de *Bekhina Bet* à *Bekhina Aleph* et enfin de *Bekhina Aleph* à *Bekhina Shoresh*. Finalement, il s'est purifié de toute son *Aviout* et devient aussi pur que le *Massakh de Pé de Roch*.

Maintenant la Lumière Supérieure ne s'arrête jamais de briller même un seul instant, et elle s'accouple avec le *Massakh* à chacune des étapes de son *Hizdakhout*. Après s'être purifié de *Bekhina Dalet* et que tout le niveau de *Keter* est parti, alors le *Massakh* arrive à l'*Aviout de Bekhina Guimel*, la Lumière Supérieure s'accouple avec le *Massakh* sur l'*Aviout* restant de *Bekhina Guimel* et fait sortir les dix *Sefirot* au niveau de *Hokhma*.

Après quoi, quand le *Massakh* se purifie aussi dans *Bekhina Guimel* et que le niveau de *Hokhma* s'en va aussi, laissant seulement *Bekhina Bet* dans le *Massakh*, la Lumière Supérieure s'accouple à lui sur *Bekhina Bet* et fait sortir les dix *Sefirot* au niveau de *Bina*. Ensuite, quand il s'est également purifié dans *Bekhina Bet* et que ce niveau est parti, ne laissant que l'*Aviout de Bekhina Aleph*, la Lumière Supérieure s'accouple au *Massakh* sur l'*Aviout* restante de *Bekhina Aleph* et fait sortir dix *Sefirot* au niveau de ZA. Quand il s'est aussi purifié de l'*Aviout de Bekhina Aleph* et que le niveau de ZA est parti, il reste seulement avec le *Shoresh* [racine] de l'*Aviout*.

La Lumière Supérieure fait également un *Zivoug* sur l'*Aviout Shoresh* qui reste dans le *Massakh* et fait sortir les dix *Sefirot* au niveau de *Malkhout*. Et quand le *Massakh* s'est également purifié de l'*Aviout Shoresh*, le niveau de *Malkhout* s'en va aussi car aucune *Aviout de Gouf* ne reste dans le *Massakh*. On considère alors que le *Massakh* et ses *Rechimot* se sont élevés et se sont unis au *Massakh de Roch*, et sont inclus ici dans un *Zivoug de Hakaa* et ont fait sortir dix nouvelles Sefirot au-dessus de lui, appelées un « fils » et un « descendant » du premier *Partsouf*.

Ainsi, nous avons expliqué que le *Bitouch* de *Ohr Makif* dans *Ohr Pnimi* qui purifie le *Massakh de Gouf* du premier *Partsouf* AK et l'élève à son *Pé de Roch*, duquel naît et sort le second *Partsouf*, AB de AK ne se fait pas en une seule fois, mais progressivement, car la Lumière Supérieure s'accouple avec lui à chacune des étapes des quatre degrés qu'il traverse durant son *Hizdakhout*, jusqu'à ce qu'il s'égalise à *Pé de Roch*.

Comme il a été expliqué concernant la sortie des quatre niveaux durant l'*Hizdakhout* du *Gouf* du premier *Partsouf* vers AB, trois niveaux sortent durant la période d'*Hizdakhout* du *Massakh de Gouf* du *Partsouf* AB, et ainsi sort le *Partsouf* SAG, et ainsi de suite pour tous les degrés. La règle est la suivante : Un *Massakh* ne se purifie pas d'emblée mais progressivement. La Lumière Supérieure, qui ne s'arrête pas de se propager à l'inférieur, s'accouple à lui à chaque degré tout au long de sa purification.

48) Cependant, ces niveaux, qui sortent sur le *Massakh* durant son *Hizdakhout* progressive, ne sont pas considérés comme l'*Hitpachtout* des vrais degrés, comme le premier niveau qui sort avant le commencement de l'*Hizdakhout*. Mais, ils sont considérés comme des *Nekoudot* [points] et ils sont appelés *Ohr Hozer* et *Din* [jugement], car la force du *Din* du départ des Lumières est déjà mélangée en eux. Il en est ainsi car dans le premier *Partsouf*, dès que le *Bitouch* a commencé à apparaître et a purifié le *Massakh de Gouf* de *Bekhina Dalet*, il est considéré comme s'étant complètement purifié, car il n'y a pas d'« à peu près » dans le spirituel.

Puisqu'il a commencé à se purifier, il doit le faire complètement. Mais, quand le *Massakh* se purifie progressivement, c'est le moment pour la Lumière Supérieure de s'accoupler avec lui à chaque degré d'*Aviout* que le *Massakh* reçoit durant son *Hizdakhout*, jusqu'à ce qu'il se soit entièrement purifié. Donc, la force de départ est mélangée avec les niveaux qui sont sortis durant son départ et ils sont seulement considérés comme des *Nekoudot*, et *Ohr Hozer* et jugement [*Din*].

C'est pourquoi, nous distinguons deux types de niveaux dans chaque *Partsouf* : *Taamim* et *Nekoudot*. Il en est ainsi car les dix Sefirot *de Gouf* qui sortent en premier dans chaque *Partsouf* sont appelées *Taamim*, et ces niveaux qui sortent dans le *Partsouf* alors qu'il se purifie, après que le *Massakh* a déjà commencé à se purifier jusqu'à ce qu'il atteigne *Pé de Roch*, sont appelés *Nekoudot*.

49) Les *Rechimot* qui restent en bas dans le *Gouf*, après le départ des Lumières de *Taamim*, sont appelés *Taguin* et les *Rechimot* qui restent des niveaux des *Nekoudot* sont appelés *Otiot*, qui sont les *Kélim*. De plus, les *Taguin*, qui sont les *Rechimot* des Lumières de *Taamim*, planent au-dessus des *Otiot* et des *Kélim* et les font vivre.

Ainsi, nous avons appris les quatre types de lumière appelés *Taamim, Nekoudot, Taguin* et *Otiot*. Le premier niveau qui sort dans chaque *Partsouf* des cinq *Partsoufim* appelés *Galgalta, AB, SAG, MA* et *BON*, est appelé *Taamim*. Les niveaux qui sortent dans chaque *Partsouf* une fois qu'il a commencé à se purifier, jusqu'à ce qu'il soit complètement purifié, sont appelés les *Nekoudot*. Les *Rechimot* qui restent des Lumières de *Taamim* à chaque niveau, après leur départ, sont appelés *Taguin* et les *Rechimot* qui restent des lumières des niveaux des *Nekoudot* après leur départ sont appelés *Otiot* ou *Kélim*.

Souvenez-vous que dans tous les cinq *Partsoufim* appelés *Galgalta, AB, SAG, MA* et *BON*, il y a *Hizdakhout* dans chacun d'entre eux et qu'ils ont tous ces quatre types de lumières.

Roch, Tokh, Sof dans chaque *Partsouf* et l'ordre d'*Hitlabchout* des *Partsoufim* les uns dans les autres

50) Vous savez déjà la différence entre les deux *Malkhout* dans chaque *Partsouf*, la *Malkhout* d'accouplement, et la *Malkhout* terminale. Dix Sefirot de *Ohr Hozer* sortent du *Massakh* dans la *Malkhout* d'accouplement, revêtant les dix Sefirot de la Lumière Supérieure, appelées « les dix Sefirot de *Roch* », c'est-à-dire seulement les racines. De là et en bas, les dix Sefirot du *Gouf* du *Partsouf* s'étendent sous la forme d'*Hitlabchout* (revêtement) des Lumières dans les *Kélim* complets.

Ces dix Sefirot de *Gouf* se divisent en deux discernements de dix Sefirot : les dix Sefirot de *Tokh* [l'intérieur/buste] et les dix Sefirot de *Sof* [la fin]. Les dix Sefirot de *Tokh* se tiennent de *Pé* [bouche] jusqu'au *Tabour* [nombril], c'est le lieu de revêtement des Lumières dans les *Kélim*. Les dix Sefirot de la fin et la fin du *Partsouf* se tiennent du *Tabour* et en bas jusqu'à *Sioum Raglin* [extrémités des jambes ou pieds].

Cela signifie que *Malkhout* termine chaque Sefira jusqu'à ce qu'elle atteigne la sienne, et là elle ne peut recevoir aucune Lumière et le *Partsouf* se termine là. Cette terminaison est appelée « la fin des *Etzbaot Raglin* [les doigts de pied] du *Partsouf* », et de là vers le bas, il y a un espace vide, vide de toute Lumière.

Sachez que ces deux types de dix Sefirot s'étendent de la racine des dix Sefirot, appelée *Roch*, car toutes deux sont incluses dans *Malkhout* d'accouplement. Il en est ainsi car il y a un revêtement ici, *Ohr Hozer* s'élève et revêt la Lumière Supérieure. Le

Massakh a également une force de rétention sur *Malkhout* qui fait qu'elle ne peut pas recevoir la Lumière, par cela, un *Zivoug de Hakaa* élève *Ohr Hozer*. Au niveau de *Roch*, ces deux forces sont seulement des racines.

De plus, quand elles s'étendent de haut en bas, la première force, qui est une force de revêtement, se réalise dans les dix Sefirot de *Tokh*, de *Pé* et en bas jusqu'au *Tabour*. Et la deuxième force, qui empêche *Malkhout* de recevoir la Lumière, se réalise dans les dix Sefirot de *Sof* et *Sioum*, du *Tabour* et en bas jusqu'à la fin des *Etzbaot Raglin*.

Ces deux types de dix Sefirot sont toujours appelés *HGT NHYM*. Les dix Sefirot de *Tokh* de *Pé* jusqu'au *Tabour* sont toutes appelées *HGT* et les dix Sefirot de *Sof* du *Tabour* vers le bas sont toutes appelées *NHYM*.

51) Nous devons aussi savoir que le *Tsimtsoum* se fait seulement sur *Ohr Hokhma*, dont le *Kli* est le désir de recevoir qui se termine dans *Bekhina Dalet*, où le *Tsimtsoum* et le *Massakh* se produisent. Mais, il n'y a pas de *Tsimtsoum* du tout sur *Ohr Hassadim* ici, car son *Kli* est le désir de donner, dans lequel il n'y a aucune *Aviout* ni disparité de forme avec l'Emanteur, et qui ne nécessite donc aucune correction.

De plus, dans les dix Sefirot de la Lumière Supérieure, ces deux lumières, *Hokhma* et *Hassadim*, sont liées ensemble sans aucune différence entre elles, car elles forment une seule Lumière qui s'étend en fonction de sa qualité. Pour cette raison, quand elles se revêtent dans les *Kélim* après le *Tsimtsoum*, *Ohr Hassadim* [Lumière de la Miséricorde] s'arrête à *Malkhout*, même si elle n'y a pas eu de restriction. Il en est ainsi car si *Ohr Hassadim* s'était répandue à un endroit où *Ohr Hokhma* [Lumière de la Sagesse] ne peut s'étendre même juste un peu, c'est-à-dire dans *Malkhout* terminale, elle se serait brisée dans la Lumière Supérieure car *Ohr Hassadim* aurait dû être complètement séparée de *Ohr Hokhma*. Donc, *Malkhout* terminale devient un espace vide, vide même de *Ohr Hassadim*.

52) Maintenant nous pouvons comprendre le contenu des dix Sefirot de *Sof* du *Partsouf* de *Tabour* et en bas. On ne peut pas dire qu'elles ne sont qu'*Ohr Hassadim* sans *Ohr Hokhma*, car *Ohr Hassadim* n'est jamais complètement séparée d'*Ohr Hokhma*. Mais il y a nécessairement une petite illumination d'*Ohr Hokhma* en elles aussi. Vous devez savoir que nous appelons toujours cette petite illumination « *VAK sans Roch* ». Ainsi, les trois discernements des dix Sefirot dans le *Partsouf*, appelés *Roch*, *Tohh* et *Sof* ont été expliqués.

53) Maintenant, nous allons expliquer l'ordre de revêtement des *Partsoufim Galgalta*, *AB*, et *SAG de AK* les uns par rapport aux autres. Sachez que chaque inférieur sort du *Massakh* du *Gouf* du Supérieur, après s'être purifié et avoir égalisé sa forme avec *Malkhout* et le *Massakh* dans *Roch*. Il en est ainsi car à ce moment-là, il s'inclut dans le *Massakh* de *Roch*, dans le *Zivoug de Hakaa* en lui.

Après que le *Zivoug de Hakaa* a été effectué dans les deux *Rechimot* – *Aviout* et *Hitlabchout*, – qui restent dans le *Massakh de Gouf*, son *Aviout* est considérée comme l'*Aviout de Gouf*. Par cette reconnaissance, nous savons que le niveau sort de *Roch* du premier *Partsouf de AK*, et descend et revêt son *Gouf*, c'est-à-dire à sa racine, car elle vient du *Massakh de Gouf*.

En fait, le *Massakh* avec *Malkhout* d'accouplement du nouveau *Partsouf* doit descendre au niveau du *Tabour* du premier *Partsouf*, car le *Massakh de Gouf* avec la *Malkhout* terminale du premier *Partsouf* commence là. C'est là que sont la racine du nouveau *Partsouf* et sa prise. Cependant, la dernière *Bekhina d'Aviout* a disparu du *Massakh* par le *Bitouch de Ohr Makif* dans *Ohr Pnimi* (Point 40), et seule l'*Aviout de Bekhina Guimel* est restée dans le *Massakh*. Cette *Bekhina Guimel d'Aviout* est appelée *Khazé* [torse]. C'est pourquoi, le *Massakh* et *Malkhout* d'accouplement du nouveau *Partsouf* n'ont ni prise ni racine dans le *Tabour* du Supérieur, mais seulement dans son *Khazé*, où il est attaché comme une branche à sa racine.

54) De plus, le *Massakh* du nouveau *Partsouf* descend à l'endroit du *Khazé* du premier *Partsouf*, où il fait sortir de lui et en haut dix Sefirot de *Roch* par un *Zivoug de Hakaa* avec la Lumière Supérieure, jusqu'à *Pé* du Supérieur, *Malkhout de Roch* du premier *Partsouf*. Mais l'inférieur ne peut pas revêtir les dix Sefirot de *Roch* du *Partsouf* Supérieur, car il est simplement considéré comme le *Massakh de Gouf* du Supérieur. Ensuite il fait sortir dix Sefirot de haut en bas, appelées « dix Sefirot *de Gouf* » au niveau de *Tokh* et *Sof* de l'inférieur.

Leur place est seulement de *Khazé* du *Partsouf* Supérieur et en bas jusqu'à son *Tabour*, car du *Tabour* vers le bas, c'est le lieu des dix Sefirot de *Sioum* du Supérieur, c'est-à-dire *Bekhina Dalet*. L'inférieur n'a pas de prise sur la dernière *Bekhina* du Supérieur car il l'a perdue lors de son *Hizdakhout* (point 40). Pour cette raison, ce *Partsouf* inférieur qui est appelé *Partsouf Hokhma de AK* ou *Partsouf AB de AK*, doit se terminer au-dessus du *Tabour* du premier *Partsouf de AK*.

Ainsi, il a été précisément clarifié que *Roch*, *Tokh*, et *Sof* du *Partsouf AB de AK*, qui est l'inférieur du premier *Partsouf de AK*, se situent sous *Pé* du premier *Partsouf* jusqu'à son *Tabour*. Ainsi, le *Khazé* du premier *Partsouf* est l'endroit de *Pé de Roch* du *Partsouf AB*, c'est-à-dire, *Malkhout* d'accouplement et le *Tabour* du premier *Partsouf* est l'endroit de *Sioum Raglin* du *Partsouf AB*, qui est *Malkhout* terminale.

55) Comme cela a été expliqué concernant l'ordre de sortie du *Partsouf AB* à partir du premier *Partsouf de AK*, c'est la même chose pour tous les *Partsoufim*, jusqu'à la fin du monde de *Assiya*. Chaque inférieur sort du *Massakh de Gouf* de son Supérieur, après s'être purifié et inclus dans le *Massakh de Malkhout de Roch* du Supérieur dans le *Zivoug de Hakaa* à ce niveau.

Après quoi, il descend de là vers son point d'ancrage dans le *Gouf* du Supérieur, et fait également sortir les dix *Sefirot de Roch* de bas en haut de sa place, par un *Zivoug de Hakaa* avec la Lumière Supérieure. De plus, il s'étend de haut en bas dans les dix *Sefirot de Gouf* dans *Tokh* et *Sof*, comme il a été expliqué dans le *Partsouf AB de AK*. Mais il y a des différences concernant la fin du *Partsouf* comme il est écrit ailleurs.

Tsimtsoum Bet, appelé *Tsimtsoum NHY de AK*

56) Nous avons ainsi expliqué précisément la question du *Tsimtsoum Aleph* [première restriction], effectuée au niveau du *Kli de Malkhout – Bekhina Dalet*, de telle sorte qu'il ne peut pas recevoir la Lumière Supérieure en lui. Nous avons aussi expliqué la question du *Massakh* et de son *Zivoug de Hakaa* avec la Lumière Supérieure qui élève *Ohr Hozer*. Cette *Ohr Hozer* a formé de nouveaux récipients de réception à la place de *Bekhina Dalet*.

L'*Hizdakhout du Massakh de Gouf* a aussi été expliqué, réalisé dans les *Goufim* de chaque *Partsouf* par le *Bitouch de Ohr Makif* et *Ohr Pnimi*, qui produit les quatre discernements TANTA du *Gouf* de chaque *Partsouf* et élève le *Massakh de Gouf* qui est alors considéré comme le *Massakh de Roch*. Cela le rend apte à un *Zivoug de Hakaa* avec la Lumière Supérieure, à partir de quoi un autre *Partsouf* est né, à un degré plus bas que le *Partsouf* précédent. Finalement, nous avons expliqué l'apparition des trois premiers *Partsoufim de AK*, appelés *Galgalta*, *AB*, *SAG* et l'ordre de leur revêtement l'un dans l'autre.

57) Sachez que dans ces trois *Partsoufim Galgalta*, *AB* et *SAG de AK*, il n'y a même pas une racine pour les quatre mondes ABYA, car il n'y a même pas ici de place pour ces trois mondes de BYA. En effet, le *Partsouf* intérieur de AK s'étend jusqu'au point de ce monde, et donc la racine de la correction souhaitable, qui a été la cause du *Tsimtsoum*, ne s'est pas dévoilée. C'est parce que le but du *Tsimtsoum* qui s'est produit dans *Bekhina Dalet* était de la corriger de façon à ce qu'il n'y ait pas de disparité de forme en elle alors qu'elle reçoit la Lumière Supérieure (Point 14).

Pour créer le *Gouf* d'Adam de cette *Bekhina Dalet*, il changera la force de réception dans *Bekhina Dalet* pour être dans le but de donner, par son engagement dans la Torah et les *Mitsvot* dans le but de procurer satisfaction à son Créateur. Ainsi, il égalisera la forme de réception avec celle du don complet et ce sera la réparation finale, car cela amènera *Bekhina Dalet* à redevenir un récipient de réception pour la Lumière Supérieure, en étant en *Dvekout* complète [adhésion] à la Lumière, sans aucune différence de forme.

Mais jusqu'à présent, la racine de cette correction ne s'est pas révélée, car cela nécessite que l'homme [Adam] s'inclut dans des *Bekhinot* plus élevées, au-dessus de *Bekhina Dalet*, pour être capable de réaliser de bonnes actions de don. Et si Adam avait quitté la situation des *Partsoufim de AK*, il aurait été complètement dans un espace vide. Car, toute *Bekhina Dalet*, qui devrait être la racine du *Gouf* d'Adam, aurait été sous les *Raglim de AK* dans un espace vide et sans lumière, car elle aurait en opposition de forme avec la Lumière supérieure. Ainsi, elle aurait été considérée comme séparée et morte.

Et si Adam avait été créé à partir de cela, il n'aurait pas été capable de corriger ses actions quelles qu'elles soient, car il n'y aurait eu aucune étincelle de don en lui. Il aurait été considéré comme un animal qui n'a rien du don et dont la vie n'est que pour lui-même. Ce serait comme les méchants qui sont plongés dans des désirs de recevoir pour eux-mêmes, « et peu importe la miséricorde qu'ils font, ils la font pour eux-mêmes ». Il est dit les concernant « les méchants durant leur vie sont appelés morts », car ils sont en disparité de forme avec la Vie des Vies.

58) C'est la signification des mots de nos sages : « Au commencement, Il envisagea de créer le monde avec la qualité de *Din* [Jugement]. Il vit que le monde n'existe pas et fit précéder la qualité de *Rakhamim* [clémence] et l'associa avec la qualité de *Din* » (*Berechit Rabba*, 12). Cela signifie que tout « premier » et « suivant » dans la spiritualité se réfère à une cause et une conséquence.

C'est pourquoi il est écrit que la première cause des mondes, c'est-à-dire les *Partsoufim de AK*, a émané avant tous les mondes qui sont apparus avec la qualité de *Din*, dans *Malkhout* seulement, appelée *Midat ha Din* [la qualité du Jugement]. Cela se réfère à *Bekhina Dalet* qui s'est restreinte et est sortie dans un espace vide, et qui est la fin des *Raglim de AK*, ce qui est le point de ce monde, sous le *Sioum* des *Raglin de AK*, dans un espace vide, dépourvu de toute Lumière.

« Il vit que le monde n'existe pas », signifie que de cette façon, il était impossible pour Adam, qui avait été créé de cette *Bekhina Dalet*, d'acquérir les actions de don de telle sorte que le monde serait corrigé selon la mesure désirée par lui. C'est pourquoi Il « associa la qualité de *Rakhamim* à la qualité de *Din* ».

Explication : La *Sefira Bina* est appelée *Midat ha Rakhamim* [la qualité de la clémence], et la *Sefira Malkhout* est appelée *Midat ha Din*, car le *Tsimtsoum* a été fait sur elle. L'Émanateur éleva *Midat ha Din*, qui est la force finale créée dans la *Sefira Malkhout* et l'éleva à *Bina*, *Midat ha Rakhamim*. Il les associa l'une à l'autre, et par cette association, *Bekhina Dalet* – *Midat ha Din* – s'est incluse d'étincelles de don dans le *Kli de Bina*.

Cela permit au *Gouf* d'Adam, qui est sorti de *Bekhina Dalet*, de s'intégrer aussi à la qualité du don. Ainsi, il sera capable de réaliser de bonnes actions de façon à procurer contentement à son Créateur, jusqu'à ce qu'il change la qualité de réception en lui en qualité de don complet. Ainsi, le monde achèvera la correction désirée par la création du monde.

59) Cette association de *Malkhout* dans *Bina* s'est produite dans le *Partsouf SAG de AK* et provoqua un deuxième *Tsimtsoum* dans les mondes vers le bas. C'est pourquoi un nouveau *Sioum* sur la Lumière Supérieure a été fait à son niveau, c'est-à-dire à l'endroit de *Bina*. Il s'avère que la *Malkhout* terminale qui se tenait au niveau du *Sioum Raglin de SAG de AK*, au-dessus du point de ce monde, s'est élevée et a terminé la Lumière Supérieure à la moitié de *Bina de Gouf de SAG de AK*, appelée *Tifferet*, car *KHB de Gouf* est appelé *HGT*. Donc, *Tifferet* est *Bina de Gouf*.

De plus, *Makhout* d'accouplement qui se trouvait au *Pé de Roch de SAG de AK* s'éleva à l'endroit de *Nikvey Eynaim* [pupilles] *de AK* qui est la moitié de *Bina de Roch*. Alors un *Zivoug* pour *MA de AK* s'est fait là, à *Nikvey Eynaim*, appelé « le monde des *Nikoudim* ».

60) Ceci est aussi appelé *Tsimtsoum NHY de AK*. C'est parce que *SAG de AK* s'est terminé à égalité avec le *Partsouf Galgalta de AK*, au-dessus du point de ce monde. Par l'association et de l'ascension de *Malkhout* à *Bina*, il se termine au-dessus du *Tabour de AK* intérieure à la moitié de *Tifferet*, qui est à la moitié de *Bina de Gouf de AK* intérieur. Il en est ainsi car la *Malkhout* terminale s'est élevée à cet endroit et a empêché la Lumière Supérieure de se répandre d'elle en bas.

Pour cette raison, un espace vide sans lumière s'est formé ici. Ainsi, les *TNHY* (*Tifferet, Netsakh, Hod, Yessod*) de *SAG* se sont restreintes et se sont vidées de Lumière Supérieure. C'est pourquoi *Tsimtsoum Bet* [seconde restriction] est appelé *Tsimtsoum NHY de AK*, car par le nouveau *Sioum* à l'endroit du *Tabour*, *NHY de SAG de AK* se sont complètement vidées de leurs Lumières.

On considère que *AHP de Roch de SAG* est sorti du degré de *Roch de SAG* et devient son *Gouf*, car la *Malkhout* d'accouplement s'est élevée à *Nikvey Eynaim* et les dix *Sefirot de Roch* sont sorties du *Massakh de Nikvey Eynaim* et en haut. De *Nikvey Eynaim* vers le bas, c'est le *Gouf* du *Partsouf*, car il ne peut recevoir qu'une illumination de *Nikvey Eynaim* et au-dessous, qui est considéré *Gouf*.

Le niveau de ces dix *Sefirot* qui sont sorties dans *Nikvey Eynaim de SAG de AK* sont les dix *Sefirot* appelées « le monde des *Nikoudim* ». Elles sont descendues de *Nikvey Eynaim de SAG* à leur place sous le *Tabour de AK* intérieur, là *Roch* et *Gouf* se sont répandus. Sachez que ce nouveau *Sioum* créé à l'endroit de *Bina de Gouf* est appelé la *Parsa*. De plus, il y a ici une intériorité et une extériorité, et seules les dix *Sefirot* extérieures sont appelées « le monde des *Nikoudim* », alors que les dix Sefirot intérieures sont appelées MA et BON de AK lui-même.

61) De plus, nous devons comprendre que comme les dix Sefirot de *Nikoudim* et MA de AK provenaient et sont sorties de *Nikvey Eynaim* de *Roch* de SAG, elles auraient dû revêtir SAG de son *Pé de Roch* et en bas, comme avec les autres *Partsoufim*, où chaque inférieur revêt son supérieur de *Pé de Roch* vers le bas. Pourquoi cela n'a pas été le cas ? Pourquoi sont-elles descendues et ont-elles revêtu l'endroit sous *Tabour de AK* ? Pour comprendre ceci, nous devons comprendre précisément comment cette association s'est faite, quand *Bina* et *Malkhout* se sont connectées en une.

62) Le fait est que lors de la sortie du *Partsouf* SAG, il s'est terminé entièrement au-dessus du *Tabour de AK* intérieur, comme il a été expliqué concernant le *Partsouf AB de AK*. Ils ne pouvaient pas s'étendre du *Tabour* en bas car le gouvernement de *Bekhina Dalet de AK* intérieur commence là, dans ses dix *Sefirot de Sioum* et il n'y a rien du tout de *Bekhina Dalet* dans les *Partsoufim* AB et SAG (Point 54).

Donc, quand les *Nekoudot* de SAG de AK ont commencé à sortir, après que le *Massakh de SAG*, qui est *Bekhina Dalet de Aviout*, s'est purifié par le *Bitouch de Ohr Makif* dans lui, et soit arrivé à *Bekhina Bet de Hitlabchout* et *Bekhina Aleph de Aviout*, les *Taamim de SAG* sont partis. Alors, le niveau des *Nekoudot* est sorti sur l'*Aviout* qui restait dans le *Massakh*, dans VAK sans *Roch*.

Il en est ainsi car les dix Sefirot qui sortent sur *Bekhina Aleph de Aviout* sont le niveau de ZA, sans GAR. Aussi, il n'y a pas de *Bina* au niveau mâle, qui est *Bekhina Bet de Hitlabchout*, mais seulement à côté de cela. Cela est considéré comme étant VAK de *Bina*.

C'est pourquoi, cette forme du niveau des *Nekoudot de SAG* s'est égalisée avec les dix Sefirot *de Sioum* sous le *Tabour de AK*, considéré comme VAK sans *Roch*, aussi (Point 52). On sait que l'équivalence de forme rapproche les spirituels en un. Cependant, ce niveau par la suite est descendu sous le *Tabour de AK* et s'est mélangé là avec ZON de AK, où ils étaient comme un, car ils sont des niveaux égaux.

63) Nous pouvons nous demander pourquoi il y a encore une grande distance entre eux du fait de leur *Aviout*. Il en est ainsi parce que les *Nekoudot de SAG* viennent de l'*Aviout de Bekhina Bet* et n'ont rien de *Bekhina Dalet*. Et bien qu'ils soient au niveau de ZA, ce n'est pas comme le niveau de ZA sous le *Tabour de AK*, qui est ZA de *Bekhina Dalet*. Ainsi, il y a une grande différence entre eux.

La réponse est que l'*Aviout* n'est pas apparente dans le *Partsouf* durant le revêtement de la Lumière, mais seulement après le départ de la Lumière. Donc, quand le *Partsouf Nekoudot de SAG* est apparu au niveau de ZA, il est descendu, s'est revêtu au niveau de ZON du

Tabour de AK vers le bas, et alors *Bekhina Bet* s'est mélangée avec *Bekhina Dalet* et a causé le *Tsimtsoum Bet*. Cela a créé un nouveau *Sioum* à l'endroit de *Bina de Gouf* de ce *Partsouf*, et a ainsi fait que l'endroit du *Zivoug* change, à *Pé de Roch* au lieu de *Nikvey Eynaim*.

64) Ainsi, vous voyez que la source de l'association de *Malkhout* dans *Bina*, appelée *Tsimtsoum Bet*, ne s'est produite que sous le *Tabour de AK*, par l'expansion du *Partsouf Nekoudot de SAG* à cet endroit. C'est pourquoi, ce niveau des dix *Sefirot de Nikoudim*, qui vient du *Tsimtsoum Bet*, ne peut pas s'étendre au-dessus du *Tabour de AK*, car il n'y a ni force ni contrôle qui puissent sortir au-dessus de sa source. Et comme l'endroit où le *Tsimtsoum Bet* a été créé était de *Tabour* vers le bas, le niveau des *Nikoudim* a dû s'y étendre aussi.

La place des quatre mondes ABYA et la *Parsa* entre *Atsilout* et BYA

65) Ainsi nous avons appris que le *Tsimtsoum Bet* s'est produit seulement dans le *Partsouf Nekoudot de SAG*, situé du *Tabour de AK* vers le bas, jusqu'à son *Sioum Raglin*, qui est au-dessus du point de ce monde. Sachez que tous les changements qui ont suivi la seconde restriction se sont produits seulement dans le *Partsouf Nekoudot de SAG*, et pas au-dessus de lui.

Quand nous disions plus haut, qu'à travers l'ascension de *Malkhout* à la moitié de *Tifferet de AK*, où elle a terminé le *Partsouf*, la moitié inférieure de *Tifferet* et NHYM de AK sont sortis dans un espace vide, ceci ne s'est pas fait dans TNHY de AK lui-même, mais seulement dans TNHY du *Partsouf Nekoudot de SAG de AK*. Mais, ces changements sont considérés comme une simple élévation de MAN dans AK lui-même. En d'autres termes, il s'est revêtu dans ces changements pour faire sortir les dix Sefirot *de Nikoudim* elles-mêmes, alors qu'aucun changement n'a été fait dans AK lui-même.

66) Et dès que le *Tsimtsoum* s'est produit durant l'ascension de *Malkhout* à *Bina*, même avant l'élévation de MAN et le *Zivoug* qui s'est fait à *Nikvey Eynaim de AK*, il a engendré la division du *Partsouf Nekoudot de SAG* en quatre parties :
1. KHB HGT au-dessus de son *Khazé* sont considérées comme l'endroit de *Atsilout*
2. Les deux tiers inférieurs de *Tifferet de Khazé* vers le bas jusqu'au *Sioum de Tifferet* sont devenus l'endroit de *Briya*.
3. Ses trois Sefirot NHY sont devenues l'endroit du monde de *Yetsira*
4. *Malkhout* en lui est devenue l'endroit du monde de *Assiya*.

67) La raison de cela est que la place du monde de *Atsilout* signifie la place digne pour l'expansion de la Lumière Supérieure. Et du fait de l'ascension de *Malkhout* terminale à l'endroit de *Bina de Gouf*, appelée *Tifferet*, le *Partsouf* s'y termine et la lumière ne peut pas traverser de là vers le bas. Aussi, l'endroit de *Atsilout* se termine ici, à la moitié de *Tifferet*, sur *Khazé*.

Vous savez déjà que ce nouveau *Sioum* créé ici est appelé « la *Parsa* sous le monde de *Atsilout* ». Il y a trois divisions dans les *Sefirot* en-dessous de *Parsa*. En effet, seules deux *Sefirot*, *ZON de Gouf*, appelées *NHYM*, auraient dû sortir sous *Atsilout*. C'est parce qu'après le *Sioum* s'est fait dans *Bina de Gouf*, qui est *Tifferet*, seuls *ZON* en-dessous de *Tifferet* sont sous le *Sioum* et non *Tifferet* bien que la moitié de *Tifferet* inférieure soit aussi sortie sous le *Sioum*.

La raison à tout ceci est que *Bina de Gouf* comprend également dix *Sefirot KHB ZON*. Et comme ces *ZON de Bina* sont les racines des *ZON de Gouf* inclusives, qui se sont inclus dans *Bina*, ils sont considérés identiques. Donc, *ZON de Bina* sont également sortis sous la *Parsa de Atsilout*, avec les *ZON* inclusives. Pour cette raison, la *Sefira Tifferet* s'est fendue à l'endroit du *Khazé* car *Malkhout* qui s'est élevée à *Bina* se tient là et fait également sortir *ZON de Bina*, c'est-à-dire les deux tiers de *Tifferet* de *Khazé* vers le bas jusqu'à son *Sioum*.

Il y a encore une différence entre les deux tiers de *Tifferet* et les *NHYM*, car les deux tiers de *Tifferet* appartiennent vraiment à *Bina de Gouf* et ne sont pas sortis sous le *Sioum de Atsilout* de par eux-mêmes, mais seulement parce qu'ils sont les racines de *ZON*. Donc, il n'y a pas de grand défaut en eux, car ils ne se sont pas sortis d'eux-mêmes. Ainsi, ils sont séparés de *NHYM* et sont devenus un monde en eux-mêmes, appelé le « monde de *Briya* ».

68) Les *ZON de Gouf* aussi appelés *NHYM*, se sont divisés en deux, car *Malkhout* est considérée comme *Noukva* [femelle], son imperfection est plus grande et elle devient l'endroit du monde de *Assiya* et *ZA*, qui est *NHY*, devient le monde de *Yetsira*, au-dessus du monde de *Assiya*.

Ainsi, nous avons expliqué comment le *Partsouf Nekoudot de SAG* s'est divisé en raison du *Tsimtsoum Bet* et est devenu le lieu des quatre mondes : *Atsilout*, *Briya*, *Yetsira* et *Assiya*. *KHB HGT*, jusqu'à son *Khazé* en lui, devint la place du monde de *Atsilout*. La moitié inférieure de *Tifferet* de *Khazé* jusqu'au *Sioum de Tifferet* devint l'endroit du monde de *Briya*, le *NHY* en lui – le monde de *Yetsira*, et sa *Malkhout* – le monde de *Assiya*. Leurs places commencent au point du *Tabour de AK* et se terminent au-dessus du point de ce monde, qui est, jusqu'au *Sioum Raglin de AK*, qui est la fin du revêtement du *Partsouf Nekoudot de SAG* sur le *Partsouf Galgalta de AK*.

Katnout et *Gadlout* initiés dans le monde des *Nikoudim*

69) Maintenant que vous connaissez le *Tsimtsoum Bet* qui s'est produit dans le *Partsouf Nekoudot de SAG* dans le but de faire émaner les dix *Sefirot* du monde des *Nikoudim*, le quatrième *Partsouf de AK*, nous allons revenir en arrière pour expliquer la sortie des dix *Sefirot* des *Nikoudim* en détail. La sortie d'un *Partsouf* l'un après l'autre a déjà été expliquée. Chaque *Partsouf* inférieur naît et sort du *Massakh de Gouf* du supérieur, après son *Hizdakhout* et son ascension pour renouveler le *Zivoug* dans *Pé* du Supérieur. Et la cause de cette *Hisdakhout* est le *Bitouch* de *Ohr Makif* dans le *Massakh* du *Partsouf* Supérieur, qui purifie le *Massakh* de son *Aviout de Gouf* et l'égalise avec l'*Aviout de Roch* (Point 35).

De cette façon, le *Partsouf AB de AK* est sorti du *Partsouf Keter de AK*, et le *Partsouf SAG de AK* du *Partsouf AB de AK*, et le quatrième *Partsouf de AK*, appelé « les dix Sefirot du monde des *Nikoudim* », est né et est sorti de son supérieur, qui est *SAG de AK*, de la même façon.

70) Mais ici il y a une autre question. Dans les précédents *Partsoufim*, le *Massakh* était fait seulement des *Rechimot de Aviout* du *Gouf* du Supérieur, durant l'*Hizdakhout* du *Massakh* et de son ascension à *Pé de Roch* du Supérieur. Mais ici, dans l'*Hizdakhout* du *Massakh de SAG de AK* pour *Nikoudim*, ce *Massakh* contient deux sortes de *Rechimot*.

En plus du fait qu'il inclut ses propres *Rechimot de Aviout*, c'est-à-dire les *Sefirot de Gouf de SAG de AK*, il comprend aussi les *Rechimot de Aviout de ZON de AK* sous *Tabour*. Du fait de ce mélange sous *Tabour de AK*, comme il est écrit (Point 61), ces *Nekoudot de SAG* sont descendues sous le *Tabour de AK* et se sont mélangées avec *ZON de AK* ici.

71) Ainsi, les sujets de *Katnout* [petitesse] et de *Gadlout* [grandeur] se sont renouvelés ici dans le *Partsouf Nikoudim*. Selon les *Rechimot de Aviout* dans le *Massakh*, les dix *Sefirot* de *Katnout Nikoudim* sont sorties d'eux. Et selon les *Rechimot de ZON de AK* sous le *Tabour*, qui se sont mélangées et se sont connectées aux *Rechimot* du *Massakh*, les dix *Sefirot de Gadlout Nikoudim* sont sorties sur eux.

72) Vous devez aussi savoir que les dix *Sefirot* de *Katnout Nikoudim* qui sont sorties du *Massakh* sont considérées comme l'essence du *Partsouf Nikoudim*, car elles sont sorties progressivement, c'est-à-dire à partir du centre du *Massakh de Gouf* du Supérieur, comme les trois précédents *Partsoufim de AK* sont sortis. Mais les dix *Sefirot de Gadlout* des *Nikoudim* sont considérées comme un simple ajout au *Partsouf Nikoudim*, car elles sont sorties seulement grâce au *Zivoug* sur les *Rechimot de ZON de AK* sous le *Tabour*, qui ne sont pas apparues progressivement, mais ont été ajoutées et connectées au *Massakh* à cause de la descente du *Partsouf Nekoudot de SAG* sous le *Tabour de AK* (Point 70).

73) Nous clarifierons d'abord les dix *Sefirot de Katnout Nikoudim*. Vous savez déjà qu'après l'*Hitpachtout* [expansion] de SAG de AK, un *Bitouch* de *Ohr Makif* dans *Ohr Pnimi* sur son *Massakh* s'est produit, qui le purifia progressivement. Les niveaux qui sont sortis alors par sa purification sont appelés *Nekoudot de SAG* et elles sont descendues sous le *Tabour de AK* et se sont mélangées avec la *Bekhina Dalet* à ce niveau (Point 62).

Après avoir complété la purification de toute l'*Aviout de Gouf* dans le *Massakh* et être resté avec seulement l'*Aviout de Roch*, il s'est élevé à *Roch de SAG*, où il a reçu un nouveau *Zivoug* à la mesure de l'*Aviout* qui est restée dans les *Rechimot* dans le *Massakh* (Point 35).

74) Ici aussi, on considère que la dernière *Bekhina d'Aviout*, *Aviout de Bekhina Bet* qui était dans le *Massakh* a complètement disparu, laissant seulement le *Rechimo de Hitlabchout*. Ainsi, rien n'est resté de l'*Aviout* à part *Bekhina Aleph*. Donc (Point 43), le *Massakh* a reçu deux sortes de *Zivougim* (pluriel de *Zivoug*) dans *Roch de SAG* :

1. De l'*Hitkalelout* de *Bekhina Aleph* de *Aviout* dans *Bekhina Bet* de *Hitlabchout* [revêtement], appelé « *Hitkalelout du Rechimo* femelle dans le *Rechimo* mâle », est sorti sur eux un niveau à peu près au degré de *Bina*, qui est le degré de VAK de *Bina*. Ce niveau est appelé « la *Sefira Keter* de *Nikoudim* ».
2. De l'*Hitkalelout* du mâle dans le *Rechimo* femelle, c'est-à-dire le *Rechimo* de *Bekhina Bet* de *Hitlabchout* dans *Bekhina Aleph* de *Aviout*, est sorti le niveau de ZA, considéré comme VAK sans *Roch*, appelé « *Aba ve Ima* de *Nikoudim* dos à dos ».

Ces deux niveaux sont appelés *GAR de Nikoudim*, c'est-à-dire qu'ils sont considérés comme dix Sefirot de *Roch Nikoudim*, car chaque *Roch* est appelée GAR ou KHB. Mais il y a une différence entre eux : *Keter de Nikoudim*, qui est le niveau mâle, ne s'étend pas dans le *Gouf* et illumine seulement *Roch*. Seuls *AVI de Nikoudim*, qui sont le niveau femelle, appelé « sept *Sefirot* inférieures *de Nikoudim* » ou « *HGT NHY de Nikoudim* » s'étendent au *Gouf*.

75) Ainsi, il y a trois degrés, l'un sous l'autre.

1. *Keter de Nikoudim*, avec le niveau de VAK de *Bina*
2. Le niveau de AVI (*Aba* et *Ima*) de *Nikoudim*, qui a le niveau de ZA.
   Ils sont considérés tous deux comme *Roch*.
3. ZAT de *Nikoudim*, HGT NHYM, considérés comme *Gouf de Nikoudim*.

76) Sachez que, du fait de l'ascension de *Malkhout* à *Bina*, ces deux degrés de *Nikoudim* se séparent en deux moitiés à leur sortie, appelées *Panim* [face] et *Akhoraim* [dos]. Après que le *Zivoug* a été fait à *Nikvey Eynaim*, il y a seulement deux Sefirot et demie dans *Roch*, qui sont *Galgalta ve Eynaim* [GE] et *Nikvey Eynaim*, qui sont *Keter*, *Hokhma*, et la moitié supérieure de *Bina*. Elles sont appelées les *Kélim de Panim* [les *Kélim* de face].

Les *Kélim* de *AHP*, qui sont la moitié inférieure de *Bina*, *ZA* et *Noukva*, sont sortis des dix *Sefirot* de *Roch* et ont le degré sous *Roch*. Donc, ces *Kélim* de *Roch*, qui sont partis de *Roch*, sont considérés comme les *Kélim* de *Akhoraim* [*Kélim* de dos]. Chaque degré a été ainsi divisé.

77) Il s'ensuit qu'il n'y a pas un seul degré qui n'ait pas *Panim* et *Akhoraim*. Car les *AHP* du niveau mâle, *Keter* de *Nikoudim*, sont sortis du degré de *Keter* et sont descendus au degré de *AVI* de *Nikoudim*, qui sont le niveau femelle. Et les *AHP* du niveau femelle – *AVI* de *Nikoudim* – sont descendus et sont tombés à leur degré de *Gouf*, c'est-à-dire aux degrés des sept Sefirot *HGT NHY* de *Nikoudim*.

Il s'avère que *AVI* comprennent deux *Bekhinot Panim* et *Akhoraim* : il y a en elles le *Akhoraim* du degré de *Keter* qui sont les *AHP* de *Keter* et sur eux se revêtent les *Kélim* de *Panim* de *AVI* eux mêmes, soit, leur propre *Galgalt ve Eynaim* et *Nikvey Eynaim*. *ZAT* de *Nikoudim* comprennent aussi *Panim* et *Akhoraim* : les *Kélim* de *Akhoraim* de *AVI*, qui sont leur *AHP*, sont dans *ZAT*, et les *Kélim* de *Panim* de *ZAT* les revêtent de l'extérieur.

78) Ce sujet de la division en deux moitiés a également fait que les degrés des *Nikoudim* ne peuvent pas être plus que *Bekhinat Nefech*, *Rouakh*, c'est-à-dire *VAK* sans *GAR*. Ceci est dû à l'absence de trois *Kélim*, *Bina* et *ZON* dans chaque degré, et donc il manque les Lumières de *GAR*, soit *Nechama*, *Haya* et *Yekhida* (Point 24). Ainsi nous avons précisément expliqué les dix Sefirot *de Katnout* de *Nikoudim*, qui sont les trois degrés appelés *Keter*, *AVI* et *ZAT*. Chaque degré contient seulement *Keter*, *Hokhma* dans les *Kélim* et *Nefech Rouakh* dans les Lumières, car *Bina* et *ZON* de chaque degré sont tombés au degré en-dessous.

Elévation de MAN et la sortie de *Gadlout* de *Nikoudim*

79) Maintenant nous allons expliquer les dix Sefirot de *Gadlout* [grandeur] *de Nikoudim*, qui sont sorties sur la *MAN* de *Rechimot* de *ZON* de *AK* sous son *Tabour* (Point 71). D'abord, nous devons comprendre l'élévation de *MAN*. Jusqu'à présent, nous avons seulement parlé de l'ascension du *Massakh* de *Gouf* à *Pé* de *Roch* du Supérieur, après sa purification. Il y a eu un *Zivoug* de *Hakaa* sur les *Rechimot* inclus en lui, qui fait sortir le niveau des dix Sefirot pour l'inférieur. Mais maintenant, la question de l'élévation de *Mayin Noukvin* [MAN/eau femelle] s'est renouvelée, car ces lumières, qui se sont élevées sous le *Tabour* de *AK* à *Roch* de *SAG* et sont les *Rechimot de Zon de Gouf de AK*, sont appelées « l'élévation de *MAN* ».

80) Sachez que l'origine de l'élévation de *MAN* provient de *ZA* et *Bina* des dix Sefirot de *Ohr Yashar* [lumière directe] (Point 5). Il y a été expliqué que *Bina*, qui est

Ohr Hassadim, s'est reconnectée à *Hokhma* quand elle a émané la *Sefira Tifferet*, appelée *Bekhina Guimel*, et a étendu d'elle l'illumination de *Hokhma* pour *Tifferet*, qui est ZA. La majeure partie de ZA est sortie de *Ohr Hassadim* de *Bina* et sa minorité dans l'illumination de *Hokhma*.

C'est là où la connexion entre ZA et *Bina* s'est faite, à chaque fois que les *Rechimot* de ZA s'élèvent à *Bina*, *Bina* se lie à *Hokhma* et étend d'elle l'illumination de *Hokhma*, pour ZA. Cette ascension de ZA à *Bina*, qui la relie à *Hokhma*, est toujours appelée « élévation de MAN ». Sans l'ascension de ZA à *Bina*, *Bina* n'est pas considérée comme *Noukva* par rapport à *Hokhma*, car elle-même n'est que *Ohr Hassadim* et n'a pas besoin d'*Ohr Hokhma*.

Elle est toujours considérée comme dos à dos avec *Hokhma*, ce qui veut dire qu'elle ne veut pas recevoir de *Hokhma*. Ce n'est que quand ZA s'élève à elle, alors elle redevient *Noukva* pour *Hokhma*, pour recevoir d'elle l'illumination de *Hokhma*, pour ZA. Ainsi, l'élévation de ZA fait d'elle une *Noukva*, et c'est pourquoi son ascension est appelée *Mayin Noukvin*, car l'ascension de ZA la ramène face à face à *Hokhma*, c'est-à-dire qu'elle reçoit de lui de la même façon que *Noukva* reçoit du mâle. Ainsi nous avons précisément clarifié l'élévation de MAN.

81) Vous savez déjà que le *Partsouf AB de AK* est le *Partsouf Hokhma*, et le *Partsouf SAG de AK* est le *Partsouf Bina*. Cela signifie qu'ils se distinguent selon la *Bekhina* la plus élevée de leur niveau. AB, dont la *Bekhina* la plus élevée est *Hokhma*, est considéré comme entièrement *Hokhma*. SAG, dont la *Bekhina* la plus élevée est *Bina*, est entièrement *Bina*.

Ainsi, quand les *Rechimot* de *Zon de Gouf* sous le *Tabour de AK* sont montés à *Roch de SAG*, ils sont devenus MAN par rapport à SAG ici, car par eux SAG, qui est *Bina*, se sont accouplés au *Partsouf AB*, qui est *Hokhma*. Par conséquent, AB a donné à SAG une nouvelle lumière pour ZON, sous le *Tabour* qui s'est élevé là.

Après que ZON de AK ont reçu cette nouvelle lumière, ils sont redescendus à leur place sous le *Tabour de AK*, où il y a les dix *Sefirot de Nikoudim*, où ils ont illuminé la nouvelle lumière dans les dix *Sefirot de Nikoudim*. C'est le *Mokhin* (lumière) de *Gadlout* des dix Sefirot *de Nikoudim*. Ainsi nous avons expliqué les dix Sefirot *de Gadlout* qui sont sorties du second type de *Rechimot*, qui sont les *Rechimot* de ZON sous le *Tabour de AK* (Point 71). Cependant, ce sont ces *Mokhin de Gadlout* qui ont causé la brisure des récipients, comme il sera écrit ci-dessous.

82) Il a été expliqué ci-dessus (Point 74) qu'il y a deux degrés dans *Roch de Nikoudim*, appelés *Keter* et AVI. C'est pourquoi, quand ZON de AK ont illuminé la nouvelle lumière de AB SAG sur les dix *Sefirot de Nikoudim*, ils ont brillé tout d'abord vers *Keter de Nikoudim* par son *Tabour de AK*, où *Keter* se revêt, et l'ont complété avec GAR des Lumières

et *Bina* et ZON des *Kélim*. Ensuite, elle brilla sur AVI des *Nikoudim* par *Yessod de AK*, où AVI se revêtent et les a complétées de GAR des lumières, et *Bina* et ZON des *Kélim*.

83) Tout d'abord, expliquons ce qu'est *Gadlout* que cette nouvelle lumière a amené dans les dix *Sefirot de Nikoudim*. Le fait est que nous devrions comprendre ce qui est écrit au point 74, que le niveau de *Keter* et AVI de *Nikoudim* étaient considérés comme VAK car ils sont sortis sur *l'Aviout de Bekhina Aleph*. Mais nous avons dit que par la descente des *Nekoudot de SAG* sous *Tabour de AK*, *Bekhina Dalet* s'est jointe au *Massakh de Nekoudot de SAG*, qui est *Bina*. De plus, ce *Massakh* contient aussi un *Rechimo de Bekhina Dalet de Aviout*. Dans ce cas, durant *l'Hitkalelout du Massakh* dans *Roch de SAG*, dix Sefirot auraient dû sortir au niveau de *Keter* ainsi que la lumière de *Yekhida*, et non au niveau de *VAK de Bina* dans la Sefira *Keter*, et au niveau de *VAK* sans *Roch* dans AVI.

La réponse est que l'endroit en est la cause. Comme *Bekhina Dalet* est incluse dans *Bina*, qui est *Nikvey Eynaim*, *Aviout de Bekhina Dalet* a ici disparu dans l'intériorité de *Bina*, comme si elle n'y était pas. Par conséquent, le *Zivoug* s'est fait seulement sur les *Rechimot de Bekhina Bet de Hitlabchout* et *Bekhina Aleph de Aviout*, qui proviennent surtout et seulement du *Massakh de Bina* (Point 74), et seulement deux niveaux sont sortis ici : *VAK de Bina* et *VAK* complets.

84) Par conséquent, maintenant, après que ZON de AK sous le *Tabour* ont étendu la nouvelle lumière par leur MAN de AB SAG de AK, et l'ont illuminé à *Roch de Nikoudim* (Point 81), le *Partsouf* AB de AK n'a pas de connexion avec ce *Tsimtsoum Bet*, qui a élevé *Bekhina Dalet* au niveau de *Nikvey Eynaim*. Quand sa lumière s'est étendue à *Roch de Nikoudim*, elle a annulé de nouveau le *Tsimtsoum Bet* en lui, qui a élevé l'endroit du *Zivoug* à *Nikvey Eynaim* et a rabaissé *Bekhina Dalet* à sa place au niveau de *Pé*, comme avant le *Tsimtsoum Aleph*, qui est l'endroit de *Pé de Roch*.

Ainsi, les trois *Kélim*, *Ozen* [oreille], *Hotem* [nez], et *Pé* [bouche]-AHP, qui sont tombés du degré du fait du *Tsimtsoum Bet* (Point 76), sont maintenant revenus et sont montés à leur place à leur degré, comme au début. A ce moment-là, l'endroit du *Zivoug* redescend de *Nikvey Eynaim* à *Bekhina Dalet* au niveau de *Pé de Roch*. Et comme *Bekhina Dalet* est déjà à sa place, les dix Sefirot y sont sorties, au degré de *Keter*.

Ainsi, il a été expliqué que par la nouvelle lumière, que ZON de AK ont étendu à *Roch de Nikoudim*, trois lumières *Nechama*, *Haya*, *Yekhida* ont été gagnées et les trois *Kélim* AHP, qui sont *Bina* et ZON qui lui manquaient à sa sortie au début.

85) Maintenant nous avons précisément clarifié *Katnout* et *Gadlout de Nikoudim*. *Tsimtsoum Bet*, qui a élevé le *Hey* inférieur-*Bekhina Dalet* – au niveau de *Nikvey Eynaim*, où il était dissimulé, a engendré le niveau de *Katnout de Nikoudim* – le niveau de VAK ou ZA dans les lumières de *Nefech Rouakh*. Ici, il manquait *Bina* et *ZON* des *Kélim* et *Nechama*, *Haya* et *Yekhida* dans les lumières. Par l'arrivée d'une nouvelle lumière de *AB SAG* de *AK* aux *Nikoudim*, *Tsimtsoum Aleph* est revenu à sa place.

Bina et *ZON* des *Kélim* sont retournés à *Roch*, car le *Hey* inférieur est descendu de *Nikvey Eynaim* et est retourné à sa place, à *Malkhout*, appelée *Pé*. Alors un *Zivoug* s'est fait sur *Bekhina Dalet* qui est revenue à sa place et dix *Sefirot* au niveau de *Keter* et *Yekhida* sont sorties. Cela a complété le *NRNHY* des lumières et le *KHB ZON* des *Kélim*.

Pour résumer, nous nous réfèrerons au *Tsimtsoum Bet* et à *Katnout* par le terme « ascension du *Hey* inférieur à *Nikvey Eynaim* et descente de *AHP* en bas ». De même nous nous réfèrerons à *Gadlout* par le terme « l'arrivée de la lumière de *AB SAG* qui abaisse le *Hey* inférieur de *Nikvey Eynaim* et ramène *AHP* à leur place ». Souvenez-vous de cette explication ci-dessus.

Vous devez aussi vous rappeler que *GE* [*Galgalta Eynaim*] et *AHP* sont les noms des dix *Sefirot KHB ZON de Roch* et les dix *Sefirot* de *Gouf* sont appelées *HGT NHYM*. Elles se divisent aussi en *GE* et *AHP*, car *Hessed* et *Guevoura* et le tiers supérieur de *Tifferet*, jusqu'à *Khazé*, sont *Galgalta ve Eynaim* et *Nikvey Eynaim*, et les deux tiers de *Tifferet* et *NHYM* sont *AHP*, comme il a été écrit ci-dessus.

Aussi, rappelez-vous que *Galgalta ve Eynaim* et *Nikvey Eynaim*, ou *HGT* jusqu'au *Khazé* sont appelés les *Kélim de Panim*. Et *AHP*, ou les deux tiers inférieurs de *Tifferet* et *NHYM* de *Khazé* vers le bas sont appelés les *Kélim de Akhoraim*, comme il est écrit au point 76. Et vous devez aussi vous rappeler de la fissuration du degré qui s'est faite au *Tsimtsoum Bet*, n'a laissé que les *Kélim de Panim* dans chaque degré. Et dans chaque intériorité de l'inférieur, il y a les *Kélim de Akhoraim* du Supérieur (Point 77).

Explication des trois points : *Holam, Shourouk, Hirik*

86) Sachez que les *Nekoudot* [points] sont divisées en trois *Bekhinot* : *Roch*, *Tokh* et *Sof*, qui sont :
– Les *Nekoudot* Supérieures, au-dessus des *Otiot* (lettres),
  incluses dans le nom *Holam*
– Les *Nekoudot* du milieu à l'intérieur des *Otiot*, incluses dans le nom *Shourouk*
  ou *Melafom*, c'est-à-dire un *Vav* avec un point à l'intérieur de lui.
– Les *Nekoudot* inférieures sous les *Otiot*, incluses dans le nom *Hirik*.

87) Voici leur explication : Les *Otiot* [lettres] sont les *Kélim*, c'est-à-dire les *Sefirot* du *Gouf*, car les dix *Sefirot de Roch* ne sont que les racines des *Kélim* et non les vrais *Kélim*. Les *Nekoudot* [points] signifient lumières qui maintiennent en vie les *Kélim* et les font bouger, c'est-à-dire *Ohr Hokhma*, appelée *Ohr Haya* [lumière de vie]. Ceci est une nouvelle lumière que ZON *de* AK ont reçu de AB SAG et ont illuminé les *Kélim de Nikoudim*, faisant redescendre le *Hey* inférieur à *Pé* de chaque degré, et ramenant le *AHP de Kélim* et GAR des lumières à chaque degré.

Aussi, cette lumière fait bouger les *Kélim de* AHP et les élève du degré inférieur, les connectant au Supérieur, comme au début. C'est la signification des *Nekoudot* qui font bouger les *Otiot*. Et comme cette lumière s'étend de AB de AK, qui est *Ohr Haya*, elle fait vivre ces *Kélim de* AHP en se revêtant en eux.

88) Vous savez déjà que ZON *de* AK illuminaient cette nouvelle lumière aux dix Sefirot de *Nikoudim* à deux endroits : Il illuminait *Keter de Nikoudim* par *Tabour*, et illuminait AVI *de Nikoudim* par *Yessod*.

Sachez que cette illumination par le *Tabour* est appelée *Holam*, qui brille sur les lettres, au-dessus d'elles. Il en est ainsi car l'illumination du *Tabour* atteint seulement *Keter de Nikoudim*, le niveau mâle de *Roch de Nikoudim* (Point 74). Et le niveau mâle ne s'étend pas aux sept inférieures des *Nikoudim*, qui sont les *Kélim de Gouf*, appelés *Otiot*, ainsi on considère qu'il brille sur elles seulement de sa place et en haut, sans s'étendre dans les *Otiot* elles-mêmes.

L'illumination par *Yessod* est appelée *Shourouk*, qui est *Vav* avec un point qui se trouve à l'intérieur de la ligne des lettres. La raison en est que cette illumination arrive à AVI *de Nikoudim*, qui sont le niveau femelle de *Roch de Nikoudim*, dont les lumières s'étendent aussi dans le *Gouf*, qui sont ZAT *de Nikoudim*, appelés *Otiot*. C'est pourquoi vous trouverez le point de *Shourouk* à l'intérieur de la ligne des lettres.

89) Nous avons expliqué *Holam* et *Shourouk*. L'illumination de la nouvelle lumière par *Tabour*, qui abaisse le *Hey* inférieur de *Nikvey Eynaim de Keter* à *Pé*, et élève les *AHP de Keter* une fois de plus, est le point de *Holam* au-dessus des lettres.

L'illumination d'une nouvelle lumière par *Yessod*, qui abaisse le *Hey* inférieur de *Nikvey Eynaim de* AVI à leur *Pé* et ramène leur *AHP*, est le point de *Shourouk* dans les *Otiot*. Il en est ainsi parce que ces *Mokhin* viennent aussi dans ZAT *de Nikoudim*, appelés *Otiot*.

90) *Hirik* est considéré comme la nouvelle lumière que ZAT eux-mêmes reçoivent de AVI, pour faire descendre le *Hey* inférieur final, qui se tient à leur *Khazé*, à l'endroit de *Sioum Raglin de* AK. Ainsi, leur *AHP* reviennent, c'est-à-dire les *Kélim de Khazé* vers le bas, qui sont alors devenus l'endroit de BYA. A ce moment-là, BYA redeviendront comme *Atsilout*.

Mais ZAT de Nikoudim ne pouvaient pas faire descendre le Hey inférieur de Khazé ni annuler complètement le Tsimtsoum Bet, ni la Parsa ni l'endroit de BYA. Mais, quand ils étendent la lumière à BYA, tous les Kélim de ZAT se sont brisés immédiatement, car la force du Hey inférieur final, qui se tient à la Parsa, s'est mélangée avec ces Kélim.

La lumière a dû en partir instantanément et les Kélim se sont brisés, sont morts et sont tombés dans BYA. De même, leurs Kélim de Panim, au-dessus de la Parsa, les Kélim au-dessus du Khazé, se sont aussi brisés, car toute la lumière en est également partie. Ainsi ils se sont brisés, sont morts et sont tombés dans BYA, du fait de leur union en un Gouf avec les Kélim de Akhoraim.

91) Ainsi vous voyez que le point de Hirik ne pouvait pas sortir ni contrôler le monde des Nikoudim car il a causé la brisure des récipients. C'est parce qu'il voulait se revêtir dans les Otiot, dans les TNHYM sous la Parsa de Atsilout, qui sont devenues BYA.

Néanmoins, plus tard, dans le monde de la correction, le point de Hirik a reçu sa correction, car il a été corrigé pour briller sous les Otiot. Cela signifie que quand ZAT de Atsilout reçoivent la lumière de Gadlout de AVI, qui doit abaisser le Hey inférieur final de l'endroit du Khazé à Sioum Raglin de AK et connecter les Kélim de TNHYM à Atsilout, les lumières se diffuseront en bas à Sioum Raglin de AK. Mais, elles ne font pas cela, mais élèvent ces TNHY de l'endroit de BYA à l'endroit d'Atsilout, au-dessus de la Parsa et reçoivent les lumières alors qu'elles sont au-dessus du Parsa de Atsilout, de sorte qu'aucune brisure de récipients ne puisse se reproduire en elles, comme dans le monde des Nikoudim.

Nous considérons que le point de Hirik, qui élève les Kélim de TNHY de ZAT de Atsilout, se trouve sous les Kélim de TNHYM qu'il a élevés, c'est-à-dire qu'il se trouve à l'endroit de la Parsa de Atsilout. Aussi, le point de Hirik sert sous les lettres. Cela explique les trois points Holam, Shourouk et Hirik de façon générale.

L'élévation de MAN de ZAT de Nikoudim à AVI et l'explication de la *Sefira Daat*

92) Il a déjà été expliqué que du fait de l'ascension du Hey inférieur à Nikvey Eynaïm, qui a eu lieu lors du Tsimtsoum Bet, quand Katnout des dix Sefirot de Nikoudim est sortie, chaque degré s'est divisé en deux moitiés :
- Galgalta ve Eynaim sont restés dans le degré,
  et donc ils sont appelés les Kélim de Panim
- Ozen, Hotem, et Pé (AHP), qui sont tombés du degré au degré inférieur,
  sont par conséquent appelés les Kélim de Akhoraim.

Ainsi, chaque degré est fait maintenant d'une intériorité et d'une extériorité, car les *Kélim de Akhoraim* du supérieur sont tombés dans l'intériorité de ses propres *Kélim de Panim*. Et les *AHP* tombés de *Keter de Nikoudim* sont revêtus dans *Galgalta ve Eynaim de AVI*, et les *AHP* tombés de *AVI* sont revêtus dans *Galgalta ve Eynaim de ZAT de Nikoudim* (Point 76).

93) Par conséquent, quand la nouvelle lumière de *AB SAG de AK* arrive au degré, et rabaisse le *Hey* inférieur à sa place à *Pé*, c'est-à-dire durant *Gadlout de Nikoudim*, le degré ramène à lui ses *AHP*, et ses dix Sefirot de *Kélim* et dix Sefirot des lumières sont complétées. On considère alors que le degré inférieur qui adhérait aux *AHP* du Supérieur, s'est élevé avec eux au Supérieur.

Il en est ainsi car il existe une règle « il n'y a pas d'absence dans le spirituel ». Et comme l'inférieur a adhéré aux *AHP* du Supérieur durant *Katnout*, ils ne sont donc pas séparés durant *Gadlout*, quand *AHP* du Supérieur retournent à leur degré. Il s'avère que le degré inférieur est maintenant devenu un degré supérieur, car l'inférieur qui s'élève au Supérieur devient comme lui.

94) Donc, quand *AVI* ont reçu la nouvelle lumière de *AB SAG* et ont rabaissé le *Hey* inférieur de *Nikvey Eynaim* à *Pé* et ont élevé leurs *AHP* à eux, ZAT, aussi, qui revêtent ces *AHP* durant *Katnout*, se sont maintenant élevés avec eux à *AVI*. Donc, ZAT sont devenus un seul degré avec *AVI*. Cette ascension de ZAT à *AVI* est appelée « l'élévation de MAN ». Et quand ils sont au même degré que *AVI*, ils reçoivent aussi les lumières de *AVI*.

95) Et cela est appelé MAN car l'ascension de ZA à *Bina* l'amène à se retrouver face à face avec *Hokhma* (Point 80). On sait que tous les ZAT sont ZON. De ce fait, quand les ZAT se sont élevés avec les *AHP de AVI* au degré de *AVI*, ils sont devenus MAN pour *Bina* des Sefirot de *AVI*. Alors elle retourne être face à face avec *Hokhma de AVI* et donne l'illumination de *Hokhma* à ZON, qui sont les ZAT *de Nikoudim* qui se sont élevés vers eux.

96) Malgré l'ascension de ZAT à *AVI* décrite ci-dessus, cela ne signifie pas qu'ils étaient absents ensemble de leur endroit et se sont élevés à *AVI*, car il n'y a pas d'absence dans le spirituel. Aussi, tout « changement de place » dans la spiritualité ne signifie pas partir de l'ancien endroit et aller vers un nouvel endroit, comme cela se passe dans la matérialité. Mais, c'est précisément un ajout ici : ils sont à un nouvel endroit tout en restant au précédent. Ainsi, bien que ZAT se soient élevés à *AVI*, à MAN ils sont restés encore à leur place, à leur degré inférieur, comme avant.

97) De même, vous pouvez comprendre que même si nous disons qu'après que ZON se sont élevés par MAN à *AVI* et y ont reçu leurs lumières, et en en sont sortis et sont retournés à leur place en bas, ici aussi, cela ne signifie pas qu'ils ne soient pas à leur place en haut et qu'ils soient en bas à leur place. Si ZON n'étaient à leur place au-dessus dans AVI, le *Zivoug* face à face de AVI se serait arrêté instantanément, et ils seraient redevenus dos à dos comme avant. Cela aurait stoppé leur abondance et ZON en bas auraient perdu également leur *Mokhin*.

Il a déjà été expliqué ci-dessus que *Bina* par nature ne désire que *Ohr Hassadim*, « car elle se délecte dans la Miséricorde ». Elle n'a pas de quelconque intérêt de recevoir *Ohr Hokhma* ; c'est pourquoi, elle est dos à dos avec *Hokhma*. Ce n'est que lors de l'ascension de ZON à eux par MAN, que *Bina* se retrouve dans un *Zivoug* face à face avec *Hokhma*, pour donner sans réserve l'illumination de *Hokhma* à ZA (Point 80).

Par conséquent, il est nécessaire que ZON restent toujours là pour qu'ait lieu le *Zivoug* face à face de AVI. Pour cette raison, on ne peut pas dire que ZON sont absents du lieu de AVI quand ils vont à leur place en bas. Mais, comme nous l'avons dit, tout « changement de place » n'est qu'un ajout. Ainsi, bien que ZON soient descendus de leur place en bas, ils sont quand même restés en haut.

98)-99) Maintenant vous pouvez comprendre la *Sefira Daat* qui s'est renouvelée dans le monde des *Nikoudim*. Dans tous les *Partsoufim* de AK, jusqu'aux *Nikoudim*, il n'y a que dix Sefirot KHB ZON. Mais à partir du monde de *Nikoudim*, il y a aussi la *Sefira Daat*, que nous considérons comme KHBD ZON.

Le fait est qu'il n'y avait pas d'ascension de MAN dans les *Partsoufim* de AK, mais seulement l'ascension du *Massakh* à *Pé de Roch* (Point 79). Sachez que la *Sefira Daat* s'étend de l'ascension de MAN de ZON à AVI, car il a été expliqué que ZON, qui y ont élevé MAN à *Hokhma* et *Bina*, y restent même après leur départ vers leur endroit en bas, pour qu'ait lieu le *Zivoug* face à face de AVI. Ces ZON, qui restent dans AVI sont appelés « la *Sefira Daat* ». De ce fait, maintenant HB ont la *Sefira Daat*, qui les maintient et les positionnent dans un *Zivoug* face à face. Ce sont les ZON qui y ont élevés à MAN et y sont restés malgré la sortie de ZON de leur place.

Par conséquent, à partir de maintenant, nous appelons les dix Sefirot par les noms KHBD ZON. Mais dans les *Partsoufim de AK*, avant le monde des *Nikoudim*, avant l'élévation de MAN, il n'y avait pas de *Sefira Daat*. Vous devez aussi savoir que la *Sefira Daat* est toujours appelée « cinq *Hassadim* et cinq *Guevourot* », car ZA qui y reste est considéré comme cinq *Hassadim* et *Noukva* qui y reste est considérée comme cinq *Guevourot*.

100) Nous pouvons nous poser la question à propos de ce qui est écrit dans le *Livre de la Création*, que les dix Sefirot sont « dix et non neuf, dix et non onze ». Il a été dit que la *Sefira Daat* s'est renouvelée dans le monde des *Nikoudim*, il y a donc onze Sefirot KHBD ZON.

La réponse est qu'il n'y a pas du tout un ajout aux dix Sefirot, car nous avons appris que la *Sefira Daat* est ZON qui s'éleva à MAN et est restée là. Donc, il n'y a pas d'ajout ici, mais deux discernements dans ZON.

1. ZON à leur place en bas qui sont considérés comme *Gouf*
2. ZON qui sont restés dans *Roch* de AVI, car ils y étaient déjà lors de l'élévation de MAN et il n'y a pas d'absence dans le spirituel. Donc, il n'y a pas là d'ajout aux dix Sefirot, de quelque sorte que ce soit, car à la fin, il n'y a que dix Sefirot KHB ZON. Et si ZON restent dans *Roch* dans AVI, cela n'ajoute rien aux dix Sefirot.

La brisure des récipients [Kélim] et leur chute dans BYA

101) Nous avons maintenant expliqué précisément l'élévation de MAN et la *Sefira Daat*, qui sont les *Kélim de Panim de ZAT de Nikoudim* qui se sont étendus et se sont élevés à AVI. Car AVI ont reçu la nouvelle lumière de AB SAG de AK, à partir ZON de AK, sous la forme du point de *Shourouk*. Ils ont abaissé le *Hey* inférieur de leur *Nikvey Eynaim* à *Pé*, et ont élevé leurs *Kélim de Akhoraim* qui étaient tombés dans ZAT de Nikoudim. Par conséquent, les *Kélim de Panim de ZAT*, qui étaient attachés aux *Kélim de Akhoraim de AVI* (Point 89-94), se sont élevés aussi et ZAT de Nikoudim sont devenus ici MAN, et ont ramené AVI face à face.

Et comme le *Hey* inférieur, qui est *Bekhina Dalet*, était déjà retourné à sa place à *Pé*, le *Zivoug de Hakaa* qui a été fait sur le *Massakh de Bekhina Dalet* a fait sortir dix Sefirot complètes au niveau de *Keter* dans la Lumière de *Yekhida* (Point 84). Il s'avère que ZAT qui y sont inclus comme MAN, ont reçu aussi ces grandes lumières de AVI. Ainsi, tout cela n'est que de haut en bas, car AVI sont *Roch de Nikoudim*, où le *Zivoug* qui fait sortir dix Sefirot de bas en haut, a lieu.

Par conséquent, ils s'étendent aussi dans un *Gouf*, de haut en bas (Point 50). A ce moment-là, ZAT s'étendent avec toutes les lumières qu'ils ont reçus dans AVI à leur place en bas, et *Roch* et *Gouf* du *Partsouf Gadlout de Nikoudim* se terminent. Cette *Hitpashtout* est considérée comme les *Taamim* du *Partsouf Gadlout de Nikoudim* (Point 26)

102) Les quatre *Bekhinot* : *Taamim, Nekoudot, Taguin, Otiot*, sont aussi dans le *Partsouf de Nikoudim* (Point 47). Car toutes les forces qui existent chez les supérieurs doivent aussi exister chez les inférieurs. Mais dans l'inférieur, des sujets sont ajoutés au Supérieur. Il a été expliqué que le cœur de l'*Hitpashtout* de chaque *Partsouf* est appelé *Taamim*. Une fois qu'il s'étend, le *Bitoush de Ohr Makif* dans *Ohr Pnimi* se fait en lui, et par ce *Bitoush*, le *Massakh* se purifie progressivement jusqu'à ce qu'il s'égalise avec *Pé de Roch*.

Et comme la lumière Supérieure ne cesse pas, la lumière Supérieure s'accouple avec le *Massakh* dans chaque situation *d'Aviout* durant sa purification. Cela signifie que quand il se purifie de *Bekhina Dalet* à *Bekhina Guimel*, le niveau de *Hokhma* sort sur lui. Et quand il arrive à *Bekhina Bet*, le niveau de *Bina* sort sur lui. Quand il arrive à *Bekhina Aleph*, le niveau de ZA sort sur lui, et quand il arrive à *Bekhina Shoresh*, le niveau de *Malkhout* sort sur lui. Tous ces niveaux qui sortent sur le *Massakh* lors de sa purification sont appelés les *Nekoudot*.

Les *Rechimot* qui restent des lumières, après qu'elles sont parties, sont appelés *Taguin*. Les *Kélim* qui restent après le départ des lumières sont appelés *Otiot*, et après que le *Massakh* s'est complètement purifié de son *Aviout de Gouf*, il s'inclut dans le *Massakh de Pé de Roch* du fait du *Zivoug* ici, et un second *Partsouf* sort sur lui.

103) Et là, dans le *Partsouf de Nikoudim*, tout s'est passé précisément de la même manière. Ici, aussi, deux *Partsoufim* sortent, AB et SAG, l'un sous l'autre. Et dans chacun d'eux se trouve les *Taamim*, les *Nekoudot*, les *Taguin* et les *Otiot*.

La seule différence est que *l'Hizdakhout* du *Massakh* ne s'est pas faite ici à cause du *Bitoush* de *Ohr Makif* dans *Ohr Pnimi*, mais grâce à la force de *Din* dans *Malkhout* terminale, incluse dans ces *Kélim* (Point 90). Pour cette raison, les *Kélim* vides ne sont pas restés dans le *Partsouf* après le départ des lumières, comme dans les trois *Partsoufim Galgalta*, AB, SAG de AK, mais se sont brisés, sont morts et sont tombés dans BYA.

104) Le *Partsouf Taamim*, qui est sorti dans le monde de *Nikoudim*, qui le premier *Partsouf* dans *Nikoudim*, qui est sorti au niveau de *Keter*, est sorti avec *Roch* et *Gouf*. *Roch* est sortie dans AVI, et *Gouf* est *l'Hitpashtout* de ZAT de *Pé de AVI* vers le bas (Point 101). Cette *Hitpashtout* de *Pé de AVI* vers le bas est appelée *Melekh ha Daat* [Roi de *Daat*].

Et c'est vraiment la totalité de ZAT de *Nikoudim* qui s'est étendu à nouveau à leur place après l'élévation de MAN. Mais comme leurs racines sont restées dans AVI pour qu'ils se tiennent face à face de AVI (Point 98), appelé *Moakh ha Daat*, qui s'accouple à AVI, leur expansion de haut en bas dans un *Gouf* est aussi appelée par ce nom, *Melekh ha Daat*. C'est le premier *Melekh* [roi] de *Nikoudim*.

105) Nous savons que tout la quantité et la qualité dans les dix *Sefirot* de *Roch* apparaît aussi dans *l'Hitpashtout* de haut en bas vers le *Gouf*. Par conséquent, comme dans les Lumières de *Roch*, *Malkhout* s'accouplant est retournée et est descendue de *Nikvey Eynaim* à *Pé*. Alors, GE (*Galgalta ve Eynaim*) et *Nikvey Eynaim*, qui sont les *Kélim de Panim* ont réuni leurs *Kélim de Akhoraim*, leurs AHP, et les lumières se sont propagées en eux. De même, comme ils se sont étendus de haut en bas vers le *Gouf*, les lumières se sont aussi étendues dans leurs *Kélim de Akhoraim*, qui sont les TNHYM dans BYA, sous la *Parsa de Atsilout*.

Cependant, comme la force de *Malkhout* terminale dans la *Parsa de Atsilout* est mélangée à ces *Kélim*, dès que les lumières de *Melekh ha Daat* ont rencontré cette force, elles ont toutes quitté les *Kélim* et se sont élevées à leurs racines. Alors, tous les *Kélim* de *Melekh ha Daat* se sont brisés de face et de dos, sont morts et sont tombés dans BYA, car le départ des lumières des *Kélim* est comme le départ de la vitalité d'un corps matériel, appelé la « mort ». A ce moment-là, le *Massakh* s'est purifié de l'*Aviout de Bekhina Dalet*, car ces *Kélim* se sont déjà brisés et sont morts, et seule l'*Aviout de Bekhina Guimel* est restée en lui.

106) Et comme l'*Aviout de Bekhina Dalet* s'est annulée du *Massakh de Gouf* par la brisure, cette *Aviout* s'est aussi annulée dans *Malkhout* s'accouplant de *Roch* dans AVI. Il en est ainsi car l'*Aviout de Roch* et l'*Aviout de Gouf* sont la même chose, sauf que l'une est potentielle et l'autre est réelle (Point 50). De plus, le *Zivoug* au niveau de *Keter* s'est arrêté aussi à *Roch* dans AVI, et les *Kélim de Akhoraim*, les AHP qui ont complété le niveau de *Keter*, sont tombés une fois de plus au degré au-dessous, à savoir ZAT. Cela est appelé « l'annulation des *Akhoraim* du niveau de *Keter* de AVI ». Il s'avère que tout le niveau des *Taamim de Nikoudim*, *Roch* et *Gouf*, est parti.

107) Et comme la lumière Supérieure ne s'arrête pas de briller, elle s'accouple une fois de plus sur l'*Aviout de Bekhina Guimel* qui est restée dans le *Massakh de Roch* dans AVI, produisant dix Sefirot au niveau de *Hokhma*. Le *Gouf* de haut en bas s'est étendu à la *Sefira Hessed*, et c'est le second *Melekh de Nikoudim*. Il s'est aussi étendu à BYA, s'est brisé, est mort. Alors l'*Aviout de Bekhina Guimel* s'est également annulée du *Massakh de Gouf* et de *Roch*. De plus, les *Kélim de Akhoraim*, les AHP qui complétaient ce niveau de *Hokhma* de AVI se sont annulés une fois de plus, et sont tombés au degré au-dessous, à ZAT, comme cela s'est produit au niveau de *Keter*.

Ensuite, le *Zivoug* s'est fait sur l'*Aviout de Bekhina Bet* qui est restée dans le *Massakh*, faisant sortir dix Sefirot au niveau de *Bina*. Le *Gouf*, de haut en bas, s'est étendu à la *Sefira Guevoura*, et c'est le troisième *Melekh de Nikoudim*.

Il s'est aussi étendu dans BYA, s'est brisé et est mort, annulant aussi l'*Aviout de Bekhina Bet* dans *Roch* et *Gouf*, terminant le *Zivoug* au niveau de *Bina* dans *Roch*. Les *Akhoraim* du niveau de *Bina de Roch* sont tombés au degré au-dessous d'elle, dans ZAT, et après le *Zivoug* s'est fait sur l'*Aviout de Bekhina Aleph* qui est restée dans le *Massakh*, faisant sortir sur elle dix Sefirot au niveau de ZA. Son *Gouf* aussi, de haut en bas, s'est étendu dans le tiers supérieur de *Tifferet*. Ici aussi, il n'a pas pu exister et sa lumière l'a quitté. Ainsi, l'*Aviout de Bekhina Aleph* s'est purifiée dans *Gouf* et *Roch* et les *Akhoraim* au niveau de ZA sont tombés au niveau au-dessous d'elle, à ZAT.

108) Cela complète la descente de tous les *Akhoraim* de AVI qui sont les AHP. Il en est ainsi car du fait de la brisure du *Melekh ha Daat*, seuls les AHP qui appartiennent au niveau de *Keter* se sont annulés dans AVI. Et avec la brisure du *Melekh ha Hessed*, seuls les AHP qui appartiennent au niveau de *Hokhma* se sont annulés dans AVI. Et avec la brisure du *Melekh ha Guevoura*, les AHP qui appartiennent au niveau de *Bina* se sont annulés, et avec le départ du tiers supérieur de *Tifferet*, les AHP du niveau de ZA se sont annulés.

Il s'avère que toute la *Gadlout* de AVI s'est annulée, et seuls GE de *Katnout* sont restés en eux, et seule *Aviout Shoresh* est restée dans le *Massakh*. Après quoi, le *Massakh* de *Gouf* s'est purifié de toute son *Aviout* et est devenu équivalent au *Massakh de Roch*. A ce moment-là, il s'est inclus dans un *Zivoug de Hakaa de Roch*, et les *Rechimot* en lui se sont renouvelées, sauf pour la dernière *Bekhina* (Point 41). Et par ce renouvellement, un nouveau niveau est sorti sur lui, appelé ISHSOUT.

109) Et comme la dernière *Bekhina* a été perdue, tout ce qui est resté en elle est *Bekhina Guimel*, sur qui dix Sefirot au niveau de *Hokhma* sont sorties. Et quand son *Aviout de Gouf* est reconnue, il est sorti de *Roch* de AVI, est descendu et s'est revêtu à l'endroit du *Khazé de Gouf de Nikoudim* (Point 55). Il a fait sortir les dix Sefirot de *Roch* de *Khazé* vers le haut, et cette *Roch* est appelée ISHSOUT. Son *Gouf* sort de *Khazé* vers le bas du deux tiers de *Tifferet* jusqu'au *Sioum de Tifferet*. C'est le quatrième *Melekh de Nikoudim*, et il s'est aussi étendu à BYA, s'est brisé et est mort. Ainsi, l'*Aviout de Bekhina Guimel* s'est purifiée dans *Roch* et *Gouf*. Ses *Kélim de Akhoraim de Roch* sont tombés au degré au-dessous, à l'endroit de leur *Gouf*.

Ensuite, le *Zivoug* s'est fait sur l'*Aviout de Bekhina Bet*, qui est restée en lui, produisant le niveau de *Bina* sur lui. Son *Gouf*, de haut en bas, s'est étendu dans les deux *Kélim Netsakh* et *Hod*, qui sont tous deux un *Melekh*, le cinquième *Melekh de Nikoudim*. Et ils se sont aussi étendus à BYA, se sont brisés et sont morts. Ainsi, l'*Aviout de Bekhina Bet* s'est purifiée dans *Roch* et *Gouf*, et les *Kélim de Akhoraim* du niveau sont tombés au niveau au-dessous : le *Gouf*.

Après cela, le *Zivoug* s'est fait sur l'*Aviout de Bekhina Aleph* qui est restée en lui, et a produit le niveau de ZA. Son *Gouf*, de haut en bas, s'est étendu dans le *Kli de Yessod*, et c'est le sixième *Melekh de Nikoudim*. Il s'est aussi étendu dans BYA, s'est brisé et est mort. Ainsi, l'*Aviout de Bekhina Aleph* s'est aussi purifiée dans *Roch* et *Gouf* et les *Kélim de Akhoraim* dans *Roch* sont tombés au degré au-dessous d'eux, dans *Gouf*.

Puis, il y a eu le *Zivoug* sur l'*Aviout de Bekhina Shoresh* qui est restée dans le *Massakh*, produisant le niveau de *Malkhout*. Il s'est étendu de haut en bas dans le *Kli de Malkhout*, et c'est le septième *Melekh de Nikoudim*. Il s'est aussi étendu dans *BYA*, s'est brisé et est mort. Ainsi, l'*Aviout Shoresh* s'est purifiée dans *Roch* et *Gouf*, et de même les *Akhoraim de Roch* sont tombés au degré au-dessous, dans le *Gouf*. Maintenant tous les *Kélim de Akhoraim* de *ISHSOUT* se sont annulés, de même que la brisure des récipients de tous *ZAT de Nikoudim*, appelés « les sept *Melakhim* » [les 7 rois].

110) Ainsi nous avons expliqué les *Taamim* et les *Nekoudot* qui sont sortis dans les deux *Partsoufim AVI* et *ISHSOUT de Nikoudim*, appelés *AB SAG*. Dans *AVI*, quatre niveaux sont sortis l'un en-dessous de l'autre :

– Le niveau de *Keter* est appelé « regarder les *Eynaim de AVI* ».
– Le niveau de *Hokhma* est appelé *Gouf de Aba*
– Le niveau de *Bina* est appelé *Gouf de Ima*.
– Le niveau de *ZA* est appelé *Yessodot* [fondations] de *AVI*.

Quatre corps se sont diffusés à partir d'eux :
– *Melekh ha Daat*
– *Melekh ha Hessed*
– *Melekh ha Guevoura*
– *Melekh* du tiers supérieur de *Tifferet*, jusqu'au *Khazé*.

Ces quatre *Goufim* se sont brisés à la fois dans *Panim* et *Akhoraim*. Mais selon leurs *Rochim* (pluriel de *Roch*), c'est-à-dire les quatre niveaux dans *AVI*, tous leurs *Kélim de Panim* sont restés dans les niveaux, c'est-à-dire *GE* et *Nikvey Eynaim* de chaque niveau, qui étaient en eux depuis *Katnout de Nikoudim*. Seuls les *Kélim de Akhoraim* dans chaque degré, qui s'y sont connectés durant *Gadlout*, se sont de nouveau annulés par la brisure, et sont tombés au degré sous eux, et sont restés tels qu'ils étaient avant la sortie de *Gadlout de Nikoudim* (Point 76-77).

111) La sortie des quatre niveaux, l'un sous l'autre, dans le *Partsouf ISHSOUT*, s'est faite précisément de la même manière.

– Le premier niveau est le niveau de *Hokhma*,
   appelé « regarder les *Eynaim de ISHSOUT* l'un dans l'autre »
– Le niveau de *Bina*.
– Le niveau de *ZA*
– Le niveau de *Malkhout*

Quatre *Goufim* se sont étendus d'eux :
– Le *Melekh* des deux tiers inférieurs de *Tifferet*
– *Melekh* de *Netsakh* et *Hod*.
– *Melekh* de *Yessod*
– *Malkhout*.

Leurs quatre *Goufim* se sont brisés ensemble dans *Panim* et *Akhor*. Mais dans les *Rochim*, c'est-à-dire dans les quatre niveaux de ISHSOUT, les *Kélim* de *Panim* sont restés en eux, et seuls leurs *Akhoraim* se sont annulés à cause de la brisure et sont tombés au degré au-dessous d'eux. Après l'annulation des deux *Partsoufim* AVI et ISHSOUT, le niveau de MA de *Nikoudim* est sorti. Et comme tout ce qui s'étend de lui vers le *Gouf* n'était que des corrections des *Kélim*, je ne le développerai pas plus avant.

Le Monde du *Tikoun* et le nouveau MA qui a émergé de *Metzakh* de AK

112) Depuis le début de la Préface et jusqu'ici, nous avons précisément expliqué les quatre premiers *Partsoufim* de AK :

– Le premier *Partsouf* de AK est appelé *Partsouf Galgalta*, où le *Zivoug* de *Hakaa* se fait sur *Bekhina Dalet* et ses dix *Sefirot* sont au niveau de *Keter*.

– Le second *Partsouf* de AK est appelé AB de AK. Le *Zivoug* de *Hakaa* en lui se fait sur l'*Aviout* de *Bekhina Guimel* et ses dix *Sefirot* sont au niveau de *Hokhma*. Il revêt *Pé* et en bas du *Partsouf Galgalta*.

– Le troisième *Partsouf* de AK est appelé SAG de AK. Le *Zivoug* de *Hakaa* en lui se fait sur l'*Aviout* de *Bekhina Bet*, et ses dix *Sefirot* sont au niveau de *Bina*. Il revêt le *Partsouf* AB de AK de *Pé* et en bas.

– Le quatrième *Partsouf* de AK est appelé MA de AK. Le *Zivoug* de *Hakaa* en lui se fait sur l'*Aviout* de *Bekhina Aleph*, et ses dix *Sefirot* sont au niveau de ZA. Ce *Partsouf* revêt SAG de AK de *Tabour* et en bas, et est divisé en intériorité et extériorité. L'intériorité est appelée MA et BON de AK, et l'extériorité est appelée « le monde des *Nikoudim* ». C'est là où l'association de *Malkhout* dans *Bina*, appelée *Tsimtsoum Bet*, a lieu, de même que *Katnout*, *Gadlout*, et l'élévation de MAN et *Daat*, qui détermine et accouple HB face à face, et la question de la brisure des récipients. Il en est ainsi car tout cela s'est passé dans le quatrième *Partsouf* de AK appelé MA, ou le « monde des *Nikoudim* ».

113) Ces cinq discernements d'*Aviout* dans le *Massakh* sont nommés selon les *Sefirot* dans *Roch*, c'est-à-dire selon *Galgalta Eynaim* et AHP :

– L'*Aviout* de *Bekhina Dalet* est appelée *Pé*, sur qui le premier *Partsouf* de AK sort.

– L'*Aviout* de *Bekhina Guimel* est appelée *Hotem*, sur qui le *Partsouf* AB de AK sort.

– L'*Aviout* de *Bekhina Bet* est appelée *Ozen*, sur qui le *Partsouf* SAG de AK sort.

– L'*Aviout* de *Bekhina Aleph* est appelée *Nikvey Eynaim*, sur qui le *Partsouf* MA de AK et le monde des *Nikoudim* sortent.

– L'*Aviout* de *Bekhina Shoresh* est appelée *Galgalta* ou *Metzakh*, sur qui le monde du *Tikoun* sort, appelé « le nouveau MA », car le quatrième *Partsouf* de AK est le coeur du *Partsouf* MA de AK, car il sort de *Nikvey Eynaim* au niveau de ZA, appelé HaVaYaH de MA.

Mais le cinquième *Partsouf* de AK, qui sort de *Metzakh*, c'est-à-dire *Bekhina Galgalta*, considérée comme l'*Aviout Shoresh*, n'a en fait que le niveau de *Malkhout* appelé BON. Cependant, comme *Bekhina Aleph de Hitlabshout*, qui est ZA, est restée là, elle est aussi appelée MA. Mais de MA qui est sorti de *Metzakh de AK*, signifie à partir de l'*Hitkalelout* de l'*Aviout Shoresh*, appelée *Metzakh*. Il est également appelé le « nouveau MA » pour le distinguer du MA qui est sorti de *Nikvey Eynaim de AK*. Et ce nouveau *Partsouf* MA est appelé « le Monde du *Tikoun* » ou « le monde *de Atsilout* ».

114) Cependant, nous devons comprendre pourquoi les trois premiers niveaux de AK, appelés *Galgalta*, AB et SAG ne sont pas trois mondes mais trois *Partsoufim*, et pourquoi le quatrième *Partsouf* de AK a changé pour mériter le nom « monde ». Il en est de même pour le cinquième *Partsouf de AK*, car le quatrième *Partsouf* est appelé « le monde des *Nikoudim* » et le cinquième *Partsouf* est appelé « le monde *de Atsilout* » ou « le monde du *Tikoun* ».

115) Nous devons connaître la différence entre un *Partsouf* et un Monde. Tout niveau de dix Sefirot qui émerge sur un *Massakh de Gouf* d'un Supérieur, après s'être purifié et inclus dans *Pé de Rosh* du Supérieur (Point 50), est appelé *Partsouf*. Après son départ de *Roch* du Supérieur, il s'étend dans sa propre *Roch*, *Tokh* et *Sof* et il contient aussi cinq niveaux, l'un sous l'autre, appelés *Taamim* et *Nekoudot* (Point 47). Cependant, il est nommé seulement d'après le niveau des *Taamim* en lui. Et les trois premiers *Partsoufim de AK*, *Galgalta*, AB, SAG (Point 47) sont sortis de cette manière. Mais un « monde » signifie qu'il contient tout ce qui existe dans le monde au-dessus de lui, comme un sceau ou une empreinte, où tout ce qui existe dans le sceau est transféré à son empreinte dans sa totalité.

116) Ainsi vous voyez que les trois premiers *Partsoufim*, *Galgalta*, AB et SAG de AK sont considérés comme un monde, le monde de AK, qui est sorti lors de la première restriction. Mais le quatrième *Partsouf de AK*, où le *Tsimtsoum Bet* s'est produit, est devenu un monde en lui-même, du fait de la dualité qui s'est produite dans le *Massakh de Nekoudot de SAG* lors de sa descente sous *Tabour de AK*. C'est pourquoi l'*Aviout de Bekhina Dalet* s'est dédoublée sous la forme du *Hey* inférieur dans *Eynaim* (Point 63).

Durant *Gadlout*, *Bekhina Dalet* est retournée à sa place au niveau de *Pé* et a fait sortir le niveau de *Keter* (Point 84), et ce niveau est devenu équivalent au premier *Partsouf de AK*. Après s'être diffusé à *Roch*, *Tokh* et *Sof*, dans les *Taamim* et *Nekoudot*, un second *Partsouf* est sorti sur lui, au niveau de *Hokhma*, appelé ISHSOUT, qui ressemble au second *Partsouf de AK*, appelé AB de AK. Après s'être étendu dans *Taamim* et *Nekoudot*, un troisième *Partsouf* est sorti, appelé MA *de Nikoudim* (Point 111), et il ressemble au troisième *Partsouf de AK*.

Ainsi, tout ce qui existait dans le monde de AK est apparu ici dans le monde des *Nikoudim*, c'est-à-dire trois *Partsoufim* l'un sous l'autre. Chacun d'eux contient *Taamim* et *Nekoudot* et tous leurs exemples, comme les trois *Partsoufim Galgalta, AB, SAG* de AK dans le monde de AK. C'est pourquoi le monde des *Nikoudim* est considéré comme une copie du monde de AK.

Il est considéré comme un monde complet de par et en lui-même. (Et la raison pour laquelle les trois *Partsoufim* de *Nikoudim* ne sont pas appelés *Galgalta, AB, SAG*, mais *AB, SAG, MA*, est que l'*Aviout de Bekhina Dalet* qui s'est connectée au *Massakh* de *SAG* est incomplète, du fait de la purification qui a déjà eu lieu dans le premier *Partsouf de AK*. C'est pourquoi ils sont descendus pour être AB, SAG et MA).

117) Ainsi nous avons appris comment le monde des *Nikoudim* est une copie du monde de AK. De la même façon, le cinquième *Partsouf* de AK, qui est le nouveau MA, est entièrement la copie du monde des *Nikoudim*. Bien que tous les discernements qui aient servi dans les *Nikoudim* se soient brisés et se soient annulés ici, ils se sont tous renouvelés dans le nouveau MA. C'est pourquoi il est considéré comme un monde séparé.

Il est appelé le « monde *de Atsilout* », car il se termine totalement au-dessus de la *Parsa* qui a été créée lors de la seconde restriction. Il est aussi appelé « le monde du *Tikoun* » car le monde des *Nikoudim* ne pouvait persister du fait de la brisure et de l'annulation qui se sont produites en lui. Seulement après cela, dans le nouveau MA, quand toutes ces *Bekhinot* qui étaient dans le monde des *Nikoudim* sont revenues et sont venues dans le nouveau MA, elles s'y sont établies et y existent.

C'est pourquoi il est appelé le « monde du *Tikoun* », car en fait, il est réellement le monde des *Nikoudim*, mais ici, dans le nouveau MA, il reçoit sa correction dans sa totalité. C'est parce que par le nouveau MA, tous les *Akhoraim* qui sont tombés de *AVI* et *ISHSOUT* dans le *Gouf*, comme les *Panim* et *Akhoraim* de tous les *ZAT* qui sont tombés dans BYA et sont morts, se reconnectent à GAR et s'élèvent par lui à *Atsilout*.

118) La raison à cela est que chaque *Partsouf* inférieur retourne et remplit les *Kélim* du Supérieur, après le départ de leurs lumières durant l'*Hizdakhout* du *Massakh*. Car après le départ des lumières du *Gouf* du premier *Partsouf* de AK, du fait de l'*Hizdakhout* du *Massakh*, le *Massakh* a reçu un nouveau *Zivoug* au niveau de AB, qui a ré-empli les *Kélim* vides du *Gouf* du Supérieur, c'est-à-dire le premier *Partsouf*.

De plus, après le départ des lumières du *Gouf* de AB du fait de l'*Hizdakhout* du *Massakh*, le *Massakh* a reçu un nouveau *Zivoug* au niveau de SAG, qui a ré-empli les *Kélim* vides du Supérieur, qui est AB. De plus, après le départ des Lumières de SAG, du fait de l'*Hizdakhout* du *Massakh*, le *Massakh* a reçu un nouveau *Zivoug* au niveau de MA, qui est sorti de *Nikvey Eynaim*, qui sont les *Nikoudim*, qui ont ré-empli les *Kélim* vides du Supérieur, qui sont les *Nekoudot de SAG*.

De la même façon, après le départ des lumières des *Nikoudim* du fait de l'annulation des *Akhoraim* et de la brisure des récipients, le *Massakh* a reçu un nouveau *Zivoug* au niveau de MA, qui et sorti du *Metzakh* du *Partsouf SAG de AK*. Cela remplit les *Kélim* vides du *Gouf* du Supérieur, qui sont les *Kélim de Nikoudim* qui s'étaient annulés et brisés.

119) Cependant, il y a une différence essentielle ici dans le nouveau MA : il est devenu un mâle et un Supérieur pour les *Kélim de Nikoudim* qu'il corrige. Alors que dans les *Partsoufim* précédents, l'inférieur ne devient pas un mâle et un supérieur pour les *Kélim de Gouf* du Supérieur, même s'il les remplit par son niveau. Et cette modification provient du fait que dans les précédents *Partsoufim* il n'y avait pas d'anomalie dans le départ des lumières, car seule la purification du *Massakh* a causé leur départ.

Mais là, dans le monde des *Nikoudim*, il y avait une anomalie dans les *Kélim*, car la force de la *Malkhout* temrinale était mélangée aux *Kélim de Akhoraim de ZAT*, les rendant incapables de recevoir les lumières. C'est la raison pour laquelle ils se sont brisés et sont morts et sont tombés dans BYA. Par conséquent, ils dépendent entièrement du nouveau MA pour les faire revivre, les clarifier et les élever à *Atsilout*. Il en résulte que le nouveau MA est considéré comme un mâle et un donneur.

Et ces *Kélim de Nikoudim*, clarifiés par lui, deviennent *Noukva* pour MA. Pour cette raison, leurs noms ont été changés en BON, signifiant qu'ils sont devenus inférieurs pour MA, bien qu'ils soient supérieurs au nouveau MA, car ce sont des *Kélim* du monde des *Nikoudim* et ils sont considérés comme MA et *Nikvey Eynaim*, dont la *Bekhina* la plus élevée est *VAK de SAG de AK* (Point 74). Même s'ils sont devenus maintenant inférieurs pour le nouveau MA, et ils sont néanmoins appelés BON.

Les cinq *Partsoufim* de *Atsilout* et MA et BON dans chaque *Parsouf*

120) Il a été expliqué que le niveau du nouveau MA s'est étendu dans un monde entier par lui-même comme le monde des *Nikoudim*. La raison est, comme il a été aussi expliqué pour le niveau des *Nikoudim*, le doublement du *Massakh de Bekhina Dalet* (Point 116). Car l'illumination de *ZON de AK* qui a brillé par *Tabour* et *Yessod* à GAR de *Nikoudim*, a ramené *Tsimtsoum Aleph* à sa place, et le *Hey* inférieur est descendu de son *Nikvey Eynaim* à *Pé*, faisant que tous ces niveaux de *Gadlout de Nikoudim* sortent (Point 101). Cependant, tous ces niveaux se sont à nouveau annulés et brisés et toutes les lumières en sont parties. Pour cette raison, *Tsimtsoum Bet* est retourné à sa place et *Bekhina Dalet* s'est reconnectée au *Massakh*.

121) Par conséquent, dans le nouveau MA aussi, qui a émergé de *Metzakh*, il y a les deux *Bekhinot* de *Katnout* et *Gadlout*, comme dans le monde des *Nikoudim*. *Katnout* sort en premier selon l'*Aviout* dévoilée dans le *Massakh*, qui est le niveau de ZA de *Hitlabshout*, appelé HGT, et le niveau de *Malkhout de Aviout*, appelé NHY, du fait des trois lignes faites au niveau de *Malkhout*. La ligne droite est appelée *Netsakh*, la ligne gauche est appelée *Hod*, et la ligne médiane est appelée *Yessod*.

Cependant, comme il y a seulement *Hitlabshout* dans *Bekhina Aleph*, sans *Aviout*, elle n'a pas de *Kélim*. Ainsi, le niveau de HGT est dépourvu de *Kélim* et se revêt dans les *Kélim de* NHY, et ce niveau est appelé *Oubar* [embryon/fécondation]. Cela signifie qu'il y a seulement ici l'*Aviout de Shoresh*, qui est restée dans le *Massakh* après sa purification, durant son ascension pour s'accoupler dans *Metzakh* du Supérieur. Et le niveau qui sort ici est seulement le niveau de *Malkhout*.

Néanmoins dans son intériorité, il y a le *Hey* inférieur dissimulé, considéré comme « le *Hey* inférieur dans *Metzakh* ». Une fois que *Oubar* reçoit le *Zivoug* du Supérieur, il en descend à sa place (Point 54), et reçoit *Mokhin de Yenika* du Supérieur, qui est l'*Aviout de Bekhina Aleph*, considérée comme « le *Hey* inférieur dans *Nikvey Eynaim* ». Ainsi, il acquiert également des *Kélim* pour HGT et HGT s'étend à partir de NHY et il a le niveau de ZA.

122) Après quoi, il élève MAN au Supérieur une deuxième fois. Cela est appelé *Ibour Bet* (seconde fécondation), où il reçoit *Mokhin de AB SAG de AK*. A ce moment-là, *Bekhina Dalet* descend de *Nikvey Eynaim* à sa place à *Pé* (Point 101), et un *Zivoug* se fait sur *Bekhina Dalet* à sa place faisant sortir dix *Sefirot* au niveau de *Keter*. Les *Kélim de AHP* remontent à leur place dans *Roch* et le *Partsouf* est complété de dix *Sefirot* des lumières et des récipients. Et ces *Mokhin* sont appelés *Mokhin de Gadlout du Partsouf*. C'est le niveau du premier *Partsouf de Atsilout*, appelé *Partsouf Keter* ou *Partsouf Atik de Atsilout*.

123) Vous savez déjà qu'après la brisure des récipients, tous les AHP sont tombés de leurs degrés chacun au degré en-dessous (Points 77, 106). Ainsi, les AHP du niveau de *Keter de Nikoudim* sont dans GE du niveau de *Hokhma*, et AHP du niveau de *Hokhma* sont dans les GE du niveau de *Bina*, etc. Par conséquent, durant *Ibour Bet de Gadlout* du premier *Partsouf de Atsilout*, appelé *Atik*, qui a élevé ses AHP une fois de plus, GE du niveau de *Hokhma* se sont élevés avec eux. Ils se sont corrigés avec les AHP du niveau de *Atik*, et y ont reçu le premier *Ibour*.

124) Après que GE de *Hokhma* ont reçu leur niveau de *Ibour* et de *Yenika* (Point 121), ils sont remontés à *Roch de Atik*, où ils ont reçu un deuxième *Ibour* pour *Mokhin de Gadlout*. *Bekhina Guimel* est descendue à sa place, à *Pé*, faisant sortir dix *Sefirot* sur elle, au niveau de *Hokhma*, et leurs *Kélim de AHP* sont remontés à leur place, à *Roch*. Ainsi, le *Partsouf Hokhma* s'est complété des dix Sefirot des lumières et des *Kélim*. Ce *Partsouf* est appelé *Arikh Anpin* [AA] de *Atsilout*.

125) GE du niveau de *Bina* sont montés ensemble avec ces AHP de AA, où ils ont reçu leurs premiers *Ibour* et *Yenika*. Après quoi, ils sont montés à *Roch de AA* pour un second *Ibour*, ont élevé leurs AHP, ont reçu *Mokhin de Gadlout*, et le *Partsouf de Bina* s'est complété des dix Sefirot des lumières et des récipients. Ce *Partsouf* est appelé AVI et ISHSOUT, car GAR sont appelés AVI et ZAT sont appelés ISHSOUT.

126) GE de ZON sont montés ensemble avec ces AHP de AVI, et ils ont reçu leurs premiers *Ibour* et *Yenika*. Cela complète ZON dans l'état de VAK à ZA et *Nekouda* à *Noukva*. Ainsi nous avons expliqué les cinq *Partsoufim* du nouveau MA qui sont sortis dans le monde de *Atsilout*, avec constance, appelés *Atik*, AA, AVI et ZON.

– *Atik* a émergé au niveau de *Keter*
– AA au niveau de *Hokhma*
– AVI au niveau de *Bina*
– ZON dans VAK et *Nekouda*, qui est le niveau de ZA.

Ainsi, il ne peut jamais y avoir de diminution dans ces cinq niveaux, car les actions des inférieurs n'atteignent jamais GAR pour ne pas les endommager. Les actions des inférieurs atteignent ZA et *Noukva*, c'est-à-dire leurs *Kélim de Akhoraim* qu'ils acquiertnt durant *Gadlout*. Mais les actions des inférieurs ne peuvent pas atteindre les *Kélim de Panim*, qui sont GE dans les Lumières de VAK et *Nekouda*. Par conséquent, ces cinq niveaux sont considérés comme des *Mokhin* permanents dans *Atsilout*.

127) L'ordre de leur revêtement l'un dans l'autre et sur le *Partsouf* AK est que ce *Partsouf Atik de Atsilout*, bien qu'il soit sorti de *Roch de SAG de AK* (Point 118), ne peut pas encore se revêtir de *Pé de SAG de AK* vers le bas, mais seulement sous *Tabour*. Car, au-dessus du *Tabour de AK*, il est considéré *Tsimtsoum Aleph*, *Akoudim*.

Comme le *Partsouf Atik* est la première *Roch de Atsilout*, le *Tsimtsoum Bet* ne le contrôle pas, ainsi il peut se revêtir au-dessus du *Tabour de AK*. Mais comme le *Tsimtsoum Bet* est déjà présent dans son *Pé de Roch*, pour le reste des *Partsoufim de Atsilout*, de là vers le bas, il peut seulement se revêtir sous le *Tabour de AK*.

Il s'avère que le niveau de *Atik* commence du *Tabour de AK* et se termine à égalité avec les *Raglaim de AK*, c'est-à-dire au-dessus du point de ce monde. Il en est ainsi du fait de son propre *Partsouf*. Cependant, du fait de sa connexion au reste des *Partsoufim de Atsilout*, à partir desquels il est considéré comme étant aussi inclus dans *Tsimtsoum Bet*, de ce fait, on considère que ses *Raglaim* se terminent au-dessus de la *Parsa de Atsilout*, car la *Parsa* est le nouveau *Sioum* [fin] du *Tsimtsoum Bet* (Point 68).

128) Le second *Partsouf* dans le nouveau MA, appelé AA, qui a émané et est sorti de *Pé de Roch de Atik*, commence de l'endroit de sa sortie, de *Pé de Roch de Atik*, et revêt ZAT de Atik, qui se termine au-dessus de la *Parsa de Atsilout*. Le troisième *Partsouf* appelé AVI, qui a émané de *Pé de Roch de AA*, commence de *Pé de Roch de AA* et se termine au-dessus du *Tabour de AA*. Et ZON commencent du *Tabour de AA* et se terminent à égalité avec le *Sioum de AA*, signifiant au-dessus de la *Parsa de Atsilout*.

129) Sachez qu'à la sortie de chaque niveau de ces cinq *Partsoufim* du nouveau MA, a clarifié et connecté à lui une partie des *Kélim de Nikoudim*, qui sont devenus sa *Noukva*. Ainsi, quand le *Partsouf Atik* est sorti, il a pris et connecté à lui tous les GAR de *Nikoudim* qui sont restés entiers durant la brisure des récipients. Cela se réfère aux GE en eux, qui sont sortis durant leur *Katnout*, appelés les *Kélim de Panim* (Point 76). Dans *Katnout de Nikoudim*, seule la moitié supérieure de chaque degré est venue avec eux, c'est-à-dire GE et *Nikvey Eynaim*. La moitié inférieure de chacun, appelée AHP, est descendue au degré inférieur.

De ce fait, on considère que le *Partsouf Atik* du nouveau MA a pris la moitié supérieure de *Keter* aux *Kélim de Nikoudim*, de même que la moitié supérieure de HB, et les sept racines des ZAT, incluses dans GAR *des Nikoudim*. Et ceux-ci sont devenus un *Partsouf Noukva* pour *Atik* du nouveau MA, et se sont connectés les uns aux autres. Ils sont appelés MA et BON *de Atik de Atsilout*, car le mâle de *Atik* est appelé MA, et les *Kélim des Nikoudim* qui s'y sont connectés sont appelés BON (Point 119). Ils se tiennent face contre dos : *Atik de MA à Panim* et *Atik de BON* dans son *Akhor*.

130) Le *Partsouf AA* du nouveau MA, qui est sorti au niveau de *Hokhma*, a clarifié et connecté à lui-même la moitié inférieure de *Keter de Nikoudim*, les AHP de *Keter*, qui durant *Katnout* étaient au degré sous *Keter*, c'est-à-dire dans *Hokhma* et *Bina de Nikoudim* (Point 77). Il est devenu une *Noukva* pour AA du nouveau MA et ils se sont connectés ensemble. Sa position est droite et gauche : AA *de MA* qui est le mâle se tient à droite, et AA *de BON* qui est *Noukva* se tient à gauche.

La raison pour laquelle le *Partsouf Atik de MA* n'a pas pris non plus la moitié inférieure de *Keter de Nikoudim* est que *Atik* est la première *Roch de Atsilout*, dont le niveau est très élevé, il ne s'est adjoint que les *Kélim de Panim de GAR de Nikoudim*, où aucun dommage ne s'est produit durant la brisure. Ce n'est pas le cas pour la moitié inférieure de *Keter*, les AHP qui sont tombés dans HB durant *Katnout*. Après quoi, durant *Gadlout*, ils se sont élevés de HB et se sont connectés à *Keter de Nikoudim* (Point 84). Alors, après la brisure des récipients, ils sont retombés de *Keter de Nikoudim* et se sont annulés. Ainsi, ils ont été endommagés du fait de leur chute et de leur annulation et ne méritent par conséquent pas *Atik*. C'est pourquoi AA *de MA* les ont pris.

131) Et le *Partsouf AVI* du nouveau *MA*, au niveau de *Bina*, a analysé et s'est adjoint la moitié inférieure de *HB de Nikoudim*, qui sont les *AHP de HB* qui sont tombés dans *ZAT de Nikoudim* durant *Katnout*. Mais après cela, durant *Gadlout de Nikoudim*, ils se sont élevés et se sont connectés à *HB de Nikoudim* (Point 94). Durant la brisure des récipients, ils sont retombés dans *ZAT de Nikoudim* et se sont annulés (Point 107) et *AVI de MA* les ont clarifiés pour être leur *Noukva*.

Ils sont appelés *ZAT de Hokhma* et *VAT de Bina de BON* car *Hessed de Bina* est resté avec *GAR de HB de BON* dans le *Partsouf Atik*, et seul le *Vav* inférieur, de *Guevoura* vers le bas, est resté dans la moitié inférieure de *Bina*. Il s'avère que le mâle de *AVI* est le niveau de *Bina de MA*, et *Noukva de AVI* est *ZAT de HB de BON*. Ils se tiennent à droite et à gauche : *AVI de MA* à droite, et *AVI de BON* à gauche. Et *ISHSOUT de MA*, qui sont *ZAT de AVI*, ont pris les *Malkhout de HB de BON*.

132) Et le *Partsouf ZON* du nouveau *MA*, au niveau de *VAK* et *Nekouda*, a analysé et s'est adjoint les *Kélim de Panim de ZAT de Nikoudim*, lors de leur brisure dans *BYA*, c'est-à-dire la *Bekhinat GE* des *ZAT de Nikoudim* (Point 78). Ils sont devenus *Noukva* pour *ZON de MA*, et se tiennent à droite et à gauche : *ZON de MA* à droite, et *ZON de BON* à gauche.

133) Ainsi nous avons expliqué *MA* et *BON* dans les cinq *Partsoufim de Atsilout*. Les cinq niveaux du nouveau *MA* qui sont sortis dans le monde de *Atsilout*, ont clarifié les vieux *Kélim* qui servaient dans les *Nikoudim*, et en ont fait une *Noukva*, appelées *BON*.

– *BON de Atik* sont devenus la moitié supérieure de *GAR de Nikoudim*
– *BON de AA* et *AVI* ont été clarifiés et sont devenus la moitié inférieure
de *GAR de Nikoudim*, qui les ont servis durant *Gadlout de Nikoudim*
et se sont annulés une fois de plus.
– *BON de ZON* ont été clarifiés et sont devenus les *Kélim de Panim*
qui sont sortis durant *Katnout de Nikoudim*, et qui se sont brisés
et sont tombés ensemble avec leurs *Kélim de Akhoraim* durant *Gadlout*.

Une grande règle concernant les Mokhin permanentes et les ascensions des Partsoufim et des Mondes durant les six mille ans

134) Il a déjà été expliqué que la sortie de *Gadlout de GAR* et *ZAT de Nikoudim* s'est faite en trois étapes selon les trois points *Holam*, *Shourouk* et *Hirik* (Point 86). De là, vous pouvez comprendre qu'il y a deux sortes de finition des dix *Sefirot* pour la réception des *Mokhin de Gadlout*.

La première se fait par l'élévation et l'intégration dans le Supérieur, c'est-à-dire quand *ZON de AK* ont illuminé la nouvelle lumière par le *Tabour* jusqu'à *Keter de Nikoudim* et ont abaissé le *Hey* inférieur de *Nikvey Eynaim* de *Keter* à sa *Pé*. Par cela, les *AHP* déchus de *Keter* qui étaient dans *AVI* se sont élevés et sont retournés à leur degré dans *Keter*, complétant ses dix *Sefirot*.

Nous considérons qu'à ce stade, *GE* de *AVI* liés à *AHP* de *Keter* se sont élevés avec eux. Par conséquent, *AVI* aussi sont inclus dans les dix *Sefirot* complètes de *Keter*, car l'inférieur qui s'élève au Supérieur devient comme lui (Point 93). On considère par conséquent que *AVI*, aussi, ont obtenu les *AHP* qu'ils leur manquaient pour compléter leurs dix *Sefirot* par leur intégration dans *Keter*. C'est le premier genre des *Mokhin de Gadlout*.

135) Le second genre est un degré qui s'est complété dans dix *Sefirot* par lui-même quand *ZON* de *AK* ont illuminé la nouvelle lumière par *Yessod* de *AK*, appelé « le point de *Shourouk* » vers *AVI* et ont abaissé leur *Hey* inférieur de *Nikvey Eynaim* de *AVI* eux-mêmes à leur *Pé*. En cela, ils ont élevé les *Kélim* de *AHP* de *AVI* de leur endroit où ils étaient tombés dans *ZAT* jusqu'à *Roch* de *AVI* et ont complété leurs dix *Sefirot*. Maintenant *AVI* se sont complétés d'eux-mêmes, car maintenant ils ont obtenu les vrais *Kélim* de *AHP* dont ils manquaient.

Alors que dans le premier genre, quand ils ont reçu leur finition de *Keter* par *Dvekout* à ses *AHP*, ils étaient encore réellement dépourvus de *AHP*. Mais du fait de leur *Hitkalelout* dans *Keter* ils ont reçu une illumination de leurs *AHP*, qui a suffi seulement à les compléter dans dix *Sefirot* alors qu'ils étaient encore l'endroit de *Keter* et non pas lorsqu'ils sont partis de leur propre endroit.

136) De la même façon, il y a aussi deux sortes de complétude dans *ZAT* :

1. Durant l'illumination de *Shourouk* et l'ascension des *AHP* de *AVI*, à chaque fois que *GE* de *ZAT* qui sont attachés à eux, se sont élevés avec eux à *AVI*, ils y ont reçu des *AHP* pour compléter leurs dix *Sefirot*. Ces *AHP* ne sont plus leurs vrais *AHP*, mais seulement une illumination des *AHP* suffisante pour compléter les dix *Sefirot* alors qu'ils sont dans *AVI* et non pas lors de leur descente à leur propre place.

2. La finition des dix *Sefirot* que *ZAT* ont obtenu durant l'*Hitpachtout* des *Mokhin* de *AVI* à *ZAT*, par laquelle ils ont aussi abaissé l'extrémité inférieure de *Hey* de leur *Khazé* jusqu'à *Sioum Raglin* de *AK* et ont élevé leurs *TNHY* de *BYA* et les ont connectés à leur degré, à *Atsilout*. Ainsi, s'ils ne s'étaient pas brisés ni étaient morts, ils se seraient complétés de dix *Sefirot* complètes d'eux-mêmes, car maintenant ils ont obtenu les vrais *AHP* qu'ils leur manquaient.

137) De même dans les quatre *Partsoufim* qui sont sortis de *AVI* pour les *Kélim* de *HGT*, comme dans les quatre *Partsoufim* qui sont sortis de *ISHSOUT* pour les *Kélim* de TNHYM (Points 107-109), il y a aussi ces deux genres de finition des dix Sefirot. Car tout d'abord, chacune d'elle s'est complétée par son adhésion aux AHP de AVI et ISHSOUT alors qu'ils étaient encore à Roch, c'est le premier genre de finition des dix Sefirot. Ensuite, quand elles se sont étendues à BYA, elles ont voulu se compléter en complétant la deuxième sorte de dix Sefirot. Cela s'applique également dans les moindres détails.

138) Sachez que ces cinq *Partsoufim de Atsilout*, *Atik*, *AA*, *AVI* et *ZON* ont été établis de façon constante et qu'aucune diminution ne s'y applique (Point 126). *Atik* est sorti au niveau de *Keter*, *AA* au niveau de *Hokhma*, *AVI* au niveau de *Bina* et *ZON* au niveau de *ZA*, *VAK* sans *Roch*.

Les *Kélim de AHP* qui ont été clarifiés pour eux, en *Gadlout*, sont considérés comme la finition de la première sorte des dix Sefirot, au moyen du point de *Holam* qui illumine dans *Keter de Nikoudim*. A ce moment-là, *AVI* aussi ont été complétés de *Keter* et ont obtenu l'illumination des *Kélim de AHP* (Point 134). De ce fait, même si *Atik*, *AA* et *AVI* avaient tous dix Sefirot complètes à *Roch*, aucun *GAR* ne serait parvenu à leurs *Goufim*. Même le *Partsouf Atik* n'aurait que *VAK* sans *Roch* dans *Gouf*, et de même pour *AA* et *AVI*.

La raison à cela est que le pur est clarifié en premier. C'est pourquoi, seule la finition du premier genre des dix Sefirot sera clarifiée de la perspective de son ascension au Supérieur, qui est l'illumination des *Kélim de AHP*, qui suffit à compléter les dix Sefirot dans *Roch*. Mais il n'y a pas encore d'*Hitpachtout* de *Roch* vers le *Gouf*, car quand *AVI* se sont inclus dans *Keter de Nikoudim*, l'illumination des *AHP* par la force de *Keter* leur était suffisante et non pas leur *Hitpachtout* à leurs propres places, de *Pé de Keter de Nikoudim* vers le bas (Point 135). Et quand les corps de *Atik*, *AA* et *AVI* étaient dans *VAK* sans *Roch*, et c'est encore plus vrai avec *ZON* eux-mêmes, qui sont le *Gouf* général de *Atsilout* qui sont sortis dans *VAK* sans *Roch*.

139) Mais ce n'est pas le cas dans *AK*. Au contraire, toute la quantité qui est sortie dans les *Rochim* des *Partsoufim de AK* s'est également étendue à leurs *Goufim*. Par conséquent, les cinq *Partsoufim de Atsilout* sont tous considérés comme simplement *VAK* des *Partsoufim de AK*. C'est pourquoi ils sont appelés « le nouveau *MA* », ou « *MA* des cinq *Partsoufim de AK* », c'est-à-dire le niveau de *ZA* qui est *MA* sans *GAR*. *GAR* sont *Galgalta*, *AB SAG* car le cœur du degré est mesuré selon son extension au *Gouf*, de *Pé* vers le bas. Et comme les trois premiers *Partsoufim* ne s'étendent pas dans le *Gouf*, mais seulement *VAK* sans *Roch*, ils sont considérés comme *MA* qui est le niveau de *VAK* sans *Roch*, en fonction des cinq *Partsoufim de AK*.

140) Ainsi, *Atik de Atsilout*, qui a le niveau de *Keter* dans *Roch*, est considéré comme *VAK* pour le *Partsouf Keter de AK* et il manque *Neshama*, *Haya*, *Yekhida de Keter de AK*.

AA de Atsilout, ayant le niveau de *Hokhma* dans *Roch* est considéré comme *VAK* pour le *Partsouf AB de AK* qui est *Hokhma*, il lui manque de *Neshama*, *Haya*, *Yekhida* de *AB de AK*.

AVI de Atsilout, avec le niveau de *Bina* dans *Roch*, sont considérés comme *VAK* du *Partsouf SAG de AK*, et il lui manque *Neshama*, *Haya* et *Yekhida* de *SAG de AK*. *ZON de Atsilout* sont considérés comme *VAK de Partsouf MA* et *BON de AK*, et il leur manque *Neshama*, *Haya* et *Yekhida* de *MA* et *BON de AK*. Et *ISHSOUT* et *ZON* sont toujours au premier degré, l'un étant *Roch* et l'autre étant le *Gouf*.

141) La finition des *AHP* des dix *Sefirot* du second genre est clarifiée par l'élévation de *MAN* des bonnes actions des inférieurs, c'est-à-dire qu'ils complètent *AVI*, comme dans le point de *Shourouk*. A ce moment-là, *AVI* eux-mêmes abaissent le *Hey* inférieur de leurs *Nikvey Eynaim* et élèvent vers eux leurs *AHP*. Alors, ils ont également la force de donner à *ZAT*, qui sont *ZON*, c'est-à-dire aux *Goufim* de haut en bas. C'est parce que *GE de ZON*, liés aux *AHP de AVI*, sont attirés avec eux à *AVI*, et reçoivent d'eux la finition de leurs dix *Sefirot* (Point 94).

A ce moment, toute la quantité des *Mokhin* dans *AVI* est donnée aussi à *ZON* qui s'élèvent avec eux à leurs *AHP*. Par conséquent, quand les cinq *Partsoufim de Atsilout* reçoivent cette finition du second genre, il y a *GAR* pour les *Goufim* des trois premiers *Partsoufim*, qui sont *Atik*, *AA* et *AVI de Atsilout*, ainsi que pour *ZON de Atsilout*, le *Gouf* général de *Atsilout*.

A ce moment-là, les cinq *Partsoufim de Atsilout* s'élèvent et revêtent les cinq *Partsoufim de AK*. Car durant l'*Hitpachtout* de *GAR* vers les *Goufim* des cinq *Partsoufim de Atsilout*, ils s'égalisent avec les cinq *Partsoufim de AK* :

– *Atik de Atsilout* s'élève et revêt le *Partsouf Keter de AK*
– *AA* revêt *AB de AK*
– *AVI*, *SAG de AK*
– et *ZON* revêtent *MA* et *BON de AK*.

Et ainsi chacun d'eux reçoit *Neshama*, *Haya* et *Yekhida* de sa *Bekhina* correspondante dans *AK*.

142) Cependant, par rapport à *ZON de Atsilout*, ces *Mokhin* sont considérés simplement comme le premier genre de finition des dix *Sefirot*. Il en est ainsi parce que ces *AHP* ne sont pas des *AHP* complets, mais une simple illumination des *AHP* qu'ils reçoivent par *AVI* lorsqu'ils sont à l'endroit de *AVI*. Mais dans leur expansion à leur propre place, il leur manquent encore leurs *AHP* (Point 36).

Pour cette raison, tous les *Mokhin* que *ZON* obtiennent pendant les 6000 ans sont appelés des « *Mokhin* d'élévation », car ils ne peuvent obtenir des *Mokhin* de *GAR* que quand ils s'élèvent à l'endroit de GAR, et alors ils sont complétés par eux. Mais s'ils ne s'élèvent pas à l'endroit de GAR, ils ne peuvent pas avoir *Mokhin*, car ZON n'ont pas encore clarifié la deuxième sorte de *Mokhin*, et cela se fera seulement à la réparation finale.

143) Aussi nous avons expliqué que les *Mokhin* des cinq *Partsoufim* permanents dans *Atsilout* sont du premier genre de clarification des *Kélim de AVI*. Dans le monde des *Nikoudim*, cette illumination est appelée « illumination du *Tabour* » ou « le point de *Holam* ». Même si AVI ont seulement le premier genre de finition, aucune illumination de GAR ne vient des *Rochim de Atik*, AA et AVI dans leurs propres *Goufim* ni à ZON, car ZAT *de Nikoudim*, aussi, n'ont rien reçu de cette illumination de *Holam* (Point 88).

Et les *Mokhin* des 6000 ans, jusqu'à la réparation finale, qui viennent par l'élévation de MAN par les inférieurs, sont considérés comme la clarification des *Kélim* pour compléter la deuxième sorte des dix Sefirot de AVI. Dans le monde de *Nikoudim*, cette illumination est appelée « illumination de *Yessod* » ou « le point de *Shourouk* », car alors AVI élèvent leurs propres AHP, auxquels les *GE de ZAT* sont liés aussi. De ce fait, ZAT, aussi, reçoivent *Mokhin de GAR* à l'endroit de AVI. C'est pourquoi, ces *Mokhin* atteignent aussi les *Goufim* des cinq *Partsoufim de Atsilout* et de ZON commun, mais ils doivent être au-dessus à l'endroit de GAR et les revêtir.

Dans le futur, à la réparation finale, ZON recevront la finition de la deuxième sorte des dix Sefirot et abaisseront le *Hey* inférieur final de leur *Khazé*, qui est la *Parsa de Atsilout*, à l'endroit de *Sioum Raglin de AK* (Point 136). A ce moment-là, TNHY de ZON dans BYA se connecteront au degré de ZON *de Atsilout*, et *Sioum Raglin de Atsilout* s'égalisera avec *Sioum Raglin de AK*. Alors le Roi Messie apparaîtra, comme il est écrit, « et Ses pieds se tiendront...sur le mont des Oliviers ». Ainsi, il a été précisément clarifié qu'il n'y a aucune correction des mondes durant les 6000 ans, sauf par l'élévation.

Explications des trois mondes *Briya*, *Yetsira* et *Assiya*

144) Il y a sept points de base à distinguer dans les trois mondes de BYA :

1. D'où est fait l'endroit pour ces trois mondes ?
2. Les niveaux des *Partsoufim de BYA* et la position initiale des mondes quand ils ont été créés et sont sortis de *Noukva de Atsilout*.
3. Tous les niveaux acquis des *Mokhin* ajoutés et où ils se tiennent avant le péché *d'Adam ha Rishon*.
4. Les *Mokhin* qui sont restés dans les *Partsoufim de BYA* et l'endroit où les mondes sont tombés après avoir été endommagés par le péché *d'Adam ha Rishon*.
5. Les *Mokhin de Ima* que les *Partsoufim de BYA* ont reçus après leur chute sous la *Parsa de Atsilout*.

6. Les *Partsoufim* de *Akhor* des cinq *Partsoufim* de *Atsilout*, qui sont descendus et qui se sont revêtus dans les *Partsoufim* de *BYA* et sont devenus pour eux *Neshama* à *Neshama*.
7. *Malkhout* de *Atsilout* qui est descendue et est devenue *Atik* pour les *Partsoufim* de *BYA*.

145) Le premier discernement a déjà été expliqué (Point 66) : du fait de l'ascension de la *Malkhout* terminale, qui était sous le *Sioum Raglin* de *AK*, à l'endroit du *Khazé* de *ZAT* des *Nekoudot* de *SAG*, qui a eu lieu lors du *Tsimtsoum Bet*, les deux tiers inférieurs de *Tifferet* et *NHYM* sont tombés sous le nouveau point du *Sioum* à *Khazé* de *Nekoudot*. Ils méritent plus de recevoir la lumière Supérieure et à partir d'eux a été créé l'endroit des trois mondes de *BYA*.

– L'endroit du monde de *Briya* s'est fait des deux tiers inférieurs de *Tifferet*
– L'endroit du monde de *Yetsira* s'est fait des trois *Sefirot NHY*
– L'endroit du monde de *Assiya* s'est fait de *Malkhout*.

146) Le second discernement concerne le niveau des *Partsoufim* de *BYA* et leur position au moment de leur sortie et de leur naissance du ventre de *Noukva* de *Atsilout*. Sachez qu'à ce moment, *ZA* avaient déjà obtenu la *Bekhina Haya* de *Aba*, et *Noukva* avait déjà obtenu la *Bekhina Neshama* de *Ima*.

Et vous savez déjà que *ZON* reçoivent les *Mokhin* de *AVI* seulement par l'ascension et le revêtement (Point 142). De plus, *ZA* revêt *Aba* de *Atsilout*, appelé *AVI* supérieurs, *Noukva* revêt *Ima* de *Atsilout*, appelé *ISHSOUT*, et alors *Noukva* de *Atsilout* est clarifiée et fait sortir le monde de *Briya* avec ses cinq *Partsoufim*.

147) Et comme *Noukva* se tient à l'endroit de *Ima*, elle est considérée comme ayant le degré de *Ima*, car l'inférieur qui s'élève au Supérieur devient comme lui. De ce fait, le monde de *Briya*, qui est clarifié par elle, est considéré comme le degré de *ZA*, car il est un degré inférieur à *Noukva*, *Ima*, et l'inférieur à *Ima* est *ZA*. Il s'avère que le monde de *Briya*, qui se tient à l'endroit de *ZA* de *Atsilout*, est sous *Noukva* de *Atsilout*, qui était alors considérée comme *Ima* de *Atsilout*.

148) Ainsi, on considère que le monde de *Yetsira*, qui a été clarifié et sort du monde de *Briya*, est alors au degré de *Noukva* de *Atsilout*, car elle est le degré sous le monde de *Briya*, qui est *ZA* de *Atsilout*. Et celui qui est sous *ZA* est considéré comme *Noukva*. Néanmoins, toutes les dix *Sefirot* du monde de *Yetsira* ne sont pas toutes considérées comme *Noukva* de *Atsilout*, mais uniquement les quatre premières de *Yetsira*. La raison en est qu'il y a deux situations pour *Noukva* : face à face et dos à dos :

– Lorsqu'elle est face à face avec *ZA*, son niveau est égal à celui de *ZA*
– Et quand elle est dos à dos, elle occupe seulement les quatre *Sefirot TNHY* de *ZA*.

A ce moment, la situation de tous les mondes n'était que dos à dos, il y avait seulement quatre Sefirot dans *Noukva*. De ce fait, le monde de *Yetsira*, aussi, a seulement ses quatre premières Sefirot à l'endroit de *Noukva de Atsilout*. Et les six inférieures de *Yetsira* étaient dans les six premières Sefirot du monde actuel de *Briya*, selon les attributs à l'endroit de BYA dans le premier discernement (Point 145), où les mondes de BYA sont tombés après le péché d'Adam *haRishon*, et à présent c'est leur endroit permanent.

149) Le monde de *Assiya*, qui est clarifié par le monde de *Yetsira*, est considéré comme l'actuel degré de *Briya*. Comme le monde de *Yetsira* était précédemment au degré de *Noukva de Atsilout*, le degré sous lui – le monde de *Assiya* – est considéré comme le monde actuel de *Briya*. Mais comme seules les quatre premières Sefirot de *Yetsira* étaient considérées comme *Noukva de Atsilout*, et ses six inférieures étaient dans le monde de *Briya*, c'est pourquoi, dans le monde de *Assiya* sous elle, seules sont présentes les quatre premières Sefirot inférieures du monde de *Bryia*. Et les six inférieures du monde de *Assiya* étaient à l'endroit des six premières de l'actuel monde de *Yetsira*.

A ce moment, les quatorze (14) Sefirot, NHYM de l'actuel *Yetsira* et toutes les dix Sefirot de l'actuel monde de *Assiya*, étaient dépourvues de toute *Kedoucha* et sont devenues *Mador haKlipot*. Il en est ainsi car il n'y avait que des *Klipot* à l'endroit de ces quatorze Sefirot, car les mondes de *Kedoucha* se sont terminés à l'endroit de *Khazé* de l'actuel monde de *Yetsira*. Ainsi, nous avons appris les niveaux des *Partsoufim* BYA et leur position lorsqu'ils sont sortis la première fois.

150) Maintenant nous allons expliquer le troisième discernement, les niveaux des *Partsoufim* BYA et la position qu'ils avaient, du fait des *Mokhin* supplémentaires avant le péché d'Adam ha Rishon. Par l'illumination supplémentaire du Shabbat, ils ont alors eu deux ascensions :

    1. A la cinquième heure, à la veille du Shabbat, quand *Adam haRishon* est né. A ce moment, l'illumination supplémentaire du Shabbat commence à briller sous la forme du cinquième du sixième jour. Alors :
    – ZA obtient *Bekhina Yékhida* et s'élève et revêt AA de *Atsilout*
    – *Noukva*, *Bekhina Haya* s'élève et revêt AVI de *Atsilout*
    – *Briya* s'élève à ISHSOUT
    – Tout *Yetsira* s'éleva à ZA
    – Les quatre premières Sefirot de *Assiya* s'élevèrent à l'endroit de *Noukva de Atsilout*
    – Et les six Sefirot inférieures de *Assiya* s'élevèrent à l'endroit des six premières de *Bryia*.

2. A la veille du Shabbat, au crépuscule. Par l'ajout du Shabbat, les six Sefirot inférieures de Assiya s'élèvent aussi à l'endroit de Noukva de Atsilout, et les mondes de Yetsira et Assiya se tenaient dans le monde de Atsilout, à l'endroit de ZON de Atsilout, face à face.

151) Et maintenant, nous allons expliquer le quatrième discernement, le niveau des Mokhin qui sont restés dans BYA, et l'endroit où ils sont tombés après le péché. A cause du dommage du péché de l'Arbre de Connaissance, tous les Mokhin supplémentaires, qui avaient été obtenus par les deux ascensions, ont quitté les mondes, et ZON sont redevenus VAK et Nekouda. Et les trois mondes BYA sont restés seulement avec les Mokhin, qui sont sortis d'eux en premier au début. Le monde de Briya était au degré de ZA, ce qui signifie VAK, et Yetsira et Assiya dans la mesure de ce qui est mentionné ci-dessus (Point 148).

De plus, tout le discernement de Atsilout les a complètement quittés, et ils sont tombés sous la Parsa de Atsilout, dans la qualité de l'endroit de BYA, préparé par le Tsimtsoum Bet (Point 145). Ainsi, les quatre Sefirot inférieures de Yetsira et les dix Sefirot du monde de Assiya sont tombées et se tenaient à l'endroit des quatorze Sefirot des Klipot (Point 149), appelé Mador haKlipot.

152) Le cinquième discernement concerne les Mokhin de Ima que BYA ont reçus à l'endroit où ils sont tombés. Après que BYA sont sortis de Atsilout et sont tombés sous la Parsa de Atsilout, ils n'avaient que VAK (Point 151). Alors ISHSOUT se revêtirent dans ZON de Atsilout, et ISHSOUT s'accouplèrent en se revêtissant dans ZON, et donnèrent les Mokhin de Neshama aux Partsoufim BYA à leurs places :

– Le monde de Briya reçut d'eux dix Sefirot complètes au niveau de Bina.
– Le monde de Yetsira reçut VAK d'eux.
– Et le monde de Assiya, seulement le discernement de dos à dos.

153) Le sixième discernement est Neshama de Neshama, que les Partsoufim BYA ont obtenu des Partsoufim de Akhor des cinq Partsoufim de Atsilout. Car quand la lune diminue [lune descendante], le Partsouf de Akhor de Noukva de Atsilout est tombé est s'est revêtu dans les Partsoufim BYA. Il contient trois Partsoufim, appelés Ibour, Yenika et Mokhin.

– Bekhina Mokhin est tombée dans Briya
– Bekhina Yenika est tombée dans Yetsira
– Bekhina Ibour est tombée dans Assiya.

Ils sont devenus Bekhinat Neshama de Neshama pour tous les Partsoufim BYA, que l'on considère comme Haya pour eux.

154) Le septième discernement concerne *Noukva de Atsilout*, qui est devenue *RADLA* et l'illumination de *Yekhida* dans *BYA*. C'est parce qu'il a été expliqué que durant la diminution de la lune, les trois discernements – *Ibour, Yenika* et *Mokhin* – du *Partsouf Akhor de Noukva de Atsilout*, sont tombés et se sont revêtus dans *BYA*. Ils sont considérés comme les *Akhoraim* des neuf Sefirot inférieures de *Noukva*, qui sont *Ibour, Yenika* et *Mokhin* :

– *NHY* sont appelées *Ibour*
– *HGT* sont appelées *Yenika*
– *HBD* sont appelées *Mokhin*

Néanmoins, le *Akhor de Bekhinat Keter de Noukva* est devenu *Atik* pour les *Partsoufim BYA*, de telle façon que l'essentiel des lumières des *Partsoufim BYA* provient des restes laissés en eux après le péché d'*Adam haRishon*, qui est *VAK* de chacun d'eux (Point 151)

– Ils reçurent *Bekhinat Neshama* des *Mokhin de Ima* (Point 152)
– Et ils reçurent *Bekhinat Neshama de Neshama*, qui est *Bekhinat Haya*, des neuf inférieures du *Partsouf Akhor de Noukva*.
– Et ils reçurent *Bekhinat Yekhida de Bekhinat Akhor de Keter de Noukva de Atsilout*.

Explications des ascensions des mondes

155) La principale différence entre les *Partsoufim* de *AK* et les *Partsoufim* du monde de *Atsilout* est que les *Partsoufim* de *AK* sont du *Tsimtsoum Aleph*, où chaque degré contient dix Sefirot complètes. Il y a seulement un *Kli* dans les dix Sefirot, le *Kli* de *Malkhout* et les neuf premières Sefirot sont seulement des lumières.

Les *Partsoufim de Atsilout*, par contre, sont du *Tsimtsoum Bet*, comme il est écrit « le jour où le Seigneur Dieu fit la terre et le ciel », quand Il associa *Rakhamim* [clémence] à *Din* [jugement] (Point 59). *Midat ha Din* [attribut du jugement], qui est *Malkhout*, s'éleva et se connecta à *Bina*, qui est *Midat ha Rakhamim* [attribut de la clémence] et ils agirent ensemble.

Par cela, un nouveau *Sioum* a été fait sur la lumière Supérieure, à l'endroit de *Bina*. *Malkhout* qui termine le *Gouf* s'éleva à *Bina de Gouf*, qui est *Tifferet*, au niveau de *Khazé*, et *Malkhout* qui s'accouple à *Pé de Roch* s'éleva à *Bina de Roch*, appelée *Nikvey Eynaim*.

Ainsi, le niveau des *Partsoufim* diminua dans *GE*, qui sont *Keter Hokhma* dans les *Kélim*, au niveau de *VAK sans Roch*, qui est *Nefesh Rouakh* des lumières (Point 74). Par conséquent, ils leur manquent les *AHP de Kélim* qui sont *Bina* et *ZON*, et les lumières *Neshama, Haya* et *Yekhida*

156) Il a été expliqué (Point 124) que par l'élévation de *MAN* pour le second *Ibour*, les *Partsoufim de Atsilout* ont obtenu l'illumination des *Mokhin de AB SAG de AK*, qui abaisse le *Hey* inférieur de *Nikvey Eynaim* et le ramène à sa place, à *Pé*, comme dans

Tsimtsoum Aleph. Aussi, ils récupèrent les *AHP* de *Kélim* et les lumières *Neshama*, *Haya* et *Yekhida*. Mais, cela n'a aidé que les dix *Sefirot* de *Roch* des *Partsoufim*, mais pas leur *Goufim*, car ces *Mokhin* ne se diffusent pas de *Pé* et en bas, à leurs *Goufim* (Point 138).

Par conséquent, même après les *Mokhin* de *Gadlout*, les *Goufim* sont restés dans *Tsimtsoum Bet*, comme durant *Katnout*. Pour cette raison, les cinq *Partsoufim* de *Atsilout* sont considérés comme ayant seulement le niveau des dix *Sefirot* qui sortent sur l'*Aviout* de *Bekhina Aleph*, le niveau de *ZA*, *VAK* sans *Roch*, appelé « le niveau de *MA* ». Ils revêtent le niveau de *MA* des cinq *Partsoufim* de *AK*, de *Tabour* des cinq *Partsoufim* de *AK* vers le bas.

157) Ainsi, le *Partsouf Atik* de *Atsilout* revêt le *Partsouf Keter* de *AK* de son *Tabour* vers le bas, et reçoit son abondance du niveau de *MA* du *Partsouf Keter* de *AK*, qui est là. Le *Partsouf AA* de *Atsilout* revêt le *Partsouf AB* de *AK* de *Tabour* vers le bas et reçoit son abondance du niveau de *MA* de *AB* de *AK*, qui est là. *AVI* de *Atsilout* revêtent le *Partsouf SAG* de *AK* du *Tabour* vers le bas, et reçoivent leur abondance du niveau de *MA* de *SAG*, qui est là. *ZON* de *Atsilout* revêtent le *Partsouf MA* et *BON* de *AK* de *Tabour* vers le bas, et reçoivent leur abondance du niveau de *MA* du *Partsouf MA* et *BON* de *AK*.

Ainsi, chacun des cinq *Partsoufim* de *Atsilout* reçoit de son *Partsouf* correspondant dans *AK*, uniquement *VAK* sans *Roch*, appelé « le niveau de *MA* ». Et bien qu'il y aient *GAR* dans les *Rochim* des cinq *Partsoufim* de *Atsilout*, seuls les *Mokhin* qui s'étendent de *Pé* vers le bas dans leurs *Goufim*, qui sont précisément *VAK* sans *Roch*, sont pris en considération (Point 139).

158) Cela ne signifie pas que chacun des cinq *Partsoufim* de *Atsilout* revêt sa *Bekhina* correspondante dans *AK*. C'est impossible, car les cinq *Partsoufim AK* se revêtent l'un au-dessus de l'autre, ainsi que les cinq *Partsoufim* de *Atsilout*. Mais cela signifie que le niveau de chaque *Partsouf* parmi les *Partsoufim* de *Atsilout* a une intention envers sa *Bekhina* correspondante dans les cinq *Partsoufim* de *AK*, d'où il reçoit son abondance. (*Sefer haIlan*, schéma 3).

159) Pour que les *Mokhin* s'étendent de *Pé* et en bas vers les *Goufim* des cinq *Partsoufim* de *Atsilout*, il été expliqué (Point 141) que l'élévation de *MAN* par les inférieurs est nécessaire. Car alors la finition des dix *Sefirot* de la seconde sorte leur est donnée, ce qui suffit aussi aux *Goufim*.

Et il y a trois discernements dans ces *MAN* que les inférieurs élèvent :
– Quand ils élèvent *MAN* de l'*Aviout* de *Bekhina Bet*, dix *Sefirot* au niveau de *Bina* sortent, appelées « le niveau de *SAG* ». Ce sont les *Mokhin* de la lumière de *Neshama*.
– Quand ils élèvent *MAN* de l'*Aviout* de *Bekhina Guimel*, dix *Sefirot* au niveau de *Hokhma* sortent, appelées « le niveau de *AB* ». Ce sont les *Mokhin* de la lumière de *Haya*.

– Quand ils élèvent MAN de l'*Aviout de Bekhina Dalet*, dix *Sefirot*
au niveau de *Keter* sortent, appelées « le niveau de Galgalta ».
Ce sont les *Mokhin* de la lumière de *Yékhida* (Point 29).

160) Sachez que les inférieurs qui sont capables d'élever MAN sont seulement considérés comme NRN (*Nefesh, Rouakh, Neshama*) des Justes, qui sont déjà inclus dans BYA et peuvent élever MAN à ZON de *Atsilout*, qui est leur Supérieur. A ce moment, les ZON élèvent MAN à leurs Supérieurs qui sont AVI, et AVI sont aussi Supérieurs, jusqu'à ce qu'ils atteignent les *Partsoufim de AK*. Alors la lumière Supérieure descend de *Ein Sof* aux *Partsoufim de AK* sur la MAN qu'ils ont élevée, et le niveau des dix *Sefirot* sort selon la mesure de l'*Aviout* de la MAN qu'ils ont élevée.

– Si c'est de *Bekhina Bet*, c'est au niveau de *Neshama*
– Si c'est de *Bekhina Guimel*, c'est le niveau de *Haya*.

Et de là, les *Mokhin* descendent degré par degré au travers des *Partsoufim de AK*, jusqu'à ce qu'ils arrivent aux *Partsoufim de Atsilout*. Et ils traversent aussi de degré en degré tous les *Partsoufim de Atsilout*, jusqu'à ce qu'ils arrivent aux *Partsoufim* de ZON de *Atsilout*, qui donnent ces *Mokhin* aux NRN des justes qui ont élevé ces MAN de BYA.

Et c'est la règle : tout renouvellement de *Mokhin* ne provient que de *Ein Sof*, et aucun degré ne peut élever MAN ou recevoir l'abondance sauf de son Supérieur adjacent.

161) De là, sachez qu'il est impossible pour les inférieurs de recevoir quoique ce soit des ZON de *Atsilout* avant que tous les *Partsoufim* Supérieurs dans le monde de *Atsilout* et le monde de AK grandissent par eux. Car il a été expliqué qu'il n'y a aucun renouvellement des *Mokhin* sauf de *Ein Sof*.

Cependant, NRN des justes ne peuvent les recevoir que de leur Supérieur adjacent, à savoir ZON de *Atsilout*. C'est pourquoi, les *Mokhin* peuvent descendre en chaîne à travers les Mondes et les *Partsoufim* supérieurs jusqu'à ce qu'ils atteignent les ZON, qui alors donnent NRN des justes.

Vous savez déjà qu'il n'y a pas d'absence dans le spirituel et que le changement d'endroit ne signifie pas qu'il n'y a plus rien au premier endroit et qu'ils arrivent au suivant, comme dans la matérialité. Au contraire, ils restent au premier endroit, même après en être partis et être arrivés à l'endroit suivant, comme allumer une bougie à partir d'une autre, sans que la première ne s'éteigne.

De plus, la règle est que l'essence et la racine de la lumière restent au premier endroit et seulement une branche s'étend à l'endroit suivant. Maintenant vous pouvez comprendre que l'abondance qui traverse les Supérieurs jusqu'à ce qu'elle atteigne NRN des justes reste dans chaque degré qu'elle a traversé. Ainsi, tous les degrés se développent du fait de l'abondance qu'ils transmettent aux NRN des justes.

162) Maintenant vous pouvez comprendre comment les actions des inférieurs entraînent des élévations et des chutes dans les *Partsoufim* et les Mondes supérieurs. Car quand ils améliorent leurs actions et élèvent MAN et étendent l'abondance, tous les mondes et les degrés au travers desquels l'abondance est passée se développent et s'élèvent plus Haut, grâce à l'abondance qu'ils ont transmise. Et quand ils corrompent leurs actions une fois de plus, la MAN est endommagée et les *Mokhin* quittent également les hauts degrés, car la transmission de l'abondance à partir d'eux aux inférieurs s'arrête et ils redescendent à leur situation permanente comme au début.

163) Et maintenant nous allons expliquer l'ordre des élévations des cinq *Partsoufim de Atsilout* aux cinq *Partsoufim* de AK et les trois mondes de BYA aux ISHSOUT et ZON de *Atsilout*, en commençant par leur situation constante et jusqu'au niveau qu'ils peuvent atteindre durant les 6000 années avant la fin de la correction. De façon générale, il y a trois élévations, mais elles sont divisées en de nombreux détails.

La situation constante des mondes AK et ABYA a déjà été expliquée ci-dessus : le premier *Partsouf* qui a émergé après le *Tsimtsoum Aleph* est le *Partsouf Galgalta* de AK, revêtu des quatre *Partsoufim* de AK : AB, SAG, MA BON, et le *Sioum Raglin* de AK est au-dessus du point de ce monde (Point 27, 31). Autour de lui, il y a l'entourage de AK de *Ein Sof*, dont la grandeur est infinie et non mesurable (Point 32). Et comme *Ein Sof* l'entoure, il se revêt en lui, et ceci est appelé « la ligne de *Ein Sof* ».

164) Et dans MA et BON de AK se trouvent le *Partsouf* TNHYM de AK, appelé *Nekoudot* de SAG de AK (Point 63, 66). Durant le *Tsimtsoum Bet*, *Malkhout* terminale, qui se trouvait au-dessus du point de ce monde, s'est élevée et s'installa au niveau du *Khazé* de ce *Partsouf*, sous son tiers Supérieur de *Tifferet*, où elle a créé un nouveau *Sioum* pour la lumière Supérieure, de sorte qu'elle ne pourrait pas s'y étendre vers le bas. Ce nouveau *Sioum* est appelé « la *Parsa* sous *Atsilout* » (Point 68).

Aussi, ces *Sefirot* du *Partsouf Nekoudot* de SAG de AK, de *Khazé* et en bas, qui sont restées sous la *Parsa*, sont devenues le lieu des trois mondes de BYA :
– Les deux tiers de *Tifferet* jusqu'au *Khazé* sont devenus
   l'endroit du monde de *Briya*
– NHY sont devenues l'endroit du monde de *Yetsira*
– Et *Malkhout*, l'endroit du monde de *Assiya* (Point 67).

Il en découle que l'endroit des trois mondes de BYA commence sous la *Parsa* et se termine au-dessus du point de ce monde.

165) Ainsi, les quatre mondes *Atsilout*, *Briya*, *Yetsira* et *Assiya* commencent de l'endroit sous *Tabour de AK* et se terminent au-dessus du point de ce monde. Car les cinq *Partsoufim* du monde de *Atsilout* commencent de l'endroit sous le *Tabour de AK*, et se terminent au-dessus de la *Parsa*. Et de la *Parsa* et en bas jusqu'à ce monde se trouvent les trois mondes de BYA. C'est la situation permanente des mondes de AK et ABYA et il n'y aura jamais aucune diminution en eux.

Et il a déjà été expliqué (Point 138) que dans cette situation, il y a seulement *Bekhinat VAK* sans *Roch* dans tous les *Partsoufim* et les Mondes. Il en est ainsi même dans les trois premiers *Partsoufim de Atsilout*, dans les *Rochim* desquels se trouve GAR, ils ne sont pas encore transmis de leur *Pé* vers le bas, et tous les *Goufim* sont VAK sans *Roch*, à plus forte raison aussi dans les *Partsoufim* BYA. Même les *Partsoufim de AK*, en fonction de leur entourage, sont considérés comme étant sans GAR (Point 32).

166) C'est pourquoi, il y a trois ascensions générales pour compléter les mondes aux trois niveaux, *Neshama*, *Haya* et *Yekhida*, dont ils manquent. Et ces ascensions dépendent de l'élévation de MAN par les inférieurs.

La première ascension se fait quand les inférieurs élèvent MAN depuis *Bekhinat Aviout de Bekhina Bet*. A ce moment, les AHP du niveau de *Bina* et *Neshama*, selon les dix *Sefirot* de la deuxième sorte, sont clarifiés, c'est-à-dire par l'illumination du point de *Shourouk* (Point 135). Ces *Mokhin* brillent aussi sur ZAT et les *Goufim*, comme dans les *Partsoufim de AK*, quand toute la quantité qui existe dans les dix Sefirot dans les *Rochim* des *Partsoufim de AK* traverse et s'étend aux *Goufim* aussi.

167) Il s'avère que ces *Mokhin* traversent les *Partsoufim de Atsilout*, chacun des *Partsoufim de Atsilout* reçoit les *Mokhin de Bina* et *Neshama*, appelés *Mokhin de SAG*, qui illuminent aussi GAR dans leurs *Partsoufim*, comme dans AK. De plus, on peut considérer maintenant qu'ils se développent, s'élèvent et revêtent les cinq *Partsoufim de AK*, à la mesure des *Mokhin* qu'ils ont atteints.

168) Alors, quand le *Partsouf Atik de Atsilout* a obtenu ces *Mokhin de Bina*, il s'élève et revêt le *Partsouf Bina de AK*, se trouvant en face du niveau de SAG du *Partsouf Galgalta de AK* duquel il reçoit sa *Bekhinat Neshama de Yékhida de AK*, qui illumine aussi ses ZAT.

Et quand les *Mokhin* arrivent au *Partsouf AA de Atsilout*, il s'élève et revêt *Roch de Atik* de la situation constante, se trouvant en face du niveau de SAG du *Partsouf AB de AK*, duquel il reçoit *Bekhinat Neshama de Haya de AK*, qui illumine ses ZAT. Et quand les *Mokhin* arrivent au *Partsouf AVI de Atsilout*, ils s'élèvent et revêtent GAR de AA en permanence, se trouvant en face du niveau de *Bina de SAG de AK*, duquel il reçoit *Bekhinat Neshama de Neshama de AK*, qui illumine aussi ses ZAT. Et quand ces *Mokhin* arrivent à ISHSOUT et ZON de *Atsilout*, ils s'élèvent et revêtent les AVI permanents, se trouvant en face du niveau de *Bina* du *Partsouf* MA et BON de AK, desquels ils reçoivent *Bekhinat Neshama de Nefesh Rouakh de AK*. Alors NRN des justes reçoivent les *Mokhin de Neshama de Atsilout*.

Et quand les *Mokhin* arrivent aux *Partsoufim* du monde de *Briya*, le monde de *Briya* s'élève et revêt *Noukva de Atsilout*, de laquelle il reçoit *Bekhinat Nefesh de Atsilout*. Et quand les *Mokhin* arrivent au monde de *Yetsira*, il s'élève et revêt le monde constant de *Briya*, duquel il reçoit *Bekhinat Neshama* et GAR de *Briya*. Et quand les *Mokhin* arrivent au monde de *Assiya*, il s'élève et revêt le monde de *Yetsira* duquel il reçoit *Bekhinat Mokhin de VAK* qui sont dans *Yetsira*. Ainsi nous avons expliqué la première élévation que chaque *Partsouf* dans ABYA a obtenue par la MAN de *Bekhina Bet* que les inférieurs ont élevée. (*Sefer ha Ilan*, schéma 7).

169) La deuxième ascension se fait quand les inférieurs élèvent MAN de l'*Aviout de Bekhina Guimel*. A ce moment, les AHP du niveau de *Hokhma* et *Haya* sont clarifiés en fonction de la finition de la deuxième sorte des dix *Sefirot*. Ces *Mokhin* brillent pour les ZAT et les *Goufim*, comme dans les *Partsoufim de AK*. Et quand les *Mokhin* traversent les *Partsoufim* ABYA, chaque *Partsouf* s'élève et se développe à travers eux, en fonction des *Mokhin* qu'il a atteints.

170) Ainsi, quand les *Mokhin* sont arrivés au *Partsouf Atik de Atsilout*, il s'est élevé et a revêtu GAR du *Partsouf Hokhma de AK*, appelé AB de AK, opposé au niveau de AB de *Galgalta de AK*, duquel il reçoit la lumière de *Haya de Yekhida*. Et quand les *Mokhin* atteignent le *Partsouf AA de Atsilout*, il s'élève et revêt GAR de SAG de AK, se trouvant en face du niveau de AB du *Partsouf AB de AK*, duquel il reçoit la Lumière de *Haya de Haya de AK*. Et quand les *Mokhin* atteignent les *Partsoufim AVI de Atsilout*, ils s'élèvent et revêtent GAR constants de *Atik*, se trouvant en face du niveau de AB *du Partsouf SAG de AK*, duquel ils reçoivent la lumière de *Haya de Neshama de AK*, qui illumine aussi ZAT et les *Goufim*.

Et quand les *Mokhin* atteignent ISHSOUT de *Atsilout*, ils s'élèvent et revêtent GAR permanents de AA, en face du niveau de *AB de MA de AK*, duquel ils reçoivent la lumière de *Haya de MA de AK*. Et quand les *Mokhin* atteignent ZON de *Atsilout*, ils s'élèvent à GAR *de AVI*, en face du niveau de *AB de BON de AK*, duquel ils reçoivent la lumière de *Haya de BON de AK*. Ainsi, ils reçoivent les âmes des justes de ZON.

Et quand les *Mokhin* atteignent le monde de *Briya*, il s'élève et revêt ZA *de Atsilout*, duquel il reçoit *Bekhinat Rouakh de Atsilout*. Et quand les *Mokhin* atteignent le monde de *Yetsira*, *Yetsira* s'élève et revêt *Noukva de Atsilout*, et reçoit d'elle la lumière de *Nefesh de*

Atsilout. Et quand les *Mokhin* atteignent le monde de *Assiya*, il s'élève et revêt le monde de *Briya*, et reçoit de lui *Bekhinat GAR* et *Neshama de Briya*. A ce moment, le monde de *Assiya* est complété de tout *NRN de BYA*. Ainsi nous avons expliqué la seconde ascension de chaque *Partsouf des Parsoufim ABYA* qui se sont élevés et se sont développés par MAN de *Bekhina Guimel*, que les *NRN* des justes ont élevée. (*Sefer ha Ilan* schéma 8)

171) La troisième ascension est quand les inférieurs élèvent MAN de l'*Aviout de Bekhina Dalet*. Alors, les *AHP* du niveau de *Keter* et *Yekhida* sont clarifiés selon la finition de la seconde sorte des dix Sefirot. Ces *Mokhin* illuminent aussi ZAT et leurs *Goufim*, comme dans les *Partsoufim de AK*. Et quand ces *Mokhin* traversent les *Partsoufim ABYA*, chaque *Partsouf* s'élève, se développe et revêt son Supérieur en fonction de ces *Mokhin*.

172) Ainsi, quand les *Mokhin* atteignent le *Partsouf Atik de Atsilout*, il s'élève et revêt GAR du *Partsouf Galgalta de AK*, et y reçoit sa lumière de *Yekhida de Yekhida*. Et quand les *Mokhin* atteignent le *Partsouf AA de Atsilout*, il s'élève et revêt GAR du *Partsouf AB de AK*, et en reçoit la lumière de *Yekhida de Haya de AK*. Et quand les *Mokhin* atteignent le *Partsouf AVI de Atsilout*, ils s'élèvent et revêtent GAR de SAG de AK, et y reçoivent la lumière de *Yekhida de Neshama de AK*. Et quand les *Mokhin* atteignent le *Partsouf ISHSOUT*, ils s'élèvent et revêtent GAR de MA de AK, et en reçoivent la lumière de *Yekhida de MA de AK*. Et quand les *Mokhin* atteignent ZON de *Atsilout*, ils s'élèvent et revêtent GAR de BON de AK et en reçoivent la lumière de *Yekhida de BON de AK*. Et alors les *NRN* des justes reçoivent la lumière de *Yekhida de ZON de Atsilout*.

Et quand les *Mokhin* atteignent le monde de *Briya*, il s'élève et revêt le *Partsouf ISHSOUT de Atsilout*, et en reçoit *Neshama de Atsilout*. Et quand les *Mokhin* atteignent le monde de *Yetsira*, il s'élève et revêt le *Partsouf ZA de Atsilout*, et en reçoit *Bekhinat Rouakh de Atsilout*. Et quand les *Mokhin* atteignent le monde de *Assiya*, il s'élève et revêt *Noukva de Atsilout* et reçoit d'elle, la lumière de *Nefesh de Atsilout*. (*Sefer haIlan*, schéma 9)

173) Il s'avère que maintenant, durant la troisième ascension, les cinq *Partsoufim de Atsilout* ont chacun été complétés aux trois niveaux : *Neshama*, *Haya* et *Yekhida de AK*, dont ils manquaient dans la situation constante. On considère par conséquent que ces cinq *Partsoufim* se sont élevés et ont revêtu les cinq *Partsoufim de AK*, chacun dans sa *Bekhina* correspondante dans les *Partsoufim de AK*.

Aussi, les *NRN* des justes ont reçu GAR dont ils manquaient. Les trois mondes BYA qui étaient sous la *Parsa de Atsilout* avaient seulement *NRN* de la lumière de *Hassadim* dans la situation stable, sans *Hokhma* à cause de la *Parsa* au-dessus d'eux. Maintenant, néanmoins, ils se sont élevés au-dessus de la *Parsa* et ont revêtu ISHSOUT et ZON de *Atsilout*, et ont *NRN de Atsilout*, quand la lumière de *Hokhma* brille dans leur *Hassadim*.

174) Nous savons que les *NRN* des justes revêtent en permanence seulement les *Partsoufim BYA* sous la *Parsa* :

– *Nefesh* revêt les dix Sefirot de *Assiya*
– *Rouakh*, les dix Sefirot de *Yetsira*
– *Neshama*, les dix Sefirot de *Briya*

Il s'avère que bien qu'ils reçoivent de ZON de *Atsilout*, cela ne les atteint que par les *Partsoufim de BYA*, qui se revêtent sur eux. Ainsi, les *NRN* des justes aussi s'élèvent à égalité avec les ascensions des trois mondes de BYA. Et alors, les mondes de BYA aussi ne se développent qu'à la mesure de la réception de l'abondance par les *NRN* des justes, c'est-à-dire selon la MAN clarifiée par eux.

175) Ainsi, il est clair que dans la situation constante, il y a seulement VAK sans *Roch* dans tous les mondes et les *Partsoufim*, chacun selon sa *Bekhina*. Même si les *NRN* des justes ne concernent que VAK, bien qu'ils aient GAR de *Neshama* du monde de *Briya*, ces GAR sont considérés comme VAK, comparés au monde de *Atsilout*, car ils sont considérés comme la lumière de *Hassadim*, séparée de *Hokhma*.

Ainsi, les *Partsoufim de Atsilout*, bien qu'il y ait GAR dans leur *Rochim*, sont précisément considérés comme VAK, car ils n'illuminent pas leurs *Goufim*. Et tous les *Mokhin* qui atteignent les mondes, qui sont plus que les VAK, ne viennent que par la MAN que les justes élèvent.

De plus ces *Mokhin* ne peuvent être admis dans les *Partsoufim* que par l'élévation de l'inférieur à l'endroit du Supérieur. Car bien qu'ils soient considérés comme la finition de la deuxième sorte des dix Sefirot, selon les *Goufim* et les ZAT eux-mêmes, ils sont encore considérés comme clarifiant les AHP de la première sorte, qui ne sont pas complets à leur propre place, sauf lorsqu'ils sont au niveau du Supérieur (Point 142). C'est pourquoi, les cinq *Partsoufim de Atsilout* ne peuvent pas recevoir *Neshama, Haya* et *Yekhida de AK*, sauf quand ils s'élèvent et les revêtent.

Ainsi, les *NRN* et les trois mondes BYA ne peuvent pas recevoir *NRN de Atsilout*, sauf quand ils s'élèvent et revêtent ISHSOUT et ZON de *Atsilout*. C'est pourquoi ces AHP de la deuxième sorte qui appartiennent à ZAT, et s'étendent de haut en bas à l'endroit de ZAT, seront clarifiés seulement à la réparation finale. Ainsi, quand les trois mondes BYA s'élèvent et revêtent ISHSOUT et ZON de *Atsilout*, leur place constante, de la *Parsa* et en bas, reste strictement vide de toute lumière de *Kedoucha*.

Et il y a une différence entre le *Khazé* et en haut du monde de *Yetsira*, et entre son *Khazé* et et en bas. Il a été expliqué plus haut, que du *Khazé* et en bas du monde de *Yetsira*, c'est l'endroit permanent des *Klipot* (Point 149). Mais à cause du dommage causé par le péché d'Adam *haRichon*, les quatre dernières Sefirot de *Yetsira de Kedoucha* et les dix Sefirot de *Assiya de Kedoucha* sont descendues et se sont revêtues là (Point 156). De plus, lors de l'ascension de *BYA* à *Atsilout*, il n'y a ni *Kedoucha* ni *Klipot* du *Khazé* et en haut de *Yetsira*. Mais de *Khazé* et en bas de *Yetsira*, il y a des *Klipot* car c'est leur place.

176) Et comme les *Mokhin* supplémentaires des niveaux de *VAK* n'arrivent que par MAN des inférieurs, ils ne sont pas constamment présents dans les *Partsoufim*, car ils dépendent des actions des inférieurs. Quand ces derniers corrompent leurs actions, les *Mokhin* s'en vont (Point 162). Néanmoins, les *Mokhin* permanents dans les *Partsoufim*, qui ont été établis par l'Émanateur Lui-même, ne connaîtront jamais aucun changement, car ils ne se développent pas grâce aux inférieurs, ni ne sont corrompus par eux.

177) Ne vous étonnez pas que *AA de BON* soit considéré comme *Keter de Atsilout* et *AVI* comme *AB* (Point 130). Car *AA* est la dernière moitié de *Keter de BON*, et *AVI* sont la dernière moitié de *HB des Nikoudim*. De plus, sa *Bekhina* correspondante de *AA* dans *AK* devrait être le *Partsouf Keter de AK* et la *Bekhina* correspondant à *AVI* dans *AK* devrait être *AB de AK*.

La réponse est que les *Partsoufim de BON* sont femelles, n'ayant pas de réception pour elles-mêmes, à l'exception de ce que les mâles, les *Partsoufim de MA* leur donnent. Par conséquent, tous ces discernements dans les ascensions, qui signifie obtenir des *Mokhin* du Supérieur, sont distingués uniquement chez les mâles, qui sont les *Partsoufim de MA*. Et comme *AA de MA* n'a rien de *Bekhinat Keter*, mais seulement le niveau de *Hokhma*, et *AVI de MA* n'ont rien de *Bekhinat Hokhma* mais seulement le niveau de *Bina* (Point 126), on considère que leur *Bekhina* correspondante dans *AK* est *AB de AK* pour *AA*, et *SAG de AK* pour *AVI*. Et le *Partsouf Keter de AK* ne fait référence qu'à *Atik* qui a pris tout le niveau de *Keter de MA*.

178) Vous devez aussi noter ce qui est dit, à savoir que l'échelle des degrés, comme ils sont avec des *Mokhin* constantes, ne change jamais du fait de toutes ces ascensions. Il a été expliqué que la cause de toutes ces ascensions était que les *NRN* des justes, qui sont dans *BYA*, ne peuvent rien recevoir avant que tous les *Partsoufim* supérieurs ne le leur transfèrent depuis *Ein Sof*. Ainsi, les Supérieurs eux-mêmes, jusqu'à *Ein Sof*, se développent et s'élèvent aussi, chacun vers son propre Supérieur (Point 161).

Donc à la mesure d'un degré qui s'élève, tous les degrés jusqu'à *Ein Sof* doivent s'élever aussi. Par exemple, quand *ZON* s'élèvent de sa situation permanente, sous le *Tabour de AA*, revêtant le *Khazé* et en bas de *AA* alors *AA* aussi s'élèvent d'un degré au-dessus de sa situation permanente, qui était de *Pé de Atik* et en bas, revêtant *GAR de Atik*. Après lui, tous ses degrés intérieurs s'élèvent aussi : ses *HGT* se sont élevés à l'endroit de

GAR constants, et et de *Khazé* jusqu'au *Tabour* ils se sont élevés à l'endroit de ses *HGT* permanents et de *Tabour* et en bas ils se sont élevés à l'endroit du *Khazé* jusqu'au *Tabour*.

Ainsi, ZON, qui se sont élevés à l'endroit de *Khazé* jusqu'au *Tabour* de AA permanent, sont encore sous le *Tabour* de AA. A ce moment-là, ce qui était sous le *Tabour* de AA s'est déjà élevé à l'endroit de *Khazé* jusqu'au *Tabour*. (*Hallan*, schéma 4).

Néanmoins, tous les *Partsoufim* de *Atsilout* s'élèvent à ce moment-là (*Hallan* schéma 7). Pour cette raison, vous trouvez que là, ZON revêtent encore ISHSOUT de Pé et en bas, à l'extrémité supérieure du *Khazé* et en bas de AVI, à l'extrémité supérieure du *Tabour* et en bas de AA. Aussi, l'échelle des degrés n'a pas changé du fait de l'ascension. Et il en est de même dans toutes les ascensions. (*Hallan*, du schéma 3 jusqu'à la fin).

179) Nous devons aussi savoir que même après l'ascension des *Partsoufim*, ils laissent tous leurs degrés à leur place habituelle, ou à l'endroit où ils étaient au début, car il n'y a pas d'absence dans le spirituel (Point 96). Ainsi, quand GAR de AVI s'élèvent à GAR de AA, GAR de AVI restent encore à leur place habituelle de Pé de AA et en bas. Et ISHSOUT s'élèvent au niveau de HGT des AVI qui se sont élevés, et reçoivent vraiment de GAR de AVI, qui étaient là avant l'ascension.

De plus, on considère qu'il y a trois degrés ensemble à ce niveau. GAR de AVI élevés se tiennent à l'endroit de GAR de AA permanents, et donnent aux endroits fixes de Pé de AA et en bas, où ISHSOUT sont maintenant présents. Ainsi, GAR de AA et AVI et ISHSOUT brillent au même moment et au même endroit.

C'est la même chose pour tous les *Partsoufim* de AK et ABYA durant les ascensions. Pour cette raison, quand un *Partsouf* s'élève, nous devons toujours observer la valeur de l'élévation en fonction des Supérieurs dans leur situation constante, et sa valeur par rapport aux Supérieurs qui se sont aussi élevés d'un degré.

La division de chaque *Partsouf* dans *Keter* et ABYA

180) Sachez que le général et le particulier sont égaux. Aussi, ce qui est distingué dans le général est aussi présent dans l'individuel, et même dans le plus petit détail qui soit. Aussi, la réalité en général se discerne selon cinq mondes, AK et ABYA, où le monde de AK est considéré comme *Keter* des mondes, et les quatre mondes ABYA sont considérés comme HB ZON (Point 3). De même, il n'y a pas le moindre détail dans les quatre mondes d'ABYA qui ne comprenne pas ces cinq-là : *Roch* de chaque *Partsouf* est considérée comme sa *Keter*, correspondant au monde de AK, et le *Gouf*, de Pé jusqu'au *Khazé* est considéré comme *Atsilout* et de *Khazé* jusqu'au *Tabour* comme *Briya*, et du *Tabour* et en bas jusqu'à *Sioum Raglin*, il est considéré comme ses *Yetsira* et *Assiya*.

181) Vous devez savoir qu'il existe plusieurs appellations pour les dix *Sefirot KHB, HGT, NHYM*. Parfois elles sont appelées *GE* et *AHP*, ou *KHB ZON*, ou *NRNHY*, ou la pointe du *Youd* et les quatre lettres *Youd, Hey, Vav, Hey*, ou simplement *HaVaYaH* et *AB, SAG, MA* et *BON*, qui sont les quatre sortes de remplissage dans *HaVaYaH*.

– Le remplissage de *AB* est *Youd, Hey, Vav, Hey*
– Le remplissage de *SAG* est *Youd, Hey, Vav, Hey*
– Le remplissage de *MA* est *Youd, He, Vav, He*
– Le remplissage de *BON* est *Youd, He, Vav, He*

Ils sont aussi appelés *AA, AVI* et *ZON*. *AA* est *Keter*, *Aba* est *Hokhma*, *Ima* est *Bina*, *ZA* est *HGT NHY*, et *Noukva de ZA* est *Malkhout*.

Et ils sont aussi appelés *AK* et *ABYA*, ou *Keter* et *ABYA*. *Malkhout de Keter* est appelée *Pé*, *Malkhout de Atsilout* est appelée *Khazé*, *Malkhout de Briya* est appelée *Tabour*, *Malkhout de Yetsira* est appelée *Ateret Yessod*, et *Malkhout* générale est appelée *Sioum Raglin*.

182) Sachez que vous devez toujours distinguer deux choses dans ces changements de noms des dix Sefirot.

1. Son équivalence à la *Sefira* à laquelle il fait référence
2. Son changement de cette *Sefira* à laquelle il fait référence est la raison pour laquelle son nom a changé par un nom particulier.

Par exemple, *Keter* des dix *Sefirot* de la lumière directe est *Ein Sof* et chaque *Roch* d'un *Partsouf* est aussi appelée *Keter*. De même, les cinq *Partsoufim de AK* sont également appelés *Keter*. Le *Partsouf Atik* est aussi appelé *Keter* et *AA* est aussi appelé *Keter*. Donc, nous devons faire attention à la chose suivante : s'ils sont tous *Keter*, pourquoi est-ce que leurs noms ont changé et sont appelés autrement ? Et aussi, s'ils font tous référence à *Keter*, ne devraient-ils pas être égaux à *Keter* ?

Cependant dans un sens, ils sont tous considérés comme égaux à *Keter* puisqu'ils sont considérés comme *Ein Sof*, car la règle est que tant que la lumière Supérieure ne s'est pas revêtue dans un *Kli*, elle est considérée comme *Ein Sof*. Donc, les cinq *Partsoufim de AK* sont considérés comme une lumière sans un *Kli* vis à vis du monde du *Tikoun*, car nous n'avons aucune perception dans les *Kélim de Tsimtsoum Aleph* [première restriction]. Pour cette raison, pour nous, ses lumières sont considérées comme *Ein Sof*.

De même, *Atik* et *AA de Atsilout* sont considérés tous les deux comme *Keter des Nikoudim*. Mais différemment car ils sont éloignés l'un de l'autre, car *Keter de Ohr Yashar* est une *Sefira*, mais dans *AK* elle contient cinq *Partsoufim* complets, chacun d'eux contenant *Roch, Tokh* et *Sof* (Point 142). De plus, le *Partsouf Atik* est seulement la moitié de la moitié supérieure de *Keter des Nikoudim*, et le *Partsouf AA* est la moitié de la moitié inférieure de *Keter des Nikoudim* (Point 129). De la même façon, ces deux instructions sont discernées dans toutes les appellations des *Sefirot*.

183) Sachez que cette chose particulière dans ces appellations des dix *Sefirot*, appelées *Keter* et *ABYA*, est pour montrer que cela se réfère à la division des dix *Sefirot* en *Kélim de Panim* et *Kélim de Akhoraim*, faite à cause du *Tsimtsoum Bet* (Point 60). A ce moment, *Malkhout* terminale est montée à l'endroit de *Bina de Gouf*, appelée « *Tifferet* à l'endroit du *Khazé* », où elle a terminé le degré et a créé un nouveau *Sioum* appelé « la *Parsa* sous *Atsilout* » (Point 68).

Et les *Kélim de Khazé* et en bas sont sortis d'*Atsilout* et ils sont appelés *BYA*. Les deux tiers de *Tifferet* du *Khazé* jusqu'au *Sioum* sont appelés *Briya*, *NHY* sont appelés *Yetsira* et *Malkhout* est appelée *Assiya*. Il a aussi été expliqué que pour cette raison chaque degré s'est divisé en *Kélim de Panim* et *Kélim de Akhoraim* : de *Khazé* et en haut, il est appelé *Kélim de Panim* et de *Khazé* et en bas, il est appelé *Kélim de Akhoraim*.

184) De plus, la *Parsa* au niveau du *Khazé* sépare le degré en quatre *Bekhinot* particulières, appelées *ABYA* : *Atsilout* jusqu'au *Khazé* et *BYA* de *Khazé* et en bas. Et le début de la distinction est dans *AK* lui-même. Mais là, la *Parsa* est descendue jusqu'à son *Tabour* (Point 68). Il s'avère que son *Atsilout* est *AB SAG* qui se termine au-dessus de son *Tabour*.

De son *Tabour* et en bas, c'est son *BYA*, où sont les deux *Partsoufim MA* et *BON*. C'est ainsi que les cinq *Partsoufim* de *AK* sont divisés dans *ABYA* par la force du *Sioum* du *Tsimtsoum Bet*, appelé *Parsa* : *Galgalta* est *Roch*, *AB SAG* jusqu'au *Tabour* sont *Atsilout*, et *MA* et *BON* de son *Tabour* et en bas sont *BYA*.

185) De la même façon, les cinq *Partsoufim* du monde de *Atsilout* sont divisés eux-mêmes en *Keter* et *ABYA* :

– *AA* est *Roch* de tout *Atsilout*
– *AVI* supérieurs, qui sont *AB*, revêtus de *Pé* de *AA*
  vers le bas jusqu'au *Khazé*, sont *Atsilout*.
– Et là, au point de *Khazé* se trouve la *Parsa* qui termine
  Atsilout du monde de *Atsilout*.
– *ISHSOUT*, qui sont *SAG*, revêtus de *Khazé* de *AA*
  jusqu'à son *Tabour*, sont *Briya* de *Atsilout*.
– *ZON*, qui sont *MA* et *BON*, revêtus du *Tabour* de *AA*
  jusqu'au *Sioum* de *Atsilout*, sont *Yetsira* et *Assiya* de *Atsilout*.

Ainsi, le monde de *Atsilout* aussi avec ses cinq *Partsoufim* se divise en *Roch* et *ABYA*, comme les cinq *Partsoufim* de *AK*. Mais ici se tient la *Parsa* à sa place au *Khazé de AA*, qui est sa vraie place (Point 127).

186) Néanmoins, dans les mondes en général, les trois sont considérés comme la *Roch* générale. Et les cinq *Partsoufim* du monde de *Atsilout* qui se revêtent du *Tabour de AK* vers le bas jusqu'à la *Parsa* générale, qui est la *Parsa* qui a été faite au *Khazé des Nekoudot de SAG* (Point 66), sont l'ensemble de *Atsilout*. Et l'ensemble des trois mondes *BYA* se trouvent de la *Parsa* vers le bas (Point 67-68).

187) C'est exactement de la même façon que chaque degré particulier dans chacun des mondes *ABYA* se divise en *Roch* et *ABYA*, même pour *Malkhout de Malkhout de Assiya*, car elle contient *Roch* et *Gouf*.

– Le *Gouf* se divise en *Khazé*, *Tabour* et *Sioum Raglin*
– La *Parsa*, sous *Atsilout* de chaque degré, se trouve au niveau de son *Khazé* et termine *Atsilout*
– De *Khazé* jusqu'au *Tabour*, c'est *Briya* du degré, qui est le point où le *Tabour* se termine
– De *Tabour* vers le bas jusqu'à son *Sioum Raglin*, c'est *Yetsira* et *Assiya* du degré.

Et selon les Sefirot, *HGT* jusqu'au *Khazé* sont considérées comme *Atsilout* ; les deux tiers inférieurs de *Tifferet* de *Khazé* jusqu'au *Tabour* sont considérés comme *Briya* ; *NHY* sont *Yetsira* et *Malkhout* est *Assiya*.

188) C'est pourquoi, *Roch* de chaque degré se réfère à *Keter*, ou *Yekhida*, ou au *Partsouf Galgalta*. *Atsilout* en lui de *Pé* jusqu'au *Khazé*, se réfère à *Hokhma* ou la lumière de *Haya* ou au *Partsouf AB*. *Briya*, de *Khazé* jusqu'au *Tabour* se réfère à *Bina* ou à la lumière de *Neshama* ou au *Partsouf SAG*. Et *Yetsira* et *Assiya*, du *Tabour* et en bas, se réfèrent à *ZON*, aux lumières de *Rouakh Nefesh*, ou aux *Partsoufim MA* et *BON*. (*Sefer Hallan*, schéma 3 et suivants, comme chaque *Partsouf* se divise selon sa *Bekhina*).

Rav Yéhouda Ashlag

Préface au livre du Zohar

1) La profondeur de la sagesse dans le Livre du *Zohar* est fermée et enfermée avec un millier de clefs. Notre langage humain est trop pauvre pour nous apporter des expressions suffisamment fiables, pour interpréter une seule chose dans ce livre jusqu'à sa fin.

De plus, l'interprétation que j'ai faite n'est qu'une échelle pour aider le lecteur à gravir les hauteurs des sujets et examiner les mots du livre lui-même. Par conséquent, j'ai trouvé nécessaire de préparer le lecteur et de lui donner une route et une entrée avec des définitions fiables pour savoir comment lire et étudier le livre.

2) Tout d'abord, il faut savoir que tout ce qui est dit dans « Le Livre du *Zohar* », et même dans ses légendes est les dénominations des dix Sefirot appelées *KHB* (*Keter, Hokhma, Bina*), et *HGT* (*Hessed, Guevoura* et *Tifferet*), *NHYM* (*Netsakh, Hod, Yessod, Malkhout*), et leurs combinaisons. Tout comme les 22 lettres du langage parlé, dont les combinaisons suffisent pour découvrir chaque objet et tout concept, les permutations des concepts dans les dix *Sefirot* suffisent à dévoiler toute la sagesse contenue dans le livre des Cieux.

Cependant il y a trois limites avec lesquelles il convient d'être très prudent et ne pas en sortir lorsque nous lisons les mots du livre. Tout d'abord je vais les citer brièvement et ensuite je les expliquerai amplement.

3) Première limite : Il existe quatre catégories dans la conduite de l'étude appelées :

– La matière,
– La forme dans la matière,
– La forme abstraite, et
– L'essence.

C'est pareil dans les dix *Sefirot*. Sachez que le Livre du *Zohar* ne s'engage absolument pas dans l'Essence ni dans la Forme abstraite dans les dix *Sefirot*, mais uniquement dans la Matière en elles ou dans la Forme en elles, quand elles se revêtent dans la Matière.

4) Seconde limite. Nous distinguons trois discernements dans toute la réalité divine relative à la création des âmes et à leur existence:

– Le monde de l'Infini, *Ein Sof*
– Le monde de *Atsilout*,
– Les trois mondes appelés *Briya, Yetsira* et *Assiya*.

Sachez que « Le *Zohar* » ne s'engage que dans les mondes de BYA (*Briya, Yetsira* et *Assiya*) et dans le monde de l'Infini et de *Atsilout*, dans la mesure où BYA reçoivent d'eux. Cependant, Le Livre du *Zohar* ne s'engage en aucun cas dans *Ein Sof* ni dans le monde de *Atsilout* eux-mêmes.

5) Troisième limite : Dans chacun des mondes de BYA, il y a trois distinctions:

– Dix *Sefirot* qui sont la Divinité, qui brillent dans ce monde
– Les âmes [*Neshamot*] et les esprits [*Roukhot*] et la vie [également âme] [*Nefashot*] des gens
– Le reste de la réalité en eux, appelé « anges », « vêtements » et « palais » dont les éléments sont incalculables.

Gardez à l'esprit que bien que Le *Zohar* élargisse considérablement les détails de chaque monde, vous devez néanmoins savoir que l'essence des mots du *Zohar* se concentre toujours sur les âmes des gens dans le monde. Il explique d'autres discernements uniquement pour connaître la mesure que les âmes reçoivent d'eux. Le *Zohar* ne mentionne pas un seul mot de ce qui ne traite pas de la réception des âmes. De ce fait, vous ne devrez étudier de tout ce qui est présenté dans la préface au Livre du *Zohar* que de ce qui touche à la réception de l'âme.

Et comme ces trois limites sont très strictes, si le lecteur n'est pas prudent et sort le sujet du contexte, immédiatement il sera immédiatement déconcerté par le sujet. Pour cette raison, j'ai trouvé nécessaire de me donner la peine et d'élargir la compréhension de ces trois limites autant que j'ai pu, pour qu'elles soient comprises par tout un chacun.

6) Vous savez déjà que les dix *Sefirot* sont appelées *Hokhma, Bina, Tifferet, Malkhout* et leurs racines est appelée *Keter*. Elles sont dix, car la *Sefira Tifferet* contient six *Sefirot* appelées *Hessed, Guevoura, Tifferet, Netsakh, Hod,* et *Yessod*. Souvenez-vous que partout où nous avons l'habitude de dire dix *Sefirot*, elles sont HB TM.

En général, elles comprennent tous les quatre mondes ABYA, car le monde de Atsilout est la *Sefira Hokhma*, le monde de *Briya* est la *Sefira Bina*, le monde de *Yetsira* est la *Sefira Tifferet*, et le monde de *Assiya* est la *Sefira Malkhout*.

En particulier, chaque monde a non seulement dix *Sefirot HB TM*, mais même le plus petit élément dans chaque monde a aussi ces dix *Sefirot HB TM*, comme il est écrit dans l'*Introduction au Livre du Zohar*, point 43, 51 et 61 et donc il est inutile de poursuivre ici.

7) Le *Zohar* compare ces dix *Sefirot*, *HB TM*, aux quatre couleurs.

– Blanche pour la *Sefira Hokhma*,
– Rouge pour la *Sefira Bina*
– Verte pour la *Sefira Tifféret*,
– Noire pour la *Sefira Malkhout*.

Cela ressemble à un miroir avec quatre vitres colorées des quatre couleurs ci-dessus. Et bien que la lumière en elle soit une, elle se colore en traversant les vitres, et se transforme en quatre genres de lumière : lumière blanche, lumière rouge, lumière verte et lumière noire.

Ainsi, la lumière dans toutes les *Sefirot* est la simple Divinité et l'unité à partir de *Roch* [tête] de *Atsilout* jusqu'à *Sof* [fin] de *Assiya*. La division en dix *Sefirot HB TM* est parce que les *Kélim* [récipients] sont appelés *HB TM*. Chaque *Kli* est comme une mince cloison à travers laquelle la lumière divine passe aux receveurs.

Pour cette raison nous considérons que le *Kli* colore la lumière d'une couleur différente. Ainsi, le *Kli de Hokhma* dans le monde *de Atsilout* transporte la lumière blanche, c'est-à-dire incolore. C'est parce que le *Kli de Atsilout* [récipient *de Atsilout*] est comme la lumière elle-même, et la lumière divine ne subit aucun changement en le traversant.

C'est le sens de ce qui est écrit du monde de *Atsilout* dans le *Zohar*: « Lui, Sa vie, et Lui-même sont un ». Par conséquent, la lumière de *Atsilout* est considérée comme la lumière blanche. Toutefois, quand elle passe par les *Kélim* des mondes de *Briya*, *Yetsira*, et *Assiya*, la lumière change et s'assombrit car elle les traverse jusqu'aux receveurs.

Par exemple, la lumière rouge est pour *Bina* qui est *Briya*, la lumière verte, comme le soleil, est pour *Tifferet* qui est le monde de *Yetsira* et la lumière noire est pour la *Sefira Malkhout* qui est le monde de *Assiya*.

8) En plus de ce qui a été susmentionné, il y a un indice très important dans l'exemple des quatre couleurs. Les lumières supérieures sont appelées « *Sefer* » [livre], comme il est écrit dans le Livre de la Création (chapitre 1, paragraphe 1) « Il a créé Son monde en trois livres : un livre, un auteur, et une histoire », ainsi que « les cieux sont roulés comme un livre » (Isaïe 34 :4).

Le dévoilement de la sagesse dans chaque livre n'est pas dans le blanc qu'il contient, mais uniquement dans les couleurs, c'est-à-dire l'encre, de qui les lettres du livre, dans les combinaisons de sagesse, sont vues par le lecteur. En général, il y a trois genres d'encre dans le livre : rouge, verte et noire.

En correspondance, le monde *de Atsilout*, qui est la *Sefira Hokhma*, est entièrement Divinité, comme le blanc dans le livre. En d'autres termes, nous n'en avons aucune perception, mais toute la découverte dans le livre du Ciel est dans les *Sefirot Bina, Tifferet* et *Malkhout*, qui sont les trois mondes *BYA*, considérés comme l'encre dans le Livre du Ciel. Les lettres et leurs combinaisons apparaissent dans les trois genres d'encre susmentionnés. La révélation de la lumière divine aux receveurs n'apparaît que par elles.

Par ailleurs, nous devons noter que le blanc dans un livre est principalement son sujet, et les lettres sont toutes des prédicats sur le blanc dans le livre. Ainsi, s'il n'y avait pas eu le blanc, l'existence des lettres et toutes les manifestations de *Hokhma* en elles, auraient été impossibles.

De même, le monde de *Atsilout*, qui est la *Sefira Hokhma*, est le principal sujet de la révélation de *Hokhma*, qui apparaît par les mondes *BYA*. Tel est le sens de ce qui est écrit « Tu les as tous faits avec sagesse ».

9) Nous avons dit précédemment dans les trois limites, que *Le Zohar* ne parle pas du monde *de Atsilout* en lui-même, car il est considéré comme le blanc dans le livre, mais d'après son illumination dans les trois mondes *BYA*. C'est parce qu'il est comme l'encre, les lettres et leurs combinaisons dans le livre, de deux manières :

Soit les trois mondes de *BYA* reçoivent l'illumination du monde *de Atsilout* à leur place, au moment où la lumière est grandement réduite, car elle passe par la *Parsa* en dessous du monde de *Atsilout*, jusqu'à ce qu'elle soit considérée comme l'illumination des *Kélim de Atsilout*.

Soit les mondes *BYA* s'élèvent au-dessus de la *Parsa* à l'endroit des *Sefirot Bina, Tifferet* et *Malkhout* de *Atsilout*, et « habillent » le monde de *Atsilout*, et reçoivent la lumière à l'endroit où elle brille, comme il est écrit dans *La Préface à la sagesse de la Kabbale*, (à partir du point 155).

10) Toutefois, l'histoire ne ressemble pas complètement à la morale, parce que dans le livre de sagesse de ce monde, le blanc et l'encre dans ses lettres sont sans vie. La révélation de la sagesse n'est pas dans leur essence, mais en dehors d'elle, c'est-à-dire dans l'intellect de celui qui les regarde.

Cependant, dans les quatre mondes *ABYA*, qui sont le Livre du Ciel, toutes les lumières [*Mokhin*] dans la réalité spirituelle et matérielle sont présentes en eux et s'étendent d'eux. C'est pourquoi, vous devez savoir que le blanc en lui, qui est le sujet du livre, est le sujet étudié en lui-même, alors que les trois couleurs de l'encre expliquent ce sujet.

11) Ici nous devons étudier ces quatre manières de perception, qui ont été mentionnées ci-dessus, dans la première limite :
– La matière,
– La forme revêtue dans la matière,
– La forme abstraite,
– L'essence.

Je vais les expliquer d'abord en utilisant des exemples réels de ce monde. Par exemple, quand nous disons: « un homme fort » ou une « personne honnête », ou un « menteur », etc. vous avez devant vous:
– Sa matière à savoir, son corps.
– La forme dans laquelle sa matière se revêt, c'est-à-dire, fort, honnête ou menteur.
– La forme abstraite. Il est possible de dépouiller la forme de fort, honnête ou de menteur de la matière de cette personne et étudier ces trois formes en tant que telles, non revêtues dans une quelconque matière ou corps, signifiant examiner les attributs de la force, de la vérité ou du mensonge, et discerner leurs mérites ou bassesses, quand ils sont dépourvus de toute substance.
– L'essence de la personne.

12) Sachez que nous n'avons aucune perception de la quatrième manière, l'essence d'une personne, en tant que telle, sans la matière. C'est parce que nos cinq sens et notre imagination ne nous offrent rien de plus que la révélation des actions de l'essence, mais pas l'essence elle-même.

Par exemple : Notre sens de la vue ne nous offre que les ombres de l'essence visible car elles sont formées opposées à la lumière.

De même, l'ouïe est tout simplement la force de frappe d'une certaine essence dans l'air et l'air qui est rejeté par elle, frappe le tympan de notre oreille et nous entendons qu'il y a une certaine essence proche de nous.

L'odorat est l'air qui sort de l'essence et frappe nos nerfs de l'odorat, et nous sentons.

De même, le goût est le résultat d'un contact entre une certaine essence avec nos nerfs gustatifs.

Tout ce que ces quatre sens nous offrent sont les manifestations des actions émanant de quelque essence et rien de l'essence elle-même.

Même notre sens le plus fort, le sens du toucher, qui distingue le chaud du froid, le dur du doux, tous ne sont que les manifestations des opérations dans l'essence. Elles ne sont que les conséquences de l'essence. Il en est ainsi parce que le chaud peut être refroidi et le froid peut être réchauffé, le solide peut être transformé en liquide par des opérations chimiques et le liquide en air, signifiant uniquement un gaz, où tout discernement dans nos cinq sens a expiré. Néanmoins, l'essence existe toujours en lui, car nous pouvons encore transformer l'air en liquide et le liquide en solide.

Bien évidemment, les cinq sens ne nous révèlent pas une quelconque essence, mais seulement les conséquences et manifestations des opérations de l'essence. Nous savons que ce que nous ne pouvons pas sentir, nous ne pouvons pas l'imaginer et ce que nous ne pouvons pas imaginer, n'apparaîtra jamais dans nos pensées, et nous n'avons aucun moyen pour le percevoir.

Ainsi la pensée n'a aucune perception dans notre propre essence. De plus, nous ne connaissons même pas notre propre essence. Je sens et je sais que j'occupe un certain volume dans le monde, que je suis solide, chaud, que je pense, et toutes sortes d'autres manifestations des actions de mon essence. Mais si vous me demandez ce qu'est ma propre essence, de qui toutes ces manifestations émanent, je ne sais pas quoi vous répondre.

Vous voyez bien que le Providence nous empêche d'atteindre l'essence. Nous atteignons seulement les manifestations et les images des actions qui découlent des essences.

13) Nous avons une pleine perception de la première manière qui est la Matière, signifiant les actions des opérations qui se manifestent de toute essence. C'est parce qu'il est parfaitement suffisant de nous expliquer l'essence qui est dans la substance, parce que nous ne souffrions pas du tout du manque d'atteinte de l'essence elle-même.

Elle ne nous manque absolument pas, comme on ne manque pas d'un sixième doigt à notre main.

L'atteinte de la matière, à savoir, la manifestation des opérations de l'essence nous est largement suffisante, ce dont nous avons besoin pour notre compréhension, tant dans l'atteinte de notre propre essence que dans l'atteinte de tout ce qui existe hors de nous.

14) La seconde manière, la Forme revêtue dans la Matière est une atteinte également claire et satisfaisante, car nous l'acquérons par des expériences pratiques et réelles que nous trouvons dans le comportement de toute matière. Toutes nos connaissances élevées et fiables émergent de ce discernement.

15) La troisième façon est la Forme Abstraite. Une fois que la forme nous est apparue quand elle s'est revêtue dans une certaine matière, notre imagination peut l'extraire de la matière et l'étudier dénudée de toute matière, par exemple, les vertus et les qualités louables dont parlent les livres de morale. Lorsque nous parlons des qualités de la vérité, du mensonge, de la colère, de l'héroïsme, etc. quand elles sont dénudées de toute matière. Nous leur attribuons du mérite ou des fautes même quand elles sont abstraites.

Sachez que ce troisième sujet est inacceptable pour des érudits prudents, car il est impossible de compter dessus à 100%, parce qu'il a été examiné alors non revêtu dans la matière, et cela peut les induire en erreur.

Prenez par exemple un idéaliste c'est-à-dire un non-religieux, en raison de sa forte croyance dans le mérite de la vérité, qui est dans sa forme abstraite, cet homme pourrait décider que même s'il pouvait sauver le peuple de la mort en leur racontant un mensonge, il déciderait que même si le monde court à sa perte, il ne dirait pas un mensonge délibérément. Ce n'est pas l'avis de la Torah, car rien n'est plus important que de sauver des vies (*Yoma* chap 2).

Mais s'il avait appris les formes de la vérité et du mensonge, quand elles sont revêtues dans la matière, il aurait compris que leur utilité ou nuisance n'est que vis-à-vis de la matière.

Cela veut dire qu'après avoir mené de nombreuses expériences dans le monde, il verrait la multitude des destructions et dommages que les menteurs et leurs mensonges ont causés, et la grande utilité que les gens de vérité ont apportée en se restreignant de ne dire que la vérité. Ils seraient d'accord qu'il n'y a pas de valeur plus importante que la vérité et rien de plus bas que la qualité du mensonge.

Et si l'idéaliste avait compris cela, il aurait certainement été d'accord avec l'avis de la Torah, et aurait trouvé que ce mensonge qui sauve ne serait-ce qu'une personne de la mort est bien plus important que tout le mérite de la qualité abstraite de la vérité.

Ainsi il n'y a pas du tout de certitude dans ces concepts du troisième sujet, qui sont les formes abstraites, encore moins avec les formes abstraites qui ne sont jamais revêtues dans une quelconque substance. De tels concepts ne sont rien de plus qu'une perte de temps.

16) Maintenant nous avons étudié en détail ces quatre manières : La matière, la forme dans la matière, la forme abstraite et l'essence dans des choses tangibles. Il a été dit que nous n'avons aucune perception quelle qu'elle soit de la quatrième manière, l'essence, et que la troisième manière est un concept qui peut nous induire en erreur. Seule la première manière, qui est la Matière, et la seconde manière, qui est la Forme revêtue dans la Matière, nous ont été données par la Providence supérieure pour une atteinte claire et suffisante.

Grâce à elles, nous serons également capables de comprendre l'existence des objets spirituels, signifiant les mondes supérieurs de ABYA, car il n'y a pas le moindre détail en eux qui ne soit pas divisé selon ces quatre manières susmentionnées.

Si, par exemple, vous prenez un certain élément dans le monde de *Briya*, il y a là les *Kélim* qui sont de couleur rouge, que la lumière de *Briya* traverse jusqu'aux résidents de *Briya*. Ainsi dans le *Kli* dans *Briya*, qui est de couleur rouge, est considéré Matière, ou objet signifiant la première manière.

Bien que ce ne soit qu'une couleur, qui est une occurrence et une manifestation d'une opération dans l'objet, nous avons déjà dit que nous n'avons aucune atteinte de l'Essence elle-même, mais seulement dans la manifestation d'une opération de l'Essence. Nous appelons une telle manifestation « essence » ou « matière », ou un « corps » ou un « récipient » comme au point 13.

La lumière divine qui « s'habille » et passe par la couleur rouge, est la forme revêtue dans l'objet, signifiant la deuxième manière. C'est pourquoi la lumière elle-même semble rouge indiquant son « revêtement » et illumination à travers l'objet, considéré le corps et la substance, signifiant la couleur rouge.

Toutefois, si vous voulez enlever la Lumière divine de son objet – la couleur rouge – et commencez à en discuter, sans revêtement dans un objet, cela appartient déjà à la troisième manière – la Forme dénudée de Matière, qui pourrait induire en erreur.

En conséquence, cela est strictement interdit dans l'étude des Mondes supérieurs, et aucun vrai kabbaliste ne s'engagerait dans cela, encore moins les auteurs du *Zohar*. C'est encore plus le cas pour ce qui est l'Essence d'un élément dans *Briya*, car nous n'avons aucune perception quelle qu'elle soit de l'essence des objets matériels, et encore moins des objets spirituels.

Ainsi, nous avons devant nous les quatre manières :
– Le récipient de *Briya*, qui est de couleur rouge considéré
 comme l'objet ou la substance de *Briya*;
– Le revêtement de la lumière divine dans le *Kli de Briya*,
 qui est la forme dans l'objet
– La Lumière divine elle-même, détachée de l'objet dans *Briya*;
– L'essence de l'objet

Ainsi, nous avons clarifié la première limite en détail, qui est qu'il n'y a pas un seul mot concernant la troisième et la quatrième manière dans tout le *Zohar*, mais uniquement dans la première et la seconde manière.

17) La seconde limite sera clarifiée de la même manière. Sachez que, comme nous avons clarifié les quatre manières dans un seul élément dans le monde de *Briya*, ainsi sont-ils en général dans les quatre mondes *ABYA*. Les trois couleurs rouge, verte et noire dans les trois mondes *BYA* sont considérées la substance ou l'objet. La couleur blanche, considérée comme le monde *de Atsilout* est la forme revêtue dans la matière, à savoir, dans les trois couleurs appelées *BYA*. Le monde de l'Infini, en lui-même est l'essence.

C'est ce que nous avons dit à propos de la première limite, dont nous n'avons pas de perception dans l'essence qui est la quatrième manière, dissimulée dans tous les objets, même dans les objets de ce monde (voir point 12).

Quand la couleur blanche n'est pas revêtue dans les trois couleurs dans *BYA* ; signifiant que quand la lumière de *Hokhma* n'est pas revêtue dans *Bina*, *Tifferet* et *Malkhout*, c'est une forme abstraite dans laquelle nous ne nous engageons pas.

Le *Zohar* ne parle en aucune manière de cette manière mais que de la première manière, qui sont les trois couleurs *BYA*, considérées comme la substance, qui sont les trois *Sefirot Bina*, *Tifferet* et *Malkhout* et de la seconde manière, qui est l'illumination *de Atsilout*, « habillée » des trois couleurs *BYA*, c'est-à-dire la lumière de *Hokhma*, « revêtue » dans *Bina*, *Tifferet* et *Malkhout* – qui sont la forme lorsqu'elle se revêt dans la matière. Le livre du *Zohar* ne traite que ces deux-là à tous les endroits.

En conséquence, si le lecteur n'est pas vigilant, en restreignant sa pensée et compréhension pour toujours étudier les mots du *Zohar* strictement d'après les deux manières susmentionnées, le sujet sera immédiatement et entièrement mal compris, car il sortira les mots de son contexte.

18) Tout comme les quatre manières dans *ABYA* en général ont été expliquées, il en est de même dans chaque et pour tout monde, même le plus petit composant d'un certain monde, au sommet du monde *de Atsilout* et à la fin du monde *de Assiya*, parce qu'il y a *HB TM* en lui.

Vous trouverez que la *Sefira Hokhma* est considérée comme une « forme » et *Bina*, *Tifferet* et *Malkhout* sont « matière » dans laquelle la forme se revêt, d'après la première et la deuxième manière, dans lesquelles *Le Zohar* s'engage. Mais le *Zohar* ne s'engage pas dans la *Sefira Hokhma*, quand elle est sans *Bina*, *Tifferet* et *Malkhout*, qui est la forme sans matière et encore moins dans l'essence considérée *Ein Sof* de ce composant.

Ainsi nous nous engageons dans *Bina*, *Tifferet* et *Malkhout* dans chaque composant, même dans *Atsilout*, et nous ne nous engageons pas dans *Keter* et *Hokhma* de chaque composant lui-même, même dans *Malkhout* de la fin de *Assiya*, quand ils ne sont pas revêtus, mais uniquement dans la mesure où ils revêtent *Bina* et *TM*. A présent les deux premières limites ont été suffisamment expliquées. Tout en quoi s'engagent les auteurs du *Zohar* est la matière ou la forme dans la matière, qui est la première limite, ainsi que dans BYA, ou l'illumination *de Atsilout* dans BYA, qui est la seconde limite.

19) Nous allons maintenant expliquer la troisième limite. Le *Zohar* s'engage dans les *Sefirot* de chaque monde, qui est la Divinité qui brille dans chaque monde, ainsi que dans chaque composante du minéral, végétal, animal et être parlant – qui sont les créations dans ce monde. Cependant le *Zohar* se réfère principalement à l'être parlant dans ce monde.

Laissez-moi vous donner un exemple des conduites de ce monde. Il est expliqué dans *L'Introduction au livre du Zohar* (point 42), que les quatre genres : minéral, végétal, animal et être parlant dans chaque monde, même dans ce monde, sont les quatre parties du désir de recevoir. Chacune d'elle contient en elle ces quatre genres : minéral, végétal, animal et être parlant.

Ainsi vous trouvez qu'un homme dans ce monde doit se nourrir et grandir avec les quatre catégories minérale, végétale, animale et être parlant dans ce monde.

C'est parce que la nourriture de l'homme contient aussi ces quatre catégories, qui s'étendent des quatre catégories (minérale, végétale, animale et être parlant) dans le corps de l'homme. Ce sont :

– Désirer recevoir d'après la mesure nécessaire à son maintien
– Désirer recevoir au-delà de la nécessité de se maintenir, aspirant au superflu, mais il se restreint uniquement des appétits bestiaux ;
– Aspire aux désirs humains, tels que les honneurs et la puissance
– Aspire à la connaissance.

Ils s'étendent aux quatre parties du désir de recevoir en nous :

– Vouloir le nécessaire pour exister, ce qui correspond au niveau minéral du désir de recevoir
– Vouloir des plaisirs physiques est le niveau végétal du désir de recevoir car ils viennent uniquement pour accroître et réjouir son récipient – qui est la chair du corps ;
– Vouloir des plaisirs humains, ce qui correspond au niveau animal du désir de recevoir ; car ils agrandissent l'esprit de l'homme.
– Vouloir la connaissance est le niveau être parlant du désir de recevoir.

20) Ainsi dans la première catégorie – la mesure nécessaire pour se maintenir – et dans la deuxième catégorie – le désir physique qui dépasse la mesure de se maintenir –, après être nourri par des choses qui sont plus basses que l'homme : minérale, végétale et animale.

Cependant dans la troisième catégorie, les désirs humains tels que le pouvoir et le respect, l'homme reçoit et est nourri par ses semblables, égaux à lui. Dans la quatrième catégorie, la connaissance, l'homme reçoit et est nourri par une catégorie supérieure à la sienne, c'est-à-dire de la sagesse et l'intellect eux-mêmes, qui sont spirituels.

21) Vous trouverez qu'il en est de même dans les mondes spirituels supérieurs, car tous les mondes sont des empreintes l'un de l'autre, de haut en bas.

Ainsi toutes les catégories minérale, végétale, animale et être parlant dans le monde de *Briya*, laissent une empreinte dans le monde de *Yetsira*. Et tout le minéral, végétal, animal être parlant de *Yetsira* sont imprimés du minéral, végétal, animal et être parlant *de Assiya*. A la fin, le minéral, végétal, animal et être parlant dans ce monde sont imprimés du minéral, végétal, animal et parlant du monde de *Assiya*.

Il a été expliqué dans *l'Introduction au livre du Zohar* (point 42) que le minéral dans les mondes spirituels est appelé « palais » [*Heikhal*], le végétal est appelé « vêtements » [*Levoushim*], l'animal est appelé « anges » [*Melakhim*], et l'être parlant est considéré comme les âmes [*Nefashot*] des gens dans ce monde. Et les dix *Sefirot* dans chaque monde sont la Divinité.

Les âmes des personnes sont au centre de chaque monde, qui sont nourries par la réalité spirituelle de ce monde, telle une personne dans le monde matériel se nourrit de toute la réalité corporelle de ce monde.

- Dans la première catégorie, qui est le désir de recevoir en vue de maintenir son existence, elle reçoit une illumination à partir des palais et des vêtements, qui y sont;
- Dans deuxième catégorie, qui est les excès animaux qui augmentent dans son corps, est reçue de la catégorie des anges qui sont là, (*Tikouné du Zohar*, *Tikoun* 69) qui sont les illuminations spirituelles au-delà de la mesure nécessaire pour son existence, pour augmenter les récipients spirituels dont son âme se revêt;

Ainsi il reçoit dans la première et deuxième catégorie des catégories qui lui sont inférieures. Ce sont les palais, les vêtements et les anges, qui sont inférieurs aux âmes humaines;

- La troisième catégorie qui est les désirs humains qui augmentent l'esprit [*Rouakh*] de l'homme – est reçue dans ce monde de ses semblables. Il s'avère qu'il reçoit aussi de ses semblables, de toutes les âmes dans ce monde. Avec leur aide, il augmente l'illumination de *Rouakh* dans son âme;
- La quatrième catégorie du désir, pour la connaissance est reçue des *Sefirot* de ce monde. D'elles, l'homme reçoit *HBD* de son âme.

Il s'avère que l'âme de l'homme, qui est présente dans chaque monde, doit grandir et se compléter de toutes les catégories qui existent dans ce monde. C'est la troisième limite que nous avons mentionnée.

Nous devons savoir que tous les mots du *Zohar*, dans chaque composante des mondes Supérieurs qui est traitée, que ce soit les *Sefirot*, les âmes, les anges, les vêtements ou les palais, bien qu'il s'engage en eux comme ils sont, le lecteur doit savoir qu'ils ne sont mentionnés que par rapport à la mesure par laquelle l'âme de l'homme reçoit d'eux et s'en nourrit. Tous leurs mots concernent donc les besoins de l'âme. Si vous étudiez tout selon cette ligne, vous comprendrez tout et réussirez dans votre chemin.

22) Après tout ce qui a été dit, il nous reste à expliquer toutes ces appellations matérielles expliquées dans le Livre du *Zohar* concernant les dix *Sefirot*, telles que : en haut et en bas, montée et descente, diminution et expansion, *Katnout* [enfance/petitesse] et *Gadlout* [âge adulte/grandeur], séparation et accouplement, les chiffres et ainsi de suite, que les inférieurs engendrent dans les dix *Sefirot* par leurs bonnes ou mauvaises actions.

Ces mots semblent étranges : Se peut-il que cette Divinité soit touchée, et change de telle manière à cause des inférieurs ? Si vous dites que les mots ne se réfèrent pas à la Divinité elle-même, qui se revêt et brille dans ces *Sefirot*, mais uniquement aux récipients des *Sefirot*, qui ne sont pas divins, mais qui se sont néanmoins renouvelés avec la création des âmes pour dissimuler ou révéler les degrés d'atteinte dans la mesure et au rythme corrects pour les âmes, afin de les amener à la réparation finale souhaitée.

Ce ressemble à l'exemple du miroir susmentionné (point 7) avec quatre vitres qui sont teintées de quatre couleurs : blanche, rouge, verte et noire. Il y a également le blanc dans le livre, et la substance des lettres dans le livre. Tout ceci est possible dans les trois mondes de BYA, où les récipients des *Sefirot* sont renouvelés, mais pas dans la Divinité. Cependant, il serait tout à fait infondé de comprendre ceci par rapport au monde de *Atsilout* où les récipients des dix *Sefirot* sont aussi la Divinité absolue, une avec la Lumière divine en eux, comme il est écrit dans les *Tikounim* [corrections] « Lui, Sa vie, et Lui-même, sont un ».

« Lui » signifie l'essence des *Sefirot*, qui est *Ein Sof*. « Sa vie » signifie la lumière qui brille dans les *Sefirot*, appelée « lumière de *Haya* » [vie]. C'est parce que tout le monde de *Atsilout*, est considéré *Hokhma*, et la lumière de *Hokhma* est appelée « la lumière de *Haya* ». C'est pourquoi elle est appelée « vie ». « Lui-même » signifie les *Kélim* [récipients] des *Sefirot*.

Ainsi, tout est Divinité et unité complète. Comment est-il possible alors de comprendre ces changements faits par les inférieurs ici ? De plus, nous devons comprendre que si tout est Divinité dans ce monde et qu'il n'y a aucune créature renouvelée, où discernons-nous alors ici les trois discernements susmentionnés dans les *Tikounim* du *Zohar*, « Lui, Sa vie, et Lui-même » car n'est-ce-pas l'unité absolue ?

23) Afin de comprendre ce qui précède, nous devons nous rappeler ce qui a été dit au point 17.

– Il explique qu'un objet nécessaire est une essence dont nous n'avons aucune perception, même dans les essences matérielles, et même dans notre propre essence, et encore plus dans Celui qui oblige.
– Le monde de *Atsilout* est la forme.
– Les trois mondes de *BYA* sont la matière.
– L'illumination de *Atsilout* dans *BYA* est la forme revêtue dans la matière.

Par conséquent vous voyez que ce nom *Ein Sof* [infini] n'est pas du tout un nom pour l'essence de Celui qui oblige, car « ce que nous n'atteignons pas, comment pouvons-nous le définir par un nom ou mot ? »

Comme l'imagination et les cinq sens ne nous offrent rien par rapport à l'essence, même dans la matérialité, comment peut-il y avoir une pensée ou un mot en elle, encore moins dans Celui qui oblige Lui-même ? Mais nous devons comprendre le nom *Ein Sof*, comme définit pour nous dans la troisième limite dont tout le livre du *Zohar* parle, se concentrant précisément sur les âmes (point 21).

Le nom Infini n'est pas du tout Celui qui oblige, mais concerne tous les mondes et toutes les âmes qui sont inclus en Lui, dans la Pensée de la création dont il est dit : « la fin de l'action est dans la pensée initiale ». Ainsi *Ein Sof* est le nom de la connexion à laquelle toute la création est connectée jusqu'à la réparation finale.

C'est ce que nous appelons le « premier état des âmes » (Introduction au livre du Zohar, point 13) lorsque toutes les âmes existent en Lui, remplies de tous les plaisirs et douceur, à la hauteur finale qu'elles recevront vraiment à la réparation finale. Il n'est pas nécessaire d'élaborer plus avant.

24) Laissez-moi vous donner un exemple de ce monde. Disons qu'un homme veuille construire une belle maison. Dans sa première pensée il voit devant lui une belle maison avec toutes les chambres et les équipements, tout comme elle sera quand sa construction sera terminée.

Ensuite, il conçoit le plan de construction dans chaque détail. En temps voulu, il expliquera tout aux constructeurs : le bois, les briques, les charpentes métalliques, etc. ce n'est qu'après cela, qu'il commencera la construction de la maison pour de vrai, jusqu'à sa fin, comme il l'avait prévu initialement.

Vous devez savoir que l'Infini, est la pensée initiale, en qui toute la Création a déjà été pré visualisée devant Lui dans sa perfection complète. Toutefois, la morale n'est pas comme l'histoire, parce qu'en Lui l'avenir et le passé sont égaux. En Lui, la pensée est complète et Il n'a pas besoin d'instruments pour l'action, comme nous. Par conséquent, la vraie réalité est en Lui.

Le monde de *Atsilout* est comme un plan réfléchi et détaillé qui sera réalisé plus tard quand la construction de la maison commencera vraiment. Vous devez savoir que dans ces deux, la pensée initiale, qui est *Ein Sof*, et le plan réfléchi et détaillé de l'exécution en son temps voulu, il n'y a pas encore la moindre trace des créatures, parce que tout est encore au potentiel, et non dans les faits.

Une personne agit de la même façon : bien qu'elle ait calculé tous les détails (le bois, les briques, les charpentes métalliques) dont elle aura besoin pour exécuter le plan, ce n'est pas plus qu'un sujet conceptuel. Il n'y a pas la moindre trace de bois ni de brique en lui. La seule différence est que pour l'homme, le plan imaginé n'est pas considéré comme la véritable réalité. Mais dans la Pensée Divine, c'est une réalité bien plus tangible que les créatures vraiment réelles.

Ainsi, nous avons expliqué le sens de *Ein Sof* et du monde de *Atsilout*; tout ce qui a été dit d'eux n'est que par rapport à la création des créatures. Cependant, elles sont toujours en potentiel et leur essence ne s'est pas encore révélée. Tout comme dans notre exemple de l'homme qui conçoit un plan qui ne contient pas de briques, de bois, ni de métal.

25) Les trois mondes de *BYA*, et ce monde, sont considérés comme l'exécution du potentiel au tangible, comme celui qui construit vraiment une maison et apporte le bois, les briques et les ouvriers jusqu'à ce que la maison soit terminée.

Par conséquent, la Divinité qui brille dans *BYA* revêt les dix *Kélim KHB HGT NHYM* dans la mesure où les âmes doivent la recevoir pour atteindre leur finition. Ce sont les vrais récipients, par rapport à Sa Divinité, signifiant qu'ils ne sont pas divins mais sont renouvelés pour les âmes.

26) Dans l'exemple ci-dessus, vous trouverez comment les trois discernements de celui qui pense construire une maison sont liés les uns aux autres par la voie de cause à effet. La racine de tous est la pensée initiale, car aucun élément dans le plan n'apparaît sauf d'après la fin de l'acte, qui est sorti devant lui dans la pensée initiale.

De plus, l'homme n'exécute rien durant la construction, sauf selon les détails conçus devant lui dans le plan. Ainsi vous voyez, concernant les mondes, qu'il n'y a pas la moindre nouveauté dans les mondes qui ne s'étendent *d'Ein Sof*, du premier état des âmes, qui sont ici dans leur ultime perfection de la réparation finale, comme dans « la fin d'une action est dans le pensée initiale ».

Tout ce qui sera révélé jusqu'à la réparation finale y est inclus. Tout d'abord cela s'étend de *Ein Sof* au monde de *Atsilout*, comme dans l'exemple où le plan s'étend de la pensée initiale. Chaque élément s'étend du monde de *Atsilout* aux mondes *BYA*, comme dans l'exemple, où tous les détails émergent du plan quand ils sont exécutés durant la construction de la maison.

Par conséquent, il n'existe pas le plus petit élément renouvelé dans ce monde qui ne s'étende pas de *Ein Sof*, du premier état des âmes. Et de *Ein Sof* il s'étend au monde de *Atsilout*, signifiant spécialement associé à la chose renouvelée dans ce monde dans les faits. Et du monde de *Atsilout*, s'étend la nouveauté aux trois mondes de *BYA*, où la nouveauté apparaît vraiment dans les faits, où elle cesse d'être divine et devient une créature, et à *Yetsira*, *Assiya* jusqu'à ce qu'elle s'étende à l'inférieur dans ce monde.

Comprenez bien ceci, et matérialisez bien tout ce qui relève de la construction de la maison faite par un homme et vous comprendrez mieux.

Il s'avère qu'il n'y a pas de nouveauté dans le monde qui ne s'étende pas de sa racine générale dans *Ein Sof*, et de sa racine personnelle dans *Atsilout*. Ensuite, elle traverse *BYA* et adopte la forme d'une créature, et ainsi elle est présente dans ce monde. Comprenez bien cela.

27) Maintenant nous pouvons comprendre que tous ces changements décrits dans le monde de *Atsilout* n'ont rien à voir avec la Divinité elle-même, mais uniquement avec les âmes, dans la mesure où elles reçoivent d'*Atsilout* à travers les trois mondes de *BYA*. Cela signifie que l'existence de ce monde est relative au plan réfléchi, à la pensée initiale, qui est *Ein Sof*.

Cependant, ces deux mondes (le monde de l'Infini et le monde de *Atsilout*) n'ont toujours rien en termes d'âmes, tout comme il n'y a pas de vrai bois, ni de charpente métallique, ni de brique dans le plan de la personne qui l'a conçu.

L'existence des âmes commence à apparaître dans le monde de *Briya*. C'est pourquoi les *Kélim* des dix *Sefirot*, qui mesurent le volume et le rythme des âmes, ne sont sans doute pas divins, mais des nouveautés. C'est parce qu'il ne peut y avoir de changement ni de numérotation dans la Divinité.

C'est aussi pourquoi nous associons les *Kélim* des dix *Sefirot* dans *BYA* aux trois couleurs rouge, verte et noire. Par ailleurs, il est inconcevable qu'elles soient divines, parce qu'il n'y a pas de nouveauté en Lui.

Cependant, la lumière qui est « habillée » dans les dix *Kélim* dans *BYA* est Divinité et unité simple sans aucun changement. Même la lumière revêtue dans le *Kli* le plus bas dans *Assiya* est la simple divinité sans le moindre changement, parce que la lumière elle-même est une, et tous les changements faits dans Son illumination sont faits par les *Kélim* des *Sefirot* qui ne sont pas divins. En général, ils comprennent les trois couleurs susmentionnées et en particulier, de nombreux changements sont faits à partir de ces trois couleurs.

28) Il est évident que les *Kélim* des dix *Sefirot* de *BYA* reçoivent *de Atsilout* toutes leurs composantes et détails des changements, car il y a dans le plan conçu de tout ce qui sera réalisé dans l'ordre de construction de la maison dans *BYA*. Par conséquent, nous considérons que les *Kélim* des dix *Sefirot HG TM* dans *BYA* reçoivent de leur discernement correspondant dans *HG TM* dans *Atsilout*, signifiant le plan conçu ici.

Chaque détail dans l'exécution émerge de chaque détail du plan conçu. Ainsi, nous nommons les *Kélim de Atsilout* « blancs » bien qu'ils n'aient pas de couleur.

Néanmoins, il est la source de toutes les couleurs. Et comme le blanc dans le livre de sagesse, où même s'il n'y a pas de perception du blanc en lui, et le blanc dans le livre n'a pas de signification pour nous, il est toujours le sujet de tout le livre de sagesse. C'est parce qu'il brille autour et à l'intérieur de chaque lettre, et donne à chaque lettre sa forme unique, et chaque combinaison sa place unique.

De même, nous pouvons dire le contraire : nous n'avons aucune perception de la substance des lettres rouges, vertes et noires, et tout ce que nous percevons et savons de la substance des lettres du livre n'est que par le blanc en lui. C'est parce que par son illumination autour de chaque lettre et dans chaque lettre, elle crée les formes en elles et ces formes nous révèlent toute la sagesse dans le livre.

Nous pouvons comparer cela aux dix *Sefirot de Atsilout*. Même si elles ressemblent à la couleur blanche, il est impossible de discerner quoi que ce soit en elles, ni un nombre, ni des changements tels que décrits. Toutefois, tous les changements nécessaires viennent des dix *Kélim* des *Sefirot* de *Atsilout* dans l'illumination du blanc dans les mondes *BYA*, qui sont les trois couleurs de la substance des lettres, bien qu'en soi-même, il n'y ait pas de *Kélim* ici, car tout est blanc. C'est comme l'exemple du blanc dans le livre par rapport aux lettres et leurs combinaisons, car son illumination vers *BYA* fait les *Kélim* en elles.

29) De ce qui précède, nous voyons que les corrections du *Zohar* divisent le monde *de Atsilout* en trois discernements : « Lui, Sa vie et Lui-même » tout est unité ici, il n'y a rien ici des créatures.

« Lui » signifie la Divinité elle-même en qui nous n'avons pas de perception, ni ne pouvons percevoir l'essence, pas même les matérielles (point 12). « Lui-même » signifie les dix *Kélim HB TM* ici, qui ont été comparés au blanc dans le livre de sagesse.

Même un chiffre ne peut être dit dans le blanc, car il n'y a personne pour écrire un chiffre, car tout est tout blanc. Ainsi nous ne pouvons non seulement pas leur donner un numéro, mais la multitude des changements qui apparaît dans *BYA*, qui sont la substance des lettres, est trouvée la première les *Kélim : HB TM* dans *Atsilout*.

Ainsi est le blanc, il donne toutes les formes des lettres dans le livre, alors qu'il n'a pas de forme en soi. Ainsi nous trouvons que le blanc est divisé en une multitude de formes, même si lui-même est sans forme.

De même, les dix *Kélim* dans *Atsilout* sont détaillés avec de nombreux changements, d'après leur illumination dans *BYA*, comme dans le plan conçu, qui s'exécute en pratique par la construction de la maison.

Ainsi, tous ces changements qui se réalisent dans *BYA* ne se produient que de l'illumination des *Kélim* des dix *Sefirot HB TM d'Atsilout*. La multitude de changements que nous trouvons dans le blanc est relative aux receveurs dans *BYA*. Par rapport à *Atsilout* lui-même, c'est comme le blanc en lui-même, non revêtu dans l'encre des lettres, aucun nombre et rien n'est en lui. Ainsi nous avons bien expliqué « Lui-même », qui sont les *Kélim*, qui en eux-mêmes, sont simple unité, comme « Lui »

30) « Sa vie » signifie la lumière revêtue dans le blanc qui est les *Kélim*. Nous comprenons cette lumière uniquement par rapport aux âmes qui reçoivent *de Atsilout* et non dans la Divinité en soi.

« Lui » signifie que quand les trois mondes *BYA* montent jusqu'à *Atsilout* avec les âmes des gens, la lumière qu'ils y reçoivent est considérée comme la lumière de *Hokhma*, appelée lumière de *Haya*.

De ce point de vue, nous appelons cette lumière « Sa vie », comme il est écrit dans les *Tikounim* du *Zohar* : « Lui, Sa vie et Lui-même sont un ». Chacun de ces trois discernements sont relatifs aux receveurs, où Lui-même est l'illumination des *Kélim* à l'endroit de *BYA* sous la *Parsa de Atsilout*, car la lumière *de Atsilout* ne descendra jamais en dessous de la *Parsa de Atsilout*, mais seulement l'illumination des *Kélim*.

La catégorie « Sa vie » est l'illumination de la lumière *de Atsilout* elle-même, quand *BYA* montent à *Atsilout*. Et « Lui » signifie l'essence de la Divinité, qui est entièrement inatteignable.

Les *Tikounim* du *Zohar* disent que bien que nous, les receveurs, discernions ces trois catégories dans *Atsilout*, cela ne se réfère qu'aux receveurs. Cependant, par rapport au monde de *Atsilout* lui-même, même « Lui-même » est considéré « Lui », signifiant l'essence de la Divinité. Pour cette raison, il n'y a aucune perception qui soit dans le monde de *Atsilout*. C'est le sens de la couleur blanche, en qui il n'y a aucune perception, et là tout est entièrement unité simple.

31) Le *Zohar* décrit les *Kélim HB TM* dans *Atsilout*, comme grandissant ou diminuant à la suite d'actions des gens. De plus nous trouvons (*Zohar, Bo*) « Israël donne de la force et du pouvoir au Créateur », signifiant qu'il ne faut pas prendre littéralement la Divinité elle-même, car il n'y a aucun changement dans la Divinité, comme il est écrit « Moi le Seigneur, Je ne change pas ».

Ainsi, comme la pensée de la création était de réjouir Ses créatures, elle nous enseigna qu'Il avait un désir de donner sans réserve. Nous trouvons dans ce monde que la satisfaction du donneur grandit quand ceux qui reçoivent de Lui se multiplient, et Il veut multiplier les receveurs. Par conséquent, à cet égard, nous disons que la lumière [*Mokhin*] dans *Atsilout* grandit quand les inférieurs sont récompensés de recevoir l'abondance de *Atsilout*, ou qu'ils s'en approvisionnent. A l'inverse, quand les inférieurs ne méritent pas de recevoir Son abondance, les lumières [*Mokhin*] diminuent proportionnellement, signifiant qu'il n'y a personne pour les recevoir.

32) Vous pouvez comparer cela à une bougie. Si vous allumez un millier de bougies à partir d'elle, ou si vous n'en allumez aucune, vous ne trouverez aucun changement dans la bougie elle-même. Il en est de même avec *Adam HaRishon*. S'il n'avait pas procréé des milliers de descendants comme nous aujourd'hui, ou s'il n'avait pas procréé du tout, cela n'aurait pas provoqué de changement dans *Adam HaRishon* lui-même.

De même, il n'y a pas du tout de changement dans le monde de *Atsilout*, que les inférieurs reçoivent l'abondance incommensurable de lui ou n'en reçoivent rien. Toute ladite grandeur ne repose que sur les inférieurs.

33) Cependant, pourquoi les auteurs du *Zohar* ont-ils eu besoin de décrire tous ces changements dans le monde de *Atsilout*. Ils n'auraient dû parler qu'aux receveurs dans *BYA* explicitement, sans parler avec tant de détails de *Atsilout*, nous forçant à trouver des réponses.

Mais il y a ici un secret très tranchant : c'est le sens de « et par la main des prophètes, Je ressemblerai » (Osée 12). La vérité est qu'il y a ici le désir divin, que ces ressemblances, qui agissent uniquement dans les âmes des receveurs apparaîtront aux âmes, comme Lui-même coopère avec elles pour augmenter encore plus l'atteinte des âmes.

C'est comme un père qui se retient de montrer à son fils cadet préféré un visage triste et un visage heureux, bien qu'il y ait en lui tristesse ou joie. Il ne le fait uniquement que pour pousser son fils préféré à élargir sa compréhension, et pour jouer avec lui. Ce n'est quand grandissant qu'il apprendra et saura que tout ce que son père a fait n'était pas plus réel que de jouer avec lui.

C'est pareil pour nous : toutes ces images et les transformations commencent et se terminent uniquement dans les impressions des âmes, mais par le désir divin, il leur semble qu'elles sont en Lui-même. Il fait cela pour élargir et augmenter l'atteinte des âmes à la plus haute mesure, en conformité avec la pensée de création, qui est de réjouir Ses créatures.

34) Ne soyez pas surpris de trouver également une telle conduite dans notre perception matérielle. Prenez le sens de la vue, par exemple : nous voyons un monde énorme devant nous dans toute sa splendeur, mais en fait nous voyons tout uniquement de notre intériorité. C'est-à-dire qu'il y a une sorte d'appareil photo dans la partie arrière de notre cerveau qui photographie tout ce que nous apparaît, et rien de ce qui est hors de nous.

Par ailleurs, Il a conçu pour nous dans notre cerveau une sorte de miroir poli qui invertit tout ce qui est vu, pour que nous le voyions en dehors de notre cerveau, devant nous. Bien que ce que nous voyons en dehors de nous, n'est pas une chose réelle, nous devrions néanmoins être reconnaissant de Sa providence pour avoir créé ce miroir poli dans notre cerveau, qui nous permet de voir et de percevoir tout ce qui est hors de nous.

Ce faisant, Il nous a donné la force de tout percevoir avec une connaissance et une atteinte claire, de tout mesurer de l'intérieur et de l'extérieur. Sans cela, nous aurions perdu la plupart de notre perception.

La même chose s'applique au désir divin, dans les perceptions divines. En dépit de tous ces changements qui se produisent à l'intérieur des âmes qui reçoivent, elles les voient tous dans le Donneur Lui-même, car ce n'est que de cette manière qu'elles sont récompensées de toutes les perceptions et de toute l'amabilité dans la pensée de la création.

De plus, vous pouvez également déduire cela de l'exemple ci-dessus. Bien que nous voyions tout pratiquement en face de nous, toute personne sensée sait certainement que tout ce que nous voyons est seulement à l'intérieur de notre cerveau. La même chose est vraie avec les âmes. Bien qu'elles voient toutes les images dans le Donneur, elles n'ont aucun doute qu'elles ne sont toutes qu'à l'intérieur d'elles, et non pas dans le Donneur. Notez ceci car il n'est pas nécessaire d'élaborer plus avant.

35) Comme ces choses sont au cœur du monde, et que je crains fort que le lecteur ne se trompe en les percevant, il est préférable que je me donne encore de la peine et apporte les mots en or du *Zohar* lui-même à ce propos (Portion *Bo*, point 215) et que j'interpréterai aux mieux.

Il est écrit : « Car vous n'avez vu aucune forme ». Comment pouvons-nous y spécifier les lettres et noms ? Mais comme il est écrit : « et Il regardera la forme de Dieu », l'image qu'il a vue, signifiant la *Sefira de Malkhout*, et aucune autre image qu'il a créée et formée dans les lettres. Il en est ainsi car la *Sefira de Malkhout* est la racine de tous les receveurs et les récipients, et non les neuf premières *Sefirot*, qui ne sont pas pourvues de forme quelle qu'elle soit. Et c'est pourquoi Il a dit : « À qui donc m'assimilerez-vous, à qui vais-je ressembler ? » et « À qui donc pourriez-vous comparer Dieu et quelle image lui donneriez-vous comme pendant ? »

Même cette forme, que nous nommons dans la *Sefira Malkhout*, n'est pas à sa place, sauf quand la lumière de *Malkhout* descend et se répand sur les créatures. A ce moment, elle leur apparaît, à chacun conformément à sa propre apparence, vision et imagination. En d'autres termes, seulement dans les receveurs et pas du tout dans la *Sefira Malkhout* elle-même.

C'est le sens de « par la main des prophètes Je ressemblerai », de ce fait, le Créateur leur dit : « En dépit du fait que je me présente à vous dans vos formes, en vision et imagination, « À qui donc m'assimilerez-vous, à qui vais-Je ressembler ? » En effet, avant que le Créateur n'ait créé une image du monde et ne lui ait dessiné une forme, Le Créateur était seul dans le monde sans aucune forme et image.

Et celui qui L'atteint ici, avant le degré de *Briya*, qui est *Bina*, où Il est au-dessus de toute image, il est interdit de Lui attribuer une forme et une image dans le monde, ni dans la lettre *Hey*, ni dans la lettre *Youd*, ni même de L'appeler par le nom sacré *HaVaYaH*, ou par une quelconque lettre et point.

C'est le sens du verset « Car vous n'avez vu aucune forme ». En d'autres mots, le verset « Car vous n'avez vu aucune forme » signifie ceux qui sont récompensés de L'atteindre au-dessus du degré de *Briya*, qui est *Bina*. C'est parce qu'il n'y a aucune forme et imagination dans les deux *Sefirot Keter* et *Hokhma*, signifiant les *Kélim* et les limites (point 18). Les *Kélim* commencent de la *Sefira Bina* vers le bas.

C'est pourquoi toutes les suggestions dans les lettres, les points ou les noms sacrés ne sont que de *Bina* et en bas. Elles ne sont pas à l'endroit des *Sefirot* elles-mêmes, mais uniquement vis-à-vis des receveurs, dans la *Sefira Malkhout*.

36) Il semble y avoir une contradiction dans leurs mots. Auparavant, ils ont dit que les formes ne s'étendaient aux receveurs que de la *Sefira Malkhout*, alors qu'ici, ils disent que les formes s'étendent aux receveurs de *Briya* et en-dessous, signifiant de *Bina* et en bas.

En réalité, les formes et les images s'étendent uniquement de *Bekhina Dalet*, qui est *Malkhout*. D'elle les *Kélim* s'étendent à l'endroit des receveurs, et rien des neuf premières *Sefirot* – *Keter, Hokhma, Bina, Tifferet*.

Cependant, dans le monde de la correction, la qualité de *Rakhamim* [clémence] a été associée au jugement. Cela signifie que la *Sefira Malkhout* est montée, c'est-à-dire la qualité de *Din* [jugement] et l'a amené dans la *Sefira Bina* – la qualité de *Rakhamim*.

Ainsi à partir de ce moment, les *Kélim de Malkhout* se sont enracinés dans la *Sefira Bina* comme il dit ici. Ainsi, le *Zohar* commence à parler de la racine authentique des images, qui sont les *Kélim*. Il dit qu'ils sont dans *Malkhout* et ensuite, il dit qu'ils sont dans *Briya*, en raison de l'association faite pour la correction du monde.

Les sages ont donc dit: « Au commencement le Créateur a créé le monde dans la qualité du jugement [*Din*], mais Il vit que le monde ne pouvait pas exister, Il lui associa donc la qualité de la clémence ».

Sachez que les dix *Sefirot KHB TM* ont des appellations variées dans le livre du *Zohar*, conformément à leurs nombreuses fonctions.

Quand elles sont appelées *Keter-Atsilout-Briya-Yetsira-Assiya* leur fonction est de faire la distinction entre les *Kélim de Panim* qui sont appelés *Keter-Atsilout* signifiant *Keter-Hokhma*, et les *Kélim de Akhoraim* appelés *Briya-Yetsira-Assiya* signifiant *Bina-Tifferet* et *Malkhout*.

Ce discernement sort d'elles par l'association de la qualité du jugement à la qualité de la clémence.

Le *Zohar* veut suggérer le sujet de l'association de *Malkhout* à *Bina*. Par conséquent le *Zohar* appelle la *Sefira Bina* par le nom *Briya*. C'est parce qu'avant cette association, il n'y avait aucune image ou forme dans *Bina*, même par rapport aux receveurs, mais uniquement dans *Malkhout*.

37) Il continue là: après avoir fait cette forme de la *Merkava* d'Adam supérieur, Il est descendu et s'y est revêtu. Il y est appelé dans la forme des quatre lettres *HaVaYaH*, ce qui signifie les dix *Sefirot KHB TM* parce que la pointe de la lettre *Youd* est *Keter, Youd* est *Hokhma, Hey* est *Bina, Vav* est *Tifferet*, et le dernier *Hey* est *Malkhout*. Cela a été fait de sorte qu'ils L'atteignent par Ses attributs, signifiant les *Sefirot*, dans chaque attribut en Lui.

38) Explication du sujet : à partir de *Briya*, signifiant de *Bina*, après avoir été associées à la qualité de *Din*, qui est *Malkhout*, les images et des formes s'étendent aux receveurs, qui sont les âmes. Mais pas à sa place, mais uniquement à l'endroit des receveurs.

Il dit qu'à ce moment, il fait la forme de la *Merkava* d'Adam [homme] supérieur, et est descendu et s'est revêtu dans la forme de cet homme. Ainsi, toute la forme d'Adam dans ses 613 *Kélim* s'étend des *Kélim* de l'âme, car l'âme a 613 *Kélim* qui sont appelés 248 organes et 365 tendons spirituels, divisés en cinq parties en conformité aux quatre lettres *HaVaYaH*:

– La pointe du *Youd*, sa *Roch* est considérée *Keter*;
– De *Pé* à *Khazé* c'est *Hokhma*;
– De *Khazé* à *Tabour* c'est *Bina*;
– De *Tabour* au *Sioum Raglin* ce sont les deux *Sefirot Tifferet* et *Malkhout*.

De plus, la Torah en général est considérée comme le *Partsouf* d'Adam, signifiant les 248 commandements positifs correspondent aux 248 organes et les 365 commandements négatifs correspondent aux 365 tendons. Cela comprend cinq parties qui sont les cinq livres de la Torah, appelés « l'image de la *Merkava* d'Adam supérieur », ce qui signifie Adam de *Briya*, qui est *Bina*, de qui les *Kélim* commencent à s'étendre à l'endroit des âmes. Il est appelé « Adam supérieur » car il y a trois catégories d'Adam dans les *Sefirot*:

– Adam de *Briya*;
– Adam de *Yetsira*;
– Adam de *Assiya*.

Dans *Keter* et *Hokhma* cependant, il n'y a aucune image qui puisse être nommée par quelque lettre et point ou par les quatre lettres *HaVaYaH*. Puisqu'il parle ici du monde de *Briya*, il précise en disant: « Adam supérieur ».

Cependant, nous devons toujours nous rappeler les mots du *Zohar*, que ces images ne sont pas à l'endroit des *Sefirot Bina*, *Tifferet* et *Malkhout*, mais seulement à l'endroit des receveurs. Mais puisque ces *Sefirot* donnent les *Kélim* et les vêtements pour que les âmes puissent L'atteindre avec l'aide de la lumière qui s'étend à eux dans la mesure et la limite, d'après leurs 613 organes, nous appelons aussi les donneurs par le nom « Adam », bien qu'ils ne soient là que de couleur blanche (point 8).

39) Cela ne devrait pas être difficile pour vous, parce que les quatre lettres *HaVaYaH* et la pointe du *Youd* sont cinq *Kélim*, car les *Kélim* sont toujours appelés « lettres », et ils sont les cinq *Sefirot KHB TM*. Ainsi il est clair qu'il y a aussi des *Kélim* dans *Keter* et *Hokhma* suggérés par la pointe de la lettre *Youd* et le *Youd* de *HaVaYaH*.

Le fait est que les images et attributs dont il parle, qui sont les *Kélim*, commencent à partir de *Bryia* et en-dessous, signifiant uniquement dans les trois *Sefirot Bina*, *Tifferet* et *Malkhout*, mais pas dans *Keter* et *Hokhma*, signifiant l'essence des *Sefirot*.

Toutefois, nous savons que les *Sefirot* sont inclues l'une dans l'autre. Il y a dix *Sefirot KHB TM* dans *Keter*, *KHB TM* dans *Hokhma*, *KHB TM* dans *Bina*, ainsi que dans *Tifferet*, et dans *Malkhout*. Conformément à cela, vous trouverez que les trois *Sefirot Bina*, *Tifferet* et *Malkhout* desquelles viennent les *Kélim*, sont dans chacune des cinq *Sefirot KHB TM*.

De là, vous voyez que la pointe du *Youd* qui est les *Kélim de Keter*, indique *Bina* et *TM* qui sont incluses dans *Keter*. Le *Youd* de *HaVaYaH*, qui est le *Kli* de *Hokhma*, indique *Bina* et *TM* qui sont incluses dans *Hokhma*. Ainsi, *Kéter* et *Hokhma* sont incluses même dans *Bina* et *ZON*, et n'ont pas de *Kélim*, et dans *Bina* et *TM* qui sont même incluses dans *Keter* et *Hokhma*, il y a des *Kélim*.

A cet égard, il y a vraiment cinq catégories dans Adam. *Bina* et *TM* dans toutes les cinq *Sefirot* donnent à la *Merkava* d'Adam.

Conformément à cela:
– Il y a Adam dans *Keter*, appelé « *Adam Kadmon*, »
– Il y a Adam dans *Hokhma* appelé « *Adam de Atsilout* »,
– Il y a Adam dans *Bina* appelé « *Adam de Briya* »
– Adam dans *Tifferet* appelé « *Adam de Yetsira* »,
– Adam dans *Malkhout* est appelé « *Adam de Assiya* ».

40) Il se nomme Lui-même *El*, *Elohim*, *Shadai*, *Tsvaot*, et *EHYE* pour que chaque attribut en Lui soit connu. Les dix noms dans la Torah qui ne sont pas effacés, sont les dix *Sefirot*, comme il est écrit dans la *Zohar* (*Vayikra*, point 168)

– La *Sefira Keter* est appelée *EHYE*;
– La *Sefira Hokhma* est appelée *Youd-Hey* [prononcé *Koh*]
– La *Sefira Bina* est appelée *HaVaYaH* (dans la ponctuation *Elohim*)
– La *Sefira Hessed* est appelée *El*;
– La *Sefira Guevoura* est appelée *Elohim*;
– La *Sefira Tifferet* est appelée *HaVaYaH*
– Deux *Sefirot* – *Netsakh* et *Hod* sont appelées *Tsvaot*;
– La *Sefira Yessod* est appelée *El Haï*
– La *Sefira Malkhout* est appelée *Adni*.

41) Si Sa lumière ne s'était pas répandue sur toutes les créations en se revêtant apparemment dans ces saintes *Sefirot*, comment les créatures auraient été récompensées de Le connaître ? Et comment le verset : « La terre entière sera remplie de Sa gloire » se serait réalisé ?

Il explique que le désir divin d'apparaître aux âmes est comme si tous ces changements dans les *Sefirot* étaient en Lui. C'est pour donner aux âmes un endroit pour suffisamment Le connaître et L'atteindre. Alors le verset « La terre entière sera remplie de Sa gloire » se réalisera.

42) Malheur à ceux qui Lui attribuent toute mesure, qui disent qu'il y a une mesure en Lui pour Lui-même, même dans ces mesures spirituelles grâce auxquelles Il apparaît aux âmes. Cela encore plus vrai s'il s'agit de mesures matérielles de la nature humaine mortelle, qui sont faites de poussière et sont transitoires et inutiles.

Comme nous avons dit ci-dessus (point 34), certes le désir divin est que les âmes voient les changements en elles, même si en fait elles sont dans le Donneur, il devrait néanmoins être clair pour les âmes qu'il n'y a ni changement, ni mesure en Lui. C'est un désir divin, qu'elles imagineront, comme il est dit « et par la main des prophètes Je ressemblerai ».

Si elles se trompent en cela, malheur à elles, car elles perdraient immédiatement l'abondance divine, C'est encore plus vrai pour les imbéciles qui Lui attribuent certains événements transitoires, des événements de chair et de sang inutiles.

Tout lecteur devrait connaître ceci pour continuer son étude des dix *Sefirot* et des trois mondes BYA dans le *Zohar* et il n'est pas nécessaire d'élaborer plus avant.

Rav Yéhouda Ashlag

Préface au commentaire du Soulam

Dix *Sefirot*

1) Tout d'abord, nous devons connaître les noms des dix *Sefirot* : KHB, HGT, NHYM. Ce sont les acronymes de *Keter, Hokhma, Bina, Hessed, Guevoura, Tifferet, Netsakh, Hod, Yessod, Malkhout*. Ce sont aussi les dix couvertures de Sa lumière, établies afin que les inférieurs puissent recevoir Sa lumière.

C'est comme la lumière du soleil, qui est impossible à regarder sauf à travers des verres fumés qui diminuent sa lumière et l'adaptent pour que les yeux puissent voir. De même, si Sa lumière n'avait pas été couverte de ces dix couvertures, appelées « dix *Sefirot* », dans lesquelles chaque inférieur couvre Sa lumière, les inférieurs n'auraient pas pu l'obtenir.

2) Ces dix *Sefirot* sont les dix noms sacrés dans la Torah : le nom *Ehyé* (prononcé *Ekyé*), est la *Sefira Keter* ; le nom *Yah* (prononcé *Koh*) est la *Sefira Hokhma* ; et le nom *HaVaYaH* avec la ponctuation de *Elohim* est *Bina*. Le nom *El* (prononcé *Kel*) est *Hessed* ; le nom *Elohim* (prononcé *Elokim*) est *Guevoura* ; et le nom *HaVaYaH* avec la ponctuation de *Shva, Holam, Kamatz* est *Tifferet*. Le nom *Tsvaot* est *Netsakh* et *Hod* ; le nom *Shadaï* (prononcé *Shadi*) est *Yessod* ; le nom *Adonay* (prononcé *Adni*) est *Malkhout* (Le Zohar, Vayikra, points 157-163, 166-177).

3) Et bien que l'on compte dix *Sefirot*, il n'y a pas plus de cinq *Bekhinot* [discernements] en elles, appelées *Keter, Hokhma, Bina, Tifferet* et *Malkhout*. La raison pour laquelle nous comptons dix *Sefirot* est que la *Sefira Tifferet* contient six *Sefirot*, nommées *Hessed, Guevoura, Tifferet, Netsakh, Hod,* et *Yessod*, ce qui fait dix (Introduction au Livre du Zohar, « Miroirs du Soulam », p.5).

Ces cinq *Bekhinot*, *KHB TM* sont discernées dans chaque émané et dans chaque créature, dans tous les mondes – les cinq mondes, appelés *Adam Kadmon*, *Atsilout*, *Briya*, *Yestira*, et *Assya*, qui correspondent aux cinq *Bekhinot KHB TM* – aussi bien que dans le plus petit détail dans la réalité. Nous discernons que *Roch* [Tête] en lui est *Keter* ; de sa *Roch* à *Khazé* [poitrine], c'est *Hokhma* ; de *Khazé* à *Tabour* [nombril] c'est *Bina* ; et de *Tabour* et en dessous c'est *Tifferet* et *Malkhout*.

Pourquoi *Tifferet* inclut HGT NHY

4) Quand les cinq *Bekhinot KHB TM* sont sorties, elles se sont incluses les unes dans les autres de sorte que chacune contenait *KHB TM*. Toutefois, dans la *Sefira Tifferet*, le niveau des *Sefirot* est descendu de GAR, donc les noms des *KHB TM* inclus en elles changèrent en *HGT NH*, et *Yessod*, qui les contient. Par conséquent, lorsque nous disons que *Tifferet* contient six *Sefirot*, ce n'est pas en raison de son mérite sur les trois premières *Sefirot*, mais l'inverse, c'est le manque de lumière de GAR en elle qui fait que les cinq *Bekhinot KHB TM* ont reçu d'autres noms : *HGT NH*.

Donc, *Hessed* est *Keter*, *Guevoura* est *Hokhma*, et *Tifferet* est *Bina*, *Netsakh* est *Tifferet*, et *Hod* est *Malkhout*. La *Sefira Yessod* leur est ajoutée, mais ce n'est pas une *Bekhina* (singulier de *Bekhinot*) supplémentaire aux cinq *Bekhinot*. C'est plutôt un discernement général qui contient les cinq *Bekhinot HGT NH* en lui. En outre, elles sont toujours appelées VAK, qui est un acronyme de *Vav* [six] *Ktsavot* [extrémités, bouts], qui sont les six *Sefirot HGT NHY*. Et comme cette descente des cinq *Bekhinot* à *HGT NH* ne s'est produite que dans ZA, nous n'appliquons les cinq *Bekhinot* qui ne changent qu'à ZA.

Lumière et *Kli*

5) Il est impossible d'avoir la lumière sans un *Kli* dans aucun des mondes. Au début, il n'y avait qu'un *Kli* dans les dix *Sefirot* – *Malkhout*. La raison pour laquelle nous disons qu'il y a cinq *Bekhinot KHB TM* est qu'elles sont toutes des parties de *Malkhout*, qui s'appelle *Bekhina Dalet*. Cela signifie qu'elles sont arrangées selon leur proximité au *Kli* complet, qui est *Malkhout*, appelée *Bekhina Dalet*.

Mais après le *Tsimtsoum Aleph* [la première restriction], un *Massakh* [écran] a été établi dans le *Kli* de *Malkhout*, qui empêche la lumière supérieure de le vêtir. Donc, lorsque la lumière supérieure atteint le *Massakh*, le *Massakh* la frappe et la repousse. Cette frappe est appelée « *Zivoug de Hakaa* » [accouplement par coups] de la lumière supérieure avec le *Massakh* dans le *Kli* de *Malkhout*, et la lumière repoussée est appelée « dix *Sefirot* de *Ohr Hozer* » [lumière Réfléchie].

Il en est ainsi, car la lumière repoussée s'élève de bas en haut et revêt les dix *Sefirot* dans la lumière supérieure, qui s'appellent « dix *Sefirot* de *Ohr Yashar* [lumière directe]. » Et de nouveaux *Kélim* ont été faits de cette *Ohr Hozer*, pour revêtir la lumière supérieure à l'endroit de *Malkhout*, qui s'était restreinte afin de ne pas recevoir la lumière. Le contenu de ces nouveaux *Kélim* (pluriel de *Kli*), s'appelle « dix *Sefirot* de *Ohr Hozer*. »

Roch-Tokh-Sof, Pé-Tabour-Sioum Raglin

6) A cause des nouveaux *Kélim* de *Ohr Hozer*, il y a trois parties dans chaque *Partsouf*, appelées *Roch, Tokh, Sof* [Tête, Intérieur/buste, Fin]. Il a été expliqué que par la force du *Massakh* qui empêche la lumière d'atteindre *Malkhout* il y a eu un *Zivoug de Hakaa* avec la lumière, faisant sortir les dix *Sefirot* de *Ohr Hozer* et a revêtu les dix *Sefirot* de *Ohr Yashar* dans la lumière supérieure.

Ces dix *Sefirot* de *Ohr Yashar* et *Ohr Hozer* s'appellent dix *Sefirot* de *Roch*. Toutefois, ces dix *Sefirot* de *Ohr Hozer*, qui sont sorties du *Massakh* vers le haut et revêtent les dix *Sefirot* de *Ohr Yashar*, ne sont pas encore les vrais *Kélim*. Ceci est dû au fait que le nom *Kli* indique l'*Aviout* en lui, c'est-à-dire la force du *Din* [jugement] dans le *Massakh*, qui empêche le revêtement de la lumière dans *Malkhout*.

La règle est que la force de *Din* n'opère qu'à partir de la sortie du *Din* vers le bas et non de l'endroit de la sortie du *Din* vers le haut. Comme les dix *Sefirot* de *Ohr Hozer* ont émergé du *Massakh* vers le haut, la force de *Din* n'est pas apparente dans *Ohr Hozer* et ne mérite pas d'être un *Kli*. C'est pourquoi, ces dix *Sefirot* de *Ohr Hozer* sont appelées *Roch*, c'est-à-dire une racine pour les *Kélim* et non les *Kélim* eux-mêmes.

Et *Malkhout*, en qui le *Massakh* pour le *Zivoug de Hakaa* a été établi, s'appelle par conséquent *Pé* [bouche]. Ceci suggère que comme dans une bouche physique, de laquelle les *Otiot* [lettres] sortent par un *Zivoug de Hakaa* des cinq sorties de la bouche, le *Pé* spirituel a un *Zivoug de Hakaa* pour faire sortir dix *Sefirot* de *Ohr Hozer*, à savoir les cinq *Bekhinot KHB TM*, qui sont les *Kélim* pour les dix *Sefirot* de *Ohr Yashar*, et les *Kélim* sont appelés *Otiot*. Ainsi, nous avons expliqué les dix *Sefirot* de *Roch*.

7) Par conséquent, les dix *Sefirot* de *Ohr Yashar* et les dix *Sefirot* de *Ohr Hozer* se sont diffusées du *Massakh* vers le bas, et à ce moment les dix *Sefirot* de *Ohr Hozer* sont devenues des *Kélim* qui reçoivent et revêtent les dix *Sefirot* de *Ohr Yashar*. C'est parce que maintenant il y a un *Massakh* sur les dix *Sefirot* de *Ohr Hozer*. Pour cette raison, son épaisseur contrôle les dix *Sefirot* de *Ohr Hozer* et par cela, les *Kélim* sont faits.

De plus ces dix *Sefirot*, qui sont les *Kélim* à proprement parler, sont appelés *Tokh* et *Gouf* [corps], c'est-à-dire qu'ils sont vraiment à l'intérieur de lui et le corps du *Partsouf*.

Et *Malkhout de Tokh* s'appelle *Tabour*, comme dans la phrase « le *Tabour* [nombril] de la terre », qui se réfère au centre et au milieu. Ceci indique que *Malkhout de Tokh* est la *Malkhout* centrale, et c'est de son *Ohr Hozer* que les *Kélim* véritables du *Gouf* sont faits.

Nous pouvons également dire que *Tabour* vient des mots *Tov Ohr* [bonne lumière], ce qui indique que jusqu'à présent la lumière est bonne, puisqu'elle est revêtue dans des *Kélim* qui conviennent pour la recevoir. Nous avons donc expliqué les dix *Sefirot de Tokh* jusqu'au *Tabour*.

8) Donc, nous trouvons deux discernements dans *Malkhout de Roch* :

– *Malkhout* terminale : le *Massakh* empêchant la lumière supérieure de se revêtir dans le *Kli* de *Malkhout*.
– *Malkhout* s'accouplant : S'il n'y avait pas eu un *Zivoug* de la lumière Supérieure avec le *Massakh* par un *Zivoug de Hakaa*, qui élève *Ohr Hozer* pour revêtir la lumière supérieure, il n'y aurait pas de récipient de réception pour la lumière supérieure et il n'y aurait pas de lumière dans la réalité, puisqu'il n'y a pas de lumière sans *Kli*.

Mais dans *Malkhout de Roch*, ces deux discernements ne sont que deux racines. *Malkhout* terminale est la racine de *Malkhout* qui finit le degré et *Malkhout* s'accouplant est la racine du revêtement de la lumière dans les *Kélim*.

Ces deux actions sont apparues et se sont produites dans le *Gouf du Partsouf* :
– De *Pé* à *Tabour*, *Malkhout* s'accouplant montre sa force et la lumière supérieure se revêt dans les *Kélim*.
– Et de *Tabour* vers le bas, *Malkhout* terminale montre sa force et fait sortir dix *Sefirot de Sioum* [fin]. Chaque *Sefira* émerge avec la seule illumination de *Ohr Hozer* sans la lumière supérieure. Quand elle atteint *Malkhout* de ces dix *Sefirot de Sioum*, chaque *Partsouf* se termine, parce que cette *Malkhout* est *Malkhout* terminale, qui ne reçoit rien et donc met fin à l'expansion du *Partsouf* en elle.

Et nous appelons cette *Malkhout*, « *Malkhout de Sioum Raglin* », qui coupe la lumière et termine le *Partsouf*. Et ces dix *Sefirot de Sioum* qui se diffusent du *Tabour* et en bas jusqu'au *Sioum Raglin* s'appellent « *dix Sefirot de Sof* » [fin], et elles sont toutes des parties de *Malkhout de Sof* et *de Sioum*. De plus, lorsque nous disons qu'il n'y a que *Ohr Hozer* en elles, cela ne veut pas dire qu'elles n'ont pas du tout d'*Ohr Yashar*, mais cela signifie qu'elles ont une certaine illumination de *Ohr Yashar*, mais considérée comme VAK sans *Roch*.

Khazé

9) Jusqu'à présent nous avons discuté des *Partsoufim* (pluriel de *Partsouf*) d'*Adam Kadmon*. Mais dans les *Partsoufim* du monde de *Atsilout*, un nouveau *Sioum* a été ajouté aux dix *Sefirot* de *Tokh* : *Malkhout* de *Tokh*, nommée *Tabour*, s'éleva à *Bina* des dix *Sefirot de Tokh*, et termina le degré des dix *Sefirot* du degré *Tokh* à cet endroit. Ce *Sioum* s'appelle *Khazé*, et la *Parsa* y a pris place.

Ceci signifie que le nouveau *Sioum* qui a été fait par l'ascension de *Malkhout* à *Bina* à l'endroit de *Khazé* est appelé *Parsa*, comme le firmament qui sépare les eaux supérieures – *Keter* et *Hokhma* qui sont restées au degré *Tokh* – de *Bina* et TM, qui sont sorties du degré des dix *Sefirot de Tokh* et sont devenues le degré des dix *Sefirot de Sof*.

Pour cette raison, les dix *Sefirot de Tokh* se sont divisées en deux degrés :
– De *Pé* à *Khazé*, on les considère comme dix *Sefirot* de *Tokh*,
 et *Atsilout*, et GAR du *Gouf*.
– De *Khazé* et en bas jusqu'au *Tabour*, on les considère comme dix *Sefirot de Sof*,
 Briya et VAK sans *Roch*, comme les dix *Sefirot de Sof*.

Relation inverse entre les *Kélim* et les lumières

10) Il y a toujours une relation inverse entre les lumières et les *Kélim*. Dans les *Kélim*, l'ordre est que les supérieurs sont les premiers à grandir dans un *Partsouf*. D'abord, *Keter* vient au *Partsouf*, ensuite *Hokhma*, ensuite *Bina*, ensuite *Tifferet*, et ensuite *Malkhout*. Pour cette raison, nous nommons les *Kélim* KHB TM, c'est-à-dire de haut en bas, parce que tel est leur ordre de venue dans le *Partsouf*.

Mais pour les lumières c'est l'inverse. L'ordre des lumières est que les inférieurs viennent au *Partsouf* en premier. La première à venir est la lumière de *Nefesh*, ensuite la lumière de *Rouakh*, ensuite la lumière de *Neshama*, ensuite la lumière de *Haya*, ensuite la lumière de *Yekhida*.

Donc, au début arrive la lumière de *Nefesh*, qui est la lumière de *Malkhout*, la plus petite de toutes les lumières. Et la dernière à arriver est la lumière de *Yekhida*, la plus grande de toutes les lumières. C'est pourquoi nous appelons toujours les lumières NRNHY, c'est-à-dire, de bas en haut, car tel est leur ordre d'arrivée dans le *Partsouf*.

11) Par conséquent, il s'avère qu'alors qu'il n'y a qu'un seul *Kli* dans le *Partsouf*, qui est nécessairement le *Kli* le plus haut – *Keter* – qui est le premier à grandir, la plus grande lumière associée à *Keter*, la lumière de *Yekhida*, n'entre pas dans le *Partsouf*. A la place, la lumière qui entre et revêt le *Kli* de *Keter* est la plus petite lumière, la lumière de *Nefesh*.

Et lorsque deux *Kélim* grandissent dans le *Partsouf*, qui sont les plus grands *Kélim* – *Keter* et *Hokhma* – la lumière de *Rouakh* entre aussi. Alors la lumière de *Nefesh* descend du *Kli* de *Keter* au *Kli* de *Hokhma*, et la lumière de *Rouakh* se revêt dans le *Kli* de *Keter*. De même, quand un troisième *Kli* grandit dans le *Partsouf* – le *Kli* de *Bina* – la lumière de *Neshama* entre dans le *Partsouf*. Alors la lumière de *Nefesh* descend du *Kli* de *Hokhma* au *Kli* de *Bina*, la lumière de *Rouakh* sort du *Kli* de *Keter* et va dans le *Kli* de *Hokhma*, et la lumière de *Neshama* se revêt dans le *Kli* de *Keter*.

Et quand un quatrième *Kli* grandit dans le *Partsouf*, à savoir le *Kli* de *Tifferet*, la lumière de *Haya* entre dans le *Partsouf*. Alors la lumière de *Nefesh* descend du *Kli* de *Bina* au *Kli* de *Tifferet*, la lumière de *Rouakh* au *Kli* de *Bina*, la lumière de *Neshama* au *Kli* de *Hokhma*, et la lumière de *Haya* au *Kli* de *Keter*.

Et quand un cinquième *Kli* grandit dans le *Partsouf*, le *Kli* de *Malkhout*, toutes les lumières viennent dans leur *Kélim* respectifs. Ceci parce que la lumière de *Yekhida* s'étend alors dans le *Partsouf* : la lumière de *Nefesh* descend du *Kli* de *Tifferet* au *Kli* de *Malkhout*, la lumière de *Rouakh* descend du *Kli* de *Bina* et va dans le *Kli* de *Tifferet*, la lumière de *Neshama* descend du *Kli* de *Hokhma* et va dans le *Kli* de *Bina*, et la lumière de *Haya* descend du *Kli* de *Keter* et vient dans le *Kli* de *Hokhma*, et la lumière de *Yekhida* vient se revêtir dans le *Kli* de *Keter*.

12) Vous voyez que tant que tous les cinq *Kélim* KHB TM n'ont pas grandi dans le *Partsouf*, les lumières ne sont pas à leur place respective. De plus, elles ont une valeur inverse puisque si le *Kli* de *Malkhout* – le plus petit *Kli* – manque au *Partsouf*, la lumière de *Yekhida* – la plus grande lumière – sera manquante. Et si les deux *Kélim* inférieurs – *Tifferet* et *Malkhout* manquent les deux plus grandes lumières – *Haya* et *Yekhida* – seront manquantes. Et si les trois *Kélim* inférieurs – *Bina*, *Tifferet* et *Malkhout* – manquent, les trois plus grandes lumières – *Neshama*, *Haya* et *Yekhida* – seront manquantes, etc.

Donc, tant que tous les cinq *Kélim* KHB TM n'ont pas grandi dans le *Partsouf*, il y a une relation inverse entre les *Kélim* et les lumières. Si une lumière et un *Kli* manquent, alors la plus grande lumière, la lumière de *Yekhida* manquera. Et c'est le contraire avec les *Kélim* : le plus petit *Kli* manquera – le *Kli* de *Malkhout*.

13) Maintenant vous voyez pourquoi nous disons que par l'ascension de *Malkhout* à *Bina*, le degré s'est terminé sous *Hokhma*. Et pour cette raison, seules deux *Sefirot* sont restées dans le degré – *Keter* et *Hokhma*, et *Bina* et TM du degré se sont annulées et sont descendues du degré. Pourtant, ceci ne concerne que les *Kélim*. Mais c'est le contraire avec les lumières : Les lumières *Nefesh* – *Rouakh* restèrent dans le degré, et les lumières *Neshama*, *Haya* et *Yekhida* se sont annulées dans le degré.

14) Maintenant vous comprendrez pourquoi le *Zohar* dit parfois qu'avec l'ascension de *Malkhout* à *Bina*, les cinq *Otiot* [lettres] du nom *Elohim* se sont divisées de sorte que les deux lettres *MI* (*Mem*, *Youd*) sont restées dans le degré et les trois lettres *ELEH* (*Aleph*, *Lamed*, *Hey*) sont sorties et se sont annulées dans le degré.

Mais parfois le *Zohar* dit le contraire, que quand *Malkhout* s'est élevée à *Bina*, les deux lettres *EL* (*Aleph*, *Lamed*) sont restées dans le degré, et les trois lettres *HYM* (*Hey*, *Youd*, *Mem*) s'annulèrent et descendirent du degré. C'est parce que les cinq lettres du mot *Elohim* sont les cinq *Sefirot KHB TM* ou les cinq lumières *NRNHY*. Et quand *Malkhout* monte à *Bina*, seuls les *Kélim Keter* et *Hokhma*, qui sont les deux lettres *EL*, restent dans le degré et les trois lettres *HYM* descendent du degré.

Dans les lumières c'est l'inverse : les deux lettres finales *MI*, qui suggèrent les deux lumières inférieures *Nefesh-Rouakh*, restèrent dans le degré, et les trois premières lettres, *ELEH*, suggérant *Yekhida*, *Haya*, *Neshama*, sont sorties et se sont annulées dans le degré.

Donc, dans *L'Introduction au Livre du Zohar*, *Le Zohar* parle de cinq lumières *NRNHY*, soit les cinq lettres d'*Elohim*. C'est pourquoi il est écrit que *MI* sont restées et *ELEH* sont sorties du degré. Également, dans *Le Zohar* (*Genèse 1*), il parle des cinq *Kélim KHB TM*, à savoir les cinq lettres d'*Elohim*.

Pour cette raison, il est écrit le contraire : *EL* sont restées dans le degré et les trois lettres *HYM* sont sorties du degré. Nous devrions nous souvenir de ces mots et examiner chaque passage pour voir si l'on parle de lumières ou de *Kélim*, et cela résoudra de nombreuses contradictions apparentes.

L'ascension de *Malkhout* à *Bina*

15) Nous devrions parfaitement comprendre la question de l'adoucissement de *Malkhout* dans *Bina*, car c'est la racine de toute cette sagesse. *Malkhout* est *Midat Ha Din* [qualité du jugement], en qui le monde ne peut pas exister. Pour cette raison, L'Émanateur l'a élevée à la *Sefira* de *Bina*, qui est *Midat Ha Rakhamim* [qualité de la clémence]. Nos sages y ont fait allusion : « Au commencement, Il pensa créer le monde avec *Midat Ha Din* », c'est-à-dire, seulement dans *Malkhout*, qui est *Midat Ha Din*. « Il vit que le monde n'existait pas, Il a fait d'abord venir *Midat Ha Rakhamim* et l'associa à *Midat Ha Din* (*Béréshit Rabba*, 12).

Grâce à la montée de *Malkhout* à *Bina*, *Malkhout* reçoit la forme de *Bina*, qui est *Midat Ha Rakhamim*, et alors *Malkhout* conduit le monde avec *Midat Ha Rakhamim*. Cette question de la montée de *Malkhout* à *Bina* se passe à chacun des degrés, depuis le sommet du monde de *Atsilout* jusqu'à la fin du monde de *Assiya* puisqu'il n'y a pas de degré sans dix *Sefirot* KHB, HGT NHYM. Et *Malkhout* de chaque degré s'est élevée à *Bina* dans ce degré et s'y est adoucie.

La division de chaque degré en deux moitiés

16) Nous savons que *Malkhout* qui termine chaque *Sefira* et chaque degré, veut dire que par le *Tsimtsoum* [restriction] qui s'est fait sur elle, de ne pas recevoir la lumière supérieure, *Malkhout* empêche la lumière de se diffuser dans ce degré. Donc, la lumière de ce degré s'étend seulement jusqu'à *Malkhout* et s'arrête quand elle atteint le *Massakh* dans *Malkhout* et un *Zivoug de Hakaa* avec la lumière s'effectue sur le *Massakh* dans *Malkhout*.

Par conséquent, puisque *Malkhout* de chaque degré s'est élevée à *Bina* de ce degré, *Malkhout* met fin à la lumière à l'endroit où elle est montée, c'est-à-dire au milieu de *Bina*. Donc, la moitié de *Bina*, *Tifferet*, et *Malkhout*, qui sont sous *Malkhout* terminale, sortent de leur degré et deviennent un autre degré, sous *Malkhout*.

Donc, par l'ascension de *Malkhout* à *Bina*, chaque degré est coupé en deux : *Keter*, *Hokhma*, et la moitié de *Bina* au-dessus de *Malkhout* restent dans le degré, et la moitié de *Bina*, *Tifferet* (comprenant HGT NHY), et *Malkhout* sortent du degré et deviennent un degré sous elle. Cette fin faite par *Malkhout* au milieu de *Bina* est appelée *Parsa*.

17) Chaque degré doit avoir cinq lumières, appelées *Yekhida*, *Haya*, *Neshama*, *Rouakh*, et *Nefesh* revêtues dans les cinq *Kélim*, appelés *Keter*, *Hokhma*, *Bina*, *Tifferet* (comprenant HGT NHY), et *Malkhout*. Et puisqu'en raison de l'ascension de *Malkhout* à *Bina*, seuls deux *Kélim* complets sont restés dans le degré – *Keter* et *Hokhma* – et trois *Kélim*, *Bina*, *Tifferet* et *Malkhout* y sont manquants, seules deux lumières y restent – *Nefesh*, *Rouakh* – revêtant les deux *Kélim*, *Keter* et *Hokhma*. Et les trois lumières *Neshama*, *Haya* et *Yekhida* y sont manquantes, puisqu'elles n'ont pas de *Kélim* dans lesquels se revêtir.

Il s'avère qu'il manque au degré des trois premières *Sefirot*, puisqu'en raison de l'ascension de *Malkhout* à *Bina*, le degré s'est percé en deux moitiés : une moitié resta au degré – *Keter*-*Hokhma* des *Kélim* et *Nefesh*-*Rouakh* des lumières – et l'autre moitié quitta le degré – *Bina* et TM des *Kélim*, et *Neshama*, *Haya*, *Yekhida* des lumières. C'est pourquoi cette ascension de *Malkhout* à *Bina* est suggérée dans le *Youd* qui est entré dans la lumière du degré, et *Ohr* [lumière, אור] est devenu *Avir* [air אויר]. A la suite de l'ascension de *Malkhout* à *Bina*, le degré a perdu la lumière de ses trois premières *Sefirot* et est resté au niveau de *Rouakh*-*Nefesh*, appelé *Avir*. Ce sujet est aussi suggéré dans les cinq lettres du nom *Elohim*, divisé en deux moitiés : MI-ELEH. Les deux lettres MI impliquent les deux lumières *Rouakh Nefesh*, revêtues dans les deux *Kélim Keter Hokhma* qui sont restées dans le degré, et les trois lettres ELEH suggèrent les trois *Kélim Bina*, *Tifferet*, et *Malkhout* qui ont quitté le degré.

La descente de *Malkhout* de *Bina* à sa place

18) Toutefois, par l'élévation de *Mayin Noukvin*, à partir de la Torah et des prières des inférieurs, l'illumination supérieure s'étend de *Hokhma* et *Bina de AK*, ce qui fait sortir *Malkhout* de *Bina* de tous les degrés, et l'abaisse à sa place (*Le Zohar, VaYikael*). Alors les trois *Kélim*, *Bina*, *Tifferet* et *Malkhout* qui étaient auparavant sortis du degré en raison de l'entrée du *Youd*, qui est *Malkhout*, dans la lumière du degré, termine ainsi le degré sous *Hokhma* et transforme *Ohr* [lumière] en *Avir* [air].

Mais maintenant, après que *Malkhout* est descendue et est sortie de *Avir*, les *Kélim* reviennent à leur degré. Ainsi, à nouveau il y a cinq *Kélim KHB TM* dans le degré. Et puisqu'il y a cinq *Kélim*, toutes les cinq lumières *Yekhida, Haya, Neshama, Rouakh, Nefesh* reviennent et s'y revêtent, et *Avir* redevient *Ohr*, puisque le retour au niveau des trois premières, est appelé *Ohr*,

Un temps de *Katnout* et un temps de *Gadlout*

19) Donc, nous avons expliqué qu'en raison de l'ascension de *Malkhout* à *Bina*, deux temps sont faits dans chaque degré : un temps de *Katnout* [petitesse, enfance] et un temps de *Gadlout* [grandeur, âge adulte]. Avec l'ascension de *Malkhout* à *Bina*, elle finit le degré sous *Hokhma*, et *Bina*, *Tifferet*, et *Malkhout* du degré en sortent et viennent au degré inférieur. Donc, seules *Keter Hokhma de Kélim* et *Rouakh Nefesh* des lumières restent dans le degré, et il manque *GAR* [trois premières]. C'est le temps de *Katnout*.

Mais après que les inférieurs ont élevé *Mayin Noukvin* [MAN] et étendent l'illumination de *Hokhma Bina de AK*, faisant sortir *Malkhout* de *Bina*, alors les trois *Kélim Bina* et *TM* qui étaient tombés au degré inférieur reviennent et s'élèvent de là à leur degré initial. Et puisqu'il y a déjà cinq *Kélim KHB TM* dans le degré, les cinq lumières reviennent et se revêtent en eux : *Nefesh, Rouakh, Neshama, Haya* et *Yekhida*. C'est le temps de la *Gadlout* du degré.

Ainsi nous avons expliqué qu'à cause de la chute de *Bina* et *TM* du degré au degré inférieur, le degré est en *Katnout*, sans *GAR*. Et par le retour de *Bina* et *TM* au degré, le degré est en *Gadlout*, c'est-à-dire avec le remplissage de *GAR*.

Comment l'inférieur s'élève à son supérieur

20) Par cette ascension de *Malkhout* à *Bina*, la connexion et la possibilité d'élever chaque inférieur à son supérieur ont été préparées. C'est parce que la règle veut que quand le supérieur descend à l'inférieur, il devient comme lui. Également, quand l'inférieur s'élève au supérieur, il devient comme lui.

Donc, dans l'état de *Katnout* du degré, quand *Malkhout* terminale s'élève à *Bina*, elle fait sortir *Bina* et *TM* du degré, vers le degré inférieur. Alors, ces *Bina* et *TM* deviennent un degré avec le degré sous lui, puisque le supérieur qui descend à l'inférieur devient comme lui. C'est pourquoi, dans l'état de *Gadlout* du degré, quand *Malkhout* revient et sort de *Bina* et arrive à sa place, et que *Bina* et *TM* qui étaient tombées de *Bina* retournent à leur degré, elles prennent avec elles le degré inférieur auquel elles étaient lors de leur chute.

Parce qu'elles sont désormais devenues un degré avec le degré inférieur, lors de leur chute, et n'ont fait qu'un avec lui, elles l'emmènent également avec elles lors de leur retour au degré et élèvent le degré inférieur au degré supérieur. Selon la règle qui veut que l'inférieur qui s'élève au lieu du supérieur devient comme lui, le degré inférieur reçoit maintenant toutes les lumières et *Mokhin* qui existent au degré supérieur.

Nous avons donc clarifié comment l'ascension de *Malkhout* à *Bina* a engendré la connexion entre les degrés, pour que chaque degré puisse s'élever au degré supérieur. Ainsi, même le degré le plus bas peut s'élever jusqu'au degré le plus haut par cette connexion faite par la chute de *Bina* et *TM* de chaque degré au degré inférieur (*Le Zohar, VaYikahel*).

Katnout et *Gadlout* de ISHSOUT et de ZON

21) Maintenant que la question de l'ascension de *Malkhout* à *Bina*, appliquée à chaque degré dans les quatre mondes ABYA a été expliquée en général, je vais ici les expliquer en détail. Prenons pour exemple deux degrés, appelés ISHSOUT et ZON dans le monde de *Atsilout*.

De par l'ascension de *Malkhout* de ISHSOUT à *Bina* de ISHSOUT dans l'état de *Katnout*, les trois *Sefirot Bina* et *TM* de ISHSOUT sont sorties et sont tombées au degré sous ISHSOUT, qui est ZON. Et ces *Bina* et *TM* ont adhéré au degré de ZON durant leur chute.

Donc, lorsque le temps de *Gadlout* est arrivé, *Malkhout* qui était sortie de *Bina* de ISHSOUT retourne à sa place. Ainsi, *Bina* et *TM* de ISHSOUT se relevèrent de leur chute et arrivèrent au degré de ISHSOUT. Elles élevèrent ZON avec elles, puisqu'elles y adhéraient en *Katnout*, lors de leur chute. Il s'avère que ZON aussi se sont élevés et sont devenus le degré de ISHSOUT, recevant également les mêmes lumières et *Mokhin* convenant au degré de ISHSOUT.

Sans l'ascension de *Malkhout* à *Bina*, ZON n'auraient pas mérité les *Mokhin*

22) Ici nous devrions savoir que par eux-mêmes, ZON ne méritent de recevoir aucun *Mokhin*, puisque la source de ZON est sous le *Tabour* de AK, où gouverne *Malkhout* de *Midat Ha Din*, qui est gouvernée par la force du *Tsimtsoum* et n'est pas digne de recevoir la lumière supérieure. Mais maintenant que *Bina* et TM de ISHSOUT ont élevé ZON au degré de ISHSOUT, ZON sont devenus comme le degré de ISHSOUT et peuvent recevoir la lumière supérieure comme ils le font.

23) Maintenant vous comprenez parfaitement pourquoi nos sages disaient (*Béréshit Rabba, Paracha* 12) : « Au commencement, Il pensa créer le monde avec *Midat Ha Din* », c'est-à-dire avec *Malkhout* de la première restriction, qui est *Midat Ha Din*. Et « monde » doit être compris comme ZON de *Atsilout*, appelés « monde ». Et il devrait être également compris comme « ce monde », qui reçoit de ZON de *Atsilout*. C'est parce que tout ce qui est reçu dans ZON de *Atsilout* peut être reçu par les gens dans ce monde, et tout ce qui n'est pas reçu dans ZON n'est pas reçu par les gens dans ce monde, puisque nous ne pouvons pas recevoir au-dessus du degré de ZON.

C'est pourquoi, puisque la racine de ZON est sous *Tabour* de AK, où gouverne *Malkhout* de *Midat Ha Din*, ils ne peuvent pas recevoir la lumière supérieure ni exister, puisqu'ils sont sous le *Tsimtsoum* dans *Malkhout*. A fortiori, ce monde ne peut exister.

C'est le sens de, « Il vit que le monde n'existe pas, Il fit tout d'abord venir *Midat Ha Rakhamim* et l'associa à *Midat Ha Din* ». Cela signifie qu'Il éleva *Malkhout* de chaque degré, qui est *Midat Ha Din*, à *Bina* de chaque degré, qui est *Midat Ha Rakhamim*. Il s'avère que *Malkhout* de ISHSOUT s'éleva à *Bina* de ISHSOUT, de ce fait *Bina* et TM de ISHSOUT tombèrent au degré inférieur, qui est ZON, et y adhérèrent.

Pour cette raison, pendant *Gadlout* de ISHSOUT, quand *Malkhout* est descendue de *Bina* de ISHSOUT et est retournée à sa place, et les trois *Kélim Bina* et TM de ISHSOUT retournèrent à leur place, à ISHSOUT, comme au début, ils ont pris alors avec eux ZON qui adhéraient à eux et les élevèrent au degré de ISHSOUT. Ainsi, ZON sont devenus comme le degré de ISHSOUT, c'est-à-dire ont pu recevoir la lumière supérieure comme ISHSOUT. Pour cette raison, ils reçoivent la lumière supérieure de ISHSOUT et donnent à ce monde, et maintenant le monde peut exister.

Mais s'il n'y avait pas eu l'association de *Midat Ha Din* à *Midat Ha Rakhamim*, c'est-à-dire si *Malkhout* de ISHSOUT ne s'était pas élevée à *Bina* de ISHSOUT, *Bina* et TM de ISHSOUT ne seraient pas tombées à ZON, et il n'y aurait pas eu de possibilité pour ZON de s'élever à ISHSOUT. A ce moment, ils n'auraient pas pu recevoir la lumière supérieure pour le monde, et le monde n'aurait pas pu exister. Ainsi nous avons expliqué la question de l'ascension de *Malkhout* à *Bina*.

Tikoun Kavim [correction des lignes]

24) Dans les trois premiers *Partsoufim* de AK, appelés *Galgalta*, AB, SAG de AK, les *Sefirot* étaient sur une seule ligne, l'une sous l'autre. Mais dans le monde de *Nekoudim*, habillant de *Tabour de AK* vers le bas, il y a eu un *Tikoun Kavim* [correction des lignes] dans leur GAR, mais pas dans les sept *Sefirot* inférieures. Et dans le monde d'*Atsilout*, il y a aussi eu un *Tikoun Kavim* dans les sept *Sefirot* inférieures.

Deux discernements dans le *Tikoun Kavim*

25) La raison en est que le *Tikoun Kavim* effectué dans les dix *Sefirot* s'étend de l'ascension de *Malkhout* à *Bina*, qui devint *Noukva* [femelle] de *Hokhma*. Il en résulte que deux côtés se sont formés dans les dix *Sefirot* :

– *Malkhout* qui s'est mélangée à chaque *Sefira* devient le côté gauche de la *Sefira* ;
– La *Sefira* elle-même est considérée comme la ligne droite dans la *Sefira*.

De plus, la ligne gauche endommage la ligne droite. A ce moment, la lumière supérieure s'accoupla sur le *Massakh* des *Dinim* (pluriel de *Din*) dans cette *Malkhout*, et le niveau de *Hassadim* qui est sorti dans le *Zivoug de Hakaa* de la lumière Supérieure sur le *Massakh* de cette *Malkhout* devient la ligne médiane, unissant et égalisant les deux lignes. Sans les *Dinim* dans *Malkhout*, il n'y aurait pas eu de *Zivoug de Hakaa*, ni beaucoup de *Hassadim*. Donc *Malkhout*, qui est la gauche, devient aussi importante que la *Sefira* elle-même, qui est la droite.

Nous savons que le début du *Tikoun* de la montée de *Malkhout* à *Bina* était dans le monde de *Nekoudim*, qui émergea après le *Partsouf* SAG de AK. Donc, le *Tikoun* des trois *Kavim* commence également dans le monde de *Nekoudim*, car l'un dépend de l'autre. Mais dans les trois premiers *Partsoufim*, *Galgalta*, AB SAG qui précèdent le monde des *Nekoudim*, où la question de l'ascension de *Malkhout* à *Bina* n'existe pas encore, il n'y a donc pas trois lignes en eux, mais seulement une ligne.

26) Tout ceci n'est possible que dans GAR du monde de *Nekoudim*, considéré comme GAR *de Bina*, dont les *Hassadim* sont GAR, puisqu'ils sont la lumière de *Hassadim* par leur essence-même, puisqu'ils ne reçoivent jamais la lumière de *Hokhma*. C'est pourquoi, le niveau de *Hassadim* qui est sorti sur le *Massakh* de *Malkhout* suffit à unir les deux lignes, droite et gauche, l'une à l'autre, et à ramener GAR aux *Sefirot*.

Pourtant, ça n'est pas le cas dans les sept *Sefirot* inférieures du monde de *Nekoudim*, qui sont ZA, dont l'essence est l'illumination de *Hokhma* dans *Hassadim*, puisqu'elles ont besoin de *Hokhma*. Et puisque *Malkhout* est mélangée à toutes les *Sefirot*, elles ne peuvent pas recevoir *Hokhma*. C'est pourquoi, elles ont un défaut et sont endommagées tant que *Hokhma* n'illumine pas en elles.

Ainsi, le niveau de *Hassadim* qui émergea sur le *Massakh* de *Malkhout* ne les aide pas du tout à égaliser les deux lignes, droite et gauche, l'une à l'autre. C'est parce que les *Dinim* de gauche, qui sont les *Dinim* de *Malkhout* qui s'est élevée à *Bina*, endommagent la ligne droite et éloignent d'elle la lumière de GAR. Ainsi, le *Tikoun Kavim* des GAR n'aide pas du tout à corriger les deux lignes, droite et gauche dans VAK, car VAK de toutes les *Sefirot* proviennent de la *Hitkalelout* [inclusion/intégration] de ZA à cet endroit. Et aussi longtemps qu'il n'a pas l'illumination de *Hokhma*, il est déficient et endommagé.

Tikoun Kavim dans ZAT et dans ISHSOUT

27) Donc, le premier *Tikoun* dont les sept *Sefirot* inférieures ont besoin est d'enlever les *Dinim* dans *Malkhout* qui s'est mélangée aux *Sefirot*, c'est-à-dire simplement étendre l'illumination de *Hokhma Bina de AK*, qui abaisse *Malkhout* de *Bina* et la fait retourner à sa place. A ce moment, les trois *Kélim Bina* et TM retournent à la *Sefira* et deviennent la ligne gauche, et *Keter* et *Hokhma* qui restent, deviennent la ligne droite.

Puisque le degré est complet avec cinq *Kélim*, KHB TM, toutes les cinq lumières NRNHY y retournent, et la lumière de *Hokhma* retourne au degré. Alors la ligne médiane peut unir les deux lignes et compléter le degré avec toutes ses corrections.

28) Le second *Tikoun* est pour renforcer la *Parsa*, qui est la force de fin de *Malkhout* qui s'éleva à *Bina*, pour qu'elle ne s'annule jamais. Et même quand *Malkhout* descend de *Bina*, sa force de fin reste à l'endroit de *Bina*. Alors *Bina* et TM, qui se connectent au degré, devraient s'élever au-dessus de la *Parsa* et se connecter ici au degré. Mais comme elles sont sous la *Parsa*, elles ne peuvent pas se connecter au degré, bien que *Malkhout* y soit déjà descendue, puisque sa force de fin reste aussi après sa descente.

29) Quand *Bina* et TM s'élèvent au-dessus de la *Parsa* et se connectent au degré, elles ne deviennent pas vraiment un degré avec les deux *Kélim Keter* et *Hokhma*. Il en est ainsi parce qu'il reste une différence entre les deux *Kélim Keter* et *Hokhma*, qui n'ont jamais été endommagés, parce qu'ils n'ont jamais quitté leur degré et entrent dans les trois *Kélim Bina* et TM qui ont quitté leur degré, et se sont endommagés pendant *Katnout*, et sont maintenant revenus. Et cette différence les transforme en deux lignes, droite et gauche, où *Keter* et *Hokhma* du degré deviennent la ligne droite, et *Bina* et TM du degré deviennent la ligne gauche.

30) Cette différence et ces droite et gauche ne se réfèrent pas à un lieu, parce que le spirituel est au-dessus du lieu et du temps. Mais, une différence signifie qu'elles ne veulent pas se connecter ensemble. Par ailleurs, la droite se réfère à la lumière de *Hassadim* et la gauche à la lumière de *Hokhma*.

Le fait est que *Keter* et *Hokhma* du degré, qui y restent pendant *Katnout* – avec la lumière de *Hassadim* – se contentent de cette lumière de *Hassadim* également pendant *Gadlout*, c'est-à-dire après que *Malkhout* est descendue de *Bina*. C'est parce que cette lumière n'était pas endommagée. Elles ne veulent pas recevoir la lumière de *Hokhma* ni GAR qui sont maintenant revenus au degré, avec le retour de *Bina* et TM au degré. Pour cette raison, *Keter* et *Hokhma* sont considérées comme ligne droite, c'est-à-dire la lumière de *Hassadim*.

De plus, ces *Bina* et TM, qui, à leur retour au degré, amènent la lumière de *Hokhma* et GAR au degré, ne veulent pas se connecter à *Keter* et *Hokhma*, puisqu'elles s'accrochent à la lumière de *Hassadim* qu'elles avaient pendant *Katnout*. *Bina* et TM prennent plus en considération la lumière de *Hokhma* qui est maintenant arrivée dans le degré ; donc, elles sont la ligne gauche, puisqu'elles s'accrochent à la lumière de *Hokhma*.

31) Cette différence entre la ligne droite et la ligne gauche est aussi considérée comme la dispute entre la droite et la gauche. La ligne droite s'accroche aux *Hassadim*, et veut annuler la lumière de *Hokhma* dans la ligne gauche, et imposer la lumière de *Hassadim*. La ligne gauche s'accroche à la lumière de *Hokhma*, veut annuler la lumière de *Hassadim* dans la ligne droite et imposer la lumière de *Hokhma*. A cause de cette dispute, aucune des deux ne brille, puisque la lumière de *Hassadim* dans la ligne droite manque de la lumière de *Hokhma*, comme un *Gouf* sans *Roch*, et la lumière de *Hokhma* dans la ligne gauche est dans l'obscurité totale parce que la lumière de *Hokhma* ne peut pas briller sans la lumière de *Hassadim*.

32) Il n'y a pas de correction à cette dispute sauf par la ligne médiane créée par l'inférieur qui y élève MAN, sous la forme de ligne médiane. Un *Zivoug* de la lumière supérieure est effectué sur le *Massakh* de l'inférieur, appelé *Massakh de Hirik*, et le niveau des *Hassadim* en sort, et c'est la ligne médiane. D'une part, ce *Massakh* diminue GAR de la ligne gauche, et d'autre part il augmente la lumière de *Hassadim*. Par ces deux, il oblige la ligne gauche à s'unir à la ligne droite.

Ainsi, la lumière de *VAK de Hokhma* de la ligne gauche revêt les *Hassadim* de la ligne droite, et maintenant elle peut briller. De plus, cela complète la ligne gauche, et la lumière de *Hassadim* dans la ligne droite s'unit à *Hokhma* de la ligne gauche, obtenant ainsi la lumière de GAR, qui complète la ligne droite. Ainsi, vous voyez comment la ligne médiane complète les deux lignes, droite et gauche. Ceci explique en termes généraux la correction des trois lignes qui sont dans les sept *Sefirot* inférieures.

La sortie des trois lignes dans ISHSOUT

33) Maintenant nous allons expliquer l'ordre de sortie des trois lignes dans un degré particulier. Et de là, vous pourrez en déduire pour tous les degrés.

Prenons le degré de ISHSOUT, par exemple, c'est-à-dire les sept *Sefirot* inférieures de *Bina*. GAR de *Bina* de AA sont établis dans AVI supérieurs, et ZAT de *Bina* de AA sont établis dans ISHSOUT. La première à sortir était la ligne droite de ISHSOUT – *Keter* et *Hokhma* de ISHSOUT. Elle s'est établie durant la montée de *Malkhout* de ISHSOUT à *Bina* de ISHSOUT, qui terminait le degré de ISHSOUT sous *Hokhma*, et *Bina* et TM de ISHSOUT sont tombées en dessous, au degré de ZA.

Alors, ces deux *Kélim*, *Keter* et *Hokhma*, sont restés dans le degré de ISHSOUT et sont devenus la ligne droite. Et puisqu'il n'y a que deux *Kélim* là, *Keter* et *Hokhma*, ils n'ont que deux lumières, *Nefesh Rouakh*, sans GAR.

34) Ensuite la ligne gauche est sortie – les trois *Kélim* de *Bina* et TM de ISHSOUT – après être revenue et s'être relevée de sa chute. Elle est établie par l'illumination de *Hokhma* et *Bina* de AK, qui fait sortir *Malkhout* terminale de *Bina* de ISHSOUT, et la ramena à sa place. A ce moment, *Bina* et TM de ISHSOUT s'élèvent à nouveau à leur degré.

Puisque les cinq *Kélim* du *Partsouf* sont maintenant complets, toutes les NRNHY se revêtent maintenant en eux. A ce moment, ils deviennent la ligne gauche de ISHSOUT. De plus, avec la sortie de la ligne gauche, il y a une dispute entre droite et gauche ; la droite veut annuler la gauche et régner seule, et la gauche, également, veut annuler la droite et régner seule. Pour cette raison, aucune des deux ne peut illuminer tant que la ligne médiane, qui les unit, n'a pas été établie.

35) Ensuite, la ligne médiane sort. Elle émerge par le *Massakh* du plus bas degré de ISHSOUT, ZA, qui s'élève en tant que MAN à ISHSOUT. Elle s'élève à ISHSOUT avec les trois *Kélim*, *Bina* et TM quand ils remontent à leur degré.

Le niveau de lumière qui sort sur ce *Massakh* unit la droite et la gauche dans ISHSOUT en une seule. Toutefois, la droite brille de haut en bas et la gauche brille de bas en haut. A ce moment, *Hokhma* se revêt des *Hassadim* et peut briller, tandis que *Hassadim* sont inclus dans l'illumination de *Hokhma* et sont complétés de GAR.

Ainsi, vous voyez qu'avant la venue de la ligne médiane, la ligne droite et la ligne gauche se disputaient. Elles voulaient s'annuler ; la ligne droite, étant sans défaut et étant la racine du degré, voulait annuler la domination de la gauche et la soumettre, comme le veut la relation de la racine à sa branche. Et comme la ligne gauche s'accroche à la lumière de *Hokhma*, qui est plus grande que la lumière de *Hassadim* dans la ligne droite, elle a par conséquent une grande force pour annuler la lumière de *Hassadim* dans la ligne droite. C'est pourquoi aucune des deux ne pouvait briller, puisque *Hokhma* ne peut pas briller sans l'habillage de *Hassadim*, et *Hassadim* sans l'illumination *Hokhma* sont *VAK* sans *Roch*.

36) La raison pour laquelle *Hokhma* ne peut pas briller sans la lumière de *Hassadim* est qu'elle est *ISHSOUT* – les sept *Sefirot* inférieures de *Bina* – *HGT NHYM* de *Bina*. Et ces *HGT NHYM* de *Bina* ne sont pas *Bina* elle-même, mais proviennent de la *Hitkalelout* de *ZA* dans *Bina*. C'est parce que toutes les dix *Sefirot* sont incluses les unes dans les autres et chaque *Sefira* contient dix *Sefirot*.

Par exemple, la *Sefira Bina* est comprise de toutes les dix *Sefirot KHB TM*, et sa *Bina* est discernée en tant qu'elle-même. *Keter* et *Hokhma* en elle proviennent de *Keter* et *Hokhma* qui sont incluses en elle, et *Tifferet* et *Malkhout*, qui sont ses *HGT NHYM*, viennent de la *Hitkalelout* de *ZON* en elle. Et nous savons que la *Sefira ZA* depuis son origine dans les dix *Sefirot* de la lumière directe est principalement la lumière de *Hassadim*, mais la lumière de *Hokhma* brille dans ses *Hassadim*. De ce fait, il est impossible que *Hokhma* brille sans *Hassadim* dans toutes les sept *Sefirot* inférieures puisqu'il leur manque le noyau et le porteur de l'illumination de *Hokhma* – *Hassadim* – l'essence de *ZA* des dix *Sefirot* de *Ohr Yashar*, qui est la racine de chacune des sept *Sefirot* inférieures incluses dans tous les degrés.

Donc, la règle veut que *Hokhma* peut briller sans *Hassadim* uniquement dans la lumière des trois premières *Sefirot*. Mais dans les sept *Sefirot* inférieures, où qu'elles se trouvent, elles sont considérées comme *ZA*, et *Hokhma* ne peut pas briller sans *Hassadim*, puisque les *Hassadim* sont son essence principale. C'est pourquoi, si *Hokhma* manque de *Hassadim*, elle est obscurité et non lumière.

37) Mais en raison de la hauteur de *Hokhma* que la gauche tient, la ligne gauche ne se rend en aucune manière pour s'unir aux *Hassadim* dans la ligne droite. Qui plus est, elle la combat et veut l'annuler. Elle ne se soumet pas à la droite, sauf par les deux forces qui s'élèvent de la ligne médiane, qui agissent sur elle et la soumettent :

1. Le *Massakh* de *Bekhina Aleph* dans la ligne médiane, qui est *ZA*. Ce *Massakh* diminue le niveau de *Hokhma* dans la ligne gauche de *GAR de Hokhma* au niveau de *VAK de Hokhma*. C'est pour que *Hokhma* ne se diffuse pas et ne brille pas de haut en bas, mais brille de bas en haut. Cette illumination est considérée seulement *VAK de Hokhma*.

2. Le *Zivoug* de la lumière supérieure sur ce *Massakh* de *Bekhina Aleph*, qui étend le niveau de la lumière de *Hassadim*. Alors, d'une part, le niveau de *Hokhma* à gauche descend à VAK de *Hokhma* par le force du *Massakh* ; et d'autre part, les *Hassadim* sur la ligne gauche augmentent de deux côtés : du côté de la ligne droite et du côté du *Zivoug* de la lumière supérieure sur le *Massakh* de la ligne médiane. A ce moment, la ligne gauche se rend et s'unit aux *Hassadim* dans la ligne droite et dans la ligne médiane. Toutefois, aussi longtemps que le *Massakh* dans la ligne médiane ne diminue pas le niveau de GAR *de Hokhma*, il n'y a aucune force au monde qui puisse l'unir à la ligne droite.

38) Nous devons savoir que deux forces opèrent dans ce *Massakh* de la ligne médiane pour diminuer le niveau de GAR *de Hokhma* dans la ligne gauche. C'est parce qu'en eux-mêmes, ZON ne sont pas capables de recevoir *Mokhin*, car ils sont contrôlés par *Malkhout* de *Midat Ha Din*, qui est chevauchée par la force du *Tsimtsoum*, pour ne pas recevoir l'illumination de *Hokhma*. Nous appelons cette *Malkhout* de *Midat Ha Din*, *Manoula* [verrou]. Mais ensuite, *Malkhout* est associée à *Midat Ha Rakhamim*, *Bina*, et quand *Malkhout* est associée à *Bina*, elles sont dignes de recevoir *Mokhin* – la lumière de *Hokhma*. Et nous appelons cette *Malkhout* associée à *Bina*, *Miftakha* [clé].

Donc, dans le *Massakh* de ZA aussi, qui est la ligne médiane, il y a ces deux forces, de *Miftakha* et de *Manoula*. Au début, quand il a besoin de diminuer GAR de la ligne gauche, il travaille dans ce *Massakh* de *Manoula*, c'est-à-dire dans *Malkhout* de *Midat ha Din*. A chaque fois qu'il apparaît, la lumière supérieure s'enfuit. Mais comme il désire que VAK de *Hokhma* restent, il enlève alors ce *Massakh* de *Manoula*, et opère avec le *Massakh* de *Miftakha*, à savoir *Malkhout* associée à *Bina*. Et par cette force, une illumination de VAK de *Hokhma* néanmoins demeure.

Ainsi, nous avons parfaitement expliqué comment ZA s'élève avec *Bina* et TM de ISHSOUT au degré de ISHSOUT, et par son *Massakh*, unit et complète les deux lignes, droite et gauche dans ISHSOUT, où il y devient une ligne médiane. Et ces trois lignes dans ISHSOUT s'appellent *Hokhma*, *Bina*, *Daat* de ISHSOUT. Les deux lignes, droite et gauche, s'appellent HB, et ZA, la ligne médiane qui décide entre elles, s'appelle *Daat*.

HOLAM, SHOUROUK, HIRIK

39) Ces trois lignes s'appellent également « les trois points, *Holam*, *Shourouk*, *Hirik*. » La ligne droite est le point de *Holam*, la ligne gauche est le point de *Shourouk*, le *Melafom*, c'est-à-dire un *Vav* avec un point à l'intérieur, et la ligne médiane est le point de *Hirik*. La raison en est que les points suggèrent l'illumination de *Hokhma*, qui fait vivre et font bouger les *Otiot* [lettres], qui sont les *Kélim*.

Donc, la ligne droite, établie lors de la montée de *Malkhout* à *Bina*, qui manque de *Hokhma*, est suggérée par le point de *Holam*, qui se tient au-dessus des lettres. Cela indique le point, qui est *Hokhma*, ne se revêt pas dans les *Kélim*, qui sont les lettres, mais est au-dessus des *Kélim*.

Et la ligne gauche est établie de *Bina* et TM, qui s'accrochent à la lumière de *Hokhma*, après leur retour à leur degré. Pour cette raison, elle est suggérée par le point de *Shourouk*, qui est un *Vav* avec un point à l'intérieur. Ceci indique que le point, qui est *Hokhma*, est revêtu dans les *Kélim*, appelés lettres. Et la ligne médiane est faite du degré inférieur, qui est monté au degré supérieur, décidant et complétant ses deux lignes.

Sans la ligne médiane, *Hokhma* n'aurait pas pu briller. Et puisque cette correction vient du degré sous elle, elle est suggérée par le point de *Hirik*, qui se tient sous les lettres – les *Kélim* – puisque c'est son degré inférieur. De ce fait, nous appelons toujours le *Massakh* de la ligne médiane le *Massakh* de *Hirik*.

La ligne médiane au-dessus des deux lignes

40) En vérité, il y a une ligne médiane au-dessus des deux lignes, dans les trois premiers *Rochim* [têtes] de *Atik*, où *Reicha de lo Etyada* [RADLA] décide et unit les deux lignes, droite et gauche, qui sont les deux *Rochim*, *Keter* et *Hokhma Stima* de AA, qui sont sous elle. Mais bien qu'elles aient été établies comme racines pour les trois lignes, dans toutes les trois lignes, la ligne médiane vient d'en bas, sauf dans celles-ci.

Et vous trouvez qu'il y a trois *Tikoun Kavim* :

1. *Tikoun Kavim* dans les trois *Rochim* de *Atik*, où la ligne médiane est au-dessus des deux lignes.
2. *Tikoun Kavim* dans GAR, où *Hokhma* n'apparaît même pas dans la ligne gauche (point 26).
3. *Tikoun Kavim* dans les sept *Sefirot* inférieures, où *Hokhma* apparaît dans la ligne gauche (points 27-39).

41) Il y a trois *Hochma* dans *Atsilout* ;

1. *Hokhma* dans les dix *Sefirot* de *Ohr Yashar*, qui dans les *Partsoufim*, est *Hokhma Stimaa* de AA ;
2. GAR de *Bina* qui dans les *Partsoufim*, est AVI, et s'appelle « *Hokhma* de droite ».
3. ZAT de *Bina*, qui dans les *Partsoufim*, est ISHSOUT, et s'appelle « *Hokhma* de gauche ».

Les deux premières *Hochma* sont bloquées et n'illuminent pas les inférieurs. Seule la troisième *Hokhma*, *Hokhma* de gauche, est apparente à l'endroit de *Malkhout*, et brille vers ZON et les inférieurs.

42) Vous savez déjà que AA est *Hokhma de Atsilout*, et AVI sont *GAR de Bina de Atsilout*, et ISHSOUT sont les sept *Sefirot* inférieures de *Bina de Atsilout*. Et nous savons qu'il y a seulement deux *Sefirot*, *Keter* et *Hokhma*, dans *Roch de AA*, appelées *Kitra* et *Hokhma Stimaa* [29]. Sa *Bina* est sortie de sa *Roch* et devient un *Gouf* sans *Roch* à cause de *Malkhout* terminale qui s'est élevée et a terminé *Roch* sous sa *Hokhma*.

Pour cette raison, *Bina* et TM sont déjà sous *Malkhout* terminale dans *Roch* (point 33), et donc sont discernées comme un *Gouf*. De plus, ces *Bina* et TM sont toutes nommées d'après la plus grande *Bekhina* en elles, qui est *Bina*. Et puisqu'elle est sortie de *Roch* pour être un *Gouf* sans *Roch*, elle n'est plus digne de recevoir *Hokhma* jusqu'à ce qu'elle retourne à *Roch de AA*.

43) Cette *Bina* est divisée en deux : GAR et ZAT, puisque le défaut de l'absence de *Hokhma* qui y fut fait par sa sortie de *Roch de AA* n'affecte aucunement GAR *de Bina*, puisqu'ils sont toujours dans l'état de « Il désire la miséricorde » [*Hafets Hessed*]. Donc, *Bina* désire seulement la lumière de *Hassadim*, et non la lumière de *Hokhma*. Même quand elle était à *Roch de AA*, ses GAR ne recevaient pas *Hokhma*, mais seulement *Hassadim*.

Ceci lui est venu de *Bina* de *Ohr Yashar*, dont l'essence est *Hassadim* sans *Hokhma*. Pour cette raison, GAR *de Bina* ne sont pas endommagés par leur sortie de *Roch*, et ils sont considérés comme complètement parfaits alors qu'ils sont encore dans *Roch de AA*. Donc, GAR *de Bina* se sont séparés en un degré par eux-mêmes et d'eux-mêmes. Également, AVI supérieurs, habillant de *Pé de AA* vers le bas, qui sont toujours considérés GAR, sont faits d'elles, même s'ils sont sous *Roch de AA*.

Mais les sept *Sefirot* inférieures de *Bina* ne sont pas l'essence de *Bina*, mais sont de l'*Hitkalelout* de ZON dans *Bina*. Et l'essence de ZA est l'illumination de *Hokhma* dans *Hassadim*. C'est pourquoi, elles ont besoin de l'illumination de *Hokhma* afin de donner à ZON. Et puisqu'elles ne méritent pas de recevoir *Hokhma* pour ZON lors de leur sortie de *Roch de AA*, elles sont considérées endommagées.

Pour cette raison, elles se sont séparées des GAR *de Bina* complets et sont devenues un degré séparé en lui-même, à partir duquel est établi le *Partsouf* ISHSOUT de *Atsilout* qui se revêt de *Khazé de AA* vers le bas. Aussi, elles sont considérées comme VAK sans *Roch*, jusqu'à ce que *Bina* revienne à *Roch de AA*, et c'est alors qu'elles obtiennent GAR.

44) Ainsi, vous voyez que *Hokhma* est principalement à *Roch de AA*, appelée *Hokhma Stimaa*, puisque cette *Hokhma* initiale était bloquée à *Roch de AA* et n'illuminait pas les inférieurs, sous *Roch de AA*. Et AVI et ISHSOUT sont *Bina de Atsilout* d'origine, appelée « le niveau de SAG de MA », dont l'essence est *Hassadim* et non *Hokhma*.

Et lors de la sortie de *Bina de Roch de AA*, seules ZAT de *Bina* – ISHSOUT – ont été endommagées, et sont donc restées sans GAR. Elles ne sont complétées qu'au retour de *Bina* à *Roch de AA*, et c'est alors que *Hokhma* reçoit pour ZON.

A ce moment, elles sont considérées comme *Hokhma* de la ligne gauche. Ceci signifie que cette *Hokhma* n'apparaît qu'à travers les trois lignes qui émergent dans ISHSOUT, où *Hokhma* apparaît dans la ligne gauche de ces trois lignes (point 34).

Cependant, bien que GAR et ZAT de *Bina*, qui sont AVI et ISHSOUT, soient retournés à *Roch de AA*, ISHSOUT ne reçoivent pas *Hokhma* directement de *Hokhma Stimaa* dans *Roch de AA*, parce que chaque degré reçoit seulement de son supérieur adjacent. Ainsi, AVI reçoivent *Hokhma* de *Hokhma Stimaa* à *Roch de AA*, et donnent à ISHSOUT.

45) AVI sont considérés comme *Hokhma* de droite. Ceci parce que même quand ils sont sous *Roch*, ils sont complets comme lorsqu'ils étaient à *Roch*. Ils sont toujours unis à *Hokhma Stimaa* à *Roch de AA*, mais ne reçoivent pas d'elle, puisqu'ils sont toujours dans l'état de « car il désire la miséricorde. »

Ceci explique très bien que l'essence de *Hokhma* est à *Roch de AA*, mais elle est bloquée et ne brille pas du tout sous sa *Roch*. De plus, l'illumination de *Hokhma Stimaa*, incluse dans AVI, est considérée *Hokhma* de droite, même s'ils ne la reçoivent pas. Et à leur retour à *Roch*, ils sont appelés *Hokhma Ilaa* [*Hokhma* supérieure].

La raison pour laquelle ils sont considérés *Hokhma*, bien qu'ils ne la reçoivent pas est que leur union à *Hokhma* transforme *Hassadim* dans AVI en GAR complets. De plus, *Hokhma* qui brille dans ISHSOUT est *Hokhma* de gauche, car elle ne brille que dans la ligne gauche. Cette *Hokhma* de gauche est appelée « les trente-deux sentiers de sagesse [*Hokhma*] » et c'est *Hokhma* qui apparaît à ZON et aux inférieurs.

Mais *Hokhma* de droite ne brille pas du tout de *Hokhma*, mais seulement *Hassidim*, puisque AVI ne reçoivent pas de *Hokhma*, encore moins *Hokhma* de *Ohr Yashar* dans *Roch de AA*, qui ne brille pas sous son *Roch*. C'est pourquoi, elle est appelée *Hokhma Stimaa*. Ainsi, l'illumination de *Hokhma* n'apparaît que dans *Hokhma* de gauche, même si ce n'est pas la *Hokhma* véritable, mais *Bina* qui reçoit *Hokhma* pour ZON.

Trois lettres : *Mem, Lamed, Tsadik* dans *Tsélèm*

46) Les *Mokhin de Gadlout* – après que *Malkhout* est redescendue de l'endroit de *Bina* à la sienne, et que *Bina* et *TM* sont retournées à leur degré, et que le degré a été complété avec les cinq *Kélim KHB TM* et les cinq lumières *NRNHY*, nous considérons que *Malkhout*, qui est le *Youd* qui entra dans *Ohr* [lumière] et la transforma en *Avir* [air], retourna et sortit de *Avir*, et que *Avir* est redevenu *Ohr*. Il y a trois degrés à discerner dans ces *Mokhin*, suggérés dans les trois lettres [hébraïques] – *Mem, Lamed, Tsadik* – ce qui fait *Tsélèm*.

Premier degré : C'est *GAR de Bina* qui sont établis dans *AVI* supérieurs. Ils sont dans un état de « car Il désire la miséricorde », et ne reçoivent jamais *Hokhma*. Pour cette raison, on discerne en eux que le *Youd* ne sort pas de leur *Avir*. C'est parce que *Avir* suggère le niveau de *Rouakh, Hassadim* et dans *AVI* ces *Hassadim* sont considérés comme les véritables *GAR*, et ils n'ont aucun intérêt à faire sortir le *Youd* de leur *Avir*.

Elles sont aussi appelées *Mem de Tsélèm*, car cette lettre suggère qu'ils contiennent quatre *Mokhin* : *Hokhma, Bina*, la droite de *Daat*, et la gauche de *Daat*. Chaque *Moakh* (singulier de *Mokhin*) comprend dix *Sefirot*, donc il y a quarante [la lettre *Mem* en hébreu vaut 40] *Sefirot*. Cela suggère également que les *Mokhin* sont fermés comme par un anneau, qui est la forme du *Mem* [ם] pour ne pas recevoir *Hokhma*.

47) Second degré : Ce sont les sept *Sefirot* inférieures de *Bina* qui ont été établies dans *ISHSOUT*, qui ont besoin de *Hokhma* afin de donner à *ZON*. Donc, pendant *Gadlout*, le *Youd* sort de leur *Avir* et la lumière de *Hokhma* leur revient pour donner à *ZON*. Pourtant, elles non plus ne reçoivent pas *Hokhma* pour elles-mêmes, puisqu'elles viennent de *Bina*, et chaque *Bina*, qu'elle soit *GAR* ou *ZAT*, vient de la lumière de *Hassadim*. La seule différence est dans *ZAT* qui reçoivent *Hokhma* afin de donner à *ZON*.

Ce degré s'appelle *Lamed de Tsélèm*. Cette lettre suggère qu'il y a trois *Mokhin* en elles : *Hokhma, Bina*, et *Daat*. Chaque *Moakh* contient dix *Sefirot*, donc il y a trente *Sefirot*. C'est parce que la droite de *Daat* et la gauche de *Daat* sont ici considérées comme une seule, puisqu'elles sont la ligne médiane, unissant *Hokhma* et *Bina*.

48) Le troisième degré est *ZON*, dans lesquels *Hokhma* apparaît à partir du *Khazé* vers le bas, puisque l'endroit où *Hokhma* apparaît est en eux. Il s'appelle *Tsadik de Tsélèm*, d'après les neuf *Sefirot* de *ZON*. Chacune en comprend dix, donc elles sont quatre-vingt-dix [la lettre *Tsadik* vaut 90 en hébreu]. Nous avons donc expliqué les trois lettres *Mem, Lamed, Tsadik* (MLTz) dans les trois *Partsoufim AVI, ISHSOUT* et *ZON* dans le monde d'*Atsilout* en général. Pourtant, il en va de même dans chaque détail, puisqu'il n'y a pas de degré dans lequel ces trois *Bekhinot MLTz* ne sont pas présentes, puisque chacune contient MLTz.

49) Cependant, l'endroit où *Hokhma* apparaît n'est pas dans ZA, mais dans *Malkhout*. Quand nous disons que *Hokhma* apparaît de *Khazé* de ZA vers le bas, c'est parce que du *Khazé de ZA* vers le bas, nous le considérons comme *Malkhout*. Donc, *Hokhma* n'apparaît pas dans les neuf premières *Sefirot*, mais seulement dans *Malkhout*. C'est pourquoi *Malkhout* est appelée *Hokhma Tataa* [*Hokhma inférieure*].

Deux discernements dans l'élévation de MAN

50) Il y a deux *Bekhinot* [discernements] dans l'élévation de MAN de ZA ; 1) Quand GAR de *Bina*, qui sont les AVI supérieurs, sont toujours en *Akhoraim* par rapport à *Hokhma*. Ceci signifie qu'ils ne veulent pas recevoir *Hokhma*, mais *Hassadim*, comme il est écrit, « car il désire la miséricorde ». Aussi, ISHSOUT ne peuvent pas recevoir *Hokhma* de AA, mais seulement par AVI (point 44). Donc, ISHSOUT ne peuvent pas recevoir *Hokhma* par AVI, sauf si ZA élève MAN à ISHSOUT. A ce moment, AVI enlèvent leur *Akhoraim* de *Hokhma*, et *Hokhma* passe par AVI à ISHSOUT.

Cet éveil s'étend de *Bina de Ohr Yashar*, qui étend l'illumination de *Hokhma* dans *Hassadim* pour ZA *de Ohr Yashar*. Et par conséquent, à chaque fois que ZA élève MAN, AVI s'éveillent pour lui étendre *Hokhma*.

51) Le second discernement dans l'élévation de MAN par ZA est pour unir les deux lignes, droite et gauche, dans ISHSOUT (point 35). C'est parce que lorsque la ligne gauche de ISHSOUT sort, une dispute a lieu entre la droite et la gauche. Pour cette raison, aucune des deux ne brille jusqu'à ce que ZA les unisse par la ligne médiane et alors elles brillent toutes les deux.

Trois sortent d'un, un existe en trois

52) Donc, nous avons expliqué que le second discernement dans l'élévation de MAN de ZAT à ISHSOUT est pour unir les deux lignes de ISHSOUT, droite et gauche. Elles ne peuvent briller que par le *Massakh de Hirik* dans ZA (point 39), qui complète la ligne médiane en elles et soumet les deux lignes de *Bina*. On considère alors que trois lignes sortent de *Bina* par le *Massakh de ZA*, appelées *Hokhma*, *Bina*, et *Daat*.

La règle veut que l'inférieur soit récompensé de la pleine illumination qu'il cause au supérieur. Donc, puisque ZA, avec son *Massakh*, a provoqué la sortie des trois lignes, *Hokhma*, *Bina*, et *Daat* dans ISHSOUT, ZA, aussi, est récompensé des trois lignes, *Hokhma*, *Bina* et *Daat*. C'est la signification de ce qui est écrit dans le *Zohar* : « Trois sortent d'un, un existe en trois » (*Genèse* 1, point 363).

La racine de *Noukva* de ZA, signifiant *Malkhout*

53) Pendant *Katnout* du monde de *Nekoudim*, ZA, qui est HGT NHY de *Nekoudim*, avait six *Kélim*, HBD HGT. C'est parce que, du point de vue des lumières, où les petites grandissent en premier, elles sont appelées HGT NHY et il leur manque GAR. Et du point de vue des *Kélim*, où les plus grandes grandissent en premier, elles sont appelées HBD HGT, et il leur manque NHY de *Kélim*.

Ainsi, il manquait NHY de *Kélim* à cause de l'ascension de *Malkhout* à l'endroit de *Bina* de ZA, à savoir la *Sefira Tifferet*, puisque HGT de ZA sont KHB (point 9), c'est-à-dire dans le tiers supérieur de *Tifferet*, à l'endroit de *Khazé*. Et les deux tiers, *Bina* et TM, qui, dans ZA s'appellent les deux tiers *Tifferet* et NHY, tombèrent de leur degré au degré au-dessous, vers les mondes *Briya*, *Yetsira*, et *Assiya*, sous ZA de *Atsilout*.

Pour cette raison, seuls HBD HGT de *Kélim* jusqu'au point de *Khazé* restèrent à cet endroit. Et le point de *Khazé*, qui est *Malkhout* qui finit le degré à l'endroit de *Bina*, et abaisse *Bina* et TM, appelées TNHY, au degré sous lui (point 16). C'est pourquoi ZON en *Katnout* sont toujours appelés VAK et *Nékouda*, puisque les six *Kélim* HBD HGT en eux s'appellent VAK, signifiant *Vav Ktsavot* [six extrémités], et le point de *Khazé*, qui est *Malkhout* qui finit son degré s'appelle *Nékouda* [point]. Du point de vue des lumières, où les plus petites grandissent en premier, elles s'appellent HGT NHY, et *Malkhout* terminale s'appelle « le point sous *Yessod* ».

54) Pour cette raison, *Malkhout* a pris tous les *Kélim* de BYA sous son autorité, qui est le point de *Khazé*. C'est parce que ce point a fait sortir les *Kélim* de THNY de ZA vers BYA. De plus, il ramena ces *Kélim* au degré de *Atsilout* quand *Gadlout* de *Nekoudim* émergea, avant leur brisure. C'est parce que pendant *Gadlout*, *Malkhout* terminale descend de l'endroit du *Khazé* à sa propre place, sous NHY de *Kélim* de ZA. Alors les *Kélim* de *Bina* et TM qui étaient tombés à BYA, qui sont TNHY, remontèrent à *Atsilout*. Et puisque ZA a acquis les THNY de *Kélim*, il a les lumières de GAR.

Et puisqu'il n'y a pas d'absence dans le spirituel, nous considérons que même maintenant quand *Malkhout* demeure à l'endroit de *Khazé* de ZA comme avant, et seule la force de *Din* et du *Sioum* [fin] en elle est descendue au point de ce monde. Donc, ces *Kélim* TNHY de ZA qui étaient sous son autorité en *Katnout*, et qui sont maintenant revenus et se sont connectés à ZA, se connectent également à elle en *Gadlout*, après s'être connectés et avoir complété les TNHY de ZA.

Ainsi, elles deviennent ses neuf *Sefirot* inférieures, puisque le point de *Khazé*, qui est la racine de *Malkhout* qu'elle a depuis le temps de *Katnout*, est devenu *Keter*. Et dans les trois *Kélim* NHY de ZA, chaque *Kli* est divisé en trois tiers. Les trois tiers de *Netsakh* de ZA devinrent *Malkhout, Hokhma, Hessed, Netsakh*. Et les trois tiers de *Hod* de ZA devinrent *Malkhout, Bina, Guevoura, Hod*, et les trois tiers de *Yessod* de ZA devinrent *Malkhout, Daat, Tifferet, Yessod*. Ainsi, ces TNHY de ZA qui s'élevèrent de BYA en *Gadlout*, et se connectèrent à son degré, ont engendré ses GAR de lumières, se connectent aussi à *Malkhout* et deviennent ses neuf *Sefirot* inférieures des *Kélim* et les neuf premières des lumières.

55) Vous trouvez que la racine de *Noukva* de ZA est le point de *Khazé*, qui n'en est pas absent même pendant *Katnout*. Elle s'appelle *Keter de Malkhout*. Ces *Kélim* TNHY de ZA qui sont tombés dans BYA en *Katnout* et sont revenus à *Atsilout* en *Gadlout*, se divisent en deux *Partsoufim* : ZA et *Malkhout*. C'est parce qu'ils servent de TNHY de *Kélim* pour ZA et de HBD HGT NHY de *Kélim* pour *Malkhout*.

De *Khazé* de ZA vers le bas, cela appartient à *Noukva*

56) Ceci donne lieu à la règle qui veut que de *Khazé* de ZA vers le bas, c'est-à-dire les *Kélim* TNHY de ZA, sont *Malkhout*, qui s'appelle « *Noukva* séparée de ZA ». C'est parce que toutes les neuf *Sefirot* inférieures de *Malkhout* sont faites de ces TNHY de ZA après s'y être connectées, en *Gadlout*. De plus, nous comprenons parfaitement lorsque nous disons qu'en *Katnout*, ZA et *Malkhout* sont sous la forme de *Vav* et *Nékouda*, c'est-à-dire HBD HGT de *Kélim* et *Nékouda* de *Khazé*. ZA manque des GAR de lumières à cause de l'absence de NHY de *Kélim*, et *Malkhout* manque des neuf premières *Sefirot* des lumières à cause de l'absence des neuf inférieures dans les *Kélim*.

Ainsi, nous avons parfaitement clarifié le fait que la racine de *Noukva* de ZA en *Katnout* et en *Gadlout* est de *Katnout* et de *Gadlout* du monde des *Nekoudim*. Et bien que les *Kélim* de *Nekoudim* se soient brisés, ils sont quand même revenus et se sont corrigés dans le monde de *Atsilout*, dans ces deux temps de *Katnout* et *Gadlout*. Ainsi, ZA et *Malkhout* et *Atsilout* sont à la fois VAK et *Nékouda* en *Katnout*, comme dans la *Katnout* des sept *Sefirot* de *Nekoudim*.

A ce moment, TNHY de ZA de *Atsilout* sont tombées dans BYA, et ce point est la racine de *Noukva*. En *Gadlout*, ils reviennent à leur degré dans ZA de *Atsilout* et complètent NHY de *Kélim* pour ZA et les neuf inférieures de *Kélim* pour sa *Noukva*, qui est *Malkhout*, comme en *Katnout* et *Gadlout* du monde des *Nekoudim*. Ainsi, ces TNHY de ZA de son *Khazé* vers le bas, sont les racines de *Gadlout* de *Noukva*.

Douze *Partsoufim* dans *Atsilout*

57) Chaque degré qui contient trois fois dix *Sefirot* – dix *Sefirot* de *Roch*, dix *Sefirot* de *Tokh*, dix *Sefirot* de *Sof* – s'appelle un *Partsouf*. Il est discerné par sa *Bekhina* la plus haute. Si la *Bekhina* la plus haute est *Keter*, toutes les trente *Sefirot* en lui sont appelées *Keter* ; et si la plus haute *Bekhina* est *Hokhma*, elles sont toutes appelées *Hokhma*, etc.

Il y a également cinq *Partsoufim* dont le niveau est mesuré par le *Zivoug de Hakaa* sur les cinq *Bekhinot* dans le *Massakh*. Un *Zivoug de Hakaa* sur le *Massakh de Bekhina Dalet* étend le niveau de *Keter* ; le *Massakh de Bekhina Guimel* étend le niveau de *Hokhma* ; le *Massakh de Bekhina Bet* étend le niveau de *Bina* ; le *Massakh de Bekhina Aleph* étend le niveau de *ZA* ; et le *Massakh de Bekhinat* (*Bekhina* de) *Shoresh* étend le niveau de *Malkhout*.

58) Cependant, il y a douze *Partsoufim* dans *Atsilout* : les quatre *Partsoufim* de *Keter* sont appelés *Atik* et *Noukva*, et *Arikh* et *Noukva* ; les quatre *Partsoufim* de *Bina* sont appelés AVI supérieurs et ISHSOUT ; et les quatre *Partsoufim* de ZON, sont appelés « les grands ZON » et « les petits ZON ». La raison pour laquelle ils sont divisés de cette manière est que chaque *Partsouf* dans *Atsilout* comprend deux sortes de *Kélim* :

– Des *Kélim* qui sortent dans le monde de *Atsilout* dans les *Zivougim de Hakaa* (pluriel de *Zivoug de Hakaa*). Ceux-ci sont appelés *Kélim de MA*.

– Des *Kélim* qui se sont brisés dans le monde des *Nekoudim*, appelés *Kélim de BON*. Ils sont corrigés et s'élèvent de BYA, et se connectent aux niveaux qui sort par un *Zivoug de Hakaa* dans le monde de *Atsilout*, appelé MA. De plus, les *Kélim de MA* sont considérés « mâles » et les *Kélim de BON* sont considérés « femelles ». Donc, chaque *Partsouf* contient mâle et femelle.

59) De plus, chaque *Partsouf* est divisé en GAR et ZAT. Il s'avère qu'il y a mâle et femelle dans les GAR du *Partsouf* et qu'il y a mâle et femelle dans les ZAT du *Partsouf*. C'est pourquoi, quatre *Partsoufim* sortent dans chaque *Partsouf*.

Les deux *Partsoufim* de GAR de *Keter* sont appelés *Atik* et *Noukva*, où *Atik* est MA et *Noukva* est BON. Les deux *Partsoufim* de ZAT de *Keter* sont appelés *Arikh Anpin* et *Noukva*, où *Arikh Anpin* est MA et *Noukva* est BON. Les deux *Partsoufim* de GAR de *Bina* sont appelés AVI supérieurs, les deux *Partsoufim* de ZAT de *Bina* sont appelés ISHSOUT, les deux *Partsoufim* de GAR de ZON sont appelés « les grands ZON » et les deux *Partsoufim* de ZAT dans ZON sont appelés « les petits ZON ».

60) La raison pour laquelle nous ne comptons pas quatre *Partsoufim* dans *Hokhma* est que AA est le niveau de *Hokhma de MA*, mais *Hokhma* en elle a été bloquée dans sa *Keter*, sur le principe de « l'une dans l'autre ». De plus, *Hokhma* ne brille jamais dans *Atsilout*. Mais toute *Hokhma* qui brille dans *Atsilout* est de *Bina* qui est revenue à *Roch de AA* et est devenue *Hokhma*. Cette *Bina* s'est revêtue dans AVI et ISHSOUT. Et AVI sont considérés comme *Hokhma* de droite, et ISHSOUT sont considérés comme

Hokhma de gauche (point 41). Donc, nous ne comptons pas quatre *Partsoufim* dans *Hokhma*, mais dans *Bina*, qui est aussi considérée *Hokhma*, qui brille dans ZA et *Malkhout* dans tous les mondes.

Une grande règle dans le temps et lieu

61) Sachez que toutes les expressions dans la sagesse de la Kabbale qui parlent de temps et lieu ne se réfèrent ni au temps ni au lieu imaginaires dans la matérialité, puisqu'ici tout est au-dessus du temps et du lieu. Mais, « avant « et « après » se réfèrent aux causes et à l'effet. Nous nous référons aux causes en tant que « avant », et à l'effet comme « après », puisque chaque cause précède chaque conséquence.

Par ailleurs, « en haut », « en bas », « ascension » et « descente » sont des mesures d'*Aviout* et de *Zakout* [pureté]. C'est parce qu'« ascension » signifie *Hisdakhout*, et descente signifie *Hitabout* [augmentation de l'*Aviout*]. Et lorsque nous disons qu'un degré inférieur s'est élevé, cela signifie que l'inférieur s'est purifié et est devenu aussi pur que le degré supérieur. Donc, on considère qu'il y a adhéré parce que l'équivalence de forme attache les spirituels ensemble.

De plus, lorsque nous disons que « l'inférieur revêt le supérieur », cela signifie qu'une équivalence de forme avec l'extériorité du supérieur a été faite en lui. C'est parce que nous appelons l'adhésion à l'extériorité du supérieur « revêtir le supérieur ». Et il en va de même pour toutes les choses perçues dans le temps ou l'espace. Étudiez-les de cette manière, c'est-à-dire dans leurs significations spirituelles, selon le sujet.

Deux différences entre les *Partsoufim* de GAR et les *Partsoufim* de VAK

62) Chaque *Partsouf* sort et naît du *Massakh* de *Gouf* du *Partsouf* supérieur par voie de cause à effet. Ceci s'applique à tous les *Partsoufim*, de *Partsouf* de Keter de AK, qui est sorti après la première restriction, jusqu'à la fin des *Partsoufim* de Assiya, ils se revêtent les uns sur les autres, chaque inférieur revêtant le *Gouf* de son supérieur.

63) Les *Partsoufim* sont divisés en *Partsoufim* de GAR – *Partsouf* Keter, *Partsouf* Hokhma, et *Partsouf* Bina – et en *Partsoufim* de VAK – *Partsouf* ZAT de Bina, appelé ISHSOUT, *Parstsouf* ZA, et *Parstsouf* Malkhout. Ces trois *Partsoufim* sont toujours considérés comme *Partsoufim* de VAK. Et même quand ils reçoivent GAR, ils ne cessent pas d'être VAK puisqu'ils leur manquent KHB à leur racine-même. Et il y a une différence entre les *Partsoufim* de GAR et les *Partsoufim* de VAK, à la fois dans leur sortie et leur naissance, et dans la manière dont ils revêtent le *Gouf* du Supérieur.

Les *Partsoufim* de GAR sortent de *Pé de Roch* de leur supérieur adjacent. Cela commence par le *Partsouf* Keter de AK, car après la sortie du *Partsouf* Keter de AK dans *Roch* et *Gouf*, il y a le *Bitouch* de la lumière environnante dans *Ohr Pnimi* [lumière intérieure] dans les dix *Sefirot* de *Gouf*.

Ceci signifie que cette lumière, dont l'*Aviout* du *Massakh* a empêché d'entrer dans le *Gouf* du *Partsouf*, s'appelle *Ohr Makif*. Elle a frappé l'*Aviout* du *Massakh*, dont *Ohr Pnimi* est revêtue dans son *Ohr Hozer* [lumière réfléchie], et de par ce coup de *Ohr Makif* sur l'*Aviout* du *Massakh*, le *Massakh* du *Gouf* s'est purifié et sa forme s'est égalisée au *Massakh* s'accouplant dans *Roch* du *Partsouf*. On considère que le *Massakh* de *Gouf* s'est élevé et s'est inclus dans le *Massakh* à *Pé de Roch*, à l'intérieur du *Zivoug* ici, puisque l'équivalence de forme est considérée comme *Dvékout* [adhésion].

Donc, par cette *Hitkalélout* [inclusion, mélange] dans le *Zivoug* de *Roch*, toutes les *Bekhinot* [discernements] d'*Aviout* dans le *Massakh* se sont renouvelées, sauf la dernière *Bekhina*. Alors, un *Zivoug* de *Hakaa* sur la mesure d'*Aviout* qui est restée dans le *Massakh* – *Aviout* de *Bekhina Guimel* – émergea sur elle à partir de la lumière supérieure dans *Roch*, et le niveau de *Partsouf Hokhma* est sorti sur elle.

A ce moment, nous savons que le *Massakh* provient d'une autre *Bekhina*, puisque le Supérieur est *Partsouf Keter*, et ce niveau qui s'est renouvelé sur le *Massakh* est le niveau de *Hokhma*, puisque la dernière *Bekhina* a été perdue. Et cette reconnaissance est considérée comme « naissance », c'est-à-dire qu'il est sorti du niveau de *Keter* et est devenu un *Partsouf* distinct qui a seulement le niveau de *Hokhma*. En effet, la source du *Partsouf Hokhma* qui est né est le *Massakh de Gouf* du niveau de *Keter*, qui s'est purifié et s'est élevé à *Pé de Roch*, et la sortie et le lieu de naissance, sont de *Pé de Roch* du *Partsouf Keter*.

Et après la naissance et la sortie du *Partsouf Hokhma* de *Pé de Roch* du *Partsouf Keter*, on considère qu'il ne revêt que le *Gouf* du *Partsouf Keter*, c'est-à-dire GAR de *Gouf*, qui est HGT. Ceci parce que le *Massakh de Gouf* est la racine de laquelle il est né. Il ne revêt que l'extériorité du *Gouf* de *Partsouf Keter*, parce que le niveau de *Bekhina Guimel* est extérieur au *Partsouf Keter*, dont le niveau vient de *Ohr Hozer* de *Bekhina Dalet*. Donc, **cela est** considéré comme revêtement, indiquant la *Dvékout* dans l'extériorité.

64) Comme il a été expliqué concernant la naissance du *Partsouf Hokhma de AK* de *Pé de Roch* du *Partsouf Keter de AK*, le *Partsouf Bina* est sorti de *Pé et Roch* du *Parstouf Hokhma* exactement de la même manière. Après que *Partsouf Hokhma* s'est complété dans *Roch* et *Gouf*, il y a eu un autre *Bitouch* de *Ohr Makif* et *Ohr Pnimi*, qui purifie l'*Aviout* du *Massakh* et égalise sa forme au *Massakh* de *Malkhout* de *Roch*. Et comme elle est incluse dans le *Zivoug* de *Roch*, son *Aviout* s'est renouvelée, sauf la dernière *Bekhina*, qui a été perdue.

Alors, les dix *Sefirot* sont sorties sur l'*Aviout* restant en elle, *Aviout* de *Bekhina Bet*, au niveau de *Bina*. Et puisque nous savons que c'est un niveau inférieur au *Partsouf Hokhma*, il est séparé de lui et apparaît avec sa propre autorité. Pourtant, il revêt le *Gouf* du Supérieur, qui est sa racine. Et il revêt aussi GAR *de Gouf*, à l'endroit de HGT.

65) Les trois *Partsoufim* de VAK – ISHSOUT, ZA, et *Malkhout* – sortent de la même façon, sauf qu'il y a deux différences en eux :

1. Leur inférieur ne sort pas de *Pé de Roch* de leur supérieur adjacent, mais de *Pé de Roch* de celui au-dessus de son supérieur. Par exemple, ZA ne sort pas de *Pé de Roch* de ISHSOUT, sauf après que ISHSOUT est devenu un *Partsouf* avec AVI, qui sont au-dessus de son supérieur. De même *Noukva* ne sort pas de *Pé de Roch* de ZA, sauf après que ZA est monté à AVI. De même, le *Partsouf Atik* de *Atsilout* n'est pas sorti du premier *Roch* de *Nekoudim*, mais de *Roch* de SAG de AK. La raison est que ces *Rochim* [pluriel de *Roch*], sont VAK de leur racine même, et ne peuvent pas s'accoupler avec la lumière supérieure d'une manière qui leur permettrait de faire sortir un *Partsouf* inférieur.

2. Ceci concerne le revêtement : les *Partsoufim* de VAK ne revêtent pas GAR *de Gouf* de leur supérieur, HGT, mais VAK du *Gouf* du supérieur, qui sont NHY de *Khazé* vers le bas. Puisqu'ils sont VAK à leur racine, ils ne peuvent pas s'accrocher aux GAR *de Gouf* du supérieur. Ainsi, les deux différences entre les *Partsoufim* de GAR et les *Partsoufim* de VAK ont été parfaitement clarifiées :
   – L'une concerne la sortie, où seuls les *Partsoufim* de GAR sortent de *Pé* de leur supérieur adjacent. Ce n'est pas le cas dans les *Partsoufim* de VAK, qui sortent de celui au-dessus de leur supérieur.
   – Et l'autre concerne le revêtement, seuls les *Partsoufim* de GAR peuvent s'accrocher aux HGT du supérieur, qui sont GAR *de Gouf*, et non les *Partsoufim* de VAK, qui s'accrochent seulement de *Khazé* vers le bas, dans VAK *de Gouf*.

Trois conditions pour que sorte un *Partsouf* inférieur

66) Il y a trois données pour qu'un *Zivoug* enfante un *Partsouf* inférieur :

La première donnée est le *Massakh* qui s'accouple avec la lumière supérieure dans un *Zivoug* de *Hakaa* et élève *Ohr Hozer*, qui revêt la lumière supérieure. Le niveau de l'inférieur dépend de la mesure du revêtement de *Ohr Hozer*. De même, après que le *Massakh* a fait sortir tous les *Partsoufim* et degrés dans le monde de *Nekoudim*, ils n'ont pas persisté mais se sont brisés et annulés, et le *Massakh* s'est purifié de toutes les cinq

Bekhinot d'Aviout en lui, et est retourné à *Roch* de *SAG*, où tous les degrés qui sont sortis dans *Nekoudim* ont laissé leur *Reshimot* dans le *Massakh*.

Par conséquent, quand le *Massakh* s'inclut dans le *Zivoug* dans *Roch* de *SAG*, ses *Reshimot* précédentes se sont renouvelées en lui. Au début, le *Massakh* a fait sortir sa plus haute *Bekhina*, le *Reshimo* du *Partsouf Keter*, appelé *Atik de Atsilout*, qui est *Aviout* de *Bekhina Dalet*. Le reste des *Reshimot* qui est resté dans le *Massakh*, est sorti avec la naissance de *Atik* à l'endroit de *Atik*.

Et une fois *Atik* complété, il y a eu un *Zivoug de Hakaa* en lui, sur la plus haute *Bekhina* du reste du *Massakh* en lui, qui est *Bekhina Guimel*, et a fait sortir sur lui le niveau de *AA*. Et le reste des *Reshimot* dans le *Massakh*, sur lequel le *Zivoug de Hakaa* n'avait pas encore été fait, est descendu à la naissance de *AA* à l'endroit de *AA*.

Et quand *AA* a été complété, un *Zivoug* est fait en lui sur la plus haute *Bekhina* dans ce qui restait du *Massakh*, c'est-à-dire *Bekhina Bet*, et a fait sortir le niveau de *AVI*, etc., de la même manière. Ainsi, tous les *Partsoufim* sortent par un *Zivoug de Hakaa* de la lumière supérieure avec le *Massakh*.

67) La deuxième donnée est que *Keter* et *Hokhma* de chaque inférieur adhèrent à *Bina* et *TM* de leur supérieur. Donc, quand le supérieur est complété et élève sa *Bina* et *TM*, *Keter* et *Hokhma* de l'inférieur s'élèvent avec elles à l'endroit du supérieur et sont incluses dans le *Zivoug* du supérieur. Ainsi, chaque inférieur reçoit son niveau du *Zivoug* de *Roch* de son supérieur.

68) La troisième donnée est que *ZA* s'élève à *ISHSOUT* et complète et unit les lumières de la droite et de la gauche de *ISHSOUT*. Sans l'ascension de *ZA* par *MAN*, la droite et la gauche de *ISHSOUT* n'auraient pas pu briller. Il s'avère que l'ascension de *ZA* à *ISHSOUT* a provoqué la sortie des trois lignes, droite, gauche, et médiane, qui sont *HBD* de *ISHSOUT*.

Il y a une règle : l'inférieur reçoit en récompense la pleine mesure de lumière qu'il cause dans le supérieur. Donc, *ZA* reçoit de *ISHSOUT* les mêmes *Mokhin* de *HBD*. C'est la signification de « trois sortent d'un ; un existe en trois ». Donc, nous avons expliqué les trois données pour que le *Zivoug* fasse sortir l'inférieur.

69) En essence, le *Zivoug* pour faire sortir l'inférieur vient du *Zivoug de Hakaa* de la lumière supérieure sur le *Massakh*, puisque cela mesure le niveau de l'inférieur comme nous le savons. Pourtant, cela nécessite un éveil de *MAN* de l'inférieur, et cet éveil est effectué par *Keter* et *Hokhma* de l'inférieur, qui adhèrent à *Bina* et *TM* du supérieur. Par conséquent, les deux sont requis pour faire sortir un *Partsouf* inférieur.

Pourtant, dans ZA il y a une chose supplémentaire : son *Massakh* n'étend pas les *Kélim de GAR*, car c'est un *Massakh* de *Bekhina Aleph*. C'est pourquoi le supérieur ne peut pas lui donner de *Mokhin* du *Zivoug de Hakaa* du *Massakh* dans la lumière supérieure. Donc, la troisième donnée est requise – recevoir les *Mokhin* en motivant les *Mokhin* dans son supérieur, comme dans « trois sortent d'un ; un existe en trois. »

Trois étapes dans la sortie des dix *Sefirot*

70) La première étape est dans les premiers *Partsoufim* de AK, où toutes les dix *Sefirot* sortent en même temps. Dans le *Zivoug de Hakaa* sur le *Massakh de Bekhina Dalet*, les dix *Sefirot* du niveau de *Keter* sortent. Et dans le *Zivoug de Hakaa* sur le *Massakh* de *Bekhina Guimel*, dix *Sefirot* sortent au niveau de *Hokhma*. Et dans le *Zivoug de Hakaa* sur le *Massakh de Bekhina Bet*, dix *Sefirot* sortent au niveau de *Bina*.

71) La deuxième étape est le monde des *Nekoudim*, qui est sorti sur un *Massakh* de *Bekhina Aleph*, connecté à *Malkhout*, et dans lequel dix *Sefirot* sont sorties en deux temps. D'abord, *Malkhout* s'éleva à *Bina de SAG de AK*. Ensuite, quand le *Massakh* de *SAG* s'est purifié en *Bekhina Aleph*, appelé *Nikvey Eynaim*, *Malkhout* s'éleva et se connecta à *Bekhina Aleph*, finissant le degré sous *Hokhma*, appelée *Eynaim*. Il s'avère que seuls deux *Kélim* sont restés dans le degré, *Keter* et *Hokhma*, avec deux lumières, *Rouakh* et *Nefesh*. Et les trois *Kélim Bina* et *TM* sont tombés du degré. Ceci s'appelle *Katnout* [petitesse/enfance] de *Nekoudim*.

En *Gadlout* [la grandeur, l'âge adulte], les trois *Kélim Bina* et *TM* reviennent au degré et les cinq *Kélim KHB TM* dans le degré sont complétés des cinq lumières *NRNHY*. Donc, nous avons clarifié que dans le monde des *Nekoudim*, les dix *Sefirot* ne sont pas apparues en une seule fois, comme dans les trois premiers *Partsoufim de AK*, mais elles sont sorties en deux temps – un temps de *Katnout* et un temps de *Gadlout*. En *Katnout*, seules deux *Sefirot* sont sorties, et en *Gadlout*, les trois *Sefirot* restantes sont sorties.

72) La troisième étape est le monde d'*Atsilout* dans lequel les dix *Sefirot* sont sorties en trois temps, appelées *Ibour* [fécondation], *Yénika* [allaitement], et *Mokhin*. Il en est ainsi parce qu'ici, la *Hisdakhout* du *Massakh* au dernier degré a été ajoutée au monde de *Atsilout*. C'est parce que le *Massakh* s'est purifié de *Bekhina Aleph*, appelée *Nikvey Eynaim*, en un *Massakh* avec l'*Aviout de Bekhinat Shoresh*, dont *Ohr Hozer* ne revêt que le niveau de la lumière de *Malkhout* dans le *Kli* de *Keter*, appelé *Metsakh*. Donc, cette lumière est appelée « MA qui émerge du *Metsakh* [front] ». C'est parce que *KHB TM de Roch* sont appelées *Galgalta*, *Eynaim*, *AHP*, et *Metsakh* est *Galgalta*.

Par conséquent, deux descentes de *Malkhout* sont requises ici :

1. Une descente de *Metsakh* à *Nikvey Eynaim*, appelé *Yenika*.
2. Une descente de *Nikvey Eynaim* à sa place, à *Pé*. Ceci s'appelle *Mokhin*.

Donc, le premier niveau qui sort sur le *Massakh* d'*Aviout Shoresh* est appelé *Ibour*. Le deuxième niveau, qui sort sur le *Massakh* après la descente de *Malkhout* à *Bekhina Aleph*, est appelé *Yenika*. Et le troisième niveau, sortant sur le *Massakh* après la descente de *Malkhout* à sa place, est appelé *Mokhin*. Nous avons donc expliqué que dans le monde d'*Atsilout*, les dix *Sefirot* sortent en trois temps, appelés *Ibour*, *Yenika*, et *Mokhin*.

Ibour, *Yenika*, *Mokhin* de *Akhor* et *Ibour Yenika Mokhin* de *Panim*

73) Nous avons déjà expliqué que le niveau qui sort sur un *Massakh* avec une simple *Aviout Shoresh* s'appelle « le niveau de *Ibour* ». C'est le niveau de la lumière de *Nefesh* dans le *Kli* de *Keter*. Par rapport aux trois lignes en lui, il est appelé « le niveau de *NHY* ». Cependant, il comprend aussi le niveau de *Rouakh*, appelé « le niveau de *HGT* », sauf qu'il est sans *Kélim*. Pour cette raison, *HGT* doivent se revêtir dans les *Kélim* de *NHY*, et c'est pourquoi le niveau de *Ibour* est appelé « trois dans trois », signifiant *HGT* dans *NHY*.

74) Cela signifie que bien que la purification du *Massakh* cause la perte de la dernière *Bekhina*, faisant que les cinq niveaux sont les uns sous les autres, la dernière *Bekhina* n'est néanmoins pas entièrement perdue, mais un *Reshimo* de *Hitlabshout* d'elle reste dans le *Massakh*. Par exemple, quand le *Massakh* du *Partsouf* de *Keter* de *AK* s'est purifié et s'est élevé à *Pé* de *Roch*, il était inclus dans le *Zivoug*, et ses *Réshimot* se sont renouvelées. Par rapport à l'*Aviout* dans le *Massakh*, sur qui un *Zivoug* de *Hakaa*, a été fait, seul le *Reshimo* de *Aviout* de *Bekhina Guimel* reste dans le *Massakh*, car la dernière *Bekhina*, *Bekhina Dalet*, a été perdue. Mais une partie de la *Hitlabshout* de *Bekhina Dalet* reste encore dans le *Massakh*.

Il s'avère qu'il y a deux *Bekhinot* supérieures dans le *Massakh* convenant au *Zivoug* :

1. L'*Aviout* de *Bekhina Guimel*, qui retarde la lumière supérieure et reçoit le *Zivoug* de *Hakaa*, sur lequel sort le niveau de *Hokhma*.

2. La *Hitlabshout* de *Bekhina Dalet*. Bien qu'elle ne soit pas apte au *Zivoug* de *Hakaa*, puisqu'elle n'a pas d'*Aviout* qui empêche l'expansion de la lumière, néanmoins lorsqu'elle s'est incluse et associée à l'*Aviout* de *Bekhina Guimel*, un *Zivoug* de *Hakaa* se fait également sur elle, faisant sortir le niveau de *Keter* à proximité.

Ces deux niveaux sont appelés « mâle » et « femelle ». Le niveau qui est sorti sur *Bekhina Dalet* de *Hitlabshout*, associé à *Bekhina Guimel* de *Aviout* s'appelle « mâle », et le niveau qui n'est sorti que sur *Bekhina Guimel* de *Aviout* s'appelle « femelle ».

De même, quand le *Massakh de Gouf de Partsouf Hokhma de AK* s'est purifié et est monté à son *Pé de Roch*, deux *Reshimot* sont également restées en lui – mâle et femelle. C'est parce que le *Reshimo de Bekhina Guimel de Hitlabshout*, associé à *Bekhina Bet de Aviout*, fait presque sortir le niveau de *Hokhma*. On le considère comme mâle. Et le *Reshimo de Bekhina Bet d'Aviout*, qui est le principal à recevoir le *Zivoug de Hakaa*, fait sortir le niveau de *Bina*. On le considère comme femelle.

De la même manière, il y a mâle et femelle dans la *Hizdakhout* du *Massakh de Gouf du Partsouf Nekoudim*. Le mâle, c'est-à-dire le *Reshimo de Bekhina Aleph de Hitlabshout* qui est resté dans le *Massakh*, est associé à *Bekhina de l'Aviout de Shoresh* qui est presque au niveau de *Bekhina Aleph*, c'est-à-dire au niveau de *ZA*, qui est le niveau de *Rouakh*, le niveau de *HGT*. Et la femelle, qui est l'*Aviout de Bekhina Shoresh*, qui reçoit le *Zivoug de Hakaa*, est au niveau de la lumière de *Nefesh*, le niveau de *Malkhout*, qui, du point de vue des trois lignes, est appelé *NHY*.

75) Par conséquent, nous discernons deux niveaux au niveau de *Ibour* : le niveau de *HGT* et le niveau de *NHY*. Le niveau de *HGT*, qui est mâle, sort sur les *Reshimot de Bekhina Aleph de Hitlabshout*, qui est associée à *Aviout de Shoresh*. Et le niveau de *NHY*, qui est femelle, sort uniquement sur le *Reshimo de Aviout Shoresh*.

Et puisque le *Reshimo de Hitlabshout* ne peut pas recevoir un *Zivoug de Hakaa*, sauf s'il est associé à *Aviout Shoresh*, le niveau de *HGT* ne se tient pas seul, mais doit se revêtir dans les *NHY*. Pour cette raison, le niveau de *Ibour*, qui est *HGT* et *NHY* ensemble, est considéré comme « trois dans trois », c'est-à-dire *HGT* dans *NHY*.

76) Et après que les deux niveaux *HGT* dans *NHY* sont sortis dans la *Hikalelout* du *Zivoug de Roch* du supérieur et que nous savons qu'ils sont de nouveaux niveaux, différents du Supérieur, cette reconnaissance est appelée « naissance ». Cela signifie que nous savons qu'un nouveau *Partsouf* est né ici, différent du supérieur, et ils descendent et revêt le *Gouf* du supérieur. S'ils sont des *Partsoufim de GAR*, ils revêtent *GAR de Gouf*, qui sont *HGT*, et s'ils sont des *Partsoufim de VAK*, ils revêtent *VAK de Gouf*, qui sont *TNHYM de Khazé* vers le bas.

De plus, ils sucent la lumière du *Partsouf* supérieur, une succion qui cause la descente de *Malkhout de Metsakh* à *Nikvey Eynaim*. A ce moment, il reçoit *Aviout de Bekhina Aleph* à nouveau, qui est connectée à *Malkhout*, comme dans les *Partsoufim de Nekoudim*. Alors le niveau de *HGT* acquiert également les *Kélim*, et ils n'ont plus besoin des *Kélim de NHY*. Ainsi, par la succion, *HGT* se diffusent et sortent de *NHY*. Et alors il a le niveau complet de *Rouakh*.

Par exemple, dans le *Partsouf Atik* de *Atsilout*, le *Massakh* de *Nekoudim* s'éleva en premier – par sa *Hizdakhout* – à *Roch* de *SAG* de *AK*. Et après avoir perdu la dernière *Bekhinat* (*Bekhina* de) *Aviout*, le *Massakh* est resté avec *Aviout* de *Bekhinat Shoresh*, appelée *Metsakh*, et le *Reshimo* de *Hitlabshout* de *Bekhina Aleph*. Et alors deux niveaux, HGT NHY, sortent sur lui, trois dans trois, puisque HGT n'ont pas de *Kélim*.

Quand nous savons qu'ils sont un nouveau niveau, nous considérons qu'ils sont sortis et nés et venus à leur place, c'est-à-dire pour se revêtir de *Tabour* de *AK* vers le bas. Puisque c'est le *Partsouf VAK*, il ne revêt que *VAK* de *Gouf*, et il est appelé *Partsouf Atik*.

Ensuite, par *Yenika*, quand il suce de *SAG* de *AK*, il abaisse le *Massakh* de *Metsakh* à *Nikvey Eynaim*. Après quoi les *Kélim* sortent aussi de ses HGT, se diffusant dans NHY. Ainsi, les deux *Bekhinot* appelées *Ibour* et *Yenika*, ont été clarifiées.

77) Maintenant nous allons expliquer le *Partsouf Mokhin*. Après que le *Partsouf* a reçu les deux *Bekhinot Ibour* et *Yenika*, il s'élève par MAN au supérieur, et ramène HB du supérieur face à face. Alors ils donnent à l'inférieur l'illumination qui abaisse *Malkhout* de *Nikvey Eynaim* à sa propre place – à *Pé*.

A ce moment, ces trois *Kélim*, *Bina* et TM, qui sont tombées à cause de la montée de *Malkhout* à *Bina*, remontent à leur degré, et le *Partsouf* est complété des cinq *Kélim* KHB TM et des cinq lumières NRNHY. Ceci s'appelle *Partsouf Mokhin*, puisque les trois premières lumières *Néshama*, *Haya*, *Yekhida*, sont appelées *Mokhin*.

Par exemple, après que *Atik* a reçu les deux *Bekhinot* complètes *Ibour* et *Yenika*, qui sont les niveaux de *Nefesh* et *Rouakh*, il remonte à *Roch* de *SAG* par MAN, et ramène *Hokhma* et *Bina* face à face. Et puisque *Bina* dans le *Partsouf Hokhma* de *AK* n'est pas mélangée à *Malkhout*, quand *Atik* reçoit son illumination, il abaisse aussi sa *Malkhout* de *Bina*. A ce moment, il élève également les trois *Kélim Bina* et TM, qui étaient tombés à cause du mélange de *Malkhout* dans *Bina*, à son propre degré, et maintenant il a KHB TM de *Kélim*, dans lesquels NRNHY des lumières peuvent se revêtir.

78) Quand ces *Mokhin* sortent pour la première fois, cela provoque une dispute entre la droite et la gauche. C'est parce que la ligne gauche, qui porte l'illumination de *Hokhma*, désire annuler la ligne droite, qui porte la lumière de *Hassadim*. A cause de cette dispute et du *Bitoush* [frappe] de la droite et la gauche qui se produit dans ces *Mokhin*, ils sont appelés *Mokhin* de *Akhor*. Donc, les trois *Bekhinot Ibour*, *Yenika*, et *Mokhin* de *Akhor* ont été clarifiées.

79) Ce *Bitoush* de la gauche et la droite fait que le *Partsouf* revient élever MAN au supérieur. C'est parce que l'illumination de la gauche, qui est l'illumination de *Hokhma*, frappe et purifie toute l'*Aviout* dans le *Partsouf* jusqu'à ce que le *Massakh* devienne aussi pur que la première fois quand il est monté à *Roch* du supérieur. Cela signifie que seuls l'*Aviout Shoresh* et le *Reshimo de Hitlabshout de Bekhina Aleph* sont restés en lui. Et par cette équivalence, il adhère à *Roch* du supérieur.

Une fois inclus dans le *Zivoug de Roch* du Supérieur, il reçoit à nouveau un *Zivoug de Hakaa* de la lumière supérieure, sur l'*Aviout de Bekhina Shoresh* et de *Bekhina Aleph* de *Hitlabshout* qui se sont renouvelées dans le *Massakh*. Cela fait sortir à nouveau en lui le niveau de trois dans trois, c'est-à-dire le niveau de *HGT*, revêtu dans le niveau de *NHY*, qui est appelé le « niveau de *Ibour* ». Ainsi nous avons expliqué le *Bitoush* de la gauche sur la droite qui a lieu dans *Mokhin de Akhor* qui a fait que le *Partsouf* est retourné au Supérieur et a reçu du supérieur une nouvelle *Bekhina de Ibour*.

80) Après avoir reçu la nouvelle *Bekhinat Ibour*, il quitta à nouveau *Roch* du supérieur et revêt le *Gouf* du supérieur. Et par ce revêtement, il suça à nouveau les lumières du supérieur.

Ces lumières de *Yenika* ont abaissé l'*Aviout de Shoresh* à l'*Aviout de Bekhina Aleph*. Elles ont abaissé *Malkhout* du *Metsakh* à l'endroit de *Nikvey Eynaim*, et à ce moment un niveau complet de *Bekhina Aleph* sort sur le *Massakh*. C'est la *Hitpashtout* [expansion] de *HGT* dans *NHY*. Il s'avère qu'il a obtenu une nouvelle *Yenika*, qui est le niveau de *Rouakh*.

81) Après avoir obtenu une nouvelle *Ibour* et *Yenika*, il s'élève à nouveau au supérieur par MAN, il fait cette ascension seul, puisqu'en quittant ses racines attachées à *Bina* et *TM* du supérieur (point 67), il peut maintenant y retourner à n'importe quel moment. Il unit *HB* qui sont là face à face, et elles lui donnent l'illumination qui abaisse *Malkhout* de *Nikvey Eynaim* à sa place. A ce moment, *Bina* et *TM* s'élèvent et s'unissent en lui comme avant, et il obtient *KHB TM de Kélim* et *NRNHY* de lumières.

Pour que la dispute de la droite et la gauche ne se réveille pas encore une fois, la ligne médiane s'élève d'en bas et unit la droite et la gauche pour qu'elles brillent ensemble : *Hokhma* de gauche se revêtira dans *Hassadim* de droite et *Hassadim* de droite s'inclura dans *Hokhma* de gauche (point 37). Alors, les *Mokhin* brillent dans toute leur complétude et sont appelés *Mokhin de Panim*. Ainsi, nous avons expliqué comment en raison du *Bitoush* de la droite dans la gauche dans les *Mokhin de Akhor*, les trois *Bekhinot Ibour*, *Yenika*, et *Mokhin de Panim* ressortirent.

82) Donc, un *Partsouf* n'est complet qu'après avoir reçu *Ibour*, *Yenika* et *Mokhin de Akhor* et *Ibour*, *Yenika* et *Mokhin de Panim*. A cause de la *Hizdakhout du Massakh* qui a été ajoutée dans *Atsilout* jusqu'à l'*Aviout de Bekhinat Shoresh*, les *Partsoufim de Atsilout* ne pourront pas recevoir leurs dix *Sefirot*, sauf après trois fois consécutives, appelées *Ibour*, *Yenika*, *Mokhin*. Et puisqu'à la première sortie des *Mokhin* il y a eu le *Bitoush* de la droite et la gauche, jusqu'à ce que la gauche se purifie de toute l'*Aviout* dans le *Massakh*, toutes les lumières, *Ibour*, *Yenika* et *Mokhin* qu'ils avaient reçues sont parties.

Il est ainsi parce que quand l'*Aviout* du *Massakh* est annulée, le *Zivoug* est annulé et les lumières partent. Le *Partsouf* retourne à *Roch* du supérieur pour un *Ibour*, recevant à nouveaux trois dans trois. Ensuite, il naît et reçoit une nouvelle *Yenika*, qui abaisse *Malkhout* de *Metsakh* aux *Eynaim*, HGT sortent de NHY, et il reçoit à nouveau le niveau de *Rouakh*. Ensuite, il s'élève par MAN et reçoit *Neshama*, *Haya*, *Yekhida* à nouveau, en qui il y a déjà la ligne médiane, qui unit la droite et la gauche. Elles sont appelées *Mokhin de Panim*, et alors elles brillent et persistent. Ainsi, avant que les *Mokhin* ne soient obtenus la deuxième fois, ils ne peuvent pas exister.

Panim ve Akhor [face et dos], et *Panim be Panim* [face à face]

83) Même quand le *Partsouf* a déjà reçu les *Mokhin de Panim*, *Hokhma* et *Bina* à cet endroit sont encore dans un état de *Panim* et *Akhor*. Ceci signifie que seule *Hokhma* reçoit les *Mokhin de Panim*. Mais *Bina* est toujours dans un état de désirer la miséricorde et veut *Hassadim* et non *Hokhma*. Donc, nous considérons que ses *Akhoraim* sont vers *Hokhma* et elle ne veut pas recevoir d'elle les *Mokhin de Panim*.

Hokhma et *Bina* sont dans cet état de *Panim* et *Akhor* jusqu'à ce que ZA s'élève à elles MAN. Comme il y a une connexion entre *Bina de Ohr Yashar*, qui donne l'illumination de *Hokhma* à ZA de *Ohr Yashar* : par conséquent, quand ZA s'élève par MAN à *Bina*, *Bina* tourne immédiatement ses *Panim* à *Hokhma* pour recevoir d'elle les *Mokhin de Panim* – qui sont des *Mokhin* de l'illumination de *Hokhma* – pour ZA, comme elle le fait dans les cinq *Bekhinot de Ohr Yashar*. Nous disons alors que *Hokhma* est déjà *Panim be Panim* [face à face] avec *Bina*.

Qui mesure le niveau dans *Atsilout* ?

84) Nous devrions demander ceci : « Le *Massakh* de *Atsilout* n'a que *Bekhinat Shoresh de Aviout*, appelée *Metsakh*, n'ayant que le niveau de *Ohr Nefesh*. Donc, qui a provoqué la sortie des cinq *Partsoufim* dans *Atsilout*, qui sont *Atik*, AA, AVI et ZON, où *Atik* est le niveau de *Yekhida*, AA le niveau de *Haya*, AVI le niveau de *Neshama* et ZON, le niveau de *Rouakh* ? » Cette question s'applique aussi au monde des *Nekoudim*, puisque seule *Aviout* de *Bekhina Aleph* reste dans le *Massakh*, appelée *Nikvey Eynaim*. Donc, comment cinq *Partsoufim* ont-ils pu sortir dans *Nekoudim* ?

85) Il se trouve que *Bekhina Dalet*, aussi, s'est connectée au *Massakh de Nekoudim*, et au *Massakh de Atsilout* par la force de *Malkhout* qui s'éleva à *Nékoudot de SAG de AK*. Et si *Bekhina Dalet* n'avait pas été associée au *Massakh* en eux, aucun *Partsouf* n'aurait

pu sortir sur ce *Massakh*. C'est parce que même l'*Aviout de Bekhina Aleph* dans *Nekoudim* est considérée comme « *Histaklout* mince » [regard], de qui le *Zivoug de Hakaa* ne fait sortir aucun *Partsouf*. A fortiori, dans l'*Aviout de Metsakh* dans *Atsilout* : elle ne convient pas pour un *Zivoug de Hakaa* pour la sortie d'un *Partsouf*.

Mais puisque *Bekhina Dalet* s'est connectée à leurs écrans, ils ont pu faire au *Zivoug de Hakaa*. Maintenant nous pouvons demander : « dans ce cas, le niveau de *Keter* aurait dû sortir sur le *Massakh*, puisque *Bekhina Dalet* adhère au *Massakh* ? »

86) La réponse est que *Bekhina Dalet* ne fait pas sortir le niveau de *Keter*, sauf quand elle est à l'endroit de *Malkhout*. A ce moment, *Ohr Hozer* qui s'élève du *Zivoug de Hakaa* sur elle, revêt les cinq *Kélim KHB TM* sur les cinq lumières *NRNHY*. Mais si *Bekhina Dalet* se tient à l'endroit de *ZA*, où il n'y a que quatre *Kélim KHB Tifferet*, *Ohr Hozer* n'étend que quatre lumières *NRNH* dans quatre *Kélim KHB* et *Tifferet*.

Et si *Bekhina Dalet* se tient à l'endroit de *Bina*, où il n'y a que trois *Kélim KHB*, *Ohr Hozer* n'étend que trois lumières *NRN*. Et si *Bekhina Dalet* se tient à l'endroit du *Kli de Hokhma*, où il n'y a que deux *Kélim* – *Keter* et *Hokhma* – son *Ohr Hozer* n'étend que deux lumières, *Nefesh Rouakh*.

C'est ce qui s'est passé dans *Nekoudim*, où le *Zivoug* est fait à *Nikvey Eynaim*, qui est le *Kli de Hokhma*. Donc, seul le niveau de *Nefesh Rouakh* est sorti en *Katnout*.

Et si *Bekhina Dalet* se tient à l'endroit de *Keter*, où il n'y a qu'un seul *Kli*, son *Ohr Hozer* n'étend qu'une lumière : *Nefesh*. C'est ce qui s'est passé dans *Atsilout* – seul le niveau de *Nefesh* est sorti de *Ibour*, puisque le *Zivoug* s'est fait à l'endroit du *Metsakh*, qui est le *Kli de Keter*.

Pourtant, après l'illumination de *Yenika*, qui repoussa *Bekhina Dalet* à l'endroit de *Bekhina Aleph*, appelé *Nikvey Eynaim*, le niveau de *Rouakh* est sorti. Ensuite, par l'illumination *HB Panim be Panim* du supérieur, qui abaissa *Bekhina Dalet* à sa place dans *Malkhout*, ce qui élève à leur degré *Bina* et *TM* qui étaient tombés, il y a là cinq *Kélim KHB TM* à nouveau. A ce moment, *Bekhina* fait sortir le niveau de *Keter* dans la lumière de *Yekhida*, et c'est le niveau de *Atik de Atsilout*.

87) Maintenant nous devons expliquer comment les autres *Partsoufim* sous *Atik* sont sortis. Au début, après la brisure des récipients, le *Massakh de Nekoudim* s'éleva à *Roch de SAG*. Il s'est purifié de toutes les cinq *Bekhinot Aviout* qui étaient sorties dans les cinq *Partsoufim*, jusqu'à s'égaliser avec le *Massakh de Roch de SAG*. Ainsi, les *Reshimot* de l'*Aviout* des cinq *Partsoufim* qui sont sortis en lui, sont restés en lui, sauf la dernière *Bekhina*, qui a été perdue, comme il est écrit de tous les *Partsoufim*. De ce fait, lorsqu'il s'est inclus dans le *Zivoug du Massakh de Roch de SAG*, l'*Aviout*, de tous les cinq

Partsoufim s'est renouvelée dans le *Massakh* de *Nekoudim*, et un *Zivoug* de *Hakaa* est sorti sur l'*Aviout du Massakh*.

Toutefois, toutes les *Bekhinot* dans l'*Aviout* ne sont pas entrées dans le *Zivoug* de *Hakaa*, mais seulement sa plus haute *Bekhina*, qui est *Aviout de Metsakh*, connectée à *Behina Dalet*. Et par les trois *Bekhinot Ibour, Yenika* et *Mokhin*, ses dix *Sefirot* ont été complétées au niveau de *Keter*.

Les autres *Reshimot*, du reste des *Partsoufim* de *Nekoudim*, qui étaient dans le *Massakh* n'ont rien reçu de ce *Zivoug* à *Roch de SAG*, puisqu'ils sont sous le niveau de *Keter*, donc, ils sont un déchet comparé à sa valeur. Pour cette raison, lors de la sortie de *Atik* de *Roch de SAG*, tous les *Reshimot* du reste des *Partsoufim* qui n'étaient pas inclus dans ce *Zivoug* sont descendus avec lui.

Et après que *Atik* s'est complété dans *Ibour, Yenika, Mokhin de Panim*, alors la lumière supérieure brilla sur la plus haute *Bekhina* des *Reshimot* qui restaient en lui, qui est *Aviout de Bekhina Guimel*. Et par ces trois *Bekhinot, Ibour, Yenika* et *Mokhin*, dix *Sefirot* sont sorties au niveau de *Hokhma*. C'est le *Partsouf AA*.

C'est la même chose ici ; tous les *Reshimot de Aviout* qui sont inférieurs à *Aviout de Bekhina Guimel* sont un résidu comparés à la valeur du *Zivoug* au niveau de *Bekhina Guimel* qui est sorti dans *Roch de Atik*. Donc, quand *AA* est né et est sorti de *Roch de Atik* à sa place, tous ces *Reshimot* y ont été attirés avec lui.

Et après que *AA* a obtenu toutes les trois *Bekhinot Ibour, Yenika, Mokhin* de manière complète, la lumière supérieure brilla sur la plus haute *Bekhina* qui est restée dans ces *Reshimot*, qui est *Aviout de Bekhina Bet*. Alors, par les trois *Bekhinot Ibour, Yenika, Mokhin*, dix *Sefirot* sont sorties au niveau de *Bina*. C'est le *Partsouf AVI*, et le reste des *Partsoufim* est sorti de façon similaire. Ainsi nous avons expliqué comment les *Partsoufim* de *Atsilout* sont sortis les uns des autres.

Deux états dans *Malkhout*

88) *Malkhout* est *Noukva* de ZA. Sa racine commence dans *Malkhout de Tsimtsoum Bet*, qui a terminé les sept *Sefirot* de *Katnout* de ZA de *Nekoudim*. Et c'est un degré distinct de ZA, puisque ZA inclut HGT NHY de *Nekoudim*, et le degré sous lui est *Malkhout*, qui termine *Nekoudim*. Donc, cette *Malkhout* est *Noukva* séparée de ZA, et est un degré inférieur à ZA.

Et il y a aussi *Noukva* dans le *Gouf de ZA*, puisque le côté gauche de ZA est sa *Noukva*. Pourtant, cette *Noukva* est considérée comme le *Gouf* [corps] même de ZA, puisque ZA est la ligne médiane, qui reçoit des deux lignes, droite et gauche, de *Bina*. La droite en lui reçoit de la ligne droite de *Bina*, qui est la lumière de *Hassadim*, le côté mâle en lui, et la gauche en lui reçoit de la ligne gauche de *Bina*, qui est la lumière de *Hokhma*, le côté *Noukva* en lui. Pourtant, les deux sont un degré, inclus l'un dans l'autre.

Nous savons qu'au commencement, le soleil et la lune, c'est-à-dire *Noukva* séparée de ZA, sont considérés comme les deux grandes lumières. Le niveau *Noukva* était égal à celui de ZA, et elle était aussi grande que lui. Mais alors la lune – la *Noukva* qui est séparée de ZA – s'est plainte et a dit « deux rois ne peuvent pas utiliser la même *Keter* [couronne]. » Il lui dit : « Va, diminue-toi. » Ainsi elle est devenue la petite lumière.

Donc, vous trouvez deux états dans *Noukva* :
– Dans le premier état, elle était avec ZA,
  dans l'état des deux grandes lumières, égale à ZA ;
– Le second état est après que *Noukva* s'est diminuée
  et est devenue la petite lumière.

Explication : au début de la correction de *Noukva* séparée de ZA, l'Émanateur la connecta à *Noukva* dans le *Gouf de* ZA, qui est le côté gauche en lui et les deux sont devenues une *Noukva* pour ZA. Quand les *Mokhin* de droite et gauche ont été étendus à eux de *Bina*, ZA, qui est la droite en lui, a pris les lumières de la droite de *Bina*, et *Noukva* séparée a pris les lumières de la ligne gauche de *Bina*, comme *Noukva* dans le *Gouf de* ZA, puisqu'elle s'est connectée à elle en une seule *Noukva*.

Vous savez déjà que les lumières de la ligne droite de *Bina* sont *Hassadim* et les lumières de la ligne gauche de *Bina* sont *Hokhma*. Il s'avère que maintenant ZA a reçu *Hassadim* de la droite de *Bina* sans *Hokhma* et *Noukva* séparée a reçu *Hokhma* de la gauche de *Bina* sans *Hassadim*, et nous savons que *Hokhma* ne peut pas briller sans *Hassadim*. Pour cette raison, *Hokhma* gela en elle et devint obscurité et non lumière.

C'est la signification de la plainte de la lune, disant que deux rois ne peuvent pas utiliser la même *Keter*. C'est parce que lorsqu'ils utilisent la même *Keter*, qui est *Bina*, considérée comme leur *Keter*, ZA devient *Hassadim* sans *Hokhma* et *Noukva* devient *Hokhma* sans *Hassadim*, qui est obscurité et elle ne pouvait pas tolérer cet état.

Nous pouvons poser la question : « Mais avant que la *Noukva* séparée ne se connecte à *Noukva* dans son *Gouf*, la droite en elle, qui est mâle, a bien reçu *Hassadim*, et la gauche en elle, qui est *Noukva* dans son *Gouf* a reçu *Hokhma* ; pourtant, *Noukva* dans son *Gouf* aurait pu la tolérer et ce n'aurait pas été l'obscurité ? »

En fait, *Noukva* dans son *Gouf* est ZA lui-même. Donc, *Hokhma* en elle n'est pas séparée de *Hassadim* dans ZA. Mais ça n'est pas le cas avec *Noukva* séparée, qui est véritablement un degré différent de ZA. Mais comme il s'est connecté à *Noukva* dans son *Gouf*, elle a reçu *Hokhma* de la gauche de *Bina* comme elle. Donc, après avoir reçu *Hokhma* en elle, *Hokhma* se sépara de *Hassadim*, puisqu'elle n'avait pas de connexion aux *Hassadim de ZA*.

Donc, nous avons expliqué entièrement le premier état de *Noukva* séparée. Pour pouvoir briller pour les inférieurs, on lui a dit : « Va et diminue-toi », c'est-à-dire diminue-toi de ce grand degré d'être égale au degré de ZA et de recevoir de *Bina*. Mais, elle doit descendre sous *Yessod de ZA* comme elle était à sa racine : sous tout le degré de ZA et recevoir toutes ses lumières de ZA.

Et puisqu'elle reçoit ses lumières de ZA, qui est la ligne médiane, *Hokhma* qu'il lui donne est intégrée à *Hassadim* et elle peut briller. C'est le second état de *Noukva* séparée. Ce qu'elle a reçu dans le premier état est considéré comme *Nefesh, Rouakh, Neshama de Akhor*, à savoir qu'elles ne brillent pas. Et ce qu'elle reçoit dans le second état est considéré comme *Nefesh, Rouakh, Neshama de Panim*, à savoir qu'elles brillent pleinement (*Le Zohar*, Genèse 1, points 111-116 ; *Idra Raba*, points 323-325).

Son premier état a des mérites, parce qu'alors son niveau le plus haut était *Bina* et elle pouvait recevoir *Hokhma* d'elle et elle n'avait pas besoin de recevoir de ZA. Pourtant, elle ne pouvait pas illuminer les inférieurs, en raison de l'absence de *Hassadim*. Pour cette raison, elle était considérée comme *Akhoraim*.

Mais dans le second état, après s'être diminuée sous le *Massakh de Yessod de ZA*, elle ne peut plus recevoir *Hokhma*, puisque le *Massakh de Yessod ZA* l'en empêche. Donc, elle doit recevoir *Hokhma* dans les *Kélim de Akhoraim*, qui sont restés en elle du premier état. Et le second état a plus de mérites que le premier, puisqu'elle peut alors briller à la fois avec *Hokhma* et *Hassadim* vers les inférieurs, alors que dans le premier état, elle ne pouvait pas illuminer les inférieurs.

Rav Yéhouda Ashlag

Introduction au livre
Panim Meirot ve Masbirot

1) Il est écrit à la fin de la Michna (*Okatzin*), que le Créateur n'a pas trouvé d'autre récipient que la paix pour contenir une bénédiction pour Israël, comme il est dit : « Le Seigneur donnera la force à Son peuple, le Seigneur bénira son peuple de la paix ».

Il y a beaucoup à apprendre ici :

    a. Comment ont-ils prouvé qu'il n'y a rien de mieux pour Israël que la paix ?

    b. Le texte stipule explicitement que la paix est la bénédiction elle-même, comme il est écrit, « donner la force et la bénédiction de la paix ». Selon eux, n'aurait-il pas fallu dire « donner par la paix » ?

    c. Pourquoi cette phrase a-t-elle été écrite à la fin de la Michna ? De plus, nous devons comprendre la signification des mots « paix », et « force », et ce qu'ils nous enseignent.

Pour interpréter cet article dans son vrai sens, nous aurons à parcourir un long chemin, car le cœur des auteurs est très profond pour y accéder. Cela signifie que dans toutes les questions de la Torah et des *Mitsvot* [commandements] il y a ce qui est révélé et ce qui est caché, comme il est écrit : « Une parole dite est comme des pommes d'or dans des ornements d'argent ». En effet, les *Halakhot* [pratique des *Mitsvot*] sont comme un graal de vin. Celui qui offre en cadeau à son ami une coupe d'argent remplie de vin, alors son contenu et sa quantité sont tous deux importants, car la coupe ainsi que le vin ont chacun leur propre valeur.

Les légendes, cependant, sont comme les pommes. Leur intériorité est mangée et leur extériorité est jetée, car l'extérieur n'a absolument aucune valeur, et nous en trouvons toute la valeur et l'importance uniquement dans l'intériorité, l'intérieur. Il en est ainsi des légendes, la superficialité apparente est dénuée de sens et de valeur.

Cependant le contenu intérieur caché dans les mots est construit uniquement sur le fondement de la sagesse de la vérité, transmis à un petit nombre d'élus. Et qui oserait l'extraire du cœur des masses et de clarifier leur chemin, quand leur atteinte est incomplète dans les deux parties de la Torah appelées *Pshat* [littérale] et *Droush* [interprétation] ? D'après eux, l'ordre des quatre parties de la Torah [*Pardes*] commence par comprendre le *Pshat*, puis le *Droush*, puis le *Rémez* [allusion], et ce n'est qu'à la fin qu'on comprend le *Sod* [secret]. Cependant, il est écrit dans le livre de prière du Gaon de Vilna que le début de l'atteinte commence par *Sod*, et après avoir atteint une partie du *Sod* dans la Torah, il est possible d'atteindre une partie de *Droush*, et ensuite une partie de *Rémez*.

Après avoir été récompensé de la connaissance complète de ces trois parties de la Torah, alors il est récompensé de l'atteinte de la partie *Pshat* de la Torah. Il est écrit dans *Massekhet Taanit* : « S'il est récompensé, la Torah devient un élixir de vie ; s'il n'est pas récompensé, elle devient une potion mortelle ». Un grand mérite est requis pour comprendre littéralement les textes de la Bible, puisque nous devons tout d'abord atteindre les trois autres parties intrinsèques de la Torah, que le *Pshat* enveloppe, et *Pshat* ne sera pas analysé. Si l'homme n'en est pas récompensé, il aura besoin de beaucoup de compassion, pour qu'elle ne devienne pas une potion mortelle. C'est à l'opposé des arguments des négligents dans l'atteinte de l'intériorité qui se disent : « Il nous suffit d'atteindre *Pshat*, et si nous l'atteignons cela nous suffira ». Leurs mots peuvent être comparés à un homme qui veut monter à la quatrième marche sans avoir franchi au préalable les trois premières.

2) Cependant, d'après cela nous devons comprendre la grande dissimulation qui s'applique à l'intériorité de la Torah, comme il est dit dans *Massékhet Haguiga* : « on n'étudie pas *Maassé Béréshit* en binôme, pas plus que la *Merkava*, seul ». De plus, tous les livres à notre disposition dans cette discipline, sont scellés et fermés aux yeux des masses. Seuls quelques-uns que le Créateur a appelés, les comprendront car ils ont déjà compris les racines par eux-mêmes, et dans la réception de bouche à bouche. Il est en effet surprenant de voir combien les voies de la sagesse et de l'intelligence sont déniées à la population, pour qui c'est la vie et la longueur de ses jours.

Cela ressemble à une infraction pénale, comme il en ressort des paroles de nos sages dans le *Midrach Raba, Béréshit* [Genèse], au sujet d'Akhaz, qui s'appelle ainsi, (*Akhaz* est traduit littéralement par « s'accrocher » ou « s'agripper ») car il s'accrochait aux synagogues et aux séminaires, ce qui augmentait sa culpabilité. De plus, c'est une loi naturelle qui dit que l'homme est possessif pour ce qui concerne la distribution de son capital et de ses biens à autrui. Cependant trouverait-on quelqu'un qui soit jaloux de sa sagesse et de son intelligence pour ne pas la donner aux autres ? Bien au contraire, plus le veau veut téter, plus la vache veut le nourrir.

En effet, nous trouvons ce mystère dans la sagesse même parmi les sages laïques des générations précédentes. Dans l'introduction du Rav Boutril, dans son commentaire sur Le Livre de la Création, il y a un texte attribué à Platon, qui avertit ses disciples comme suit: « Ne transmettez pas la sagesse à celui qui n'en connaît pas son mérite ». Aristote, lui aussi, nous a mis en garde: « Ne transmettez pas la sagesse à ceux qui en sont indignes, de peur qu'elle ne soit dérobée ». Le Rav Boutril interprète cela : si un sage enseigne la sagesse à ceux qui ne la méritent pas, ils la volent et la détruisent.

Les sages laïques de notre temps n'agissent pas ainsi. Au contraire, ils s'efforcent d'élargir au maximum les portes de leur sagesse à tous, sans aucune limite ni condition.

Apparemment, ils ont un grand grief à l'égard des premiers sages, qui n'ont ouvert les portes de leur sagesse seulement à une poignée d'élus, qu'ils avaient trouvés dignes, laissant le reste de la population avancer à tâtons.

3) Laissez-moi donc vous expliquer la question. Il y a quatre parties dans l'espèce humaine, qui se superposent. Ce sont la Masse Populaire, les Puissants, les Nantis, et les Sages. Ils sont équivalents aux quatre degrés dans toute la réalité et qui sont appelés « le minéral », « le végétal », « l'animal », et « le parlant ».

Du minéral ont émergé les trois autres espèces, le Végétal, l'Animal et le Parlant, et nous y discernons trois valeurs dans la quantité de la force, bénéfique ou nuisible, qui existe en elles. La force la plus faible est celle du Végétal. La flore opère en attirant ce qui lui est bénéfique et en rejetant ce qui lui est nuisible, comme le font les humains et les animaux. Cependant, elle n'a pas de sensation individuelle, mais une force collective, commune à tous les types de plantes dans le monde, les faisant agir ainsi.

Au-dessus d'elle se trouve l'espèce Animale. Chaque créature se sent elle-même, elle se rapproche de ce qui lui est bénéfique et s'éloigne de ce qui lui est nuisible. Il s'avère que la valeur d'un animal est équivalente à la valeur de toutes les plantes dans la réalité. Il en est ainsi parce que la force qui distingue les effets bénéfiques et nuisibles de l'ensemble du Végétal se trouve dans une seule créature dans l'Animal, du fait de sa propre autorité. Cependant cette force existante dans l'Animal est très limitée dans le temps et l'espace, puisque la sensation n'agit pas, même à la plus petite distance hors de son corps.

De plus, il ne ressent rien à part l'instant donné, c'est-à-dire pas le passé, ou le futur, mais uniquement l'instant présent.

Au sommet se trouve l'espèce dénommée « Parlante » qui est composée d'une force émotionnelle et d'une force intellectuelle. Par conséquent, son pouvoir d'attirer ce qui est bon pour elle et de rejeter ce qui est nuisible, n'est pas limité dans le temps ni dans l'espace, comme dans l'espèce Animal. Il en est ainsi à cause de sa science, qui est une question spirituelle, illimitée dans le temps et dans l'espace.

Nous pouvons enseigner aux autres où qu'ils soient dans toute la réalité, dans le passé et dans l'avenir, à travers les générations. Il s'ensuit que la valeur d'une personne du Parlant est égale à celle de toutes les forces existantes dans le Végétal et l'Animal, dans toute la réalité actuelle, et dans toutes les générations passées. Il en est ainsi parce que sa force les englobe et les contient dans leurs détails, avec toutes leurs forces.

Cette loi s'applique également aux quatre divisions au sein de l'espèce humaine, à savoir les Masses, les Riches, les Puissants, et les Sages. Certes, ils proviennent tous des Masses, qui sont le premier degré, comme il est écrit : « tous sont de la poussière ». Il est certain que tout le mérite de la « poussière » et de son droit d'exister est d'après la valeur des trois vertus qu'il a engendrées, à savoir le Végétal, l'Animal, et le Parlant. De même, le mérite des Masses correspondra aux vertus qui sortent d'elles.

Ainsi, elles aussi, se connectent sous la forme d'un visage humain. À cette fin, le Créateur a implanté trois penchants dans les masses: « la jalousie », « la convoitise », et « les honneurs ». Grâce à eux, les Masses se sont progressivement développées pour faire sortir le visage de l'homme complet. Le penchant pour la convoitise a généré les riches. Ils sont nantis d'un désir puissant et aussi de convoitise. Ils excellent dans l'acquisition de richesses, qui est le premier degré de développement des masses.

Tout comme le degré Végétal au sein de la réalité générale, ils sont régis par une force étrangère qui les fait dévier vers leur penchant, car la convoitise est une force étrangère à l'être humain, mais est empruntée à l'espèce Animal.

Le penchant pour les honneurs a fait émerger les héros parmi eux. Ils régissent les synagogues, les villes etc. Ceux dotés d'un plus fort désir parmi eux, qui ont également un penchant pour les honneurs, excellent à prendre le pouvoir. Ils sont le second degré de développement des Masses.

Tout comme le degré Animal, au sein de la réalité tout entière, il est animé par une force qui est déjà présente dans sa propre essence, comme nous l'avons dit ci-dessus.

En fait, l'inclinaison aux honneurs est propre à l'espèce humaine, et avec elle, le désir de gouverner.

Le penchant pour la jalousie a fait émerger les savants parmi eux, comme nos sages ont dit : « la jalousie des auteurs augmente la sagesse ». Ceux qui ont une grande volonté et ont un penchant pour la jalousie, excellent dans l'acquisition de la sagesse et de la connaissance. C'est le degré du Parlant au sein de la réalité tout entière, dans laquelle la force qui agit n'est pas limitée dans le temps ni l'espace, mais est collective et englobe tous les détails du monde, à travers tous les temps.

De plus, la nature du feu de la jalousie est générale, englobant toutes les époques et toute la réalité. Telle est la conduite de la jalousie : si la personne n'avait pas vu l'objet possédé par son ami, le désir pour ce même objet ne se serait en aucun cas réveillé.

Il s'avère que la sensation de manque n'est pas pour quelque chose qu'elle n'a pas, mais pour ce que son ami a, qui est toute la descendance d'Adam et Ève, tout au long des générations. Cette force est illimitée et se trouve donc parfaitement adaptée à son rôle sublime et excitant. Quant à ceux qui sont restés dépourvus de tout mérite, c'est parce qu'ils n'ont pas un désir puissant. Ainsi, les trois penchants susmentionnés fonctionnent en eux ensemble, mélangés.

Parfois, ils sont avides, parfois envieux, et parfois ils aspirent aux honneurs. Leur désir s'est brisé en morceaux, et ils sont comme des enfants qui ont soif de tout ce qu'ils voient, mais ne peuvent rien atteindre. Par conséquent, leur valeur est comparable à de la paille et au son, qui restent après la farine.

Nous savons que la force bénéfique et la force nuisible vont de pair. En d'autres termes, elle peut être tout aussi bénéfique que nuisible. Par conséquent, puisque la force d'un seul individu est plus grande que celle de toutes les bêtes et animaux de toutes les générations et de tous les temps, sa force néfaste dépasse également toutes les autres. Ainsi, tant qu'il ne mérite pas son niveau, où il n'utilisera sa force que pour faire le bien, il devra veiller à ne pas trop acquérir du niveau humain, qui est la sagesse et la science.

Pour cette raison, les premiers sages ont caché la sagesse aux Masses, de peur de former des disciples irrespectueux qui auraient utilisé la force de la sagesse pour faire du mal et nuire. Avec leur convoitise et leur cruauté animale, ils auraient fait éclater et détruit toute la société en utilisant l'immense puissance de l'Homme.

Après que les générations se sont affaiblies et que leurs sages eux-mêmes aient commencé à manger à tous les râteliers, c'est-à-dire pour une vie matérielle confortable, leurs opinions se sont rapprochées de celle des Masses. Ils l'ont échangé et ont vendu la sagesse, comme des prostituées, pour une bouchée de pain.

Depuis, la muraille fortifiée que les premiers sages avaient érigée a été détruite, et les Masses ont tout pillé. Les sauvages se sont remplis les poches grâce aux gens, s'emparant de la sagesse et la déchirant. Une moitié a été héritée par des personnes adultères et l'autre moitié par des assassins. Ils s'en sont servis avec une éternelle disgrâce et honte jusqu'à ce jour.

4) A partir de là, nous pouvons déduire que la sagesse de la vérité contient tous les enseignements séculiers, qui sont appelés ses sept jeunes filles. Elle est la totalité de l'espèce humaine et le but pour lequel tous les mondes ont été créés, comme il est écrit: « Si Mon alliance n'est pas jour et nuit, Je n'aurai pas mis des lois au ciel ni sur terre ». Ainsi, nos sages ont dit (*Avot* 4, Michna 7), « Celui qui utilise la couronne périra », car il nous est interdit de l'utiliser pour toutes sortes de plaisirs futiles de la chair.

Ce qui nous a aidé jusqu'à présent, c'est d'avoir maintenu des armées et des murs autour de la sagesse de la vérité, afin qu'aucun gentil ni étranger ne s'y introduise et ne s'en serve dans leurs récipients pour aller la vendre sur les marchés, comme l'ont fait les sages laïques. Car tous ceux qui y sont entrés, ont déjà été testés sept fois jusqu'à être certain, qu'ils sont au-dessus de tout doute et soupçon. Après ces mots et cette vérité, nous sommes apparemment devant une grande contradiction, passant d'un extrême à l'autre, dans les paroles de nos sages. Il est écrit dans le *Zohar* que la sagesse se révèlera, même aux plus jeunes, au temps du messie.

Nous avons appris précédemment, qu'aux jours du messie, toute cette génération sera à son plus haut niveau. Nous n'aurons plus besoin de protection, et les fontaines de sagesse s'ouvriront et arroseront toutes les nations. Pourtant, dans *Massekhet Souta*, 49, et *Sanhédrin* 97a, nos sages ont dit: « l'insolence se déchaînera au temps du messie, la sagesse des auteurs sera corrompue, et ceux qui craignent le péché seront rejetés ». Cela signifie que cette génération sera la pire de toute. Comment pouvons-nous donc concilier ces deux déclarations, sachant que toutes deux sont certainement les mots du Dieu vivant?

En fait, cette protection extrême et cette fermeture des portes du palais de la sagesse sont pour faire peur aux gens qui éprouvent de la jalousie envers les auteurs mélangée à de la convoitise et aux honneurs. Leur jalousie n'est pas que limitée à désirer la sagesse et la connaissance.

C'est pourquoi, les deux textes ont raison et se complètent. Le visage de la génération est semblable à celui d'un chien, c'est-à-dire qu'elle aboie comme les chiens, *Hav Hav*; [en français ouaf-ouaf], que ceux qui craignent le péché sont rejetés et la sagesse des auteurs s'est corrompue en eux. C'est pourquoi il est permis d'ouvrir les portes de la sagesse et d'enlever la scrupuleuse garde, car elle est maintenant naturellement à l'abri du vol et de l'exploitation. Il n'y a plus crainte que des disciples irrespectueux la prennent et la vendent sur les marchés de la plèbe matérialiste, car ils ne trouveront plus d'acheteurs pour cette marchandise, qui est déjà répugnante à leurs yeux.

Le fait qu'ils n'aient plus d'espoir d'acquérir convoitise ni honneur grâce à elle, l'a rendue sûre et protégée. Aucun étranger ne s'approchera d'elle, sauf les amoureux de la sagesse et ceux dont c'est la demeure. Par conséquent, aucun examen n'est plus nécessaire pour ceux qui veulent, et même les très jeunes pourront en être récompensés.

Maintenant vous pouvez comprendre leurs paroles (*Sanhédrin* 98a) : « Le fils de David ne viendra que dans une génération où tous seront innocents, ou tous coupables ». C'est très étrange. Apparemment, tant qu'il y a quelques justes par génération, ils retardent la rédemption. Alors que quand les justes disparaîtront de la terre, le messie pourra alors venir ? Je me pose la question.

En effet, nous devons bien comprendre que cette question de la rédemption et de la venue du messie, que nous espérons pour bientôt, est le but ultime de la complétude de l'atteinte et de la connaissance, comme il est écrit : « et ils n'auront plus besoin de s'instruire mutuellement en disant : connaissez le Seigneur. Car tous Me connaîtront, du plus petit au plus grand ». Et lorsque la connaissance complète, les corps seront aussi complétés, comme il est écrit : « le plus jeune mourra à cent ans » (Isaïe 65).

Lorsque les enfants d'Israël auront acquis la connaissance complète, les fontaines de l'intelligence et de la connaissance se déverseront au-delà des frontières d'Israël et arroseront toutes les nations du monde, comme il est écrit : « car la terre sera remplie de la connaissance du Seigneur (Isaïe 11) », et comme il est écrit : « Ils viendront vers le Seigneur et à Sa bonté ».

L'augmentation de cette connaissance est la question de l'expansion du royaume du messie auprès de toutes les nations. Évidemment, c'est l'inverse pour les masses dans son matérialisme brut, puisque leur imagination est attachée à la toute-puissance de la force du poing, et donc l'expansion du Royaume d'Israël aux nations est gravée dans leur imagination comme étant seulement la domination des corps sur les corps, pour prélever leurs dus avec un grand orgueil et de se vanter aux yeux de tous les peuples du monde.

Que puis-je faire pour eux si nos sages les ont déjà rejetés, eux et leurs semblables, de la congrégation des fidèles du Créateur, en disant : « Celui qui est orgueilleux, le Créateur dit : lui et Moi ne pouvons résider dans la même demeure ».

Inversement, certains se trompent et jugent que le corps doit exister avant l'existence de l'âme et la connaissance complète, et donc la perfection du corps et de ses besoins précèdent dans le temps l'atteinte de l'âme et de la connaissance complète. Ainsi, la connaissance complète est déniée à un corps faible.

C'est une grave erreur, plus dure que la mort, car un corps parfait est inconcevable avant d'avoir atteint la connaissance complète, car le corps n'est en lui-même qu'un sac perforé, une citerne fissurée, qui ne peut rien contenir de bon, ni pour lui ni pour les autres, excepté par l'atteinte de la connaissance complète. Ce n'est qu'alors que le corps s'élèvera aussi à sa complétude, en même temps qu'elle. Cette règle s'applique aussi bien pour les individus que pour la société entière.

5) Maintenant vous comprendrez ce qui est écrit dans le *Zohar* : « Avec cette composition, les enfants d'Israël seront sauvés de l'exil ». De plus, à de nombreux autres endroits, il est écrit que ce n'est que par la seule diffusion de la sagesse de la Kabbale dans la majorité du peuple, que nous serons récompensés de la rédemption complète. Nos sages ont également dit : « la lumière qui est en elle ramène vers le bien ». Ils ont insisté délibérément sur ce point, pour nous montrer que seule la lumière qui est en elle, « comme une pomme en or dans des ornements d'argent », repose le remède pour ramener l'homme vers le bien, car ni les individus, ni les nations ne pourront réaliser complètement le but pour lequel ils ont été créés, si ce n'est en atteignant l'intériorité de la Torah et ses secrets. Et bien qu'une connaissance complète nous fasse espérer la venue du messie, il est cependant écrit : « donnera la sagesse aux sages ». Il est dit : « J'ai donné la sagesse au cœur de tous les sages qui ont du cœur ».

C'est pourquoi, nous avons tout d'abord besoin de diffuser largement la sagesse de la vérité parmi la nation afin que nous puissions être dignes de recevoir les bienfaits de notre messie. Par conséquent, la diffusion de la sagesse et la venue du messie dépendent l'une de l'autre.

Nous devons donc ouvrir des maisons d'étude et écrire des livres afin d'accélérer la diffusion de la sagesse dans l'ensemble de la nation. C'était différent dans le passé, car il y avait la crainte que des disciples irrespectueux soient introduits par mégarde, comme nous l'avons expliqué précédemment. C'était la raison principale de la prolongation de l'exil, pour nos nombreuses iniquités, jusqu'à ce jour.

Nos sages ont dit : « le messie, fils de David ne vient que dans une génération qui est entièrement innocente... », ce qui signifie quand tout le monde aura abandonné la quête de la convoitise et des honneurs. A ce moment, il sera possible d'établir de nombreux séminaires pour les préparer à la venue du messie, fils de David, «...ou bien dans une génération qui est complètement coupable » c'est-à-dire dans une génération où « le visage de la génération ressemble à la gueule d'un chien, et ceux qui craignent le péché seront rejetés, et la sagesse des auteurs aura disparu ».

Ce n'est qu'à ce moment qu'il sera possible d'ôter la protection méticuleuse et tous ceux qui restent de la maison de Jacob, et dont le cœur bat afin d'atteindre la sagesse et le but ultime, leurs noms seront « saints » et ils viendront et étudieront, car on ne craindra plus de ne pas pouvoir rester digne et d'aller vendre la sagesse sur les marchés, car personne ne voudra l'acheter, du fait que la sagesse sera répugnante à leurs yeux et qu'elle n'apportera aucune contrepartie à leur désir de respect et de convoitise. Ainsi, tous ceux qui souhaiteront y entrer pourront venir et entrer.

Beaucoup s'égareront et la connaissance augmentera parmi ceux qui en seront dignes. Et par cela, nous serons rapidement récompensés de la venue du messie et de la rédemption de nos âmes de nos jours.

Par tous ces mots, je me suis libéré d'une grande critique qui prétend que j'ai osé dévoiler dans mes livres, bien plus que tous mes prédécesseurs, les fondations de la sagesse, qui jusque-là étaient habituellement dissimulées.

Ceci se rapporte à l'essence des dix Sefirot et tout ce qui les concerne, *Yashar* [direct] et *Hozer* [réfléchie], *Pnimi* [intérieur] et *Makif* [environnante], le sens de *Hakaa* [coup] et le sens de la *Hizdakhekhout* [purification]. Les auteurs qui m'ont précédé ont volontairement dispersé les mots ici et là en allusions subtiles, de façon à ce qu'aucune main ne parvienne à les rassembler. Je les ai recueillis, grâce à Sa lumière, qui m'est apparue, et avec l'aide de mes professeurs et ai dévoilés assez clairement et dans leur forme spirituelle, au-delà de l'espace et du temps.

Ils auraient pu me critiquer plus : S'il n'y a pas eu ici d'ajouts à mes maîtres, alors le Ari et le Rav Haïm Vital eux-mêmes et les véritables auteurs, les commentateurs de leurs mots, auraient pu découvrir et expliquer ces questions aussi ouvertement que moi.

Et si vous dites que cela leur était révélé, alors qui est cet écrivain, pour qui ce serait certainement un grand privilège d'être la poussière et la cendre sous leurs pieds, qui dirait le lot que lui a attribué par le Seigneur est plus grand que le leur ? Cependant, comme vous pourrez le constater dans mes références, je n'ai ni ajouté à mes professeurs, ni innové dans la composition. Tous mes mots sont déjà écrits dans les Huit Portes, dans L'Arbre de vie, et dans *Mavo Shéarim* (L'accès aux portes) du Ari.

Je n'ai pas ajouté un seul mot aux leurs, mais leur but était de dissimuler les questions, ils les ont donc dispersées ici et là. Il en était ainsi parce que leur génération n'était pas encore complètement coupable et elle exigeait la plus grande précaution. Mais pour nous, avec nos nombreuses infractions, tous les mots de nos sages se sont avérés exacts, ils ont été dits du début de la période du messie, la génération est telle qu'il n'y aurait plus de crainte de dévoiler la sagesse, comme nous l'avons exposé plus haut. Donc, mes paroles sont ouvertes et dans l'ordre.

6) Maintenant, fils écoutez-moi : La sagesse est proclamée à haute voix dans les rues, elle vous appelle, ceux qui sont avec le Seigneur, qu'ils viennent à moi, car, ce n'est pas une chose vaine pour vous, il s'agit de votre vie et de la longueur de vos jours. Vous n'avez pas été créés pour suivre le même chemin que le grain et la pomme de terre, vous et vos ânes devant la même mangeoire. Et, tout comme le but de l'âne n'est pas de servir tous les autres ânes de son époque, de même, le but de l'homme n'est pas de servir tous les corps physiques des autres hommes qui lui sont contemporains.

Mais le but de l'âne est plutôt de servir et être utile à l'homme, qui lui est supérieur, et le but de l'homme est de servir le Créateur et de compléter Son dessein. Comme Ben Zoma a dit : « Tout cela a été créé, uniquement pour me servir, et moi, pour servir mon Créateur ». Il a dit : « Le Seigneur a tout fait pour Son but », car Il aspire et réclame notre perfection. Comme il est dit dans *Béréshit Rabba, Portion 8*, que les anges Lui ont dit : « Qu'est donc l'homme, que Tu te souviennes de lui ? Le fils de l'homme, que Tu penses à lui ? Pourquoi as-Tu besoin de ce problème ? ». Le Créateur leur a dit : « Alors, pourquoi tous ces moutons et ce bétail ? A quoi cela ressemble ? A un roi qui a une tour remplie d'abondance, mais sans invité. Quel plaisir le roi a-t-il de toute cette abondance ? ».

Ils répliquèrent sans attendre : « Seigneur notre maître, Ton nom est glorieux sur toute la terre ! Fais ce que bon Te semblera ». Apparemment, on devrait douter de cette allégorie, car où se trouve une telle tour remplie d'abondance ? À notre époque, elle aurait été remplie d'invités jusqu'à n'en plus pouvoir ! Néanmoins, ces propos sont honnêtes, puisque vous voyez que les anges ne se sont plaints d'aucune autre des créatures créées au cours des six jours de la Création, mais de l'homme. C'est parce qu'il a été créé à l'image de Dieu et est composé du Supérieur et de l'Inférieur, ensemble.

Les anges qui ont vu cela, ont été surpris et effrayés. Comment une âme spirituelle pure pourrait-elle descendre de son degré sublime, pour venir habiter avec ce corps bestial et souillé ? En d'autres termes, ils se demandèrent : « Pourquoi as-tu besoin d'un tel problème » ? La réponse qui leur a été donnée est qu'il y a déjà une tour remplie d'abondance, mais sans invités. Pour qu'elle soit remplie d'invités, nous avons besoin de l'existence de l'homme, fait du Supérieur et de l'Inférieur.

Pour cette raison, cette âme pure et chaste doit se revêtir sous la forme de ce corps souillé. Ils ont immédiatement compris et ont dit : « fais ce que bon Te semblera ». Sachez que cette tour remplie d'abondance suggère la totalité du plaisir et des bienfaits pour lesquels Il a créé les créatures, comme nos sages ont dit : « la conduite du Bien est de faire le bien ».

Par conséquent, Il a créé les mondes pour combler Ses créatures. Et puisqu'il n'y a en Lui, ni passé ni futur, nous devons réaliser que dès qu'Il pensa à créer les créatures et à les combler de plaisir, elles apparurent et se dessinèrent immédiatement devant Lui, pleines de tout le plaisir et le bien, tel qu'Il avait pensé pour elles.

Dans le livre, *Heftzi Bah* [Mon désir est en elle], du Ari, il est écrit que tous les mondes, supérieurs et inférieurs, sont contenus dans *Ein Sof* [Infini], avant même le *Tsimtsoum* [restriction], par le principe de « Il est Un et Son Nom Un ». L'événement du *Tsimtsoum*, qui est la racine des mondes *ABYA* limités jusqu'à notre monde, est survenu parce que les racines des âmes aspirent par elles-mêmes à égaler leur forme avec l'Émanateur. C'est le sens de *Dvékout* [adhésion], du fait que dans le spirituel, la séparation comme la *Dvékout*, ne sont possibles que dans des valeurs d'équivalence de forme ou de disparité de forme.

Comme Il voulait les combler de délices, le désir de recevoir du plaisir a forcément été implanté dans les receveurs. Ainsi, leur forme s'est différenciée de la Sienne, car cette forme n'existe en aucune façon dans l'Émanateur, car de qui pourrait-Il recevoir ? Le *Tsimtsoum* et *Guevoul* [la frontière/ la limite] ont été faits pour cette correction, jusqu'à ce que ce monde apparaisse dans la réalité où l'âme se revêt du corps physique. Et ainsi par la suite, lorsqu'il s'engage dans la Torah et travaille en vue de procurer satisfaction à son Concepteur, la forme de réception se réunira pour donner sans réserve. C'est le sens du texte « et adhérer à Lui », car alors il égalise sa forme à Son Concepteur, et comme nous l'avons dit, l'équivalence de forme est *Dvékout* dans la spiritualité.

Lorsque la question de *Dvékout* est complétée dans toutes les parties de l'âme, les mondes retourneront à l'état *d'Ein Sof*, comme ils l'étaient avant le *Tsimtsoum*. « Dans leur pays, ils auront double héritage », car ils seront alors en mesure de recevoir une fois de plus tout le plaisir et le bien, qui sont déjà prêts pour eux dans le monde *d'Ein Sof*.

De plus, ils seront alors prêts pour la vraie *Dvékout* sans aucune disparité de forme, car leur réception ne sera plus pour eux-mêmes, mais pour contenter leur Concepteur. Il s'avère qu'ils ont égalisé la forme du don sans réserve avec l'Émanateur.

7) Maintenant nous pouvons comprendre leurs mots, que la Divinité dans les inférieurs est d'une grande nécessité. C'est une déclaration des plus étonnantes, bien qu'elle aille de pair avec l'allégorie précédemment citée, où ils ont comparé la question à un roi qui a une tour remplie d'abondances, mais sans invité. Il attend certainement assis que des invités arrivent, car sinon cette préparation aurait été vaine.

C'est comme l'histoire de ce grand roi qui a eu un fils dans sa vieillesse, auquel il était très attaché. Ainsi, depuis le jour de sa naissance, il ne pensait qu'à lui. Il rassembla les meilleurs livres et les meilleurs professeurs du pays et il construisit pour lui un centre d'études de la sagesse. Il rassembla les meilleurs constructeurs du pays et fit bâtir des palais de plaisir pour lui, il rassembla tous les musiciens et les chanteurs et érigea des salles de concert. Il regroupa les meilleurs chefs cuisiniers et pâtissiers du pays et lui fit servir les mets les plus savoureux du monde entier, et bien d'autres choses encore.

Hélas, le garçon grandit et s'avéra être niais, dénué de toute envie de savoir. Il était également aveugle et ne voyait ni ne sentait la beauté des édifices, il était sourd et n'entendait pas les chanteurs. De plus, il devint diabétique, et ne fut autorisé à manger que du pain de blé entier, et tout cela attirait le mépris et la colère.

Cela nous permet de comprendre maintenant les sages à propos du verset : « Moi, le Seigneur, l'heure venue Je l'accélérerai », qui est interprété dans le *Sanhédrin* (98), « S'ils ne sont pas récompensés – en son temps ; s'ils sont récompensés – Je l'accélérerai ».

Ainsi, il existe deux façons d'atteindre l'objectif ci-dessus : soit en étant attentif ce qui est appelé « le chemin de la repentance ». S'ils en sont récompensés, « Je l'accélérerai » s'appliquera. Cela signifie qu'il n'y a pas de temps précis fixé pour cela, mais il est certain que lorsque qu'ils seront récompensés, la correction se terminera. S'ils ne sont pas récompensés d'être attentifs, il y a un autre chemin appelé « le chemin de la souffrance ». Comme le *Sanhédrin* l'a dit (97) : « Je placerai sur eux un roi, comme Aman, et ils reviendront vers le bien contre leur gré », signifiant en son temps, et dans ce cas il y a un temps fixé.

Par cela, ils ont voulu nous montrer que Ses voies ne sont pas les nôtres. Et il ne Lui arriverait pas ce qui est arrivé à ce roi de chair et de sang, qui s'est donné tant de peine à faire l'impossible pour son fils chéri et qui a été finalement accablé de mille tourments et tous ces ennuis étaient en vain, ne lui apportant que du mépris et de la colère. Par contre, tous les actes du Créateur sont certains et loyaux, et il n'y a pas de fraude en Lui. C'est ce que nos sages ont dit : « S'ils ne sont pas récompensés – en son temps ».

Ce que la volonté ne fait pas, le temps le fera, comme il est écrit : « vas-Tu envoyer des éclairs pour qu'ils viennent et Te disent : nous voici ? ». Il y a le chemin de la souffrance qui peut épurer tout défaut et toute matière, jusqu'à ce que l'on comprenne comment sortir la tête de cette auge bestiale, pour s'élever et gravir les échelons de l'échelle du bonheur et de la réussite humaine, pour adhérer à sa racine et compléter l'objectif.

8) Par conséquent, venez et comprenez combien nous devons être reconnaissants à nos enseignants, qui nous transmettent leurs lumières sacrées et consacrent leurs âmes au bien des nôtres. Ils se tiennent au milieu entre le chemin de la souffrance cruelle et le chemin de la repentance. Ils nous sauvent de l'enfer de ce monde, qui est plus dur que la mort, et nous habituent à atteindre les plaisirs célestes et à la douceur sublime et à l'amabilité qui est notre lot, prêts et nous attendent depuis le tout début, comme nous l'avons dit ci-dessus. Chacun d'eux opère à sa génération, en fonction de la puissance de la lumière de sa Torah et de sa sainteté. Nos sages ont déjà dit : « Il n'y a pas une génération sans Abraham, Isaac ou Jacob ».

C'est notre Rav Isaac Louria [le ARI], cet homme divin qui a tant fait pour nous, qui nous en fournit la pleine mesure. Il surpassa magistralement tous ses prédécesseurs, et si j'avais su en faire l'éloge, j'aurais loué ce jour où sa sagesse est apparue presque comme le jour où la Torah a été donnée à Israël. Il n'y a pas assez de mots pour mesurer l'immensité de son œuvre sainte, accomplie en notre faveur. Les portes de l'atteinte étaient fermées et verrouillées. Il est venu et nous les a ouvertes, de telle sorte que celui qui souhaite entrer dans le palais du roi n'a pas besoin d'être pur et saint, d'aller se baigner ni de se raser les cheveux ni de mettre des vêtements propres, pour pouvoir se tenir devant le royaume sublime, de façon bienséante.

Il s'agit d'un homme de 38 ans, qui a subjugué par sa sagesse tous ses prédécesseurs y compris les Guéonim, et ceux de toutes les périodes. Tous les anciens sages de la terre, ces bergers audacieux, amis et disciples du divin sage, le RAMAK (Rabbi Moshé Cordovero), se sont levés devant lui comme les disciples devant le Rav.

Tous les sages des générations ultérieures et jusqu'à ce jour, sans aucune exception, ont abandonné tous les livres et traités antérieurs, la Kabbale du RAMAK, la Kabbale des Premiers et la Kabbale des Guéonim. Ils ont lié entièrement et exclusivement leur vie spirituelle à sa sainte sagesse.

Naturellement, ce n'est pas en vain qu'une victoire aussi totale ait été accordée à un homme si jeune et en même temps père d'une sagesse aussi immense. Hélas, le diable continua à faire son travail et ne cessa de dresser des obstacles tout au long de la route de l'expansion de la sagesse au sein du peuple saint.

Très peu réussirent à les surmonter. Cela est dû principalement au fait que ses paroles ont été consignées oralement, parce qu'il interpréta la sagesse au jour le jour devant ses disciples, qui étaient déjà âgés et très compétents dans le *Zohar* et les *Tikounim* [les corrections]. Dans la plupart des cas, ses paroles ont été arrangées en fonction de profondes questions qui lui avaient été adressées, en fonction des intérêts particuliers de chacun. Pour cette raison, il n'a pas transmis la sagesse dans un ordre satisfaisant, comme l'étaient les œuvres précédentes. Nous trouvons dans les textes que le Ari lui-même avait souhaité mettre en ordre toutes les réponses à ces questions.

À cet égard, il faut se référer au début des paroles de Rashbi [Rabbi Shimon Bar Yochaï] dans l'interprétation *d'Idra Zouta*, dans une brève introduction du Rav Haïm Vital. De plus, son enseignement n'a duré que très peu de temps, toute la période de son séminaire n'a été que d'environ dix-sept mois, comme il est dit dans la Porte des réincarnations, porte 8, p. 49, car il est arrivé à Safed venant d'Égypte juste avant *Pessakh* (la Pâque) en 1571, et à ce moment, le Rav Haïm Vital avait vingt-neuf ans.

Et en Juillet 1572, à la veille du Shabbat de la Portion *Matot-Massaey*, au début du mois d'*Av* [mois hébraïque], il tomba malade, et le mardi, le cinq du mois d'*Av*, de la semaine suivante, il est décédé.

Il est également écrit dans *la Porte des réincarnations*, porte 8, p. 71a, que sur son lit de mort, il ordonna au Rav Haïm Vital de ne pas enseigner la sagesse à d'autres, et ne lui permit d'étudier que pour lui-même et en murmurant. Quant au reste de ses amis, il leur était totalement interdit de s'y engager, car, selon ses dires, ils ne comprenaient pas la sagesse correctement. C'est la raison pour laquelle le Rav Haïm Vital n'a pas arrangé les textes et les a laissés tels quels, en désordre. Naturellement, il n'a pas non plus expliqué les liens existant entre les différents sujets, de sorte que cela ne paraissent pas comme un enseignement pour les autres.

C'est la raison pour laquelle nous trouvons une si grande prudence de sa part, comme cela est bien connu de ceux qui maîtrisent les écrits du Ari. Les arrangements trouvés dans les écrits du Ari ont été arrangés et organisés trois générations plus tard, en trois fois, et par trois compilateurs.

Le premier compilateur a été le sage Yakoov Tzemakh. Il a vécu en même temps qu'Abraham Azoulay, qui est décédé en l'an 1643. Une grande partie des textes lui est parvenue, qu'il compila en de nombreux livres, dont le plus important est le livre *Adam Yashar* [l'Homme Droit], dans lequel il a recueilli la racine et les enseignements essentiels qui étaient à sa disposition. Toutefois, certains des livres que ce Rav avait compilés ont été perdus. Dans l'introduction de son livre, *Kol BeRama* [à haute voix], il présente tous les livres qu'il a compilés.

Le second compilateur est son brillant disciple, Meir Cohen Poppers [*Paprish*]. Il a fait plus que son Rav, puisque certains des écrits qui étaient détenus par le sage Samuel Vital lui sont parvenus. Il compila plusieurs ouvrages. Les plus importants d'entre eux sont les livres, *Etz HaHaïm* [L'Arbre de vie] et *Pri Etz Haïm* [Le fruit de l'Arbre de vie]. Ils contiennent toute l'étendue de la sagesse dans son sens le plus large.

Le troisième compilateur était le sage Samuel Vital, le fils de Haïm Vital. Il était un grand sage et de grande renommée. Il compila les célèbres *Huit portes* grâce au patrimoine que son père lui avait laissé. Ainsi, nous voyons qu'aucun des compilateurs n'a eu en sa possession les écrits complets.

Ceci a fait qu'il leur a été très difficile d'arranger les sujets traités, surtout pour ceux qui n'avaient pas de compétence réelle dans le Zohar ni les *Tikounim*. Ainsi, rares sont ceux qui s'élevèrent.

9) En contrepartie, Il nous a privilégiés en nous récompensant de l'esprit du Baal Shem Tov, dont la grandeur et la sainteté sont au-delà de toute parole et toute expression. Il n'a pas été compris et ne sera pas compris, sauf par ceux qui le méritent et qui ont servi à sa lumière, même si ce n'est que par intermittence et selon ce que chacun a reçu dans son cœur. Il est vrai que la Lumière de sa Torah et sa sagesse sont construites essentiellement sur les fondements du Ari.

Cependant, elles ne se ressemblent pas du tout. Je vais vous l'expliquer à l'aide d'un exemple : c'est comme une personne qui se noie dans le fleuve, qui refait surface et coule, comme cela arrive à ceux qui se noient. Parfois, seuls les cheveux sont visibles, alors un conseil est recherché pour l'attraper par la tête, parfois, son corps apparaît, alors un conseil est recherché pour l'attraper du côté du cœur.

De la même façon, après qu'Israël s'est noyé dans les eaux malveillantes de l'exil parmi les nations, et jusqu'à maintenant, il s'élève ou s'enfonce, mais toutes les époques ne sont pas identiques. A l'époque du Ari, seule la tête était visible. Ainsi, le Ari s'est donné beaucoup de mal pour nous sauver par le biais de l'esprit. A l'époque du Baal Shem Tov, il y a eu une accalmie. Par conséquent, c'était une bénédiction pour nous d'être sauvés par le cœur, et ce fut une grande et vraie délivrance pour nous.

Et pour nos nombreuses transgressions, la roue a encore tourné à notre génération et nous sommes tombés très bas, comme du sommet de la montagne jusqu'au fond de l'abîme. De plus, il y a eu l'affrontement entre les nations qui a bouleversé le monde entier. Les besoins ont augmenté et l'esprit s'est amenuisé et s'est corrompu dans la fange du matérialisme qui est devenu prépondérant.

Les serviteurs montent à cheval et les ministres vont à pied, et tout ce qui est dit dans notre étude de *Massekhet Souta* susmentionnée s'est réalisé, à cause de nos nombreuses transgressions. Un mur de fer s'est à nouveau érigé, même sur cette grande lumière du Baal Shem Tov, dont nous avons dit qu'elle nous illuminera jusqu'à l'établissement de notre complète rédemption. Et les sages de cœur n'ont pas cru en la possibilité qu'une telle génération puisse arriver, où ils ne pourraient pas voir sa lumière. Maintenant, nos yeux se sont assombris, nous avons été dépouillés de ce qui est bon, et quand j'ai vu cela je me suis dit : « Il est temps d'agir ! ». C'est pourquoi, j'ai entrepris d'ouvrir largement les portes de la lumière du Ari, car il est le plus approprié et le plus apte pour notre génération, et « deux valent mieux qu'un ».

Nous ne devrions pas être blâmés pour la brièveté de ma composition, car elle correspond et est adaptée aux amoureux de la sagesse, car trop transvaser le vin dissipe sa saveur, et l'atteinte de la sagesse serait plus difficile pour le disciple. De plus, nous ne sommes pas responsables de ceux qui ont un cœur épais, puisque le langage pour les aider n'a pas encore été créé. Partout où ils posent leurs yeux, ils ne trouvent que la stupidité, telle que l'énonce la règle : de la même source à laquelle le sage puise sa sagesse, l'imbécile tire sa stupidité.

Ainsi, j'ai affirmé dès le début de mon livre et j'ai averti que je n'ai pas fait tant d'efforts pour ceux qui aiment regarder par la fenêtre, mais pour ceux dont les paroles du Créateur sont précieuses et qui se languissent de Lui et de Sa bonté, pour compléter le but pour lequel ils ont été créés, car pour eux se réalisera le verset « Tous ceux qui Me cherchent Me trouveront ».

10) Venez et voyez les paroles du sage, Eben Ezra dans son livre, « *Yessod Mora* », p. 8b : « Et maintenant, notez et sachez que toutes les *Mitsvot* qui sont écrites dans la Torah ou les conventions que les pères ont établies, bien qu'elles soient principalement en actes ou en parole, ont toutes été établies pour corriger le cœur « car le Seigneur sonde tous les cœurs, et comprend tout dessein des pensées ». Il est écrit : « pour ceux qui sont droits dans leurs cœurs ». A l'opposé il est dit : « un cœur qui est le siège de pensées iniques ».

J'ai trouvé un verset qui contient toutes les *Mitsvot*, qui est « Tu craindras le Seigneur ton Dieu et tu Le serviras ». Le mot « crainte » contient toutes les *Mitsvot* négatives en parole et dans le cœur, ou en actes. C'est le premier degré à partir duquel on s'élève à l'œuvre de Créateur, qui contient toutes les *Mitsvot* positives. Elles habitueront le cœur de l'homme et le guideront jusqu'à ce qu'il adhère au Créateur, car c'est pour cela que l'homme a été créé. Il n'a pas été créé pour amasser des fortunes ni pour bâtir des édifices. Par conséquent, il doit demander tout ce qui l'amènera à L'aimer, à apprendre la sagesse et à rechercher la foi. Le Créateur ouvrira les yeux de son cœur et renouvellera son esprit différemment. Alors, il sera aimé par son Concepteur, durant sa vie. Sachez que la Torah n'a été donnée qu'aux hommes de cœur.

Les mots sont comme des cadavres et les *Taamim* [goûts] comme les âmes. S'il ne comprend pas les *Taamim*, tous ses efforts seront en vain, et son travail insignifiant. C'est comme s'il s'efforçait à compter les lettres et les mots d'un livre de médecine, aucun remède n'en sortira. C'est aussi comme le chameau qui transporte de la soie : la soie ne lui est pas utile, ni le chameau ne lui est utile. Nous ne retiendrons qu'une chose de ses mots : s'accrocher à l'objectif pour lequel l'homme a été créé, à savoir : être en *Dvékout* [adhésion] avec le Créateur. Il dit donc qu'il faut rechercher tous les moyens qui l'amèneront à L'aimer, à apprendre la sagesse et à rechercher la foi, jusqu'à ce que le Créateur le récompense en lui ouvrant les yeux de son cœur et en lui renouvelant un esprit différent.

Alors, seulement, il sera aimé de son Concepteur durant sa vie. Il accentue délibérément un point précis : être aimé de son concepteur durant sa vie. Cela indique que tant que l'on n'a pas atteint cela, son travail est incomplet, et que le travail nous a été donné nécessairement pour être fait aujourd'hui. Il termine le sujet en disant que la Torah a été donnée seulement aux hommes de cœur, c'est-à-dire ceux qui ont acquis un cœur pour aimer et Le désirer. Les sages les appellent « sages de cœur », car il n'y aura plus d'esprit bestial qui descendra et le mauvais penchant n'est présent que dans un cœur dénué de sagesse.

Il interprète et dit que les mots sont comme des cadavres et les *Taamim*, comme les âmes. Ne pas comprendre les *Taamim* est comme essayer de compter les pages et les mots d'un manuel de médecine, sans que cela n'aboutisse à un médicament. Il veut dire que l'on est obligé de trouver des astuces pour acquérir la possession susmentionnée. Car alors on peut goûter aux saveurs de la Torah, qui est la sagesse intérieure et ses mystères, et aux saveurs de la *Mitsva,* qui sont l'amour et le désir de Lui.

Sans cela, nous avons seulement les mots et les actes, des corps morts sans âme. C'est comme celui qui travaille dur à compter les pages et les mots d'un manuel de médecine, etc. il ne s'améliorera pas en médecine avant qu'il ne comprenne le sens des textes de médecine. Même après l'avoir acheté, peu importe le prix demandé, si l'organisation de l'étude et des actes n'est pas organisée de façon à le conduire à cela, ce sera comme le chameau qui transporte de la soie : la soie ne lui est d'aucune utilité, de même que le chameau n'est pas utile à la soie, pour l'amener à compléter l'objectif pour lequel il a été créé.

11) D'après ces propos, nos yeux se sont ouverts concernant les mots de Rabbi Shimon dans le *Midrach Rabba*, chapitre 6, à propos du verset : « Faisons l'homme ». Lorsque le Créateur est venu pour créer l'homme, Il consulta les anges, qui étaient divisés en factions et en groupes. Certains disaient « Qu'il soit créé », et d'autres disaient « Qu'il ne soit pas créé », comme il est écrit : « La miséricorde et la vérité se rencontrent, la justice et la paix s'embrassent ».

– La miséricorde a dit : « Qu'il soit créé, car il fait des actes miséricordieux ».
– La vérité a dit : « Qu'il ne soit pas créé, car il n'est que mensonges ».
– La justice a dit : « Qu'il soit créé, pour qu'il rende la justice ».
– La paix a dit : « Qu'il ne soit pas créé, car il n'est que discorde ».

Qu'a fait le Créateur ? Il prit la vérité et la jeta à terre, comme il est écrit : « et il jeta la vérité à terre ». Les anges dirent au Créateur : « Pourquoi humilier votre sceau ? Que la vérité se relève de la terre », comme il est écrit : « la vérité jaillira de la terre ».

Ce texte est difficile à tous les égards:

- a. Il n'explique pas encore la sévérité du verset, « Faisons l'homme ».
  A-t-Il vraiment besoin d'un conseil ? Comme il est écrit : « Le salut est dans le cœur d'un conseiller ? ».
- b. En ce qui concerne la vérité, comment peut-il dire que toute l'espèce humaine n'est que mensonge, alors qu'il n'y a pas une seule génération sans Abraham, Isaac ou Jacob ?
- c. Si ces paroles de vérité sont honnêtes, comment les anges de la miséricorde et de la justice sont-ils d'accord pour un monde qui n'est que mensonge ?
- d. Pourquoi la vérité est appelée « sceau », qui vient aux marges d'une lettre ? Car il est certain qu'il existe une réalité essentielle à part le sceau. N'y a-t-il aucune réalité en dehors des frontières de la vérité ?
- e. Se peut-il que les anges de la vérité pensent du Vrai Opérateur, que Son opération est fausse ?
- f. Pourquoi la vérité mérite-t-elle une punition aussi sévère que d'être jetée à terre et dans la terre ?
- g. Pourquoi la réponse des anges n'est-elle pas présentée dans la Torah, comme c'est le cas pour la question ?

Nous devons comprendre ces deux conduites complètement opposées qui nous ont été exposées. Ce sont les conduites de l'existence de toute la réalité de ce monde et les conduites des modes d'existence de tout un chacun pour sa subsistance dans la réalité qui est devant nous. Pour finir, nous trouvons une conduite fiable dans la Providence remarquablement validée, qui contrôle la conception de la réalité de chaque créature.

Prenons par exemple, l'ordre d'arrivée d'un être humain dans la réalité.

L'amour et le plaisir sont sa première raison qui est évidente et fiable pour sa tâche. Dès qu'il a été extirpé du cerveau du père, la Providence lui offre un endroit sûr et protégé dans le ventre de la mère, afin qu'aucun étranger ne puisse le toucher. Là-bas, la Providence lui procure sa nourriture quotidienne dans la juste mesure. Elle répond à chacun de ses besoins, sans l'oublier ne serait-ce qu'un instant, jusqu'à ce qu'il gagne en force et sorte à l'air de notre monde, rempli d'innombrables obstacles.

A ce moment-là, la Providence lui confère la puissance et la force, et comme un héros armé et expérimenté, elle ouvre les portes et brise les murs, jusqu'à ce qu'il arrive à certaines personnes auxquelles il peut faire confiance pour l'aider pendant ses jours de faiblesse. Ce sont les personnes les plus chères au monde pour lui, qui le soutiendront dans son existence avec beaucoup d'amour et une grande compassion. Ainsi, la Providence l'enlace jusqu'à ce qu'il soit apte à exister et à continuer sa propre vie.

Ce qui s'applique à l'homme est également valable pour les espèces animale et végétale. Toutes sont merveilleusement surveillées, ce qui garantit leur existence, et tous les experts en sciences naturelles le savent. À l'autre extrémité, quand nous considérons l'ordre d'existence et de subsistance des modes d'existence de la réalité tout entière, du plus petit au plus grand, nous trouvons des ordres désorientés, qui ressemblent à une armée fuyant le champ de bataille, battue, malade, et affligée par le Créateur. Toute leur vie est comme la mort, ils ne peuvent pas vivre sauf par des souffrances et tourments d'abord, et risquent leurs vies pour gagner leur pain.

Même un pou minuscule doit se briser les dents pour trouver son repas. Combien doit-il sauter pour obtenir suffisamment de nourriture et se maintenir en vie ? Cet exemple est valable pour tous, les petits comme les grands, et encore davantage avec l'espèce humaine, le joyau de la Création, qui est impliqué dans tout.

12) Nous discernons deux opposés dans les dix *Sefirot* de *Kedousha* [Sainteté]. Les neuf premières Sefirot sont dans la forme du don, et *Malkhout*, dans la réception. De plus, les neuf premières sont remplies de lumière, et *Malkhout* n'a rien par elle-même. C'est le sens de notre distinction entre deux lumières dans chaque *Partsouf* : *Ohr Pnimi* [lumière intérieure] et *Ohr Makif* [lumière environnante], et deux dans les *Kélim* [récipients], qui sont le *Kli* [récipient] intérieur pour *Ohr Pnimi* et le *Kli* extérieur pour *Ohr Makif*. En ce qui concerne les deux opposés susmentionnés, on sait qu'il est impossible que deux opposés soient présents dans un même sujet.

Ainsi, il est nécessaire d'avoir un sujet spécifique pour *Ohr Pnimi* et un sujet spécifique pour *Ohr Makif*. Cependant, ils ne sont pas vraiment opposés dans *Kedousha*, car *Malkhout* est en *Zivoug* [accouplement] avec les neuf premières, et son attribut est également le don, sous la forme d'*Ohr Hozer* [lumière réfléchie]. Mais la *Sitra Akhra* [l'Autre Côté] n'a rien des neuf premières.

Elles sont construites principalement de l'espace vacant, qui est la grandeur de la forme de la réception, sur laquelle le premier *Tsimtsoum* [Restriction] s'est réalisé. Cette racine est restée sans lumière, même après que l'illumination de la *Kav* [Ligne] a atteint l'intérieur du *Reshimo* [Réminiscence]. Donc, elles sont complètement opposées à la vie et à la *Kedousha*, comme il est écrit : « Dieu les a fait, l'un opposé à l'autre », donc elles sont appelées « morts ».

Il a été expliqué plus haut, au point 6, que toute la question du *Tsimtsoum* n'était qu'un ornement des âmes pour ce qui est de l'égalisation de leurs formes à celle de leur Créateur, qui est l'inversion des *Kélim* de réception en forme du don.

On constate que cet objectif est toujours refusé dans les *Partsoufim de Kedousha*. C'est parce qu'il n'y a aucun Espace Vacant qui ait la forme complète de réception, sur laquelle a eu lieu le *Tsimtsoum*, et par conséquent, aucune correction ne lui est applicable, comme si elle n'existait pas dans la réalité. De plus, il n'y a certainement pas de correction dans la *Sitra Akhra*, bien qu'elle ait un Espace Vacant, car son intérêt est tout à fait opposé, et tout ce qu'elle reçoit meurt.

Par conséquent, nous avons seulement besoin d'un être humain dans ce monde. Durant son enfance, il est entretenu et existe par la *Sitra Akhra*, il en hérite les *Kélim* de l'Espace Vacant.

Quand il grandit, il se connecte à la structure de *Kedousha* grâce à la Torah et aux *Mitsvot*, pour contenter son Créateur. Ainsi, il transforme la grandeur de la réception déjà acquise, pour qu'elle ne soit que don. En cela, il égalise sa forme avec son Créateur et l'objectif est réalisé.

C'est le sens de l'existence du temps dans ce monde. On trouve en premier lieu, que les deux opposés ci-dessus ont été divisés en deux sujets distincts, à savoir la *Kedousha* et la *Sitra Akhra*, d'après « l'un opposé à l'autre ». Ils demeurent encore dépourvus de la correction citée auparavant, car ils doivent être dans le même sujet, qui est l'homme.

Par conséquent, l'existence d'un ordre dans le temps nous est nécessaire, dès lors que les deux opposés se succèdent en une personne, l'un après l'autre, signifiant une période de *Katnout* [petite enfance] et une période de *Gadlout* [âge adulte / maturité].

13) Maintenant nous pouvons comprendre la nécessité de la brisure des récipients et de leurs attributs, comme il est écrit dans le *Zohar* et les écrits du Ari, que deux sortes de lumières sont présentes dans chacune des dix Sefirot qui vont et viennent.

- La première lumière est *Ohr Ein Sof* [lumière de l'infini], qui se déplace de haut en bas. Elle est appelée *Ohr Yashar* [lumière directe].
- La deuxième lumière est le résultat du *Kli de Malkhout*, remontant de bas en haut, appelée *Ohr Hozer* [lumière réfléchie].

Les deux s'unissent en une seule. Sachez qu'à partir du *Tsimtsoum*, et vers le bas, le point du *Tsimtsoum* est privé de toute lumière, et il reste un espace vide. La lumière supérieure n'apparaîtra pas dans la dernière *Bekhina* [discernement] avant la réparation finale, et ceci est vrai en particulier à propos de *Ohr Ein Sof*, appelée *Ohr Yashar*.

Toutefois, la deuxième lumière, appelée *Ohr Hozer*, peut apparaître dans la dernière *Bekhina*, vu que le *Tsimtsoum* ne s'y applique pas. Maintenant, nous avons appris que le système de la *Sitra Akhra* et des *Klipot* [écorces] est une nécessité pour le but du *Tsimtsoum*, afin d'implanter chez une personne le *Kli* de la grandeur de réception, en *Katnout*, où il dépend d'elle. Ainsi, la *Sitra Akhra* a également besoin d'abondance.

Où pourrait-elle la prendre si elle est faite uniquement de la dernière *Bekhina*, qui est un espace vide de toute lumière, puisque à partir du *Tsimtsoum* et en bas, la lumière supérieure s'est complètement séparée d'elle ? La brisure des récipients a donc été préparée. La brisure indique qu'une partie *d'Ohr Hozer* des dix Sefirot du monde des *Nekoudim* est descendue *d'Atsilout* jusqu'à l'espace vide. Et vous savez déjà *qu'Ohr Hozer* peut aussi apparaître dans l'espace vide. Cette partie *d'Ohr Hozer* qui est descendue *d'Atsilout* vers l'extérieur, contient 32 *Bekhinot* [discernements] particuliers dans chacune des Sefirot des dix Sefirot *de Nekoudim*. 10 fois 32 font 320.

Ces 320 *Bekhinot* qui sont descendues ont été préparées pour maintenir l'existence des Inférieurs, et viennent à eux sous la forme de deux systèmes, comme il est écrit : « Dieu les a fait l'un opposé à l'autre », ce qui signifie les mondes *d'ABYA de Kedousha*, et en face d'eux les mondes *d'ABYA de Sitra Akhra*. Dans l'interprétation du verset : « un peuple sera plus puissant que l'autre », nos sages ont dit que lorsqu'un se lève, l'autre tombe, et Tyr ne s'est construite que sur les ruines de Jérusalem ».

Il en est ainsi quand ces 320 *Bekhinot* apparaissent toutes dans la *Sitra Akhra*, et alors la structure entière de *Kedousha,* par rapport aux inférieurs est entièrement détruite. En outre, ces 320 *Bekhinot* ne peuvent se connecter qu'à la *Kedousha.* A ce moment, le système de *Sitra Akhra* est entièrement détruit de la terre, et elles peuvent également se diviser plus ou moins équitablement entre les deux, en fonction des actions des gens, et ainsi ils s'incarnent dans les deux systèmes jusqu'à ce que la correction soit complétée.

Après la brisure des récipients et la descente de ces 320 *Bekhinot* d'étincelles de lumière *d'Atsilout* vers l'extérieur, 288 étincelles se sont clarifiées et sont montées, signifiant que tout ce qui est descendu des neuf premières Sefirot dans les dix Sefirot *de Nekoudim*. 9 fois 32 fait 288 *Bekhinot*, qui sont celles qui se reconnectent pour construire le système de *Kedousha*. Il s'ensuit qu'il ne reste à la *Sitra Akhra* que les 32 *Bekhinot* qui sont descendues de *Malkhout* du monde des *Nekoudim*.

C'était le début de la structure de la *Sitra Akhra*, dans sa forme la plus minimale, quand elle n'est pas encore apte à remplir son rôle. L'achèvement de sa construction ne s'est terminé que plus tard, lors du péché *d'Adam ha Rishon* avec l'arbre de la connaissance. Ainsi nous trouvons que ces deux systèmes, opposés l'un à l'autre, œuvrent pour la persistance et le maintien de la réalité.

La portion de lumière nécessaire pour cette existence est de 320 étincelles. Celles-ci ont été préparées et mesurées à la brisure des récipients. Ce ratio de lumière se répartit entre les deux systèmes, la conduite du maintien et de l'existence de la réalité dépendent d'eux. Sachez que le système de *Kedousha* doit contenir au moins un ratio de 288 étincelles pour compléter ses neuf premières *Sefirot*.

Alors seulement, il pourra assurer et maintenir l'existence des inférieurs, et c'était le cas avant le péché d'Adam *ha Rishon*. C'est pour cette raison que la réalité tout entière était alors menée par le système de *Kedousha*, car elle avait toutes les 288 étincelles.

14) Dès lors, nous avons trouvé une solution pour l'histoire des quatre factions : la Miséricorde, la Justice, la Vérité et la Paix, qui ont protesté contre le Créateur lors de la création de l'homme. Ces anges sont les serviteurs de l'âme humaine, c'est pourquoi Il a négocié avec eux, car toute l'œuvre de la Création a été créée d'après eux, car chaque âme se compose de dix Sefirot d'*Ohr Pnimi* [Lumière intérieure] et *Ohr Makif* [la Lumière environnante].

– La miséricorde est l'*Ohr Pnimi* des neuf premières de l'âme.
– La justice est l'*Ohr Pnimi* de *Malkhout* de l'âme.
– La vérité est l'*Ohr Makif* de l'âme.

Nous avons déjà dit qu'*Ohr Pnimi* et *Ohr Makif* sont opposées. En effet, *Ohr Pnimi* s'étend par la loi de l'illumination de la ligne, qui l'empêche d'apparaître au point du *Tsimtsoum*, qui est la forme de *Gadlout* de la réception. *Ohr Makif*, quant à elle, s'étend d'*Ohr Ein Sof*, qui entoure tous les mondes, car dans *Ein Sof*, petits et grands sont égaux.

Pour cette raison, *Ohr Makif* illumine et donne aussi au point de *Tsimtsoum*, et à fortiori à *Malkhout*. Comme elles sont opposées, deux *Kélim* sont nécessaires. C'est parce qu'*Ohr Pnimi* illumine les neuf premières, et *Malkhout* n'est éclairée qu'en fonction de la loi des neuf premières, et pas du tout pour elle-même. Cependant, *Ohr Makif* illumine dans les *Kélim* qui s'étendent spécifiquement du point du *Tsimtsoum*, qui est appelé le *Kli* extérieur.

Nous comprenons maintenant pourquoi la vérité est appelée le « Sceau ». C'est un nom emprunté à un sceau apposé en marge de la lettre, à la fin du texte. Cependant, il lui octroie et lui donne sa validité. Sans le sceau, elle est sans valeur et tout le texte devient inutile. De même, *Ohr Makif*, apporte ses bienfaits au point du *Tsimtsoum*, qui est la mesure de réception de *Gadlout*, jusqu'à ce qu'il égalise sa forme avec son Créateur dans le don. En effet, c'est le but de tous les mondes limités, inférieurs et supérieurs.

La vérité a protesté contre la création de l'Homme en déclarant qu'il n'est que mensonges, car selon le point de vue du Créateur, l'homme n'a pas de *Kli* extérieur, dont il a besoin pour s'étendre du point du *Tsimtsoum*, parce qu'il s'est déjà séparé de Sa lumière. C'est pourquoi les anges de la vérité ne pouvaient pas aider l'homme à obtenir *Ohr Makif*.

C'est pour cette seule fin que les mondes limités, inférieur et supérieur, ont été créés, et l'homme doit en être l'unique sujet. Mais puisque cet homme est inapte à son rôle, ils sont donc tous chaos et mensonges, tout ce travail en eux était inutile.

Cependant, c'est l'inverse avec les anges de la Miséricorde et de la Justice, qui appartiennent spécifiquement à *Ohr Pnimi* de l'âme. Du fait qu'il n'ait rien de l'Espace Vacant, ils pourront lui octroyer sans réserve toutes les lumières de *Neshama*, jusqu'à la perfection la plus sublime. Ainsi, ils étaient heureux de pouvoir lui être utiles et ils acceptèrent la Création de l'homme. Parce qu'ils sont NHY (*Netsakh, Hod, Yessod*) qui entrent en *Zivoug de Hakaa* [accouplement par coup], ils appartiennent à la moitié d'*Ohr Makif* de la partie *Ohr Hozer* qui est en elle.

Les anges de la Paix ont affirmé qu'il n'est que querelle. En d'autres termes, comment recevra-t-il *Ohr Makif* ? En fin de compte, ils ne peuvent venir dans le même sujet avec *Ohr Pnimi*, puisqu'elles sont opposées l'une à l'autre, ce qui signifie des querelles sans fin. L'*Ohr Makif* est double : *Ohr Hozer* future et *Ohr Makif* future.

Le *Kli* Extérieur d'*Ohr Hozer* est le *Massakh* [l'écran]. Le *Kli* Extérieur de *Ohr Makif* est l'*Aviout de Bekhina Dalet* [quatrième discernement] lui-même, à savoir le *Lev Ha Even* [le cœur de pierre].

Il s'avère donc qu'il ne manquait à *Adam ha Rishon* que le *Kli* Extérieur, qui appartient aux anges de la vérité. Il ne lui manquait pas le *Kli* Extérieur, qui appartient aux anges de la paix. C'est pourquoi ils ont accepté la Création, tout en affirmant qu'il n'est que dispute, ce qui signifie que *Ohr Makif* ne peut pas entrer dans le *Kli* intérieur car ils sont opposés.

15) Maintenant, nous avons été récompensés de comprendre le reste des versets du péché de l'arbre de la connaissance du bien et du mal, qui est des plus profonds. Nos sages ne nous en ont révélé qu'une partie, et ont caché, derrière leurs mots, dix autres parties. En avant-propos, il est écrit : « Et ils étaient tous les deux nus, l'homme et sa femme, et n'avaient pas honte ». Sachez que le vêtement signifie un *Kli* extérieur. Ainsi, l'écrit veut d'abord nous démontrer la raison du péché de l'arbre de la connaissance, comme il est écrit dans le verset « Il est redoutable avec les enfants de l'homme, car Tu viens à lui avec des histoires ». Cela signifie que son péché avait été préparé à l'avance, et c'est le sens des mots qu'Adam et sa femme n'avaient pas un *Kli* Extérieur au moment de la création, mais seulement des *Kélim* intérieurs, qui s'étendent du système de *Kedousha*, c'est pourquoi ils n'avaient pas honte. Cela signifie qu'ils n'ont pas ressenti qu'ils leur manquaient, car la honte se réfère à une sensation d'absence.

Nous savons que la sensation du manque est la première raison pour combler ce manque. C'est comme quelqu'un qui se sent malade et est disposé à recevoir un médicament. Cependant, s'il ne sent pas qu'il est malade, il évitera certainement tout remède. En effet, cette tâche est remplie par le *Kli* Extérieur, car il est dans la construction du corps et est vide de lumière, puisqu'il vient de l'Espace Vacant, cela engendre la sensation de vide et de manque en lui, et en a honte.

Par conséquent, il doit revenir remplir ce manque et attirer *Ohr Makif* qui lui manque, et qui est sur le point de remplir ce *Kli*. C'est le sens du verset: « Et ils étaient tous deux nus, Adam et sa femme », du *Kli* Extérieur. Pour cette raison, ils n'avaient pas honte, car ils ne ressentaient pas son absence. De cette manière, ils sont dépourvus de la finalité pour laquelle ils ont été créés.

Pourtant, nous devons bien comprendre la sublimité de cet homme, créé par les mains du Créateur, et celle de sa femme, en qui Il a mis plus d'intelligence qu'en lui, comme c'est écrit (*Nida* 45) dans l'interprétation de ce verset: « Et le Seigneur fit la côte ».

Alors, comment se fait-il qu'ils aient échoué et aient été si stupides n'ayant pas su se méfier de la ruse du serpent? De plus, le serpent, dont le texte témoigne qu'il était plus rusé que tous les animaux des champs, comment a-t-il proféré une telle sottise et un tel non-sens que s'ils mangeaient le fruit de l'arbre de la connaissance, ils deviendraient Dieu? Comment une telle bêtise a-t-elle pu se nicher dans leurs cœurs? De plus, il est dit ci-dessous qu'ils n'ont pas mangé de l'arbre de la connaissance à cause de leur désir de devenir Dieu, mais simplement parce que le fruit était bon à manger, ce qui est apparemment un désir bestial!

16) Nous devons connaître la nature de deux types de clarifications qui s'appliquent ici:

– La première clarification est appelée « la clarification du bien et du mal ».
– La deuxième clarification est appelée « la clarification de la vérité et du mensonge ».

Cela signifie que le Créateur a implanté une force de clarification dans chaque créature, qui exécute tout ce qui est bon pour elle et qui lui procure la perfection désirée. Donc la première clarification est la force active physique. Elle fonctionne en utilisant la sensation d'amer et de doux, qui déteste et repousse la forme amère, car elle lui est néfaste, et aime et est attirée par le sucré parce qu'il lui est bénéfique. Cette force opérationnelle est suffisante dans le minéral, le végétal et l'animal de la réalité, pour les amener à leur perfection désirée.

Au-dessus d'elles est l'espèce humaine, dans laquelle le Créateur a implanté une force d'action rationnelle. Elle opère par le biais de la deuxième clarification susmentionnée, en rejetant le mensonge et la vacuité, avec un dégoût qui va jusqu'à vomir, et attire les vraies questions et tout ce qui est utile, avec un grand amour.

Cette clarification est appelée « la clarification de la vérité et du mensonge ». Elle s'applique uniquement à l'espèce humaine, chacun selon sa propre mesure. Sachez que cette seconde force agissant a été créée et est arrivée à l'homme en raison du serpent, car lors de la création, il n'avait que la première force active, c'est-à-dire les clarifications du bien et du mal, qui lui étaient suffisantes à ce moment-là.

Je vous l'expliquerai par une allégorie : si les justes étaient récompensés en fonction de leurs bonnes actions, et les méchants punis selon leurs mauvaises actions dans ce monde, alors la *Kedousha* serait déterminée pour nous comme une réalité douce et bonne, et la *Sitra Akhra* serait définie comme une réalité mauvaise et amère.

De cette façon, le commandement du choix nous aurait été donné, de la manière suivante: « Voici, j'ai mis devant toi le doux et l'amer, choisis donc le doux ». Ainsi, tous les gens auraient été certains d'atteindre la perfection, car ils auraient certainement fui la transgression, puisqu'elle est mauvaise pour eux. Ils auraient été occupés sans cesse, nuit et jour, par Ses *Mitsvot*, comme le font aujourd'hui certains imbéciles, préoccupés par les questions du corps et de sa saleté, car cela est bien et doux à leurs yeux.

Telle était la question *d'Adam ha Rishon*, lorsqu'Il l'a créé. « Et Il le plaça dans le Jardin d'Éden pour le cultiver et pour le garder », qui a été ainsi interprété par nos sages: « le cultiver » sont les *Mitsvot* positives, et « le garder » sont les *Mitsvot* négatives. Ses *Mitsvot* positives étaient de manger et de se délecter de tous les arbres du jardin, et ses *Mitsvot* négatives étaient de ne pas manger de l'arbre de la connaissance du bien et du mal. Les *Mitsvot* positives étaient douces et agréables et les *Mitsvot* négatives étaient de s'écarter du fruit amer et dur comme la mort. Il n'est donc pas surprenant qu'on ne puisse les appeler *Mitsvot* et travail. Nous en trouvons des identiques dans notre travail actuel, à travers les plaisirs des jours de Shabbat et de fêtes, où nous sommes récompensés d'une *Kedousha* supérieure, tout comme nous recevons une récompense pour nous être écartés des reptiles et des insectes ou toutes sortes de choses que l'on trouve répugnantes. Nous voyons donc que le choix dans le travail *d'Adam ha Rishon* était « choisis donc le doux ».

Il s'avère que le palais[de la bouche] corporel était à lui seul suffisant pour tout ce dont il avait besoin, pour savoir ce que le Créateur avait ordonné, et ce qu'Il ne lui avait pas ordonné.

17) Maintenant nous pouvons comprendre la ruse du serpent, au sujet duquel nos sages ont ajouté et précisé que SAM s'en était revêtu, parce que ses mots étaient très élevés. Il a commencé par dire incidemment que le Créateur a dit de ne manger d'aucun arbre du jardin. Cela signifie qu'il a commencé à parler avec elle, car la femme n'a pas reçu d'ordre du Créateur. Par conséquent, il la questionne sur les modes de clarification.

Par exemple, comment savait-elle que l'Arbre de la Connaissance avait été interdit ? Et puis : « peut-être que tous les fruits du Jardin vous ont-ils été également interdits ? ». Et la femme dit... « Nous pouvons manger les fruits des arbres du jardin... Mais vous ne mangerez pas de cet arbre-ci, et vous n'y toucherez point, sinon vous pourriez mourir ! ».

Il y deux grandes précisions ici :
    a. Le fait de toucher n'a jamais été interdit ;
       pourquoi l'a-t-elle ajouté à l'interdiction ?
    b. A-t-elle mis en doute les paroles du Créateur ?

Le Créateur a dit « vous mourrez certainement », et la femme a dit « sinon vous pourriez mourir ». Se pourrait-il qu'elle n'ait pas cru aux paroles du Créateur, même avant le péché ? Il est vrai que la femme n'a répondu qu'à la question du serpent. Elle savait ce que le Créateur avait interdit, que tous les fruits des arbres du Jardin étaient doux et agréables et comestibles. Cependant, elle était déjà sur le point de toucher à cet arbre à l'intérieur du jardin, et de goûter en lui une saveur qui était aussi dure que la mort.

Elle-même a prouvé, d'après sa propre observation, qu'il existe un risque de mourir, même en touchant. C'est pourquoi, elle a ajouté à la compréhension du commandement de l'interdiction, qu'elle avait entendu de son mari, car c'est avec l'expérience que l'on devient sage. « Sinon vous pourriez mourir » se réfère à l'action de toucher. La réponse est apparemment suffisante, car qui pourrait se mêler et nier le goût d'un autre ?

Cependant, le serpent la contredit et dit : « Vous ne mourrez point ; car Dieu sait que, le jour où vous en mangerez, vos yeux s'ouvriront ». Il nous faut donc examiner avec précision la question de l'ouverture des yeux. En effet, il l'a informée d'une chose nouvelle, au-delà d'elle. Il leur a prouvé que la bêtise était de penser que le Créateur a créé quelque chose de nocif et nuisible dans son monde. Il est clair qu'en ce qui concerne le Créateur, il n'y a pas de mal ni de nuisibilité. Mais l'amertume que vous goûterez en lui, même si ce n'est qu'en le touchant, provient seulement de vous-même, car « manger » vient vous informer de la hauteur de votre mérite.

Aussi, c'est d'une *Kedousha* supplémentaire dont vous avez besoin pendant l'acte, de sorte que votre seule intention sera d'apporter satisfaction à votre Créateur, et de maintenir l'intention pour laquelle vous avez été créés. C'est pourquoi, il vous apparaît comme mauvais et nocif, afin que vous compreniez le supplément de *Kedousha* requis de votre part.

« Du jour où vous en mangerez » signifie que si l'acte est dans *Kedousha* et la pureté aussi claire que le jour, alors « Vous serez comme Dieu, connaissant le bien et le mal ». Cela signifie que, comme pour le Créateur, cela est certainement d'une douceur sans égale, pour vous aussi le bien et le mal seront pour vous en équivalence complète, doux et délicieux.

Néanmoins, il est encore possible de douter de la crédibilité du serpent, car le Créateur ne lui a pas dit cela Lui-même. Par conséquent, le serpent dit en premier: « Mais Dieu sait que, le jour où vous en mangerez, vos yeux s'ouvriront ». Cela signifie qu'il n'est pas nécessaire pour le Créateur de vous en informer, car Il sait que si vous y faites attention, vous mangerez du côté de *Kedousha*, et vos yeux s'ouvriront d'eux-mêmes, pour comprendre la mesure de Sa grandeur, car vous sentirez la douceur merveilleuse en Lui. Il n'a donc pas besoin de vous le faire savoir, car Il a implanté en vous la force de clarifier, afin que vous sachiez par vous-mêmes ce qui est bénéfique. Il est écrit juste après: « Et la femme vit que l'arbre était bon à manger, et qu'il était un délice pour les yeux ».

Cela signifie qu'elle ne se fia pas à Ses paroles, mais alla et examina de sa propre initiative et d'après sa compréhension, et se sanctifia d'une *Kedousha* supplémentaire afin de contenter le Créateur et pour accomplir l'intention qui était attendue d'elle, et non pas du tout pour son plaisir. À ce moment, ses yeux se sont ouverts, comme le serpent l'avait dit: « Et la femme vit que l'arbre était bon à manger ».

En d'autres termes, en voyant que « c'était un délice pour les yeux », avant même de le toucher, elle sentit une grande douceur et un grand désir, et rien qu'à le voir elle n'avait jamais autant désiré aucun arbre du Jardin. Elle apprit aussi que l'arbre est bon pour la connaissance, ce qui signifie qu'il y a beaucoup plus à envier et à convoiter cet arbre que tous les autres arbres du jardin. Ceci se réfère au fait de savoir qu'ils ont été créés pour cet acte de manger, ce qui est tout le but, comme le serpent le lui avait dit. Après toutes ces observations concluantes, « Elle prit de son fruit et en mangea, et elle en donna aussi à son mari, et il en mangea avec elle ».

Le texte précise « avec elle », signifiant que c'était avec la pure intention de donner sans réserve et non dans son propre intérêt. Telle est la signification des mots « et elle en donna aussi à son mari avec elle », avec elle dans *Kedousha*.

18) Maintenant nous arrivons au cœur du sujet et à l'erreur qui était à sa base. Cet arbre de la connaissance du bien et du mal était mêlé à l'espace vacant, c'est-à-dire à la forme de *Gadlout* dans la réception, sur laquelle il y avait un *Tsimtsoum*, et de laquelle la lumière supérieure s'était déjà séparée. Il a également été expliqué qu'Adam *ha Rishon* n'avait pas du tout la forme *Gadlout* de réception dans sa structure, qui s'étend de l'espace vacant. Et au contraire, il s'étend tout entier du système de *Kedousha*, qui ne concerne que le don. Il est écrit dans le *Zohar* (*Kedoshim*), qu'*Adam ha Rishon* n'avait rien de ce monde.

Pour cette raison, l'arbre de la connaissance lui a été interdit, de même que sa racine et tout le système de *Kedousha*, lesquels sont séparés de la *Sitra Akhra*, en raison de leur disparité de forme, qui est la séparation. Ainsi, il lui a également été ordonné et a été averti de ne pas s'y connecter, car il se serait séparé de sa racine sainte et mourrait comme la *Sitra Akhra* et les *Klipot*, qui sont mortes, car elles sont contraires et séparées de la *Kedousha* et de la vie des vies. Cependant, Satan, qui est SAM, l'ange de la mort, qui s'est vêtu du serpent, est descendu et a séduit Eve par le mensonge : « Vous ne mourrez pas ».

On sait que tout mensonge ne tient pas si des paroles de vérité ne le précédent pas. Par conséquent, il a commencé par une vérité et lui a révélé que le but de la Création est de corriger cet arbre, c'est-à-dire inverser les grands *Kélim* de réception du côté du don.

Il lui a dit que le Créateur avait mangé de cet arbre et avait créé le monde, c'est-à-dire qu'Il a regardé ce sujet d'après « la fin d'un acte est dans la pensée initiale », et donc, Il a créé le monde. Comme nous l'avons vu plus haut, toute la question du *Tsimtsoum Aleph* était seulement pour l'homme, destiné à égaliser la forme de réception à celle du don.

C'était la vérité, c'est pourquoi il réussit et la femme le crut quand elle se prépara à recevoir et à se réjouir dans le seul but de donner. Il s'avère que de toute façon le mal avait disparu de l'arbre de la connaissance du bien et du mal et l'arbre de la connaissance du bien est resté, vu que le mal n'était que le changement de forme de réception pour soi qui a été implanté en lui. Cependant, par la réception afin de donner, il est amené à sa perfection complète, et donc vous trouvez qu'elle a causé la grande union, comme il se doit à la fin de l'acte. Toutefois, cette *Kedousha* supérieure était encore prématurée, car elle n'était pas encore prête à lui faire face, sauf quand elle a mangé la première fois, mais pas la seconde.

Je vais vous expliquer qu'il y a une différence entre s'abstenir d'un grand plaisir avant d'y avoir goûté et s'y être habitué, et s'abstenir du plaisir après y avoir goûté et s'y être attaché. Le premier peut certainement s'abstenir une fois pour toute, mais l'autre doit faire beaucoup d'efforts pour quitter le plaisir petit à petit jusqu'à s'en défaire.

Même chose ici, puisque la femme n'avait pas encore goûté à l'arbre de la connaissance, et était complètement dans le don. Il lui a donc été facile d'en manger la première fois, afin de contenter le Créateur dans la *Kedousha* absolue. Cependant, après y avoir goûté, elle était déjà prise d'un grand désir et de beaucoup de convoitise pour l'arbre de la connaissance, au point qu'elle ne pouvait plus s'en défaire, car elle en avait perdu contrôle.

C'est pourquoi nos sages ont dit qu'ils en ont mangé prématurément, ce qui signifie qu'il n'était pas mûr. A savoir, avant d'avoir acquis la force et la puissance de dominer leurs penchants. Cela ressemble à ce que les sages ont dit dans *Massekhet Yévamot* : « j'ai mangé et je mangerai encore ».

Cela signifie que même quand il a explicitement entendu que le Créateur était en colère contre lui, il n'a toujours pas pu s'en détacher, car la convoitise s'était déjà connectée à lui. Il s'avère que la première fois que le fruit a été mangé c'était du côté de *Kedousha*, et la deuxième fois, dans une grande saleté.

Maintenant nous pouvons comprendre la sévérité de la punition de l'arbre de la connaissance, pour laquelle tous les hommes sont mis à mort. Cette mort vient de l'avoir mangé, comme le Créateur l'avait prévenu, « le jour où tu en mangeras, tu mourras certainement ».

La forme de *Gadlout* de la réception s'étend dans ses organes de l'espace vacant, et à partir du *Tsimtsoum*, la lumière supérieure ne peut plus être avec elle sous le même toit. Ainsi, ce souffle de vie éternelle, exprimé dans le verset, « et il insuffla dans ses narines un souffle de vie », a dû le quitter et se contenter d'une tranche de pain dans sa vie temporaire. Cette vie n'est pas une vie éternelle comme auparavant, où tout lui était pourvu, mais ressemble plutôt à une vie à transpirer, c'est-à-dire sa vie a été divisée en de minuscules gouttelettes, où chaque goutte est un fragment de sa vie précédente.

C'est le sens des étincelles d'âmes qui ont été réparties tout au long de sa descendance. Ainsi, toute sa descendance, toutes les personnes dans le monde à toutes les générations, jusqu'à la dernière génération, complètent le but de la création, formant une longue chaîne, et les actes du Créateur n'ont absolument pas changé par le péché de l'arbre de la connaissance. Mais cette lumière de la vie, qui est venue en une fois dans *Adam ha Rishon,* s'est étendue et s'est prolongée en une longue chaîne, tournant sur la roue de la transformation des formes jusqu'à la réparation finale, sans s'arrêter un seul instant, car les actes du Créateur doivent être vivants et durables, et « On monte dans la sainteté, et on n'en descend pas ».

Comme cela a été le cas pour l'homme, il en est de même pour toutes les créatures dans le monde, car elles descendent toutes d'une forme éternelle et générale, sur la roue de la transformation de forme, comme l'homme. L'homme et le monde ont une valeur intrinsèque et une valeur extrinsèque. L'externe s'élève et diminue toujours en fonction de l'intrinsèque. C'est le sens de « à la sueur de ton front tu mangeras du pain », car au lieu du souffle de vie antérieur que le Créateur avait insufflé dans ses narines, il y a maintenant la sueur de la vie dans ses narines.

19) Nos sages ont dit (*Babba Batra* 17) : « Il est le mauvais penchant, il est Satan, il est l'ange de la mort. Il descend et incite, monte et se plaint, il vient et il prend son âme ».

C'est parce que deux défaillances générales se sont produites à cause du péché de l'arbre de la connaissance.

La première défaillance est relative à « monte et se plaint », car après avoir été tenté et avoir mangé de l'arbre de la connaissance et avoir acquis un récipient de réception de l'espace vacant dans la structure de son corps, il s'ensuit la haine et l'éloignement entre la lumière éternelle de la vie, que le Créateur avait insufflée dans les narines d'Adam, et le corps d'Adam. Cela ressemble à ce qu'ils ont dit : « Tous les orgueilleux, le Créateur dit : Moi et lui ne pouvons habiter dans la même demeure ».

Il en est ainsi, car la fierté découle des récipients de réception de l'espace vacant, duquel la lumière supérieure s'est déjà éloignée et s'est séparée depuis le *Tsimtsoum*. Il est écrit dans le *Zohar* que le Créateur déteste les corps qui sont construits seulement pour eux-mêmes. C'est pourquoi la lumière de la vie l'a fuie et c'est la première défaillance.

La deuxième défaillance est la descente des 288 étincelles qui étaient déjà connectées au système de *Kedousha* et qui à présent ont été transmises et sont descendues au système de *Sitra Akhra* et des *Klipot*, pour que le monde ne soit pas détruit. Il en est ainsi parce que le système de *Kedousha* ne peut pas entretenir ni nourrir l'homme et tout le monde, à cause de la haine qui s'est formée entre la *Kedousha* et les *Kélim* de l'espace vacant, d'après la loi des contraires, « Moi et Lui ne pouvons habiter dans la même demeure ».

Ainsi, les 288 étincelles ont été remises au système de la *Sitra Akhra*, afin d'alimenter et de soutenir l'homme et le monde, tout au long des incarnations des âmes dans les corps comme il est écrit : « dix mille par génération, et pendant mille générations », jusqu'à la réparation finale.

Par cela vous comprendrez pourquoi elles sont appelées *Klipot*. C'est parce qu'elles sont comme la peau d'un fruit. La peau dure enveloppe et recouvre le fruit pour le protéger de toute saleté et dégât jusqu'à ce qu'il soit consommé, car sans elle le fruit se gâterait et ne remplirait pas son but. Ainsi, vous trouvez que les 288 étincelles ont été transmises aux *Klipot*, pour nourrir et permettre la réalité, jusqu'à ce qu'elles s'unissent et atteignent l'objectif souhaité.

La seconde défaillance susmentionnée est relative à « il vient et prend son âme ». Je tiens à dire que même cette infime partie de l'âme qui reste à une personne, comme « la sueur de la vie précédente », la *Sitra Akhra* l'a également volée, par le même don sans réserve qui lui a donné des 288 étincelles qui lui étaient destinées.

Pour comprendre cela, vous avez besoin de vous représenter clairement la *Sitra Akhra*, telle qu'elle est, pour pouvoir connaître tous ses chemins. Toutes les parties de la réalité du monde inférieur sont des branches s'étendant de leurs racines, comme une empreinte d'un sceau du monde supérieur, et le supérieur en a un de supérieur à lui, et ainsi de suite jusqu'au sommet. Sachez que tout discernement des branches aux racines est sur la seule base de leur substance. Cela signifie que les substances en ce monde sont des fondements matériels, et les substances dans le monde de *Yetsira* sont des fondements spirituels, relatifs à la spiritualité de *Yetsira*. Et ainsi dans chaque monde. Cependant, les faits et les phénomènes qui s'y passent ont la même valeur que chaque branche à sa racine, comme deux gouttes d'eau identiques, et comme l'empreinte dont la forme est identique au sceau à partir duquel elle a été oblitérée. Une fois cela compris, nous pouvons chercher la branche que la partie supérieure que *Sitra Akhra* a dans ce monde, et à travers elle nous connaîtrons aussi la racine de la partie supérieure de *Sitra Akhra*.

Nous trouvons dans le *Zohar* (Portion *Tazriya*) que les afflictions dans les corps des personnes sont les branches de la partie supérieure de la *Sitra Akhra*. Ainsi, prenons le niveau animal, nous y constatons que l'efflorescence qui survient dans son corps par l'atteinte du plaisir, est ce qui lui octroie la vie.

Ainsi, la Providence a fait que peu importe où les petits posent leurs yeux, ils auront de la satisfaction et du plaisir, même pour des choses les plus insignifiantes. Il en est ainsi parce que le niveau du petit a besoin de davantage de vitalité pour pouvoir grandir et se développer. Et donc leur plaisir existe. Ainsi, vous trouvez que la lumière du plaisir est le père de la vie.

Toutefois, cette loi ne s'applique que pour des plaisirs qui viennent au niveau général. Mais pour un plaisir séparé, quand le plaisir est concentré et n'est reçu que par une partie séparée du niveau animal, on y trouve alors la règle inverse. A savoir, s'il y a un endroit défectueux dans sa chair, qui exige de le gratter et le frotter, la démangeaison porte sa récompense en elle, car il en ressent un grand plaisir qu'il poursuit.

Cependant, ce plaisir comporte aussi une goutte de potion mortelle, car s'il ne maîtrise pas son penchant et ne paye sa demande incessante, les paiements vont encore augmenter sa dette. En d'autres termes, selon la taille du plaisir à se gratter, l'affliction augmentera de même et le plaisir se transformera en douleur. Quand il commence à se rétablir, une nouvelle demande de gratter apparaît, et dans une plus large mesure qu'auparavant. Et s'il ne peut toujours pas contrôler son penchant ni payer pour satisfaire sa demande, l'affliction grandira aussi.

Finalement, elle lui apporte une goutte amère, qui empoisonne tout le sang de cet animal. De ce fait, il meurt en recevant du plaisir, car c'est un plaisir de séparation, reçu seulement par une partie séparée du niveau. Ainsi, la mort intervient dans le niveau, à l'inverse du plaisir administré à tout le niveau. Voici que nous avons devant nous, la forme de la partie de la *Sitra Akhra* supérieure de la tête au pied. Sa tête est le désir de recevoir pour elle seule et de ne rien donner en dehors d'elle, comme l'exige sa chair souillée, par rapport à tout le niveau animal. Le corps de la *Sitra Akhra* est la forme d'une certaine exigence qui ne va pas être remboursée. Le remboursement ne fait qu'en augmenter la dette et l'affliction d'autant plus, comme dans l'exemple d'avoir du plaisir à se gratter. Le pied de la *Sitra Akhra* est la goutte de la potion mortelle, qui vole et le sépare aussi de la dernière étincelle de vie qui lui reste, comme une goutte de potion mortelle qui empoisonne tout le sang du niveau animal. C'est le sens de ce que nos sages ont dit : « À la fin, il vient et prend son âme ».

En d'autres termes, ils ont dit que l'ange de la mort arrive avec une épée dégainée, avec une goutte de poison à son extrémité, et l'homme ouvre la bouche et la goutte s'y introduit et il meurt. L'épée de l'ange de la mort est l'influence de la *Sitra Akhra*, appelée *Herev*, en raison de la séparation qui augmente en fonction de la taille de la réception, et la séparation le détruit. L'homme est obligé d'ouvrir la bouche, puisqu'il doit recevoir l'abondance pour son existence et sa subsistance, jusqu'à ce que la goutte amère, à la pointe de l'épée, lui parvienne et complète la séparation de la dernière étincelle de son souffle de vie.

20) En raison de ces deux défaillances, le corps de l'homme a été aussi corrompu, car il a été précisément adapté par la création, pour recevoir l'abondance pour son existence du système de *Kedousha*. Car toute action permise et nécessaire pour vivre sera protégée de tout excès ou de défaut. Et un acte qui n'est pas permis ni nécessaire pour vivre, sera fait sans mesure et il contiendra un défaut ou un excès.

Comme il est dit dans le Poème de l'Union: « Dans tout ton travail, n'oublie rien, n'y ajoute rien, et n'en déduis rien ». C'est une loi impérative que les opérations parfaites découlent de l'opérateur parfait. Cependant, quand l'homme passe du système de *Kedousha* au système de la *Sitra Akhra*, et en raison de la nuisance supplémentaire dans sa construction, par l'arbre de la connaissance, de nombreuses parties sont déjà en surplus, inutiles, car elles ne reçoivent rien de l'abondance pour exister, donnée par l'autorité de la *Sitra Akhra*.

Comme nous le trouvons dans l'os Louz (*Zohar, Midrach HaNe'elam, Toladot*), et aussi dans une certaine partie de chaque organe. Par conséquent, l'homme doit recevoir une subsistance plus que nécessaire pour son corps, puisque l'excédent rejoint toute demande qui s'élève du corps. Ainsi, le corps reçoit pour lui. Toutefois, l'excédent lui-même ne peut pas recevoir sa part. Ainsi, sa part reste dans le corps en tant que surplus et déchet, qu'il doit rejeter plus tard.

En conséquence, les outils d'alimentation et de digestion travaillent en vain. Ils diminuent et sont réduits à l'extinction parce que leur sentence est prédéterminée, comme celle de tout acte déséquilibré, dont la fin est de se désintégrer. Ainsi, vous constaterez que de la perspective de la construction du corps aussi, sa mort dépend de la cause à effet de l'arbre de la connaissance. Maintenant nous avons été récompensés d'étudier et de connaître les deux conduites, qui se contredisent en tout point (Point 11), car l'existence et la subsistance des êtres de cette réalité sont déjà passées du système de *Kedousha* au système de la *Sitra Akhra*.

Il en est ainsi en raison de la nuisance du grand désir de recevoir pour soi, relié aux êtres de cette réalité du fait d'avoir mangé de l'arbre de la Connaissance, qui a engendré séparation, opposition et haine entre le système de *Kedousha* et la structure corporelle des êtres de la réalité de ce monde.

Quand la *Kedousha* ne peut plus les soutenir ni les nourrir avec une table plus garnie, et afin que la réalité ne soit pas détruite, et pour les inviter à un acte de correction, elle les transmet donc à l'abondance collective de l'existence de la réalité, qui sont ses 288 étincelles, au système de la *Sitra Akhra*, afin qu'elles subviennent aux besoins de toutes les créatures du monde durant la période des corrections.

Pour cette raison, les ordres d'existence sont très désorientés, car le mal sort des méchants, et si on diminue l'abondance aux êtres humains, cela entrainerait certainement la ruine et des souffrances. Si l'abondance est accrue, cela entrainerait une force excessive de séparation chez les receveurs, comme nos sages ont dit: «Celui qui a une centaine, en veut deux cents; celui qui a deux cents en veut quatre cents».

C'est comme le plaisir de séparation, dans le sens de la chair séparée et défectueuse, où le plaisir accru augmente la séparation et l'affliction. Ainsi, l'amour de soi augmente considérablement chez les receveurs et ils se dévorent vivants.

En outre, la vie du corps raccourcit, car l'accumulation de réception rapproche la goutte amère de sa fin et où qu'ils se tournent, ils sont condamnés. Maintenant vous pouvez comprendre ce qui est écrit dans le *Tosfot* (*Ketoubot* p104) «Avant de prier pour que la Torah entre dans son corps, l'homme doit prier pour qu'aucun mets n'y entre». C'est parce que la forme de la réception pour soi, qui est à l'opposé de *Kedousha*, augmente et se multiplie selon la taille du plaisir que son corps acquiert. Ainsi, comment peut-il obtenir la lumière de la Torah dans son corps, alors qu'il est séparé et en opposition complète de forme de la *Kedousha*, et une grande haine est entre eux, comme tous les contraires qui se haïssent et ne peuvent se trouver sous le même toit.

C'est pourquoi, il doit tout d'abord prier pour qu'aucun délice ou plaisir n'entre dans son corps. Et comme les actions dans la Torah et les *Mitsvot* s'accumulent, il se purifie petit à petit et inverse la forme de réception en don. Il s'avère qu'il égalise sa forme avec le système de *Kedousha*, et l'équivalence et l'amour entre eux sont restitués, comme avant le péché de l'arbre de la connaissance. Ainsi, il est récompensé de la lumière de la Torah, puisqu'il est en la présence du Créateur.

21) Maintenant, nous avons bien compris pourquoi la réponse des anges, concernant la création de l'homme, que nous avons appris dans le Midrach (point 11), n'est pas présentée. C'est parce que même les anges de la miséricorde et la justice n'étaient pas d'accord avec l'homme actuel, car il était complètement sorti de leur influence, et était devenu dépendant de la *Sitra Akhra*. Le Midrach se termine « Il prit la vérité et la jeta à terre. Ils dirent tous immédiatement « que la vérité jaillisse de la terre ». Cela signifie que même les anges de la miséricorde et de la justice ont regretté leur consentement, car ils n'avaient jamais accepté que la vérité soit déshonorée. Cet incident est survenu au moment de manger de l'arbre de la connaissance, quand la vérité était absente de la direction de l'existence de la réalité.

Il en est ainsi parce que la force de clarification implantée dans l'homme par la création s'était affaiblie et avait échoué, car elle agissait d'après la sensation d'amer et de doux (point 17). L'abondance de l'existence, qui sont les 288 différentes *Bekhinot*, étaient déjà claires comme de l'eau de roche, connectées au système de *Kedousha*. Et « le palais goûte sa nourriture », pour attirer et consommer tout ce qui lui est agréable et doux, et rejeter tout ce qui est amer et lui nuit, pour que personne n'échoue. Cependant, après avoir goûté la première fois à l'arbre de la connaissance, par qui la forme *Gadlout* de réception pour soi adhéra à eux, leur corps et la *Kedousha* devinrent deux opposés. Et c'est alors que l'abondance de l'existence, qui sont les 288 *Bekhinot*, tombèrent entre les mains de la *Sitra Akhra*. Il s'avère que les 288 étincelles qui avaient déjà été clarifiées, ont été désorientées par la *Sitra Akhra*. Ainsi, une nouvelle forme est née dans la réalité, une forme dont le début est doux et la fin amère. En fait, la forme des 288 a été modifiée par la *Sitra Akhra*, de sorte que leur lumière de plaisir apporte la séparation et une goutte amère. C'est la forme du mensonge, le père des ancêtres de toutes les destructions et de toute la confusion.

Il est écrit: « Il prit la vérité et la jeta à terre ». Ainsi, l'acte du serpent, a ajouté une nouvelle clarification en l'homme, la force mentale active, qui agit d'après la clarification de la vérité et du mensonge, et il doit l'utiliser pendant toute la période de correction, car sans elle tout est en vain (point 17). Venez et regardez toute la confusion causée par la chute des 288 étincelles entre les mains de la *Sitra Akhra*. Avant d'avoir goûté à l'arbre de la connaissance, la femme ne pouvait même pas toucher une chose interdite (point 17).

Par la proximité même de l'arbre de la connaissance, elle a goûté l'amertume qui a le goût de la mort. Elle a donc compris et a ajouté l'interdiction de toucher. Après avoir goûté pour la première fois, lorsque la *Sitra Akhra* et le mensonge contrôlaient déjà l'existence de la réalité, l'interdiction est devenue si douce au début, qu'ils ne pouvaient plus s'en défaire. C'est pourquoi il dit: « J'ai mangé et je mangerai encore ».

Maintenant, vous comprenez pourquoi la récompense dans la Torah est destinée uniquement aux corps mûrs. C'est parce que tout le but de la Torah est de corriger le péché de l'arbre de la connaissance, qui a désorienté la conduite de l'existence de la réalité. C'est pour cette correction que la Torah a été donnée, pour élever à nouveau les 288 étincelles à la *Kedousha*. Car alors, la conduite de l'existence retournera à la *Kedousha* et la confusion cessera des modes d'existence de la réalité. Alors, les hommes seront portés d'eux-mêmes à leur perfection désirée, uniquement par la clarification de l'amer et du doux, qui était le premier acteur, avant le péché de l'arbre de la connaissance.

Les prophètes aussi ne parlent que de cette correction, car il est dit « Tous les prophètes n'ont prophétisé que pour les jours du messie ». Telle est la signification du retour des modes d'existence du monde à la Providence clarifiée, comme elle l'était avant le péché. « Mais pour le monde à venir » suggère la fin du sujet, qui est l'équivalence de forme avec le Créateur, « aucun autre œil n'a vu Dieu à part toi ». Il est aussi écrit qu'aux jours du messie, si l'Egypte ne s'élève pas, ils n'auront pas de pluie, à savoir, la clarification du bien et du mal.

22) Maintenant, nous comprenons les paroles de nos sages, que le Créateur n'a pas trouvé un récipient qui détienne une bénédiction pour Israël, sauf la paix. Nous avons demandé « Pourquoi cette déclaration a été choisie à fin de la Michna ? » Selon ce qui précède, nous comprenons qu'à cause du péché de l'arbre de la connaissance, l'âme éternelle de la vie, que le Créateur n'avait insufflé que pour les besoins d'*Adam ha Rishon*, s'est dissipée et a acquis une nouvelle forme, appelée « la sueur de la vie », c'est-à-dire que l'ensemble s'est divisé en un grand nombre de détails, de petites gouttes, divisés entre *Adam ha Rishon* et tous ses descendants, jusqu'à la fin des temps. Il s'avère qu'il n'y a aucun changement dans les actes du Créateur, mais plutôt une forme supplémentaire. Cette lumière de vie collective, qui a été insérée dans le nez d'*Adam ha Rishon*, s'est diffusée en une longue chaîne, évoluant sur la roue de la transformation de forme dans de nombreux corps, les uns après les autres, jusqu'à la réparation finale indispensable. Il s'avère que le jour même où il a mangé de l'arbre de la connaissance, il est mort et la vie éternelle l'a quitté.

A la place, il a été lié au maillon de l'organe de la procréation (qui est le sens de l'accouplement, appelé « Paix »). Il s'avère que l'homme ne vit pas pour lui-même, mais pour toute la chaîne. Ainsi, chacune des parties de la chaîne ne reçoit pas la lumière de vie en elle-même, mais ne fait que donner la lumière de vie à toute la chaîne. C'est ce qu'on observe durant les jours de sa vie : à vingt ans, il peut se marier, et il peut attendre dix ans pour avoir des fils, donc à trente ans il sera certainement père. Alors il s'assied et attend son fils jusqu'à ce qu'il ait quarante ans, l'âge de *Bina* [compréhension], et donc il peut lui transmettre sa fortune et les connaissances qu'il a acquises par lui-même, et tout ce qu'il a appris et hérité de ses ancêtres, et alors il aura confiance en son fils, qui ne le perdra pas pour une mauvaise chose. Puis il meurt, et le fils continue la chaîne à la place de son père.

Il a été expliqué (point 15) que l'incident du péché de l'arbre de la connaissance devait arriver à *Adam ha Rishon*, comme il est écrit : « redoutable pour les enfants des hommes ». Il devait ajouter à sa structure un *Kli* externe pour recevoir la lumière environnante, et pour que les deux opposés se retrouvent dans un même sujet, en deux fois consécutives. Pendant la période de *Katnout*, il serait dépendant de la *Sitra Akhra*, et par les plaisirs de séparation qu'il en reçoit, son récipient de réception de l'espace vacant atteindra la mesure souhaitée. Et quand il atteint *Gadlout* et s'engage dans la Torah et les *Mitsvot*, il aura la capacité de transformer les grands récipients de réception en vue de donner sans réserve, qui est l'objectif principal, et est appelé « La lumière de la vérité », et « le sceau » (point 14).

Cependant nous savons qu'il doit se séparer de toute forme de réception qu'il a reçue de la table de la *Sitra Akhra*, avant de se relier à la *Kedousha*, comme le commandement de l'amour nous est arrivé : « de toute ton âme et de toutes tes forces ». De ce fait, en quoi ont aidé les sages en faisant cette correction, s'il perd à nouveau ce qu'il avait acquis de la *Sitra Akhra* ? C'est pourquoi Sa Providence a pourvu à l'accroissement des corps de génération en génération, comme nos sages l'ont dit : « Il vit que les justes étaient peu nombreux, et Il se mit debout et en planta à chaque génération », c'est-à-dire que le Créateur vit qu'à la fin les justes rejetteront tout à fait la réception pour eux-mêmes, et leur lumière environnante diminuera, car le *Kli* extérieur qui peut la recevoir s'éloignera d'eux, et c'est pourquoi, Il les planta dans chaque génération, car il n'y a aucune génération qui ne comporte pas un grand nombre des créatures, qui n'ont été créées que pour les justes, pour porter elles-mêmes, pour eux, leur *Kélim* de l'espace vacant.

Ainsi, le *Kli* extérieur agirait obligatoirement chez les justes, contre leur gré. Il en est ainsi car tous les gens du monde sont reliés les uns aux autres. Ils s'impressionnent les uns les autres, par leurs inclinaisons physiques et leurs opinions. Et donc, ils apporteront forcément leurs tendances de réception pour eux-mêmes aux justes, qui, de cette façon, pourront recevoir la lumière environnante désirée. En fait, d'après cela, les justes et les méchants auraient dû être en nombre égal à chaque génération. Ce n'est pas le cas, car pour chaque juste, on trouve des millions de personnes vides.

Il faut connaître les deux genres de gouvernance dans la création : a. la force qualitative, b. la force quantitative. La force de tous ceux qui se trouvent aux pieds de la *Sitra Akhra*, est insuffisante, vexante, méprisable et indigne, et sans aucun but, et ils sont refoulés comme de la paille au vent, comment pourraient-ils accomplir quoi que ce soit pour les sages de cœur, dont le chemin est clarifié avec désir et intention, et qu'une colonne de lumière supérieure éclaire devant eux jour et nuit, de manière à pouvoir amener leurs petites tendances dans leurs cœurs ?

C'est pourquoi le Créateur a pourvu la création de la force quantitative, qui n'a besoin d'aucune qualité. Je vais expliquer cela de la manière où l'on trouve la force qualitative dans la puissance, comme chez les lions et les tigres, dont la force de puissance est d'une telle qualité, qu'aucun homme ne se battrait contre eux. A l'opposé, nous trouvons la force et la puissance sans aucune qualité, mais en quantité seulement, comme chez les mouches, contre lesquelles aucun homme ne se battrait, vu leur énorme quantité, et ces espèces volent librement dans sa maison et sur sa table dressée, et c'est l'homme qui se sent faible face à elles. Mais avec les grosses mouches, les insectes et autres invités non désirés, bien que leur force soit de meilleure qualité que celle des mouches vulgaires, l'homme n'aura de repos qu'après les avoir toutes éliminées de son domaine.

C'est parce que la nature ne les a pas dotées de la force de reproduction comme les mouches. Par cela vous comprendrez qu'il doit forcément y avoir une très grande multitude pour chacun juste, pour qu'elle puisse implanter en lui ses tendances grossières par la force de son nombre, puisqu'elle n'a aucune qualité de valeur.

Et il est écrit : « Le Seigneur donnera la force à Son peuple ». Cela signifie que la lumière de la vie éternelle, atteinte pour toute la chaîne de la création, est appelée « force ». Et les écrits nous promettent que le Créateur nous accordera avec certitude cette force. Cependant nous devons demander comment ? Car chacun en soi n'est pas complet, comme nos sages l'ont écrit : « Il aurait été préférable pour l'homme de ne pas avoir été créé, que de l'avoir été ». Mais comment pouvons-nous être sûrs de Son éternité ? Et le verset final dit : « Le Seigneur bénira son peuple de la paix », à savoir la bénédiction des fils. Comme les sages le disent dans *Massekhet Shabbat* : « celui qui fait la paix dans la maison est absent ». Il en est ainsi car grâce aux fils cette chaîne est liée, connectée jusqu'à la réparation finale. Alors toutes les parties seront éternelles. D'après cela les sages ont dit : « Le Créateur n'a pas trouvé de récipient qui contienne une bénédiction pour Israël, sauf la paix ». Comme Sa bénédiction est éternelle, de même ceux qui la reçoivent seront éternels. Ainsi, les pères s'accrochent à leurs fils et forment entre eux une chaîne éternelle, capable de tenir la bénédiction de l'éternité. Donc, c'est la paix qui tient et conduit l'intégrité de la bénédiction. Et c'est ainsi que la Michna se termine par ce verset, car la paix est le récipient qui tient pour nous la bénédiction de la Torah et de toutes les *Mitsvot*, jusqu'à la rédemption complète et l'éternité, rapidement de nos jours, Amen. Et tout prendra sa place en paix.

Rav Yéhouda Ashlag

INTRODUCTION AU LIVRE *PI HAKHAM*

Nous savons d'après les livres et les auteurs que l'étude de la sagesse de la Kabbale est une obligation absolue pour quiconque d'Israël. Si l'homme étudie toute la Torah et connaît la Michna et la *Guémara* par cœur, et qu'il est également rempli de vertus et de bonnes actions, plus que ses contemporains, mais n'a pas appris la sagesse de la Kabbale, il doit se réincarner et revenir dans ce monde pour apprendre les secrets de la Torah et la sagesse de la vérité. Nous trouvons ces propos à plusieurs endroits dans les écrits de nos sages.

C'est ce que *Le Zohar* écrit dans l'explication du *Cantique des Cantiques*, expliquant le verset : « Si tu ne sais pas, Ô plus belle d'entre les femmes », ce que nos sages ont commenté comme étant une âme se présentant devant le Trône après le décès de l'homme.

Le Créateur lui dit : « Si tu ne sais pas, Ô plus belle d'entre les femmes ». Bien que tu sois la plus belle d'entre les femmes et la plus vertueuse en bonnes actions que toutes les âmes, si tu ne connais pas des secrets de la Torah, « Sors sur les traces du troupeau », quitte cet endroit et retourne dans ce monde. « Et nourris tes petits, près de la tente des bergers, » va aux séminaires et apprends les secrets de la Torah de la bouche des disciples de nos sages.

Nous devons comprendre leurs mots qui conditionnent la perfection de l'homme dans l'étude de la sagesse de la vérité. Apparemment, en quoi est-ce différent des autres paroles de la Torah révélée ? Nous n'avons trouvé nulle part qu'il soit obligatoire de comprendre tous les sujets de la Torah, et que l'on ne sera pas complet si un seul sujet de la Torah manque. De plus, nos sages disent aussi : « l'étude n'est pas l'essentiel mais l'action », ainsi que « L'un fait beaucoup, l'autre peu, du moment qu'ils dirigent leur cœur vers les cieux, », et il y a de nombreux autres dictons semblables.

Pour atteindre la profondeur de ces mots, nous devons tout d'abord comprendre au mieux ce qui a été écrit de nombreuses fois dans *Le Zohar* et les *Tikounim* [Corrections du *Zohar*], « La Torah, le Créateur, et Israël, sont un ». Ceci semble très déroutant.

Avant d'expliquer ces mots, je dois vous avertir que nos sages ont défini une grande règle pour nous relative à tous les noms sacrés et appellations dans les livres. Telle est leur règle d'or : « Ce que nous n'atteignons pas, nous ne le définissons pas par un nom. »

Interprétation : nous savons qu'il n'y a pas la moindre pensée ni perception en Lui, comme il est écrit dans l'article « Elie commença » au début des *Tikounim* du *Zohar*. Pour cette raison, même la pensée de l'essence du Créateur est interdite, *a fortiori* la parole.

Tous les noms dont nous L'appelons ne se réfèrent pas à Son essence, mais seulement à Ses lumières, qui se diffusent de Lui aux inférieurs. Même le nom sacré, *Ein Sof* [Infini], présent dans les livres de Kabbale, est également considéré comme la lumière qui se diffuse de Son Essence.

Mais puisqu'Il a défini que Sa Lumière, qui se diffuse de Son essence, sera atteinte par les inférieurs comme *Ein Sof*, nous la définirons donc par ce nom. Pourtant, ceci ne se réfère pas à Son Essence, puisqu'il n'y a absolument aucune perception ni pensée en Lui. Donc, comment Le définir par un nom et un mot, puisque tout ce que nous n'atteignons pas, nous ne le définissons pas par un nom ?

Tout débutant dans la sagesse de la vérité doit prendre en compte la grande règle ci-dessus avant toute lecture d'un livre de Kabbale, qui veut qu'il est interdit de réfléchir à Son essence, puisqu'il n'y a aucune perception en Lui, pas la moindre. Donc, comment Lui donner un nom ou un mot, qui indiquerait l'atteinte ?

Toutefois, c'est une grande *Mitsva* [commandement] de demander et de rechercher Ses illuminations qui se diffusent de Lui, qui sont tous les noms sacrés et appellations figurant dans les livres. C'est un devoir absolu pour quiconque d'Israël d'étudier et de comprendre les secrets de la Torah et toutes les voies de Son abondance aux inférieurs, qui sont l'essentiel de la sagesse de la vérité et la récompense future des âmes.

Il est écrit dans les paroles de nos sages, dans *Le Zohar*, et les *Tikounim*, que tous les mondes supérieurs et toutes les *Sefirot* des cinq mondes *AK* et *ABYA* ont été préparés d'avance en quantité et en qualité pour parfaire les enfants d'Israël. Il en est ainsi parce qu'une âme d'Israël est une partie du Créateur et « La fin d'une action est dans la pensée intiale. »

Il advint dans Sa simple volonté de faire plaisir en récompensant les âmes en contrepartie de leur travail. Et pour cette raison, toute la réalité s'est diffusée devant Lui par voie d'une séquence de causes à effet, par la descente des degrés à travers les mondes d'AK et ABYA. À la fin, elles suscitèrent deux discernements revêtus l'un de l'autre : l'âme venue des dissimulations des hauteurs se diffuse et revêt le corps physique.

Comme l'essence de la réalité s'est diffusée jusqu'au dernier degré, qui est le corps physique avec une âme, il en est de même avec l'enchaînement qui s'est fait par voie de cause à effet, lié à l'essence de l'existence de la réalité, qui sont les voies de Son abondance qui descendent par degrés.

Donc, la lumière supérieure est la plus haute de toute et se diffusera à la fin pour venir à l'âme habillée dans corps physique dans ce monde, comme il est écrit : « car la terre sera remplie de la connaissance du Seigneur, et aucun homme n'enseignera plus à son prochain de connaître le Seigneur, car tous Me connaîtront, du plus petit au plus grand. »

Il est écrit par nos sages et dans le *Livre du Zohar* : « Toute la Torah est les noms du Créateur ». Toutes les histoires et les lois et les phrases, toutes sont Ses noms sacrés.

D'après ce qui a été expliqué précédemment, à savoir que « tout ce que nous n'atteignons pas, nous ne le définissons pas par un nom », vous comprendrez pleinement le sens des noms sacrés du Créateur. Ce sont les atteintes qui se diffusent de Lui à Ses serviteurs, les prophètes et les justes, chacun selon leurs mérites, comme il est écrit : « Nous serons ainsi distingués, moi et Ton peuple, de tous les peuples qui sont sur la face de la terre. »

Cette distinction nous vient de la réception de la Torah et de l'accomplissement des *Mitsvot*, au début seulement de manière révélée, dont le mérite est de purifier nos corps et d'accroître nos âmes au point que nous devenions dignes d'atteindre toute la Torah et ses *Mitsvot* comme Ses Noms. C'est toute la récompense prévue pour les âmes dans le futur. Toutefois, dans ce monde également, comme il est écrit dans la *Guémara* : « Tu verras ton monde dans ta vie ».

Ceci nous explique pourquoi il appelle les 613 *Mitsvot*, 613 conseils [*Etin*] dans plusieurs passages du *Zohar*, et dans de nombreux autres passages du *Zohar*, il appelle les 613 *Mitsvot* « 613 dépôts » [*Pekoudin*]. Il en est ainsi parce qu'au début, l'homme doit observer la Torah et les *Mitsvot* afin de purifier son corps et accroître son âme. A ce moment, les 613 *Mitsvot* sont 613 conseils pour lui, des « recommandations » qui visent à purifier graduellement et à le récompenser de venir devant le Roi, et recevoir la lumière de Son visage. C'est parce que respecter la Torah et les *Mitsvot* le purifie progressivement, jusqu'à ce qu'il soit récompensé de la lumière du visage du Roi vivant.

De même il est écrit dans la *Guémara* : « Le Créateur ne se soucie pas de savoir si l'on abat à la gorge ou si l'on abat à la nuque. Mais la Torah et les *Mitsvot* nous ont été données seulement pour purifier Israël. »

Toutefois, après avoir été suffisamment purifié pour mériter la lumière de Son visage, les yeux et l'âme s'ouvrent et il est récompensé en atteignant les 613 lumières sacrées trouvées dans les 613 *Mitsvot*. Ce sont Ses noms sacrés, ceux que l'on peut atteindre.

En accomplissant chacune des *Mitsvot*, il prend une partie de la lumière déposée dans cette *Mitsva*, puisque la *Mitsva* est un *Kli* [récipient] dans lequel la lumière se revêt, c'est-à-dire un nom sacré qui appartient spécifiquement à cette *Mitsva*. C'est la signification de « La *Mitsva* est une bougie et la Torah, la lumière. »

A ce moment, il appelle les 613 *Mitsvot* « 613 dépôts ». C'est comme si quelqu'un déposait des pierres précieuses dans un récipient et disait à sa bien-aimée : « Prends ce *Kli* pour toi-même, mais protège-le des voleurs et des cambrioleurs. » Donc, ils ne parlent que du récipient, mais son intention principale est les pierres précieuses déposées à l'intérieur.

Nous savons que dans les livres de Kabbale, le sens du Nom sacré « Le Saint béni-soit-Il » ou *Koudsha Brikh Hou* (le même nom en Araméen) écrit par nos sages et dans *Le Zohar*, vient de *HaVaYaH (Youd-Hey-Vav-Hey)*. Ce nom sacré contient tous les noms sacrés jusqu'au plus Haut que Haut. C'est pourquoi, nous apprenons que « La Torah et le Créateur sont un » même si les masses ne le voient pas dans la Torah, mais seulement des histoires, des phrases et des lois.

En vérité, j'ai déjà expliqué que « des pommes d'or dans des ornements d'argent » est la manière dont sont nommés les 613 dépôts, comme nos sages l'ont dit : « toute la Torah est les noms du Créateur. » Donc, la Torah et le Créateur sont un.

Pourtant, il y a le général et le particulier, où le Créateur est l'ensemble de tous les noms et la lumière générale, et la Torah est divisée en 613 lumières. Il s'avère que toutes ensemble, elles sont une et sont le Créateur Lui-même.

Maintenant, il nous reste à expliquer Israël. Tout d'abord, vous devez comprendre le sujet de la multiplicité de formes séparées dans la spiritualité, c'est-à-dire comment et en quoi elles sont divisées et séparées. Les choses matérielles sont séparées par un couteau ou autre, ou bien le temps et l'espace les séparent et les distinguent. Pourtant, ceci est impensable dans la spiritualité, dont nous savons qu'elle est au-delà du temps et de l'espace.

Toutefois, sachez que toute la différence dans la spiritualité entre les lumières supérieures est seulement dans la différence de forme. Par exemple, les âmes mentales des gens sont certainement divisées en âmes séparées. Chaque individu ayant une âme distincte.

Pourtant, la différence essentielle entre elles ne provient de rien d'autre que de la disparité de forme, l'âme de l'un est bonne, celle de l'autre est mauvaise ; une a acquis la sagesse, et l'autre la bêtise, etc. A ce propos, nos sages disent : « comme leurs visages diffèrent l'un de l'autre, leurs opinions diffèrent les unes des autres. »

Maintenant nous pouvons comprendre que si tous les gens avaient des concepts et des penchants égaux, sans aucune différence, toutes leurs âmes seraient considérées comme une âme. Sa valeur serait comme la lumière du soleil : la lumière revêt tous les habitants du monde, pourtant nous ne discernons nulle part qu'il y ait des formes séparées dans la lumière du soleil. De même, une âme conceptuelle habillerait de nombreux corps, puisque les lieux ne séparent aucunement dans les questions spirituelles, s'il n'y a pas de formes séparées dans leurs qualités.

Maintenant, regardons de plus près : nous savons déjà que la signification des âmes des enfants d'Israël est qu'elles sont une partie de Dieu. L'âme s'est enchaînée par voie de cause à effet et est descendue de degré en degré jusqu'à ce qu'elle soit apte à venir dans ce monde et se revêtir dans ce corps grossier.

En observant la Torah et ses *Mitsvot*, elle remonte de degré en degré, jusqu'à ce que son niveau soit complété et qu'elle mérite de recevoir sa récompense. Tout ceci lui a été préparé à l'avance, à savoir atteindre la Torah au moyen des noms du Créateur, qui sont les 613 dépôts.

Maintenant vous voyez de vos propres yeux que « La Torah et Israël sont un. » La seule différence entre la Torah et l'âme est due à la différence de forme de l'âme, qui s'est réduite à une très, très petite lumière, et la Torah est la lumière simple qui se diffuse de Son Essence, dont la sublimité est sans fin, comme il est écrit : « La Torah et le Créateur sont un. »

Toutefois, lorsque l'âme est complète dans sa pleine dimension et reçoit la Torah au moyen de Ses Noms, c'est-à-dire atteint toute la lumière déposée dans la Torah et les *Mitsvot*, vous voyez que dans tous les cas, la lumière de l'âme est égale à la lumière de la Torah. C'est parce qu'elle a déjà atteint toute la lumière dans la Torah.

Elle est encore considérée incomplète tant qu'il y a un manque dans l'atteinte d'une petite et subtile partie de la lumière générale de la Torah. C'est parce que toute sa lumière a été préparée pour les âmes, comme je l'ai expliqué plus haut « Tout ce que nous n'atteignons pas, nous ne le définissons pas par un nom. »

Et puisque la lumière a été préparée pour que les âmes l'atteignent, et que l'âme ne l'a pas atteinte en entier elle est donc incomplète, comme dans « Je garderai toute la Torah sauf une chose. Certainement, il est un méchant complet ».

Toutefois, vous pouvez en dire autant du respect de la Torah et des *Mitsvot* dans l'atteinte des 613 dépôts. Elle est incomplète s'il lui manque ne serait-ce qu'une chose, grande ou petite.

Donc, à la fin elle arrivera à la perfection complète, à savoir atteindre toute la lumière de la Torah. A ce moment, il n'y aura plus de disparité de forme entre la lumière de l'âme et la lumière de la Torah. Ainsi vous trouvez que « La Torah et Israël sont un ».

Parce qu'il n'y a pas de disparité de forme entre les deux, ils sont littéralement un. Et puisque nous avons déjà prouvé que « Le Créateur et la Torah sont un » et ici nous avons prouvé que « La Torah et Israël sont un, » il est par conséquent évident que « La Torah et le Créateur et Israël sont un ».

De ce qui précède, vous trouvez qu'il y a deux parties dans la Torah et les *Mitsvot* :

A. La Torah et les *Mitsvot* telles qu'elles apparaissent à tous, c'est-à-dire le respect des *Mitsvot* et l'étude de la Torah par les 613 conseils. Ceux-ci ont le pouvoir de purifier et nettoyer le corps et accroître la vertu de l'âme, pour être digne et mériter de recevoir la lumière du visage du roi vivant, comme lorsque l'âme était dans sa racine, avant sa diminution et sa venue dans ce corps vil dans ce bas monde.

B. L'observance des *Mitsvot* et l'étude de la Torah, par les 613 dépôts à savoir atteindre Ses Noms et toute la récompense des âmes.

La valeur de cette deuxième partie sur la première est comme le mérite du Ciel sur celui de la Terre. C'est parce que la première partie n'est que préparation et la seconde est la vraie complétude et le dessein de la Création.

Ceci explique la question susmentionnée dans les paroles de nos sages, que si quelqu'un excelle dans la Torah et les bonnes actions plus que ses contemporains, mais s'il n'a pas appris les secrets de la Torah ni la sagesse de la vérité, il doit se réincarner et revenir dans le monde.

Nous avons demandé « Quelle est la différence entre ce sujet de la sagesse de la vérité et les autres sujets dans la Torah ? » Nous n'avons trouvé nulle part que l'homme soit obligé de s'engager dans tous les sujets de la Torah. Au contraire, nous avons trouvé l'inverse à de nombreux endroits, tels que « L'un fait beaucoup, l'autre peu, du moment qu'ils gardent leur cœur orienté vers le Ciel, » et aussi, « Ce n'est pas l'étude qui compte, mais l'acte. »

Maintenant la question est clarifiée – toute la partie de la Torah révélée n'est qu'une préparation pour être digne et mériter d'atteindre la partie dissimulée. C'est la partie dissimulée qui est la vraie complétude et le dessein pour lequel l'homme a été créé.

Donc, il est clair que si la partie dissimulée est manquante, même si quelqu'un observe la Torah et ses commandements dans la partie révélée, il devra quand même se réincarner dans ce monde et recevoir ce qu'il devrait recevoir, à savoir la partie dissimulée, par les 613 dépôts. Ce n'est qu'en cela que l'âme est complétée, comme le Créateur l'a prédéterminé pour elle.

Par conséquent, vous voyez l'absolue nécessité pour quiconque d'Israël, quoi qu'il arrive, de s'engager dans l'intériorité de la Torah et ses secrets. Sans cela, l'intention de la création ne sera pas complétée en lui.

C'est la raison pour laquelle nous nous réincarnons, une génération va et génération vient jusqu'à notre génération, qui est le résidu des âmes dans lesquelles l'intention de la création n'a pas encore été complétée, car elles n'ont pas été récompensées d'atteindre les secrets de la Torah aux générations précédentes.

Pour cette raison, il est dit dans Le Zohar « Les secrets de la Torah et ses mystères sont destinés à être révélés au temps du Messie. » Il est clair pour quiconque le comprend, puisqu'ils complèteront l'intention de la Création, ils seront récompensés de la venue du Messie. Donc, inévitablement, les secrets de la Torah seront ouvertement révélés parmi eux, puisque si la correction est empêchée, ils seront obligés de se réincarner.

Ceci vous expliquera ce que nous devrions demander à propos de cette interprétation en général, car qui suis-je et qui sont mes pères, pour avoir été récompensé de faire cette interprétation pour élargir la connaissance des secrets cachés dans Le Zohar et les écrits du Ari ? De plus, pourquoi n'avons-nous jusqu'à présent trouvé personne d'autre pour interpréter cette sagesse aussi ouvertement que moi ?

D'après ce qui est susmentionné, vous comprendrez que notre génération est vraiment au temps du Messie, et nous nous trouvons tous au seuil de la correction complète, et le seul empêchement est l'abandon de la sagesse de la vérité par cette génération dû à la difficulté de la langue et à la dispersion des questions.

S'ajoutent à cela la petitesse de l'esprit et les troubles abondants à notre génération. Donc, comme le Créateur désire hâter la rédemption de nos âmes, Il a donné à ma main le privilège de dévoiler la mesure de cette interprétation, et la Volonté de Dieu a réussi à travers moi.

Et j'ai une autre raison pour faire cette interprétation ouverte, comme il est écrit dans Le Zohar « L'homme doit apprendre un peu, même de l'imbécile » comme il est écrit « l'avantage de la lumière sur l'obscurité. »

Après avoir vécu dans la ville de Varsovie en Pologne, confiné dans ma chambre, sans aucun contact avec l'obscurité de mon environnement, j'ai été béni de m'installer dans la ville sainte de Jérusalem.

Quand je me promenais parmi les gens, j'ai vu la pauvreté de mon peuple, la pauvreté de son esprit. Son rire imbécile sonnait à mes oreilles comme des casseroles dans la ville, se moquant et piétinant l'âme de nos désirs, calomniant le Créateur, Sa Loi, et Son peuple d'une voix forte, sans aucune sagesse, compréhension ni connaissance de toute la sagesse de la Kabbale. C'était plutôt une compilation de mots et de noms, sans histoire ni morale, seulement des mots écrits.

C'est un privilège que de discuter de choses écrites avec une foi complète, car ce sont des choses sacrées, et par cela le but de la Création sera accompli. Et quand ceux qui s'engagent dans les textes littéraux avec une foi complète seront plus nombreux, le Roi Messie viendra immédiatement, car par cela toute la correction sera accomplie, et rien d'autre n'est nécessaire.

Finalement, j'ai rencontré les plus connus d'entre eux, des gens qui avaient passé des années à se plonger dans les écrits du Ari et Le *Zohar*. Ils ont si bien réussi qu'ils sont devenus érudits et connaisseurs de tous les livres du Ari.

Ils avaient la réputation d'être les personnes les plus saintes du pays. Je leur ai demandé s'ils avaient étudié avec un Rav qui avait atteint l'intériorité des questions. Ils m'ont répondu « Ciel, non ! Il n'y a pas la moindre intériorité ici, mais des textes précis qui nous ont été donnés, et rien de plus. »

Je leur ai demandé si le Rav Haïm Vital avait atteint l'intériorité des questions. Ils m'ont répliqué : « Il n'a certainement rien atteint de plus que nous. » Je leur ai alors demandé au sujet du Ari lui-même. Ils m'ont répondu : « Il ne connaissait certainement pas plus l'intériorité que nous, et tout ce qu'il savait, il l'a transmis à son élève, Haïm Vital, et ainsi c'est arrivé jusqu'à nous. »

Je me suis beaucoup moqué d'eux « Comment alors ont-été composés les sujets dans le cœur du Ari, sans compréhension ni connaissance ? » Ils m'ont répliqué « Il a reçu la composition de ces sujets de la bouche d'Elie qui en connaissait l'intériorité, parce que c'est un ange. » Alors ma colère s'est déversée sur eux, car ma patience à leur côté touchait à sa fin.

Quand j'ai vu que leur bêtise s'était enracinée chez pratiquement tous ceux qui s'engageaient dans cette sagesse à cette époque, malheur aux oreilles qui entendent ainsi « tu veux également conquérir la reine en ma présence dans la maison ? »

Le *Zohar* a déjà pleuré amèrement le déni des pécheurs dans leurs âmes, disant qu'il n'y a pas de secrets intérieurs dans la Torah, comme il est écrit dans la Portion *Vayera* : « La Torah est-elle venue nous montrer des histoires et des chroniques ? De telles histoires et chroniques existent aussi parmi les nations. » Nos sages disent qu'ils arrachent les plantations, car ils ne prennent que le royaume [*Malkhout*.]

Que diraient les auteurs du *Zohar* à la vue de tels pécheurs, niant qu'il y ait une connaissance et une sagesse dans les mots du *Zohar* et dans la sagesse de la vérité elle-même ? Ils disent des secrets de la Torah qu'il n'y a pas de connaissance ni de perception révélées dans ce monde, mais seulement des mots vides. Ainsi, ils sont venus conquérir la Sainte Divinité à l'intérieur du palais du Roi. Malheur à eux, car ils font du mal à leurs âmes.

Nos sages ont dit que la Torah pleure devant le Créateur: « Tes fils ont fait de Moi une chanson dans les tavernes » Mais ils ne font même pas de la Torah un semblant de chanson, seulement des mots effrayants pour tout auditeur, ce qui provoque mépris et colère.

Qui plus est, ils veulent une récompense comme Phinéhas [hébreu : Pinhas], disant qu'ils le font de bonne foi. Il est écrit à leur propos: « ce peuple s'approche et avec sa bouche, ses lèvres, il M'honore, mais son cœur est loin de Moi » et c'est la raison de la destruction du Premier Temple.

Le diable danse toujours parmi nous, précisément au temps du Messie, le temps de la fin des secrets de la Torah. Le zèle du Seigneur des armées est venu comme du feu qui ne s'éteindra pas dans mes os. Pour cette raison, un éveil m'a été donné pour dévoiler la robe, pour qu'ils sachent qu'il y a une sagesse en Israël.

C'est une des raisons principales qui m'a fait venir à cette explication. Vous devez comprendre que chaque dessein et chaque but est d'une extrême simplicité. Toute la répartie, la sagesse et les maintes questions se forment pendant la préparation, jusqu'à ce que le but soit atteint. Par exemple, si quelqu'un désire s'installer dans une maison, il a besoin de sagesse et de connaissance pour le plan, pour la réalisation et pour la qualité et la quantité des pièces et des meubles.

Le but final est une chose simple – y habiter. C'est la signification des mots « selon la beauté d'un homme, demeurer dans la maison. » C'est une pensée simple, sans concept ni prolifération, ni répartie, mais une simple volonté.

Sachez que toutes les sophistications dans la connaissance sont en majorité des erreurs qui devraient tomber devant la vérité. Pourtant, la vérité elle-même est simple, sans répartie.

Il y a un secret en cela, étant principalement le mur de fer qui nous sépare de notre Père qui est aux Cieux : Il y a des choses qui sont cachées en raison de leur grande hauteur et profondeur, et il y a des choses qui sont cachées à cause de leur extrême subtilité, comme des mouches dans l'air, trop minces pour être vues.

Puisque Sa lumière est une lumière si simple que l'esprit humain ne sent qu'une portion minuscule de l'essence, il ne la perçoit simplement pas. C'est comme les choses plus petites que cette taille, qui demandent un instrument pour être vues.

Il en est ainsi parce que bien que l'on ne perçoive pas toute la profondeur de la hauteur et toute la profondeur de la largeur, on peut néanmoins en percevoir une approximation. Toutefois, avec les choses subtiles, elles semblent ne pas exister, puisque vous n'en atteignez même pas la plus petite partie.

Rav Yéhouda Ashlag

Introduction à la préface de la sagesse de la Kabbale

1) Il est écrit dans le *Zohar* (Lévitique, Portion Tazria, point 113) : « Tout ce qu'il y a dans le monde est uniquement pour Adam, et tout existe pour lui », comme il est écrit : « alors le Seigneur Dieu forma l'homme [Adam] » avec un nom complet, car le nom Adam est la complétude de tout et contient tout et tout ce qui est en haut et en bas est inclus dans cette image ». Il est expliqué que tous les mondes, supérieurs et inférieurs, sont contenus dans l'homme, et de plus toute la réalité dans ces mondes, n'existe que pour l'homme. Il faut comprendre ces mots : ce monde et tout ce qu'il contient pour son service et son utilité sont-ils assez pour l'homme, qu'il ait besoin aussi des mondes supérieurs et de tout ce qu'ils contiennent ? Après tout, ils n'ont été créés que pour ses besoins.

2) Pour expliquer cette question en totalité, je devrais vous présenter toute la sagesse de la Kabbale, mais en général, les choses seront suffisamment expliquées dans la préface du livre pour qu'elles soient clarifiées. L'essence de cela est que l'intention du Créateur dans la création, était de faire plaisir à Ses créatures. Et certainement, quand Il pensa à créer les âmes et à les réjouir de tout le bien, elles apparurent immédiatement devant Lui dans tout leur caractère, stature et au niveau des plaisirs auxquels Il avait pensé, car chez Lui la pensée seule engendre et Il n'a pas besoin d'action comme nous.

D'après cela, il faut poser la question, pourquoi a-t-Il créé les mondes de restriction en restriction, jusqu'à ce monde glauque, et a vêtu les âmes dans des corps misérables de ce monde.

3) La réponse se trouve dans L'Arbre de vie « pour que la perfection de Ses actions sorte à la lumière » (L'Arbre de vie, branche 1). Il faut néanmoins comprendre comment se peut-il que sorte de la perfection des actions incomplètes, au point qu'il faille les compléter par des actes dans ce monde. Pour cela, il convient de distinguer dans les âmes la lumière et le *Kli* [récipient] car l'essence des âmes qui ont été créées, est leur *Kli*, et toute l'abondance, qu'Il pensa leur donner pour se réjouir, est la lumière en elles. Après avoir pensé à leur faire plaisir, Il les a faites forcément comme un désir de recevoir Son plaisir, car le plaisir et la satisfaction augmenteront dans la même mesure que le désir de recevoir l'abondance. Sachez que ce désir de recevoir qui est toute l'essence de l'âme, du point de vue de leur renouvellement et de leur venue ex nihilo, est considéré comme le *Kli* de l'âme alors que le plaisir et l'abondance sont considérés comme la lumière de l'âme, provenant de Son essence même.

4) Explication : La création est l'apparition de quelque chose qui n'existait pas auparavant et qui est considéré comme existant ex nihilo. Cependant, comment pouvons-nous concevoir que quelque chose ne soit pas inclus en Lui, car Il est tout puissant et contient le tout, ensemble, et de plus, Il ne donne pas ce qui n'est pas en Lui.

Il a été dit que toute la création qu'Il a créée, n'est que les *Kélim* des âmes, qui sont le désir de recevoir. Nous comprenons bien forcément, qu'Il n'a pas de désir de recevoir car de qui recevrait-Il ? Et donc c'est vraiment une nouvelle création, dont il n'y a absolument aucune trace auparavant, et qui est donc ex nihilo.

5) Il faut savoir que la connexion et la séparation dans la spiritualité ne sont que l'équivalence et la disparité de forme, car si deux corps spirituels ont la même forme, ils sont donc unis et font un et non deux, car il n'y a rien qui les différencie, et ils ne peuvent être deux, sauf s'il y a une disparité de forme entre eux.

De plus, la mesure de leur disparité de forme est proportionnelle à la mesure de leur éloignement, au point que, s'ils ont des formes opposées, ils sont considérés éloignés comme l'Est de l'Ouest, à savoir la plus grande distance que nous connaissons dans la réalité.

6) Mais dans le Créateur il n'y a pas de pensée ni de perception quelle qu'elle soit, et nous ne pouvons rien en dire. Mais du point de vue de « Nous Te connaîtrons par Tes actions », nous devons comprendre qu'Il est le désir de donner, c'est-à-dire qu'Il a tout créé pour faire plaisir à Ses créatures, et pour nous donner toute Sa bonté. C'est ainsi que les âmes se trouvent en disparité de forme par rapport à Lui, car Il est tout entier et uniquement don, et Il n'a pas de désir de recevoir ; et les âmes sont imprégnées d'un désir de recevoir pour elles-mêmes, et comme ci-dessus, il n'y a pas de disparité de forme plus opposée que celle-ci. Il s'avère que si les âmes étaient restées en fait, dans le désir de recevoir, elles seraient restées séparées de Lui à tout jamais.

7) Maintenant vous comprendrez ce qui est écrit (dans L'Arbre de vie, branche 1), que la raison de la création des mondes est qu'Il est obligé d'être complet dans toutes Ses actions et Ses forces etc. et s'Il n'avait pas réalisé Ses actions et forces dans les faits, cela n'aurait pas pu s'appeler entier etc. Apparemment cela est étonnant, car comment se peut-il que dès le début, des actions incomplètes sortent d'un opérateur parfait, au point qu'elles aient besoin d'être corrigées ?

De par ce qui a été expliqué, vous comprendrez que l'essence de toute la création n'est que le désir de recevoir, même si d'une part, elle n'est pas du tout parfaite, car contraire à la forme de l'Émanateur, qui est la séparation de Lui, elle est d'autre part toute le renouvellement et l'existence ex nihilo, qu'Il a créée pour qu'elle reçoive de Lui ce qu'Il pensait lui donner et lui faire plaisir.

Mais de plus, s'ils étaient restés séparés de l'Émanateur, Il n'aurait, pour ainsi dire, pas pu être appelé complet, car finalement des actions complètes doivent sortir d'un opérateur complet. C'est pourquoi Il a restreint Sa lumière et a créé les mondes, restriction après restriction, jusqu'à ce monde, et vêtit l'âme d'un corps de ce monde, et par l'engagement dans la Torah et les *Mitsvot* [commandements], l'âme atteint la perfection qui lui manquait avant la création, qui est l'équivalence de forme avec Lui. Ainsi elle méritera de recevoir tout le bien et le plaisir inclus dans la pensée de la création, et elle se retrouve aussi en complète *Dvékout* [adhésion] avec Lui, ce qui veut dire en équivalence de forme.

8) La question de la *Segoula* [remède/force] de la Torah et des *Mitsvot*, est de ramener l'âme à être en *Dvékout* avec Lui, n'est que dans l'engagement en elles, sans recevoir un prix, mais uniquement pour donner de la satisfaction à son Concepteur, car alors, petit à petit, l'âme acquiert l'équivalence de forme avec son Concepteur, comme il est écrit dans l'article de Rabbi Hannania Ben Akachya, au début du livre (Préface à la sagesse de la Kabbale), à bien examiner.

En tout, il y a cinq degrés : *Néfesh, Rouakh, Néshama, Haya, Yekhida* qui viennent des cinq mondes appelés *Adam Kadmon, Atsilout, Bryia, Yetsira, Assyia*. Et il y a aussi cinq degrés particuliers *NRNHY* qui proviennent des cinq *Partsoufim* particuliers dans chacun des cinq mondes, et il y a *NRNHY* en détails qui proviennent des dix Sefirot de chaque *Partsouf*, comme c'est écrit dans le livre. Par la Torah et les *Mitsvot*, pour donner satisfaction au Concepteur, nous sommes récompensés et atteignons petit à petit les *Kélim* du désir de donner, qui viennent dans ces degrés, degré par degré, jusqu'à ce que nous arrivions à l'équivalence de forme complète avec Lui.

Alors, la pensée de la création est réalisée en eux pour recevoir tout le plaisir et la douceur et la bonté auxquels Il avait pensé pour eux. De plus, ils reçoivent une plus grande récompense, car ils sont également récompensés de la vrai *Dvékout*, car ils ont acquis le désir de donner comme leur Concepteur.

9) A présent, il ne vous sera plus difficile de comprendre les paroles du *Zohar*, ci-dessus, que tous les mondes supérieurs et inférieurs et tout ce qu'ils contiennent n'ont été créés que pour l'homme. Car tous ces degrés et mondes ne viennent que pour compléter les âmes, dans la mesure de *Dvékout* qu'il leur manquait, vis-à-vis de la pensée de la création. Car dès le début, degré par degré, monde après monde, ils se sont restreints et se sont déroulés jusqu'à notre monde matériel, pour amener l'âme dans un corps de ce monde, qui est tout entier pour recevoir, comme les animaux et les bêtes de la terre, et non pour donner.

Il est écrit : « un ânon sauvage engendrera l'homme », qui est tout le désir de recevoir, et qui n'a rien en lui du don sans réserve. Alors l'homme est complètement contraire à Lui, et il n'y a rien de plus éloigné que cela. Et après cela, par l'âme qui se revêt en lui, il s'engage dans la Torah et les *Mitsvot* et alors obtient la forme du don, comme son Concepteur, petit à petit, à travers tous ces degrés, de bas en haut, à travers tous ces mêmes discernements qui sont descendus lors de leur enchaînement de haut en bas, et qui sont les degrés et les mesures dans la forme du désir de donner.

Chaque degré supérieur signifie qu'il est plus éloigné du désir de recevoir et plus proche du don, jusqu'à ce qu'il soit récompensé d'être tout entier le don, et ne reçoive plus rien pour lui-même. Alors l'homme est complété de la vraie *Dvékout* à Lui, car ce n'est que pour cela qu'il a été créé. Ainsi, tous les mondes et leur contenu n'ont été créés que pour l'homme.

10) Maintenant, après avoir compris tout cela, il vous est permis d'étudier cette sagesse sans aucune crainte de la matérialiser. Car les lecteurs sont très désorientés, d'une part il est dit, que les dix Sefirot et les *Partsoufim*, depuis le début des dix *Sefirot de Atsilout* jusqu'à la fin des dix *Sefirot de Assya*, sont la Divinité et l'unité complète ; et d'autre part, il est dit que tous ces mondes sont renouvelés et arrivent après le *Tsimtsoum* [restriction], et comment cela est-il concevable dans la Divinité ?

De même, il y a également les chiffres, haut et bas, et tous les changements, et les montées et les descentes et les *Zivouguim* [accouplements], pourtant il est écrit : « Moi le Seigneur, Je ne change pas ».

11) Par ce qui a été clarifié, nous comprenons très bien que toutes ces montées et descentes et les restrictions, et les chiffres ne sont que les *Kélim* des receveurs, qui sont les âmes. Mais il faut y distinguer en eux entre le potentiel et l'exécution, comme un homme qui construit une maison, dont la fin de l'acte est dans sa pensée initiale. En effet, la qualité de la maison qu'il a en tête ne ressemble en rien à la maison qui en résultera.

La maison dans la pensée est spirituelle, une matière conceptuelle, et est considérée comme la matière de l'homme qui pense, car la maison n'est alors que potentielle, mais quand la construction de la maison commence, elle reçoit une matière tout à fait différente, à savoir du bois et des briques.

De même, il faut discerner dans les âmes le potentiel et l'exécution. Le début de leur sortie de l'Émanateur en âmes réelles, commence seulement dans le monde de *Briya*, leur inclusion dans *Ein Sof*, avant le *Tsimsoum*, du point de vue de la pensée de la création, (voir point 2) ne concerne que le potentiel, sans aucune reconnaissance concrète. C'est de ce point de vue qu'il est dit que toutes les âmes étaient incluses dans *Malkhout de Ein Sof*, appelée « le point médian », car ce point est inclus « potentiellement » dans tous les *Kélim* des âmes futures qui sortiront « dans les faits » du monde de *Briya* vers le bas.

La première restriction n'existe que dans ce point médian, et donc, seulement et exactement dans ce discernement et dans la mesure qui sont considérés le « potentiel » des âmes futures, et pas du tout dans son essence. Sachez, que tous les *Kélim* des Sefirot et les mondes jusqu'au monde de *Briya*, qui s'enchaînent et sortent de ce point ou de son *Zivoug de Hakaa*, qui est appelé *Ohr Hozer* [lumière réfléchie], sont aussi considérés comme un potentiel uniquement, sans aucune essence des âmes.

Mais toutes ces transformations agiront plus tard sur les âmes, dont l'essence commence à sortir du monde de *Briya* vers le bas, car là, elles ne sont pas encore sorties de l'essence de l'Émanateur

12) Je vous donnerai l'exemple de ce monde, où un homme se couvrirait et se dissimulerait sous différentes couvertures et vêtements, pour que son ami ne le voit pas, ni ne le sente. Pouvons-nous concevoir qu'il ait un certain enthousiasme de la dissimulation en raison de la multitude de couvertures dont il s'est enveloppé ?

De même par exemple, les dix Sefirot que nous nommons *Keter, Hokhma, Bina, Hessed, Guevoura, Tifféret, Netsakh, Hod, Yessod, Malkhout*, ne sont que dix revêtements dont *Ein Sof* se recouvre et se dissimule. Ainsi, les âmes qui recevront de lui dans l'avenir, seront obligées de recevoir dans la même mesure que ce que les dix Sefirot leur octroient. Et les receveurs sont impressionnés par ce chiffre des dix Sefirot, et non pas par Sa lumière, car Il est un, unique, sans changement.

Les receveurs sont divisés en dix degrés, exactement d'après les qualités de ces noms. Qui plus est, même ces revêtements dont nous avons dit qu'ils ne sont pertinents que dans le monde de *Briya* vers le bas, car c'est là que les âmes qui reçoivent de ces dix Sefirot se trouvent. Mais dans les mondes *Adam Kadmon* [AK] et *Atsilout* il n'y a pas encore de réalité, pas même pour les âmes, car elles ne sont là qu'en potentiel. Et d'après cela, ces dix revêtements dans les dix Sefirot ne gouvernent que dans les trois mondes inférieurs appelés *Briya Yetsira Assiya* [BYA].

Cependant, également dans les mondes BYA, les dix Sefirot sont considérées divines jusqu'à la fin *d'Assiya*, tout comme dans AK et ABYA, et comme avant le *Tsimtsoum*.

La seule différence est dans les *Kélim* des dix Sefirot, car dans *AK* et *Atsilout* ils n'ont pas encore découverts leur domination, car ils n'y sont qu'en potentiel, et ce n'est que dans *BYA* que les *Kélim* des dix Sefirot commencent à découvrir la force de la dissimulation et leur couverture. Néanmoins, dans la lumière des dix Sefirot, il n'y a aucun changement qui serait dû à ces couvertures, comme dans l'exemple, et c'est le sens de « Moi le Seigneur, Je ne change pas ».

13) Ne faudrait-il pas se demander, puisque dans *AK* et *Atsilout* il n'y a pas encore la révélation de l'essence des âmes des receveurs, alors à quoi servent ces *Kélim* appelés dix Sefirot, et pour qui se dissimulent-elles et se couvrent dans ces mesures ?

Il y a deux réponses : la première est dans l'enchaînement, comme vous le trouverez à l'intérieur du livre. La seconde est que les âmes aussi recevront de ces dix Sefirot dans *AK* et *Atsilout*, c'est-à-dire par l'ascension des trois mondes *BYA* à eux, (voir point 163 suivant, dans la Préface à la sagesse de la Kabbale). Et il faut donc aussi discerner dans *AK* et *Atsilout*, ces changements dans les dix Sefirot, d'après ce qu'elles illumineront aux âmes quand elles s'y élèveront avec les mondes *BYA*, car alors, elles recevront d'après le degré dans ces dix Sefirot.

14) Il a bien été expliqué que les mondes, le renouvellement, les transformations et le nombre de degrés etc., n'ont été dits que par rapport aux *Kélim* qui donnent aux âmes, et se dissimulent et mesurent pour eux de sorte qu'ils puissent recevoir progressivement la lumière de *Ein Sof* en eux. Ils ne sont en aucun cas impressionnés par la lumière de *Ein Sof* elle-même, car le revêtement n'agit pas sur celui qui le revêt, mais seulement sur celui qui veut le ressentir et recevoir de lui, comme l'exemple ci-dessus.

15) En général, il faut discerner dans les Sefirot et *Partsoufim*, où qu'ils soient, ces trois discernements : *Atsmouto* [Lui-même/Essence], les *Kélim* et les lumières. Dans *Atsmouto*, il n'y pas ni pensée ni perception quelles qu'elles soient.

Dans les *Kélim*, il y a toujours deux discernements contraires l'un à l'autre, qui sont la dissimulation et la révélation. Il en est ainsi parce que le *Kli*, dès le début, dissimule *Atsmouto*, de sorte que ces dix *Kélim* dans les dix Sefirot sont dix degrés de dissimulation. Néanmoins, après que les âmes ont reçu ces *Kélim* d'après toutes leurs conditions, ces dissimulations deviennent des révélations, pour l'atteinte des âmes. Les *Kélim* incluent donc deux discernements contraires, qui sont un. C'est parce que la mesure de la révélation dans le *Kli* est tout à fait égale à la mesure de dissimulation dans le *Kli*, et plus le *Kli* est épais, plus il dissimule *Atsmouto*, et dévoile un niveau plus grand.

Donc ces deux opposés sont un. Les lumières dans les Sefirot se réfèrent à la mesure du niveau adéquat à apparaître pour l'atteinte des âmes. Car tout s'étend de *Atsmouto*, et il n'y a pas d'atteinte en Lui, mais uniquement dans les qualités des *Kélim*, comme ci-dessus, et donc il y a forcément dix lumières dans ces dix *Kélim*, à savoir dix degrés de révélation pour les receveurs dans les qualités de ces mêmes *Kélim*.

Il s'avère que la seule différence entre Sa lumière et Son Essence, se fait par Son Essence, dont nous n'avons aucune atteinte ni perception, sauf pour ce qui nous vient de Lui à travers son revêtement dans les *Kélim* des dix Sefirot, et de ce point de vue tout ce qu'on atteint est dénommé « lumières ».

LA SOCIÉTÉ
DE
DEMAIN

Rav Yéhouda Ashlag
Le don de la Torah
1933

« Aime ton prochain comme toi-même » (Lévitique 19, 18)

Rabbi Akiva dit : « C'est une grande règle de la Torah. »

1) Cette affirmation nécessite une explication. Le mot « règle » indique une somme de détails qui, une fois mis ensemble, forment un tout. Lorsqu'il est dit du commandement [*Mitsva*] « aime ton prochain comme toi-même » qu'il est en fait une grande règle de la Torah, on doit comprendre que les autres 612 commandements [*Mitsvot*] de la Torah, avec toutes leurs interprétations, ne sont ni plus ni moins que la somme des détails insérés et contenus dans ce seul commandement : « aime ton prochain comme toi-même ». C'est assez troublant, car vous pouvez le dire concernant les commandements entre un homme et son semblable, mais comment ce seul commandement peut porter en lui tous les commandements entre l'homme et le Seigneur, qui sont l'essence et la grande majorité de la Torah ?

2) Si nous pouvons encore nous efforcer de trouver quelque moyen pour réconcilier leurs dires, voici une autre citation, encore plus évidente, au sujet d'un converti qui se présenta devant Hillel (*Shabbat* 31) et lui demanda : « Apprends-moi toute la Torah pendant que je me tiens sur une jambe. » Il répondit : « Ne fais pas à autrui ce que tu n'aimerais pas qu'on te fasse » (la traduction araméenne de « aime ton prochain comme toi-même »), « et le reste signifie : étudie ! » Ici, nous avons un dogme clair qui dit que dans les 612 *Mitsvot* et dans toutes les écrits de la Torah il n'y a rien de préférable à « aime ton prochain comme toi-même », parce que leur seul but est d'interpréter et de nous permettre d'observer le commandement d'aimer notre prochain sans réserve, puisqu'il est dit spécifiquement : « le reste signifie : étudie ! » Ce qui veut dire que le reste de la Torah est une interprétation de ce seul commandement, celui-ci ne peut être appliqué sans les autres.

3) Avant que nous approfondissions cette citation, nous devons observer ce commandement avec attention. Il nous a été ordonné : « aime ton prochain comme toi-même. »

Soi-même c'est-à-dire aimer autrui dans la même mesure que l'on s'aime et en aucun cas moins que cela. Cela signifie que l'on doit constamment rester vigilant pour satisfaire les besoins de chacun des membres de la nation d'Israël, de la même façon que l'on est attentif à satisfaire nos propres besoins. Ceci est tout à fait infaisable, car rares sont ceux qui peuvent satisfaire leurs propres besoins durant leur travail quotidien, alors comment peut-on leur demander de travailler pour satisfaire les désirs de toute une nation ? On ne peut cependant penser que la Torah exagère, car elle nous met en garde de ne rien lui ajouter, ou lui retirer, et je vous rappelle que chaque mot et loi ont été écrits avec une extrême précision.

4) Si ceci n'est pas encore suffisant à vos yeux, laissez-moi vous dire que la simplicité du commandement d'aimer son prochain le rend encore plus difficile à appliquer – nous devons mettre les besoins de nos amis avant les nôtres, comme nos sages ont écrit (*Kidoushin* p20) au sujet du verset « parce qu'il est heureux avec Toi », au sujet de l'esclave hébreu : « Quand il n'y a qu'un coussin, s'il se couche dessus et ne le donne pas à son esclave », il n'observe pas « parce qu'il est heureux avec toi », parce qu'il est couché sur un coussin alors que l'esclave est par terre. S'il ne se couche pas dessus et ne le donne pas non plus à son esclave, c'est de la méchanceté. En fait, contre son gré, le maître doit donner le coussin à son esclave et lui se coucher par terre.

On trouve aussi les mêmes instructions dans la phrase au sujet de la mesure avec laquelle on doit aimer son semblable, parce qu'ici aussi on compare la satisfaction des besoins de son ami à la satisfaction de ses propres besoins, comme dans l'exemple de « parce qu'il est heureux avec toi » au sujet de l'esclave hébreu. Ainsi, ici aussi, si quelqu'un n'a qu'une seule chaise et que son ami n'en a pas, une règle est édictée qui dit que s'il s'assoit sur la chaise et ne la donne pas à son ami, il enfreint le commandement « aime ton prochain comme toi-même », parce qu'il ne satisfait pas les besoins de son ami de la même façon qu'il satisfait les siens. S'il ne s'assoit pas sur la chaise et ne la donne pas à son ami, c'est de la méchanceté. Ainsi, il doit laisser son ami s'asseoir sur la chaise et lui devra soit rester debout, soit s'asseoir par terre. Il est entendu que c'est une loi qui concerne tous les besoins qui sont à sa portée et qui manquent à son ami. Maintenant, voyez si ce commandement est toujours réalisable !

5) On doit d'abord comprendre pourquoi la Torah a été donnée à la nation d'Israël et non à tous les peuples de la terre. Y-a-t-il a du nationalisme là-dessous ? Il est clair que seule une personne insensée peut penser cela. En effet, nos sages ont examiné cette question, c'est ce qu'ils voulurent dire par « Dieu la proposa [la Torah] à toutes les nations et tous les peuples, mais personne n'en voulut. »

Mais ce qu'ils trouvent déconcertant c'est pourquoi nous sommes appelés le peuple élu, comme il est dit : « Le Seigneur ton Dieu t'a choisi », puisqu'il n'y avait aucune autre nation qui n'en voulait ? De plus, se peut-il que le Créateur soit venu avec la Torah dans Ses mains pour négocier avec ces peuples primitifs ? On n'a jamais entendu parler d'une chose pareille, cela est inacceptable.

6) Mais lorsque nous comprenons mieux l'essence de la Torah et des commandements qui nous ont été donnés, sans oublier leur but désiré, comme les sages nous l'ont instruit – à savoir quel est le but de cette formidable création qui est placée sous nos yeux –, alors nous comprenons tout. Car le premier postulat est qu'il n'y a pas d'action sans but. Il n'y a pas d'exception, sinon pour les plus vils des êtres humains ou les nourrissons. Ainsi il est certain que le Créateur, dont l'élévation est au-delà de notre entendement, n'agirait pas sans but, quelle que soit Son action, petite ou grande.

Nos sages nous disent que le monde n'a été créé que dans le but de l'observation de la Torah et des commandements. Selon l'interprétation des premiers sages, l'intention du Créateur lorsqu'Il a créé Sa création était de révéler Sa Divinité à autrui, car la révélation de Sa Divinité atteint les individus comme une agréable profusion qui est toujours croissante jusqu'à ce qu'elle atteigne la mesure désirée. Par cela les êtres inférieurs s'élèvent avec une vraie reconnaissance et deviennent un chariot pour Lui et s'accrochent à Lui jusqu'à ce qu'ils atteignent leur ultime perfection : « Aucun œil n'avait vu Dieu à part toi. » Du fait de la grandeur et de la gloire de cette perfection, la Torah et la prophétie se sont abstenues d'exagérer dans leur propos. Comme nos sages l'ont suggéré (*Brakhot* 34) : « Tous les prophètes n'ont prophétisé qu'en vue des jours du Messie, cependant, pour le monde à venir, aucun œil n'a vu Dieu à part toi. »

Cette perfection est exprimée dans les paroles de la Torah et de la prophétie, et dans celles de nos sages, dans le seul mot *Dvékout* [adhésion]. À part l'usage communément fait de ce mot par les masses, il a perdu presque tout son contenu. Mais si votre esprit s'attarde sur ce mot, juste un instant, vous serez submergé par sa stature merveilleuse, car si vous visualisez l'élévation du Créateur et la bassesse de l'individu, vous pourrez apprécier ce que signifie l'adhésion de l'individu au Créateur et pourquoi nous attribuons à ce mot le but de toute cette grande création.

Il s'avère que le but de toute la création est que ces vils individus soient capables, en observant la Torah et les commandements, de s'élever toujours plus haut, jusqu'à ce qu'ils atteignent l'adhésion à leur Créateur.

7) Mais voici qu'entrent en jeu les kabbalistes et qu'ils demandent : Pourquoi n'avons-nous pas été créés dès le début dans cet état élevé d'adhésion désirée au Créateur ? Pour quelle raison nous a-t-Il donné ce fardeau et ce travail de la Création, de même que la Torah et les commandements ? À cela, ils répondent : « Celui qui mange ce qui ne lui appartient pas a peur de Le regarder en face », ce qui signifie que celui qui mange et profite et prend du plaisir du travail de son ami a peur de le regarder en face, car ce faisant il devient de plus en plus humilié jusqu'à finalement perdre toute humanité. Parce que tout ce qui provient de Sa perfection ne peut pas contenir de sensation de manque. Il nous a permis de gagner notre propre élévation, par la mise en œuvre de la Torah et des commandements.

Ces mots sont très profonds et je les ai déjà expliqués dans mon livre *Panim Me'irot OuMasbirot* de l'Arbre de Vie, dans la première branche, et dans le *Talmud des dix Sefirot*, Regard intérieur, 1ère partie. Ici, je vais les expliquer brièvement pour les rendre compréhensibles à tous.

8) Ceci est semblable à un homme riche qui prend un homme de la rue, le nourrit et le couvre quotidiennement d'or et d'argent et de toutes autres choses désirables. Chaque jour, il ajoute encore plus de cadeaux que la veille. Finalement, l'homme riche demande : « Dis-moi, est-ce que tous tes désirs ont été satisfaits ? » L'homme de la rue répond : « Pas encore, car combien il serait agréable et merveilleux que toutes ces possessions et choses précieuses viennent à moi par mon propre travail comme elles vous sont venues, ainsi je ne recevrais plus la charité de votre part. » L'homme riche lui dit alors : « Dans ce cas, la personne qui pourra satisfaire tes désirs n'existe pas encore. »

Ceci est naturel, car d'un côté il éprouve un immense plaisir qui augmente à mesure que l'homme riche le couvre de cadeaux, mais d'un autre côté, il lui est difficile de supporter la honte qu'il éprouve du fait de l'excessive bonté que le riche lui accorde. Ceci vient de la loi naturelle voulant que celui qui reçoit éprouve de la honte et de l'impatience lorsqu'il reçoit gratuitement des cadeaux de celui qui donne par compassion et pitié. De là découle une seconde loi qui est que personne ne peut satisfaire pleinement les besoins d'autrui parce que, en fin de compte, il ne peut lui donner la nature ni la forme de l'indépendance avec laquelle uniquement la perfection désirée peut être atteinte.

Mais ceci ne concerne que les individus, alors que, s'agissant du Créateur, ceci est nettement inconcevable. C'est ainsi qu'Il nous a préparé labeur et efforts afin que nous trouvions notre élévation spirituelle de nous-mêmes lors de l'engagement dans la Torah et des commandements, c'est alors que la bonté et le plaisir qui nous parviennent de Lui, c'est-à-dire tout ce qui est inclus dans l'adhésion à Lui, seront notre propre acquis, découlant de nos propres efforts. Alors nous nous sentirons comme des propriétaires, sentiment sans lequel il ne peut y avoir de sensation de plénitude.

9) En effet, il nous faut examiner l'essence et la source de cette loi naturelle qui a engendré le défaut de la honte et de l'impatience que nous ressentons lorsque nous recevons la charité de quiconque. Ceci nous est rappelé dans la loi bien connue des scientifiques, qui est que toute branche dans sa forme est proche et identique à sa racine, et que tous les comportements de la racine, sa branche les désire aussi, les recherche et les convoite. À l'inverse, tous les comportements qui ne suivent pas la racine, la branche s'en éloigne et ne peut les tolérer ; elle est meurtrie par eux. Cette loi qui existe entre toute racine et sa branche ne peut être violée.

Maintenant s'ouvre devant nous une porte pour comprendre la source de tous les plaisirs et les souffrances qui résident en ce monde. Puisque le Créateur est la racine de toutes Ses créations, c'est pourquoi tout ce qui réside en Lui s'étend directement à nous, et nous le ressentons comme agréable et merveilleux, car notre nature est proche de notre racine. Tout ce qui ne réside pas en Lui et qui ne provient directement de Lui, car cela contredit la création, ira contre notre nature et sera difficile à supporter. Par exemple, nous aimons nous reposer et détestons bouger, de sorte que nous ne faisons aucun mouvement qui ne soit motivé par le repos. Ceci est dû au fait que notre racine est immobile et en repos constant, et qu'aucun mouvement n'existe en Lui. Ainsi, nous détestons tout mouvement, car c'est contraire à notre nature.

De la même façon, nous aimons beaucoup la sagesse, la force et la richesse, etc., car tout ceci est en Lui, qui est notre racine. C'est pourquoi nous détestons leurs contraires tels que la stupidité, la faiblesse et la pauvreté, car elles ne résident en aucun cas dans notre racine, ce qui nous fait les détester et les éprouver comme une douleur intolérable.

10) C'est ce qui nous donne ce goût détestable de honte et l'impatience quand nous recevons des autres par charité puisque, chez le Créateur, il n'existe rien de tel que la réception de faveurs – car de qui pourrait-Il recevoir ? Et parce que ceci n'existe pas dans notre racine, nous trouvons cela repoussant et détestable. Et au contraire, nous ressentons délectation et plaisir de tout don que nous faisons aux autres, puisque ce comportement existe dans notre racine, qui ne veut que donner à tous.

11) Maintenant, nous avons trouvé un moyen d'examiner le but de la Création, qui est « d'adhérer à Lui » dans sa vraie forme. Cette élévation ou fusion, qui nous est garantie par l'application de la Torah et des commandements, n'est ni plus ni moins que l'expression de l'équivalence des branches avec leur racine, dans laquelle toute douceur, tout plaisir et toute magnificence deviennent une extension naturelle. Comme nous l'avons mentionné ci-dessus, le plaisir ne peut se trouver que dans l'équivalence de forme. Lorsque nous avons égalisé notre conduite avec celle dans notre racine, nous ressentons de l'émerveillement, et tout ce qui n'est pas dans notre racine nous devient intolérable, dégoûtant et très pénible. Nous constatons naturellement que notre espoir dépend de l'étendue de notre équivalence avec notre racine.

12) C'étaient les mots de nos sages quand ils disaient (*Midrash Béréshit* 44) : « peu importe au Créateur que l'on égorge une bête à la gorge ou à la nuque ? Après tout, les commandements ont été donnés pour purifier les gens » et cette purification signifie la purification du corps sali, ce qui est le but qui émerge de l'observation de toute la Torah et des commandements.

« L'homme [...] cessant d'être un âne sauvage, naît à la dignité humaine », car quand il sort du giron de la Création, il est d'une saleté et d'une bassesse inqualifiables, c'est-à-dire qu'il est imprégné d'une abondance d'amour de soi, chacune de ses actions étant centrée sur lui-même, sans qu'il n'y ait aucune étincelle de don envers les autres.

De ce fait, il se retrouve à la distance la plus éloignée de la racine, aux antipodes, puisque Sa racine représente un don absolu, sans une étincelle de réception, alors que le nouveau-né n'est que réception pour lui-même, sans étincelle de don. Ainsi, sa situation est perçue comme le point le plus bas de la vilenie et de la saleté qui puisse exister en notre monde.

Puis il grandit et reçoit de son environnement des portions de « don envers les autres », relatives aux valeurs et à l'évolution de son environnement. Ensuite, il apprend comment observer la Torah et aux commandements dans un but égoïste, pour une récompense dans ce monde et le prochain, ce que l'on appelle « pas en Son nom », parce qu'il ne peut s'y habituer autrement.

En vieillissant, on lui montre comment arriver à s'engager dans les commandements en Son nom, dans un but précis, qui est exclusivement d'apporter satisfaction à son Créateur, comme Maïmonide disait : « On ne devrait pas dire aux femmes ni aux enfants d'observer la Torah et les commandements en Son nom, car ils ne peuvent pas endurer cela. Ce n'est que lorsqu'ils auront grandi et atteint la connaissance et l'intelligence que nous pourrons leur enseigner à travailler en Son nom. » Comme le disent nos sages : « De pas en Son nom, il arrive à en Son nom », qui est défini par le but d'apporter satisfaction à son Créateur, et non à son ego.

En recourant au remède naturel de l'engagement dans la Torah et des commandements « en Son nom » qu'elle apporte, comme l'ont dit nos sages (*Kidoushin* 30) « Le Créateur dit : J'ai créé le mauvais penchant. J'ai créé pour lui la Torah comme une épice. » Ainsi, l'individu se développe et grimpe de degrés en degrés d'élévation, comme susmentionné, jusqu'à ce qu'il perde toute étincelle d'amour de soi, alors tous les commandements de son corps s'élèvent et il accomplit toutes ses actions uniquement en vue de donner. Ainsi même les besoins vitaux qu'il reçoit, vont dans la direction du don, pour qu'il puisse donner sans réserve. C'est ce que nos sages ont voulu dire par : « Les commandements n'ont été donnés que pour servir à purifier les individus. »

13) Il y a deux parties dans la Torah : 1) les commandements entre l'homme et Dieu ; et 2) les commandements entre l'homme et son semblable. Toutes deux ont la même fonction : amener l'individu au but final, qui est l'adhésion à Lui.

De plus, même le côté pratique de chacune d'elles n'est qu'une seule et même chose, parce que lorsque quelqu'un agit en « Son nom », sans aucun mélange d'amour de soi, c'est-à-dire sans en retirer aucun intérêt personnel, alors cette personne ne sentira pas de différence si elle travaille à aimer son ami ou à aimer le Créateur.

Il en est ainsi, car c'est une loi naturelle pour tout être, que toute chose en dehors de son propre corps soit considérée comme illusoire et vide, et que toute action qu'une personne effectue pour aimer son semblable, elle le fait avec l'aide de la Lumière réfléchie, pour obtenir en fin de compte une contrepartie qui la servira dans son propre intérêt. Ainsi, un tel acte ne peut être considéré comme « amour de son semblable » parce que sa fin est calculée, ceci est semblable à une mise en location qui en fin de compte n'est pas rentable. L'acte qui consiste à louer n'est pas considéré comme un acte d'amour envers son semblable.

Mais commettre quelque acte que ce soit, uniquement par amour pour les autres, c'est-à-dire sans une seule étincelle de lumière réfléchie et sans aucun espoir de contrepartie, est nettement impossible. À ce propos, il est dit dans *Les corrections du Zohar* à propos des peuples du monde : « Tout acte de bienveillance qu'ils accomplissent l'est uniquement pour eux-mêmes. »

Ceci veut dire que toutes les bonnes actions qu'ils font, soit envers leurs amis ou envers leur Dieu, ne relèvent pas de l'amour d'autrui, mais de leur amour de soi – car ceci n'est pas du tout naturel.

Ainsi, seul celui qui observe la Torah et les commandements est qualifié pour cela, car en s'habituant à observer la Torah et les commandements de façon à apporter satisfaction à son Créateur, il s'éloigne progressivement du giron de la création naturelle et acquiert une seconde nature qui est l'amour du prochain.

C'est ce qui a amené les kabbalistes du *Zohar* à exclure les nations du monde de l'amour de son semblable, quand ils disent : « Tout acte de bienveillance qu'ils accomplissent l'est uniquement pour eux-mêmes. » Car ils ne s'engagent pas dans la Torah et des commandements « en Son nom » ; le service qu'ils portent à leurs dieux est dans un but d'obtenir une récompense et le succès dans ce monde et dans le prochain. Par conséquent, le service de leurs dieux n'est que par amour de soi et ils n'effectueront jamais d'action qui soit en dehors des limites de leurs propres corps, et ainsi ils ne seront pas capables de s'élever, ne serait-ce que de l'épaisseur d'un cheveu, au-dessus de leur nature première.

14) Ainsi, nous pouvons clairement voir que pour celui qui s'engage dans la Torah et les commandements en Son nom, il n'y a pas de différence entre les deux parties de la Torah, même sur le plan pratique, car avant qu'il ne l'accomplisse, il doit nécessairement ressentir que tout acte envers un homme ou envers Dieu est comme un vide inconnu. Mais avec grand effort, il s'élève lentement et atteint une seconde nature, et il est récompensé alors du but final, qui est l'adhésion à Lui.

Puisque c'est le cas, il est raisonnable de penser que la partie de la Torah qui traite de la relation de l'homme avec son ami est plus susceptible d'amener celui-ci au but désiré, car le travail des commandements entre l'homme et le Seigneur est fixe et spécifique, et on peut facilement s'y habituer, et toute chose qui est faite par habitude n'est plus utile, alors que les commandements entre l'homme et son semblable sont changeants et imprévisibles, et qu'il y a continuellement de nouvelles exigences, où qu'il aille. Ainsi, leur effet est donc beaucoup plus efficace et certain, et leur but plus près.

15) Maintenant, nous pouvons comprendre les mots de Hillel HaNassi à Giora, que l'esprit de la Torah est « Aime ton prochain comme toi-même » et le reste des 612 commandements n'en est qu'une paraphrase (voir point 2). Même les commandements entre l'homme et Dieu sont aussi considérés comme une qualification de ce commandement, qui est le but final de la Torah et des commandements, comme nos sages ont dit : « La Torah et les commandements n'ont été donnés que pour servir à purifier Israël » (point 12), signifiant la purification du corps, jusqu'à ce que l'homme acquiert une seconde nature définie par son amour pour les autres, c'est-à-dire l'unique commandement de « aime ton prochain comme toi-même », qui est le but ultime de la Torah, après quoi l'homme est récompensé immédiatement de l'adhésion à Lui.

Mais on ne doit pas se demander pourquoi cela n'a pas été défini dans les mots : « Et tu aimeras le Seigneur, ton Dieu, de tout ton cœur, de toute ton âme et de toute ta force ». En effet, pour l'homme qui est encore à l'intérieur de la nature de la Création, il n'y a pas de différence entre l'amour de Dieu et l'amour de son prochain, car tout ce qui n'est pas lui-même est irréel pour lui. Et parce que le prosélyte a demandé à Hillel HaNassi de lui expliquer l'aboutissement désiré de la Torah, de telle sorte qu'il atteigne son but facilement et qu'il n'ait pas à parcourir un long chemin pour l'atteindre, ainsi il a dit : « Apprends-moi ta Torah tandis que je me tiens sur une jambe. » Ainsi, il a défini son but, qui est l'amour du prochain, car ce but est plus près et se révèle plus rapidement (point 14), lui-même étant préservé des erreurs, car il a des exigences.

16) Dans les mots ci-dessus nous trouvons une façon de comprendre notre conception des point 3 et 4 au sujet du commandement « Aime ton prochain comme toi-même », comment la Torah nous oblige à faire quelque chose qui ne peut pas être fait.

En effet, c'est pour cette raison que la Torah n'a pas été donnée à nos Pères – Abraham, Isaac et Jacob – mais qu'il a fallu attendre jusqu'à l'exode d'Égypte et jusqu'à ce qu'ils deviennent une nation de six cent mille hommes âgés de vingt ans et plus. C'est alors qu'il a été demandé à chaque membre de la nation s'il acceptait ce travail sublime, et c'est lorsqu'ils ont tous accepté dans leurs cœurs et leurs âmes, et qu'ils ont dit « nous ferons et nous écouterons », qu'il est devenu possible d'observer la Torah dans son entier ; ce qui était auparavant considéré comme impossible est devenu possible.

Parce qu'il est certain que si six cent mille hommes arrêtent d'agir pour satisfaire leurs besoins personnels et ne se soucient que de veiller à ce que leurs amis ne manquent jamais de rien, et si, de plus, ils font cela avec un puissant amour dans leurs cœurs et leurs âmes, selon la pleine signification du commandement « Aime ton prochain comme toi-même », alors il n'y a plus aucun doute : aucun homme de la nation n'aura plus besoin de se soucier de son propre bien-être.

Grâce à cela, l'homme peut complètement se libérer de la contrainte d'assurer sa propre survie et peut facilement suivre le commandement « Aime ton prochain comme toi-même », selon toutes les conditions données aux points 3 et 4. Après tout, pourquoi se soucierait-il de sa propre survie, quand six cent mille amis aimants et loyaux sont prêts, avec une grande attention, à s'assurer qu'il ne manque de rien ?

C'est pourquoi, après que tous les membres de la nation ont accepté, la Torah leur a été donnée immédiatement, parce qu'alors ils étaient dignes de l'observer. Mais avant qu'ils ne deviennent une nation complète, et ce n'est pas la peine de rappeler qu'à l'époque des patriarches, ils n'étaient pas vraiment qualifiés pour observer la Torah dans sa forme souhaitable. Ceci parce qu'avec un petit nombre de personnes il est impossible de même commencer à s'engager dans les commandements entre l'homme et son semblable au niveau de « Aime ton prochain comme toi-même », comme il a été expliqué aux points 3 et 4. C'est pourquoi la Torah ne leur avait pas été donnée.

17) Avec tout ce qui a été discuté aux points précédents, nous pouvons comprendre une des phrases les plus déroutantes de nos sages, qui est que tout Israël est responsable de chacun de ses membres. Ceci peut paraître complètement injustifié, car est-il possible lorsque quelqu'un pèche ou commet une infraction qui chagrine son Créateur, à plus forte raison si vous n'avez aucune relation avec lui, que le Seigneur perçoive son dû ? Il est dit : « Les pères ne seront pas mis à mort pour leurs enfants [...] chaque homme sera mis à mort pour son propre péché ». Alors comment peut-on dire que vous êtes même responsables des péchés de celui qui vous est complètement étranger, dont vous ne connaissez rien, ni de lui ni de ce qu'il fait ?

Si cela n'est pas suffisant, nos sages disent (*Kidoushin*) : « Rabbi Élazar, le fils de Rabbi Shimon, dit : Puisque le monde est jugé par sa majorité et que l'individu est jugé par sa majorité, s'il a accompli un commandement, heureux est-il car il s'est jugé ainsi que le monde entier favorablement, et s'il a commis une infraction, malheur à lui car il s'est jugé et le monde entier défavorablement, comme il est dit : « Un seul pêcheur fait perdre beaucoup de bien. »

Ainsi Rabbi Élazar, le fils de Rabbi Shimon, m'a rendu aussi responsable du monde entier, puisqu'il pense que le monde entier est responsable de tout un chacun et que chaque personne apporte par ses actions le mérite ou la faute au monde entier. Ceci est encore plus déroutant.

Suivant ce qui vient d'être dit par nos sages, nous pouvons comprendre leurs paroles assez simplement, parce que nous avons prouvé que chacun des 613 commandements de la Torah gravite autour du seul commandement « Aime ton prochain comme toi-même. » Nous voyons qu'une telle situation ne peut exister que dans une nation ou chacun des membres est prêt à cela.

Rav Yéhouda Ashlag
Arvout [Solidarité]
1933

Tout Israël est solidaire de chacun de ses membres (*Sanhédrin* 27, 2, *Shavouot* 39)

À propos de la solidarité établie quand Israël devint responsable de chacun de ses membres. Car la Torah ne lui avait pas été donnée avant qu'il ne soit demandé à chaque membre d'Israël, s'il acceptait de recevoir le commandement d'aimer les autres dans la pleine mesure exprimée dans les mots « Tu aimeras ton prochain comme toi-même » (points 2 et 3). Ceci veut dire que chacun des membres d'Israël doit accepter de se soucier et de travailler pour chaque membre de la nation et de satisfaire ses besoins spécifiques, pas moins que la quantité empreinte en lui de se préoccuper de ses propres besoins.

Lorsque la nation entière accepta unanimement et dit : « Nous ferons et nous écouterons », alors chaque membre d'Israël est devenu responsable pour que rien ne manque à aucun autre membre de la nation, et alors ils sont devenus dignes de recevoir la Torah et pas avant. Avec cette responsabilité générale, chaque membre de la nation s'est libéré des soucis des besoins de son propre corps et a pu observer le commandement d'« aimer son prochain comme soi-même » dans toute son ampleur et donner tout ce qu'il a à tout membre étant dans le besoin, puisqu'il n'a plus à se préoccuper de l'existence de son propre corps, car désormais il sait et il est certain que six cent mille loyaux amis aimants sont là pour s'en préoccuper à sa place.

C'est pour cela qu'ils n'étaient pas prêts à recevoir la Torah du temps d'Abraham, d'Isaac et de Jacob, mais seulement après être sortis d'Égypte et être devenus une nation complète. Alors la réalité a permis à chacun que ses propres besoins seraient garantis sans ne plus avoir à s'inquiéter. Alors que tant qu'ils vivaient parmi les Égyptiens, il était évident qu'une partie de leur besoin dépendait encore de ces étrangers qui étaient eux-mêmes remplis d'amour de soi. De ce fait, tous les besoins qui dépendaient du bon vouloir des Égyptiens ne pouvaient être garantis à tous les membres d'Israël, car chaque membre ne pouvait satisfaire les besoins d'autrui, car il n'en disposait pas. Nous voyons déjà que tant que chaque individu s'inquiète de ses propres besoins, il n'est pas apte à commencer à mettre en œuvre le commandement « d'aimer son prochain comme soi-même. »

Il est alors évident que le don de la Torah a dû être retardé jusqu'à ce qu'ils sortent d'Égypte et deviennent une nation, c'est-à-dire jusqu'à ce que tous leurs besoins puissent être satisfaits par eux-mêmes, sans dépendre des autres, ce qui les qualifia pour recevoir la solidarité évoquée ci-dessus. Alors, la Torah leur a été donnée. Il s'avère que même après la réception de la Torah, si quelques membres d'Israël trahissaient les leurs et retournaient à la fange de l'amour égoïste, sans considération pour leurs amis, la quantité de besoins mise entre les mains de ces quelques individus contraindrait chaque membre d'Israël à s'en préoccuper, et ce dans une même mesure.

Parce que ces derniers n'ont aucune compassion pour le peuple, la pratique du commandement d'aimer son prochain est empêchée pour tout Israël. Ainsi, ces rebelles font que ceux qui observent la Torah et les commandements restent dans la fange de l'amour égoïste, car ils ne peuvent s'engager dans le commandement « d'aimer son prochain comme soi-même » ni compléter leur amour sans leur contribution.

Ainsi, vous voyez qu'Israël est solidaire de chacun de ses membres, aussi bien du côté positif que du côté négatif. Du côté positif, s'ils appliquent la solidarité jusqu'à ce que chacun se soucie de satisfaire les besoins de ses amis, et peuvent complètement observer la Torah et les commandements, c'est-à-dire apporter contentement à leur Créateur (point 13). Du côté négatif, nous voyons que si une partie de la nation ne veut pas maintenir la solidarité et se vautre dans un amour égoïste, elle fait que le reste de la nation reste immergé dans sa fange et sa bassesse, sans jamais trouver un moyen de se sortir de celles-ci.

18) C'est pourquoi le Tana [Rabbi Shimon bar Yokhaï] a décrit cette solidarité comme deux hommes étant sur un bateau, et soudain l'un d'eux commence à percer un trou dans la coque. Son ami demande : « Pourquoi fais-tu un trou ? », et l'autre répond : « Qu'est-ce que ça peut te faire ? Je perce sous moi, pas sous toi. » Alors l'autre lui dit : « Imbécile que tu es, nous allons nous noyer tous les deux ! » (*Vaïkra Raba* chapitre 4)

De cela, nous apprenons que ces rebelles se vautrent dans un amour de soi et construisent par leurs actes un mur de fer qui empêche ceux qui observent la Torah de commencer à observer la Torah et les commandements dans la mesure d' « aimer son prochain comme soi-même », qui est l'échelle pour atteindre l'adhésion à Lui. Et comme ils sont justes les mots du proverbe qui dit : « Imbécile que tu es, nous allons nous noyer tous les deux ! »

19) Rabbi Élazar, le fils de Rabbi Shimon, clarifie encore un peu plus le concept de solidarité en disant que cela n'est pas suffisant que tout Israël soit solidaire de chacun de ses membres, mais que le monde entier doit être inclus dans cette solidarité. En effet, il n'y a pas de discussion ici : tout le monde est d'accord sur le fait que pour commencer, il suffit de débuter avec une nation qui observe la Torah, et ce juste pour commencer la réparation du monde, car il était impossible de commencer avec toutes les nations en même temps, comme les sages ont dit que le Créateur est venu vers chaque nation avec la Torah mais qu'elles ne voulaient pas la recevoir, ce qui signifie qu'elles étaient immergées dans la saleté de leur amour propre jusqu'au cou, certaines par adultère, d'autres par le vol ou le meurtre, etc., au point où il était inconcevable de même leur demander si elles accepteraient de se séparer de l'amour égoïste.

Ainsi donc le Créateur ne trouva ni nation ni langue qui méritait de recevoir la Torah, sauf les fils d'Abraham, d'Isaac et de Jacob sur qui rejaillissait la vertu des pères, et comme nos sages ont dit : « Les patriarches ont observé toute la Torah avant qu'elle n'ait été donnée », signifiant que grâce à l'élévation de leurs âmes ils avaient la capacité d'atteindre toutes les voies du Seigneur exprimées dans la spiritualité de la Torah, grâce à leur adhésion à Lui, sans avoir besoin auparavant de la partie pratique de la Torah, qu'ils n'avaient pas la possibilité d'observer. (cf. point 16, Don de la Torah)

C'est sans aucun doute la purification physique et l'élévation de l'âme de nos pères qui ont beaucoup agi sur leurs fils et petits-fils, et leur vertu rejaillit sur cette génération dont tous les membres acceptèrent de prendre sur eux le travail sublime, et chacun d'entre eux déclara unanimement : « Nous ferons et nous écouterons. » C'est pour cela que nous avons été choisis, par nécessité, pour être le peuple élu d'entre toutes les nations. Il s'avère que seuls les membres de la nation d'Israël sont entrés dans cette responsabilité [*Arvout*], contrairement aux autres nations du monde qui n'y ont pas participé. Ceci est l'évidente réalité, aussi comment Rabbi Élazar peut-il polémiquer à ce sujet ?

20) Mais la réparation finale du monde se fera en faisant entrer tous les peuples du monde à Son service, comme il est dit : « Et le Seigneur règnera sur toute la terre : ce jour-là le Seigneur sera un et Son Nom un. » L'écrit précise « ce jour-là », et pas avant. Et il est aussi écrit : « Car la terre sera remplie de la connaissance du Seigneur », « et toutes les nations afflueront vers Lui. »

Mais le rôle d'Israël envers le monde ressemble au rôle de nos pères envers la nation d'Israël, c'est-à-dire qu'il est semblable à la vertu de nos pères qui a rejailli sur nous et nous a aidés à nous développer et à nous purifier jusqu'à mériter de recevoir la Torah. Sans nos pères, qui ont observé la Torah avant qu'elle ne soit donnée, nous ne serions pas meilleurs que toutes les autres nations (cf. point 19).

C'est ainsi que la nation d'Israël a l'obligation, par l'engagement dans la Torah et les commandements en Son nom, de se préparer elle-même et de préparer tous les peuples du monde et de les faire évoluer de façon à ce qu'ils prennent sur eux ce travail sublime d'amour du prochain, qui est l'échelle pour atteindre le but de la Création, l'adhésion à Lui.

De cette manière, chaque commandement que chacun des membres d'Israël accomplit pour apporter satisfaction à son Créateur, sans aucune contrepartie, ni égoïsme, contribue dans une certaine mesure au développement de tous les peuples du monde, car ceci ne se fait pas d'un seul coup mais par un développement progressif, jusqu'à atteindre une quantité suffisante pour amener le monde entier à la pureté désirée. C'est ce que nos sages appellent « juger favorablement », c'est-à-dire que la purification nécessaire a été atteinte. Ils comparent cela à la pesée sur une balance, où le changement dans l'équilibre des plateaux indique que le poids désiré a été atteint.

21) Tels sont les mots de Rabbi Élazar, fils de Rabbi Shimon, qui a dit que le monde est jugé par sa majorité, se référant au rôle de la nation d'Israël pour préparer les peuples du monde à une certaine purification jusqu'à ce qu'ils soient dignes de prendre sur eux Son travail, de la même façon qu'Israël était digne au moment où il a reçu la Torah. Nos sages commentent cela en disant qu'ils ont atteint la majorité de leurs vertus, pour soumettre la faute qui est l'immonde égoïsme.

Bien sûr, si le côté des vertus, qui est la compréhension sublime de la bonté de l'amour du prochain, dépasse l'immonde côté des défauts, ils sont aptes à décider et sont d'accord et disent « Nous ferons et nous écouterons », comme Israël a dit. Mais avant cela, c'est-à-dire avant qu'ils ne soient récompensés de la majorité des vertus, il est évident que l'amour de soi les force à croire et à accepter Son joug.

Nos sages ont dit : « Si quelqu'un accomplit un commandement, il se juge et le monde entier favorablement », c'est-à-dire qu'il ajoute sa particule individuelle d'Israël à la quantité finale nécessaire, comme celui qui pèse des graines de sésame et les ajoute une à une sur la balance, jusqu'à ce qu'il y en ait assez pour changer l'équilibre de celle-ci. Il est évident que chacun prend part à ce changement, sans quoi la décision aurait été incomplète.

C'est par l'acte que chaque individu d'Israël fait qu'il juge le monde entier favorablement, car quand la pesée est terminée et que le monde entier est jugé favorablement, chaque individu aura pris part à ce changement et que sans son action, la décision aurait manqué.

On trouve ainsi que Rabbi Élazar, fils de Rabbi Shimon, ne conteste pas les mots de nos sages voulant que tout Israël soit solidaire de chacun de ses membres, mais Rabbi Élazar, le fils de Rabbi Shimon, parle de la réparation du monde entier dans le futur, alors que nos sages parlent au présent, lorsque seul Israël a reçu la Torah.

22) C'est ce dont parle Rabbi Élazar, fils de Rabbi Shimon, à propos du verset : « Un seul pêcheur fait perdre beaucoup de bien. » Parce qu'il a déjà été démontré (point 20) que l'impression que ressent quelqu'un qui s'engage dans les commandements entre l'homme et son Créateur est exactement la même que celle qu'il ressent lors de l'engagement dans les commandements entre l'homme et son semblable.

Parce qu'il faut qu'il accomplisse tous les commandements en Son nom, sans aucun espoir d'amour égoïste, c'est-à-dire qu'aucune lueur d'espoir ne lui revient sous la forme de récompense, honneur, etc. Car ici, dans ce point élevé, l'amour du Créateur et l'amour du prochain se rejoignent et deviennent effectivement un (point 15).

Il s'avère qu'il y a un certain degré de progression sur l'échelle de l'amour du prochain chez tous les peuples du monde, car ce degré que cet individu provoque dans ses actions, qu'elles soient petites ou grandes, finira par rejoindre dans le futur le changement du monde favorablement, parce que sa part est ajoutée au poids sur la balance (point 20, l'exemple des graines de sésame).

Celui qui commet une infraction, qui ne peut surmonter ni conquérir son immonde amour égoïste, celui-ci se répand furtivement et juge l'homme et le monde entier défavorablement. Parce qu'avec la révélation de la fange de l'amour égoïste, la basse nature de la Création est renforcée et il se trouve qu'il diminue d'une certaine mesure le caractère favorable de la décision finale, de la même façon qu'une personne reprendrait de la balance la seule graine de sésame que son ami y avait placé, ce qui élèverait d'autant le mauvais côté de la balance. Ce qui se passe, c'est qu'elle fait reculer le monde, comme il est dit : « Un seul pêcheur fait perdre beaucoup de bien. » Parce qu'elle n'a pu retenir son désir mesquin, elle a fait reculer la spiritualité du monde entier.

23) Par ces mots, on comprend clairement ce qui a été dit avant (point 5) au sujet de la Torah qui a spécialement été donnée à la nation d'Israël, car il est sûr et certain que le but de la Création est sur les épaules des humains dans leur ensemble, qu'ils soient noirs, blancs ou jaunes sans aucune différence fondamentale.

Mais à cause de la descente de la nature humaine au degré le plus bas, qui est l'amour égoïste qui règne sur l'humanité entière, il n'y avait pas moyen de négocier avec eux ni de leur expliquer de se rendre et de prendre sur eux, même comme une vaine promesse, de sortir de leur monde exigu vers les vastes espaces de l'amour du prochain, exception faite des membres de la nation d'Israël, car ils étaient en esclavage dans le luxueux royaume d'Égypte pendant quatre cents ans et souffraient épouvantablement.

Nos sages disaient : « Comme le sel édulcore la viande, le tourment affine les transgressions de l'homme », c'est-à-dire qu'il apporte au corps une grande purification. De plus, la purification de leurs pères rejaillit sur eux (point 16), c'est ce qui importe, comme en témoignent plusieurs versets de la Torah.

Selon ces deux considérations, ils étaient prêts pour cela et c'est pourquoi nous parlons d'eux au singulier : « Et là Israël campa devant la montagne », que nos sages interprètent comme un homme avec un seul cœur. Parce que chaque personne de la nation s'est détachée complètement de tout amour égoïste et voulait seulement faire plaisir à son ami, comme nous l'avons montré ci-dessus (point 16) d'après le commandement « tu aimeras ton prochain comme toi-même ». Il s'avère que tous les individus de la nation se sont regroupés et sont devenus un seul cœur et un seul homme, ils ont alors mérité de recevoir la Torah.

24) Donc, selon la nécessité décrite ci-dessus, la Torah n'a été donnée qu'à la nation d'Israël, descendante d'Abraham, d'Isaac et de Jacob, car il était inconcevable qu'un étranger y prenne part. À cette fin, la nation d'Israël a été établie comme une sorte de relais à travers lequel les étincelles de purification passeraient et brilleraient sur l'ensemble du genre humain.

C'est ainsi que ces étincelles se multiplient chaque jour, tel un trésor, jusqu'à ce qu'elles atteignent la quantité désirée, c'est-à-dire jusqu'à ce qu'elles se développent et viennent à comprendre l'agrément et la paix qui sont au cœur de l'amour du prochain. Car elles sauront alors comment faire pencher la balance favorablement et elles entreront de plein gré sous Son joug, et le mal sera éliminé de la surface de la Terre.

25) Il nous reste maintenant à compléter ce qui a été dit ci-dessus (point 16) à propos de la raison pour laquelle la Torah n'avait pas été donnée à nos pères, parce que le commandement « tu aimeras ton prochain comme toi-même » – qui est l'axe autour duquel gravite toute la Torah, et tous les commandements qui l'entourent la clarifient et l'interprètent – ne peut être observé par un individu, sauf au travers du consentement préalable d'une nation entière.

C'est pourquoi il a fallu attendre la sortie d'Égypte pour qu'ils deviennent dignes de l'observer et alors il a été demandé à chacun des membres de la nation s'il acceptait de prendre sur lui ce commandement. Après l'avoir accepté, la Torah leur a été donnée. Cependant, il reste à voir où trouver dans la Torah qu'une telle question ait été posée aux enfants d'Israël et qu'ils y ont consentie avant de recevoir la Torah ?

26) Sachez que ces choses sont évidentes pour toute personne instruite, dans l'invitation que le Créateur a envoyée à Israël par l'intermédiaire de Moshé avant que la Torah ne soit reçue, comme il est dit : « Ainsi, maintenant, si en effet vous obéissez à Ma voix et si vous gardez Mon alliance, alors vous serez Mon trésor personnel d'entre tous les peuples – car toute la terre M'appartient – et vous serez pour Moi un royaume de prêtres et une nation sainte. Telles sont les paroles que tu diras aux enfants d'Israël ». Et Moshé vint et appela les anciens du peuple, et il leur exposa toutes les paroles que le Créateur lui avait dictées, et tout le peuple unanimement répondit : "Tout ce que le Seigneur a dit nous le ferons." Et Moshé rapporta au Seigneur les paroles du peuple. »

Ces mots n'ont pas l'air d'aller avec leur rôle, car le bon sens nous dit que si une personne offre à son ami de faire quelque travail et qu'elle veut que celui-ci l'accepte, elle devrait lui donner un exemple du contenu de ce travail et lui dire combien elle le paiera. Ce n'est qu'à ce moment que l'ami peut décider s'il accepte ou non ce travail.

Mais ici, nous ne trouvons ni un exemple du contenu du travail ni le salaire dans les deux versets. En effet, il dit : « Si en effet vous obéissez à Ma voix et si vous gardez Mon alliance », mais il n'explique pas ce qu'est la voix et ne nous dit pas en quoi consiste l'alliance. Ensuite, il dit : « Alors vous serez Mon trésor personnel d'entre tous les peuples – car toute la terre M'appartient », mais nous ne pouvons pas déduire de ces mots s'Il nous ordonne de travailler à être un remède pour tous les peuples, ou si cela est une promesse pour nous [NDT : *Ségoula*, en hébreu, veut dire « remède », mais signifie aussi « pouvoir ». Ici, il est cependant traduit par « trésor »].

Nous devons aussi comprendre le lien qui existe avec les mots « Car la terre entière M'appartient », au regard de ces trois interprétations : Onklos Jonathan Ben Ouziel et le Jérusalmi, Rachi et Nachmanide. Toutes les interprétations essaient de modifier cette phrase et Eben Ezra dit au nom de Rabbi Marinos que le mot « car » doit être interprété comme « bien que », et il interprète la phrase comme ceci : « D'entre tous les peuples, vous serez alors Mon trésor personnel – bien que la terre entière M'appartienne ». Eben Ezra lui-même a tendance à être d'accord avec cela. Mais cette interprétation ne correspond pas à ce qu'ont dit nos sages, à savoir que « car » peut avoir quatre significations : « ou », « à moins que », « mais », « que ».

Il ajoute une cinquième interprétation – « bien que » –, et ensuite le verset finit par « Et vous serez pour Moi un royaume de prêtres et une nation sainte. » Mais ici aussi il n'est pas évident, à partir du texte, de savoir s'il s'agit d'un commandement et d'une obligation de s'y engager, ou si c'est une promesse. L'expression « un royaume de prêtres » n'est pas répétée ailleurs et n'est expliquée nulle part dans toute la Bible. Nous devons principalement nous attarder à définir la différence entre « un royaume de prêtres » et « une nation sainte ». Car la signification ordinaire de la prêtrise a une dimension de sainteté et il devient alors évident qu'un royaume où tout le monde est prêtre relève de la nation sainte ; dès lors, dans le texte, l'expression « nation sainte » semble être redondante.

27) Cependant, selon toutes les interprétations que nous avons faites jusqu'ici, nous avons appris la vraie signification de ces mots à la lumière d'une négociation assortie d'une offre et d'un consentement, c'est-à-dire qu'Il leur offre vraiment par ces mots la modalité et le contenu du travail de la Torah et des commandements, ainsi que toute la récompense qui en découle.

Le travail de Torah et des commandements est exprimé dans les mots « Et vous serez pour Moi un royaume de prêtres », c'est-à-dire que vous tous, des plus jeunes au plus vieux, serez comme des prêtres. Tout comme les prêtres n'ont pas de possessions en ce monde matériel, car le Créateur est leur possession, la nation entière sera organisée de façon à ce que la terre entière et tout ce qui en fait partie soient dédiés au Créateur. Aucun individu sur la terre ne s'engagera dans autre chose que d'observer les commandements du Créateur et de satisfaire les besoins de son prochain, de sorte qu'aucune personne ne manquera de rien et n'aura jamais à se préoccuper de ses besoins personnels.

De cette façon, même les travaux des champs tels que la moisson, les semailles et autres seront au même niveau que le travail de sacrifice que les prêtres accomplissaient dans le Temple, car pourquoi aurais-je besoin du commandement de sacrifier au Créateur et pourquoi observer le commandement « Tu aimeras ton prochain comme toi-même » ? Le fait est que celui qui moissonne son champ pour nourrir son prochain ressemble à celui qui fait des sacrifices au Créateur. Bien plus, il semble que le commandement d'« Aimer ton prochain comme toi-même » soit plus important que celui de faire des sacrifices, comme nous l'avons vu ci-dessus (points 14 et 15).

Cependant, nous n'avons pas encore terminé l'explication, car la totalité de la Torah et des commandements ont été donnés dans le seul but de purifier Israël, c'est-à-dire la purification du corps (voir point 12), après quoi Israël recevra la vraie récompense, qui est l'adhésion à Lui, qui est le but de la Création (voir point 6). Cette récompense est exprimée dans les mots « une nation sainte ».

Par l'adhésion à Lui, nous avons été sanctifiés, comme il est dit : « Vous serez saints, car Moi, le Seigneur votre Dieu, Je suis saint ». Vous voyez que les mots « un royaume de prêtres » expriment l'entière modalité du travail sur l'axe d'« aimer son prochain comme soi-même », c'est-à-dire un royaume composé uniquement de prêtres dont le Créateur est la possession et qui n'ont aucun bien personnel parmi les possessions du monde.

Nous devons admettre que ceci est la seule définition qui nous permette de comprendre les mots « un royaume de prêtres », car nous ne pouvons interpréter les sacrifices sur l'autel, puisque cela ne pourrait être dit de la nation entière, car qui seraient les sacrificateurs ?

De même, concernant les cadeaux à la prêtrise, qui les feraient ? Et aussi, concernant la sainteté des prêtres, il a déjà été dit « une nation sainte ». Ainsi, cela doit sûrement vouloir dire que le Créateur est leur possession et qu'il n'existe aucune possession matérielle pour eux-mêmes, d'où la mesure des mots « tu aimeras ton prochain comme toi-même » qui englobent la Torah toute entière. Les mots « une nation sainte » expriment la forme de la récompense totale, qui est l'adhésion.

28) Désormais, nous comprenons parfaitement les mots précédents, car il est dit : « Maintenant, si en effet vous obéissez à Ma voix et gardez Mon alliance », c'est-à-dire que Je fais une alliance sur ce que Je vous dis ici, que vous allez devenir un remède pour toutes les nations, c'est-à-dire vous serez Mon remède à travers qui les étincelles de purification du corps passeront à tous les peuples et les nations du monde, du fait que les nations du monde ne sont pas encore prêtes pour cela, et que J'ai besoin d'une nation pour démarrer le processus et être un remède pour toutes les peuples. Donc, il termine par « car la terre entière M'appartient », c'est-à-dire que tous les peuples de la terre M'appartiennent et sont destinés à adhérer à Moi comme vous le faites (voir point 20).

Mais tant qu'ils sont incapables d'effectuer cette tâche, J'ai besoin d'un peuple vertueux, et si vous acceptez d'être le remède de toutes les nations, Je vous l'ordonne, vous serez pour Moi « un royaume de prêtres », qui est l'amour du prochain dans sa forme finale de « Tu aimeras ton prochain comme toi-même », qui est l'axe de toute la Torah et des commandements. « Une nation sainte » est la récompense dans sa forme finale de l'adhésion à Lui et inclut toutes les récompenses jamais conçues.

C'est ainsi que nos sages ont interprété la fin « Telles sont les paroles que tu diras aux enfants d'Israël » ils ont précisé que « Telles sont les paroles », signifient « pas plus », « ni moins ».

Est-il concevable que Moshé ait pu ajouter ou retrancher à la parole du Créateur de telle sorte qu'il ait fallu l'en avertir ? On ne trouve rien de tel dans toute la Torah, au contraire, la Torah dit de lui : « Car il est celui en qui Je fais confiance dans toute Ma maison. »

29) Maintenant, nous pouvons réellement comprendre la finalité de ce travail, comme elle est expliquée dans les mots « un royaume de prêtres », qui est la définition finale de « Tu aimeras ton prochain comme toi-même », et qu'il est concevable que Moshé se soit retenu et n'ait pas donné un aperçu complet du travail en une seule fois, de peur qu'Israël ne veuille pas se détacher des possessions matérielles ni ne remette sa fortune et ses biens au Créateur, comme il est dit dans les mots « un royaume de prêtres ».

Ceci est assez comparable à ce qu'écrivait Maïmonide, qu'il ne faut pas dévoiler aux femmes ni aux enfants le travail en lui-même, qui doit pas être fait dans le but de ne pas être récompensé, mais qu'il faut attendre qu'ils grandissent et s'instruisent et aient le courage de l'exécuter. Ainsi, le Créateur l'avertit de ne faire « pas moins » que de leur offrir la vraie nature du travail avec toute sa sublimité comme il est exprimé dans les mots « un royaume de prêtres ».

En ce qui concerne la récompense qui est définie dans les mots « une nation sainte », ici aussi Moshé aurait pu penser à interpréter et élargir un peu plus le sujet de l'agrément et de la sublime subtilité ancrée dans l'adhésion à Lui, pour qu'ils se rapprochent et acceptent cette merveilleuse chose de se détacher des possessions de ce monde comme le font les prêtres. Mais il a été averti de « pas plus », et simplement se taire et ne pas interpréter ce qu'est la récompense incluse dans les mots uniquement « une nation sainte ».

La raison à cela est que s'il leur avait dévoilé les choses merveilleuses qui sont dans l'essence de la récompense, ils auraient accepté Son travail de façon à obtenir pour eux cette belle récompense, ce qui aurait été considéré comme travailler pour eux-mêmes, par égoïsme, là où toute intention est déformée (voir point 13).

Ainsi, nous voyons qu'en ce qui concerne la modalité du travail qui est exprimé dans les mots « un royaume de prêtres », il lui a été dit « ni moins » ; et à propos de la mesure de la récompense exprimée par les mots « une nation sainte », il lui a été dit « ni plus ».

Rav Yéhouda Ashlag

La paix
1933

Une recherche empirique et scientifique sur la nécessité du service du Créateur

« Le loup habitera avec l'agneau, le tigre se couchera près du chevreau ; et le veau et le lionceau seront nourris ensemble, un petit garçon les conduira [...] Il adviendra en ce jour-là que le Seigneur interviendra une seconde fois pour racheter le reste de son peuple, ceux qui resteront en Assyrie et en Égypte, à Patros, Kouch, Élam, Shinéar, Hamat et dans les îles de la mer ». (Isaïe 11)

Rabbi Shimon Ben Halafta dit : « Le Créateur n'a pas trouvé de récipient pour contenir la bénédiction pour Israël, sauf la paix, comme il est dit : le Seigneur donnera la puissance à Son peuple, le Seigneur bénira Son peuple de la paix. » (Traité *Okatsin*)

Après avoir démontré dans de précédents articles la modalité générale de Son service, dont l'essence est Son amour pour les autres, en pratique définie comme « don aux autres », ce qui signifie que la véritable manifestation de l'amour pour autrui est de donner aux autres. Ainsi, l'amour pour autrui devrait être défini comme le fait de donner aux autres, ce qui convient le mieux à son contenu et vise à garantir de ne pas l'oublier.

Maintenant que nous connaissons de façon certaine Sa méthode de travail, il reste encore à s'interroger sur l'acceptabilité de ce travail sur la seule base de la foi, c'est-à-dire sans aucune base scientifique ni empirique, ou à déterminer si base empirique il y a, et c'est ce dont je veux faire la démonstration dans cet article.

Mais d'abord, je dois expliquer au mieux le sujet lui-même, à savoir qui est celui qui accepte notre travail.

Mais comme je ne suis pas fervent de philosophie formative, comme je n'aime pas les études qui ont des bases uniquement théoriques, et c'est un fait que la plupart de mes contemporains sont d'accord avec moi, car nous n'avons que trop d'expériences avec ce genre de fondements et nous les savons branlants, et lorsque les fondations chancellent, l'ensemble de la construction s'écroule. Ainsi, je ne parle ici qu'à travers la critique de la raison empirique, en commençant par la simple reconnaissance de ce que personne ne conteste, et je le démontre de façon analytique (en séparant les différents éléments dans un sujet), jusqu'à ce que nous déterminions le sujet le plus important. Il sera testé de façon synthétique (la connexion et l'unité entre les choses, telles que les interférences et « à plus forte raison ») en regardant comment Son service est confirmé et réaffirmé par la simple reconnaissance de l'aspect pratique.

Les contradictions de la Providence

Toute personne sensée qui examine la réalité à laquelle elle est exposée trouve en elle deux aspects complètement opposés. Quand on examine la présente édification de la Création, il y a une direction apparente qui nous étonne par sa profonde sagesse et sa compétence, celles-ci formant une partie de la réalité et garantissant son existence générale.

Prenons comme exemple la venue au monde d'une personne : c'est l'amour et le plaisir de ses géniteurs qui est la raison première, celle qui est la plus sûre et la plus fiable. Quand la goutte essentielle est extraite du cerveau du père, la Providence, avec grande sagesse, procure un endroit sûr et capable de recevoir la vie. La Providence lui donne aussi son pain quotidien en exacte quantité et elle lui prépare aussi une couverture merveilleuse dans le ventre de la mère, de façon à ce qu'aucun étranger ne puisse lui faire du mal.

Elle pourvoit à chacun de ses besoins comme une nourrice certifiée qui ne l'oublierait pas même un seul instant, jusqu'à ce que la personne ait acquis assez de force pour naître dans ce monde. À ce moment, la Providence lui donne juste assez de force pour briser les murs qui l'entourent et, comme un guerrier en armure bien entraîné, elle perce une ouverture et vient au monde.

Alors la Providence ne l'abandonne pas. Comme une mère aimante, elle la conduit à des personnes loyales et aimantes, appelées « mère » et « père », à qui elle peut faire confiance et qui vont l'aider à travers ses jours de faiblesse jusqu'à ce qu'elle grandisse et soit capable d'assurer sa propre subsistance. De même que les humains, les animaux, les végétaux et les minéraux sont pris en charge avec sagesse et miséricorde pour assurer la continuité des espèces.

Mais ceux qui examinent la situation d'un point de vue existentiel, ainsi que la raison d'être de cette réalité, peuvent clairement voir beaucoup de désordre et une grande confusion, comme s'il n'y avait pas de dirigeant ni aucune Providence. Chaque homme fait ce que bon lui semble, s'établissant sur la ruine des autres ; les méchants prospèrent et les justes sont piétinés sans pitié.

Sachez que cette opposition est vue par toute personne sensée et qu'elle a préoccupé l'humanité même aux temps les plus anciens. De nombreuses méthodes ont essayé d'expliquer ces deux opposés que l'on retrouve dans la Providence et qui résident dans un même monde.

La première méthode : la Nature

Cette méthode est très ancienne. Puisqu'ils n'ont trouvé aucun moyen ou exutoire pour rapprocher ces deux opposés manifestes, ils en sont venus à présumer que le Créateur, qui a tout créé et qui veille rigoureusement à l'existence de la réalité afin que rien ne soit annulé, est un être irréfléchi et insensé.

Ainsi donc, Il crée la réalité et la surveille avec une sagesse merveilleuse. Néanmoins, Lui-même est irréfléchi, faisant cela sans raison, car s'il y avait eu pensée et sentiment en Lui, Il n'aurait certainement pas laissé de tels dysfonctionnements dans la réalité, sans pitié ni compassion pour le tourmenté. Par conséquent, ils L'appelèrent « Nature », c'est-à-dire un superviseur irréfléchi et sans cœur. C'est pour cette raison qu'ils pensent qu'il n'y a personne à qui adresser nos prières, contre qui être en colère, ou à qui se justifier.

La deuxième méthode : les deux autorités

D'autres ont été un peu plus astucieux. Ils ont trouvé difficile d'accepter l'hypothèse de la supervision de la Nature, car ils ont vu que la supervision de la réalité qui garantissait son existence était d'une sagesse beaucoup plus profonde que tout aboutissement humain. Ils ne pouvaient pas accepter que le superviseur Lui-même soit irréfléchi, car comment peut-on donner quelque chose que l'on ne possède pas ? Peut-on enseigner à son ami quand on est soi-même un idiot ?

Comment pouvez-vous dire de Lui, qui accomplit devant nous des actions si intelligentes et si belles, qu'Il ne sait pas ce qu'Il fait, qu'Il le fait par hasard ? Il est évident que le hasard ne peut organiser aucun acte ordonné, et encore moins en assurer son existence éternelle.

En conséquence, ils ont émis une deuxième hypothèse qui est celle de deux superviseurs, un qui crée et maintient le bien, et l'autre qui crée et maintient le mal. Ils ont étendu cette méthode avec des preuves et des signes allant en ce sens.

La troisième méthode : des dieux multiples

Cette méthode est issue de la méthode des deux autorités. Ceci car ils ont divisé et séparé chaque acte pour lui-même, à savoir puissance, richesse, domination, beauté, famine, mort, etc. Ils ont attribué à chacun un superviseur et ont étendu ce système à leur guise.

La cinquième méthode : Il a quitté Son œuvre

Récemment, quand la connaissance s'est accrue et qu'ils ont vu le lien étroit entre toutes les parties de la Création, ils ont reconnu que le concept de dieux multiples était complètement impossible. Donc, la question des oppositions perçues dans la Providence a resurgi.

Ceci les a amenés à émettre une nouvelle hypothèse. En effet, le Superviseur est sage et plein d'attention, mais à cause de Son élévation qui est au-delà de toute conception, notre monde est considéré comme un grain de sable, comme n'étant rien à Ses yeux, ne valant pas la peine de s'occuper de nos affaires insignifiantes, et c'est pourquoi notre vie est si misérable et que chacun fait comme bon lui semble.

Parallèlement à ces méthodes, il existe également les méthodes religieuses d'union divine, mais nous ne les examinerons pas ici. Je voulais seulement examiner les origines desquelles ont émané les méthodes défectueuses et les hypothèses déconcertantes qui ont dominé et se sont énormément répandues à différentes époques, en différents lieux.

Nous avons trouvé la base d'étude sur laquelle ont été construites toutes les méthodes décrites ci-dessus et d'où sont nées et sont apparues l'opposition et la contradiction entre les deux types de providence détectables dans le monde. En effet, toutes ces méthodes sont apparues seulement pour colmater cette grande fissure.

Cependant, il n'y a rien de nouveau sous le soleil. Non seulement cette grande fissure ne s'est pas colmatée, mais elle s'est plutôt agrandie et étendue sous nos yeux telle une terrible brèche, laquelle ne laisse entrevoir aucune issue. Considérant toutes les tentatives que l'humanité a faites en vain depuis des millénaires, je me demande si nous ne devrions pas nous abstenir de demander au Superviseur de colmater cette brèche, et ce afin de faire nous-mêmes cette grande réparation.

La nécessité d'être prudent avec les lois de la Nature

Nous pouvons tous voir que l'espèce humaine doit avoir une vie sociale, c'est-à-dire qu'elle ne peut exister ni subvenir à elle-même sans l'aide des autres. Ainsi, imaginons qu'un individu se retire de la société dans un endroit désolé pour y vivre une vie de misère et de grande douleur en raison de son incapacité à pourvoir à ses propres besoins. Il ne serait pas juste pour lui de se plaindre de la Providence quant à son sort, et si cette personne le faisait, c'est-à-dire se plaignait et maudissait son sort amer, elle ne ferait qu'afficher sa stupidité.

En effet, alors que la Providence lui a préparé une place confortable et désirable à l'intérieur de la société, cette personne ne peut justifier le fait de se retirer dans un lieu désolé. On ne doit pas avoir pitié d'une telle personne, puisqu'elle va contre la nature de la Création et a la possibilité de vivre comme la Providence lui a ordonné. Ainsi donc, elle ne devrait pas être prise en pitié. L'humanité entière est d'accord avec cela, sans objection.

Je peux ajouter et souligner cela sur une base religieuse et lui donner la forme suivante : puisque la Providence provient du Créateur, qui a indubitablement un but dans Ses actes, car il n'y a pas d'acte sans but, nous trouvons que celui qui enfreint une des lois de la nature qu'Il a implantées en nous corrompt le but intentionnel.

Parce que le but est indubitablement construit sur toutes les lois de la nature, aucune n'étant exclue, de la même façon le travailleur plus intelligent n'ajouterait ni ne retrancherait un seul fil à ce qui est nécessaire pour atteindre le but. Ainsi, celui qui modifie ne serait-ce qu'une seule loi compromet et détériore le but intentionnel que le Créateur a mis en place, et il sera puni par la nature. Ainsi, nous, créatures du Créateur, ne devons pas prendre en pitié cette personne, car ce sont les lois de la nature et le but du Créateur qu'elle profane et méprise. Ceci est, je pense, la forme de cette phrase.

Je pense que ce n'est pas une bonne idée pour quiconque de contredire mes propos, ni la forme que j'ai donnée à cette phrase, parce que les mots de cette phrase sont un. Car quelle est la différence si l'on dit que le Superviseur est appelé « nature », c'est-à-dire irréfléchi et sans but, ou si l'on dit que le Superviseur est sage et sublime, capable de connaissance et de sentiments, et a un but dans ses actions ?

Car en fin de compte nous sommes tous d'accord pour dire que c'est à nous d'observer les commandements de la Providence, c'est-à-dire les lois de la nature, et nous admettons tous que celui qui enfreint les commandements de la Providence, c'est-à-dire les lois de la nature, devrait être puni par la nature et ne devrait pas être pris en pitié. Ainsi la nature de la phrase est uniforme et la seule différence est dans la motivation ; selon eux, elle est nécessaire, et selon moi, elle est intentionnelle.

Ainsi, à partir de maintenant, je n'aurai pas à utiliser les deux langages – c'est-à-dire nature et Superviseur – entre lesquels, comme je l'ai montré, il n'y a pas de différence concernant le fait de suivre les lois. Il est préférable de nous placer entre les deux et d'accepter les mots des kabbalistes, que la nature [HaTéva] a la même valeur numérique [en hébreu] que le mot Dieu [Élohim] : quatre-vingt-six. Alors je peux appeler les lois de Dieu les commandements de la nature, et vice-versa, car ils sont une seule et même chose, et ainsi nous n'avons pas besoin d'en discuter davantage.

Il est d'une importance vitale pour nous d'observer les commandements de la nature et de savoir ce qu'elle nous demande, sans quoi elle nous punira sans pitié. Nous avons dit que la nature oblige l'homme à mener une vie sociale, et cela est simple. Mais il nous faut examiner les commandements que la nature nous demande d'observer à cet égard, c'est-à-dire l'aspect de la vie sociale.

En examinant la chose de façon générale, nous voyons qu'il n'y a que deux commandements sociaux à observer, qui peuvent être appelés « réception » et « don ».

C'est-à-dire que chaque membre doit, par sa nature, recevoir ce dont il a besoin de la société et doit faire profiter la société de son travail pour le bien-être de celle-ci. S'il enfreint un de ces deux préceptes, il sera puni sans aucune pitié. Nous n'avons pas besoin d'examiner plus en détail le commandement de la réception, car la punition est exécutée immédiatement, ce qui empêche toute négligence. Mais pour l'autre commandement, celui du don envers la société, non seulement la punition ne survient pas immédiatement, mais elle est donnée indirectement. Ainsi donc, ce commandement n'est généralement pas observé correctement.

À cause de cela, l'humanité mijote à petit feu dans un chaudron atroce, et la ruine et la famine ont des conséquences qui se font toujours sentir. Le prodige, c'est que la nature, comme un juge compétent, nous punit en fonction de notre évolution, car nous pouvons voir que dans la mesure où l'humanité se développe, de même s'accroissent les tortures et les tourments pour pouvoir subvenir à notre existence.

Ainsi, vous avez devant vous une base empirique et scientifique de ce que Sa providence nous a commandé d'observer de toute notre force : le commandement du « don aux autres », avec grande précision, de telle sorte qu'aucun de nos membres ne travaille moins que la quantité nécessaire pour assurer le bonheur de la société et son succès. Tant que nous sommes paresseux dans l'accomplissement maximal de ce commandement, la nature ne cessera de nous punir et se vengera de nous.

Selon les coups que nous recevons actuellement, c'est à nous de prendre également en considération la prochaine catastrophe à venir et nous devons en tirer la bonne conclusion, qui est que la nature finira par nous vaincre, et nous serons tous forcés de faire corps en suivant Son commandement, avec toute l'intensité requise.

La preuve de Son travail par l'expérience

Mais celui qui voudrait critiquer mes dires pourrait encore objecter : bien que j'aie jusque-là prouvé que l'on doit aider les autres, où est la preuve que ceci doit être fait au nom du Créateur ?

L'histoire tumultueuse témoigne en notre faveur et nous a donné un fait établi qui est suffisant pour avoir une appréciation complète de ce sujet et en tirer des conclusions incontestables. Tout le monde peut voir comment une société aussi importante que la Russie, avec une population de centaines de millions d'hommes, avec à sa disposition plus de terres que l'Europe entière, possédant des matières premières comme peu en dispose dans le monde, a accepté de vivre une vie collective et a pratiquement aboli la propriété privée, où chacun ne s'inquiète seulement que du bien-être de la société, ayant acquis en apparence la mesure totale de la vertu du « don aux autres » dans sa pleine essence, autant que l'esprit humain puisse le comprendre.

Cependant, allez voir ce qu'il est advenu d'eux : au lieu de s'élever et de dépasser les performances des pays capitalistes, ils ont décliné toujours plus, au point où non seulement ils n'ont pu améliorer la vie des travailleurs qui travaillent plus dur que dans les pays capitalistes, mais pire encore, ils ne peuvent assurer à ces derniers leur pain quotidien ou des vêtements. En effet, ce fait établi nous pose problème, parce qu'à en juger d'après la richesse de ce pays, cela n'aurait pas dû arriver.

Mais le pays a péché d'un seul péché, que le Créateur ne lui pardonna pas. Ce péché est que tout ce travail précieux et exalté, qui est le « don aux autres », qu'ils ont commencé à accomplir, nécessite de l'être au nom du Créateur et non de l'humanité ; parce qu'ils n'ont pas fait leur travail en Son nom, du point de vue de la nature, ils n'ont aucun droit d'exister. En effet, essayez d'imaginer ce qui arriverait si chaque personne dans cette société était impatiente d'observer le commandement du Créateur comme le dit le verset : « Et tu aimeras le Seigneur ton Dieu de tout ton cœur, de toute ton âme et de toute ta force » dans cette mesure chacun se soucierait de satisfaire les besoins de son prochain, comme il le ferait pour satisfaire les siens, comme il est dit : « tu aimeras ton prochain comme toi-même. »

Si le Créateur lui-même était le but de tout homme quand il travaille pour le bien-être de la société, c'est-à-dire qu'il compte atteindre par ce travail l'adhésion à Lui, la source de toute bonté, vérité et plaisir dans le monde, il n'y a aucun doute qu'en quelques années, ils se seraient élevés en richesse au-dessus de l'ensemble de tous les pays du monde. C'est parce qu'ils auraient été alors capables d'utiliser les matières premières présentes dans leur sol riche, et ils auraient été vraiment un exemple pour les autres pays et auraient été bénis par le Créateur.

Mais quand tout le travail « de don aux autres » est basé sur le seul bien de la société, c'est en effet une fondation bancale, car qui et quoi obligeraient l'individu à trimer pour la société ? Par un principe austère et sec on ne peut espérer trouver de la motivation, même chez les individus développés. Alors la question se pose : où le travailleur ou le fermier trouverait-il assez de motivation pour se mettre au travail ? Car le pain quotidien de quelqu'un n'augmentera ni ne diminuera à cause de ses efforts quand il n'y a pas de récompense ou de but. Il est bien connu des chercheurs en sciences naturelles que l'on n'effectue pas un mouvement, même le plus petit, sans motivation, c'est-à-dire sans qu'il y ait un quelconque profit à la clé.

Quand, par exemple, quelqu'un bouge sa main de la chaise à la table, c'est parce qu'il pense qu'en mettant la main sur la table, il va ainsi recevoir un plus grand plaisir. S'il ne pensait pas ainsi, il laisserait sa main sur la chaise pour le reste de sa vie, sans la bouger d'un centimètre. Et c'est d'autant plus vrai pour des efforts plus grands.

Si vous dites qu'une solution serait de les placer sous surveillance, de façon à ce que celui qui est paresseux dans son travail soit puni en étant privé de salaire, je vous demanderais ceci : dites-moi donc où ces superviseurs trouveront leur motivation pour leur mouvement ? Parce qu'être à une certaine place et surveiller le travail des autres est aussi un grand effort, peut-être même plus grand que le travail lui-même. Ainsi, ce serait comme si quelqu'un voulait faire démarrer un moteur sans y mettre d'essence.

Dès lors, ils sont par nature voués à l'échec, car les lois de la nature les puniront du fait qu'ils sont incapables d'obéir aux ordres de celle-ci, c'est-à-dire d'effectuer les actes de don sous forme de travail pour le Créateur, de façon à arriver par cela au but de la Création, qui est l'adhésion à Lui. Il a été expliqué dans l'article « Le don de la Torah » (point 6) que cette adhésion vient au travailleur dans la mesure de Sa bonté plaisante et agréable, qui augmente à la mesure désirée pour s'élever et connaître Son bien-fondé et se développer de plus en plus, jusqu'à ce qu'il soit récompensé d'une envergure telle que ce qui est sous-entendu dans les mots « aucun l'œil n'a vu Dieu à part toi ».

Imaginez si ce but était placé sous les yeux du fermier ou du travailleur quand il travaille pour le bien de la société ; il n'aurait même pas besoin d'un superviseur, car il aurait déjà assez de motivation pour faire de grands efforts, et cela serait suffisant pour élever la société au bonheur ultime.

En effet, on comprend qu'un tel chemin requiert beaucoup de soin et une pratique digne de confiance, mais chacun peut voir que sans cela il n'a aucun droit d'exister aux yeux d'une nature têtue et obstinée. C'est ce que je voulais démontrer ici.

Ainsi, j'ai prouvé par déduction empirique – au sein de l'histoire pratique qui se déroule sous nos yeux – qu'il n'y a pas d'autre remède pour l'humanité que d'accepter le commandement de la Providence qui est de « donner aux autres » de façon à apporter contentement au Créateur, dans la mesure des deux versets suivants.

Le premier verset est « Tu aimeras ton prochain comme toi-même », qui est l'attribut du travail lui-même, c'est-à-dire que la quantité d'effort pour donner du bonheur aux autres ne devrait pas être moins grande que celle fixée dans l'homme de se soucier de ses propres besoins. De plus, l'homme doit placer les besoins de son prochain avant les siens, comme il est écrit dans l'article « Le don de la Torah » (point 4).

Le deuxième verset est « Et tu aimeras le Seigneur ton Dieu de tout ton cœur, de toute ton âme et de toute ta force » ceci est le but qui doit être sous les yeux de chacun lorsqu'il travaille pour les besoins de son ami, et les instructions sont de travailler seulement pour trouver grâce aux yeux du Créateur, c'est-à-dire de faire Sa volonté.

Et si vous les désirez et les écoutez, vous vous nourrirez des fruits de la terre, car la pauvreté, le tourment et l'exploitation n'existeront plus dans le pays, et le bonheur de chacun s'élèvera toujours plus haut, au-delà de toute mesure. Mais aussi longtemps que vous refusez d'assumer l'alliance du service du Créateur dans toute sa mesure, alors la nature et ses lois seront prêtes à se venger et s'acharneront sur vous jusqu'à ce qu'elles vous vainquent et que vous acceptiez leur autorité dans tout ce qu'elles commandent.

Je vous ai présenté une recherche scientifique pratique, appuyée par une connaissance expérimentale, sur la nécessité absolue pour toute personne de se mettre au service du Créateur, de tout son cœur, de toute son âme et de toute sa force.

Clarification de la phrase de la *Michna* : « Tout est donné sous caution et un filet s'étend sur toute vie »

Maintenant que nous avons appris tout ceci, nous pouvons comprendre une phrase obscure de la Michna, au troisième chapitre du Traité des Pères, qui dit : « Il (Rabbi Akiva) disait : "Tout est donné sous caution et un filet s'étend sur toute vie. Le magasin est ouvert et le commerçant vend par paiements différés, le livre est ouvert et la main écrit, tous ceux qui veulent emprunter peuvent venir emprunter. Les collecteurs reviennent régulièrement et chaque jour chacun rembourse bon gré mal gré. Leurs droits sont toujours valables et leurs réclamations toujours justes, et tout est prêt pour le banquet." »

Cette phrase n'est pas demeurée obscure sans raison, sans qu'il y ait même un indice quant à sa signification, ce qui indique la grande profondeur de ce que nous avons ici. La connaissance que nous avons acquise jusqu'ici clarifie très bien cette phrase.

La roue de changement de forme

D'abord, laissez-moi présenter l'opinion de nos sages à propos de l'enchaînement des générations dans le monde. Bien que nous voyions les corps changer d'une génération à l'autre, ce n'est le cas que pour les corps. En revanche, les âmes, qui sont le noyau de l'essence des corps, ne disparaissent pas par évanescence mais vont d'un corps à un autre, d'une génération à une autre. Les mêmes âmes qui étaient présentes au temps du Déluge sont descendues et revenues au temps de Babylone et durant l'exil en Égypte, puis lors de la sortie d'Égypte, et ainsi de suite jusqu'à notre génération, et ce jusqu'à la réparation finale.

Ainsi, dans notre monde, il n'y a pas de nouvelles âmes, comme c'est le cas pour les corps, mais seulement une quantité donnée d'âmes qui se réincarne sur la roue de changement de forme et se revêt chaque fois dans un nouveau corps, à une nouvelle génération.

Par conséquent, en ce qui a trait aux âmes, toutes les générations depuis le début de la création jusqu'à la réparation finale sont comme une seule génération prolongeant sa vie sur plusieurs milliers d'années, jusqu'à ce qu'elle se développe et soit corrigée comme elle devrait l'être. Le fait que chaque âme ait changé de corps plusieurs milliers de fois dans l'intervalle n'est pas important du tout, car le noyau de l'essence du corps, qui est appelé l'âme, n'a pas subi tous ces changements.

Beaucoup de preuves pointent en ce sens et il existe une grande sagesse appelée le secret de la réincarnation des âmes, sur lequel il n'est pas opportun de s'étendre ici, mais à ceux qui croient que cela est exagéré à cause de leur manque de connaissance à ce sujet, il est bon de dire que la réincarnation a lieu pour tous les objets de la réalité tangible ; chaque objet, à sa façon, vit une vie éternelle.

Bien que nos sens disent que tout est transitoire, ce n'est qu'en apparence. En fait, il n'y a ici que des incarnations, chaque entité ne jouissant d'aucun répit mais se réincarne sur la roue de changement de forme, ne perdant rien en route de son essence, comme les physiciens l'ont démontré.

Maintenant, nous allons clarifier les mots « Tout est donné sous caution ». Cela peut être comparé à quelqu'un qui prête de l'argent à son ami pour l'associer à son profit. De façon à être sûr de ne pas perdre son argent, il se porte caution, et ainsi il est libéré de toute incertitude. La même chose s'applique à la création du monde et à son existence, que le Créateur a préparé pour que l'homme s'y engage et, ultimement, atteigne le but élevé de l'adhésion à Lui, comme il est dit dans « Le don de la Torah » (point 6). Ainsi, on peut se demander qui forcera l'humanité à se mettre à Son service jusqu'à ce qu'elle arrive à cette élévation ultime ?

Rabbi Akiva nous dit à ce propos, « tout est donné sous caution », c'est-à-dire que tout ce que le Créateur a créé et donné aux hommes, Il ne leur a pas donné gratuitement, mais s'est gardé une caution. Quelle est cette caution ?

La réponse de Rabbi Akiva est de dire « et un filet s'étend sur toute vie », c'est-à-dire que le Créateur a fait un acte intelligent et a étendu un filet magnifique sur toute l'humanité, duquel personne ne peut s'échapper. Tous les hommes doivent être pris dans ce filet et nécessairement accepter Son travail, jusqu'à ce qu'ils atteignent leur but sublime. C'est la caution que le Créateur s'est donnée à Lui-même, de façon à s'assurer qu'aucun mal n'arrive à l'œuvre de la Création.

Ensuite, il l'interprète en détail en disant « le magasin est ouvert », c'est-à-dire que bien que ce monde paraisse être un magasin ouvert sans propriétaire, de sorte que chacun puisse y entrer et se servir à sa guise, Rabbi Akiva nous avertit que le commerçant vend par paiements différés. Ceci veut dire que bien que nous ne voyions aucun commerçant, il y en a bel et bien un, et la raison pour laquelle il ne nous fait pas payer tout de suite est parce qu'il vend par paiements différés.

Comment connaît-il le montant de ma dette ? À ceci, il répond : « le livre est ouvert et la main écrit », c'est-à-dire qu'il y a un livre dans lequel tout acte sans exception est écrit, et le but gravite autour de la loi du développement que le Créateur a imposée à l'humanité et qui nous pousse constamment vers l'avant.

Ceci veut dire que les conduites dysfonctionnelles que l'on trouve dans l'humanité engendrent elles-mêmes les bonnes situations et que chaque bonne situation n'est rien d'autre que le fruit du travail de la mauvaise situation qui l'a précédée. En effet, ces valeurs de bien et de mal ne se réfèrent pas à la situation elle-même, mais au but général, c'est-à-dire qu'une situation qui rapproche l'humanité du but est appelée bonne et celle qui l'en éloigne est appelée mauvaise.

La « loi de développement » est construite selon ce seul standard. Le dysfonctionnement et le mal qui prennent forme dans une situation sont considérés la cause et le générateur des bonnes situations, de sorte que chaque situation dure juste assez longtemps pour augmenter le mal en elle, dans une mesure telle que le public ne puisse plus l'endurer, et il doit alors s'unir contre lui et le détruire et trouver une meilleure situation pour la correction de cette génération.

De même, la nouvelle situation dure elle-même jusqu'à ce que les étincelles de mal en elle aient le temps de mûrir et de grandir à un niveau qui devient insupportable. Alors elle doit être détruite et une situation plus plaisante est construite à sa place.

Ainsi, les situations se suivent une à une, et de degré en degré, jusqu'à atteindre une situation si corrigée qu'elle ne contiendra plus aucune étincelle de mal.

Ainsi, vous pouvez vous rendre compte que les graines desquelles poussent les bonnes situations ne sont rien d'autre que leurs actes défectueux, c'est-à-dire que le mal apparent qui résulte des actes des méchants de la génération s'additionne et s'accumule en une grande somme, jusqu'à ce que le public ne puisse plus le supporter. Alors ils y font face, le détruisent et créent une nouvelle situation plus désirable. Ainsi, vous voyez que tout mal est conditionné par la force motrice qui permet à la bonne situation de se développer.

Ce sont les dires de Rabbi Akiva, « le livre est ouvert et la main écrit », car toute situation dans laquelle est placée une génération est comme un livre. Tous les méchants sont comme des mains qui écrivent, puisque tout mal est gravé et écrit dans le livre jusqu'à ce que soit atteinte une quantité qui devient insupportable pour le public, qui alors détruit cette mauvaise situation et s'organise en vue d'une situation plus désirable. Ainsi, chaque acte est comptabilisé et écrit dans le livre, c'est-à-dire dans la situation.

Ensuite, il dit « tous ceux qui veulent emprunter peuvent venir emprunter », cela réfère à celui qui croit que ce monde n'est pas comme un magasin ouvert sans propriétaire, mais qu'il y a un commerçant qui demande à ses clients le juste prix pour la marchandise prise dans le magasin, c'est-à-dire qu'il prendra part à Son travail pendant sa vie, auprès de ce magasin, d'une manière qui le conduira de façon certaine au but de la création, comme Il lui plaît.

Une telle personne est considérée comme quelqu'un qui veut emprunter, c'est-à-dire qu'avant même qu'elle n'étende la main pour prendre quelque chose de ce monde, qui est le magasin, elle contracte un emprunt de façon à payer le prix, c'est-à-dire qu'elle prend sur elle de Le servir et d'atteindre Son but pendant le temps qu'elle s'approvisionne au magasin, promettant ainsi de rembourser sa dette en arrivant au but désiré. Ainsi, elle est considérée comme quelqu'un qui veut emprunter, c'est-à-dire qu'elle fait la promesse de payer la dette.

Rabbi Akiva distingue deux types de personnes : les premières sont celles du type « magasin ouvert ». Elles considèrent le monde comme un magasin ouvert sans commerçant. Il dit à leur sujet que « le livre est ouvert et la main écrit », c'est-à-dire que même si elles ne peuvent pas voir que leurs actes sont comptabilisés, ceux-ci sont écrits dans le livre, ce qui est fait par la loi du développement, fixé dans la Création contre la volonté de l'humanité. Les actions mêmes des méchants provoquent, contre leur gré, les bonnes actions, comme il a été montré ci-dessus.

Les secondes sont appelées « celles qui veulent emprunter ». Celles-ci prennent en considération le commerçant, et quand elles prennent quelque chose du magasin, elles le prennent comme un emprunt. Elles promettent de payer le commerçant le prix désiré, c'est-à-dire d'être par cela récompensé du but. À leur sujet, il dit : « ceux qui veulent emprunter peuvent venir emprunter. »

Et si vous demandez : « Quelle est la différence entre les personnes du premier type, dont le but vient à elles par la loi de développement, et celles de l'autre type, dont le but vient à elles par un asservissement volontaire à Son service ? Ne sont-elles pas égales pour atteindre le but ? » Il continue en disant : « et les collecteurs reviennent régulièrement, et chaque jour l'homme rembourse bon gré, mal gré », c'est-à-dire qu'il est vrai que les deux types de personnes remboursent quotidiennement leur part de la dette.

De même que les forces vertueuses qui se manifestent en Le servant sont considérées comme des percepteurs loyaux, lesquels encaissent la dette par échelonnements chaque jour jusqu'à ce qu'elle soit complètement payée, de même les forces existantes dans la loi de développement sont aussi considérées comme des collecteurs loyaux qui encaissent la dette par échelonnements journaliers, jusqu'à ce qu'elle soit complètement payée : « et les collecteurs reviennent régulièrement et chaque jour l'homme rembourse. »

Cependant, il y a une grande différence et une grande distance entre les deux types de personnes, d'où l'expression « bon gré, mal gré ».

Les personnes du premier type, dont la dette est encaissée par les collecteurs de la loi du développement, payent inconsciemment. Des vagues turbulentes viennent sur elles en raison du fort vent de progrès qui les pousse par derrière et les force à avancer.

Ainsi, leur dette est remboursée contre leur gré et la découverte des mauvaises forces qui les poussent par derrière leur provoque une grande douleur.

Les personnes du deuxième type, au contraire, paient leur dette – qui est l'atteinte « consciente » du but – de leur plein gré, en répétant les actes vertueux qui accélèrent le développement du sens de la connaissance du mal. Par ce travail, elles sont doublement gagnantes.

Le premier gain est que les forces qui résultent de Son travail sont placées devant ces personnes comme des forces d'attraction magnétique qu'elles poursuivent de leur propre chef, dans un esprit d'amour. Inutile d'ajouter qu'elles sont exemptes de toutes sortes de souffrances dont les personnes du premier type sont victimes.

Le deuxième gain est qu'elles accélèrent le but désiré, car elles sont les justes et les prophètes qui sont récompensés du but à chaque génération, comme il est expliqué dans l'article « De l'essence de la sagesse de la Kabbale », au paragraphe « Ce autour de quoi gravite cette sagesse ».

Ainsi, vous pouvez vous rendre compte qu'il y a un gouffre entre celles qui payent consciemment et celles qui payent inconsciemment, qui est comparable à l'avantage de la lumière de ravissement et de plaisir, sur l'obscurité des souffrances et des douleurs. Et il dit encore : « ils ont ce à quoi se fier et le jugement est vrai », c'est-à-dire qu'aux gens qui payent consciemment et de leur plein gré, Il promet qu' « ils ont ce à quoi se fier », qu'il y a une grande force dans Son travail pour les amener au but sublime et qu'il vaille la peine de se soumettre à Son joug.

Aux personnes qui payent sans le savoir, il dit : « et le jugement est vrai ». Apparemment, on peut se demander pourquoi la Providence laisse ces dysfonctionnements et tourments exister dans le monde et laisse l'humanité y frire sans pitié. À ce sujet, il dit que ce jugement est un « jugement vrai » parce que « tout est prêt pour le banquet », c'est-à-dire pour le vrai but. Le ravissement sublime qui est destiné à apparaître de la révélation de Son but à la Création est que tous les ennuis, les efforts et les souffrances qui nous arrivent au fil du temps sont comme un hôte qui se donne beaucoup de mal pour préparer une grande fête pour ses invités. Le but attendu, qui doit finalement être révélé, ressemble à une fête à laquelle les invités assistent avec beaucoup de joie et plaisir. C'est pourquoi il dit : « et le jugement est vrai et tout est prêt pour le banquet. »

De telle sorte que l'on trouve dans le *Midrach Béréshit Raba*, au sujet de la création de l'homme, les anges demandent à Dieu : « Qu'est-ce que l'homme pour que Tu te souviennes de lui ? Et le fils de l'homme, pour que Tu le protèges ? Pourquoi as-Tu besoin de ce souci ? » Le Créateur leur dit : « Pourquoi Tsona et Alafim ont été créés ? » Il existe une allégorie au sujet d'un roi qui possédait une tour remplie de biens, mais pas d'invités. Quel plaisir prend-il alors à avoir une tour pleine ? Ils lui dirent : « Seigneur du monde, Seigneur notre Maître, comme Ton nom est grand sur toute la terre. Fais comme bon Te semble ».

Interprétation : les anges ont vu la douleur et les tourments qui devaient arriver à l'humanité et se sont demandés : « Pourquoi as-Tu besoin de ce souci ? »

Le Créateur leur répliqua qu'en effet Il a une tour remplie de biens, mais seule l'humanité y est invitée. Bien sûr, les anges ont soupesé dans leurs esprits les plaisirs dans cette tour qui attendent ses invités par rapport aux tourments et aux soucis qui attendent l'humanité, et quand ils ont vu qu'il était bon pour l'humanité de souffrir pour le bien qui l'attend, ils ont approuvé la création de l'homme. Comme Rabbi Akiva a dit : « et le jugement est vrai et tout est prêt pour le banquet » – que depuis le début de la Création, tous les hommes ont reçu une invitation et la pensée du Créateur les oblige à venir au banquet, que ce soit consciemment ou inconsciemment.

Maintenant, nous pouvons voir la vérité dans les mots du prophète Isaïe dans sa prophétie sur la paix :

« Le loup habitera avec l'agneau et le tigre se couchera près du chevreau » et en apporte la raison « la terre sera remplie de la connaissance du Seigneur, comme les eaux couvrent la mer. » Ainsi, nous voyons que le prophète conditionne la paix dans le monde à la connaissance du Créateur, tout comme nous avons dit que l'opposition dure et égoïste entre les gens, ainsi que la détérioration des relations nationales, ne cesseront dans le monde sous quelques conditions que ce soit, malgré les conseils et les stratagèmes des hommes. Advienne que pourra.

Nos yeux peuvent voir comment le pauvre malade se tord d'une atroce douleur, et les hommes se sont déjà jetés dans l'extrême droite comme en Allemagne, ou dans l'extrême gauche, comme en Russie.

Non seulement ils n'ont pas occasionné un apaisement de la douleur, mais ils n'ont fait qu'empirer la maladie et les tourments, et les voix se sont élevées jusqu'au ciel, comme nous le savons tous.

Ainsi, ils n'ont d'autre choix que d'accepter Son joug pour Le connaître, c'est-à-dire qu'ils orientent leurs actes vers la volonté du Créateur et vers Son but, tel qu'Il l'a conçu avant la Création. Lorsqu'ils le feront, il sera évident qu'avec Son travail toute jalousie et toute haine disparaîtront de l'humanité, comme je l'ai montré ci-dessus, car alors tous les membres de l'humanité s'uniront en un seul corps, un seul cœur rempli de la connaissance du Créateur. Ainsi, la paix mondiale et la connaissance du Créateur sont une seule et même chose.

Tout juste après, le prophète dit : « Ce jour-là, le Seigneur interviendra une seconde fois pour libérer le reste de Son peuple, etc. Il rassemblera les dispersés de Yéhouda, Il les regroupera des quatre coins de la terre. » Nous apprenons ainsi que la paix mondiale aura lieu avant le rassemblement de la Diaspora.

Maintenant, nous pouvons comprendre les paroles de nos sages (Traité *Okatsin*) : « Le Créateur n'a pas trouvé de récipient pour contenir la bénédiction pour Israël, sauf la paix », comme il est dit : « Le Seigneur donnera la puissance à Son peuple, le Seigneur bénira Son peuple de la paix. » Apparemment, nous devrions nous étonner de la phrase « un récipient pour contenir la bénédiction pour Israël », car comment expliquer ces mots ?

Ces mots deviennent clairs comme la prophétie d'Isaïe – que la paix mondiale doit avoir lieu avant le rassemblement de la Diaspora. C'est pourquoi il est dit : « Le Seigneur donnera la puissance à Son peuple » et dans le futur, quand le Créateur donnera la puissance à Son peuple Israël, c'est-à-dire la renaissance éternelle, alors « le Seigneur bénira Son peuple de la paix. » Ce qui veut dire qu'Il bénira d'abord Son peuple, Israël, de la paix dans le monde entier, et ensuite Il « interviendra une seconde fois pour libérer le reste de Son peuple. »

Nos sages disent que la bénédiction de la paix dans le monde entier précède ainsi la puissance, c'est-à-dire la rédemption, du fait que « le Créateur n'a pas trouvé de récipient pour contenir la bénédiction d'Israël, sauf la paix », c'est-à-dire que tant que l'amour de soi et l'égoïsme existent parmi les nations, Israël non plus ne sera pas capable de servir le Créateur de façon pure, par le don aux autres, comme il est dit dans les explications du verset : « Et vous serez pour Moi un royaume de prêtres » dans l'article « *Arvout* ».

En effet, nous le voyons par expérience, la venue au pays et la construction du Temple n'ont pu se maintenir ni recevoir la bénédiction que le Créateur avait promise à nos patriarches.

Ils ont dit : « Le Créateur n'a pas trouvé de récipient pour contenir la bénédiction », c'est-à-dire que jusqu'à présent les enfants d'Israël n'avaient pas de récipient pour contenir la bénédiction des Patriarches. Ainsi donc la promesse d'hériter de la terre pour toute l'éternité ne s'est pas encore réalisée, car la paix mondiale est le seul récipient qui puisse nous permettre de recevoir la bénédiction des patriarches, comme il est dit dans la prophétie d'Isaïe.

Rav Yéhouda Ashlag
LA LIBERTÉ

« Les tables gravées. Ne prononcez pas "gravées" (*Haroute*), mais "liberté" (*Héroute*). On nous enseigne que nous avons été libérés de l'ange de la mort. » (*Midrach Shémot Raba*, 41)

Cet article mérite un éclaircissement, car en quoi recevoir la Torah libère l'homme de la mort ? De plus, après avoir atteint grâce au don de la Torah un corps éternel qui ne peut donc pas mourir, comment l'ont-ils reperdu ? Est-ce que ce qui est éternel peut disparaître ?

Le libre arbitre

Pour comprendre l'expression ci-dessus, « libérés de l'ange de la mort », il faut commencer par comprendre ce que l'on entend par le mot liberté dans sa conception actuelle, telle que le conçoit l'humanité. D'un point de vue général, nous considérons la liberté comme une loi naturelle qui s'applique à toute vie et nous voyons que les animaux qui sont sous notre coupe meurent quand nous leur ôtons la liberté. C'est un témoignage fiable en ce que la Providence n'accepte pas la mise en esclavage d'une quelconque créature. Ce n'est pas en vain que l'humanité a combattu ces dernières décennies pour atteindre une relative liberté individuelle.

Cependant, cette expression appelée « liberté » est très floue. Si nous l'approfondissons un peu, il n'en restera presque plus rien. Parce qu'avant de demander la liberté individuelle, c'est à vous de supposer que chaque individu, en lui, possède le même attribut appelé « liberté », c'est-à-dire qu'il peut agir selon son libre choix.

Le plaisir et la souffrance

Cependant, lorsque nous observons le comportement d'un individu, nous trouvons que ces agissements lui sont imposés et qu'il est obligé d'agir ainsi sans aucune possibilité de choisir. Il ressemble en cela à un civet qui mijote à feu doux et qui n'a d'autre choix que de cuire. La Providence a attaché la vie à deux chaînes : le plaisir et la souffrance. Toutes les créatures vivantes n'ont aucune liberté de choix entre le plaisir et la souffrance, et le seul avantage que l'homme possède sur les animaux est de pouvoir faire des projets à long terme, c'est-à-dire accepter sur le moment une certaine dose de souffrance dans l'espoir de futurs bénéfices, ou de plaisirs, après un certain laps de temps.

Mais ce n'est là, en vérité, qu'un simple calcul de marchands ; les créatures estimant que le bénéfice ou le plaisir futur sera plus grand que la souffrance qu'elles endurent sur le moment. Ici, il est uniquement question de déduction. Elles déduisent les tracas et les souffrances du plaisir escompté, et il leur reste un certain excédent.

C'est ainsi qu'apparaît uniquement le plaisir. Il arrive parfois que quelqu'un soit tourmenté, car il n'a pas trouvé dans le plaisir le surplus qu'il attendait, par rapport aux souffrances qu'il a endurées, et se trouve donc dans un état de manque. Tout se passe comme dans les affaires.

Il n'y a en fin de compte dans tout cela aucune différence entre l'homme et l'animal, et dans ce cas-là, il n'existe aucun libre choix mis à part une force d'attraction qui l'attire vers les plaisirs occasionnels et qui rejette les situations désagréables. Par le moyen de ces deux forces, la Providence le conduit aux endroits où elle le désire sans lui demander son avis.

Qui plus est, même le choix du type de plaisir ou d'un intérêt n'appartient en aucun cas au libre choix de l'individu, mais dépend des désirs des autres qui le veulent, alors que lui non. Par exemple, je m'assois, je m'habille, je parle, je mange. Tout ceci non pas parce que je veux m'asseoir ainsi, m'habiller de cette façon, parler comme cela et manger comme ceci, mais parce que les autres veulent que je m'assoie ainsi, que je m'habille, parle et mange de cette façon. Tout cela est en fonction des désirs et des goûts de la société, et non de ma propre volonté.

Mais encore, dans la plupart des cas, je fais toutes ces choses à l'encontre de ma volonté, parce qu'il me serait beaucoup plus pratique de me comporter simplement sans aucune contrainte. Mais je suis enchaîné aux plaisirs, aux goûts et au savoir-vivre des autres, qui forment la société. Dites-moi donc où est ma liberté de choisir si d'autre part nous supposons que je ne dispose pas de libre choix et que nous ne sommes que des machines qui agissent et qui créent sous la férule de forces extérieures, lesquelles m'obligent à agir ainsi ? Cela veut dire que chacun est incarcéré dans la prison de la Providence et que, par ces deux composantes – le plaisir et la souffrance – elle nous attire et nous pousse selon sa volonté, vers les endroits qu'elle nous réserve.

Il s'avère que « le moi » n'existe pas dans ce monde puisque personne n'est libre ni ne peut s'assumer seul. Je ne suis pas responsable de mes actes et je ne suis pas celui qui agit, car en dépit de le vouloir, mon comportement m'est imposé. Par conséquent, récompense et punition deviennent caduques.

Ce n'est pas seulement étrange pour les religieux qui croient en Sa providence et qui ont confiance en Lui, sachant que chacun de Ses actes est dirigé vers le bien, mais cela est encore plus étrange pour ceux qui croient en la nature, car selon ce qui a été dit, nous sommes tous prisonniers au sein d'une nature aveugle, sans conscience et sans responsabilité. Nous qui sommes les élus, avec un esprit et des connaissances, nous sommes les jouets entre les mains de cette nature aveugle qui nous égare. Et Dieu sait où ?

La loi de causalité

Cela vaut la peine de s'attarder pour comprendre une chose aussi importante, à savoir de regarder comment nous vivons dans ce monde face à « l'égoïsme » et où chacun d'entre nous se considère comme une personne unique agissant par elle-même, indépendante des forces étrangères extérieures – et de quelle manière cet état égoïste nous est-il révélé ?

La vérité est qu'il existe un lien global entre tous les détails de la réalité, qui sont sous l'égide de la loi de causalité, alliant cause et effet. Chacun de ces détails reflète le Tout en lui-même. Cela signifie que toute créature en ce monde, partant des quatre types – minéral, végétal, animal et parlant – est sous les auspices de la loi de causalité conjuguant cause et effet.

Qui plus est, chaque forme particulière qui dépend d'un comportement particulier et qu'une créature possède lors de son séjour en ce monde est poussée par des causes anciennes et l'oblige à accepter ce changement particulier d'attitude, et aucun autre. Ceci est évident pour tous ceux qui étudient l'organisation de la nature d'un point de vue purement scientifique, sans parti pris aucun. C'est ainsi que nous devons l'analyser pour nous permettre de l'examiner dans son ensemble.

Quatre facteurs

Sachez que toute apparition survenant en ce monde ne vient pas « ex nihilo », mais de « ce qui existe », signifiant que toute entité présente en ce monde s'est débarrassée d'une forme ancienne pour se revêtir de sa forme actuelle.

Pour cela, il convient de comprendre que toute apparition dans ce monde est composée des quatre facteurs et que ce sont d'eux qu'est sortie et a été fixée cette apparition, et ils sont appelés :

A) *HaMatsa* : le programme.
B) La relation de cause à effet, dépendante de l'attribut même du programme, qui lui ne change pas.
C) Les causes à effets internes, qui changent au contact de forces étrangères.
D) Les causes à effets attribuées à des éléments étrangers, qui agissent sur le programme de l'extérieur.

Nous allons les étudier un à un :

Le premier facteur : le programme, la matière première

Le programme, c'est la matière première de cette apparition. Parce « qu'il n'y a rien de nouveau sous le soleil », tout événement qui se produit en ce monde ne vient pas « ex nihilo », mais de « ce qui existe ». C'est une entité qui s'est défaite de sa forme antérieure et en a prise une autre, différente de la précédente. C'est cette entité que nous définissons comme le « programme ». En elle est fixée la future force qui se révélera et sera déterminée à la fin de la formation d'une émergence. C'est pourquoi le programme est considéré comme la cause première.

Le second facteur : la cause à effet en elle-même

C'est une relation de cause à effet qui relève de l'attribut du programme, qui lui ne change pas. Prenez l'exemple de l'épi de blé qui en se décomposant dans la terre va faire pousser de nombreux épis. Ainsi, l'état de décomposition est considéré ici comme « le programme », c'est-à-dire que l'essence du blé s'est dépouillée de sa forme précédente, c'est-à-dire la forme qui était celle du blé et a endossé la forme du blé décomposé, qui est la semence appelée « programme », débarrassée à présent de toute forme. Désormais, après s'être décomposée dans la terre, elle est digne de recevoir une autre forme, la forme de nombreux épis de blé, destinés à sortir et à croître de ce programme qui est la graine.

Tout le monde sait que ce programme (*Matsa*) n'est pas destiné à donner de l'orge ou de l'avoine et qu'il ne peut être comparé qu'à la forme dont il s'est revêtu précédemment, à savoir un seul épi de blé. Bien que, dans une certaine mesure, il change en quantité et en qualité – nous avons maintenant dix ou vingt épis, alors que sa forme précédente était composée d'un seul épi ainsi que d'un goût et une apparence particuliers – l'essence même du blé reste inchangée. En fait, nous voyons une relation de cause à effet assignée à l'attribut même du programme, qui lui ne change jamais.

L'orge n'émergera jamais d'un plant de blé, comme nous l'avons montré. Telle est la base du second facteur.

Le troisième facteur : la cause à l'effet interne

C'est la relation de « cause à effet » interne du programme (*Matsa*) qui change au contact de forces étrangères se trouvant dans son entourage, c'est-à-dire que d'un épi de blé se décomposant dans le sol poussent de nombreux épis de blé qui sont parfois plus épais et de meilleure qualité que les épis dont étaient issues les graines.

Il y a par conséquent, ici, obligatoirement des facteurs supplémentaires qui ont collaboré et se sont unis à la force cachée de l'environnement, c'est-à-dire le « programme (*Matsa*) ». Grâce à cela, des améliorations en qualité et en quantité ont pu être apportées à la forme précédente du blé. Ces facteurs sont les minéraux et les matériaux dans le sol, la pluie et le soleil. Ces intervenants agissent en liant leurs ressources à la force même du programme, et, par la relation de cause à effet, ils ont multiplié tant en qualité qu'en quantité cette production.

Il convient de comprendre que ce troisième facteur prend part au processus interne du programme, car la force cachée du programme les régit et, en fin de compte, ces changements sont propres au blé et non à une autre céréale.

C'est pourquoi nous les définissons comme des facteurs internes. Ils se distinguent sous tous les aspects du second facteur, qui ne change en rien, tandis que le troisième facteur change à la fois en quantité et en qualité.

Quatrième facteur : cause et effet attribuables aux éléments étrangers

C'est la relation de « cause à effet » attribuable aux éléments étrangers, lesquels agissent de l'extérieur. Ce qui veut dire qu'ils n'ont pas un lien direct avec le blé, comme c'était le cas des minéraux, de la pluie et du soleil, mais ce sont des facteurs qui lui sont étrangers, telles que des choses à proximité ou des éléments extérieurs comme la grêle, le vent, etc.

Nous voyons que ces quatre facteurs se combinent dans le blé tout au long de sa croissance. Chaque situation particulière que le blé vit au cours de cette période est conditionnée par ces quatre facteurs. La quantité et la qualité de chaque situation sont déterminées par eux et, comme nous l'avons décrit pour le blé, cette loi s'applique pour toute apparition en ce monde et même aux pensées et aux idées.

Par exemple, si nous dépeignons une situation quelconque chez une certaine personne, pratiquante ou laïque, ultra-orthodoxe ou laïque extrémiste, si ce n'est entre les deux, nous comprendrons que cette même situation existe et a été mise dans une personne par ces quatre facteurs.

Les acquis héréditaires

Le premier facteur est le programme, qui est sa matière première, car l'homme provient d'un antécédent, à savoir de l'esprit de ses géniteurs. C'est pourquoi il s'avère que dans une certaine mesure, c'est comme copier un livre, c'est-à-dire que presque tout ce qui était atteignable et acceptable pour nos aïeux a été recopié.

Mais la différence est que nous avons affaire à une forme abstraite. Cela ressemble au grain de blé qui n'est pas considéré comme une graine tant qu'il ne s'est pas décomposé et débarrassé de sa forme précédente. Il en est de même pour la goutte de sperme qui donne naissance à l'homme : il n'y a rien en elle qui s'apparente aux formes de ses aïeux, ce sont uniquement des forces abstraites.

Car les mêmes idées qui étaient pour ses pères des concepts sont devenues chez lui de simples penchants appelés instincts ou habitudes, qui le font agir sans qu'il ne sache pourquoi. Elles sont en effet des forces abstraites, héritées de nos pères, de façon à ce que non seulement les biens matériels nous soient transmis en héritage mais les biens spirituels et tous les concepts que nos aïeux ont étudiés nous parviennent aussi en héritage de génération en génération.

De là se dévoilent et apparaissent toutes sortes de tendances qui existent chez les gens. Par exemple, un penchant pour la foi ou un penchant pour la critique, une tendance à se contenter de la vie matérielle ou à n'être passionné que par les idées, une tendance à mépriser une vie sans intérêt, ou encore à se montrer avare, généreux, effronté ou timide.

Tous ces penchants que nous voyons chez les gens n'ont pas été acquis par eux-mêmes, mais font partie de l'héritage que leur ont légué leurs aïeux. Nous savons que dans le cerveau humain existe un endroit particulier dans lequel se trouvent ces héritages et qui s'appelle le bulbe rachidien, « le cerveau allongé » – ou subconscient – où l'on trouve toutes les tendances.

Du fait que les idées de nos aïeux, fruits de leurs expériences, soient devenues pour nous de simples tendances, elles sont considérées comme la semence qui s'est débarrassée de sa forme précédente et qui possède dans son dépouillement extrême un potentiel de forces nécessaires à l'acquisition de nouvelles formes. Comme ces tendances sont destinées à prendre dans notre corps les formes de concepts, elles sont considérées, par conséquent, comme la matière première correspondant au premier facteur appelé « programme », dans lequel toutes les forces des tendances particulières héritées de nos aïeux sont incluses. On les définit comme « l'héritage paternel ».

Sachez que certaines de ces tendances parviennent sous la forme négative, c'est-à-dire qu'elles sont à l'opposé de ce qu'elles étaient chez nos pères, et de là il est dit « Tout ce qui est caché dans le cœur du père se dévoile chez le fils ouvertement ».

La raison en est que le « programme » se débarrasse de sa forme précédente afin d'en revêtir une nouvelle. Il est donc prêt à refuser les formes des concepts de ses ancêtres, tel le grain de blé qui se décompose dans la terre, qui perd entièrement sa forme de grain, tout en dépendant toujours, cependant, des trois autres facteurs.

L'influence de l'environnement

Le second facteur est une relation de « cause à effet direct », visant l'attribut du programme lui-même, qui lui ne change pas. Cela veut dire, comme nous l'avons expliqué avec le blé se décomposant dans la terre, que l'environnement du programme, ce qui inclut le sol, les minéraux, la pluie, le vent et le soleil, comme décrit ci-dessus, agit sur la semence par une longue chaîne de cause à effet, au cours d'un processus lent et progressif, pas à pas jusqu'à ce qu'il soit mûr.

Le programme a repris sa forme précédente, c'est-à-dire la forme de blé, avec cependant des changements quantitatifs et qualitatifs. Les aspects généraux ne changent absolument pas, il ne poussera ni du seigle ni de l'avoine, mais dans les aspects particuliers la quantité change, c'est-à-dire que d'un grain de blé naissent dix ou vingt épis de blé, et c'est la même chose pour la qualité, qui est meilleure ou pire que la précédente forme du grain de blé.

C'est pareil pour l'homme qui est considéré comme le « programme » et qui est placé dans son environnement, c'est-à-dire au sein de la société. Il est obligatoirement influencé par elle, comme l'est le grain de blé par son environnement, parce que le programme n'est qu'une forme à l'état brut. C'est pourquoi un contact permanent avec son environnement et la société l'affecte par un enchaînement progressif de situations, lesquelles agissent une à une par relation de cause à effet.

Pendant ce temps, les tendances incluses dans son programme se développent et prennent la forme de concepts. Si, par exemple, quelqu'un hérite de ses pères un penchant pour l'avarice, alors en grandissant il s'entoure de concepts et d'idées qui vont l'aider à réaliser le bien-fondé de son avarice. Ainsi, bien que son père ait été généreux, il peut hériter de lui la tendance inverse, celle de l'avarice, car l'inversion d'une tendance n'en est pas moins considérée comme un héritage.

Ou bien, si quelqu'un hérite de ses pères un penchant pour l'ouverture d'esprit, il va s'entourer d'idées dont il va se servir pour se prouver qu'il est bon d'être ouvert d'esprit. N'empêche, d'aucuns pourraient se demander d'où lui viennent toutes ces phrases et ces idées. Tout ceci lui est en fait imposé sans qu'il le sache par son environnement, qui dépose en lui ses opinions et ses goûts par un développement progressif de relation de cause à effet.

Cela opère de telle sorte que l'homme les considère comme ses propres biens, acquis par sa liberté de penser. Mais ici aussi, comme avec le grain de blé, il existe une partie du programme qui est invariable et il lui reste en fin de compte, les tendances reçues en héritage et présentes chez ses aïeux. C'est le « second facteur ».

L'habitude devient une seconde nature

Le troisième facteur est la relation de cause à effet directe qui interfère et change le programme, car les tendances héritées en l'homme se sont inversées en concepts à cause de la société. C'est pourquoi il existe des actions orientées par ces concepts.

Par exemple, un homme avare par nature, dont la tendance se transforme en concept sous l'action de la société, peut désormais comprendre l'avarice d'un point de vue intellectuel.

Supposons que ce comportement le protège, lui évitant ainsi le besoin d'en avoir d'autres. Il se trouve qu'ayant atteint un certain niveau d'avarice et la peur étant absente, il peut pour un temps renoncer à ce penchant. Il en ressort qu'il a bonifié l'héritage de ces pères. Parfois, quelqu'un réussit à extirper entièrement une mauvaise tendance. Ceci est obtenu par l'habitude qui a la capacité de devenir une seconde nature.

En cela, la force de l'homme est plus grande que celle d'une plante, car le grain de blé ne peut pas changer dans sa partie interne, tandis que l'homme dispose de la faculté de changer par la force de la relation de « cause à effet » de l'environnement, et ceci même dans les parties générales, c'est-à-dire qu'il peut totalement extirper une tendance en l'inversant.

Les facteurs externes

Le quatrième facteur est une relation de cause à effet que le programme expérimente par des éléments qui lui sont complètement étrangers et qui agissent sur lui de l'extérieur. Cela signifie que ces choses n'agissent pas directement, mais plutôt indirectement sur l'évolution du programme avec lequel elles n'ont aucune relation. Par exemple, l'économie, les tracas quotidiens, etc., de par leur ordre d'apparition et la relation de cause à effet, transforment les concepts de l'homme pour le meilleur ou pour le pire.

Je viens donc de présenter les quatre facteurs naturels dont est issue chacune des pensées et des idées qui nous traversent l'esprit ne sont que leurs fruits. Même si l'homme s'assoit et médite jour et nuit, il ne pourra pas ajouter ni changer quoi que soit dans le produit de ces quatre facteurs. Tout ajout, quel qu'il soit, ne peut se faire qu'au niveau de la quantité : une intelligence plus ou moins grande, et non au niveau de la qualité où rien ne peut être ajouté, car ces facteurs fixent en nous la caractéristique et la forme de l'intelligence et des déductions empiriques, sans nous demander notre avis. Nous sommes donc livrés aux mains de ces quatre facteurs, telle l'argile aux mains du potier.

Le libre choix

Cependant, lorsque nous examinons ces quatre facteurs, nous trouvons que bien que nos forces soient faibles face au premier facteur, qui est « le programme », nous disposons néanmoins de la capacité et du libre choix pour nous défendre face aux trois autres facteurs, par lesquels le programme change dans ses particularités, et parfois même dans sa partie générale, c'est-à-dire par l'habitude, qui devient une seconde nature.

L'environnement comme facteur

Cette protection implique que nous pouvons toujours ajouter des éléments à notre choix de l'environnement : les amis, les livres et les professeurs, etc. Cela ressemble à quelqu'un qui a hérité de quelques épis de blé de son père et qui parvient à faire pousser de cette faible quantité des douzaines de parcelles par le choix de l'environnement de son « programme », qui est représenté par la fertilité du sol qui dispose de tous les minéraux et les ressources nécessaires à sa croissance. Il y a aussi la question du travail d'amélioration des conditions de l'environnement, afin qu'elles conviennent aux besoins de la plante et de sa croissance, car le sage le fera consciemment en choisissant les meilleures conditions, et son travail sera récompensé, alors que le sot prendra tout ce qui se trouve devant lui et fera de sa semence une malédiction plutôt qu'une bénédiction.

En fait, toute la grandeur et la force du grain semé dépendent du choix de l'environnement, mais une fois la graine semée à un endroit donné, sa forme définitive est déterminée d'après ce que l'environnement est capable de lui procurer.

Il en est de même pour notre cas, car il est vrai qu'il n'y a pas de libre choix, puisqu'il est affecté par les quatre facteurs. Il est tenu de penser et voir comme ils le suggèrent, dénué de toute possibilité de critique et de changement, tout comme le grain de blé dans la terre.

Cependant, dès le début, l'homme a un libre choix pour choisir un tel environnement, comme les livres et les guides qui lui amèneront de bonnes pensées. S'il ne le fait pas, mais qu'il préfère aller dans n'importe quel environnement se présentant à lui et lire n'importe quel livre lui tombant entre les mains, il tombera certainement dans un mauvais environnement et passera son temps à lire des livres inutiles qui sont nombreux et plus faciles à lire, qui le forceront à avoir de mauvaises conceptions et le conduiront à pécher et à être condamné. Il sera certainement puni non pas à cause de ses mauvaises pensées et de ses mauvaises actions, car il ne les a pas choisies, mais parce qu'il n'a pas choisi l'environnement adéquat, car c'est en cela qu'existe véritablement un choix, comme nous l'avons vu.

C'est pourquoi celui qui s'efforce de choisir continuellement un meilleur environnement mérite louange et récompense. Mais ici aussi, non pas à cause de ses bonnes pensées et de ses bonnes actions qui lui sont venues sans qu'il les choisisse, mais parce qu'il s'est efforcé de s'entourer d'un bon environnement, qui lui amène ces bonnes pensées et ces bonnes actions. C'est ce que Rabbi Yoshoua, fils de Perakhia, a dit : « Procure-toi un professeur et achète-toi un ami. »

L'obligation de choisir un environnement adéquat

Dès lors, vous pouvez comprendre ce qu'a dit le Rabbi Yossi fils de Kisma (Traité des Pères 6, 10) qui a répondu à un homme qui voulait qu'il vienne habiter dans sa ville et qui voulait lui donner une immense fortune en or : « Même si tu me donnais tout l'argent et l'or, toutes les pierres précieuses et les perles fines de la terre, je ne fixerai ma résidence que là où il y a la Torah ».

Ces mots dépassent le simple entendement. En effet, comment renoncer à une immense fortune en or et en argent pour une chose aussi futile : ne pas vouloir habiter dans une ville où il n'y a pas d'étude de la Torah, alors que lui-même était un grand sage et qu'il n'avait pas besoin d'apprendre quoi que ce soit, de qui que ce soit ? C'est un grand mystère !

Mais comme nous l'avons vu, c'est une chose très simple que chacun d'entre nous peut observer. Car bien que nous possédions tous « notre propre programme », aucune force ne s'active sauf à l'aide de l'environnement dans lequel il se trouve, tout comme le grain de blé semé en terre dont les forces ne s'activent qu'à travers son environnement, qui comprend la terre, la pluie et la lumière du soleil.

C'est pourquoi Rabbi Yossi, fils de Kisma, a bien évalué le fait que s'il quittait l'environnement adéquat qu'il avait choisi et que s'il vivait dans un environnement nuisible, c'est-à-dire dans une ville où l'on n'étudie pas la Torah, non seulement ses pensées antérieures seraient compromises, mais toutes les autres forces cachées dans son programme, qu'il n'avait pas encore révélées, resteraient inconnues car elles n'auraient pas l'environnement adéquat qui lui permettrait de les révéler.

Comme nous l'avons expliqué ci-dessus, de façon explicite, ce n'est que dans la question du choix de l'environnement que l'on mesure le contrôle qu'un homme a sur lui-même et que c'est pour cela qu'il mérite récompense ou punition. C'est pourquoi il n'y a pas à s'étonner qu'un tel sage comme Rabbi Yossi, fils de Kisma, ait choisi le bien et refusé le mal. Il ne s'est pas laissé tenter par des choses matérielles, comme il en a déduit par ces mots : « D'ailleurs, au moment où l'homme quitte ce bas monde, il ne peut emporter ni or ni argent, ni pierres précieuses ni perles fines, mais uniquement la Torah et ses bonnes actions. » C'est pourquoi les sages nous ont mis en garde : « procure-toi un professeur et achète-toi un ami », ainsi que les livres appropriés, car ce n'est qu'en cela que quelqu'un peut être réprimandé ou loué pour le choix de son environnement. Mais une fois qu'il a choisi cet environnement, l'homme est entre ses mains, comme l'argile entre les mains du potier.

La maîtrise de l'esprit sur le corps

Des hommes avisés de notre époque, qui n'étudient pas la Kabbale, mais qui après avoir médité ce que nous avons cité ci-dessus ont vu combien l'esprit de l'homme n'est que le fruit des événements de la vie, sont arrivés à la conclusion que le cerveau ne maîtrise absolument pas le corps, ni n'agit sur lui, mais que ce rôle revient uniquement aux événements de la vie, dont les empreintes gravées dans les neurones du cerveau conditionnent les agissements de l'homme. L'esprit de l'homme ressemble à un miroir qui reflète les formes en face de lui, et bien que le miroir soit le vecteur de ces formes, il ne peut en aucune façon actionner ni bouger les formes réfléchies en lui.

Il en est de même pour l'esprit. Bien qu'il décrive et reconnaisse les événements de la vie, à tous les niveaux de la relation de cause à effet, en aucun cas l'esprit ne peut maîtriser le corps pour lui faire exécuter un mouvement, c'est-à-dire le rapprocher de ce qui est utile ou l'éloigner de ce qui est nuisible, car la spiritualité et la matérialité sont radicalement éloignées l'une de l'autre. Aucun instrument n'a été créé entre elles qui permettrait à l'esprit d'activer et d'agir sur le corps physique, comme nous l'avons démontré ci-dessus.

Cependant, là où ils sont perspicaces, ils sont tout aussi désorientés, car l'imagination de l'homme ne lui sert pas plus qu'un microscope ne sert à l'œil, instrument sans lequel il ne peut voir les choses nuisibles en raison de leur taille infinitésimale. Mais une fois qu'il a vu clairement l'élément nocif grâce au microscope, l'homme s'en éloigne. Il se trouve que c'est le microscope qui conduit l'homme à s'éloigner de l'élément nocif, et non un sens, car aucun sens n'a détecté le facteur nuisible.

C'est dans cette mesure que le cerveau maîtrise totalement le corps de l'homme, pour l'éloigner du mal et le rapprocher du bien. Ce qui veut dire que partout où l'attribut du corps échoue à identifier ce qui est utile ou nuisible, il a besoin de l'esprit.

Qui plus est, depuis que l'homme sait que son esprit est une véritable conclusion des événements de la vie, il peut désormais accepter l'esprit et la connaissance d'un homme en qui il a confiance, et voir en lui une loi, bien que dans sa vie il n'ait pas encore découvert un tel esprit.

Cela ressemble à une question qu'un patient pose à son médecin lors d'une consultation. Bien qu'il ne comprenne rien, il se sert de l'intelligence d'autrui et le laisse l'aider comme sa propre intelligence l'aurait fait pour lui-même.

Comme nous l'avons clarifié ci-dessus, il y a deux chemins de la Providence qui garantissent à l'homme d'en arriver au but défini, soit :

A) Le chemin des souffrances

B) Le chemin de la Torah

Toute la clarté sur le chemin de la Torah en est issue. Car après que tous ces concepts clairs aient été révélés et reconnus dans la longue vie des prophètes et des hommes de Dieu, voici qu'arrive un homme qui les utilise pleinement et s'en sert comme si ces concepts provenaient de sa propre vie. Vous voyez ainsi que l'homme se décharge de toutes les amères épreuves qu'il doit traverser avant qu'il ne puisse développer cet esprit limpide par lui-même. Il est donc exempt de souffrance et gagne aussi du temps.

Cela ressemble au malade qui ne veut pas suivre les prescriptions du médecin avant qu'il ne comprenne de lui-même comment cette ordonnance peut le guérir, et alors il commence à étudier la médecine. Il pourrait mourir de sa maladie avant qu'il ne la comprenne.

Tel est le chemin des souffrances par rapport au chemin de la Torah. Car celui qui ne croit pas aux idées que la Torah et la prophétie lui conseillent d'adopter, sans compréhension personnelle, sera obligé d'y parvenir par lui-même. Ce qui signifie que ce n'est qu'en suivant les événements de sa vie qui lui sont dictés par la relation de cause à effet, des expériences qui le brusqueront et lui feront prendre conscience de la connaissance du mal – comme nous l'avons vu, sans lui demander son avis – ce n'est qu'en cela qu'il devra travailler durement pour se doter d'un bon environnement qui l'amènera à avoir ces bonnes idées et ces bonnes actions.

La liberté individuelle

Nous avons maintenant une compréhension approfondie de la liberté individuelle. Cela ne concerne néanmoins que le premier facteur, le « programme », la matière première de tout homme, correspondant à toutes les tendances que nous héritons de nos aïeux et par lesquelles nous nous distinguons les uns des autres.

Car même lorsque des milliers de gens partagent le même environnement, de façon à ce que les trois derniers facteurs agissent identiquement sur eux, vous ne trouverez jamais deux personnes ayant le même attribut. La raison en est que chacun de nous a son propre programme. Cela ressemble au programme du grain de blé, qui bien que subissant de nombreux changements dus à la force des trois derniers facteurs, gardera la forme du précédent grain et ne se transformera jamais en autre chose.

La forme générale du géniteur ne disparaît jamais

Il s'avère donc que tout « programme » qui s'est débarrassé de la forme précédente de son géniteur et a revêtu une nouvelle forme – grâce aux trois facteurs qui lui ont été ajoutés et qui l'ont fait énormément changer – conservera toujours la forme générale de son géniteur et n'adoptera jamais la forme d'une autre personne qui lui ressemble, comme l'avoine ne ressemblera jamais au grain de blé.

En fait, tout programme est une longue chaîne en lui-même sur plusieurs centaines de générations qui comprend les conceptions de toutes. Mais il ne se manifeste pas en l'homme de la même façon que chez ses ancêtres, à savoir sous forme d'idées, mais plutôt sous des formes abstraites. Par conséquent, elles sont présentes en l'homme sous forme de forces abstraites, appelées « tendances » et « instincts », sans qu'il n'en connaisse leur cause ou la raison pour laquelle il agit de telle façon. C'est pourquoi il n'existera jamais au monde deux personnes avec le même attribut.

La nécessité de préserver la liberté individuelle

Sachez que c'est le seul véritable bien de l'individu qu'il est interdit de toucher et de changer, car en fin de compte, ces tendances qui figurent dans le « programme » se matérialiseront et prendront la forme de concepts, lorsque cet individu grandira et se dotera de son propre esprit résultant de la loi de l'évolution qui régit cette chaîne et qui le pousse toujours en avant comme nous l'avons expliqué dans l'article La Paix. Nous apprendrons plus tard que chaque tendance est obligée de se transformer en un concept sublime d'une valeur inestimable.

Il en ressort que toute personne qui éradique une tendance chez un individu et le lui enlève provoque en fait la perte de ce concept merveilleux et sublime pour le monde, lequel aurait dû se matérialiser à la fin de la chaîne, car cette tendance destinée à cet individu ne réapparaîtra jamais chez aucune autre personne.

De là, nous comprenons que lorsqu'une tendance particulière se transforme en concept, elle ne peut plus être considérée comme bonne ou mauvaise, car ces distinctions existent uniquement lorsqu'elles sont encore des tendances ou des concepts non développés ; et en aucune façon ils ne seront reconnus lorsqu'ils se transforment en véritables concepts.

Par cela, nous comprenons le mal terrible qu'infligent ces nations qui veulent imposer leur joug aux minorités et les priver de leur liberté, sans leur donner la moindre possibilité de continuer de vivre selon leurs coutumes qu'elles ont héritées de leurs ancêtres. Elles sont considérées ni plus ni moins comme des assassins.

Même ceux qui ne croient pas en la religion ni en la Providence intentionnelle peuvent comprendre la nécessité de préserver la liberté individuelle au sein de la nature. Car nous pouvons voir que chaque nation qui est tombée à chaque génération a chuté en raison de l'oppression des minorités et des individus qui se sont rebellés contre elle et l'ont détruite. Il est évident que la paix ne peut exister dans le monde si elle ne prend pas en compte la liberté individuelle, sans cela la paix n'a pas de raison d'être et la destruction prévaudra.

Nous venons de définir clairement l'essence de l'individu avec une précision extrême, après avoir déduit qu'il l'a prenait du public. Mais nous sommes maintenant face à la question suivante : « Où, finalement, l'individu se trouve-t-il ? » Car tout ce qui a été dit jusqu'à présent est considéré comme la propriété de l'individu, l'héritage de ses ancêtres. Mais où est l'individu lui-même ? L'héritier et le porteur réclamant que nous lui gardions son bien ?

Mais de tout ce qui a été dit jusqu'à maintenant, nous n'avons pas encore trouvé le point égoïste (le moi) de l'homme, qui se tiendrait sous nos yeux en tant qu'entité indépendante. Et finalement, que dois-je faire avec le premier facteur, qui est une longue chaîne de milliers d'humains se suivant les uns les autres, de génération en génération, et qui façonne l'image de l'individu comme un héritier ?

Que dois-je faire avec les trois autres facteurs composés de milliers de personnes qui se côtoient au cours d'une génération ? Finalement, chaque individu n'est qu'une machine collective, qui est toujours à la disposition de la collectivité pour la satisfaire. Ce qui veut dire qu'il est devenu le sujet de deux types de collectif :

    A) Sous l'angle du premier facteur, il devient assujetti à une large collectivité de générations qui se sont succédées les unes aux autres.

    B) Sous l'angle des trois autres facteurs, il devient assujetti à la collectivité de sa génération.

C'est en effet une question universelle. De ce fait, il existe beaucoup d'opposants à cette méthode naturelle, même s'ils en reconnaissent le bien-fondé.

Ils choisissent à la place des méthodes métaphysiques ou dualistes, si ce n'est le transcendantalisme, pour décrire un quelconque objet spirituel et la manière dont il siège dans le corps ou dans l'âme de l'homme. C'est cette âme qui apprend et qui fait agir le corps, et qui est, en fait, l'essence de l'homme, son « moi ».

Peut-être que ces interprétations pourraient soulager l'esprit de l'homme, mais leur problème est qu'elles n'ont pas de solution scientifique concernant la possibilité pour un objet spirituel d'avoir quelque contact que ce soit avec des atomes du corps et de pouvoir les faire bouger. Toute leur sagesse leur était inutile pour trouver un pont leur permettant de traverser cette large et profonde crevasse, laquelle se situe entre l'entité spirituelle et l'atome de matière. C'est pourquoi la science n'a rien gagné avec toutes ses méthodes métaphysiques.

Le désir de recevoir ex nihilo

Pour progresser plus avant sur ce chemin scientifique, nous n'avons besoin que de la sagesse de la Kabbale, car toute la sagesse des mondes est incluse dans la sagesse de la Kabbale. En ce qui a trait aux lumières et aux récipients spirituels, nous apprenons que la nouveauté essentielle du point de vue de la Création est qu'Il a créé ex nihilo (à partir de l'absence) un aspect simplement défini comme le « désir de recevoir ». Toutes les autres choses existant dans toute la Création ne sont absolument pas des nouveautés en elles-mêmes, car elles ne sont pas ex nihilo, leur existence étant tirée de quelque chose qui existait auparavant, c'est-à-dire qu'elles s'étendent directement de Son essence, comme la lumière vient du soleil. Là aussi, il n'y a rien de nouveau puisque l'essence du soleil rayonne vers l'extérieur.

Mais lorsque nous parlons du « désir de recevoir », c'est une complète nouveauté, c'est-à-dire qu'avant la Création une telle chose ne faisait pas partie de la réalité, car Il n'a pas de désir de recevoir en Lui – et puisqu'Il précède toute chose, de qui recevrait-Il ? C'est pourquoi ce désir de recevoir est considéré comme une entière nouveauté, qu'Il a fait sortir ex nihilo, tandis que tout le reste, que l'on peut appeler « Création », n'est pas considéré comme une nouveauté. Ainsi, tous les récipients et tous les corps, à la fois dans les mondes spirituels et dans les mondes matériels, sont considérés comme une matière spirituelle ou matérielle dont la nature est de « désirer recevoir ».

Les deux forces du désir de recevoir : la force d'attraction, la force de rejet

Nous devons encore examiner que dans cette force, appelée « désir de recevoir », que nous distinguons deux forces :

A. La force d'attraction

B. La force de rejet

La raison en est que tout récipient ou corps, défini par le désir de recevoir, est en fait limité par la quantité et la qualité qu'il reçoit. De ce fait, toute la quantité et la qualité qui sont en dehors de ses limites semblent aller contre sa nature. C'est pour cela qu'il les repousse. Donc, bien qu'il soit considéré comme une force d'attraction, le « désir de recevoir » est obligé de devenir une force de rejet également.

Une seule loi pour tous les mondes

Bien que la sagesse de la Kabbale ne parle absolument pas de notre monde physique, il existe une loi pour tous les mondes (comme il est dit dans l'article « De l'essence de la sagesse de la Kabbale », paragraphe « La loi de la racine et de la branche »). Dès lors, pour toutes les entités physiques de notre monde, qu'elles soient minérales, végétales, animales, ou qu'il s'agisse d'un objet spirituel ou matériel, si nous voulions distinguer la particularité de chacune d'entre elles, ce en quoi elles se différencient les unes des autres, même la plus petite des particules, nous ne verrions pas plus que « le désir de recevoir » représenté ainsi dans toutes ses formes particulières, de la perspective de la création renouvelée, qui la limitent à la fois en quantité et en qualité, il en résulte alors la force d'attraction et la force de rejet en elles.

Mais tout ce que nous trouvons en dehors de ces deux forces est en fait considéré comme l'abondance venant de Son essence et cette générosité est identique pour toutes les créatures étant donné qu'il n'y a en son sein aucune nouveauté de la part de la Création, puisqu'elle provient de ce qui existe déjà.

Nous ne pouvons attribuer cela à quelque entité particulière, mais uniquement aux choses qui ont un aspect commun avec toutes les parties de la Création, qu'elles soient grandes ou petites. Chacune d'entre elles reçoit cette abondance en fonction des limites de son désir de recevoir et cette limitation singularise chaque entité les unes vis-à-vis des autres.

J'ai scientifiquement démontré ci-dessus le « moi » (l'ego) de chacun de façon scientifique, empêchant toute contestation possible, même au regard de la méthode automatique des matérialistes fanatiques. À présent, nous n'avons plus besoin de ces méthodes boiteuses baignées de métaphysique.

Bien entendu, cela ne fait aucune différence que cette force du désir de recevoir soit le fruit et le résultat de la structure qui s'est matérialisée par la chimie, ou que la structure soit le fruit et le résultat de cette force. Car nous savons, en essence, que c'est uniquement cette force présente dans chaque être et dans chaque atome du « désir de recevoir », défini dans ses limites, qui est considérée comme une entité distincte de son environnement. Cela est valable pour un seul atome aussi bien que pour un groupe d'atomes constituant un corps.

Tous les autres aspects dans lesquels on trouve un supplément de cette force ne sont en aucune façon liés à cette particule ou à ce groupe de particules au niveau de leur moi, mais uniquement au niveau général, dans l'abondance provenant du Créateur, matière commune à toutes les parties de la Création et sans aucune distinction des corps individuellement créés.

Désormais, nous pouvons comprendre la notion de « liberté individuelle » selon la définition du premier facteur, que nous avons appelé « le programme », dans lequel toutes les générations précédentes, les aïeux d'un individu, ont imprimé leur nature.

D'après ce que nous avons dit, le sens du mot « individuel » est défini par les limites du « désir de recevoir » présentes au sein de son groupe de particules.

Vous voyez donc que toutes les dispositions que l'homme a héritées de ses aïeux ne sont en fait que les limites de son « désir de recevoir », résultant soit de la force d'attraction, soit de la force de rejet présentes en lui. Elles apparaissent à nos yeux comme des inclinations à l'avarice ou à la générosité, un penchant pour rencontrer d'autres personnes ou rester discret, etc.

Elles représentent donc vraiment son ego, lequel lutte pour son existence. Ainsi, si nous détruisons ne serait-ce qu'une seule tendance appartenant à cet individu, ce serait comme amputer un organe de son essence. Cela est aussi perçu comme une véritable perte pour toute la Création, car il n'y a pas et il n'y aura jamais plus quelqu'un d'autre comme lui dans le monde entier.

Après avoir bien examiné le droit légitime de l'individu à la liberté selon les lois de la Nature, voyons combien son existence dans la pratique est possible sans porter atteinte aux valeurs éthiques ou aux constitutions des états, et, surtout, comment ce droit est appliqué par notre Torah.

Se rallier à la majorité

Il est écrit « se rallier à la majorité », c'est-à-dire que toutes les fois où il existe un différend entre l'individu et le groupe, nous sommes tenus de nous soumettre à la volonté du groupe. Ce qui veut donc dire que le collectif dispose d'un droit de déposséder l'individu de sa liberté.

Cela soulève cependant une autre question, bien plus délicate, car cette loi semble faire régresser l'humanité plutôt que de la faire avancer. Puisque la majorité de l'humanité est encore en voie de développement et que ceux qui sont développés sont toujours en petite quantité, il s'avère que si l'on va toujours dans le sens de la majorité, c'est-à-dire des hommes sous-développés et irréfléchis, alors l'opinion des sages et des intellectuels de la société, qui sont toujours en minorité, ne sera jamais écoutée. Vous condamnez ainsi l'humanité à régresser, car elle ne sera même pas capable de faire un simple pas en avant.

Pourtant, d'après ce que nous avons vu dans l'article « La paix », au paragraphe « La nécessité d'être prudent avec les lois de la Nature », la Providence nous ordonne d'avoir une vie sociale, c'est alors que nous sommes tenus d'appliquer les lois relatives au maintien de la société. Si nous sous-estimons leur importance, ne serait-ce que dans une faible mesure, la nature se vengera sans se préoccuper de savoir si nous comprenions ou pas leur raison d'être.

Le fait est que nous ne disposons pas d'une autre façon de vivre en société que de se « rallier à la majorité », qui règle toute querelle et toute tribulation au sein de la société. Ainsi, cette loi est le seul instrument qui justifie l'existence de la société. Elle est donc considérée comme l'un des préceptes naturels de la Providence que nous devons accepter et appliquer avec minutie, sans nous préoccuper de ce que nous la comprenions ou non.

Cela ressemble aux commandements de la Torah, qui ne sont que les lois de la nature et de la Providence divine qui nous ont été données de « haut en bas ».

J'ai déjà analysé (dans l'article « De l'essence de la sagesse de la Kabbale », paragraphe « La loi de la racine et de la branche ») que tout l'entêtement que nous voyons dans les chemins de la nature en ce monde vient du fait qu'ils s'étendent et sont pris des lois et des conduites des mondes supérieurs spirituels.

Dès lors, vous comprendrez également que les commandements de la Torah ne sont que des lois et des conduites qui sont établies dans les mondes supérieurs et qui sont les racines de tous les comportements de la nature en ce monde. C'est pourquoi les lois de la Torah sont toujours en conformité avec les lois de la nature de ce monde, comme deux gouttes d'eau dans l'océan. C'est ce que nous avons prouvé dans la loi « se rallier à la majorité ». Nous venons donc de prouver que la loi « se rallier à la majorité » est une loi de la Providence et de la nature.

Le chemin de la Torah et le chemin des souffrances

Cependant, la question de la régression qui découle de cette loi n'a pas encore été réglée. C'est en effet notre préoccupation que de trouver des moyens de corriger cela. Mais la Providence, de son côté, ne s'arrête pas à cet état de fait, puisqu'elle a déjà proposé à l'humanité deux chemins : « le chemin de la Torah » et le « chemin des souffrances ». D'une certaine façon, elle garantit sans aucune réserve le développement continuel de l'humanité et son avancée vers le but (article « La paix », paragraphe « Tout est donné sous caution »). L'application de cette loi est de fait une obligation naturelle et nécessaire.

Le droit de la majorité de confisquer la liberté de l'individu

Nous devons continuer notre approfondissement, car les choses ne sont justifiées que lorsque les choses sont entre deux personnes, nous pouvons alors accepter la loi « de se rallier à la majorité » que la Providence nous assigne et qui nous demande toujours de veiller au bien-être et au bonheur des amis. Mais la Torah applique la loi « de se rallier à la majorité » dans des affaires concernant des différends entre l'homme et le Créateur, bien que ces questions semblent n'avoir aucun rapport avec la vie de la société.

La question est donc toujours d'actualité : comment justifier cette loi qui nous oblige d'accepter l'opinion de la majorité, qui est sous-développée, et de repousser et d'annuler les opinions avant-gardistes qui sont toujours en minorité ?

Mais comme nous l'avons démontré (article « De l'essence de la religion et de son but », paragraphe « Développement conscient et développement inconscient »), toute la Torah et les commandements n'ont été donnés que pour purifier Israël, ce qui veut dire développer en nous le sens de la reconnaissance du mal, présent en nous depuis la naissance, qui est défini en général à nos yeux comme notre amour de soi, et d'en venir à un cœur pur, appelé « l'amour du prochain », qui est le seul et unique chemin vers l'amour du Créateur.

Les commandements entre l'homme et le Créateur appartiennent à cette catégorie et sont des instruments de vertu qui éloignent l'homme de son amour de soi, lequel nuit à la société. Il est donc évident que les sujets de discorde concernant les commandements entre l'homme et le Créateur sont également reliés au problème du droit d'exister de la société. C'est pourquoi eux aussi entrent dans le cadre « se rallier à la majorité ».

Nous comprenons alors la raison de la distinction entre la pratique (en hébreu : *Halakha*) et la légende (en hébreu : *Hagada*). Ce n'est que dans la pratique que la loi « individu et collectivité, la pratique selon la majorité » s'applique, et non au niveau de la légende. Les légendes sont relatives à des choses n'ayant pas trait à l'existence de la société, car ce sont précisément des sujets ayant trait aux choses entre l'homme et le Créateur, et, dans cette catégorie, il n'y a aucune conséquence sur l'existence et le bonheur physique de la société.

Ainsi, il n'existe aucun droit ni justification pour la majorité de venir annuler l'opinion de l'individu, et « tout homme fait ce qui lui semble juste à ses yeux. » Alors que pour la pratique relative à l'exécution de la Torah et des commandements, tout le monde tombe sous la supervision de la société, afin de ne pas permettre l'anarchie grâce à la loi « se rallier à la majorité ».

Pour la vie sociale, la loi « se rallier à la majorité »

Nous sommes parvenus à une compréhension claire des termes « la liberté de l'individu », car en fait la question est de savoir où la majorité a pris le droit de confisquer la liberté de l'individu et de lui enlever ce qu'il a de plus précieux au monde, soit la liberté. Il ne s'agit là apparemment que d'une force sauvage.

Mais comme nous l'avons expliqué ci-dessus, c'est une loi naturelle et un commandement de la Providence qu'au sein de la Providence nous sommes tenus, tout un chacun, d'avoir une vie sociale et d'assurer à tous la subsistance et le bien-être de la société. Cela ne peut se faire qu'en se ralliant à la majorité et en ignorant l'opinion de l'individu.

Nous pouvons voir en cela l'origine de tous les droits et des justifications invoqués par la majorité lorsqu'elle confisque la liberté de l'individu contre son gré et le soumet à son autorité. C'est pourquoi il est évident que pour ces choses qui n'ont pas trait à l'existence matérielle de la société, la majorité n'a aucun droit – ni raison – de voler ou de léser la liberté individuelle, d'aucune manière que ce soit. Le ferait-elle qu'elle serait un voleur et un oppresseur opposant la force sauvage au droit et à la justice dans le monde, car l'individu n'est pas obligé dans ce cas de se plier aux désirs de la majorité.

Pour la vie spirituelle, la loi « aller selon l'individualité »

En ce qui concerne la vie spirituelle, il s'avère qu'il n'y a aucune obligation naturelle pesant sur l'individu vis-à-vis de la société. Au contraire, il y a ici une obligation naturelle de la majorité de se soumettre à l'individu. Ceci a été clarifié dans l'article « La paix », qui mentionne deux chemins auxquels la Providence a pensé et mis en place afin de nous faire parvenir au but ultime :

    A) Le chemin des souffrances qui nous impose
        ce développement sans nous demander notre avis.
    B) Le chemin de la Torah et de la sagesse qui occasionne
        un développement conscient, sans souffrance et sans contrainte.

Étant donné que l'individu est le plus développé dans la génération, il s'avère que lorsque les gens veulent se libérer de leurs terribles souffrances, en participant consciemment à leur développement, qui correspond au chemin de la Torah, ils n'ont d'autres choix que de soumettre leur liberté physique à la discipline de l'individu et d'obéir aux instructions et aux remèdes qu'il leur proposera.

Ainsi, nous voyons que ce qui a trait à la spiritualité inverse le droit de la majorité et l'oblige à suivre la loi « se rallier à l'individualité », plus précisément celle de l'individu développé. Car il est évident, dans toute société, que les hommes développés et instruits sont toujours en minorité. Il en ressort que tout le succès de la société et son bonheur spirituel sont liés et scellés entre les mains d'une minorité.

C'est pourquoi la majorité se doit d'être extrêmement prudente afin de veiller avec grande vigilance à ce que les opinions de la minorité soient maintenues et ne disparaissent jamais. Elle doit tenir pour sûr et certain que les opinions les plus développées et les plus authentiques ne se trouvent jamais chez la majorité gouvernante, mais précisément chez les plus faibles, c'est-à-dire chez une minorité non identifiable, car toute la sagesse et toute chose précieuse viennent en petite quantité dans notre monde. C'est pourquoi il convient d'être prudent et de préserver les opinions de tout individu, du fait que la majorité ne dispose pas de la possibilité de les clarifier.

La critique contribue à la réussite, son absence engendre la déchéance

Il convient d'ajouter à ce qui a été dit que la réalité nous présente de profondes contradictions entre les choses matérielles et les choses relatives aux idées et aux concepts de notre étude. L'unité sociale, qui est la source de tout bonheur et de tout succès, n'existe qu'entre les corps et tout ce qui y est relatif, et leur séparation est source de malheurs et d'infortune.

Mais tout ce qui est relatif aux idées et aux concepts est en complète opposition, car l'unité et l'absence de critique sont considérées comme la source de tous les échecs et gênent même la progression de concepts éducatifs, car tirer les bonnes conclusions dépend de la multiplicité des désaccords et de la distance entre les opinions. Plus il y a de contradictions et de critiques entre les opinions, plus la connaissance et la sagesse augmentent, permettant ainsi aux choses d'être examinées plus clairement.

La dégénérescence et la défaillance de l'intelligence proviennent uniquement du manque de critique et de désaccord. Car il est clair que la base de tout succès matériel dépend de l'unité de la société, et que la base du succès de la connaissance et du savoir provient de séparations et de désaccords.

Il s'avère que lorsque l'humanité parviendra à son but en matière de succès matériels, c'est-à-dire en les faisant parvenir au niveau parfait de l'amour du prochain, tous les corps humains s'uniront en un seul corps avec un seul cœur (comme il est écrit dans l'article « La paix »). Ce n'est qu'alors que tout le bonheur voulu pour l'humanité se révélera dans toute sa splendeur. Cependant, il convient d'être prudent afin que les idées des membres de la société ne se rapprochent pas trop, pour ne pas que disparaissent les désaccords et la critique parmi les sages et les intellectuels, car l'amour physique amène aussi naturellement le rapprochement des idées. Si les désaccords et la critique venaient à disparaître, toute avancée des opinions et des concepts disparaîtrait aussi et la source du savoir se tarirait à jamais.

Concernant les concepts et les idées, nous avons la preuve absolue de la nécessité d'être prudent avec la liberté de l'individu, car tout le développement de la sagesse et du savoir est basé sur cette liberté de l'individu. C'est pourquoi il nous appartient d'y veiller le mieux du monde, afin que toute forme individuelle naissant en nous, généralement appelée « désir de recevoir » et que nous appelons « individu », reste la particularité de chaque individu.

L'héritage ancestral

Tous les détails que ce désir de recevoir comporte ont été définis comme le « programme », ou premier facteur, dont la signification englobe toutes les tendances et les habitudes héritées de ses aïeux et qui ressemblent à une longue chaîne constituée de milliers d'hommes qui étaient autrefois vivants et qui se trouvent l'un au-dessus de l'autre, ne représentant qu'une goutte de l'essence de ses ancêtres. Cette goutte que chacun d'entre nous reçoit comme l'héritage spirituel de ses géniteurs dans la myélencéphale, ou « bulbe rachidien », est aussi appelé le subconscient. L'individu emmagasine donc dans son subconscient les milliers d'héritages spirituels de tous les individus se trouvant dans cette chaîne, qui sont ses ancêtres.

Ainsi, tout comme le visage de chaque individu est différent, il en est de même pour ses opinions. On ne trouvera jamais au monde deux personnes qui auront les mêmes opinions, car chacune d'entre elles a un acquis formidable et merveilleux qu'elle a hérité de ses ancêtres et dont personne ne peut avoir la moindre idée.

C'est pourquoi tous ces acquis sont considérés comme la propriété de l'individu, et la société doit veiller à en conserver le goût et l'esprit, et que l'environnement ne les estompe pas, et s'efforcer de préserver pour chaque individu l'intégralité de son héritage. Ainsi, les désaccords et les différences entre chaque personne existeront pour toujours, afin de nous assurer que la critique et le progrès de la sagesse subsisteront pour l'éternité, car ils sont tous à l'avantage de l'humanité dont ils représentent les vrais désirs éternels.

Après être parvenu à un certain degré de compréhension en ce qui a trait au « moi » de l'homme, que nous avons défini comme une force et un « désir de recevoir », c'est-à-dire le point essentiel de tout être vivant, nous avons clairement vu dans toutes ses limites la mesure des acquis originaux de chaque individu que nous avons définis comme « héritage ancestral ». La signification de cette succession est que toutes les tendances et les attributs qui sont parvenus dans le « programme » par héritage sont la matière première de l'homme, qui est incluse dans le sperme de ses concepteurs. Voyons maintenant les deux aspects du « désir de recevoir ».

Deux aspects : A) La force potentielle, B) La force active

Pour commencer, nous devons comprendre que ce « moi », que nous avons défini comme le « désir de recevoir », bien qu'il soit l'essence même de l'homme, ne peut exister en réalité ne serait-ce qu'un instant.

Ce que nous appelons « force », avant de devenir réelle, n'existe que dans nos pensées, qui sont les seules à pouvoir la déterminer. En fait, il ne peut y avoir de vraie force en ce monde qui soit dormante et inactive. La force n'existe que lorsqu'elle est active dans le monde.

De même, on ne peut pas dire à propos d'un nourrisson qu'il possède une grande force, alors même qu'il ne peut soulever le moindre poids, mais nous pouvons dire qu'il sera très fort lorsqu'il sera grand.

Cependant, nous affirmons que cette force que nous trouvons en l'homme à l'âge adulte était présente dans ses organes et dans son corps lorsqu'il était enfant, mais cette force était cachée et n'était pas active.

Il est vrai que par la pensée on aurait pu déterminer les forces futures de l'enfant, car l'esprit nous y contraint quelque part. Cependant, dans le corps actuel de l'enfant, il n'existe assurément aucune force, car aucune force ne se manifeste dans ses actes.

Il en est de même avec l'appétit, cette force n'est pas présente dans le corps de l'homme quand ses organes ne peuvent pas manger, c'est-à-dire lorsqu'il est repu. Pourtant, même quand il est repu, l'appétit existe, mais il est caché dans le corps de l'homme. Après un certain temps, lorsque la nourriture a été digérée, la force potentielle se transforme à nouveau en force active.

Cependant, la distinction d'une force, qui ne s'est pas encore manifestée, appartient au processus de la pensée, mais elle n'existe pas en réalité, car lorsque nous sommes repus, nous sommes certains que la force de l'appétit est partie et que, si nous la cherchons, nous ne la trouverons nulle part.

Il en ressort que nous ne pouvons pas présenter une force comme un sujet existant par lui-même, mais plutôt comme un prédicat, c'est-à-dire que lorsqu'une action se déroule, à ce moment précis, la réalité existe en même temps que se révèle la force au sein de l'action.

Nous en déduisons qu'il y a ici nécessairement deux choses, un sujet et un prédicat, c'est-à-dire une force potentielle et une active, tel l'appétit qui est le sujet, et la représentation de l'assiette qui représente le prédicat et l'action.

Dans la réalité, cependant, ils viennent ensemble et il n'arrivera jamais qu'un homme ait faim sans imaginer ce qu'il veut manger. Ce sont deux moitiés d'une même chose. La force de l'appétit doit s'extérioriser et se revêtir dans cette imagination. Comprenez bien que le sujet et le prédicat apparaissent et disparaissent en même temps.

De là, ce désir de recevoir que nous avons présenté en tant que « moi » n'existe pas en l'homme en tant qu'envie voulant recevoir le prédicat, mais cela fait référence au sujet, qui se revêt dans l'image de la chose à manger et son action apparaît sous la forme de la chose à manger et qu'elle revêt. C'est cette action que nous appelons « désir », c'est-à-dire que la force de l'appétit se révèle dans l'action de l'imagination.

Il en est de même avec ce qui nous intéresse, à savoir le désir général de recevoir, qui est l'essence même de l'homme. Il ne se révèle et n'existe qu'en revêtant les formes d'objets qui sont susceptibles d'être reçues. Il existe alors comme le sujet, et rien d'autre. Nous appelons cette action « vie », c'est-à-dire « l'existence de l'homme », ce qui signifie que la force du « désir de recevoir » apparaît et agit au sein des choses qu'il désire. Ce degré de révélation est la mesure de sa vie comme nous l'avons expliqué dans l'acte que nous appelons « envie ».

Deux créations : A) L'homme, B) L'âme vivante

Il s'avère que nous comprenons mieux le verset : « le Seigneur Dieu façonna l'homme avec la poussière du sol et insuffla dans ses narines un souffle de vie et l'homme devint une âme [*Néshama*] vivante [*Haya*].

Nous voyons ici deux créations :
    A) L'homme lui-même
    B) L'âme vivante en elle-même

Au commencement, l'homme a été créé à partir de la poussière du sol, d'un assemblage de particules au sein desquelles se trouvait l'essence de l'homme, c'est-à-dire son désir de recevoir. Ce désir de recevoir est présent comme nous l'avons expliqué dans toutes les particules de la matière d'où sont sortis les quatre types de création : minéral, végétal, vivant et Parlant. En cela, l'homme n'a aucun avantage supplémentaire par rapport aux autres créations, comme il est écrit : « poussière du sol ».

Mais nous avons vu que cette force, appelée le désir de recevoir, ne peut exister sans se revêtir et agir dans la convoitise d'un objet, c'est ce qui est appelé la Vie. Il en résulte qu'avant que l'homme ne reçoive la forme humaine du plaisir, qui diffère des autres créations, il était considéré comme un homme mort sans vie. En fait, son désir de recevoir, faute d'endroit, ne pouvait se revêtir ni montrer ses actions, qui sont les manifestations de la vie.

Il est écrit : « et insuffla dans ses narines un souffle de vie », qui est la forme générale de réception destinée à l'homme. Le mot « souffle », [*Nishmat*] en hébreu, vient du mot *Samin* [placer] la terre pour lui, qui est comme une « valeur », et l'origine du mot « souffle » se comprend selon ce qui est écrit dans Job (33) : « L'esprit de Dieu m'a créé et le souffle du Seigneur soutient ma vie », consultez le commentaire du Malbin [Meir Leibush ben Yehiel Michel Wisser]. Le mot *Néshama* [âme] vient d'un groupe verbal à la voix passive (*Nifal* en hébreu), comme les mots « absent » [*Nifkad*], « accusé » [*Néésham*], etc.

Les mots « et insuffla dans ses narines » signifient qu'Il insuffla en lui une âme [*Néshama*], ainsi que l'appréciation de la vie, qui est la somme totale de toutes les formes qui sont dignes de réception dans son désir de recevoir. Ensuite, cette force du désir de recevoir qui était enveloppée dans ses particules, a trouvé un lieu où se revêtir et agir, à savoir dans ces formes de réception qu'il a obtenues du Créateur, action qui se nomme « vie », comme nous l'avons dit ci-dessus.

À la fin du verset, il est écrit : « Et l'homme est devenu une âme [*Néshama*] vivante [*Haya*] ». Cela signifie qu'à partir du moment où le désir de recevoir a commencé à agir selon la capacité de ces formes de réception, la vie s'est immédiatement dévoilée en lui et il est devenu une âme [*Néshama*] vivante [*Haya*]. Cependant, avant l'acquisition de ces formes de réception – et bien qu'en lui ait déjà été implanté la force du « désir de recevoir » –, il était encore considéré comme un corps sans vie, car il n'y avait encore aucune place pour l'action à venir.

Comme nous l'avons dit ci-dessus, bien que l'essence de l'homme soit uniquement le désir de recevoir, elle est toujours considérée comme la moitié d'un tout, car elle doit se revêtir dans une réalité qui se présente à lui. C'est pour cela que le désir de recevoir et l'image de son acquisition sont en fait une seule et même chose, car sinon il n'aurait pas le droit d'exister ne serait-ce qu'un instant.

C'est pourquoi lorsque le corps, qui est une machine, parvient à son apogée, c'est-à-dire vers la moitié de sa vie, son « ego » se tient sur toute la hauteur qui lui a été donnée dès sa naissance. De ce fait, il ressent un énorme désir de recevoir le poussant à vouloir faire fortune, à être honoré et à prendre tout ce qui peut se présenter à lui. Ceci est dû à la complétude de « l'ego » de l'homme, qui attire les formes des structures et des concepts dont il se revêt et se nourrit.

Cependant, après avoir vécu la moitié de sa vie, le déclin de l'homme commence, ce qui, selon le programme, le conduira à la mort, car l'homme ne meurt pas en un instant, contrairement à la vie que nous recevons en un instant. Mais son « ego », telle une bougie, s'éteint progressivement, et avec lui la mort des images et des biens qu'il veut recevoir.

Car maintenant il commence à renoncer à beaucoup de choses auxquelles il rêvait quand il était jeune et il se met à abandonner ce qu'il possède, selon la progression du déclin de sa vie jusqu'à ses vieux jours, et quand l'ombre de la mort plane sur lui, il se trouve alors en période d'aridité. Cela signifie que son désir de recevoir, qui est son « ego », s'amenuise et disparaît, et il ne reste en lui qu'une petite étincelle invisible, revêtue dans un certain objet. C'est pourquoi, lors de cette période, il n'a aucun désir ni espoir de recevoir quoi que ce soit.

Nous venons de prouver que le désir de recevoir et l'image de ce qu'il s'imagine recevoir, sont vraiment une seule et même chose. Leur révélation, leur existence et leur mesure sont égales. Cependant, il y a ici une distinction importante à faire quant à la forme du renoncement, dont nous avons parlé lors du déclin de la vie. Car ce renoncement ne provient pas de sa satiété, comme un homme renonce à manger quand il est repu, mais de son désespoir, c'est-à-dire que « l'ego », lorsqu'il commence à mourir, ou à décliner, ressent lui-même sa faiblesse et sa mort ; c'est ainsi qu'il abandonne et renonce à ses rêves et à ses espoirs de jeunesse.

Observons attentivement la distinction du renoncement dû à la satiété, car il n'occasionne aucun mal et ne peut s'appeler « mort partielle » puisqu'il ressemble à l'ouvrier qui a terminé sa tâche. Alors que le renoncement dû au désespoir est plein de tristesse et de souffrances, d'où son appellation de « mort partielle ».

Libéré de l'ange de la mort

Désormais, après tout ce que nous avons examiné, nous avons trouvé un moyen de comprendre ce que les sages ont voulu dire dans les mots : « Les tables gravées, ne prononce pas "gravées" [*Haroute*], mais "liberté" [*Héroute*]. On nous enseigne que nous avons été libérés de l'ange de la mort. » Nous avons vu dans les articles « Le don de la Torah » et « La Solidarité » [*Arvout*] qu'avant le don de la Torah ils ont accepté à renoncer à toute possession privée, dans la mesure des mots « royaume de prêtres », et de prendre sur eux le but de la Création, qui est d'adhérer par équivalence de forme au Créateur, qui donne et ne reçoit pas – ainsi, ils donneront et ne recevront pas, ce qui est le dernier degré de l'adhésion, appelé « Nation sainte », comme il est écrit à la fin de l'article « La solidarité ».

Je vous ai déjà amené à comprendre que l'essence de l'homme, c'est-à-dire son « moi », défini comme le désir de recevoir, est une moitié qui ne peut exister sauf si elle se revêt dans l'image ou l'espoir d'un d'objet. Car ce n'est qu'alors que notre matière sera complète et pourra être appelée « l'essence de l'homme ».

Il s'avère que lorsque les enfants d'Israël ont été récompensés d'une adhésion parfaite en cette occasion, leurs récipients de réception se sont entièrement vidés de toute possession matérielle, et ils ont adhéré à Lui par l'équivalence de forme. Ce qui signifie qu'ils n'avaient aucun désir de posséder pour eux-mêmes des biens matériels, mais voulaient uniquement apporter satisfaction à leur Concepteur qui s'en réjouirait.

Puisque leur désir de recevoir s'était revêtu dans une image de cet objet, il s'en est revêtu et s'y est lié dans une union parfaite à Lui. C'est pourquoi ils ont été assurément libérés de l'ange de la mort, car la mort est obligatoirement une forme d'absence ou de négation de l'existence d'un certain objet. Ce n'est que lorsqu'une étincelle désire vivre pour son propre plaisir que l'on peut dire qu'elle n'existe pas et qu'elle est absente et morte.

Alors que si nous ne trouvons pas chez l'homme une telle étincelle, mais que toutes les étincelles se revêtent pour contenter leur Créateur, elles ne sont ni absentes ni mortes. Même si le corps s'annule, c'est le côté réception dans son intérêt personnel – duquel le désir de recevoir se pare et lui donne le droit d'exister – qui s'annule.

Cependant, lorsque l'homme vise le but de la Création et que le Créateur est satisfait de lui, car Sa volonté est faite, l'essence de l'homme se revêt alors de Son contentement, et il parvient à une complète immortalité, tout comme le Créateur.

Il se trouve qu'il est libéré de l'ange de la mort. Comme le Midrach dit : « libéré de l'ange de la mort » ; et dans la Michna (Traité des Pères 6, 2) : « Les tables gravées, ne prononcez pas *Haroute* [gravée], mais *Héroute* [liberté], car il n'existe pas d'homme libre, sauf celui qui étudie la Torah. »

Rav Yéhouda Ashlag
EXIL ET RÉDEMPTION

L'harmonie entre la religion et la loi de l'évolution ou le destin aveugle

« Parmi ces nations, tu n'auras aucun repos, pas un point d'appui pour ta plante de pied. » (Deutéronome 28, 65)

« Ce qui vous vient à l'esprit n'aura pas lieu, quand vous dites : Devenons comme les nations, comme les familles des pays. » (Ézéchiel 20, 32)

Le Créateur nous montre de toute évidence qu'Israël ne peut pas exister en exil et ne trouvera pas de repos, comme les autres peuples qui se sont mêlés à des nations et y ont trouvé le repos et se sont assimilés à tel point qu'il ne reste d'eux aucune trace.

Il n'en est pas de même pour la maison d'Israël qui ne trouvera pas de repos parmi les nations tant qu'elle ne réalisera pas le verset : « Tu chercheras de là-bas le Seigneur, ton Dieu, et tu Le trouveras, parce que tu Le demanderas de tout ton cœur et de toute ton âme. »

Nous pouvons clarifier cette question par la Providence et ce qui est décrété à notre propos, que « la Torah est vraie et toutes ses paroles sont vraies, et malheur à nous tant que nous doutons de sa véracité », et nous disons que tous les reproches que nous avons ne sont que le hasard et le destin aveugle. Pour cela, il n'y a qu'un seul remède : de prendre sur nous les malheurs et voir qu'ils ne sont pas une coïncidence, mais la solide Providence prévue par la Torah.

Il faut clarifier cette question par la loi de l'évolution elle-même qui se trouve dans la nature de la Guidance inébranlable que nous avons atteinte par la Torah – la voie de la Torah dans la Providence (voir « deux voies ») nous ayant fait vivre une évolution beaucoup plus rapide que les autres nations. Parce que les membres de la nation se sont développés, ils devaient tout le temps avancer et être extrêmement méticuleux avec tous les commandements de la Torah, comme ils ne l'ont pas fait, puisqu'ils ont voulu impliquer leur égoïsme étroit, ce qui signifie *Lo Lishma* ; ceci a conduit à la destruction du Premier Temple, car ils voulaient placer les vertus de la richesse et de la puissance au-dessus de la justice, comme les autres nations.

Mais puisque la Torah interdit cela, ils ont nié la Torah et la prophétie et ont adopté les mœurs des pays voisins afin qu'ils puissent profiter de la vie autant que l'égoïsme l'exigeait. Puisqu'ils ont agi ainsi, les forces de la nation se sont désintégrées : certains ont suivi les rois et les dirigeants égoïstes, et certains ont suivi les prophètes. Cette séparation a continué jusqu'à la destruction.

Au Second Temple, ce phénomène était encore plus apparent, lorsque le début de la séparation a été accentué publiquement par les disciples non vertueux, dirigés par Sadok et Boethos. Leur mutinerie contre nos sages était essentiellement relative à l'obligation de *Lishma*, comme nos sages ont dit : « Sages, soyez prudents avec vos paroles. » Comme ils ne voulaient pas se séparer de l'égoïsme, ils ont créé des communautés de la pire espèce et ont formé une grande secte appelée « Sadducéens », qui comprenait des riches et des officiers poursuivant leurs désirs égoïstes, et allant à l'encontre de la voie de la Torah. Ils ont combattu les Pharisiens et ce sont eux qui ont apporté la domination du royaume de Rome sur Israël. Ce sont eux qui n'ont pas voulu faire la paix avec les irréductibles, comme nos sages le conseillaient selon la Torah, jusqu'à ce que le Temple soit détruit et la gloire d'Israël exilée.

La différence entre un idéal laïc et un idéal religieux

Un idéal laïc provient de l'humanité et ne peut donc pas s'élever au-dessus de l'humanité. Mais une idée religieuse, qui provient du Créateur, peut s'élever au-dessus de toute l'humanité. C'est parce que la base d'un idéal laïc est l'égalité et le prix de la glorification de l'homme et son action est de se vanter aux yeux des gens. Même s'il est parfois humilié aux yeux de ses contemporains, l'homme s'appuie toujours sur les autres générations, et de toute façon c'est une chose précieuse pour lui, comme un joyau qui fait vivre son propriétaire, même si personne ne le sait ni ne le chérit.

Une idée religieuse, par contre, est basée sur la gloire aux yeux de Dieu ; c'est pourquoi celui qui suit un idéal religieux peut s'élever au-dessus de l'humanité.

Il en est de même de notre exil parmi les nations. Tant que nous avons suivi le chemin de la Torah, nous étions protégés, car toutes les nations savaient que nous étions un peuple hautement développé et elles recherchaient notre coopération. Mais voilà qu'elles nous ont exploités, chacune selon son désir égoïste. Pourtant, nous avions assez de puissance parmi les nations, car après chaque exploitation, il nous restait encore une belle portion, plus importante que celle des habitants du pays.

Mais puisque les gens se sont rebellés contre la Torah dans leur aspiration à exécuter leurs stratagèmes égoïstes, ils ont perdu le but de la vie, qui consiste à se mettre au service du Créateur. Ils ont échangé le but sublime pour des objectifs égoïstes relevant des plaisirs de la vie.

Ainsi, celui qui fait fortune a atteint son but avec gloire et beauté. Tandis que l'homme religieux distribuait son surplus financier à la charité, aux bonnes actions, à l'établissement de séminaires et à d'autres besoins collectifs, ces égoïstes répandaient leurs excédents sur les joies de la vie – la nourriture et la boisson, les vêtements et les bijoux – et se comparaient aux dignitaires de leurs nations respectives.

Tout ce que je veux montrer par ces mots, c'est que la Torah et la loi du développement naturel vont de pair dans une merveilleuse unité, et même selon un destin aveugle. Ainsi tous les maux de l'exil, dont nous avons beaucoup à dire depuis qu'il a commencé, tous nous sont parvenus parce que nous nous étions détournés de la Torah. Si nous avions suivi les commandements de la Torah, aucun mal ne nous serait arrivé.

La concordance et l'unité entre la Torah et le destin aveugle, et le développement du bilan humain

Par conséquent, je propose à la maison d'Israël de dire à nos problèmes : « Assez ! » Et à tout le moins de faire le point, un bilan humain relatif à ces aventures qui nous ont été infligées maintes et maintes fois, y compris dans notre pays où nous souhaitons établir une nouvelle politique, car nous n'avons aucun espoir de nous accrocher à la terre en tant que nation, tant que nous n'acceptons pas notre Torah sans excuse, jusqu'à l'ultime condition du travail *Lishma* et non pour nous-mêmes avec quelque résidu d'égoïsme, comme je l'ai démontré dans l'article « le Don de la Torah ».

Si nous ne nous organisons pas conformément à cela, alors il y aura des classes parmi nous, qui sans aucun doute nous pousseront à droite et à gauche comme toutes les nations, et bien plus encore. La nature des êtres évolués fait qu'elle ne peut pas être maîtrisée, toute opinion importante venant d'une personne intelligente ne pliera pas devant quoi que ce soit et ne connaîtra pas de compromis. C'est pourquoi nos sages ont dit : « Israël est la plus dure des nations », comme celui dont l'esprit est vaste est aussi le plus obstiné.

C'est une loi psychologique. Et si vous ne me comprenez pas, allez et apprenez cette leçon parmi les membres actuels de la nation : nous venons seulement de commencer à la construire et nous avons déjà eu le temps de découvrir notre rigueur et notre fermeté d'esprit – et ce que l'un construit, l'autre le détruit.

Nous savons tous cela, et il n'y a qu'une seule innovation dans mes propos : ils croient qu'à la fin l'autre côté va comprendre le danger et inclinera la tête et acceptera leur opinion. Mais je sais que même si nous les mettions dans le même sac, personne ne céderait à l'autre un seul centimètre, et aucun danger ne dérangerait quiconque de réaliser son ambition.

En un mot, tant que nous n'élèverons pas notre objectif au-dessus de la vie matérielle, nous n'aurons aucune renaissance matérielle, car le spirituel et le matériel en nous ne peuvent résider dans le même sac, car nous sommes les enfants de l'Idée. Et même si nous sommes plongés dans quarante-neuf portes de matérialisme, nous ne renoncerons jamais à l'Idée. Par conséquent, c'est du but sacré de Son Nom dont nous avons besoin.

Rav Yéhouda Ashlag
LA PAIX DANS LE MONDE

Réflexions et critiques aux questions relatives à l'absence de paix, aux propositions des réformateurs du monde et leurs positions à l'épreuve de la réalité – Analyse de la notion du « bien » qui repose sur « la miséricorde, la vérité, la justice et la paix » comme suggéré dans le livre des Psaumes.

« La miséricorde et la vérité se sont rencontrées, la justice et la paix se sont embrassées. La vérité jaillira de la terre et la justice brillera du haut des cieux. Le Seigneur donnera aussi la bonté, et notre terre prodiguera sa moisson. » (Psaume 85)

Tout est évalué non pas selon l'apparence du moment, mais selon le degré de son développement

Tout ce qui existe, que ce soit bon ou mauvais – même la chose la plus nuisible au monde – a le droit d'exister et ne devrait être éradiqué du monde ni détruit... Nous devons juste le corriger et le transformer en bien, car tout regard posé sur le travail de la création est suffisant pour nous instruire de la grandeur et de la perfection de son Opérateur et de son Créateur. Par conséquent, nous devons être prudents lorsque nous attribuons un défaut à un objet – quel qu'il soit – de la Création, et dire qu'il est redondant et superflu, car par cela nous calomnions son Opérateur.

Tout le monde sait que le Créateur n'a pas achevé la Création. Nous pouvons voir dans tous les aspects de la réalité, dans le général comme dans le particulier, qu'elle observe les lois d'une croissance progressive émanant de l'absence jusqu'à la fin de son développement. C'est pour cette raison qu'au début de sa croissance, lorsqu'un fruit a un goût amer, nous ne considérons pas que c'est un défaut du fruit, car nous savons tous qu'il n'est pas encore arrivé à maturation.

Il en est de même pour chaque aspect de la réalité ; lorsqu'une chose nous paraît mauvaise et nuisible, ce n'est en vérité qu'un reflet de cet aspect qui n'est encore que dans une phase de transition, dans le processus de son développement. Nous ne pouvons donc dire que c'est mauvais, et il ne serait pas sage de notre part de le dépeindre comme tel.

La faiblesse des « réformateurs du monde »

Voici la clef pour comprendre la faiblesse des « réformateurs du monde » au fil des générations. Ils ont regardé l'homme comme une machine qui ne fonctionnait pas parfaitement et qui avait besoin d'être réparée en enlevant les éléments défectueux et en les remplaçant.

Voici donc la tendance de tous les réformateurs du monde : éradiquer tout ce qui est nuisible et mauvais en l'homme... et il est vrai que si le Créateur ne s'était pas mis en travers de leur route, ils auraient certainement à l'heure actuelle complètement nettoyé l'homme, ne lui laissant que ce qui est bon et utile.

Le Créateur veille méticuleusement sur toute Sa création, ne laissant personne détruire ne serait-ce qu'une seule chose dans Son domaine, mais octroyant seulement le pouvoir de réformer et de le transformer en quelque chose d'utile et de bien ; c'est pourquoi les réformateurs disparaîtront de la surface de la Terre, alors que toutes les mauvaises qualités subsisteront. Ils comptent les jours et les degrés qu'il leur reste à traverser jusqu'à la fin de leur développement.

Les mauvais attributs se transformeront alors en attributs bons et utiles, comme le Créateur l'avait prévu à l'origine, et ils ressembleront ainsi au fruit sur l'arbre qui attend et compte les jours et les mois qu'il devra traverser avant d'atteindre une maturité complète, maturité qui fera découvrir à l'homme toute la saveur et la douceur qu'il renferme.

S'ils sont récompensés, J'accélérerai le temps ; s'ils ne le sont pas, ce sera en temps voulu

Par contre, nous devons savoir que la loi du développement ci-dessus, qui s'étend sur toute la création, garantit la transformation de tout ce qui est mauvais en quelque chose de bon et d'utile, grâce à la puissance céleste, sans demander son avis à l'homme. Le Créateur lui a toutefois donné la connaissance et l'autorité lui permettant de garder la loi du développement sous son autorité et sa domination, et Il lui a donné le pouvoir d'accélérer, à sa guise, le processus de développement en étant libre et entièrement indépendant des contraintes du temps.

Il s'avère qu'il y a dans cette loi deux autorités agissantes dans ledit développement : l'une est « l'autorité céleste » ; elle s'assure de transformer tout ce qui est nuisible et mauvais en quelque chose de bon et d'utile, et ceci en temps voulu et à sa façon, en se débattant dans les méandres du temps. La seconde est l'autorité terrestre. Lorsque « l'entité évolutive » est un être vivant, elle endure de terribles tourments lorsqu'elle se trouve sous la pression de ce développement, une pression qui s'exerce de façon impitoyable.

« L'autorité terrestre » est toutefois constituée de personnes qui ont placé cette loi d'évolution sous leur propre autorité et qui peuvent se libérer totalement des chaînes du temps tout en l'accélérant substantiellement afin d'amener le développement à sa pleine maturité.

Telles sont les paroles de nos sages (*Sanhédrin* 98) au sujet de la rédemption complète et de l'entière correction d'Israël, éclairant ainsi le verset « Moi, le Seigneur, J'agirai vite le temps venu. S'ils sont récompensés, J'accélérerai le temps ; s'ils ne le sont pas, ce sera en temps voulu. » Ce qui veut dire que si Israël est récompensé et applique ses mauvais attributs à la loi du développement pour les transformer en de bons attributs, ils seront sous sa propre autorité. Les enfants d'Israël uniront alors leurs esprits et leurs cœurs pour corriger en eux tous les mauvais attributs qu'ils transformeront eux-mêmes en de bons attributs, alors « J'accélérerai le temps » signifie qu'ils seront totalement libérés des chaînes du temps et qu'à partir de maintenant ce but ne dépendra que d'eux-mêmes, aidés en cela uniquement par la grandeur de leurs actes et par leur vigilance. C'est ainsi qu'ils accélèrent le temps.

Mais s'ils ne sont pas récompensés de placer leurs mauvais attributs sous leur propre autorité et qu'ils les laissent sous l'autorité céleste, ils seront tout aussi certains d'atteindre la fin de la rédemption et la réparation finale, car il y a une certitude quant à l'autorité céleste qui agit selon la loi d'un développement progressif, par étape, jusqu'à ce que tout mal et toute nuisance soient changés en une chose bonne et utile, comme le fruit sur l'arbre, dont la fin est certaine, mais en temps voulu. Pour l'instant, cela signifie qu'ils sont complètement liés au temps, dont ils sont dépendants.

Car selon cette loi d'évolution progressive, l'homme doit vivre beaucoup d'événements qui ont tendance à être lourds, très longs, à apparaître très lentement, et qui peuvent s'étirer sur de très longues périodes avant d'arriver à leur terme. De plus, comme il s'agit d'êtres vivants sensibles et évolutifs, ils doivent endurer beaucoup de souffrances et de douleur dans ces états de développement, car la force qui pousse l'homme d'un degré inférieur à un degré supérieur est activée par l'accumulation de douleurs et de tourments au degré inférieur, lesquels ne peuvent y être tolérés plus longtemps. C'est pour cela que nous devons quitter ce degré et nous élever au degré supérieur.

Comme nos sages l'attestent : « Le Créateur les place sous la tutelle d'un roi dont les décrets sont aussi sévères que ceux d'Aman, et Israël se repent et revient au bien. »

Par conséquent, Israël est certain d'arriver à la fin par la loi du développement progressif, appelé « en temps voulu », et qui est rattaché aux chaînes du temps. Le but assuré d'Israël, en plaçant le développement de ses attributs sous son autorité, est quant à lui appelé « J'accélérerai le temps », et il est complètement indépendant des chaînes du temps.

Le bien et le mal sont évalués en fonction des actions de l'individu envers la société

Avant d'examiner la réparation du mal chez l'espèce humaine, nous devons tout d'abord nous entendre sur la valeur de ces mots abstraits « bien » et « mal ». C'est-à-dire que lorsque nous définissons un acte ou un attribut comme étant bon ou mauvais, nous devrions examiner à qui bénéficie ou nuit cet attribut ou cet acte.

Pour comprendre cela, nous devons connaître parfaitement la proportionnalité entre l'individu et la société, à savoir entre l'individu et la société dans laquelle il vit et qui le soutient, et ce à la fois matériellement et spirituellement.

La réalité nous montre qu'un individu ne peut pas exister sans avoir un nombre suffisant de personnes autour de lui pour le servir et l'aider à subvenir à ses besoins. Par conséquent, un individu est né pour avoir une vie sociale. Chaque individu dans la société est comme un rouage couplé à plusieurs autres appartenant à une même machine. Ce rouage n'a aucune liberté de mouvement par lui-même, mais continue dans une direction donnée grâce à la synergie des autres rouages, ce qui permet à la machine de fonctionner.

Lorsqu'une panne intervient dans le rouage, cela n'est pas considéré comme relevant du rouage lui-même, mais l'incident est évalué selon le service et le rôle qu'il apporte à toute la machine.

Ainsi, en raison de ce qui nous préoccupe, l'utilité de chaque individu à l'intérieur de son groupe est évaluée non pas selon sa propre bonté, mais selon le service qu'il rend à la société. Et vice et versa : nous évaluons les mauvais attributs de chaque individu uniquement selon le tort qu'il inflige à la société en général, et non selon sa valeur individuelle.

Ces choses sont claires comme de l'eau de roche, car aussi bien du point de vue de la vérité que du bien en lui, la société ne dispose que de ce qui est dans l'individu. Le produit de la société correspond au profit de chacun des individus. Celui qui cause du tort à la société récolte sa part de préjudice, et celui qui apporte un bienfait en récolte le fruit. Tout cela parce que les individus sont les parties du tout et que le tout ne vaut pas plus que la somme de ses parties.

Il s'avère donc que le groupe et l'individu sont une seule et même chose. L'assujettissement de l'individu à la société ne lui cause aucun mal, car la liberté de l'individu et la liberté de la société sont une seule et même chose. Tout comme ils partagent ce qui est bon, ils partagent également la liberté.

Les attributs et les actes sont évalués comme étant bons ou mauvais, selon le bénéfice que la société en retire. Bien entendu, tout ce qui a été dit ci-dessus s'applique à la condition que tous les individus jouent parfaitement leur rôle dans la société et ne reçoivent pas plus que ce qu'ils méritent, ne s'attribuant pas plus que la part de leurs amis. Mais si une partie de la société ne se conduit pas comme elle se doit, elle cause du tort non seulement à la société, mais aussi à elle-même.

Nous n'allons pas continuer de discuter de quelque chose qui est connu de tous. Tout ce qui a été dit auparavant ne servait qu'à désigner l'imperfection, l'endroit qui nécessite une réparation, à savoir que chaque individu comprendra que son propre intérêt et l'intérêt de la société sont une seule et même chose. Par ce cheminement, le monde atteindra la réparation finale.

Les quatre attributs : la miséricorde, la vérité, la justice et la paix, du point de vue de l'individu et de la société

À partir du moment où nous connaissons parfaitement les attributs inhérents à la bonté, nous devons examiner ce que nous avons à notre disposition afin d'accélérer cette bonté et ce bonheur.

Quatre propriétés aident à atteindre ce but : la miséricorde, la vérité, la justice et la paix. Ces attributs ont jusqu'à maintenant été utilisés par tous les réformateurs du monde. Il serait d'ailleurs plus exact de dire que c'est grâce à ces quatre attributs émanant de l'autorité céleste que l'homme s'est développé de façon progressive, conduisant ainsi l'humanité à son état actuel. Il a déjà été précisé qu'il serait mieux de prendre cette loi d'évolution à bras le corps et de la maîtriser afin de nous débarrasser des tourments que l'histoire a en réserve pour nous maintenant et pour l'avenir.

Nous devrions par conséquent examiner ces quatre attributs avec minutie afin de bien comprendre ce qui nous a été donné à ce jour, en vue de connaître l'aide que nous pouvons en attendre à l'avenir.

Les difficultés fonctionnelles en vue de déterminer la « vérité »

Lorsque nous discutons de qualités, en théorie, il n'y a certainement pas de meilleure que celle de la « vérité », car toute la sagesse décrite ci-dessus, qui existe entre l'individu et la société, n'est possible que si d'une part l'individu joue son rôle et donne à la société, et, d'autre part, s'il récolte de la société ce qui lui est dû de façon juste et honnête...

Voilà ce qu'est la vérité, mais l'inconvénient, en fait, c'est que la société ne reconnaît pas du tout cet attribut. La difficulté se présente donc d'elle-même dans le fait qu'il y ait un inconvénient et une raison à ce que la vérité soit inacceptable par la société. Nous devons donc analyser ce bémol.

Lorsque vous examinez de plus près la vérité, du point de vue de sa faisabilité, vous la trouverez assurément vague et compliquée, imperméable à toute analyse.

La vérité exige en effet que chaque individu, dans la société, soit ni plus ni moins rétribué en fonction de son travail. Ceci est la base véritable dont on ne peut douter, mais il est clair que tout individu qui veut bénéficier du travail de son ami ne peut qu'agir à l'encontre de la raison et de la vérité exprimées ci-dessus.

Mais de quelle façon pouvons-nous examiner, analyser ou clarifier cette vérité de façon à la rendre acceptable pour la société ? Par exemple, si nous jugeons quelque chose par rapport au travail qu'elle représente, c'est-à-dire par le nombre d'heures qu'elle nécessite pour être accomplie, et que nous obligeons chacun à travailler ce même nombre d'heures, nous serons encore loin d'avoir découvert l'attribut de la vérité.

Au contraire, il y a ici un mensonge flagrant, et ce pour deux raisons. La première concerne les capacités physiques du travailleur, et la seconde, ses capacités mentales.

Ceci explique que, par nature, la puissance de travail n'est pas égale chez tout le monde. Une personne peut accomplir une tâche en deux heures, en raison de sa faiblesse, alors qu'une autre ne mettra qu'une heure pour exécuter la même tâche.

Il y a aussi un aspect psychologique, car celui qui est très fainéant par nature se fatiguera beaucoup plus en une heure que son ami en deux, voire plusieurs heures, et, à l'évidence, nous ne devrions pas obliger une partie de la société à travailler plus qu'une autre partie pour satisfaire ses besoins.

En fait, celui qui est fort et rapide par nature dans la société profite du travail des autres et les exploite malicieusement, bafouant l'attribut de la vérité, car il travaille peu comparé aux faibles et aux fainéants.

Si nous prenons aussi en considération la loi naturelle qui consiste à « se rallier à la majorité », alors une telle vérité, qui prend en compte le nombre d'heures de travail apparent, est complètement irréalisable. En effet, les faibles et les fainéants forment toujours la vaste majorité et ils ne toléreront pas que la minorité forte et rapide de la société exploite leur force et leur travail.

Nous pouvons donc en déduire que le travail de chaque individu et de la plus grande partie de la société n'est à l'évidence pas conciliable d'après les conditions de la vérité, car ce travail ne peut être ni examiné ni évalué d'aucune manière. Il s'avère alors que l'attribut de la vérité n'est pas capable d'organiser la voie de l'individu et celle de la société de façon satisfaisante et absolue, et qu'elle ne pourra non plus organiser entièrement et convenablement la vie lors de la réparation finale du monde.

De plus, nous sommes ici devant un grand problème, car il n'y a pas de vérité plus claire que la nature elle-même. Il est donc naturel que chaque individu se perçoive dans le monde du Créateur comme le seul maître et qu'il pense que les autres n'ont été créés que pour l'aider à faciliter et à améliorer sa vie, sans qu'il ne se sente obligé de donner quoi que ce soit en retour.

En résumé, nous dirons que la nature de l'individu est d'exploiter la vie de tous les autres dans son intérêt personnel, et tout ce qu'il donne à autrui, ce n'est que par pure nécessité. Ce geste s'apparente même à une certaine exploitation, mais il le fait si astucieusement que son ami ne le percevra pas et l'acceptera.

L'explication vient du fait que la nature de chaque branche est proche de sa racine. Du fait que l'âme de l'homme s'étend du Créateur, qui est Un et Unique et Qui possède tout, de même, l'être humain qui s'étend du Créateur pense que chaque homme au monde devrait être sous son autorité, et s'en servir dans son intérêt personnel. C'est là une loi qui ne peut être battue en brèche.

L'unique différence réside dans le choix des personnes. L'une choisira d'exploiter les gens en assouvissant ses désirs les plus bas, l'autre en choisissant le pouvoir, pendant que la troisième cherchera à être respectée. De plus, si l'homme pouvait faire cela sans trop d'effort, il serait d'accord d'exploiter le monde entier en utilisant ces trois ensemble : la prospérité, le pouvoir et le respect... Il est toutefois obligé de choisir selon ses compétences et ses capacités.

Cette loi peut être appelée la « loi de la singularité » dans le cœur de l'homme. Il n'y a aucune personne qui ne puisse s'y soustraire, (mais tout un chacun participe à cette loi), les grands comme les petits selon leur taille.

Cette loi de la singularité faisant partie de la nature de chaque personne, elle ne peut être ni condamnée ni louée, car c'est une réalité naturelle qui a le droit d'exister comme tout autre détail de la réalité. Il n'y a d'ailleurs aucun espoir de l'éradiquer de ce monde, ni même de faire en sorte que sa forme soit un peu plus floue, tout comme il n'y a aucun espoir d'anéantir l'espèce humaine de la surface de la terre. Nous ne mentirions donc pas du tout en proclamant que cette loi est la « vérité absolue ».

Et comme il en est assurément ainsi, comment pourrions-nous essayer de rassurer quelqu'un en lui promettant l'égalité avec tous les autres membres de la société ? Car rien n'est plus éloigné de la nature humaine, alors que la seule tendance de l'homme est de s'élever toujours plus haut, au-dessus de toute la société.

Nous avons donc mis en lumière l'impossibilité d'apporter le bien et le bonheur dans la vie de l'individu et dans la société en suivant l'attribut de la vérité, et ce de façon à ce que l'individu puisse être rassuré et complètement en accord avec cet attribut, comme ce sera le cas lors de la réparation finale.

Devant l'incapacité de placer l'attribut de la vérité, ils essayèrent d'établir de nobles attributs

Examinons maintenant les trois attributs restants : la miséricorde, la justice et la paix. Pour commencer, il semble qu'ils n'ont été créés dans le monde que pour compenser la fragilité de la vérité. Ainsi commence l'histoire de l'évolution qui gravit avec lenteur et indolence les degrés du progrès et en vient graduellement à organiser la société.

En théorie, tout le monde avait volontiers accepté de ne pas dévier de quelque manière que ce soit de la vérité. Mais en fait, les êtres humains ont eu une conduite diamétralement opposée. Depuis lors, ce fut le destin de la vérité de ne se trouver qu'entre les mains des menteurs, et jamais entre celles des hommes faibles ou justes, ne serait-ce que pour les aider.

Les exploités et les faibles augmentèrent à partir du moment où l'attribut de la vérité n'a pu être implanté dans la société...Les attributs de la miséricorde et de la justice émergèrent alors et régulèrent la conduite de la société qui avait besoin, en tant qu'un tout, de ceux qui réussissaient pour soutenir les plus faibles, et ainsi éviter de causer du tort en général. Ils ont alors eu plus d'indulgence envers eux, faisant preuve de miséricorde et de charité.

Ce n'est que logiquement, dans ces conditions, que le nombre d'exploités et de faibles a grandi jusqu'à ce qu'ils soient assez nombreux pour protester contre ceux qui réussissaient et qu'ils commencent à se quereller et à se battre... Suite à quoi l'attribut de la « paix » est apparu. Donc, tous ces attributs – la miséricorde, la charité et la paix – sont la résultante de la faiblesse de la vérité.

Cette situation a été la cause du morcellement de la société en factions. Certaines ont adopté l'attribut de la miséricorde et de la charité en donnant à d'autres ce qu'ils possédaient, et d'autres ont adopté l'attribut de la vérité en disant : « Ce qui est à moi est à moi et ce qui est à toi est à toi. »

Pour simplifier, nous pouvons départager ces deux catégories entre « constructeurs » et « destructeurs ». Les constructeurs sont ceux qui veulent construire et regardent l'intérêt général de la société, ce pour quoi ils acceptent volontiers de donner à d'autres leurs biens.

En revanche, ceux qui sont naturellement enclins à la destruction et à la violence se sentent plus à l'aise avec l'attribut de la vérité, c'est-à-dire « Ce qui est à moi est à moi et ce qui est à toi est à toi » dans leur intérêt personnel, et ils ne veulent jamais renoncer à quoi que ce soit qui leur appartiennent et le donner à autrui, pas plus qu'ils n'ont de considération pour le fait de mettre en danger l'existence même de la société, car ce sont des destructeurs par nature.

Les espoirs de paix

Après que ces conditions ont conduit à de grands conflits au sein de la société, allant jusqu'à mettre en péril son existence, les « pacifistes » sont arrivés. Ils ont pris le contrôle de la société et ont renouvelé la vie sociale avec de nouvelles conditions, pensant qu'elles étaient correctes pour ne subvenir qu'à l'existence paisible de la société.

Mais la plupart de ces pacifistes, qui apparaissent après chaque conflit, sort du rang des destructeurs, ceux qui cherchent la vérité d'après « Ce qui est à moi est à moi et ce qui est à toi est à toi ». Ce sont ces hommes courageux que l'on appelle des héros et qui mettent volontiers leur propre vie en danger – ainsi que celle de toute la société si elle ne va pas dans le sens de leur opinion –, alors que les constructeurs sont des hommes de miséricorde et de charité pour qui leur propre vie et le bien-être général sont importants, refusent de faire prendre des risques à la société pour imposer leurs opinions. Dès lors, ils se retrouvent toujours du côté faible et sont considérés comme des hommes lâches et peureux.

Dès lors, il est évident que ces braves hommes violents seront toujours au-devant de la scène et que les pacifistes sortiront naturellement du rang des « destructeurs » et non des « constructeurs ».

Nous voyons donc pourquoi cette paix, à laquelle notre génération aspire tant, ne vaut rien – pas plus sous la perspective du « sujet » que sous la perspective de son « prédicat ».

Car les sujets, qui sont les pacifistes de notre époque et à chaque génération, ceux qui ont le pouvoir d'instaurer la paix dans le monde, sont modelés depuis toujours et pour toujours à partir de la substance des « destructeurs », ceux qui cherchent la vérité pour construire le monde selon la devise « Ce qui est à moi est à moi et ce qui est à toi est à toi ».

Il est naturel que ces personnes défendent leur opinion avec fermeté au point de risquer leur vie et celle de la société entière. Cela leur donne toujours le pouvoir d'avoir la mainmise sur les constructeurs, ceux qui recherchent la miséricorde et la charité et qui sont volontiers enclins à donner leurs propres biens aux autres pour sauver le monde, car ce sont des peureux et des faibles.

Il s'avère que rechercher la vérité et détruire le monde ne sont qu'une seule et même chose, et que le désir de miséricorde et de construire le monde sont également une seule et même chose. Nous ne devrions donc pas espérer que les destructeurs établissent la paix dans le monde.

Il est également inutile d'aspirer à la paix à partir de son prédicat, c'est-à-dire les conditions de la paix elle-même. C'est la raison pour laquelle les conditions nécessaires au bonheur de l'individu et de la société, selon le critère de la vérité auquel les pacifistes aspirent, n'ont pas encore été créées. Attendu que nous avons prouvé la faiblesse de la vérité, il est indispensable qu'il y ait toujours une large minorité d'insatisfaits. Ainsi, cette minorité sera en permanence le combustible des belliqueux et des nouveaux pacifistes, lesquels suivront invariablement.

La paix d'une partie de la société et la paix du monde entier

Ne soyez pas surpris, si je fais l'amalgame entre la paix d'un groupe particulier et la paix du monde entier, car nous sommes en fait arrivés à un stade où le monde entier est considéré comme un seul groupe, une société unique. Cela signifie que puisque chaque personne tire la quintessence de sa vie et son gagne-pain de l'humanité, elle est contrainte de contribuer au bien-être du monde entier et d'en prendre soin.

Nous avons prouvé ci-dessus que l'assujettissement total d'un individu à la société ressemble à un petit rouage dans une machine. Sa vie et son bonheur dépendent de cette société et, par conséquent, le bien-être de la société et son bien-être personnel ne sont qu'une seule et même chose, et inversement. Dès lors, dans la mesure où une personne est assujettie à elle-même, elle devient nécessairement assujettie à la société, comme nous l'avons longuement évoqué ci-dessus.

Quelle est la limite de ladite société ? Elle est déterminée par le périmètre d'activités de l'individu. Par exemple, aux temps préhistoriques, le périmètre de la famille constituait ces limites. L'individu n'avait alors besoin que de sa famille, à qui il était assujetti, et n'avait besoin de personne d'autre.

En des temps plus avancés, les familles se sont rassemblées dans les bourgs et dans les quartiers, et l'individu s'est assujetti à sa ville. Plus tard, lorsque les bourgades et les quartiers se regroupèrent pour former des pays, le bonheur d'un individu dépendait de ses compatriotes, et il leur était donc assujetti.

Par conséquent, étant donné que pour notre génération le bonheur d'un individu dépend des pays du monde entier, il est évident que cet individu, sous cette perspective, est assujetti au monde entier, comme le rouage d'une machine.

Par conséquent, la possibilité de faire le bien, le bonheur et la paix dans un État est inconcevable tant qu'il n'en est pas de même dans tous les autres pays du monde, et vice-versa. Car à notre époque les pays sont liés pour satisfaire leurs besoins, tout comme les individus l'étaient dans leur famille aux temps anciens. Nous ne pouvons donc plus parler ni faire cas de la conduite à tenir pour garantir la paix d'un pays ou d'une nation, mais seulement la paix du monde entier, car l'avantage ou l'inconvénient de chaque personne dans le monde dépend et est fonction des intérêts des humains du monde entier.

Bien que ce soit un fait reconnu et ressenti comme tel, les humains, de par le monde, ne l'ont pas encore bien compris. Pourquoi ? Parce que le développement dans la nature est ainsi fait ; la compréhension vient après l'acte et seules les actions pousseront l'humanité à avancer.

Dans la vie courante, les quatre attributs se contredisent

Comme si les difficultés ci-dessus n'étaient pas suffisantes sur notre chemin pour perturber les personnes impuissantes que nous sommes, nous nous voyons de plus désorientés et aux prises avec un grand conflit de prédispositions psychologiques, lesquelles émanent des attributs eux-mêmes et de leurs contradictions, en chacun de nous aussi bien que d'une personne à une autre. Car les quatre attributs susmentionnés, à savoir la miséricorde, la vérité, la justice et la paix, qui sont répartis dans la nature humaine soit par le développement, soit par l'éducation, se contredisent.

Si nous prenons par exemple l'attribut de la miséricorde sous sa forme abstraite, son autorité contredit tous les autres attributs, c'est-à-dire qu'en suivant la loi de la miséricorde, il ne reste dans notre monde aucune place pour la révélation des autres attributs.

À quoi correspond l'attribut de la miséricorde ? Nos sages l'ont défini ainsi dans le Traité des Pères : « Ce qui est à moi est à toi et ce qui est à toi est à toi. » Si tous les hommes dans le monde se conduisaient de cette manière, toute la gloire et la valeur des attributs de la « vérité » et du « jugement » disparaîtraient. Chacun serait enclin à donner naturellement ce qu'il possède à son prochain sans prendre quoi que ce soit à autrui. Il n'y aurait donc aucun intérêt à mentir, ce qui ne laisserait aucune place à l'attribut de la vérité pour qu'il s'exprime, puisque la vérité et le mensonge sont relatifs l'un à l'autre. Si le « mensonge » n'existait pas dans le monde, il n'y aurait aucun concept de « vérité ». Il est inutile de dire que les autres attributs, qui sont là pour renforcer l'attribut de la vérité dans ses faiblesses, disparaîtraient aussi.

La vérité est définie dans les mots suivants : « Ce qui est à moi est à moi et ce qui est à toi est à toi. » Ceux-ci contredisent l'attribut de la miséricorde – qu'ils ne peuvent absolument pas tolérer –, car avec la vérité il est injuste de travailler et de peiner pour quelqu'un d'autre, car en plus d'être la cause de l'échec de son ami, l'homme s'habitue ainsi à exploiter son prochain. Ainsi, la vérité impose à chaque personne de conserver précieusement ses propres acquis pour les temps difficiles, et ce afin de ne pas être un fardeau pour son prochain.

En outre, il n'existe personne qui n'ait ni famille ni héritier qui ne passerait de ce fait devant les autres, la nature nous dictant que celui qui lègue ses biens à des personnes autres que sa famille et ses héritiers naturels ment en ne leur laissant rien.

La paix contredit également la justice, en ce sens que pour établir la paix dans la société, deux conditions doivent être réunies. La première est la promesse faite aux gens habiles et aux gens intelligents, qui investissent leur énergie et leur savoir, de devenir riches ; et la seconde, à ceux qui sont négligents et naïfs, d'être pauvres. Celui qui est donc plus énergique prend à la fois sa propre part et celle de son ami négligent, et profite ainsi mieux de la vie, jusqu'à ce qu'il ne reste même plus assez pour subvenir aux besoins des négligents et des naïfs, lesquels, de bien des façons, se trouvent complètement dénudés et sans rien dans bien des domaines.

Il est assurément injuste que le négligent et le naïf soient si durement punis pour n'avoir commis aucun mal. Quels sont donc le péché et le crime de ces misérables pour que la Providence ne leur ait donné la rapidité ni l'intelligence, et les punisse avec des tourments aussi durs, plus durs que la mort elle-même ?

Il n'y a donc pas de justice dans les conditions de la paix. La paix contredit la justice et la justice contredit la paix. Car si nous partagions les biens avec équité et que nous redonnions aux négligents et aux naïfs une partie substantielle de la part des personnes agiles et énergiques, les puissants et ceux dotés d'initiative ne tarderaient pas à renverser un gouvernement qui assujettirait l'élite et les personnes responsables, lesquelles se sentiraient exploitées en faveur des plus faibles. Il n'y a par conséquent aucun espoir de paix pour la société, car la justice est en contradiction avec la paix.

L'attribut de la singularité au sein de l'égoïsme agit en vue de la ruine et de la destruction

Vous avez donc vu comment nos attributs se heurtent et se combattent, non seulement entre les fractions, mais également à l'intérieur de chaque individu qui est dominé par ces quatre attributs tous en même temps, ou l'un après l'autre, et ces attributs se battent entre eux et ne laissent aucune place à un esprit censé de pouvoir les organiser et les amener à un consensus mutuel.

En vérité, la racine de tout ce désordre intérieur, peu importe son importance, n'est ni plus ni moins que l'attribut de la singularité que nous portons en chacun de nous.

Bien que nous ayons mis en évidence le fait qu'il tire son origine d'une raison sublime et que cet attribut nous ait été envoyé par le Créateur, qui est seul au monde et la racine de toutes les créations, néanmoins, quand il se trouve dans cette sensation de singularité, qui s'est installée dans notre égoïsme étriqué, il n'est que ruine et destruction, la source de toutes les destructions passées et futures dans le monde.

Et en fait, il n'y a pas une seule personne au monde qui n'en soit libérée, et toutes les divisions proviennent de la façon dont il est utilisé, que ce soit pour les désirs du cœur, pour ceux du pouvoir, ou pour l'honneur, tout ce qui fait qu'une personne est différente d'une autre. La seule chose commune à tous les êtres humains est que chacun d'entre nous est prêt à abuser le monde entier dans son propre intérêt, par tous les moyens disponibles, sans prendre en compte qu'il s'édifiera sur les ruines de son ami. Et cela n'a aucune importance que chacun d'entre nous se comporte en fonction de ce choix parce que c'est le désir qui est la racine de l'esprit, et pas l'esprit qui est la racine du désir. La vérité est que plus une personne est importante et exceptionnelle, plus son attribut de singularité est grand et exceptionnel.

Se servir de la nature de la singularité comme d'un sujet d'évolution pour l'individu et la société

Nous allons maintenant tâcher de comprendre quelles conditions directes seront finalement acceptées par l'humanité au moment de l'apparition de la paix mondiale, et apprendre comment elles peuvent apporter le bonheur à l'individu et à la société, en plus de reconnaître que l'humanité est déjà prête à assumer ces conditions particulières.

Revenons sur la singularité dans le cœur de chaque personne, laquelle, pour son propre plaisir, souhaite avaler le monde entier. Sa racine s'étend directement de Celui Qui est unique, jusqu'à tous les hommes qui en sont ses branches.

Une question nécessite une réponse : Comment est-il possible qu'une forme aussi défectueuse puisse se révéler en nous et devenir la mère de tout le mal et de toute la désolation dans le monde ? Et comment la source de toute destruction peut-elle émaner de la source de toute construction ? Nous ne pouvons pas laisser cette question sans réponse.

En vérité, la singularité est semblable à une pièce de monnaie : elle comprend deux faces. Si nous regardons la face supérieure, c'est-à-dire la face représentant son équivalence avec Celui Qui est unique, elle ne travaille que sous la forme du « don sans réserve pour son prochain ». Le Créateur n'est que Don et ne connaît pas la forme de réception puisqu'Il ne manque de rien et n'a pas besoin de recevoir quoi que ce soit de Ses créatures. Par conséquent, la singularité que nous recevons de Lui doit uniquement se manifester sous les formes de « don sans réserve à autrui », et nullement sous la forme de « recevoir pour nous-mêmes ».

L'envers de cette pièce, en fait, c'est la façon dont elle agit en nous ; elle opère dans une direction complètement opposée puisqu'elle ne se manifeste que sous la forme de « réception pour soi », comme le fait de vouloir être l'homme le plus grand et le plus riche du monde. Les deux faces sont donc aussi éloignées l'une de l'autre que le sont l'est et l'ouest.

Ce qui répond à notre question, à savoir comment est-il possible qu'à l'intérieur d'une même singularité qui nous vient de Celui Qui est unique, et Qui est la Source de toutes les constructions, se trouve la source de toutes les destructions ? La raison en est qu'elle vient à nous et que nous utilisons ce précieux outil dans le mauvais sens, à savoir la réception pour soi. Je ne suis pas en train de dire que la singularité n'agira jamais en nous sous la forme du don sans réserve, car nous ne pouvons pas nier qu'il y ait des personnes parmi nous dont la singularité agit en elles sous la forme du don sans réserve, comme celles qui dépensent leur fortune et leur énergie pour le bien général, par exemple.

Mais les deux faces de cette pièce que je viens de décrire nous informent seulement des deux aspects du développement de la Création qui amène tout ce qui existe à sa perfection, commençant par son absence et gravissant les échelons au fil d'un long développement progressif, étape par étape, de plus en plus haut jusqu'à ce qu'elle arrive au sommet, qui est la mesure de la perfection établie à l'avance pour qu'elle y demeure à jamais.

L'ordre de développement de ces deux aspects est le suivant :
- A) Le point de départ, le degré le plus bas qui est assimilé à une absence complète et qui correspond à la deuxième face de la pièce (pile).
- B) Le sommet sur lequel il se repose et demeure pour toujours, et qui correspond à la première face de la pièce (face).

Mais l'époque dans laquelle nous vivons s'est déjà développée avec beaucoup d'ampleur et a déjà gravi de nombreux échelons. Elle s'est déjà élevée au-dessus de son état le plus bas, qui est la seconde face ci-dessus, et s'est rapprochée considérablement de la première face. Par conséquent, il y a déjà parmi nous des personnes qui utilisent leur singularité sous des formes de « don sans réserve ». Mais elles sont encore peu nombreuses, car beaucoup sont encore à mi-chemin sur la voie du développement. Lorsque nous serons tous arrivés au point le plus haut, nous utiliserons tous alors notre singularité uniquement sous la forme du « don sans réserve », et nul ne l'utilisera sous une forme de « réception pour soi ».

Suivant ce raisonnement, nous voyons l'opportunité d'examiner les conditions de vie de la dernière génération ; le moment où la paix régnera sur le monde, lorsque l'humanité entière aura atteint la première face. Nous utiliserons notre singularité non pas sous la forme de « réception », mais seulement sous la forme du « don sans réserve ». Il serait bon de suivre alors cette forme de vie ci-dessus, dont nous pourrions tirer des leçons, et qui nous servirait de modèle pour nous aider à traverser les épreuves de la vie. Il serait peut-être intéressant et envisageable pour notre génération de vivre en se rapprochant de cette forme de vie.

Les conditions de vie de la dernière génération

Premièrement, tout le monde doit bien comprendre et expliquer à son entourage que la paix sociale, qui est la paix du pays et celle du monde, est entièrement interdépendante. Tant que les lois de la société ne satisferont pas chacun des individus dans le pays, une minorité restera insatisfaite et conspirera contre le gouvernement, qu'elle cherchera à renverser.

Si sa puissance se révèle insuffisante face à ce gouvernement, elle le renversera de manière indirecte, en incitant par exemple les pays à se déclarer la guerre et à se battre les uns contre les autres, car en temps de guerre, il y a beaucoup plus d'insatisfaits qui nourrissent l'espoir d'atteindre la masse critique afin de renverser le gouvernement et mettre en place une autorité qui leur convient. La paix chez l'individu est par conséquent la cause directe de la paix du pays.

Qui plus est, si nous prenons en considération que cette partie qui a toujours existé à l'intérieur d'un État – dont la spécialité est la guerre, et qui se compose de militaires et de marchands d'armes galvanisés par leurs espoirs de succès – représente une minorité très significative, et que nous la rajoutons à la minorité insatisfaite du gouvernement, à tout moment vous avez une énorme quantité de personnes qui désire ardemment la guerre et un bain de sang.

La paix dans le monde est donc interdépendante de la paix du pays. Dès lors, nous voyons fatalement que même cette partie du pays qui est actuellement satisfaite de sa vie, représentée par ceux qui sont adroits et intelligents, se fait toujours beaucoup de soucis pour son propre bien-être, en raison du mal-être de ceux qui s'efforcent de la renverser ; et s'ils comprenaient la valeur de la paix, ils seraient heureux d'adopter la conduite de vie de la dernière génération. Car tout ce qu'un homme possède, il le donnera pour sa vie.

Les souffrances par rapport aux plaisirs de la réception à des fins personnelles

Lorsque nous examinons et que nous saisissons donc parfaitement ce qui a été dit ci-dessus, nous voyons que toute la difficulté réside dans le fait de changer notre nature ;

de passer du désir de recevoir pour nous-mêmes au désir de donner sans réserve pour les autres, car ces deux choses sont en totale opposition.

À première vue, le plan semble utopique, comme s'il était au-dessus de la nature humaine. Mais lorsque nous approfondissons un peu plus le sujet, nous nous apercevons que la contradiction entre la réception pour soi et le don sans réserve à autrui n'est qu'une question de psychologie, puisqu'en fait nous donnons sans réserve aux autres sans n'en tirer aucun plaisir. Car bien que la réception pour soi se manifeste de diverses façons, comme la propriété, les plaisirs du cœur, des yeux et de la bouche, etc., un seul nom les définit tous : le « plaisir ». Ainsi, l'essence même de la réception pour soi qu'une personne désire n'est rien d'autre que le désir de plaisir.

Maintenant, imaginons que nous puissions réunir tout le plaisir qu'une personne ressent dans une vie et que nous fassions de même pour la souffrance et la douleur, cela aurait pour effet qu'elle aurait préféré ne jamais avoir vu le jour.

Mais s'il en est ainsi, que recevons-nous donc pendant toute une vie ? Si nous supposons qu'une personne obtienne vingt pour cent de plaisir pendant sa vie et quatre-vingts pour cent de douleur, en les mettant face à face, il y aurait toujours soixante pour cent de souffrances qui ne serait pas compensé.

Mais ceci n'est qu'une hypothèse ad hoc, comme lorsque quelqu'un agit pour lui-même. Dans une hypothèse plus élargie, l'individu produit toutefois plus que ce qu'il ne prend pour son propre plaisir et pour sa propre existence. Ainsi, s'il passait de la réception pour soi au don sans réserve, tout ce que l'individu produirait serait une source de plaisir avec peu de souffrance.

Rav Yéhouda Ashlag

Journal la Nation
Publié à Jérusalem le 5 juin 1940

Notre objectif

Ce journal La Nation est une nouvelle publication dans la communauté juive, un journal qui se veut être « entre les clivages ». Mais vous vous demandez peut-être quelle est la signification d'un journal « entre les clivages », ou comment définir un journal qui puisse servir tous les partis ensembles malgré leurs divergences et orientations différentes.

C'est pourquoi, c'est une parution qui est publiée dans une période critique, où de grandes souffrances et des menaces sévissent parmi les nations du monde sous l'influence d'un parfum de haine ; elles veulent nous exterminer de la surface de la terre, une menace d'anéantissement de millions de nos frères dont le nombre est déjà en déclin. Leur penchant sadique ne s'est pas assouvi, et une double catastrophe se profile et nous ne pourrons pas nous mentir, et dire que tout ceci n'est qu'un phénomène passager, transitoire comme nous l'avons vécu au cours de l'histoire, lorsqu'un peuple se déchaînait contre nous, nous lui avons trouvé un remplaçant dans un autre pays.

Mais actuellement, la situation est vraiment différente, car non seulement ils nous ont frappé aux quatre coins du monde, mais même les nations les plus civilisées nous ont fermé leurs portes, sans le moindre sentiment de pitié ni de miséricorde. Cette cruauté est sans précédent dans toute l'histoire de l'humanité, elle n'existait même pas aux périodes les plus barbares.

La chose est claire, si on ne croyait pas au miracle, en tant qu'individu ou en tant que nation, notre existence se trouverait sur le plateau d'une balance entre la vie et la mort. Et notre salut est de trouver le stratagème requis, c'est-à-dire ce même et grand stratagème que l'on ne peut trouver qu'en période de danger imminent, et qui par sa force obligerait le plateau à pencher en notre faveur – nous donner ici un abri sûr à tous nos frères de la diaspora, qui unanimement disent que c'est le seul lieu de salut possible ces derniers temps.

Ainsi, un chemin de vie pourrait s'ouvrir à nous pour continuer à exister d'une façon ou d'une autre malgré ces abominations. Et l'heure est grave et si nous ne nous levons pas tous ensemble et ne faisons pas de grands efforts requis en période de danger pour nous assurer de rester en Israël, alors les faits devant nous sont très menaçants, car les choses se développent selon la volonté de nos ennemis qui disent qu'il faut nous exterminer de la surface de la terre.

Il est également clair que le grand effort qu'il nous faut faire et dont le chemin est tracé, est qu'il faut une union puissante et solide comme un roc dans toutes les couches de la nation sans aucune exception. Et si nous ne faisons pas bloc, tous unis face aux grandes puissances qui se trouvent sur notre chemin, notre espoir se révèlera perdu d'avance.

Après tout cela, chacun de nous et chaque parti politique se cachera derrière ses acquis et fera tout pour les garder précieusement, sans vouloir renoncer à quoique ce soit, et en aucune façon ils ne pourront – ou pour être plus précis – ne voudront pas parvenir à une union nationale comme l'exige cette période critique. C'est ainsi que nous nous enfonçons dans l'indifférence, comme si rien n'était arrivé.

Essayez d'imaginer vous même, si une nation nous « montrait la porte de sortie », comme c'est si fréquent de nos jours, il est certain qu'alors aucun d'entre nous ne chercherait à revendiquer son appartenance politique, car le trouble nous unierait tous en une seule masse solidaire, prête à se défendre ou plier bagages pour fuir par mer ou par terre. Si seulement nous ressentions le danger comme une réalité, alors, nous aussi comme eux, sans aucun doute, nous serions unis comme il se doit, sans aucune difficulté.

C'est dans ces circonstances qu'un petit groupe de personnes – toutes tendances confondues – s'est réuni ici, des gens qui sentent planer une menace sur eux comme si elle s'était déjà matérialisée et qui ont décidé de prendre l'initiative d'éditer ce journal, qui selon elles, est un moyen sûr de transmettre leur sentiment à tout le peuple, à tous les partis politiques et courants idéologiques, sans exception. C'est ainsi que les oppositions et les partisans étroits d'esprit disparaîtront, ou pour être plus juste, ils se tairont et feront place à ce qui existait avant et tous ensemble nous pourrons nous unir en un seul corps robuste, capable de nous défendre seul en cette période cruciale.

Et même si ce danger est connu de tous, comme nous le savons, apparemment cette information ne s'est pas encore diffusée à tout le public, dans toute sa mesure.

Car si nous l'avions ressenti, nous aurions depuis longtemps renoncé aux vieilles querelles partisanes avec la même intensité qui empêcha d'unir nos rangs et si ce n'est pas le cas jusqu'à présent, c'est parce que ce sentiment n'est pas encore partagé par tous.

C'est pourquoi nous avons décidé de publier ce journal, pour nous tenir sur nos gardes et nous avertir des troubles et pour que le public les comprenne jusqu'à faire taire tous ceux qui engendrent la séparation, et que nous puissions faire face à nos ennemis en rangs unis et leur donner à temps une réponse adéquate.

Qui plus est, nous sommes certains qu'Israël ne disparaîtra pas et qu'il existe encore parmi nous des penseurs de cœur capables de nous apporter un programme couronné de succès et qui unira toutes les factions de la nation. Par expérience, nous avons appris que c'est précisément ces citoyens, assis dans le coin, qui ne sont pas écoutés. C'est pourquoi, nous voulons donner une rubrique dans ce journal à toute personne qui détient une solution garantissant l'union nationale et la publier et la faire entendre au plus grand nombre.

En plus de tout ce qui a été écrit ci-dessus, notre intention en publiant ce journal est de défendre notre ancienne culture, qui s'est développée pendant des milliers d'années, bien avant la destruction de notre terre et notre départ en exil, et de la nettoyer des choses qui se sont accumulées au cours des années d'exil parmi les peuples – pour qu'ils reconnaissent en elle, le caractère juif pur comme autrefois.

Il en résultera une utilité d'une plus grande importance, car nous pourrons trouver un chemin pour connecter notre actuelle diaspora à cette glorieuse période et arrêter de nous empoisonner avec leurs enseignements étrangers.

(La rédaction)

L'individu et la nation

L'homme est une créature sociale, il ne peut pas satisfaire ses besoins vitaux sans l'aide d'autrui, c'est pourquoi la participation de tous est la condition nécessaire pour lui permettre de vivre. Ici, il n'est pas question de recherche au sein des peuples et il suffit d'étudier la réalité telle qu'elle se présente à nous. Le fait est que le particulier est impuissant et ne parvient pas à satisfaire ses propres besoins, il a donc besoin d'une vie sociale – d'où la nécessité pour les particuliers de s'assembler en une seule union, nommée « nation » ou « pays », dans laquelle chacun exerce une profession : agriculteurs, artisans, etc. Ils établissent entre eux des relations commerciales. C'est ainsi que les nations s'enrichissent, et chaque individu reste avec sa particularité dans sa vie matérielle et sa vie culturelle.

En observant la vie, nous voyons que le processus d'une nation ressemble vraiment à celui d'un particulier et le rôle de chacun dans la nation équivaut aux rôles des organes d'un corps. Ainsi, dans le corps humain, les organes sont tenus de vivre ensemble en complète harmonie : les yeux voient, le cerveau avec leur aide pense et conseille, alors que les mains travaillent ou luttent et les jambes marchent, etc. chacun se tient prêt et attend son rôle. Il en est de même pour les organes qui sont le corps de la nation : les conseillers, les employeurs, les travailleurs, les dirigeants, etc. doivent eux aussi agir entre eux en complète harmonie, pour que la nation ait une vie normale et en toute sécurité.

Tout comme la mort naturelle d'un individu est le résultat d'absence d'harmonie entre les organes, il en est de même pour la nation, son déclin naturel résulte d'un obstacle précis au sein de ses membres, comme les sages en témoignent « Jérusalem a été détruite à cause de la haine gratuite existant à cette génération » et la nation agonisa et mourut, puis ses membres se dispersèrent dans toutes les directions.

C'est pourquoi c'est une condition nécessaire pour chaque nation d'être très unie intérieurement, pour que tous ses membres soient liés les uns aux autres par un amour instinctif. Ce n'est pas tout, chaque individu doit ressentir son bonheur comme étant celui de la nation, et sa décadence, celle de la nation. Mais il doit aussi être prêt à se donner entièrement à la nation en temps voulu. Si tel n'est pas le cas, leur droit d'exister en tant que nation dans le monde se révèlerait caduc.

Cela ne signifie pas que chaque individu de la nation, sans exception, doit vivre ainsi, mais cela veut dire que les citoyens de cette nation, qui sentent ladite harmonie, sont ceux qui font la nation et en fonction de leur qualité, nous pouvons mesurer le degré de bonheur de la nation et son droit d'exister.

Et après avoir trouvé une somme suffisante de particuliers pour permettre à la nation d'exister, alors nous pouvons trouver en son sein un certain nombre de membres éparpillés qui ne sont pas connectés au corps de la nation. La base est déjà sûre et garantie sans eux.

C'est la raison pour laquelle, nous ne trouvons pas aux temps anciens des unions ni des sociétés sans rapprochement familial entre ses membres – car ce même amour primitif, nécessaire à l'existence de la société ne se trouve que dans les familles ; ce sont les enfants d'un seul père.

Cependant, avec le développement des générations, des sociétés se sont connectées sous le terme « de pays », j'entends par là, sans aucun lien familial racial, dont le seul lien avec le pays n'est plus un lien naturel primitif, mais découle d'un besoin mutuel dans lequel chaque particulier s'unit à autrui en un seul corps, qui est le pays. Ce pays défend de toutes ses forces son entité, et les biens de tous les individus.

Cependant, cette transition, où les générations passent de nation naturelle à un pays artificiel, c'est-à-dire d'un lien d'amour élémentaire à un lien d'amour d'intérêt réciproque, n'enlève en rien toutes les conditions obligatoires d'une nation naturelle, raciale. La loi est que chaque individu en bonne santé contrôle entièrement ses membres, et elle est basée uniquement sur l'amour, car les organes obéissent avec plaisir et sans craindre une punition. Le pays, quant à lui, doit au niveau des besoins du public contrôler tous les individus – basé sur l'amour et le dévouement instinctif des particuliers envers le public. C'est la puissance la plus commode, suffisante pour faire bouger les individus pour les besoins du public.

Par contre, le contrôle basé sur la contrainte et les punitions est une force trop faible pour faire avancer suffisamment l'individu afin de préserver les besoins du public. De même, le public s'affaiblira et ne pourra pas faire face à ses obligations, ni protéger et défendre le corps de l'individu et ses biens.

Ici nous ne parlons pas de la forme de gouvernement du pays, qu'il soit autocratique, démocratique ou fédéral, cela ne change en rien le principe de l'établissement de la force d'union sociale. Il ne pourra pas être établi et encore moins exister, sauf par un lien d'amour social.

C'est une honte d'admettre qu'un des mérites les plus précieux et le plus importants de tous, a été perdu au cours de notre exil : la perte de la reconnaissance nationale, ce sentiment naturel qui connecte et fait vivre toute nation. Les liens d'amour qui connectent la nation, qui sont si naturels et élémentaires dans toutes les nations, se sont dégradés et se sont détachés de nos cœurs, ils sont partis et n'existent plus.

Le pire de tout, c'est que le peu qu'il nous reste d'amour national n'est pas implanté en nous positivement, comme cela l'est chez toutes les nations, mais il existe en nous de façon négative : la souffrance collective éprouvée par chaque enfant de la nation, implante en nous une conscience et un rapprochement national. Nous sommes frères en temps de souffrance.

C'est un facteur extérieur qui s'ajoute et fusionne également avec notre reconnaissance nationale naturelle, une sorte d'amour national étrange, pas naturel et incompréhensible qui émerge et étincelle du fait de ce mélange.

Et le plus important est qu'il n'est pas du tout digne de son rôle : la mesure de sa chaleur ne suffit qu'à un enthousiasme éphémère, mais n'a pas la force ni la fermeté avec lesquelles nous pourrions être reconstruits comme une nation qui se suffit à elle-même. C'est parce qu'une union qui existe en raison de facteurs extérieurs n'est pas l'essence d'une union nationale

En ce sens, nous ressemblons à un tas de noix, unis de l'extérieur à un corps par un sac qui les enveloppe et les rassemble. Leur mesure d'unité n'en fait pas un corps uni et tout mouvement du sac, même infime, engendre une bousculade et une séparation entre elles. Ainsi, à chaque fois, elles arrivent à de nouvelles unions et à des combinaisons partielles. Et tout cela vient du manque d'union naturelle entre elles. Toute leur force d'union provient d'un événement extérieur, ce qui à nos yeux nous fend le cœur.

En fait, l'étincelle nationale est encore gardée en nous dans toute sa plénitude, mais elle a diminué et est passive. Elle a même été grandement endommagée par l'influence reçue de l'extérieur, comme nous l'avons dit. Hélas, cela ne nous enrichit pas encore, et la réalité est donc très amère.

Le seul espoir est d'instaurer une éducation nationale avec de nouvelles bases, pour découvrir et rallumer l'amour national naturel estompé en nous, faire revivre par tous les moyens possibles les muscles nationaux qui ne fonctionnent plus en nous depuis des milliers d'années. Alors nous saurons que nous disposons d'une fondation naturelle et sûre pour reconstruire et continuer à vivre dans la nation, digne d'exister comme toutes les nations du monde.

Telle est la condition préalable à tout travail et action, car au commencement, il convient de construire une fondation saine pour supporter le poids qu'elle va porter. Ensuite, la construction commence. Mais quelle perte de temps pour ceux qui construisent un bâtiment sans des bases suffisamment solides. Non seulement ils ne construiront rien, mais ils se mettront en danger ainsi que ceux à proximité, et en cas de léger mouvement, toute la construction s'effondrera et ses pierres se disperseront dans tous les sens.

Je tiens immédiatement à insister sur le point de l'éducation nationale, bien que mon intention soit d'implanter davantage d'amour entre les individus de la nation en particulier, mais également vis-à-vis de la nation toute entière en général, dans la plus grande mesure possible, cela ne ressemble aucunement à du chauvinisme ni à du fascisme qui sont des sujets d'actualité et dont ma conscience est entièrement exempte. Bien que le son de ces mots se ressemble, le chauvinisme est en fait un amour national exagéré dont les fondements sont totalement éloignés, comme le noir du blanc.

Pour comprendre facilement la différence entre eux, il convient de les comparer à l'égoïsme et à l'altruisme dans l'individu, car comme nous l'avons dit précédemment, le processus d'une nation ressemble en tout point à celui d'un particulier. Telle est la clef générale pour comprendre toutes les lois nationales sans dévier de sa trajectoire d'un centimètre.

Il est clair que la mesure d'égoïsme inhérent dans chaque créature est une condition obligatoire pour exister et sans lui, elle ne serait pas distincte ni existerait d'elle-même. Tout ceci ne se heurte aucunement à la mesure d'altruisme dans l'homme. Il convient seulement de stabiliser les fortes limites entre eux. La loi de l'égoïsme se doit d'être conservée dans toute sa mesure, mais uniquement quand elle touche à l'existence minimale et pour ce qui est du surplus à cette mesure, la permission a été donnée d'y renoncer dans l'intérêt d'autrui.

Et bien sûr, quiconque agit ainsi sera considéré comme un altruiste hors du commun. En effet, celui qui renonce également à ses biens personnels vitaux dans l'intérêt d'autrui, met en danger sa propre vie, ceci n'est pas naturel du tout et il est impossible de vivre ainsi, sauf peut-être une fois dans sa vie.

Cependant, nous avons en horreur notre égoïsme disproportionné, qui ne se soucie en aucun cas de l'intérêt de son prochain, et il est la matière d'où viennent les voleurs, les assassins et toutes sortes de mauvaises cultures. Tel est le cas avec l'égoïsme et avec l'altruisme national dans lesquels l'amour national nous oblige aussi à nous imprégner de tous les membres de la nation dans le même mesure que notre propre amour égoïste et nos besoins personnels, c'est-à-dire, suffisamment pour permettre le maintien de la nation en tant que nation, pour qu'elle existe. Et le surplus de la mesure minimale peut être consacré à l'humanisme et à toute l'humanité sans distinction de peuple ni de race.

A l'inverse, nous détestons complètement l'égoïsme national exagéré, à commencer par des nations qui ne se soucient pas de leurs concitoyens, jusqu'aux voleurs et les assassins des autres pays pour leur propre plaisir, ce qui est appelé le « chauvinisme ». De là, en raison de l'humanisme altruiste, ceux qui quittent entièrement le nationalisme et deviennent cosmopolites se trompent à leur base, car le nationalisme et l'humanisme ne sont pas contradictoires.

Il en résulte clairement que l'amour national est le fondement de toute nation, comme l'égoïsme est la base de toute créature existante. Sans lui, il n'aurait pas pu exister dans le monde. De même, l'amour national chez les individus de la nation est le fondement de l'existence de toute la nation. C'est la seule raison pour laquelle elle continue ou cesse d'exister.

C'est pourquoi, il doit être la première préoccupation lors de la résurrection d'une nation, or il se trouve que cet amour n'existe pas actuellement en nous, car nous l'avons perdu lors de notre errance parmi les nations du monde pendant deux mille ans. Seuls quelques-uns se sont réunis ici et ils n'éprouvent entre-eux aucun amour national pur, mais un est connecté par une même langue parlée, l'autre par un même pays natal, un troisième par une même religion et le quatrième par une histoire commune. Ils veulent tous vivre ici comme ils vivaient dans le pays dont ils proviennent et ne prennent absolument pas en compte qu'il y avait une nation basée sur ses propres membres avant qu'ils ne s'y intègrent et dans laquelle ils n'ont pas pris une part active lors du fondement de la nation.

Néanmoins, en venant en Israël, où rien n'est pré-organisé pour suffire à l'existence d'une nation par elle-même, où nous n'avons pas d'autre matériel national en qui avoir confiance pour sa construction, mais de cela aussi nous n'en voulons pas. Ici, nous devons avoir entièrement confiance en notre propre construction. Comment faire cela quand il n'y a toujours pas de lien national naturel qui nous unira en vue de ce rôle ?

Et tels sont les liens fragiles : la langue, la religion et l'histoire, bien qu'elles soient des valeurs importantes, dont personne ne nie l'importance nationale, elles sont néanmoins complètement insuffisantes pour nous reposer dessus, en tant que fondement, pour l'existence d'une nation indépendante. En fin de compte, tout ce que nous avons ici est un rassemblement d'étrangers, descendants de cultures des soixante-dix nations, dont chacun se construit une vie d'après ses goûts et couleurs, et en fait il n'y a rien de naturel, ni de fondamental qui nous unira tous pour ne former qu'un seul corps.

Je sais que nous avons une chose commune : fuir cet exil amer, c'est pourquoi, il s'agit simplement d'une union extérieure qui ressemble au sac retenant les noix ensemble, comme nous l'avons susmentionné. C'est la raison pour laquelle, j'ai dit qu'il faut établir une éducation spéciale, la plus large possible, et faire pénétrer en nous le sentiment d'amour national, entre particuliers et entre l'individu et la société, et redécouvrir l'amour national qui était implanté en nous depuis l'époque où nous étions sur notre terre en tant que nation entre les nations.

Ce travail doit être prioritaire à tout autre, car en plus d'être le fondement, il donne également la mesure d'existence et de succès de toutes les autres actions que nous voudrons entreprendre dans ce domaine.

A.G

Le nom de la nation, la langue et le pays

Il convient d'analyser le nom de notre nation, car nous nous sommes habitués à nous appeler « hébreu » mais notre nom habituel « juif » ou « israélien » n'est quasiment pas utilisé, à tel point que pour différencier le jargon de la langue nationale, nous appelons la langue de la nation « l'hébreu » et le jargon « juif ».

Dans la Bible, le mot Hébreu est utilisé pour nous différencier des autres nations et plus particulièrement des Egyptiens, comme il est écrit : « Voyez ! On nous a amené un Hébreu pour se moquer de nous ! (Genèse 39 : 14), « Là était avec nous un jeune

Hébreu... » (Genèse 41 : 13), « c'est quelque enfant des Hébreux... » (Exode 2 : 6), nous avons également trouvé l'usage de ce nom vis-à-vis des Philistins : « ... que les Hébreux ne fassent pas d'épée... » (Samuel I 13 : 19), mais aussi il est utilisé entre nous lorsque nous sommes en contact avec les peuples, comme dans la guerre de Saül contre les Philistins qui proclamèrent « écoutez les Hébreux », et également « et les Hébreux traversèrent le Jourdain... » (Samuel I 13 : 7). De plus, nous rencontrons constamment le mot « hébreu » comme le nom utilisé pour les esclaves, comme « l'esclave hébreu », la « mère hébreu » etc. Cependant le mot « hébreu » dans la Bible n'est jamais utilisé pour nous désigner nous-même, mais nous utilisons uniquement l'un des deux termes suivants « Israël » ou « Juif ».

L'origine du mot « hébreu » vient apparemment d'une nation antique qui portait ce nom car il est écrit (Genèse 10 : 21) que Sem le fils de Noé est présenté comme le père de cette nation : « Des enfants naquirent aussi à Sem, le père des enfants d'Hever » [avec les lettres hébraïques du mot hébreu]. Abraham, notre patriarche est un descendant de cette nation, il était connu des peuples comme « Abraham l'Hébreu », il est écrit : « et ils dirent à Abram l'Hébreu » (Genèse 14 : 13).

C'est ainsi qu'avant d'être une nation parmi les autres, Israël était appelé les « hébreux » portant le nom du peuple de notre patriarche Abraham l'hébreu. Les enfants d'Israël lorsqu'ils étaient en Egypte se distinguaient du peuple égyptien comme il est écrit : « Voyez ! Le peuple des enfants d'Israël surpasse et domine la nôtre et bien usons d'expédients contre lui » (Exode 1 : 10). En fait, ce nom était le nom d'une tribu et non celui d'une nation, car ils ne sont devenus une nation qu'après leur arrivée en Terre d'Israël. De là, nous devons en déduire que les nations ne voulaient pas nous appeler la « nation israélite » même après notre arrivée en Israël, et ce, pour ne pas à avoir à nous reconnaître en tant que « nation », à tel point qu'elles continuèrent à nous appeler « les hébreux » comme avant notre venue en Israël.

Ce n'est pas un hasard si vous ne trouvez pas le mot « hébreu » dans la Bible et dans la littérature post biblique, sauf en ce qui concerne les situations d'esclaves et de servantes, pour lesquelles le nom « hébreu » a été octroyé constamment : « l'esclave hébreu », « la mère hébreu ». A aucun endroit il n'est écrit « l'esclave israélien » ou « l'esclave juif », il semblerait donc que cette terminologie ait son origine à l'époque de l'esclavage en Egypte, et dont on a fait un commandement : « Souviens-toi que tu as été un esclave dans le pays d'Egypte » (Deutéronome 5 : 15)

De nos jours, la plupart des peuples nous appelle les « Juifs » ou les « Israéliens », sauf la Russie qui s'amuse à nous appeler les « Hébreux ». Il convient de supposer que ces ennemis d'Israël se sont habitués à utiliser ce sobriquet dans un but mal attentionné en y ôtant sa connotation nationale, en référence aux anciens peuples. Apparemment, ils ont approfondi la signification de ce nom beaucoup plus que nous, alors que la langue russe quand elle l'utilise ne s'est pas attardée à de telles considérations.

D'après ce qui précède, il résulte que si nous voulons être respectés, nous devons cesser d'employer le mot « hébreu » entre nous.

Pour ce qui est de la langue, si nous avions une source historique prouvant que la nation antique hébreu parlait cette langue, alors on aurait pu l'appeler « l'hébreu ». Cependant je n'ai pas encore trouvé une quelconque source dans l'histoire disant que cette antique nation parlait cette langue. C'est pourquoi, nous devons observer la littérature talmudique qui est la plus proche de 1500 ans de la langue originale, à cette époque il ne faisait aucun doute qu'entre eux les anciens hébreux n'utilisaient pas ce langage car il est dit : « Au commencement la Torah a été donnée à Israël par écrit en hébreu, et en langue sacrée, puis elle leur a été donnée à nouveau aux temps d'Ezra par écrit en assyrien et en araméen.

« Israël a clarifié les lettres assyriennes et la langue sacrée, et a laissé au petit peuple les lettres hébraïques et la langue araméenne » (*Sanhédrin*, 21b). Ainsi, nous apprenons de leurs mots que seules les lettres nous sont venues des Hébreux, mais pas la langue, parce qu'ils disaient « lettres hébraïques et la langue sacrée » et non « les lettres et langue hébraïques ».

Nous trouvons (*Méguila*, p. 8) que « Inversement, une Bible écrite en traduction, et une traduction écrite comme la Bible, et les lettres hébraïques ne souillent pas les mains ». Ainsi, ils ont souligné, « la traduction qui est écrite comme la Bible, et les lettres hébraïques ». Ils ne disent pas : « Traduction qui est écrite en hébreu, et des lettres hébraïques », comme le fait la Michna (*Yadaim*, 4:5). Ce « inversement » est pris de là pour nous enseigner que seules les lettres sont attribuées aux Hébreux, et non la langue.

De plus, il n'y a aucune preuve des paroles de la Michna parce qu'il semble qu'ici, il y ait eu une influence romaine sur le texte. Mais lorsqu'ils apprenaient oralement la Michna, ils étaient très précis.

Inversement, nous constatons que plusieurs fois les *Tanaim* appelaient la langue « la langue sacrée ». L'une était (Livres de Bénédiction, 13), « Quiconque habite en terre d'Israël, qui lit le *Shema* matin et soir, et qui parle la langue sacrée, mérite le monde à venir ». De même, (*Shekalim*, fin du chapitre 3), « Nous apprenons de Rabbi Meir que quiconque reste en permanence en terre d'Israël et qui parle la sainte sacrée… » etc.

En supposant même que l'on trouve dans l'histoire, que les anciens hébreux parlaient cette langue, cela n'entraîne pas de facto de nommer la langue d'après leur nom car il n'existe aucune trace d'une telle nation. Ce nom n'ajoute aucune valeur à l'expression nationale, et seuls nos ennemis nous l'ont attribué intentionnellement pour effacer et diminuer ce qui se rattache à la nation, de là nous ne devons pas suivre la langue anglaise qui désigne la nation par le mot « juifs » et la langue par le mot « hébreu ».

De plus, il faut décider ce qui nous convient le mieux : « juifs » ou « israéliens ». Le mot Israël trouve son origine chez notre patriarche Jacob, dont il est écrit qu'il a été nommé ainsi pour son autorité et par respect : « Jacob ne sera plus désormais ton nom, mais bien Israël car tu as lutté contre Dieu et contre les hommes et tu as vaincu » (Genèse 32 : 29). Nous portons le nom « Israël » en son honneur.

Après le roi Salomon, la nation a été divisée en deux : dix tribus sur lesquelles régnait Jéroboam fils de Nebat et les deux tribus de Yéhouda et Benjamin qui sont restées dans le royaume de Roboam fils de Salomon, et le nom « Israël » a été donné aux dix tribus alors que les deux autres tribus (Yéhouda et Benjamin) se donnèrent le nom de « Juifs », il se trouve que les enfants de Benjamin s'appelèrent également eux-mêmes « juifs » comme il est écrit dans les rouleaux d'Esther : « Or à Suse, la capitale, vivait un homme juif portant le nom de Mardochée, fils de Yaïr, fils de Séméi, fils de Kich, un benjamin », ainsi la tribu de Benjamin s'appelait elle-même par le nom « Juifs ».

Les dix tribus ont disparu de la terre bien avant l'exil de Yéhouda, nous ne les avons pas retrouvées depuis. Yéhouda s'exila à Babel puis revint en Israël après soixante-dix ans d'exil pour reconstruire le pays. Tout au long de la période du second Temple, le mot « Juifs » est utilisé et le mot « Israël » n'est cité que de rares fois avec une signification sortant de l'ordinaire. Nous, les enfants de l'exil du second Temple, sommes appelés presque exclusivement « Juifs », car nous sommes issus de l'exil du second Temple et les descendants des deux tribus de Yéhouda et de Benjamin ont décidé de s'appeler par le nom de « Juifs ».

D'après ces faits nous devons décider que le nom de notre nation est « Juifs » et non pas « nation israélite » ou Israël qui est le nom des dix tribus.

Pour ce qui est de la langue, nous devons évidemment donner le nom de « langue juive » et non « langue israélienne » et la raison est que nous n'avons pas trouvé dans la Bible le mot « langue israélienne », au contraire, le mot « judéen » est mentionné : « ils ne savaient pas parler le judéen » (Néhémie 13 : 24), « ...Et Elyakim dit : Parle à tes serviteurs en araméen car nous le comprenons mais ne nous parle pas en judéen qu'entend le peuple qui se trouve sur les remparts ». (Rois II 18 26)

Mais il convient de confirmer qu'ils appelèrent leur langue le « judéen » parce que le peuple du roi Ezéchias s'appelait « juifs » et qu'il venait de Babylone, mais pour ce qui est des dix tribus appelées « israéliennes », celles-ci nommèrent leur langue « israélienne ».

Cependant, si nous supposons qu'il en est ainsi, nous n'avons aucune preuve qu'un descendant de Yéhouda et Benjamin ait donné à notre langue le nom « d'israélienne ».

Nous pouvons en conclure que pour ce qui est de la nation et de la langue, il ne faut donner qu'un seul nom – Yéhouda : une nation de « juifs » et une langue « juive/judéenne », quant au jargon, nous l'appellerons le « Yiddish » et seul le pays nous pouvons l'appeler la « Terre d'Israël », car elle est l'héritage de toutes les tribus.

Critique du marxisme au regard de la nouvelle réalité et solution à la question de l'union de la nation en une et même voix

On m'a demandé d'apporter une solution d'après mon point de vue au douloureux problème de l'union de tous les partis et courants en une seule voix. Je dois immédiatement avouer, que de la même façon dont on m'a posé la question, je n'ai pas de solution, car c'est une question qui n'en aura jamais.

Tous les intellectuels de toutes les sagesses se sont penchés sur la question depuis la nuit des temps et n'ont pas encore trouvé de réponse naturelle acceptable par toutes tendances confondues.

De ce fait, beaucoup ont souffert et souffriront avant que l'on ne trouve la voie royale, qui ne soit pas en contradiction avec tous les courants.

La difficulté réside dans le fait que les idéaux humains ne sont pas capables de renoncer à leurs objectifs, en effet, le renoncement n'est possible que pour l'existence du corps humain, alors que pour les idéaux, l'homme est capable de tout pour que ceux-ci l'emportent et s'il est tenu de renoncer à ne serait-ce qu'une partie de son idéal, ce ne sera jamais complètement, il espérera toujours que cet idéal redeviendra d'actualité et de ce fait pourra l'invoquer et le défendre ne laissant pas de place aux compromis.

Ceci est encore plus vrai pour une ancienne nation, dont la civilisation date de milliers d'années. L'idéalisme y a déjà atteint les plus hauts degrés grâce au développement par rapport aux autres nations et donc il y a peu d'espoir qu'elles parviennent à un compromis sur ce sujet.

Il ne serait pas sage de penser qu'en fin de compte, l'idéal le plus juste triomphera sur tous les autres idéaux, en effet si l'on prend en considération leur nature passagère, ils sont tous justes car « tout homme a sa place et chaque chose en son temps » comme disent nos sages.

C'est la raison pour laquelle, les idéaux sont comme une roue qui tourne constamment. Les idéaux rejetés dans les anciens temps ont été repris au Moyen Age puis à nouveau délaissés pour réapparaître à notre génération. Ceci nous montre qu'ils sont tous justes et aucun d'entre eux ne mérite une vie éternelle.

Ainsi, les nations du monde connaissent elles aussi ce désastreux tumulte, cependant elles ont la peau dure leur permettant de supporter ce terrible fardeau. D'une manière ou d'une autre, cela ne menace pas immédiatement leur existence. Mais que peut faire une nation pauvre quand toute son existence dépend des miettes et des restes de nourriture que les nations leur jettent par miséricorde une fois qu'elles sont pleinement rassasiées ? Leur dos est trop fragile pour porter le fardeau de ce tumulte, surtout en cette période dangereuse où nous sommes au bord de l'abîme – ce n'est donc pas le temps de la vanité, des disputes ni de la guerre civile.

À la lumière de la gravité de l'heure, j'ai une véritable solution à proposer, qui mérite, je crois, d'être acceptée et qui réunira tous les courants parmi nous en un seul camp. Cependant, avant de commencer à présenter ma proposition, j'aimerais rassurer les lecteurs désireux de connaître mes opinions politiques.

Je dois admettre que je considère l'idée socialiste d'une répartition égale et juste comme la plus vraie. Notre planète est suffisamment riche pour subvenir aux besoins de tous, alors pourquoi devrions-nous mener cette guerre tragique jusqu'à la mort, qui assombrit nos vies depuis des générations ? Partageons entre nous le travail et ses produits de manière égale, et ce sera la fin de tous les problèmes ! Après tout, quel plaisir, même les millionnaires, tirent-ils de leurs biens si ce n'est une grande confiance en leur continuité pour eux et pour leur descendance aux générations futures ? Même dans un régime de répartition juste, ils auront aussi la même confiance et même plus encore.

Et si vous dites qu'ils n'auront pas le respect qu'ils avaient alors qu'ils étaient propriétaires fonciers, ce n'est pas vrai, car tous ces puissants qui ont réussi à gagner le respect en tant que propriétaires fonciers trouveront certainement le même montant d'honneur ailleurs, car les portes de la concurrence et du respect ne seront jamais verrouillées.

En effet, aussi vrai que cet idéal puisse être, je ne promets même pas à ses adhérents une once de paradis. Bien au contraire, ils sont assurés de subir des terribles ennuis de l'enfer, comme nous le montre déjà l'exemple actuel de la Russie.

Cependant, cela ne remet pas en cause la justesse de cet idéal. Son seul inconvénient, est qu'il n'est pas encore mûr pour nous. En d'autres termes, notre génération n'est pas encore moralement prête à accepter ce régime de répartition juste et égale. C'est parce que nous n'avons pas eu le temps de nous développer suffisamment pour accepter la devise « de chacun selon ses capacités, à chacun selon ses besoins ».

C'est comme le péché d'*Adam Ha Rishon* [le Premier Homme]. Nos anciens sages ont expliqué que le péché est dû au fait qu'il a « mangé du fruit qui n'était pas mûr », alors qu'il était encore vert. Pour cette petite faute, le monde entier a été condamné à mort. Cela nous enseigne qu'elle est l'origine de tous les maux dans le monde.

Les gens ne savent pas être attentifs ni observer une chose pour voir si elle a mûri suffisamment. Même si cette chose peut être utile d'après son contenu, nous devons étudier le sujet pour voir si elle est mûre et si ceux qui la reçoivent ont suffisamment grandi pour la digérer dans leurs intestins. Tandis qu'ils sont encore en phase de développement, la vérité et l'utilité seront nocives et trompeuses dans leur ventre. Ainsi, ils sont condamnés à périr, car celui qui mange des fruits non mûrs meurt pour son péché.

À la lumière de cela, l'imbroglio russe ne nous a pas encore prouvé que l'idéal socialiste était essentiellement injuste, car il leur faut encore du temps pour accepter cette vérité et cette justice. Ils ne sont toujours pas prêts à se comporter en conséquence ; ils n'ont été handicapés que par leur propre développement insuffisant et leur manque d'aptitude à cet idéal.

Il serait bon d'être attentif aux paroles de M. Botkovsky (Davar, numéro 4507). Il demande : « Pourquoi un politicien, membre du mouvement socialiste, ne ferait-il pas comme ce physicien, qui après une expérience découvre des failles dans l'interprétation à laquelle il était habitué, tout en suivant les lois inébranlables de sa théorie, n'est pas dissuadé de l'abandonner ? D'abord, il essaye de la réparer prudemment, et à la fin, quand elle n'est pas conforme à la réalité, il est prêt à la rejeter ».

Il explique : « En ces temps de ruine du mouvement ouvrier international, nous devons balayer les préjugés. Lorsque les faits parlent le langage de la défaite, nous devons retourner à l'école et étudier résolument sa voie et ses principes. Nous devons reconnaître de façon responsable le fardeau qui pèse sur les épaules de ceux qui continuent. Telle est la voie de la pensée scientifique lorsqu'elle est coincée par des contradictions entre la nouvelle réalité et la théorie qui expliquait l'ancienne réalité. Seule une avancée idéologique permet une nouvelle science et une nouvelle vie ».

Il conclut : « Si nous ne renonçons pas à notre conscience, nous déclarerons que le temps est venu pour un nouveau débat fondamental, une période d'accouchement en douleurs. Le temps est venu pour les dirigeants du mouvement de se lever et de répondre à la question : Que signifie le socialisme aujourd'hui ? Quelle voie le camp doit-il emprunter ? »

Je doute qu'un membre du mouvement puisse répondre à ses mots, ou puisse être capable de comprendre ses mots d'après leur véritable sens. Il n'est pas facile pour un homme de cent ans qui a si bien réussi dans ses études jusqu'à présent de se lever et d'un seul coup, effacer tout ce qu'il a appris et de reprendre ses études comme ce physicien, comme le camarade Botkovsky l'exige des dirigeants du mouvement socialiste.

Mais comment ignorer ses paroles ? Bien qu'il soit encore possible de rester les bras croisés face à l'effondrement du mouvement ouvrier international, puisque dans une certaine mesure, ils ne sont pas encore confrontés à une destruction immédiate, ils croient toujours en un mode de vie d'esclaves et de servantes soumis ; il n'en est pas de même en ce qui concerne le danger auquel le mouvement ouvrier hébreu est confronté. Il se trouve aux portes de l'extermination avec le slogan des ennemis « exterminer, tuer et faire périr les enfants et les femmes », comme au temps de la reine Esther.

Nous ne devons pas comparer notre état de destruction avec celui du mouvement au sein des nations du monde. Si nous ne nous étions vendus qu'à l'esclavage et à la servitude, nous serions devenus sourds, comme eux. Pourtant, on nous refuse même la sécurité de la vie des esclaves et des servantes.

Il nous est donc interdit d'ignorer la réalité. Nous devons retourner à l'école, réexaminer l'idéal socialiste à la lumière des faits et des contradictions qui sont apparus de nos jours, et ne pas craindre de faire voler en éclats les barrières idéologiques, car rien n'est plus important que de sauver des vies.

Pour ce faire, nous passerons brièvement en revue l'évolution du socialisme depuis ses débuts. En général, il y a trois époques :

La première était le socialisme humaniste basé sur le développement de la moralité. Il s'adressait uniquement aux exploiteurs.

La seconde était basée sur la reconnaissance de la justice et du mal. Elle s'adressait principalement aux exploités, pour les amener à réaliser que les ouvriers étaient les véritables propriétaires de leur production, et que tout produit de la société leur appartenait. Puisque les travailleurs sont majoritaires dans la société, ils étaient certains qu'après s'être rendus compte qu'ils avaient raison, ils se lèveraient comme un seul homme, prendraient ce qui leur appartient et établiraient un régime de répartition juste et égale dans la société.

La troisième est le marxisme, qui a réussi plus que toutes les autres, et qui est basée sur le matérialisme historique. La grande contradiction entre les forces productives, qui sont les ouvriers, et entre ceux qui les exploitent, les employeurs, conduit nécessairement au péril et à la perte de la société. Alors la révolution arrivera dans la production et la distribution. Le régime capitaliste sera forcément détruit en faveur d'un régime prolétaire.

À son avis, cette méthode apparaîtra d'elle-même, par voie de cause à effet. Mais pour y mettre un terme plus tôt que prévu, il faut toujours chercher des stratagèmes et placer des obstacles devant le régime bourgeois, pour que la révolution arrive plus rapidement.

Avant de critiquer sa méthode, je dois admettre que sa méthode est la plus juste de toutes les précédentes. Après tout, nous sommes témoins du grand succès qu'elle a connu en quantité et en qualité dans le monde entier avant qu'elle ne soit implantée chez des millions de Russes. Jusque-là, presque tous les dirigeants de l'humanité voulaient l'adopter, et c'est un véritable témoignage de la justesse de sa méthode.

D'ailleurs, même théoriquement, ses paroles ont du mérite, et personne n'a pu contredire sa vision historique selon laquelle l'humanité se dirige lentement et progressivement vers le haut, comme sur une échelle. Chaque pas n'est que la négation de son précédent, de ce fait, chaque mouvement et phase que l'humanité a adoptés en politique n'est qu'une négation de son état précédent.

Chaque phase politique dure le temps qu'il faut pour dévoiler ses défauts et son mal. Par la découverte de ses failles, elle fait place à une nouvelle phase, qui l'a libère de ces défauts. Ainsi, ces failles qui apparaissent dans une situation et la détruisent, sont les forces mêmes de l'évolution humaine, car elles permettent l'élévation de l'humanité à un état plus corrigé.

De même, l'apparition des défaillances à la phase suivante amènent l'humanité à un troisième et meilleur état, l'un après l'autre. Ces forces négatives qui apparaissent dans les situations sont les raisons du progrès de l'humanité. Grâce à elles, elle grimpe les barreaux de l'échelle. Elles garantissent l'exécution de leur tâche, qui est d'amener l'humanité au dernier état de développement le plus désirable, purifié de toute ignominie et de toute imperfection.

Dans ce processus historique, il nous montre comment le régime féodal a manifesté ses failles et s'est écroulé, laissant la place au régime bourgeois. Maintenant, c'est au tour du régime bourgeois de montrer ses failles et de disparaître, pour faire place à un meilleur régime qui, selon lui, est le prolétariat.

Cependant, c'est sur ce dernier point, où il nous promet qu'après l'effondrement du régime bourgeois actuel, un régime prolétarien se mettrait immédiatement en place, que le bât dans sa méthode blesse : La nouvelle réalité devant nous le contredit. Il pensait que le prolétariat prendrait rapidement le pas sur le régime bourgeois : Il a donc décidé qu'en éliminant le régime bourgeois, on établirait instantanément un prolétariat à sa place. Pourtant, la réalité nous montre que l'étape suivant la destruction du régime actuel est celle des nazis ou des fascistes.

De toute évidence, nous en sommes encore aux stades intermédiaires du développement humain. L'humanité n'a pas encore atteint le plus haut niveau de l'échelle de l'évolution. Qui sait combien de bains de sang devront encore couler avant que l'humanité n'atteigne le niveau désiré ?

Afin de trouver un moyen de sortir de cet imbroglio, nous devons comprendre entièrement la loi de l'évolution progressive susmentionnée, sur laquelle il a fondé toute sa méthode. Nous devrions savoir que cette loi inclut toute la création ; tous les systèmes de la nature sont basés sur elle, organiques et inorganiques, jusqu'à l'espèce humaine avec tous ses attributs idéaux, ainsi que les matières.

De tout ce qui précède, il n'y a rien qui n'obéisse pas à la loi de fer de l'évolution progressive résultant de la collision de ces deux forces : 1) une force positive, c'est-à-dire constructive, et 2) une force négative, c'est-à-dire négative et destructrice.

Elles créent et complètent toute la réalité, le général et le particulier, à travers leurs guerres dures et perpétuelles. Comme nous l'avons dit précédemment, la force négative apparaît à la fin de chaque phase politique, pour l'élever à une meilleure situation. Ainsi, les phases se succèdent jusqu'à ce qu'elles atteignent leur perfection ultime.

Prenons l'exemple de la planète Terre : D'abord, ce n'était qu'une boule de gaz sous forme de brouillard. Grâce à la gravité à l'intérieur, au fil du temps, elle a concentré les atomes en un cercle plus étroit. Il en résulte que la boule de gaz s'est transformée en une boule de feu liquide.

Pendant les périodes de guerres terribles entre les deux forces de la Terre, la positive et la négative, la force de refroidissement en elle a finalement triomphé de la force du feu liquide. Elle a refroidi une mince croûte autour de la Terre et s'est durcie.

Cependant, la planète n'était pas encore arrivée à un armistice entre les forces, et après un certain temps, la force liquide du feu a pris le dessus et elle a éclaté en faisant un grand bruit dans les entrailles de la Terre, soulevant et faisant éclater la croûte froide et dure en morceaux, transformant la planète en une boule de feu liquide. Puis une ère de nouvelles guerres a commencé jusqu'à ce que la force froide vainc une fois de plus la force du feu, et une deuxième croûte a été refroidie autour de la Terre, plus dure, plus épaisse et capable de résister aux flambée des laves au cœur de la Terre.

Cette fois, elle a duré plus longtemps, mais à la fin, les forces liquides ont de nouveau prévalu et sont sorties des entrailles de la Terre, brisant la croûte en morceaux. Tout a été détruit une fois de plus, elle est redevenue une boule liquide.

C'est ainsi que les phases se sont succédées, et chaque fois que la force de refroidissement a prévalu, la croûte s'est épaissie. Finalement, les forces positives ont vaincu les négatives et tout s'est harmonisé parfaitement : Les fluides ont pris leur place dans les entrailles de la Terre, et la croûte froide s'est épaissie autour d'eux pour permettre la création d'une vie organique, comme c'est le cas aujourd'hui.

Tous les corps organiques se développent dans le même ordre. Dès l'instant où ils sont semés jusqu'à la fin de leur maturation, ils traversent plusieurs centaines de situations dues aux deux forces, la positive et la négative, qui luttent l'une contre l'autre, comme décrit à propos de la Terre. Ces guerres font que le fruit arrive à maturation.

De plus, tout être vivant commence par une minuscule goutte. Par un développement progressif sur plusieurs centaines de phases à travers la lutte des forces susmentionnées, il devient finalement « Un grand bœuf, apte à tout travail » ou « Un grand homme, apte à tous ses rôles ».

Cependant, il y a une autre différence entre le bœuf et l'homme : le bœuf a déjà atteint sa phase finale de développement à notre époque. Cependant pour l'homme, la force matérielle est encore insuffisante pour l'amener à sa perfection en raison de sa force intellectuelle, qui est mille fois plus précieuse que sa force matérielle. Ainsi, pour l'homme, il existe un nouvel ordre de développement progressif qui ne s'applique pas aux animaux : le développement progressif de la pensée humaine.

De plus, étant une créature sociale, le développement individuel ne suffit pas. La perfection finale dépend plutôt du développement de tous les membres de la société. En ce qui concerne le développement de la capacité intellectuelle, c'est-à-dire la capacité de discerner ce qui est bon et ce qui est mauvais pour lui – mais il ne faut pas croire que l'homme soit encore au stade de l'homme primitif – il est clair que nous n'avons pas encore atteint la perfection. Au contraire, nous sommes encore au milieu de notre développement, toujours à la merci de guerre entre les forces positives et négatives, comme on l'a dit plus haut au sujet de la Terre – qui sont des envoyés fidèles à leur rôle qui est de mener l'humanité à sa perfection finale.

Comme je l'ai dit, puisque l'idéal socialiste est le plus juste de toutes les méthodes, néanmoins il faut une génération très développée qui puisse la gérer et se comporter en conséquence.

Vu que l'humanité d'aujourd'hui se trouve au milieu de l'échelle du développement, toujours au milieu du conflit entre les forces positives et négatives, elle n'est pas encore apte à cette idée sublime. Elle est prématurée, comme un fruit pas encore mûr. Par conséquent, non seulement il a mauvais goût, mais la force négative qu'il contient est aussi nuisible, voire même mortelle.

C'est le problème de cette nation qui souffre tant à cause d'elle, car les gens sont en retard et manquent des qualités élémentaires appropriées pour accepter ce juste régime.

Le lecteur ne doit pas douter que moi aussi j'ai un concept spirituel à ce sujet, car Marx lui-même a dit la même chose : Il admet qu'au premier niveau de la société, les inconvénients sont inévitables. Cependant, il promet que « Dans une phase supérieure de la société communiste, quand auront disparu l'asservissante subordination des individus à la division du travail et, avec elle, l'opposition entre le travail intellectuel et le travail manuel; quand le travail ne sera pas seulement un moyen de vivre, mais deviendra lui-même le premier besoin vital; quand, avec le développement multiple des individus, les forces productives se seront accrues elles aussi et que toutes les sources de la richesse collective jailliront avec abondance, alors seulement l'horizon borné du droit bourgeois pourra être définitivement dépassé et la société pourra écrire sur ses drapeaux : De chacun selon ses capacités, à chacun selon ses besoins ! ».

(En raison de l'importance des propos de notre discussion, j'ai copié ses propos en totalité).

Ainsi, il admet lui aussi, qu'il ne faut pas attendre un régime complètement juste avant que l'humanité n'atteigne le niveau le plus élevé, et avant que le travail lui-même ne devienne un besoin vital, c'est-à-dire le principe de la vie, et non un moyen de vivre. Cependant, il détermine que si la société est encore à un niveau inférieur, elle devra aussi être dirigée par un régime communiste, avec tous ses inconvénients.

Mais comme on l'a dit plus haut, c'est la faiblesse de sa méthode. La Russie soviétique a déjà prouvé qu'une société insuffisamment développée transformera le communisme en un régime le pire au monde. De plus, il a supposé que la phase suivant la fin du régime actuel serait un régime prolétaire, mais la réalité a montré que le prochain régime est le nazisme ou le fascisme. C'est une grave erreur. Et le pire de tout, sa réalisation dans l'ensemble, menace en particulier la nation juive, sans aucune différenciation de classe.

Nous devrions en effet tirer les leçons de l'histoire. Tout d'abord, la question se pose : Un tel visionnaire qui a fait tant de bruit dans le monde entier avec sa méthode, comment a-t-il fait une si grave erreur ? Quel est l'obstacle qui l'a fait trébucher ? En effet, cela exige un examen sérieux et minutieux de ses paroles.

Comme nous l'avons dit précédemment, il a fondé sa méthode sur le matérialisme historique – que la société se développe selon des forces contradictoires par voie de cause à effet, de situation en situation. Lorsque la force négative prévaut, elle détruit la situation, et une meilleure situation émerge à sa place grâce à la force positive. Elles continuent à se battre jusqu'à ce que la force positive apparaisse dans toute son ampleur.

Cependant, cela signifie que la perfection de la société est garantie par défaut, puisque la force négative ne la quittera pas avant qu'elle ne soit éliminée. Il s'avère que nous pouvons rester les bras croisés et attendre le développement personnel espéré. Alors pourquoi tout ce travail de cette stratégie qu'il nous a imposé ?

Cependant, c'est une question idiote, car c'est là que réside toute la différence entre l'homme et l'animal : Tous les animaux dépendent entièrement de la nature. Ils sont totalement incapables d'anticiper quoi que ce soit de la nature ou de s'entraider sans elle. Ce n'est pas le cas de l'homme. Il est doté de forces intellectuelles qui lui permettent de se libérer des chaînes de la nature et de l'améliorer. Sa façon de faire est d'imiter le travail de la nature et de le copier. Il n'attend pas que les poussins éclosent naturellement, que la poule vienne réchauffer les œufs. Il construit une couveuse qui réchauffe les œufs et fait éclore les poussins, comme la vraie poule.

Et s'il le fait pour choses spécifiques, il le fera certainement en ce qui concerne le développement de l'humanité toute entière. Il ne fera pas confiance aux forces qui s'affrontent, devenant lui-même ainsi un objet au milieu de leurs collisions. Au contraire, il fera progresser la nature et imitera au mieux son travail dans ce développement. Il mettra en place une bonne stratégie pour arriver à une fin heureuse en moins de temps et avec moins de souffrances.

C'est ce que Marx voulait avec sa stratégie : l'organisation, les conflits des classes et placer des obstacles pour saper le régime capitaliste. Sa stratégie allégerait les douleurs des sujets souffrant de piétinements et les encouragerait à être leurs propres sujets, et précipiterait la fin du régime rétrograde pour faire place à l'heureuse domination du prolétariat. En un mot, la stratégie marxiste transforme les objets en sujets, établissant pour eux le développement comme ils le souhaitent.

Résumé : La base est la nature du développement humain à travers une relation de causalité, que nous considérons comme une machine naturelle pour le développement.

La stratégie est une sorte de machine artificielle pour le développement humain qui ressemble à une machine naturelle.

L'avantage de la stratégie est de gagner du temps et de diminuer les souffrances.

Maintenant, nous pouvons commencer la critique de sa méthode simplement. Il est clair que lorsque nous voulons faire une machine qui remplace le travail de la nature, nous devons tout d'abord observer de près le mécanisme de la nature. Par la suite, nous pouvons mettre en place un mécanisme artificiel similaire à la machine naturelle.

Par exemple, si nous voulons fabriquer une couveuse qui remplace le ventre d'une poule, qui réchauffe les œufs et fait éclore les poussins, nous devons tout d'abord bien comprendre les modes de création et de développement des forces de la nature, qui opèrent dans le ventre de la poule. Nous les recopions et fabriquons une machine qui ressemble au ventre d'une poule, qui peut aussi faire éclore des poussins.

Il en va de même pour notre sujet. Lorsque nous voulons faire une machine qui remplacera la machine du développement humain naturel, nous devons d'abord examiner ces deux forces – la positive et la négative – qui opèrent dans la nature. C'est une machine avec laquelle la nature exécute la procédure de développement. Nous saurons alors, nous aussi, comment établir un processus similaire au mécanisme de la machine naturelle de développement de la nature, et qui réussira tout aussi bien à développer l'humanité. Il est clair que si nous nous trompons dans la compréhension du mécanisme de la machine naturelle, notre substitut sera inutile, puisque toute l'idée ici est d'imiter les voies de la création naturelle et d'y mettre des voies artificielles à leur place.

Si nous parlons des sources, pour définir les matières en des termes qui empêcheront toute erreur d'une partie, alors nous devrions définir les deux forces – positive et négative – qui opèrent dans la machine du développement humain par deux noms : « égoïsme » et « altruisme ».

Je ne parle pas des termes moraux les concernant que nous utilisons habituellement. Au contraire, seulement de leur aspect matériel, c'est-à-dire jusqu'à quel point ils sont enracinés dans le corps de l'homme au point qu'il ne peut plus s'en libérer. Je veux dire, en ce qui concerne leurs forces actives dans une personne :

1) La force égoïste fonctionne dans une personne comme les rayons centripètes [une force qui s'oriente vers le centre via un mouvement circulaire], les attirant de l'extérieur de la personne, et ils se rassemblent à l'intérieur du corps lui-même.

2) La force altruiste sert de rayons centrifuges [une force qui s'oriente vers dehors via un mouvement circulaire], qui s'écoulent de l'intérieur du corps vers l'extérieur.

Ces forces existent dans toutes les strates de la réalité, dans chacune selon son essence. Elles existent aussi chez l'homme, selon son essence. Elles sont les facteurs clés de toutes ses actions. Il y a des faits qui sont causés par une force qui sert à sa propre existence individuelle. C'est comme une force qui aspire de la réalité extérieure dans le centre du corps tout ce qui lui est utile. Sans cette force, qui le sert, l'objet lui-même n'existerait pas. C'est ce qu'on appelle « l'égoïsme ».

Inversement, il y a des faits qui sont causés par une force qui aide des organismes à l'extérieur d'elle. Cette force travaille dans l'intérêt des autres, et on peut l'appeler « l'altruisme ».

Par ces distinctions, j'ai défini les deux forces qui luttent entre elles lors du développement humain. J'appellerai la force positive, une « force altruiste », et la force négative, une « force égoïste ».

Par le terme égoïsme, je ne parle pas de l'égoïsme élémentaire. Je fais plutôt référence à l'égoïsme étroit. C'est-à-dire que l'égoïsme élémentaire n'est rien d'autre que l'amour-propre, qui est toute la force positive et individualiste de l'existence. À cet égard, elle n'est pas en total désaccord avec la force altruiste, bien qu'elle ne la serve pas.

Cependant, c'est la manière d'utiliser la nature de l'égoïsme qui le rend très étroit, puisqu'il est plus ou moins obligé d'accepter la haine et l'exploitation des autres pour faciliter sa propre existence. Il ne s'agit pas d'une haine abstraite, mais d'une haine qui apparaît dans les actes où l'on se sert d'autrui dans son propre intérêt, et qui s'obscurcit en fonction de ses degrés, tels que tromper, voler et assassiner. C'est ce qu'on appelle l'égoïsme étroit et, à cet égard, il s'oppose et est absolument contraire à l'amour des autres. C'est une force négative qui détruit la société.

Son contraire est la force altruiste. C'est la force constructive de la société, puisque tout ce que l'on fait pour autrui n'est fait que par la force altruiste, comme on l'a dit plus haut. Puis, elle s'élève en degrés :

1) Les premiers constats de cette force constructive sont d'avoir des enfants et une vie de famille. 2) Les seconds sont en faveur des proches. 3) Le troisième en faveur de l'État, 4) et le quatrième profite au monde entier.

La force altruiste est tout ce qui permet la construction sociale. Comme nous l'avons dit, ce sont les éléments qui opèrent dans la machine naturelle de développement de l'humanité – la force égoïste, qui est nocive pour la société, et la force altruiste, positive, qui est bénéfique à la société.

Dans ses recherches sur une machine naturelle de développement, Marx n'a considéré que les résultats de ces forces négatives et positives, qui sont la construction et la destruction de la société. Il a établi le plan de sa stratégie en fonction d'elles, et a négligé les causes de ces résultats.

C'est comme un médecin qui ne diagnostique pas la cause profonde d'une maladie, et qui ne guérit le patient qu'en fonction de ses symptômes superficiels. Cette méthode fait toujours plus de mal que de bien, car vous devez prendre en compte les deux : la cause de la maladie et la maladie elle-même, et vous pouvez alors prescrire un remède efficace. Ce même inconvénient existe également dans la pensée marxiste : il n'a pas du tout pris en compte les forces subjectives de la société, mais seulement la construction et les failles.

De là, il s'avère que la direction de sa pensée était opposée à la direction intentionnelle, car si la direction intentionnelle est altruiste, la direction de sa pensée était contraire. Il est clair que le régime communiste doit avoir une direction altruiste, puisque les mots mêmes « juste division », contiennent une perception purement altruiste et sont complètement dépourvus de connotation égoïste.

L'égoïsme aspire à utiliser autrui à des fins personnelles. Pour lui, il n'y a pas de justice dans la réalité, tant qu'il ne travaille pas dans son propre intérêt. Le mot même, « justice », signifie « relations mutuelles équitables », qui est un concept en faveur d'autrui. Et dans la même mesure où il reconnaît le droit de son prochain, il perd nécessairement son propre droit égoïste.

Il s'avère que le terme même, « juste division », est altruiste. En fait, il est impossible de réparer les fractures sociales qui apparaissent avec une répartition équitable à moins d'un altruisme exceptionnellement exagéré. Il en est ainsi parce que la récompense pour le travail intellectuel est plus grande que celle du travail manuel, et le travail d'une personne rapide est plus rentable que le travail d'une personne retardée, et un célibataire devrait recevoir moins qu'un père de famille. De plus, le temps de travail devrait être égal pour tous, et la répartition du produit du travail devrait être égale pour tous. En effet, comment concilier ces fractures ?

Ce sont les fractures principales, mais elles se divisent en une myriade d'autres, tel l'exemple soviétique qui se produit sous nos yeux. La seule façon de les réparer est par une bonne volonté altruiste, où les travailleurs intellectuels renonceront à une partie de leur part au profit des ouvriers, et les célibataires au profit des mariés… ou, comme Marx lui-même l'a dit : « quand le travail ne sera pas seulement un moyen de vivre, mais deviendra lui-même le premier besoin vital ». Ce n'est rien de moins qu'une direction altruiste complète.

Et puisque le régime intentionnel doit être de nature altruiste, il est nécessaire que la pensée qui vise à cet objectif soit également dans la même direction que l'objectif, à savoir une direction altruiste.

Cependant, dans l'idée marxiste, nous trouvons la direction égoïste la plus étroite. C'est l'inverse de l'objectif : nourrir la haine de la classe opposée, placer des obstacles et détruire l'ancien gouvernement, et cultiver chez les ouvriers un sentiment que le monde entier profite de leur travail. Tout cela intensifie trop les forces égoïstes étroites dans le prolétariat. Elles les privent complètement de la force altruiste présente en eux dès la naissance. Et si la stratégie est dans la direction opposée à l'objectif, comment l'atteindre un jour ?

De là est née la contradiction entre sa théorie et la nouvelle réalité : il pensait que l'étape suivante après le régime bourgeois serait un régime prolétaire communiste, mais en fin de compte, nous sommes les témoins vivants que si le gouvernement bourgeois démocratique disparaît maintenant, un régime nazi et fasciste s'élève immédiatement à sa place. Ce ne se fera pas nécessairement par cette guerre actuelle, mais à chaque fois qu'un gouvernement démocratique disparaîtra, un régime fasciste et nazi apparaîtra.

Il ne fait aucun doute que si cela se produisait, le prolétariat reculerait de mille ans. Ils devront attendre que plusieurs régimes se succèdent par voie de causes à effets avant que le monde ne revienne au régime bourgeois démocratique d'aujourd'hui. Tout cela a émergé de l'idée égoïste qui a été donnée aux sujets d'avoir un prolétariat, et a mené le mouvement dans une direction opposée à l'objectif.

Nous devrions également tenir compte du fait que tous ceux qui détruisent le processus naturel du régime juste sont en fait issus des rangs du prolétariat et sont sortis de leur milieu, et pas nécessairement les Soviétiques, même la majorité des nazis était aussi au départ de purs socialistes, ainsi que la majorité des fascistes. Mussolini lui-même était au départ un leader socialiste enthousiaste. Ceci complète le tableau, comment l'idée marxiste a conduit le prolétariat dans une direction complètement opposée à son but.

En effet, il est encore difficile de déterminer avec certitude qu'une question aussi simple ait pu être omise par l'inventeur de la méthode marxiste, d'autant plus qu'il a lui-même déterminé qu'il n'y aura de solution « pour la société communiste, que quand auront disparu l'asservissante subordination des individus à la division du travail et, avec elle, l'opposition entre le travail intellectuel et le travail manuel ».

Ainsi, il est clair qu'il était conscient qu'une société communiste sans que ses membres renoncent complètement à leurs biens au profit d'autrui ne peut exister.

Et puisqu'il connaissait cet élément altruiste qui est obligatoire dans la société, je dis qu'il n'avait pas du tout l'intention de nous proposer une procédure ciblée avec son idée. Il avait plutôt l'intention de hâter d'une part – par cette stratégie – la fin du régime injuste actuel, et d'autre part, d'organiser le prolétariat international et de le préparer à être une force puissante et décisive lorsque le régime bourgeois disparaîtrait. Ce sont deux éléments fondamentaux nécessaires dans les étapes qui conduisent au régime communiste.

À cet égard, son idée est une invention de génie, dont aucun exemple n'existe dans l'histoire. Et en ce qui concerne l'établissement de la société heureuse, il s'est appuyé sur l'histoire elle-même pour la compléter, car il était clair pour lui qu'en périodes difficiles, lorsque le régime bourgeois commencerait à agoniser, l'organisation du prolétariat ne serait pas encore prête à diriger le gouvernement.

À ce moment-là, le prolétariat aurait deux choix : 1) soit se détruire lui-même et laisser les vrais destructeurs, les nazis et les fascistes, prendre la direction du gouvernement, ou 2) trouver une bonne stratégie pour se préparer à savoir comment gouverner.

Dans son esprit, il était certain que lorsque nous arriverons à une situation où le prolétariat international deviendrait une puissance décisive dans le monde, nous le remercierons pour la véracité de sa méthode qui nous a conduite jusqu'ici, et nous chercherons nous-mêmes le moyen de continuer à avancer vers le but. En effet, il n'y a jamais eu un inventeur qui n'ait laissé l'achèvement de son œuvre à ses successeurs.

Si nous examinons plus attentivement sa méthode, nous verrons qu'en fait, il n'a pas pu inventer la stratégie pour que nous complétions l'opérativité du prolétariat, car ce sont deux procédures qui se contredisent. Pour créer le mouvement le plus rapidement possible et éliminer les gouvernements des exploiteurs, il a dû utiliser la procédure dans le sens de l'égoïsme le plus étroit, c'est-à-dire développer une haine profonde envers la classe dominante afin d'augmenter la force négative capable de destituer l'ancien gouvernement et ce dans les plus brefs délais, et ainsi organiser le prolétariat pour qu'il ait des liens encore plus forts.

Pour cette raison, il a dû déraciner la force altruiste du prolétariat, dont la nature est de tolérer et de céder à ses exploiteurs. Pour préparer les ouvriers au « socialisme opérationnel », pour qu'ils puissent accepter le régime de facto, il a dû utiliser la procédure dans le sens altruiste, ce qui contredit la « procédure institutionnelle ». Il nous a donc forcément laissé ce travail à finir.

Il n'avait pas de doute quant à notre compréhension ou à notre capacité car la question était si simple : qu'un gouvernement communiste n'est réalisable que sur une base altruiste, de sorte que nous serions obligés d'accepter une nouvelle stratégie dans la direction altruiste et de préparer le prolétariat à prendre le régime entre ses mains d'une manière pratique et durable. Cependant, pour expliquer ceci, il a jugé nécessaire de nous décrire la forme du régime juste du prolétariat par la devise « La société écrira sur son drapeau : De chacun selon ses capacités, à chacun selon son travail ». Ainsi, même un aveugle trouverait ces mots et « verrait » qu'un régime juste est inconcevable sauf dans une société altruiste au plein sens du terme.

De ce point de vue, le marxisme n'a pas connu de confrontation en raison de l'échec de l'expérience russe. Et si le marxisme s'est arrêté, c'est seulement parce que sa tâche, à la première étape, s'est terminée, à savoir l'organisation du prolétariat international en une force. Nous devons maintenant trouver un moyen pratique de préparer le mouvement pour qu'il prenne réellement le pouvoir.

Comme nous l'avons dit plus haut, la procédure actuelle doit être dans une direction complètement opposée à la stratégie précédente. Alors que nous avions cultivé l'égoïsme exagéré, qui a connu beaucoup de succès à la première étape, nous devons maintenant cultiver l'altruisme excessif au sein des ouvriers. Ceci est vraiment obligatoire compte tenu de la nature sociale du régime communiste. Ainsi, nous mènerons le mouvement avec confiance vers son rôle pratique qui est de prendre en main le régime sous sa forme finale et heureuse.

Je sais que c'est un travail difficile que de vouloir changer complètement la direction du mouvement parce que tous ceux qui l'écoutent sont brûlés par elle comme avec de l'eau bouillante. Pourtant, il n'est pas aussi mauvais qu'il y paraît. Nous pouvons faire reconnaître le mouvement à travers une propagande adaptée, dont l'intérêt de la devise « qu'il persiste ou périsse » en dépend, qu'il s'agisse de poursuivre le mouvement marxiste ou de remettre le pouvoir aux régimes nazis et fascistes – les forces les plus dangereuses pour un gouvernement prolétaire, qui menacent d'une régression de mille ans.

Lorsque les masses comprendront cela, il est certain qu'elles accepteront facilement la nouvelle stratégie pratique qui les conduira à prendre vraiment en main le pouvoir. Qui ne se souvient pas que le monde entier attendait avec impatience l'échec du régime soviétique ? Et s'ils avaient réussi, le monde entier serait déjà, sans aucun doute, sous l'égide d'un gouvernement communiste. Néanmoins, les Russes n'avaient aucune chance de réussir car la direction institutionnelle, à laquelle les masses étaient habituées, est égoïste, mais elle était néanmoins nécessaire à la première étape, or par nature, c'est une force qui détruit le régime communiste.

Il est trop tôt pour parler en détail du programme pratique de cette direction, avant que la méthode ne soit acceptée, d'autant plus que l'article est déjà trop long. En résumé, nous pouvons dire que nous devons organiser une telle propagande, scientifiquement et pratiquement, qui sera certaine d'être acceptée par l'opinion publique, que tout membre qui n'excelle pas dans l'altruisme sera comme un prédateur qui est inapte à vivre parmi les humains, à tel point qu'il se sentira dans la société comme un meurtrier et un voleur.

Si nous faisons systématiquement une propagande appropriée sur cette question, un long processus ne sera plus nécessaire. L'hitlérisme prouve qu'en peu de temps, un pays entier a changé par la propagande et a accepté son idée bizarre.

Maintenant que les faits historiques ont clarifié la voie à suivre par le mouvement pour l'avenir, je lance un appel urgent à notre prolétariat. Comme précédemment dit, les nations du monde peuvent encore attendre, surtout maintenant qu'il y a un bouleversement mondial et que nous devons tout d'abord nous débarrasser du danger hitlérien. Mais nous n'avons pas de temps à perdre. Je vous demande de considérer immédiatement cette nouvelle méthode que j'ai proposée, et que j'appelle « socialisme opérationnel », car jusqu'à présent le rôle du socialisme, à mon avis, n'était qu'un simple « socialisme institutionnel », comme je l'ai dit plus haut.

Si ma méthode est acceptée, nous devrions aussi changer la stratégie aux yeux de tous, où au lieu de l'ancienne arme de la haine des classes et de la haine de la religion, une nouvelle arme de la haine de l'égoïsme excessif des propriétaires leur sera donnée. Elle réussira sa tâche sous tous les angles parce que non seulement la classe opposée ne pourra pas se défendre avec les épais boucliers des dogmes moraux et religieux, mais elle aidera aussi à déraciner en chemin les diverses mauvaises herbes du nazisme et du fascisme qui se sont enracinées assez fortement parmi le prolétariat lui-même, mettant en danger son existence, comme susmentionné.

Qui plus est, nous devrions également tenir compte de la beauté de cette arme, qui est la plus séduisante et qui réussit à unir notre jeunesse autour d'elle. En vérité, le changement n'est pas tant dans l'idée, mais seulement dans le résultat. Jusqu'à présent, quand ils se sont battus contre la privation de la classe, le combattant regardait toujours d'après la perspective foncière-égoïste étroite, car il protège ses biens. Il en résulte qu'avec sa guerre, la force égoïste excessive grandit en lui, et les guerriers eux-mêmes sont pris dans la même vision étroite bourgeoise.

C'est encore plus étrange que l'approche des propriétaires, car ils croient qu'ils ont un droit complet dans tous les domaines, d'après la loi, la religion et la morale, ils se protègent donc par tous les moyens. Cependant, en luttant contre l'égoïsme des bourgeois en utilisant la vision d'une perception altruiste, le résultat est que la force de l'altruisme croît en eux proportionnellement au niveau de leur lutte. Ainsi, les droits des propriétaires sont fortement endommagés et ils ne peuvent pas se défendre, car ce type de guerre repose fortement sur la perception morale et religieuse des propriétaires eux-mêmes.

Ainsi, ma méthode contient la solution à l'unité nationale, dont nous sommes si fervents en ce moment. Vraisemblablement, l'histoire elle-même a déjà beaucoup érodé les clivages politiques entre nous, car maintenant nous ne pouvons plus faire la distinction entre les non sionistes, les sionistes intellectuels, les sionistes politiques, les sionistes territoriaux, etc. Maintenant que tous les espoirs de respirer à l'air libre en dehors de notre pays ont été brisés, même les non sionistes les plus dévoués, même les plus extrémistes, sont devenus, par nécessité, des sionistes pratiques et complets. Ainsi, en principe, la majorité de notre fissure a déjà été colmatée.

Cependant, nous souffrons toujours de deux terribles divisions : 1) La division des classes 2) La division religieuse. Nous ne devons pas les minimiser et nous ne pouvons pas non plus espérer nous en défaire. Cependant, si ma nouvelle méthode du « socialisme opérationnel », que j'ai suggérée, est acceptée par le mouvement, nous serons une fois pour toute débarrassés de l'étroitesse des classes, qui bloque la nation.

Comme nous l'avons déjà dit, la nouvelle idée s'appuie beaucoup sur la religion, et ne vise pas les pêcheurs abusifs, mais seulement leurs péchés – uniquement leur égoïsme méprisable. En vérité, cette même guerre se déroulera aussi en partie au sein du mouvement, ce qui abolira nécessairement la haine des classes et toute la religion.

Nous aurons alors la capacité de nous comprendre et d'atteindre l'unité complète de la nation avec toutes ses courants et partis, comme l'exige cette époque dangereuse pour nous tous. C'est la garantie de notre victoire assurée sur tous les fronts.

Question d'actualité

Nous sommes lassés des informations contradictoires concernant la participation de l'Italie à la guerre que nous recevons chaque jour. Une fois, on nous promet que Mussolini n'osera pas combattre les Alliés, et une fois, qu'il se joindra rapidement à la guerre. Des changements se produisent tous les jours et nous sommes en pleine effervescence. Toutes les indications montrent que toutes ces informations sont éditées et nous sont présentées par le tandem Hitler-Mussolini, dans le seul but de nous affaiblir.

D'une façon ou d'une autre, nous devons les ignorer et nous en débarrasser. Nous devons maintenant nous détourner de toutes ces informations bizarres et essayer de suivre par nous-mêmes les principales causes de toutes ces histoires, afin de peut-être comprendre tous ces étonnants mouvements d'Hitler-Mussolini.

Mais surtout, il faut s'attarder sur les contrats de leur pacte. Nous savons qu'ils ont signé deux pactes : 1) Le premier n'était qu'un simple accord politique, qu'ils ont appelé « l'Axe Rome-Berlin ». Il s'agit d'une aide politique mutuelle et d'une répartition de certaines zones d'influence entre eux. A la suite de cet accord, Hitler a fourni une aide politique à Mussolini dans sa guerre en Éthiopie, et Mussolini a fait de même pour Hitler dans toutes ses péripéties d'avant-guerre, et continue de le faire. 2) Alors que la guerre se rapprochait, ils ont conclu un deuxième pacte militaire, dont nous ne connaissons pas le contenu. Cependant, en général, nous savons qu'ils se sont engagés à s'entraider militairement.

Il y a suffisamment de preuves pour supposer qu'ils ne se sont pas engagés à faire la guerre ensemble immédiatement, comme dans le cas de l'alliance Angleterre-France. Cet accord a été construit entièrement sur l'initiative d'Hitler, car il souhaitait se prémunir contre tout problème qui pourrait survenir – s'il connaissait une crise militaire et qu'il aurait besoin de l'aide de l'Italie. À ce moment-là, l'accord oblige l'Italie à lui venir en aide, à la demande d'Hitler, et naturellement, sous certaines conditions concernant le partage du butin.

Mais en fait, Hitler pensait qu'il n'aurait pas besoin de l'aide militaire de l'Italie et ce, pour deux raisons : 1) Il était confiant en sa force et ne croyait pas en les compétences militaires de l'Italie. 2) L'accord politique précédent, l'Axe Rome-Berlin, lui aussi, lui assurait déjà une aide militaire substantielle, puisque par de simples manœuvres politiques, l'Italie pouvait distraire de nombreuses forces ennemies aux frontières de l'Italie pour qu'elles ne jouent pas un rôle actif dans la guerre. Ainsi, il n'avait aucun désir d'inclure réellement Mussolini dans sa guerre. Le pacte militaire qu'il avait conclu avec lui n'était qu'en cas de crise militaire, qui obligerait Mussolini à lui venir en aide explicitement à la demande d'Hitler, et l'initiative ne relèverait en rien de Mussolini.

Par conséquent, Mussolini espérait réaliser à travers cette guerre tous ses plans fascistes pour rétablir l'ancien Empire Romain. Il n'aurait pas pu espérer une meilleure occasion que de mener sa guerre aux côtés d'Hitler. Sans doute, il attendait le moment où Hitler lui demanderait de se joindre à lui dans la guerre. Vraisemblablement, Hitler n'a pas encore perdu confiance en son pouvoir et n'a encore aucun désir de l'inclure dans la guerre ou plus exactement, de partager le butin de la guerre avec lui.

Il s'avère donc que tant que nous ne sentons pas qu'il y a une véritable crise au sein des armées d'Hitler, nous n'avons rien à craindre des menaces de Mussolini et de ses préparatifs à la guerre. Ce ne sont que des manœuvres militaires astucieuses destinées à bloquer les Alliés à ses frontières et à affaiblir autant que possible la puissance des Alliés sur le front, conformément aux conditions du pacte « Axe Rome-Berlin ». (Alors que je rédige ses lignes, l'information est arrivée que l'Italie est entrée en guerre, de sorte que j'arrête mon article à mi-chemin. Nous finirons l'article en fonction de ce qu'il adviendra).

Maintenant que l'entrée en guerre de l'Italie est devenue un fait, beaucoup de choses vont se clarifier, si nous l'envisageons d'après la perspective que nous avons présentée. Nous savons maintenant avec certitude qu'au cours de la dernière bataille, Hitler a connu une véritable crise et ses forces se sont considérablement réduites. Sinon, il ne fait aucun doute qu'il n'aurait pas inclus l'Italie dans la guerre. Pour cette raison, l'entrée en guerre de l'Italie est une bonne nouvelle, en quelque sorte, puisque relative à la chute de l'Allemagne. Nous espérons que l'aide de l'Italie ne la sauvera pas non plus, et maintenant la victoire des Alliés est plus certaine que jamais.

Forum public

Nous offrons par la présente dans notre journal un « Forum public » pour tous ceux qui s'intéressent aux questions nationales, et en particulier à l'union de la nation. Aussi, quiconque a une question nationale importante, ou un plan pour unir la nation, ainsi que des arguments qui examinent ces questions – nous sommes prêts à les accepter et à les publier dans notre journal.

(La rédaction)

Rav Yéhouda Ashlag

L'HÉRITAGE DE LA TERRE
Extrait d'une lettre manuscrite

Israël ne retournont pas sur leur terre tant qu'ils ne formeront pas tous une seule gerbe de blé.

Nos sages ont dit : « Israël ne seront pas rachetés tant qu'ils ne seront pas tous une seule gerbe de blé ».

2) Nous devons comprendre comment l'unité d'Israël est liée à la rédemption.

3) Nous devons d'abord considérer la question de « Comment saurai-je », etc., « car ta postérité sera étrangère », etc., « et ensuite ils en sortiront avec de grand bien ». La réponse à la question d'Abraham est difficile à comprendre.

4) Nous devons comprendre toute la question de cette création, dans laquelle l'homme souffre tant, et à quoi cela sert-il ? N'aurait-Il pas pu réjouir Ses créations sans tout cela ?

5) Il est écrit dans les livres que les âmes ne peuvent recevoir la bonne récompense pour laquelle Il a créé le monde et les âmes, si elles n'ont pas un récipient prêt à recevoir. Et la seule façon d'obtenir ce récipient est de travailler et de peiner à observer les commandements à travers la pression et les guerres que nous livrons contre le mauvais penchant et les nombreux troubles et empêchements. Cette souffrance et le travail dans la Torah et les commandements fournissent un récipient à l'âme afin qu'elle soit prête à recevoir tout le plaisir et la bonté pour lesquels Il a créé tous les êtres humains.

6) Nous pouvons maintenant comprendre les paroles de Ben Hé Hé dans la Michna, (Traité des Pères) qui a dit : « Le salaire est proportionnel à la peine », ce qui signifie que la récompense est mesurée par la quantité de douleur. Ceci est déroutant, car comment la douleur est-elle liée à la récompense ?

7) Maintenant nous pouvons mieux comprendre que toute la douleur et le travail qui ont été préparés dans le monde sont pour fournir le récipient pour recevoir la bonne récompense pour le travail dans la Torah et les commandements. Ainsi, naturellement, plus la souffrance est grande dans la Torah et les commandements, plus grand sera le récipient pour recevoir une plus grande récompense.

8) Nous pouvons maintenant comprendre la réponse du Créateur à la question d'Abraham : « Comment saurai-je », etc. La question d'Abraham venait du fait qu'il voyait par l'esprit saint la grande quantité de bonnes récompenses qu'Israël recevront grâce à l'héritage de la terre, puisque l'observation des commandements dépend entièrement de la terre. C'est pourquoi le patriarche Abraham a demandé : « Comment saurai-je que j'hériterai ? » C'est-à-dire « Comment saurai-je que les enfants d'Israël pourront être récompensés d'une si grande récompense, d'une si grande abondance ? D'où prendraient-ils de si grands récipients pour mériter une réception aussi merveilleuse ? »

Le Créateur lui a donc répondu : « Ta postérité sera un étranger… et elle sera asservie et opprimée durant quatre cents ans », etc. car alors ils auront un grand travail dans la Torah et les commandements. C'est alors qu'il comprit que c'est de cette manière qu'ils obtiendraient certainement de grands récipients de réception, et la réponse lui suffit amplement.

9) Il découle de nos paroles que l'héritage de la terre exige une grande préparation, puisque toute la vertu de la Torah et des commandements en dépend entièrement, car c'est par elle qu'ils sont récompensés de toute l'abondance et de la bonté que le Créateur a prévues pour toutes les âmes d'Israël avant de les avoir créées. C'est aussi la raison pour laquelle Abraham le patriarche s'étonna et n'avait pas compris d'où ils prendraient de si grands récipients pour être récompensés de la sainteté de la terre. Enfin, le Créateur lui dit que le travail dans la Torah et les commandements, pendant l'exil égyptien, leur prépareraient ces grands récipients et qu'ils mériteraient la Terre Sainte.

10) Ceci nous rend perplexe : c'est une chose en ce qui concerne ceux qui s'engagent dans la Torah, mais qu'en est-il de ceux qui s'engagent dans les plaisirs futiles, qui ne sont pas du tout prêts à s'engager dans la Torah ? Comment seront-ils récompensés de tels récipients ?

11) La réponse est que c'est la raison pour laquelle ils ont dit dans le Midrach qu'Israël ne seront pas rachetés tant qu'ils ne seront pas tous une seule gerbe de blé. Il en est ainsi parce que tout Israël est en fait un seul corps, et chaque organe a son rôle unique. Par exemple, la tête réfléchit avec l'esprit et la raison, les mains travaillent et nourrissent la tête, tandis que la tête elle-même n'a pas à travailler. Elle n'en a pas besoin parce que les mains suffisent amplement. De même, les mains n'ont pas besoin de réfléchir à la façon de travailler, car la tête est toute désignée pour cela.

12) Si Israël devient une seule gerbe, comme un seul corps, où les travailleurs – qui sont les mains du corps – fournissent la tête, alors le travail et la douleur de ceux qui s'engagent dans la Torah et le labeur compensera les travailleurs... et ceci clarifie le Midrach [Israël ne seront pas rachetés tant qu'ils ne seront pas tous une seule gerbe de blé], et « un rédempteur viendra à Sion ».

Rav Yéhouda Ashlag
LE SHOFAR DU MESSIE

La rédemption viendra uniquement de la force de la Kabbale

Sachez que le sens de : « les enfants d'Israël ne seront pas délivrés tant que la sagesse dissimulée ne se dévoilera pas dans toute sa grandeur, ainsi qu'il est dit dans *Le Zohar* : « C'est par la puissance de ce livre que les enfants d'Israël seront rachetés de l'exil. » C'était une époque particulière car il y avait alors un espoir de délivrance, avec la rédaction du *Zohar* qui a commencé aux temps de Rashbi, et c'était également à l'époque de Bar Kokhba dont Rabbi Akiva, le maître du Rashbi, a dit de lui : « La voie de l'étoile sort de Jacob ». De même, après la destruction de la ville de Beytar [Jérusalem], l'espoir de délivrance était fort.

La rédaction du *Zohar* et sa dissimulation

Rashbi s'est par conséquent permis de dévoiler la sagesse cachée dans ses livres du « *Zohar* » et des « *Tikkounim* [corrections du Zohar] ». Mais il le fit avec beaucoup de précautions. Il ne permit d'écrire ce qu'il disait qu'à Rabbi Aba, lequel savait dévoiler les mystères de façon que seuls les sages d'Israël les comprennent, alors qu'ils demeuraient incompréhensibles aux sages des nations.

Le *Livre du Zohar* a été caché par crainte que des personnes non avisées en fassent mauvais usage. Ayant réalisé que la délivrance d'Israël n'était pas encore venue, ils l'ont dissimulé. Cela s'est produit au temps des sages, les Savoraïm, car nous trouvons beaucoup de notes des Savoraïm à ce propos dans le *Zohar*.

La découverte de la Kabbale est selon la volonté divine

La volonté de Dieu a fait qu'il est apparu, il s'est retrouvé entre les mains de la veuve de rabbi Moshé de Léon (XIe siècle) qui en a hérité et, qui apparemment, ne lui avait pas parlé de l'interdiction de dévoiler. Elle a donc vendu le manuscrit.

Les problèmes d'Israël viennent de la découverte de la Kabbale

C'est ce qui, depuis cette époque et jusqu'à aujourd'hui, a causé de nombreuses destructions au sein de la maison d'Israël.

Les avantages de la découverte de la Kabbale

À toute chose malheur est bon, et la domination que les nations ont obtenue en volant les secrets de la Torah a eu pour corollaire un grand développement de la sainteté et qui a amené pratiquement, selon moi, notre génération au seuil de la délivrance, à condition de savoir comment diffuser à tous la sagesse dissimulée.

Premier avantage

Du simple fait qu'« il a englouti une richesse qu'il vomira », en cela se dévoilera à tous la différence entre mes fils et mon beau-père, et la différence entre l'essence du grain et la peau supérieure, que tous les sages des nations ont épluchée, car tous les camps d'Israël qui reniaient la Torah sont sûrs de revenir et de servir le Créateur.

Deuxième avantage

Il y a également une autre raison. Nous avons accepté qu'il y ait une condition obligatoire au Salut : toutes nations du monde connaîtront la Torah d'Israël, comme il est dit : « Et la terre sera remplie de la connaissance », à l'exemple de la sortie d'Égypte qui a été nécessaire afin que Pharaon connaisse, lui aussi, le véritable Dieu et Ses Commandements, et qu'il les autorise à partir.

Le Salut grâce à la découverte de la Kabbale par les nations du monde

C'est pourquoi il est écrit que chaque nation aura un juif et qu'elle le conduira en Terre sainte, car le fait de pouvoir partir d'elles-mêmes n'était pas suffisant. En effet, d'où les nations du monde le sauraient elles et en auraient-elles le désir ? Sachez que cela se fera par la diffusion de la vraie sagesse de la Kabbale, dans laquelle elles verront le vrai Dieu et la vraie Torah.

La diffusion de la sagesse de la Kabbale dans le monde entier

La diffusion de la sagesse parmi les foules est appelée « *Shofar* », à l'image du *Shofar* [corne de bélier] dont la sonnerie porte très loin. C'est ainsi que l'écho de la sagesse retentira dans le monde entier, au point que même les nations l'entendront et reconnaîtront que la sagesse divine est en Israël.

La découverte de la Kabbale à tous les peuples est l'apparition d'Élie

C'est le prophète Élie qui doit accomplir cette tâche parce que le dévoilement des secrets de la Torah est désigné par l'expression « l'apparition d'Élie », comme l'ont dit les sages : « il se reposera jusqu'à ce qu'Élie vienne » ; mais aussi « Tishbi [surnom du prophète Elie] répondra aux questions et aux problèmes » C'est pourquoi ils ont dit que trois jours avant la venue du messie (une allusion connue), « Élie montera aux sommets des montagnes et sonnera de la grande corne. »

La découverte de la Kabbale à tous les peuples est la condition du « Salut total »

Vous devez comprendre ces insinuations : le *Shofar* n'est relatif qu'au dévoilement de la sagesse cachée à tous, condition préalable et obligatoire au « Salut total ».

En témoignent mes livres qui dévoilent déjà cette sagesse, et toute chose exaltée détache sa robe aux yeux de tous. C'est un témoignage manifeste de ce que nous sommes au seuil de la rédemption et que le « son de la grande corne de bélier » retentit déjà, certes pas très loin car le son est encore très faible.

Il en est ainsi car tout ce qui deviendra grand commence d'abord par être petit. Avant d'entendre un grand bruit, il n'y a qu'un léger son, à l'image de la corne de bélier dont le son monte progressivement.

Qui d'autre que moi sait à quel point je ne mérite pas d'être l'envoyé, ni le scribe pour dévoiler ces secrets, et encore moins de les comprendre entièrement. Et pourquoi Dieu m'a fait ça ? Uniquement parce que notre génération en est digne, car elle est la « dernière génération », celle qui se trouve au seuil de la délivrance totale et qui, par conséquent, mérite de commencer à entendre la sonnerie du Shofar du Messie, ce qui signifie le dévoilement des secrets déjà évoqués.

Rav Yéhouda Ashlag

Une servante qui hérite de sa maîtresse

Cela nécessite une explication approfondie. Pour bien la faire comprendre à tous, je vais choisir d'interpréter la question d'après ce qui nous apparaît en être la raison et qui s'étend à nous jusque dans la conduite de ce monde.

L'intériorité de l'extériorité

Le fait est que les racines supérieures s'enchaînent jusqu'à ce que leurs branches apparaissent dans ce monde, comme il est écrit dans l'explication de la racine et de la branche. Dans l'ensemble, les mondes se distinguent par l'intériorité et l'extériorité. C'est comme une lourde charge, que nul ne peut soulever ou déplacer d'un endroit à l'autre. Par conséquent, la solution est de diviser la charge en petits morceaux, puis de les déplacer l'un après l'autre.

Il en va de même de notre matière, puisque le but de la Création est inestimable, car une petite et fine étincelle – comme l'âme d'une personne – peut s'élever dans son atteinte à un degré supérieur que celui des anges serviteurs, comme nos sages ont dit à propos du verset : « Maintenant, il dira à Jacob et à Israël : "Mais qu'est-ce que Dieu a fait !" » Ils ont cru que les anges supérieurs demandaient à Israël : « Mais qu'est-ce que Dieu a fait ? »

L'évolution d'Israël (intériorité) : un par un

Cette abondance ne nous parviendra qu'en nous développant un par un. Comme dans la précédente allégorie, même la plus lourde charge peut être soulevée si nous la divisons en morceaux et que nous les soulevons les uns après les autres. Non seulement l'objectif général nous vient-il de cette manière, mais même le but physique, qui n'est qu'une préparation pour le but général, nous parvient à travers un développement progressif et lent.

Ainsi, les mondes ont été divisés en intériorité et en extériorité, où chaque monde contient des illuminations adaptées pour agir suivant un lent développement. Et on les appelle « l'intériorité du monde ».

Évolution des nations du monde (extériorité) – instantanément

À l'opposé, il y a des illuminations qui ne peuvent agir qu'instantanément. Par conséquent, quand elles apparaissent ici dans leurs branches, dans ce monde, et qu'un pouvoir leur est donné, non seulement elles ne se corrigent pas, mais elles endommagent.

Nos sages les appellent « non mûrs », comme il est écrit de l'Arbre de la Connaissance et d'*Adam HaRishon*, qu'ils mangeaient des fruits verts. Cela signifie qu'il s'agit vraiment d'un fruit délicat, destiné à réjouir l'homme, mais plus tard et non à l'heure actuelle, car il est encore en croissance et en développement. C'est pourquoi ils l'ont comparé à un fruit non encore arrivé à maturité, comme la figue qui est le plus doux et le plus délicat des fruits, mais lorsque consommée prématurément, elle nuit à l'estomac de l'homme et il meurt.

En effet, nous devrions nous demander : « Qui est celui qui est à l'origine d'un tel acte dans le monde ? » Après tout, nous savons qu'il n'y a pas d'action dans notre monde qui ne vienne sans une frappe d'une racine supérieure. Sachez que c'est ce que nous appelons « la domination de l'extériorité », comme dans le verset : « Dieu les a faits l'un opposé à l'autre. » Elle contient une force qui pousse et accélère la révélation de la domination de l'intériorité, comme nos sages l'ont dit : « Je placerai sur eux un roi tel qu'Haman et ils reviendront au bien contre leur gré. »

L'intériorité est le peuple d'Israël

Après avoir clarifié les racines supérieures, nous allons clarifier les branches dans ce monde. Sachez qu'une branche qui s'étend de l'intériorité est le peuple d'Israël, qui a été choisi comme l'opérateur de l'objectif général et de la correction. Il contient la préparation nécessaire pour la croissance et le développement, jusqu'à qu'il pousse également les nations du monde à atteindre le but général.

L'extériorité est les nations du monde

La branche qui s'étend de l'extériorité est le reste des nations. Les mêmes vertus ne leur ont pas été préparées pour les rendre dignes de recevoir le développement du but l'une après l'autre. Au contraire, elles seront prêtes à recevoir la correction d'un coup et en totalité, en fonction de leur racine supérieure. Par conséquent, quand elles reçoivent la domination de leur racine, elles détruisent les vertus des enfants d'Israël et elles causent des souffrances dans le monde.

Un esclave et une servante

Les racines supérieures appelées « extériorité », comme nous l'avons expliqué ci-dessus, sont généralement appelées « servante » et « esclave ». C'est pour nous montrer qu'elles ne sont pas là pour nuire ou endommager, comme cela pourrait paraître à première vue, mais elles servent l'intériorité, comme l'esclave et la servante servent leurs maîtres.

L'extériorité domine quand Israël n'exige pas de profondeur dans son travail

La domination de ladite l'extériorité est appelée « l'exil d'Israël parmi les nations du monde ». Ces dernières infligent de nombreuses formes de souffrance, du mépris et des destructions à la nation d'Israël. Toutefois, pour être brefs, nous n'allons expliquer que ce qui est révélé à travers une observation générale, qui est le but général. Ceci se réfère à l'idolâtrie et à la superstition, comme il est écrit : « Mais ils se mélangèrent aux nations et apprirent leurs façons de faire. » C'est le plus terrible et dangereux poison qui puisse détruire les âmes d'Israël, car il rapproche leur absurdité de la raison humaine. En d'autres termes, elles n'exigent pas de grande profondeur pour être comprises et plantent ainsi les fondations de leur travail dans les cœurs des enfants d'Israël. Bien qu'un homme d'Israël soit tout à fait incapable d'accepter leur inepties, il s'avère qu'en fin de compte, elles induisent de la saleté et conduisent à une flagrante hérésie, jusqu'à ce qu'il dise : « tous les visages sont égaux ».

La raison de la dissimulation de la Kabbale

Maintenant, vous pouvez comprendre pourquoi la sagesse du caché a été soustraite aux regards extérieurs, de même que ce que les sages ont dit : « Il est interdit d'enseigner la Torah à un gentil [non juif]. » Il semble y avoir une contradiction entre cette affirmation et le *Tana* [grand sage du début de notre ère] Devei Eliyahou, qui a dit : « Même un gentil, un esclave ou une servante, s'ils s'assoient pour apprendre la Torah, la Divinité est avec eux. » Mais alors, pourquoi les sages ont-ils interdit d'enseigner la Torah aux gentils ?

L'enseignement de la Torah aux gentils

En effet, le *Tana* Devei Eliyahou se réfère à un gentil qui s'est converti, ou du moins à celui qui a abandonné l'idolâtrie, c'est-à-dire la superstition. Inversement, nos sages se référaient à celui qui n'a pas quitté l'idolâtrie et voulait connaître la loi d'Israël et sa sagesse afin de renforcer et de fortifier son idolâtrie. Vous pourriez dire : « Mais qu'importe si un gentil est devenu plus pieux dans son idolâtrie à cause de notre Torah ? Si elle ne l'aide pas, quel mal peut-elle lui faire ? »

Les pleurs de Rashbi

En effet, c'est à ce propos que Rashbi pleura avant qu'il n'ait expliqué un secret important dans la sagesse du caché, comme il est écrit : « Rabbi Shimon pleura : "Malheur si je dis et malheur si je ne dis pas. Si je dis, les pêcheurs sauront comment servir leurs idoles ; et si je ne dis pas, les amis perdront cette parole." »

Il avait peur que ce secret ne tombe entre les mains des idolâtres et qu'ils en fassent l'objet de leur idolâtrie, avec la force du saint esprit. C'est ce qui prolonge notre exil et nous apporte tous les maux et les destructions possibles, comme nous le voyons maintenant de nos propres yeux, puisque les sages de toutes les nations du monde ont étudié tous les livres des enfants d'Israël et les ont transformés en délices aptes à renforcer leur foi, signifiant leur sagesse, appelée la « théologie ».

Deux torts avec la révélation de la sagesse d'Israël aux nations du monde

Deux erreurs ont été commises :

1) Outre le fait d'avoir revêtu notre châle, en disant que toute cette sagesse est l'atteinte de leur propre saint esprit, ces imitations ont acquis leur réputation à nos dépens. Ainsi, elles renforcent leurs faux enseignements et acquiertnt la force nécessaire pour nier notre Torah.

1) Mais un mal encore plus grand nous est arrivé : celui qui regarde leur théologie y trouve des concepts et une sagesse concernant le service de Dieu qui semblent plus vrais et plus authentiques que notre sagesse.

Il en est ainsi pour deux raisons :

La première est qu'ils sont nombreux et que parmi eux il y a de très grands linguistes compétents et qui connaissent leur travail : rendre les choses acceptables aux personnes peu instruites. La linguistique provient des enseignements laïcs et certainement qu'une société de huit milliards de personnes peut en produire beaucoup plus que la nôtre avec ses quinze millions. Ainsi, celui qui lit leurs livres se met à douter et se dit qu'ils pourraient peut-être avoir raison, ou que sais-je pire encore.

La seconde, et plus importante raison, c'est que les sages d'Israël cachent la sagesse de la religion derrière des portes closes et par tous les moyens aux masses. Les sages de chaque génération offrent des explications simples aux masses et les repoussent avec toutes sortes de ruses afin d'éteindre le désir ne serait-ce que de s'approcher et de se servir de la sagesse du caché.

Malheur si je dis

Ils font ceci par crainte que ces choses et cette sagesse ne tombent entre les mains des idolâtres, comme Rashbi a écrit : « Si je dis, les pêcheurs sauront comment servir leurs idoles. » Après tout, nous sommes méprisés et assez émoussés, même pour les petites choses qu'ils ont volées dans nos récipients, lesquelles sont arrivées à eux en dépit d'une garde méticuleuse.

La raison de la dissimulation de la Kabbale

Ceci permet de comprendre ce qui se serait passé si nos sages avaient révélé la sagesse du caché à tous. Puisque nous dissimulons, tant qu'un homme ordinaire ne mérite pas de recevoir les secrets de la Torah, il n'a aucune connaissance dans la sagesse de la religion. Par conséquent, il est évident qu'une telle personne est enthousiaste quand elle acquiert une sagesse et des explications de leur théologie, dont l'essence est cependant un assortiment de concepts volés à notre sagesse du caché, avec quelques friandises littéraires en prime. Après avoir vu cela, elle dit et renie notre Torah pratique et termine dans une complète hérésie.

Une servante qui hérite de sa maîtresse

Ceci est appelé « une servante qui hérite de sa maîtresse », puisque toute la force de la maîtresse – la domination de l'intériorité – vient de la force de notre sagesse et de notre connaissance, comme il est écrit : « Nous nous distinguons, nous et Ton peuple, de tout peuple à la surface de la terre. » Maintenant, la servante s'avance et se vante en public d'être l'héritière de cette sagesse. Sachez que leur force est la chaîne à laquelle les pieds des enfants d'Israël en exil sont attachés, se retrouvant ainsi sous leur domination.

Les chaînes de l'exil

Ainsi, l'essence des chaînes de l'exil et de leur puissance provient de la sagesse de la Torah et de ses secrets, qu'ils ont réussi à voler et à mettre dans leurs récipients, en dépit de la grande vigilance et des dissimulations que nous avons mises en place. Avec cela, ils trompent les masses, en disant qu'ils ont hérité du service de Dieu, et ils sèment également le doute et l'hérésie dans les âmes d'Israël.

Rav Yéhouda Ashlag

600 000 ÂMES

Il est dit qu'il y a 600 000 âmes et chacune est divisée en plusieurs étincelles. Nous devons comprendre comment est-il possible de diviser le spirituel, car au début seule une âme a été créée, l'âme d'*Adam Ha Rishon*.

Selon moi, Il n'y a vraiment qu'une seule âme, comme il est écrit : (Genèse 2 : 7) « et il insuffla dans ses narines le souffle [le mot âme est utilisée en hébreu] de vie ». La même âme existe chez tous les enfants d'Israël, entière en chacun d'eux comme dans *Adam Ha Rishon*, car le spirituel est indivisible et ne peut être coupé, comme c'est le cas pour les choses matérielles.

Ainsi, nous disons qu'il y 600 000 âmes et étincelles d'âmes qui sont apparues, mais elles sont divisées par la force du corps de chacun. Au début, le corps se divise et la prive complètement de la splendeur de l'âme et par la force de la Torah et du commandement, le corps se purifie et en fonction de sa purification l'âme générale l'illumine.

Donc, deux discernements sont faits dans le corps physique. 1. Il ressent son âme comme un organe spécial et il ne comprend pas qu'il s'agit de l'ensemble d'Israël. Ceci est vraiment un défaut. De ce fait, il fait ce qui est susmentionné 2. La véritable lumière de l'âme d'Israël ne l'illumine pas dans toute sa luminosité, mais seulement partiellement, en fonction et selon le taux de sa propre purification, pour retourner au collectif.

Le signe pour la complète correction du corps est quand il ressent que son âme existe dans l'ensemble d'Israël, dans chacun d'entre eux, et donc il ne se sent pas comme un individu, car l'un dépend de l'autre. Alors il est complet sans imperfection et l'âme l'influence vraiment de toute sa force, comme elle était apparue dans *Adam Ha Rishon*, comme dans « Celui qui respire, respire de Lui ».

Cela se fait en trois temps pour l'homme :
- A) L'étincelle de l'âme, l'action faite par les étincelles, ce qui est permis et interdit.
- B) L'âme individuelle, une partie des 600 000 qui se complète en permanence, mais elle a un défaut. Cela signifie que son corps ne peut recevoir toute l'âme et se sent comme un être distinct, ce qui lui cause encore bien des tourments de l'amour.
- C) Ensuite elle se rapproche de la perfection, l'âme commune, car son corps s'est déjà purifié et se consacre entièrement au Créateur et il ne fait ni évaluations ni écrans, et il s'inclut entièrement dans l'ensemble d'Israël...

Nous avons appris, que « même si un seul homme s'approche de son Maître avec une repentance entière, le Roi Messie viendra immédiatement ». Cela semble dire comme ils ont dit (Cantique des Cantiques 1) « Moshé équivaut à 600 000 ». Il convient de comprendre cela, car cela voudrait dire qu'il y a deux fois 600 000 âmes, l'âme de Moshé et les âmes d'Israël.

En vérité, il n'y a qu'une seule âme, connue d'après la mesure de chaque âme qui se purifie et se défait de sa saleté. Donc, quand toutes les âmes seront corrigées, elles attireront à elles toute l'âme supérieure d'*Atsilout* à chaque âme, car le spirituel ne se divise pas. Alors, « le Seigneur sera le roi de toute la terre ». Et tant qu'il manquera une seule âme à la pureté complète, il manquera l'extension de cette *Kedousha* [sainteté] dans chaque âme d'Israël.

Quand une seule âme d'Israël se purifie de toute sa saleté, elle attire alors à elle toute l'âme d'*Atsilout*, et à travers elle, toutes les âmes de sa génération seront corrigées. L'une dépend de l'autre, comme il est écrit : « il était digne que la *Shekhina* [Divinité] soit sur lui, mais sa génération ne l'était pas. » (*Sanhédrin* 11)

Le contenu des mots est absolument déconcertant : cette même âme qui a été récompensée de se purifier, s'efforce immédiatement d'élever la grâce de la génération et demande pour elle, jusqu'à ce qu'elle élève toute sa génération à son mérite.

C'est le sens de : « Moshé équivaut à 600 000 », car comme il était leur fidèle berger, il avait la même *Kedousha* [Sainteté] qu'avait toute la génération.

Mais le collectif [l'ensemble/le tout] est trouvé dans chaque individu, car à la fin des temps, toutes les âmes s'uniront en un seul tout, par leur retour à leurs racines spirituelles. Par conséquent, tous les miracles, les merveilles et tous les mouvements qu'elles ont connus dans le monde entier durant les six mille ans, doivent être vécus par chaque âme. La bonne âme y aspire, pour tous les discernements de *Kedousha* avant et après elle et la mauvaise âme, fait le contraire.

Les époques qui passent sont considérées comme des générations, sauf que chaque génération se comporte d'après son juge, l'esprit qui la juge, d'après ce qu'elle reçoit de la *Kedousha* à ce moment-là.

Donc chaque âme est prête à aspirer en elle l'âme de Moshé, d'Aaron, de Samuel, de David, de Salomon, c'est-à-dire des moments qu'elle vit. A la sortie d'Egypte et à la réception de la Torah, l'âme de Moshé s'est révélée en elle, durant la septième conquête, l'âme de Josué et à la construction du Temple, l'âme du roi Salomon etc.

Il ne s'agit pas d'âmes particulières, mais d'après la règle que nous avons mentionnée, que le spirituel ne se divise pas et dès qu'il est récompensé de l'âme, il est récompensé de l'âme de l'ensemble d'Israël, selon la place et le mérite de sa purification. Ainsi des époques où il est récompensé de ces merveilles susmentionnées, il reçoit alors en lui l'abondance de l'âme de cette révélation. De ce fait, le nom du propriétaire de cette révélation est sur lui.

Ils ont dit (*Shabbat* 67, *Baba Metsia*, 113) récompensés « Tout Israël sont des fils de rois ». De plus (Talmud de Jérusalem, *Massekhet Horaiot* (instructions) 3, 5) « Et quand le roi meurt, tous ceux d'Israël méritent le royaume ». C'est un grand secret, car à toutes les générations précédentes, qui n'étaient que la préparation à *Malkhout*, elles avaient besoin de *Kélim* [récipients] spéciaux pour attirer leurs juges, comme l'âme de Moshé, de Samuel etc. Mais le but ultime dépend de l'ensemble d'Israël, car s'il manque une petite partie d'une petite étincelle, la fin ne pourra pas apparaître. C'est pourquoi « tous ceux d'Israël méritent le royaume » car ils sont tous égaux dans ce véritable discernement.

Donc il n'existe aucun *Kli* [récipient] particulier pour attirer cette perfection, mais celui qui se purifie et purifie son âme afin de mériter d'étendre la révélation de *Malkhout* dans le monde, sera appelé littéralement le Roi David. C'est le sens de « David, Roi d'Israël vit et existe », car il n'est pas mort du tout et son récipient se trouve dans chaque âme d'Israël. Ce n'est pas le cas pour l'âme de Moshé qui ne se trouve que chez les sages disciples de la génération et aussi chez les prophètes et les prêtres.

C'est le sens de « quand le roi meurt, tous ceux d'Israël méritent le royaume ». C'est également la signification de l'exemption du public de ses obligations.

Cela concerne le sujet suivant (*Souta*, 49) « à l'époque du Messie, l'insolence [également arrogance] grandira ». Et (Isaïe 3 : 5) « l'adolescent sera insolent envers les aînés, et l'homme insignifiant envers un honorable ». Cela veut dire que même un adolescent insignifiant aura la grande arrogance d'étendre Son royaume sur le monde, comme s'il était un des anciens et un des respectueux de la génération.

Car même l'insignifiant, celui dont l'âme est vraiment basse et vile à sa racine, s'il oriente son cœur et purifie ses actions pour devenir méritant, sera récompensé d'étendre à son âme, l'âme générale du peuple saint, avec toutes les merveilles que le peuple saint a goûtées jusqu'à présent. C'est parce que tous se préparaient pour cette perfection.

Donc, chaque âme individuelle est obligée de goûter à tout et elle achètera son monde en une heure, grâce au mérite de cette génération, pour étendre la couronne de Son royaume qui comprend tout : « et tous ont besoin du propriétaire des aiguilles et chaque élément en elles est requis » (*Brakhot*, 64, *Baba Batra* 145)

Ceci est le sens de « même si un seul homme est récompensé de la complète repentance, le Roi Messie arrivera immédiatement ». Car même si un seul homme de la génération est récompensé d'étendre cette âme de lui-même, tous ceux de sa génération pourront en être récompensés, car quiconque en a l'obligation exempte les autres des leurs, et il pourra beaucoup prier et se tenir devant lui, jusqu'à ce qu'il soit récompensé pour toute sa génération.

Ce n'est pas le cas pour les rédemptions précédentes, qui n'étaient que des préparations et ne relevaient pas de chaque individu. Par exemple, le don de la Torah ne visait que la génération du désert et leur maître Moshé. Et à une autre génération, même s'ils étaient plus purs, ils n'ont pas étendu ce discernement, ni personne d'autre sauf Moshé, car l'un dépend de l'autre.

Mais le Messie est prêt pour chaque génération et est donc prêt pour chaque individu pour étendre le discernement du Messie comme dans « quiconque en a l'obligation » ci-dessus.

La raison est que ces onctions concernent la correction des récipients et la représentation de tous les récipients est pareille, car toute la division entre eux n'est que dans leur *HBD*, dans leurs qualités. Par conséquent, du ministre qui voit la face du Roi, à celui qui est assis derrière la meule, tous sont des serviteurs égaux, pour restituer l'ancienne couronne et ainsi il n'y a aucune différence entre eux.

Rav Yéhouda Ashlag
Les écrits de la dernière génération
(extrait)

Introduction

C'est l'histoire d'un groupe qui s'était perdu dans le désert, affamé et assoiffé. Soudain l'un d'entre eux trouva un endroit prospère et il commença à se souvenir de ses pauvres frères, même s'il n'était plus en contact avec eux et ne savait pas où ils se trouvaient. Qu'a-t-il fait ? Il a commencé à crier fort et à sonner le Shofar [corne de bélier], peut-être que ses pauvres amis affamés entendraient sa sonnerie, s'approcheraient de lui et viendraient aussi à cet endroit rempli de tous les délices.

Telle est notre situation : Nous nous sommes perdus dans ce terrible désert avec toute l'humanité et maintenant nous avons trouvé un grand et abondant trésor, à savoir les livres de la Kabbale dans le trésor. Ils rassasient nos âmes impatientes et nous remplissent de richesse et de plaisir ; nous sommes assouvis jusqu'à la lie.

Néanmoins, nous nous souvenons de nos amis qui sont restés sans espoir dans ce terrible désert, et même s'il existe une grande distance entre nous que les mots ne peuvent pas combler, nous avons donc pris cette corne pour qu'elle sonne afin que nos frères puissent peut-être l'entendre, se rapprocher et être aussi heureux que nous.

Sachez, nos frères, notre chair, que l'essence de la sagesse de la Kabbale est la connaissance de la façon dont le monde est descendu de son lieu élevé et céleste, jusqu'à ce qu'il atteigne notre ignoble état. Cette réalité était nécessaire, car « la fin d'un acte se trouve dans la pensée initiale », et Sa pensée agit instantanément car Il n'a pas besoin d'instruments de travail comme nous. Ainsi, nous sommes sortis de *Ein Sof* [l'infini] dans la plus grande perfection dès le début, et de là nous sommes venus dans ce monde.

Il est donc très facile de trouver toutes les corrections futures à venir dans les mondes parfaits qui nous ont précédés. De plus, nous savons désormais corriger nos comportements car l'homme est supérieur à l'animal, et l'esprit de l'animal descend, c'est-à-dire qu'il ne voit qu'à partir de lui-même, sans intelligence ni sagesse pour regarder le passé afin de corriger l'avenir.

L'avantage de l'homme sur l'animal est que l'esprit de l'homme s'élève, c'est-à-dire traverse et regarde le passé comme on se regarde dans un miroir et voit ses défauts afin de les corriger. De même, l'esprit voit ce qu'il a traversé et corrige ses futurs comportements.

Ainsi, les animaux ne changent pas, ils sont toujours pareils, comme lorsqu'ils ont été créés car ils n'ont pas comme l'homme de miroir leur permettant de voir comment corriger les choses et évoluer progressivement. L'homme se développe jour après jour tant que son mérite est assuré et ressenti et il conquerra encore des planètes lointaines.

Mais tout cela se réfère aux comportements des natures extérieures, à la nature de la réalité qui nous entoure, à notre alimentation et aux affaires quotidiennes. Pour cela, l'esprit naturel est tout à fait suffisant.

Cependant, à l'intérieur de nous, bien que nous changions un peu, nous évoluons et nous nous améliorons en étant poussés par derrière par la souffrance et les bains de sang, puisque nous n'avons aucun moyen d'obtenir un miroir permettant de voir l'intériorité des gens qui ont vécus aux générations précédentes.

C'est encore plus vrai en ce qui concerne l'intériorité des âmes et des mondes et comment ils sont descendus et ont été affreusement détruits comme aujourd'hui, où nous n'avons aucune sécurité dans nos vies. Dans les années à venir, nous nous tiendrons au seuil de toutes sortes de massacres et de morts, au point où tous admettront qu'ils n'ont aucune solution pour les empêcher.

Imaginez par exemple, que l'on trouve aujourd'hui un livre d'histoire racontant la vie des dernières générations dans dix mille ans, comme nous le sentons, la leçon de la souffrance et du massacre suffirait certainement à ramener l'ordre.

Ces gens ont devant eux des ordres suffisants pour leur apporter la sécurité et la complaisance, du moins pour garantir leur vie quotidienne en paix et dans la tranquillité.

Il ne fait aucun doute que si un sage nous offrait ce livre de science politique et de comportement humain, nos dirigeants chercheraient tous les moyens pour organiser la vie en conséquence, et il n'y aurait « Point de captivité, point de cri dans nos rues ». La corruption et les terribles souffrances cesseront et tout reviendrait à sa place en paix.

Maintenant chers lecteurs, ce livre est devant vous dans un placard. Il y est écrit explicitement toute la science politique et les comportements dans la vie individuelle et publique qui existeront à la fin des temps, c'est-à-dire les livres de la Kabbale [dans le manuscrit, à côté du texte commençant ici, il était écrit : « Ils sont la perfection qui précède l'imperfection »]. Dans ce livre, les mondes corrigés qui sont sortis dans la perfection sont établis, comme il est dit : « la perfection sort d'abord du Créateur et ensuite nous les corrigeons et arrivons à la perfection qui existe dans le monde supérieur, sortant d'*Ein Sof*, comme dans « la fin d'un acte est dans la pensée initiale ». Parce que l'incomplet s'étend progressivement du complet et qu'il n'y a pas d'absence dans la spiritualité, ils continuent tous d'exister et sont décrits dans leur complète perfection, en particulier et en général, dans la sagesse de la Kabbale.

Ouvrez ces livres et vous y trouverez tous les bons ordres qui apparaîtront et la fin des jours et vous y trouverez la bonne conclusion qui vous permettra aussi d'organiser les choses banales aujourd'hui, car nous pouvons apprendre de l'histoire et ainsi corriger l'avenir.

Un appel aux élus pour qu'ils étudient la Kabbale

Moi, l'écrivain, je me connais et je sais que je ne suis pas parmi les meilleurs de la race humaine. Si une personne comme moi aujourd'hui a travaillé et trouvé tout cela dans les livres cachés dans nos bibliothèques, il n'y a pas l'ombre d'un doute que si les élus de la génération se plongent dans ces livres, une grande partie du bonheur et de la générosité les attendrait eux et le monde entier.

Ma voix qui est dans le Shofar [corne], pourquoi est-elle venue ?

Tout ceci pèse sur mon cœur et je ne peux plus me retenir. J'ai décidé de dévoiler mes observations et ce que j'ai trouvé écrit dans ces livres concernant les futurs chemins de correction. Je sors et j'appelle les gens du monde avec ce Shofar. Je crois et j'estime qu'il suffira de rassembler tous les élus pour commencer à étudier et à lire les livres afin qu'ils puissent se juger eux-mêmes et le monde entier favorablement.

LA KABBALE PRATIQUE

-

LE TRAVAIL
DANS
LE GROUPE

Rav Baruch Ashlag

LE BUT DU GROUPE – 1

Article n°1, 1984

Nous nous sommes réunis ici afin de jeter les bases d'un groupe, pour tous ceux qui souhaitent suivre le chemin et la méthode du Baal HaSoulam, chemin qui élève l'homme dans les mérites pour ne pas qu'il reste au niveau animal, comme les sages ont dit dans le verset : « Et vous êtes Mon troupeau, le troupeau de Mon pâturage, vous êtes des hommes. » (*Yevamot*, p. 61a) Et Rashbi [Shimon bar Yokhaï] a dit : « On vous appelle "homme", et les idolâtres ne sont pas appelés hommes. »

Pour comprendre ce qu'est le mérite de l'homme, nous citons les propos des sages (*Brakhot*, p. 6) sur ce verset de *L'Ecclésiaste* (12,13) : « En fin de compte, tout est entendu : "Crains Dieu et observe Ses commandements, car c'est là tout l'homme." » Et la Guémara demande : « Qu'est-ce que "c'est là tout l'homme" ? » Rabbi Élazar dit : « Le Créateur a dit : "Le monde entier n'a été créé que pour cela", signifiant que le monde entier n'a été créé qu'en vue de la crainte du Seigneur. »

Il convient de comprendre ce que signifie « la crainte de Dieu » ; il semblerait que ce soit la raison de la création du monde. Nous savons par tous les écrits des sages que la raison de la création est de faire du bien à Ses créatures, c'est-à-dire que le Créateur voulait réjouir les créatures afin qu'elles soient heureuses.

Ici, les sages ont dit du verset « car c'est là tout l'homme » que la raison de la création est la « crainte de Dieu ».

Dans le livre « le don de la Torah », il est dit que la raison pour laquelle les créatures ne reçoivent ni plaisirs ni bonté – bien que cela soit la raison de la création – est due à la disparité de forme entre le Créateur et les créatures.

Le Créateur donne sans réserve et les créatures reçoivent. Il existe une loi selon laquelle les branches ressemblent aux racines dont elles sont issues. Or, « recevoir » ne se trouve pas dans nos racines, c'est-à-dire que le Créateur ne ressent aucun manque ; Il n'éprouve pas le besoin que quelqu'un Le satisfasse. Par conséquent, lorsque l'homme se trouve en position de recevoir, cela lui est désagréable. C'est pourquoi, tout homme a honte de manger du pain de la charité.

Pour réparer cela, le monde a dû être créé. Le « monde » [*Olam*] signifie dissimulation [*Eélem*], c'est-à-dire que les délices et les plaisirs doivent être dissimulés. Et pour quelle raison ? Parce qu'il y a la crainte. Autrement dit, l'homme devrait avoir peur de se servir de ses récipients de réception, appelés « amour propre ».

Cela signifie que l'homme s'empêchera de recevoir des plaisirs, ceux qu'il convoite, et qu'il aura la force de surmonter l'objet de sa convoitise.

Il n'éprouvera du plaisir que s'il parvient à procurer du contentement au Créateur. Autrement dit, l'être créé veut donner sans réserve au Créateur, et s'il reçoit dans son propre intérêt, il craindra Dieu. En effet, recevoir des plaisirs dans son intérêt personnel éloigne l'homme de l'adhésion au Créateur.

Par conséquent, lorsque l'homme effectue un des commandements [*Mitsvot*], il doit orienter cette *Mitsva* afin qu'elle lui apporte des pensées pures, pour qu'il désire donner sans réserve au Créateur lors de l'exécution du commandement du Créateur. Comme les sages ont dit : « Rabbi Hanania Ben Akicha a dit : "Le Créateur voulait purifier Israël, pour ce faire Il leur donna beaucoup de Torah et de commandements. »

C'est la raison pour laquelle, nous nous sommes réunis ici, pour fonder un groupe dans lequel chacun d'entre nous ira selon cet esprit de « donner sans réserve au Créateur ». Pour parvenir à donner sans réserve au Créateur, nous sommes tout d'abord tenus de commencer à donner sans réserve à autrui, appelé « l'amour du prochain ».

L'amour du prochain ne peut exister sans abnégation. D'une part, chacun doit se mépriser, mais d'autre part, nous devons être fiers de ce que le Créateur nous ait donné l'opportunité de faire partie d'un groupe dont les membres n'ont qu'un but : que la *Shekhina* [Présence divine] demeure parmi nous.

Bien que nous n'ayons toujours pas atteint notre but, nous en avons toutefois le désir, et ceci est tout aussi important pour nous. En fait, bien que nous ne soyons qu'au début du chemin, nous espérons néanmoins parvenir à ce but suprême.

Rav Baruch Ashlag
LE BUT DU GROUPE – 2

Article n°1, 1984

L'homme a été créé avec un récipient appelé « amour de soi ». Si l'homme ne voit pas que par son action, il obtiendra quelque chose pour lui-même, il n'est pas en mesure de faire le moindre mouvement.

Cependant, sans annuler son amour propre, l'homme ne peut parvenir à adhérer au Créateur, qui est l'équivalence de forme. Comme c'est contraire à notre nature, nous avons besoin d'un groupe qui aura une grande force et avec qui nous travaillerons ensemble pour annuler le désir de recevoir, appelé le « mal », parce que c'est lui qui nous empêche d'atteindre le but pour lequel l'homme a été créé.

C'est pourquoi, le groupe doit comprendre des individus qui l'acceptent unanimement et l'atteignent. Alors, au sein de ces personnes apparaît une immense force qui peut se battre contre elle-même, car chacun est inclus dans tous. Il s'avère que chacun dispose d'un grand désir d'atteindre le but.

Pour qu'il y ait une intégration mutuelle, il faut que chacun s'annule devant les autres. Cela se fait en ne prêtant attention qu'aux mérites de ses amis, et non à leurs défauts. Cependant celui qui pense qu'il est supérieur aux autres ne peut plus s'unir à eux.

C'est pourquoi quand le groupe se réunit, il convient d'être sérieux, pour ne pas oublier l'intention, celle pour laquelle nous nous sommes réunis. Par modestie, – ce qui est une grande chose – certains avaient l'habitude de paraître désinvoltes, alors qu'en vérité, au fond de leurs cœurs, un feu ardent brûlait.

En ce qui concerne les petites gens, il convient d'être prudent lors des réunions, ne pas parler ni agir dans un sens contraire au but, qui est de parvenir lors de la réunion à adhérer au Créateur. (Voir l'« Article de conclusion du Zohar » paragraphe commençant par « en vérité. »)

Lorsqu'ils ne sont pas entre amis, il est préférable de ne pas montrer l'intention dans leurs cœurs et de se comporter comme tout le monde. C'est le sens de « marche humblement avec le Seigneur ton Dieu. » Certes, il existe des interprétations plus élevées, mais une explication littérale est également pertinente.

C'est pourquoi ; il est bon qu'il y ait une égalité entre les amis qui s'unissent ; l'un peut ainsi s'annuler devant l'autre.

Au sein du groupe, il faut veiller avec précaution à ce que la frivolité n'ait pas de place, car elle détruit tout. Cependant, comme nous l'avons dit ci-dessus, cela doit demeurer une question intérieure.

Si quelqu'un n'appartenant pas au groupe est présent, il ne faut pas montrer du sérieux, mais être tout simplement comme lui. Autrement dit, éviter de parler de choses sérieuses, mais uniquement de choses qui lui conviennent, ce qui est appelé « un invité inattendu ».

Rav Baruch Ashlag

À PROPOS DE L'AMOUR DES AMIS

Article n°2, 1984

1) La nécessité d'aimer les amis.

2) Quelle est la raison pour laquelle j'ai choisi précisément ces amis ? Pourquoi les amis m'ont-ils choisi ?

3) Chacun des amis doit-il ouvertement montrer son amour au groupe, ou bien cela suffit-il qu'il aime ses amis dans son cœur, et s'engage dans l'amour des amis avec pudeur ? Ainsi, il n'a pas à dévoiler ce qu'il a sur le cœur, car nous savons que la pudeur est une grande qualité.

Mais nous pourrions également dire l'inverse – qu'une personne devrait ouvertement manifester son amour aux amis, car par la manifestation, elle provoque le réveil du cœur de son ami envers les amis, et ces derniers pourront également sentir que chacun s'engage dans l'amour des amis. L'intérêt est qu'elle reçoit une plus grande force pour œuvrer dans l'amour des amis avec plus d'énergie, parce que l'amour de chacun s'est inclus dans ses amis.

Il en résulte que là où l'homme a de la force pour s'engager dans l'amour des amis, et si le groupe est composé de dix amis, il dispose à présent de la force des dix qui comprennent la nécessité de s'engager dans l'amour des amis. Par contre, si chacun ne manifeste pas ouvertement au groupe qu'il s'engage dans l'amour des amis, alors il lui manquera la force du groupe, parce qu'il est difficile de juger favorablement son ami. Chacun pense qu'il est juste, qu'il est le seul à s'engager dans l'amour des amis. Il s'avère qu'il n'a qu'une petite force pour s'engager dans l'amour d'autrui. Ainsi, précisément, ce travail doit être visible de tous et non fait avec pudeur.

Il faut toujours se rappeler le but du groupe, sinon le corps de l'homme s'efforce de brouiller ce but, car le corps ne se soucie que de son propre intérêt. C'est pourquoi il faut toujours se rappeler que le groupe a été fondé pour parvenir à l'amour d'autrui, qui sera le tremplin vers « l'amour du Créateur ».

Ceci est précisément faisable en disant qu'il a besoin du groupe, qu'il peut donner sans réserve à ses amis, sans rien demander en retour. Par contre, s'il a besoin du groupe pour qu'il l'aide ou lui fasse un cadeau etc. cela conduirait à ce que les récipients de réception de son corps soient satisfaits. Cependant, un tel groupe est construit sur l'amour de soi, et il ne pourrait que le conduire au développement de ses récipients de réception. L'homme n'y verrait maintenant qu'un moyen d'agrandir ses richesses avec l'aide de ses amis et satisfaire ses besoins matériels.

De ce fait, il faut toujours avoir à l'esprit que le groupe s'est fondé sur la base de l'amour du prochain. Chaque membre du groupe doit recevoir de celui-ci l'amour du prochain et la haine de soi. En voyant que son ami s'efforce de s'annuler et d'aimer son prochain, cela permettra à chacun de s'inclure dans l'intention de son ami.

Si le groupe est constitué, par exemple, de dix amis, alors chacun aura les dix forces qui s'engagent dans l'annulation de soi et la haine de soi et dans l'amour d'autrui. Sinon, il ne restera qu'avec une seule force de l'amour du prochain, parce qu'il n'a pas vu que les amis s'y engageaient, parce que ces derniers s'engageaient dans l'amour des amis avec pudeur. Qui plus est, l'inverse se produira car les amis feront qu'il perdra sa force d'avancer sur la voie de l'amour du prochain, vu qu'il apprend d'eux et alors il tombera sous le contrôle de l'amour de soi.

4) Chaque membre du groupe doit-il savoir exactement ce qui manque à son ami et pour chaque ami et la manière dont il peut les satisfaire, ou bien est-il suffisant de s'engager dans la question de l'amour des amis en général ?

Rav Baruch Ashlag

L'AMOUR DES AMIS – 1

Article n°3, 1984

« Un homme le rencontra [Joseph] errant dans le champ ; cet homme lui demanda : "Que cherches-tu ?" Il dit : "Ce sont mes frères que je cherche. Dis-moi, je te prie où ils font paître leur troupeau." » (Genèse 37)

« Un homme errant dans le champ » signifie le lieu où doit pousser la récolte du champ pour nourrir le monde entier. Les travaux des champs sont « le labourage », « les semis » et « la moisson ». Il est dit à ce propos : « Ce qui a été semé avec des pleurs sera récolté dans la joie », et c'est appelé « le champ que le Seigneur a béni. »

Le Baal Tourim nous explique « l'homme errant dans le champ » en disant qu'il s'agit ici de « l'homme » qui erre sur le chemin de la logique, qui ne connaît pas la voie authentique qui le conduira à l'endroit où il se doit d'arriver, comme « l'âne errant dans le champ ». Il en arrive à penser qu'il ne parviendra jamais au but qu'il se doit d'atteindre.

« Cet homme lui demanda : "Que cherches-tu ?" », signifiant « En quoi puis-je t'aider ? » Il lui répondit : « Ce sont mes frères que je cherche. » Autrement dit, je veux être ensemble avec mes frères, c'est-à-dire qu'en étant dans un groupe, là où il y a l'amour des amis, je pourrai alors prendre le chemin qui mène à la maison de Dieu.

Cette voie est appelée « le chemin du don sans réserve », notre nature y est totalement opposée. Pour cheminer selon cette voie, il n'y a qu'un moyen : l'amour des amis, où chacun peut aider son ami.

L'homme lui dit : « Ils sont partis d'ici ». Rachi interprète qu'ils ont rompu les liens fraternels ; autrement dit, ils ne veulent pas s'unir à toi. C'est ce qui a conduit à l'exil du peuple d'Israël en Égypte. Pour sortir d'Égypte, nous devons accepter d'être dans un groupe qui désire l'amour des amis ; par cela nous serons récompensés de sortir d'Égypte et de recevoir la Torah.

Rav Baruch Ashlag

AIDER SON PROCHAIN

Article n°4, 1984

Il convient de comprendre comment l'homme peut aider son ami. Est-ce dans le cas où il y a des riches et des pauvres, des intelligents et des imbéciles, des forts et des faibles, etc. ? Mais s'il n'y avait que des riches, des forts et des intelligents, comment serait-il possible de s'entraider ?

Il y a cependant une caractéristique qui est propre à tous, c'est le moral. Comme il est écrit : « le souci dans le cœur de l'homme l'abat. » La richesse et l'intelligence ne sont d'aucune aide pour que le moral soit au plus haut.

Une personne peut précisément en aider une autre quand elle voit qu'elle a le moral au plus bas, comme il est écrit : « personne ne sort lui-même de prison », sauf quand son ami lui remonte le moral.

En remontant le moral de son ami, il le ramène à la vie, lui permet de regagner des forces et confiance en la vie, et la richesse, et il commence comme si le but désiré était désormais à proximité.

Il s'avère que chacun doit être attentif et réfléchir en quoi il peut aider son ami pour lui remonter le moral. C'est parce qu'en ce qui concerne le moral, chacun peut trouver chez son ami un manque, qu'il peut satisfaire.

Rav Baruch Ashlag

Que nous apporte la règle « aime ton prochain » ?

Article n°5, 1984

Que nous apporte la règle [veut aussi dire général en hébreu] « Tu aimeras ton prochain comme toi-même » ? Par cette règle, nous pouvons arriver à l'amour du Créateur.

Mais dans ce cas, que nous apporte l'observation des 612 commandements ? Il faut savoir avant tout ce qu'est « une règle ». Nous savons que le général consiste en une multitude de particuliers sans lesquels il n'y a pas de général. Par exemple, quand nous parlons de la sainte communauté, il s'agit de plusieurs individus qui se sont réunis et unis pour former une brigade, après quoi, nous nommons le président de la communauté. Cela s'appelle un *Miniane* [quorum], ou une « congrégation », ce qui veut dire qu'il faut au moins dix hommes pour réciter la *Kedousha*.

Dans le *Zohar*, il est dit : « C'est dans la dizaine que la *Shekhina* réside », c'est-à-dire que là où se trouvent dix hommes, il y a déjà un lieu pour la manifestation de la *Shekhina*.

Il s'avère que la règle « d'aimer son prochain comme soi-même » est construite sur les 612 commandements. Cela signifie que si nous observons les 612 commandements, nous pourrons alors arriver à l'observation de la règle « tu aimeras ton prochain comme toi-même ». En fait, ce sont les particuliers qui nous donnent la possibilité d'arriver au général. Lorsque nous obtenons ce général, nous pourrons alors arriver à aimer le Créateur, comme il est dit : « Mon âme soupirait et languissait...du Seigneur. »

L'homme ne peut observer tous les 612 commandements seul. Prenons, par exemple, le commandement du « rachat du premier-né ». Si l'homme a une fille comme premier enfant, il ne peut pas observer ce commandement. De même, les femmes sont exemptes, d'une manière générale, de l'observation des commandements liés au temps, comme les *Tefillins* et les *Tsitsits*...

Mais puisque « tout Israël est solidaire de chacun de ses membres », grâce à chacun, ils sont tous observés. C'est comme si chacun respectait ensemble tous les commandements. Ainsi, par la vertu des 612 commandements, nous pouvons arriver à la règle « tu aimeras ton prochain comme toi-même ».

Rav Baruch Ashlag

D'APRÈS CE QUI EST EXPLIQUÉ CONCERNANT « TU AIMERAS TON PROCHAIN »

Article n°7, 1984

D'après ce qui est expliqué concernant « Tu aimeras ton prochain comme toi-même », tous les détails des 612 commandements sont contenus dans cette règle. Comme nos sages le disent : « Le reste est son commentaire ; allez étudier. » Cela signifie qu'en observant les 612 commandements, nous serons récompensés de la règle « tu aimeras ton prochain », et après, de l'amour de Dieu.

Mais alors, que nous donne l'amour des amis ? Il est écrit que par le rassemblement de quelques amis, puisqu'ils ont chacun une petite force de l'amour des autres, ce qui signifie qu'ils peuvent réaliser l'amour des autres seulement en potentiel, quand ils le mettent en œuvre, ils se souviennent qu'ils ont décidé de renoncer à l'amour de soi en faveur de l'amour d'autrui. Mais en fait, l'homme voit qu'il ne peut renoncer au moindre plaisir du désir de recevoir en faveur d'autrui, pas même un peu.

Toutefois, en rassemblant quelques individus qui unanimement conviennent d'atteindre l'amour des autres, quand ils s'annulent les uns devant les autres, chacun s'inclut dans tous. Ainsi, dans chaque individu s'accumule une grande force en fonction de la taille du groupe. Ensuite, il peut s'appliquer dans les faits à l'amour des autres.

Mais que viennent donc ajouter les détails des 612 commandements dont nous avons dit qu'ils existent afin d'observer la règle, puisque la règle s'applique en aimant les amis ? Nous voyons, en réalité, qu'il y a également l'amour des amis parmi les laïcs. Eux aussi se rassemblent au sein d'activités différentes afin d'avoir l'amour des amis. Quelle est alors la différence entre religieux et laïcs ?

Le verset dit (Psaume 1) : « ni assis dans l'assemblée de railleurs ».

Nous devons comprendre l'interdiction relative à « l'assemblée de railleurs ». Est-ce de la calomnie ou de vains mots ? Ainsi, l'interdiction n'a pas pour cause une assemblée de railleurs. Qu'est-ce que l'interdiction de « l'assemblée de railleurs » vient ajouter ?

Cela signifie que lorsque quelques individus se rassemblent avec pour objectif l'amour des amis, chacun avec l'intention d'aider son ami à améliorer sa situation matérielle, chacun s'attend à ce qu'en multipliant les réunions, il se serve du groupe pour améliorer sa situation matérielle.

Cependant, après toutes les réunions, chaque ami calcule et voit combien il a reçu du groupe pour son amour propre, et ce que le désir de recevoir y a gagné ; puisqu'il a investi du temps et des efforts dans l'intérêt du groupe, qu'en a-t-il retiré ? Il aurait probablement mieux réussi s'il s'était préoccupé de son intérêt personnel, du moins en fonction de ses propres efforts. Mais « je suis entré dans un groupe parce que je pensais que, par le groupe, j'aurais gagné plus que ce que je pouvais gagner seul. Mais maintenant, je vois que je n'ai rien gagné. »

Puis il regrette et dit : « J'aurais mieux fait d'utiliser ma propre petite force au lieu de donner mon temps au groupe. Cependant, maintenant que j'ai donné de mon temps au groupe afin de gagner plus de biens grâce à l'aide du groupe, je me suis finalement aperçu que non seulement je n'ai rien gagné du groupe, mais j'ai même perdu ce que j'aurais pu gagner seul. »

Quand il y a quelqu'un qui souhaite dire qu'il faut s'engager dans l'amour des amis dans le but du don sans réserve, c'est-à-dire que tout le monde devrait travailler dans l'intérêt d'autrui, tout le monde rit et se moque. Cela leur semble une sorte de farce et c'est la réunion des laïcs. Il est dit à ce sujet : « mais le péché est le désaveu des peuples, et tout le bien qu'ils font, ils le font pour eux-mêmes. » Un tel groupe éloigne l'homme de la sainteté. Il le jette dans le monde de la raillerie et ceci est l'interdiction de l'assemblée de railleurs.

Nos sages ont dit au sujet de ces groupes : « Disperse les méchants ; c'est mieux pour eux et mieux pour le monde. » En d'autres termes, il vaut mieux qu'ils n'existent pas. Toutefois, c'est le contraire avec les justes : « Assemble les justes ; c'est mieux pour eux et mieux pour le monde. »

Quel est le sens de « justes » ? Ce sont ceux qui veulent respecter la règle « tu aimeras ton prochain comme toi-même » dont la seule intention est de sortir de l'amour propre et d'assumer une nature différente qui est l'amour d'autrui. Bien que ce soit un commandement qui doit être observé et que l'on peut se forcer à observer, l'amour est tout de même quelque chose qui va au cœur, et le cœur, par nature, n'est pas d'accord avec cela. Que pouvons-nous faire, donc, pour que l'amour des autres touche notre cœur ?

C'est pourquoi il nous a été donné d'observer les 612 commandements : ils ont le pouvoir de provoquer une sensation dans le cœur. Cependant, puisque cela est contre nature, cette sensation est trop faible pour avoir la capacité d'observer l'amour des amis de facto, même si l'homme en a besoin. C'est pourquoi, maintenant, il doit demander des conseils quant à la façon de l'appliquer effectivement.

La solution pour que l'homme soit en mesure d'augmenter sa force dans la règle « tu aimeras ton prochain », c'est l'amour des amis. Si chacun s'inclut et s'annule devant son ami, ils deviennent une seule masse où toutes les petites parties qui veulent l'amour des autres s'unissent en une force générale qui se compose d'un grand nombre de parties. Quand l'homme a une grande force, il peut mettre en pratique l'amour des autres.

Ensuite, il peut réaliser l'amour de Dieu. Mais la condition à cela est que chacun s'annule devant l'autre. Cependant, quand l'homme est séparé de son ami, il ne peut recevoir la part qu'il devrait recevoir de ce dernier.

Ainsi, tout le monde devrait dire qu'il n'est rien comparé à son ami.

C'est comme écrire des chiffres : si vous écrivez d'abord « 1 » puis « 0 », c'est dix (10) fois plus. Et quand vous écrivez deux zéros (00) c'est cent fois plus. En d'autres termes, si son ami est le chiffre un et le zéro vient ensuite, nous considérons qu'il reçoit de son ami dix (10) fois plus. S'il dit qu'il est deux zéros par rapport à son ami, il reçoit de son ami cent (100) fois plus.

Toutefois, si au contraire il dit que son ami est nul (0) et que lui est un (1), alors il est dix fois moins que son ami : 0,1. S'il peut dire qu'il est un (1) et qu'il a deux amis qui sont tous deux zéros par rapport à lui, alors il est cent (100) fois moins qu'eux, ce qui signifie qu'il est 0,01. Ainsi, son niveau diminue en fonction du nombre de zéros qu'il a de ses amis.

Pourtant, même après avoir acquis cette force et appliqué l'amour des autres en pratique, et qu'il sent que son propre intérêt lui est néfaste, ici aussi : « ne croyez pas en vous-même. » Il devrait craindre de tomber peut-être dans l'amour propre au milieu du travail. En d'autres termes, si on lui donnait un plus grand plaisir que celui auquel il est habitué de recevoir, même s'il peut déjà travailler pour donner sans réserve avec de petits plaisirs et qu'il est prêt à y renoncer, il vit dans la peur des grands plaisirs.

C'est ce qu'on appelle « la crainte », et c'est la porte pour recevoir la lumière de la foi, appelée « L'inspiration de la divinité », comme il est écrit dans le commentaire du Soulam : « d'après la taille de la crainte, il atteint la foi. »

Par conséquent, nous devons nous rappeler que « Aime ton prochain comme toi-même » doit être respecté parce que c'est une *Mitsva*, le Créateur nous a ordonné de nous engager dans l'amour des amis. Et Rabbi Akiva n'a fait qu'interpréter ce commandement que le Créateur nous a donné. Il avait l'intention de faire de ce commandement une règle par laquelle tous les commandements seraient observés à cause de l'ordre du Créateur, et non par intérêt personnel.

En d'autres termes, ce n'est pas que les commandements devraient élargir notre désir de recevoir, ce qui signifierait qu'en observant les commandements nous serions généreusement récompensés. Bien au contraire, en observant les commandements, nous atteindrons la récompense d'être en mesure d'annuler notre amour propre et d'atteindre l'amour des autres, et par la suite l'amour de Dieu.

Maintenant, nous pouvons comprendre ce que nos sages ont dit à propos de ce verset : « les placer ». Cela vient du mot « potion » (en hébreu, le verbe « placer » [*vé Samtem*] est phonétiquement similaire au mot « potion » [*Sam*]).

« S'il est récompensé, c'est une potion de vie ; s'il n'est pas récompensé, c'est une potion mortelle. » « Pas récompensé » signifie que l'on s'engage dans la Torah et les commandements afin de multiplier l'amour propre, de sorte que le corps acquiert des biens en contrepartie de son travail. « Récompensé », son amour propre s'annule et puisqu'il reçoit une récompense, qui est la force d'aimer autrui, par laquelle il atteindra l'amour du Créateur – son seul désir sera de donner satisfaction au Créateur.

Rav Baruch Ashlag

Quelle observance de la Torah et des commandements purifie le cœur ?

Article n°8, 1984

Question : Est-ce que le fait d'observer la Torah et les commandements en vue de recevoir une récompense purifie aussi le cœur ? Nos sages ont dit : « J'ai créé le mauvais penchant ; J'ai créé la Torah comme une épice. » Cela veut dire qu'elle purifie le cœur. Mais en est-il ainsi quand c'est précisément en vue de ne pas recevoir de récompense, ou purifie-t-elle aussi le cœur quand l'homme fait afin de recevoir une récompense ?

Réponse : Dans l'« Introduction au Livre du Zohar » (point 44), il est écrit : « Quand l'homme commence à s'engager dans la Torah et les commandements, même sans intention, c'est-à-dire sans amour ni crainte, comme il sied de servir le roi, même *Lo Lishma* [pas en Son nom], le point dans son cœur commence à grandir et montre son activité. Il en est ainsi parce que les commandements ne requièrent pas d'intention et même les actions sans intention peuvent purifier le désir de recevoir de l'homme, mais à son premier degré, appelé « minéral ». Selon la mesure où l'homme purifie la partie minérale du désir de recevoir, il construit graduellement les 613 organes du point dans le cœur, qui est le minéral [*Domem*] de *Néfesh de Kedousha* ». Ainsi, nous voyons que l'observance de la Torah et des commandements, même *Lo Lishma*, purifie le cœur.

Question : Le chemin de l'observance de la Torah et des commandements afin de ne pas être récompensé n'est-il que pour quelques élus ? Ou bien est-ce que quiconque peut marcher sur ce chemin de l'observance de tout, et ce sans être récompensé, sinon de la *Dvékout* au Créateur ?

Réponse : Même si le désir de recevoir pour soi est seul à avoir émergé de la Pensée de la Création, une correction a été donnée pour que les âmes le corrigent afin de donner sans réserve, c'est-à-dire qu'en observant la Torah et les commandements, nous transformerons notre désir de recevoir pour qu'il soit en vue de donner. Cela est donné à tout le monde sans exception, car ce remède a été donné à tout le monde, et pas uniquement à quelques élus.

Mais puisque cela est une question de choix, certains avancent plus rapidement et d'autres plus lentement. Mais comme il est écrit dans l' « Introduction au Livre du Zohar » (points 13 et 14), « à la fin chacun atteindra la perfection absolue », comme il est écrit : « Le repoussé n'est pas banni de Lui. »

Qui plus est, lorsqu'il commence à apprendre à observer la Torah et les commandements, l'homme commence *Lo Lishma*. Il en est ainsi parce que l'homme est créé avec un désir de recevoir ; de ce fait, il ne comprend rien si cela ne lui procure pas un avantage, et il ne voudra jamais commencer à observer la Torah et les commandements.

C'est comme Maïmonide l'a écrit (*Hikhlot Téshouva*, chapitre 10) : « Les sages ont dit : "l'homme devrait toujours s'engager dans la Torah, même *Lo Lishma*, car de *Lo Lishma* l'homme arrive à *Lishma*." De ce fait, lorsqu'on enseigne aux femmes, aux enfants et au peuple, il leur est enseigné uniquement de servir avec peur et pour recevoir une récompense, jusqu'à ce qu'ils acquiertnt des connaissances et beaucoup de sagesse, ce secret leur est révélé petit à petit. Ils s'y sont habitués calmement jusqu'à ce qu'ils L'atteignent et Le servent avec amour. » Ainsi, nous voyons d'après les mots de Maïmonide que chacun devrait atteindre *Lishma*, mais la différence est le temps.

Question : Si un homme voit et sent qu'il marche sur le chemin qui mène à *Lishma*, devrait-il essayer d'influencer les autres afin qu'ils suivent aussi le bon chemin ou pas ?

Réponse : C'est une question générale. C'est comme une personne religieuse qui regarde une personne laïque. Si elle sait qu'elle peut la ramener vers le bien, alors elle doit le faire à cause du commandement « Tu devras reprendre ton prochain. » De même, dans ce cas, elle devrait dire à son ami qu'il existe un meilleur chemin à emprunter, si son intention est uniquement le commandement. Mais souvent, quand une personne fait la morale à une autre, c'est uniquement pour la dominer, et non en raison du commandement « tu devras reprendre ton prochain ».

Il s'avère, comme nous l'avons vu ci-dessus, que chacun veut que les autres aillent sur le chemin de vérité, ce qui a engendré des disputes entre les religieux et les laïcs, entre les Lithuaniens et les Hassidim, et entre les Hassidim eux-mêmes. Il en est ainsi, parce que tout le monde pense qu'il a raison, et chacun essaie de persuader l'autre de marcher sur le droit chemin.

Rav Baruch Ashlag

Quel degré doit-on atteindre pour ne pas à avoir à se réincarner ?

Article n°10, 1984

Question : Quel est le degré à atteindre pour ne pas avoir à se réincarner ?

Il est écrit dans le livre « La porte des réincarnations » que « tous les enfants d'Israël doivent se réincarner jusqu'à ce qu'ils complètent tous les *NRNHY*. Cependant, la plupart des individus n'ont pas toutes les cinq parties appelées *NRNHY*, seulement *Néfesh*, qui est de *Assiya*. »

Cela signifie que chacun doit seulement corriger sa part et la racine de son âme, et rien de plus, cela complète ce qu'il doit corriger.

Le fait est que nous devons savoir que toutes les âmes viennent de l'âme *d'Adam ha Rishon*. Après le péché de l'Arbre de la Connaissance, son âme s'est brisée en 600 000 âmes. Cela signifie que l'unique lumière qu'*Adam ha Rishon* avait dans le jardin d'Éden, que le Zohar appelle « *Zihara Ilaa* » [Lumière supérieure], s'est dispersée en beaucoup de parties.

Dans le livre *Panim Masbirot*, le Baal HaSoulam écrit : « Après que le bien s'est mélangé au mal (après le péché), une grande structure de *Klipot* s'est installée, avec la force de s'accrocher à la sainteté. » Afin de s'en préserver, la lumière des sept jours de la Création s'est morcelée en de très petites parties, qui sont trop petites pour que les *Klipot* puissent les sucer.

Ceci peut être comparé à un roi qui voulait envoyer une grosse somme d'argent à son fils qui vivait par-delà des océans. Hélas, tous les habitants du pays du roi étaient des voleurs et des manipulateurs et il ne pouvait pas trouver un seul émissaire loyal. Qu'a-t-il fait ? Il a divisé la somme en centimes et l'a envoyée à l'aide d'un grand nombre d'émissaires, car le plaisir de voler – qui mériterait qu'ils attentent à l'honneur du royaume – n'en vaudrait pas la peine.

De cette manière, au fil du temps et dans beaucoup d'âmes, grâce aux illuminations des jours, il était possible de clarifier les étincelles de sainteté qui ont été volées par les *Klipot*, à cause du péché de l'Arbre de la Connaissance.

« Beaucoup d'âmes » signifie la division en lumières intérieures et « de nombreux jours » est une division en beaucoup de lumières extérieures. Chaque partie s'accumule petit à petit en une grande quantité de lumière, avec laquelle *Adam ha Rishon* pécha, et ensuite il y aura la réparation finale.

Il en résulte que tout le monde est né uniquement avec un petit morceau de l'âme d'*Adam ha Rishon*. Lorsque l'homme corrige cette partie, il n'a plus besoin de se réincarner. C'est pourquoi, l'homme ne peut corriger que ce qui lui appartient.

Il est écrit à ce sujet dans *L'Arbre de Vie* du Ari : « Aucun jour ne se ressemble, ni aucun moment à un autre, ou une personne à une autre. Et le *Helbona* (partie de l'encens sacré) corrigera ce que le *Levona* (une autre partie de l'encens sacré) ne corrigera pas. Chacun doit corriger ce qui est à lui. »

Toutefois, nous devons savoir que toute personne a le choix, car on ne naît pas juste. Nos sages disaient (*Nida* 16b) : « Rabbi Hanina bar Pappa disait : "L'ange assigné à la grossesse est appelé nuit. Il prend une goutte et la place devant le Créateur et dit : 'Maître du monde, cette goutte, qu'adviendra-t-il d'elle – un héros ou un faible, un sage ou un imbécile, un riche ou un pauvre ?' Mais il n'est pas dit : 'juste ou méchant.'" »

Cela signifie qu'on ne naît pas juste, car il ne dit pas « juste ou méchant ». Ceci est laissé à notre choix, chacun selon ses efforts dans la Torah et les commandements.

En conséquence, l'homme est récompensé de la purification de son cœur, en corrigeant ce qu'il doit, selon la racine de son âme, et ensuite il est complet.

Le premier degré auquel l'homme naît

Dans le *Livre du Zohar*, *Mishpatim* [statuts] (points 11, 12 dans le commentaire du Soulam), il est écrit : « Viens et vois, lorsque l'homme naît, une *Néfesh* du côté de l'animal du côté de la pureté lui est donnée, du côté de ceux appelés « saints *Ofanim* », du monde d'*Assiya*. S'il est davantage récompensé, *Rouakh* lui est donné du côté des saints animaux du monde de *Yetsira*. S'il est encore plus récompensé, *Néshama* du côté du trône du monde de *Briya* lui est donnée… S'il est davantage récompensé, *Néfesh* lui est donnée comme dans *Atsilout*, du côté de la fille unique, qui est appelée « la fille du roi », *Malkhout de Atsilout*. S'il est encore plus récompensé, *Rouakh de Atsilout* lui est donné du côté du pilier du milieu, ZA et il est appelé « un fils du Créateur », comme il est écrit « Vous êtes les fils du Seigneur votre Dieu ». S'il est davantage récompensé, *Néshama* lui est donnée du côté de *AVI, Bina*... de qui il est écrit : « toute l'âme loue le Seigneur [*Youd-Hey*], et le nom *HaVaYaH* est complété en eux. »

Ainsi, la perfection de l'âme est d'avoir *NRN de BYA* et *NRN de Atsilout*. C'est la perfection qu'*Adam ha Rishon* avait avant le péché. Ce n'est qu'après le péché qu'il a chuté de son degré et que son âme s'est divisée en 600 000 âmes.

C'est la raison pour laquelle la spiritualité de l'homme est appelée *Néshama* [âme], même quand il n'a que *Néfesh de Néfesh*, puisqu'il y a une règle selon laquelle, lorsque nous parlons d'une chose, nous devons toujours nous référer à son plus haut niveau. Puisque le plus haut niveau de l'homme est le degré de *Néshama*, la spiritualité de l'homme est donc toujours dénommée en général *Néshama*.

Bien que chaque personne naisse avec le plus petit degré, ils ont dit (Porte des réincarnations p. 11b) : « Toute personne peut être comme Moshé si elle désire purifier ses actions. Il en est ainsi parce qu'elle peut prendre un autre esprit, plus élevé, à la hauteur de *Yetsira*, de même que *Néshama* à la hauteur de *Briya*. »

Maintenant, vous pouvez également comprendre les paroles bien connues de nos sages : « L'esprit des justes, ou leurs âmes, viennent et sont fécondés dans l'homme et c'est qu'on appelle *Ibour* [fécondation], pour L'aider dans le travail de Dieu. »

Il est également présenté dans le Soulam (« Introduction au Livre du Zohar », point 93) : « Le fait est que le meneur d'ânes est une aide pour les âmes des justes, envoyé d'en haut afin de les élever d'un degré à l'autre. S'il n'y avait pas eu cette aide, que le Créateur envoie aux justes, ils n'auraient pas pu sortir de leur degré, ni s'élever plus haut ».

C'est pourquoi, le Créateur envoie à chaque juste une haute âme du Ciel, chacun selon son mérite et son degré, qui l'aide en chemin. C'est ce qu'on appelle « la fécondation de l'âme d'un juste », et cela s'appelle « la révélation de l'âme des justes. »

Il s'avère que lorsqu'il est dit qu'il n'y a pas de génération qui ne possède ses Abraham, Isaac et Jacob, cela ne veut pas dire qu'ils sont nés ainsi et qu'ils n'ont pas de choix. Mais ce sont des gens qui essaient de marcher sur la voie de la vérité et qui font les efforts nécessaires. Ces personnes reçoivent toujours de l'aide d'en haut par une fécondation de l'âme des justes et elles reçoivent la force de s'élever aux degrés supérieurs.

Ainsi, tout ce qui est donné d'en haut est une aide, mais pas sans qu'il y ait travail et choix. L'existence du monde s'effectue par ces justes, qui étendent l'abondance d'en haut, et par cela, le monde existe.

Rav Baruch Ashlag

À PROPOS DE L'IMPORTANCE DU GROUPE

Article n°12, 1984

Nous savons que puisque l'homme vit toujours parmi des personnes qui n'ont aucun lien avec le travail du chemin de la vérité, mais qui, au contraire, s'opposent toujours à ceux qui marchent sur le chemin de la vérité – et puisque les pensées des gens s'entremêlent –, les vues de ceux qui s'opposent à la voie de la vérité pénètrent ceux qui ont un léger désir de marcher sur le chemin de la vérité.

Par conséquent, ils n'ont pas d'autre choix que d'établir un groupe, pour qu'il les encadre, c'est-à-dire une communauté distincte qui ne se mélange pas à d'autres personnes dont les vues diffèrent de celles de ce groupe. Ils doivent constamment se poser la question de la finalité du groupe, pour ne pas suivre la majorité, car par nature, nous suivons la majorité.

Si le groupe s'isole du reste des individus, que ces membres n'ont aucun lien avec d'autres personnes en ce qui concerne les questions spirituelles et que leur contact avec elles est uniquement matériel, alors ils ne se mêlent pas à leur point de vue, car ils n'ont pas de connexion pour ce qui est des questions religieuses.

Mais quand un individu est parmi les religieux et commence à parler et à argumenter avec eux, il se mêle immédiatement à leurs idées. Ces dernières pénètrent sa pensée, sans qu'il en ait conscience, à un point tel qu'il ne peut pas comprendre que ce ne sont pas ses propres idées, mais celles qu'il a reçues des gens avec lesquels il est connecté.

Par conséquent, en matière de travail sur le chemin de la vérité, l'homme doit s'isoler des autres. Il en est ainsi parce que le chemin de la vérité requiert un renforcement constant, car il est contraire à l'opinion du monde. Le point de vue du monde est de savoir et de recevoir, alors que l'opinion de la Torah est la foi et le don sans réserve. Si l'homme s'en écarte, il oublie immédiatement tout le travail du chemin de la vérité et il tombe dans un monde d'amour propre. Seul un groupe voulant « Aider son prochain » fait que chaque membre du groupe reçoit la force de lutter contre le point de vue du monde.

De plus, nous trouvons dans le *Zohar* les paroles suivantes (Pinechas, point 91, et dans le Soulam) : « Quand un individu réside dans une ville habitée par des gens méchants et qu'il ne peut respecter les commandements de la Torah et qu'il ne réussit pas dans la Torah, il déménage et se déracine de là et s'installe dans un endroit habité par des gens bien, avec la Torah et les commandements. Il en est ainsi parce que la Torah est appelée un arbre, comme il est écrit : "Elle est un Arbre de Vie pour ceux qui s'y accrochent." L'homme est un arbre, comme il est écrit : "car l'homme est un arbre du champ." Les commandements de la Torah sont comparés à des fruits. Et que dit-on ? "Seuls les arbres dont tu sais qu'ils ne sont pas comestibles, tu peux les détruire et les couper", les détruire de ce monde et les couper de l'autre monde. »

Pour cette raison, il doit se déraciner d'un lieu où il y a des méchants, car il ne sera pas en mesure de réussir dans la Torah et les commandements, et il devra s'implanter ailleurs, parmi les justes, et il réussira dans la Torah et les commandements.

L'homme, que le *Livre du Zohar* compare à l'arbre du champ, comme l'arbre du champ, souffre d'avoir de mauvais voisins. En d'autres termes, nous devons toujours enlever les mauvaises herbes autour de nous qui nous nuisent, et nous devons également toujours nous tenir à l'écart de mauvais environnements, des gens qui ne favorisent pas le chemin de la vérité. Nous devons être constamment aux aguets, et ce afin de ne pas les suivre.

C'est ce qu'on appelle « l'isolement », quand on a des pensées de l'« unique autorité », appelée « don sans réserve », et non de l'« autorité publique », qui est l'amour propre. C'est ce qu'on appelle « les deux autorités » – l'autorité du Créateur et sa propre autorité.

Maintenant, on peut comprendre ce que nos sages ont dit (*Sanhédrin*, p. 38) : « Rav Yéhouda a dit : « Rav a dit : "*Adam ha Rishon* était hérétique" », comme il est écrit : « Et le Seigneur Dieu appela l'homme et lui dit : 'Où es-tu ? Où penche ton cœur ?' »

Dans l'interprétation de Rachi, « hérétique » veut dire pencher vers l'idolâtrie. Dans le commentaire *L'Arbre de Joseph*, il est écrit : « Quand il est écrit "Où, où penche ton cœur ?", c'est une hérésie, comme il est écrit : "et ne suivez pas votre propre cœur", c'est une hérésie, quand son cœur penche de l'autre côté. »

Mais tout cela est très troublant : comment peut-on dire qu'*Adam ha Rishon* était enclin à l'idolâtrie ? Ou, selon le commentaire *L'Arbre de Joseph*, qu'il était sous la forme de « ne suivez pas votre propre cœur », est-ce là de l'hérésie ? Selon ce que nous apprenons du service du Créateur – qui est uniquement dans le but de donner sans réserve –, si une personne travaille en vue de recevoir, ce travail lui est étranger, car elle a besoin de travailler seulement pour donner sans réserve, et elle a pris afin de recevoir.

Tel est le sens de ce qu'il a dit, qu'il a échoué à « vous ne suivrez pas votre propre cœur ». En d'autres termes, il n'a pas pu manger le fruit de l'Arbre de la Connaissance afin de donner sans réserve, mais il a mangé le fruit de l'Arbre de la Connaissance en vue de recevoir. C'est ce qu'on appelle le « cœur », c'est-à-dire que le cœur veut seulement recevoir dans son propre intérêt. C'était le péché de l'Arbre de la Connaissance.

Pour comprendre cette question, référez-vous à l'introduction au livre *Panim Masbirot*. De cela, nous pouvons comprendre les bienfaits du groupe – il peut introduire une autre atmosphère – qui travaille dans le seul but de donner.

Rav Baruch Ashlag

A PROPOS DE L'IMPORTANCE DES AMIS

Article n°17, 1ère partie, 1984

A propos de l'importance des amis qui sont dans le groupe, comment doit-on les apprécier ? Cela signifie avec quelle importance chacun doit-il regarder son ami ? La logique veut que si une personne considère son ami comme quelqu'un inférieur à elle, alors elle voudra lui enseigner comment mieux se comporter, et cela en fonction de ses critères.

Il s'avère qu'elle ne peut pas être son ami, mais elle peut l'accepter en tant qu'élève, mais pas en tant qu'ami.

À l'inverse, cette même personne voit son ami comme quelqu'un lui étant supérieur, dont elle voit qu'elle peut apprendre de lui les bonnes qualités. De ce fait, il peut être son professeur mais pas son ami.

Il en résulte que c'est précisément quand elle voit que son ami est au même niveau qu'elle, qu'elle peut l'accepter comme tel et s'unir à lui. Être « ami » signifie être dans une même situation. C'est une évidence sur le plan intellectuel. S'ils ont les mêmes opinions, ils décideront de s'unir. Ils commenceront alors à mettre en œuvre ce but commun, tous deux voulant gagner de l'argent.

C'est comme deux amis aux vues similaires et qui travaillent ensemble et réalisent des profits, alors ils auront le sentiment d'être sur un pied d'égalité. Mais aussitôt qu'un des deux aura le sentiment d'être plus compétent que l'autre, il ne l'acceptera plus comme partenaire égal. Il voudra mettre en place une association où le partage des gains sera fixé en proportion des forces, et des qualités de chacun (25 %, 33 %, etc.) Dans ce cas, il ne s'agit évidemment plus d'un partenariat d'égal à égal.

En revanche, lorsque nous parlons de l'amour des amis, quand les amis se connectent, c'est-à-dire quand il y a une union entre eux, alors ils sont égaux. Cela s'appelle « l'union ». Par exemple, s'ils montent une affaire ensemble et disent que les dividendes ne seront pas distribués à parts égales, peut-on l'appeler une « union » ?

Bien évidemment, tout engagement dans l'amour des amis doit être que tous les profits dont bénéficiera l'amour des amis seront répartis à parts égales, sans occultations ni fraudes. Tout sera fait dans l'amour, la gentillesse, la vérité et la paix.

Dans l'« Article de conclusion du Zohar », il est néanmoins dit que deux conditions doivent être remplies pour atteindre la magnificence :

1. De toujours écouter et d'accepter l'appréciation de l'environnement dans la mesure de sa grandeur.
2. L'environnement doit être grand, comme il est écrit : « c'est dans la majorité du peuple que réside la majesté du roi ».

Afin de satisfaire la première condition, chaque étudiant doit se sentir le plus petit d'entre tous les amis. Il sera alors capable de recevoir l'appréciation de la grandeur de chacun, car un grand ne peut recevoir d'un plus petit, et encore moins être impressionné par ses mots. Seul le petit est impressionné par l'appréciation du grand.

En ce qui concerne la deuxième condition, chaque étudiant est obligé d'exalter les vertus de chaque ami…comme s'il était le plus grand de sa génération. L'environnement agira alors sur lui comme s'il s'agissait d'un environnement suffisamment grand, car « la qualité est plus importante que la quantité ».

D'après ce qui précède, pour la question de l'amour des amis et d'aider son ami, il suffit que chacun soutienne son ami, comme s'il était avec lui au même niveau. Mais du fait que chacun doit apprendre de son prochain, la relation d'élève à professeur peut ainsi exister, c'est-à-dire qu'il doit considérer son ami comme plus important que lui.

Mais comment considérer son ami comme plus important que lui-même lorsqu'il voit qu'il a de plus grands mérites que son ami, c'est-à-dire qu'il est plus doué, doté de meilleures qualités, etc. ?

Il y a deux manières de comprendre cela :

1. Il va avec la foi au-dessus de la raison ; lorsqu'il choisit d'être ami avec une personne, il doit l'apprécier au-dessus de la raison.
2. D'une façon plus naturelle : dans la raison. S'il a déjà décidé d'être ami avec cette personne et s'applique à l'aimer, alors il est naturel avec l'amour de ne voir que les bonnes choses et non les mauvaises. Bien que son ami en ait, il ne les voit pas, comme il est écrit « l'amour couvre tous les crimes. »

Nous voyons qu'un individu peut voir les défauts des enfants de son voisin, mais pas ceux des siens. Lorsqu'on lui dit que ses enfants ont des défauts, il s'en prend immédiatement à son ami et commence à évoquer tous les mérites de ses enfants.

Alors la question se pose : où est la vérité ? Après tout, ses enfants ont des mérites, et de ce fait, il est en colère lorsqu'on parle d'eux. La réponse vient de ce que j'ai entendu de mon père, le Baal HaSoulam :

En effet, tout homme a des qualités et des défauts. Le voisin, comme le père, dit la vérité, mais le voisin n'a pas la relation père/fils envers les enfants d'autrui. Il n'a pas ce type d'amour pour ces enfants, comme l'aurait leur père.

Par conséquent, lorsqu'il regarde les enfants d'autrui, il ne voit que leurs défauts, ce qui lui procure plus de plaisir. Il peut voir qu'il est supérieur à lui, parce que ses enfants sont meilleurs. C'est pourquoi il ne regarde que les défauts d'autrui. Telle est la vérité : c'est ce qu'il voit. Mais que voit-il ? Uniquement les choses qui lui font plaisir.

Le père aussi ne voit que la vérité, mais il ne regarde que les bons côtés de ses enfants, mais pour ce qui est de leurs mauvais côtés, il ne les voit pas, car cela ne lui apporte aucun plaisir. C'est pourquoi ce qu'il dit est vrai pour ce qu'il voit chez ses enfants, car il ne voit que les choses qui peuvent lui faire plaisir et donc il ne voit que leurs mérites.

Il s'avère que s'il a de l'amour pour les amis, la loi en la matière veut qu'on ne voie que leurs mérites, et non leurs défauts. Par conséquent, si quelqu'un voit un défaut chez son ami, c'est qu'en réalité le défaut ne se trouve pas chez son ami, mais en lui, c'est-à-dire qu'il a endommagé l'amour des amis, et donc il voit leurs défauts.

Dès lors, il devrait voir que ce n'est pas à son ami de se corriger, mais que la correction incombe à lui-même. Il en ressort qu'il ne doit pas se soucier de ce que son ami corrige ou non ses défauts – ceux qu'il a vus en lui –, mais qu'il doit lui-même corriger le tort causé à l'amour des amis. Quand il se sera corrigé, il ne verra plus que les mérites de son ami et non ses défauts.

Rav Baruch Ashlag

L'ORDRE DU JOUR DE L'ASSEMBLÉE – 1

Article n°17, 2ème partie, 1984

Au début de l'assemblée, il devrait y avoir un ordre du jour. Tout le monde devrait parler de l'importance du groupe autant qu'il peut, en décrivant les avantages que le groupe lui donne et les choses importantes qu'il espère que le groupe lui apportera, qu'il ne peut obtenir de lui-même, et comment il apprécie le groupe en conséquence.

Il en est ainsi comme l'ont écrit nos sages (*Brakhot* 32) : « Rabbi Shamlaï dit : "L'homme devrait toujours louer le Créateur et ensuite prier." »

D'où tenons-nous cela ? De Moshé, comme il est écrit : "Et j'ai supplié le Seigneur à ce moment." Il est aussi écrit : "Ô Seigneur Dieu, Tu as commencé", et il est écrit : "Laisse-moi passer, je T'en prie, que je vois le bon pays." »

La raison pour laquelle nous avons besoin de commencer par louer le Créateur, c'est qu'il est naturel qu'il y ait deux conditions quand nous demandons quelque chose à quelqu'un :

1. Qu'il ait ce que je lui demande, par exemple, la richesse, la capacité, et qu'il soit célèbre en raison de sa richesse et de sa gloire.
2. Qu'il ait bon cœur, c'est-à-dire qu'il ait le désir de donner aux autres.

D'une telle personne, vous pouvez demander une faveur. C'est pourquoi ils ont dit : « Il faut toujours louer le Créateur et ensuite prier. » Cela signifie qu'après que l'homme croit en la grandeur du Créateur, qu'Il a toutes sortes de plaisirs à donner aux créatures et qu'Il veut faire le bien, il est ensuite pertinent de dire qu'il prie le Créateur, Lequel va certainement l'aider, car Son désir est de faire le bien. C'est pourquoi, le Créateur peut lui donner ce qu'il souhaite. Alors, il peut prier avec certitude, le Créateur acceptera sa prière.

De même, avec l'amour des amis, au tout début de l'assemblée, nous devons louer les amis, louer l'importance de chacun des amis. Dans la mesure où nous admettons la grandeur du groupe, nous pourrons le respecter.

« Et ensuite prier », c'est-à-dire que chacun doit faire son autocritique et voir combien de forces il donne au groupe. Puis, quand ils voient qu'ils n'ont pas la force de faire quoi que ce soit pour le groupe, il y a de la place pour prier, que le Créateur l'aide et lui donner la force et le désir de s'engager dans l'amour des autres.

Après quoi chacun devrait se comporter de la même manière que dans les trois dernières bénédictions de la prière des « dix-huit » [*Amida*]. En d'autres termes, après avoir établi toutes ses demandes au Créateur, le *Zohar* dit que dans les trois dernières de la prière des « dix-huit », l'homme devrait penser que le Créateur a déjà consenti à sa demande et s'en va.

Dans l'amour des amis, nous devrions nous comporter de la même manière : après avoir fait notre autocritique et avoir suivi le conseil bien connu de prier, nous devrions penser que notre prière a été exaucée et que nous sommes assis dans la joie avec les amis, comme si tous les amis étaient un seul corps. Comme le corps souhaite à tous ses organes de prendre du plaisir, nous aussi, nous souhaitons que tous nos amis en prennent maintenant.

Ainsi, après tous les calculs vient le temps de la joie de l'amour des amis. À ce moment-là, tout le monde doit sentir qu'il est heureux, comme s'il venait de conclure une très bonne affaire et qu'il allait y gagner beaucoup d'argent. Il est d'usage que dans un tel moment, il offre à boire aux amis.

De même, ici tout le monde a besoin que ses amis boivent, mangent des gâteaux, etc. Parce que maintenant qu'il est heureux, il veut aussi que ses amis se sentent bien. Par conséquent, lorsque la réunion se disperse cela doit être dans la joie et l'exaltation.

Cela suit la manière « un temps de Torah » et « un temps de prière ».

« Un temps de Torah » signifie la plénitude, quand il n'y a pas de manque. C'est ce qui est appelé « droite », comme il est écrit : « à Sa droite était une loi ardente ».

Mais « un temps de prière » est appelé « gauche », car un lieu de manque est un endroit qui a besoin d'être corrigé. C'est ce qu'on appelle « la correction des récipients ». Mais dans l'état de la Torah, nommé « droite », il n'y a pas de place pour les corrections et c'est pourquoi la Torah est appelée un « cadeau ».

Il est de coutume d'offrir des cadeaux à une personne que l'on aime. Il est aussi de coutume de ne pas aimer celui qui a un défaut. Par conséquent, en « temps de Torah », il n'y a pas de place pour penser aux corrections. Ainsi, au moment de quitter l'assemblée, ce devrait être aussi comme dans les trois dernières des « dix-huit. » Et ainsi, tout le monde ressentira la plénitude.

Rav Baruch Ashlag

L'ORDRE DU JOUR DE L'ASSEMBLÉE – 2

Article n°17, 1986

Dans *Massekhet Brakhot* (p.32) nos sages ont écrit : « Rabbi Shamlai dit : 'L'homme devrait toujours louer le Créateur et ensuite prier.' D'où savons-nous cela ? De Moshé comme il est écrit 'Et j'ai supplié' » Baal HaSoulam interpréta que lorsque l'homme souhaite demander une faveur à un autre, il doit savoir :

1. S'il a ce qu'il lui demande, parce que s'il ne l'a pas, il n'y a pas de raison de demander ;
2. Qu'il ait bon cœur. Il en est ainsi parce qu'il pourrait avoir ce qu'il demande, mais pas le cœur pour lui donner.

De ce fait, l'homme doit d'abord louer le Créateur, c'est-à-dire croire qu'Il a tout ce qu'il lui demande et que le Créateur est miséricordieux et exauce à tous ses souhaits pour le mieux.

Il s'avère que lorsque les amis se rassemblent à un endroit, l'assemblée a certainement un but, car quand chacun consacre une partie de son temps – qu'il aurait pu utiliser pour ses propres besoins, renonçant à ses affaires pour participer à l'assemblée – il souhaite acquérir quelque chose. Ainsi, il est important que chaque ami essaye, lorsqu'il rentre chez lui, de voir avec quoi il est venu à l'assemblée, et ce qu'il a acquis maintenant qu'il rentre chez lui.

Parfois, pendant l'assemblée des amis, tout le monde se sent bien pendant la réunion. A ce moment, il ne lui vient pas à l'esprit de penser aux acquis avec lesquels il rentrera chez lui, c'est-à-dire ce que j'ai en main, que j'ai acquis à la réunion des amis, et que je n'avais pas avant que je vienne au groupe. Et alors, il voit qu'il n'a rien du tout.

Cela ressemble à ce qui est écrit (Deutéronome 23, 25) : « Quand tu arrives au vignoble de ton ami, tu mangeras des raisins jusqu'à rassasier ton âme, mais n'en mets aucun dans ton récipient. » Nous devrions interpréter cela comme suit : lorsque les amis se rassemblent, cela s'appelle « le vignoble de ton ami » quand vous êtes assis, mangez et buvez ensemble, parlant de tout et de rien, et le corps s'en réjouit. Cela ressemble à « Tu mangeras des raisins jusqu'à rassasier ton âme. »

Mais lorsque vous rentrez chez vous et souhaitez voir ce que vous avez dans vos récipients, pour ramener quelques moyens de subsistance à la maison, c'est-à-dire lorsque nous quittons le rassemblement et souhaitons regarder ce que nous avons dans nos récipients après la fête alors nous voyons : « Mais n'en mets aucun dans tes récipients. » En d'autres mots, il n'y a rien dans les récipients pour faire vivre l'âme après l'assemblée.

Cependant, quand l'homme se donne de la peine, il devrait voir que ce n'est pas sans récompense. C'est comme nous disons dans la prière « Et vient à Sion », « De peur que nous touchions en vain. » Mais quand l'homme se rend à l'assemblée, il devrait y acheter des aliments afin que lorsqu'il rentre chez lui, il soit capable de voir s'il a quelque chose à mettre dans ses récipients. Alors, il aura de la nourriture pour se nourrir jusqu'à la prochaine rencontre. Et jusque-là, il aura de ce qui a été préparé, c'est-à-dire de ce qu'il a acquis durant l'assemblée des amis.

C'est pourquoi l'homme doit d'abord louer l'importance du rassemblement et ensuite voir ce qu'il peut en acquérir. C'est comme nos sages ont dit : « L'homme devrait toujours louer le Créateur, et ensuite prier. » En d'autres termes, au début de la réunion, c'est-à-dire au début des discussions, qui est le début de l'assemblée, il faut dire des louanges du groupe. Chacun doit essayer de donner des raisons et des explications à leur mérite et à leur importance. Ils ne devraient rien faire d'autre que de dire des louanges du groupe.

Finalement, sa louange sera découverte par les amis. Alors, ils devraient dire : « Maintenant, nous avons terminé la première étape de la réunion des amis, et la deuxième étape commence. » Alors chacun parlera de ce qu'il pense des actions qui devraient être faites afin que chacun puisse être capable d'acquérir l'amour des amis : ce que chaque personne peut faire pour acquérir dans son cœur l'amour pour tout un chacun du groupe.

Une fois la deuxième étape complétée – qui concerne les suggestions en lien avec ce qui peut être fait en faveur du groupe – arrive la troisième étape. Cela concerne l'exécution des décisions des amis à propos de ce qui devrait être fait.

Et en ce qui concerne la louange du groupe, consultez l' « Article de conclusion du Zohar » ; il introduit la question de l'amour des amis, que par la connexion aux amis, l'homme peut obtenir la magnificence du Créateur. Le monde entier est immergé dans l'amour propre, alors que lui souhaite emprunter le chemin du don sans réserve. Mais cela est contre l'opinion publique parce que c'est la nature avec laquelle nous sommes nés, en raison du but de la création qui est, comme nous l'avons dit, « Son désir de faire le bien à Ses créatures. »

Et toute notre force pour y résister, pour agir à l'opposé – que non seulement nous ne voulons pas recevoir pour nous-mêmes, mais nous voulons donner, ce qui est considéré que « toutes nos actions seront uniquement dans le but de donner sans réserve contentement à notre Concepteur » – c'est parce qu'il est dans la nature du don sans réserve que lorsqu'un homme donne à une personne importante, cela lui fait plaisir. Il s'avère que sans plaisir, l'homme ne peut rien faire, car cela est contre nature.

Cependant, nous pouvons remplacer le plaisir. Cela veut dire qu'au lieu de recevoir du plaisir de la réception, nous voulons recevoir du plaisir d'un acte de don. Cela est appelé « l'équivalence de forme ». Nous devrions dire que comme le Créateur se réjouit de donner aux créatures, nous devrions avoir du plaisir de donner au Créateur.

Sinon, c'est-à-dire si nous n'avons ni joie ni plaisir alors que nous donnons au Créateur, nous endommageons l'équivalence de forme. C'est comme nos sages ont dit : « Il n'y a pas de joie devant Lui comme le jour où le ciel et la terre ont été créés ». Il n'y a pas eu de telle joie devant le Créateur depuis le jour où le monde a été créé, comme la joie avec laquelle Il se réjouira avec les justes dans le futur (*Zohar* 1,115).

De ce fait, si nous n'avons pas de joie alors que nous faisons les commandements du Créateur, il s'avère que même si l'homme a l'intention de donner sans réserve, ce n'est pas appelé l'équivalence de forme, parce que l'homme ne peut être heureux que là où il y a du plaisir. Il s'avère que s'il n'a ni délice ni plaisir en donnant au Créateur ce n'est toujours pas appelé « équivalence de forme », qu'il a un endroit pour recevoir l'abondance supérieure, puisqu'il lui manque toujours le plaisir que le Créateur a lorsqu'Il donne aux créatures.

Il en résulte que toute la base sur laquelle nous pouvons recevoir délice et plaisir, et qu'il nous est permis de nous réjouir – et c'est même obligatoire – c'est de nous réjouir d'un acte de don sans réserve. Ainsi, il y a un point sur lequel nous devrions travailler – l'appréciation de la spiritualité. Ceci est exprimé en faisant attention à « vers qui je me tourne », « avec qui je parle », « les commandements de qui je respecte » et « de quelle Torah j'apprends », c'est-à-dire rechercher les conseils sur comment apprécier le Donneur de la Torah.

Et avant que l'homme ne soit récompensé de quelque illumination d'en haut, il doit chercher des gens qui lui ressemblent plus ou moins, qui cherchent aussi à augmenter l'importance de n'importe quel contact avec le Créateur, quelle que soit la façon. Et quand beaucoup de gens le soutiennent, chacun peut recevoir de l'aide de son ami.

Nous devrions savoir que « Deux est la plus petite majorité ». Cela veut dire que si deux amis s'assoient ensemble et réfléchissent à comment renforcer l'importance du Créateur, ils ont déjà la force de recevoir le renforcement de la grandeur du Créateur sous la forme de l'éveil d'en bas. Et par cet acte, l'éveil d'en haut vient et ils commencent à un peu ressentir la grandeur du Créateur.

Selon ce qui est écrit : « Dans la majorité du peuple se trouve la majesté du roi », il se trouve que plus la majorité est grande, plus sa force est efficace. En d'autres termes, ils créent une atmosphère plus forte de la grandeur et de l'importance du Créateur. A ce moment-là, le corps de chacun ressent que tout ce qu'il souhaite faire pour la sainteté – c'est-à-dire donner sans réserve au Créateur – est un grand trésor, qu'il a été récompensé d'être parmi des individus qui ont été récompensés de servir le roi. A ce moment, chaque petite chose qu'il fait le remplit de joie et de plaisir maintenant qu'il a quelque chose pour servir le roi.

Dans la mesure où le groupe considère la grandeur du Créateur en pensées durant l'assemblée, chacun selon sa mesure, cela produit en l'homme l'importance du Créateur. Ainsi, il peut marcher chaque jour dans un monde de contentement et de joie, c'est-à-dire qu'il se réjouit de chaque petite chose relative au service du Créateur. Même s'il se souvient un instant qu'il doit penser à la spiritualité, il dit immédiatement « Je remercie, et loue et prie le Seigneur », puisque maintenant il croit que le Seigneur l'a appelé et qu'Il veut lui parler.

Lorsque l'homme s'imagine que le roi l'appelle, et lui dit qu'il veut s'amuser avec lui, quelle joie aurait alors l'homme, et quelle bonne humeur il aurait. Il est certain que dans une telle situation élevée, il ne penserait pas à une chose telle que « et alors ? » Il aurait juste un peu honte de ne pas connaître les lois et coutumes du roi, comment se comporter lorsque le roi lui parle.

Mais il considère comme un grand trésor ce qu'il sait faire pour le roi, car il connaît malgré tout quelques règles pour respecter les commandements du roi, celles qu'il a apprises à l'école quand il était jeune. Et maintenant qu'il a grandi et souhaite servir le roi, il lui manque certainement la connaissance des lois du roi.

Il s'avère que cette préoccupation est qu'il ne sait pas ce qui donnerait le plus de plaisir au roi, quel acte ou quelle intention. A part cela, il vit dans un monde qui est entièrement bon. C'est ce à quoi le groupe doit penser pendant la réunion de l'assemblée, parler de la grandeur du groupe, comme il est écrit « L'homme devrait toujours louer le Créateur et ensuite prier. »

C'est la même chose avec le groupe. Quand nous souhaitons demander quelque chose au groupe, et cela est appelé « il priera », nous devons d'abord louer le groupe et ensuite « prier », c'est-à-dire demander au groupe ce que nous attendons de lui.

Ainsi, nous devons d'abord voir ce que le groupe a, quelle possession il a, ce que nous pouvons en recevoir en nous liant à lui. Peut-être n'avons-nous pas besoin de ce que possède le groupe, mais au contraire nous le fuyons et nous en éloignons le plus possible.

Par conséquent, quand l'homme vient à la réunion des amis, il devrait toujours veiller à ce que amis aient le but qu'il désire ardemment, que chacun d'entre eux ait quelque prise sur ce but. Et il pense que par la connexion de tout le monde ensemble à un but, chacun aura sa propre part, de même que la part de tout le groupe. Il s'avère que chaque membre du groupe aura la même force que tout le groupe ensemble.

Il s'avère que chacun devrait considérer sérieusement le but de l'assemblée – que cela devrait amener une sensation, après la réunion des amis, que chacun ait quelque chose en main qu'il puisse mettre dans ses récipients, et que cela ne soit pas « Mais ne mets rien dans tes récipients ». Chacun devrait considérer que s'il n'était pas particulièrement attentif durant l'assemblée, non seulement il se perd mais en plus, il cause du tort à tout le groupe.

Cela ressemble à ce qui est écrit dans le Midrach (*Vayikra Rabba*, Chapitre 4) : « Deux hommes étaient sur un bateau. L'un d'entre eux commença à percer sous lui, faisant un trou dans la coque. Son ami lui dit : 'Pourquoi perces-tu ?' Et il répondit : ' Qu'est-ce que cela peut te faire ; je perce sous moi pas sous toi !' Alors il répondit : ' Espèce d'idiot ! Nous allons couler tous les deux !' »

Et après avoir parlé de l'importance et de la nécessité du groupe, là commence l'ordre des corrections – comment et avec quoi pouvons-nous renforcer le groupe pour qu'il devienne un seul bloc, comme il est écrit : « Et Israël campèrent devant la montagne » (Exode 19), et il est expliqué « comme un homme dans un seul cœur ». L'ordre devrait être que quiconque ayant une suggestion utile pour l'amour des amis, celle-ci devrait être discutée, mais cela doit être accepté par tous les amis, car il n'est pas question de contrainte ici.

Jusque-là nous avons discuté du lien entre l'homme et son ami, lequel doit nous amener au lien entre l'homme et le Créateur, comme il est écrit dans l' « Article de conclusion du Zohar ». Il s'avère que tandis qu'ils parlent de l'importance de l'amour des amis, de ce que toute son importance est de nous conduire à l'amour du Créateur, ils devraient aussi penser que l'amour des amis devrait nous mener à l'importance de l'amour du Créateur.

Rav Baruch Ashlag

FAIS-TOI UN RAV ET ACHÈTE-TOI UN AMI – 1

Article n°1, 1985

Dans la Michna (Traité des pères 1) Yéoshoua ben Perachia dit : « Fais-toi un Rav [professeur/maître], achète-toi un ami et juge chaque individu favorablement. « Nous voyons qu'il y a trois choses ici : 1) Se faire un rav ; 2) S'acheter un ami 3) Juger chaque homme favorablement.

Il s'avère que chaque homme, en plus de se procurer un rav, doit faire une chose de plus vis-à-vis du collectif. En d'autres mots, s'engager dans l'amour des amis n'est pas assez, mais il devrait prendre en compte chaque individu et le juger favorablement.

Nous devons comprendre la différence de choix de mots entre « se faire », « acheter » et « favorablement ». Le fait de faire est une chose pratique. Cela veut dire que l'esprit n'est pas impliqué, seulement des actions. En d'autres termes, même si l'homme n'est pas d'accord avec la chose qu'il souhaite faire, mais que même son intelligence lui fait comprendre que ça ne vaut pas la peine de faire une action, ceci est appelé faire, c'est-à-dire la force seule sans l'intelligence, puisque c'est contre sa raison.

En conséquence, nous devons interpréter par rapport au travail, que le fait que l'homme doive assumer le royaume des cieux est appelé « un acte ». C'est comme mettre le joug sur le bœuf afin qu'il laboure le sol. Même si le bœuf ne veut pas de ce travail, nous le forçons néanmoins.

De même, avec le royaume des cieux, nous devons aussi nous forcer et nous asservir parce qu'il s'agit platement du commandement du Créateur. Il en est ainsi parce que l'homme doit accepter le royaume des cieux, non parce que le corps sent qu'il en tirera un profit, mais afin de procurer du contentement au Créateur.

Mais comment le corps peut-il être d'accord ? C'est pourquoi, le travail doit être au-dessus de la raison. Ceci est appelé « fais-toi un rav », puisque là devrait se trouver le royaume des cieux, parce qu'Il est grand et gouverne tout.

Il est écrit dans le *Zohar* (Introduction au livre du Zohar) : « La crainte la plus importante est que l'homme craigne Son maître parce qu'Il est grand et gouverne tout, l'essence et la racine de tous les mondes, et tous sont sans importance. Ainsi, l'homme devrait craindre le Créateur parce qu'Il est grand et qu'Il gouverne tout. Il est grand parce qu'Il est la racine d'où tous les mondes s'étendent et Sa grandeur est vue par Ses actions. Et Il gouverne tout parce que tous les mondes qu'Il a créés, le supérieur comme l'inférieur, sont considérés comme rien par rapport à Lui car ils n'ajoutent rien à Son essence. »

Ainsi, l'ordre du travail est pour l'homme de commencer par « Fais-toi un rav » et prendre sur lui le fardeau du royaume des cieux au-delà de la logique et au-delà de la raison. Ceci est appelé « faire », c'est-à-dire seulement l'action, malgré le désaccord du corps. Ensuite, « Achète-toi un ami ». Acheter, c'est juste quand un individu souhaite acheter quelque chose, et doit renoncer à quelque chose qu'il a déjà acquis. Il donne ce qu'il a depuis quelques temps et, en retour, achète un nouvel objet.

C'est pareil pour servir le Créateur. Pour qu'un homme arrive à la *Dvékout* [adhésion] au Créateur, qui est l'équivalence de forme, comme dans « comme Il est miséricordieux, sois aussi miséricordieux », il doit renoncer à beaucoup de choses qu'il a afin d'acheter la connexion au Créateur. C'est le sens de « Achète-toi un ami ».

Avant qu'un individu se procure un rav, c'est-à-dire le royaume des cieux, comment peut-il s'acheter un ami, c'est-à-dire s'unir au rav ? Après tout, il n'a pas encore de rav. Ce n'est qu'après s'être procuré un rav qu'il peut demander au corps de faire des concessions afin d'acheter la connexion qui est de donner du contentement au Créateur.

De plus, nous devons comprendre qu'il a la force d'observer « achète-toi un ami » en fonction de son appréciation de la grandeur du rav. Il en est ainsi parce que d'après l'importance du rav qu'il ressent, il est prêt à faire des concessions afin de s'y connecter, puisqu'alors il comprend qu'être récompensé de la *Dvékout* [adhésion] au Créateur vaut tout effort.

Il s'avère que si l'homme voit qu'il ne peut pas vaincre son corps parce qu'il pense qu'il n'est pas assez fort, c'est-à-dire qu'il est né avec une faible personnalité, ce n'est pas vrai. La raison est qu'il ne ressent pas la grandeur du rav. En d'autres termes, il n'a pas encore l'importance du royaume des cieux, ainsi il n'a pas la force pour vaincre quelque chose qui n'est pas très important. Par contre, pour une chose importante, le corps entier peut faire des concessions pour les choses qu'il aime et recevoir ce dont il a besoin.

Par exemple, si un homme est très fatigué et va se coucher disons à 23 heures, s'il se réveille à 3 heures du matin, bien sûr qu'il dira ne pas avoir de force pour se lever et étudier parce qu'il est vraiment très fatigué. Et si, de plus, il se sent un peu faible ou bien s'il a un peu de fièvre, le corps n'aura certainement pas la force pour se lever à l'heure habituelle.

Mais si un homme est très fatigué, qu'il se sent malade, et va se coucher à minuit, mais qu'à une heure du matin on le réveille et on lui dit : « Il y a le feu dehors, il va bientôt se propager dans ta chambre. Vite lève-toi et tu seras sauvé pour l'effort que tu fais », il ne se donnera pas d'excuses telle qu'il n'a pas la force, qu'il est stupide ou un peu malade. Mais, même s'il est vraiment malade, il fera tout pour sauver sa vie. C'est certainement parce qu'il va obtenir une chose importante, le corps a donc la force de faire ce qu'il peut pour avoir ce qu'il veut.

C'est pourquoi, si l'homme travaille à « fais-toi un rav » et crois que c'est « Car ils sont nos vies et la durée de nos jours », dans la mesure où il ressent que c'est sa vie, le corps a déjà suffisamment de force pour vaincre tous les obstacles, comme mentionné dans l'histoire ci-dessus. Pour cette raison, dans tous les travaux de l'homme, dans l'étude ou dans la prière, il devrait concentrer tout son travail pour acquérir la grandeur et l'importance du rav. Il convient de beaucoup travailler et prier, uniquement sur ce sujet.

Dans les mots du *Zohar* cela s'appelle « Relever la *Shekhina* de la poussière » ce qui veut dire élever le royaume des cieux, qui est rabaissé jusque dans la poussière. En d'autres termes, une chose importante n'est pas par terre, mais une chose sans importance est jetée au sol. Et puisque le royaume des cieux, appelé « *Shekhina* », est « rabaissé dans les profondeurs », il est dit dans tous les livres qu'avant chaque action spirituelle, de prier pour « Relever la *Shekhina* de la poussière », c'est-à-dire prier pour que le royaume des cieux soit important et faire des efforts à cette fin, pour que son importance soit magnifiée.

Maintenant nous pouvons comprendre ce que nous disons dans la prière de *Rosh Hashana* « Donne la gloire du Seigneur à Ton peuple ». A priori, il est difficile de comprendre cela. Comment se fait-il qu'il soit autorisé de prier pour la gloire ? Nos sages ont dit : « Sois très, très humble » ainsi comment pouvons-nous demander du Créateur qu'Il nous donne la gloire ?

Nous devons interpréter que nous prions pour que le Créateur donne « la gloire de Dieu à Ton peuple » car nous n'avons aucun respect pour le Créateur, mais « La cité de Dieu est abaissée dans les profondeurs », appelée « La *Shekhina* dans la poussière. »

De plus, nous ne considérons pas comme vraiment important « fais-toi un rav ». De ce fait, à *Rosh Hashana*, le moment où nous acceptons le royaume des cieux, nous demandons au Créateur de donner « la gloire de Dieu à Ton peuple », pour que le peuple d'Israël sente la gloire du Créateur. Et ensuite nous serons capables d'observer la Torah et les *Mitsvot* en entier.

C'est pourquoi, nous disons « Donne la gloire de Dieu à Ton peuple » ; c'est-à-dire qu'Il donne la gloire de Dieu au peuple d'Israël. Cela ne veut pas dire qu'Il donne la gloire d'Israël au peuple d'Israël, mais que le Créateur donne la gloire de Dieu au peuple d'Israël, parce que c'est tout ce qu'il nous manque pour sentir Son importance et Sa grandeur, la *Dvékout* au Créateur. Si nous avons cette importance, alors chacun sera capable de faire des efforts et il n'y aura aucun homme au monde qui pourra dire qu'il n'a pas la force de sauver sa vie et qu'il veut donc rester un animal, s'il sent que la vie est une chose très importante, parce qu'il peut en profiter.

Mais si une personne ne sent pas que la vie a un sens, beaucoup de gens choisissent la mort. Il en est ainsi parce qu'aucun homme ne peut ressentir la souffrance dans sa vie parce que c'est contre le but de la création, puisque le but de la création était de faire du bien à Ses créations, c'est-à-dire qu'elles puissent profiter de la vie. De ce fait, quand l'homme voit qu'il ne peut pas être heureux maintenant, ni plus tard, il se suicide parce qu'il n'a pas de but dans sa vie.

Il s'avère que tout ce dont nous manquons est « fais-toi un rav » pour sentir la grandeur du Créateur. Ensuite, chacun sera capable d'arriver au but qui est d'adhérer à Lui.

Et nous devons aussi interpréter les mots de Rabbi Yéhoshoua Ben Pérachia – qui a dit trois choses : 1) Fais-toi un rav ; 2) Achète-toi un ami ; 3) Juge chaque personne favorablement – à propos de l'amour des amis.

La logique indique que les amis se réfèrent à deux personnes du même niveau en terme de compétences et de qualités, puisqu'alors elles auraient un langage commun et s'uniraient pour ne faire plus qu'un. Et ensuite « Aide ton prochain », comme deux individus qui font un partenariat et chacun investit autant d'énergie, de ressources et de travail. Ensuite les profits sont répartis à égalité entre eux.

Cependant si l'un est supérieur à l'autre, c'est-à-dire qu'il investit plus d'argent ou plus de compétence ou plus d'énergie, la répartition des profits est aussi inégale. Ceci est appelé « un partenariat à un tiers » ou « un partenariat à un quart ». Il s'avère que ce n'est pas considéré comme un vrai partenariat, parce que l'un a un statut plus élevé que l'autre.

Il en résulte qu'une vraie amitié – quand chacun paye ce qu'il faut pour acheter son ami – est précisément quand les deux ont un statut égal, et ensuite ils paient tous les deux de manière égale. C'est comme dans les affaires terrestres, où tous les deux donnent tout à égalité, sinon il ne peut y avoir un vrai partenariat. Par conséquent, « Achète-toi un ami », car il ne peut y avoir une connexion – quand chacun achète son ami – que quand ils sont égaux.

Mais d'autre part il est impossible d'apprendre d'un autre si on ne voit pas son ami comme plus grand que soi. Mais si l'autre est plus grand que lui, il ne peut pas être son ami mais son rav [professeur], alors que lui sera considéré comme un étudiant. A ce moment, il peut acquérir des connaissances et des vertus de lui.

C'est pour cela qu'il est dit : « Fais-toi un rav et achète-toi un ami ». Les deux doivent exister. En d'autres termes, chacun devrait considérer l'autre comme un ami, et ensuite il y a de la place pour acheter. Cela veut dire que chacun doit payer par des concessions à l'autre, comme un père renonce à son repos et travaille pour son fils, et dépense de l'argent pour son fils, et tout est par amour.

Cependant, ici, il s'agit d'un amour naturel. Le Créateur a donné l'amour naturel pour élever les enfants afin que le monde persiste. Si, par exemple, le père élevait les enfants parce que c'est un ordre, ses enfants auraient à manger, des vêtements et d'autres choses qui sont nécessaires, par obligation d'exécuter tous les ordres. A certains moments, il respecterait les commandements et à d'autres moments, il ne ferait que le strict minimum, et ses enfants pourraient mourir de faim.

C'est pourquoi le Créateur a donné aux parents l'amour naturel pour leurs enfants, afin que le monde existe. Il n'en est pas ainsi avec l'amour des amis. Là, chacun doit faire de grands efforts par lui-même pour broder l'amour des amis dans son cœur.

C'est la même chose avec « Et achète-toi un ami ». Une fois qu'il comprend, du moins intellectuellement, qu'il a besoin d'aide et qu'il ne peut pas faire le saint travail, s'il comprend qu'il a besoin d'aide, en fonction de sa compréhension, il commence alors à acheter, à faire des concessions à ses amis.

Il en est ainsi parce qu'il comprend que le travail est essentiellement dans le don sans réserve au Créateur. Cependant, c'est contre sa nature parce que l'homme est né avec un désir de recevoir seulement dans son propre intérêt. De ce fait, il nous a été donné le remède grâce auquel nous allons de l'amour à des fins personnelles à l'amour des autres, et par cela nous pouvons arriver à l'amour du Créateur.

Ainsi, il peut trouver un ami à son niveau. Mais après, en faisant de son ami un rav, – c'est-à-dire en sentant que son ami est à un plus haut niveau que lui – c'est quelque chose qu'il ne peut pas voir, que son ami est comme un rav et qu'il est au niveau d'élève. Mais s'il ne regarde pas son ami en tant que rav, comment peut-il apprendre de lui ? C'est appelé « faire », c'est-à-dire une action sans réflexion. En d'autres termes, il doit accepter, au-dessus de la raison, que son ami est plus grand que lui, et c'est appelé « faire », c'est-à-dire agir au-delà de la raison.

Dans l' « Article de conclusion du Zohar », il est écrit : « ... Afin de satisfaire la première condition, chaque étudiant doit se sentir le plus petit d'entre tous les amis. Il sera alors capable de recevoir l'appréciation de la grandeur de chacun. »

Ainsi, il dit explicitement que chacun devrait se voir comme le plus petit des élèves. Comment quelqu'un peut-il se voir comme le plus petit ? Ici, il s'agit uniquement d'au-dessus de la raison. Cela est appelé « fais-toi un rav », c'est-à-dire que chacun d'entre eux est un rav pour lui et qu'il n'est qu'un étudiant.

Ceci est un grand travail, puisqu'il y a une règle que les défauts des autres sont toujours visibles, alors que ses propres défauts sont toujours cachés. Et il doit regarder les autres comme ayant de bonnes qualités, et que cela vaut la peine pour lui d'accepter ce qu'ils disent ou font, pour apprendre des actions des autres.

Mais le corps n'est pas d'accord avec cela, parce que lorsqu'il doit apprendre d'un autre, c'est-à-dire s'il apprécie l'autre, l'autre le pousse au travail, et le corps annule les points de vue et les actions de l'autre. Il en est ainsi, parce que le corps veut se reposer, et donc c'est mieux et c'est plus pratique d'annuler les points de vue et les actions de son ami, afin qu'il n'ait pas à faire d'effort.

C'est pourquoi c'est appelé « fais-toi un rav ». Cela signifie que pour qu'un ami soit ton rav, tu dois te le procurer. En d'autres termes, ce n'est pas par la raison, puisque la raison affirme autre chose et parfois montre le contraire, qu'il peut être le rav et l'autre son étudiant. C'est pourquoi c'est appelé « se faire », c'est-à-dire faire et non raisonner.

3) « Et juge chacun favorablement »

Après avoir dit « Achète-toi un ami », là persiste une question : « Qu'en est-il du reste des gens ? » Par exemple, si un homme choisit quelques amis de sa congrégation et quitte les autres et ne se connecte pas à eux, la question est : « Comment doit-il les traiter ? » Après tout, ils ne sont pas ses amis, et pourquoi ne les a-t-il pas choisis ? Nous devrions probablement dire qu'il n'a pas trouvé de vertus en eux qui vaillent la peine de s'unir à eux, autrement dit, il ne les apprécie pas.

Ainsi, comment doit-il traiter tous les gens de sa congrégation ? Puis ceux qui ne sont pas de sa congrégation ? Rabbi Yéhoshoua Ben Pérakhia dit à propos de cela : « Et juge chaque homme favorablement », c'est-à-dire que l'homme devrait juger tout le monde favorablement.

Cela veut dire que le fait qu'il ne trouve pas de vertu en eux n'est pas de leur faute. Mais, c'est lui qui n'a pas dans ses forces suffisamment de dispositions, pour voir les mérites du public. Pour cette raison, il voit selon les qualités de son âme. Cela est vrai selon ce qu'il atteint, mais pas selon la vérité. En d'autres termes, il existe une telle chose comme la vérité en elle-même, sans celui qui atteint.

Cela signifie, qu'il existe une vérité que chacun atteint selon son atteinte, c'est-à-dire que la vérité change selon celui qui atteint, c'est-à-dire qu'elle est sujette aux changements selon les changements des situations de celui qui atteint.

Mais la vérité telle quelle ne change pas dans son essence. C'est pourquoi chacun peut atteindre la même chose différemment. En conséquence, aux yeux du public, il se pourrait que tout le public soit parfait, mais il le voit différemment d'après sa propre qualité.

C'est pourquoi il dit : « Et juge chaque personne favorablement » c'est-à-dire qu'il devrait juger tout le public, à part ses amis, favorablement, qu'ils sont tous innocents et ne se plaindre en aucun cas de leur comportement. Mais d'après lui, il ne peut rien apprendre d'eux, parce qu'il n'a aucune équivalence de forme avec eux.

Rav Baruch Ashlag

Fais-toi un rav et achète-toi un ami – 2

Article n°8, 1985

A propos de ce qui a été dit dans l'article n°1, nous devrions y apporter quelques précisions.

Nous devrions distinguer entre 1) l'homme et le Créateur ; 2) l'homme et son ami et ; 3) un homme et le reste des gens, qui ne sont pas ses amis, même si nous disons « Tout Israël sont amis ».

Nous voyons parfois les mots « fais-toi un rav [professeur/maître/grand] et achète-toi un ami », que tel est le chemin de la correction, et ailleurs, les mots « Et juge chaque homme favorablement » (*Pères*, Chapitre 1). Nous devrions comprendre ce que signifie « faire », « acheter » et « juger favorablement ».

Nous devons interpréter « faire » comme venant pour exclure la raison. Il en est ainsi parce que lorsque l'intelligence ne peut comprendre si quelque chose vaut la peine d'être fait ou non, comment peut-elle décider ce qui est bon pour elle ? Ou vice versa si l'intelligence les considère comme égales, qui déterminera pour un homme ce qu'il devrait faire ? Mais avec une action, il peut décider.

Nous devrions savoir qu'il y a deux chemins devant nous : travailler en vue de donner sans réserve ou travailler en vue de recevoir. Il y a des parties du corps de l'homme qui lui disent « Tu réussiras dans la vie si tu travailles en vue de donner sans réserve, et c'est précisément ainsi que tu profiteras de la vie. » C'est l'argument du bon penchant, comme nos sages ont dit : « Si tu fais ainsi, tu seras heureux dans ce monde et heureux dans le monde à venir. »

Et l'argument du mauvais penchant est l'inverse : c'est mieux et préférable de travailler en vue de recevoir. Alors seule la force appelée « action » qui est au-delà de la raison décide, et non l'intelligence ni les émotions. C'est pourquoi, le fait de faire est appelé « au-dessus de la raison » et « au-delà de l'entendement », et c'est la force appelée « la foi contre l'intelligence ».

« Acheter » est dans la raison. Normalement, les gens veulent voir ce qu'ils veulent acheter, ainsi le commerçant leur montre les marchandises et ils négocient si oui ou non cela vaut le prix demandé. S'ils ne pensent pas que c'est le cas, ils n'achètent pas. Ainsi, « acheter » est dans la raison.

Maintenant, nous allons expliquer la question du « rav » et celle de « l'ami ». Un ami est parfois appelé « groupe » quand les gens se rassemblent et souhaitent s'unir. Cela peut arriver par l'équivalence de forme, quand chacun se préoccupe d'aimer les autres. Par cela, ils s'unissent et ne font qu'un.

Ainsi, quand un groupe est établi pour ne plus faire qu'un, nous voyons que les gens qui envisagent de fonder un tel groupe recherchent en général ceux qui sont comme eux, qui ont les mêmes points de vue et attributs, ceux qu'ils peuvent voir comme plus ou moins égaux. Sinon, ils ne peuvent pas les accepter dans le groupe qu'ils veulent fonder. Et après, ils commencent le travail d'aimer les amis.

Mais si dès le début ils n'ont pas d'équivalence avec les buts du groupe, même avant d'y entrer, on ne peut pas s'attendre à ce qu'il advienne quoi que ce soit de cette union. Mais si avant d'entrer dans le groupe une égalité est plus ou moins apparente, nous pouvons alors dire qu'ils peuvent commencer à s'exercer dans l'amour des autres.

1) Entre l'homme et le Créateur

Entre l'homme et le Créateur, l'ordre commence par « Fais-toi un rav » et ensuite « achète-toi un ami ». En d'autres termes, tout d'abord l'homme doit croire au-dessus de la raison que le Créateur est grand, comme écrit dans le *Zohar* (point 191 du commentaire du Soulam) : « La crainte la plus importante est que l'homme craigne son Maître parce qu'Il est grand et qu'Il gouverne. »

Dans la mesure où l'homme croit en la grandeur du Créateur, qui est appelé « Grand » [rav en hébreu], il a la force d'« acheter », c'est-à-dire d'acheter en renonçant à l'amour propre afin d'arriver à l'équivalence de forme, qui est appelée *Dvékout* [adhésion] au Créateur. Et ceci est appelé un *Haver* [ami] : celui qui est en *Hibour* [lien/connexion] au Créateur [*Haver* et *Hibour* s'écrivent avec les mêmes lettres en hébreu].

C'est comme quand nous achetons des choses matérielles, nous devons renoncer à de l'argent, à l'honneur, ou simplement faire un effort pour l'obtenir. De même, quand un homme souhaite acheter une connexion au Créateur, il doit renoncer à son amour propre, sinon il ne pourra pas arriver à l'équivalence de forme.

Quand l'homme voit qu'il n'est pas capable de faire des concessions pour acheter l'équivalence de forme, ce n'est pas parce qu'il est né avec une faible personnalité et que c'est la raison pour laquelle il ne peut pas vaincre son amour propre. Mais l'erreur est dans « fais-toi un rav », c'est-à-dire qu'il ne travaille pas sur la question de la foi, puisque d'après l'importance de sa foi en la grandeur du Créateur, il aura de la force pour faire des concessions.

Qui plus est, l'homme doit savoir que s'il souhaite mesurer son degré de foi, il peut le voir dans le nombre de concessions qu'il peut faire dans son amour propre, et ensuite il connaîtra son degré dans le travail de la foi au-dessus de la raison. Cela s'applique entre l'homme et le Créateur.

2) Entre un homme et son ami

Entre un homme et son ami nous devons tout d'abord dire « Achète-toi un ami », et ensuite « fais-toi un rav ». Il en est ainsi parce que lorsqu'un individu recherche des amis, il devrait tout d'abord réfléchir afin de voir si cela vaut la peine de s'unir avec. Après tout, nous voyons qu'une prière spéciale a été établie par rapport à un ami, que nous disons après les bénédictions dans la prière « Que ta volonté » : « Eloigne-nous d'un mauvais homme et d'un mauvais ami. »

Il en résulte qu'un homme doit vérifier l'ami, de toutes les manières possibles, avant qu'il ne l'accepte en tant que tel. A ce moment, il utilise précisément sa raison. C'est pourquoi il n'a pas été dit « fais-toi un ami », puisque « faire » suggère au-dessus de la raison. Par conséquent, pour tout ce qui concerne l'homme et son ami, il doit aller avec sa raison et vérifier autant qu'il le peut si son ami convient, comme nous prions chaque jour : « Eloigne-nous d'un mauvais homme et d'un mauvais ami. »

Et quand il voit qu'il a tout intérêt à se connecter à lui, il doit alors payer afin de se lier à lui, c'est-à-dire faire des concessions à son amour propre et recevoir en retour la force d'aimer autrui. Et ensuite, il peut s'attendre à être aussi récompensé de l'amour du Créateur. Après s'être déjà uni à un groupe de gens qui souhaitent arriver au degré de l'amour du Créateur, il veut prendre d'eux la force pour travailler afin de donner sans réserve et d'être impressionné par leur paroles quant à la nécessité d'arriver à l'amour du Créateur, il doit alors considérer chaque ami dans le groupe comme étant plus grand que lui.

Il est écrit dans l'« Article de conclusion du Zohar » que l'homme n'est impressionné par le groupe, et n'en prend ses valeurs, que s'il considère le groupe comme lui étant supérieur. « C'est pourquoi chacun doit se sentir le plus petit de tous, car un grand ne peut recevoir d'un plus petit, et encore moins être impressionné par ses mots. Seul le petit est impressionné par l'appréciation du grand. »

Il s'avère qu'à la deuxième étape, quand tout le monde doit apprendre des autres, il y a la question de « fais-toi un rav ». Il en est ainsi, car pour être capable de dire que son ami est plus grand que lui, il doit utiliser « donne », qui est de faire sans raison, puisque c'est seulement au-dessus de la raison qu'il peut dire que son ami est à un degré supérieur à lui.

De ce fait, entre un homme et son ami, l'ordre est de d'abord commencer en appliquant « Achète-toi un ami » et ensuite « fais-toi un rav ».

3) Entre un homme et toute autre personne

La Michna nous dit : « Fais-toi un rav, achète-toi un ami et juge chaque homme favorablement. » (*Avot*, Chapitre 1)

Nous avons expliqué qu'entre un homme et son ami, l'ordre est d'abord que vous alliez et achetiez un ami – et nous avons expliqué qu'acheter est dans la raison – et ensuite vous deviez vous engager dans « Fais-toi un rav ». Et entre l'homme et le Créateur, l'ordre est de d'abord « fais-toi un rav » et ensuite « Achète-toi un ami ».

A présent, nous devons comprendre le sens de ce qui est dit pour chaque individu « et juge favorablement » : est-ce « acheter » ou « se faire » ? Selon ce qui précède, nous devons interpréter le sens de « Et juge chaque homme favorablement » comme « se faire » et non « acheter ».

Par exemple, supposons qu'il y ait beaucoup de gens dans la congrégation, et un petit groupe en son sein décide qu'il veut s'unir à un groupe qui s'engage dans l'amour des amis. Et disons, par exemple, qu'il y ait cent hommes, et dix d'entre eux décident de s'unir. Nous devons voir pourquoi précisément ces dix individus ont choisi de s'unir entre eux, et non pas aux autres de la congrégation. Est-ce parce qu'ils se trouvent plus vertueux que le reste des gens de la congrégation, ou parce qu'ils sont pires que les autres et sentent qu'ils doivent faire quelque chose pour s'élever sur l'échelle de la Torah et de la crainte ?

D'après ce qui précède, nous pouvons interpréter que la raison pour laquelle ces hommes sont tombés d'accord pour s'unir dans un groupe qui s'engage dans l'amour des amis, c'est que chacun d'entre eux sent qu'il a un désir qui peut unir tous leurs points de vue, afin de recevoir la force d'aimer autrui. Il y a une fameuse maxime de nos sages : « Comme leurs visages ne se ressemblent pas, il en est de même pour leurs points de vue ».

Ainsi, ceux qui se sont mis d'accord pour s'unir dans un groupe ont compris qu'ils ne sont pas trop éloignés en pensée, dans le sens où ils comprennent la nécessité de travailler pour aimer autrui. De ce fait, chacun d'entre eux sera capable de faire des concessions aux autres, et ils pourront s'unir autour de cela. Mais le reste des gens n'a pas la compréhension de la nécessité du travail d'aimer les autres; de ce fait, il ne peut se connecter à eux.

Il s'avère donc que lorsque chacun s'engage dans l'union de l'amour des amis, chacun peut examiner l'autre, son intelligence et ses qualités, pour voir s'il est qualifié ou mérite de se joindre au groupe auquel ces gens ont décidé de faire partie. C'est comme lorsque nous prions chaque jour « éloigne-nous d'un mauvais homme et d'un mauvais ami », dans la raison.

Il s'avère qu'il se vante par rapport au reste des gens de la congrégation. Comment est-ce possible ? Après tout, c'est contre une loi explicite qui dit : « Rabbi Levitas, l'homme de Yavné disait : 'Sois très, très humble' ». (*Avot*, chapitre 4).

Rabbi Yéhoshoua Ben Pérachia dit à ce propos : « Juge chaque homme favorablement » (*Avot*, chapitre 1) ce qui veut dire que pour le reste des gens, il doit aller au-dessus de la raison, ce qui est appelé « faire », c'est-à-dire faire et ne pas réfléchir. Sa logique lui montre qu'ils ne sont pas aussi compétents que les gens avec lesquels il s'est associé, et c'est ce que chacun se dit. Ainsi, chacun se vante aux yeux de tous. La solution est de dire : « Et juge chaque homme favorablement. »

Cela veut dire qu'en ce qui concerne chaque homme, c'est-à-dire en ce qui concerne le reste des gens de la congrégation, il doit les juger favorablement et dire qu'ils sont vraiment des personnes plus importantes que lui, et que c'est sa faute s'il ne peut pas apprécier leur grandeur ni leur importance, qui est appelé par nos sages « chaque homme ». De ce fait, dans la raison, il ne voit pas leur grandeur, et nous avons dit qu'entre l'homme et son ami il devrait y avoir « acheter », mais ici il doit utiliser « faire » qui est au-dessus de la raison. Et ceci est appelé « Juge chaque personne favorablement ».

ANNEXES

Rav Yéhouda Ashlag
SEFER HA ILAN (L'ARBRE)
Explications et illustrations

SCHÉMA 1
– La colonne 1 représente *Roch, Tokh, Sof* du *Partsouf Keter de AK*
– La colonne 2 représente le *Partsouf AB de AK* dans *Roch, Tokh, Sof* et comment il revêt *Keter de AK* de sa *Pé* vers le bas
– La colonne 3 représente le *Partsouf de SAG de AK* dans Roch, *Tokh, Sof* et comment il revêt le *Partsouf AB de AK* de *Pé* vers le bas.

Colonne 1

C'est le *Partsouf Keter de AK*, les dix premières Sefirot qui se sont étendues de *Ein Sof* dans l'espace après la restriction. Sa *Roch* touche *Ein Sof*, en haut, ses *Sioum Raglin* sont au milieu, au point central, qui est ce monde. Il contient trois *Bekhinot* de dix Sefirot : dix Sefirot de *Roch*, dix Sefirot de *Tokh* et dix Sefirot de *Sof*.

Les dix Sefirot de *Roch* sont appelées « les racines des dix Sefirot » puisque c'est le début de leur création, par la rencontre des dix Sefirot de *Ohr Yashar* par le *Zivoug de Hakaa* dans le *Massakh* situé dans *Malkhout de Roch* qui élève dix Sefirot de *Ohr Hozer* qui revêtent les dix Sefirot de *Ohr Yashar* qui s'étendent de *Ein Sof* (comme il est écrit dans l'arbre de vie, porte 47, chapitre 1). Les dix Sefirot de *Ohr Yashar* sont arrangées de haut en bas et leur opposé est *Ohr Hozer*, où elles sont arrangées de bas en haut. *Malkhout* des dix Sefirot de *Roch* est appelée *Pé*.

Les dix Sefirot de *Tokh* dans les *Partsoufim de AK* sont appelées *Akoudim*, dans le *Partsouf Keter* et dans *AB*, comme dans *SAG*. Pourtant dans le *Partsouf de Keter*, la lumière supérieure n'était pas encore distinguable dans les dix Sefirot et la différence entre elles était uniquement selon des impressions (comme le Ari l'écrit dans l'Arbre de Vie, Porte Présent et Non Présent, chapitre 1). Aussi, *Malkhout* des dix Sefirot de *Tokh* est appelée *Tabour*.

Les dix Sefirot de *Sof* sont considérées *Sioum* (fin) de chaque *Sefira* des dix Sefirot jusqu'à *Malkhout*. Le *Partsouf* finit dans la *Sefira de Malkhout* c'est pourquoi elle est appelée *Sioum Raglin*.

Colonne 2

C'est le *Partsouf AB de AK*, la seconde *Hitpashtout* de dix Sefirot venant d'*Ein Sof* dans l'espace après la restriction. Il commence de *Hokhma* et il lui manque la lumière de *Keter*. Il émane et sort de *Malkhout de Roch du Partsouf Keter* qui est appelée *Pé*. De ce fait, il revêt le *Partsouf Keter* de sa *Pé* et en bas jusqu'au *Tabour du Partsouf de Keter*.

Ses dix Sefirot de *Roch* sont comme les dix Sefirot de *Roch du Partsouf Keter de AK* sauf qu'il lui manque *Keter*. La sortie de ces dix Sefirot est expliquée dans l'Arbre de Vie, porte Présent et non Présent, chapitre 1 et 2, et aussi dans le Talmud des dix Sefirot, 5e partie où les paroles du Ari sont largement expliquées.

Ici, les dix Sefirot de *Tokh* deviennent plus apparentes que les dix Sefirot de *Tokh* du *Partsouf Keter*, puisque là il y avait dix entrées et sorties dans l'ordre de Présent et non Présent (comme écrit dans l'Arbre de Vie, porte : Présent et non Présent et dans Talmud des dix Sefirot 5e partie). Dans la *Sefira Keter* des dix Sefirot de *Tokh* il y a deux récipients, appelés *Youd-Hey*. Il en est aussi ainsi dans leur *Sefira Hokhma*, mais dans la *Sefira Bina* les *Youd-Hey* sont dans un *Kli* et le *Vav* est dans le récipient (*Kli*) de *Yessod* et le *Hey* inférieur dans *Malkhout*.

Les dix Sefirot de *Sof* sont les mêmes que dans le *Partsouf Keter de AK* sauf ses *Sioum Raglin* qui sont au-dessus du *Tabour du Partsouf Keter*.

Colonne 3

Ce *Partsouf* est SAG de AK, la troisième expansion des dix Sefirot de *Ein Sof* dans l'espace après la restriction, dans *Roch, Tokh, Sof*. Il émane et sort de *Pé du Partsouf AB de AK*. Il commence de *Bina* et il lui manque les lumières de *Keter* et *Hokhma* et se revêt de *Pé* et en bas du *Partsouf AB de AK*, même en bas, il est plus long que lui, puisqu'il s'est étendu en bas, jusqu'au même niveau que les *Sioum Raglin du Partsouf Keter de AK*.

Schéma n°1

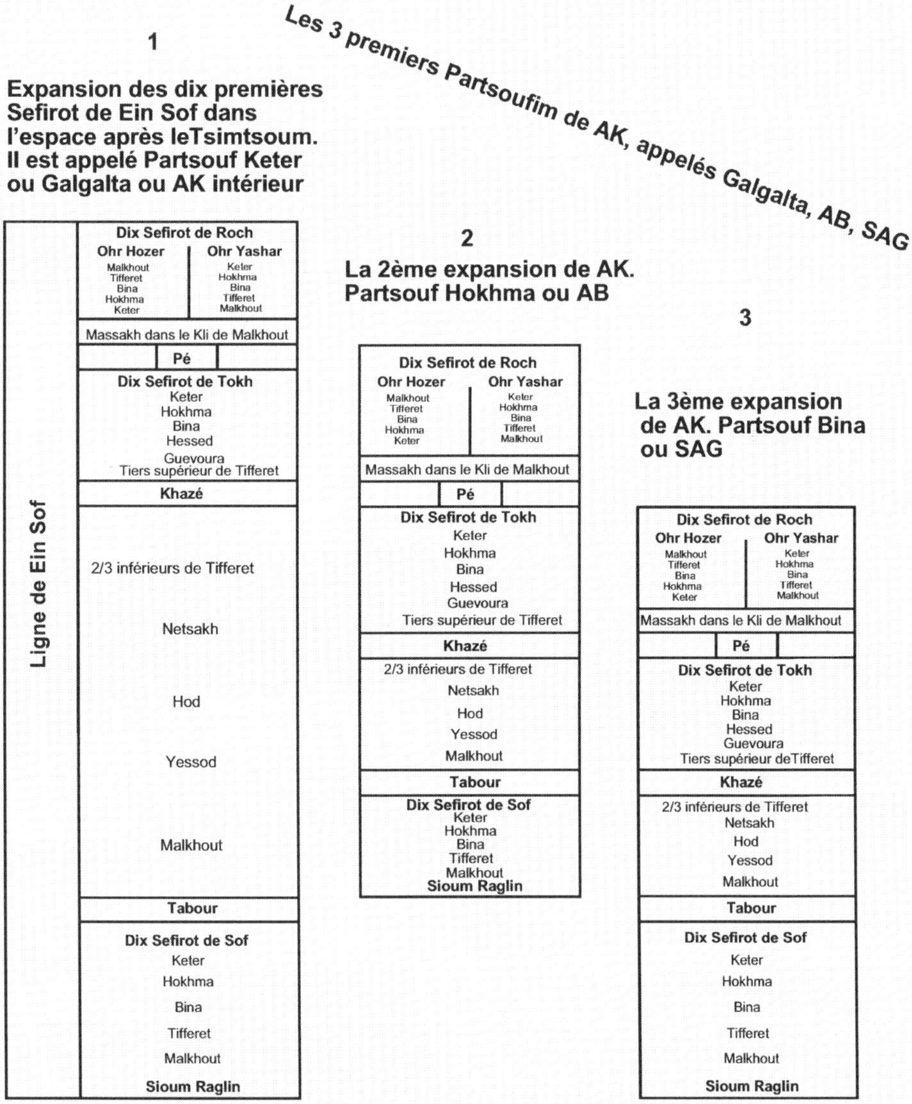

Les 3 premiers Partsoufim de AK, appelés Galgalta, AB, SAG

1

Expansion des dix premières Sefirot de Ein Sof dans l'espace après le Tsimtsoum. Il est appelé Partsouf Keter ou Galgalta ou AK intérieur

Dix Sefirot de Roch	
Ohr Hozer	Ohr Yashar
Malkhout	Keter
Tifferet	Hokhma
Bina	Bina
Hokhma	Tifferet
Keter	Malkhout

Massakh dans le Kli de Malkhout

Pé

Dix Sefirot de Tokh
Keter
Hokhma
Bina
Hessed
Guevoura
Tiers supérieur de Tifferet

Khazé

2/3 inférieurs de Tifferet

Netsakh

Hod

Yessod

Malkhout

Tabour

Dix Sefirot de Sof
Keter
Hokhma
Bina
Tifferet
Malkhout
Sioum Raglin

Ligne de Ein Sof

2

La 2ème expansion de AK. Partsouf Hokhma ou AB

Dix Sefirot de Roch	
Ohr Hozer	Ohr Yashar
Malkhout	Keter
Tifferet	Hokhma
Bina	Bina
Hokhma	Tifferet
Keter	Malkhout

Massakh dans le Kli de Malkhout

Pé

Dix Sefirot de Tokh
Keter
Hokhma
Bina
Hessed
Guevoura
Tiers supérieur de Tifferet

Khazé

2/3 inférieurs de Tifferet
Netsakh
Hod
Yessod
Malkhout

Tabour

Dix Sefirot de Sof
Keter
Hokhma
Bina
Tifferet
Malkhout
Sioum Raglin

3

La 3ème expansion de AK. Partsouf Bina ou SAG

Dix Sefirot de Roch	
Ohr Hozer	Ohr Yashar
Malkhout	Keter
Tifferet	Hokhma
Bina	Bina
Hokhma	Tifferet
Keter	Malkhout

Massakh dans le Kli de Malkhout

Pé

Dix Sefirot de Tokh
Keter
Hokhma
Bina
Hessed
Guevoura
Tiers supérieur de Tifferet

Khazé

2/3 inférieurs de Tifferet
Netsakh
Hod
Yessod
Malkhout

Tabour

Dix Sefirot de Sof
Keter
Hokhma
Bina
Tifferet
Malkhout
Sioum Raglin

SCHÉMA 2

Colonne 1

C'est l'état du *Partsouf SAG de AK* pendant le *Tsimtsoum Aleph* [1ère restriction]. Il est présenté en haut dans le Schéma 1, Item 3, mais ici il y a une distinction supplémentaire de ses deux propres *Partsoufim : Partsouf Taamim*, de *Pé* à *Tabour* et *Partsouf Nekoudim*, du *Tabour* vers le bas. Vous trouverez les explications dans le Talmud des dix Sefirot, 6e partie, page 390 en hébreu.

Jusque-là, les trois mondes inférieurs *Briya, Yetsira* et *Assiya* n'existaient pas puisque *SAG de AK*, aussi, s'est étendu jusqu'au point de ce monde. Il s'avère qu'il était considéré *Atsilout* jusqu'au point de ce monde.

Colonne 2

C'est l'état de *SAG de AK* durant le *Tsimtsoum Bet* [2nde restriction], avant le *Zivoug* dans *Nikvey Eynaim*, qui a été fait afin d'émaner les dix Sefirot de *Nekoudim*. A cause de la descente de *SAG* dans *MA* intérieur et *BON* intérieurs *de AK*, *Bina* a reçu *Bekhinat Malkhout*. Ainsi, *Malkhout* finissante, qui se tenait au point de ce monde s'est élevée au *Tabour* et *Malkhout* de l'accouplement qui se tenait à *Pé de Roch de SAG*, s'est élevée au niveau de *Nikvey Eynaim* de *Roch de SAG* et *Ozen, Hotem* et *Pé de Roch* sont descendus à *Bekhinat Gouf de SAG*. De *Tabour* vers le bas, l'endroit s'est vidé de sa lumière, et c'est en général le *Partsouf SAG*.

Et il y a *Roch, Tokh, Sof* appelés HBD, HGT, NHYM dans son propre *Partsouf Nékoudot de SAG*, se tenant entièrement sous le *Tabour* (voir ci-dessus schéma 2, Item 1). En lui aussi, comme en général, nous considérons que *Malkhout* finissante s'éleva à *Bina de Gouf*, appelée *Tifferet*, à l'endroit de son *Khazé*, où la ligne de *Ein Sof* s'est finie, et sous lui est la *Parsa* puisque c'est là où *Bekhinat Atsilout* se termine.

De là vers le bas, il est devenu l'endroit des trois mondes, *Briya*, *Yetsira* et *Assiya*. Le monde de *Briya* a été fait des deux-tiers inférieurs de *Tifferet* jusqu'à son *Sioum*. Le monde de *Yetsira* a été fait à partir de *Netsakh*, *Hod*, *Yessod* et le monde d'*Assiya* a été fait à partir de *Malkhout*. Ceci est expliqué entièrement dans les paroles du Ari, page 8 et dans *Ohr Pashout*.

Colonne 3

Ceci est l'état de SAG de AK durant le *Zivoug* qui a été fait dans *Nikvey Eynaim* : *Ozen*, *Hotem*, *Pé* sont sortis de *Bekhinat Roch* vers le *Gouf* sous l'endroit du *Zivoug de Roch*. Pourtant, puisqu'il n'y a pas d'absence dans le spirituel, deux genres de *Ozen*, *Hotem*, *Pé* sont discernés ici : le premier genre est *Ozen*, *Hotem*, *Pé* à l'endroit de leur sortie, leur place dans *Roch* comme au début. Le second genre est *Ozen*, *Hotem*, *Pé* qui sont descendus dans *Bekhinat Gouf*, sous *Pé de Roch de SAG*. Ils sont appelés *Ozen*, *Hotem*, *Pé* pas à leur lieu de sortie, et tous sont appelés « *Ozen*, *Hotem*, *Pé* intérieurs ».

Ici, les dix Sefirot de *Tokh* jusqu'au *Tabour* sont aussi appelées *Akoudim*, comme avant le *Tsimtsoum Bet* puisque les dix Sefirot qui sont sorties du *Zivoug de Nikvey Eynaim* ne pouvaient se manifester que sous le *Tabour*. Elles sont appelées les « dix Sefirot de *Nekoudim* » et elles sont sorties principalement du *Partsouf SAG*, même si leur intériorité est sortie de AK lui-même.

Aussi, elles sont appelées MA et BON de AK puisque l'intériorité des trois premières *Nekoudim* est appelée MA de AK et l'intériorité des sept inférieures de *Nekoudim* est appelée BON de AK. Elles finissent au point du *Sioum* du *Tsimtsoum Bet* appelé « la *Parsa* entre *Atsilout* et *Briya* ». Sous cela il y a trois mondes inférieurs *Briya*, *Yetsira* et *Assiya*.

Colonne 4

Ceci est un *Partsouf* externe *Ozen*, *Hotem*, *Pé* de SAG de AK jusqu'au *Tabour*. Du *Tabour* et en bas c'est le *Partsouf* des dix Sefirot de *Nekoudim* qui se finissent à la *Parsa*. Sous la *Parsa* se tiennent les trois mondes inférieurs *Briya*, *Yetsira* et *Assiya*.

Dans les extérieurs, *Ozen*, *Hotem*, *Pé*, sont divisés en deux *Bekhinot Ozen*, *Hotem*, *Pé* : *Ozen*, *Hotem*, *Pé* extérieurs à l'endroit de leur sortie, se tenant au-dessus de *Pé* et *Ozen*, *Hotem*, *Pé* extérieurs qui ne sont pas au lieu de leur sortie, se tenant sous *Pé* jusqu'au *Tabour*. Leurs trois supérieures adhèrent à la lèvre inférieure, appelé *Shibolet ha Zakan* et les trois supérieures sont essentiellement la lumière de *Ozen*, mais leur *Bekhinot Hotem*, *Pé* sont inclues en elles aussi. Ce sont les racines des trois premières de *Nekoudim*.

Leur sept inférieures, qui sont vraiment *Hotem* et *Pé*, se tiennent sous *Shibolet ha Zakan* et s'étendent jusqu'au *Tabour*. Ces *Ozen*, *Hotem*, *Pé* extérieurs sont appelés *Dikna* (barbe) *de SAG de AK* et vous trouverez beaucoup de détails dans Talmud des dix Sefirot, 6e partie, point 20.

Les dix Sefirot de *Nekoudim* se tiennent du *Tabour* et en bas. Leurs trois premières sont dans *Tikoun Kavin* [correction des lignes] et revêtent MA de AK et leurs sept inférieures sont l'une sous l'autre, comme dans le *Tsimtsoum Aleph*, revêtant BON de AK. En-dessous d'elles se trouvent la *Parsa* et les trois mondes *Briya*, *Yetsira* et *Assiya* sous la *Parsa*.

Schéma n°2

1	2	3	4
Partsouf SAG de AK pendant Tsimtsoum Aleph	**Partsouf SAG de AK pendant l'ascension au Tsimtsoum Bet**	**Partsouf SAG de AK en Katnout**	**Partsouf SAG de AK pendant la brisure des récipients**

Colonne 1 — Partsouf SAG de AK pendant Tsimtsoum Aleph

- Dix Sefirot de Roch
  - Galgalta - Keter
  - Eynaim - Hokhma
  - Ozen - Bina
  - Hotem - Tifferet
  - Pé - Malkhout
- Pé
- Taamim de SAG
  - Keter
  - Hokhma
  - Bina
  - Hessed
  - Guevoura
  - Tifferet
  - Netsakh
  - Hod
  - Yessod
  - Malkhout
- Tabour
- Nekoudot de SAG
  - Keter
  - Hokhma
  - Bina
  - - - - - -
  - Hessed
  - Guevoura
  - Tiers supérieur de Tifferet
- Khazé
- 2/3 inférieurs de Tifferet
- - - - - -
- Netsakh
- Hod
- Yessod
- - - - - -
- Malkhout

Colonne 2 — Partsouf SAG de AK pendant l'ascension au Tsimtsoum Bet

- Dix Sefirot de Roch
  - Galgalta - Keter
  - Eynaim - Hokhma
- Nikvey Eynaim
  - Ozen - Bina
  - Hotem - Tifferet
  - Pé - Malkhout
- Pé
- Tabour
- Endroit du monde de Atsilout
- Parsa
- Endroit du monde de Bryia
- Endroit du monde de Yetsira
- Endroit du monde de Assiya

Colonne 3 — Partsouf SAG de AK en Katnout

- Dix Sefirot de Roch
  - Galgalta - Keter
  - Eynaim - Hokhma
- Nikvey Eynaim
  - Ozen - Bina
  - Hotem - Tifferet
  - Pé - Malkhout
- Khazé
- **ISHSOUT**
  - 1ère Rosh du Monde des Nekoudim
- Tabour
- Katnout du monde des Nekoudim
  - Keter
  - Bina   Hokhma
  - Hessed
  - Guevoura
  - Tifferet
  - Netsakh
  - Hod
  - Yessod
  - Malkhout
- Parsa

Colonne 4 — Partsouf SAG de AK pendant la brisure des récipients

- Dix Sefirot de Roch
  - Galgalta - Keter
  - Eynaim - Hokhma
  - Ozen - Bina
  - Hotem - Tifferet
  - Pé - Malkhout
- Pé
- Khazé
- **ISHSOUT**
  - 1ère Rosh du Monde des Nekoudim
- Tabour
- Gadlout du monde des Nekoudim
  - Keter
  - Bina   Hokhma
  - Daat
  - Hessed
  - Guevoura
  - Tiers supérieur de Tifferet
- Parsa
- 2/3 inférieurs de Tifferet
- Hod   Netsakh
- Yessod
- Malkhout

Brisure des récipients

Point de ce monde

SCHÉMA 3

Ceci est l'état constant des cinq *Partsoufim* de AK d'où les cinq *Partsoufim* du nouveau MA sont sortis, appelés « les cinq *Partsoufim* constants de *Atsilout* ». Après avoir été établis, aucune diminution ne leur arrivera plus.

Cela explique aussi la division de chaque *Partsouf* en *Keter, Atsilout, Briya, Yetsira* et *Assiya* qui sont appelés *Keter, AB, SAG, MA* et *BON* ou *Yekhida, Haya, Neshama, Rouakh* et *Nefesh*. Chaque *Roch* jusqu'à *Pé*, est appelé *Keter* ou *Yekhida*. De *Pé* jusqu'au *Khazé* de chacune, c'est appelé *Atsilout*, ou *AB* ou *Haya*. Et du *Khazé* jusqu'au *Tabour* de chacune c'est appelé *Briya*, ou *SAG* ou *Neshama*. Et du *Tabour* vers le bas pour chacune, c'est appelé *Yetsira* ou *Assiya* ou *MA* et *BON* ou *Rouakh Nefesh*.

Nous expliquons aussi leur revêtement l'un sur l'autre : chacun se revêt de *Pé* et en dessous de son supérieur de façon à ce que *Roch* de chaque inférieur revête *AB* et *Atsilout* du supérieur et *AB* et *Atsilout* de l'inférieur revêtent *SAG* et *Briya* du supérieur.

De plus, *SAG* et *Briya* de chaque inférieur revêtent *MA* et *BON* qui est *Yetsira* et *Assiya* du supérieur. Ainsi, *Pé* du supérieur est *Galgalta* de l'inférieur et du *Khazé* du supérieur c'est *Pé* de l'inférieur et *Tabour* du supérieur est *Khazé* de l'inférieur.

Aussi, cela explique la sortie du nouveau MA dans chacun des cinq *Partsoufim* de *Atsilout*, le MA dans son *Partsouf* correspondant dans AK.

Schéma n°3

L'état constant des cinq Partsoufim de AK et des cinq Partsoufim de Atsilout, qui ne diminue jamais de ce niveau

Les pointillés qui s'étendent de chaque Roch des cinq Partsoufim de Atsilout à son Partsouf correspondant dans AK indiquent leur niveau d'où ils prennent et s'alimentent

Monde de Adam Kadmon — Partsoufim: 1. Partsouf Keter, 2. Partsouf AB, 3. Partsouf SAG, 4. Partsouf MA, 5. Partsouf BON

Monde de Atsilout — Partsoufim: 6. Partsouf Atik, 7. Partsouf AA, 8. Partsouf AVI, 9. Partsouf ISHSOUT, 10. Partsouf ZON

Ligne de Ein Sof

Keter	AB	SAG	MA	BON	Atik	AA	AVI	ISHSOUT	ZON
Roch Keter Yekhida Pé									
AB Atsilout Haya Khazé	Rosh Keter Yekhida Pé								
SAG Briya Neshama Tabour	AB Atsilout Haya Khazé	Rosh Keter Yekhida Pé							
MA Yetsira Rouakh	SAG Briya Neshama Tabour	AB Atsilout Haya Khazé	Roch Keter Yekhida Pé	Roch Keter Yekhida Pé					
BON Assiya Nefesh	MA Yetsira Rouakh	SAG Briya Neshama Tabour	AB Atsilout Haya Khazé	AB Atsilout Haya Khazé	Roch Keter Yekhida Pé				
	BON Assiya Nefesh	MA Yetsira Rouakh	SAG Briya Neshama Tabour	SAG Briya Neshama Tabour	AB Atsilout Haya Khazé	Roch Keter Yekhida Pé			
		BON Assiya Nefesh	MA Yetsira Rouakh	MA Yetsira Rouakh	SAG Briya Neshama Tabour	AB Atsilout Haya Khazé	Roch Keter Yekhida Pé		
			BON Assiya Nefesh	BON Assiya Nefesh	MA Yetsira Rouakh	SAG Briya Neshama Tabour	AB Atsilout Haya Khazé	Roch Keter Yekhida Pé	
					BON Assiya Nefesh	MA Yetsira Rouakh	SAG Briya Neshama Tabour	AB Atsilout Haya Khazé	
						BON Assiya Nefesh	MA Yetsira Rouakh	SAG Briya Neshama Tabour	
							BON Assiya Nefesh	MA Yetsira Rouakh	
								BON Assiya Nefesh	**Parsa**

Sioum du monde de Atsilout — Parsa

- Monde de Briya
- Monde de Yetsira
- Monde de Assiya

Sioum — **Point de ce monde**

SCHÉMA 4

L'état de ZA durant son ascension pour obtenir *Neshama*, par rapport aux cinq *Partsoufim* constants de AK et *Atsilout* et comment il prend et suce de *Briya de BON de AK* – son *Partsouf* correspondant dans AK.

SCHÉMA 5

L'état de ZA durant son ascension pour obtenir *Haya*, par rapport aux cinq *Partsoufim* constants de AK et *Atsilout* et comment il prend et suce de *Atsilout de BON de AK* – son *Partsouf* correspondant dans AK.

SCHÉMA 6

L'état de ZA durant son ascension pour obtenir *Yekhida*, par rapport aux cinq *Partsoufim* constants de AK et *Atsilout* et comment il prend et suce de *Roch de BON de AK* – son *Partsouf* correspondant dans AK.

Schéma n°4
Position de ZA après avoir obtenu Neshama dans l'état constant des cinq Partsoufim de AK et Atsilout

Monde de Adam Kadmon — *Monde de Atsilout*

Ligne de Ein Sof

1 Partsouf Keter	2 Partsouf AB	3 Partsouf SAG	4 Partsouf MA	5 Partsouf BON	6 Partsouf Atik	7 Partsouf AA	8 Partsouf AVI	9 Partsouf ISHSOUT	10 Partsouf ZON
Roch Keter Yekhida Pé									
AB Atsilout Haya Khazé	Roch Keter Yekhida Pé								
SAG Briya Neshama Tabour	AB Atsilout Haya Khazé	Roch Keter Yekhida Pé							
MA Yetsira Rouakh	SAG Briya Neshama Tabour	AB Atsilout Haya Khazé	Roch Keter Yekhida Pé						
BON Assiya Nefesh	MA Yetsira Rouakh	SAG Briya Neshama Tabour	AB Atsilout Haya Khazé	Roch Keter Yekhida Pé					
	BON Assiya Nefesh	MA Yetsira Rouakh	SAG Briya Neshama Tabour	AB Atsilout Haya Khazé	Roch Keter Yekhida Pé				
		BON Assiya Nefesh	MA Yetsira Rouakh	SAG Briya Neshama Tabour	AB Atsilout Haya Khazé	Roch Keter Yekhida Pé			
			BON Assiya Nefesh	MA Yetsira Rouakh	SAG Briya Neshama Tabour	AB Atsilout Haya Khazé	Roch Keter Yekhida Pé		
				BON Assiya Nefesh	MA Yetsira Rouakh	SAG Briya Neshama Tabour	AB Atsilout Haya Khazé	Roch Keter Yekhida Pé	Roch Keter Yekhida Pé
					BON Assiya Nefesh	MA Yetsira Rouakh	SAG Briya Neshama Tabour	AB Atsilout Haya Khazé	AB Atsilout Haya Khazé
						BON Assiya Nefesh	MA Yetsira Rouakh	SAG Briya Neshama Tabour	SAG Briya Neshama Tabour
							BON Assiya Nefesh	MA Yetsira Rouakh	MA Yetsira Rouakh
								BON Assiya Nefesh	BON Assiya Nefesh

Sioum du monde de Atsilout -Parsa

Côté droit (de haut en bas) :
- Monde de Briya
- Monde de Yetsira
- Monde de Assiya
- Endroit du monde de Assiya

Sioum

Point de ce monde

Schéma n°5

Position de ZA après avoir obtenu Haya dans l'état constant des cinq Partsoufim de AK et Atsilout

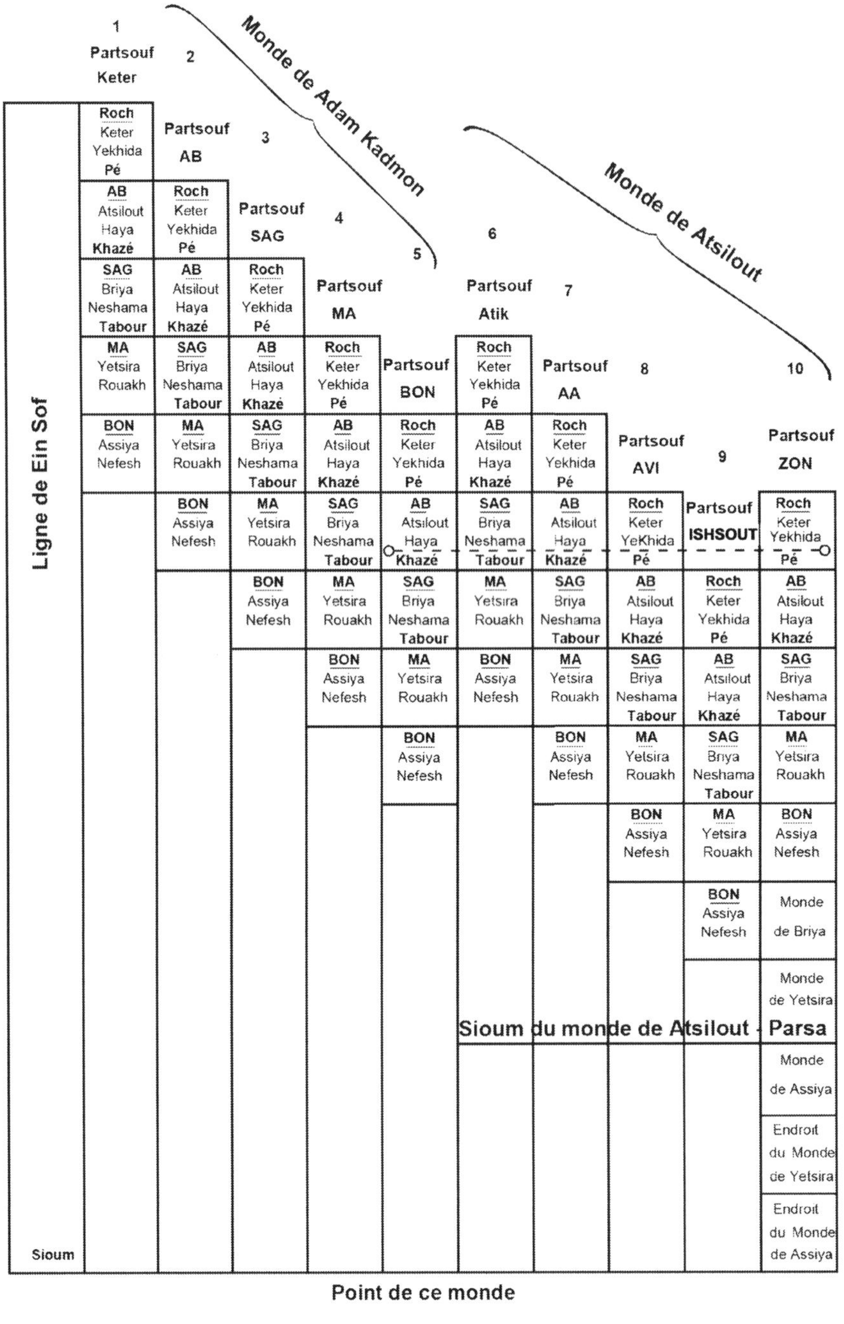

Schéma n°6

Position de ZA après avoir obtenu Yekhida dans l'état constant des cinq Partsoufim de AK et Atsilout

Ligne de Ein Sof	1 Partsouf Keter	2 Partsouf AB	3 Partsouf SAG	4 Partsouf MA	5 Partsouf BON	6 Partsouf Atik	7 Partsouf AA	8 Partsouf AVI	9 Partsouf ISHSOUT	10 Partsouf ZON
	Roch / Keter / Yekhida / Pé									
	AB / Atsilout / Haya / Khazé	Roch / Keter / Yekhida / Pé								
	SAG / Briya / Neshama / Tabour	AB / Atsilout / Haya / Khazé	Roch / Keter / Yekhida / Pé							
	MA / Yetsira / Rouakh	SAG / Briya / Neshama / Tabour	AB / Atsilout / Haya / Khazé	Roch / Keter / Yekhida / Pé		Roch / Keter / Yekhida / Pé				
	BON / Assiya / Nefesh	MA / Yetsira / Rouakh	SAG / Briya / Neshama / Tabour	AB / Atsilout / Haya / Khazé	Roch / Keter / Yekhida / Pé	AB / Atsilout / Haya / Khazé	Roch / Keter / Yekhida / Pé			Roch / Keter / Yekhida / Pé
		BON / Assiya / Nefesh	MA / Yetsira / Rouakh	SAG / Briya / Neshama / Tabour	AB / Atsilout / Haya / Khazé	SAG / Briya / Neshama / Tabour	AB / Atsilout / Haya / Khazé	Roch / Keter / Yekhida / Pé		AB / Atsilout / Haya / Khazé
			BON / Assiya / Nefesh	MA / Yetsira / Rouakh	SAG / Briya / Neshama / Tabour	MA / Yetsira / Rouakh	SAG / Briya / Neshama / Tabour	AB / Atsilout / Haya / Khazé	Roch / Keter / Yekhida / Pé	SAG / Briya / Neshama / Tabour
				BON / Assiya / Nefesh	MA / Yetsira / Rouakh	BON / Assiya / Nefesh	MA / Yetsira / Rouakh	SAG / Briya / Neshama / Tabour	AB / Atsilout / Haya / Khazé	MA / Yetsira / Rouakh
					BON / Assiya / Nefesh		BON / Assiya / Nefesh	MA / Yetsira / Rouakh	SAG / Briya / Neshama / Tabour	BON / Assiya / Nefesh
								BON / Assiya / Nefesh	MA / Yetsira / Rouakh	Monde de Briya
									BON / Assiya / Nefesh	Monde de Yetsira
										Monde de Assiya

Monde de Adam Kadmon — Monde de Atsilout

Sioum du monde de Atsilout - Parsa

Endroit du Monde de Briya
Endroit du Monde de Yetsira
Endroit du Monde de Assiya

Sioum — Point de ce monde

SCHÉMA 7

Les états des cinq *Partsoufim de Atsilout* au moment de leur ascension pour obtenir *Neshama*, par rapport aux cinq *Partsoufim* constants de AK, et comment chacun prend et suce de son *Partsouf* correspondant dans AK.

SCHÉMA 8

Les états des cinq *Partsoufim de Atsilout* au moment de leur ascension pour obtenir *Haya*, par rapport aux cinq *Partsoufim* constants de AK, et comment chacun prend et suce de son *Partsouf* correspondant dans AK.

SCHÉMA 9

Les états des cinq *Partsoufim de Atsilout* au moment de leur ascension pour obtenir *Yekhida*, par rapport aux cinq *Partsoufim* constants de AK, et comment chacun prend et suce de son *Partsouf* correspondant dans AK.

Schéma n°7

Position de tous les 5 Partsoufim de Atsilout et les 3 mondes BYA après avoir obtenu leur Neshama dans l'état constant des 5 Partsoufim de AK

Les pointillés qui s'étendent de chaque Roch des 5 Partsoufim de Atsilout à son Partsouf correpondant dans AK indiquent leur niveau d'où ils prennent et s'alimentent

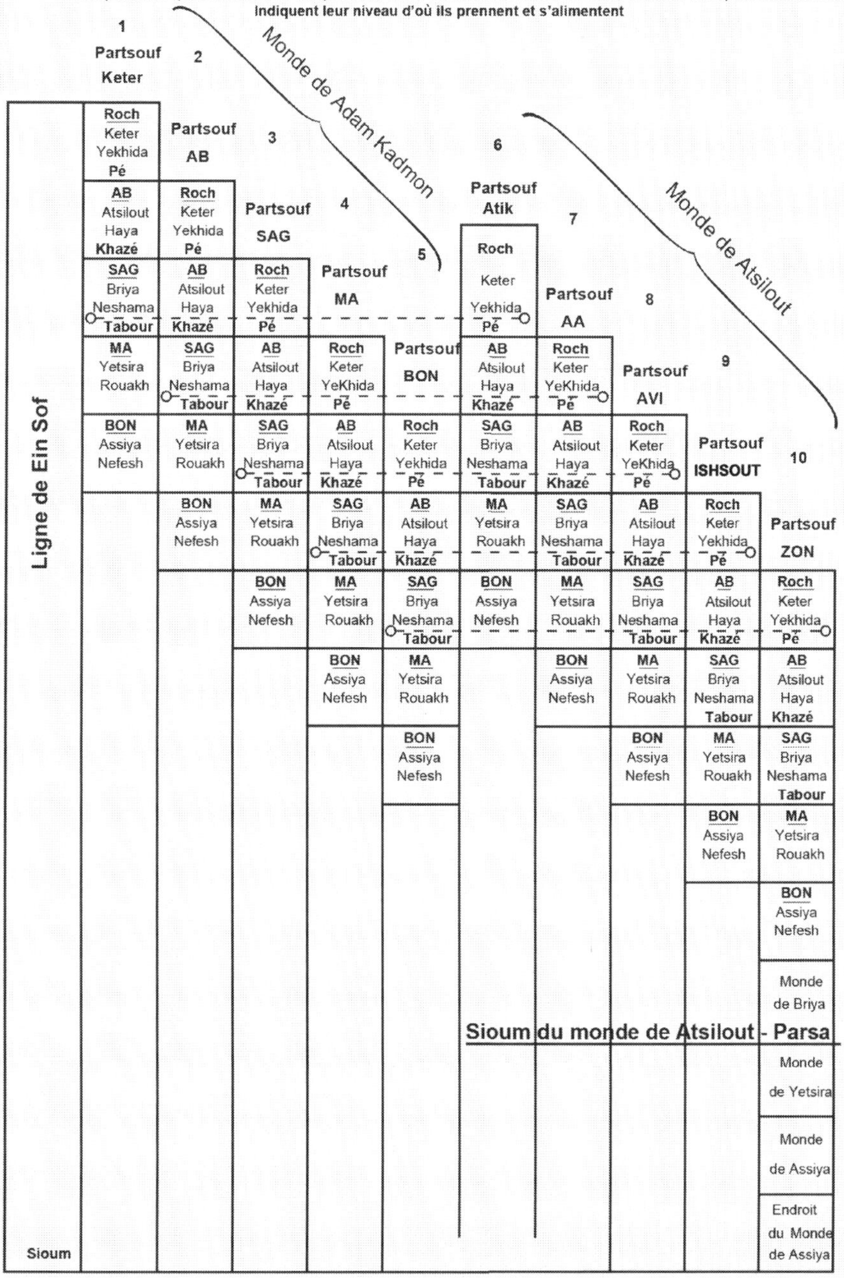

#	Partsouf (Atsilout)	Roch contents
1	Partsouf Keter	Roch: Keter / Yekhida / Pé
2	Partsouf AB	Roch: Keter / Yekhida / Pé
3	Partsouf SAG	Roch: Keter / Yekhida / Pé
4	Partsouf MA	—
5	Partsouf BON	—
6	Partsouf Atik	Roch: Keter / Yekhida / Pé
7	Partsouf AA	—
8	Partsouf AVI	—
9	Partsouf ISHSOUT	—
10	Partsouf ZON	Roch: Keter / Yekhida / Pé

Labels on diagram:
- Monde de Adam Kadmon
- Monde de Atsilout
- Ligne de Ein Sof
- Sioum du monde de Atsilout - Parsa
- Monde de Briya
- Monde de Yetsira
- Monde de Assiya
- Endroit du Monde de Assiya
- Sioum
- Point de ce monde

Standard column contents for each Partsouf level:
- AB: Atsilout / Haya / Khazé
- SAG: Briya / Neshama / Tabour
- MA: Yetsira / Rouakh
- BON: Assiya / Nefesh

Schéma n°8

Position de tous les 5 Partsoufim de Atsilout et des 3 mondes BYA après avoir obtenu leur Haya dans l'état constant des 5 Partsoufim de AK

Les pointillés qui s'étendent de chaque Roch des 5 Partsoufim de Atsilout à son Partsouf correspondant dans AK
Indiquent le niveau d'où ils prennent et s'alimentent

1 Partsouf Keter	2	3	4	5	6 Partsouf Atik	7 Partsouf AA	8 Partsouf AVI	9 Partsouf ISHSOUT	10 Partsouf ZON

Monde de Adam Kadmon

Monde de Atsilout

	Roch Keter Yekhida Pé	Partsouf AB				Partsouf Atik			
Ligne de Ein Sof	AB Atsilout Haya Khazé	Roch Keter Yekhida Pé	Partsouf SAG			Roch Keter Yekhida Pé	Partsouf AA		
	SAG Briya Neshama Tabour	AB Atsilout Haya Khazé	Roch Keter Yekhida Pé	Partsouf MA		AB Atsilout Haya Khazé	Roch Keter Yekhida Pé	Partsouf AVI	
	MA Yetsira Rouakh	SAG Briya Neshama Tabour	AB Atsilout Haya Khazé	Roch Keter Yekhida Pé	Partsouf BON	SAG Briya Neshama Tabour	AB Atsilout Haya Khazé	Roch Keter Yekhida Pé	Partsouf ISHSOUT
	BON Assiya Nefesh	MA Yetsira Rouakh	SAG Briya Neshama Tabour	AB Atsilout Haya Khazé	Roch Keter Yekhida Pé	MA Yetsira Rouakh	SAG Briya Neshama Tabour	AB Atsilout Haya Khazé	Roch Keter Yekhida Pé — Partsouf ZON
		BON Assiya Nefesh	MA Yetsira Rouakh	SAG Briya Neshama Tabour	AB Atsilout Haya Khazé	BON Assiya Nefesh	MA Yetsira Rouakh	SAG Briya Neshama Tabour	AB Atsilout Haya Khazé
			BON Assiya Nefesh	MA Yetsira Rouakh	SAG Briya Neshama Tabour		BON Assiya Nefesh	MA Yetsira Rouakh	SAG Briya Neshama Tabour
				BON Assiya Nefesh	MA Yetsira Rouakh			BON Assiya Nefesh	MA Yetsira Rouakh
					BON Assiya Nefesh				BON Assiya Nefesh
									Monde de Briya
									Monde de Yetsira — **Parsa**
		Sioum du monde de Atsilout							
									Monde de Assiya
									Endroit du Monde de Yetsira
Sioum									Endroit du Monde de Assiya

Point de ce monde

Schéma n°9

Position de tous les 5 Partsoufim de Atsilout et des 3 mondes BYA après avoir obtenu leur Yekhida dans l'état constant des 5 Partsoufim de AK

Les pointillés qui s'étendent de chaque Roch des 5 Partsoufim de Atsilout à son Partsouf correspondant dans AK indiquent le niveau d'où ils prennent et s'alimentent

Monde de Adam Kadmon — Monde de Atsilout

1 Partsouf Keter	2	3	4	5	6 Partsouf Atik	7	8 Partsouf AA	9 Partsouf AVI	10 Partsouf ISHSOUT	Partsouf ZON
Roch Keter Yekhida Pé	Partsouf AB				Roch Keter Yekhida Pé	Partsouf AA				
AB Atsilout Haya Khazé	Roch Keter Yekhida Pé	Partsouf SAG			AB Atsilout Haya Khazé	Roch Keter Yekhida Pé	Partsouf AVI			
SAG Briya Neshama Tabour	AB Atsilout Haya Khazé	Roch Keter Yekhida Pé	Partsouf MA		SAG Briya Neshama Tabour	AB Atsilout Haya Khazé	Roch Keter Yekhida Pé	Partsouf ISHSOUT		
MA Yetsira Rouakh	SAG Briya Neshama Tabour	AB Atsilout Haya Khazé	Roch Keter Yekhida Pé	Partsouf BON	MA Yetsira Rouakh	SAG Briya Neshama Tabour	AB Atsilout Haya Khazé	Roch Keter Yekhida Pé	Partsouf ZON	
BON Assiya Nefesh	MA Yetsira Rouakh	SAG Briya Neshama Tabour	AB Atsilout Haya Khazé	Roch Keter Yekhida Pé	BON Assiya Nefesh	MA Yetsira Rouakh	SAG Briya Neshama Tabour	AB Atsilout Haya Khazé	Roch Keter Yekhida Pé	
	BON Assiya Nefesh	MA Yetsira Rouakh	SAG Briya Neshama Tabour	AB Atsilout Haya Khazé		BON Assiya Nefesh	MA Yetsira Rouakh	SAG Briya Neshama Tabour	AB Atsilout Haya Khazé	
		BON Assiya Nefesh	MA Yetsira Rouakh	SAG Briya Neshama Tabour			BON Assiya Nefesh	MA Yetsira Rouakh	SAG Briya Neshama Tabour	
			BON Assiya Nefesh	MA Yetsira Rouakh				BON Assiya Nefesh	MA Yetsira Rouakh	
				BON Assiya Nefesh					BON Assiya Nefesh	
									Monde de Briya	
									Monde de Yetsira	
									Monde de Assiya	

Ligne de Ein Sof (left margin)

Sioum du monde de Atsilout – Parsa

- Endroit du Monde de Briya
- Endroit du Monde de Yetsira
- Endroit du Monde de Assiya

Sioum — Point de ce monde

SCHÉMAS 10, 11, 12

Ces schémas montrent comment l'échelle des degrés ne change jamais et les degrés, comme un tout, restent toujours comme ils étaient au début au moment de la sortie du nouveau MA, comme dans l'état constant. Il en est ainsi parce que lorsque ZA monte et obtient *Neshama*, tous les degrés montent avec lui – les cinq *Partsoufim de AK* et *Atsilout* – et chacun obtient la *Bekhinat Neshama* lui correspondant. C'est la même chose pour l'obtention de *Haya de ZA* et *Ykhida de ZA*.

Le schéma 10 représente l'état des cinq *Partsoufim de AK* alors qu'ils montent pour obtenir *Neshama*. Le schéma 11 représente leur état alors qu'ils obtiennent *Haya* et le schéma 12 représente leur état alors qu'ils obtiennent *Yekhida*.

Schéma n°10

Position de tous les mondes et des Partsoufim
Les 5 Partsoufim de AK, les 5 Partsoufim de Atsilout, et les 3 mondes
BYA après avoir obtenu leur Neshama dans l'état constant de Kav Ein Sof

Les pointillés qui s'étendent de chaque Roch des 5 Partsoufim de Atsilout à son Partsouf correspondant dans AK
Indiquent le niveau d'où ils prennent et s'alimentent

1	2	3 Monde de Adam Kadmon	4	5	6 Monde de Atsilout	7	8	9	10
Partsouf Keter	Partsouf AB	Partsouf SAG	Partsouf MA	Partsouf BON	Partsouf Atik	Partsouf AA	Partsouf AVI	Partsouf ISHSOUT	Partsouf ZON

(Ligne de Ein Sof à gauche; Sioum en bas)

Colonne Partsouf Keter (AK):
- AB / Atsilout / Haya / Khazé
- SAG / Briya / Neshama / Tabour
- MA / Yetsira / Rouakh
- BON / Assiya / Nefesh

Colonne Partsouf AB (AK):
- Roch / Keter / Yekhida / Pé
- AB / Atsilout / Haya / Khazé
- SAG / Briya / Neshama / Tabour
- MA / Yetsira / Rouakh
- BON / Assiya / Nefesh

Colonne Partsouf SAG (AK):
- Roch / Keter / Yekhida / Pé
- AB / Atsilout / Haya / Khazé
- SAG / Briya / Neshama / Tabour
- MA / Yetsira / Rouakh
- BON / Assiya / Nefesh

Colonne Partsouf MA (AK):
- Roch / Keter / Yekhida / Pé
- AB / Atsilout / Haya / Khazé
- SAG / Briya / Neshama / Tabour
- MA / Yetsira / Rouakh
- BON / Assiya / Nefesh

Colonne Partsouf BON (AK):
- Roch / Keter / Yekhida / Pé
- AB / Atsilout / Haya / Khazé
- SAG / Briya / Neshama / Tabour
- MA / Yetsira / Rouakh
- BON / Assiya / Nefesh

Colonne Partsouf Atik (Atsilout):
- Roch / Keter / Yekhida / Pé
- AB / Atsilout / Haya / Khazé
- SAG / Briya / Neshama / Tabour
- MA / Yetsira / Rouakh
- BON / Assiya / Nefesh

Colonne Partsouf AA (Atsilout):
- Roch / Keter / Yekhida / Pé
- AB / Atsilout / Haya / Khazé
- SAG / Briya / Neshama / Tabour
- MA / Yetsira / Rouakh
- BON / Assiya / Nefesh

Colonne Partsouf AVI (Atsilout):
- Roch / Keter / Yekhida / Pé
- AB / Atsilout / Haya / Khazé
- SAG / Briya / Neshama / Tabour
- MA / Yetsira / Rouakh
- BON / Assiya / Nefesh

Colonne Partsouf ISHSOUT (Atsilout):
- Roch / Keter / Yekhida / Pé
- AB / Atsilout / Haya / Khazé
- SAG / Briya / Neshama / Tabour
- MA / Yetsira / Rouakh
- BON / Assiya / Nefesh

Colonne Partsouf ZON (Atsilout):
- Roch / Keter / Yekhida / Pé
- AB / Atsilout / Haya / Khazé
- SAG / Briya / Neshama / Tabour
- MA / Yetsira / Rouakh
- BON / Assiya / Nefesh

Sioum du monde de Atsilout — Parsa

- Monde de Briya
- Monde de Yetsira
- Monde de Assiya
- Endroit du Monde de Assiya

Sioum

Schéma n°11

Position de tous les mondes et Partsoufim :
Les 5 Partsoufim de AK, les 5 Partoufim de Atsilout, et les 3 mondes BYA après avoir obtenu leur Haya dans l'état constant de Kav Ein Sof

Les pointillés qui s'étendent de chaque Roch des 5 Partsoufim de Atsilout à son Partsouf correspondant dans AK indiquent le niveau d'où ils prennent et s'alimentent

	1	2	3	4	5	6	7	8	9	10
	Partsouf Keter de AK	Partsouf AB de AK	Partsouf SAG de AK	Partsouf MA de AK	Partsouf BON de AK	Partsouf Atik	Partsouf AA	Partsouf AVI	Partsouf ISHSOUT	Partsouf ZON
Ligne de Ein Sof	SAG / Bryia / Neshama / Tabour	AB / Atsilout / Haya / Khazé	Roch / Keter / Yekhida / Pé							
	MA / Yetsira / Rouakh	SAG / Bryia / Neshama / Tabour	AB / Atsilout / Haya / Khazé	Roch / Keter / Yekhida / Pé						
	BON / Assiya / Nefesh	MA / Yetsira / Rouakh	SAG / Bryia / Neshama / Tabour	AB / Atsilout / Haya / Khazé	Roch / Keter / Yekhida / Pé	AB / Atsilout / Haya / Khazé	Roch / Keter / Yekhida / Pé			
		BON / Assiya / Nefesh	MA / Yetsira / Rouakh	SAG / Bryia / Neshama / Tabour	AB / Atsilout / Haya / Khazé	SAG / Bryia / Neshama / Tabour	AB / Atsilout / Haya / Khazé	Roch / Keter / Yekhida / Pé		
			BON / Assiya / Nefesh	MA / Yetsira / Rouakh	SAG / Bryia / Neshama / Tabour	MA / Yetsira / Rouakh	SAG / Bryia / Neshama / Tabour	AB / Atsilout / Haya / Khazé	Roch / Keter / Yekhida / Pé	
				BON / Assiya / Nefesh	MA / Yetsira / Rouakh	BON / Assiya / Nefesh	MA / Yetsira / Rouakh	SAG / Bryia / Neshama / Tabour	AB / Atsilout / Haya / Khazé	Roch / Keter / Yekhida / Pé
					BON / Assiya / Nefesh		BON / Assiya / Nefesh	MA / Yetsira / Rouakh	SAG / Bryia / Neshama / Tabour	AB / Atsilout / Haya / Khazé
								BON / Assiya / Nefesh	MA / Yetsira / Rouakh	SAG / Bryia / Neshama / Tabour
									BON / Assiya / Nefesh	MA / Yetsira / Rouakh
										BON / Assiya / Nefesh
										Monde de Briya
										Monde de Yetsira
						Sioum du monde de Atsilout				Parsa
										Monde de Assiya
										Endroit du Monde de Yetsira
Sioum										Endroit du Monde de Assiya

Monde de Atsilout

Schéma n°12

Position de tous les mondes et Partsoufim
les 5 Partsoufim de AK, les 5 Partsoufim de Atsilout, et les 3 mondes BYA
après avoir obtenu leur Yekhida dans l'état constant de Kav Ein Sof

Les pointillés qui s'étendent de chaque Roch des 5 Partsoufim de Atsilout à son Partsouf correspondant dans AK
Indiquent le niveau d'où ils prennent et s'alimentent

1	2	3	4	5	6	7	8	9	10
Partsouf Keter de AK	Partsouf AB de AK	Partsouf SAG de AK	Partsouf MA de AK	Partsouf BON de AK	Partsouf Atik	Partsouf AA	Partsouf AVI	Partsouf ISHSOUT	Partsouf ZON

Monde de Atsilout

MA Yetsira Rouakh ○	SAG Briya Neshama **Tabour**	AB Atsilout Haya **Khazé**	Roch Keter Yekhida **Pé**						
BON Assiya Nefesh	MA Yetsira Rouakh ○	SAG Briya Neshama **Tabour**	AB Atsilout Haya **Khazé**	Roch Keter Yekhida **Pé**	AB Atsilout Haya **Khazé**	Roch Keter Yekhida ○ **Pé**			
	BON Assiya Nefesh	MA Yetsira Rouakh ○	SAG Briya Neshama **Tabour**	AB Atsilout Haya **Khazé**	SAG Briya Neshama **Tabour**	AB Atsilout Haya **Khazé**	Roch Keter Yekhida ○ **Pé**		
		BON Assiya Nefesh ○	MA Yetsira Rouakh	SAG Briya Neshama **Tabour**	MA Yetsira Roukh	SAG Briya Neshama **Tabour**	AB Atsilout Haya **Khazé**	Roch Keter Yekhida ○ **Pé**	
			BON Assiya Nefesh ○	MA Yetsira Rouakh	BON Assiya Nefesh	MA Yetsira Rouakh	SAG Briya Neshama **Tabour**	AB Atsilout Haya **Khazé**	Roch Keter Yekhida ○ **Pé**
				BON Assiya Nefesh		BON Assiya Nefesh	MA Yetsira Rouakh	SAG Briya Neshama **Tabour**	AB Atsilout Haya **Khazé**
							BON Assiya Nefesh	MA Yetsira Rouakh	SAG Briya Neshama **Tabour**
								BON Assiya Nefesh	MA Yetsira Rouakh
									BON Assiya Nefesh
									Monde de Briya
									Monde de Yetsira
									Monde de Assiya

Sioum du monde de Atsilout - Parsa

- Endroit du Monde de Briya
- Endroit du Monde de Yetsira
- Endroit du Monde de Assiya

Ligne de Ein Sof

Sioum

ALBUM DES SCHÉMAS
Dans l'ordre de la «Préface à la sagesse de la Kabbale»

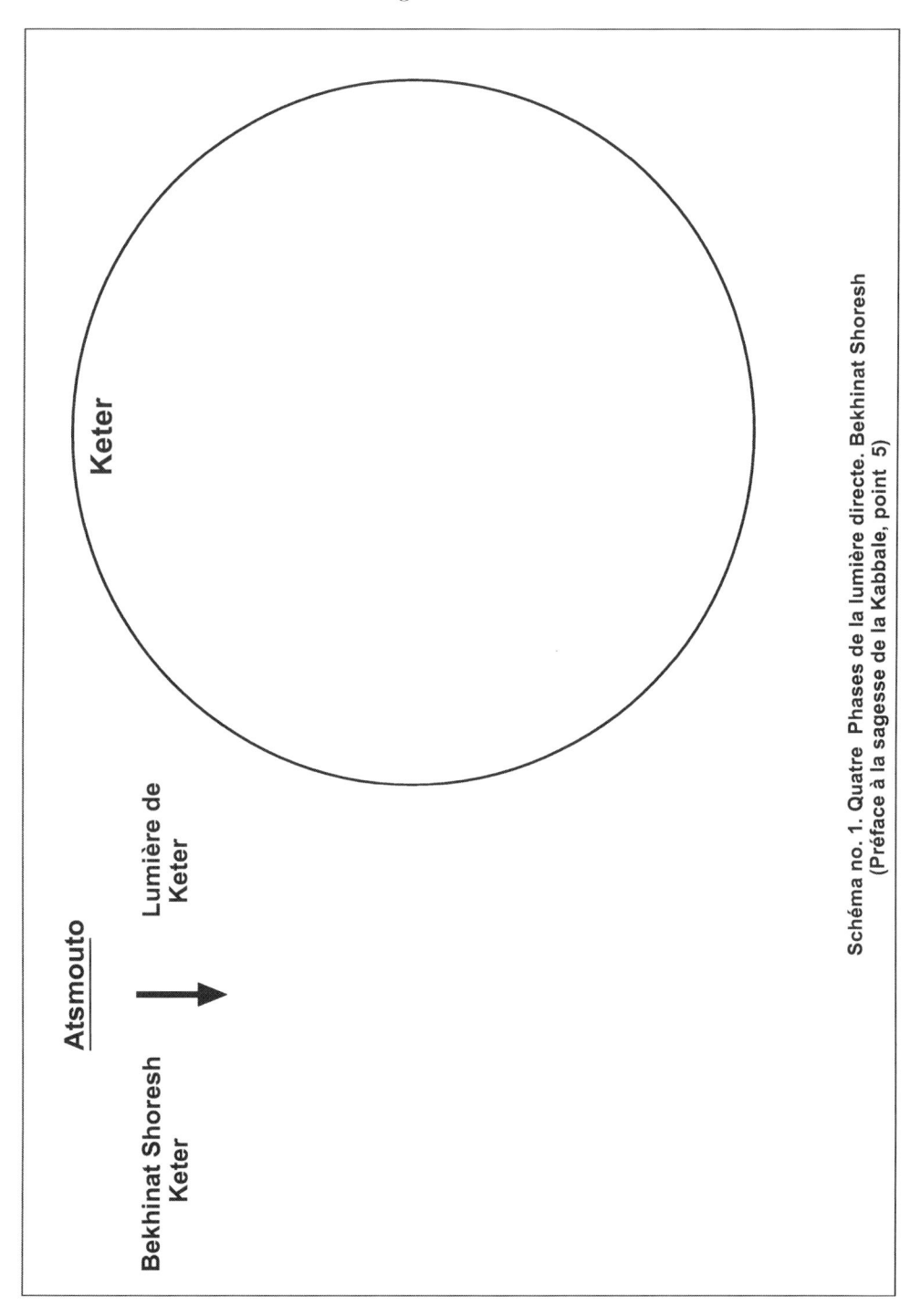

Keter

Atsmouto

Lumière de Keter →

Bekhinat Shoresh Keter

Schéma no. 1. Quatre Phases de la lumière directe. Bekhinat Shoresh
(Préface à la sagesse de la Kabbale, point 5)

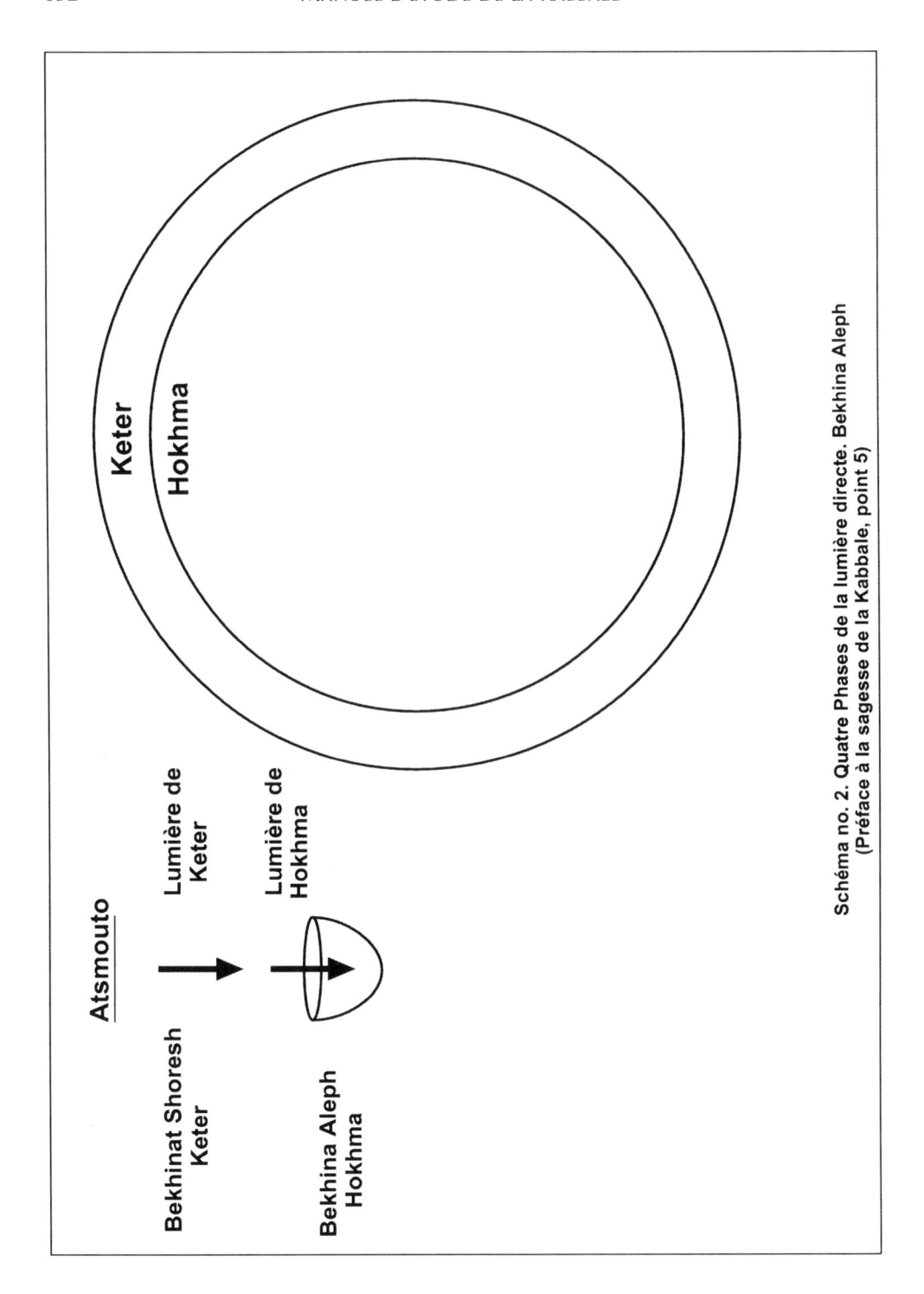

Schéma no. 2. Quatre Phases de la lumière directe. Bekhina Aleph
(Préface à la sagesse de la Kabbale, point 5)

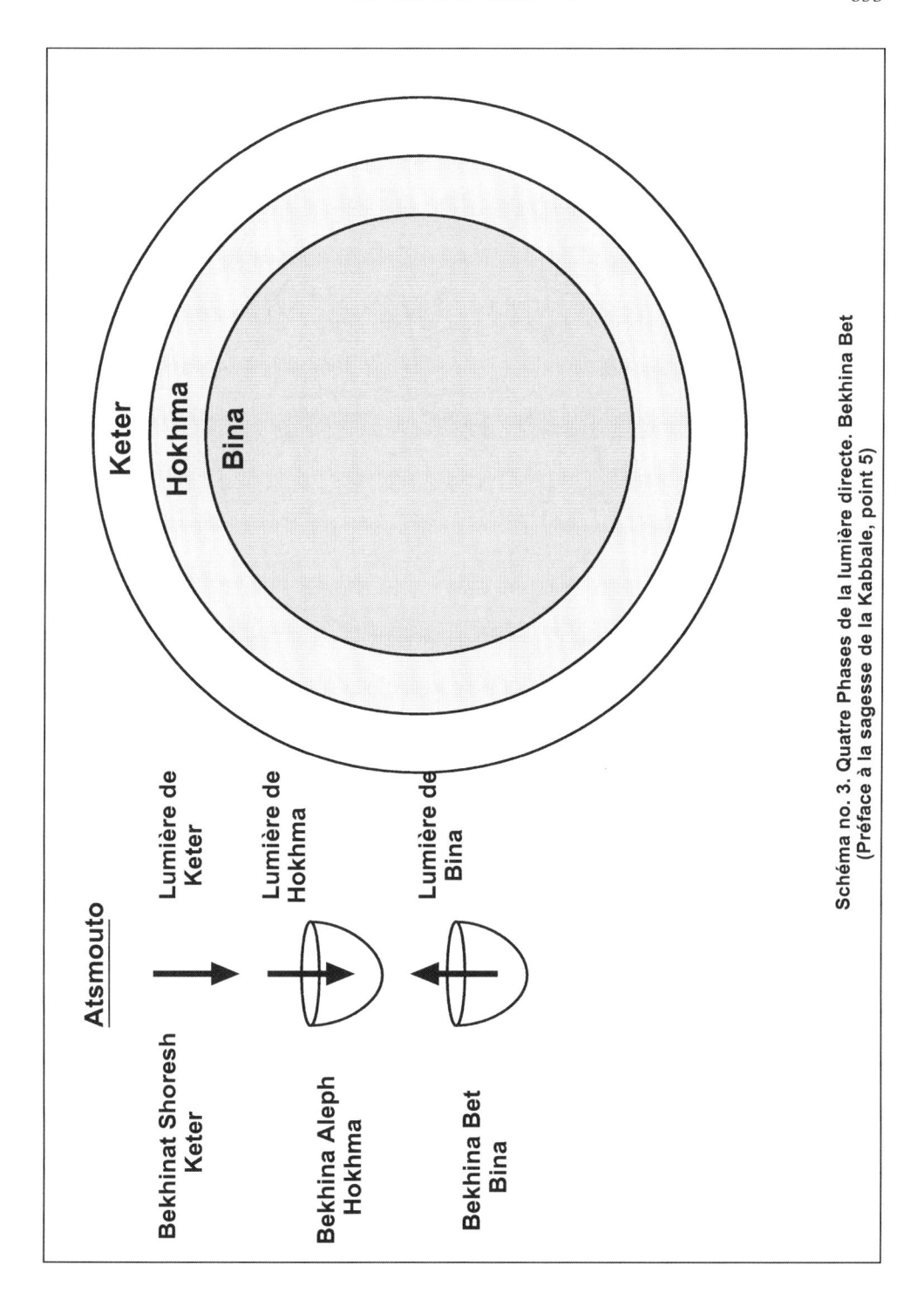

Album des schémas

Keter
Hokhma
Bina

Atsmouto

Lumière de Keter
Lumière de Hokhma
Lumière de Bina

Bekhinat Shoresh
Keter

Bekhina Aleph
Hokhma

Bekhina Bet
Bina

Schéma no. 3. Quatre Phases de la lumière directe. Bekhina Bet
(Préface à la sagesse de la Kabbale, point 5)

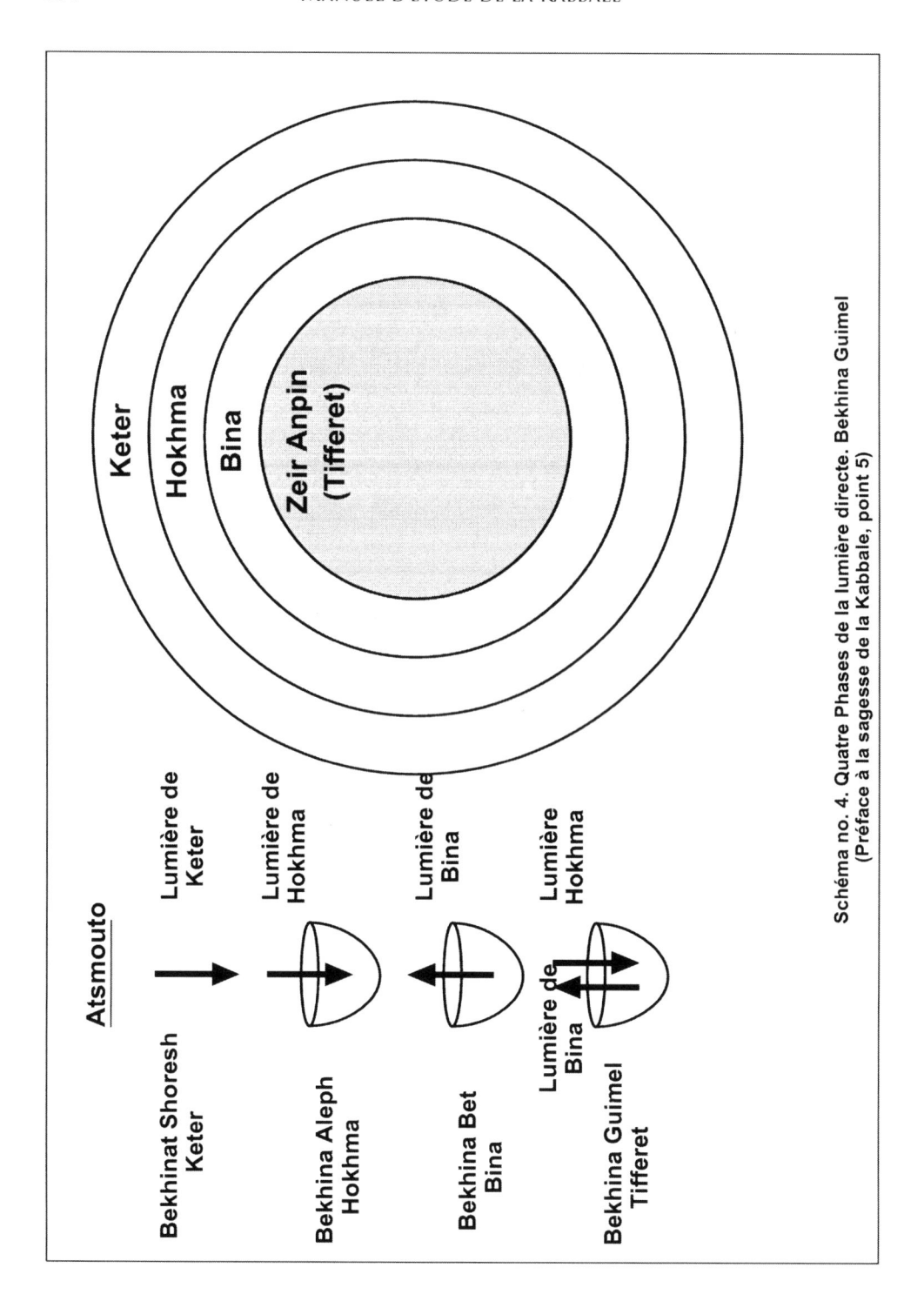

Schéma no. 4. Quatre Phases de la lumière directe. Bekhina Guimel
(Préface à la sagesse de la Kabbale, point 5)

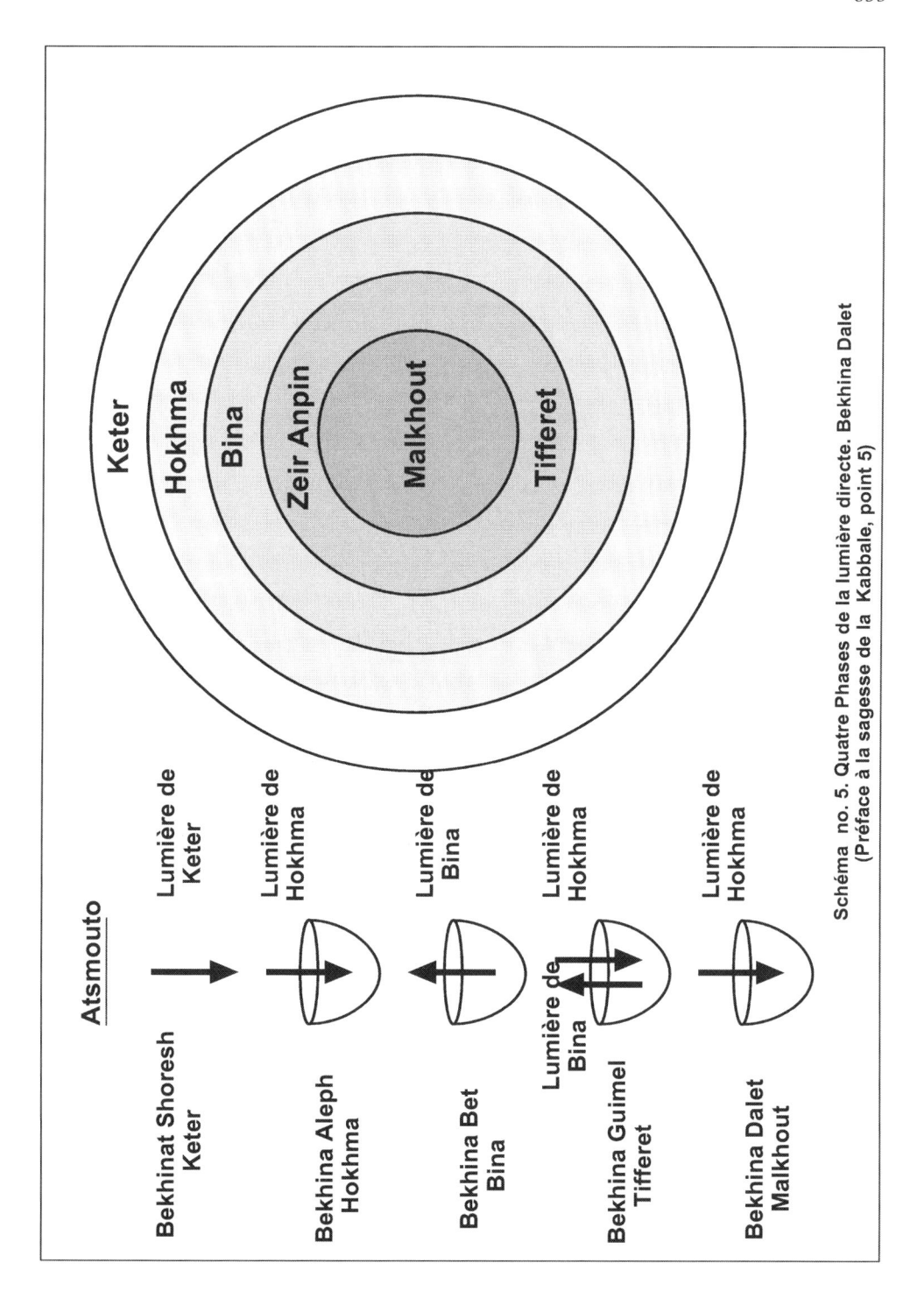

Schéma no. 5. Quatre Phases de la lumière directe. Bekhina Dalet
(Préface à la sagesse de la Kabbale, point 5)

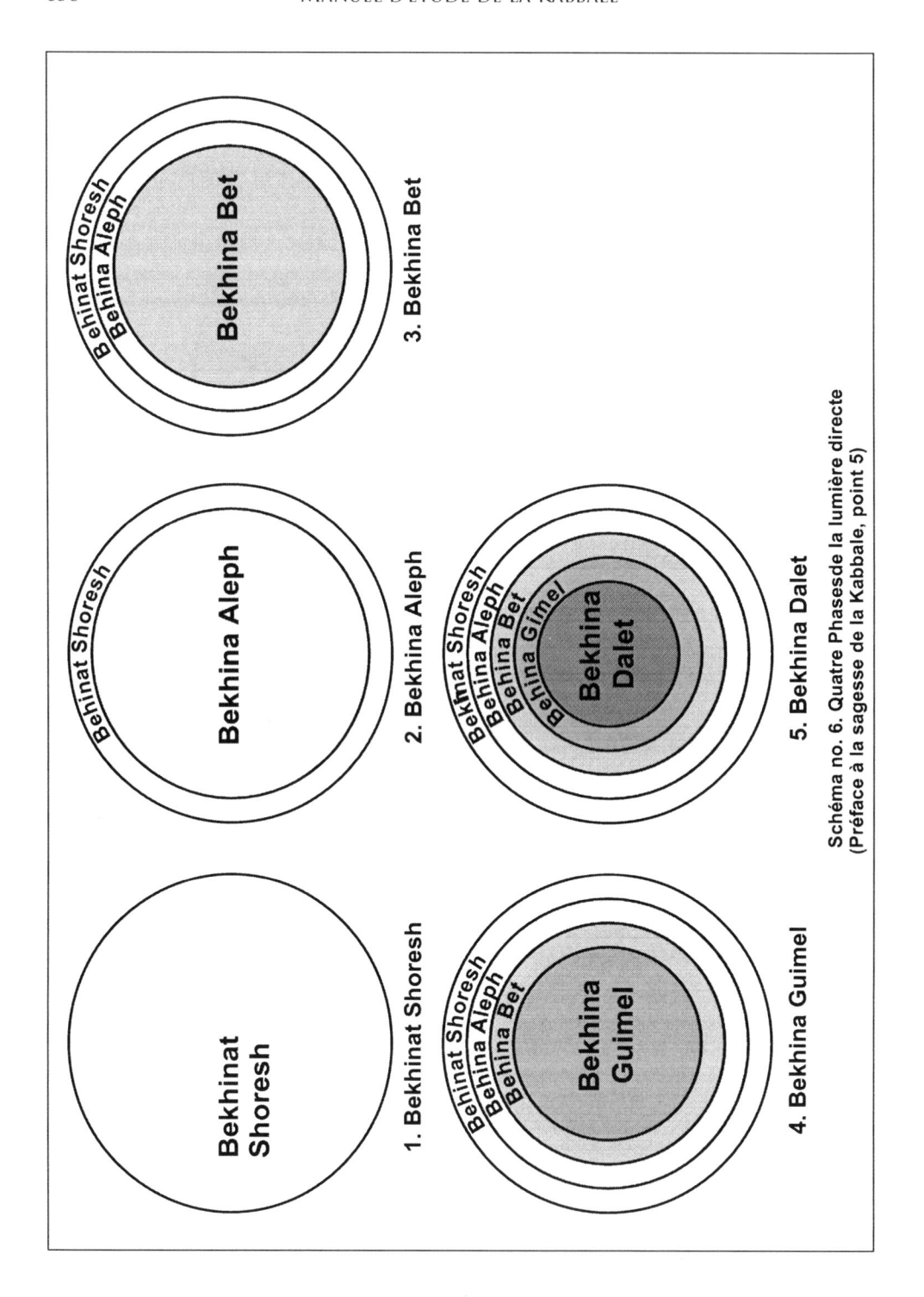

Manuel d'étude de la Kabbale

1. Bekhinat Shoresh

2. Bekhina Aleph

3. Bekhina Bet

4. Bekhina Guimel

5. Bekhina Dalet

Schéma no. 6. Quatre Phases de la lumière directe
(Préface à la sagesse de la Kabbale, point 5)

Album des schémas

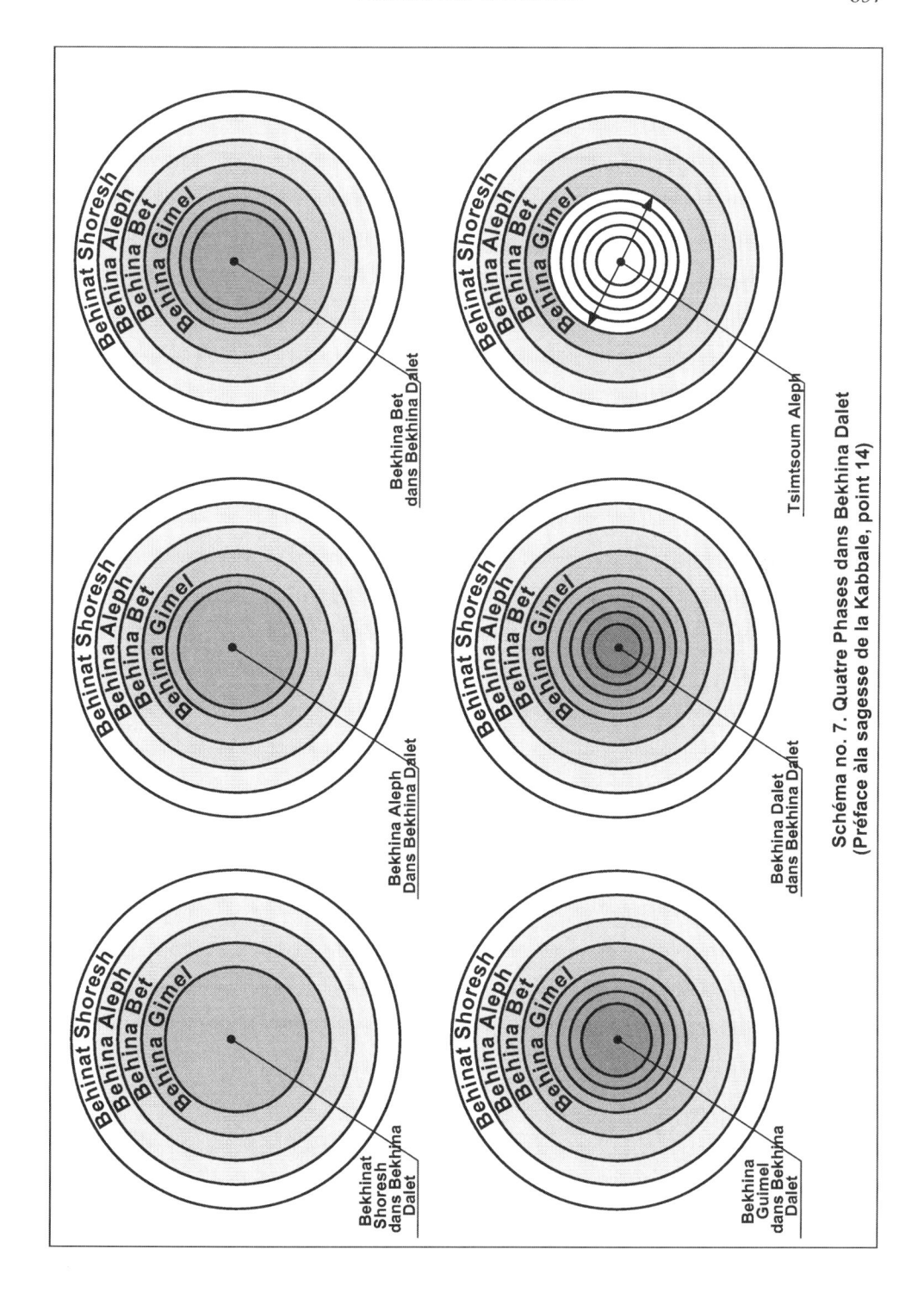

657

Schéma no. 7. Quatre Phases dans Bekhina Dalet
(Préface à la sagesse de la Kabbale, point 14)

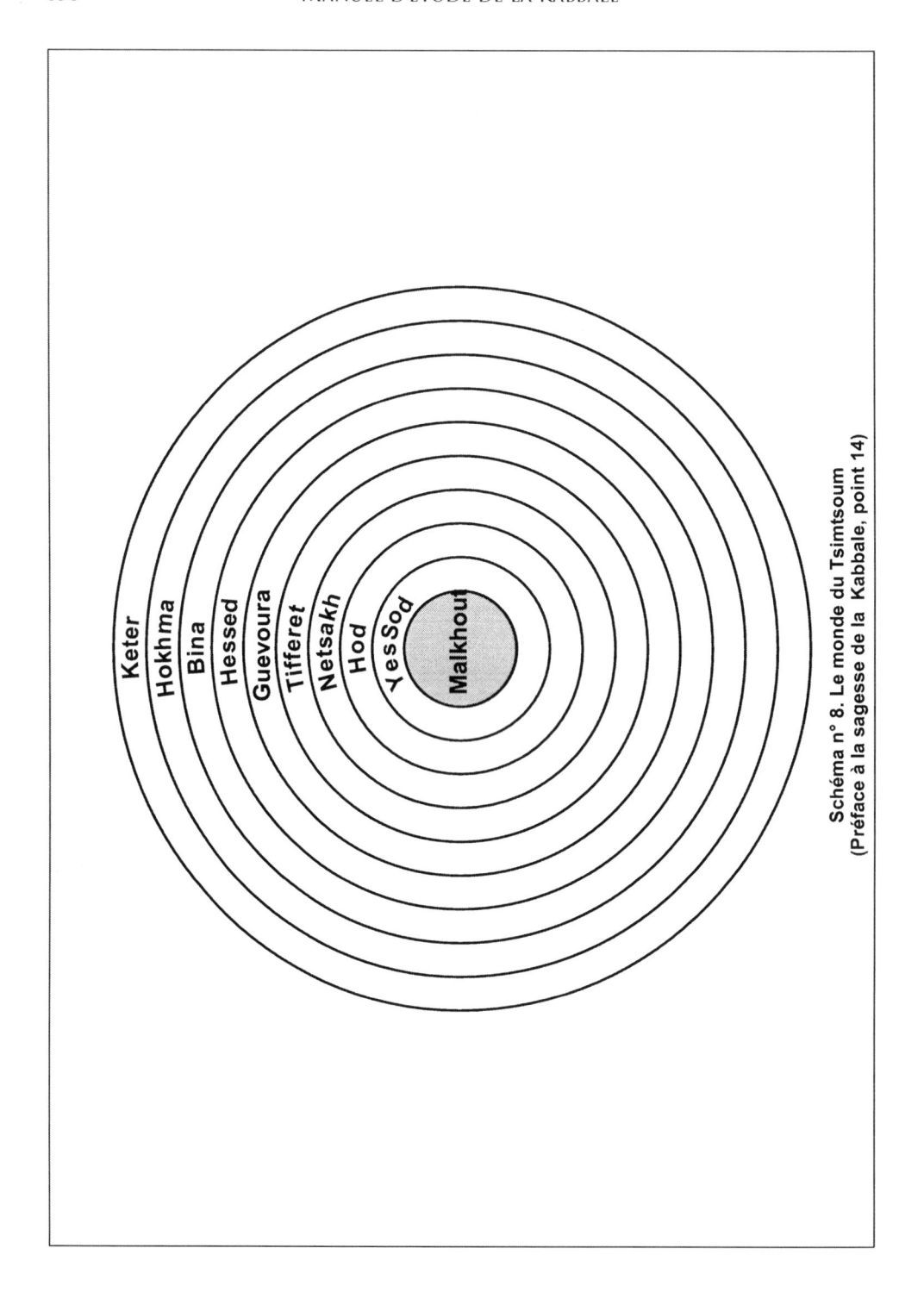

Schéma n° 8. Le monde du Tsimtsoum
(Préface à la sagesse de la Kabbale, point 14)

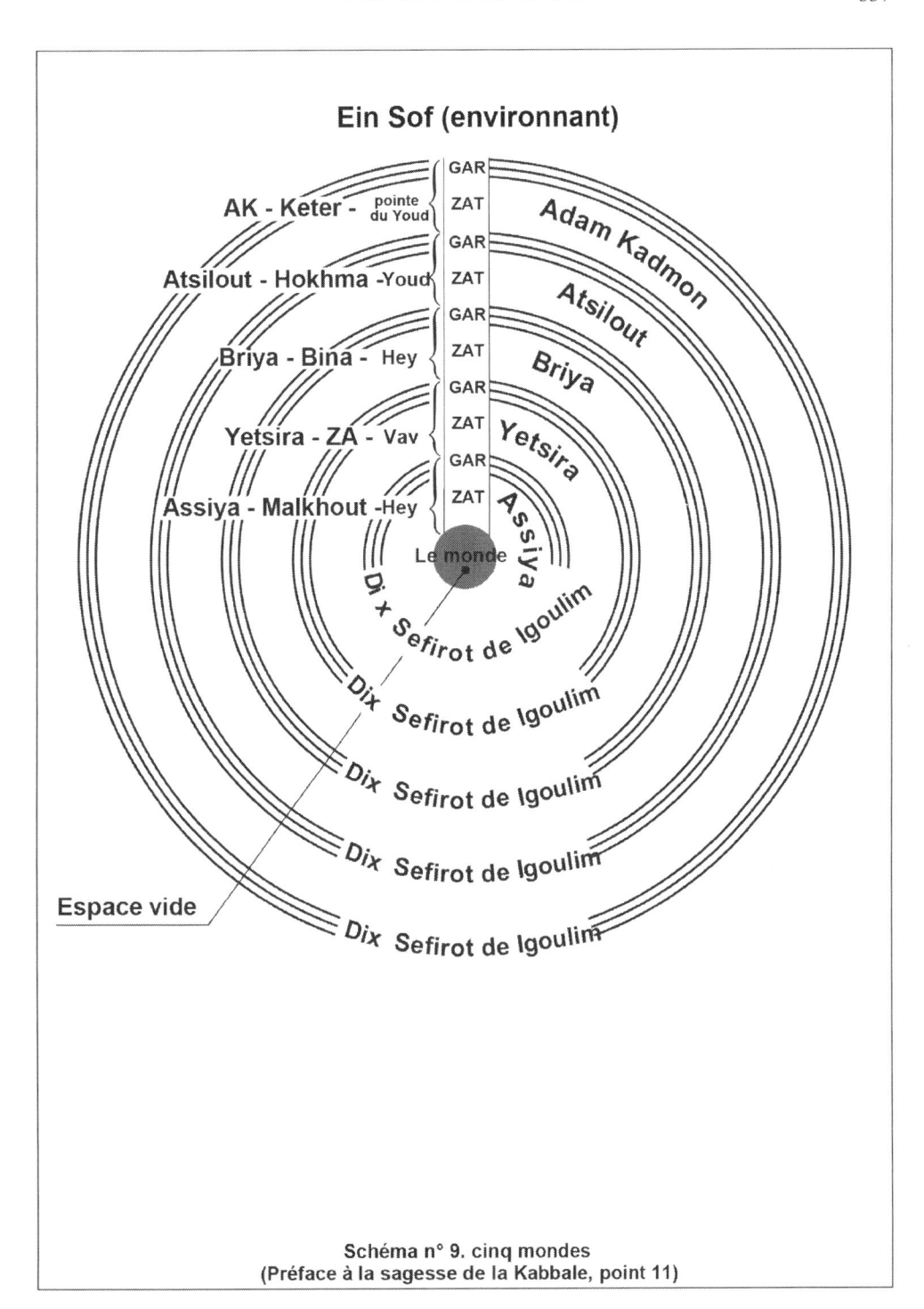

Ein Sof (environnant)

- AK - Keter - pointe du Youd { GAR / ZAT } Adam Kadmon
- Atsilout - Hokhma - Youd { GAR / ZAT } Atsilout
- Briya - Bina - Hey { GAR / ZAT } Briya
- Yetsira - ZA - Vav { GAR / ZAT } Yetsira
- Assiya - Malkhout - Hey { GAR / ZAT } Assiya

Le monde

Dix Sefirot de Igoulim
Dix Sefirot de Igoulim
Dix Sefirot de Igoulim
Dix Sefirot de Igoulim
Dix Sefirot de Igoulim

Espace vide

Schéma n° 9. cinq mondes
(Préface à la sagesse de la Kabbale, point 11)

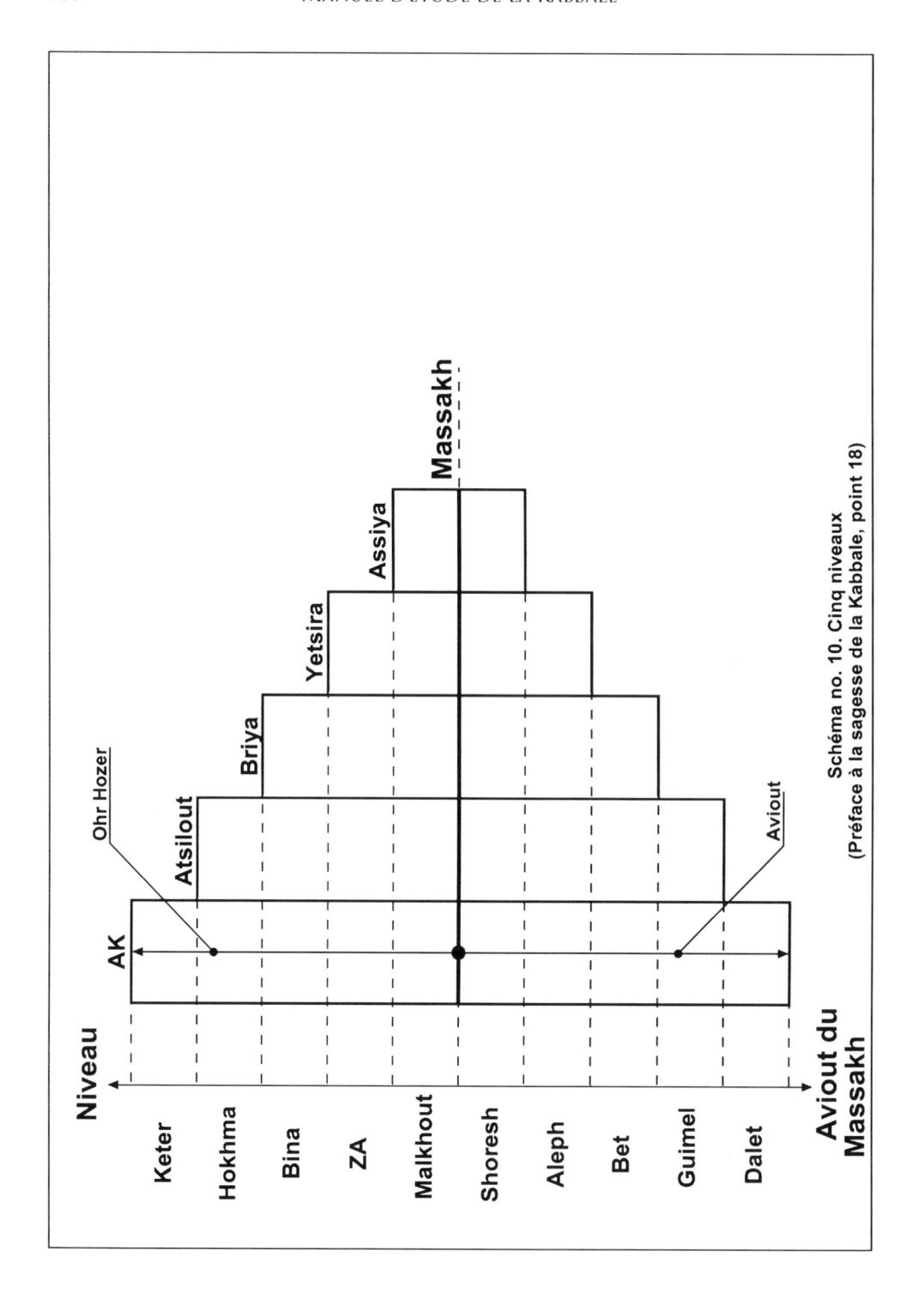

Schéma no. 10. Cinq niveaux
(Préface à la sagesse de la Kabbale, point 18)

Album des schémas

Schéma no. 12. Niveau de Hokhma
(Préface à la sagesse de la Kabbale, point 21)

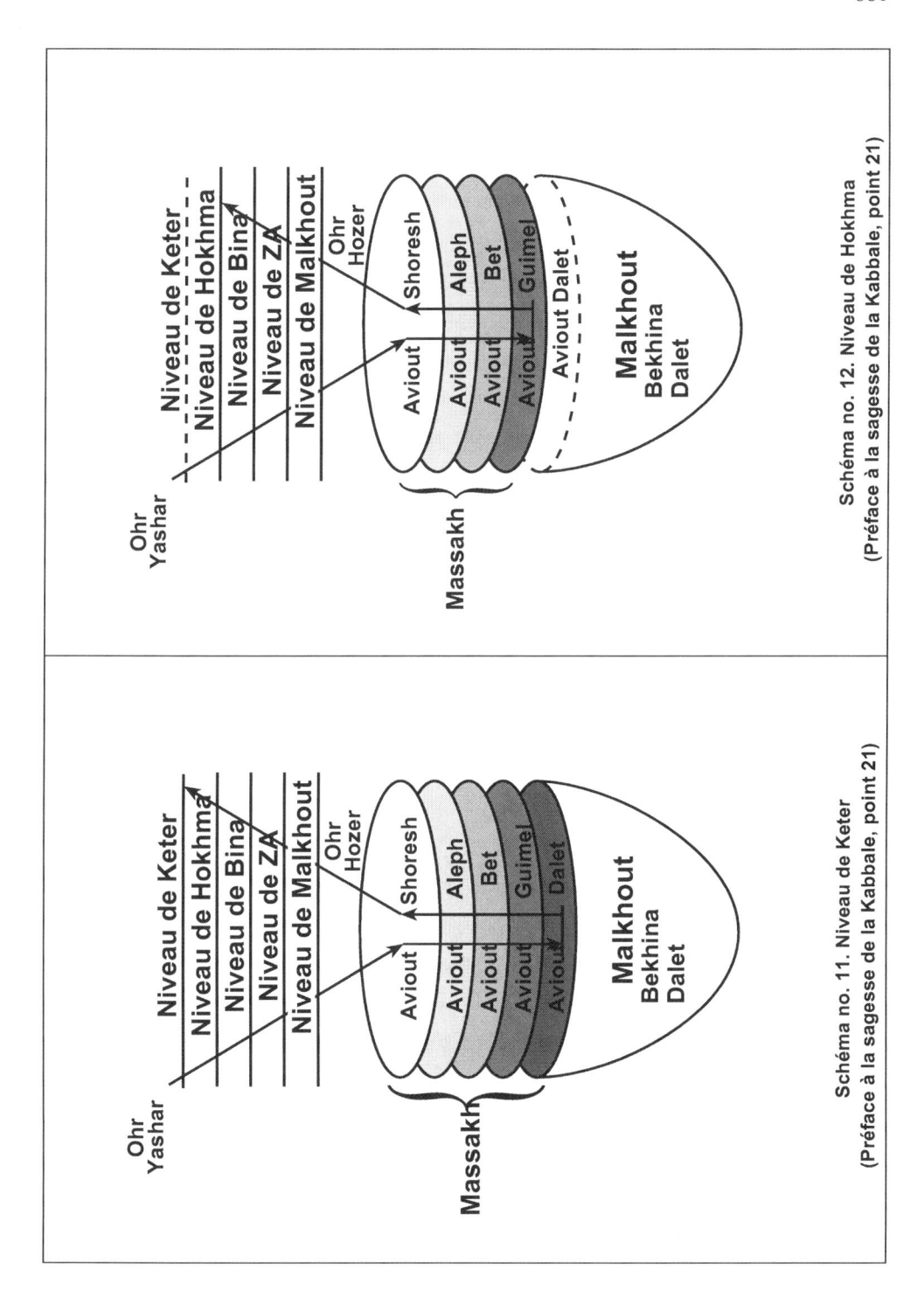

Schéma no. 11. Niveau de Keter
(Préface à la sagesse de la Kabbale, point 21)

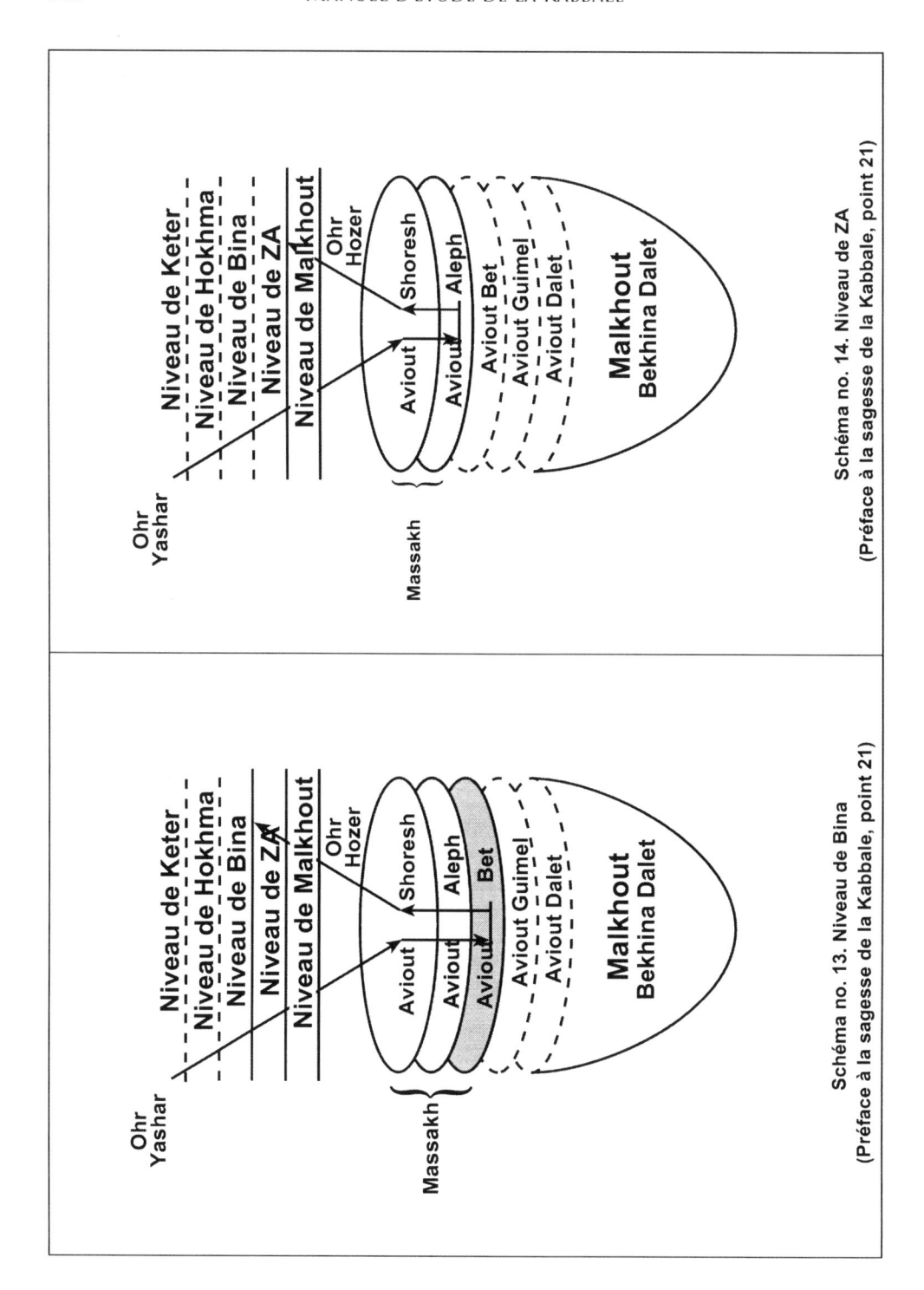

Schéma no. 14. Niveau de ZA
(Préface à la sagesse de la Kabbale, point 21)

Schéma no. 13. Niveau de Bina
(Préface à la sagesse de la Kabbale, point 21)

ALBUM DES SCHÉMAS

Schéma no. 15. Niveau de Malkhout
(Préface à la sagesse de la Kabbale, point 21)

Schéma no. 16. Tsimtsoum
(Préface à la sagesse de la Kabbale, point 21)

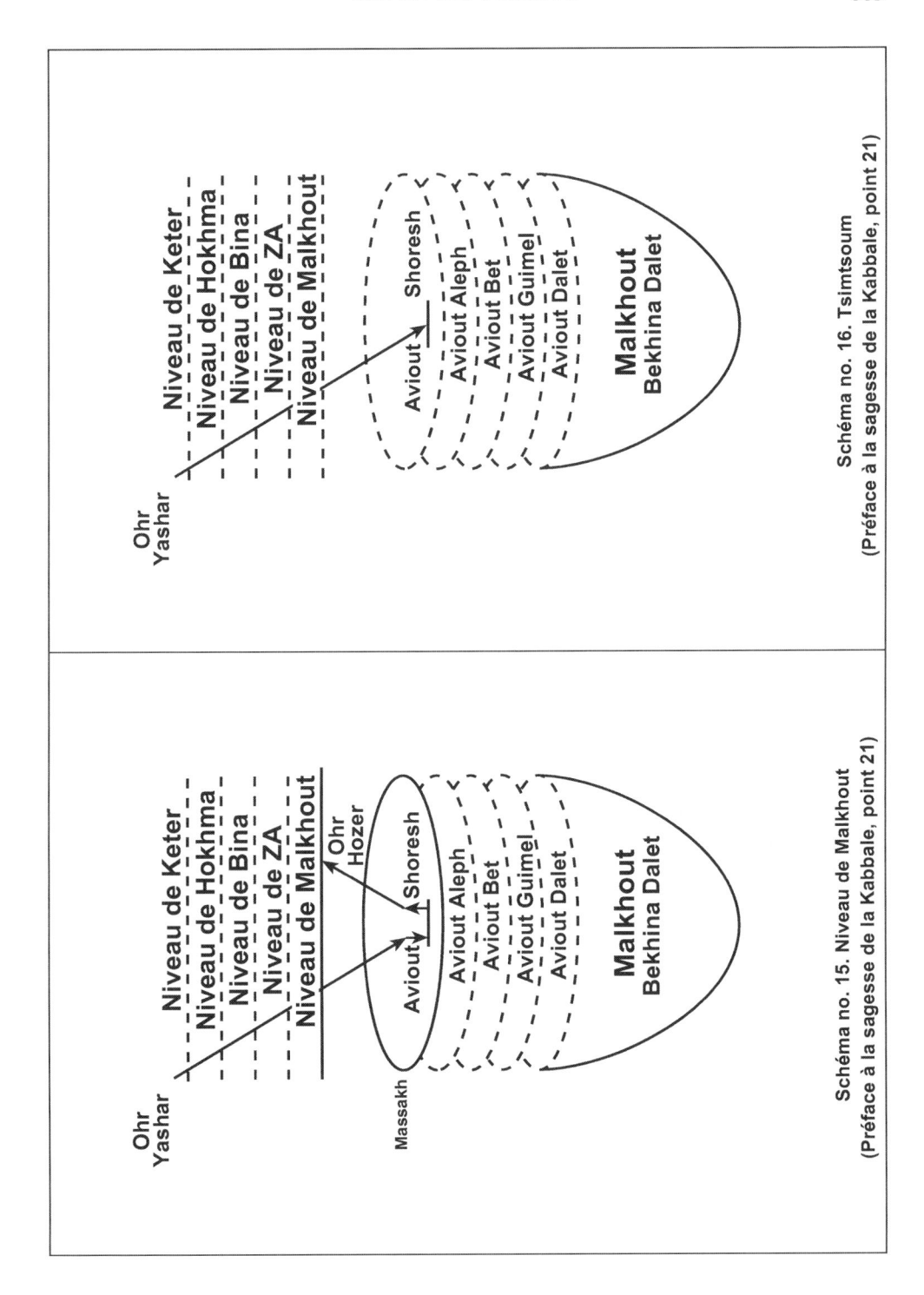

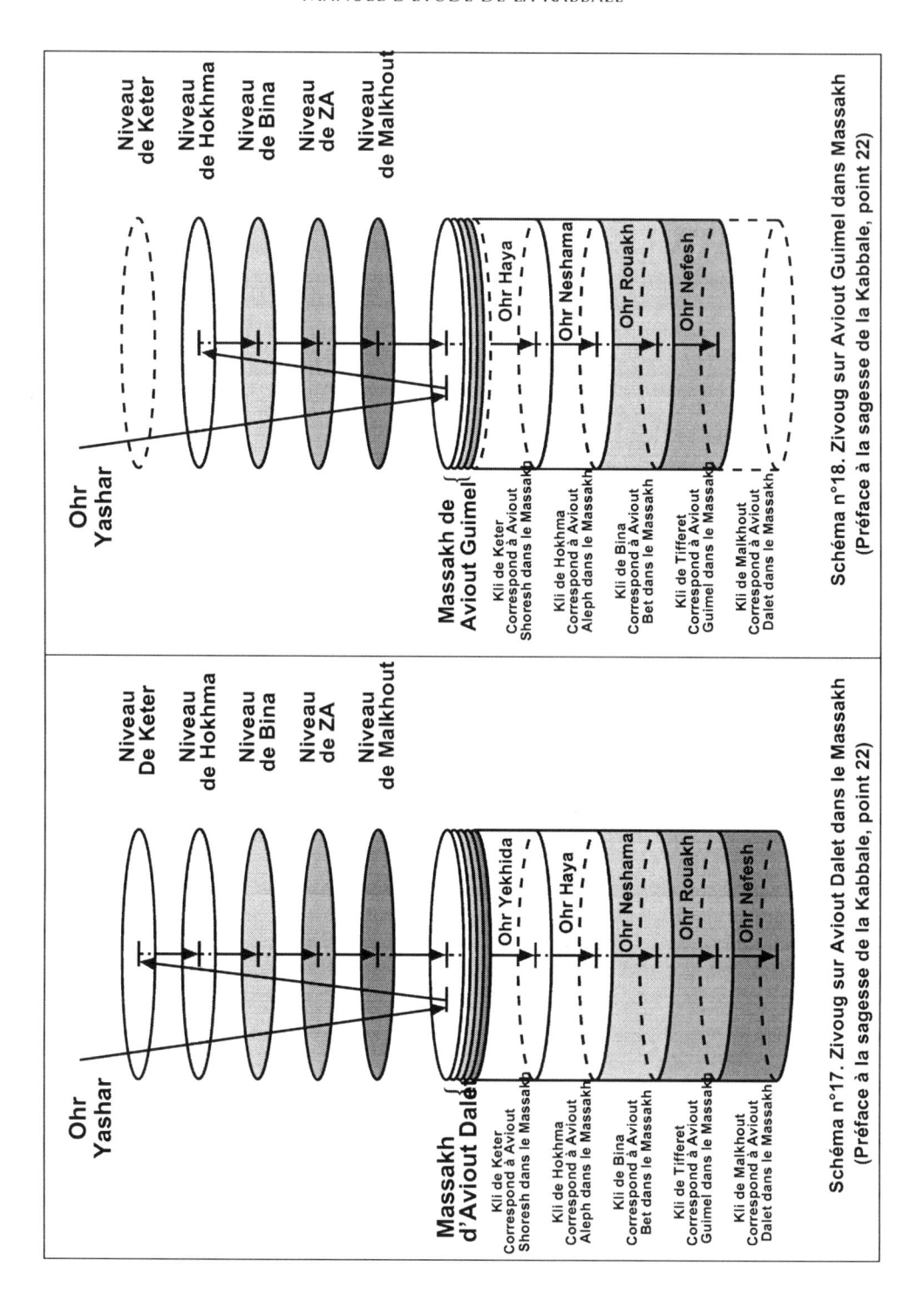

Schéma n°18. Zivoug sur Aviout Guimel dans Massakh
(Préface à la sagesse de la Kabbale, point 22)

Schéma n°17. Zivoug sur Aviout Dalet dans le Massakh
(Préface à la sagesse de la Kabbale, point 22)

Album des schémas

Niveau de Keter
Niveau de Hokhma
Niveau de Bina
Niveau de ZA
Niveau de Malkhout

Ohr Yashar

Ohr Rouakh
Ohr Nefesh

Massakh de Aviout Aleph

Kli de Keter
Correspond à Aviout Shoresh dans le Massakh

Kli de Hokhma
Correspond à Aviout Aleph dans le Massakh

Kli de Bina
Correspond à Aviout Bet dans le Massakh

Kli de Tifferet
Correspond à Aviout Guimel dans le Massakh

Kli de Malkhout
Correspond à Aviout Dalet dans le Massakh

Schéma n°20. Zivoug sur Aviout Aleph dans le Massakh
(Préface à la sagesse de la Kabbale, point 22)

Niveau de Keter
Niveau de Hokhma
Niveau de Bina
Niveau de ZA
Niveau de Malkhout

Ohr Yashar

Ohr Neshama
Ohr Rouakh
Ohr Nefesh

Massakh de Aviout Bet

Kli de Keter
Correspond à Aviout Shoresh dans le Massakh

Kli de Hokhma
Correspond à Aviout Aleph dans le Massakh

Kli de Bina
Correspond à Aviout Bet dans le Massakh

Kli de Tifferet
Correspond à Aviout Guimel dans le Massakh

Kli de Malkhout
Correspond à Aviout Dalet dans le Massakh

Schéma n°19. Zivoug sur Aviout Bet dans le Massakh
(Préface à la sagesse de la Kabbale, point 22)

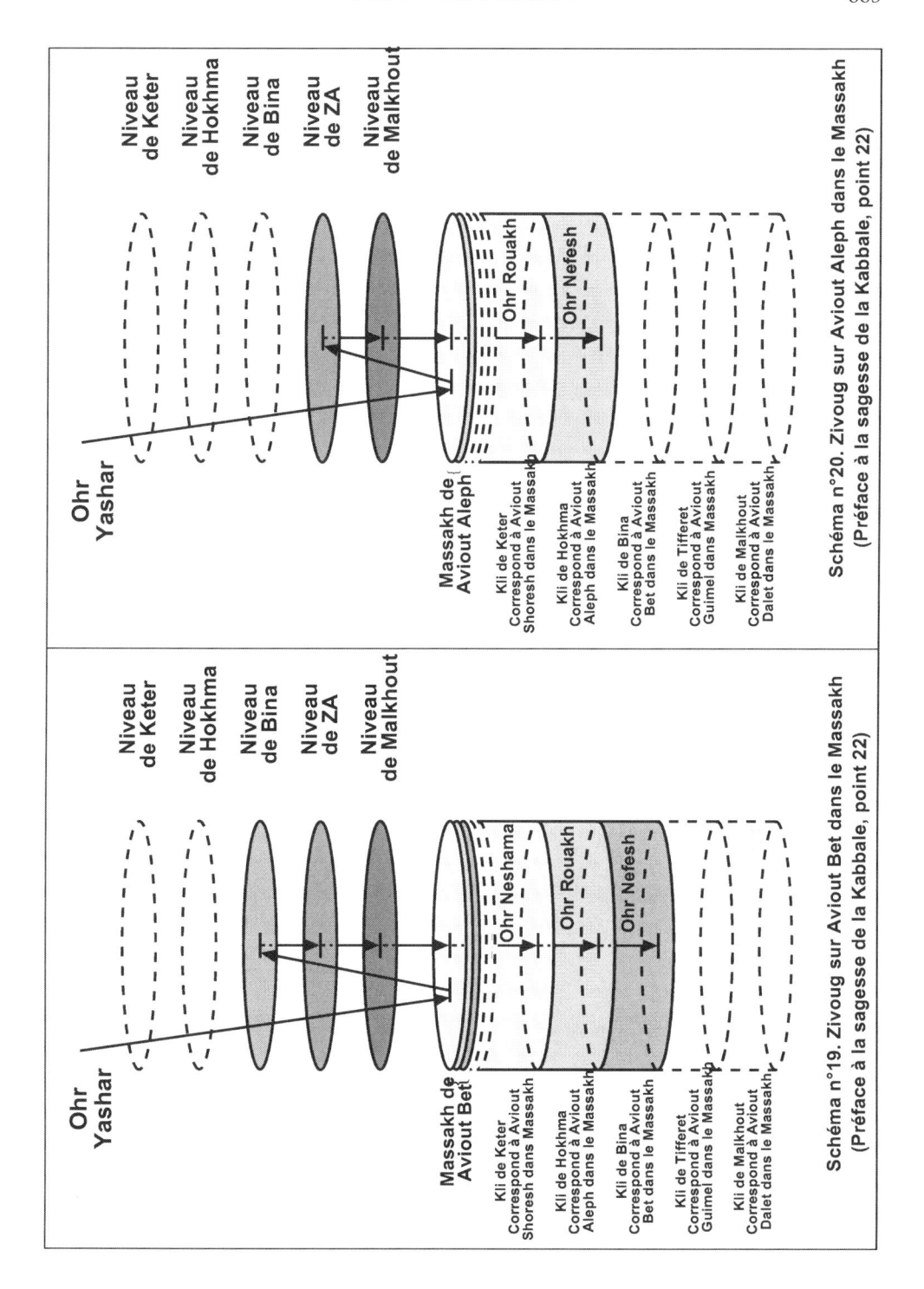

666 MANUEL D'ÉTUDE DE LA KABBALE

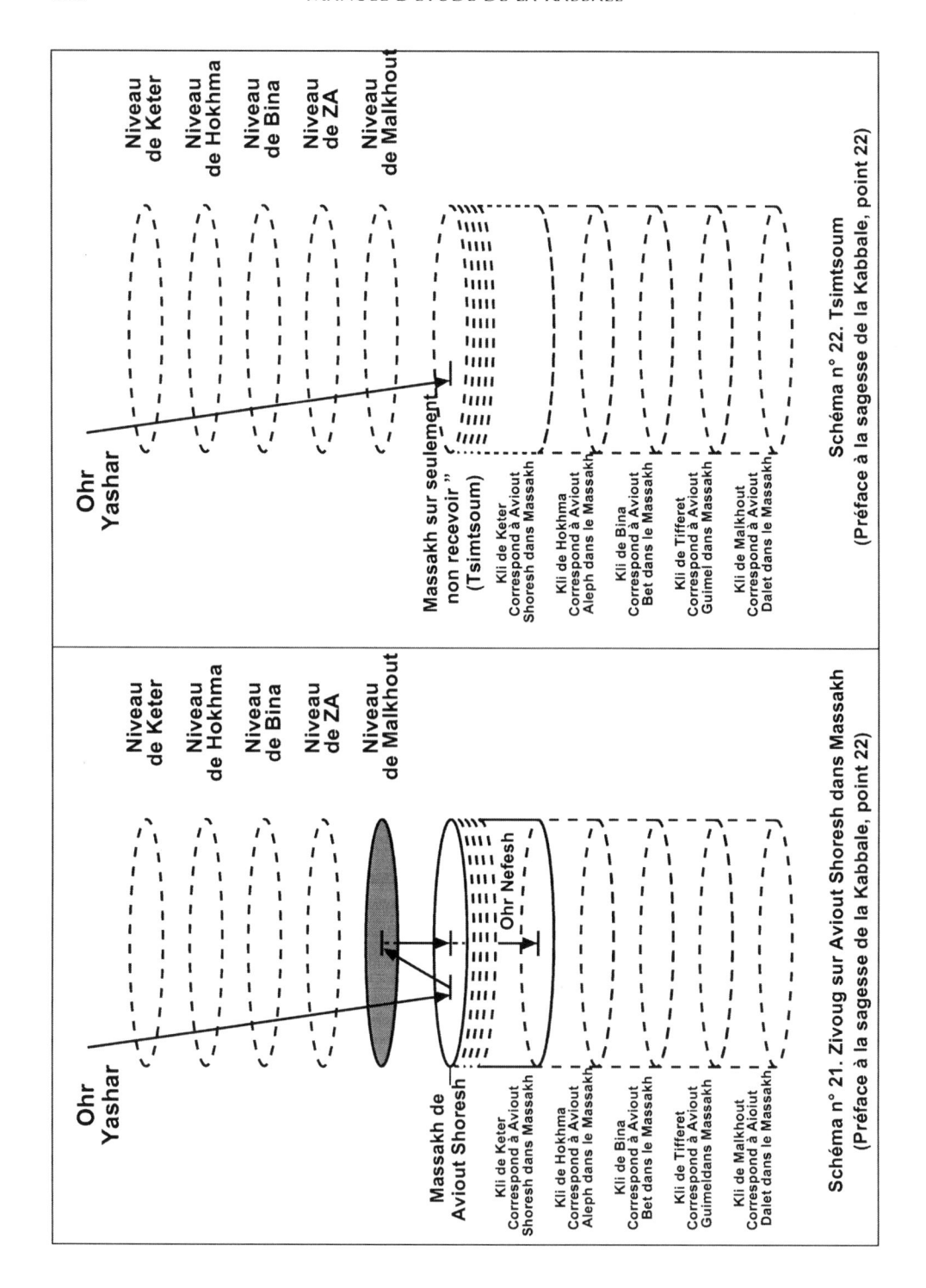

Schéma n° 22. Tsimtsoum
(Préface à la sagesse de la Kabbale, point 22)

- Niveau de Keter
- Niveau de Hokhma
- Niveau de Bina
- Niveau de ZA
- Niveau de Malkhout

Ohr Yashar

Massakh sur seulement non recevoir (Tsimtsoum)

Kli de Keter — Correspond à Aviout Shoresh dans Massakh
Kli de Hokhma — Correspond à Aviout Aleph dans le Massakh
Kli de Bina — Correspond à Aviout Bet dans le Massakh
Kli de Tifferet — Correspond à Aviout Guimel dans Massakh
Kli de Malkhout — Correspond à Aviout Dalet dans le Massakh

Schéma n° 21. Zivoug sur Aviout Shoresh dans Massakh
(Préface à la sagesse de la Kabbale, point 22)

- Niveau de Keter
- Niveau de Hokhma
- Niveau de Bina
- Niveau de ZA
- Niveau de Malkhout

Ohr Yashar

Massakh de Aviout Shoresh

Ohr Nefesh

Kli de Keter — Correspond à Aviout Shoresh dans Massakh
Kli de Hokhma — Correspond à Aviout Aleph dans le Massakh
Kli de Bina — Correspond à Aviout Bet dans le Massakh
Kli de Tifferet — Correspond à Aviout Guimel dans Massakh
Kli de Malkhout — Correspond à Aioiut Dalet dans le Massakh

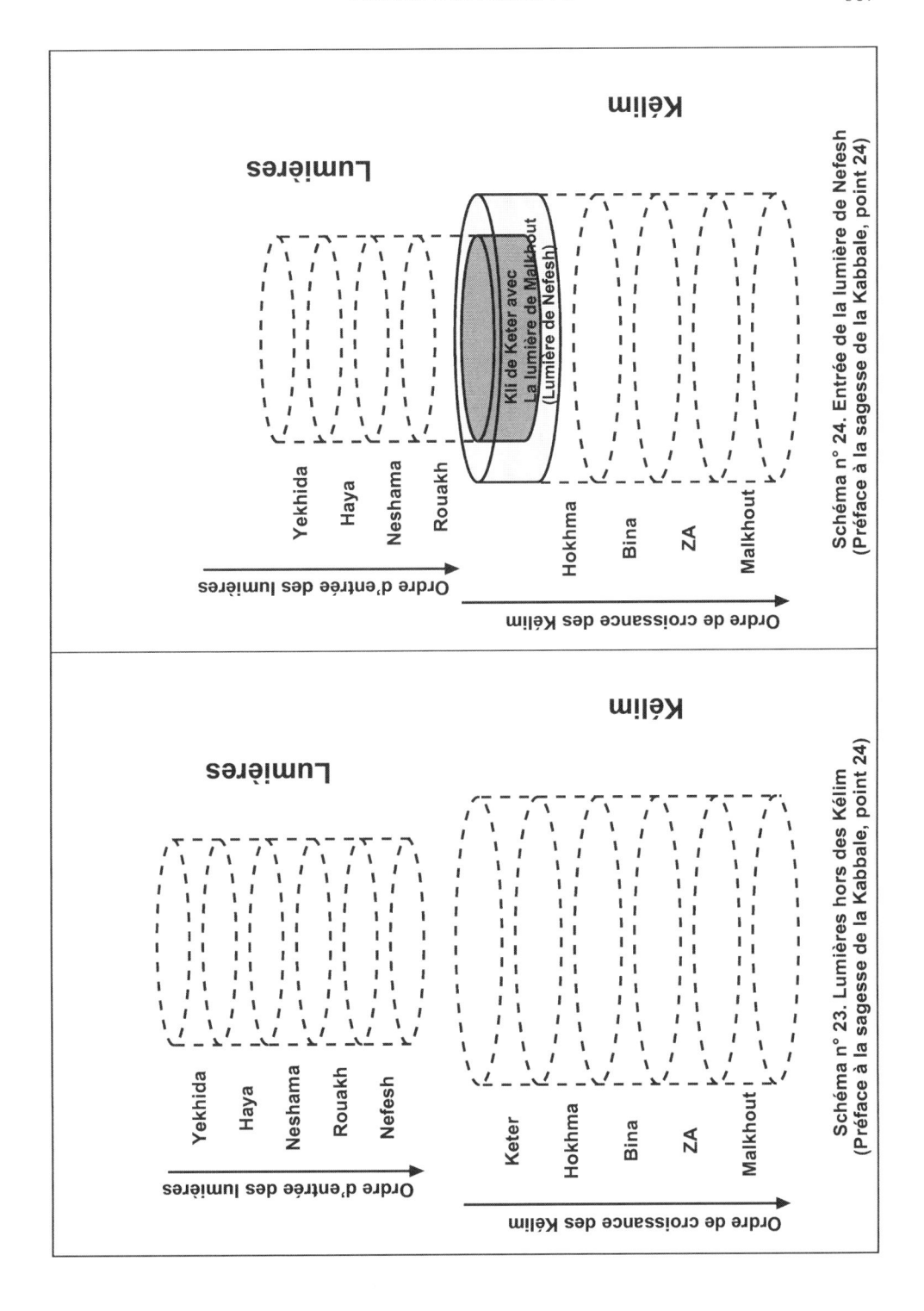

Schéma n° 24. Entrée de la lumière de Nefesh
(Préface à la sagesse de la Kabbale, point 24)

Lumières : Yekhida, Haya, Neshama, Rouakh
Ordre d'entrée des lumières →

Kélim : Kli de Keter avec La lumière de Malkhout (Lumière de Nefesh), Hokhma, Bina, ZA, Malkhout
Ordre de croissance des Kélim →

Schéma n° 23. Lumières hors des Kélim
(Préface à la sagesse de la Kabbale, point 24)

Lumières : Yekhida, Haya, Neshama, Rouakh, Nefesh
Ordre d'entrée des lumières →

Kélim : Keter, Hokhma, Bina, ZA, Malkhout
Ordre de croissance des Kélim →

Schéma n°26. Entrée de la lumière de Neshama
(Préface à la sagesse de la Kabbale, point 24)

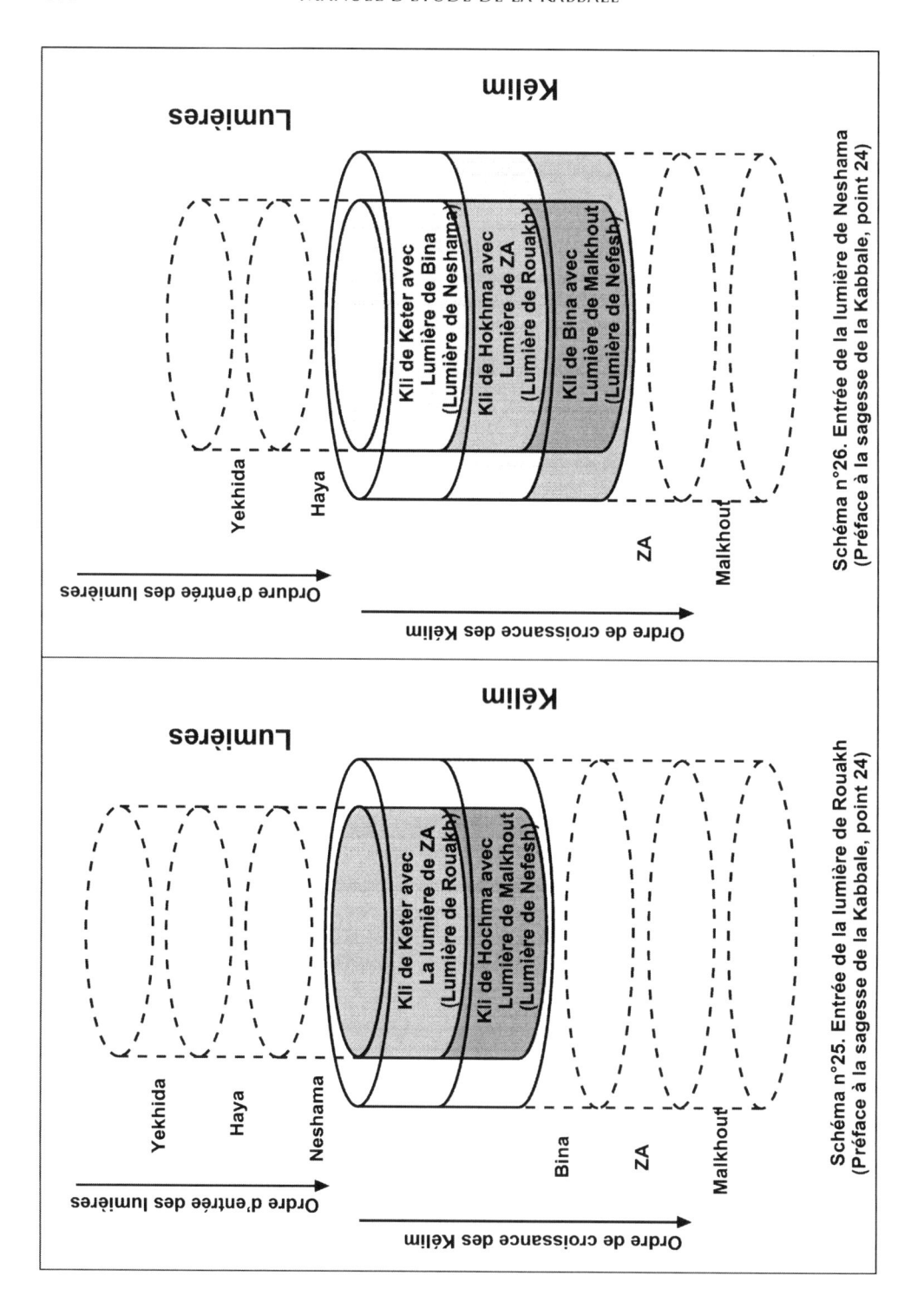

Schéma n°25. Entrée de la lumière de Rouakh
(Préface à la sagesse de la Kabbale, point 24)

Album des schémas

Schéma n°28. Entrée de la lumière de Yekhida
(Préface à la sagesse de la Kabbale, point 24)

Kélim

Lumières →

- Kli de Keter avec Lumière de Keter (Lumière de Yekhida)
- Kli de Hokhma avec Lumière de Hokhma (Lumière de Haya)
- Kli de Bina avec Lumière de Bina (Lumière de Neshama)
- Kli de ZA avec Lumière de ZA (Lumière de Rouakh)
- Kli de Malkhout avec Lumière de Malkhout (Lumière de Nefesh)

Ordre de croissance Des Kélim →

Schéma n° 27. Entrée de la lumière de Haya
(Préface à la sagesse de la Kabbale, point 24)

Kélim

Lumières →

Yekhida

- Kli de Keter avec Lumière de Hokhma (Lumière de Haya)
- Kli de Hochma avec Lumière de Bina (Lumière de Neshama)
- Kli de Bina avec Lumière de ZA (Lumière de Rouakh)
- Kli de ZA avec Lumière de Malkhout (Lumière de Nefesh)

Malkhout

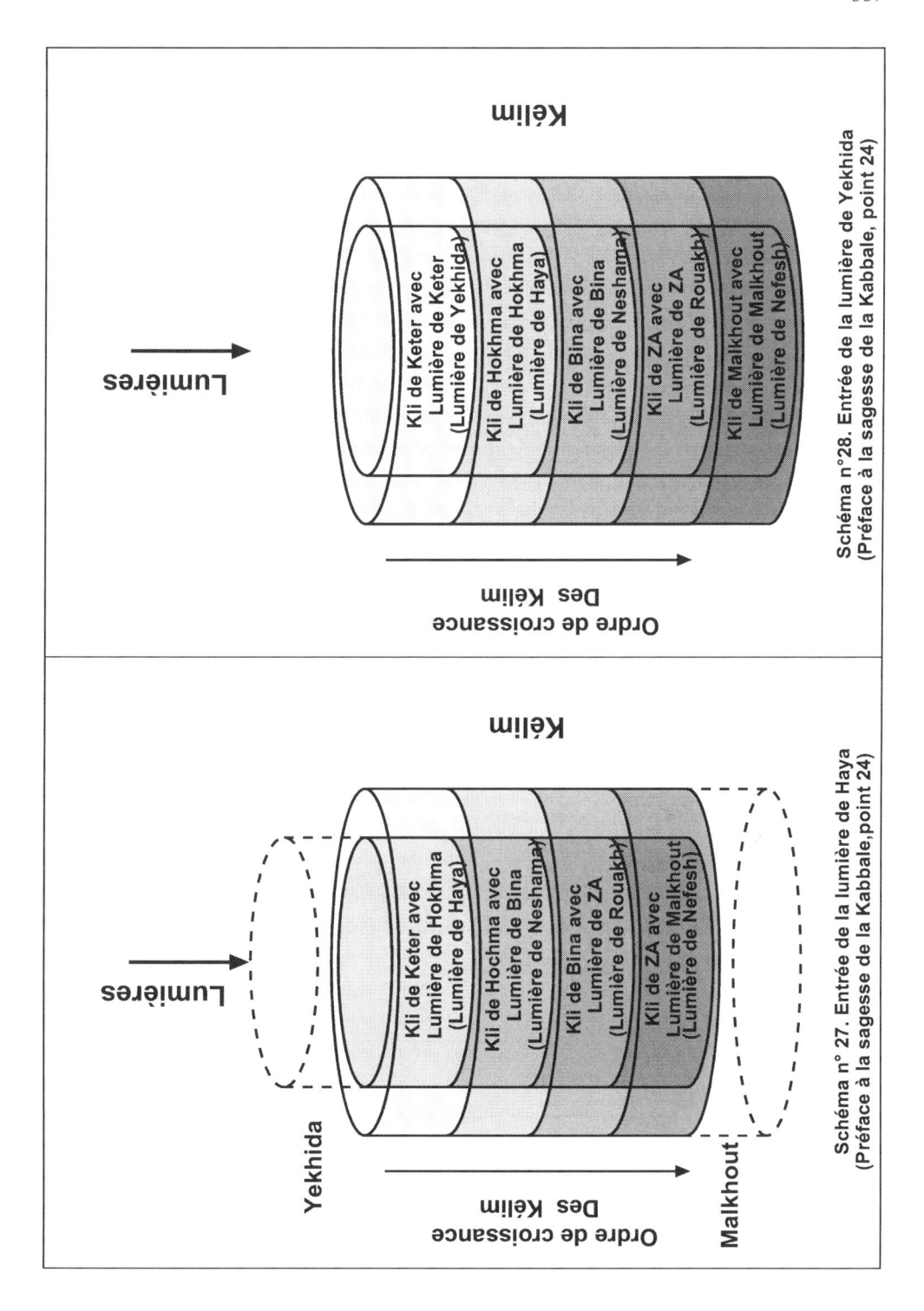

Ordre de croissance Des Kélim →

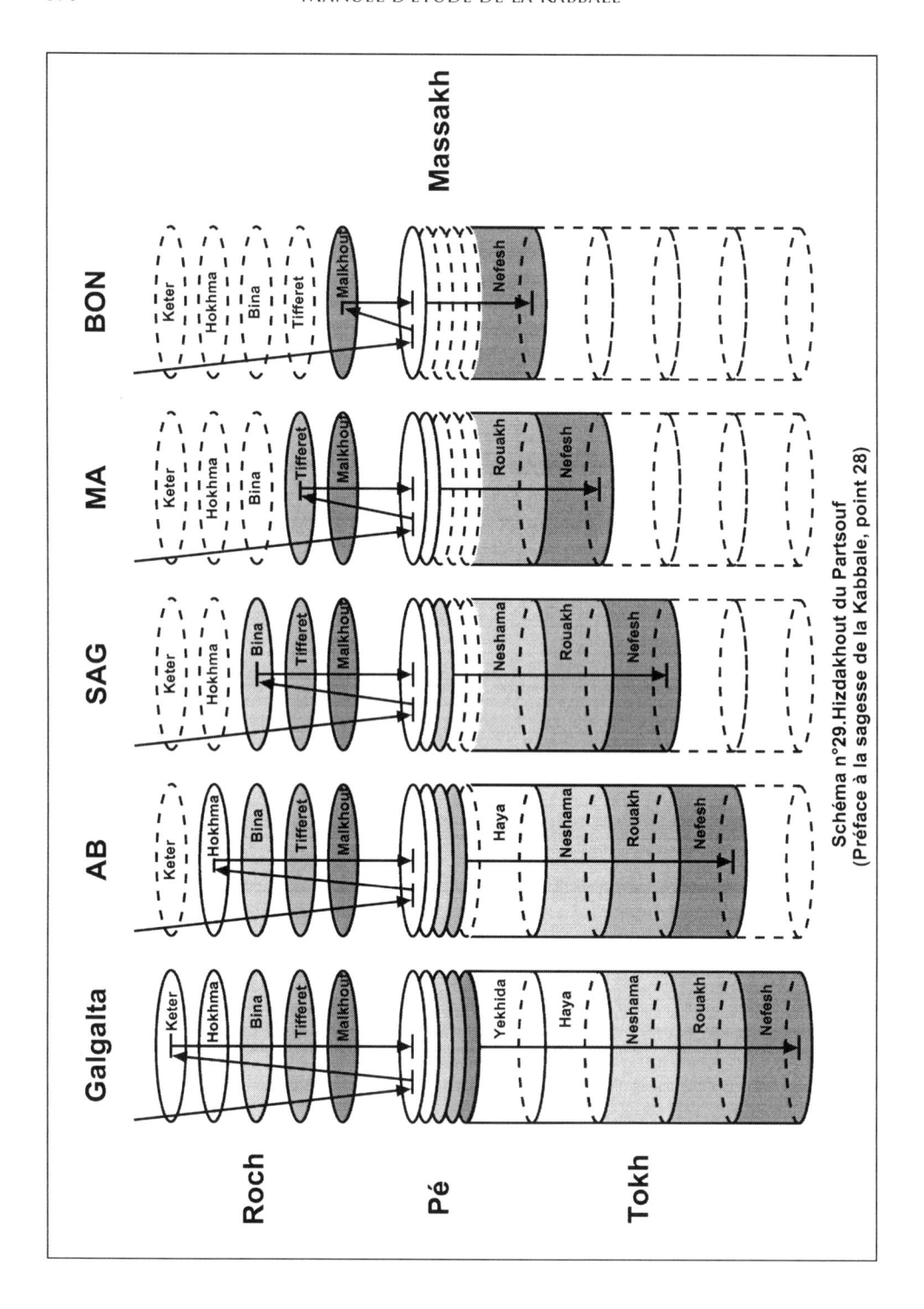

Schéma n°29. Hizdakhout du Partsouf
(Préface à la sagesse de la Kabbale, point 28)

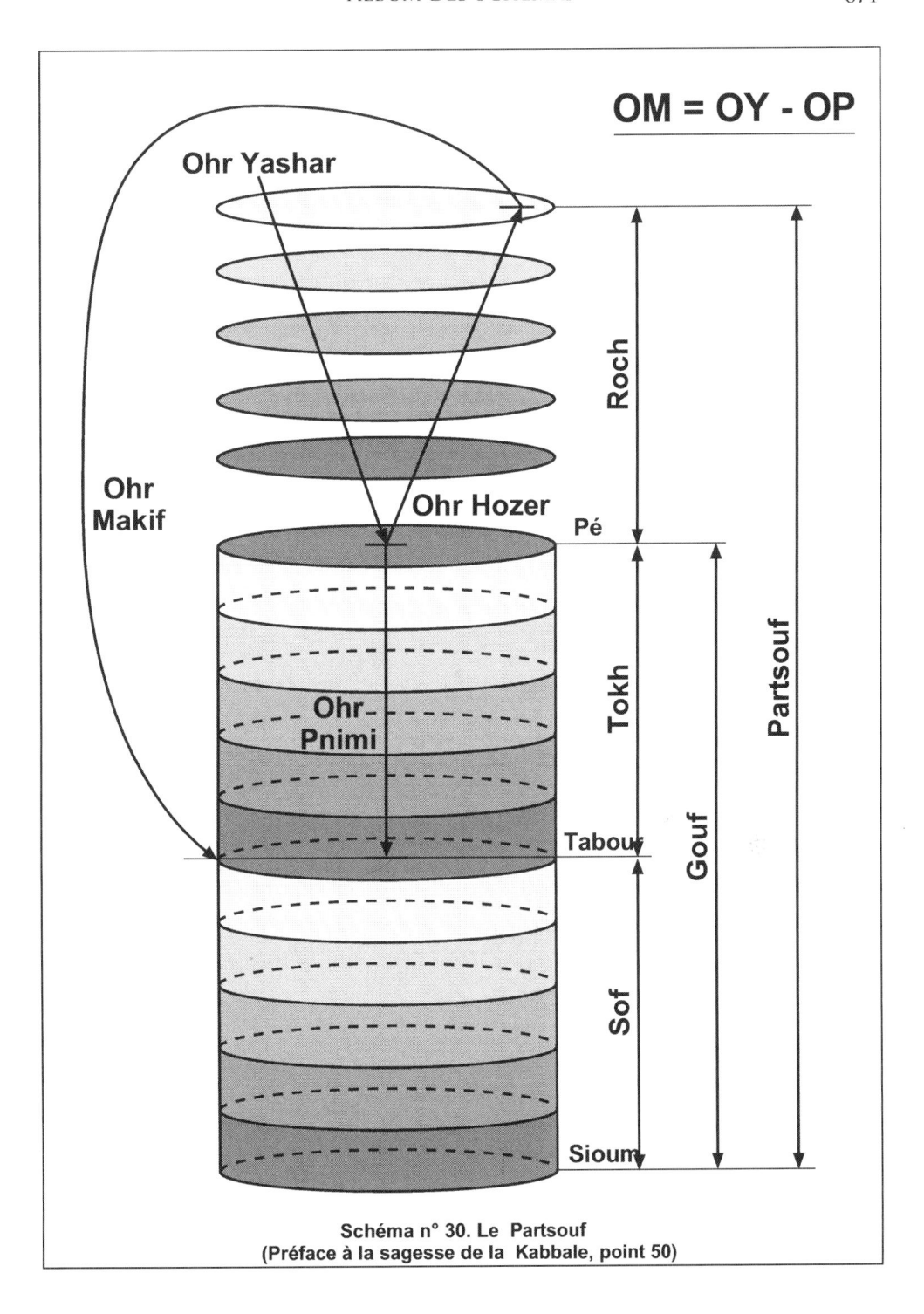

ALBUM DES SCHÉMAS 671

$$OM = OY - OP$$

Schéma n° 30. Le Partsouf
(Préface à la sagesse de la Kabbale, point 50)

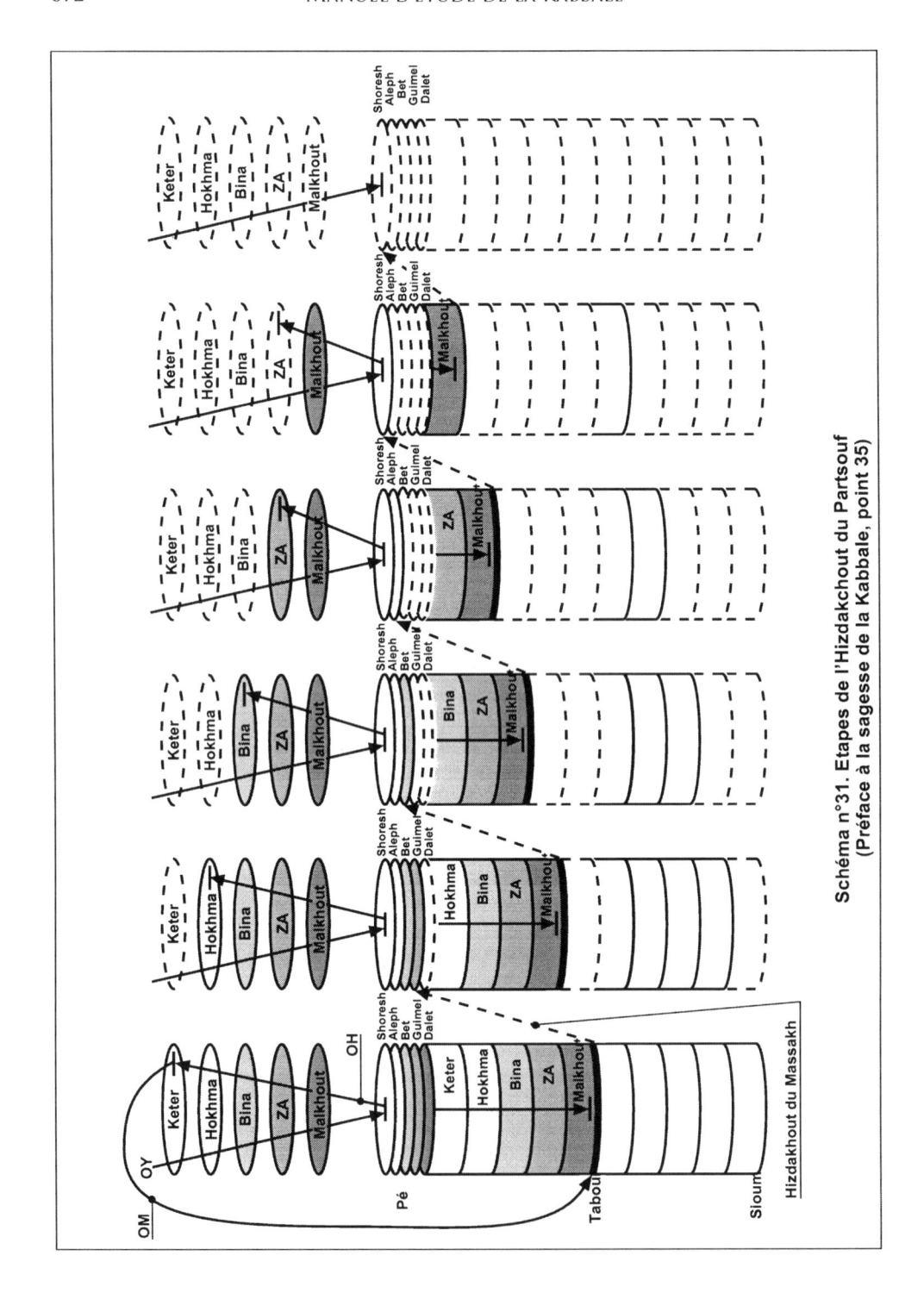

Schéma n°31. Etapes de l'Hizdakhout du Partsouf
(Préface à la sagesse de la Kabbale, point 35)

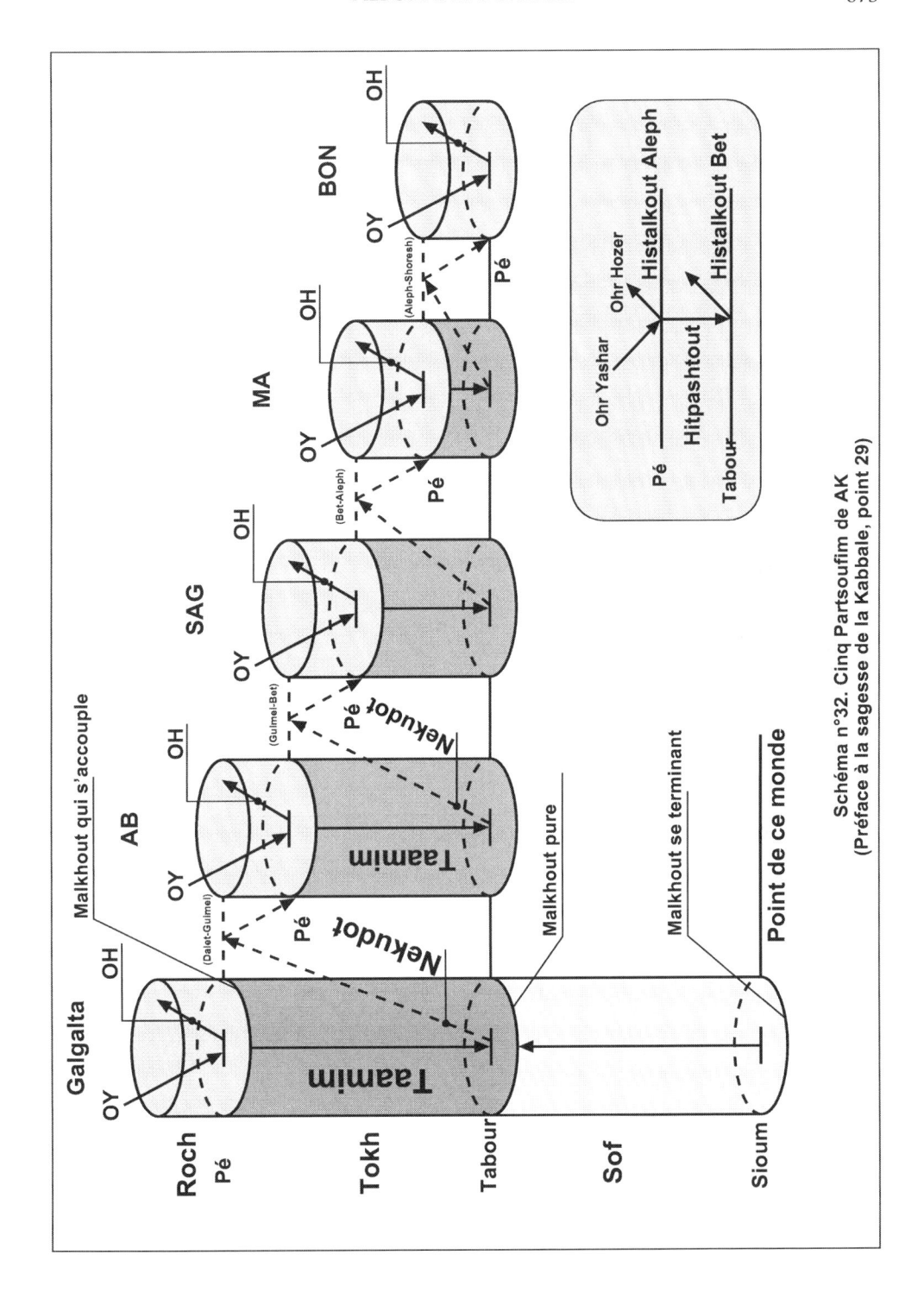

ALBUM DES SCHÉMAS 673

Schéma n°32. Cinq Partsoufim de AK
(Préface à la sagesse de la Kabbale, point 29)

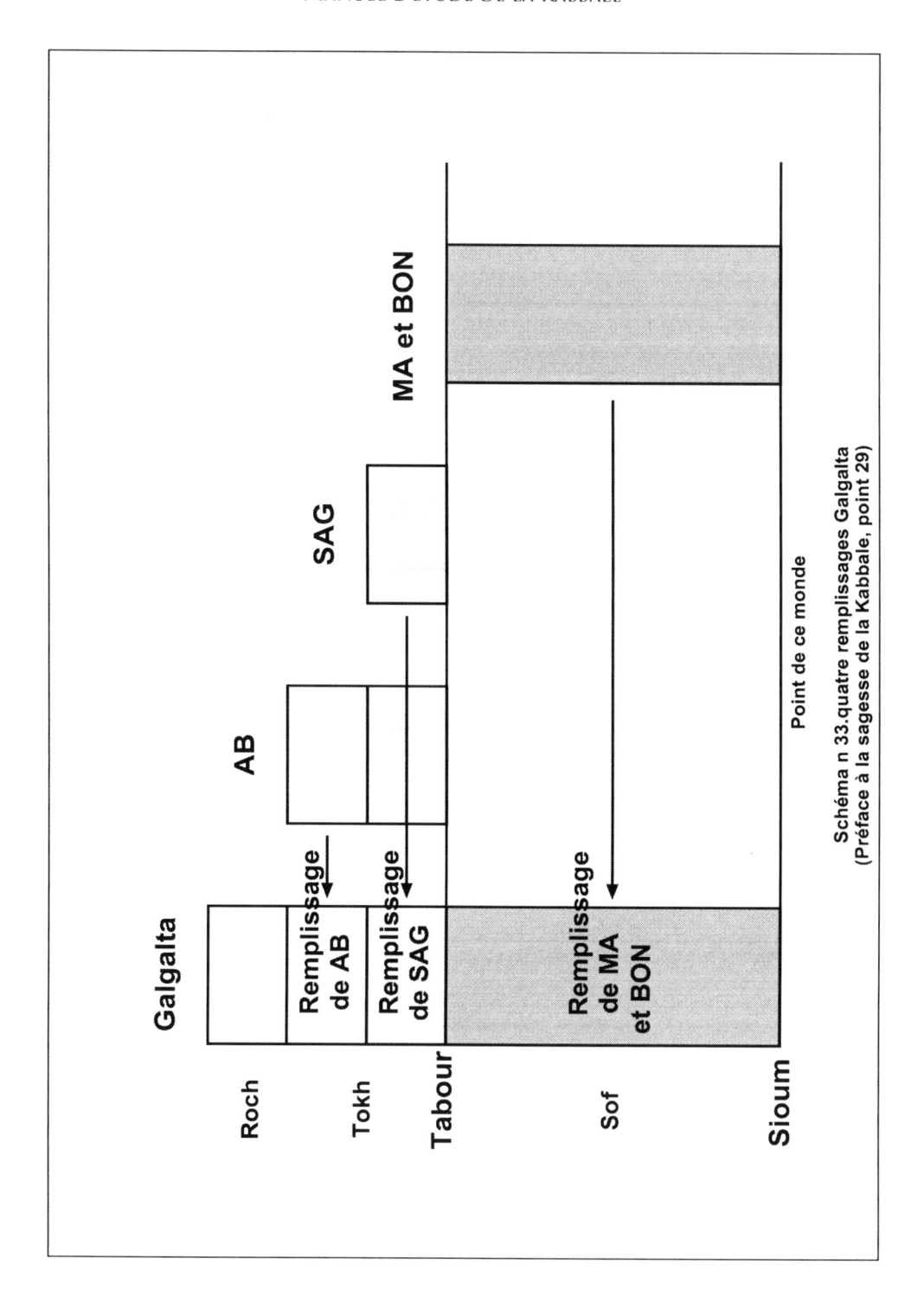

Schéma n 33. quatre remplissages Galgalta
(Préface à la sagesse de la Kabbale, point 29)

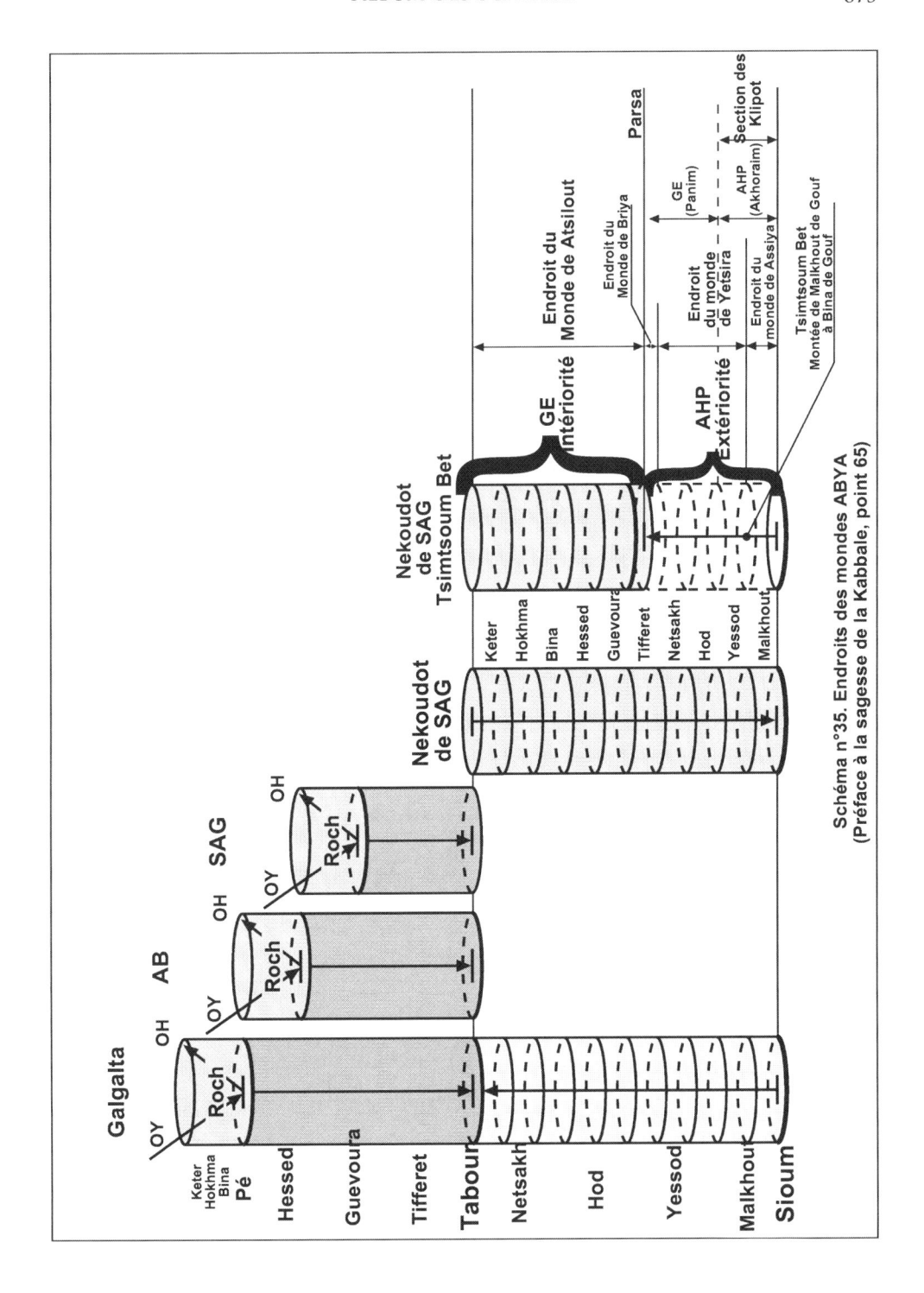

ALBUM DES SCHÉMAS

Schéma n°35. Endroits des mondes ABYA
(Préface à la sagesse de la Kabbale, point 65)

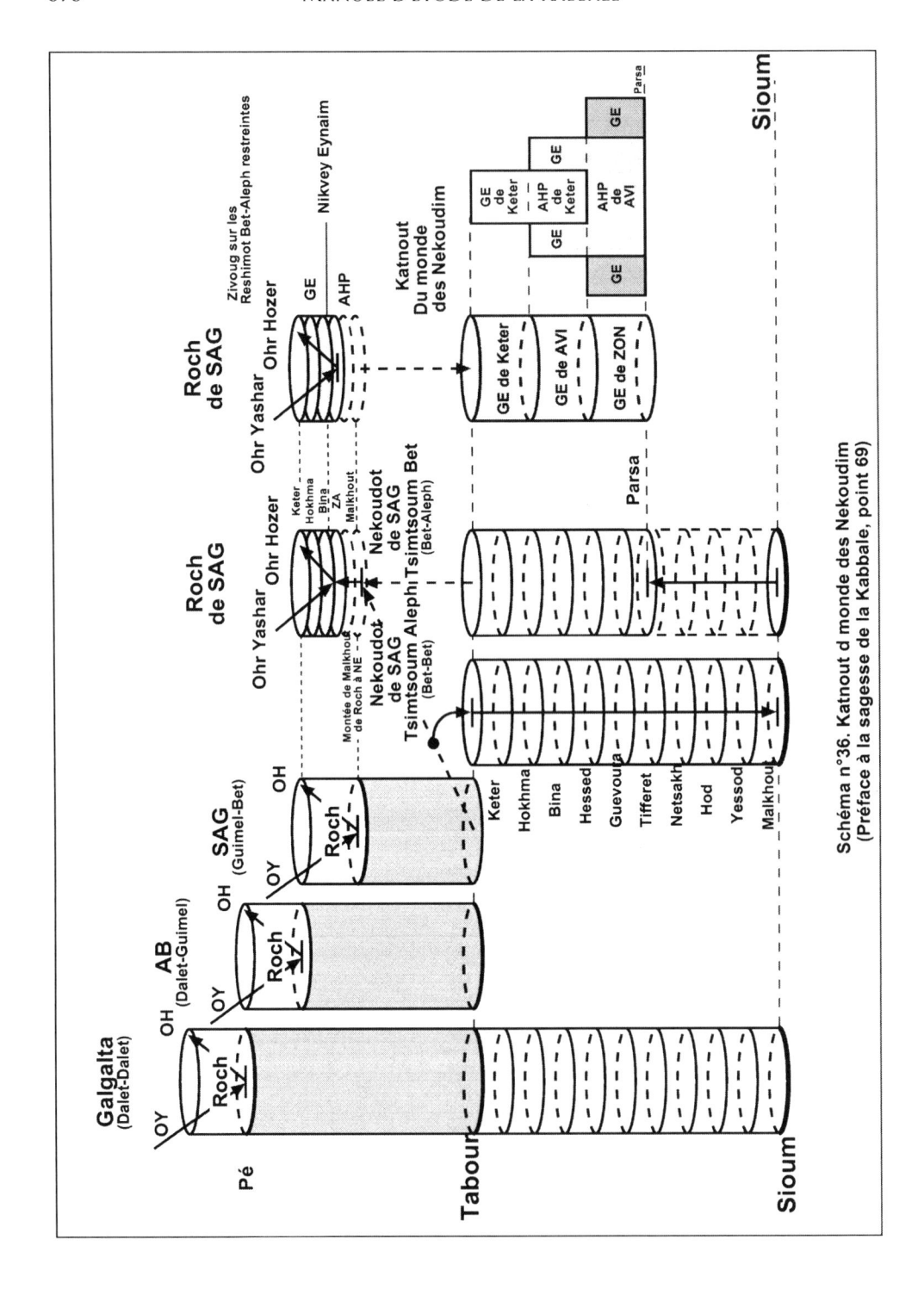

Schéma n°36. Katnout d monde des Nekoudim
(Préface à la sagesse de la Kabbale, point 69)

Album des schémas

Schéma n°37. Gadlout du monde des Nekoudim et la brisure des récipients
(Préface à la sagesse de la Kabbale, point 79)

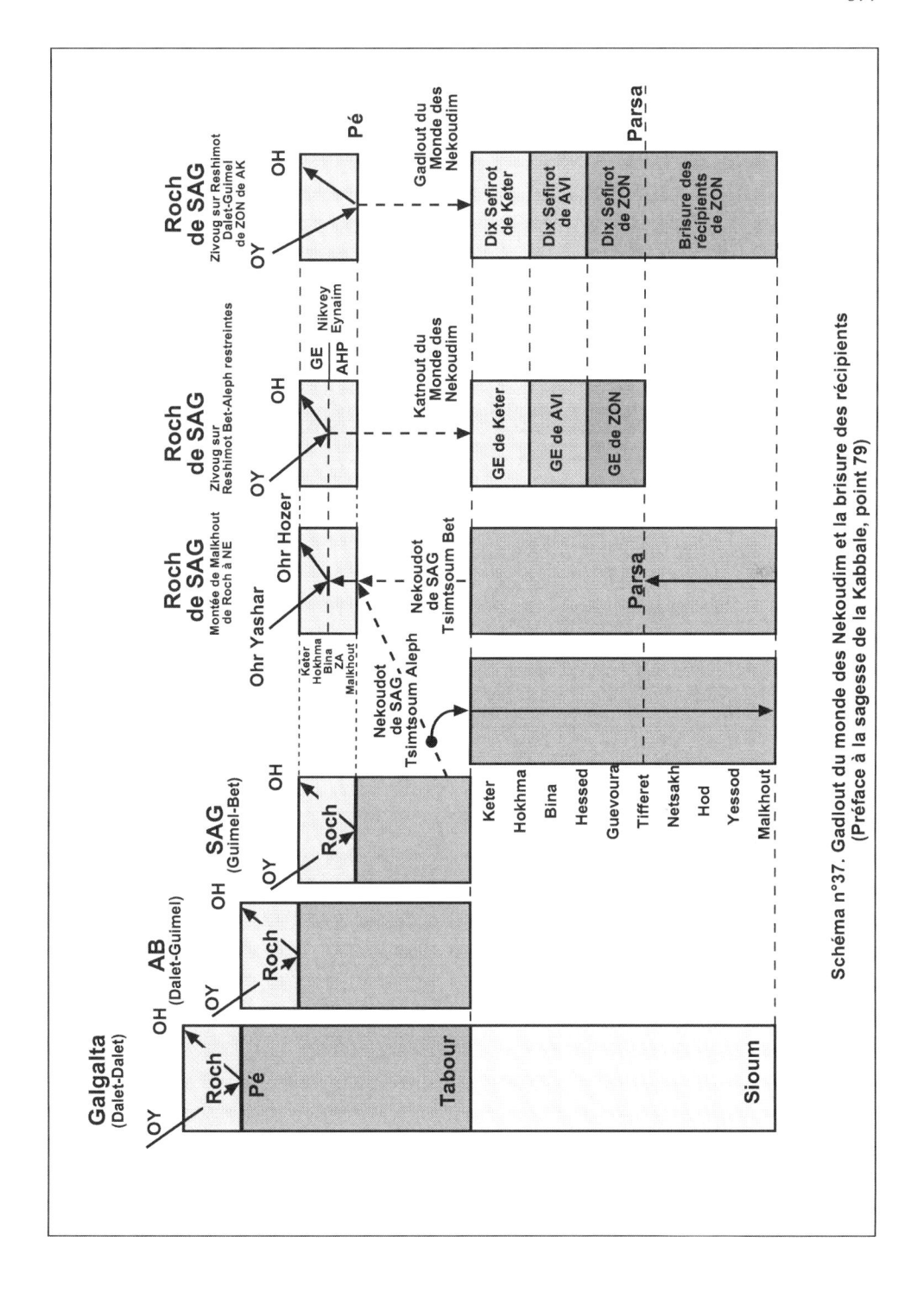

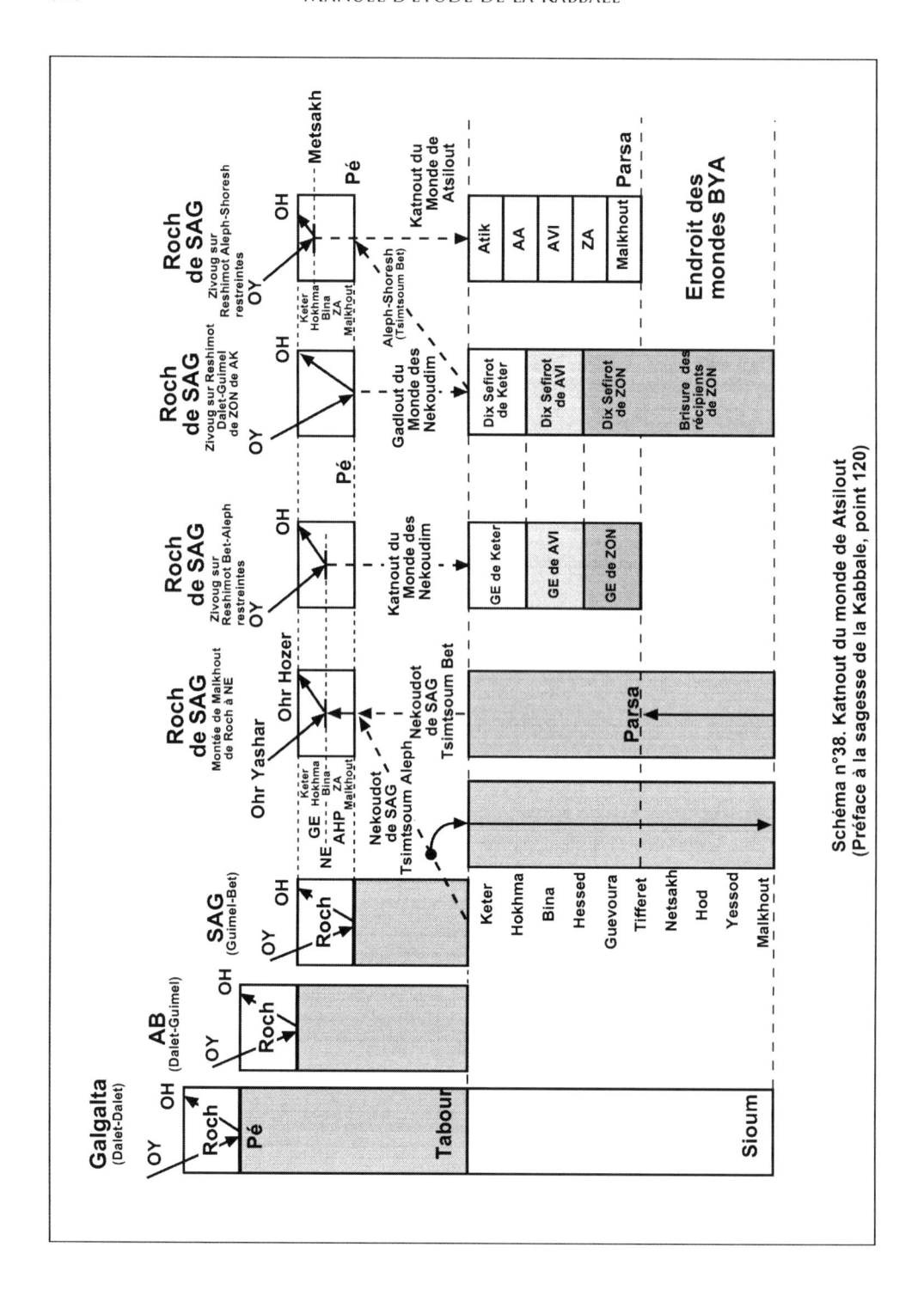

Schéma n°38. Katnout du monde de Atsilout
(Préface à la sagesse de la Kabbale, point 120)

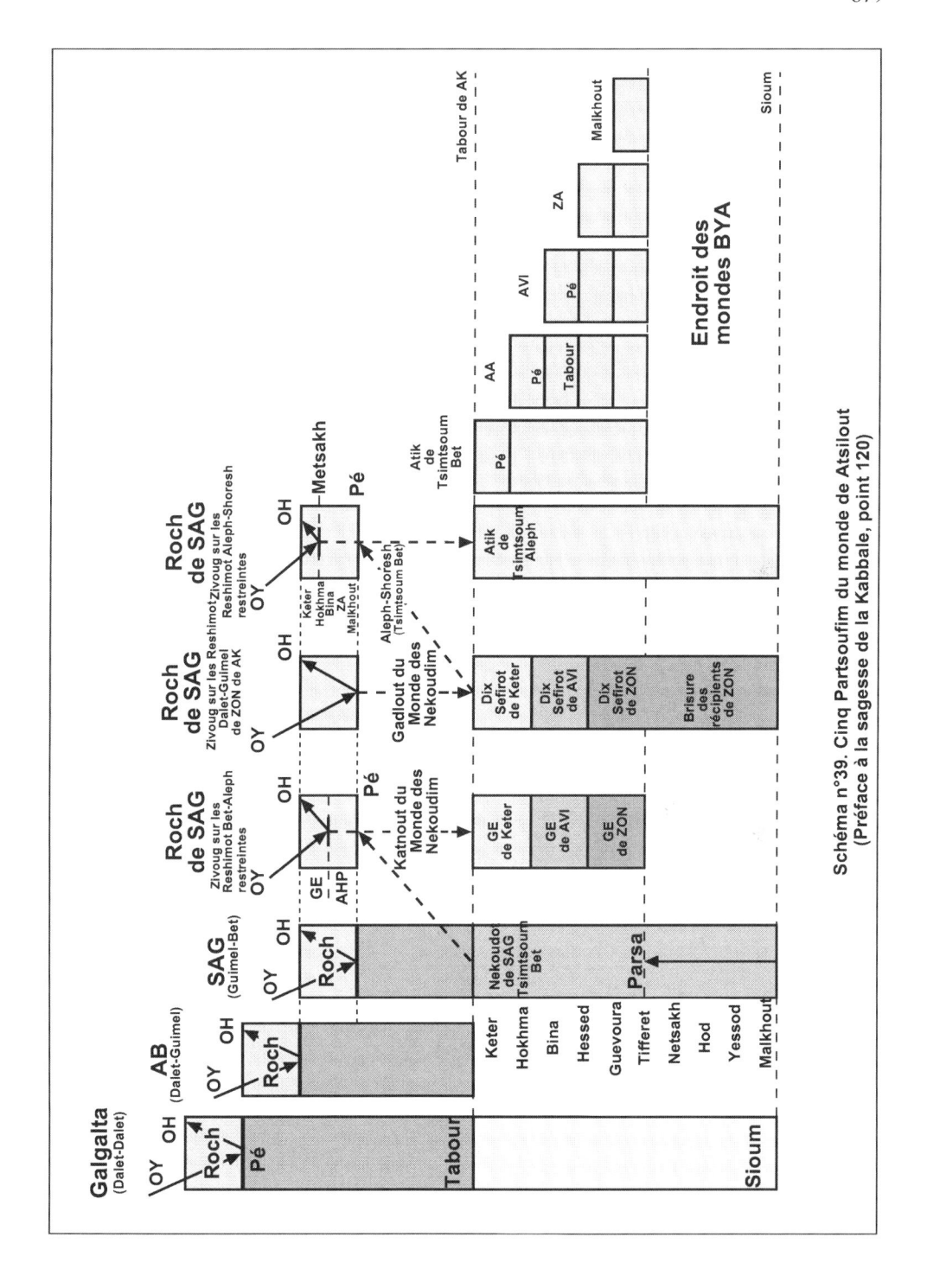

Album des schémas

Schéma n°39. Cinq Partsoufim du monde de Atsilout
(Préface à la sagesse de la Kabbale, point 120)

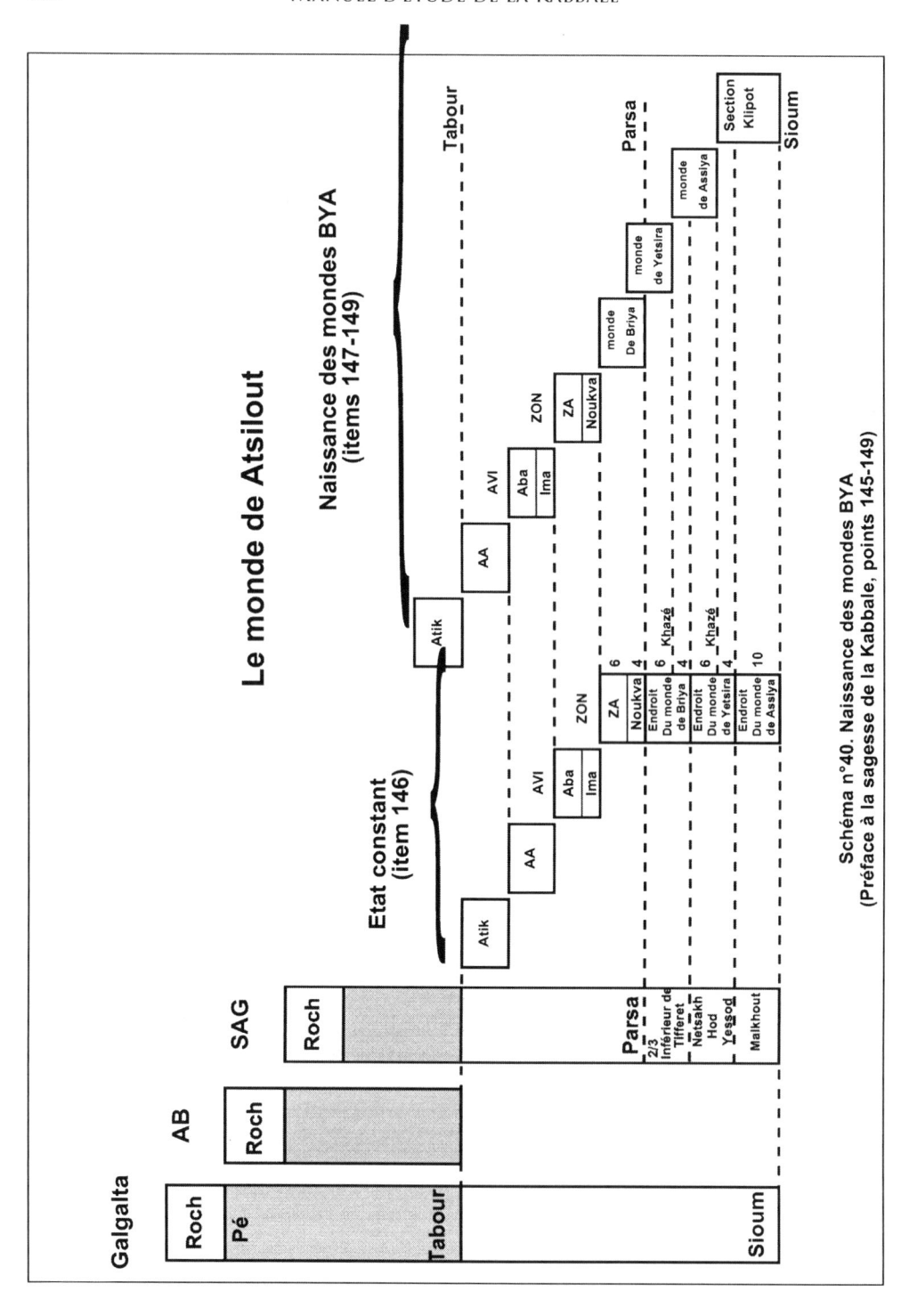

Schéma n°40. Naissance des mondes BYA
(Préface à la sagesse de la Kabbale, points 145-149)

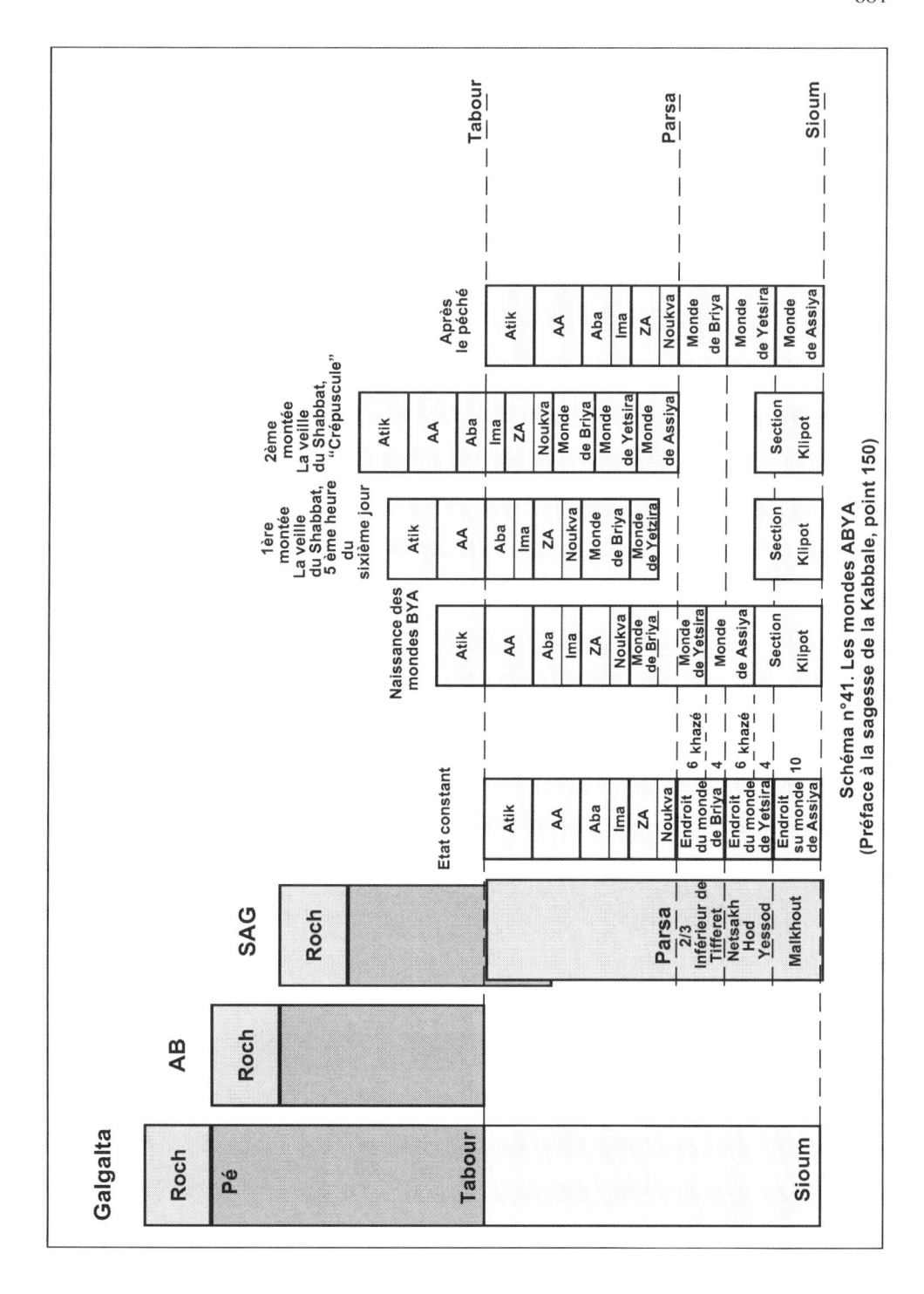

Album des schémas

Schéma n°41. Les mondes ABYA
(Préface à la sagesse de la Kabbale, point 150)

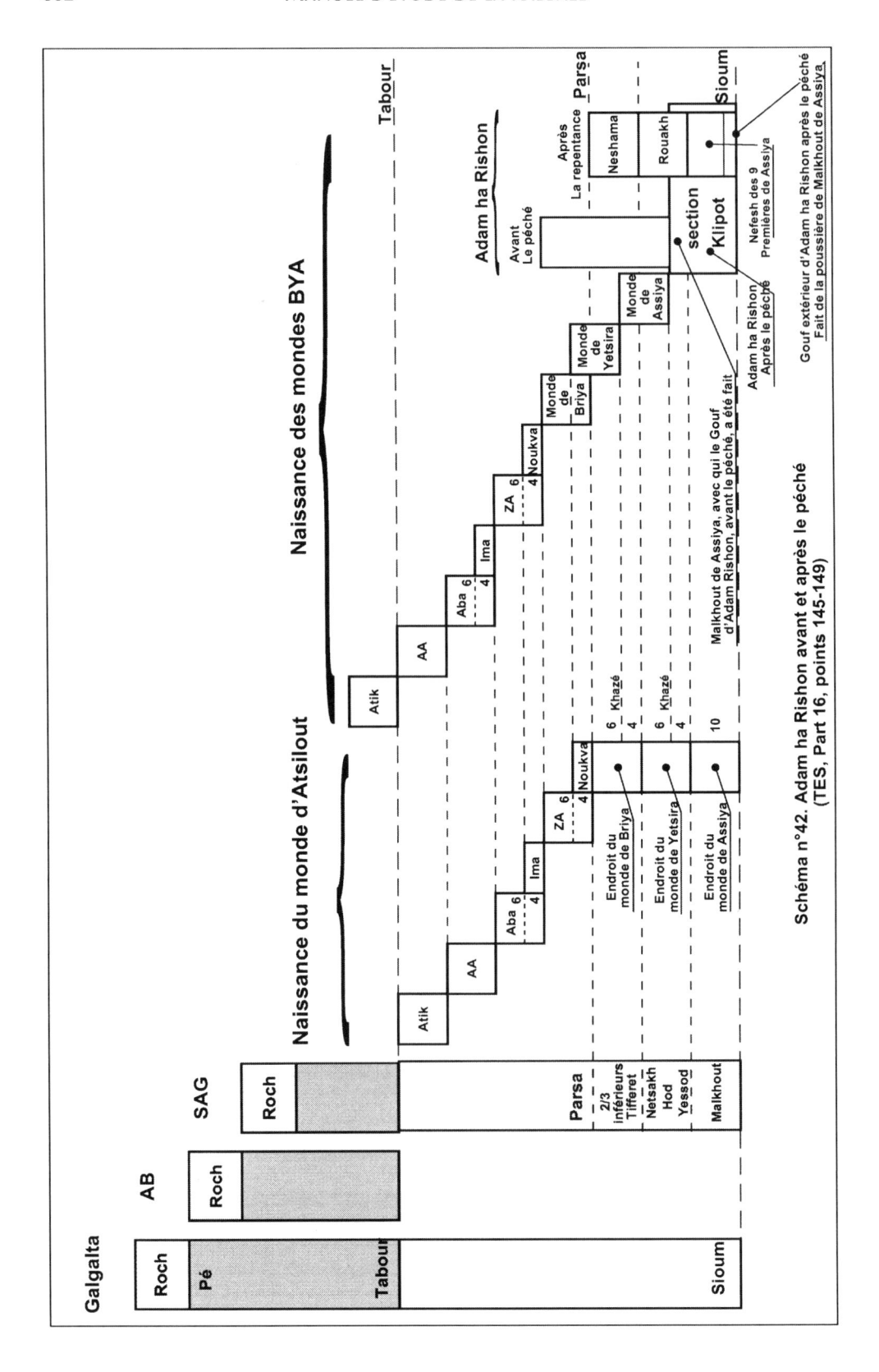

Schéma n°42. Adam ha Rishon avant et après le péché
(TES, Part 16, points 145-149)

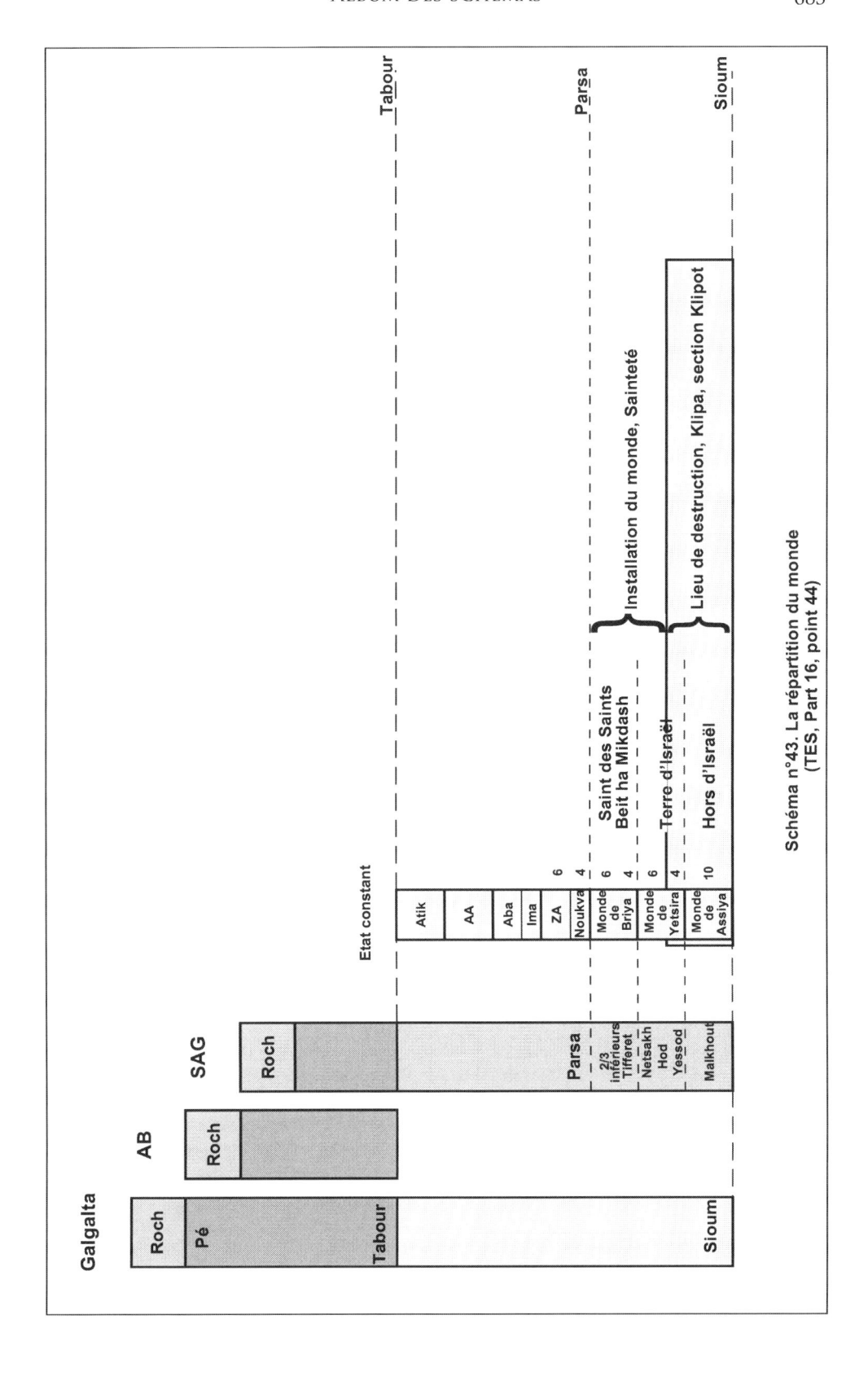

Schéma n°43. La répartition du monde
(TES, Part 16, point 44)

684   Manuel d'étude de la Kabbale

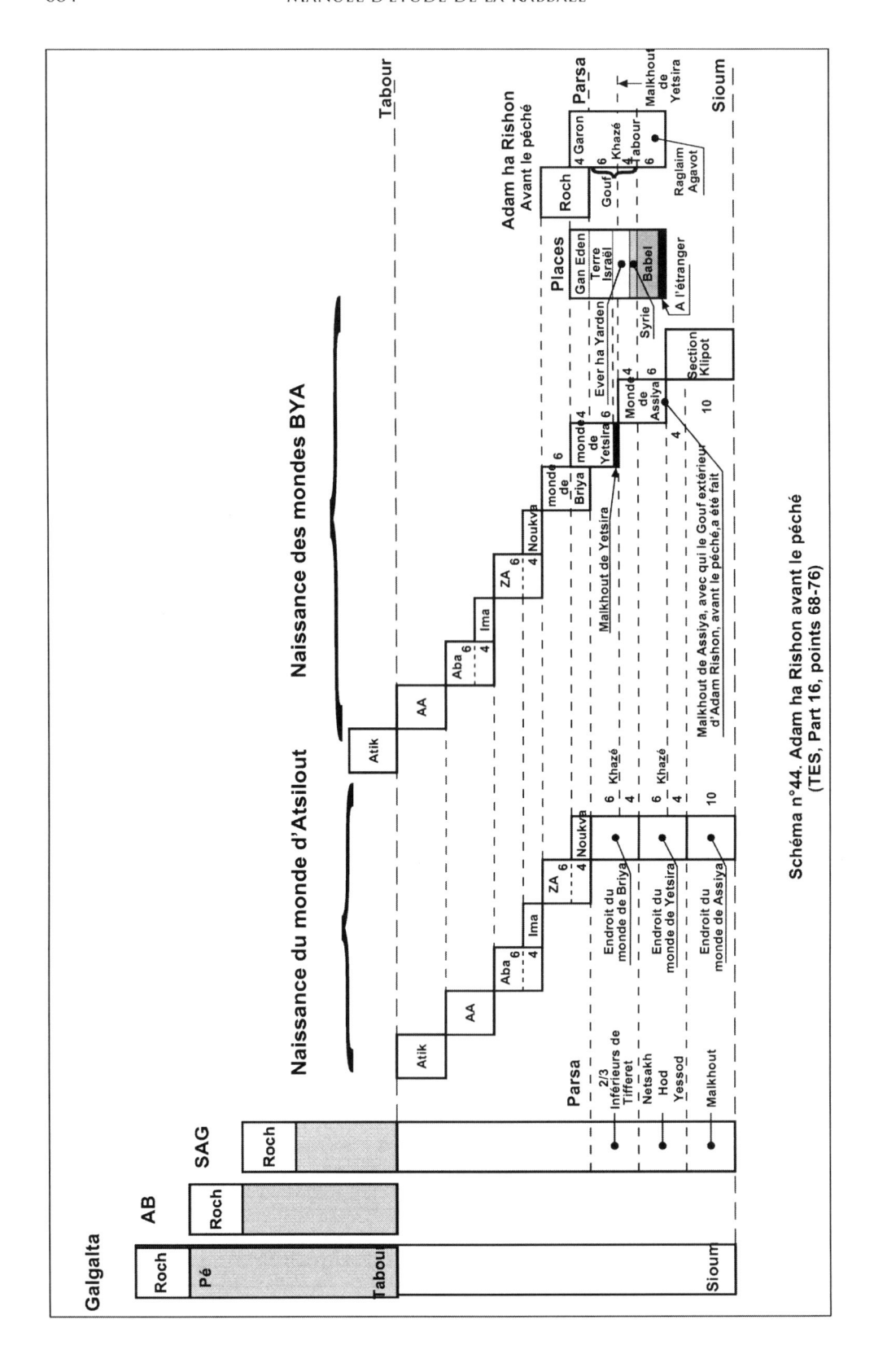

Schéma n°44. Adam ha Rishon avant le péché
(TES, Part 16, points 68-76)

Igoul Adam Kadmon

Igoul de Atik Yomin

Igoul de Arikh Anpin

La ligne directe s'étend de Ein Sof jusqu'au point de ce monde

Monde de AK

Partsouf Atik
Tsimtsoum Aleph

Monde de Atsilout

Point du Tsimtsoum Bet, Parsa — Point du monde à venir

Monde de Briya
Monde de Yetsira
Monde de Assiya

Point du Tsimtsoum Aleph - Point de ce monde

Schéma n°45. Igoulim et Kav
(Préface à la sagesse de la Kabbale, point 170)

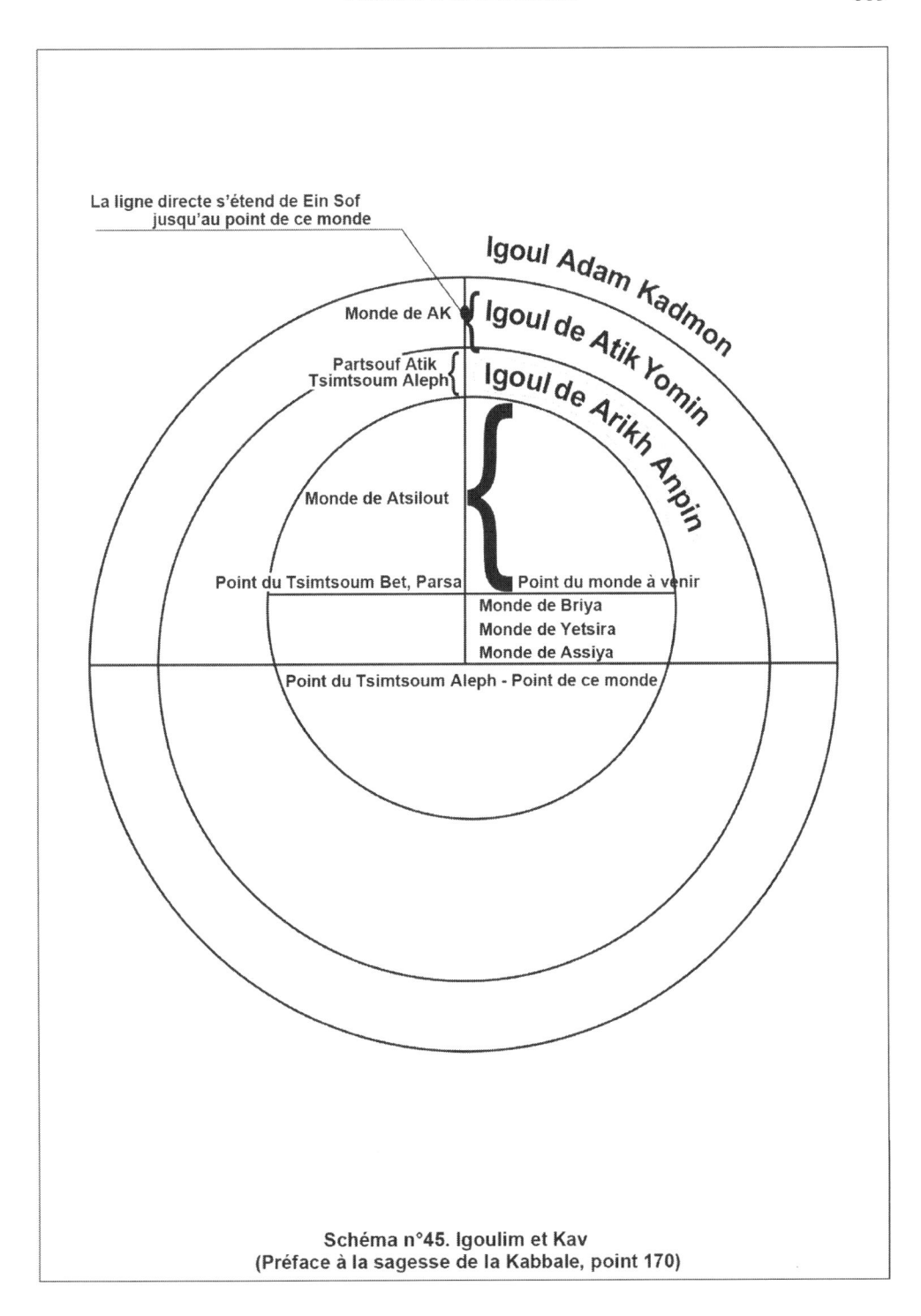

```
                  Créateur = Monde de Ein Sof
                              │
                              ▼
                            ┌────┐
                            │ AK │
                            └────┘
                              │
                              ▼
                          ┌─────────┐
                          │ Atsilout│
                          └─────────┘
                         ╱           ╲
   Mondes              ╱               ╲            Mondes
   purs           ┌───────┐         ┌───────┐       impurs
  (Pureté)        │ Briya │         │ Briya │       (Klipa)
                  └───────┘         └───────┘
                      │      Ame       │
                  ┌───────┐         ┌───────┐
                  │Yetsira│         │Yetsira│
                  └───────┘         └───────┘
                      │  de l'homme    │
                  ┌───────┐         ┌───────┐
                  │ Assiya│         │ Assiya│
                  └───────┘         └───────┘
                         ╲           ╱
                          ┌──────────┐
                          │ Ce monde │
                          └──────────┘
```

Schéma n°46. L'un opposé à l'autre
(Préface à la sagesse de la Kabbale, point 121)

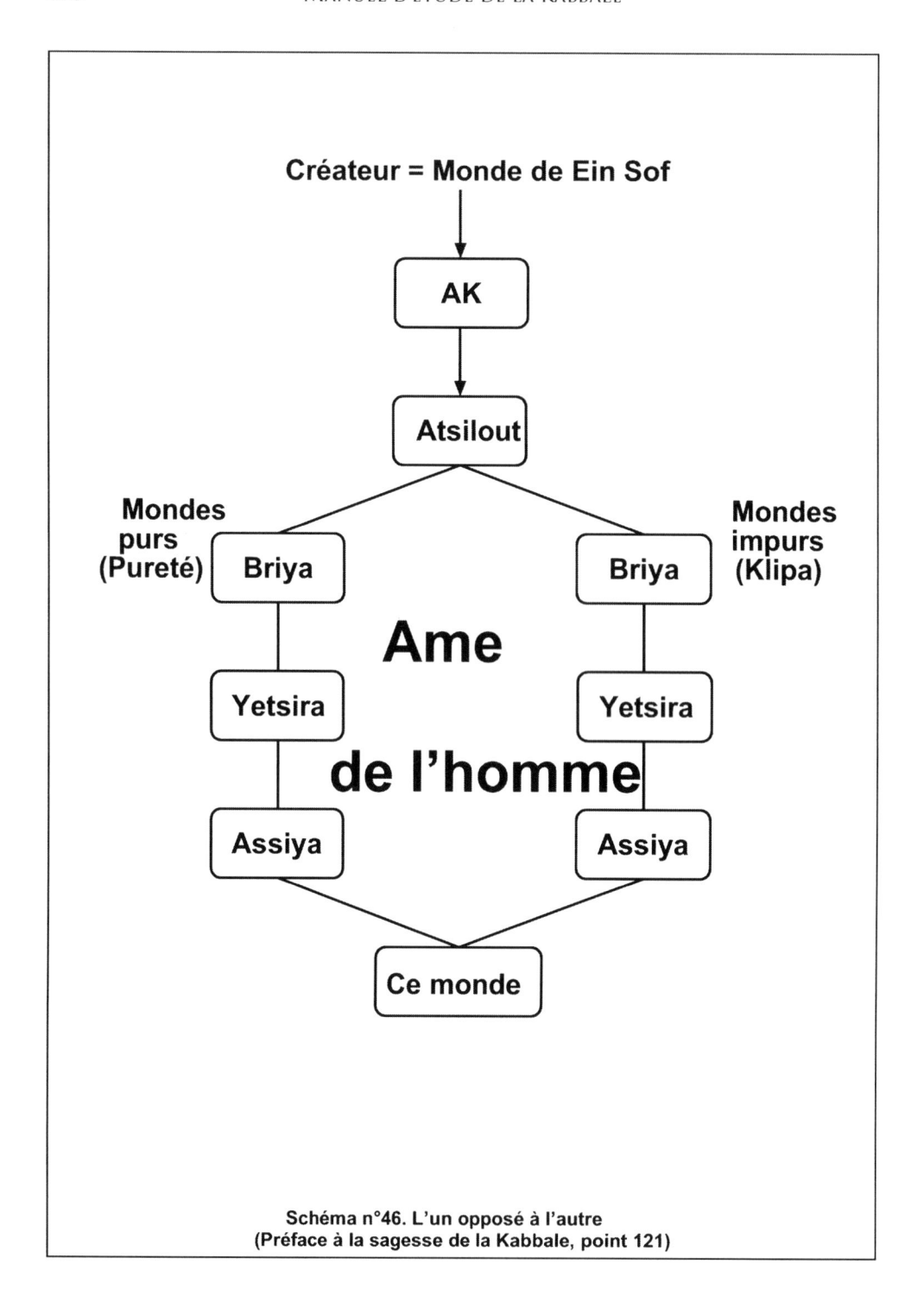

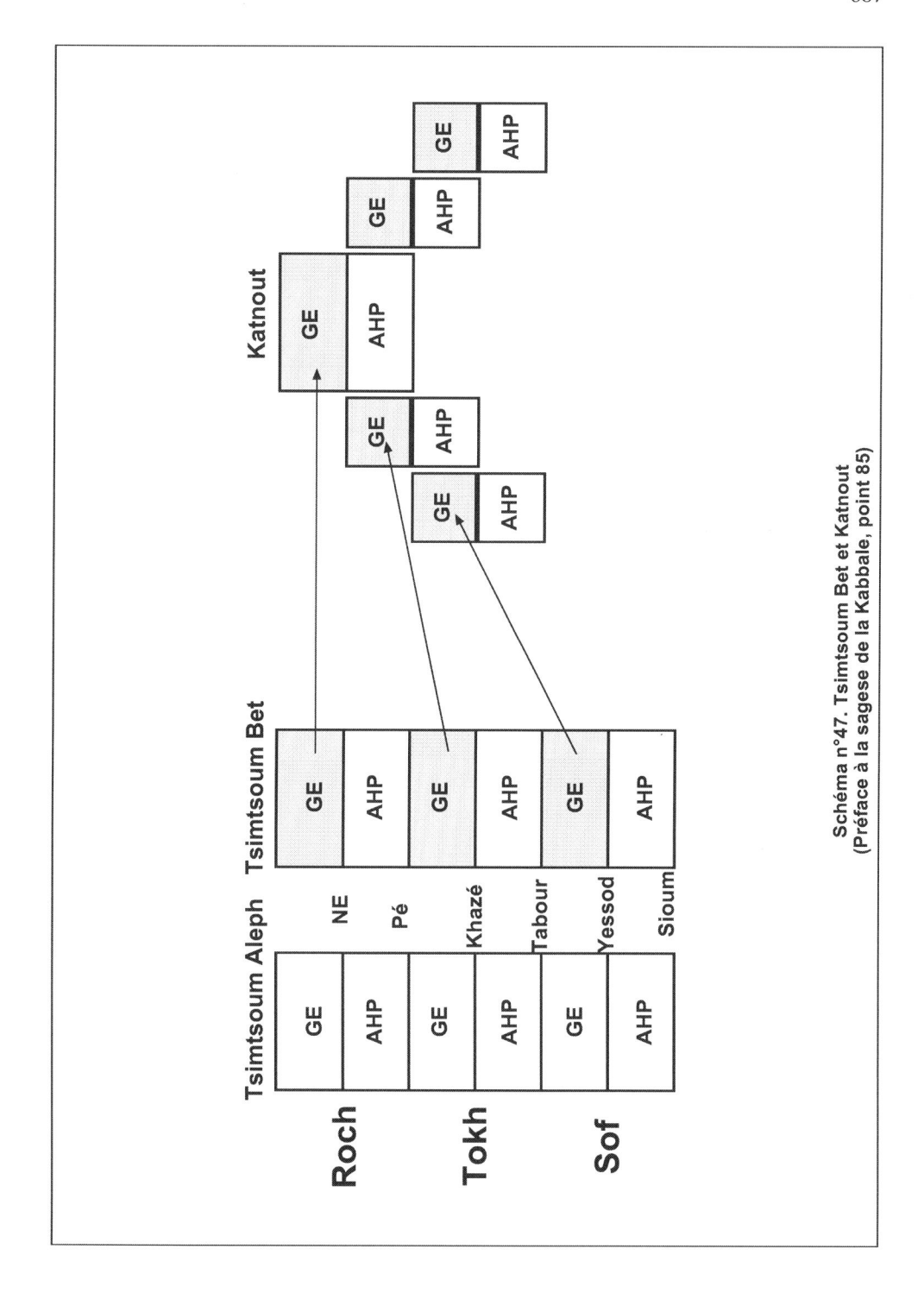

Album des schémas

Schéma n°47. Tsimtsoum Bet et Katnout
(Préface à la sagesse de la Kabbale, point 85)

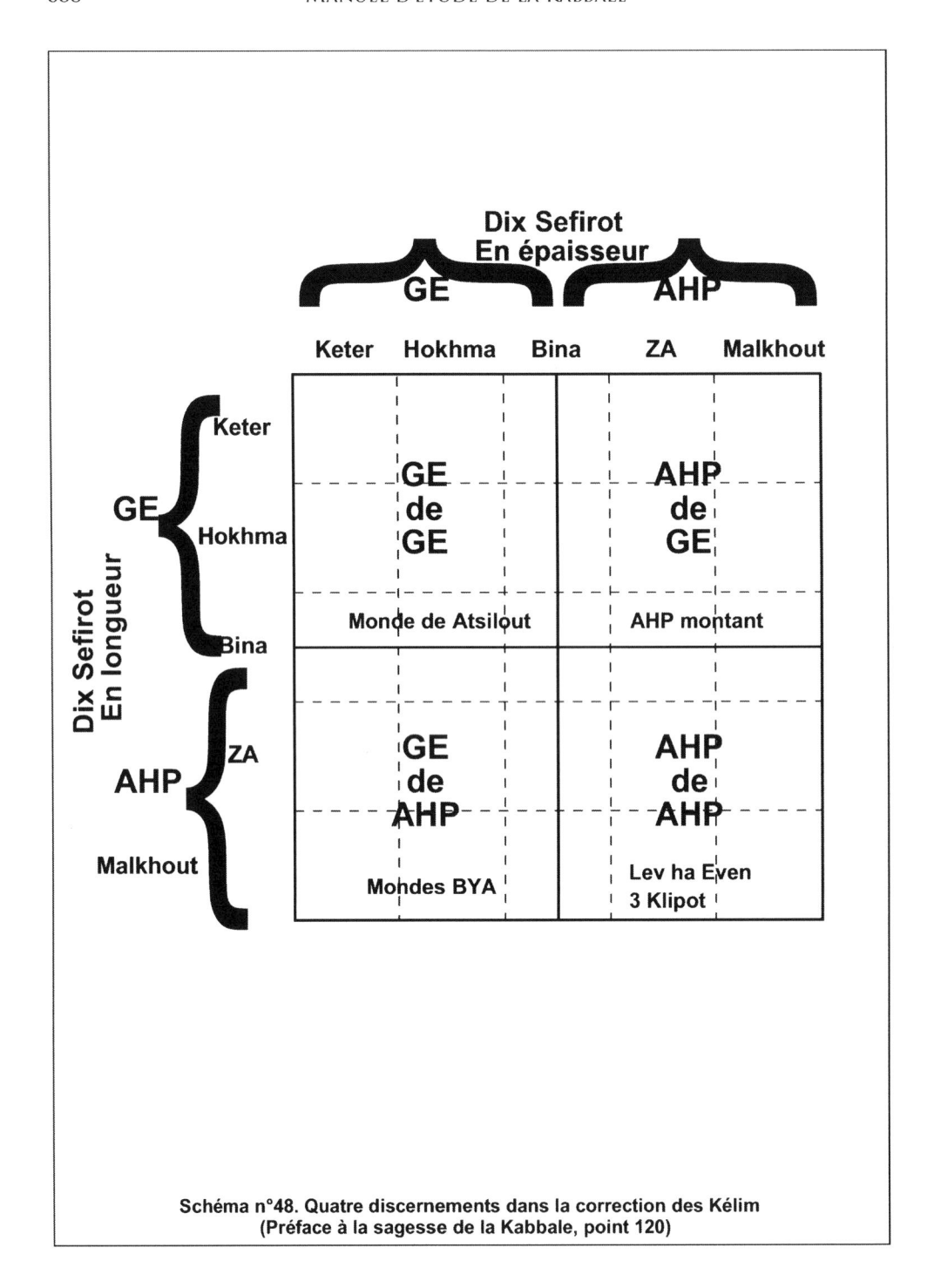

	Keter	Hokhma	Bina	ZA	Malkhout
		GE de GE		**AHP de GE**	
		Monde de Atsilout		AHP montant	
		GE de AHP		**AHP de AHP**	
		Mondes BYA		Lev ha Even 3 Klipot	

Dix Sefirot En épaisseur: GE, AHP

Dix Sefirot En longueur:
- GE : Keter, Hokhma, Bina
- AHP : ZA, Malkhout

Schéma n°48. Quatre discernements dans la correction des Kélim
(Préface à la sagesse de la Kabbale, point 120)

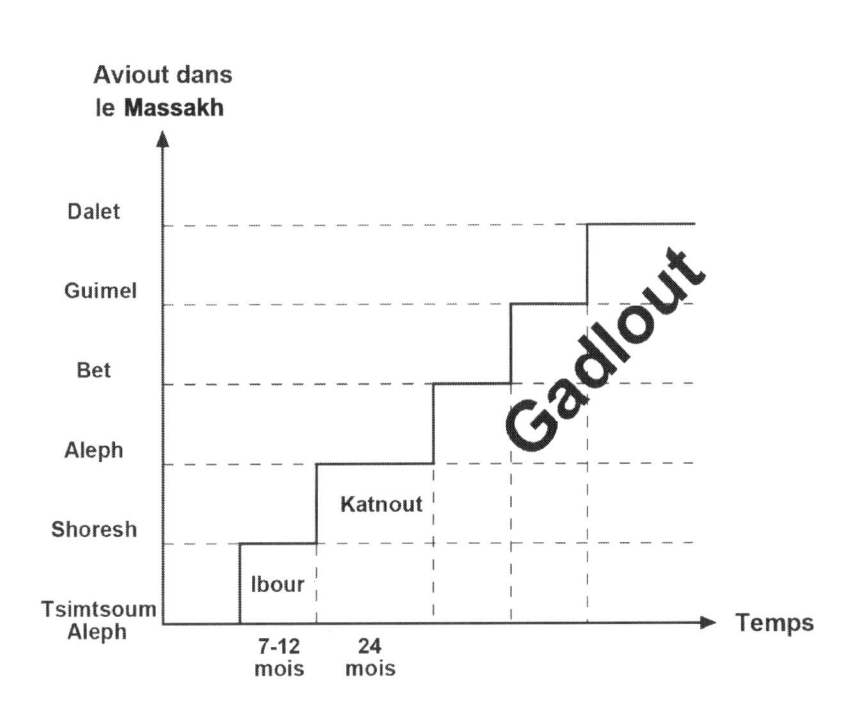

ALBUM DES SCHÉMAS

Aviout dans le Massakh

- Dalet
- Guimel
- Bet
- Aleph
- Shoresh
- Tsimtsoum Aleph

Ibour : 7-12 mois
Katnout : 24 mois
Gadlout

Temps

Schéma n°49. Etapes de développement du Partsouf
(Préface à la sagesse de la Kabbale, point 121)

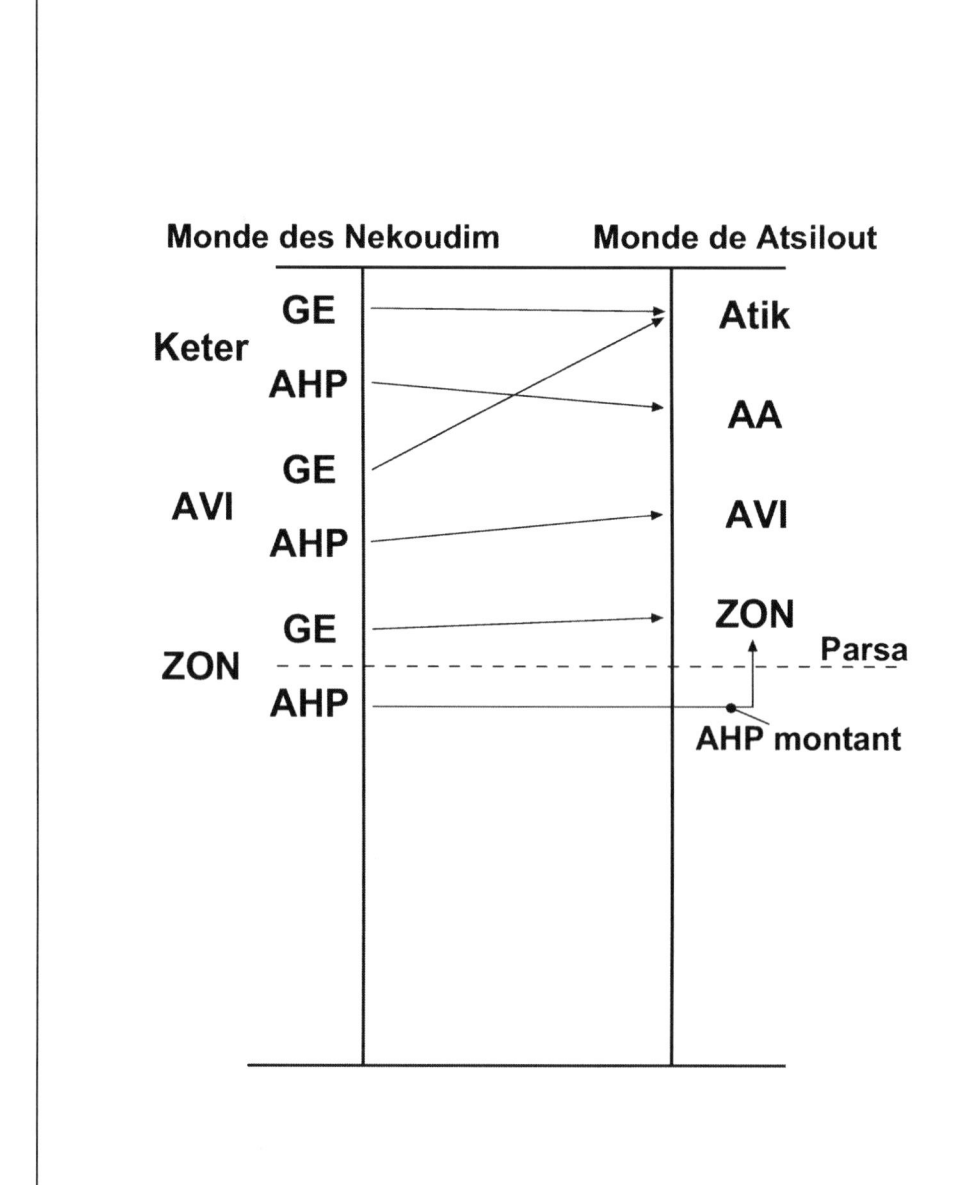

Schéma n°50. Sortie des Kélim après la brisure
(Préface à la sagesse de la Kabbale, point 101)

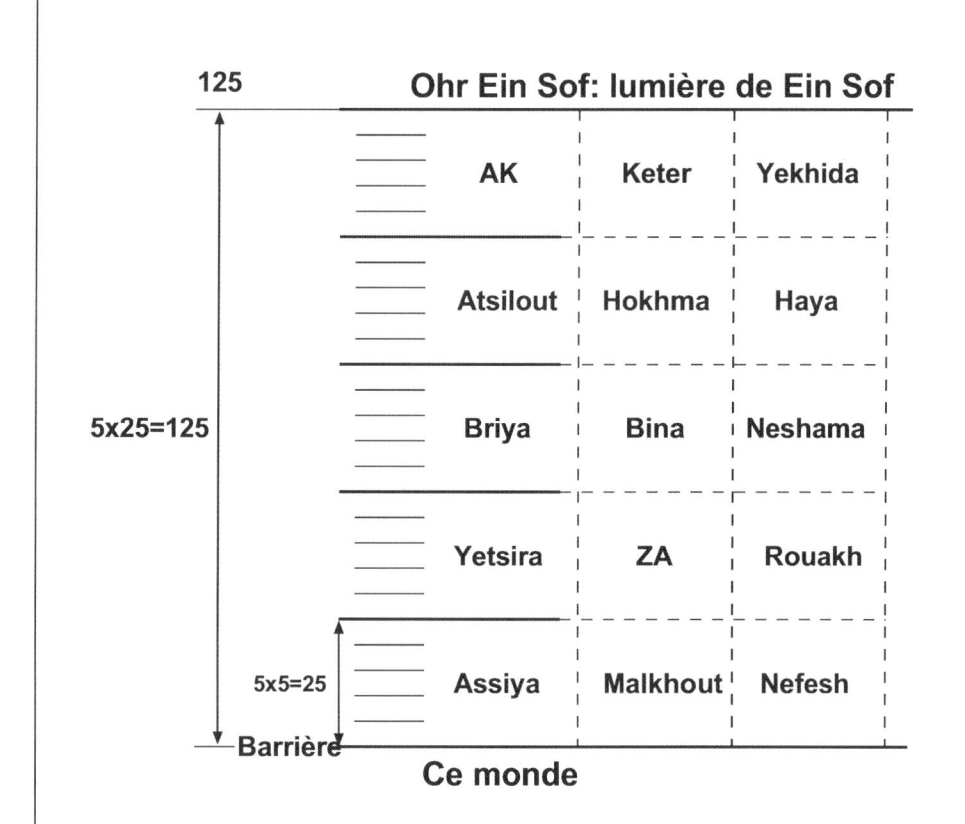

125	**Ohr Ein Sof: lumière de Ein Sof**		
	AK	Keter	Yekhida
	Atsilout	Hokhma	Haya
5x25=125	Briya	Bina	Neshama
	Yetsira	ZA	Rouakh
5x5=25	Assiya	Malkhout	Nefesh
Barrière	**Ce monde**		

Schéma n°51. 125 barreaux de l'échelle
(Préface à la sagesse de la Kabbale, pont 6)

Schéma n°52. Division du Partsouf
(Préface à la sagesse de la Kabbale, point 50)

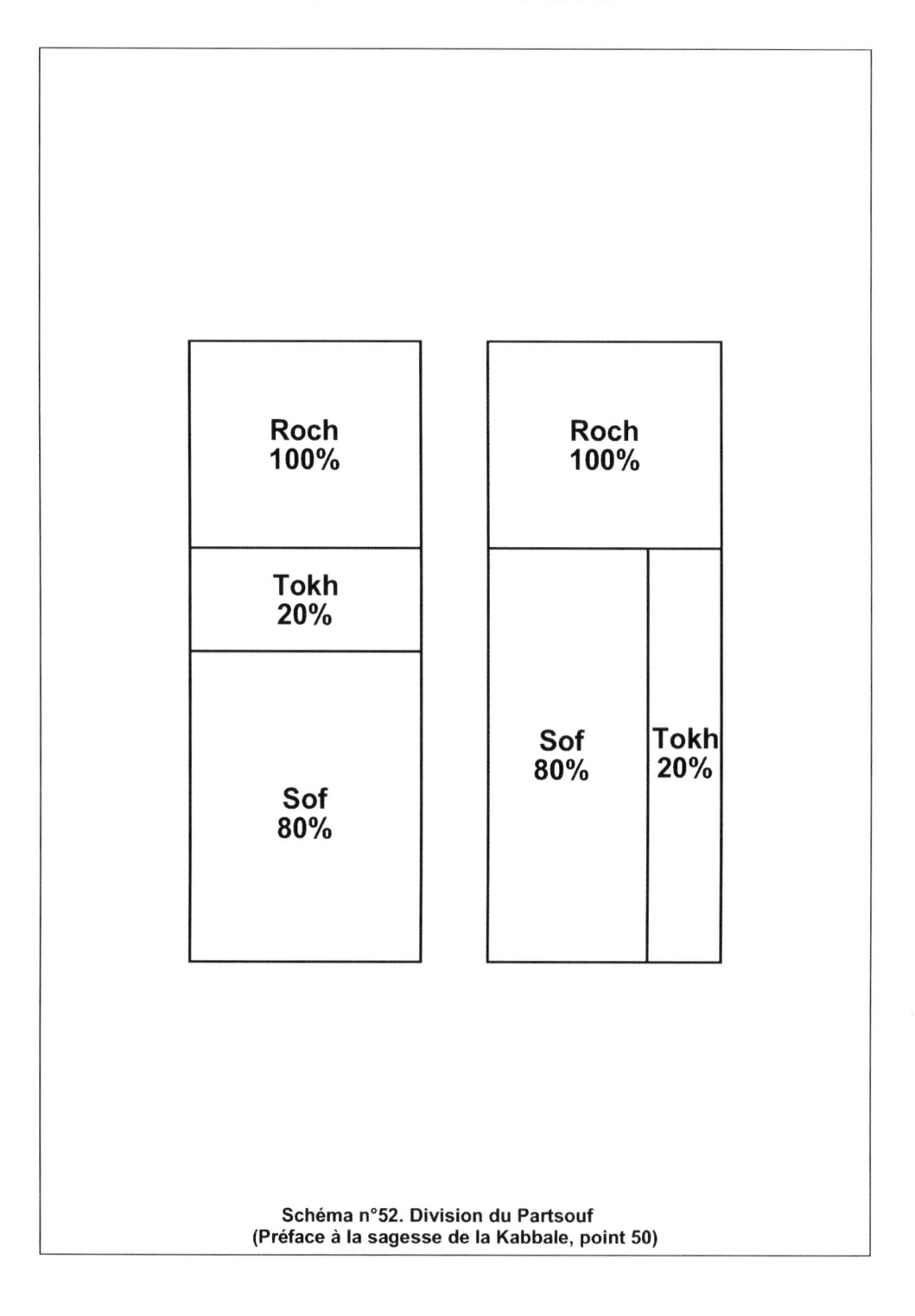

Album des schémas

Bekhinot	HaVaYaH	Sefirot	Parties De Roch	Sens	Partsoufim	mondes	Lumière	TANTO	4 Bekhinot dans la Nature	4 Bekhinot dans l'homme	Bekhina médium dans l'homme	Spiritualité dans l'homme	Gouf de l'homme	Levoush de l'homme	Maison de l'homme	MVAP	Bekhina médium dans la Nature	Directions
Shoresh	Pointe du Youd	Keter	Goulgolet		Galgalta	AK	Yekhida			(Shoresh)		Yekhida	Moakh					
Aleph	Youd	Hokhma	Eyneim	vue	AB	Atsilout	Haya	Taamim	Feu	homme intérieur (Neshama)		Haya	Atsamot	Koutonet	Bayit	Parlant		Sud (chaud et sec)
Bet	Hey	Bina	Ozen	ouïe	SAG	Briya	Neshama	Nekoudot	Vent	Gouf	Dam	Neshama	Guidin	Mikhnasseim	Hatser	Animal	Singe	Nord (froid et humide)
Guimel	Vav	ZA	Hotem	Odorat	MA	Yetsira	Rouakh	Taguin	Eau	Levoush	Séarot Tsiporneim	Rouakh	Bassar	Mitsnefet	Sadé	Végétal	Chien du champ	Ouest (chaud et humide)
Dalet	Hey	Malkhout	Pé	parole	BON	Assiya	Nefesh	Otiot	Terre	Bayit	Ohalim	Nefesh	Or	Avnet	Midbar	Minéral	Coraux	Est (froid et sec)

Schéma n°53 Noms généraux
(TES, Part 3, Chaptres 4-5)

Acronymes et abréviations

Parce que les acronymes sont des mots hébraïques, les lettres en français peuvent ne pas correspondre aux mots qu'ils représentent

AA	*Arikh Anpin*
AB	*HaVaYaH* rempli avec *Youd*
ABA	*Akhor be Akhor*
ABYA	*Atsilout, Briya, Yetsira, Assiya*
AHP	*Ozen, Hotem, Pé*
AN	*Atik* et *Noukva*
Ari	Adonenu Rabbi Itshak [Louria]
AVI	*Aba ve Ima*
BON	*HaVaYaH* rempli avec *Hey*
BYA	*Briya, Yetsira, Assiya*
GE	*Galgalta Eynaïm*
HB	*Hokhma, Bina*
HBD	*Hokhma, Bina, Daat*
HHN	*Hokhma, Hessed, Netsakh*
ISHSOUT	*Israël Saba ve Tévouna*
KH	*Kéter, Hokhma*
KHB	*Kéter, Hokhma, Bina*
KHB TM	*Kéter, Hokhma, Bina, Tifféret, Malkhout*
KHBD	*Kéter, Hokhma, Bina, Daat*
Lamed Bet	chiffre (32)
MA	*HaVaYaH* rempli avec *Aleph*
MAD	*Mayin Doukhrin*

Acronymes et abréviations

MAN	*Mayin Noukvin*
Matatron	Nom d'un ange
MI	Deux lettres du nom *E-L-O-H-**I-M***
NE	*Nikvey Eynaïm*
NHY	*Netsakh, Hod, Yessod*
NHYM	*Netsakh, Hod, Yessod, Malkhout*
NR	*Néfesh, Rouakh*
NRN	*Néfesh, Rouakh, Néshama*
NRNHY	*Néfesh, Rouakh, Néshama, Haya, Yékhida*
OBDAM	*Or, Bassar, Guidin, Atsamot, Mokha*
OH	*Ohr Hozer*
OM	*Ohr Makif*
OP	*Ohr Pnimi*
OY	*Ohr Yashar*
PARDESS	*Peshat, Rémez, Droush, Sod*
PBA	*Panim be Akhor*
PBP	*Panim be Panim*
RADLA	*Reisha de Lo Étyada*
RAMAK	Rabbi Moshé Cordovero
Ramkhal	Rabbi Moshé Chaïm Luzzato
RAPACH	chiffre (288)
Rashbi	Rabbi Shimon Bar Yochaï
RIU	chiffre (216)
RTS	*Roch, Tokh, Sof*
SAG	*HaVaYaH* rempli avec *Youd*, et *Aleph* dans le *Vav*
SNGLH	*Shoresh, Néshama, Gouf, Lévoush, Heikhal*
MVAP	Minéral, végétal, animal, parlant
TANTA	*Taamim, Nékoudot, Taguin, Otiot*
TD	*Tikkouné Dikna*
VAK	Six côtés (fins)
VAT	Six inférieures
YHNRN	*Yékhida, Haya, Néshama, Rouakh, Néfesh*
ZA	*Zeir Anpin*
ZAT	Sept inférieures
ZON	*Zeir Anpin* et *Noukva*

À PROPOS DE BNEI BARUCH

Histoire et origine

En 1991, à la suite du décès de son enseignant (le Rav Baruch Shalom HaLevi Aschlag, le Rabash), Michaël Laitman, Docteur en philosophie et Kabbale et titulaire d'une maîtrise en bio-cybernétique, a établi un groupe d'étude de la Kabbale appelé « Bnei Baruch » (fils de Baruch). Il le nomma ainsi en l'honneur de son mentor dont il ne sépara jamais durant les 12 dernières années de vie de ce dernier de 1979 à 1991. Michaël Laitman a été l'étudiant le plus proche ainsi que le secrétaire particulier du Rabash et est reconnu comme son successeur.

Le Rabash était le fils ainé et successeur du Rav Yéhouda Leib HaLevi Ashlag, le plus grand kabbaliste du 20ème siècle. Le Rav Ashlag est l'auteur d'un ouvrage appelé le commentaire de l'Echelle [*Soulam*] qui est le commentaire le plus complet du Livre du Zohar et qui fait référence en la matière. Il a été le premier à révéler la méthode complète de l'ascension spirituelle et c'est la raison pour laquelle il est appelé communément le Baal HaSoulam (le maître de l'échelle).

La méthode d'étude

Chaque jour nous étudions les écrits du Baal HaSoulam et du Rabash, le Livre du Zohar, les écrits du ARI (Arbre de vie). Ces cours sont quotidiennement retransmis en direct sur internet.

L'étude se base sur des sources authentiques de Kabbale, elle se fait dans un langage simple la rendant accessible à tous. Le développement de cette approche a fait de Bnei Baruch une organisation reconnue et respectée à la fois en Israël et dans le monde.

Le message

Bnei Baruch est un mouvement qui regroupe des dizaines de milliers d'étudiants à travers le monde. Les étudiants choisissent leur propre chemin et l'intensité de leur étude selon les conditions et les capacités qui leurs sont propres. L'essence du message diffusé par Bnei Baruch est universelle : l'unité des peuples, des nations et la solidarité et l'amour du prochain.

Pendant des millénaires, les kabbalistes ont enseigné que l'amour de l'homme devrait être la base de toutes les relations humaines. C'est de cet amour de l'autre dont ont parlé Abraham,, Rabi Akiva ou le Talmud et par l'ensemble et des kabbalistes qui ont suivis.

Aujourd'hui plus que jamais ces valeurs sont nécessaires pour tous, pour apprendre à vivre ensemble dans un monde global où nous dépendons tous les uns des autres.

Importance de l'enseignement de la Kabbale

Bnei Baruch a été fondé autour du principe que « ce n'est que par la diffusion de la sagesse de la Kabbale au public, que nous serons récompensés de la rédemption complète » (Baal HaSoulam).

A cette fin, Bnei Baruch investit énormément d'efforts dans la traduction des ouvrages source, dans leur publication et leur distribution en plus de 40 langues.

Sites Internet

Bnei Baruch met à disposition de tous, les ressources nécessaires pour étudier la Kabbale avec un des sites (kabbalah.info) les plus riches en textes originaux, livres téléchargeables, fichiers vidéos et audios en plusieurs langues.

Il existe également un centre d'étude en ligne unique qui offre des leçons pour débutants, initiant les étudiants à cette sagesse dans des conditions adaptées à leurs nécessités. Michaël Laitman donne des cours quotidiens qui sont diffusés et traduits simultanément sur le site.

Site principal de Bnei Baruch : **www.kabbalah.info/fr**
Cours d'initiation pour tous : **www.kabacademy.eu/fr**
Archives de Bnei Baruch : **kabbalahmedia.info**
Site de Michaël Laitman : **www.michaellaitman.com/fr**
Blog de Kabbale de Michaël Laitman : **www.laitman.fr**
Contactez-nous : **french@kabbalah.info**

Printed in France by Amazon
Brétigny-sur-Orge, FR